Abkürzungen

ABB	Ausschuß für Blitzableiterbau
AEF	Ausschuß für Einheiten und Formelgrößen im DNA
AGt	Ausschuß Gebrauchstauglichkeit im Deutschen Normenausschuß
BAM	Bundesanstalt für Materialprüfung
CEE	Commission Int. pour la Réglementation et la Contrôle de l'Equipement Electrique (Internationale Kommission für Regeln zur Begutachtung elektrischer Erzeugnisse)
CEN	Europäisches Komitee für Normung
CENELEC	Europäisches Komitee für elektrotechnische Normung
CENELCOM	Europäisches Komitee zur Koordinierung elektrotechnischer Normen der Länder der Europäischen Gemeinschaft
CIE	Commission Internationale de l'Eclairage (Internationale Kommission für Beleuchtung)
DBP	Deutsches Bundespatent
DGMA	Deutsche Gesellschaft für Meßtechnik und Automatisierung
DKE	Deutsche Elektrontechnische Kommission (FNE gemeinsam mit Vorschriftenausschuß des VDE), Burggrafenstraße 4–10, 1000 Berlin 30
DIN	Deutsches Institut für Normung, Burggrafenstraße 4–10, 1000 Berlin 30
DNA	Deutscher Normenausschuß
EN	Norm der Europäischen Gemeinschaft für Kohle und Stahl, European Standard, Norme Européenne
EVU	Elektrizitäts-Versorgungsunternehmen
EVÖ	Elektrotechnischer Verein Österreichs
FeO	Fernsprechordnung
FNA	Fachnormenausschuß im Deutschen Normenausschuß
FNE	Fachnormenausschuß Elektrotechnik im Deutschen Normenausschuß, Kardinal-Krementz-Straße 18, 5400 Koblenz 1
HEA	Hauptberatungsstelle für Elektrizitätsanwendung e. V., Am Hauptbahnhof 12, 6000 Frankfurt/Main 1
IEC	International Electrotechnical Commission = CEI Internationale Elektrotechnische Kommission
ISA	International Standard Association
ISO	International Organization für Standardization (Internationale Organisation für Normung)
JEDEC	Joint Electron Devise Engeneering Council
NTG	Nachrichtentechnische Gesellschaft
ÖNA	Österreichischer Normenausschuß
ÖNORM	Österreichische Norm
PTB	Physikalisch-Technische Bundesanstalt, Bundesallee 100, 3300 Braunschweig
RAL	Ausschuß für Lieferbedingungen und Gütesicherung bei DNA
REFA	Verband für Arbeitsstudien und Betriebsorganisation e. V.
RKW	Rationalisierungskomitee der Deutschen Wirtschaft
TAB	Technische Anschlußbedingungen der VDEW
VDE	Verband Deutscher Elektrotechniker e. V., Stresemannallee 15, 6000 Frankfurt/Main 70
VDEW	Vereinigung Deutscher Elektrizitätswerke
VDI	Verein Deutscher Ingenieure
VDMA	Verein Deutscher Maschinenbau-Anstalten e. V.
VOB	Verdingsordnung für Bauleistungen
ZVEH	Zentralverband der deutschen Elektrohandwerke, Speyerer Straße 9, 6000 Frankfurt/Main 1
ZVEI	Zentralverband der Elektrotechnischen Industrie, Stresemannallee 19, 6000 Frankfurt/Main 70

Elektrotechnik Tabellen Energieelektronik Industrieelektronik

---

Gerhard Brechmann, Cremlingen
Werner Dzieia, Rodgau
Ernst Hörnemann, Heiden
Heinrich Hübscher, Lüneburg
Dieter Jagla, Neuwied
Jürgen Klaue, Roxheim

westermann

Diesem Buch wurden die bei Manuskriptabschluß vorliegenden neuesten Ausgaben der DIN-Normen und VDE-Bestimmungen zugrunde gelegt. Verbindlich sind jedoch nur die neuesten Ausgaben der DIN-Normen und VDE-Bestimmungen selbst.

Die DIN-Normen wurden wiedergegeben mit Erlaubnis des DIN Deutsches Institut für Normung e. V. Maßgebend für das Anwenden der Norm ist deren Fassung mit dem neuesten Ausgabedatum, die bei der Beuth Verlag GmbH, Burggrafenstraße 6, 1000 Berlin 30, erhältlich ist.

Die auszugsweise Wiedergabe der DIN-Normen mit VDE-Kennzeichnung erfolgt mit Genehmigung des DIN Deutsches Institut für Normung e. V. und des Verbandes Deutscher Elektrotechniker (VDE) e. V. Maßgebend für das Anwenden der Normen sind deren Fassungen mit dem neuesten Ausgabedatum, die bei der vde-verlag gmbh, Bismarckstraße 33, 1000 Berlin 12 bzw. Merianstraße 29, 6060 Offenbach und bei der Beuth Verlag GmbH, Burggrafenstraße 6, 1000 Berlin 30, erhältlich sind.

3. Auflage Druck 5 4 3
Herstellungsjahr 1994 1993 1992
Alle Drucke dieser Auflage können im Unterricht parallel verwendet werden.

Verlagslektorat: Armin Kreuzburg
Herstellung: westermann druck GmbH, Braunschweig

ISBN 3-14-**22 5035**-2

Inhaltsverzeichnis

Vorwort

Wenn von den Facharbeitern nach den Intentionen der Neuordnung zukünftig mehr Selbständigkeit in Planung, Durchführung und Kontrolle ihrer Arbeit, mehr Kommunikations- und Kooperationsbereitschaft gefordert wird, so gewinnt gerade das Tabellenbuch als Nachschlagewerk eine zentrale Bedeutung innerhalb einer Buchreihe zur Elektrotechnik. Das Buch deckt durch seine vielfältigen und umfangreichen Darstellungen den kompletten Lehrstoff berufsbildender Schulen sowohl im Handwerk als auch der Industrie ab. Darüberhinaus kann es für den bereits in der Praxis stehenden Facharbeiter, Meister bis hin zum Techniker jederzeit als zusätzliche Informationsquelle für eine fachgerechte Arbeit eingesetzt werden. Es läßt sich somit unterrichtsbegleitend, bei der handlungsorientierten Tätigkeit und nicht zuletzt zum Selbststudium sehr gut verwenden.

Wo immer möglich, wird die zugrundegelegte DIN-Norm oder VDE-Vorschrift mit Ausgabedatum in der Kopfzeile genannt. Dabei handelt es sich in der Regel um Auszüge, die wir auf die Erfordernisse von Berufsschule und Berufspraxis abgestimmt haben. Außerdem ermöglicht es die rasche Kontrolle darüber, ob eine bestimmte Aussage durch neue Normen eventuell überholt wurde. Wenn wichtige Normungsprinzipien zu veranschaulichen sind, ist den Tabellen ein ausgewähltes Beispiel vorangestellt.

Klarer Seitenaufbau und Farbhinterlegungen tragen zur Übersichtlichkeit bei und ermöglichen so das rasche Auffinden der gesuchten Information. Die Farbgebung in den Darstellungen wurde nach funktionalen Gesichtspunkten gewählt. Wo aus sachlichen Gründen erforderlich, wurden auch vierfarbige Abbildungen aufgenommen (Beispiel: Lichtfarben verschiedener Lampentypen oder Kennfarben von Adern bei isolierten Leitungen).

Die vorliegende, komplett überarbeitete 3. Auflage wurde beträchtlich erweitert und damit den Entwicklungstendenzen moderner Technologie Rechnung getragen. Allein für den Bereich der Automatisierungstechnik sei genannt: Schnittstellen, Mikroprozessor, MS-DOS, BASIC, PASCAL, Programmierung von CNC-Maschinen, Digitale Zähler, Prozeßleittechnik uva.

Neben aktueller Normung wurde besonderer Wert gelegt auf ein ausführliches Stichwortverzeichnis, welches dem Lernenden auch über unterschiedliche Begriffe Zugang zum gesuchten Thema erlaubt.

Für Hinweise und Verbesserungsvorschläge sind Autoren und Verlag jederzeit aufgeschlossen und dankbar.

Autoren und Verlag Braunschweig 1991

1 Grundlagen

Mathematik

Physik

Chemie

Elektrotechnik

Allgemeine mathematische Zeichen und Begriffe

DIN 1302/8.80

Zeichen	Verwendung	Sprechweise (Erläuterungen)
Pragmatische Zeichen (nicht mathematisch im engeren Sinne. Bedeutung von Fall zu Fall präzisieren)		
$\approx$	$x \approx y$	x ist ungefähr gleich y
$\ll$	$x \ll y$	x ist klein gegen y
$\gg$	$x \gg y$	x ist groß gegen y
$\triangleq$	$x \triangleq y$	x entspricht y
$\ldots$		und so weiter bis, und so weiter (unbegrenzt), Punkt, Punkt, Punkt
Allgemeine arithmetische Relationen und Verknüpfungen		
$=$	$x = y$	x gleich y
$\neq$	$x \neq y$	x ungleich y
$<$	$x < y$	x kleiner als y
$\leq$	$x \leq y$	x kleiner oder gleich y, x höchstens gleich y
$>$	$x > y$	x größer als y
$\geq$	$x \geq y$	x größer oder gleich y, x mindestens gleich y
$+$	$x + y$	x plus y, Summe von x und y
$-$	$x - y$	x minus y, Differenz von x und y
$\cdot$	$x \cdot y$ oder xy	x mal y, Produkt von x und y
— oder /	$\frac{x}{y}$ oder x/y	x durch y, Quotient von x und y
Σ	$\sum_{i=1}^{n} x_i$	Summe über x_i von i gleich 1 bis n
$\sim$	$f \sim g$	f ist proportional zu g
Besondere Zahlen und Verknüpfungen		
π		pi (3,1415926...)
e		e (2,7182281...)
	x^n	x hoch n, n-te Potenz von x
$\sqrt{}$	$\sqrt{x}$	Wurzel (Quadratwurzel) aus x
$\sqrt[n]{}$	$\sqrt[n]{x}$	n-te Wurzel aus x
$\lvert\ \rvert$	$\lvert x \rvert$	Betrag von x
∞		unendlich
Elementare Geometrie		
$\perp$	$g \perp h$	g und h stehen senkrecht zueinander
$\parallel$	$g \parallel h$	g ist parallel zu h
$\uparrow\uparrow$	$g \uparrow\uparrow h$	g und h sind gleichsinnig parallel
$\uparrow\downarrow$	$g \uparrow\downarrow h$	g und h sind gegensinnig parallel
$\sphericalangle$	$\sphericalangle (g, h)$	(nicht orientierter) Winkel zwischen g und h
$\measuredangle$	$\measuredangle (g, h)$	orientierter Winkel von g nach h (Zählrichtung festgelegt)
$\overline{}$	$\overline{PQ}$	Strecke von P nach Q
d	$d\,(P, Q)$	Abstand (Distanz) von P nach Q
$\triangle$	$\triangle\,(ABC)$	Dreieck ABC
$\cong$	$M \cong N$	M ist kongruent zu N
Exponentialfunktion und Logarithmus		
exp	exp z od. e^z	Exponentialfunktion von z oder e hoch z
ln	ln x	natürlicher Logarithmus von x (Basis e)
	x^z	x hoch z
log	$\log_y x$	Logarithmus von x zur Basis y
lg	lg x	dekadischer Logarithmus von x (Basis *10*)
Trigonometrische Funktionen sowie deren Umkehrungen		
sin	sin z	Sinus von z
cos	cos z	Cosinus von z
tan	tan z	Tangens von z
cot	cot z	Cotangens von z
Arcsin	Arcsin x	Arcussinus von x
Arccos	Arccos x	Arcuscosinus von x
Arctan	Arctan x	Arcustangens von x

Zeichen und Begriffe der Mengenlehre

DIN 5473/6.76

Zeichen	Verwendung	Sprechweise (Erläuterungen)
Mengen		
$\in$	$x \in M$	x ist Element von M
$\notin$	$x \notin M$	x ist nicht Element von M
	$x_1, \ldots, x_n \in A$	$x_1, \ldots, x_n$ sind Elemente von A
$\{\mid\}$	$\{x \mid \varphi\}$	die Menge (Klasse) aller x mit φ
$\{, \ldots, \}$	$\{x_1, \ldots x_n\}$	die Menge mit den Elementen $x_1, \ldots x_n$
$\subseteq$ oder	$A \subseteq B$ oder	A ist Teilmenge von B,
$\subset$	$A \subset B$	A sub B
$\subsetneqq$	$A \subsetneqq B$	A ist echt enthalten in B
$\cap$	$A \cap B$	A geschnitten mit B, Durchschnitt von A und B
$\cup$	$A \cup B$	A vereinigt mit B, Vereinigung von A und B
$\setminus$ oder	$A \setminus B$ oder	A ohne B,
$\complement$ oder	$\complement_A B$ oder	Differenzmenge von A und B
$-$	$A - B$	relatives Komplement von B bez. A
$\emptyset$ oder $\{\,\}$		leere Menge

Zahlen und Zahlensysteme

Zahlenmengen

$\mathbb{N}$	**Natürliche Zahlen**	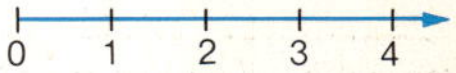
$\mathbb{Z}$	**Ganze Zahlen**	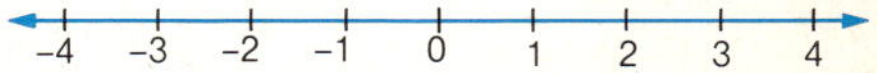
$\mathbb{Q}$	**Rationale Zahlen**	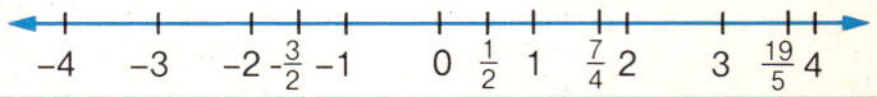
$\mathbb{R}$	**Reelle Zahlen**	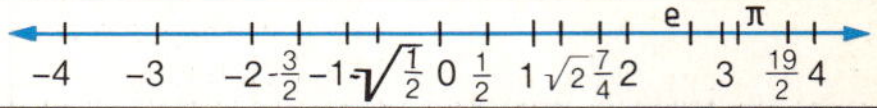

Vektoren

DIN 1303/8.59

Schreibweise	**A, B, … a, b, …** $\vec{A}, \vec{B}, \ldots \vec{a}, \vec{b}, \ldots$	Multiplikation mit einem Skalar	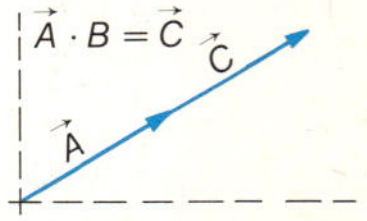
Graphische Darstellung	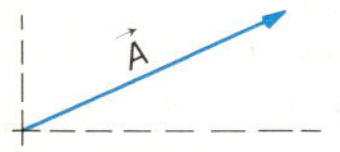	Addition von Vektoren	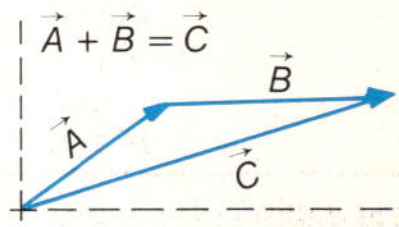
Komponenten eines Vektors	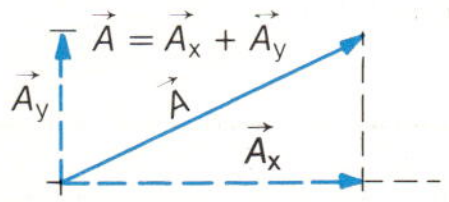	Subtraktion von Vektoren	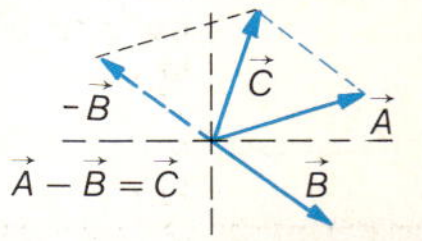
Betrag eines Vektors	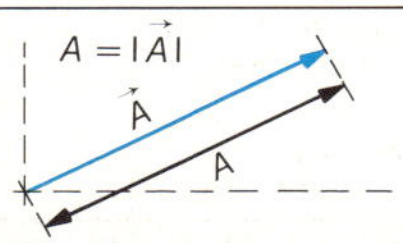		

Schreibweise von Dezimalzahlen

Beispiel: 8172,32

Ziffer	**8**	**1**	**7**	**2**	**3**	**2**
Stelle	4.	3.	2.	1.	1. n. Komma	2. n. Komma
Stellenbezeichnung	Tausender	Hunderter	Zehner	Einer	Zehntel	Hundertstel
Stellenwert B^x	10^3	10^2	10^1	10^0	10^{-1}	10^{-2}
Potenzwert	$8 \cdot 10^3$	$1 \cdot 10^2$	$7 \cdot 10^1$	$2 \cdot 10^0$	$3 \cdot 10^{-1}$	$2 \cdot 10^{-2}$

$8172{,}32 = \mathbf{8} \cdot 10^3 + \mathbf{1} \cdot 10^2 + \mathbf{7} \cdot 10^1 + \mathbf{2} \cdot 10^0 + \mathbf{3} \cdot 10^{-1} + \mathbf{2} \cdot 10^{-2}$

Zahlen und Zahlensysteme

Schreibweise von Dualzahlen

Beispiel: 1101,11

Ziffer	1	1	0	1	1	1
Stelle	4.	3.	2.	1.	1. n. Komma	2. n. Komma
Stellenbezeichnung	Achter	Vierer	Zweier	Einer	Halbe	Viertel
Stellenwert B^x	2^3	2^2	2^1	2^0	2^{-1}	2^{-2}
Potenzwert	$1 \cdot 2^3$	$1 \cdot 2^2$	$0 \cdot 2^1$	$1 \cdot 2^0$	$1 \cdot 2^{-1}$	$1 \cdot 2^{-2}$

$1101{,}11 = \mathbf{1} \cdot 2^3 + \mathbf{1} \cdot 2^2 + \mathbf{0} \cdot 2^1 + \mathbf{1} \cdot 2^0 + \mathbf{1} \cdot 2^{-1} + \mathbf{1} \cdot 2^{-2}$

Rechenregeln für Dualzahlen

Addition	**Subtraktion**	**Multiplikation**	**Division**
$0 + 0 = 0$	$0 - 0 = 0$	$0 \cdot 0 = 0$	$0 : 1 = 0$
$1 + 0 = 1$	$1 - 0 = 1$	$1 \cdot 0 = 0$	$1 : 1 = 1$
$0 + 1 = 1$	$10 - 1 = 1$	$0 \cdot 1 = 0$	
$1 + 1 = 10$	$1 - 1 = 0$	$1 \cdot 1 = 1$	

Umwandlungen

dual in dezimal

Dualzahl: 1 0 1 0 1

Potenzwert: $1 \cdot 2^4$ $0 \cdot 2^3$ $1 \cdot 2^2$ $0 \cdot 2^1$ $1 \cdot 2^0$

Dezimalzahl: 16 + 0 + 4 + 0 + 1 = <u>21</u>

dezimal in dual

Dezimalzahl: 25

25 : 2 = 12 Rest 1
12 : 2 = 6 Rest 0
6 : 2 = 3 Rest 0
3 : 2 = 1 Rest 1
1 : 2 = 0 Rest 1

1 1 0 0 1

Vergleich zwischen Zahlensystemen

dual	dezimal	hexadezimal	dual	dezimal	hexadezimal	dual	dezimal	hexadezimal	dual	dezimal	hexadezimal
0	0	0	1000	8	8	10000	16	10	11000	24	18
1	1	1	1001	9	9	10001	17	11	11001	25	19
10	2	2	1010	10	A	10010	18	12	11010	26	1 A
11	3	3	1011	11	B	10011	19	13	11011	27	1 B
100	4	4	1100	12	C	10100	20	14	11100	28	1 C
101	5	5	1101	13	D	10101	21	15	11101	29	1 D
110	6	6	1110	14	E	10110	22	16	11110	30	1 E
111	7	7	1111	15	F	10111	23	17	11111	31	1 F

Römische Zahlen

I = 1	VI = 6	XI = 11	LX = 60	CX = 110	DC = 600
II = 2	VII = 7	XX = 20	LXX = 70	CC = 200	DCC = 700
III = 3	VIII = 8	XXX = 30	LXXX = 80	CCC = 300	DCCC = 800
IV = 4	IX = 9	XL = 40	XC = 90	CD = 400	CM = 900
V = 5	X = 10	L = 50	C = 100	D = 500	M = 1000

Griechisches Alphabet

Α α	Alpha	Ι ι	Iota	Ρ ϱ	Rho
Β β	Beta	Κ ϰ	Kappa	Σ σ	Sigma
Γ γ	Gamma	Λ λ	Lambda	Τ τ	Tau
Δ δ	Delta	Μ μ	My	Υ υ	Ypsilon
Ε ε	Epsilon	Ν ν	Ny	Φ φ	Phi
Ζ ζ	Zeta	Ξ ξ	Xi	Χ χ	Chi
Η η	Eta	Ο ο	Omikron	Ψ ψ	Psi
Θ ϑ	Theta	Π π	Pi	Ω ω	Omega

Taschenrechner

Taste	Bedeutung
ON, EIN, I	Einschalten
OFF, AUS, 0	Ausschalten
C	Gesamtlöschtaste
CE, CI	Löschung der zuletzt angezeigten Zahl
C	Löschung der zuletzt angezeigten Zahl
AC	Gesamtlöschtaste
•	Dezimalpunkttaste
+/−, ±, CS, CHS	Vorzeichenwechsel
+	Addition
−	Subtraktion
×	Multiplikation
÷	Division
=	Ergebnistaste
EE, EXP	Exponentialeingabe
INV	Umkehrung einer Funktion
Y^x, X^y, X^n, a^x	Potenzieren
$\sqrt[x]{y}$	Radizieren

Taste	Bedeutung
$1/x$, F, 2nd	Kehrwert
x^2	Quadrieren
$\sqrt{x}$	Quadratwurzel
log, lgx, 10^x	Dekadische Logarithmen
ln, lnx, e^x	Natürliche Logarithmen
(,)	Klammern
%	Prozenttaste
D/R, D·R, d↔r, α°→rad, rad→α°	Altgrad in Radiant und umgekehrt
sin, cos, tan	Ermittlung des Funktionswertes von Winkeln
sin^{-1}, cos^{-1}, tan^{-1}, arc, INV	Ermittlung des Winkels aus dem Funktionswert
M, M+, M±, STO, x→M	Speicherablage
MR, RM, M R/C, RCL, M→x	Speicherrückruf
MC, CM, M R/C	Speicher löschen
EXC, M↔x	Speicheraustausch
CN, CH·N	Löschen von Exponenten

Logarithmieren

Basiszahlen von Logarithmen

2	Zweierlogarithmus (dualer Logarithmus)	$\log_2 b = \text{ld } b$
e = 2,718...	Natürlicher Logarithmus	$\log_e b = \ln b$
10	Zehnerlogarithmus (dekadischer Logarithmus)	$\log_{10} b = \lg b$

Logarithmengesetze

$\log (a \cdot b) = \log a + \log b$

$\log \frac{a}{b} = \log a - \log b$

$\log a^n = n \cdot \log a$

$\log \sqrt[a]{b^n} = \log b^{\frac{n}{a}} = \frac{n}{a} \log b$

$$a^x = b \Rightarrow \log_a b = x$$

$\log_{10} 6 = x$
$\lg 6 = 0{,}77815$

$\ln b = x$
$\ln 6 = 1{,}79176$

6	Numerus **b**
log	dekadischer Logarithmus Basis **a** = 10
0.778	Logarithmus **x**

6	Numerus **b**
ln	natürlicher Logarithmus Basis **a** = **e**; e = 2,718...
1.791	Logarithmus **x**

Schaltalgebra

Konjunktion (UND-Funktion)	**Disjunktion** (ODER-Funktion)	**Negation** (NICHT-Verknüpfung)
$x = a \wedge 0 = 0$	$x = a \vee 0 = a$	$x = \overline{a}$ $x = \overline{\overline{a}} = a$
$x = a \wedge 1 = a$	$x = a \vee 1 = 1$	
$x = a \wedge a = a$	$x = a \vee a = a$	$x = \overline{\overline{\overline{a}}} = \overline{a}$ $x = \overline{\overline{\overline{\overline{a}}}} = a$
$x = a \wedge \overline{a} = 0$	$x = a \vee \overline{a} = 1$	

Rechenregel	Schaltungsbeispiel

Vertauschungsregel (Kommutatives Gesetz)

$x = a \wedge b = b \wedge a$

$x = a \vee b = b \vee a$

Verbindungsregel (Assoziatives Gesetz)

$x = a \wedge \ b \wedge c \ = a \wedge (b \wedge c)$

$\quad = b \wedge (a \wedge c) = c \wedge (a \wedge b)$

$x = a \vee \ b \vee c \ = a \vee (b \vee c)$

$\quad = b \vee (a \vee c) = c \vee (a \vee b)$

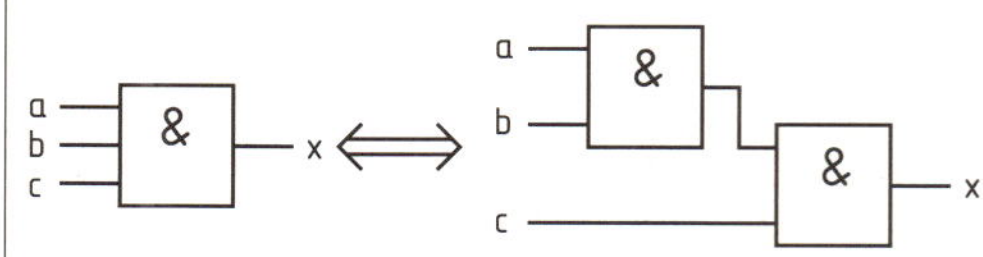

Verteilungsregel (Distributives Gesetz)

$x = \ a \wedge b \ \vee \ a \wedge c \ = a \wedge (b \vee c)$ 1)

$x = (a \vee b) \wedge (a \vee c) = a \vee (b \wedge c)$

1) UND-Funktion geht vor ODER-Funktion

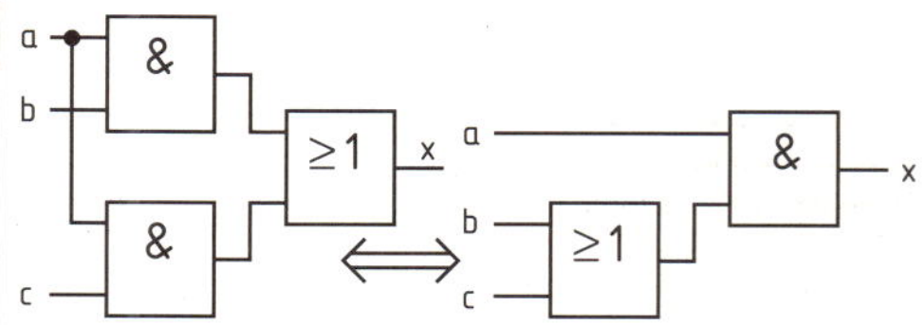

De Morgansches Gesetz

$x = a \wedge b = \overline{\overline{a} \vee \overline{b}}$

$x = a \vee b = \overline{\overline{a} \wedge \overline{b}}$

$x = \overline{a \wedge b} = \overline{a} \vee \overline{b}$

$x = \overline{a \vee b} = \overline{a} \wedge \overline{b}$

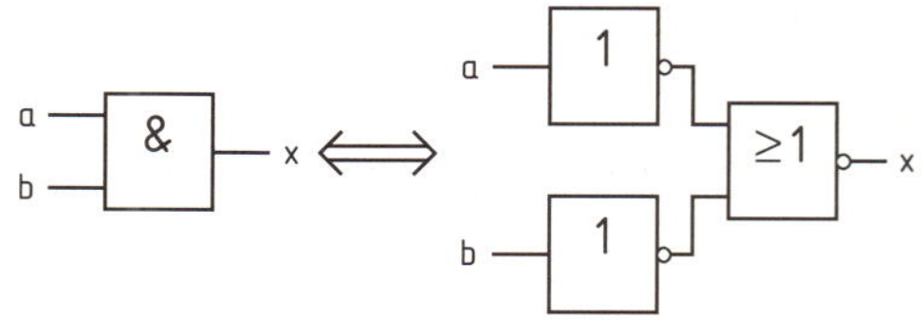

Vereinfachungen

$x = a \wedge (a \vee b) = a$

$x = a \vee \ a \wedge b \ = a$

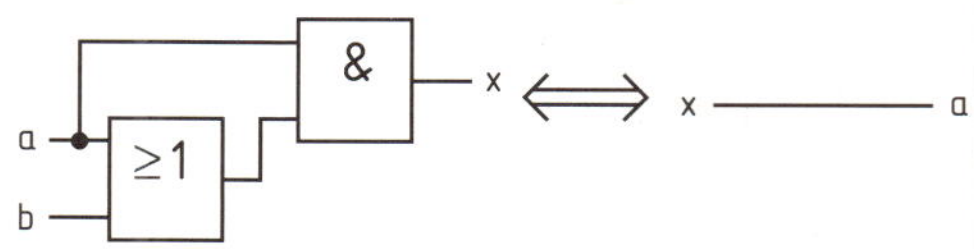

$x = a \wedge (\overline{a} \vee b) = a \wedge b$

$x = a \vee (\overline{a} \wedge b) = a \vee b$

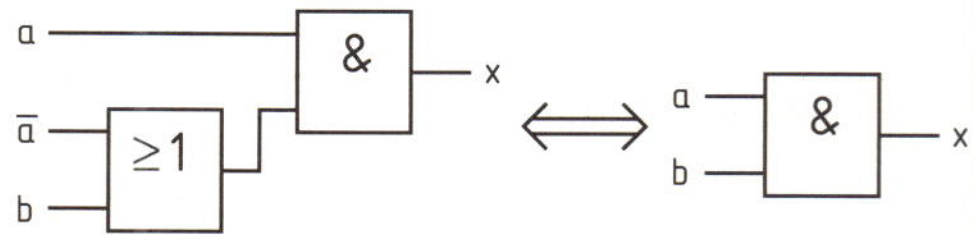

$x = a \vee \overline{a} \wedge \overline{b} = a \vee \overline{b}$

$x = \overline{a} \vee a \wedge b = \overline{a} \vee b$

$x = \overline{a} \vee a \wedge \overline{b} = \overline{a} \vee \overline{b}$

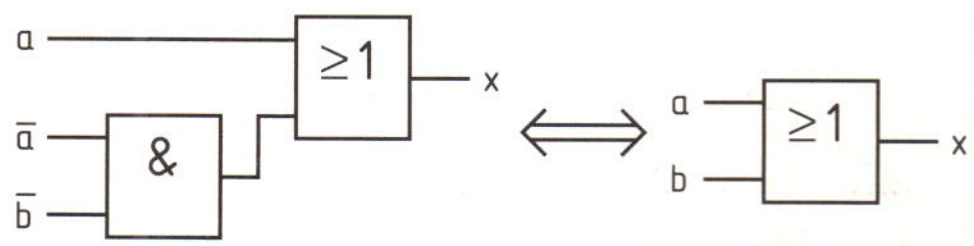

Funktionen und Lehrsätze

Winkelfunktionen (rechtwinklige Dreiecke)

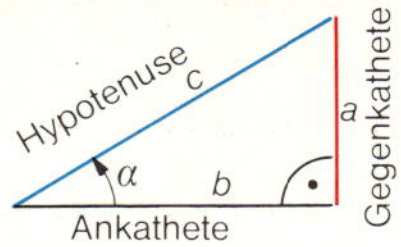	$\sin\alpha = \frac{a}{c}$	Sinus $= \frac{\text{Gegenkathete}}{\text{Hypotenuse}}$	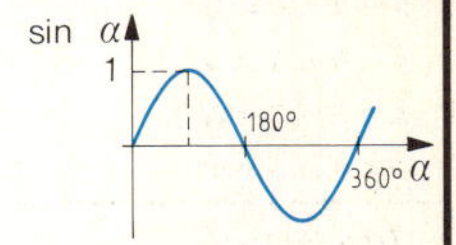
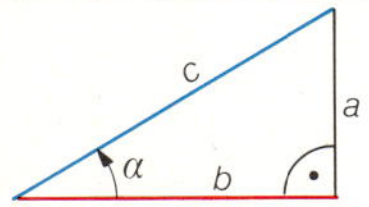	$\cos\alpha = \frac{b}{c}$	Cosinus $= \frac{\text{Ankathete}}{\text{Hypotenuse}}$	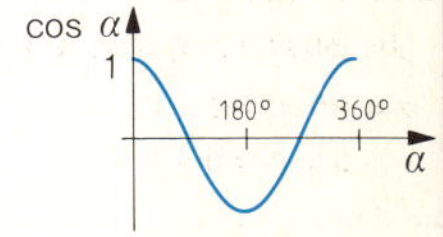
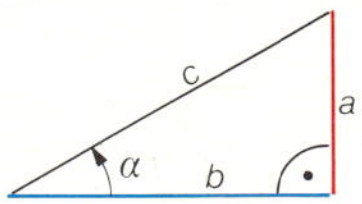	$\tan\alpha = \frac{a}{b}$	Tangens $= \frac{\text{Gegenkathete}}{\text{Ankathete}}$	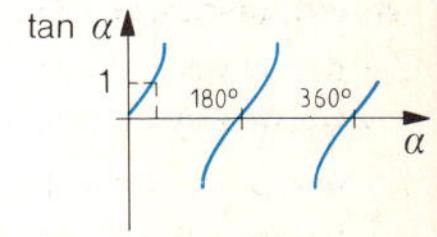
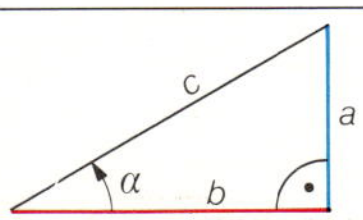	$\cot\alpha = \frac{b}{a}$	Cotangens $= \frac{\text{Ankathete}}{\text{Gegenkathete}}$	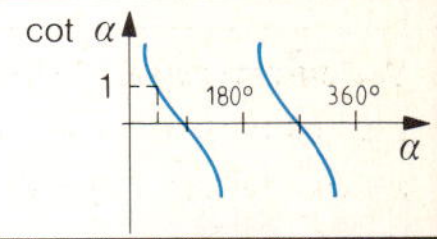

Vorzeichen der Winkelfunktionen in den vier Quadranten

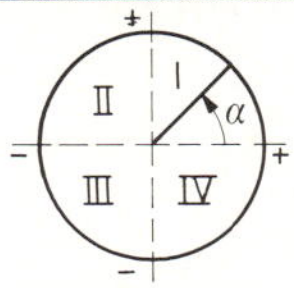

Quadrant	Winkel	sin	cos	tan	cot
I	0° … 90°	+	+	+	+
II	90° … 180°	+	−	−	−
III	180° … 270°	−	−	+	+
IV	270° … 360°	−	+	−	−

Lehrsatz des Pythagoras (rechtwinklige Dreiecke)

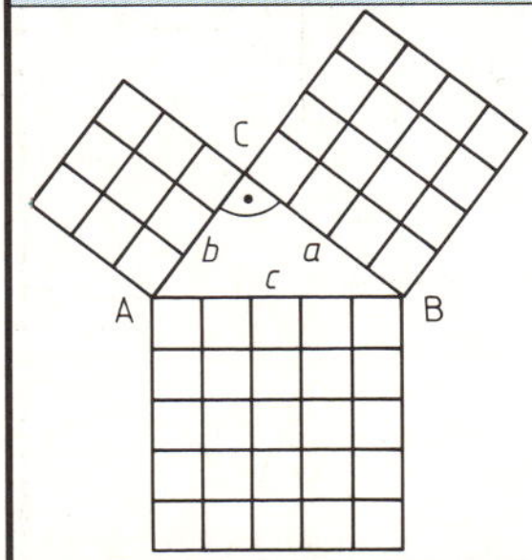

Das Quadrat über der Hypotenuse *c* ist gleich der Summe der beiden Kathetenquadrate

$$c^2 = a^2 + b^2$$

Strahlensatz (ähnliche Dreiecke)

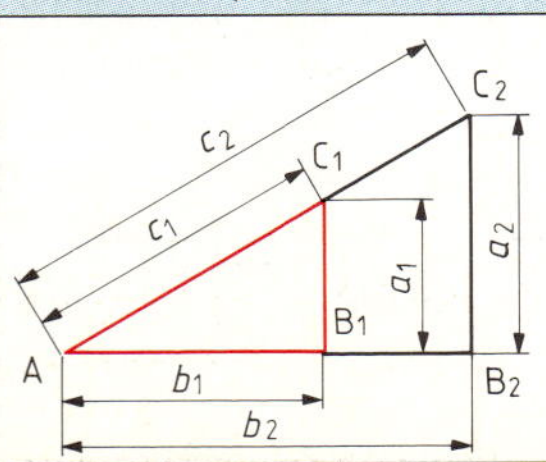

In ähnlichen Dreiecken verhalten sich die Seiten des Dreiecks (A B_1 C_1) wie die gleichliegenden Seiten des Dreiecks (A B_2 C_2)

$$\frac{a_1}{b_1} = \frac{a_2}{b_2}$$

$$\frac{a_1}{c_1} = \frac{a_2}{c_2}$$

$$\frac{b_1}{c_1} = \frac{b_2}{c_2}$$

Längen- und Flächenberechnungen

Quadrat

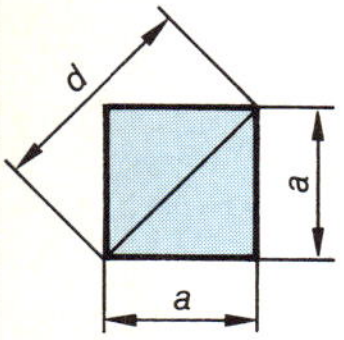

$A = a^2$

$U = 4 \cdot a$

$d = \sqrt{2} \cdot a$

Rechteck

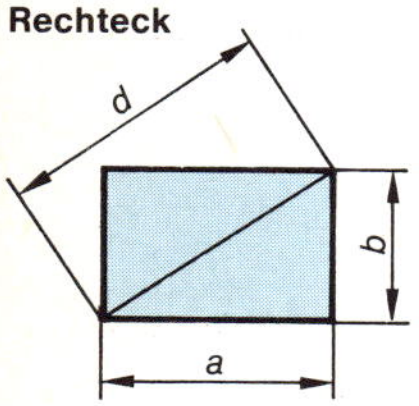

$A = a \cdot b$

$U = 2 \cdot (a + b)$

$d = \sqrt{a^2 + b^2}$

Raute (Rombus)

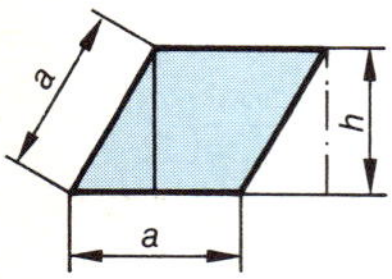

$A = a \cdot h$

$U = 4 \cdot a$

Parallelogramm

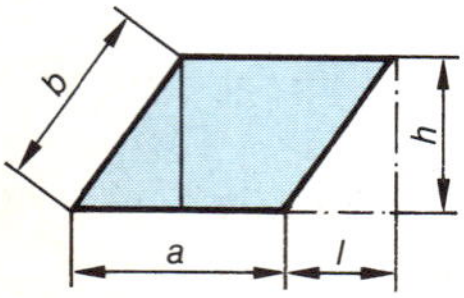

$A = a \cdot h$

$U = 2\,(a + \sqrt{l^2 + h^2})$

$U = 2\,(a + b)$

Trapez

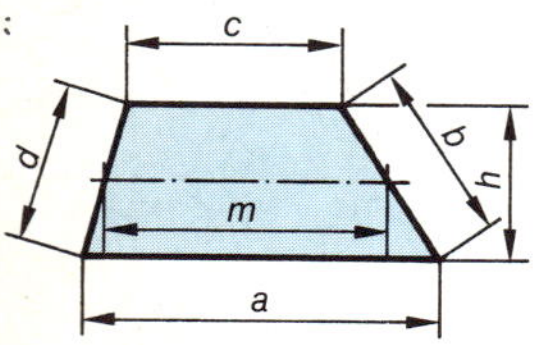

$A = m \cdot h$

$m = \dfrac{a + c}{2}$

$U = a + b + c + d$

Dreieck

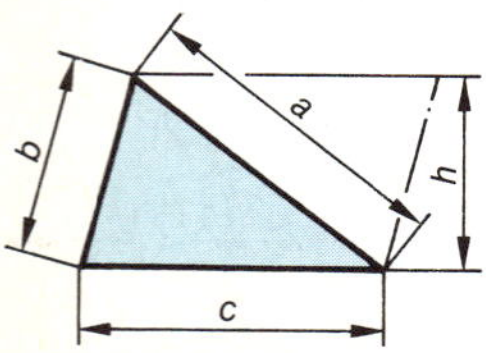

$A = \dfrac{c \cdot h}{2}$

$U = a + b + c$

Kreis

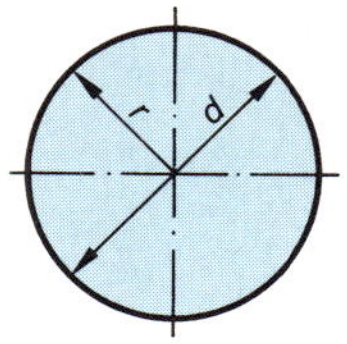

$A = \pi \cdot r^2$

$A = \dfrac{\pi \cdot d^2}{4}$

$U = \pi \cdot d$

Kreisring

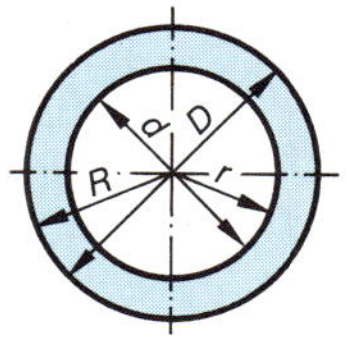

$A = \pi\,(R^2 - r^2)$

$A = \dfrac{\pi}{4}(D^2 - d^2)$

Kreisausschnitt

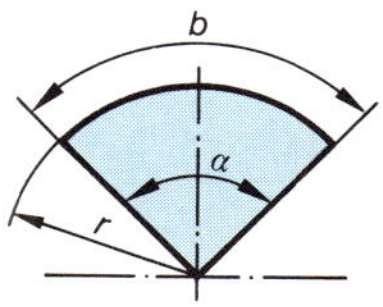

$A = \dfrac{b \cdot r}{2}$

$b = \dfrac{\pi \cdot r \cdot \alpha}{180°}$

Kreisabschnitt

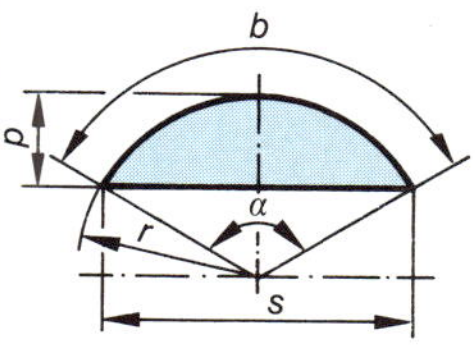

$A = \dfrac{b \cdot r - s\,(r - p)}{2}$

$b = \dfrac{\pi \cdot r \cdot \alpha}{180°}$

Ellipse

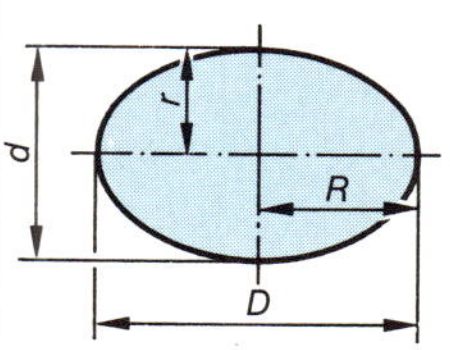

$A = \dfrac{\pi \cdot D \cdot d}{4}$

$U = \pi \cdot \dfrac{D + d}{2}$

$U = \pi \sqrt{2\,(R^2 + r^2)}$

Regelmäßige n-Ecke

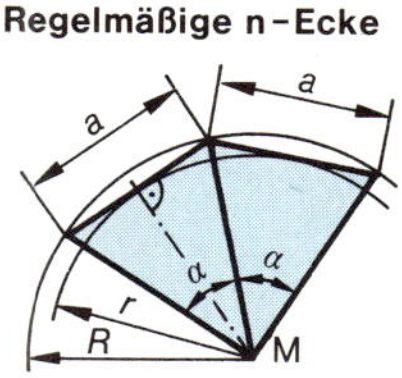

n: Anzahl der Ecken

$r = \dfrac{\alpha}{2} \cot \dfrac{\alpha}{2}$

$R = \dfrac{a}{2 \sin \dfrac{\alpha}{2}}$

$U = n \cdot a$

$A = \dfrac{n \cdot a^2}{4} \cot \dfrac{\alpha}{2}$

Körperberechnungen

Würfel

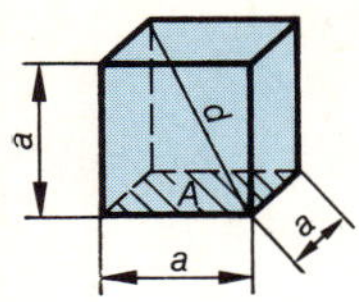

$V = a^3$

$d = a\sqrt{3}$

$A = 6 \cdot a^2$

Prisma

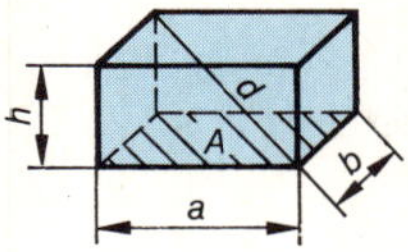

allgemein: $V = A \cdot h$

$V = a \cdot b \cdot h$

$d = \sqrt{a^2 + b^2 + h^2}$

$A = 2\,(a \cdot b + a \cdot h + b \cdot h)$

Zylinder

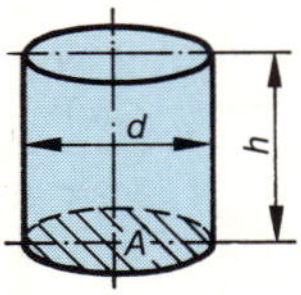

$V = \frac{\pi \cdot d^2}{4} \cdot h$

$A_M = \pi \cdot d \cdot h$

$A_0 = \pi \cdot d \cdot h + \frac{\pi \cdot d^2}{2}$

Hohlzylinder

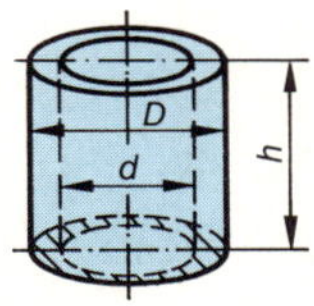

$V = \frac{\pi \cdot h}{4}\,(D^2 - d^2)$

Pyramide

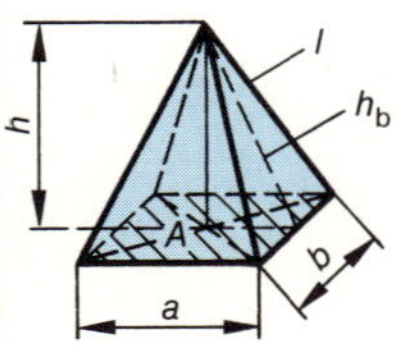

$V = \frac{a \cdot b \cdot h}{3}$

$h_b = \sqrt{h^2 + \frac{a^2}{4}}$

$l = \sqrt{h_b^2 + \frac{b^2}{4}}$

Pyramidenstumpf

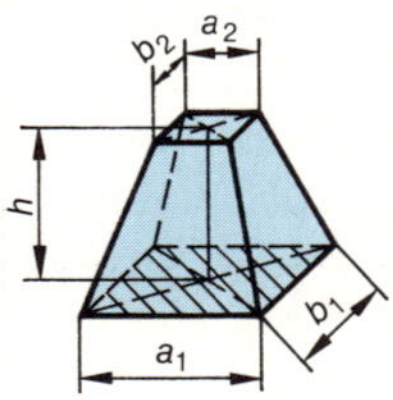

$V = \frac{h}{3}(a_1 \cdot b_1 + a_2 \cdot b_2$

$+ \sqrt{a_1 \cdot b_1 \cdot a_2 \cdot b_2})$

Kegel

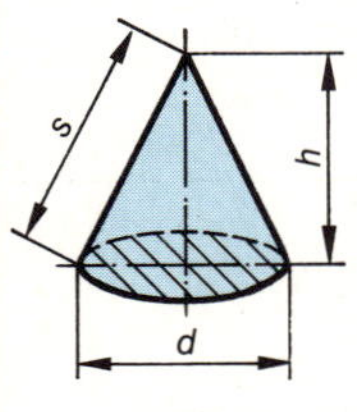

$V = \frac{\pi \cdot d^2 \cdot h}{12}$

$s = \sqrt{r^2 + h^2}$

$A_M = \pi \cdot r \cdot s$

$A_0 = \pi \cdot r \cdot s + \frac{\pi\, d^2}{4}$

Kegelstumpf

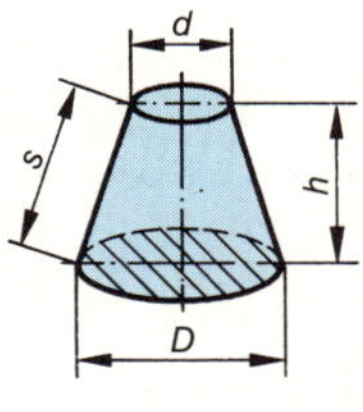

$V = \frac{\pi \cdot h}{12}\,(D^2 + d^2 + D \cdot d)$

$s = \sqrt{h^2 + (R - r)^2}$

$A_M = \frac{\pi \cdot s}{2}\,(D + d)$

$A_0 = \frac{\pi \cdot s}{2}\,(D + d) + \frac{\pi}{4}\,(D^2 + d^2)$

Kugel

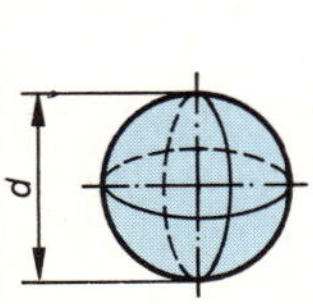

$V = \frac{4}{3}\pi \cdot r^3$

$V = \frac{\pi \cdot d^3}{6}$

$A = \pi \cdot d^2$

Kugelabschnitt

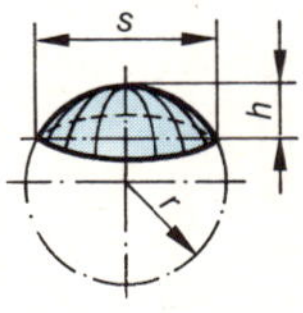

$V = \pi \cdot h^2\,(r - \frac{h}{3})$

$A = \pi \cdot 2 \cdot r \cdot h$

$A = \frac{\pi}{4}(s^2 + 4\,h^2)$

A_M: Mantelfläche
A_0: Gesamtoberfläche

Physikalische Größen und Einheiten

DIN 1301/12.85
DIN 1313/04.78

Größen	Erklärungen	Beispiele
Skalare	Zur eindeutigen Festlegung genügt die Angabe des ● Zahlenwertes und der ● Einheit	Masse, m Zeit, t Arbeit, W
Vektoren	Zur eindeutigen Festlegung sind erforderlich: ● Zahlenwert, ● Einheit, ● Richtung im Raum oder in der Ebene, ● Richtungssinn (Drehsinn) 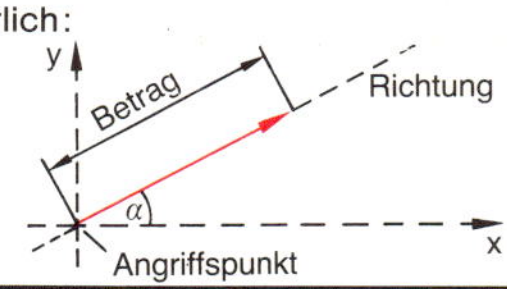	Kraft $\vec{F}$, Geschwindigkeit $\vec{v}$, Elektrische Feldstärke $\vec{E}$

Schreibweise

DIN 1313/04.78

Beispiel:					
	Größenwert	=	Zahlenwert	·	Einheit
	l	=	$\{l\}$	·	$[l]$
	l	=	3	·	m
	Länge	=	Zahlenwert der Länge	·	Einheit der Länge

Physikalische Gleichungen

DIN 1313/04.78

Größengleichungen	Einheitengleichungen	Zahlenwertgleichungen
z. B. $v = \frac{s}{t}$; $m = 8$ kg	z. B. 1 m = 100 cm 1 h = 3600 s	z. B. $\{v\} = 3{,}6 \frac{\{s\}}{\{t\}}$ v in km/h s in m t in s
Zugeschnittene Größengleichung		
z. B. $\frac{v}{\text{km/h}} = 3{,}6 \cdot \frac{s/\text{m}}{t/\text{s}}$		

SI-Basiseinheiten[1])

DIN 1301/12.85

Größe	Formelzeichen	Einheitenname	Einheitenzeichen
Länge	l	Meter	m
Masse	m	Kilogramm	kg
Zeit	t	Sekunde	s
elektrische Stromstärke	I	Ampere	A
thermodynamische Temperatur	T	Kelvin	K
Stoffmenge	n	Mol	mol
Lichtstärke	I_v	Candela	cd

Vorsätze und Vorsatzzeichen für dezimale Teile und Vielfache

DIN 1301/12.85

Faktor	Vorsätze	Vorsatzzeichen	Faktor	Vorsatz	Vorsatzzeichen
10^{-18}	Atto	a	10^{1}	Deka	da
10^{-15}	Femto	f	10^{2}	Hekto	h
10^{-12}	Piko	p	10^{3}	Kilo	k
10^{-9}	Nano	n	10^{6}	Mega	M
10^{-6}	Mikro	µ	10^{9}	Giga	G
10^{-3}	Milli	m	10^{12}	Tera	T
10^{-2}	Zenti	c	10^{15}	Peta	P
10^{-1}	Dezi	d	10^{18}	Exa	E

Einheitenähnliche Namen und Zeichen

DIN 1301 Bbl. 1, T 1, 04.82

Größe	Einheitenname	Einheitenzeichen	Bemerkungen
Pegel und Maße in der Nachrichtentechnik und Akustik	Neper Bel Dezibel	Np B dB	1 Np = (20/ln 10) dB ≈ 8,69 dB 1 dB = (ln 10/20) Np ≈ 0,115 Np
Lautstärkepegel L_S	Phon	phon	DIN 45 630 Teil 1
Lautheit S	Sone	sone	DIN 45 630 Teil 1
Anzahl der Binärentscheidungen, Entscheidungsgehalt, Informationsgehalt	Bit	bit	DIN 44 300

[1]) Système International d'Unités (Internationales Einheitensystem)

Formelzeichen und Einheiten

DIN 1301/12.85
DIN 1304/03.89

Formelzeichen	Bedeutung	SI-Einheitenzeichen	Einheitenname, Bemerkungen
Längen und ihre Potenzen, Winkel			
x, y, z	Kartesische Koordinaten	m	
α, β, γ ϑ, φ	ebener Winkel, Drehwinkel (bei Drehbewegungen)	rad	Radiant, 1 rad = 1 m/m 1 Vollwinkel = 2π rad Gon: 1 gon = (π/200) rad Grad: 1° = (π/180 rad) Minute: 1′ = (1/60)° Sekunde: 1″ = (1/60)′
Ω, ω	Raumwinkel	sr	Steradiant, 1 sr = 1 m^2/m^2
l	Länge	m	Meter, 1 int. Seemeile = 1852 m
b	Breite	m	
h	Höhe, Tiefe	m	
δ, d	Dicke, Schichtdicke	m	
r	Radius, Halbmesser, Abstand	m	
f	Durchbiegung, Durchhang	m	
d, D	Durchmesser	m	
s	Weglänge, Kurvenlänge	m	
A, S	Flächeninhalt, Fläche, Oberfläche	m^2	Quadratmeter, 1 a = 10^2 m^2,
S, q	Querschnittsfläche, Querschnitt	m^2	1 ha = 10^4 m^2
V	Volumen, Rauminhalt	m^3	Kubikmeter, 1 l (Liter) = 1 dm^3 = 1 L
Zeit und Raum			
t	Zeit, Zeitspanne, Dauer	s	Sekunde, min, h (Stunde), d (Tage)
T	Periodendauer, Schwingungsdauer	s	
τ, T	Zeitkonstante	s	
f, ν	Frequenz, Periodenfrequenz	Hz	Hertz, 1 Hz = 1 s^{-1}, $f = 1/T$
f_0	Kennfrequenz, Eigenfrequenz im ungedämpften Zustand	Hz	
ω	Kreisfrequenz, Pulsatanz (Winkelfrequenz)	s^{-1}	$\omega = 2\pi f$
n, f_r	Umdrehungsfrequenz (Drehzahl)	s^{-1}	1 min^{-1} = (1/60)s^{-1}
ω, Ω	Winkelgeschwindigkeit, Drehgeschw.	rad/s	
α	Winkelbeschleunigung, Drehbeschl.	rad/s^2	
λ	Wellenlänge	m	
v, u, w, c	Geschwindigkeit	m/s	1 km/h = 1/3,6 (m/s)
c	Ausbreitungsgeschw. einer Welle	m/s	
a	Beschleunigung	m/s^2	
g	örtliche Fallbeschleunigung	m/s^2	g_n = 9,80665 m/s^2 (Normfallbeschl.)
Mechanik			
m	Masse, Gewicht als Wägeergebnis	kg	Kilogramm, 1 t (Tonne) = 1 Mg
ϱ, ϱ_m	Dichte, Massendichte, volumenbezogene Masse	kg/m^3	1 g/cm^3 = 1 kg/dm^3 = 1 Mg/m^3
F	Kraft	N	Newton, 1 N = 1 kg · m/s^2 = 1 J/m
F_G, G	Gewichtskraft	N	
G, f	Gravitationskonstante	N · m^2/kg^2	
M	Kraftmoment, Drehmoment	N · m	
p	Bewegungsgröße, Impuls	kg · m/s	
L	Drall, Drehimpuls	kg · m^2/s	
p	Druck	Pa	Pascal, 1 Pa = 1 N/m^2, 1 bar = 10^5 Pa
σ	Normalspannung, Zug- oder Drucksp.	N/m^2	
ε	Dehnung, relative Längenänderung	1	$\varepsilon = \Delta l/l$
E	Elastizitätsmodul	N/m^2	$E = \sigma/\varepsilon$
μ, f	Reibungszahl	1	$\mu = F_R/F_N$, F_R: Reibungskraft
W, A	Arbeit	J	Joule, 1 J = 1 N · m = 1 W · s
E, W	Energie	J	1 Wh = 3,6 kJ, eV (Elektronenvolt)
E_p, W_p	potentielle Energie	J	
E_k, W_k	kinetische Energie	J	
P	Leistung	W	Watt, 1 W = 1 J/s
η	Wirkungsgrad	1	

Formelzeichen und Einheiten

DIN 1301/12.85
DIN 1304/03.89

Formelzeichen	Bedeutung	SI-Einheitenz.	Einheitenname, Bemerkungen
Elektrizität und Magnetismus			
Q	elektrische Ladung, Elektrizitätsmenge	C	Coulomb, 1 C = 1 A · s, 1 A · h = 3,6 kC
e	Elementarladung	C	
D	elektrische Flußdichte,	C/m^2	
P	elektrische Polarisation	C/m^2	
φ, φ_e	elektrisches Potential	V	Volt, 1 V = 1 J/C
U	elektr. Spannung, Potentialdifferenz	V	
E	elektrische Feldstärke	V/m	1 V/mm = 1 kV/m
C	elektrische Kapazität	F	Farad, 1 F = 1 C/V, $C = Q/U$
ε	Permittivität	F/m	früher: Dielektrizitätskonstante
ε_o	elektrische Feldkonstante	F/m	Permittivität des leeren Raumes
ε_r	Permittivitätszahl, relat. Permittivität	1	früher: Dielektrizitätszahl
I	elektrische Stromstärke	A	Ampere
J	elektrische Stromdichte	A/m^2	$1\ A/mm^2 = 1\ MA/m^2$, $J = I/A$
Θ	elektrische Durchflutung	A	
V, V_m	magnetische Spannung	A	
H	magnet. Feldstärke	A/m	1 A/mm = 1 kA/m
Φ	magnetischer Fluß	Wb	Weber, 1 Wb = 1 V · s
B	magn. Flußdichte (magn. Induktion)	T	Tesla, $1\ T = 1\ Wb/m^2$, $B = \Phi/S$
L	Induktivität, Selbstinduktivität	H	Henry, 1 H = 1 Wb/A
μ	Permeabiltät	H/m	$\mu = B/H$
μ_o	magnetische Feldkonstante	H/m	Permeabiltät des leeren Raumes
μ_r	Permeabiltätszahl, relat. Permeabilität	1	$\mu_r = \mu/\mu_o$
H_i, M	Magnetisierung	A/m	1 A/mm = 1 kA/m, $M = B/\mu_o - H$
R_m	magnetischer Widerstand, Reluktanz	H^{-1}	
Λ	magnetischer Leitwert, Permeanz	H	
R	elektr. Widerstand, Wirkwiderstand, Resistanz	Ω	Ohm, 1 Ω = 1 V/A
G	elektr. Leitwert, Wirkleitwert, Konduktanz	S	Siemens, $1\ S = 1\ \Omega^{-1}$, $G = 1/R$
ϱ	spez. elektr. Widerstand, Resistivität	Ω · m	$1\ \mu\Omega \cdot cm = 10^{-8}\ \Omega \cdot m$, $1\ \Omega \cdot mm^2/m = 10^{-6}\ \Omega \cdot m = 1\ \mu\Omega\ m$
γ, σ, $\varkappa$	elektrische Leitfähigkeit, Konduktivität	S/m	$\gamma = 1/\varrho$
X	Blindwiderstand, Reaktanz	Ω	
B	Blindleitwert, Suszeptanz	S	$B = 1/X$
Z, $\|Z\|$	Scheinwiderstand, Betrag d. Impedanz	Ω	$\underline{Z}$: Impedanz (komplexe Impedanz)
Y, $\|Y\|$	Scheinleitwert, Betrag d. Admittanz	S	$\underline{Y}$: Admittanz (komplexe Admittanz)
Z_w, Γ	Wellenwiderstand	Ω	
W	Energie, Arbeit	J	
P, P_p	Wirkleistung	W	
Q, P_q	Blindleistung	W	Energietechnik: var (Var), 1 var = 1 W
S, P_s	Scheinleistung	W	Energietechnik: VA (Voltampere)
φ	Phasenverschiebungswinkel	rad	auch Winkel der Impedanz
δ_ε, δ_μ	Verlustwinkel (Permittivität, Permeabil.)	rad	
λ	Leistungsfaktor	1	$\lambda = P/S$, Elektrotechnik: $\lambda = \cos\varphi$
d	Verlustfaktor	1	
k	Oberschwingungsgehalt, Klirrfaktor	1	
N, w	Windungszahl	1	
Akustik, Atom- und Kernphysik			
p	Schalldruck	Pa	Pascal
c, c_a	Schallgeschwindigkeit	m/s	
P, P_a	Schalleistung	W	
L_p, L	Schalldruckpegel		wird in dB angegeben
L_N	Lautstärkepegel		wird in phon angegeben
N	Lautheit		wird in sone angegeben
A	Aktivität einer radioakt. Substanz	Bq	Becquerel, 1 Bq = 1/s
H	Äquivalentdosis	S_v	Sievert, $1\ S_v = 1\ J/kg$

Formelzeichen und Einheiten

DIN 1301/12.85
DIN 1304/03.89

Formelzeichen	Bedeutung	SI-Einheitenz.	Einheitenname, Bemerkungen
Thermodynamik und Wärmeübertragung			
T, Θ	Temperatur, thermodyn. Temperatur	K	Kelvin
ΔT, Δt, $\Delta\vartheta$	Temperaturdifferenz	K	
t, ϑ	Celsius-Temperatur	°C	Grad Celsius, $t = T - T_o$, $T_o = 273{,}15\,K$
α_l	(therm.) Längenausdehnungskoeffiz.	K^{-1}	
α_V, γ	(therm.) Volumenausdehnungsk.	K^{-1}	
Q	Wärme, Wärmemenge	J	Joule
Φ_{th}, Φ, $\dot{Q}$	Wärmestrom	W	
R_{th}	therm. Widerstand, Wärmewiderstand	K/W	$R_{th} = \Delta\vartheta/\Phi_{th}$
G_{th}	therm. Leitwert, Wärmeleitwert	W/K	$G_{th} = 1/R_{th}$
ϱ_{th}	spezifischer Wärmewiderstand	K · m/W	
λ	Wärmeleitfähigkeit	W/(m · K)	
α, h	Wärmeübergangskoeffizient	$W/(m^2 \cdot K)$	
k	Wärmedurchgangskoeffizient	$W/(m^2 \cdot K)$	
a	Temperaturleitfähigkeit	m^2/s	
C_{th}	Wärmekapazität	J/K	
c	spezifische Wärmekapazität	J/(kg · K)	auch: massenbez. Wärmekapazität
H_o	spezifischer Brennwert	J/kg	auch: massenbez. Brennwert
H_u	spezifischer Heizwert	J/kg	auch: massenbez. Heizwert
Licht, elektromagnetische Strahlung			
Q_e, W	Strahlungsenergie, Strahlungsmenge	J	
I_v	Lichtstärke	cd	Candela
Φ_v	Lichtstrom	lm	Lumen, 1 lm = 1 cd · sr
Q_v	Lichtmenge	lm · s	1 lm · h = 3600 lm · s
L_v	Leuchtdichte	cd/m^2	
E_v	Beleuchtungsstärke	lx	Lux, $1\,lx = 1\,lm/m^2 = 1\,cd \cdot sr/m^2$
η	Lichtausbeute	lm/W	
H_v	Belichtung	lx · s	
c_o	Lichtgeschw. im leeren Raum	m/s	
ε	Emissionsgrad	1	
f	Brennweite	m	
n	Brechzahl	1	$n = c_o/c$
D	Brechwert von Linsen	m^{-1}	Dioptrie, $1\,dpt = 1\,m^{-1}$, $D = n/f$
ϱ	Reflexionsgrad	1	
α	Absorptionsgrad	1	

Physikalische Konstanten

Konstante	Formelzeichen	Zahlenwert und Einheit
Elektrische Feldkonstante	ε_o	$8{,}854 \cdot 10^{-12}$ As/Vm
Magnetische Feldkonstante	μ_o	$1{,}257 \cdot 10^{-6}$ Vs/Am
Elektrische Elementarladung	e	$1{,}6021 \cdot 10^{-19}$ C
Lichtgeschwindigkeit	c_o	$2{,}99792 \cdot 10^{8}$ m/s
Ruhemasse des Elektrons	m_e	$9{,}109 \cdot 10^{-31}$ kg
Ruhemasse des Protons	m_p	$1{,}6725 \cdot 10^{-24}$ g
Ruhemasse des Neutrons	m_n	$1{,}6748 \cdot 10^{-24}$ g
Boltzmann-Konstante	k	$1{,}381 \cdot 10^{-23}$ J/K
Planck-Konstante, Plancksches Wirkungsquantum	h	$6{,}626 \cdot 10^{-34}$ Js
Gravitationskonstante	G, f	$6{,}673 \cdot 10^{-14}\ m^3/(g \cdot s^2)$
Fallbeschleunigung	g	$9{,}80665\ m/s^2$
Absoluter Nullpunkt der thermodynamischen Temp.	T_o	−273,15 °C
Loschmidtsche Zahl	L	$6{,}023 \cdot 10^{23}$ Moleküle/mol

Indizes

DIN 1304/03.89

Index	Bedeutung	Beispiele
0	null, leerer Raum, Leerlauf	φ_0: Nullphasenwinkel, n_0: Leerlaufdrehzahl
1	eins, primär, Eingang, Anfang	U_1: Primärspannung, P_1: Eingangsleistung
2	zwei, sekundär, Ausgang, Ende	U_2: Sekundärsp., P_2: Ausgangsleistung
a	außen	d_a: Außendurchmesser
abs	absolut	μ_{abs}: absolute Permeabilität
amp	Amplitude	μ_{amp}: Amplituden-Permeabilität
an	anodisch	U_{an}: Anodenspannung
as	asynchron	n_{as}: asynchrone Umdrehungsfrequenz
A	Anlauf, Anzug	I_A: Anlaufstromstärke
dam	Dämpfung	f_{dam}: Eigenfrequenz bei Dämpfung
dyn	dynamisch	p_{dyn}: dynamischer Druck
eff	Effektivwert	B_{eff}: Effektivwert der magn. Flußdichte
el	elektrisch	W_{el}: elektrische Arbeit
en	energetisch	L_{en}: Strahldichte
E	Erde, Erdschluß	I_E: Erdstromstärke
f	Feld, Erregung	I_f: Erregerstromstärke
fin	Ende (finis)	α_{fin}: Endausschlag
G	Generator, Gewicht	P_G: Generatorleistung
h	Haupt-	Φ_h: magnetischer Hauptfluß
hyd	hydraulisch	p_{hyd}: hydraulischer Druck
H	Hysterese	P_H: Hystereseverluste
id	ideell	δ_{id}: ideeller Luftspalt
indu	induziert	U_{indu}: induzierte Spannung
k	Kurzschluß	I_k: Kurzschlußstromstärke
kat	kathodisch	I_{kat}: Kathodenstromstärke
kin	kinetisch	E_{kin}: kinetische Energie
lim	Grenzwert (limes)	ϑ_{lim}: Grenztemperatur
Lu	Luft	B_{Lu}: Luftspaltinduktion
mag	magnetisch	W_{mag}: magnetische Energie
max	maximal	δ_{max}: Maximalausschlag
mec	mechanisch	E_{mec}: mechanische Energie
min	minimal	α_{min}: Minimalausschlag
n	allgemeine Zahl, Normzustand	ω_n: Kreisfrequenz der n-ten Teilschwingung
N	normal (⊥)	F_N: Normalkraft
ob	oberer, oben	
or	Ursprung, Anfang (origo)	U_{or}: Urspannung
p	Wirk- (bei elektr. Leistungen)	P_p: Wirkleistung
par	parallel	R_{par}: Parallelwiderstand, Shunt
ph	Phase	c_{ph}: Phasengeschwindigkeit
pot	potentiell	E_{pot}: potentielle Energie
pul	Puls	f_{pul}: Pulsfrequenz
Q	Blind- (bei elektr. Leistungen)	P_Q: Blindleistung
rel	relativ	μ_{rel}: Permeabilitätszahl, relative Permeabilität
R	Reibung, ohmscher Widerstand	F_R: Reibungskraft, U_R: elektr. Sp. am Widerstand
s	Schein- (bei elektr. Leistungen)	P_s: Scheinleistung
ser	Reihe, Serie	R_{ser}: Reihenschlußwiderstand
str	Ständer (Stator)	d_{str}: Ständerdurchmesser
syn	synchron	n_{syn}: synchrone Umdrehungsfrequenz
t	Augenblickswert, Zeitabhängigkeit	P_t: Augenblickswert der Leistung
th	Wärme, thermisch	R_{th}: Wärmewiderstand
tot	total	μ_{tot}: totale Permeabilität
v	Verlust	P_v: Verlustleistung
w	Wirk-, Wirbel	I_w: Wirkkomponente eines Wechselstromes
X	induktiver Widerstand, Blindwiderstand	U_x: Blindkomponente einer Wechselspannung
zul	zulässig	v_{zul}: zulässige Geschwindigkeit
δ	Luftspalt	B_δ: Luftspaltinduktion
σ	Streuung	Φ_σ: magnetischer Streufluß

Masse und Kraft

Masse, Kraft und Gewichtskraft — DIN 1305/01.88

	Masse	Kraft	Gewichtskraft
Formelzeichen	m	F	F_G, G
Einheitenzeichen	kg	N (Newton), $1\,N = 1\,kg \cdot m/s^2$	N, $1\,N = 1\,kg \cdot m/s^2$
Definition	Die physikalische Masse m ist die Eigenschaft eines Körpers, die sich sowohl in Trägheitswirkungen gegenüber einer Änderung seines Bewegungszustandes als auch in der Anziehung auf andere Körper äußert (Gravitation). **Die Masse ist ortsunabhängig.**	Die physikalische Kraft F kann als Produkt der Masse m eines Körpers und der Beschleunigung a, die er unter der Kraft F erfahren würde, dargestellt werden: $F = m \cdot a$	Die Gewichtskraft F_G ist das Produkt aus der Masse m eines Körpers und der (örtlichen) Fallbeschleunigung g: $F_G = m \cdot g$ **Die Gewichtskraft ist ortsabhängig.**

Beispiele:

Ort	Masse in kg	Fallbeschleunigung in $\frac{m}{s^2}$	Gewichtskraft in N
Äquator (Erde)	100	9,78	978
Pol (Erde)	100	9,84	984
Mond	100	1,62	162
Jupiter	100	25,99	2599

Zusammensetzung von Kräften

Winkel zwischen den Kräften	Wirkungslinie	Zeichnerische Darstellung	Resultierende Kraft F_R
$\alpha = 0°$	gleich	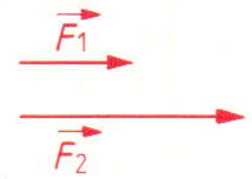	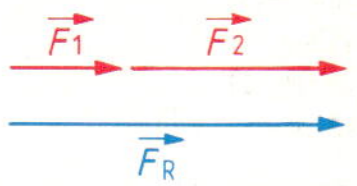 $F_R = F_1 + F_2$
$\alpha = 180°$	gleich		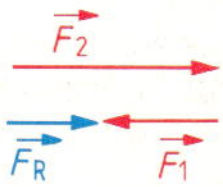 $F_R = F_2 - F_1$
$\alpha = 90°$	senkrecht zueinander	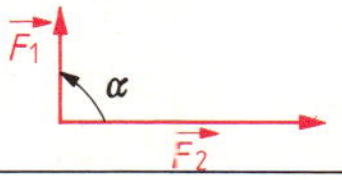	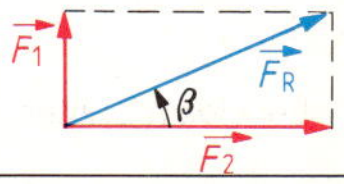 $F_R = \sqrt{F_1^2 + F_2^2}$ $\tan\beta = \frac{F_1}{F_2}$
α beliebig	beliebig	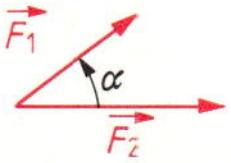	$F_R = \sqrt{F_1^2 + F_2^2 - 2\,F_1 \cdot F_2 \cdot \cos(180° - \alpha)}$ 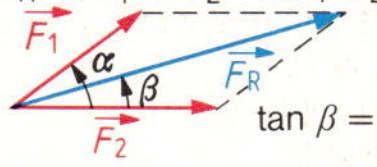 $\tan\beta = \frac{F_1 \cdot \sin\alpha}{F_2 + F_1 \cdot \cos\alpha}$

Zerlegung von Kräften

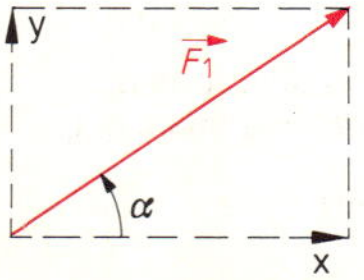

Zerlegung ⟹ in Komponenten

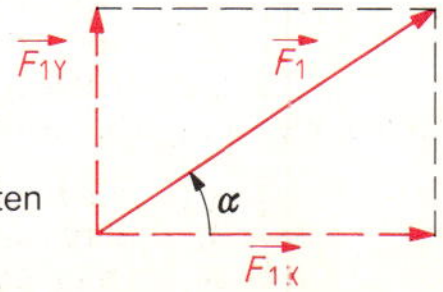

$\vec{F}_{1x}$ und $\vec{F}_{1y}$ sind die Komponenten von $\vec{F}_1$ in Richtung des vorgegebenen Koordinatensystems.

$F_{1x} = F_1 \cdot \cos\alpha$
$F_{1y} = F_1 \cdot \sin\alpha$

Mechanische Arbeit, Leistung und Drehmoment

	Arbeit	Leistung	Drehmoment
Formelzeichen	W	P	M
Einheitenzeichen	J (Joule) N m (Newtonmeter) W s (Wattsekunde)	W (Watt) $\frac{\text{N m}}{\text{s}}$	N m
Definition	Eine mechanische Arbeit wird verrichtet, wenn an einem Körper längs eines Weges s eine Kraft F wirkt. $W = F \cdot s$	Die Leistung ist der Quotient aus der Arbeit W und der Zeit t. $P = \frac{W}{t}$ mit $W = F \cdot s$ und $v = \frac{s}{t}$: $P = F \cdot v$	Ein Drehmoment entsteht, wenn eine Kraft außerhalb eines Drehpunktes angreift. 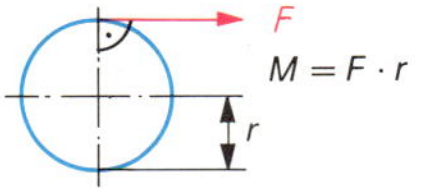 r: Abstand vom Drehpunkt

Beispiele für mechanische Arbeit

Hubarbeit	Reibungsarbeit	Federspannarbeit
Bedingung: F und v sind konstant	Bedingung: F und v sind konstant	Bedingung: Elastische Feder $F \sim s$, $D = \frac{F}{s}$
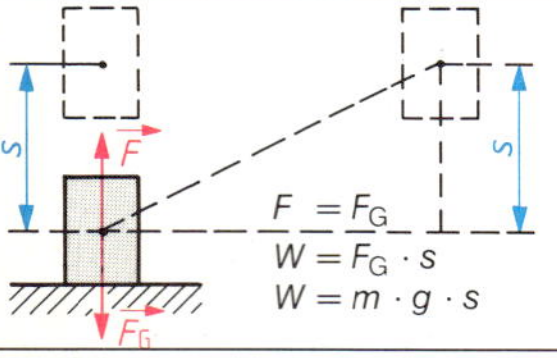	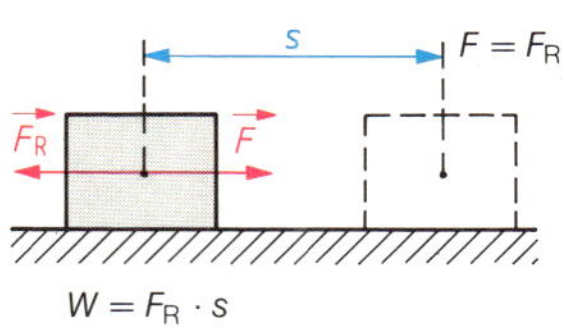	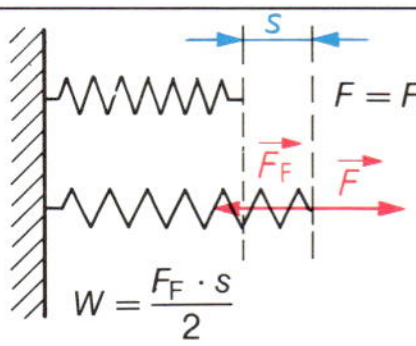
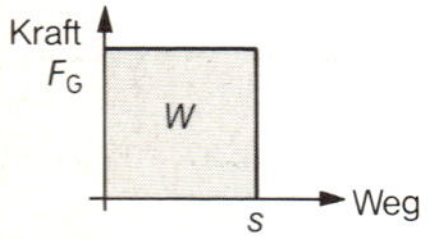	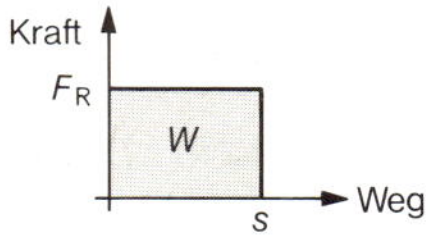	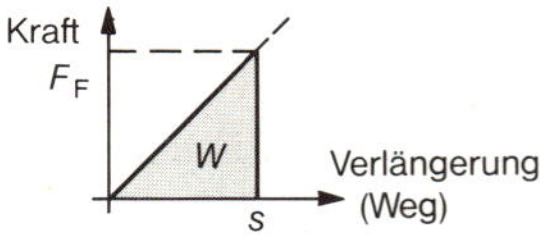

Wirkungsgrad η

Einzelwirkungsgrad

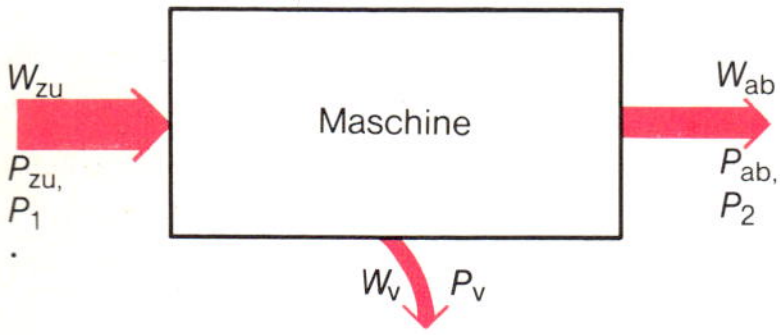

P_v: Verlustleistung

Der Wirkungsgrad ist gleich dem Quotienten aus der abgegebenen Arbeit W_{ab} (Leistung) und der zugeführten Arbeit W_{zu} (Leistung)

$$\eta = \frac{W_{ab}}{W_{zu}}; \quad \eta = \frac{P_{ab}}{P_{zu}}; \quad \eta = \frac{P_2}{P_1}$$

Angabe in Prozent oder als Zahl.
z. B. $\eta = 0{,}82 \triangleq 82\,\%$

$$W_v = W_{zu} - W_{ab}; \quad P_v = P_{zu} - P_{ab}$$

Gesamtwirkungsgrad

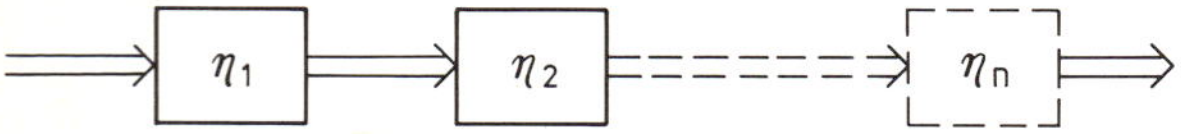

$$\eta_{ges} = \eta_1 \cdot \eta_2 \cdot \ldots \cdot \eta_n$$

Mechanische Energie

Formelzeichen: *E, W*
Einheitenzeichen: N m (Newtonmeter), W s (Wattsekunde), J (Joule) 1 N m = 1 W s = 1 J

Umwandlung von Arbeit in Energie

Arbeit → Energie		$W = E$
Hubarbeit → Energie der Lage potentielle Energie		$E_p = m \cdot g \cdot s$
Federspannarbeit → Spannenergie, potentielle Energie		$E_s = \frac{F \cdot s}{2}$
Beschleunigungsarbeit → Bewegungsenergie, kinetische Energie		$E_k = \frac{m \cdot v^2}{2}$

Energieerhaltung

Wenn Energien umgewandelt werden, ist die Summe immer konstant.

$E_p + E_k = \text{konstant}$

Beispiel Hubarbeit

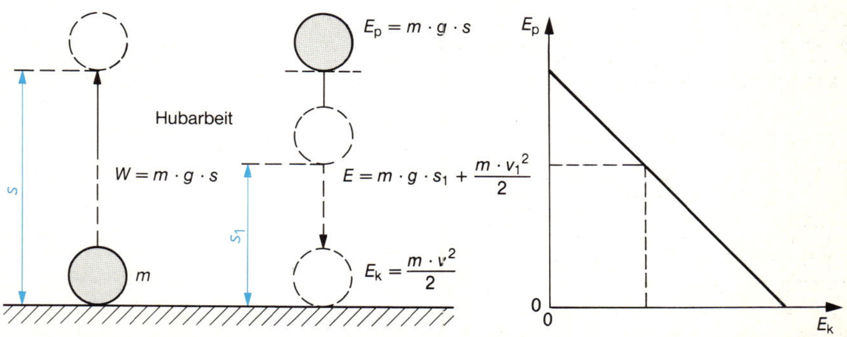

Reibung

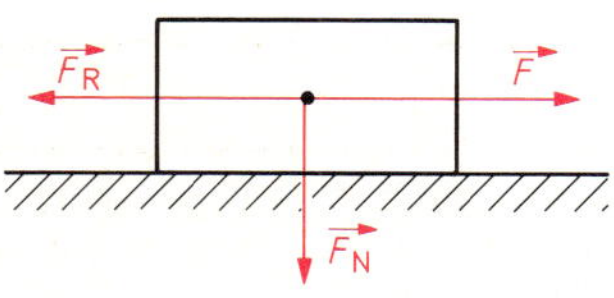

$F_R = \mu \cdot F_N$

F_R: Reibungskraft
μ: Reibungszahl
F_N: Normalkraft

Die Reibungskraft hängt nicht von der Größe der Berührungsfläche ab.

Haftreibung	Gleitreibung	Rollreibung
Haftreibung tritt auf, bevor sich ein Körper bewegt.	Wenn Körper aufeinander gleiten, tritt Gleitreibung auf.	Wenn ein Körper auf einem anderen Körper rollt, tritt Rollreibung auf.

Beispiele für Reibungszahlen

Stoffe	Haftreibungszahl	Gleitreibungszahl		Rollreibungszahl
		trocken	flüssig	
Gleitlager	0,1	–	0,03	
Stahl auf Stahl	0,3	0,2	0,04	0,001
Stahl auf Holz	0,5	0,3	0,05	
Lederriemen auf Stahl	0,6	0,3	–	
Gummireifen auf Asphalt	0,8	0,7	0,3	0,02 ... 0,03
Mauerwerk auf Beton	1,0	0,8	–	

Hebel und Rollen

Unter Vernachlässigung der Reibung gilt:
Aufgenommene Arbeit (Energie) = Abgegebene Arbeit (Energie)

$$W_1 = W_2$$
$$F_1 \cdot l_1 = F_2 \cdot l_2$$
$$M_1 = M_2$$

Maschine	Momentengleichgewicht		Arbeit	
Zweiseitig ungleicharmiger Hebel	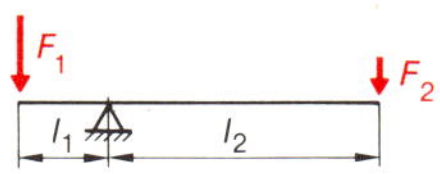	$F_1 \cdot l_1 = F_2 \cdot l_2$	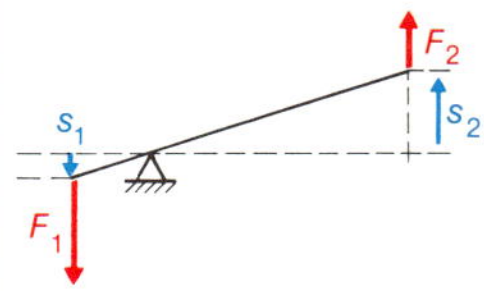	$F_1 \cdot s_1 = F_2 \cdot s_2$
Einseitig ungleicharmiger Hebel	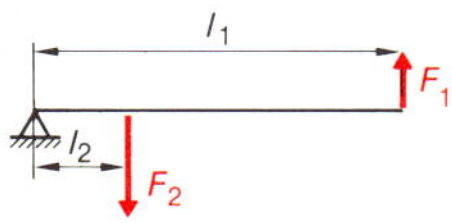	$F_1 \cdot l_1 = F_2 \cdot l_2$	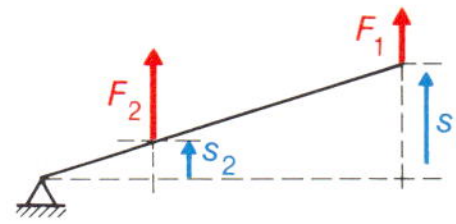	$F_1 \cdot s_1 = F_2 \cdot s_2$
Feste Rolle	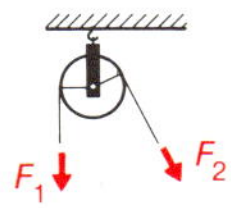	$F_1 = F_2$	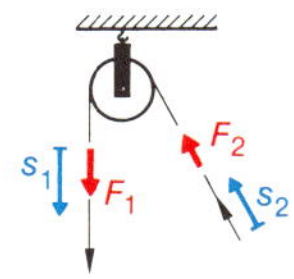	$F_1 \cdot s_1 = F_2 \cdot s_2$
Lose Rolle	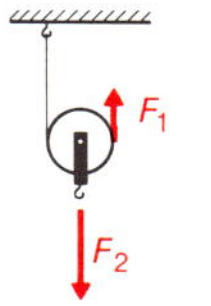	$F_1 = \frac{F_2}{2}$	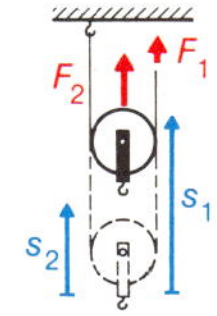	$F_1 \cdot s_1 = F_2 \cdot s_2$
Flaschenzug	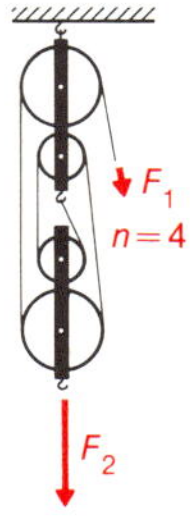	$F_1 = \frac{F_2}{n}$	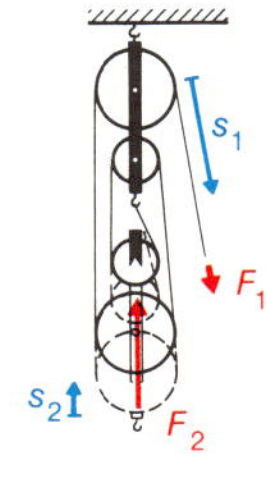	$F_1 \cdot s_1 = F_2 \cdot s_2$
	Gleichgewichtsbedingung		Kraftaufteilung	
Schiefe Ebene	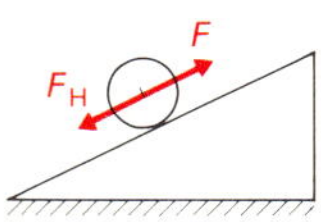	$F_H = F$	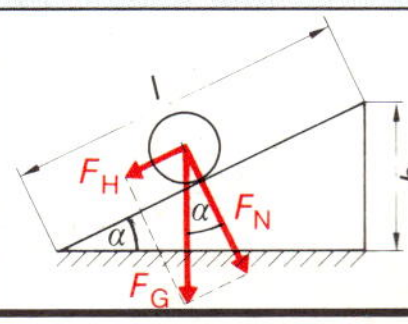	$F_H = \frac{F_G \cdot h}{l}$

Antriebe

Bezeichnung	Darstellung	Erläuterungen	Formeln
Riemenantrieb, einfache Übersetzung	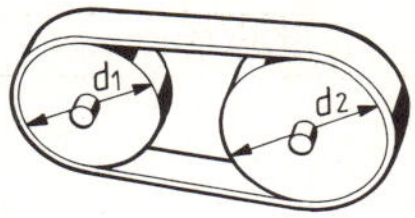	d_1: Durchmesser des antreibenden Rades n_1: Drehzahl des antreibenden Rades i: Übersetzungsverhältnis d_2: Durchmesser des angetriebenen Rades n_2: Drehzahl des angetriebenen Rades	$i = \frac{n_1}{n_2}$ $i = \frac{d_2}{d_1}$ $d_1 \cdot n_1 = d_2 \cdot n_2$
Riemenantrieb, doppelte Übersetzung	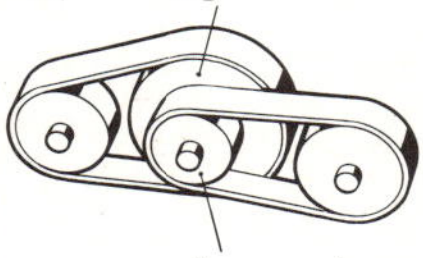	i_{ges}: Gesamtes Übersetzungsverhältnis i_1, i_2: Einzelübersetzungsverhältnisse	$i_{ges} = i_1 \cdot i_2$ $i_{ges} = \frac{n_1}{n_4}$ $i_{ges} = \frac{d_2 \cdot d_4}{d_1 \cdot d_3}$ $n_4 = n_1 \frac{d_1 \cdot d_3}{d_2 \cdot d_4}$
Zahnradantrieb, einfache Übersetzung	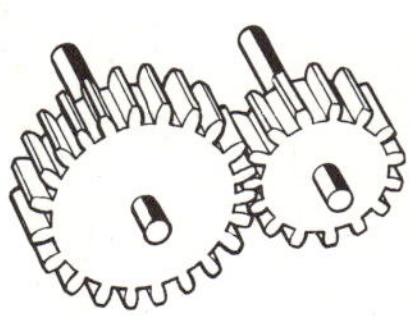	z: Zähnezahl z_1: Zähnezahl des antreibenden Zahnrades z_2: Zähnezahl des angetriebenen Zahnrades	$i = \frac{n_1}{n_2}$ $i = \frac{z_2}{z_1}$ $n_1 \cdot z_1 = n_2 \cdot z_2$
Zahnradantrieb, doppelte Übersetzung	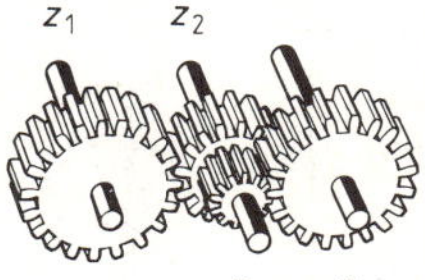	i_{ges}: Gesamtes Übersetzungsverhältnis	$i_{ges} = i_1 \cdot i_2$ $i_{ges} = \frac{n_1}{n_4}$ $i_{ges} = \frac{z_2 \cdot z_4}{z_1 \cdot z_3}$ $n_4 = n_1 \frac{z_1 \cdot z_3}{z_2 \cdot z_4}$
Schneckenantrieb	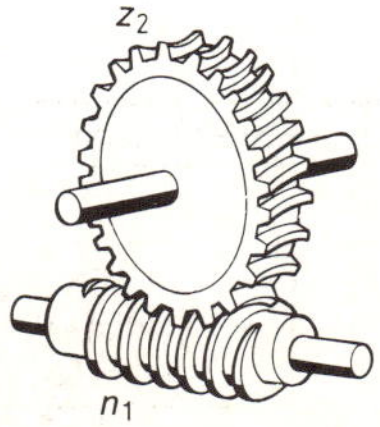		$i = \frac{n_1}{n_2}$ $i = \frac{z_2}{z_1}$ $n_1 \cdot z_1 = n_2 \cdot z_2$

Bewegungen

Formelzeichen und Einheiten

s: Weg, Strecke	$[s]$ = m, km	
t: Zeit	$[t]$ = s, min, h	
v: Geschwindigkeit	$[v] = \frac{\text{m}}{\text{s}}; \quad \frac{\text{km}}{\text{h}}; \quad \frac{\text{m}}{\text{min}};$	$1\,\frac{\text{km}}{\text{h}} = \frac{1}{3{,}6}\,\frac{\text{m}}{\text{s}} = 0{,}278\,\frac{\text{m}}{\text{s}}; \qquad 60\,\frac{\text{m}}{\text{min}} = 3{,}6\,\frac{\text{km}}{\text{h}}$
a: Beschleunigung	$[a] = \frac{\text{m}}{\text{s}^2}$	

Allgemeine Beziehungen

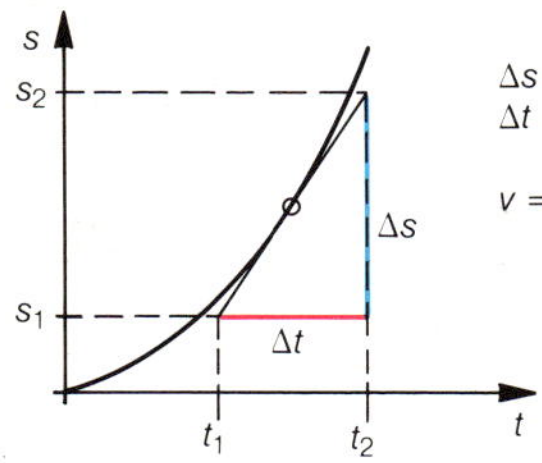

$\Delta s = s_2 - s_1$
$\Delta t = t_2 - t_1$

$v = \frac{\Delta s}{\Delta t}$

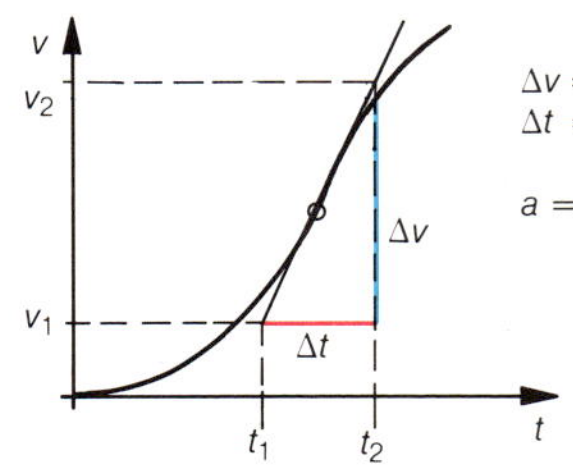

$\Delta v = v_2 - v_1$
$\Delta t = t_2 - t_1$

$a = \frac{\Delta v}{\Delta t}$

Sonderfälle

	Geradlinig gleichförmige Bewegung	Gleichmäßig beschleunigte Bewegung	
	In gleichen Zeiten werden gleiche Wegstrecken zurückgelegt.	In gleichen Zeiten werden ungleiche Wegstrecken zurückgelegt.	
		positive Beschleunigung	**negative Beschleunigung**
Weg	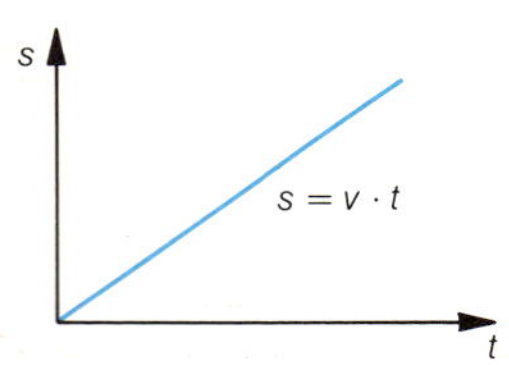	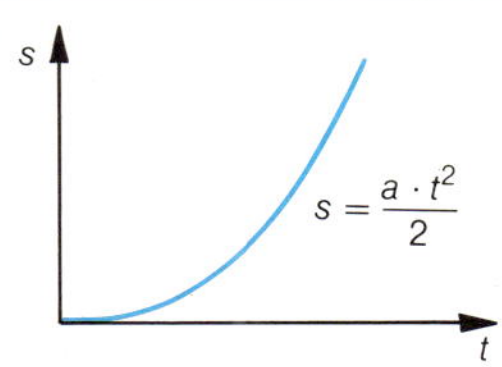	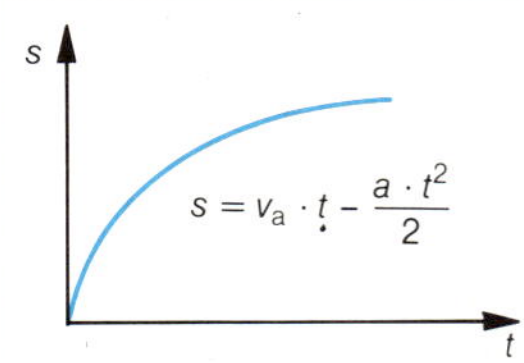
Geschwindigkeit	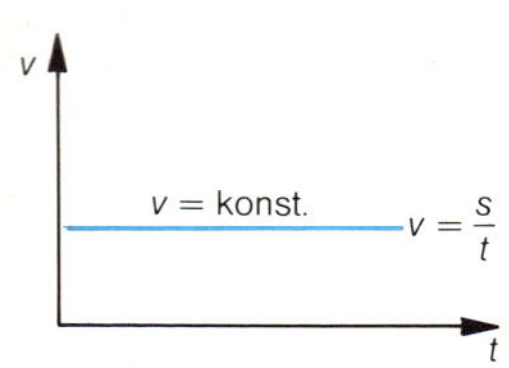	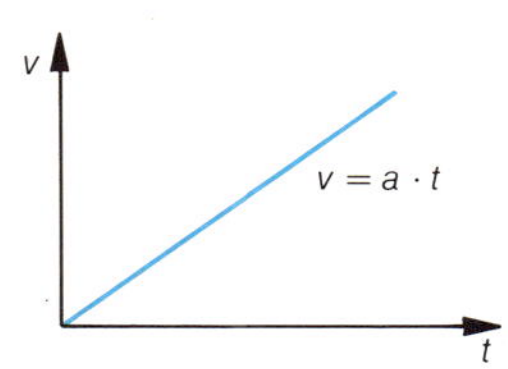	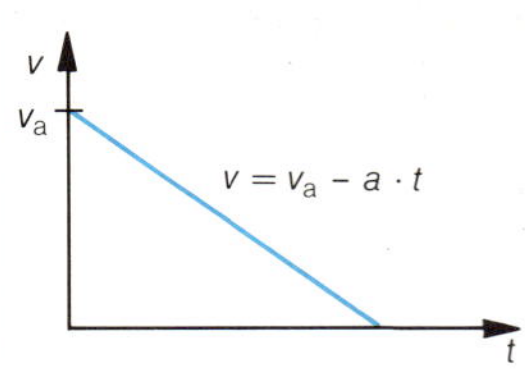
Beschleunigung	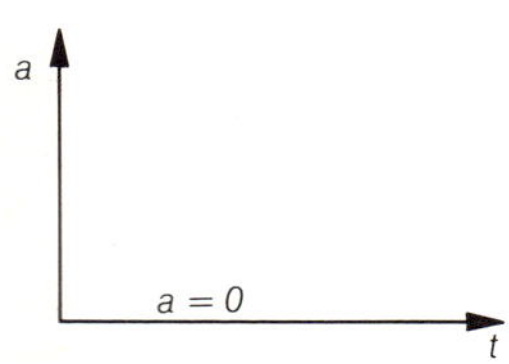	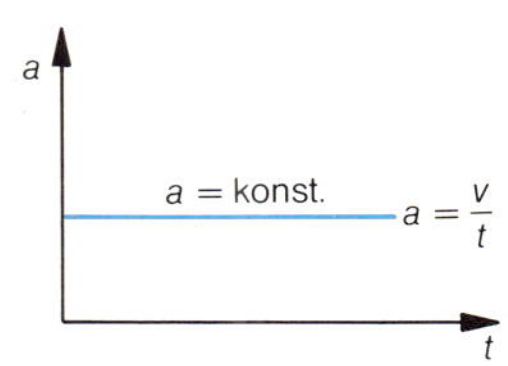	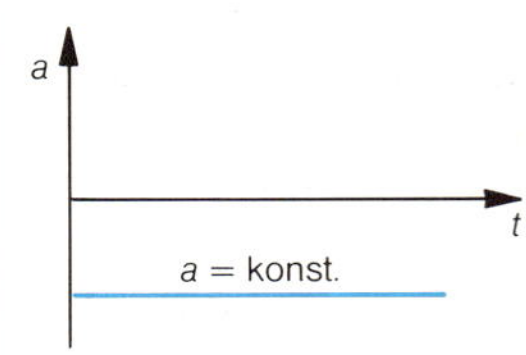

Freier Fall
(gleichmäßig beschleunigte Bewegung im Vakuum)

$s = \frac{g \cdot t^2}{2}$

$v = g \cdot t; \quad v = \sqrt{2g \cdot s}$

g: Fallbeschleunigung

$g = 9{,}80665\,\frac{\text{m}}{\text{s}^2}$

Gleichförmige Kreisbewegung

Geschwindigkeit v

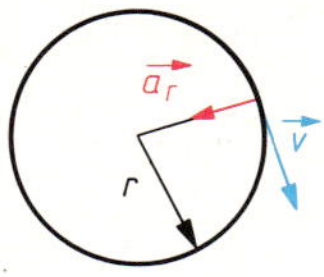

Der Betrag der Geschwindigkeit ist stets gleich.

T: Zeit für eine Umdrehung

$2\pi \cdot r$: Wegstrecke bei einer Umdrehung

$$v = \frac{s}{t}$$

$$v = \frac{2\pi \cdot r}{T}$$

Die Richtung der Geschwindigkeit ändert sich ständig. Deshalb tritt eine Radialbeschleunigung a_r auf. Sie ist stets zum Mittelpunkt gerichtet.

$$a_r = \frac{v^2}{r}$$

Winkelgeschwindigkeit ω

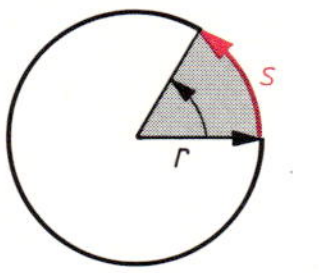

α_G: Winkel im Gradmaß
α_B: Winkel im Bogenmaß

In der Zeit T wird der Vollwinkel von 360° (2π) überstrichen.

ω: Winkelgeschwindigkeit
$[\omega] = \frac{1}{s}$

$$\alpha_B = \frac{s}{r}$$

$$\frac{\alpha_G}{\alpha_B} = \frac{360°}{2\pi}$$

$$\omega = \frac{2\pi}{T}$$

Weg

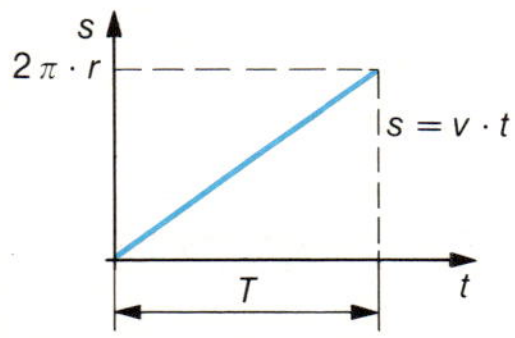

Geschwindigkeit

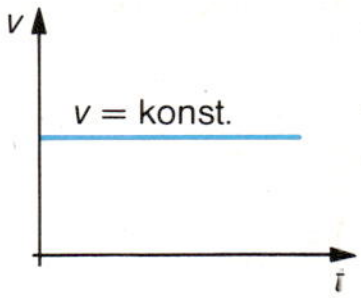

$$v = \frac{2\pi \cdot r}{T}$$

$$n = \frac{1}{T}$$

$$v = d \cdot \pi \cdot n$$

$$v = \frac{\omega \cdot d}{2}$$

Winkelgeschwindigkeit

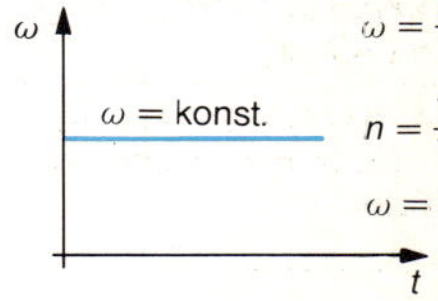

$$\omega = \frac{2\pi}{T}$$

$$n = \frac{1}{T}$$

$$\omega = 2\pi \cdot n$$

Leistung und Drehmoment

allgemein: $P = \omega \cdot M$

$P = 2\pi \cdot n \cdot M$

n in $\frac{1}{s}$

$$P = \frac{n \cdot M}{9549}$$

P in kW
M in Nm
n in $\frac{1}{\text{min}}$

Dichte, spezifisches Volumen

DIN 1306/06.84

Die Dichte ϱ eines Stoffes ist der Quotient aus der Masse m und dem Volumen V. (vgl. S. 287).

Einheit: $\frac{g}{cm^3}$; $\frac{kg}{dm^3}$; $\frac{Mg}{m^3}$

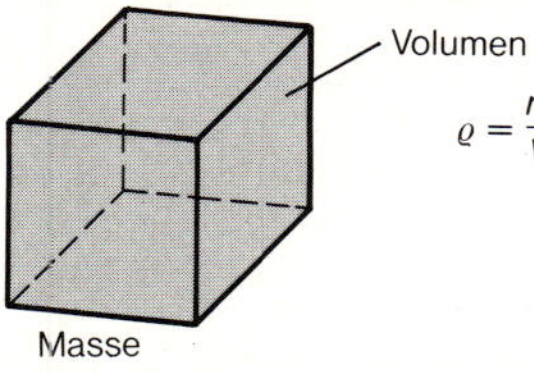

$$\varrho = \frac{m}{V}$$

Auftriebskraft

Die Auftriebskraft, die ein Körper in einer Flüssigkeit erfährt, ist gleich der Gewichtskraft der von diesem Körper verdrängten Flüssigkeit.

F_A: Auftriebskraft
ϱ_{Fl}: Dichte der Flüssigkeit
V_K: Volumen des eingetauchten Körpers
g: Fallbeschleunigung
F_G: Gewichtskraft des Körpers
m_{Fl}: Masse der Flüssigkeit

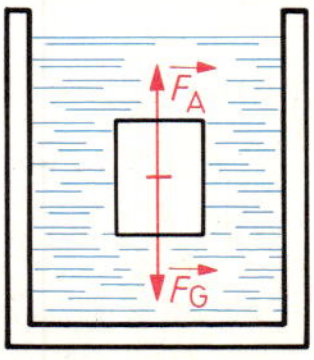

$$F_A = m_{Fl} \cdot g$$

$$\varrho_{Fl} \doteq \frac{m_{Fl}}{V_K}$$

$$F_A = \varrho_{Fl} \cdot g \cdot V_K$$

Druck

p: Druck	$[p] = \frac{N}{m^2}$	$1\ \frac{N}{m^2} = 1\ Pa$ (Pascal)
F: Kraft	$[F] = N$	$1\ \frac{N}{m^2} = 10^{-5}$ bar
A: Fläche	$[A] = m^2$	1 bar $= 10^5\ \frac{N}{m^2}$

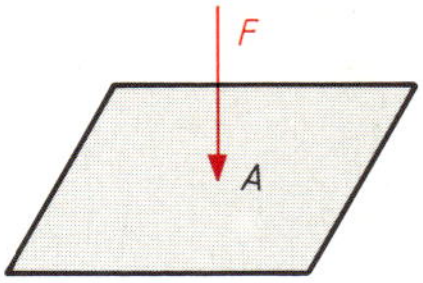

$$p = \frac{F}{A}$$

Atmosphärische Druckangaben

DIN 1314/02.77

p_{abs}: Absolutdruck (Druck gegenüber dem Druck Null im leeren Raum)

p_{amb}: Absoluter Atmosphärendruck

$\Delta p,\ p_{1,2}$: Druckdifferenz, Differenzdruck

p_e: Atmosphärische Druckdifferenz, Überdruck (positiv od. negativ)

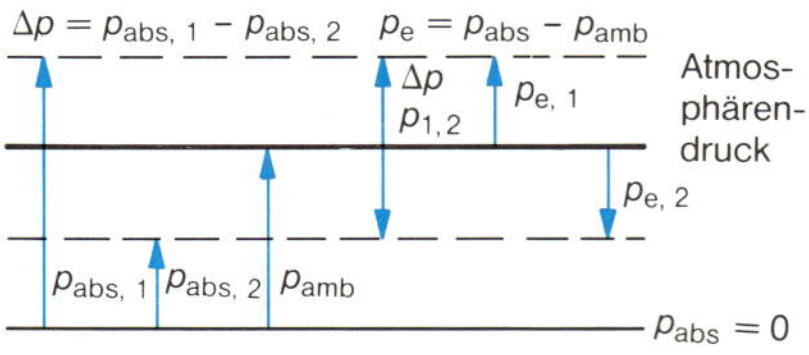

Umrechnung nicht mehr anzuwendender Druckeinheiten

$1\ \frac{kp}{cm^2} = 1$ at $= 98\,066{,}5$ Pa $= 0{,}980\,665$ bar

1 Torr $= \frac{1\ atm}{760} = 133{,}322$ Pa $= 1{,}33322$ mbar

1 atm $= 101325$ Pa $= 1{,}01325$ bar

1 mm Hg $= 133{,}322$ Pa $= 1{,}33322$ mbar

1 m WS $= 9806{,}65$ Pa $= 98{,}0665$ mbar

WS: Wassersäule; Hg: Quecksilber

Hydrostatischer Druck

p: Hydrostatischer Druck
h: Höhe der Flüssigkeitssäule
ϱ: Dichte der Flüssigkeit
g: Fallbeschleunigung
A: Bodenfläche
F_B: Bodendruckkraft

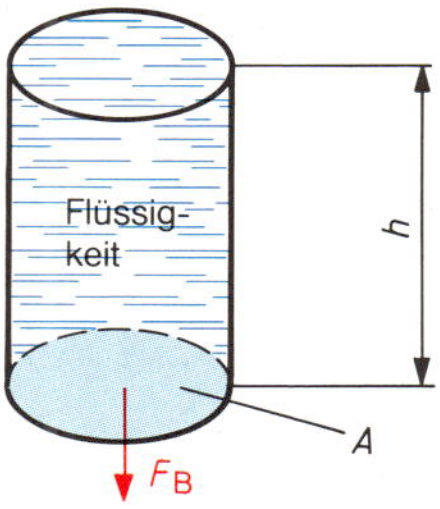

$$p = \varrho \cdot g \cdot h$$

$$F_B = \varrho \cdot g \cdot h \cdot A$$

Hydraulische Anlagen

Druckgleichgewicht

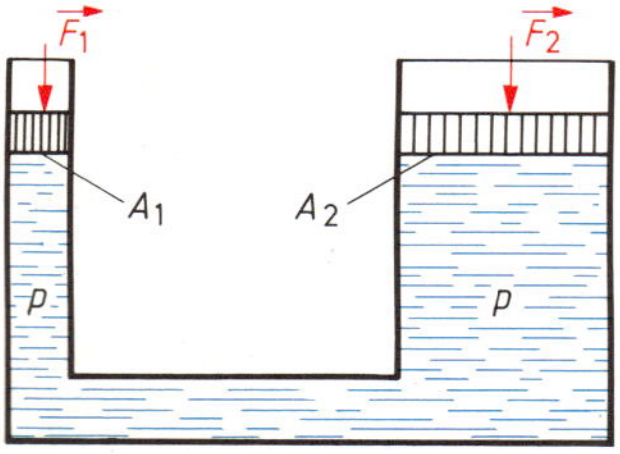

$$\frac{F_1}{A_1} = \frac{F_2}{A_2} \qquad \frac{F_1}{F_2} = \frac{A_1}{A_2}$$

Verrichtete Arbeit

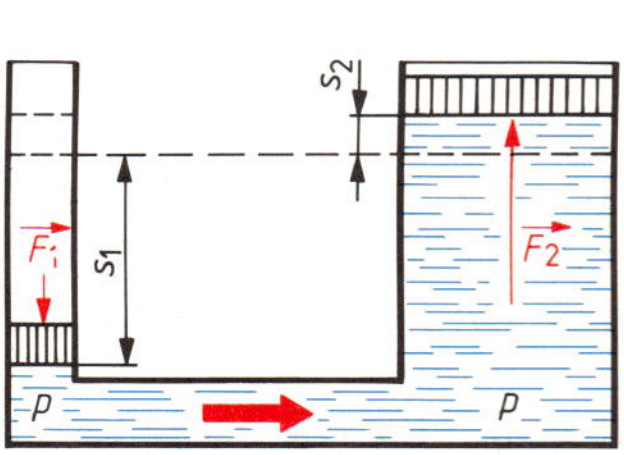

$$F_1 \cdot s_1 = F_2 \cdot s_2$$

$$\frac{F_1}{F_2} = \frac{s_2}{s_1}$$

Wärme

Temperatur	tiefste Temperatur: $\vartheta_o = -273{,}15\,°C = 0\,K$		DIN 13346/10.79
Temperatur	Kelvin-Temperatur	Celsius-Temperatur	Fahrenheit-Temperatur
Formelzeichen	T	t, ϑ	t, ϑ
Einheitenzeichen	K (Kelvin)	°C (Grad Celsius)	°F (Grad Fahrenheit)
Einheit der Temperaturdifferenz	1 K (Kelvin)	1 K (Kelvin)	–
Zusammenhang	0 K = –273 °C 273 K = 0 °C 373 K = 100 °C		$\vartheta_F = \frac{9}{5}\vartheta_C + 32°$ $\vartheta_C = (\vartheta_F - 32°)\,\frac{5}{9}$

Temperaturmessung

Flüssigkeitsthermometer mit Quecksilber	– 30 °C ... 280 °C	Segerkegel	220 °C ... 2000 °C
Flüssigkeitsthermometer mit Quecksilber und Gasfüllung	– 30 °C ... 750 °C	Metallausdehnungsthermometer	– 20 °C ... 500 °C
Flüssigkeitsthermometer mit Alkohol	–110 °C ... 50 °C	elektrische Widerstandsthermometer	–250 °C ... 1000 °C
		Glühfarben	500 °C ... 3000 °C
Thermocolore	150 °C ... 600 °C	Gasthermometer	–272 °C ... 2800 °C

Ausdehnung durch Wärme

lineare Ausdehnung

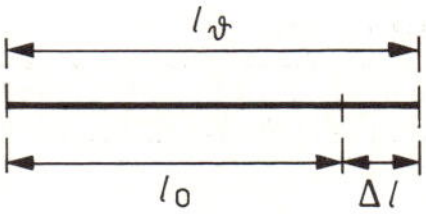

l_o : Anfangslänge
Δl : Längenänderung
l_ϑ : Endlänge
$\Delta\vartheta$: Temperaturänderung
α : Längenausdehnungskoeffizient (vgl. S. 287

$\Delta l = l_o \cdot \alpha \cdot \Delta\vartheta$

$l_\vartheta = l_o + \Delta l$

$l_\vartheta = l_o\,(1 + \alpha \cdot \Delta\vartheta)$

$[\alpha] = \frac{1}{K}$

kubische Ausdehnung

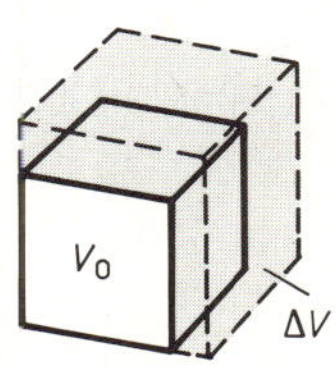

V_o : Anfangsvolumen
ΔV: Volumenänderung
V_ϑ : Endvolumen
$\Delta\vartheta$: Temperaturänderung
γ : Volumenausdehnungskoeffizient

$\Delta V = V_o \cdot \gamma \cdot \Delta\vartheta$

$V_\vartheta = V_o + \Delta V$

$V_\vartheta = V_o\,(1 + \gamma \cdot \Delta\vartheta)$

es gilt angenähert:

$\gamma \approx 3\alpha \qquad [\gamma] = \frac{1}{K}$

Wärmemenge Q

$Q = m \cdot c \cdot \Delta\vartheta$

Q: Wärmemenge $[Q]$ = J (Joule)
m: Masse
$\Delta\vartheta$: Temperaturänderung
c: spezifische Wärmekapazität

$$[c] = \frac{kJ}{kg \cdot K}$$

Die einem Körper zugeführte oder von ihm abgegebene Wärmemenge ist abhängig vom Produkt aus der Masse, der spezifischen Wärmekapazität und der Temperaturänderung, die der Körper erfährt.

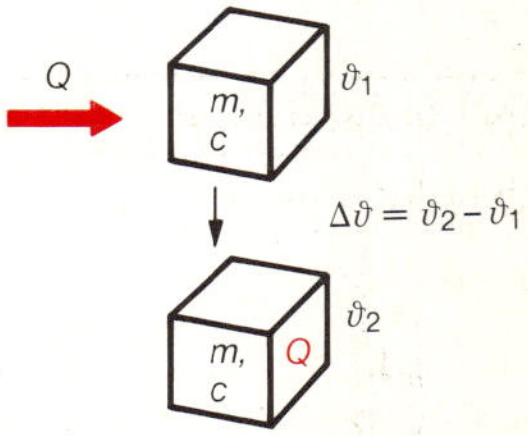

Mischungsvorgänge

abgegebene Wärmemenge = aufgenommener Wärmemenge

$$Q_{ab} = Q_{auf}$$

$$m_1 \cdot c_1\,(\vartheta_1 - \vartheta_m) = m_2 \cdot c_2\,(\vartheta_m - \vartheta_2)$$

$$\vartheta_m = \frac{m_1 \cdot c_1 \cdot \vartheta_1 + m_2 \cdot c_2 \cdot \vartheta_2}{m_1 \cdot c_1 + m_2 \cdot c_2}$$

ϑ_m: Mischungstemperatur

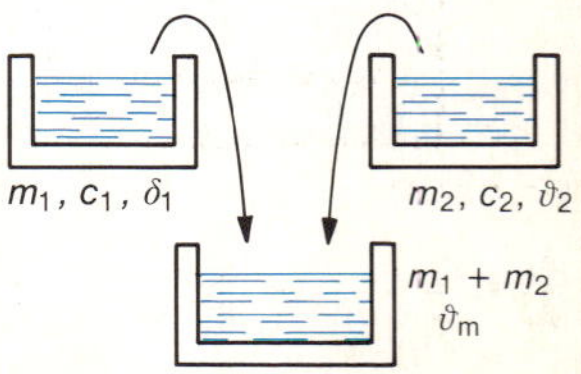

Grundlagen der Chemie

Stoffeinteilung

- **Stoffe** (Eisen, Sauerstoff, Schwefelsäure, Benzol, Luft)
  - **Reine Stoffe** (Eisen, Sauerstoff, Schwefelsäure, Benzol)
    - **Chemische Elemente** (Eisen, Sauerstoff)
      - **Metalle** (Eisen)
      - **Nichtmetalle** (Sauerstoff)
    - **Chemische Verbindungen** (Schwefelsäure, Benzol)
      - **anorgan. Verbindungen** (Schwefelsäure)
      - **organ. Verbindungen** (Benzol)
  - **Stoffgemische** (Luft)

Atomaufbau (vgl. S. 286)

Atomkern		Atomhülle
Protonen	**Neutronen**	**Elektronen**
Elektrisch positive Masseteilchen. Die Protonen bestimmen den Charakter des Elements. Protonenzahl = Kernladungszahl = Ordnungszahl	Elektrisch neutrale Masseteilchen. Die Neutronenzahl kann für die Atomkerne des gleichen Elements unterschiedlich sein (Isotope).	Elektrisch negative Masseteilchen. Bei einem neutralen Atom ist die Protonenzahl gleich der Elektronenzahl.

Atomteilchen

Name	Ladung *e* in As	Masse *m* in g
Elektron	$-1{,}602 \cdot 10^{-19}$	$9{,}1089 \cdot 10^{-28}$
Neutron	0	$1{,}6748 \cdot 10^{-24}$
Proton	$+1{,}602 \cdot 10^{-19}$	$1{,}6725 \cdot 10^{-24}$

Schalen	Elektronen	Bezeichnung
K	2	1 s
L	2, 6	2 s, 2 p
M	2, 6, 10	3 s, 3 p, 3 d
N	2, 6, 10, 14	4 s, 4 p, 4 d, 4 f

Atommodell

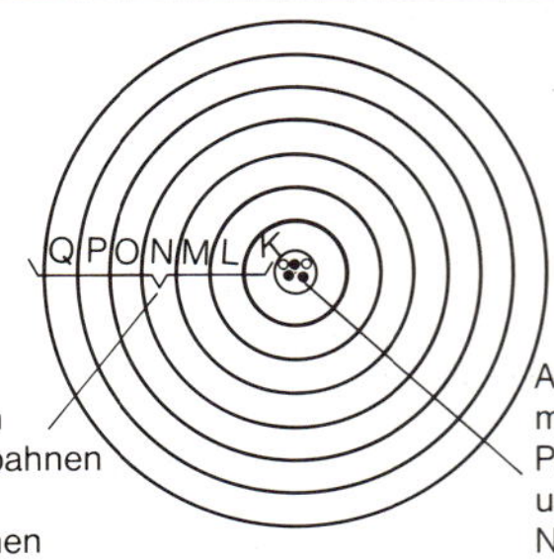

Schalen Umlaufbahnen der Elektronen

Atomkern mit Protonen und Neutronen

Relative Atommasse A

$$A = \frac{\text{Masse des neutralen Atoms}}{\frac{1}{12}\text{ der Masse des Kohlenstoffatoms } ^{12}C}$$

Eine relative Masseneinheit beträgt $1{,}6605 \cdot 10^{-27}$ kg

Chemische Verbindungen

Oxide bestehen aus einem Element und Sauerstoff.
Beispiele: CO_2, CaO, Al_2O_3 (Kohlendioxid, Kalziumoxid, Aluminiumoxid)

Säuren geben positive Wasserstoff-Ionen (Protonen) ab.
Beispiele: H_2SO_4, HCl, HNO_3 (Schwefelsäure, Salzsäure, Salpetersäure)

Basen nehmen positiv geladene Wasserstoff-Ionen (Protonen) auf.
Beispiele: NaOH, KOH, $Ca(OH)_2$ (Natriumhydroxid, Kaliumhydroxid, Kalziumhydroxid)

Laugen sind in Wasser gelöste Basen. (Natronlauge, Kalilauge, Kalziumhydroxid)

Salze sind zusammengesetzt aus positiven Metall-Ionen (bzw. Ammonium-Ionen) und negativen Säurerest-Ionen.
Beispiele: $CuSO_4$, NaCl, $NaNO_3$ (Kupfersulfat, Natriumchlorid, Natriumnitrat)

Grundlagen der Chemie

Atomsymbole und ihre Schreibweise

DIN 32640/12.86

	Chlormolekül	Chlorid-Ione	Wasserstoff-molekül	Natriumchlorid-molekül
ohne Angabe der Ionenladung	Cl_2		H_2	NaCl
mit Angabe der Ionenladung		$2\,Cl^-$	$2\,H^-$	$(Na^+\,Cl^-)$

Beispiele:

A = Z + N
(N: Neutronenzahl)

Nukleonenzahl A, Protonenzahl Z (Ordnungszahl): $^{12}_{6}C$

Ca^{2+} — Ionenladung

O_2 — Stöchiometrischer Index

Oxidationszahlen: $C^{IV}\;(Cl^{-I})_4$; $Na_2\;[\overset{6+2-}{SO_4}]$

Bindungen

	Metallbindung	Ionenbindung	Atombindung
Merkmale	Anziehung zwischen Atomrümpfen (positiv) und frei beweglichen Elektronen.	Anziehung zwischen entgegengesetzt geladenen Ionen.	Gemeinsame Elektronenpaare.
Aufbau	Atomrümpfe und freibewegliche Elektronen bilden einen Metallkristall.	Metall-Ionen und Nichtmetall-Ionen bilden einen Ionenkristall.	Nichtmetall-Atome bilden ein Molekül.
Beispiele	Na	NaCl	Cl_2

Chemische Reaktionen

Reaktion	Zink (Zn)	+ Salzsäure (2 HCl) →	Zinkchlorid ($ZnCl_2$)	+ Wasserstoff (H_2)
	Zn	+ 2 (H^+Cl^-)	→ $Zn^{2+}\;(Cl)_2$	+ H_2
Teilchen	Atome (Ionen im Metallgitter)	Moleküle	Ionen im Ionengitter	Moleküle
Bindung	Metallbindung	Atombindung	Ionenbindung	Atombindung

Namen anorganischer Verbindungen (Beispiele)

Element	Bezeichnung	Name eines Salzes	Formel des Salzes
Fluor	Fluorid	Kalziumfluorid	CaF_2
Chlor	Chlorid	Natriumchlorid	NaCl
Brom	Bromid	Silberbromid	AgBr
Jod	Jodid	Natriumjodid	NaJ
Sauerstoff	Oxid	Schwefeldioxid	SO_2
Schwefel	Sulfid	Eisen(II)-sulfid	FeS
Stickstoff	Nitrid	Natriumnitrid	Na_3N
Kohlenstoff	Carbid	Kalziumcarbid	CaC_2

Säure		Säurerest-Ion	
Name	Formel	Name	Zeichen
Chlorwasserstoffsäure (Salzsäure)	HCl	Chlorid-Ion	Cl^-
Salpetersäure	HNO_3	Nitrat-Ion	NO_3^-
Schwefelsäure	H_2SO_4	Sulfat-Ion	SO_4^{2-}
Kohlensäure	H_2CO_3	Carbonat-Ion	CO_3^{2-}
Phosphorsäure	H_3PO_4	Phosphat-Ion	PO_4^{3-}

Base		Basenrest-Ion	
Name	Formel	Name	Zeichen
Kaliumhydroxid	KOH	Hydroxid-Ion	OH^-
Natriumhydroxid	NaOH	Hydroxid-Ion	OH^-
Kalziumhydroxid	$Ca(OH)_2$	Hydroxid-Ion	OH^{2-}

Stoffabscheidung durch Elektrolyse (Galvanisieren)

Stoffabscheidung durch Elektrolyse

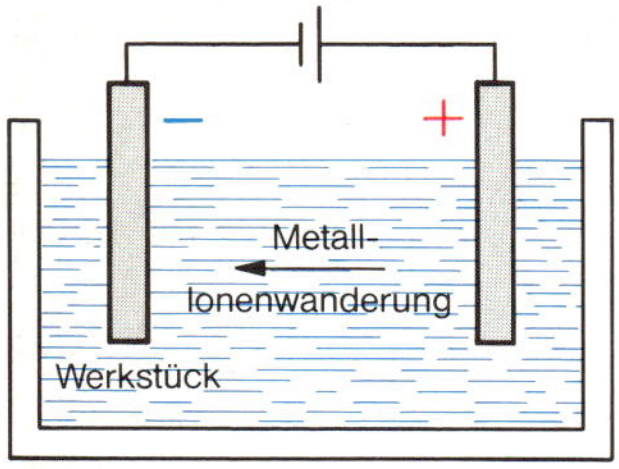

Massenberechnung (Faradaysches Gesetz)

$m = c \cdot I \cdot t$

m: Masse
c: elektrochemisches Äquivalent

$[c] = \frac{\text{mg}}{\text{As}}, \frac{\text{g}}{\text{Ah}} \qquad 1\,\frac{\text{mg}}{\text{As}} = \frac{3{,}6\,\text{g}}{\text{Ah}}$

I: Stromstärke
t: Zeit

Wirkungsgrad (Stromausbeute)
Katodischer Wirkungsgrad

$\eta = \frac{m^*}{c \cdot I \cdot t}$

Der Wirkungsgrund ist stark von der Anlage abhängig.

Die Verluste entstehen durch:

- Nebenreaktionen (z. B. Wasserstoffabscheidung)
- Zusammensetzung der Flüssigkeit
- Erwärmung der Flüssigkeit

m^*: verfügbare Masse

Stromdichte J

$J = \frac{I}{A}$ $\quad A$: Fläche

$[J] = \frac{\text{A}}{\text{dm}^2}$

Schichtdicke s

$s = \frac{m}{A \cdot \rho} \qquad s = \frac{c \cdot I \cdot t}{A \cdot \varrho}; \qquad s = \frac{c \cdot J \cdot t}{\varrho}$

ϱ: Dichte

Metall	Wertigkeit	Dichte ϱ in $\frac{\text{g}}{\text{cm}^3}$	elektrochem. Äquivalent c in $\frac{\text{g}}{\text{A} \cdot \text{h}}$
Al Aluminium	III	2,7	0,3356
Pb Blei	II	11,34	3,8654
Cd Cadmium	II	8,64	2,0969
Cr Chrom	III	7,1	0,6467
Cr Chrom	VI	7,2	0,3233
Fe Eisen	II	7,87	1,0419
Au Gold	I	19,3	7,3490
Au Gold	III	19,3	2,4497
Co Kobalt	II	8,9	1,0994
Cu Kupfer	I	8,93	2,3707
Cu Kupfer	II	8,93	1,1854
Mg Magnesium	II	1,74	0,4535
Mn Mangan	II	7,43	1,0249
Ni Nickel	II	8,9	1,0954
Pt Platin	IV	21,4	1,8195
Se Selen	IV	4,8	0,7365
Ag Silber	I	10,5	4,0247
Zn Zink	II	7,13	1,2197
Sn Zinn	II	7,29	2,2142
Sn Zinn	IV	7,29	1,1071

Zersetzungsspannungen einiger Säuren, Basen und Salze

1 N-Lösung	Spannung in V	1 N-Lösung	Spannung in V
HCl	1,36	$AgNO_3$	0,70
H_2SO_4	1,67	$CuSO_4$	1,49
HNO_3	1,69	$NiSO_4$	2,09
$NaOH$	1,69	$CdSO_4$	2,03
KOH	1,67	$ZnSO_4$	2,35

Spannungsreihe der Elemente (Normalpotentiale)

Potentialbildung

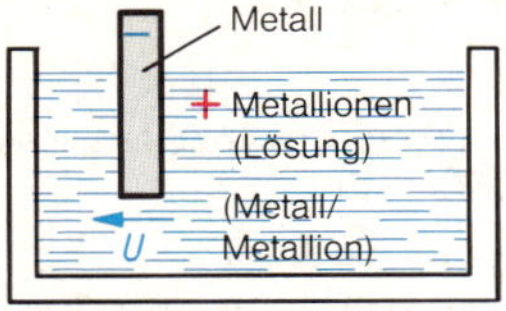

Als Bezugselektrode für die Spannungsangabe (Normalpotential) wird eine Wasserstoffelektrode H/H^+ verwendet.

Normalpotentiale wichtiger Gebrauchsmetalle
(luftgesättigtes Wasser, pH 6; 25 °C)

Metall	Potential in V
Gold	+0,306
Silber	+0,194
Neusilber Ns 6218	+0,161
Silberlot 4500	+0,156
Bronze SnBz8	+0,156
Messing SoMs 70	+0,153
Messing Ms 63	+0,145
Kupfer	+0,140
Nickel Ni 99,6	+0,118
Cr-Stahl	+0,007
Cr-Ni-Stahl (V2A)	−0,084
Aluminium Al 99,5	−0,169
Zinnlot L Sn 90	−0,258
Blei Pb 99,9	−0,283
Maschineneisen GG-18	−0,389
Zink Zn 99,975	−0,807
GD Zn Al 4	−0,853

Normalpotentiale (theoretische Werte)

Element	Elektrodenreaktion	Potential in V
Lithium	$Li \rightarrow Li^+ + e$	−3,02
Kalium	$K \rightarrow K^+ + e$	−2,92
Calcium	$Ca \rightarrow Ca^{2+} + 2e$	−2,89
Natrium	$Na \rightarrow Na^+ + e$	−2,84
Magnesium	$Mg \rightarrow Mg^{2+} + 2e$	−2,34
Aluminium	$Al \rightarrow Al^{3+} + 3e$	−1,67
Mangan	$Mn \rightarrow Mn^{2+} + 2e$	−1,05
Zink	$Zn \rightarrow Zn^{2+} + 2e$	−0,76
Chrom	$Cr \rightarrow Cr^{3+} + 3e$	−0,71
Schwefel	$S^{2-} \rightarrow S^2 + 2e$	−0,51
Eisen	$Fe \rightarrow Fe^{2+} + 2e$	−0,44
Cadmium	$Cd \rightarrow Cd^{2+} + 2e$	−0,40
Kobalt	$Co \rightarrow Co^{2+} + 2e$	−0,27
Nickel	$Ni \rightarrow Ni^{2+} + 2e$	−0,25
Zinn	$Sn \rightarrow Sn^{2+} + 2e$	−0,41
Blei	$Pb \rightarrow Pb^{2+} + 2e$	−0,125
Eisen	$Fe \rightarrow Fe^{3+} + 3e$	−0,036
Wasserstoff	$\frac{1}{2}H_2 \rightarrow H^+ + e$	±0,000
Zinn	$Sn \rightarrow Sn^{4+} + 4e$	+0,050
Kupfer	$Cu \rightarrow Cu^{2+} + 2e$	+0,345
Kupfer	$Cu \rightarrow Cu^+ + e$	+0,52
Jod	J_2 (fest) $+ 2e \rightarrow 2J^-$	+0,536
Quecksilber	$2Hg \rightarrow Hg^{2+} + 2e$	+0,798
Silber	$Ag \rightarrow Ag^+ + e$	+0,80
Quecksilber	$Hg \rightarrow Hg^{2+} + 2e$	+0,80
Platin	$Pt \rightarrow Pt^{2+} + 2e$	+1,2
Chlor	Cl_2 (Gas) $+ 2e \rightarrow 2Cl^-$	+1,358
Gold	$Au \rightarrow Au^{3+} + 3e$	+1,42
Gold	$Au \rightarrow Au^+ + e$	+1,7
Fluor	F_2 (Gas) $+ 2e \rightarrow 2F^-$	+2,85

Korrosionsschutzmaßnahmen

DIN 50 900/06.75
Din 50 902/07.75

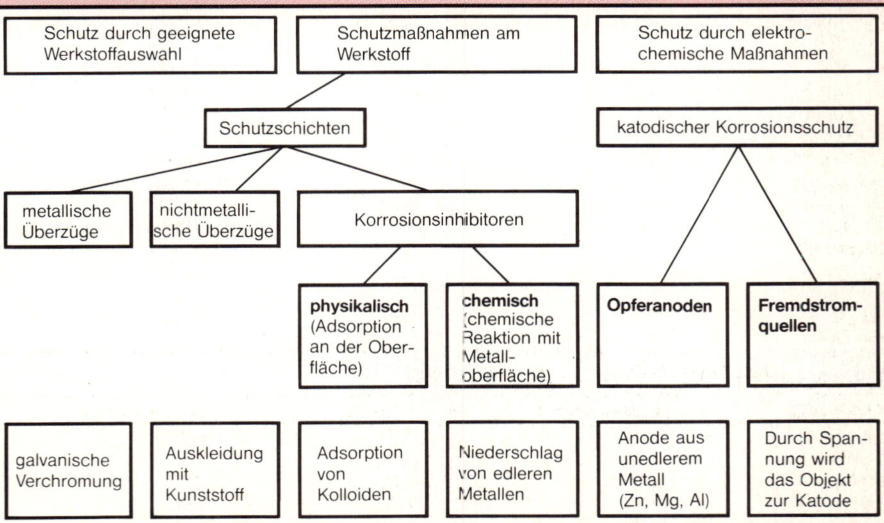

Grundlegende Größen und Formeln der Elektrotechnik

Größe	Darstellung	Größen und Formelzeichen	Einheit und Einheitenzeichen	Formel
Spannung	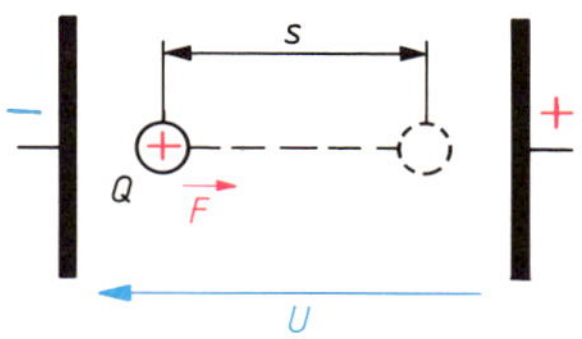	Spannung U	Volt V	$U = \frac{W}{Q}$
		Ladung Q	Coulomb C Amperesekunde As	
		Arbeit W	Wattsekunde Ws, VAs	

Die **elektrische Spannung** zwischen zwei Punkten eines elektrischen Feldes ist gleich dem Quotienten aus der verrichteten Verschiebungsarbeit und der bewegten Ladung.

Größe	Darstellung	Größen und Formelzeichen	Einheit und Einheitenzeichen	Formel
Stromstärke	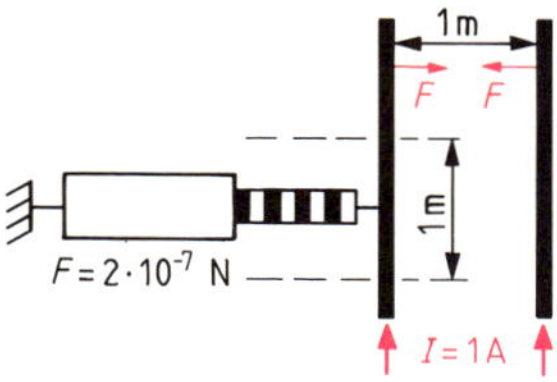	Stromstärke I	Ampere A	$I = \frac{Q}{t}$
		Zeit t	Sekunde s 1 As = 1 C	

Ein Ampere ist die Stärke eines zeitlich unveränderlichen elektrischen Stromes durch zwei geradlinige, parallele, unendlich lange Leiter, die einen Abstand von 1 m haben und zwischen denen im leeren Raum je 1 m Doppelleitung eine Kraft von $2 \cdot 10^{-7}$ N wirkt.

Größe	Darstellung	Größen und Formelzeichen	Einheit und Einheitenzeichen	Formel
Stromdichte	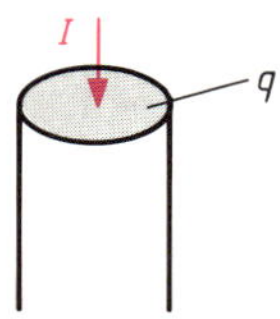	Stromdichte J	Ampere durch Quadratmeter A/m^2	$J = \frac{I}{q}$
		Querschnittsfläche q	Quadratmeter m^2	
Stromstärke, Spannung, Widerstand und **Leitwert**	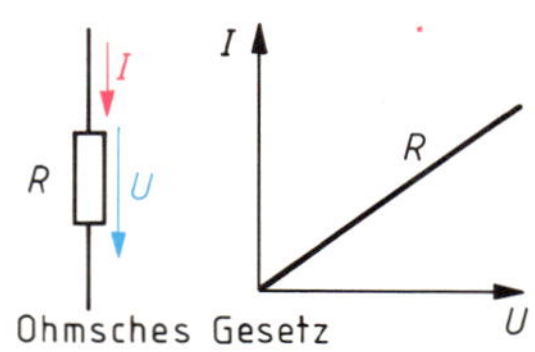	Widerstand R	Ohm Ω $1\,\Omega = 1\,\frac{V}{A}$	$I = \frac{U}{R}$
		Leitwert G	Siemens S $1\,S = 1\,\frac{A}{V}$	$G = \frac{1}{R}$ $I = G \cdot U$
Elektrische Arbeit		Elektrische Arbeit, W	Wattsekunde Ws, VAs 1 kWh = $3{,}6 \cdot 10^6$ Ws 1 N m = 1 W s = 1 J	$W = U \cdot I \cdot t$ $W = P \cdot t$
Elektrische Leistung	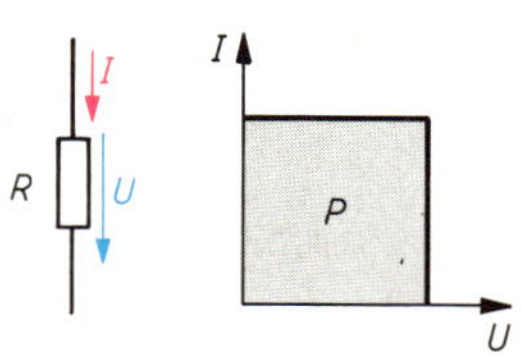	Elektrische Leistung P	Watt W, VA	$P = \frac{W}{t}$ $P = U \cdot I$ $P = I^2 \cdot R$ $P = \frac{U^2}{R}$

Normspannungen

DIN IEC 38/05.87

Wechselspannungen unter 120 V (für Betriebsmittel)

bevorzugt		6	12		24		42		60		110
ergänzend	5			15		36		48		100	

Gleichspannungen unter 750 V (für Betriebsmittel)

bevorzugt						6			12		24		36		48	60	72		96	110		220		440	
ergänzend	2,4	3	4	4,5	5		7,5	9		15		30		40				80			125		250		600

Wechselstromnetze zwischen 100 V und 1000 V (Übergangszeit bis zum Jahr 2003)

Drehstrom-Vierleiter- oder Dreileiternetz				**Einphasen-Dreileiternetz**
230 V / 400 V[1])	277 V / 480 V	400 V / 690 V[1])	1000 V	120 V / 240 V

[1]) Bestehendes 220 V / 380 V- (bzw. 380 V / 660 V-) Netz muß auf 230 V / 400 V- (bzw. 380 V / 660 V-) Netz geändert werden; Übergangszeit so kurz wie möglich, nicht länger als 20 Jahre.

1. Schritt der Übergangsregelung: 230 V / 400 V + 6 %, − 10 %

Endzustand 230 V / 400 V ± 10 %

Gleichstrom-Bahnnetze

Nennspannung (bevorzugt)	Bereich
750	500 ... 900
1 500	1 000 ... 1 800
3 000	2 000 ... 3 600

Wechselstrom-Einphasen-Bahnnetze

Nennspannung (bevorzugt)	Bereich	Frequenz in Hz
15 000	12 000 ... 17 250	16 ⅔
25 000	19 000 ... 27 500	50 oder 60

Drehstromnetze über 1 kV bis 230 kV (Nennspannung)

bevorzugt in BRD	3	6	**10**	15	**20**		35	45	**66**	**110**	**132**	150	**220**
andere Länder	3,3	6,6	11		22	33			69	115	138		230

Fettgedruckte Werte sind Vorzugswerte für öffentliche Verteilernetze

Drehstromnetze über 245 kV (höchste Spannung)

300	363	**420**	525	765	1 200	Vorzugswert fett gedruckt

Nennströme in A

DIN 40 003/3.69

1	1,25	1,6	2	2,5	3,15	4	5	6,3	8
10	12,5	16	20	25	31,5	40	50	63	80
100	125	160	200	250	315	400	500	630	800
1 000	1250	1600	2000	2500	3150	4000	5000	6300	8000
10 000									

Es können, falls erforderlich, anstatt 1,6 A; 3,15 A; 6,3 A und 8 A auch die Werte 1,5 A; 3 A; 6 A und 7,5 A bzw. das 10-, 100-, und 1000fache dieser Werte vorgesehen werden.

Spannung und Strom, gekürzte Schreibweise

DIN 40 004/7.83

Graphisches Symbol	Kurzbez.[3])	Benennung
—— [1])	DC	Gleichspannung Gleichstrom
⎓ [2])	DC	Gleichspannung Gleichstrom
~	AC	Wechselspannung Wechselstrom
≂	UC	Gleich- und Wechselspannung oder Strom

Reihenfolge der Angaben (nicht erforderliche Angaben können entfallen):

- Anzahl der Außenleiter
- übrige Leiter
- Spannungs- und Stromwert
- Frequenz (Zahlenwert und Einheit)
- Spannung oder Strom (Zahlenwert und Einheit)

Beispiel: 1/N/PE ~ 230 V oder 1/N/PE AC 230 V

[1]) Vorzugsweise in Schaltungen

[2]) Vorzugsweise auf Betriebsmitteln und Einrichtungen

[3]) Anwendung z. B. in Datenverarbeitung und Schrifttum

Elektrischer Widerstand

Bezeichnung	Darstellung	Größen und Formelzeichen	Einheitenzeichen	Formel
Widerstand von Leitern	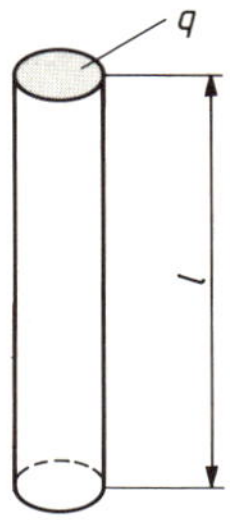 	R: Widerstand l: Leiterlänge q: Querschnittsfläche ϱ: Spezifischer Widerstand (vgl. S. 287 ff.) $\varkappa$: Spezifischer Leitwert (vgl. S. 287 ff.)	Ω m m^2, mm^2 $\Omega \cdot m$, $\frac{\Omega \cdot mm^2}{m}$ $1 \frac{\Omega \cdot mm^2}{m} = 1\,\mu\Omega \cdot m$ $\frac{S}{m}$, $\frac{S \cdot m}{mm^2}$ $1 \frac{S \cdot m}{mm^2} = 1 \frac{\mu S}{m}$	$R = \frac{\varrho \cdot l}{q}$ $\varkappa = \frac{1}{\varrho}$ $R = \frac{l}{\varkappa \cdot q}$
Widerstand und Temperatur	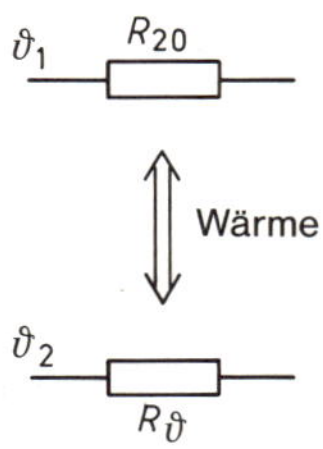 	ΔR: Widerstandsänderung R_{20}: Widerstand bei 20 °C α, β: Temperaturkoeffizient (vgl. S. 287 ff.) $\Delta\vartheta$: Temperaturänderung R_ϑ: Widerstand bei Erwärmung	Ω Ω $\frac{1}{K}$, K^{-1} $\frac{1}{K^2}$, K^{-2} K Ω	$\vartheta < 100\,°C$ $\Delta R = R_{20} \cdot \alpha \cdot \Delta\vartheta$ $R_\vartheta = R_{20} + \Delta R$ $R_\vartheta = R_{20}(1 + \alpha \cdot \Delta\vartheta)$ $\vartheta > 100\,°C$ $R_\vartheta = R_{20}(1 + \alpha \cdot \Delta\vartheta + \beta \cdot \Delta\vartheta^2)$

Messung elektrischer Widerstände

Bezeichnung	Darstellung	Größen und Formelzeichen	Einheitenzeichen	Formel
Spannungsfehlerschaltung (für große Widerstände)	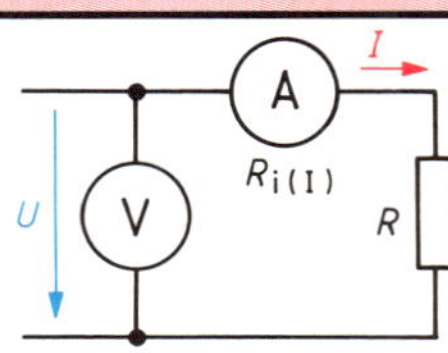 	U: gemessene Spannung I: gemessene Stromstärke $R_{i(I)}$: Widerstand des Strommeßgerätes	V A Ω	$R = \frac{U - I \cdot R_{i(I)}}{I}$
Stromfehlerschaltung (für kleine Widerstände)	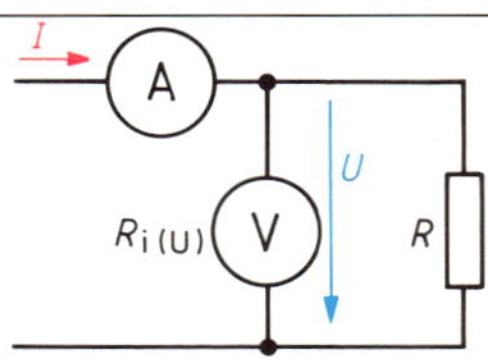 	U: gemessene Spannung I: gemessene Stromstärke $R_{i(U)}$: Widerstand des Spannungsmeßgerätes	V A Ω	$R = \frac{U}{I - \frac{U}{R_{i(U)}}}$
Brückenschaltung (Wheatstone)	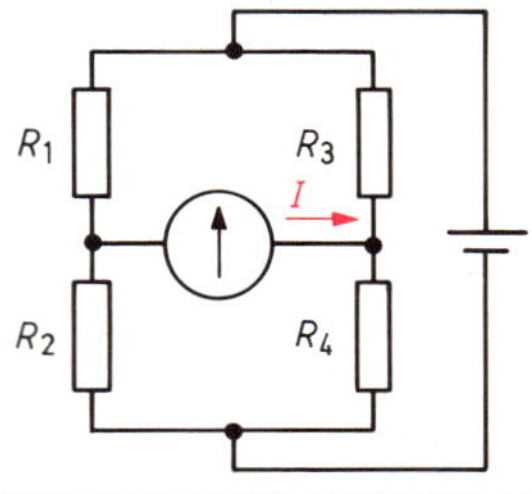 	R_1, R_2, R_3, R_4: Widerstände der Meßbrücke	Ω	abgeglichene Brücke: $\frac{R_1}{R_2} = \frac{R_3}{R_4}$ $I = 0$

Schaltungen mit Widerständen

Vorzeichen und Richtungssinne von Strom und Spannung

DIN 5489/09.90

Gleicher Bezugssinn	Ungleicher Bezugssinn	Verbraucher-Pfeilsystem			Erzeuger-Pfeilsystem	
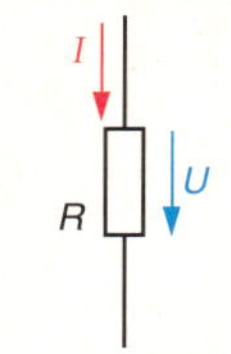	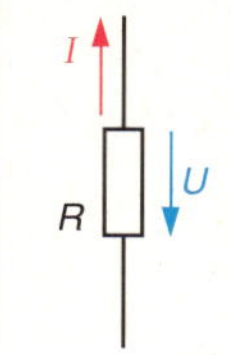	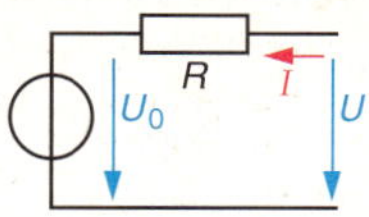	$U = U_0 + I \cdot R$	Spannungsq.	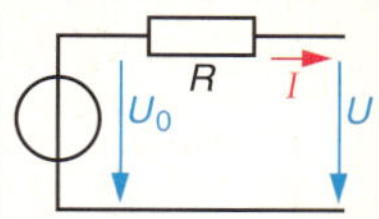	$U = U_0 - I \cdot R$
		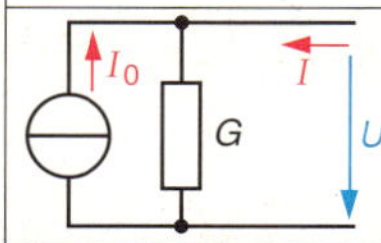	$I = -I_0 + G \cdot U$	Stromquelle	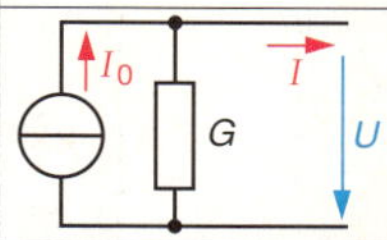	$I = I_0 - G \cdot U$
$U = I \cdot R$	$U = -I \cdot R$					

Erstes Kirchhoffsches Gesetz (Knotenregel)

In jedem Knotenpunkt ist die Summe aller Ströme Null.

$$\sum I = 0$$

Beispiel:

$$I_1 - I_2 - I_3 + I_4 + I_5 = 0$$

Zeites Kirchhoffsches Gesetz (Maschenregel)

Die Summe aller Teilspannungen entlang eines geschlossenen Weges (willkürlich gewählter Umlaufsinn) ist Null.

$$\sum U = 0$$

Beispiel:

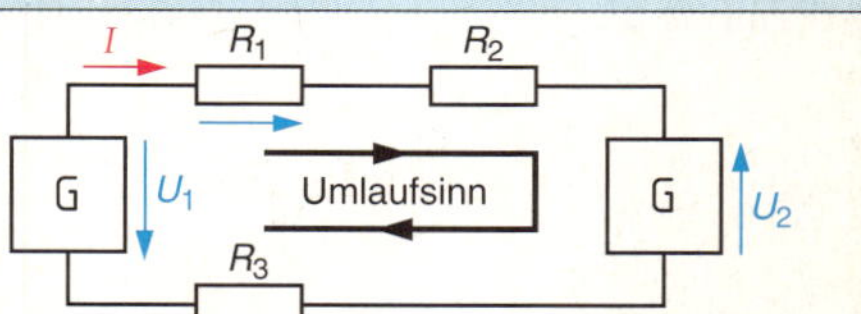

$$-U_1 + I \cdot R_1 + I \cdot R_2 - U_2 + I \cdot R_3 = 0$$

	Reihenschaltung	Parallelschaltung
Schaltung	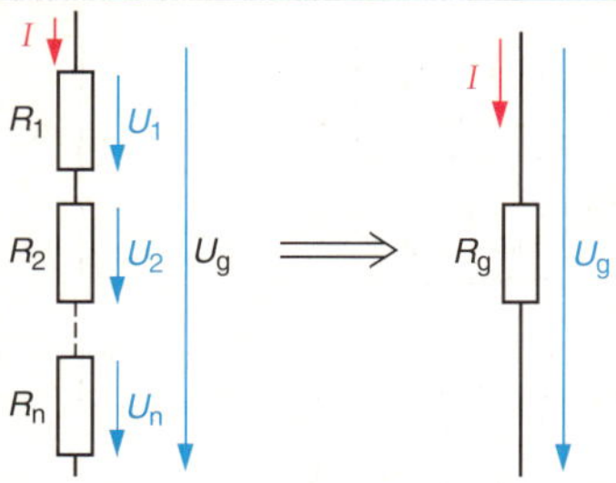	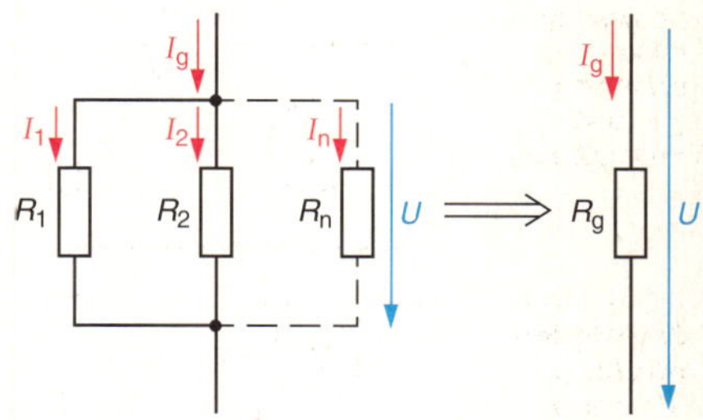
Spannung	$U_g = U_1 + U_2 + \ldots + U_n$	Alle Widerstände liegen an derselben Spannung U.
Stromstärke	Durch alle Widerstände fließt derselbe Strom I.	$I_g = I_1 + I_2 + \ldots + I_n$
Widerstände und Leitwerte	$R_g = R_1 + R_2 + \ldots + R_n$	$\frac{1}{R_g} = \frac{1}{R_1} + \frac{1}{R_2} + \ldots + \frac{1}{R_n}$ $G_g = G_1 + G_2 + \ldots + G_n$
Verhältnisse	$\frac{U_1}{U_2} = \frac{R_1}{R_2}$; $\frac{U_1}{U_n} = \frac{R_1}{R_n}$; $\frac{U_1}{U_g} = \frac{R_1}{R_g}$; ...	$\frac{I_1}{I_2} = \frac{R_2}{R_1}$; $\frac{I_1}{I_n} = \frac{R_n}{R_1}$; $\frac{I_1}{I_g} = \frac{R_g}{R_1}$; ...

Schaltungen mit Widerständen

Belasteter Spannungsteiler

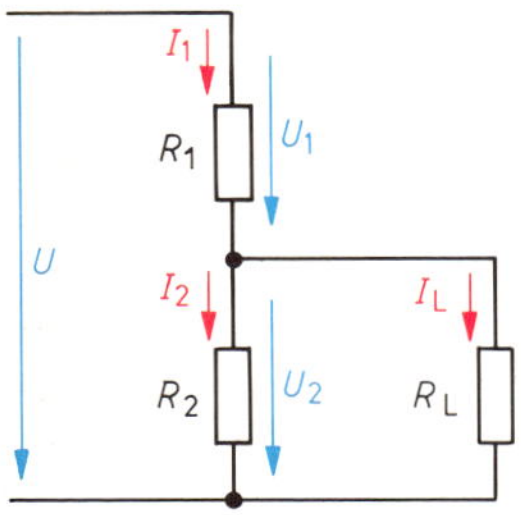

$$\frac{U_2}{U} = \frac{R_2 \cdot R_L}{R_1\,(R_2 + R_L) + R_2 \cdot R_L}$$

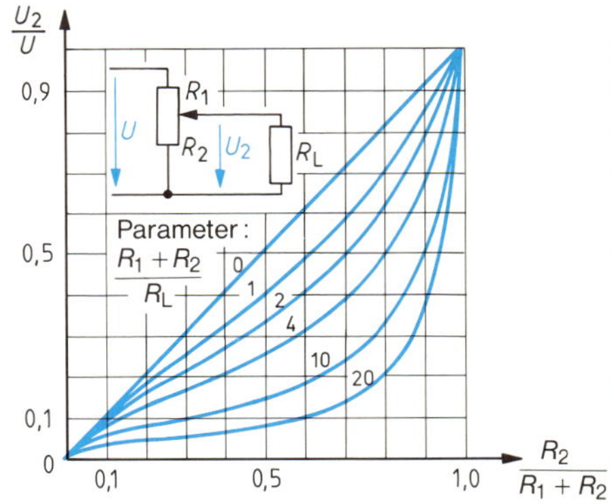

Meßbereichserweiterung

Spannungsmessung 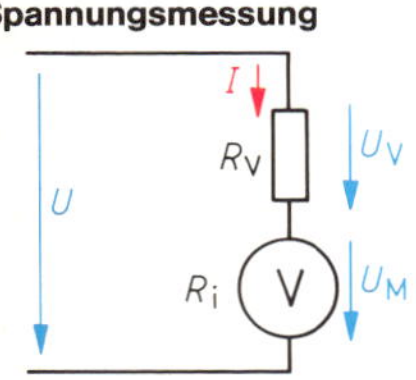	n: Faktor der Meßbereichserweiterung R_v: Vorwiderstand R_i: Innenwiderstand U_M: Spannung am Meßwerk bei Vollausschlag I: Strom durch das Meßwerk bei Vollausschlag	$n = \frac{U}{U_M}$ $R_v = \frac{U - U_M}{I}$ $R_v = (n-1)\,R_i$
Strommessung 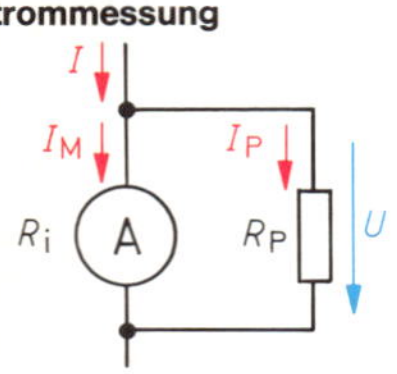	n: Faktor der Meßbereichserweiterung R_p: Parallelwiderstand R_i: Innenwiderstand U: Spannung am Meßwerk bei Vollausschlag I_M: Strom durch das Meßwerk bei Vollausschlag	$n = \frac{I}{I_M}$ $R_p = \frac{U}{I - I_M}$ $R_p = \frac{R_i}{(n-1)}$

Stern-Dreieck-Umwandlung

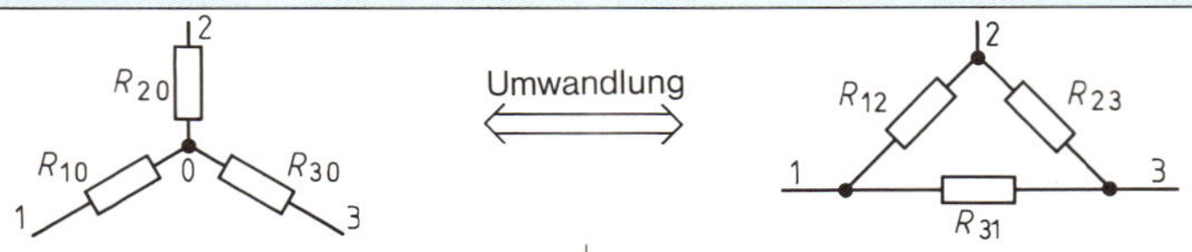

$$R_{12} = \frac{R_{10} \cdot R_{20}}{R_{30}} + R_{10} + R_{20}$$

$$R_{23} = \frac{R_{20} \cdot R_{30}}{R_{10}} + R_{20} + R_{30}$$

$$R_{31} = \frac{R_{10} \cdot R_{30}}{R_{20}} + R_{10} + R_{30}$$

$$R_{10} = \frac{R_{12} \cdot R_{31}}{R_{12} + R_{23} + R_{31}}$$

$$R_{20} = \frac{R_{12} \cdot R_{23}}{R_{12} + R_{23} + R_{31}}$$

$$R_{30} = \frac{R_{23} \cdot R_{31}}{R_{12} + R_{23} + R_{31}}$$

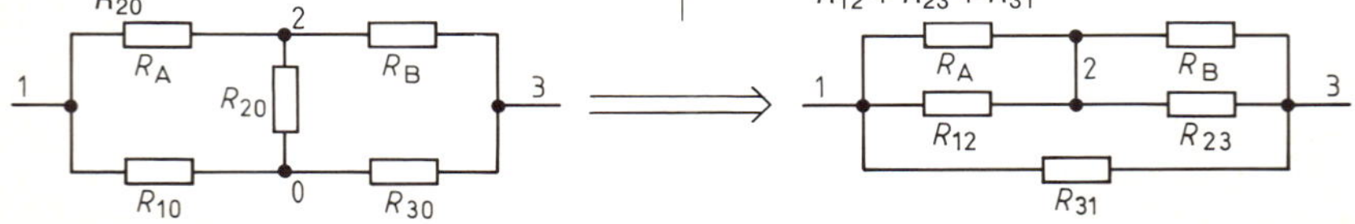

Schaltungen mit Spannungsquellen

Spannungsquelle mit Innenwiderstand

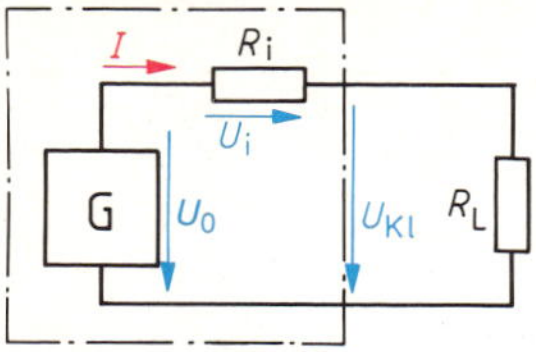

U_0: Leerlaufsp. (Quellensp.)
U_{Kl}: Klemmenspannung
ΔU: Spannungsänderung
R_i: Innenwiderstand
R_L: Belastungswiderstand
I_k: Kurzschlußstrom
ΔI: Stromänderung
P_L: Ausgangsleistung
P_i: Verlustleistung der Spannungsquelle

$$U_0 = U_i + U_{Kl}$$

$$I = \frac{U_0}{R_i + R_L}; \quad I_k = \frac{U_0}{R_i}$$

$$R_i = \frac{U_i}{I}; \quad R_i = \frac{\Delta U}{\Delta I}$$

$$U_{Kl} = U_0 - I \cdot R_i$$

Anpassung

Stromanpassung, $R_L \ll R_i$	Spannungsanpassung, $R_L \gg R_i$	Leistungsanpassung, $R_L = R_i$
$I \approx \frac{U_0}{R_i}$	$I \approx \frac{U_0}{R_L}$	$I = \frac{U_0}{2R_i}$; $I = \frac{U_0}{2R_L}$
$U_{Kl} \approx \frac{U_0 \cdot R_L}{R_i}$	$U_{Kl} \approx U_0$	$U_{Kl} = \frac{U_0}{2}$
$P_L \approx 0$	$P_L \approx 0$	$P_L = \frac{U_0^2}{4R_i}$ $P_i = \frac{U_0}{4R_L}$

Reihenschaltung

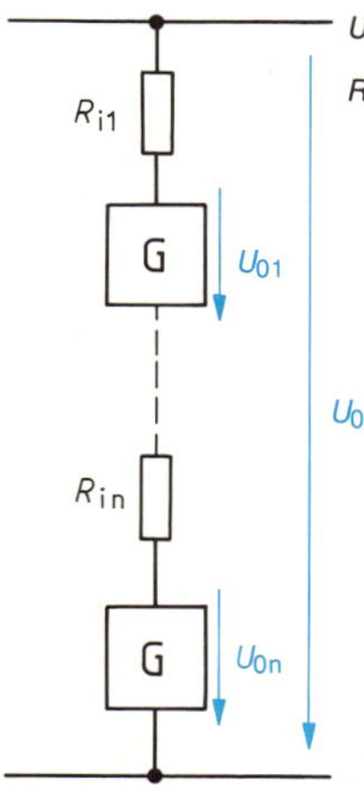

$$U_{0g} = U_{01} + \ldots + U_{0n}$$

$$R_{ig} = R_{i1} + \ldots + R_{in}$$

Parallelschaltung

$$I_g = I_1 + \ldots + I_n$$

$$\frac{1}{R_{ig}} = \frac{1}{R_{i1}} + \ldots + \frac{1}{R_{in}}$$

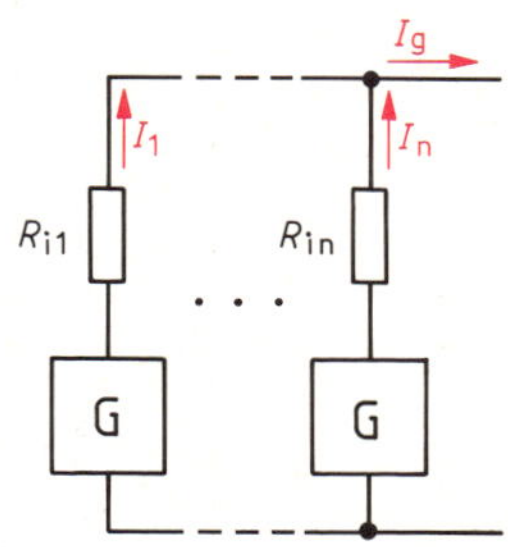

Bei unterschiedlichen Leerlaufspannungen fließen zwischen den Spannungsquellen Ausgleichsströme.

Wärmewirkungsgrad

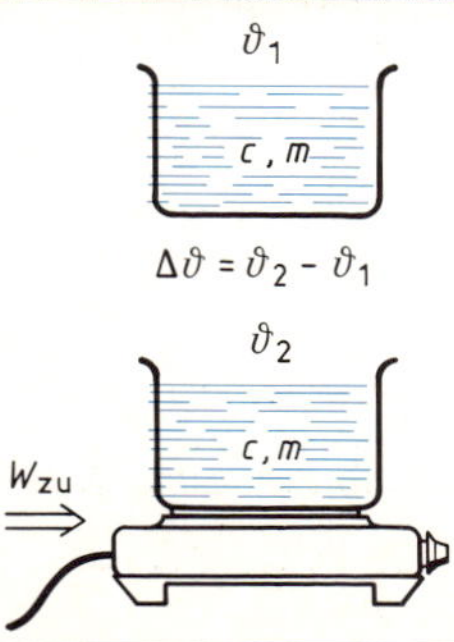

W_{zu}: Zugeführte elektrische Arbeit
W_{ab}, Q: Abgegebene Wärmemenge
$\Delta\vartheta$: Temperaturänderung
c: spezifische Wärmekapazität (vgl. S. 286)
η_{th}: Wärmewirkungsgrad
t: Zeit
m: Masse (z. B. Wasser)

$W_{zu} = P \cdot t$ $\qquad [W_{zu}] = \text{Ws}$, $[P] = \text{W}$, $[t] = \text{s}$

$W_{ab} = Q$
$Q = m \cdot c \cdot \Delta\vartheta$ $\qquad [Q] = \text{J}$, $[m] = \text{kg}$

$[c] = \frac{\text{J}}{\text{kg} \cdot \text{K}}$

$[\Delta\vartheta] = \text{K}$

$$\eta_{th} = \frac{W_{ab}}{W_{zu}}$$

$$P = \frac{\Delta\vartheta \cdot c \cdot m}{\eta_{th} \cdot t} \qquad [\eta] = 1$$

Elektrisches Feld, Kondensator

Kraft zwischen Ladungen (Coulombsches Gesetz)

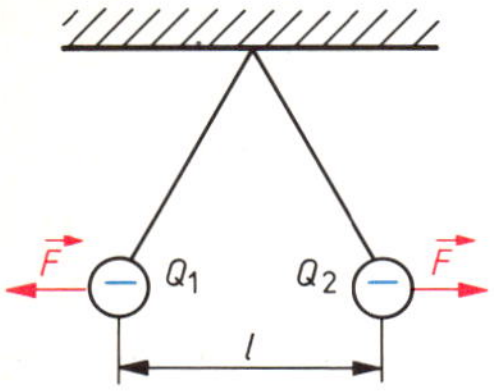

F: Kraft zwischen den Ladungen
Q_1, Q_2: Ladungen
ε: Permittivität
ε_0: Elektrische Feldkonstante
ε_r: Permittivitätszahl
l: Abstand der Ladungen

$$F = \frac{Q_1 \cdot Q_2}{4\pi\varepsilon \cdot l^2}$$

$\varepsilon = \varepsilon_0 \cdot \varepsilon_r$ $\quad [\varepsilon_r] = 1$

$\varepsilon_0 = 8{,}86 \cdot 10^{-12} \frac{\mathrm{As}}{\mathrm{Vm}}$

Elektrische Feldstärke

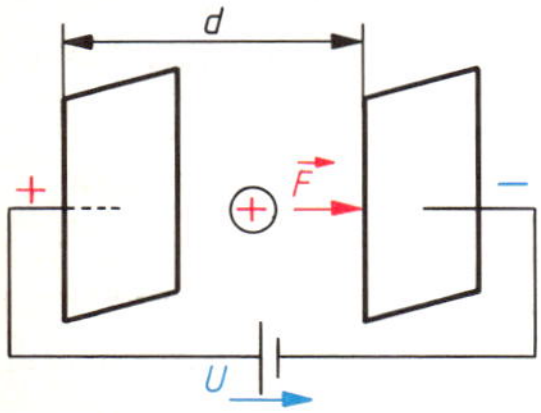

E: Elektrische Feldstärke
F: Kraft auf die Ladung im Feld
Q: Ladung im Feld
U: Spannung zwischen den Platten
d: Abstand der Platten

$E = \frac{F}{Q}$ $\quad [E] = \frac{\mathrm{N}}{\mathrm{C}}$

$1\,\mathrm{C} = 1\,\mathrm{As}$

$E = \frac{U}{d}$ $\quad [E] = \frac{\mathrm{V}}{\mathrm{m}}$

Kondensator und Kapazität

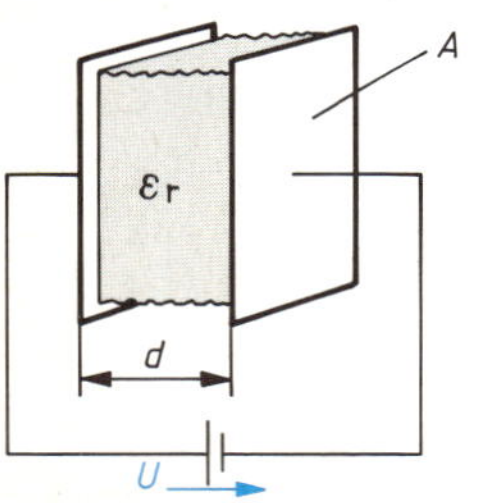

C: Kapazität des Kondensators
Q: Ladung des Kondensators
U: Spannung zwischen den Kondensatorplatten
ε: Permittivität
ε_0: Elektrische Feldkonstante
ε_r: Permittivitätszahl
A: Plattenfläche
d: Plattenabstand
W: Gespeicherte Energie des Kondensators

$C = \frac{Q}{U}$ $\quad [C] = \frac{\mathrm{As}}{\mathrm{V}}$

$1 \frac{\mathrm{As}}{\mathrm{V}} = 1\,\mathrm{F}$ (Farad)

$C = \frac{\varepsilon \cdot A}{d}$ $\quad$ (Farad)

$\varepsilon = \varepsilon_0 \cdot \varepsilon_r$ $\quad [\varepsilon_r] = 1$

* ε_r-Werte auf S. 301 u. 304

$\varepsilon_0 = 8{,}86 \cdot 10^{-12} \frac{\mathrm{As}}{\mathrm{Vm}}$

$W = \frac{C \cdot U^2}{2}$ $\quad [W] = \mathrm{VAs}$

Parallelschaltung von Kondensatoren

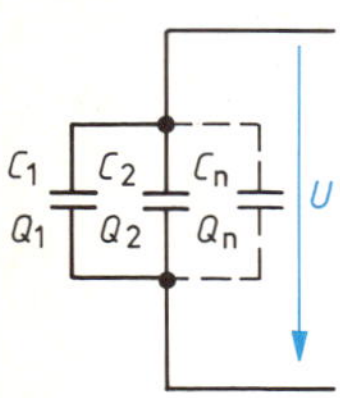

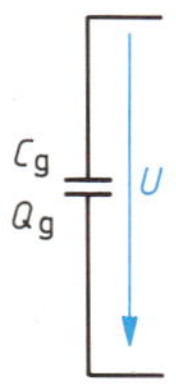

$Q_1 \ldots Q_n$: Ladungen der Einzelkondensatoren
$C_1 \ldots C_n$: Kapazitäten der Einzelkondensatoren
Q_g: Ladung der Gesamtkapazität
C_g: Gesamtkapazität

$Q = C \cdot U$

$Q_g = Q_1 + Q_2 + \ldots + Q_n$

$C_g = C_1 + C_2 + \ldots + C_n$

Reihenschaltung von Kondensatoren

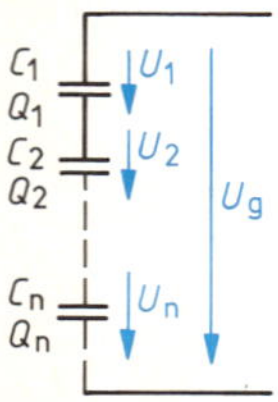

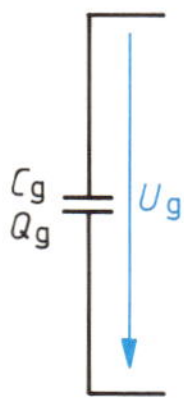

$Q_1 \ldots Q_n$: Ladungen der Einzelkondensatoren
$C_1 \ldots C_2$: Kapazitäten der Einzelkondensatoren
Q_g: Ladung der Gesamtkapazität
C_g: Gesamtkapazität
$U_1 \ldots U_n$: Einzelspannungen
U_g: Gesamtspannung

$Q = C \cdot U$

$Q_g = Q_1 = Q_2 = \ldots = Q_n$

$U_g = U_1 + U_2 + \ldots + U_n$

$$\frac{1}{C_g} = \frac{1}{C_1} + \frac{1}{C_2} + \ldots + \frac{1}{C_n}$$

Magnetisches Feld

Magnetische Feldstärke

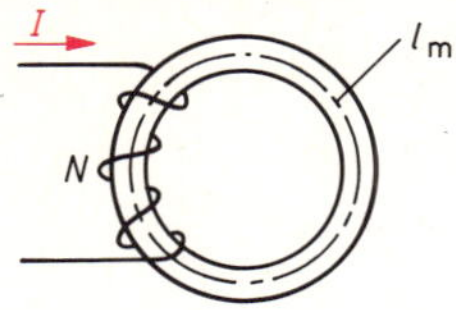

H: Magnetische Feldstärke
I: Stromstärke
N: Windungszahl
l_m: Mittlere Feldlinienlänge
Θ: Elektrische Durchflutung

$H = \frac{I \cdot N}{l_m}$ $[H] = \frac{A}{m}$

$\Theta = I \cdot N$ $[\Theta] = A$

Magnetische Flußdichte (Induktion)

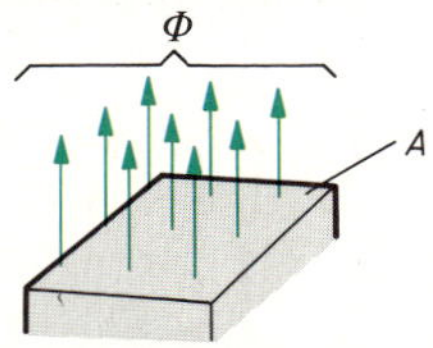

B: Magnetische Flußdichte
Φ: Magnetischer Fluß
A: Fläche

$B = \frac{\Phi}{A}$

$[\Phi] = Vs$

$1\,Vs = 1\,Wb$ (Weber)

$[B] = \frac{Vs}{m^2}$

$1\,\frac{Vs}{m^2} = 1\,T$ (Tesla)

Zusammenhang zwischen magnetischer Feldstärke und Flußdichte

Vakuum (Luft)

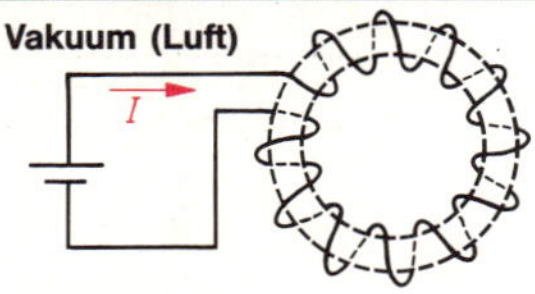

μ_o: Magnetische Feldkonstante

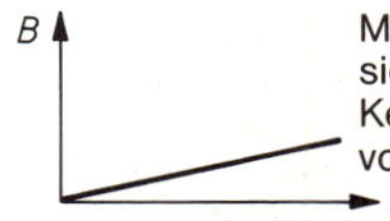

Magnetisierungs-Kennlinie von Luft

$B = \mu_o \cdot H$

$\mu_o = 1{,}257 \cdot 10^{-6}\,\frac{Vs}{Am}$

Eisenkern

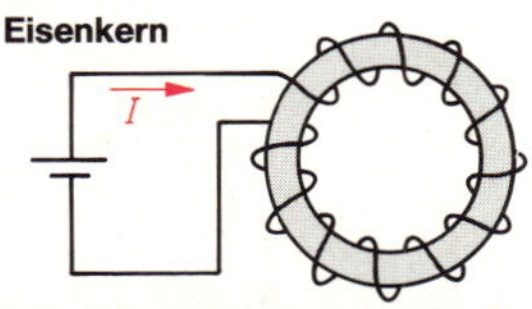

μ_r: Permeabilitätszahl
μ: Permeabilität

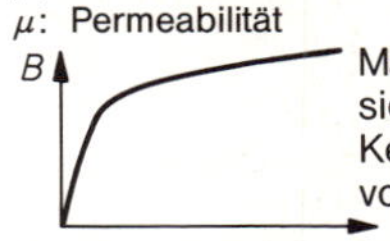

Magnetisierungs-Kennlinie von Eisen

$B = \mu \cdot H$

$\mu = \mu_o \cdot \mu_r$ $[\mu_r] = 1$

Magnetischer Kreis mit Luftspalt

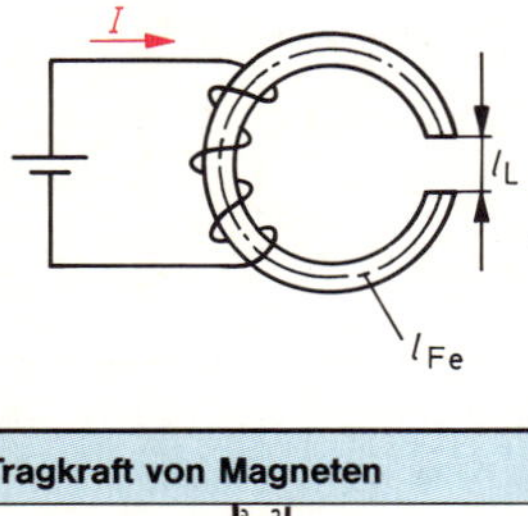

R_m: Magnetischer Widerstand
Λ: Magnetischer Leitwert
R_{mg}: Gesamter magnetischer Widerstand
R_{mFe}: Magnetischer Widerstand des Eisens
R_{mL}: Magnetischer Widerstand des Luftspalts
Θ_g: Gesamtdurchflutung
H_{Fe}, l_{Fe}: Größen des Eisenkerns
H_L, l_L: Größen des Luftspalts

$R_m = \frac{\Theta}{\Phi}$ $[R_m] = \frac{A}{Vs}$

$1\,\frac{A}{Vs} = \frac{1}{H}$ (^{1}/Henry)

$\Lambda = \frac{1}{R_m}$ $[\Lambda] = \frac{Vs}{A}$

$R_{mg} = R_{mFe} + R_{mL}$

$\Theta_g = H_{Fe} \cdot l_{Fe} + H_L \cdot l_L$

Tragkraft von Magneten

F: Kraft
B: Magnetische Flußdichte
A: Fläche
μ_o: Magnetische Feldkonstante

$F = \frac{B^2 \cdot A}{2\mu_o}$

$\mu_o = 1{,}257 \cdot 10^{-6}\,\frac{Vs}{Am}$

Magnetisches Feld

Stromdurchflossener Leiter im Magnetfeld

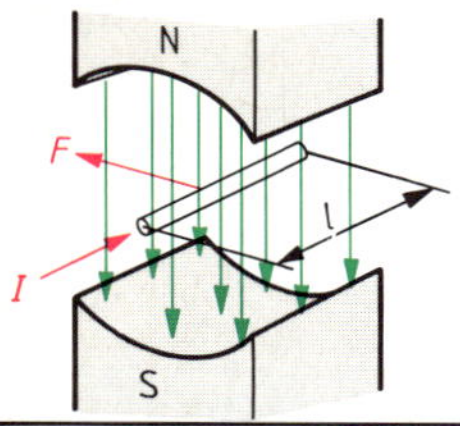

F: Kraft auf den Leiter I: Stromstärke l: Leiterlänge im Magnetfeld z: Anzahl der Leiter	$F = B \cdot I \cdot l \cdot z$ $[F] = N$

Spule im Magnetfeld

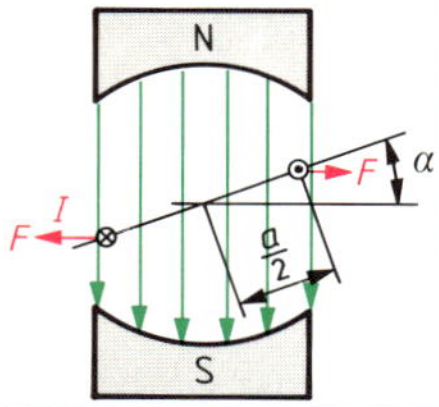

M: Drehmoment a: Spulenlänge N: Windungszahl	$M = \dfrac{F \cdot a \cdot \sin \alpha}{2}$ $F = 2 \cdot N \cdot B \cdot l \cdot I$

Kraft zwischen stromdurchflossenen Leitern

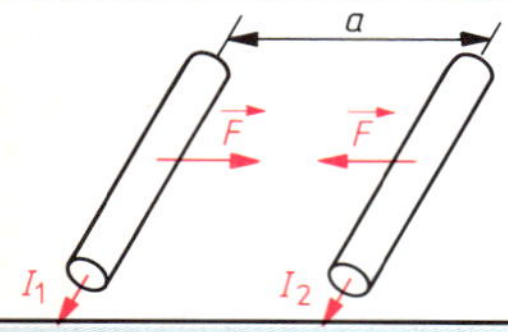

F: Kraft zwischen den Leitern l: Leiterlänge a: Abstand der Leiter I_1, I_2: Stromstärken μ_o: Magnetische Feldkonstante	$F = \dfrac{\mu_o \, I_1 \cdot I_2 \cdot l}{2\pi \cdot a}$ $\mu_o = 1{,}257 \cdot 10^{-6} \dfrac{\text{V s}}{\text{A m}}$

Induktivität der Spule

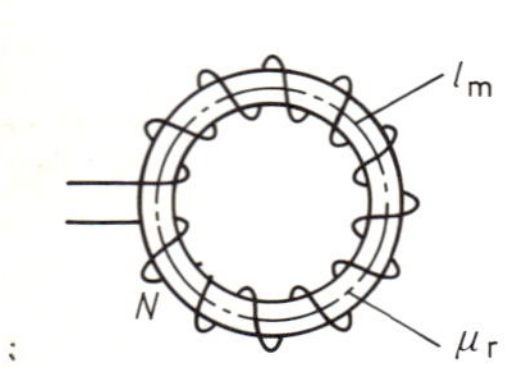

L: Induktivität N: Windungszahl A: Fläche (Querschnitt) der Spule μ_o: Magnetische Feldkonstante μ_r: Permeabilitätszahl μ: Permeabilität l_m: Feldlinienlänge (mittlere) W: Energie der Spule	$L = \dfrac{\mu \cdot N^2 \cdot A}{l_m}$ $\quad [L] = \dfrac{\text{V s}}{\text{A}}$ $1 \dfrac{\text{V s}}{\text{A}} = 1\,\text{H}$ (Henry) $\mu = \mu_o \cdot \mu_r$ $\quad [\mu_r] = 1$ $W = \dfrac{L \cdot I^2}{2}$

Reihenschaltung von Spulen

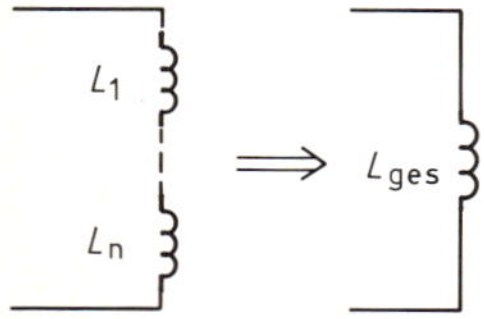

$L_1 \dots L_n$: Einzelinduktivitäten L_g: Gesamtinduktivität	$L_g = L_1 + \dots + L_n$

Parallelschaltung von Spulen

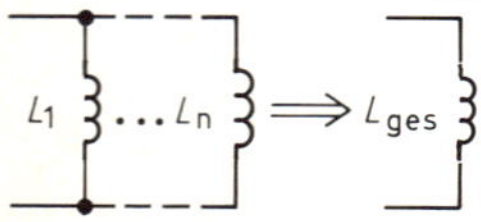

$L_1 \dots L_n$: Einzelinduktivitäten L_g: Gesamtinduktivität	$\dfrac{1}{L_g} = \dfrac{1}{L_1} + \dots + \dfrac{1}{L_n}$

Induktionsspannung

Induktion der Bewegung

Leiter im Magnetfeld

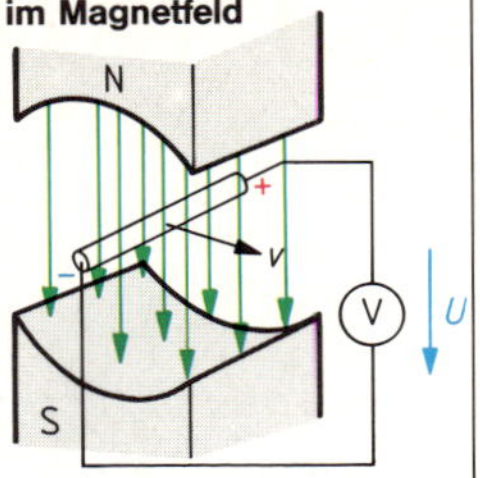

U: Induktionsspannung
B: Magnetische Flußdichte
l: Leiterlänge im Magnetfeld
v: Geschwindigkeit des Leiters
z: Anzahl der Leiter

$$U = B \cdot l \cdot v \cdot z$$

Spule im Magnetfeld

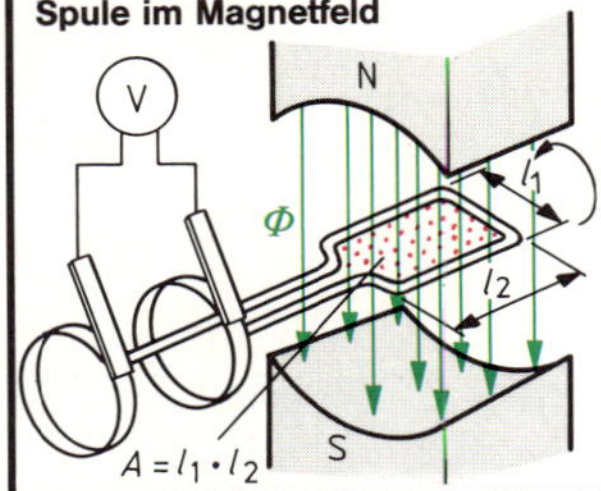

U: Induktionsspannung
N: Windungszahl
$\Delta\Phi$: Flußänderung
Δt : Zeitänderung

$$U = N \cdot \frac{\Delta\Phi}{\Delta t}$$

$$U = -N \cdot \frac{\Delta\Phi}{\Delta t}$$

(Das Vorzeichen hängt vom gewählten Richtungssinn ab)

Induktion der Ruhe

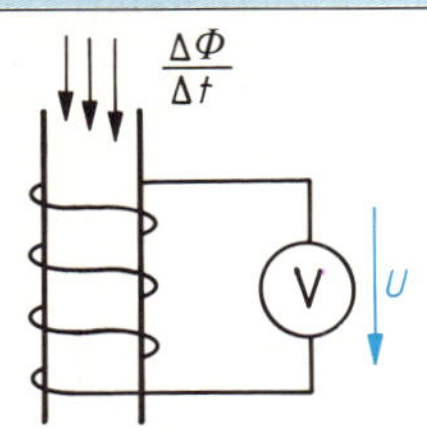

U: Induktionsspannung
N: Windungszahl
$\Delta\Phi$: Flußänderung
Δt: Zeitänderung

$$U = N \cdot \frac{\Delta\Phi}{\Delta t}$$

$$U = -N \cdot \frac{\Delta\Phi}{\Delta t}$$

(Das Vorzeichen hängt vom gewählten Richtungssinn ab)

Einphasentransformatoren, Übertrager

DIN 5489/12.88

Übersetzungsverhältnisse

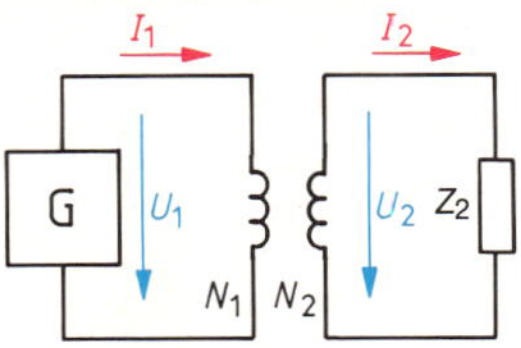

U_1: Primärspannung
U_2: Sekundärspannung
I_1: Primärstromstärke
I_2: Sekundärstromstärke
N_1: Primärwindungszahl
N_2: Sekundärwindungszahl
Z_1: Primärer Scheinwiderstand
Z_2: Sekundärer Scheinwiderstand
$ü$: Übersetzungsverhältnis

$$\frac{U_1}{U_2} \approx \frac{N_1}{N_2}; \qquad ü = \frac{N_1}{N_2}$$

$$\frac{I_1}{I_2} \approx \frac{N_2}{N_1}$$

$$\frac{Z_1}{Z_2} \approx \left(\frac{N_1}{N_2}\right)^2$$

Wicklungssinn

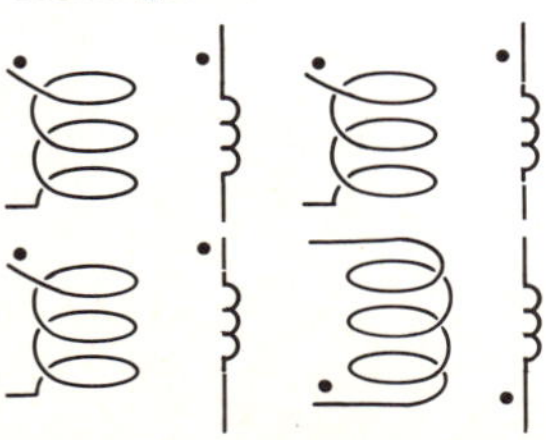

L: gesamte Selbstinduktivität
L_1, L_2: Einzelinduktivitäten
L_{12}: Gegeninduktivität

$$L = L_1 + L_2 + 2\,L_{12}$$

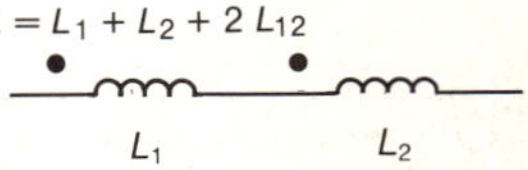

$$L = L_1 + L_2 - 2\,L_{12}$$

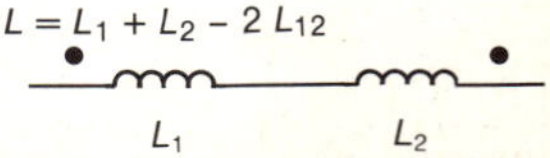

Schaltvorgänge bei Kondensatoren und Spulen

Kondensator

Aufladung

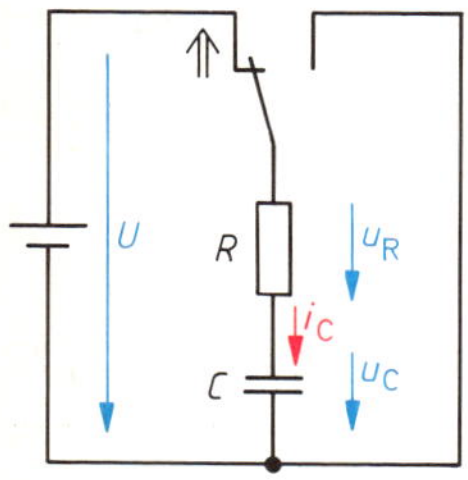

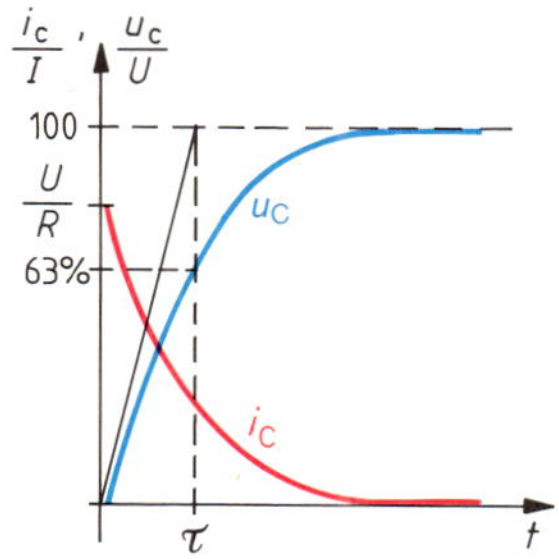

$\tau = R \cdot C$ $\quad [\tau] = \text{s}$

$e = 2{,}718\ldots$

$u_C = U\left(1 - e^{-\frac{t}{\tau}}\right)$

$i_C = \frac{U}{R} \cdot e^{-\frac{t}{\tau}}$

bei $t \approx 5\tau$:
Kondensator geladen
(99,33 % von U)

τ: Zeitkonstante
u_C: Spannung am Kondensator
i_C: Strom in der Reihenschaltung

Entladung

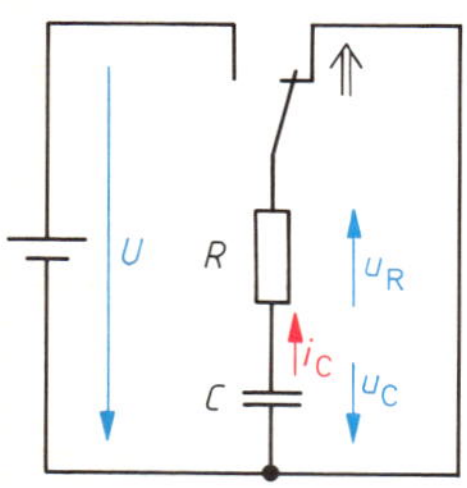

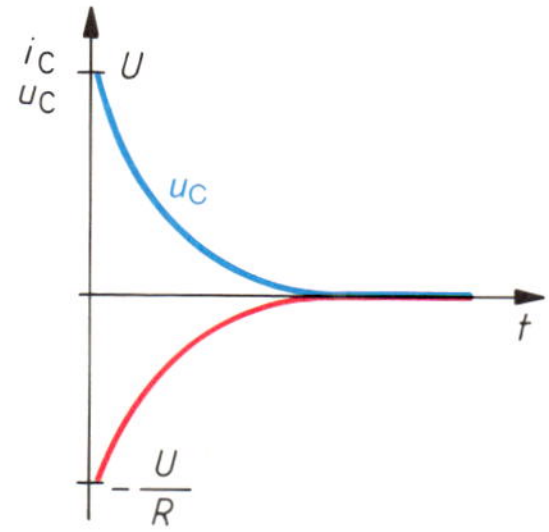

$\tau = R \cdot C$ $\quad [\tau] = \text{s}$

$e = 2{,}718\ldots$

$u_C = U \cdot e^{-\frac{t}{\tau}}$

$i_C = -\frac{U}{R} \cdot e^{-\frac{t}{\tau}}$

bei $t \approx 5\tau$:
Kondensator entladen

τ: Zeitkonstante
u_C: Spannung am Kondensator
i_C: Strom in der Reihenschaltung

Induktivität

Einschaltvorgang

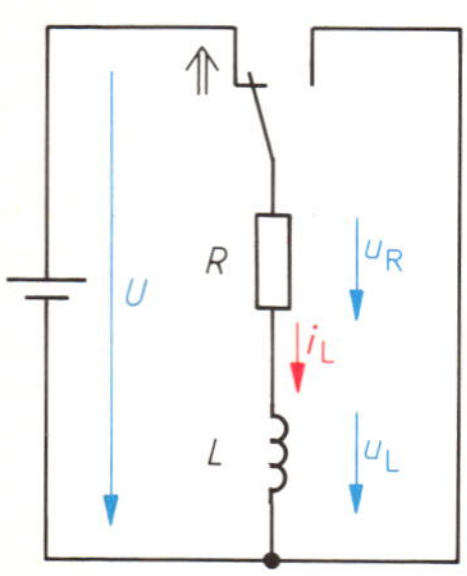

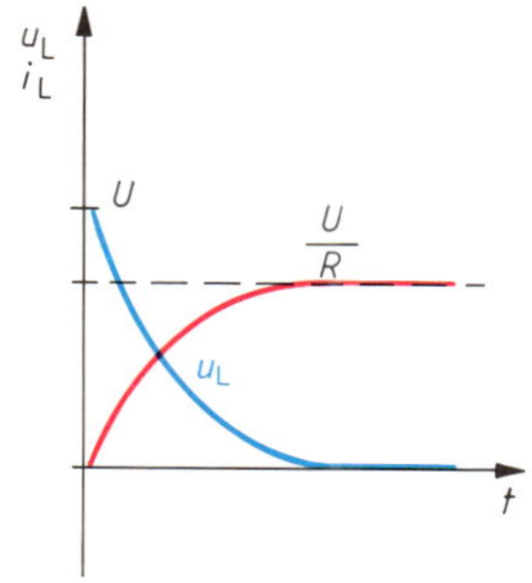

$\tau = \frac{L}{R}$ $\quad [\tau] = \text{s}$

$e = 2{,}718\ldots$

$u_L = U\, e^{-\frac{t}{\tau}}$

$i_L = \frac{U}{R}\left(1 - e^{-\frac{t}{\tau}}\right)$

τ: Zeitkonstante
u_L: Spannung an der Induktivität
i_L: Strom in der Reihenschaltung

Ausschaltvorgang

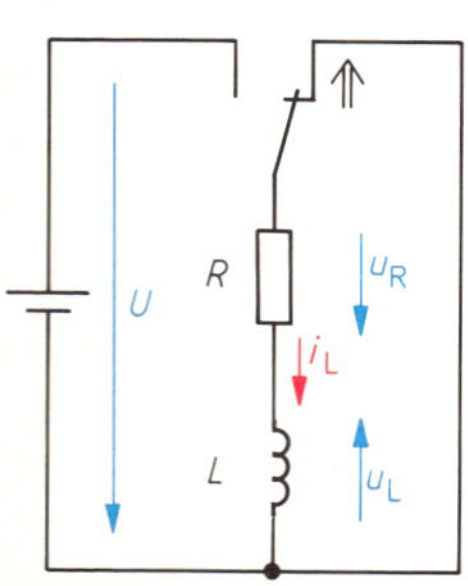

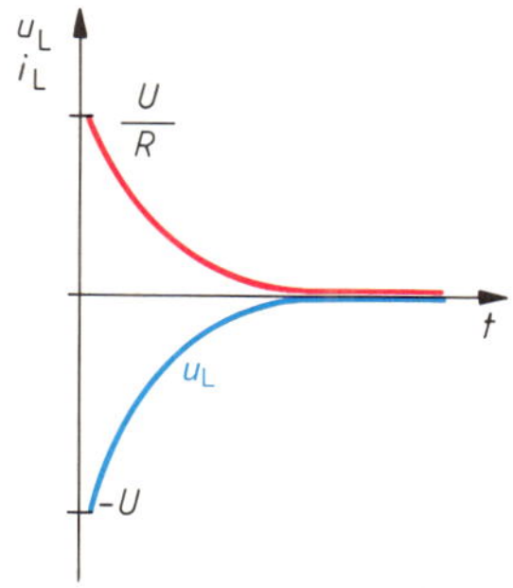

$\tau = \frac{L}{R}$ $\quad [\tau] = \text{s}$

$e = 2{,}718\ldots$

$u_L = -U\, e^{-\frac{t}{\tau}}$

$i_L = \frac{U}{R} \cdot e^{-\frac{t}{\tau}}$

τ: Zeitkonstante
u_L: Spannung an der Induktivität
i_L: Strom in der Reihenschaltung

Wechselspannung und Wechselstrom

Sinusförmige Wechselspannung

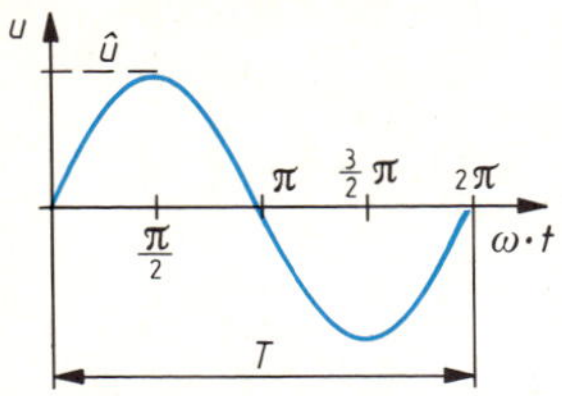

- u, i: Momentanwerte (Augenblickswerte)
- $\hat{u}, \hat{i}$: Maximalwerte, Spitzenwerte
- f: Frequenz
- T: Periodendauer
- ω: Kreisfrequenz
- p: Polpaarzahl
- n: Drehzahl

$$u = \hat{u} \sin \omega \cdot t$$

$$\omega = 2\pi \cdot f \qquad [\omega] = \frac{1}{s}$$

$$f = \frac{1}{T} \qquad [f] = Hz$$

$$f = p \cdot n$$

Spitzen- und Effektivwerte

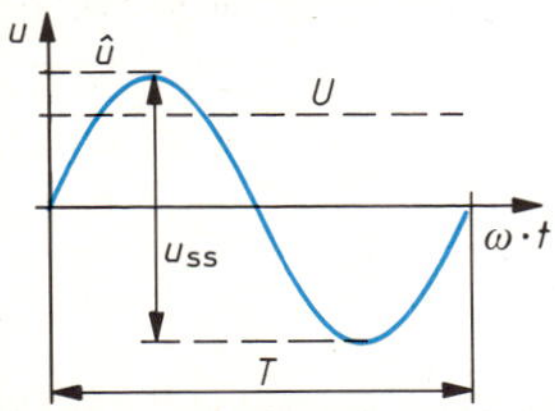

- $\hat{u}, \hat{i}$: Maximalwerte, Spitzenwerte, Amplituden
- U, I: Effektivwerte auch: U_{eff} und I_{eff}
- u_{ss}, i_{ss}: Spitze-Spitze-Wert

$$U = \frac{\hat{u}}{\sqrt{2}}$$

$$I = \frac{\hat{i}}{\sqrt{2}}$$

$$\hat{u}_{ss} = 2 \cdot \hat{u}$$

$$i_{ss} = 2 \cdot \hat{i}$$

Addition phasenverschobener Spannungen und Ströme

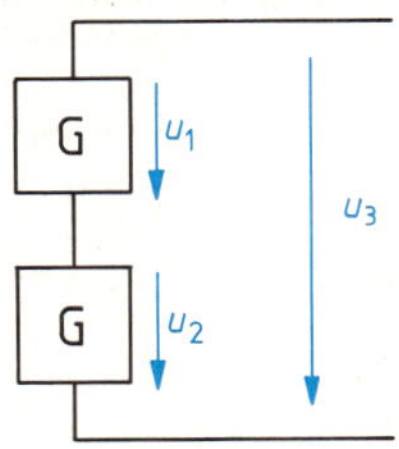

- $\varphi_{13}, \varphi_{32}, \varphi_{12}$: Phasenverschiebungswinkelwinkel
- $\hat{u}_1, \hat{u}_2$: Spitzenwerte der Einzelspannungen
- $\hat{u}_3$: Spitzenwert der Gesamtspannung

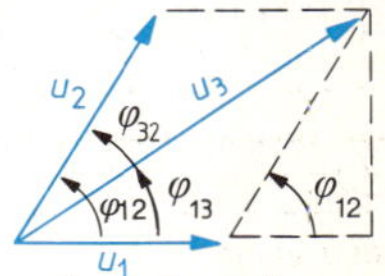

$$u_3^2 = u_1^2 + u_2^2 - 2 \cdot u_1 \cdot u_2 \cdot \cos(180° - \varphi_{12})$$

$$\tan \varphi_{13} = \frac{u_1 \cdot \sin \varphi_{12}}{u_2 + u_1 \cdot \cos \varphi_{12}}$$

Leistungen im Wechselstromkreis

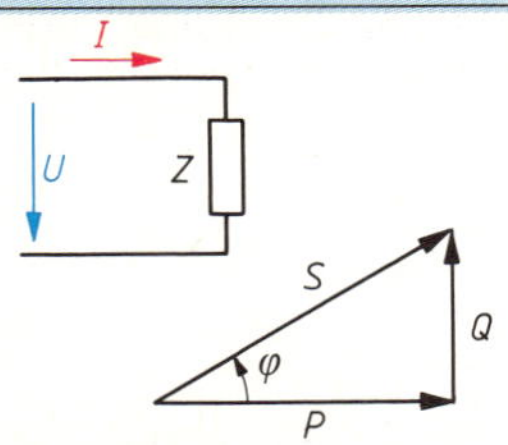

- S: Scheinleistung
- P: Wirkleistung
- Q: Blindleistung
- $\cos \varphi$: Leistungsfaktor (Wirkleistungsfaktor)
- $\sin \varphi$: Blindleistungsfaktor

$$S = U \cdot I \qquad [S] = V \cdot A$$

$$S = \sqrt{P^2 + Q^2}$$

$$P = U \cdot I \cdot \cos \varphi \qquad [P] = W$$

$$\cos \varphi = \frac{P}{S}$$

$$Q = U \cdot I \cdot \sin \varphi \qquad [Q] = var$$

Rechtecksignale

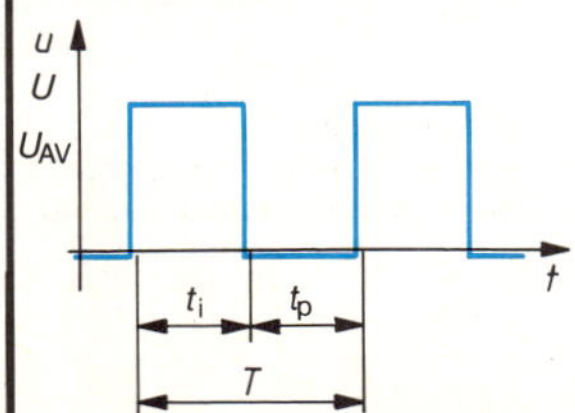

- t_i: Impulsdauer
- t_p: Pausendauer
- T: Periodendauer
- f: Frequenz
- g: Tastgrad
- U_{AV}: Mittelwert

$$T = t_i + t_p$$

$$f = \frac{1}{T}$$

$$g = \frac{t_i}{T}$$

$$U_{AV} = \frac{U \cdot t_i}{T}$$

Stromsysteme

DIN 40 108/5.78

Kennzeichnung von Systempunkten und Leitern

Strom-system	Teil	Außenpunkte, Außenleiter		Mittelpunkt, Mittelleiter, Sternpunkt, Neutral-leiter	Bezugs-erde	Schutz-leiter geerdet	Neutral-leiter, PEN-Leiter [3]
Gleichstrom-system	Netz	Polarität		M	E	PE	–
		positiv: L+	negativ: L–				
m-Phasen-system	Netz	vorzugsweise: L1, L2, L3 … Lm		N			
		zulässig auch: 1, 2, 3 … m [1] [2]					
Drehstrom-system	Netz	vorzugsweise: L1, L2, L3					PEN
		zulässig auch: 1, 2, 3 [1] [2]					
		zulässig auch: R, S, T [2]					
	Be-triebs-mittel	allgemein: U, V, W [2]					–

[1] wenn keine Verwechslung möglich
[2] Numerierung oder Reihenfolge der Buchstaben im Sinne der Phasenfolge
[3] Nach DIN 40 108 auch noch Nulleiter

Beispiele von Formelzeichen für Spannungen

Art der Spannungen	Stromsystem		Formelzeichen der Spannung
Außenleiterspannungen	Gleichstromsystem		U [1], U_{L+}, U_{L-}
	m-Phasensystem		U_{12}, U_{23}, U_{34} … U_{m1}
	Drehstromsystem		U_{12}, U_{23}, U_{31}
	Drehstrom	Generatoren, Motoren, Transformatoren	U_{UV}, U_{VW}, U_{WU}
Außenleiter-Mittelleiterspannungen	Gleichstromsystem		U, U_{L+M}, U_{M-L}
Sternspannungen	m-Phasensystem	Sternschaltung	U_{1N}, U_{2N}, U_{3N}, … U_{mN}
	Drehstromsystem	Sternschaltung	U_{1N}, U_{2N}, U_{3N}
	Drehstrom	Generatoren, Motoren, Transformatoren	U_{UN}, U_{VN}, U_{WN}
Mittelpunktspannung	Gleichstromsystem		U_{ME}
Sternpunktspannung	m-Phasensystem	Sternschaltung	U_{NE}
	Drehstromsystem	Sternschaltung	
Außenleiter-Erdspannungen	Gleichstromsystem		U_{L+E}, U_{L-E}
	m-Phasensystem		U_{1E}, U_{2E}, U_{3E}, … U_{mE}
	Drehstromsystem		U_{1E}, U_{2E}, U_{3E}

[1] In Darstellungen zusätzlich mit Richtungspfeil von + nach –

Stromsysteme

DIN 40 108/5.78

Beispiele von Formelzeichen für Ströme

Art der Ströme		Stromsystem		Formelzeichen der Ströme
Außenleiterströme	–	Gleichstromsystem		I [1]), I_{L+}, I_{L-}
	Sternströme	m-Phasensystem	Sternschaltung	I_1, I_2, I_3, … I_m [1])
		Drehstromsystem		I_1, I_2, I_3 [1])
	–	Drehstrom { Generatoren, Motoren, Transform.		I_u, I_v, I_w [1])
	Ringströme	m-Phasensystem	Ringschaltung (Polygonsch.)	I_{12}, I_{23}, I_{34}, … I_{m1}
	Dreieckströme	Drehstromsystem	Dreieckschaltung	I_{12}, I_{23}, I_{31}
	–	Drehstrom { Generatoren, Motoren, Transform.		I_{UV}, I_{VW}, I_{WU}
Mittelleiterstrom		Gleichstromsystem		I_M [1])
Sternpunktleiterstrom		m-Phasensystem	Sternschaltung	I_N [1])
		Drehstromsystem		I_N [1])
Erdstrom		–	–	I_E [1])

[1]) In Darstellung zusätzlich mit Richtungspfeil

Drehstromübertragung

DIN 40 108/5.78

Verteilung

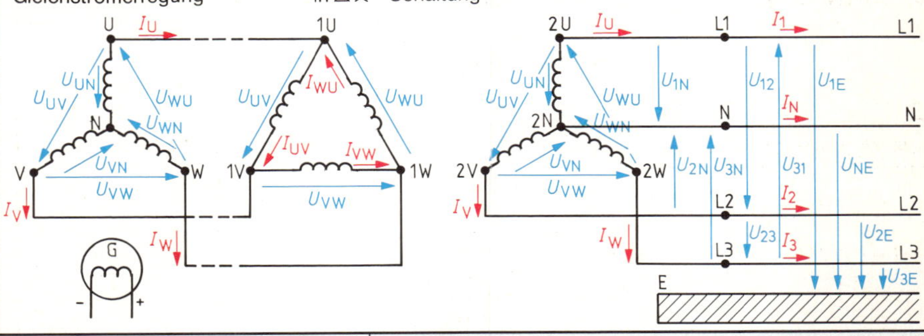

Phasenbeziehungen

Liniendiagramm

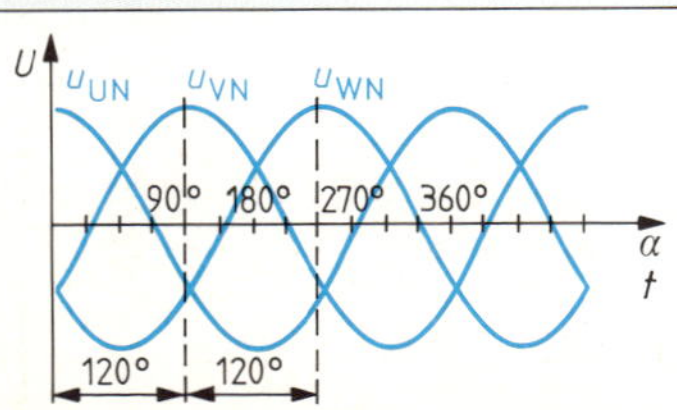

Zeigerdiagramm

Spannungen $U_{VU} = \sqrt{3} \cdot U_{UN}$

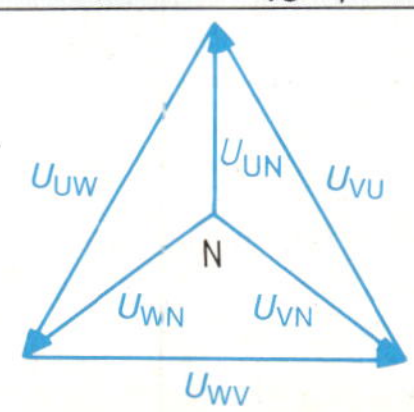

Ströme $I_{VU} = \sqrt{3} \cdot I_U$

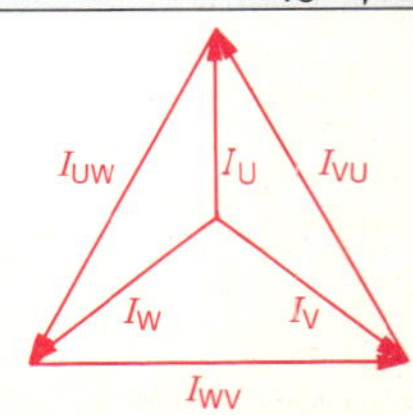

Stern- und Dreieckschaltungen im Drehstromnetz

Sternschaltung mit symmetrischer Belastung

$I_N = 0$

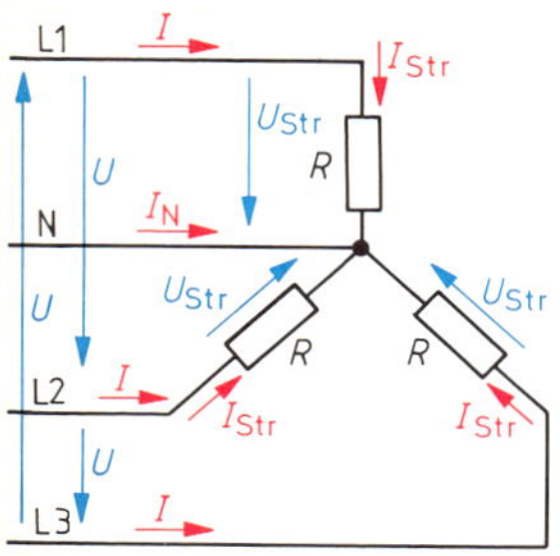

U_{str}: Strangspannung
U: Leiterspannung
I_{Str}: Strangstrom
I: Leiterstrom
S: Scheinleistung
P: Wirkleistung
Q: Blindleistung
$\cos\varphi$: Leistungsfaktor

$U_{str} = \frac{U}{\sqrt{3}}$

$I = I_{str}$

$S = \sqrt{3} \cdot U \cdot I$ $\quad [S] = \text{VA}$

$S = \sqrt{P^2 + Q^2}$

$P = \sqrt{3} \cdot U \cdot I \cdot \cos\varphi$ $\quad [P] = \text{W}$

$Q = \sqrt{3} \cdot U \cdot I \cdot \sin\varphi$ $\quad [Q] = \text{var}$

Dreieckschaltung mit symmetrischer Belastung

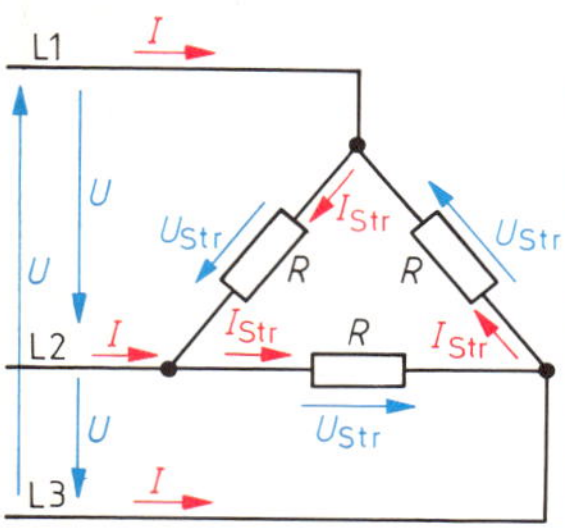

U_{Str}: Strangspannung
U: Leiterspannung
I_{Str}: Strangstrom
I: Leiterstrom
S: Scheinleistung
P: Wirkleistung
Q: Blindleistung
$\cos\varphi$: Leistungsfaktor

$U = U_{Str}$

$I = \sqrt{3} \cdot I_{Str}$

$S = \sqrt{3} \cdot U \cdot I$ $\quad [S] = \text{VA}$

$S = \sqrt{P^2 + Q^2}$

$P = \sqrt{3} \cdot U \cdot I \cdot \cos\varphi$ $\quad [P] = \text{W}$

$Q = \sqrt{3} \cdot U \cdot I \cdot \sin\varphi$ $\quad [Q] = \text{var}$

Zusammenhang zwischen Stern- und Dreieckschaltung bei gleicher Leiterspannung

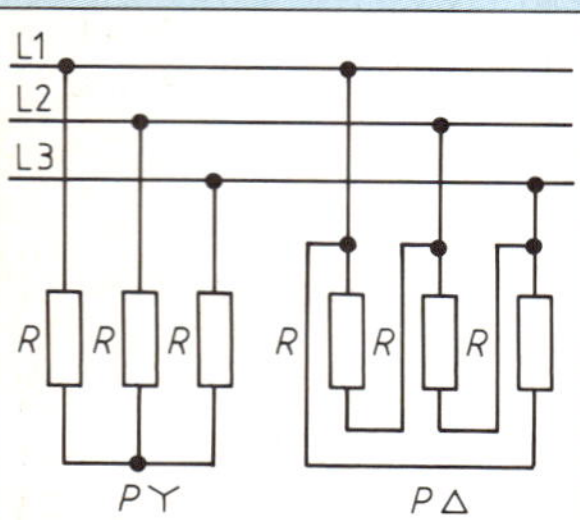

P_Y: Wirkleistung in Sternschaltung
P_Δ: Wirkleistung in Dreieckschaltung

$\frac{P_Y}{P_\Delta} = \frac{1}{3}$

Gestörte Drehstromschaltungen

Sternschaltung				Dreieckschaltung				
Ausfall eines Außenleiters oder eines Stranges		Ausfall von zwei Außenleitern oder zwei Strängen		Ausfall eines Stranges	Ausfall eines Außenleiters	Ausfall von zwei Strängen	Ausfall eines Stranges und eines Außenleiters	
mit N	ohne N	mit N	ohne N					
$P = \frac{2}{3} P_{or}$	$P = \frac{1}{2} P_{or}$	$P = \frac{1}{3} P_{or}$	$P = 0$	$P = \frac{2}{3} P_{or}$	$P = \frac{1}{2} P_{or}$	$P = \frac{1}{3} P_{or}$	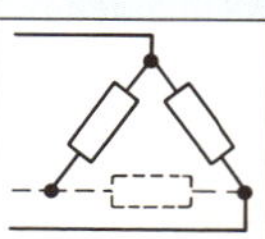 $P = \frac{1}{3} P_{or}$	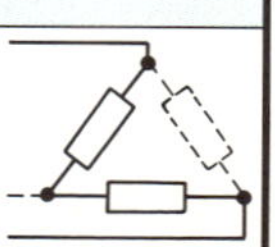 $P = \frac{1}{6} P_{or}$

P: Leistung im Störungsfall; P_{or}: ursprüngliche Leistung

Widerstände im Wechselstromkreis

Schaltung	Stromstärke und Spannung	Widerstand und Leitwert	Leistung
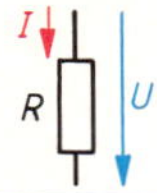	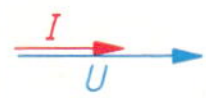 $I = \frac{U}{R}$ $\varphi = 0°$	$R = \frac{U}{I}$	$P = U \cdot I$ $P = I^2 \cdot R$ $P = \frac{U^2}{R}$
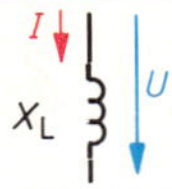	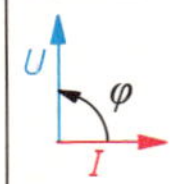 $I = \frac{U}{X_L}$ $\varphi = 90°$ (induktiv)	$X_L = 2\pi \cdot f \cdot L$ $X_L = \omega \cdot L$	$Q_L = U \cdot I$
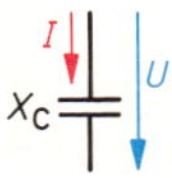	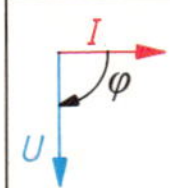 $I = \frac{U}{X_C}$ $\varphi = 90°$ (kapazitiv)	$X_C = \frac{1}{2\pi \cdot f \cdot C}$ $X_C = \frac{1}{\omega \cdot C}$	$Q_C = U \cdot I$
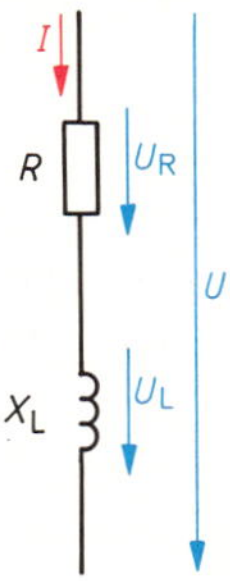	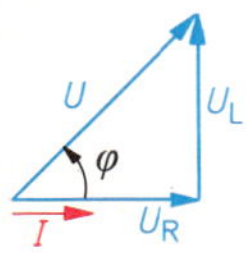 $I = \frac{U_R}{R}$ $I = \frac{U_L}{X_L}$ $I = \frac{U}{Z}$ $U^2 = U_R^2 + U_L^2$ $\tan\varphi = \frac{U_L}{U_R}$ $\sin\varphi = \frac{U_L}{U}$; $\cos\varphi = \frac{U_R}{U}$	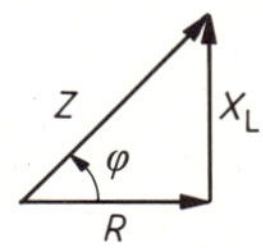 $Z^2 = R^2 + X_L^2$ $\tan\varphi = \frac{X_L}{R}$ $\sin\varphi = \frac{X_L}{Z}$; $\cos\varphi = \frac{R}{Z}$	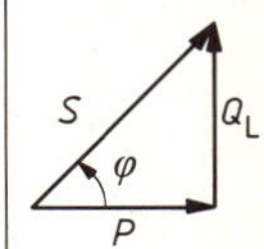 $P = U_R \cdot I$ $Q_L = U_L \cdot I$ $S = U \cdot I$ $S^2 = P^2 + Q_L^2$ $\tan\varphi = \frac{Q_L}{P}$ $\sin\varphi = \frac{Q_L}{S}$; $\cos\varphi = \frac{P}{S}$
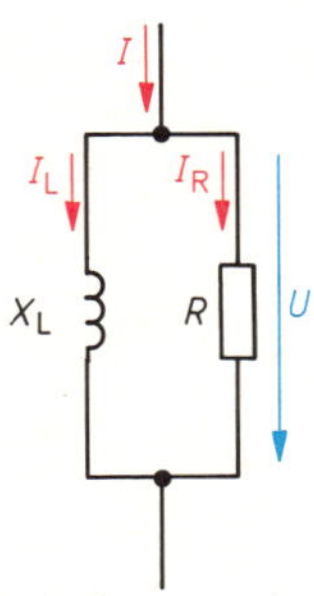	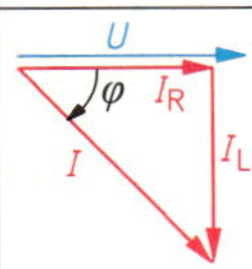 $U = I_R \cdot R$ $U = I_L \cdot X_L$ $U = I \cdot Z$ $I^2 = I_R^2 + I_L^2$ $\tan\varphi = \frac{I_L}{I_R}$ $\sin\varphi = \frac{I_L}{I}$; $\cos\varphi = \frac{I_R}{I}$	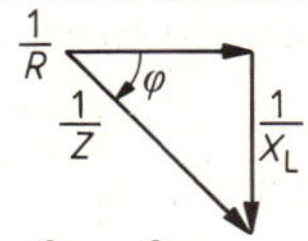 $Y^2 = G^2 + B_L^2$ $\left(\frac{1}{Z}\right)^2 = \left(\frac{1}{R}\right)^2 + \left(\frac{1}{X_L}\right)^2$ $\tan\varphi = \frac{R}{X_L}$ $\sin\varphi = \frac{Z}{X_L}$; $\cos\varphi = \frac{Z}{R}$	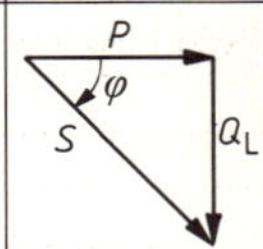 $P = U \cdot I_R$ $Q_L = U \cdot I_L$ $S = U \cdot I$ $S^2 = P^2 + Q_L^2$ $\tan\varphi = \frac{Q_L}{P}$ $\sin\varphi = \frac{Q_L}{S}$; $\cos\varphi = \frac{P}{S}$
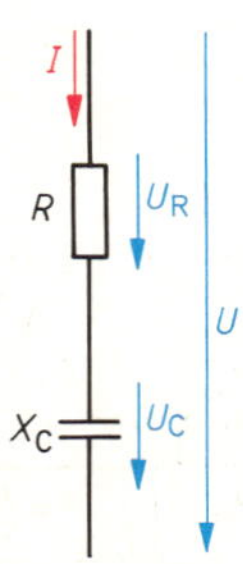	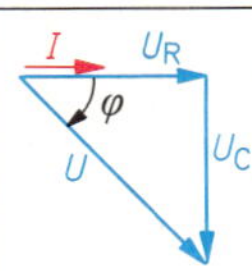 $I = \frac{U_R}{R}$ $I = \frac{U_C}{X_C}$ $I = \frac{U}{Z}$ $U^2 = U_R^2 + U_C^2$ $\tan\varphi = \frac{U_C}{U_R}$ $\sin\varphi = \frac{U_C}{U}$; $\cos\varphi = \frac{U_R}{U}$	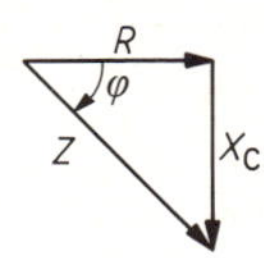 $Z^2 = R^2 + X_C^2$ $\tan\varphi = \frac{X_C}{R}$ $\sin\varphi = \frac{X_C}{Z}$; $\cos\varphi = \frac{R}{Z}$	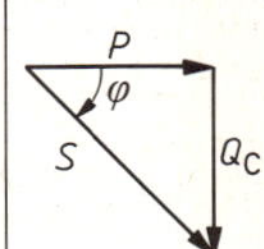 $P = U_R \cdot I$ $Q_C = U_C \cdot I$ $S = U \cdot I$ $S^2 = P^2 + Q_C^2$ $\tan\varphi = \frac{Q_C}{P}$ $\sin\varphi = \frac{Q_C}{S}$; $\cos\varphi = \frac{P}{S}$

Widerstände im Wechselstromkreis

Schaltung	Stromstärke und Spannung	Widerstand und Leitwert	Leistung
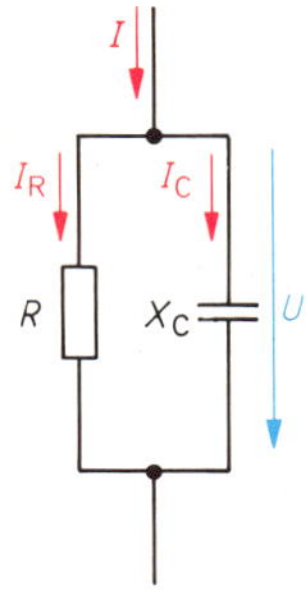	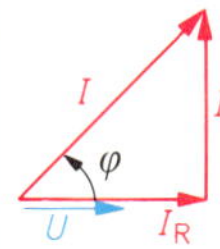 $I_R = \frac{U}{R}$ $I_C = \frac{U}{X_C}$ $I = \frac{U}{Z}$ $I^2 = I_R^2 + I_C^2$ $\tan\varphi = \frac{I_C}{I_R}$; $\cos\varphi = \frac{I_R}{I}$ $\sin\varphi = \frac{I_C}{I}$	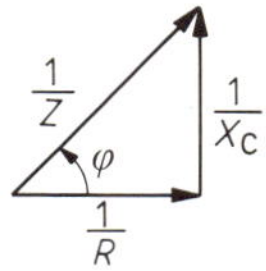 $Y^2 = G^2 + B_C^2$ $\left(\frac{1}{Z}\right)^2 = \left(\frac{1}{R}\right)^2 + \left(\frac{1}{X_C}\right)^2$ $\tan\varphi = \frac{R}{X_C}$; $\cos\varphi = \frac{Z}{R}$ $\sin\varphi = \frac{Z}{X_C}$	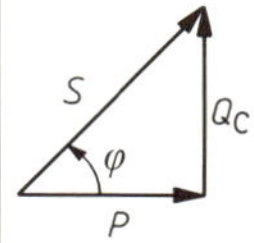 $P = I_R \cdot U$ $Q_C = I_C \cdot U$ $S = I \cdot U$ $S^2 = P^2 + Q_C^2$ $\tan\varphi = \frac{Q_C}{P}$; $\cos\varphi = \frac{P}{S}$ $\sin\varphi = \frac{Q_C}{S}$
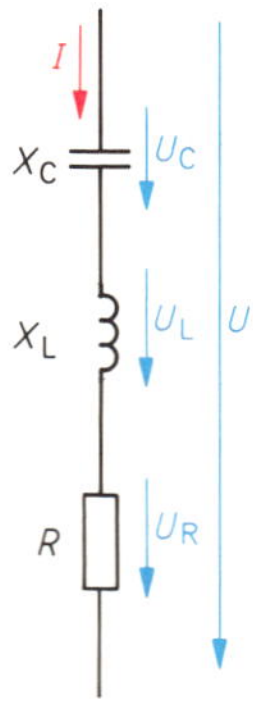	$U_L > U_C$ | $U_L < U_C$ 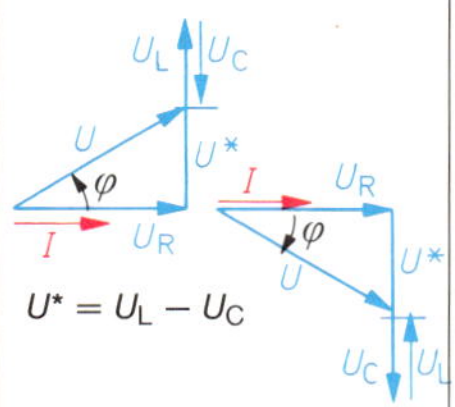 $U^* = U_L - U_C$ $U^* = U_C - U_L$ $U^2 = U_R^2 + U^{*2}$ $\tan\varphi = \frac{U^*}{U_R}$ $\sin\varphi = \frac{U^*}{U}$; $\cos\varphi = \frac{U_R}{U}$	$X_L > X_C$ | $X_L < X_C$ 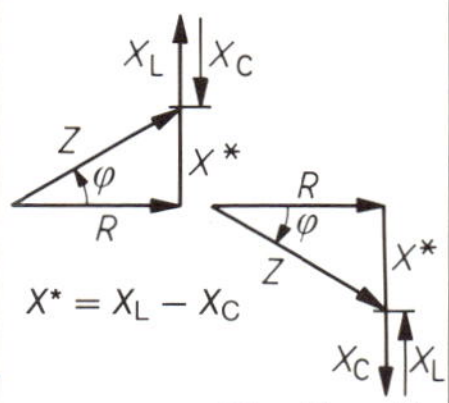 $X^* = X_L - X_C$ $X^* = X_C - X_L$ $Z^2 = R^2 + X^{*2}$ $\tan\varphi = \frac{X^*}{R}$ $\sin\varphi = \frac{X^*}{Z}$; $\cos\varphi = \frac{R}{Z}$	$Q_L > Q_C$ | $Q_L < Q_L$ 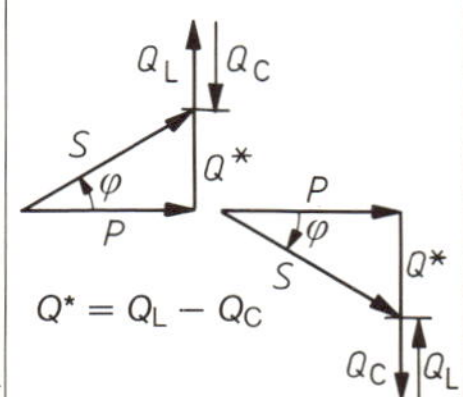 $Q^* = Q_L - Q_C$ $Q^* = Q_C - Q_L$ $S^2 = P^2 + Q^{*2}$ $\tan\varphi = \frac{Q^*}{P}$ $\sin\varphi = \frac{Q^*}{S}$; $\cos\varphi = \frac{P}{S}$
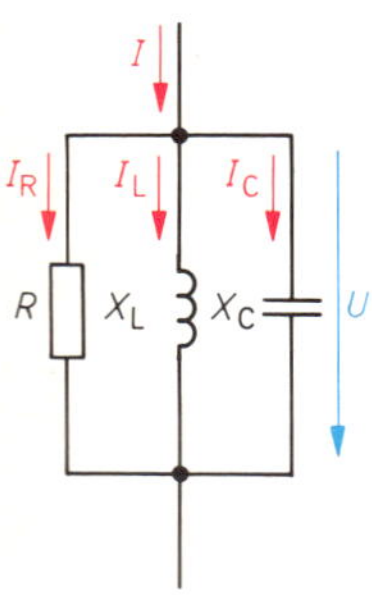	$I_C > I_L$ | $I_C < I_L$ 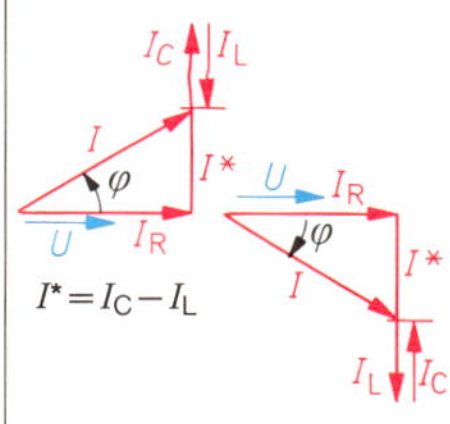 $I^* = I_C - I_L$ $I^* = I_L - I_C$ $I^2 = I_R^2 + I^{*2}$ $\tan\varphi = \frac{I^*}{I_R}$ $\sin\varphi = \frac{I^*}{I}$; $\cos\varphi = \frac{I_R}{I}$	$X_C < X_L$ | $X_C > X_L$ 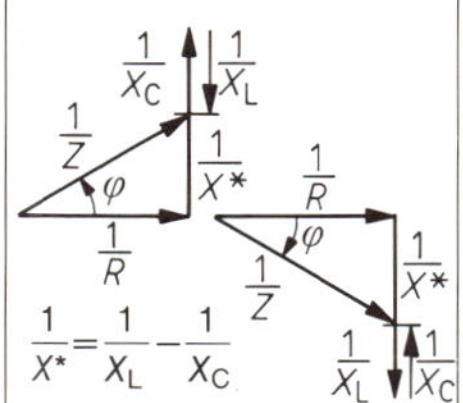 $\frac{1}{X^*} = \frac{1}{X_L} - \frac{1}{X_C}$ $\frac{1}{X^*} = \frac{1}{X_C} - \frac{1}{X_L}$ $Y^2 = G^2 + B^{*2}$ $\left(\frac{1}{Z}\right)^2 = \left(\frac{1}{R}\right)^2 + \left(\frac{1}{X^*}\right)^2$ $\tan\varphi = \frac{R}{X^*}$ $\sin\varphi = \frac{Z}{X^*}$; $\cos\varphi = \frac{Z}{R}$	$Q_C > Q_L$ | $Q_C < Q_L$ 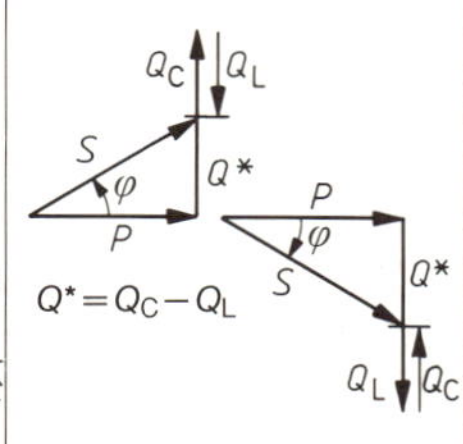 $Q^* = Q_C - Q_L$ $Q^* = Q_L - Q_C$ $S^2 = P^2 + Q^{*2}$ $\tan\varphi = \frac{Q^*}{P}$ $\sin\varphi = \frac{Q^*}{S}$; $\cos\varphi = \frac{P}{S}$

Filterschaltungen

Schaltung	Grenzfrequenz f_g	Durchlaßkurve und Phasenverschiebungswinkel
Tiefpaß 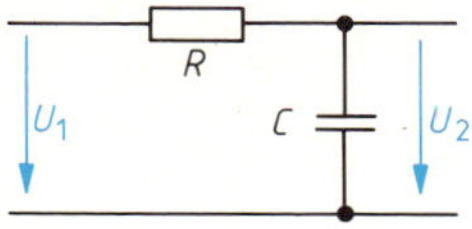	$f_g = \frac{1}{2\pi R \cdot C}$	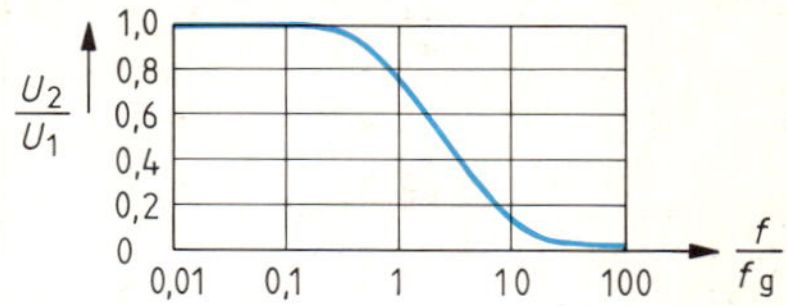
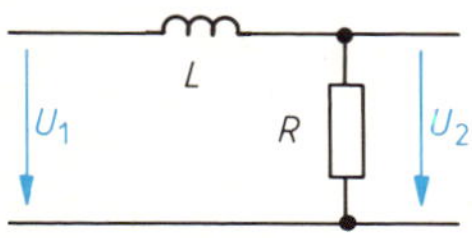	$f_g = \frac{R}{2\pi L}$	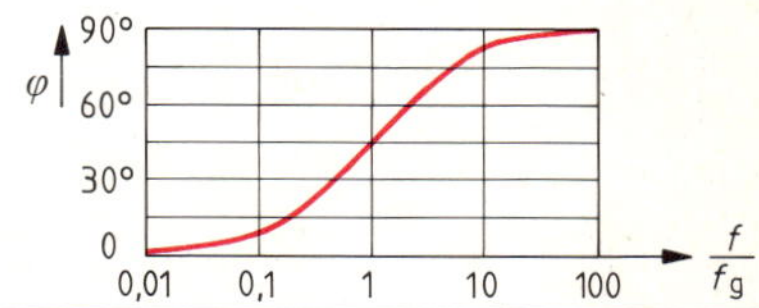
Tiefpaß 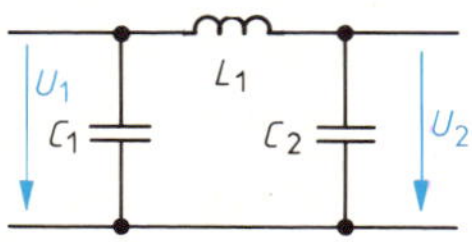	$C_1 = C_2 = C$ $f_g = \frac{1}{2\pi\sqrt{L_1 \cdot C}}$	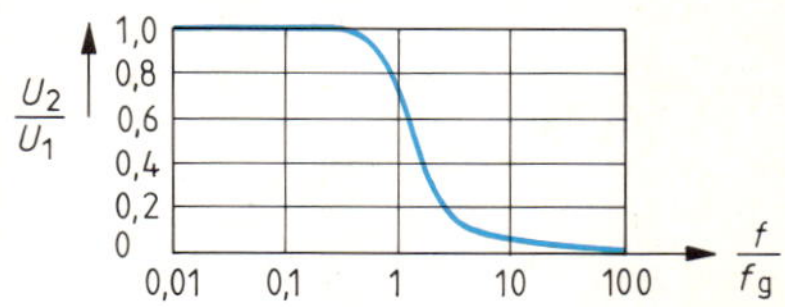
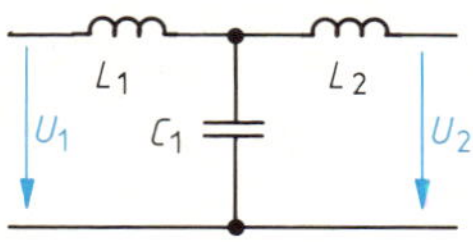	$L_1 = L_2 = L$ $f_g = \frac{1}{2\pi\sqrt{L \cdot C_1}}$	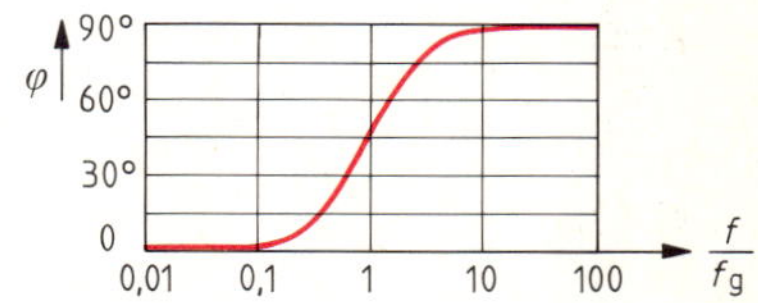
Hochpaß 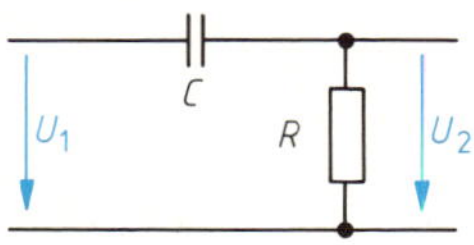	$f_g = \frac{1}{2\pi R \cdot C}$	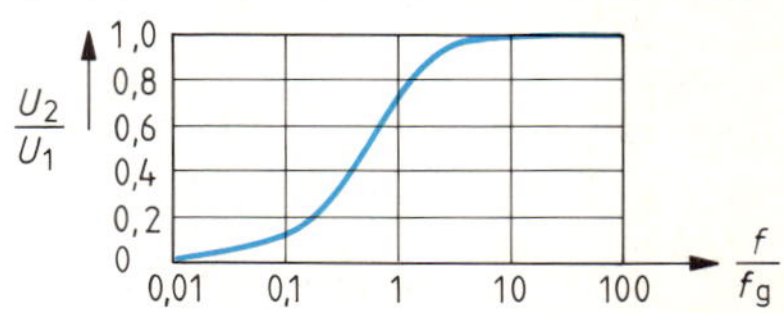
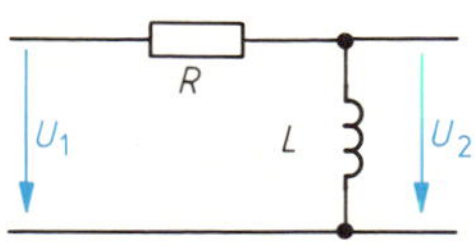	$f_g = \frac{R}{2\pi L}$	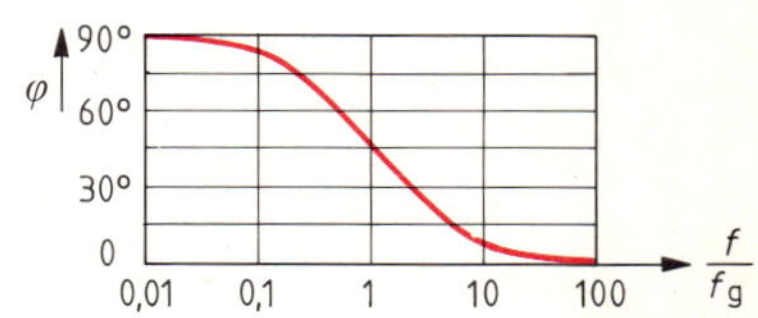
Hochpaß 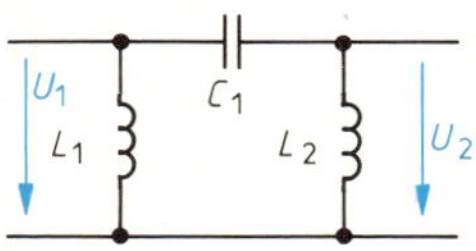	$L_1 = L_2 = L$ $f_g = \frac{1}{2\pi\sqrt{L \cdot C_1}}$	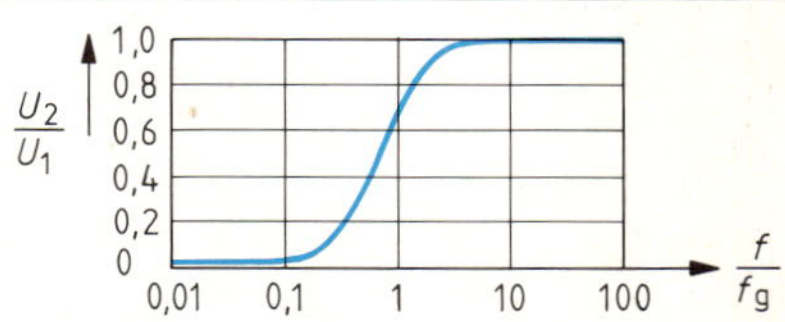
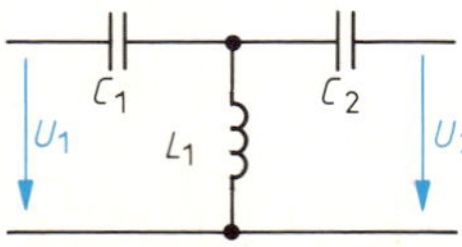	$C_1 = C_2 = C$ $f_g = \frac{1}{2\pi\sqrt{L_1 \cdot C}}$	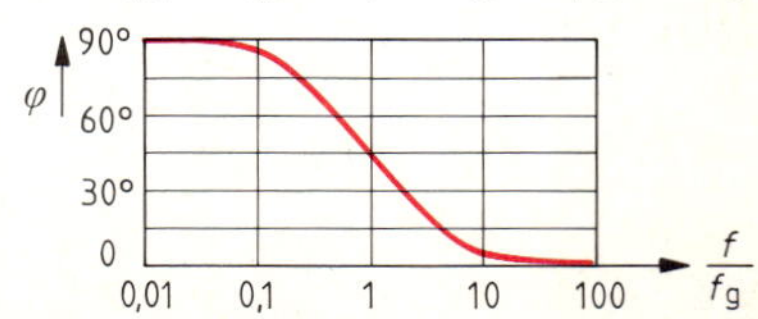

Schwingkreise

	Parallelschwingkreis	Reihenschwingkreis
Schaltung	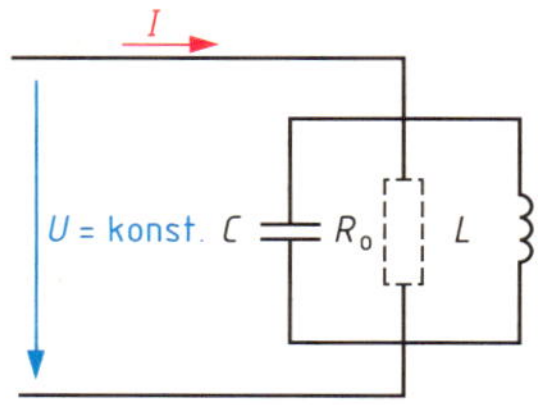	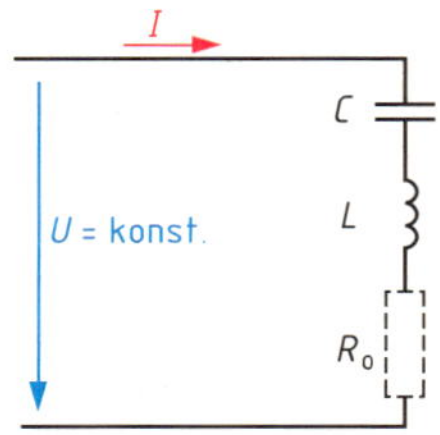
Stromstärke	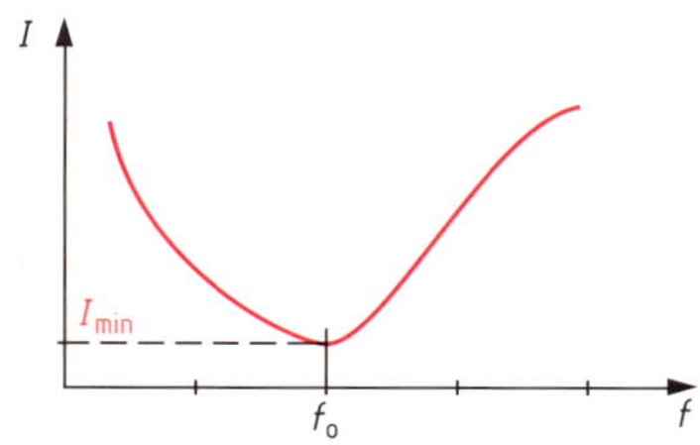	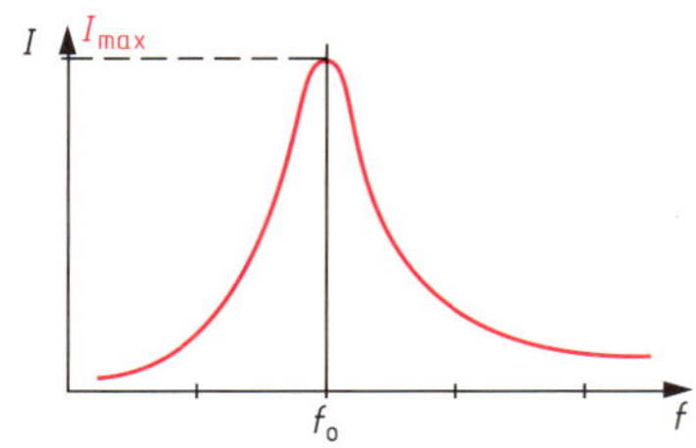
Phasenbeziehung	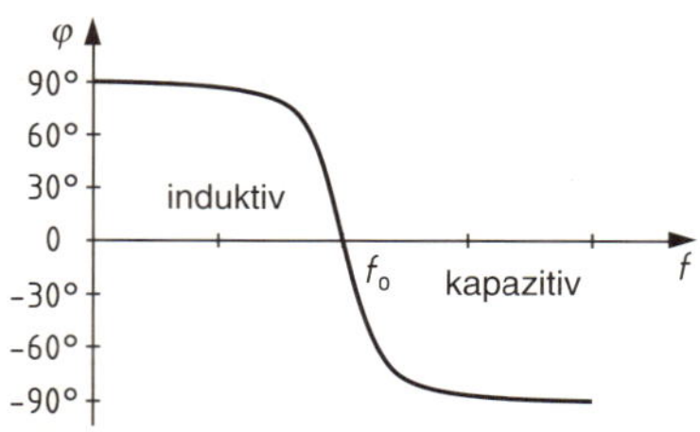	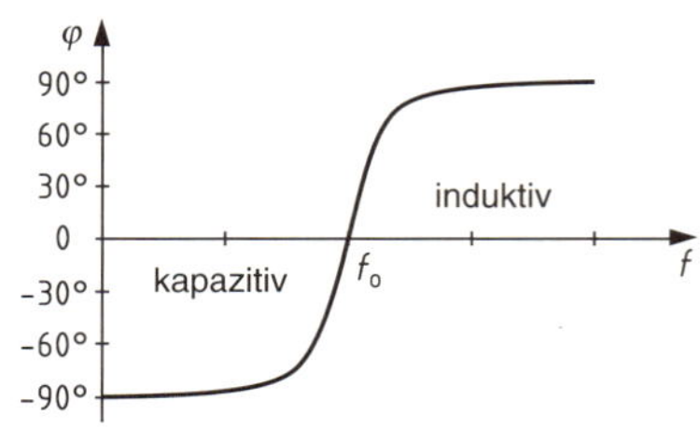
Widerstand	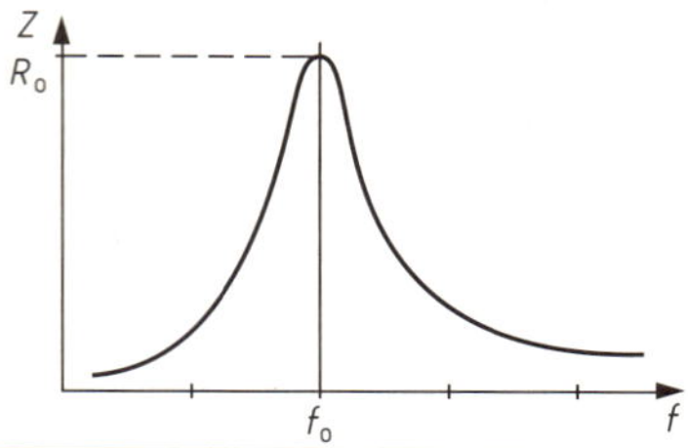	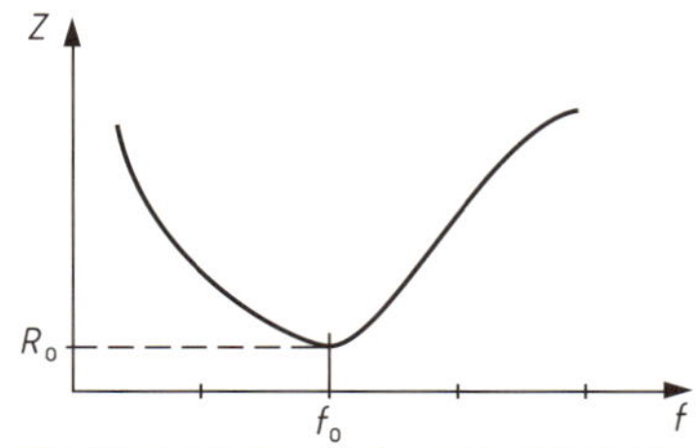

Formeln

Resonanz

$X_L = X_C$

$f_o = \frac{1}{2\pi\sqrt{L \cdot C}}$

f_o: Resonanzfrequenz
R_o: Resonanzwiderstand

Bandbreite

$B = f_{go} - f_{gu}$

f_{go}: obere Grenzfrequenz ($\varphi = 45°$)
f_{gu}: untere Grenzfrequenz ($\varphi = 45°$)
B: Bandbreite

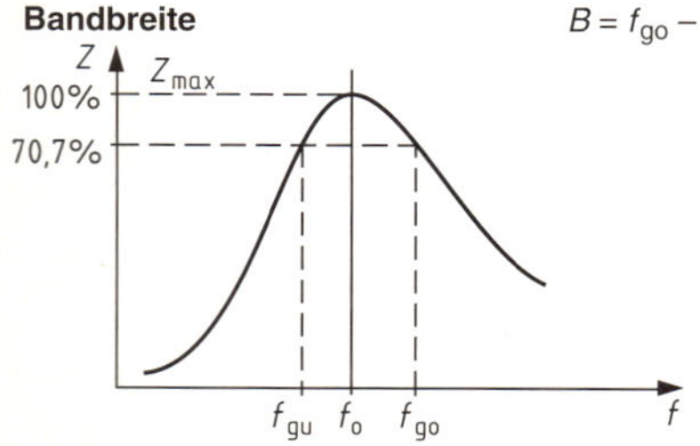

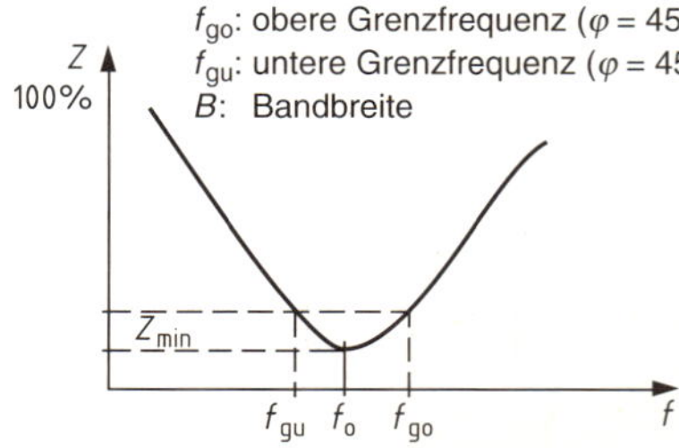

Komplexe Größen

Reelle Zahlen

Reelle Zahlen
z. B. ganze rationale Zahlen (2, 3, 4, …),
gebrochene rationale Zahlen (1/4; 1/3; …)
Irrationale Zahlen
z. B. $\pi = 3{,}14159\ \ldots$, $e = 2{,}71828\ \ldots$
$\sqrt{2} = 1{,}414\ \ldots$, $\sqrt{3} = 1{,}73\ \ldots$

Imaginäre Zahlen

Die Einheit der imaginären Zahlen ist $\sqrt{-1}$.

Dieser Ausdruck wird mit **j** bezeichent.

Beispiele: $j \cdot 3 = \sqrt{-1} \cdot 3$; $j^2 = 1$
$j \cdot 3 = -\sqrt{-1}$; $j^4 = -1$

Komplexe Zahlen

Verbindung aus einer reellen Zahl mit einer imaginären Zahl, z. B. $z = 4 + j \cdot 3$

Graphische Darstellung in der Gauß'schen Zahlenebene

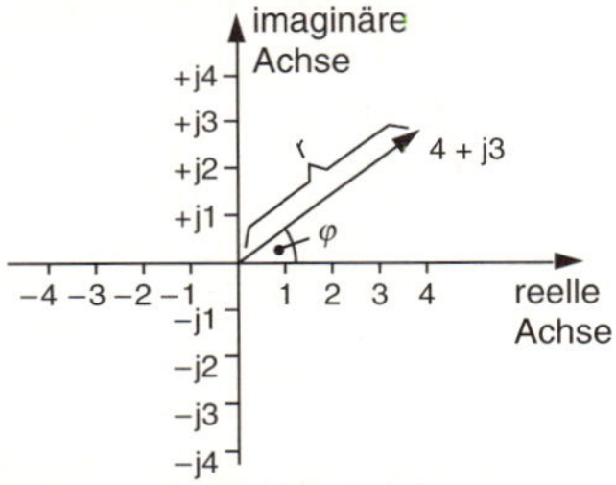

Algebraische Form:	$z = a + jb$;	$z = 4 + j \cdot 3$
Trigonometrische Form:	$z = r\,(\cos\varphi + j\sin\varphi)$;	$z = 5\,(0{,}8 + j\,0{,}6)$
Exponentielle Form:	$z = r \cdot e^{j\varphi}$;	$z = 5 \cdot e^{j36{,}9°}$
Berechnungsformeln:	$r = \sqrt{a^2 + b^2}$;	$\tan\varphi = \frac{b}{a}$
	$a = r \cdot \cos\varphi$;	$b = r \cdot \sin\varphi$

Komplexer Scheinwiderstand, Leitwert, Phasenverschiebungswinkel (*z*, *y*, *φ*)

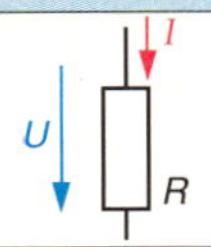

$Z = R$ $\quad Z = R \cdot e^{j0°}$
$Y = G$ $\quad Y = G \cdot e^{j0°}$
$\varphi = 0°$

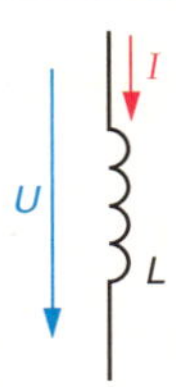

$\underline{Z} = jX_L = j\omega L \qquad Z = \omega L$

$\underline{Y} = -jB_L = \frac{1}{j\omega L} = -j\,\frac{1}{\omega L}$

$Y = \frac{1}{\omega L}$

$\varphi = -90°$

$\underline{Z} = X_L \cdot e^{j90°}$; $\underline{Y} = B_L \cdot e^{-j90°}$

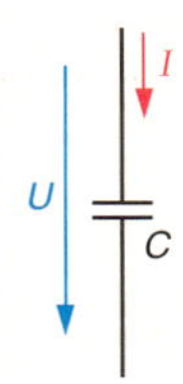

$\underline{Z} = -jX_C = \frac{1}{j\omega C} = -j\,\frac{1}{\omega C}$

$\underline{Z} = \frac{1}{\omega C}$

$\underline{Y} = jB_C = j\omega C; \qquad Y = \omega C$

$\varphi = -90°$

$\underline{Z} = X_C \cdot e^{-j90°}$; $\underline{Y} = B_C \cdot e^{j90°}$

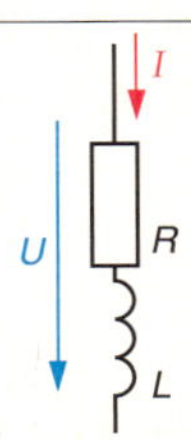

$\underline{Z} = R + j\omega L; \quad Z = \sqrt{R^2 + (\omega L)^2}$

$\underline{Y} = \frac{R}{R^2 + (\omega L)^2} - j\,\frac{\omega L}{R^2 + (\omega L)^2}$

$\tan\varphi = \frac{\omega L}{R}$

$\underline{Z} = Z \cdot e^{j\varphi}$

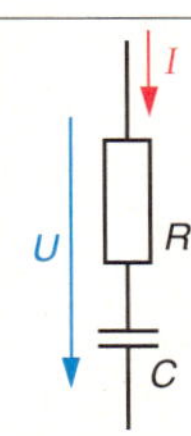

$\underline{Z} = R - j\,\frac{1}{\omega C}\ ; \quad Z = \sqrt{R^2 + \left(\frac{1}{\omega C}\right)^2}$

$\underline{Y} = \frac{R\,(\omega C)^2}{(R\,\omega C)^2 + 1} + j\,\frac{\omega C}{(R\,\omega C)^2 + 1}$

$\tan\varphi = \frac{1}{\omega CR}$

$\underline{Z} = Z \cdot e^{-j\varphi}$

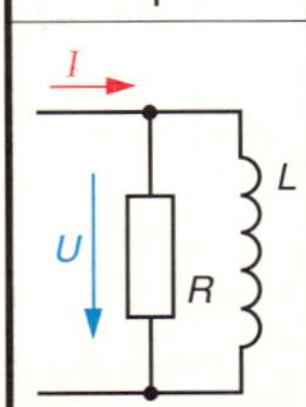

$\underline{Y} = \frac{1}{R} - j\,\frac{1}{\omega L}\ ; \quad Y = \sqrt{\left(\frac{1}{R}\right)^2 + \left(\frac{1}{\omega L}\right)^2}$

$\underline{Z} = \frac{R\,(\omega L)^2}{R^2 + (\omega L)^2} + j\,\frac{R^2\,\omega L}{R^2 + (\omega L)^2}$

$\tan\varphi = \frac{R}{\omega L}$

$\underline{Y} = Y \cdot e^{j\varphi}$

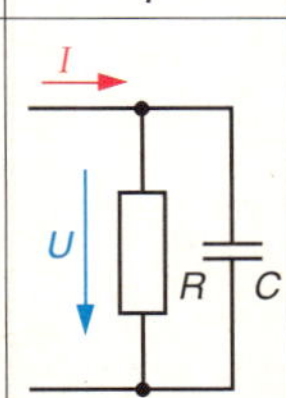

$\underline{Y} = \frac{1}{R} + j\omega C; \quad Y = \sqrt{\left(\frac{1}{R}\right)^2 + (\omega C)^2}$

$\underline{Z} = \frac{R}{1 + (R\omega C)^2} - j\,\frac{R^2\,\omega C}{1 + (R\omega C)^2}$

$\tan\varphi = \omega\,C\,R$

$\underline{Y} = Y \cdot e^{j\varphi}$

Dämpfung, Übertragung und Pegel

Dämpfungs- und Übertragungsfaktoren

Schaltung	Dämpfungsfaktor D	Übertragungsfaktor / Verstärkungsfaktor T
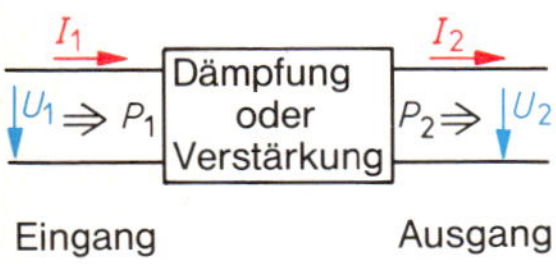	Stromdämpfungsfaktor $D_I = \frac{I_1}{I_2}$ Spannungsdämpfungsfaktor $D_u = \frac{U_1}{U_2}$ Leistungsdämpfungsfaktor $D_p = \frac{P_1}{P_2}$	Stromübertragungsfaktor $T_I = \frac{I_2}{I_1}$ Spannungsübertragungsfaktor $T_u = \frac{U_2}{U_1}$ Leistungsübertragungsfaktor $T_p = \frac{P_2}{P_1}$

Dämpfungs- und Übertragungsmaße

Schaltung (Einzelglied)	Dämpfungsmaß a	Übertragungsmaß / Verstärkungsmaß $-a$
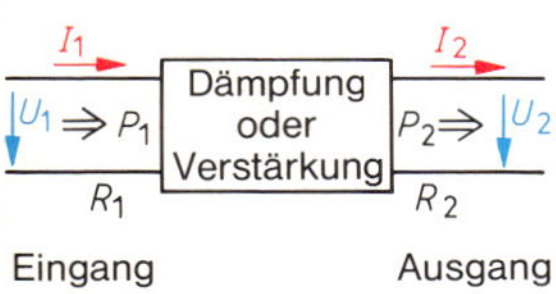	Leistungsdämpfungsmaß $a_p = \lg \frac{P_1}{P_2}$ B B: Bel $a_p = 10 \cdot \lg \frac{P_1}{P_2}$ dB dB: dezi Bel Spannungsdämpfungsmaß $a_u = 20 \cdot \lg \frac{U_1}{U_2}$ dB $R_1 = R_2$ Stromdämpfungsmaß $a_I = 20 \cdot \lg \frac{I_1}{I_2}$ dB $R_1 = R_2$	Leistungsübertragungsmaß $-a_p = 10 \lg \frac{P_2}{P_1}$ dB Spannungsübertragungsmaß $-a_u = 20 \cdot \lg \frac{U_2}{U_1}$ dB $R_1 = R_2$ Stromübertragungsmaß $-a_I = 20 \cdot \lg \frac{I_2}{I_1}$ dB $R_1 = R_2$
Übertragungskette	Gesamtdämpfungsmaß bzw. Gesamtübertragungsmaß	
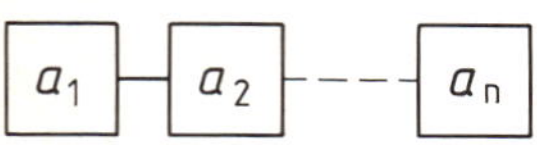	$a_{ges} = a_1 + a_2 + \ldots a_n$ (Vorzeichen beachten)	

Zusammenhang zwischen Dämpfungsfaktoren und Dämpfungsmaßen

Dämpfungsmaß in dB	a	0	1	3	6	10	20	30	40
Leistungsdämpfungsfaktor	D_p	1	1,26	2	4	10	100	1000	10000
Spannungsdämpfungsfaktor	D_u	1	1,12	1,41	2	3,16	10	31,6	100

Absoluter Pegel L_{abs}

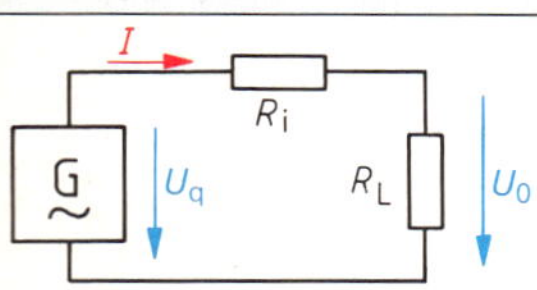	Der Pegel 0dB liegt bei der Leistung $P_0 = 1$ mW oder der Spannung $U_0 = 775$ mV vor. ($I = 1{,}29$ mA) P_0: Bezugsleistung U_0: Bezugsspannung	$L_{Pabs} = 10 \lg \frac{P}{P_0}$ dBm $L_{Uabs} = 20 \lg \frac{U}{U_0}$ dBu $R_L = 600\ \Omega$

Relativer Pegel L_{rel}

Beliebiger Bezugswert: z. B. Antennentechnik mit $R_L = 75\,\Omega$; $U_0 = 1\ \mu V$ (dBµV) $U_0 = 1$ V (dBV) $P_0 = 1$ W (dBW) $P_0 = 10^{-15}$ W (dBf)	$L_{Urel} = 20 \lg \frac{U}{1\mu V}$ dBµV

2 Bauelemente

Anwendungsklassen und Zuverlässigkeitsangaben für Bauelemente der Nachrichtentechnik und Elektronik

DIN 40040/4.87

Beispiel:

G P E / L T / W N Z

Klimatischer Bereich:
- untere Grenztemperatur — G
- obere Grenztemperatur — P
- Feuchtebeanspruchung — E

Zuverlässigkeit:
- Ausfallquotient — L
- Beanspruchungsdauer — T

Mechanische Anwendung:
- Sonderbeanspruchung (Einzelbestimmung) — Z
- Luftdruck — N
- mechanische Beanspruchung — W

Untere Grenztemperatur 1. Kennbuchstabe	ϑ_{min} in °C	Obere Grenztemperatur 2. Kennbuchstabe	ϑ_{max} in °C
A	freigehalten	A	400
B	freigehalten	B	350
C	freigehalten	C	300
D	freigehalten	D	250
E	−65	E	200
F	−55	F	180
G	−40	G	170
H	−25	H	155
J	−10	J	140
K	0	K	125
L	+5	L	110
Z	*)	M	100
		N	90
		P	85
		Q	80
		R	75
		S	70
		T	65
		U	60
		V	55
		W	50
		Y	40
		Z	*)

*) siehe Einzelbestimmungen der Hersteller

Feuchtebeanspruchung

3. Kennbuchstabe	Höchstwerte der relativen Luftfeuchtigkeit: Jahresmittel[1]	30 Tage im Jahr[1]	60 Tage im Jahr[1]	übrige Tage [2]	Bemerkungen
A	≦100 %	–	–	–	andauernde Nässe
B	freigehalten				
C	≦95 %	100 %	–	100 %	Betauung
R	≦90 %	100 %	–	95 %	Betauung
D	≦80 %	100 %	–	90 %	Betauung
E	≦75 %	95 %	–	85 %	seltene u. leichte Betauung[3]
F	≦75 %	95 %	–	85 %	keine Betauung
G	≦65 %	–	85 %	75 %	keine Betauung
H	≦50 %	–	75 %	65 %	keine Betauung
J	≦ 50 %				keine Betauung
Z	siehe Einzelbestimmung				

[1]) Über das Jahr verteilt
[2]) Unter Einhaltung des Jahresmittels
[3]) Kann z. B. beim kurzzeitigen Öffnen von Geräten, die im Freien installiert sind, auftreten.

Ausfallquotient

4. Kennbuchstabe	Ausfallquotient in Ausfällen je 10^9 Bauelementestunden	4. Kennbuchstabe	Ausfallquotient in Ausfällen je 10^9 Bauelementestunden
D	0,1	P	10 000
E	0,3	Q	30 000
F	1	R	100 000
G	3	S	300 000
H	10	T	1 000 000
J	30	U	3 000 000
K	100	V	10 000 000
L	300	W	30 000 000
M	1000	Z	siehe Einzelbestimmung
N	3000		

Anwendungsklassen und Zuverlässigkeitsangaben für Bauelemente der Nachrichtentechnik und Elektronik

DIN 40040/4.87

Beanspruchungsdauer

5. Kennbuchstabe	Beanspruchungsdauer in Stunden
Q	300 000
R	100 000
S	30 000
T	10 000
U	3 000
V	1 000
W	300
Z	siehe Einzelbestimmung

Grenzwerte der mechanischen Beanspruchung

6. Kennbuchstabe	Schwingbeanspruchung		Schockbeanspruchung	
	Frequenz in Hz 10 Hz bis	Beschleunigung in m/s^2	Beschleunigung in m/s^2	Zeit in ms
Q	2000	500	1000	6
R	2000	200	1000	6
S	2000	100	500	11
T	500	100	300	18
U	55	50	300	18
V	55	50	150	11
W	55	20	150	11
Z	siehe Einzelbestimmung			

Luftdruck

7. Kennbuchstabe	untere Druckgrenze in mbar bis	entspricht einer Betriebshöhe in m über NN
N	840	1 000
R	700	2 200
S	600	3 500
T	530	4 300
U	300	8 500
V	85	16 000
W	44	20 000
Y	20	26 000
Z	siehe Einzelbestimmung	

Sonderbeanspruchung

8. Kennbuchstabe	Beispiele
Z	Spritzwasser, Regen, Schnee, Vereisung, Schwallwasser, Strahlwasser, Druckwasser
	Trockenheit, Meeresluft, Industrieluft, Isolierstoffausdünstung in abgeschlossenen Räumen
	Staub, Sandsturm
	Schimmel, Insekten
	Sonnenstrahlung, andere Strahlung

Aufbau, Eigenschaften und Anwendungen von linearen Schichtwiderständen

	Kohle, C	**Metall,** Cr/Ni	**Edelmetall,** Au/Pt
Herstellverfahren	Thermischer Zerfall von Kohlenwasserstoffen	Aufdampfen im Hochvakuum	Reduktion von Edelmetallsalzen durch Einbrennen
Spezifischer Widerstand	$3000 \cdot 10^{-6}\ \Omega \cdot cm$	$\approx 100 \cdot 10^{-6}\ \Omega \cdot cm$	$\approx 40 \cdot 10^{-6}\ \Omega \cdot cm$
Schichtdicke	$10 \ldots 30\,000 \cdot 10^{-9}$ m	$10 \ldots 100 \cdot 10^{-9}$ m	$10 \ldots 1000 \cdot 10^{-9}$ m
Flächenwiderstand	1 … 5000 Ω	20 … 1000 Ω	0,5 … 100 Ω
Temperaturkoeffizient	$(-200 \ldots -800) \cdot 10^{-6} \cdot \frac{1}{K}$	$\pm 100 \cdot 10^{-6} \cdot \frac{1}{K}$	$(+250 \ldots +350) \cdot 10^{-6} \cdot \frac{1}{K}$
max. Schichttemperatur	125°C	175°C	155°C
Drift nach 10^4 h Lagerung bzw. bei Belastung auf 125°C in %	−0,5 … +1,5	−0,6 … +1	−0,5
Stromrauschen	klein	sehr klein	sehr klein
Nichtlinearität	klein	sehr klein	sehr klein
DIN-Normen	44052, 44055, 44053	44061	
Anwendungen	Vermittlungstechnik, Datentechnik, Weitverkehrstechnik, Elektronik	Für extreme klimatische und elektrische Beanspruchungen, Luft- u. Raumfahrt, Meßgeräte	Kompensation in Transistorschaltungen, Hochlastwiderstände mit Sicherungswirkung bei der Bundespost

Kennzeichnung von Widerständen und Kondensatoren

Farbkennzeichnung von Widerständen

DIN IEC 62/10.89

Beispiel: 27 kΩ ± 5 %

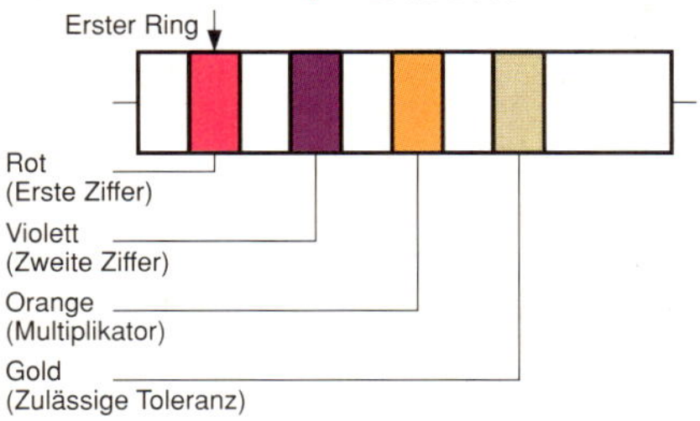

Beispiel: 24,9 kΩ ± 1 %

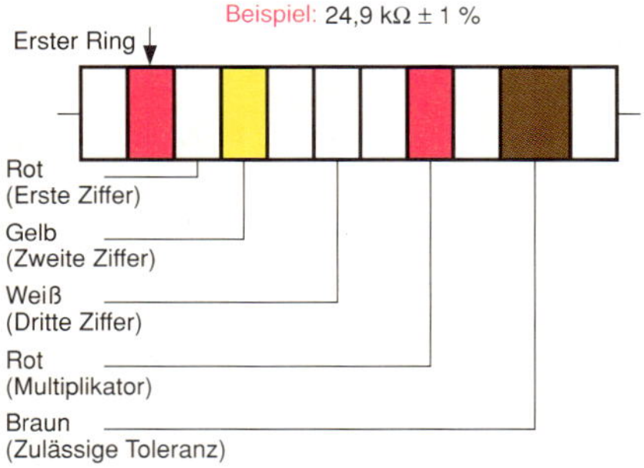

Temperaturkoeffizient: – sechster und breiter Farbring, evtl. unterbrochen
– Schraubenlinie

Farbschlüssel

Kennfarbe	Widerstandswert in Ω: zählende Ziffern	Widerstandswert in Ω: Multiplikator	Zulässige rel. Abweichung des Widerstandswertes	Temperatur-Koeffizient (10^{-6} °C)
silber	–	10^{-2}	± 10 %	–
gold	–	10^{-1}	± 5 %	–
schwarz	0	10^{0}	–	± 250
braun	1	10^{1}	± 1 %	± 100
rot	2	10^{2}	± 2 %	± 50
orange	3	10^{3}	–	± 15
gelb	4	10^{4}	–	± 25
grün	5	10^{5}	± 0,5 %	± 20
blau	6	10^{6}	± 0,25 %	± 10
violett	7	10^{7}	± 0,1 %	± 5
grau	8	10^{8}	–	± 1
weiß	9	10^{9}	–	–
keine	–	–	± 20 %	–

Vorzugsreihen für Nennwerte bis ± 5 % zul. Abweichung DIN IEC 63/12.85

E 3 (>±20 %	E 6 (± 20 %)	E 12 (± 10 %)	E 24 (± 5 %)
1,0	1,0	1,0	1,0
			1,1
		1,2	1,2
			1,3
2,2	1,5	1,5	1,5
			1,6
		1,8	1,8
			2,0
	2,2	2,2	2,2
			2,4
		2,7	2,7
			3,0
4,7	3,3	3,3	3,3
			3,6
		3,9	3,9
			4,3
	4,7	4,7	4,7
			5,1
		5,6	5,6
			6,2
	6,8	6,8	6,8
			7,5
		8,2	8,2
			9,1

Wertkennzeichnung durch Buchstaben DIN IEC 62/10.89

Kennbuchstabe	Multiplikator		Beispiele
p	Pico	10^{-12}	3μ3 = 3,3 μF
n	Nano	10^{-9}	m33 = 330 μF
μ	Mikro	10^{-6}	33m = 33000 μF
m	Milli	10^{-3}	R33 = 0,33 Ω
R, F		10^{0}	3R3 = 3,3 Ω
K	Kilo	10^{3}	33K = 33 kΩ
M	Mega	10^{6}	330K = 330 kΩ
G	Giga	10^{9}	M33 = 0,33 MΩ
T	Tera	10^{12}	3M3 = 3,3 MΩ

Buchstabenkennzeichnung der zulässigen Abweichungen

Symmetrische Abweichung in %	
zul. Abweichung	**Kennzeichen**
± 0,1	B
± 0,25	C
± 0,5	D
± 1	F
± 2	G
± 5	J
± 10	K
± 20	M
± 30	N
Unsymmetrische Abweichung in %	
+ 30 … – 10	Q
+ 50 … – 10	T
+ 50 … – 20	S
+ 80 … – 20	Z
Symmetrische Abweichung in absoluten Werten (Kapazitätswerte unter 10 pF)	
± 0,1	B
± 0,25	C
± 0,5	D
± 1	F

Potentiometer

DIN 45 922 T1/01.84

Kennzeichnung und Begriffe

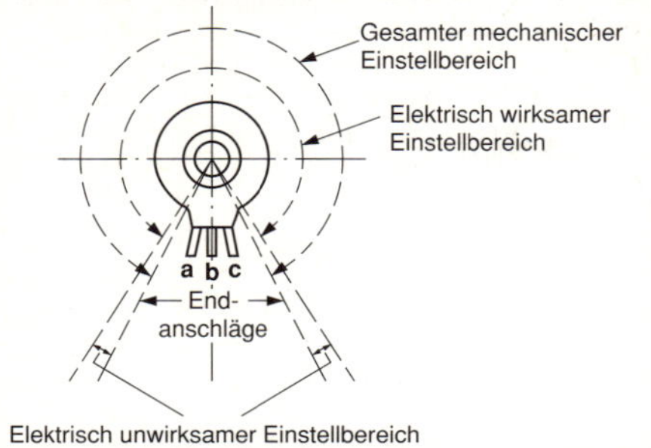

Bezeichnung der Anschlüsse:

a: Endanschluß, der elektrisch dem Schleifkontakt am nächsten liegt, wenn die Welle im Uhrzeigersinn bis zum Anschlag gedreht ist.
b: Anschluß des Schleifkontaktes
c: Endanschluß

Wahlweise Bezeichnungen:
1, 2, 3 oder gelb, rot, grün

Übliche Kurvenverläufe
- Linearer Verlauf
- Logarithmischer Verlauf
- Fallend logarithmischer Verlauf

Bevorzugte Abmessungen für Wellen und Buchsen

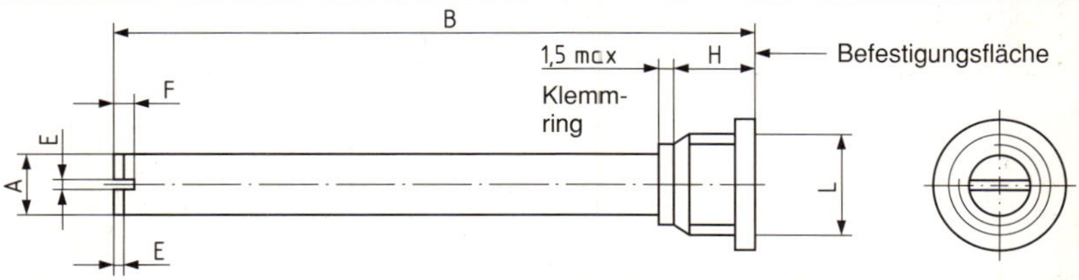

Maß A	Maß B											Maß E	Maß F	Maß H	Maß L
	10 ± 0,5	12,5 ± 0,5	16 ± 0,5	20 ± 0,5	22 ± 0,5	25 ± 0,5	32 ± 0,5	40 ± 1,0	50 ± 1,0	63 ± 1,0	80 ± 1,0			± 0,5	
2,94 ... 3,00	■	■	■	■	■	■	■					0,5 ... 0,7	1,0 ... 1,2	5	M7 x 0,75
3,925 ... 4,00		■	■	■	■	■	■	■				0,7 ... 0,8	1,3 ... 1,7	6	M7 x 0,75
5,925 ... 6,00			■	■	■	■	■	■	■	■		0,9 ... 1,1	1,8 ... 2,2	8	M10 x 0,75
9,91 ... 10,00				■	■	■	■	■	■	■	■	1,9 ... 2,1	2,8 ... 3,2	12	M15 x 1,00

Nummer	**Kurvenform**
1	linear (lin)
11	linear, mit einer Anzapfung
12	linear, mit zwei Anzapfungen
13	linear mit drei Anzapfungen
2	steigend exponentiell (+ e)
3	fallend exponentiell (– e)
4	gehoben steigend exponentiell (+ log)
41	gehoben steigend exponentiell mit einer Anzapfung
5	gehoben fallend exponentiell (– log)
51	gehoben fallend exponentiell mit einer Anzapfung
6	S-förmige Kurve
61	S-förmig mit einer Anzapfung
7	ansteigende Kurve mit zwei linearen Teilstrecken
8	fallende Kurve mit zwei linearen Teilstrecken
91	steigende Kurve mit zwei log. Teilstrecken und einer Anzapfung
92	steigende Kurve mit zwei log. Teilstrecken und zwei Anzapfungen
93	steigende Kurve mit drei log. Teilstrecken und zwei Anzapfungen

Beispiel Kurve 7 DIN 41 450 T1/11.87

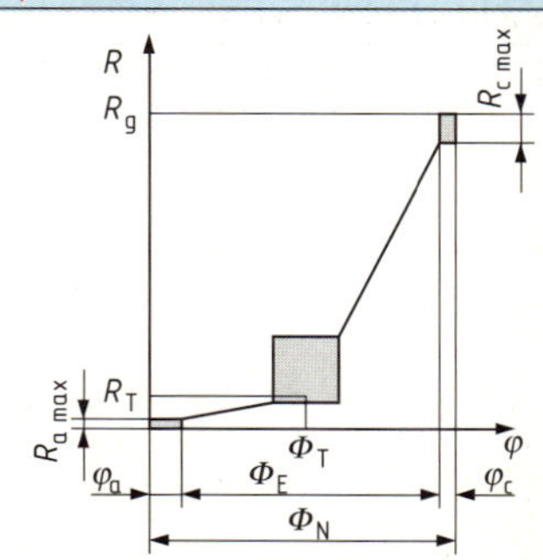

R_g: Gesamt-Widerstandswert (Istwert)
R_a: (< 2 Ω) kleinster einstellbarer Widerstandswert bei a
R_c: (< 2 Ω) kleinster einstellbarer Widerstandswert bei c
R_T: Teilwiderstand bei Φ_T
φ_a: elektrisch unwirksamer Einstellweg bei a
φ_c: elektrisch unwirksamer Einstellweg bei c
Φ_E: elektrisch wirksamer Einstellweg
Φ_N: gesamter mechanischer Einstellweg
Φ_T: Teileinstellweg $\Phi_T = 0{,}5\ \Phi_N$

Temperatur- und spannungsabhängige Widerstände

Heißleiter — DIN 4407/12.76

NTC-Widerstand
(**n**egative **t**emperature **c**oefficient)

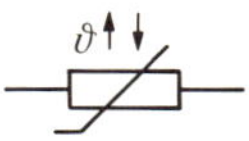

Heißleiter sind temperaturabhängige Halbleiterwiderstände, deren Widerstandswerte sich mit steigender Temperatur verringern (Material: polykristalline Mischoxidkeramik)

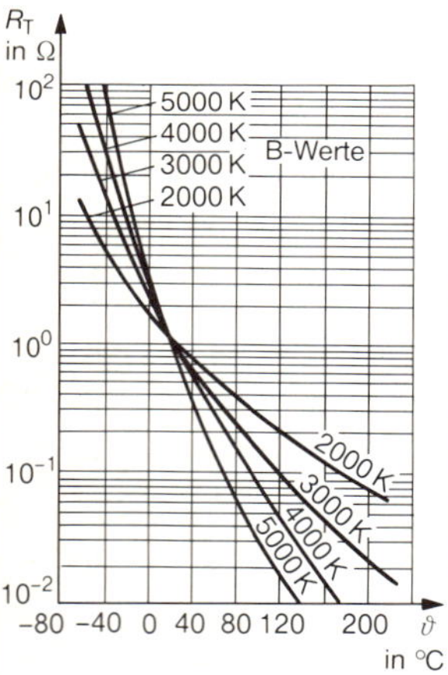

Temperatur-Koeffizient α_R

$$\alpha_R = \frac{-B \cdot 100}{T^2} \qquad [\alpha_R] = \frac{\%}{K} \qquad [T] = K$$

***B*-Wert**

$$B = \frac{T_1 \cdot T_2}{T_2 - T_1} \ln \frac{R_1}{R_2}$$

R_1: Widerstandswert in Ω bei T_1 in K (Kelvin)
R_2: Widerstand in Ω bei T_2 in K (Kelvin)
B: B-Wert als Maß für die Temperaturabhängigkeit des Heißleiters in K (Kelvin), Materialkonstante

Kaltleiter — DIN 44080/10.83

PTC-Widerstand
(**p**ositive **t**emperature **c**oefficient)

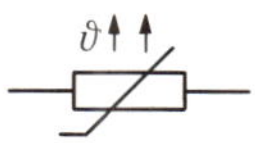

Kaltleiter sind temperaturabhängige Widerstände, deren Widerstandswerte bei ansteigender Temperatur annähernd sprungförmig ansteigen, sobald eine bestimmte Temperatur überschritten wird (Material: ferroelektrische Keramik, z. B. TiO_3).

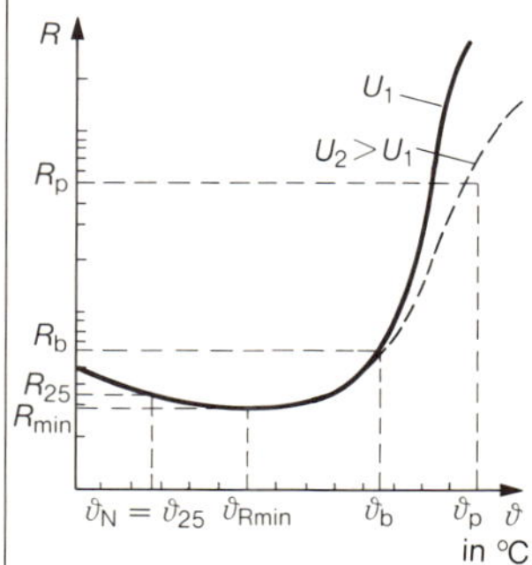

R_N: Nennwiderstandswert bei 25 °C
R_{min}: Kleinster Widerstandswert
R_P: Widerstandswert bei der höchstzulässigen Spannung
α_R: Temperaturkoeffizient
β: Spannungsabhängigkeit (der Widerstandswert des Kaltleiters ist spannungsabhängig)

Beispiele

R_{min} = 50 Ω
ϑ_{Rmin} = 20°C
R_b = 100 Ω
ϑ_b = 60°C
$R_p \geqq$ 50 kΩ
ϑ_p = 110°C

U_{max} = 30 V
α_R = 20 %/K

Varistoren

VDR-Widerstand
(**v**oltage **d**ependent **R**esistor)

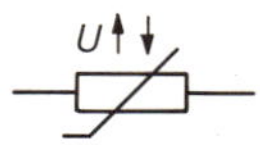

Varistoren sind Widerstände, deren Widerstandswerte sich bei ansteigender Spannung verringern (Material:
Siliciumkarbid, $\alpha < 5$
Zinkoxid, $\alpha < 30$)

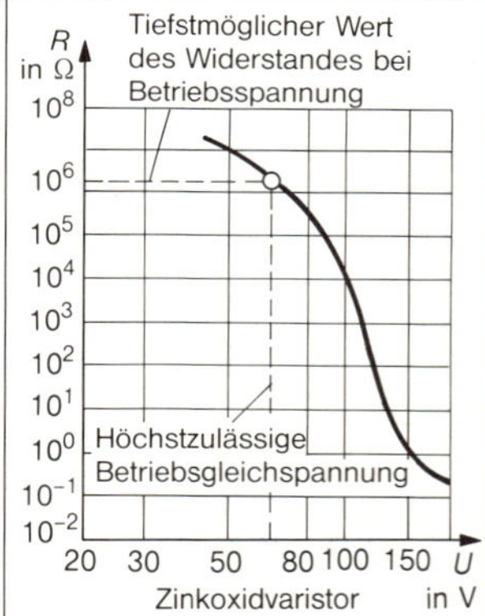

$$R = \frac{U^{1-\alpha}}{K}$$

K: Elementarkonstante in A, von der Geometrie abhängig
α: Nichtlinearitätsexponent

Kennwerte (Beispiele)

$\alpha > 30$ bei ZnO (Zinkoxidvaristoren)
Betriebstemperatur: -40°C ... +85°C
Betriebsspannung: 14 ...1500 V
Ansprechzeit: < 50 ns
Stoßstrom: bis 4000 A
Dauerbelastbarkeit: 0,8 W

Temperatur- und spannungsabhängige Widerstände

Heißleiter

Bauformen

Heißleiter in Scheibenform

Form A

Form B

übrige Maße wie Form A

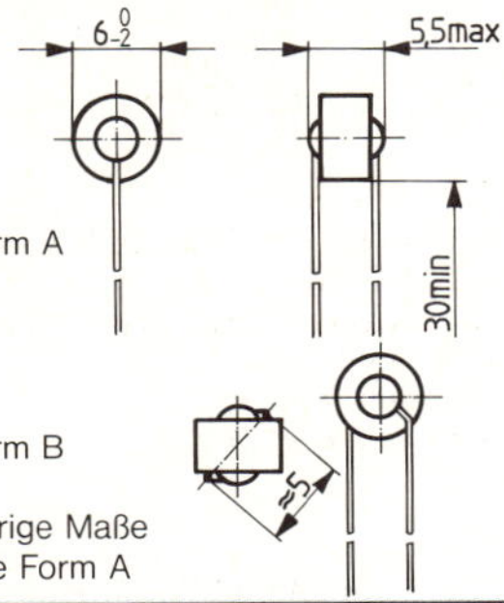

Betriebsbedingungen	Klimatische Anwendungsklasse FKF	HKF	HHH
untere Grenztemperatur	−55 °C	−25 °C	−25 °C
obere Grenztemperatur	125 °C	125 °C	155 °C

Nennwiderstandswerte
R_N bei 25 °C (R_{25})
Bezugstemperatur: 10 Ω bis 100 kΩ

Zulässige Abweichung vom Nennwiderstand ± 10 %; ± 20 %

Belastbarkeit P_{max} bei 25 °C: 0,6 W

Kaltleiter

ohne Umhüllung, metallisierte Stirnseiten

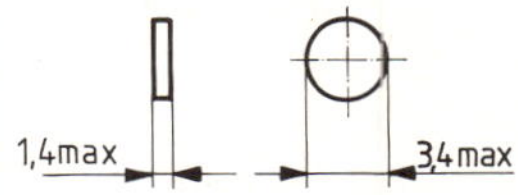

ohne Umhüllung, radiale Anschlußdrähte

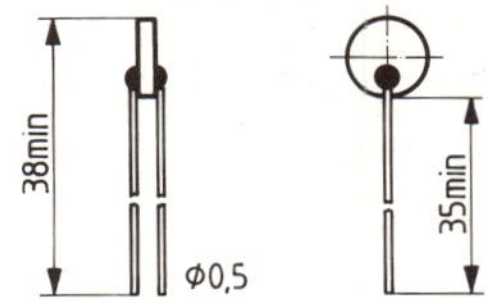

mit Kunststoffumhüllung

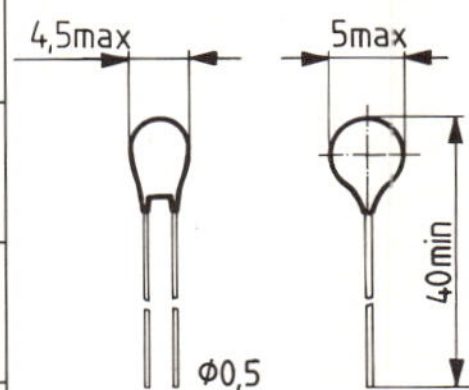

Bezugstemperatur: −30 °C … +180 °C
Endtemperatur: +40 °C … +220 °C

Varistoren

Scheibenform

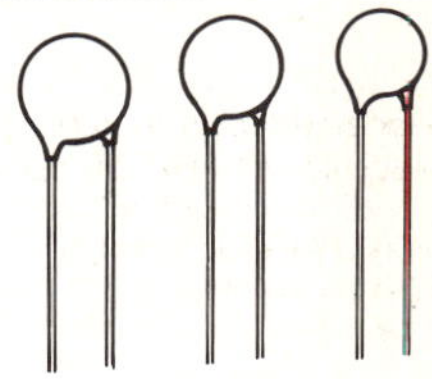

Blockform

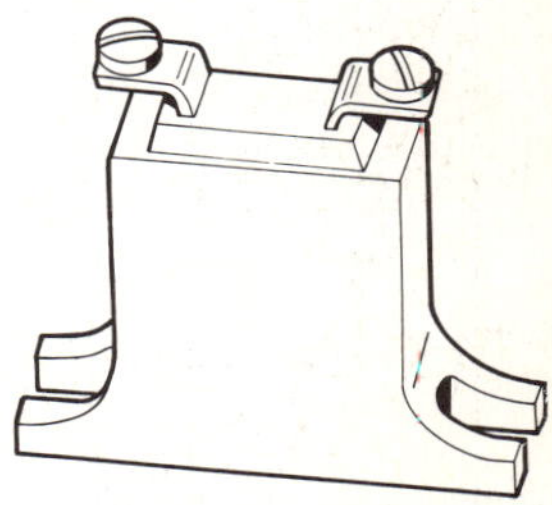

Anwendungen

Temperaturmessung

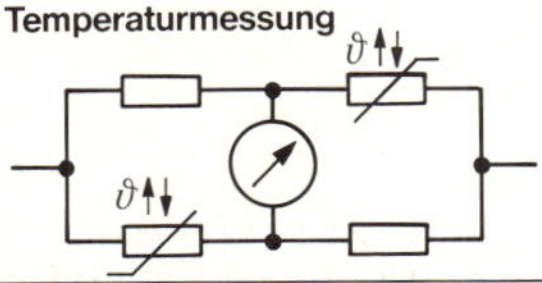

Anzugsverzögerung

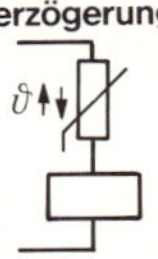

Abfallverzögerung

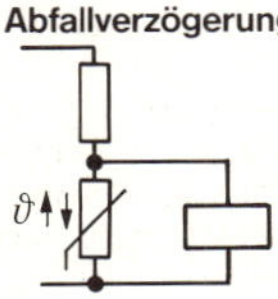

Arbeitspunktstabilierung

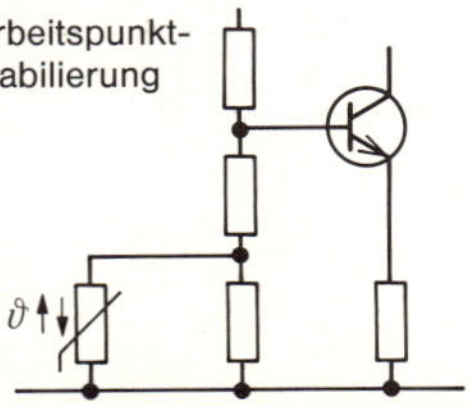

Flüssigkeitsniveaufühler

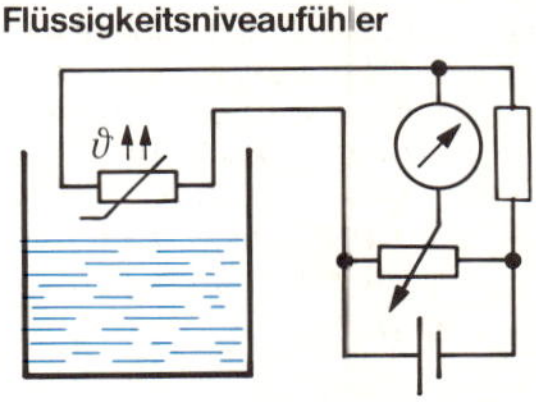

Temperaturregelung für eine Heizung

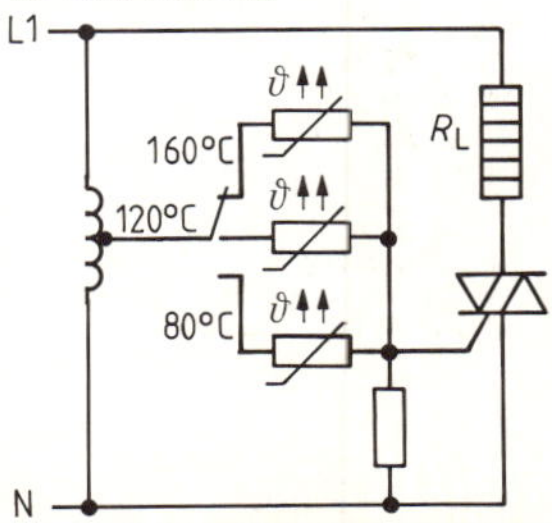

Spannungsstabilisierung

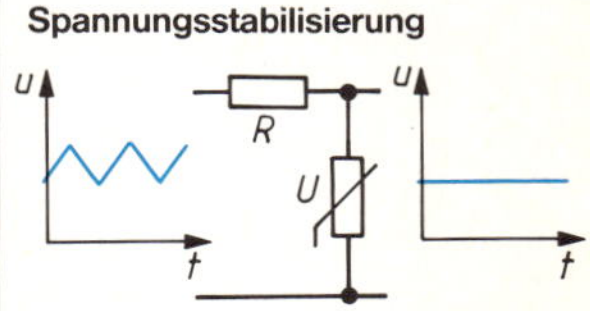

Absorption von Schaltenergie

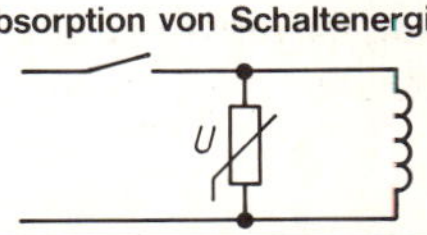

Überspannungsschutz von Halbleiterschaltungen

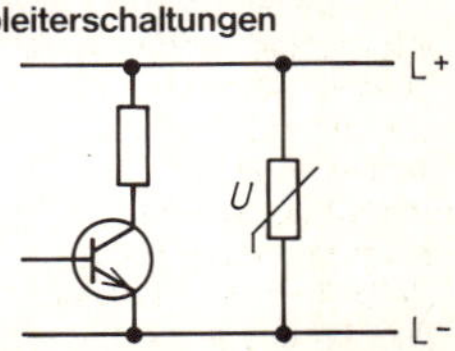

Nennwerte und Kennzeichnung von Kondensatoren

DIN 41 311/03.71
DIN 41 312/06.67
DIN 41 379/08.68

Nennwerte: E-Reihe

Nenngleichspannungen in V für Kondensatoren bis 1000 V

Werte der R 5-Reihe	Kondensatorart: Papierkondens.	MP-Kondensator	Kunststofffolienkond.	Glimmerkondens.	Keramikkondens.	Aluminiumelektrolytk.	Tantalelektrolytkond.
6,3							6,3
10						10	10
16							16
25						25	25
40	40				40		
63	63	63	63		63		
100	100	100	100		100	100	
160	160	160	160		160		
250	250	250	250	250	250	250	
400	400	400	400				
630	630	630	630		630		
1000	1000	1000	1000	1000	1000	1000	

Zulässige Abweichung des Kapazitätswertes von der Nennkapazität in %

%	Buchstabe	Papierkondens.	MP-Kondensator	Kunststofffolienkond.	Glimmerkondens. ab 10 pF	Keramikkondens. ab 10 pF	Aluminiumelektrolytk.	Tantalelektrolytkond.
±0,1	B				±0,1			
±0,3	C			±0,3				
±0,5	D			±0,5	±0,5			
±1	F			±1	±1	±1		
±2	G			±2	±2	±2		
±2,5	H			±2,5				
±5	J	±5		±5	±5	±5		±5
±10	K	±10	±10	±10	±10	±10		±10
±20	M	±20	±20	±20	±20	±20		±20
+ 20...− 0	W						+ 20...− 0	
+ 30...−10	Q						+ 30...−10	
+ 30...−20	R						+ 30...−20	
+ 50...− 0	Y						+ 50...− 0	
+ 50...−10	T						+ 50...−10	+ 50...−10
+ 50...−20	S					+ 50...−20	+ 50...−20	+ 50...−20
+ 80...− 0	U						+ 80...− 0	
+ 80...−20	Z					+ 80...−20		
+100...−10	V						+100...−10	
+100...−20	–					+100...−20	+100...−20	

Kurzform der Benennung von Kunststoffolien-Kondensatoren

Beispiel: M K C

- M – metallisierte Beläge (falls Metallfolienbeläge: kein Zeichen)
- K – Dielektrikum Kunststoff
- C – Art des Dielektrikums

Kennbuchstabe	Art des Dielektrikums
C	Poly**c**arbonat
P	Poly**p**ropylen
S	Poly**s**tyrol
T	Poly**t**erephthalat
U	Cell**u**loseacetat

Kennzeichnung der Anschlüsse für Kondensatoren bis 1000 V

DIN 41313/08.76
DIN 48505/07.61

Kondensatorart	Bauform, Gehäuse, Anschlüsse	Kennzeichnung
Papier-, Metallpapier- und **Kunststoffolien-Kondensatoren**	Gehäuse: zylinder- oder quaderförmig Anschlüsse: axiale Draht- oder Lötfahnen	Außenbelag: Strich (Umfang) KS-Kondensatoren: Farbring zur Kennzeichnung der Nennspannung
	Gehäuse: zylinder- oder quaderförmig Anschlüsse: einseitige Draht- oder Lötfahnen	Außenbelag: Strich (Umfang)
	Gehäuse: zylinder- oder quaderförmig 0 … 20 N	Außenbelag:  Gehäuse oder Deckel
Glimmerkondensatoren	alle Bauformen vorhanden	Außenbelag: 
Keramikkondensatoren	Rohrkondensatoren, Scheibenkondensatoren mit axialen oder radialen Anschlüssen	Der Innenbelag wird durch ein Farbzeichen gekennzeichnet (Temperaturkoeffizient). Typ I A: weißer Punkt für den Außenbelag.
Aluminium-Elektrolytkondensatoren	Gehäuse: zylinder- oder quaderförmig mit einseitigen Anschlüssen	Pluspol: +
	Gehäuse: zylindrisch mit axialen Anschlüssen	Pluspol: + Minuspol: Strich auf dem Umfang
	verschiedene Bauformen und verschiedene Anschlüsse (Schraubanschl., Lötfahnen usw.)	Minuspol: – Pluspol: +; Kennzahl 1 oder rote Farbe
Tantal-Elektrolytkondensatoren	Kunststoffumhüllung mit einseitigen Drahtanschlüssen (Tropfenform)	Pluspol: Pluszeichen, längerer Anschlußdraht
	Gehäuse: zylinder- oder quaderförmig mit Aufschrift und axialen Anschlüssen	Pluspol: Pluszeichen Minuspol: Strich auf dem Umfang
	Gehäuse: zylinder- oder quaderförmig mit einseitigen Anschlüssen	Pluspol: Pluszeichen oder durch besondere Formgebung des Gehäuses (Orientierungsnase)

Kennzeichnung bei KS-Kondensatoren

Farbringe	Nennspannung
blau	25 V
gelb	63 V
rot	160 V
grün	250 V
violett	400 V
schwarz	630 V
braun	1000 V

Kennzeichnung nach DIN 48505 (Anschlüsse)

Stromart		ungepolte Kond.	gepolte Kond.
Gleichstrom,	Stranganfang und Strangende	A–B, C–D …	+ und – bzw. A–B, C–D …
	Sternende	A, B, C …	A, B, C …
	Mittelpunkt	MP	MP
Einphasenstrom		U–V	
Zweiphasenstrom, verkettet		U, XY, V	
	unverkettet	U–X, V–Y	
Drehstrom,	verkettet	U, V, W	
	unverkettet	U–X, V–Y, W–Z	
	Mittel- bzw. Sternpunkt	Mp	

Anwendungsbereiche und Kenndaten von Kondensatoren (Übersicht)

Kondensatorart	VDE 0560 Teil … DIN …	Temperaturbereich in °C	Verlustfaktor $\tan \delta$ in 10^{-3}	Bevorzugte Anwendung
Papierkondensatoren				
Papierkondensator	Teil 13 41140…146, 41151…153, 41156, 41159, 41161, 41168, 41169, 41177	–55…+125	50 Hz: 2…2,7	Glättungs- und Hochspannungskondensatoren; Stoß- und Stützkondensatoren; besonders für 50 Hz, bis 10 kHz möglich; beliebig große Batterien für beliebig große Spannungen
Metallpapier-Gleichspannungskondensatoren				
MP	Teil 14 41180, 41187, 41189, 41191, 41192, 41190…195	–55…+85	50 Hz: 7…8 1 kHz: 12	Nachrichtentechnik: Koppel-, Glättungskondensatoren; Glättungs- und Hochspannungskondensatoren; Stoß- und Stützkondensatoren
Metallisierte Kunststoffkondensatoren				
	Teil 18 und 21			für Gleichspannung, aber auch für reduzierte Wechselspannung; Miniaturtechnik; Hochtemperatur; Glättung; Kopplung; Ablenkstufen von Fernsehgeräten; besonders verlustarmer Kondensator; viele Bauformen (auch in Schichtausführung mit Rastermaß)
MKU	41973	–55…+70/+85	1 kHz: 12…15	
MKT	44110…113, 44121, 44122	–55/–40…+100	1 kHz: 5…7	
MKC	44115, 44116, 41379	–55/–40…+85/+100	1 kHz: 1…3	
MKP	41973	–40…+85	1 kHz: 0,25	
MKS	41973			
Verlustarme Kondensatoren				
KS	41379…381, 385, 387, 388, 390	–55/–10…+70	1 MHz: 0,4…1	Schwingkreiskondensatoren in frequenzbestimmenden Kreisen; Filter; hochisolierende Kopplung und Entkopplung; Miniaturtechnik; Hochtemperatur (Glimmer- und Glaskondensatoren); Blockkondensatoren, Meßkondensatoren; Glas: sehr hohe Konstanz und Strahlungsfestigkeit
MKS		–55…+70	1 kHz: 0,5…1	
KP		–55/–25…+85	1 MHz: 0,3…1	
Glimmer-Kondens.	Teil 19 41120, 41121	–40…+80	1 MHz: $\leqq$ 0,2 (< 1 nF)	
MKV		–55…+85	1 kHz: ca. 1	
Glas-Kondens.		–55…+125	1 MHz: < 0,5	
Keramik-Kondensatoren				
NDK-Kondensator (ε_r = 13…470)	Teil 17 41353, 41920…924, 41928, 41930	–55/–25…+85/+125	1 MHz: 0,4…1	in frequenzstabilisierten Schwingkreisen zur Temperaturkompensation; Filter-, Hochspannungs-, Impuls-Kondensatoren, auch als Chip
HDK-Kondensator (ε_r = 700…50 000)		–55/+10…+70/+125	1 kHz: 10…20	Kopplung, Siebung, Hochspannungs-, Impulskondensator auch als Chip
Elektrolyt-Kondensatoren				
Aluminium-Elektrolytkondensator	Teil 15 und 16 41240…245, 256…259, 316…318, 330, 332	–55/–25…+70/+125	50 Hz: 80…300 (bis 1000 µF)	Sieb-, Koppel-, Glättungs-, Block-, Motorkondensator; Energiespeicher
Tantal-Elektrolytkondensator	41350…352, 355…357	–55…+85 (+125)	120 Hz: $\leqq$ 40…350	Nachrichtentechnik; Meß- und Regelungstechnik, Chip-Kondensator für Hybridschaltung; Glättung und Kopplung

Kenngrößen und Eigenschaften von MP-Kondensatoren bis 1000 V

DIN 41180/02.64

Anwendungsklasse (DIN 40040)		**FPC**	**GPC**	**HSF**	
Grenztemperatur	**untere**	−55 °C	−40 °C	−25 °C	
	obere	+85 °C	+85 °C	+70 °C	
zulässige **Feuchtebeanspruchung**	Höchstwert	100 %	100 %	95 %	
	Jahresmittel	> 80 %	> 80 %	≦ 75 %	
	Betauung	ja	ja	nein	
Toleranzen	$C_N < 1$ µF	± 20 %			
	$C_N \geqq 1$ µF	± 10 %			
	zw. 0 u. 60 °C	Richtwert: ± 3 %			
tan δ_{max} bei 20 °C	C_N-Bereich	≦ 4 µF	> 4…10 µF	> 10…32 µF	> 32…64 µF
	$f=$ 50 Hz	$6 \cdot 10^{-3}$	$6 \cdot 10^{-3}$	$7 \cdot 10^{-3}$	$8 \cdot 10^{-3}$
	100 Hz	$7 \cdot 10^{-3}$	$7 \cdot 10^{-3}$	$8 \cdot 10^{-3}$	$9 \cdot 10^{-3}$
	300 Hz	$8 \cdot 10^{-3}$	$9 \cdot 10^{-3}$	$12 \cdot 10^{-3}$	$14 \cdot 10^{-3}$
	1 000 Hz	$10 \cdot 10^{-3}$	$12 \cdot 10^{-3}$	$17 \cdot 10^{-3}$	$25 \cdot 10^{-3}$
	4 000 Hz	$14 \cdot 10^{-3}$	$17 \cdot 10^{-3}$	$28 \cdot 10^{-3}$	–
	10 000 Hz	$17 \cdot 10^{-3}$	$20 \cdot 10^{-3}$	$35 \cdot 10^{-3}$	–
Isolationswiderstand (R_i für $C \leq 0{,}1$ µF bei 20 °C)	bei Anlieferung	10 000 MΩ			
	nach 5jähriger Lagerung	8000 MΩ		6000 MΩ	
Isolationsgüte ($R_i \cdot C$ für $C >$ 0,1 µF bei 20 °C)	bei Anlieferung	1000 s			
	nach 5jähriger Lagerung	800 s		600 s	
Normen zu Bauformen		DIN 41 191 DIN 41 192 DIN 41 195…98	DIN 41 199	DIN 41 196 DIN 41 197	

Kenngrößen und Eigenschaften gepolter Aluminium-Elektrolytkondensatoren

DIN 41 240/06.74
DIN 41 332/04.71

Typ	Kennzeichnung, Merkmal
I	Kondensator für erhöhte Anforderungen hinsichtlich Betriebszuverlässigkeit und elektrischer Werte.
I A	Glättungs- und Kopplungskondensatoren, Kondensatoren zur Ableitung von Niederfrequenz- und Hochfrequenzströmen.
I B	Kondensatoren für häufiges Laden und Entladen, erhöhte Anforderung an die zeitliche Kapazitätstoleranz.
II	Kondensatoren für gewöhnliche Anforderungen hinsichtlich Betriebszuverlässigkeit und elektrischer Werte.
II A	Kondensatoren entsprechend Typ I A
II B	Kondensatoren entsprechend Typ I B, mit geringeren Anforderungen.

Typ		I	I		II A
Anwendungsklasse		HSF	HUF	HSF	GSF / GPF / HUF / HSF / HPF
DIN		41230	41240		41332
Nennspannung U_N in V–		6 / 15 / 35 / 70	6 / 15 / 35 / 70	100 / 250	3 / 6 / 10 / 16 / 25 / 35 / 50
		100	350		63 / 100 / 160 / 250 / 350 / 450
Spitzenspannung U_S in V–		8 / 18 / 40 / 80	8 / 18 / 40 / 80	115 / 275	bis 100 V: 1,15 U_N; über 100 V: 1,1 U_N
		115	385		
tan δ_{max} bei 20 °C	50 Hz	0,15…0,05 (≦ 1 mF)	0,20…0,08 (≦ 1 mF)		0,30…0,10 (≦ 1 mF)
	50 Hz	> 1 mF: obige Werte erhöhen sich um 0,01 je 1 mF			
Betriebsreststrom	K_b[1])	$0{,}005 \frac{\mu A}{\mu F \cdot V}$	$0{,}01 \frac{\mu A}{\mu F \cdot V}$		$0{,}02 \frac{\mu A}{\mu F \cdot V}$
	I_o	5 µA	5 µA		3 µA
U_N in V		6 / 35 / 100	6 / 35	100 / 350	6,3 / 35 / 100 / 450

[1]) Betriebsreststrom: $I_{rb} = K_b \cdot U_N \cdot C_N + I_o$ in µA bei 20 °C (Richtwerte), wenn U_N in V und C_N in µF eingesetzt werden

Kondensatoren zum Betrieb von Entladungslampen

DIN 48511/12.70

Parallelkompensation: 220 V; 50 Hz; bis 1,5 kvar

B Papierkondensator, rund
C Metallpapierkondensator, rund

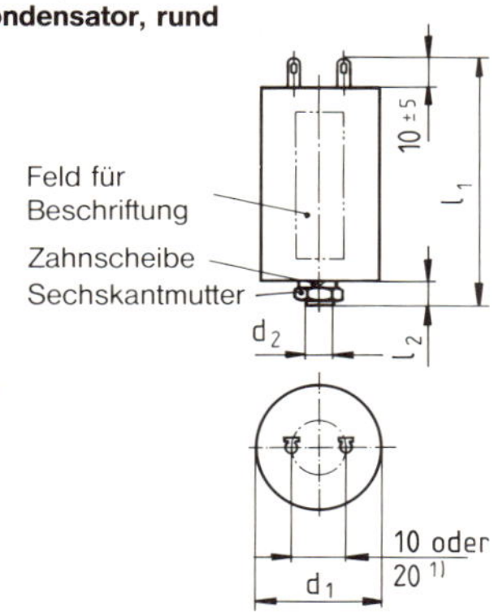

Die Kondensatoren brauchen der bildlichen Darstellung nicht zu entsprechen.

Maße in mm.

l_1: 102 mm ... 210 mm

d_1: 30 ... 50 mm
d_2: M 8- oder M 12-Gewinde
l_2: 8 mm

[1]) vorzugsweise 10 mm

Nennkapazitäten in µF, ± 10 %

2	2,5	3	3,5	4	4,5	5	6	7	8	9	10	12	13,5	16	18	20	25

Reihenkompensation: 420 V; 50 Hz, bis 1,5 kvar

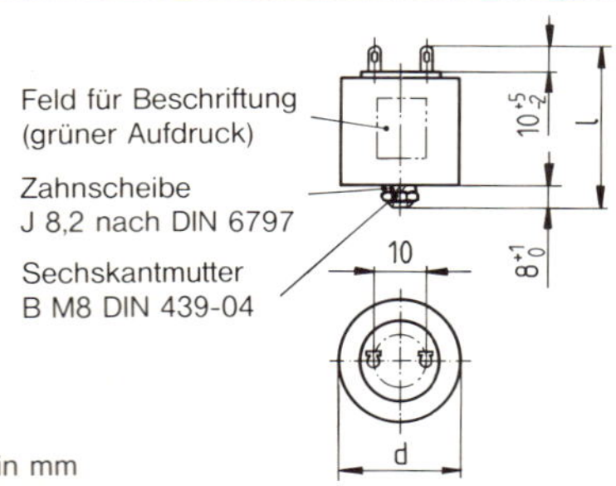

Maße in mm

<table>
<tr><th rowspan="2">Nenn-kapazität in µF ± 4 %</th><th rowspan="2">Nenn-spannung V~</th><th colspan="2">Bauform X</th></tr>
<tr><th>d max.</th><th>l max.</th></tr>
<tr><td>3,6</td><td rowspan="3">420</td><td rowspan="3">40</td><td rowspan="2">130</td></tr>
<tr><td>4,4</td></tr>
<tr><td>5,7</td><td>160</td></tr>
</table>

Motor-Kondensatoren

DIN 48501/07.68

Nennwechselspannungen in V

Betriebs-kondensator	125	–	–	220	240	260	280	320	–	360	400	450	480	560
Anlaß-kondensator	–	160	210	–	240	–	280	320	330	360	400	–	–	–

Nennkapazität in µF

Betriebs-konden-sator	0,1	–	–	–	–	0,2	0,25	0,3	–	0,4	–	0,5	0,6	–	0,8	0,9
	1	1,2	1,4	1,6	1,8	2	2,5	3	3,5	4	4,5	5	6	7	8	9
	10	12	14	16	18	20	25	30	35	40	45	50	60	70	80	90
	100	–	–	–	–	–	–	–	–	–	–	–	–	–	–	–
Anlaß-konden-sator	–	–	–	–	–	–	–	–	–	–	–	5	–	–	–	–
	10	–	–	16	–	20	25	30	–	40	–	50	60	–	80	–
	100	–	–	160	–	200	250	320	–	400	–	500	–	–	–	–

Halbleiterkennzeichnungen (nach Pro Electron[1])

Beispiel: B C X 70

- B — Ausgangsmaterial
- C — Hauptfunktion
- X — Hinweis auf kommerziellen Einsatz
- 70 — Registriernummer (2 oder 3 Ziffern)

1. Kenn-buch-stabe	Ausgangsmaterial	2. Kenn-buch-stabe	Bedeutung	2. Kenn-buch-stabe	Bedeutung
A	Germanium	A	Diode, allgemein	N	Optokoppler
B	Silicium	B	Kapazitätsdiode	P	z. B. Fotodiode, Fotoelement
C	z. B. Gallium-Arsenid (Energieabstand ≧ 1,3 eV)	C	NF-Transistor	Q	z. B. Leuchtdiode
D	z. B. Indium-Antimonid (Energieabstand ≧ 0,6 eV)	D	NF-Leistungstransistor	R	Thyristor
R	Fotohalbleiter- und Hallgeneratoren-Ausgangsmaterial	E	Tunneldiode	S	Schalttransistor
		F	HF-Transistor	T	z. B. steuerbare Gleichrichter
		G	z. B. Oszillatordiode	U	Leistungsschalttransistor
		H	Hall-Feldsonde	X	Vervielfacher-Diode
		K (M)	Hallgenerator	Y	Leistungsdiode
		L	HF-Leistungstransistor	Z	Z-Diode

Als dritter Buchstabe wird bei kommerziellen Bauelementen X, Y oder Z benutzt

Gehäuseformen von Halbleiterbauelementen (nach JEDEC)

Glasgehäuse D0–7

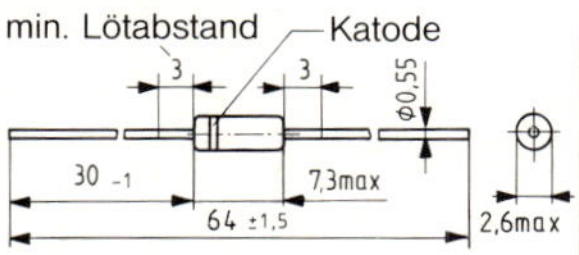

z. B. Germanium-Universal-Diode AA 118

Glasgehäuse D0–35

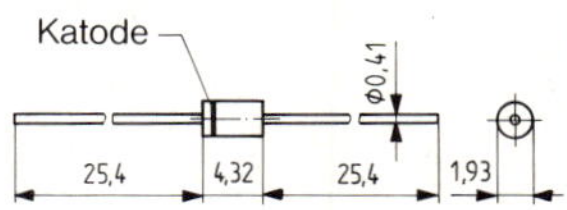

z. B. Silizium-Universal-Diode BAY 61

Metallgehäuse D0–13

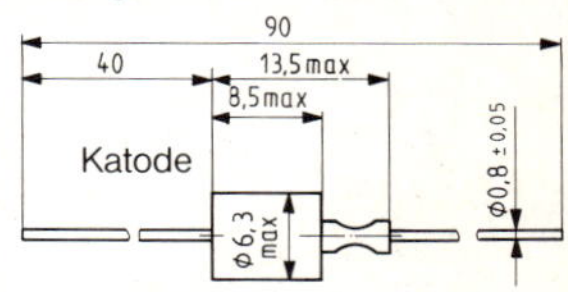

z. B. Z-Diode 1,3 Watt BZD 10 C 9 V 1

Kunststoffgehäuse T0–92

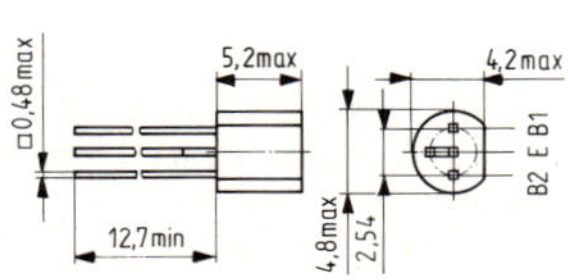

z. B. Unijunction-Transistor 2N 4870

Metallgehäuse T0–72

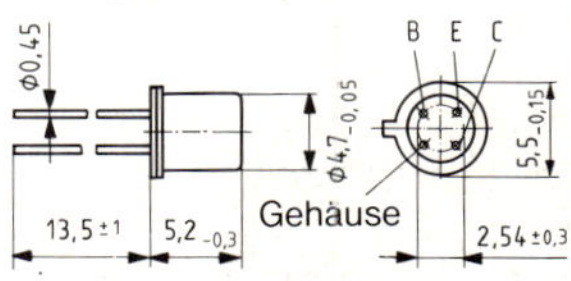

z. B. Silicium-HF-Transistor BFT 66

Metallgehäuse T0–39

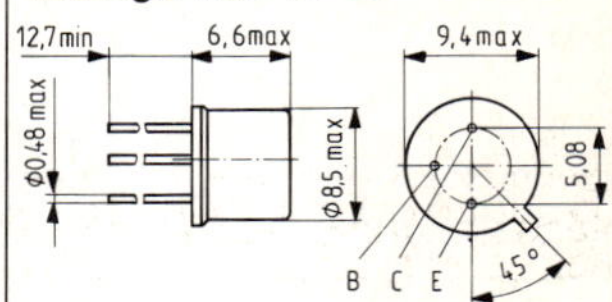

z. B. Silicium-NPN-Transistor BC 140

Kunststoffgehäuse T0–220 mit Metallflansch

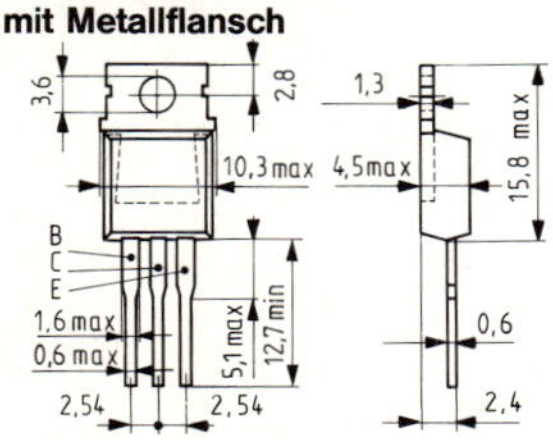

Kollektor mit Montageflansch verbunden.

z. B. Silicium-NPN-Darlingtontransistor BD 649

Metallgehäuse T0–3

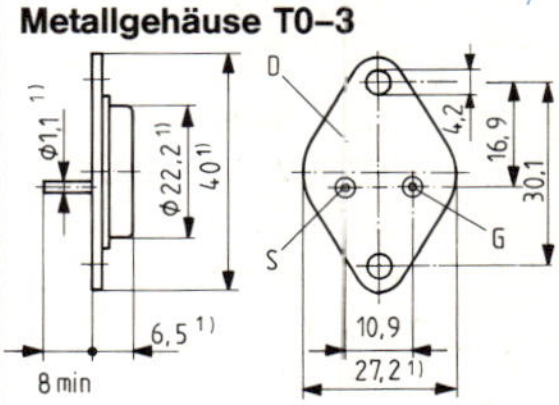

1) Größtmaß

z. B. MOS-Leistungstransistor BUZ 32

Metallgehäuse D0–5 (mit M 6)

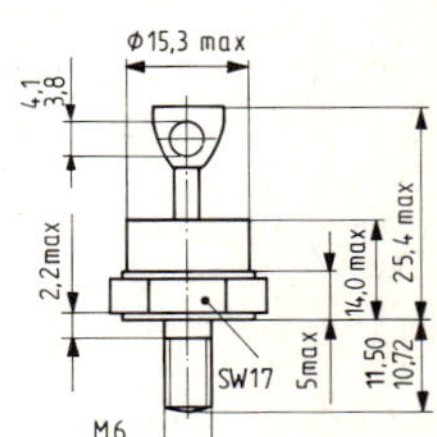

z. B. Schnelle Gleichrichter-Diode BYW 92

[1]) Nach JEDEC für Dioden 1 N.... und für Transistoren 2 N.... mit vierstelliger Registriernummer

Dioden

<table>
<tr><th>Schaltzeichen</th><th>Kennlinien</th><th>Kennwerte</th><th>Anwendungen</th></tr>
<tr><td>Diode
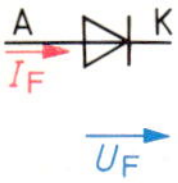</td>
<td>z. B. BAY 45
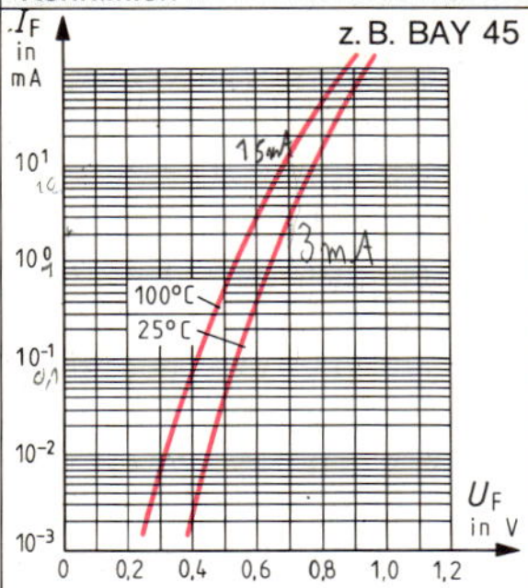Durchlaßkennlinie $I_F = f(U_F)$ bei $\vartheta_u = 25\,°C$ bzw. $100\,°C$</td>
<td>Germanium-Dioden:
U_{T0} = 200 mV ... 400 mV
$U_{RM} \leqq 100\,V$
$I_F \leqq 150\,mA$
$I_R \leqq 300\,\mu A$
$R_{th\,JU} \leqq 400\,\frac{K}{W}$
ϑ_u = −55 °C ... +75 °C

Silicium-Dioden:
U_{T0} = 0,6 V ... 0,8 V
U_{RM} = 30 V ... 3,5 kV
I_F = 150 mA ... 750 A
I_R = 0,5 mA ... 50 mA
ϑ_u = −40 °C ... +150 °C</td>
<td>Germanium-Dioden:
– Universaldiode im HF-Bereich, bedingt durch die geringe Sperrschichtkapazität
– Schaltdiode
– gepaart als Phasendiskriminatorpaar im Ablenkteil von Fernsehgeräten

Silicium-Dioden:
– Gleichrichterdioden bis Höchstleistungsbereich
– Diodenschalter, z. B. Schutz vor Falschpolung
– Begrenzerdiode für kleine Spannungen</td></tr>
<tr><td>Z-Diode
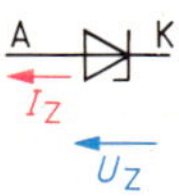</td>
<td>z. B. BZX 97 C
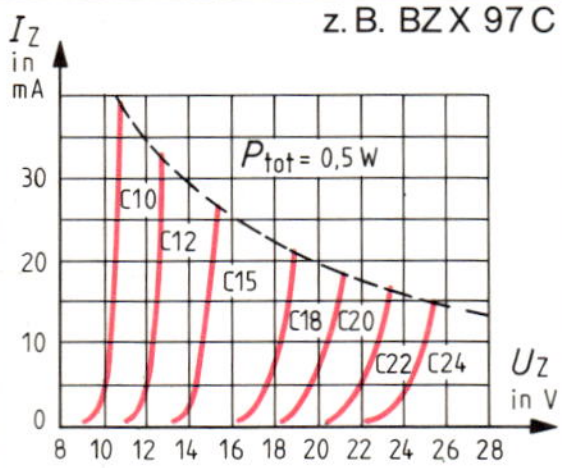Stabilisierungskennlinien
$I_z = f(U_z)$</td>
<td>Stabilisierungseffekt bei Sperrichtungsbetrieb
U_z = 1,8 V ... 200 V
$P_{tot} \leqq 50\,W$
$\vartheta_u \leqq 150\,°C$
Bei $U_z \leqq 5,1\,V$ negativer und bei $U_Z \geqq 5,1\,V$ positiver Temperaturkoeffizient.</td>
<td>– Stabilisierung bzw. Begrenzung von Gleichspannungen
– Gegenreihenschaltung von Z- und normalen Dioden zu Referenzdioden mit besonders kleiner Temperaturabhängigkeit
– TAZ-Dioden (Transient Absorption Zener) zum Schutz vor zu hohen Spannungsspitzen.</td></tr>
<tr><td>Schottky-Diode (Schaltzeichen nicht genormt)
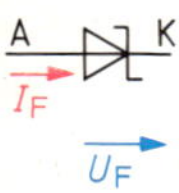</td>
<td>z. B. BAS 70
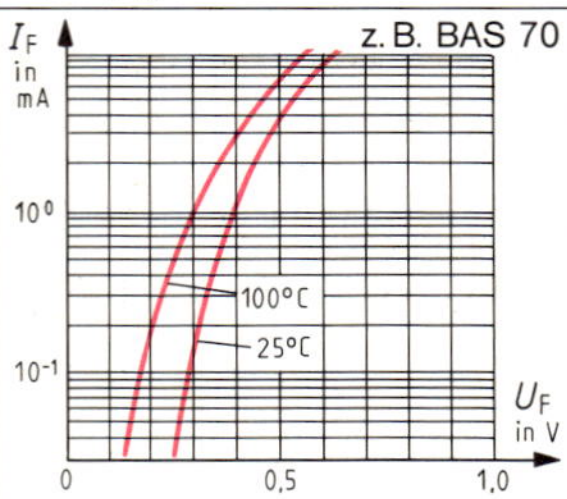Durchlaßkennlinien
$I_F = f\ (U_F)$</td>
<td>Schaltzeiten < 1 ns
U_{T0} < 300 mV
$U_{RM} \leqq$ 70 V

I_F < 80 A
I_R < 200 nA

ϑ_u = −65 °C ... +125 °C</td>
<td>– Extrem schnelle Diodenschalter in der HF- und Mikrowellentechnik $f > 15\,GHz$
– Integrierte Schaltungen der Digitaltechnik
– Gleichrichter in Schaltnetzteilen</td></tr>
<tr><td>Kapazitäts-Diode
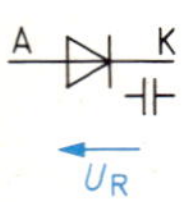</td>
<td>z. B. BB 204
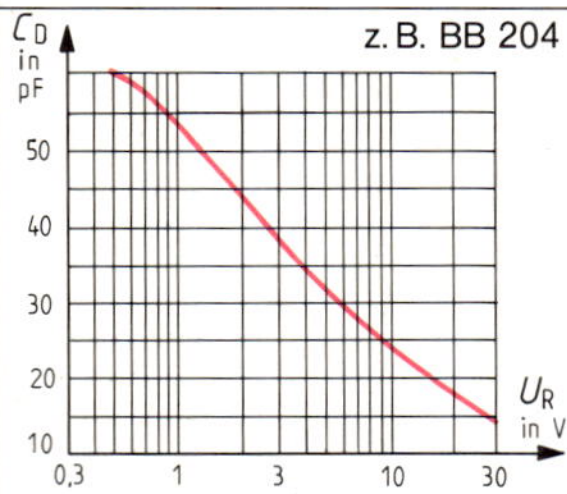Kapazitätskennlinie
$C_D = f\ (U_R)$</td>
<td>Diodenkapazität C_D sinkt mit steigender Sperrspannung
$C_D \leqq 60\,pF$
$U_{RM} = 30\,V$
$I_F = 100\,mA$

ϑ_u = −55 °C ... +125 °C</td>
<td>– Schwingkreiskapazitäten in HF-Technik
– Nachstimmschaltungen
– Koppelelemente in Filtern mit regelbarer Bandbreite</td></tr>
</table>

U_{T0}: Schleusenspannung, U_F: Durchlaßspannung, U_{RM}: max. Sperrspannung, U_z: Z-Spannung
I_F: Durchlaßstrom, I_R: Sperrstrom, ϑ_u: Umgebungstemperatur, R_{thJU}: therm. Widerstand zwischen Sperrschicht und Umgebung

Triggerdioden, UJT, PUT

Schaltzeichen	Kennlinie	Eigenschaften	Anwendung, Kennwerte
Thyristordiode (Vierschichtdiode) 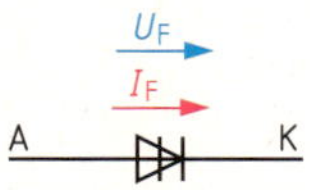	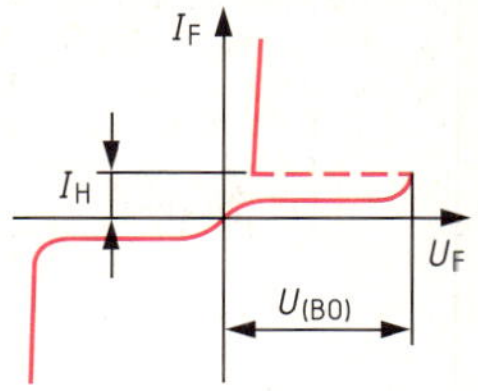	Nach Überschreiten der Kippspannung $U_{(B0)}$ in Vorwärtsrichtung. Verhalten wie Gleichrichterdiode (Spannungsabhängiger Schalter).	Triggern von Zündströmen in Thyristorschaltungen, Aufbau von Zeitkreisen. Kippspannungen von 20…200 V, I_F max. 30 A, Haltestrom 15…45 mA.
Zweirichtungs-Thyristordiode (Fünfschichtdiode) 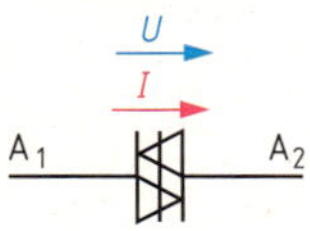	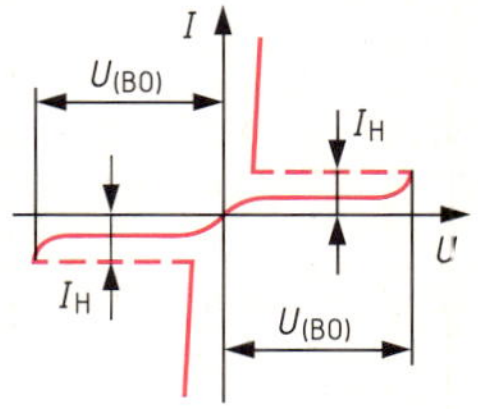	Verhalten wie antiparallel geschaltete Vierschichtdioden.	Triggern von Zündströmen für Triacs. Kippspannungen bis 10 V, Haltestrom unter 5 mA, Durchlaßstrom ca. 200 mA.
Zweirichtungsdiode (**Diac**: **Di**ode **a**lternating **c**urrent) 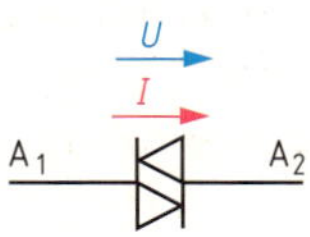	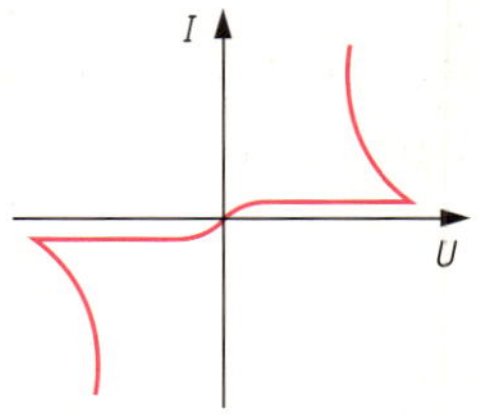	Stetiger Übergang im Durchbruchbereich. Hohe Durchlaßspannung.	Triggern von Zündströmen für Triacs. Kippspannungen ca. 35 V, Durchlaßstrom stark von Impulslänge abhängig. Maximale Verlustleistung ca. 300 mW
Unijunktion-Transistor UJT, (auch Doppelbasisdiode) 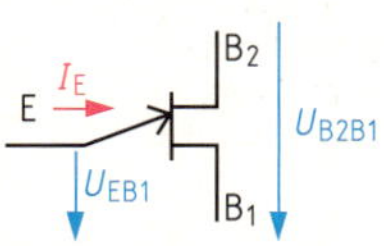	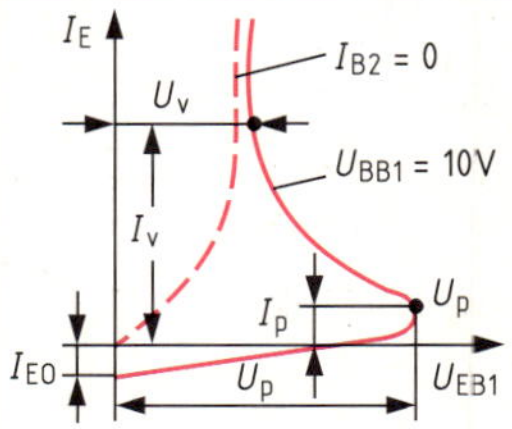	Mit steigender Spannung U_{EB1} kehrt sich der Sperrstrom um. Ab Höckerspannung U_p wird die Emitter-B1-Strecke leitend.	Ansteuern von Triacs und Thyristoren, *RC*-Generatoren. Spannungen, max. 30 V Ströme, max. 50 mA
Programmierbarer Unijunktion-Transistor (PUT) 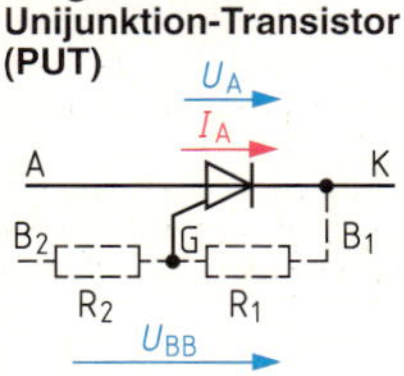	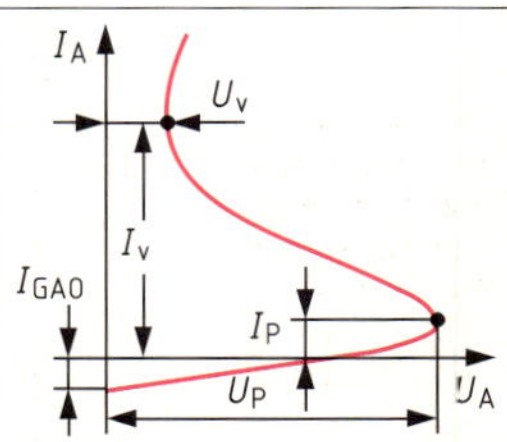	Aufbau wie anodenseitig steuerbarer Thyristor. Beschaltung mit R_2 und R_1 bewirkt Funktion eines einstellbaren (I_p, I_v) UJT.	Ansteuern von Triacs und Thyristoren, *RC*-Generatoren. Spannungen: 40 V Ströme: 150 mA

A, A_1, A_2:	Anode, Hauptanschlüsse
B, B_1, B_2:	Basis
E:	Emitter
G, G_A, G_K:	Gate (Steueranschluß, anoden- bzw. katodenseitig steuerbar
K:	Katode
I_F, I_G:	Durchlaßstrom, Gatestrom
I_{GA0}, I_{E0}:	Sperrstrom bei offener Anode (PUT) bzw. offenem Emitter (UJT)
I_H:	Haltestrom, kleinster Strom I_F bei dem der Thyristor noch leitet.
I_p, I_v:	Strom im Höckerpunkt bzw. Talpunkt
$U_{(B0)}$:	Kippspannung
$U_{(B0)0}$:	Nullkippspannung (Kippspannung bei offenem Gate)
U_F:	Durchlaßspannung
U_p, U_v:	Höckerspannung bzw. Talspannung
P_{tot}:	max. Verlustleistung

Thyristoren, Triac

DIN 41 785 T3/2.75

Schaltzeichen	Kennlinie	Eigenschaften	Anwendung, Kennwerte
P-Gate-Thyristor 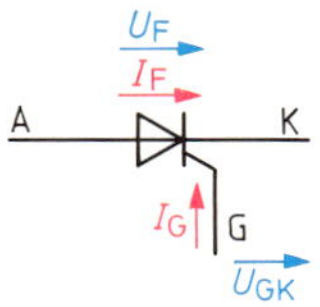	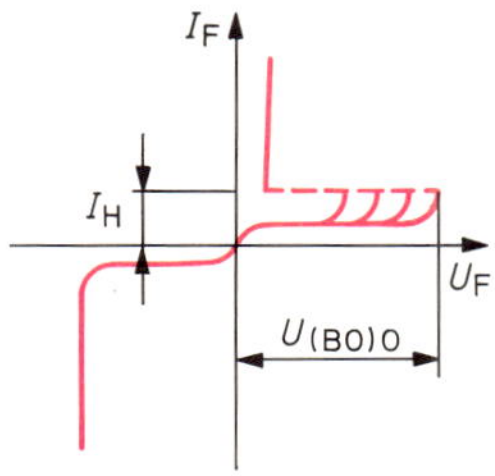	Thyristortriode – katodenseitig steuerbar – rückwärtssperrend.	Stromrichter bis zu größten Leistungen. Von 100 V ... 4000 V, Strom je nach Bauart bis max. 1000 A bei Scheibenthyristoren, wassergekühlt
N-Gate-Thyristor 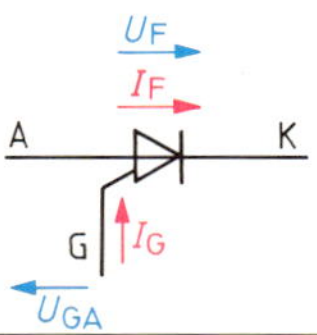		Thyristortriode – anodenseitig steuerbar – rückwärtssperrend	Kleinleistungsbereich Bei Beschaltung mit Spannungsteiler auch als PUT (s. Seite 67)
Rückwärtsleitender Thyristor 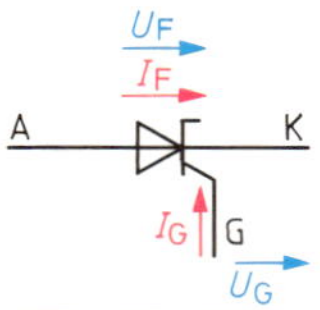	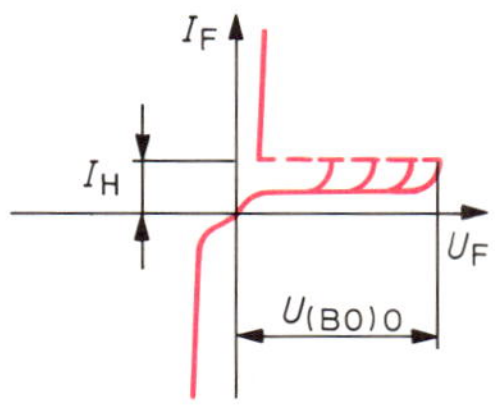	Vorwärtsverhalten wie P-Gate-Thyristor, Rückwärtsverhalten wie Diode.	Wechselrichter mit Blindlastanteil (Die Rückspeisediode wird gespart). Spannung ≤ 2500 V Strom ≤ 1000 A
Abschaltbarer Thyristor (GTO, Gate-turn-off) 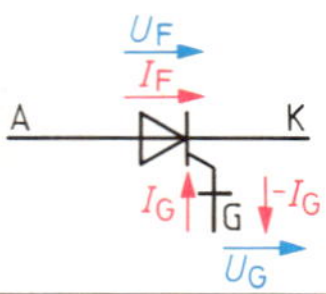	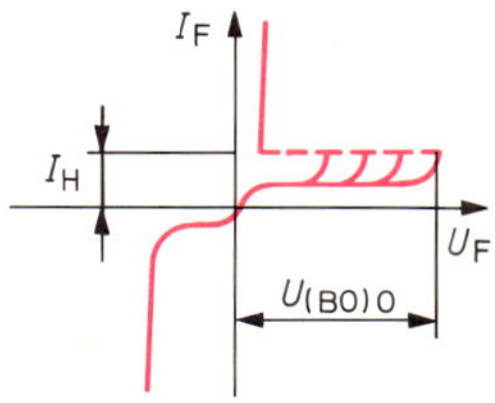	Thyristortriode – katodenseitig steuerbar – Sperren von I_F mit neg. Gatestrom – rückwärtssperrend	Gleichstromsteller bis zum mittleren Leistungsbereich. Spannung ≤ 1200 V Strom ≤ 400 A
Thyristortetrode 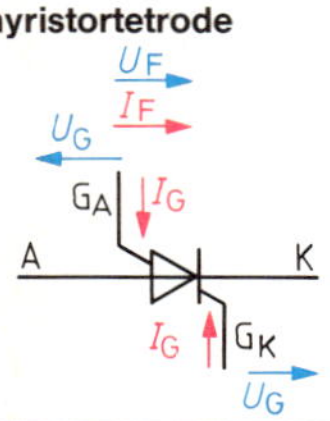	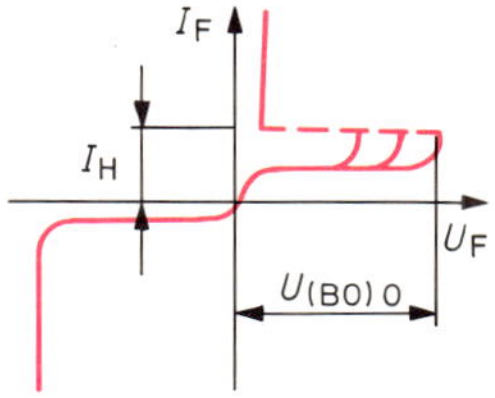	Steuerung – anodenseitig und – katodenseitig möglich, – rückwärtssperrend	Universelle Schaltaufgaben im Kleinleistungsbereich
Zweirichtungsthyristor, Triac (**Tri**ode **a**lternating **c**urrent) 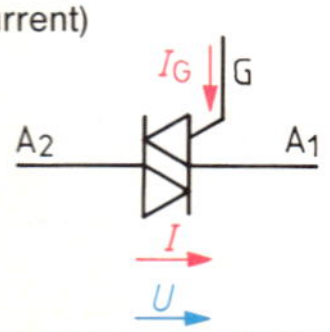	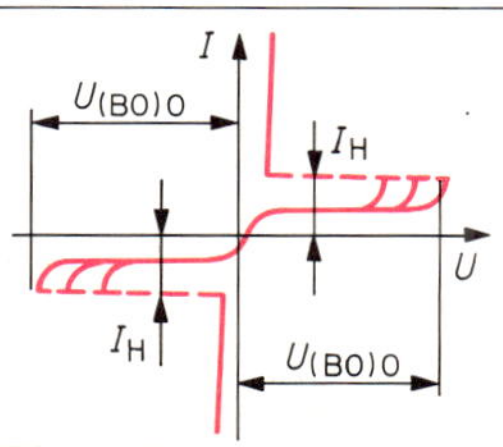	– Verhalten ähnlich antiparallel geschalteter Thyristoren – Zündung mit pos. oder neg. Gatestrom unabhängig von Polung der Anoden.	Phasenanschnittsteuerungen, elektronische Relais und Schütze im Klein- und Mittelleistungsbereich. Spannungen bis 1200 V, Ströme bis ca. 300 A.

Bipolare Transistoren

NPN-Transistor

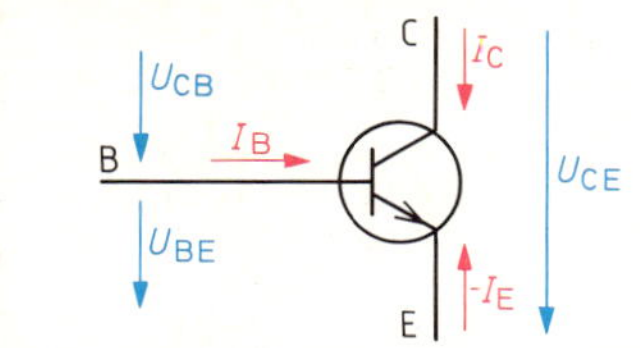

$$I_E = I_C + I_B$$

$$U_{CE} = U_{CB} + U_{BE}$$

$$B = \frac{I_C}{I_B}$$

$$P_{tot} = U_{CE} \cdot I_C + U_{BE} \cdot I_B$$

$$P_{tot} \approx U_{CE} \cdot I_C$$

PNP-Transistor

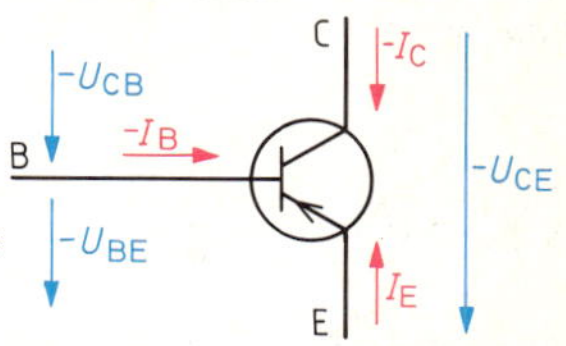

Kennzeichnung von Transistorrestströmen und -sperrspannungen

3. Index-Buchstabe	Bedeutung
0	Nicht genannte Elektrode ist offen, z. B. U_{CE0}
R	Zwischen zweit- und nichtgenannter Elektrode liegt Widerstand, z. B. I_{CER}
S	Zwischen zweit- und nichtgenannter Elektrode ist Kurzschluß, z. B. I_{CES}
V	Zwischen zweit- und nichtgenannter Elektrode liegt Sperrspannung, z. B. I_{CEV}

Beispiel der Transistor-Eigenschaften: Silizium-NPN-Epitaxial-Planar-NF-Transistor BC 140

Besondere Merkmale:
- Verlustleistung 3,7 W
- Komplementär zu BC 160
- Gehäuse TO 39, Kollektor mit Gehäuse verbunden.
- Gewicht max. 1,5 g

Absolute Grenzdaten:

U_{CES} = 80 V
U_{CE0} = 40 V
U_{EB0} = 7 V
I_C = 1 A
I_B = 100 mA
P_{tot} = 650 mW bei $t_{amb} \leqq 45\,°C$
P_{tot} = 3,7 W bei $U_{CE} \leqq 7$ V und $t_{case} \leqq 45\,°C$
ϑ_j = 175 °C

Wärmewiderstände:

R_{thJA}: max. $200 \frac{K}{W}$

R_{thJC}: max. $35 \frac{K}{W}$

Statische Kenngrößen (t_{amb} = 25 °C)

I_{CES} = 10 … 100 nA bei U_{CE} = 60 V
$U_{(Br)CE0}$ = 80 V bei I_C = 100 µA
$U_{(Br)EB0} \leqq$ 7 V bei I_E = 100 µA
U_{BE} = 1,2 V bei U_{CE} = 1 V und I_c = 1 A

Dynamische Kenngrößen (t_{amb} = 25 °C):

f_T = 50 MHz
$C_{CB0} \leqq$ 25 pF
C_{EB0} = 80 pF

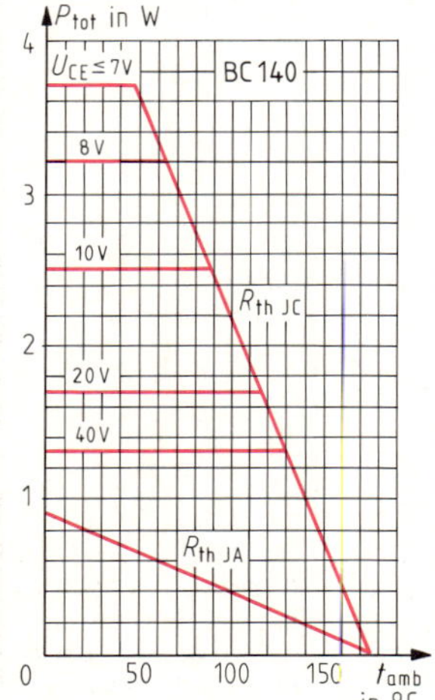

Zulässige Gesamtverlustleistung in Abhängigkeit von der Umgebungstemperatur

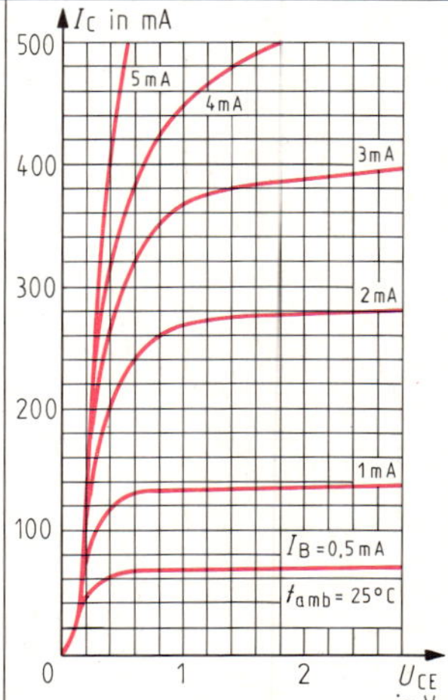

Ausgangskennlinie $I_c = f(U_{CE})$ mit I_B als Parameter

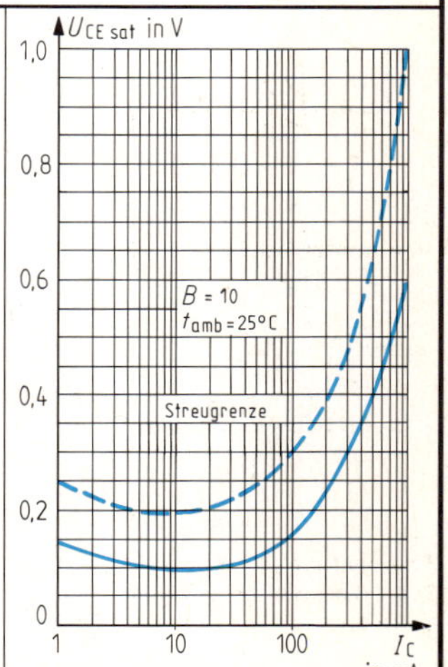

Sättigungsspannung $U_{CEsat} = f(I_C)$ bei B = 10 und t_{amb} = 25 °C

B: Gleichstromverstärkung, P_{tot}: Gesamtverlustleistung, ϑ_j: Sperrschichttemperatur, t_{amb}: Umgebungstemperatur, f_T: Transitfrequenz, R_{thJA}, R_{thJC}: Wärmewiderstand zwischen Sperrschicht und Umgebung (Gehäuse).

Feldeffekttransistoren (FET)

FET (unipolare Transistoren)

- steuern den Arbeitsstrom I_D über ein elektrostatisches Feld zwischen Gate (G) und Source (S).
- zeichnen sich durch praktisch leistungslose Ansteuerung und wesentlich höheren Eingangswiderstand gegenüber bipolaren Transistoren aus.

Sperrschicht-Feldeffekttransistoren (PN-FET; JFET) selbstleitend	**Isolierschicht-Feldeffekttransistoren** (JGFET), auch MOS-FET[1]) selbstleitend (Verarmungstyp)	selbstsperrend (Anreicherungstyp)
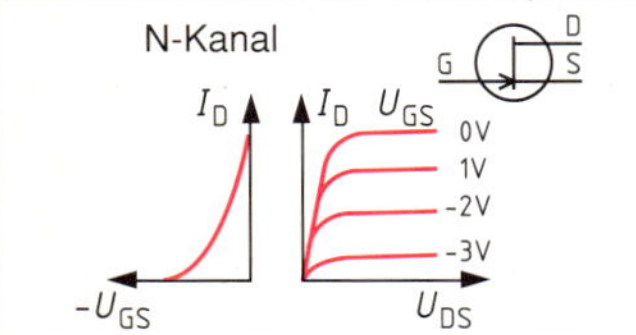	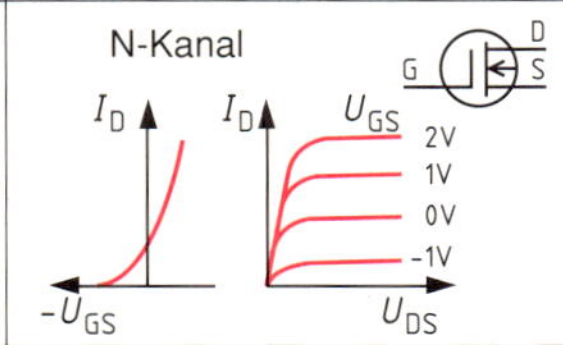	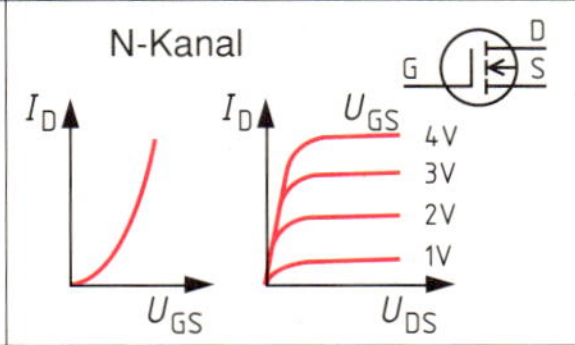
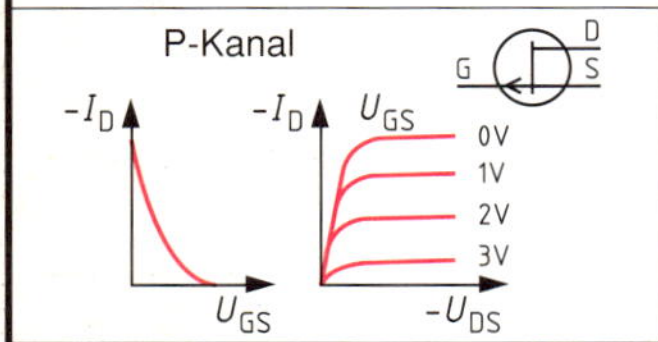	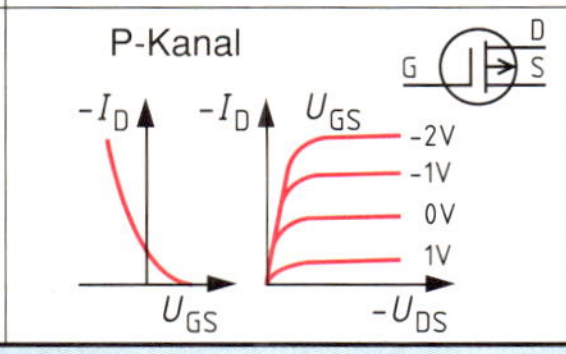	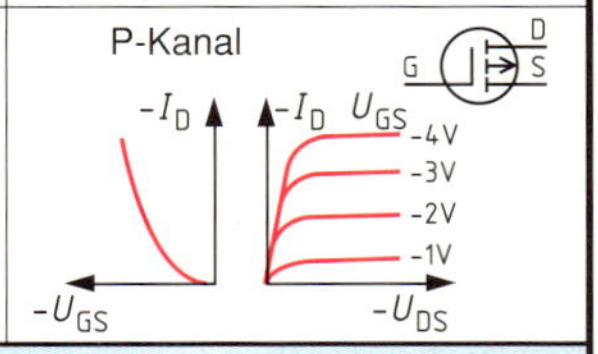

Anwendungen von Kleinsignal-MOS-FET[2])

Hochvoltinverter

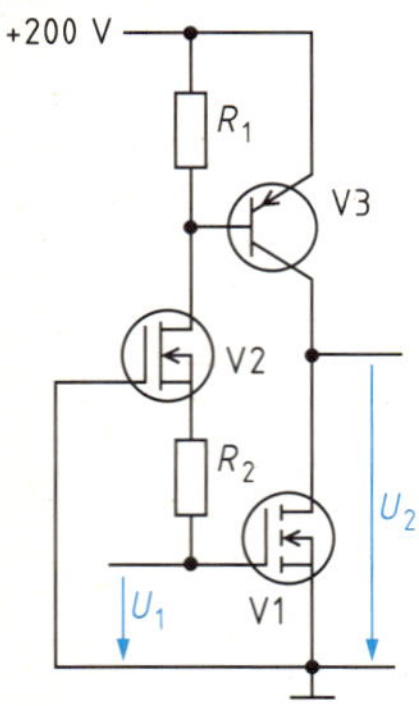

- U_1 = +5 V schaltet V1 ein. Negative Vorspannung am Gate von V2 sperrt V2 und V3 (I_B = 01). $U_2 \approx 0$ V
- Bei $U_1 \leq +1{,}5$ V sperrt V1.
- Ab $U_1 \leq -1{,}0$ V wird V2 leitend und schaltet V3 ein. $U_2 \approx 200$ V
- Einsatz von MOS-FET mit unterschiedlichen Schwellenspannungen verhindern Querstrom während Umschaltphase.

Hochspannungsschalter mit galv. Trennung

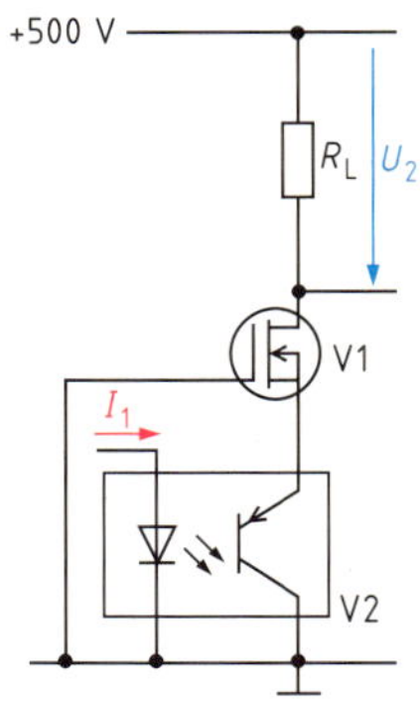

- Kombination von MOS-FET mit Optokoppler trennt Steuer- und Lastkreis galvanisch.
- Hohe Schaltspannungen z. B. BSS 135 mit $U_{DS} > 600$ V bei kleinem Gehäuse (TO 92) und $I_{Dmax} = 70$ mA.
- Bei $U_{GS} \leq -3$ V sperrt V1.
- Durch $I_1 \approx 80$ mA wird Fototransistor leitend und $U_{GS} \approx 0$ V. V1 schaltet durch.
- $R_L = 50\ \Omega$

Konstantspannungsquelle

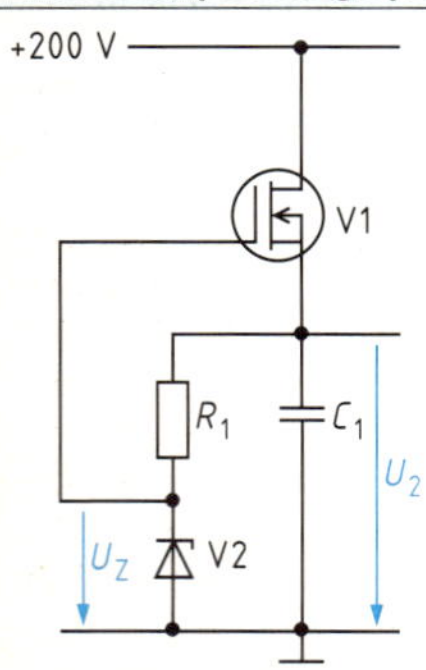

- Bestimmung der Ausgangsspannung durch V2. $U_2 = U_z + U_{GS}$
- Konstantspannungsquelle führt nur soviel Strom, wie die Last benötigt. $I_D = \frac{U_{GS}}{R_1}$
- Einsatz u. a. zur Spannungsversorgung von CMOS-Bausteinen.

Elektronischer Spannungsteiler

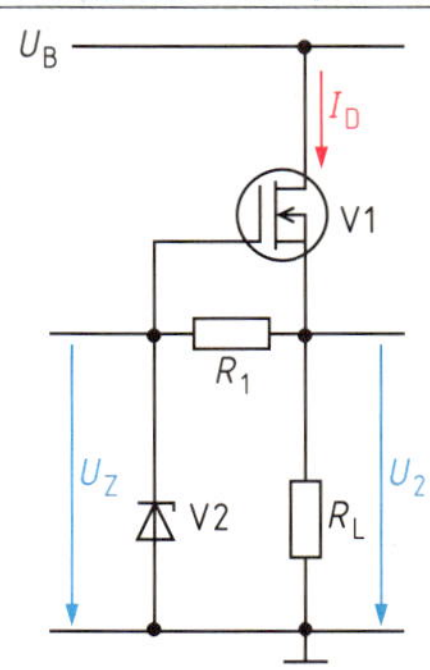

- Bei $U_B < U_z$ erzeugt Teilerschaltung eine von U_B und I_D abhängeige Ausgangsspannung U_2.
- Bei $U_B > U_z$ wird U_2 auf U_z und der Strom auf $I_D \approx \frac{U_z}{R_L}$ begrenzt.
- Einsatz anstelle ohmscher Spannungsteiler, um eine große Stromaufnahme zu vermeiden.
- $R_1 = 1$ MΩ

[1]) **M**etal-**O**xid-**S**emiconductor [2]) MOS-FET-Verstärkerschaltungen S. 72

U_B: Betriebsspannung, U_1, U_2: Eingangs- bzw. Ausgangsspannung, R_L: Lastwiderstand

Leistungs-Feldeffekttransistoren

Halbleiterstruktur: z. B. V-MOS, U-MOS, HEX-FET, dadurch Spannungen von $U_{DS} \geq 1$ kV bei $I_D \geq 5$ A möglich. Zum Teil sind Schutzelemente wie z. B. Freilaufdiode mit in den FET integriert. Kombination von MOS-FET und Bipolartransistor ergibt BIMOS-Transistor.

Vorteile:
- Hohe Schaltleistung und Überlastsicherheit
- Einfaches Parallelschalten mehrerer Transistoren zur Leistungssteigerung
- Sehr hohe Schaltgeschwindigkeiten, $f_s \leq 10$ µs
- Sehr hohe Grenzfrequenzen

Anwendungen:
- Getaktete Stromversorgungsgeräte
- Motorsteuerung, z. B. in Umrichtern
- Leistungsendstufen in Datentechnik
- Kfz-Elektronik, z. B. in Zündschaltung

Kennwerte und Schaltung eines Leistungs-MOS-FET

N-Kanal-Anreicherungstyp BUZ 10 im Gehäuse TO-220 mit $R_{thJC} = 1{,}67$

Absolute Grenzdaten
- Drain-Source-Spannung $U_{DS} = 50$ V
- Gate-Source-Spannung $U_{GS} = \pm 20$ V
- Maximaler Drainstrom $I_{DM} = 23$ A bei $\vartheta_C = 25$ °C
- Maximale Verlustleistung $P_{tot} = 75$ W bei $\vartheta_C = 25$ °C

Dynamische Kenngrößen
- Übertragungsteilheit $g_{21} = 8$ S bei $I_D = 16$ A und $U_{DS} = 25$ V
- Einschaltzeit $t_E = 85$ ns
- Ausschaltzeit $t_A = 175$ ns

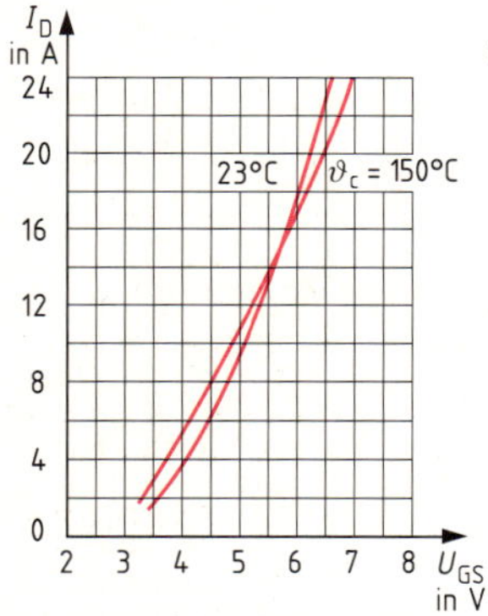

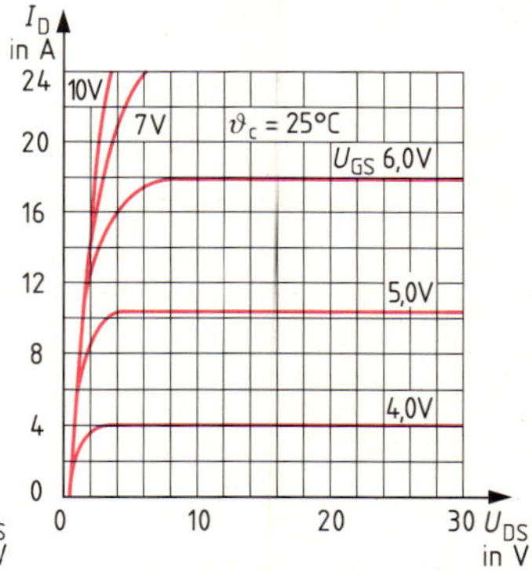

Beispiel:
Fahrtregler mit Motorstrom $I_M = I_D = 12$ A

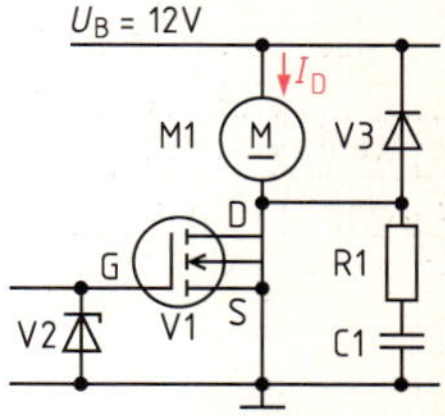

V1: Leistungs-FET BUZ 10
V2: Begrenzung von U_{GS}
V3: Freilaufdiode
R1, C1: Schutzschaltung

Reihe BUZ umfaßt mehrere Typen, z. B. BUZ 50 mit $U_{DS} = 1000$ V, $I_D = 2{,}8$ A

Leistungs-BIMOS-Transistor (IGBT)

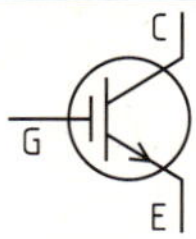

IGBT

(**I**nsuleted **G**ate **B**ipolar **T**ransistor)

- Schaltgeschwindigkeit, Ansteuerleistung und Robustheit wie Leistungs-MOS-FET.
- Geringer Einschaltwiderstand wie beim bipolaren Darlington-Transistor.
- Einsatz in Frequenzumrichtern, getakteten Stromversorgungen für Schweißgeräte, Schaltnetzteile größerer Leistung, Kfz-Zündung.

Leistungs-MOS-FET mit integriertem Übertemperaturschutz

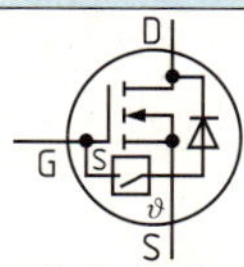

TEMP – FET

(**Tem**peratur **P**rotected-FET)

- Integrierte Freilaufdiode erspart externe Schutzbeschaltung.
- Sensorchip S ist in Hybridtechnik auf FET-Chip geklebt und elektrisch mit Gate und Source verbunden.
- Thyristorähnlicher Sensor schaltet bei $\vartheta_C = 155$ °C durch und sperrt FET solange, bis Haltestrom mindestens 5 µs unterbrochen wird.

Kennwerte des IGBT BUP 304

- Kollektorstrom $I_C = 25$ A bei $\vartheta_C = 25$ °C
- Verlustleistung $P_{tot} = 200$ W bei $\vartheta_C = 25$ °C
- Wärmewiderstand Chip-Gehäuse $R_{thJC} \leq 0{,}63 \frac{K}{W}$
- Gate-Schwellenspannung $U_{GE} = 5$ V
- Kollektor-Emitter-Sättigungsspannung $U_{CE\,(sat)} = 2{,}5$ V
- Kollektor-Emitter-Durchbruchspannung $U_{(BR)\,CE} = 1000$ V

Abschaltzeit t_A des BTS 130

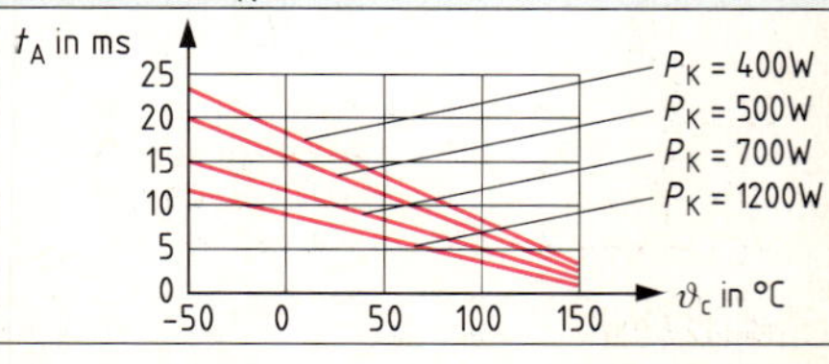

P_K: Kurzschlußleistung, ϑ_C: Gehäusetemperatur

Transistorgrundschaltungen

Transistorart	Bipolar mit NPN-Struktur			Unipolar mit N-Kanal-Struktur		
Grundschaltg.	**Emitterschaltung** 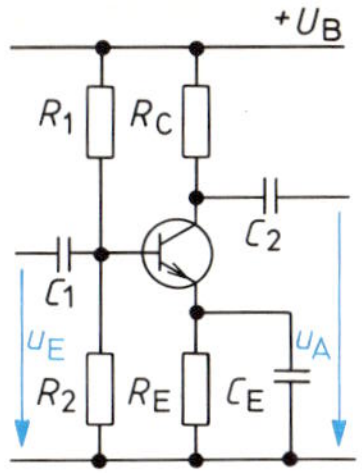	**Kollektorschaltung** 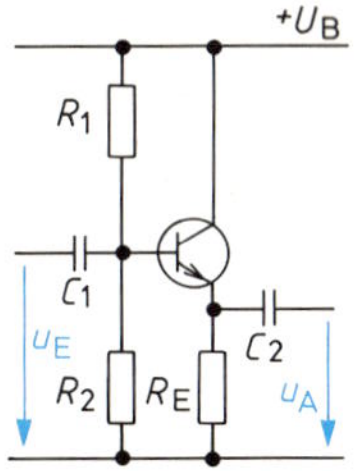	**Basisschaltung** 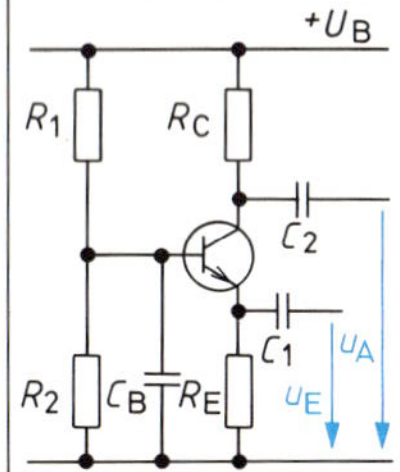	**Sourceschaltung** 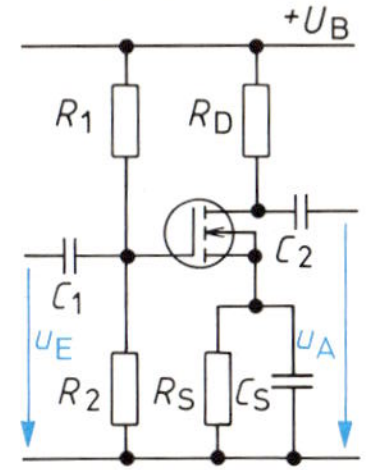	**Drainschaltung** 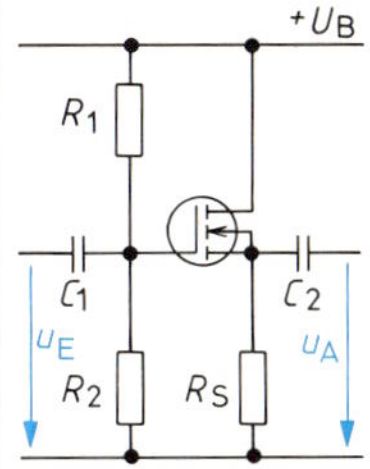	**Gateschaltung** 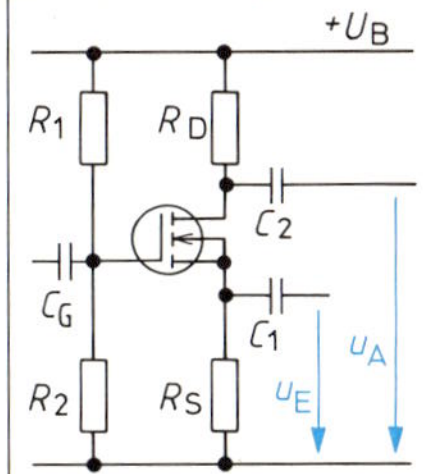
Eingangs-Widerstand[1])	$r_e = r_{BE} \parallel R_1 \parallel R_2$ 20 Ω ... 5 kΩ	$r_e = (r_{BE} + \beta R_E)$ $\parallel R_1 \parallel R_2$ 10 kΩ ... 200 kΩ	$r_e = \frac{r_{BE}}{\beta} \parallel R_E$ 10 ... 200 Ω	$r_e \approx R_1 \parallel R_2$ 1 MΩ ... 10 MΩ	$r_e \approx R_1 \parallel R_2$ 5 MΩ ... 20 MΩ	$r_e \approx R_S + \frac{1}{S}$ 100 ... 500 Ω
Ausgangs-Widerstand[1])	$r_a = r_{CE} \parallel R_c \approx R_c$ 5 kΩ ... 100 kΩ	$r_a \approx \frac{r_{BE}}{\beta} \parallel R_E \parallel R_L$ 10 Ω ... 200 Ω	$r_a = r_{CE} \parallel R_C \approx R_C$ 50 kΩ ... 1 MΩ	$r_a \approx R_D$ 2 kΩ ... 20 kΩ	$r_a \approx \frac{1}{S}$ 100 Ω ... 1 kΩ	$r_a \approx R_D$ 20 kΩ ... 2 MΩ
Verstär-kungen[1]) $v_p = v_u \cdot v_i$	$v_u = -\frac{\beta}{r_{BE}} \cdot R_c \parallel r_{CE}$ 100 ... 1000 $v_i \approx \beta$; 20 ... 500	$v_u \approx 1$ $v_i \approx \beta$ 20 ... 500	$v_u \approx \beta \frac{R_C}{r_{BE}}$ 100 ... 1000 $v_i \approx 1$	$v_u \approx -S \cdot R_D$ 5 ... 20 $v_i \to \infty$	$v_u \approx 1$ $v_i \to \infty$	$v_u \approx S \cdot R_D$ 5 ... 20 $v_i \approx 1$
Phasenver-schiebung	$\varphi = 180°$	$\varphi = 0°$	$\varphi = 0°$	$\varphi = 180°$	$\varphi = 0°$	$\varphi = 0°$
Anwendungen	● Universelle Schaltung zur Spannungs- und Stromverstärkung im NF- und HF-Bereich	● NF-Eingangsverstärker ● Impedanzwandler	● Oszillatorschaltungen ● HF-Verstärker	● Gebräuchliche Verstärkerschaltung im NF- und HF-Bereich	● Vorverstärker ● Impedanzwandler	● Da hoher Gate-Kanal-Widerstand ungenutzt, erfolgt Anwendung nur in Sonderfällen wie z. B. Meßwert- oder Antennenverstärker mit Leistungsanpassung

[1]) Die angegebenen Werte können im Einzelfall deutlich unter- bzw. überschritten werden.

r_e: Eingangswiderstand; r_a: Ausgangswiderstand; R_L: Lastwiderstand; r_{BE}: differentieller Eingangswiderstand; r_{CE}: diff. Ausgangswiderstand; S: Steilheit, ca. 1 mS ... 50 mS; v_u: Wechselspannungsverstärkung; v_i: Wechselstromverstärkung; v_p: Leistungsverstärkung; β: Transistor-Wechselstromverstärkung; φ: Phasenverschiebung zwischen u_A und u_E; $\parallel$: Parallelschaltung

Transistorgrundschaltungen

Bezeichnung	Darlington-Schaltung	Differenz-Verstärker	Gegentakt-Verstärker	Transistor als Schalter: Wirklast	Transistor als Schalter: induktive Last	Transistor als Schalter: kapazitive Last
Schaltung	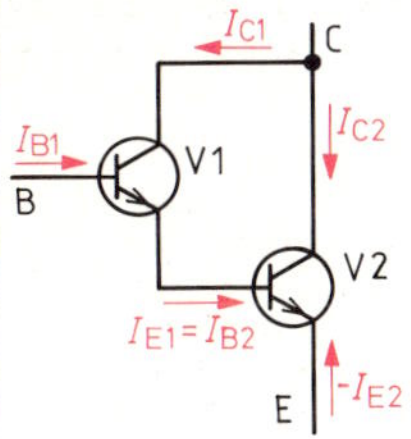	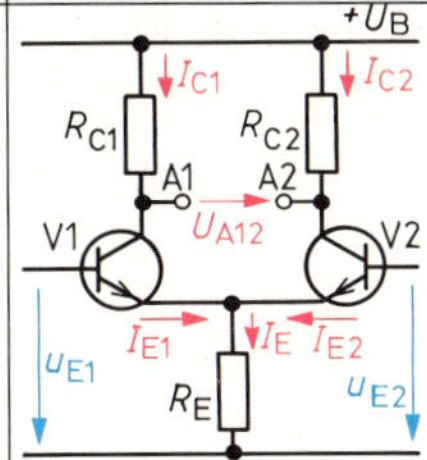	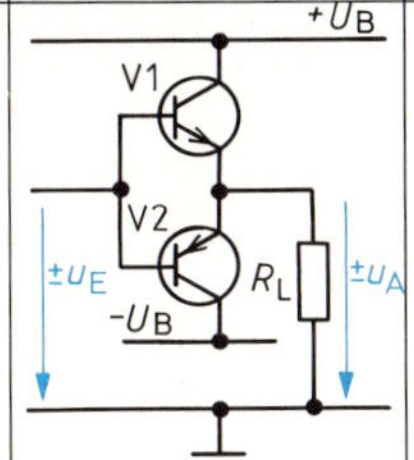	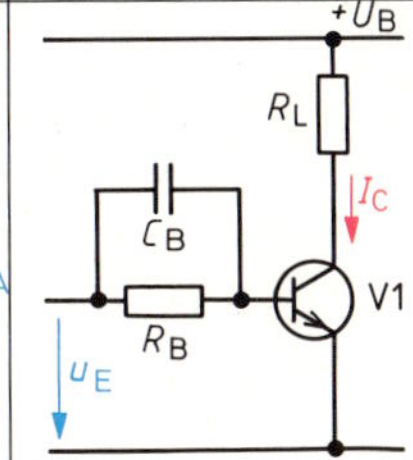	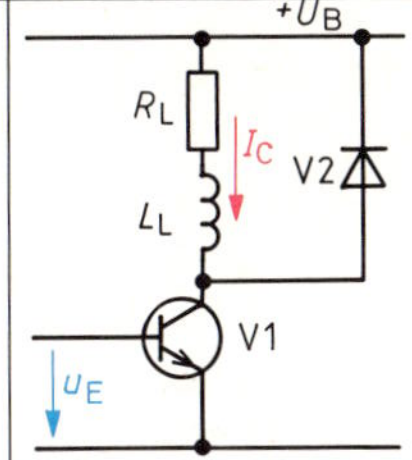	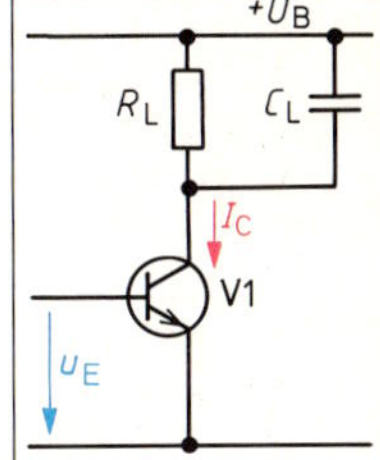
Eigenschaften	$B' = B_1 \cdot B_2$; $r'_{BE} \approx 2\, r_{BE\,1}$ $U'_{BE} = U_{BE\,1} + U_{BE\,2}$ $\beta' = \beta_1 \cdot \beta_2$; $r'_{CE} \approx r_{CE\,2} \parallel \frac{r_{CE\,1}}{\beta_2}$ • Steuertransistor V 1 und Leistungstransistor V 2 ermöglichen Stromverstärkungen von $\beta' < 10^3$	$-U_{A1} = V_u \cdot U_{E1}$; $-U_{A2} = V_u \cdot U_{E2}$ $U_{A12} = U_{A1} - U_{A2}$ $U_D = U_{E1} - U_{E2}$; $U_{A12} = -V_u \cdot U_D$ • gleiche Transistoren verhindern Einfluß von Arbeitspunktverschiebungen auf $U_{A\,12}$ (Gleichtaktverstärkung Null) • Hoher Eingangswiderstand • Hohe Spannungsverstärkung	$v_u \approx 1$; $v_1 \approx \beta$ $\varphi = 0°$; $P_{RL\,max} = \frac{1}{2} \frac{U_B^2}{R_L}$ • Kollektorschaltung mit zwei komplementären Transistoren • Positive Eingangsspannung steuert V1, negative Eingangsspannung V2	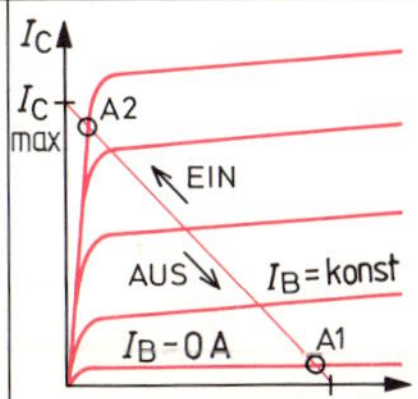 Arbeitsgerade • Beschleunigungskondensator C_B zur Schaltzeitverkürzung	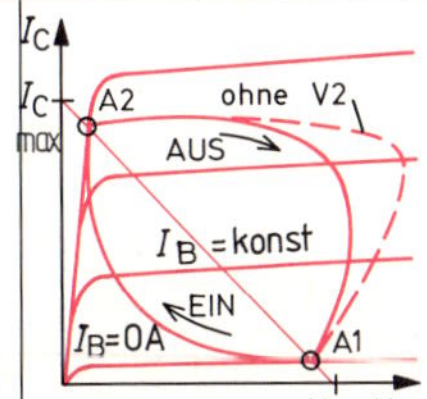 Arbeitskennlinie 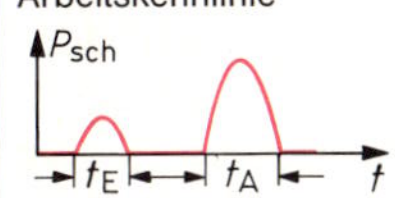	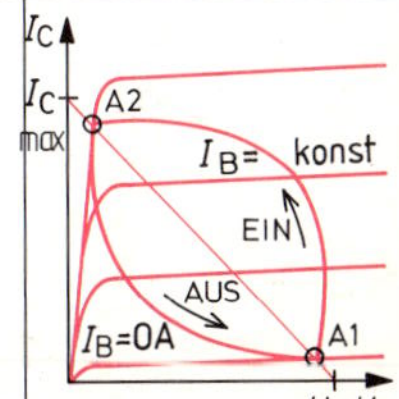 Arbeitskennlinie 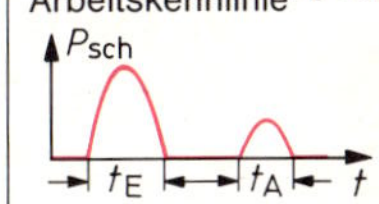
Anwendungen	• Einsatz in Netzgeräten und Leistungsverstärkern • Als Komplementär-Darlington-Schaltung mit $U'_{BE} = U_{BE\,1}$ und $r'_{BE} = r_{BE\,1}$	• Verstärkertechnik • Meß- und Regelungstechnik • Eingangsstufe in Operationsverstärkern (s. Seite 77)	• Leistungsverstärker im B- und AB-Betrieb • Aufbau auch in integrierter Schaltungsform	Schalten von • Signallampen • Gleichstromstellern • Digitalschaltungen als Leistungsverstärker	Schalten von • Relais • Zugmagneten • Gleichstrommotoren	• Schaltnetzteile mit Glättungskondensatoren • Kippschaltungen

$U_{CE\,sat}$: Collektor-Emitter-Sättigungsspannung; $U_{A\,12}$: Ausgangsdifferenzspannung; t_E, t_A: Ein- bzw. Ausschaltzeit;
U_D: Eingangsdifferenzspannung; P_D, P_{sch}: Durchlaß-, Schaltverlustleistung; weitere physikalische Größen s. Seite 72

Optoelektronische Bauelemente

DIN 44020 T 1/5.71

Schaltzeichen	Typische Kennlinie	Eigenschaften	Anwendung, Kennwerte
Fotowiderstand (**LDR**, **L**ight-**d**ependant-**r**esistor) 	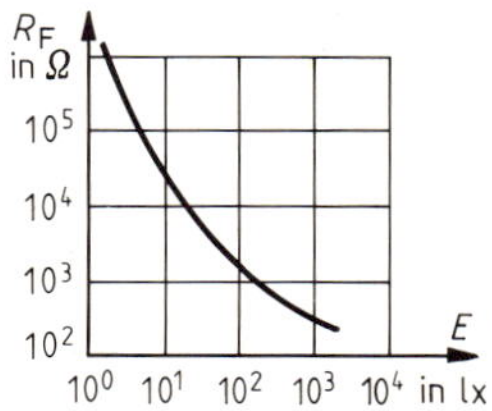	Passives Bauelement • Je nach Basismaterial empfindlich von 0,5 … 8 µm (UV- bis IR-Bereich). • Höchste Lichtempfindlichkeit. • Sehr träge bei Helligkeitsänderung.	• Einsatz im Gleich- und Wechselstromkreis. • Beleuchtungsstärkemessung, Dämmerungsschalter. • Betriebsspannung bis zu mehreren 100 V. • Belastbarkeit bis 500 mW
Fotodiode 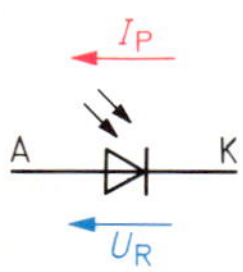	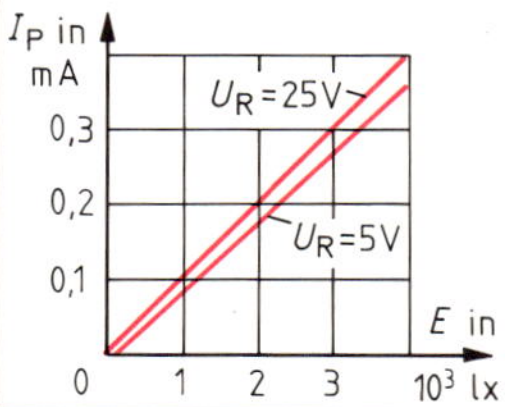	• Betrieb in Sperrichtung. • Geringe Lichtempfindlichkeit. • Sehr kurze Ansprechzeit. • Strom annähernd proportional zur Beleuchtungsstärke.	• Meßaufgaben. • Spannungen bis 25 V • Verlustleistung bis max. 150 mW. • Grenzfrequenz bei ca. 500 MHz.
Fototransistor 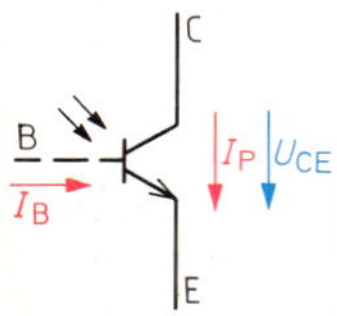	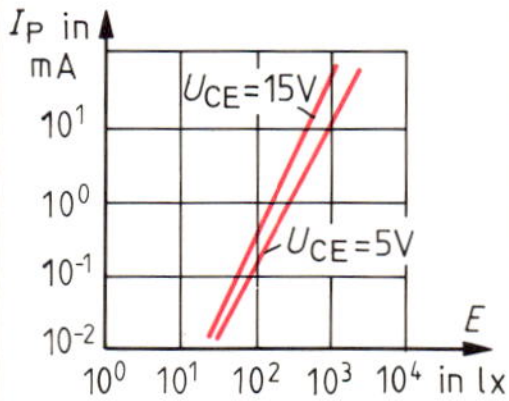	• Wirkungsweise wie Fotodiode mit Verstärker, daher 100- bis 500fach größere Empfindlichkeit. • Einstellung des Arbeitspunktes mit dem Basisanschluß (nicht immer vorhanden).	• Fotoelektronische Empfänger in Überwachungs- und Regelkreisen. • Spannungen bis 30 V. • Verlustleistung bis 200 mW • Grenzfrequenz bei ca. 0,5 MHz.
Fotothyristor 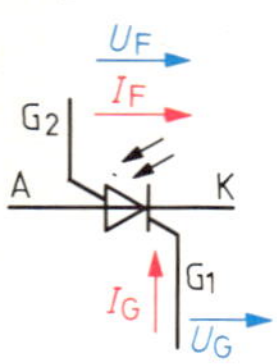	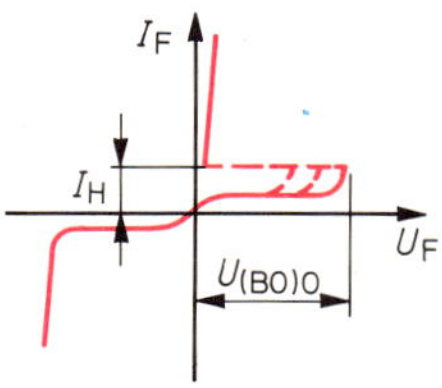	Zündung durch • Gatestrom oder • Lichtimpuls Löschen durch • Unterschreiten des Haltestromes oder • durch negativen Impuls auf Anodenanschluß.	• Kleinleistungsbereich, Verlustleistungen bis 500 mW. • Hochspannungstechnik, Zündung über Lichtwellenleiter (LWL), ≤ 4000 V; ≤ 10 A.
Solarzelle (Fotoelement) 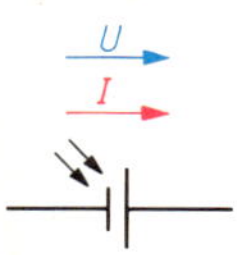	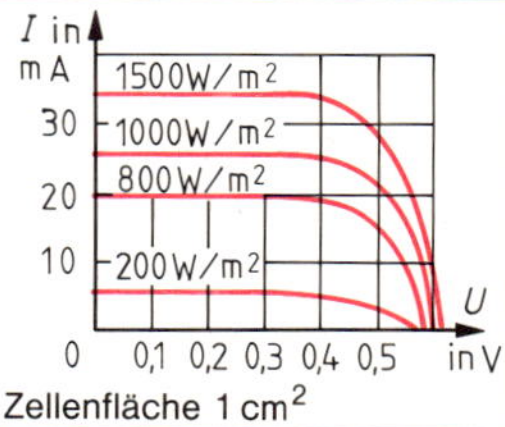 Zellenfläche 1 cm²	Aktives Bauelement. Entnehmbare Leistung ist abhängig von • der Lichtintensität, • der Zellentemperatur • der Größe der aktiven Fläche.	• Energiegewinnung aus Sonnenlicht. • Serien- und Reihenschaltung ermöglicht Leistungen im kW-Bereich (Solargeneratoren). • Zellengröße 100 mm ∅, • Leerlaufspg. ≤ 600 mV
Lumineszenzdiode (**LED**, **l**ight-**e**mitting-**d**iode) 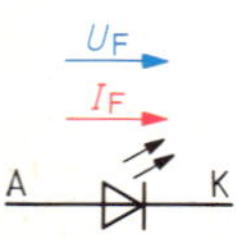	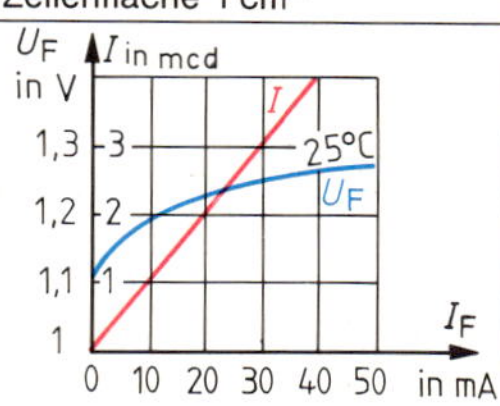 I: Lichtstärke in Achsenrichtung	• Lichtaussendung im Durchlaßbereich. • robust, hohe Lebensdauer, klein • Geringe Sperrspannung • modulierbar bis 20 MHz • Vorwiderstand erforderlich. • rot, gelb, grün, blau, infrarot	• Anzeigen, Zeichen- u. Zifferndarstellung. • Sender in Optokopplern, Lichtwellenstrecken, Infrarotsteuerungen. • Durchlaßströme bis ca. 100 mA.

Optoelektronische Bauelemente

Optokoppler

Kenngrößen

CTR: Koppelfaktor, auch Stromübertragungsverhältnis; (*CTR*: Current-transfer-ratio)

$CTR = \frac{I_C}{I_F}$ (in %) bei I_F = 10 mA) und U_{CE} = 5 V

V_{ISOL}:	Isolationsprüfspannungen	(max. ≈ 10 kV)
I_F:	Dioden-Durchlaßstrom	(max. ≈ 80 mA)
I_C:	Kollektorstrom	(max. ≈ 100 mA)
f_g:	Grenzfrequenz	(typ. 250 kHz)

Beispiel:
Koppelfaktor $\frac{I_C}{I_F}$ = f (I_F) bei ϑ_u = 25 °C, U_{CE} = 5 V

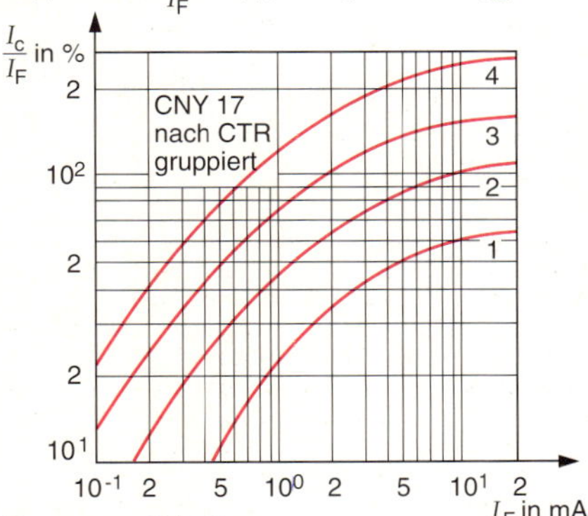

Parameter: CTR-Gruppen

Ausführungen

Schaltung	Bemerkung
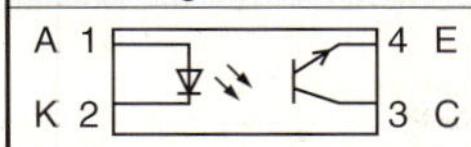	Basisanschluß nicht vorhanden
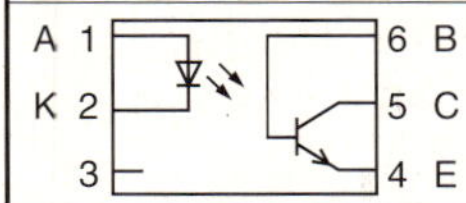	Basisanschluß vorhanden. Mit R_{BE} Erhöhung der Grenzfrequenz möglich.
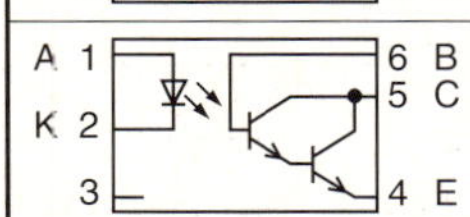	Darlington-Fototransistor $\frac{I_C}{I_F}$ > 500 %
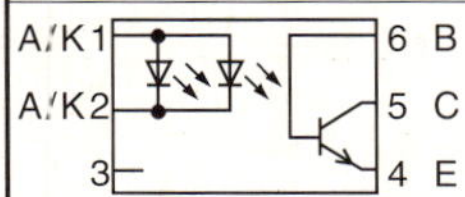	Antiparallel geschaltete Lumineszenzdioden (Wechselspannungsübertragung).
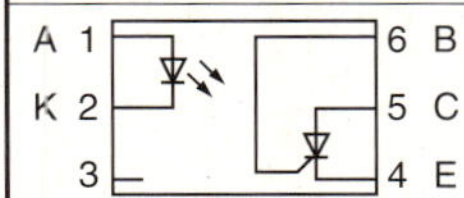	SCR-Koppler, keine stetige Stromübertragung, sondern Schaltverhalten.
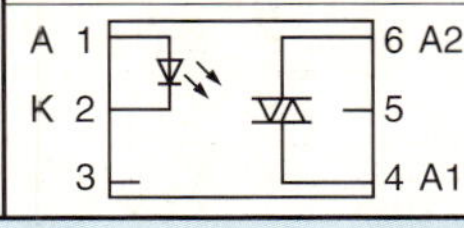	Triac-Koppler, Schaltverhalten, für Wechsel-spannung, Spitzensperrspg. bis 600 V

Fotovoltaisches Relais (PVR)

Aufbau ähnlich Optokoppler. Fotovoltaischer Generator (mehrere Fotodioden in Reihe) steuert einen BOSFET (Bidirectional-Output-Switch-Field-Effect-Transistor). Zwei Systeme im DIL-Gehäuse

Steuerstrom I_F	ca. ≥ 2 mA
Steuerspannung U_F	≥ 1,5 V
Max. Laststrom I_{Amax}	1 A
Max. Lastspannung U_{Dmax}	300 V
Durchlaßwiderstand (s. Kennlinie)	10…30 Ω
Thermospannung	0,2 μV
Sperrwiderstand	10^{10} Ω

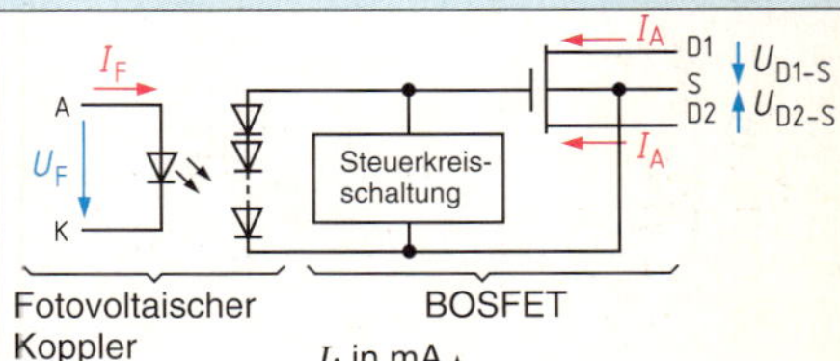

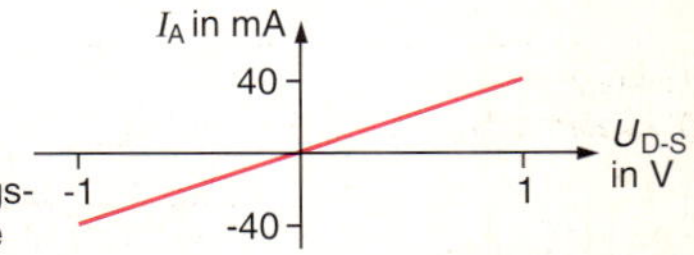

Ausgangskennlinie

Lichtschranke

Sender (Glühlampe oder Leuchtdiode) mit Empfänger (Fotodiode) auf gemeinsamer optischer Achse montiert. Zwischen Sender und Empfänger wird eine kreisförmige oder lineare Schlitzblende geführt.

Senderspannung (LED)	ca. 1,25 V
Senderstrom	ca. 10 mA
Empfängerversorg.-Spg.	4,5 … 16 V
Empfängerstrom	ca. 5 … 10 mA
Schaltzeit	ca. 0,5 μs

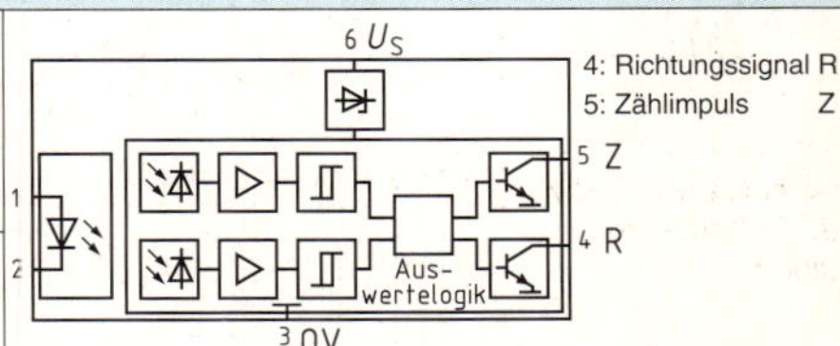

Beispiel:
Differential-Gabellichtschranke

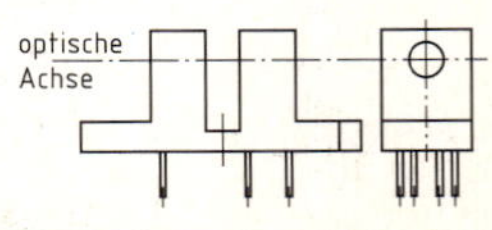

Optoelektronische Bauelemente

Leuchtdioden-Anzeigen (LED-Anzeigen)

Emissionsspektren, Durchlaßspannungen

LED-Farbe	Halbleiter	Wellenlänge in mm	Durchlaßspannung in V
infrarot	Ga AS	950	1,3 … 1,5
rot	Ga AS P	660	1,6 … 1,8
orange	Ga AS P	610	1,6
gelb	Ga AS P	590	2,0 … 2,2
grün	Ga P	565	2,0 … 2,2

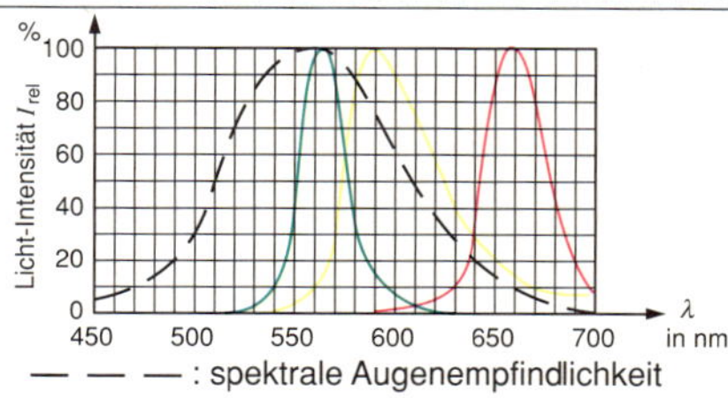

7-Segment-Anzeige

Symbolaufbau, charakteristische Größen

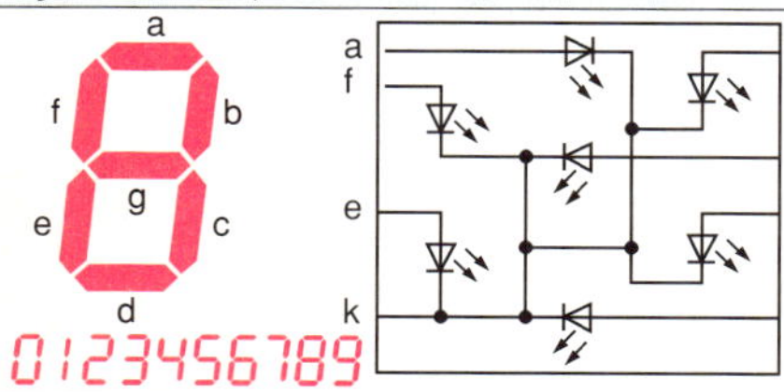

Symbolhöhe	in mm	2,8	3,8	7	10	13
Betrachtungsabstand	in m	2	3	3	4,5	6
typ. Segmentstrom	in mA	5	5	10	10	10
desgl. bei Niedrigstromausführung	in mA	2,8	3,8	2	2	2

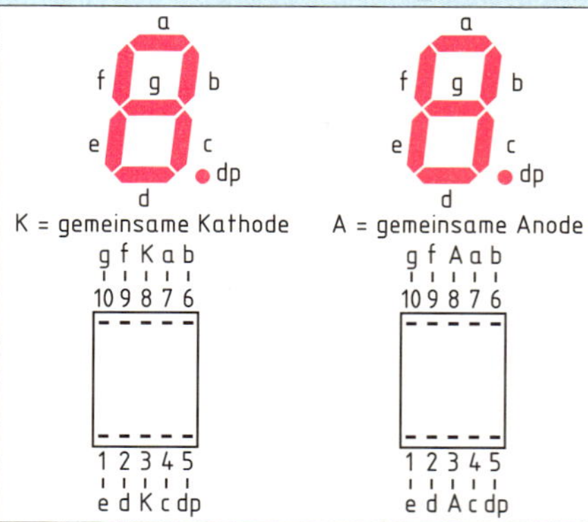

Flüssigkristall-Anzeigen (LCD-Anzeigen)

Funktionsprinzip

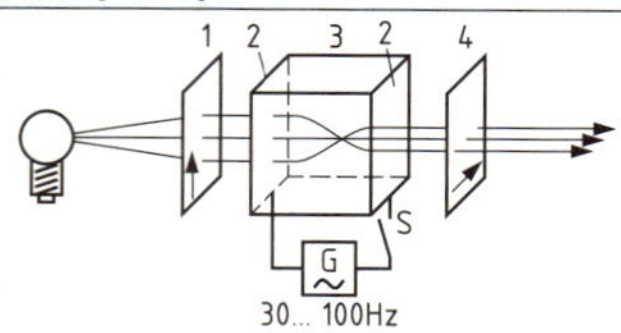

1: Senkrecht orientierter Polarisator
2: Transparente Elektroden
3: Flüssigkristallschicht
4: Waagerecht orientierter Polarisator

LCD's sind je nach Reflektorart mit oder ohne Hintergrundbeleuchtung betreibbar.

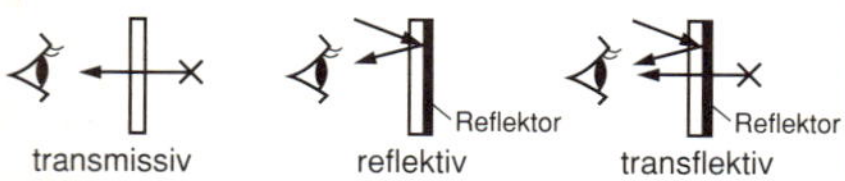

Erklärung

- **ohne Spannung:** Licht wird durch Flüssigkristalle um 90° gedreht und kann beide Polarisationsfilter passieren: Symbole hell, Umfeld hell.
- **Mit Spannung:** Keine Drehung der Lichtpolarisation: Symbole dunkel, Umfeld hell.
- **Parallelorientierte Polarisatoren:** umgekehrter Effekt (Symbole hell, Umfeld dunkel).
- **Schaltzeit** stark temperaturabhängig. Für extreme Temperaturbereiche verschiedene Flüssigkeiten.
- **Farbige LCD's:** Aufdruck farbiger Tinten.
- **Betriebsspannung:** ca. 3…15 V ~, f = 30…100 Hz

Vakuum-Fluoreszenz-Anzeigen (VF-Anzeigen)

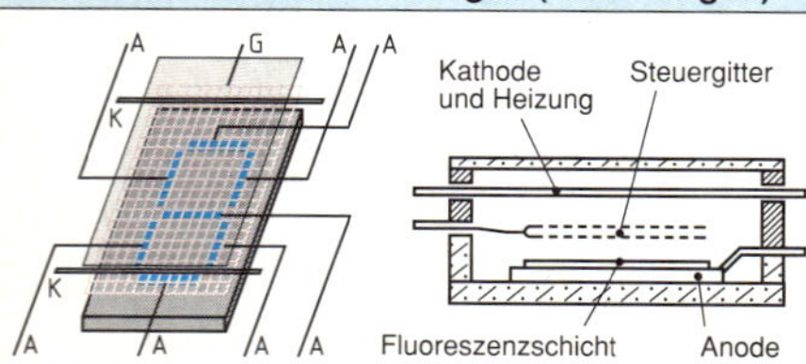

- Aufbau und Funktion wie direktgeheizte Triode. Anoden leuchten, wenn Anoden an Pluspotential liegen und Gitter gegen Katode positiv. Gitter gegen Katode negativ: Segment dunkel. Segmentanode abgeschaltet: Segment dunkel.
- **Farben:** blau/grün, grün, gelb, rot, orange (je nach Anodenbeschichtung).
- **Betriebsspannung** (Anodenspannung): 25…50 V

Übertrager

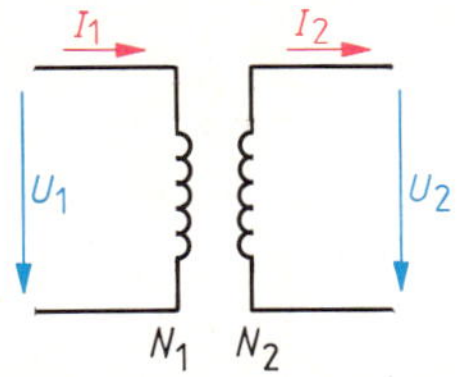

$$\ddot{u} = \frac{N_1}{N_2}$$

$$\frac{I_1}{I_2} = \frac{N_2}{N_1} = \frac{U_2}{U_1}$$

$$\ddot{u}^2 = \frac{Z_1}{Z_2}$$

ü: Verhältnis der Windungszahlen
Z_1: Eingangs-Wechselstromwiderstand
Z_2: Ausgangs-Wechselstromwiderstand

Wichtige Eigenschaften

- Formgetreue Übertragung von Strom- und Spannungs-Impulsen kleiner Leistung
- Potentialtrennung
- Potentialumkehr
- Impedanzwandlung

Impuls-Übertrager

Anwendung Ansteuerung von
- Transistoren
- Thyristoren
- Triacs

Betriebsarten

unipolar

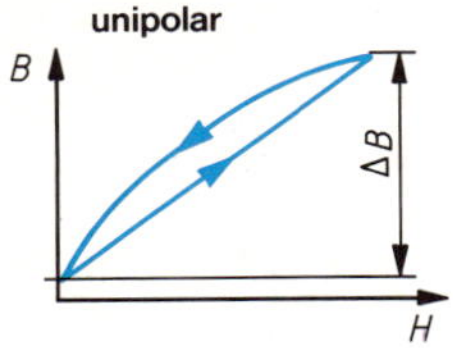

bipolar

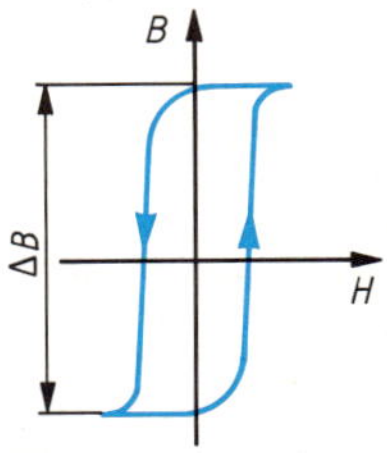

Charakteristische Größen

ü: Bei handelsüblichen Impulsübertragern fest vorgegeben. Üblich: 1 : 1; 1 : 1 : 1; 2 : 1
ΔB: Flußdichteänderung (Induktionshub)
$\int u dt$: Spannungszeitfläche (übertragbares Produkt aus Spannungsamplitude U und Impulsdauer t_d bei unipolarem Betrieb).
Kennwerte: 0,5 µVs bis 5000 µVs

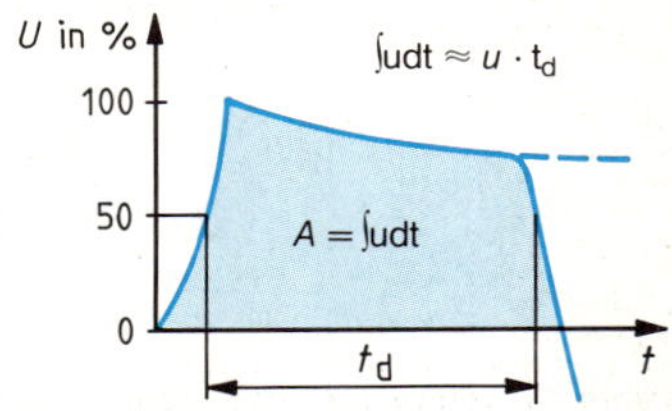

Beispiele: Übertrager für Thyristoransteuerung (Prinzipschaltungen)

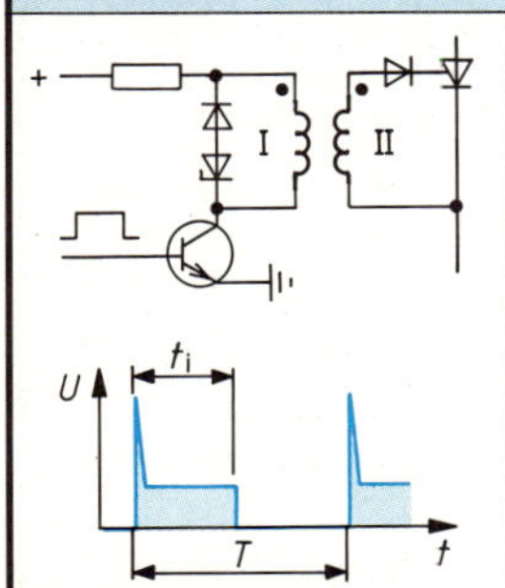

Langimpulse, unipolar

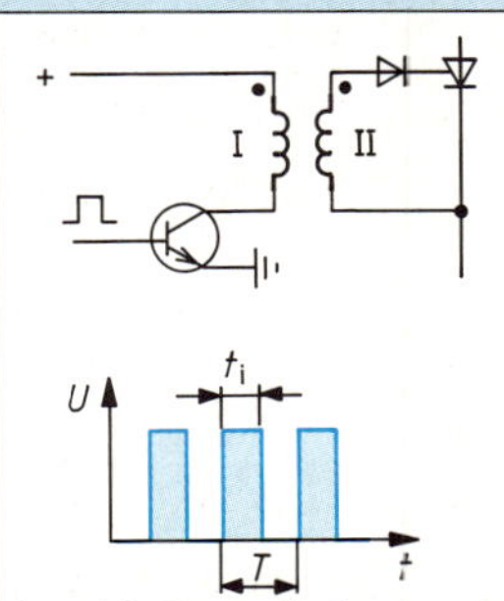

Impulsketten, unipolar

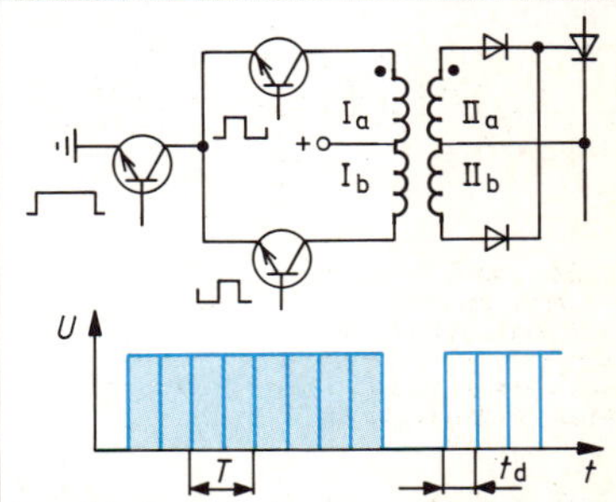

Impulsketten, bipolar

Leistungs-Übertrager

Anwendung:

Getaktete Stromversorgungsgeräte (Schaltnetzteile, siehe auch Seite 215) mit Betriebsfrequenzen bis ca. 200 kHz.

Übertragbare Leistung:

$P \approx C \cdot f \cdot \Delta B \cdot f_{Cu} \cdot A_N \cdot A_e \cdot J$

$C = 1$ im Gegentakt-Durchflußbetrieb
$C = 0{,}6$ im Eintakt-Speicherbetrieb

$C = \frac{1}{2\sqrt{p}}$ im Eintakt-Durchflußbetrieb mit $p = t_1 \cdot f$ (Schaltverhältnis)

f: Schaltfrequenz
ΔB: Flußdichteänderung (Induktionshub) (s. o.)
J: Stromdichte
A_N: Wickelquerschnitt
f_{Cu}: Kupferfüllfaktor
A_e: effektiver magnetischer Querschnitt

Magnetfeldabhängige Bauelemente

Hallgenerator

Halleffekt

Ein Halbleiterplättchen wird von einem Steuerstrom I_1 durchflossen und von einem Magnetfeld durchsetzt. Eine Spannung U_2 (Hallspannung) entsteht an den Anschlüssen 3–4.

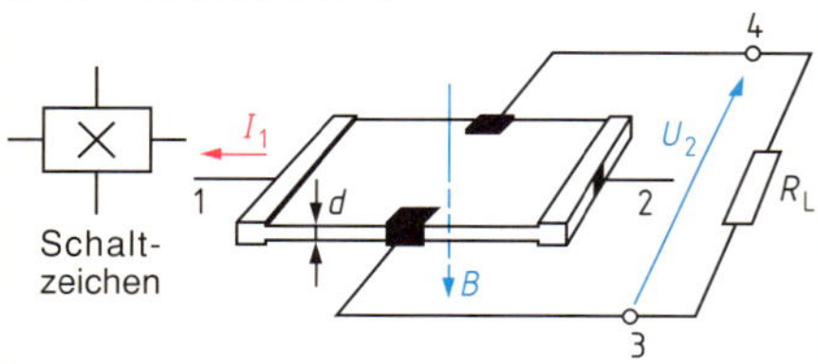

Lineare Anpassung

Abschlußwiderstand für lineare Anpassung R_{LL}: Widerstand R_L, bei dem Linearität zwischen der steuerstrombezogenen Hallspannung U_2/I_1 und dem Steuerfeld erreicht wird.

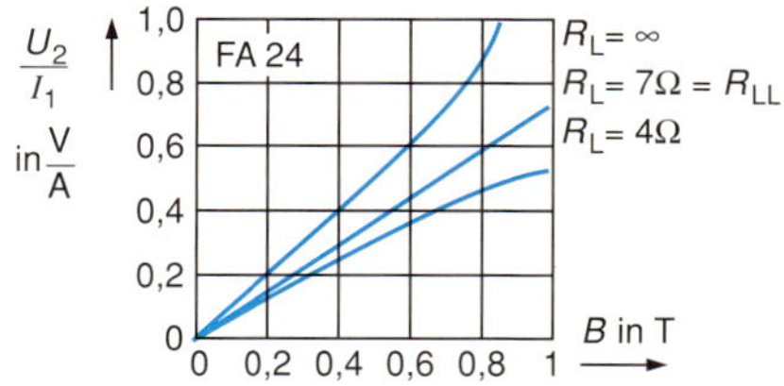

Lineare Anpassung mit R_L

Charakteristische Größen

Leerlaufhallspannung U_{20}: Spannung U_2 bei $R_L = \infty$, Nenninduktion (z. B. 1 T) und Nennsteuerstrom I_{1N}.

$U_{20} = \frac{R_h}{d} \cdot I_1 \cdot B$ in V Typ. Werte: 50 … 1000 mV

Hallkonstante R_h:
Material- und formgebungsabhängige Konstante

Induktionsempfindlichkeit K_{BO}:
Material- und formgebungsabhängige Konstante

$K_{BO} = \frac{U_{20}}{I_{1N} \cdot B}$ in $\frac{V}{AT}$ Typ. Wert: 0,5 … 100 $\frac{V}{AT}$

Steuernennstrom I_{1N}, Typ. Wert: 10 … 400 mA

Anwendung

- Feldmessung
- Feldregelung
- Signalgabe
- Multiplikation
- Feldmessung bei tiefen Temperaturen

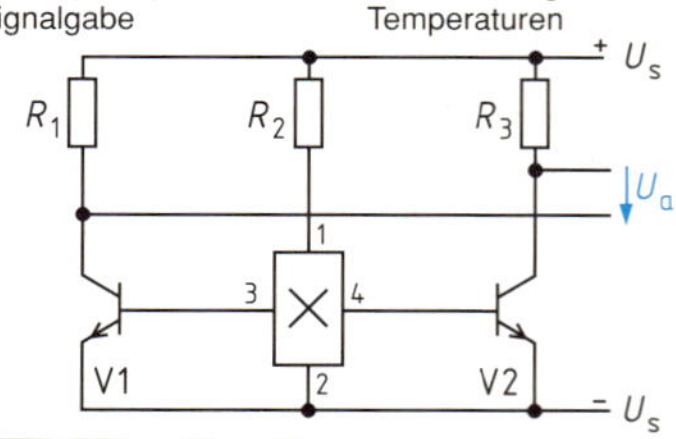

Feldplatte

Aufbau

Der Widerstandswert eines Halbleitermaterials nimmt bei wachsendem magnetischen Feld beliebiger Polarität zu. Die Struktur des Materials bewirkt Umlenken der Strombahnen bei Feldeinwirkung. Bei konstanter Feldstärke sind Strom und Spannung linear. Mit der Gestaltung des Mäanders wird der Grundwiderstand R_o beeinflußt.

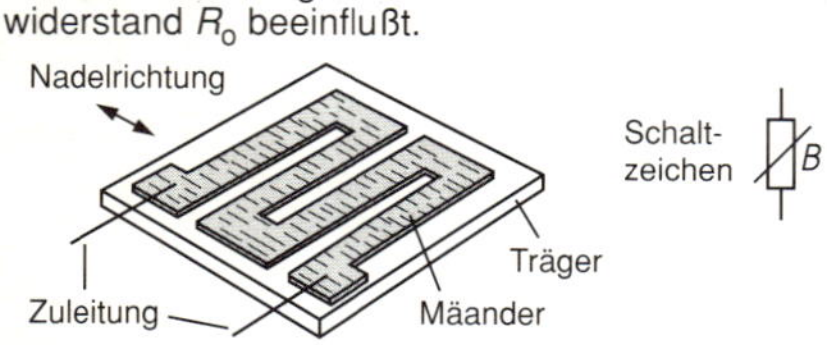

Anwendung

- Positionserfassung
- Drehzahl- und Drehsinnerfassung
- Winkelschrittgeber
- Potentiometer

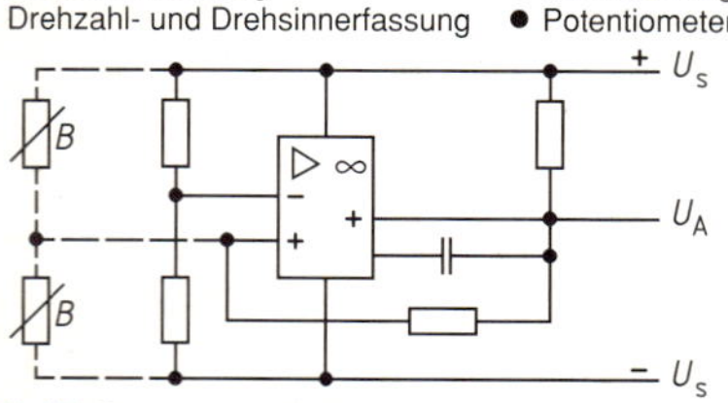

Beispiel: Schaltung für Differential-Feldplatten-Positionssensoren

Charakteristische Größen

Grundwiderstand R_o:
Widerstand der Feldplatte ohne Einwirkung eines Magnetfeldes

Widerstand R_B im Magnetfeld:
Widerstand bei senkrecht einwirkendem Magnetfeld

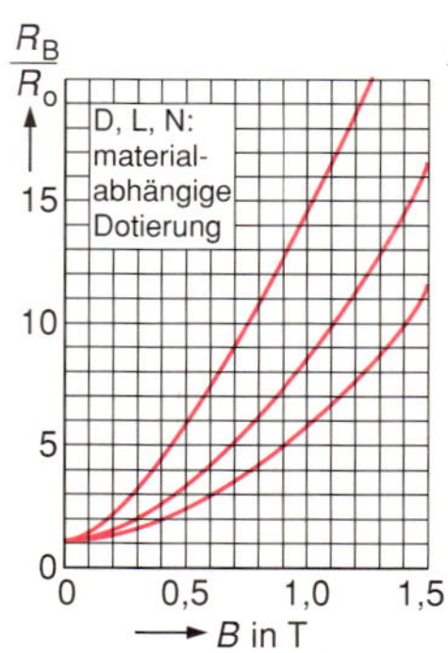

Widerstandsverhältnis
$R_B/R_o = f(B)$

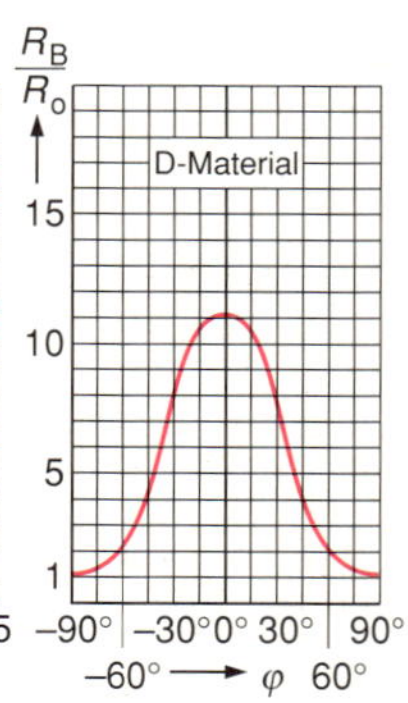

Widerstandsverhältnis
$R_B/R_o = f(\varphi)$
φ: Neigungswinkel des Magnetfeldes (D-Halbleitermaterial)

Operationsverstärker

Aufbau

Operationsverstärker enthalten einen Differenzverstärker und einen nachgeschalteten, meist mehrstufigen Verstärker.

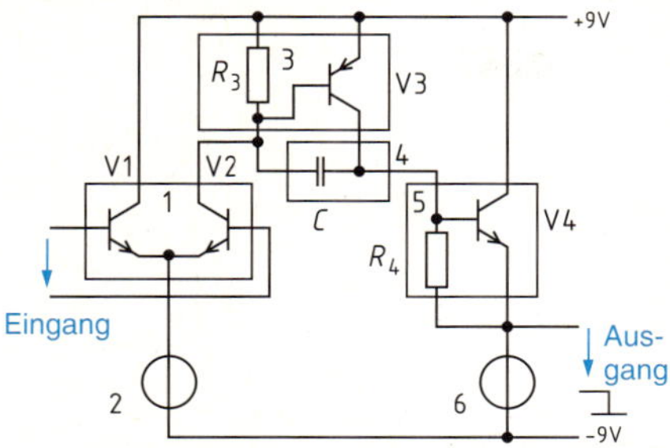

1: Diff.-Verstärker
2,6: Konstantstromquellen
3: Verstärkerstufe
4: Komp.-Kapazität
5: Ausgangsstufe

Blockschaltbild

Frequenzverhalten

Infolge interner Phasendrehung bei hohen Frequenzen besteht Schwingneigung.
Daher ist eine Reduzierung der Verstärkung um 20 dB/Dekade mittels C_K und R notwendig (häufig bereits intern vorhanden).

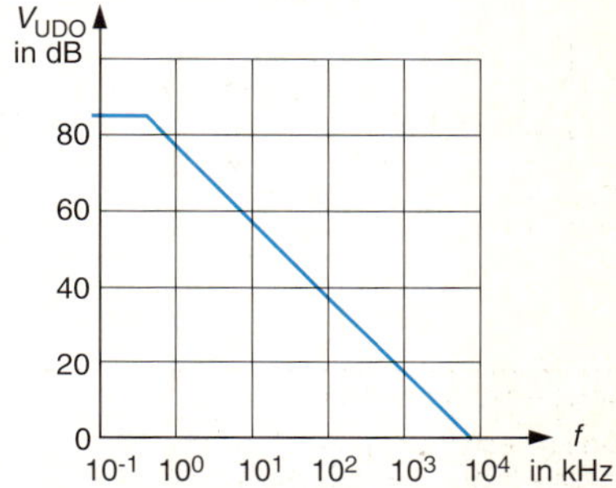

Frequenzkompensation

Anwendungsbereiche

Industrielle Elektronik, Regelungstechnik, NF-Technik

Übertragungskennlinie

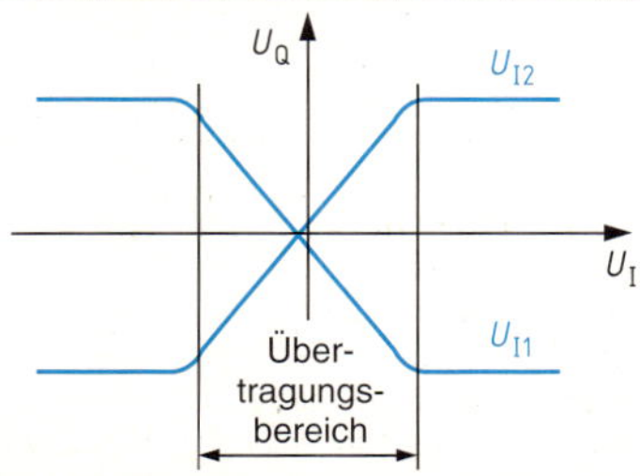

Schaltzeichen (vgl. auch S. 356)

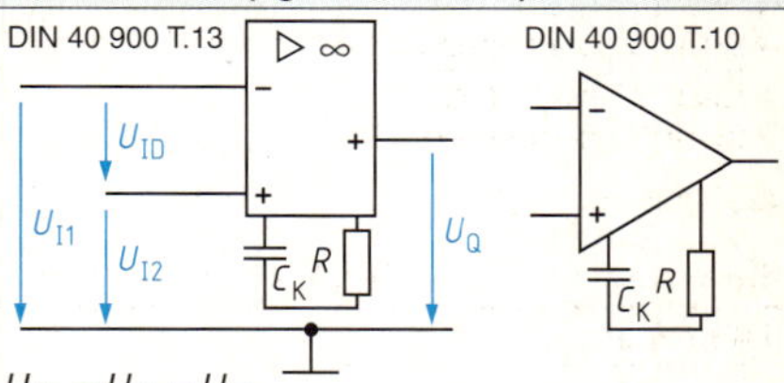

$U_{ID} = U_{I1} - U_{I2}$

Darstellung: einpolig, ohne Speisespannungsanschlüsse
–: Invertierender Eingang
+: Nichtinvertierender Eingang
C_K, R: Frequenzkompensation
U_{ID}: Differenz-Eingangsspannung

Begriff, Formelzeichen	Definition	Beziehung	Typ. Werte
Eingangs-Null-Spannung (input-offset-voltage) U_{IO}	Spannungsdifferenz, die an den Eingängen angelegt werden muß, damit die Ausgangsspannung Null ist.	$U_{IO} = U_{I1} - U_{I2}$ bei $U_Q = 0V$ und Generatorwiderstand $R_G = 50\ \Omega$	max. ± 6 mV
Gleichtakt-Eingangsspannung (common mode input voltage) U_{IC}	Arithmetischer Mittelwert der Eingangsspannungen, wenn die Ausgangsspannung Null ist.	$U_{IC} = \frac{U_{I1} + U_{I2}}{2}$	
Eingangs-Null-Strom (input-offset-current) I_{IOS}	Differenz der Eingangsströme im Arbeitsbereich, wenn die Ausgangsspannung Null ist.	$I_{IOS} = I_{I1} - I_{I2}$	80 nA
Eingangs-Ruhestrom (input-bias-current) I_I	Mittlerer statischer Eingangsstrom, der für die Funktion des OP notwendig ist.	$I_I = \frac{I_{I1} + I_{I2}}{2}$	80 nA
Differenz-Leerlaufspannungs-Verstärkung (open-loop-voltage-gain) v_{UD0}	Verstärkung einer Differenz-Eingangsspannung ohne Gegenkopplung.	$v_{UD0} = \frac{U_Q}{U_{ID}} = 20 \log \frac{U_Q}{U_{ID}}$ in dB	80 dB
Gleichtakt-Leerlaufspannungs-Verstärkung (common-mode-voltage-gain) v_{UC0}	Verhältnis der Ausgangsspannung zur Gleichtakt-Eingangsspannung.	$v_{UC0} = \frac{U_Q}{U_{IC}}$	

Schaltungen mit Operationsverstärkern

Invertierer

$$U_A = -U_E \frac{R_2}{R_1}$$

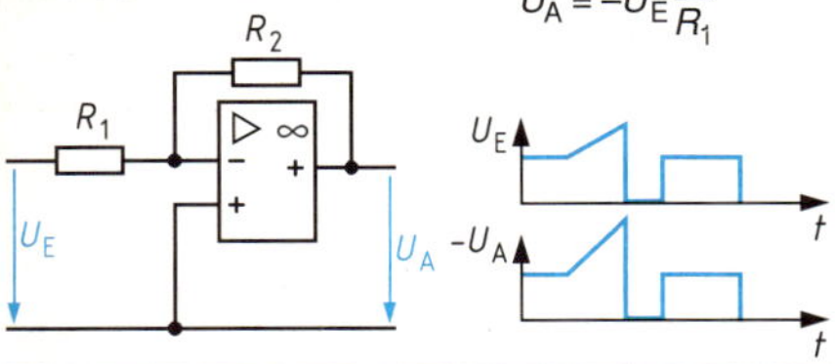

Impedanzwandler

$$U_A = U_E$$

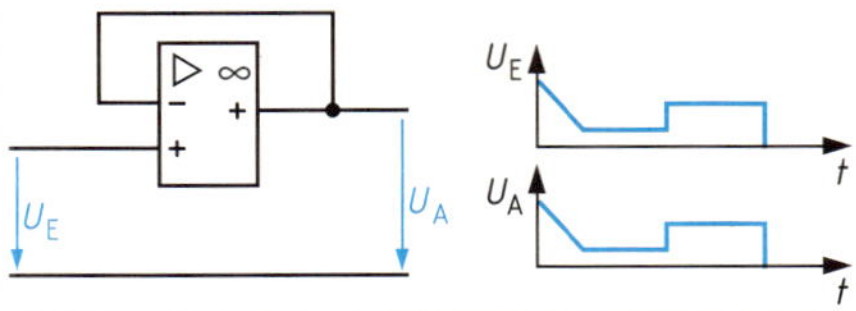

Nichtinvertierer

$$U_A = U_E \left(1 + \frac{R_2}{R_1}\right)$$

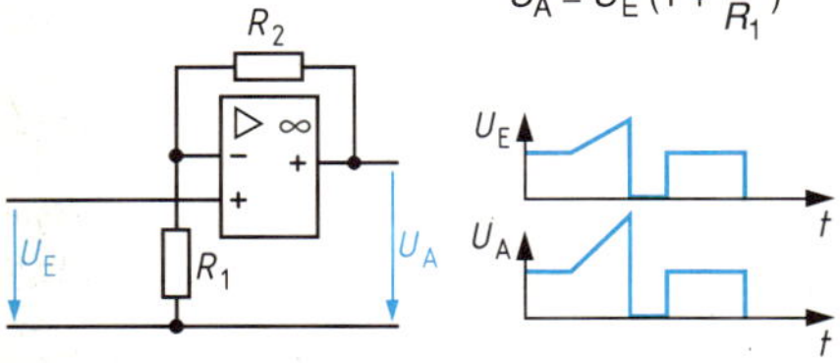

Strom-Spannungswandler

$$U_A = -I_E \cdot R_2$$

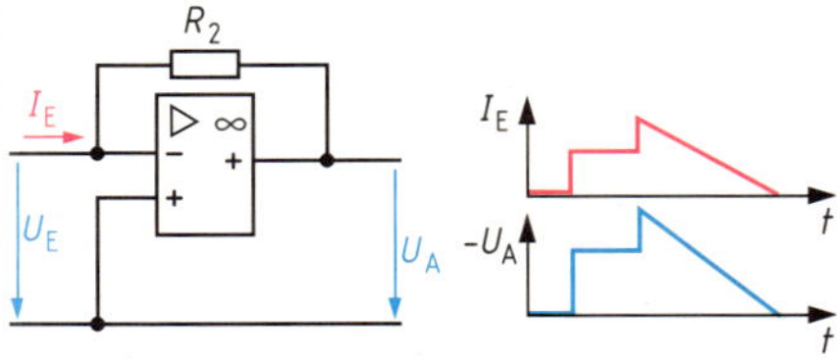

Differenzierer (Hochpaß)

$$U_A = -U_E\, R_2 \cdot \omega \cdot C_1$$

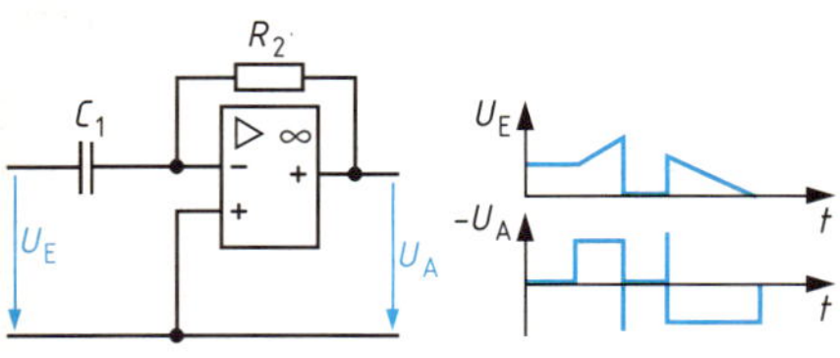

Spannungs-Stromwandler

$$I_A = \frac{U_E}{R_1}\left(1 + \frac{R_2}{R_3}\right)$$

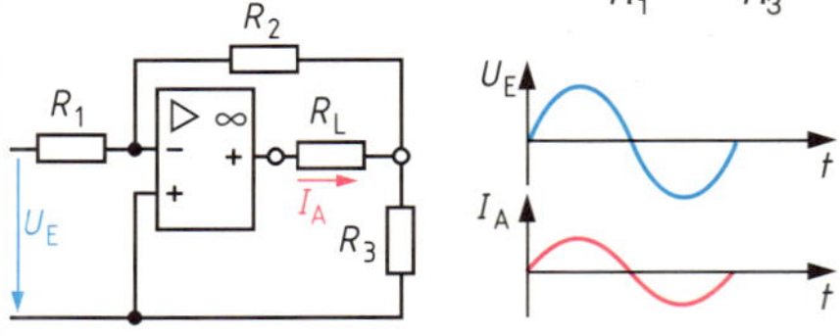

Integrierer (Tiefpaß)

$$U_A = -U_E \frac{1}{R_1 \cdot \omega \cdot C_1}$$

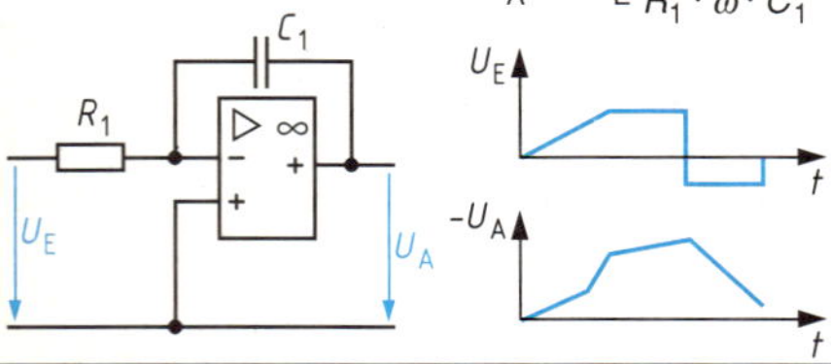

Spannungs-Komparator, mit und ohne Hysterese

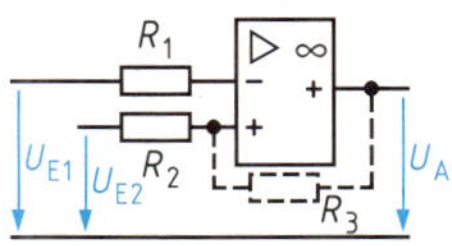

$$U_{Hy} = \frac{R_2}{R_2 + R_3} \cdot \Delta U_A$$

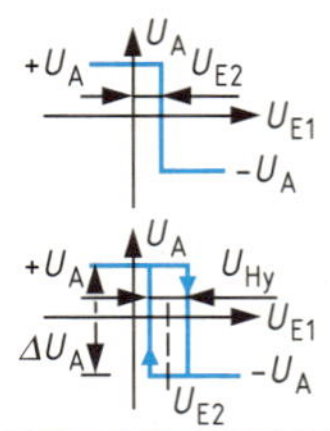

Summierverstärker

$$U_A = -R_3 \left(\frac{U_{E1}}{R_1} + \frac{U_{E2}}{R_2}\right)$$

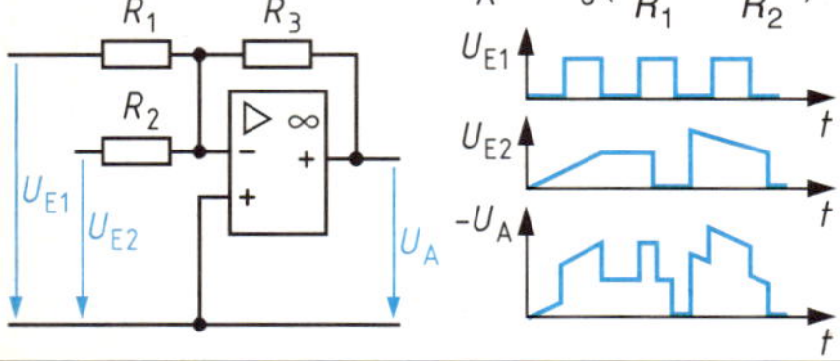

Bistabiler Multivibrator

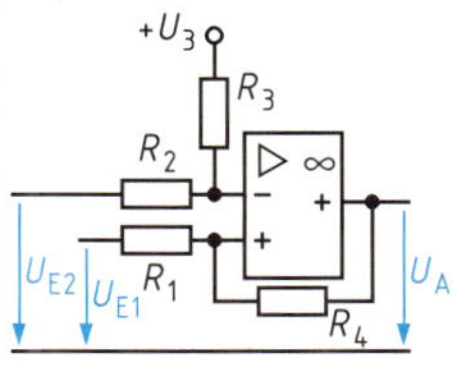

Setzen: an U_{E1}

Rücksetzen: an U_{E2}

Differenzverstärker

$$R_3 = R_4 \quad U_A = R_3 \left(\frac{U_{E2}}{R_2} - \frac{U_{E1}}{R_1}\right)$$

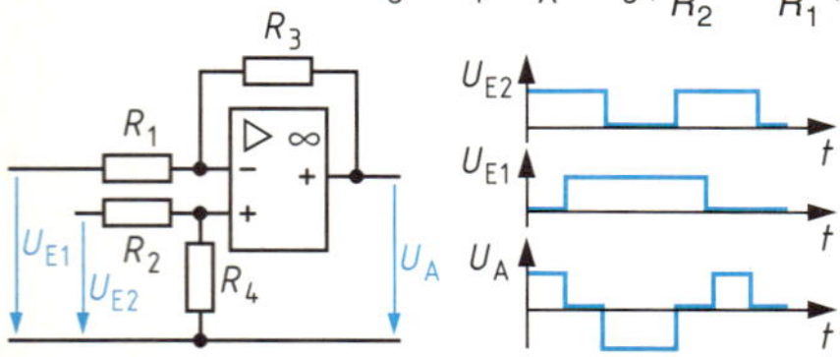

Astabiler-Multivibrator

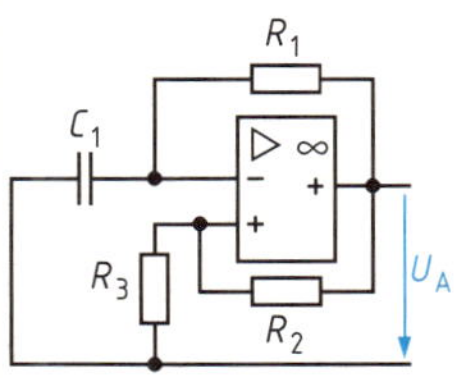

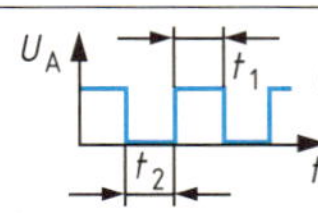

$$t_1 = t_2$$

$$T = t_1 + t_2$$

$$T = 2R_1C_1 \ln\left(1 + \frac{2R_3}{R_2}\right)$$

$$R_1 = \frac{R_2 \cdot R_3}{R_2 + R_3}$$

3 Elektrische Maschinen

Umlaufende elektrische Maschinen

Transformatoren

Formelzeichen

DIN VDE 0530 T. 1/7.91 DIN 1304 T. 1/3.89 DIN 1304 T. 7/1.91

Formelzeichen	Bedeutung
U	Klemmenspannung
U_n	Nennspannung
U_o	Leerlaufspannung (Generator) bzw. Gegenspannung (Motor)
U_a	Spannung an der Ankerwicklung
U_f	Spannung an der Feldwicklung
U_1	Primärspannung
U_2	Sekundärspannung
U_k	Kurzschlußspannung
u_k	Kurzschlußspannung in % der Nennspannung
I	aufgenommener Strom (Motor) bzw. abgegebener Strom (Generator)
I_n	Nennstrom
I_o	Leerlaufstrom
I_A	Anlaufstrom
I_a	Strom in der Ankerwicklung
I_f	Strom in der Feldwicklung
I_1	Strom in der Primärwicklung
I_2	Strom in der Sekundärwicklung
I_k	Dauerkurzschlußstrom
I_S	Stoßkurzschlußstrom
t_A	Anlaufzeit
t_B	Belastungszeit
t_{St}	Stillstandszeit
t_r	relative Einschaltdauer
t_S	Spieldauer
t_{Br}	Bremszeit
t_L	Leerlaufzeit
C_A	Kapazität des Anlaufkondensators
C_B	Kapazität des Betriebskondensators
Z	Impedanz

Formelzeichen	Bedeutung
R_i	innerer Widerstand
R_a	Widerstand der Ankerwicklung
R_W	Widerstand der Wendepolwicklung
R_K	Widerstand der Kompensationswicklung
R_f	Widerstand der Feldwicklung
$R_{f,\,ser}$	Widerstand der Reihenschlußwicklung
$R_{f,\,par}$	Widerstand der Nebenschlußwicklung
R_{Cu}	Wicklungswiderstand
R_{Fe}	Ersatzwiderstand für die Eisenverluste
X_L	induktiver Blindwiderstand
X_{Li}	innerer induktiver Blindwiderstand
X_C	kapazitiver Blindwiderstand
X_σ	Streublindwiderstand
Φ_{ser}	magn. Fluß der Reihenschlußwicklung
Φ_{par}	magn. Fluß der Nebenschlußwicklung
S_1	Scheinleistung Transformator 1
S_2	Scheinleistung Transformator 2
S_{1n}	Nennscheinleistung Transformator 1
S_{2n}	Nennscheinleistung Transformator 2
S_{ges}	Gesamtscheinleistung
S_B	Bauleistung
S_D	Durchgangsleistung

Formelzeichen	Bedeutung
P, P_{ab}	abgegebene Leistung
P_{zu}	zugeführte Leistung
P_v	Verlustleistung
P_{vFe}	Eisenverlustleistung
P_{vCu}	Wicklungsverlustleistung
Q_C	kapazitive Blindleistung
Q_{CB}	kapazitive Blindleistung des Betriebskondensators
$\cos\varphi_n$	Nennleistungsfaktor
$\cos\varphi_o$	Leerlaufleistungsfaktor
φ_{ind}	Phasenverschiebungswinkel (induktiv)
φ_{kap}	Phasenverschiebungswinkel (kapazitiv)
n	Läuferdrehzahl (Umdrehungsfrequenz)
n_f	Drehfelddrehzahl
n_S	Satteldrehzahl
n_n	Nenndrehzahl
n_K	Kippdrehzahl
n_s	Schlupfdrehzahl
n_o	Leerlaufdrehzahl
s	Schlupf
$s_{\%}$	Schlupf in %
f_r	Frequenz der Läuferspannung
f_s	Frequenz der Ständerspannung
M_A	Anlaufdrehmoment
M_n	Nenndrehmoment
M_K (M_b)	Kippdrehmoment
M_S (M_u)	Satteldrehmoment
τ_p	Polteilung
N	Windungszahl
$ü$ (n_{sr})	Übersetzungsverhältnis

Drehstrom – Asynchronmaschinen

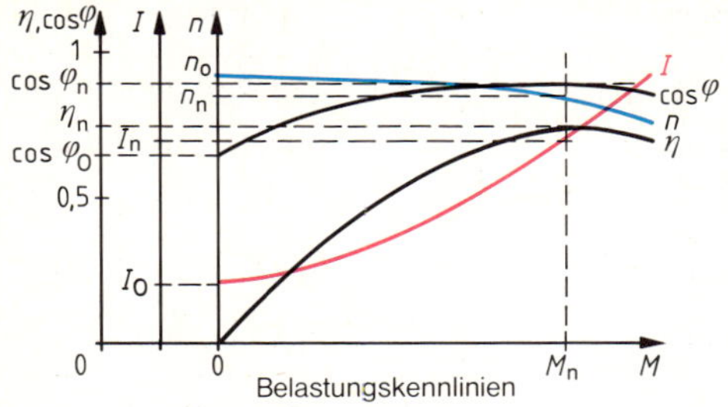

Belastungskennlinien

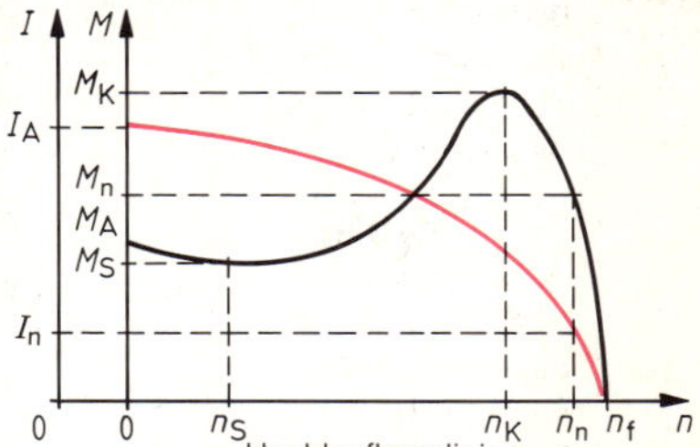

Hochlaufkennlinien

$n_f = \frac{f}{p}$	$s = \frac{n_f - n}{n_f}$	$f_r = s \cdot f$	$P_{zu} = U \cdot I \cdot \sqrt{3} \cdot \cos \varphi$
$n_s = n_f - n$	$s_{\%} = \frac{n_f - n}{n_f} \cdot 100\,\%$	$\eta = \frac{P}{P_{zu}}$	$P = P_{ab} = U \cdot I \cdot \sqrt{3} \cdot \cos \varphi \cdot \eta$

	Kurzschlußläufer – Motor	**Schleifringläufer – Motor**
Schaltung	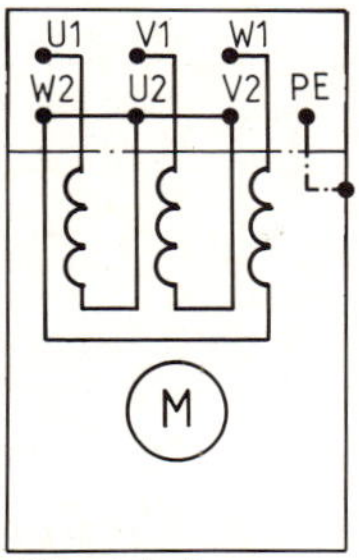 Sternschaltung 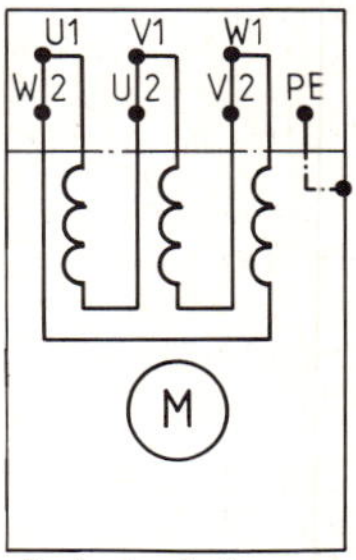 Dreieckschaltung	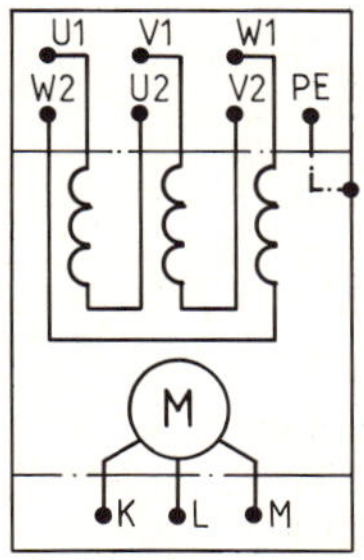 dreiphasige 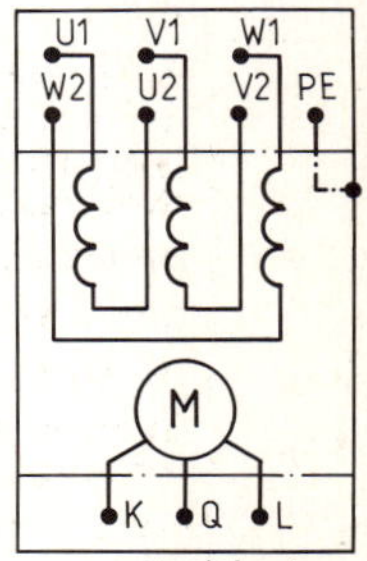 zweiphasige Läuferwicklung
Hochlauf-kennlinien	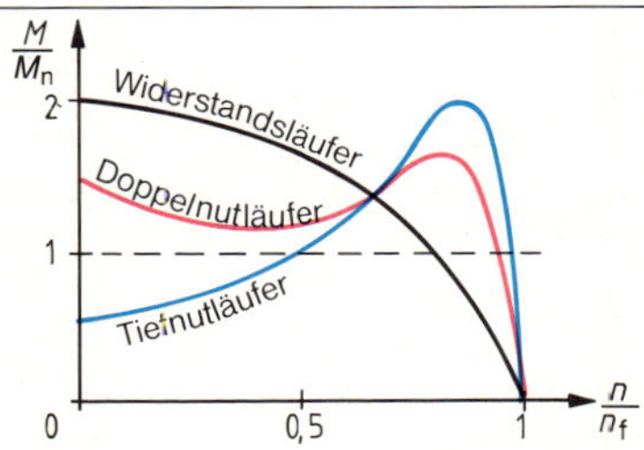	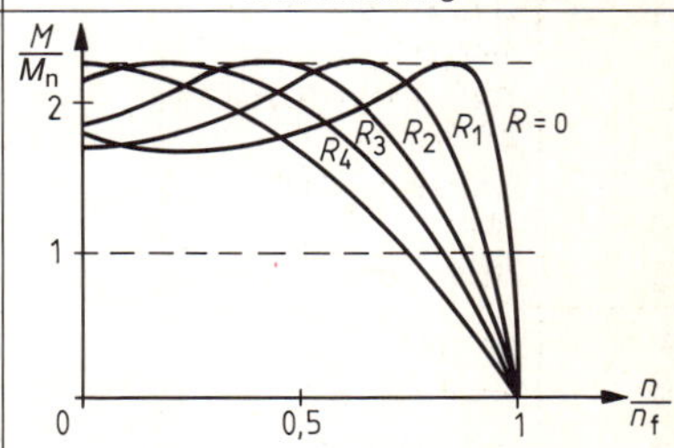
$\frac{I_A}{I_n}$	3 … 7	1,5 … 2,5
$\frac{M_A}{M_n}$	0,5 … 3	1 … 3
Eigen-schaften	• robust • wartungsarm • kompakt • schlechter Anlauf • Drehzahlsteuerung problematisch • Nebenschlußverhalten	• relativ wartungsarm • guter Anlauf • Nebenschlußverhalten • Drehzahlsteuerung durch einen Widerstand im Ankerkreis möglich
Anwen-dungen	• Werkzeugmaschinen • kleine Hebezeuge • Verarbeitungsmaschinen • landwirtschaftliche Maschinen	• Hebezeuge • Schweranlauf • Maschinen mit großen Schwungmassen • große Werkzeugmaschinen

Synchronmaschinen

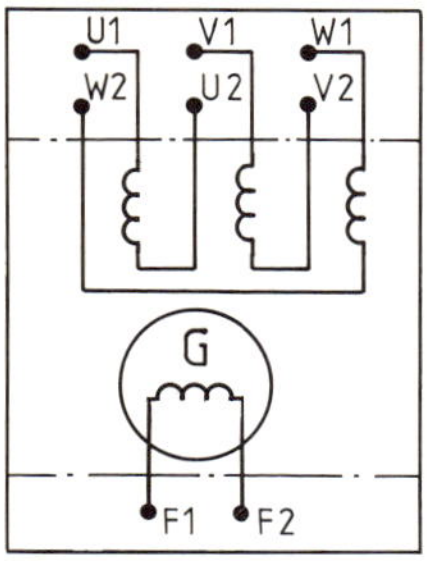

$n = n_f$

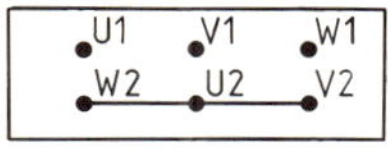

Sternschaltung

Generator:

$f = n \cdot p$

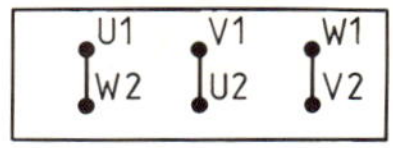

Dreieckschaltung

Motor:

$n = \frac{f}{p}$

	Drehstrom – Synchrongenerator	Drehstrom – Synchronmotor
Kennlinien	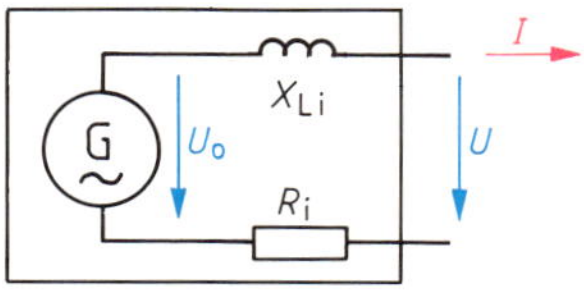 **Einpoliges Ersatzschaltbild** 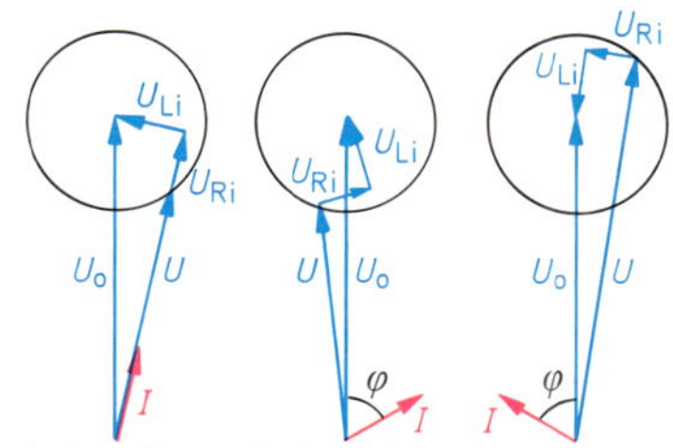 a) ohmsche Last b) induktive Last c) kapazitive Last **Zeigerbilder bei Belastung** 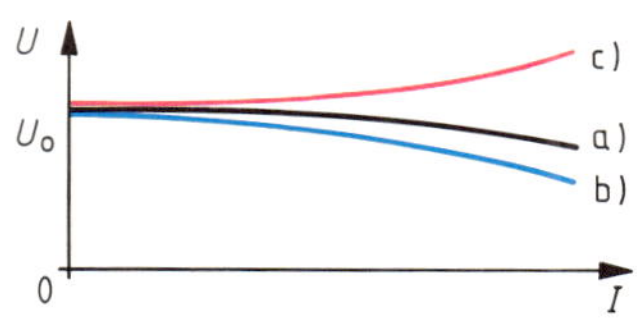 **Belastungskennlinien**	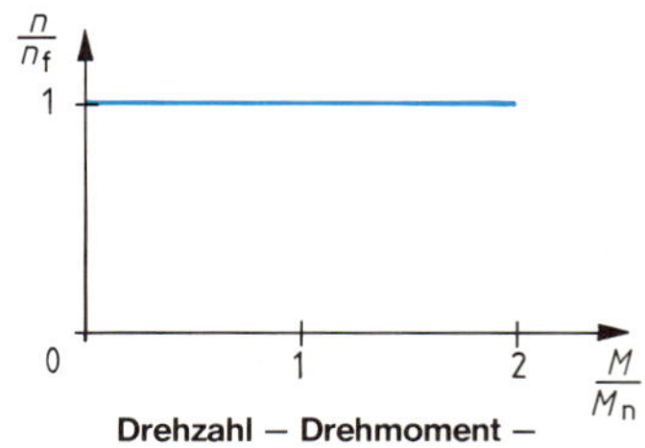 **Drehzahl – Drehmoment – Kennlinie** 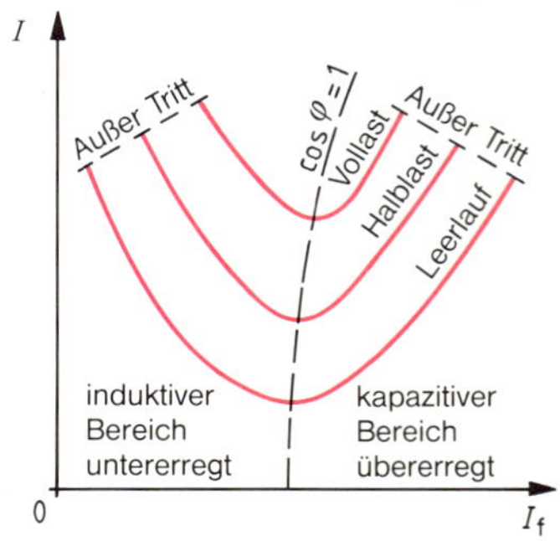 Abhängigkeit des Eingangsstromes von Belastung und Feldstrom
Eigenschaften	• Klemmenspannung abhängig von der Drehzahl und der Belastungsart • Frequenz abhängig von der Drehzahl und der Polpaarzahl	• Selbstanlauf nur durch zusätzliche Anlaufkäfigwicklung oder durch Kurzschluß der Erregerwicklung möglich • Drehzahl abhängig von der Frequenz, aber unabhängig von der Belastung • Fällt bei Überlast außer Tritt • Blindstromanteil durch Erregerstrom steuerbar (Phasenschieber)
Anwendungen	• Erzeugung von Drehstrom in Kraftwerken und bei Inselbetrieb • Notstromaggregate	• Kolbenverdichter • Umformersätze • Maschinenantrieb mit hoher Drehzahlkonstanz • Phasenschieber

Gleichstrom-Motoren

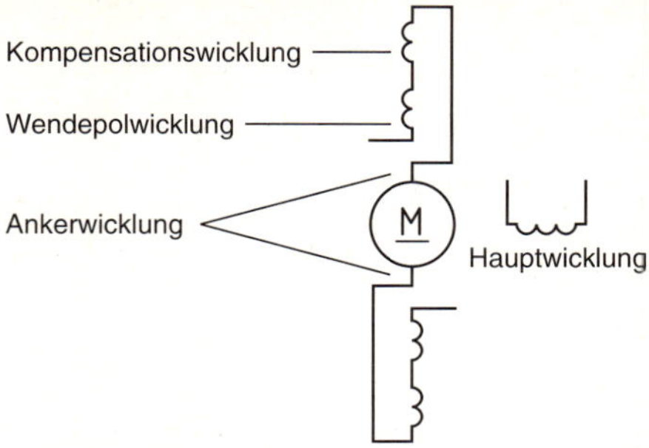

$$P_{zu} = U \cdot I_a + U_f \cdot I_f$$

$$\eta = \frac{P}{U \cdot I + U_f \cdot I_f}$$

$$R_i = R_a + R_W + R_K$$

	Fremderregter Motor	Nebenschluß-motor	Reihenschluß-motor	Doppelschluß-motor
Schaltung (ohne Wendepol- und Kompensationswicklung gezeichnet)	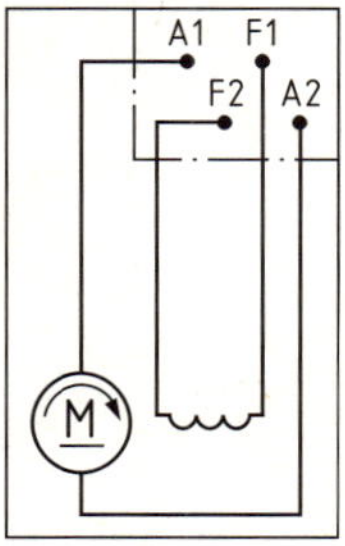	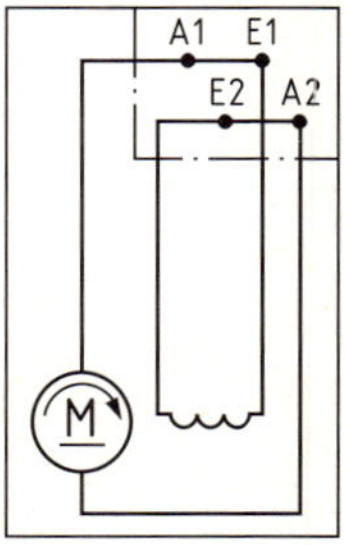	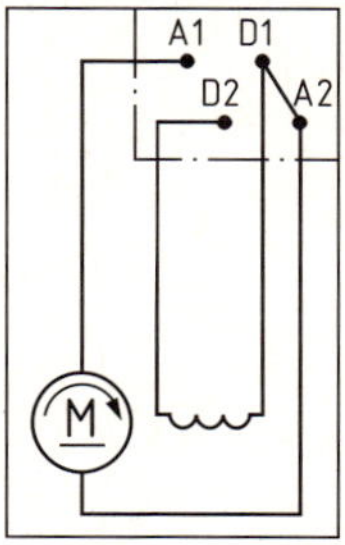	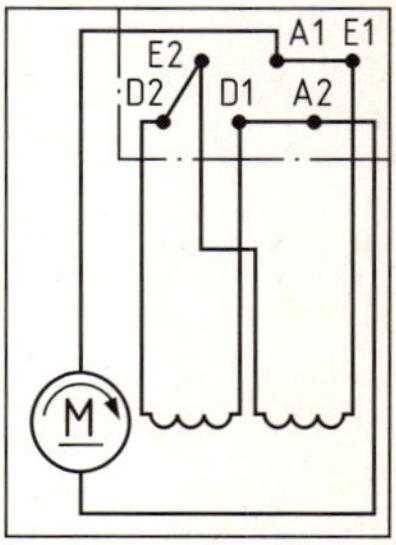
Kennlinien	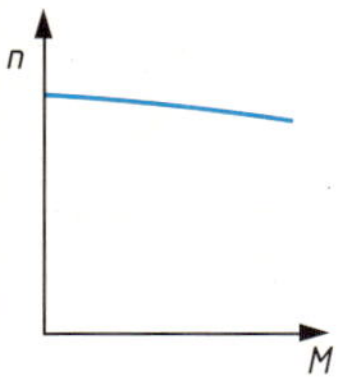	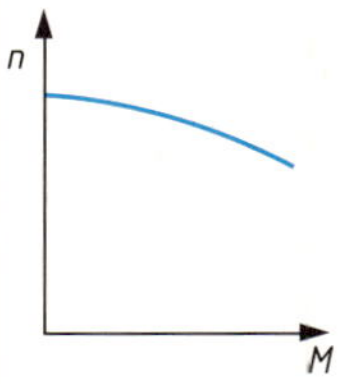	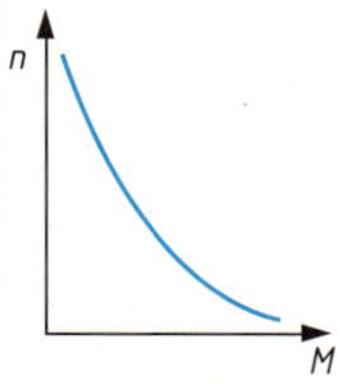	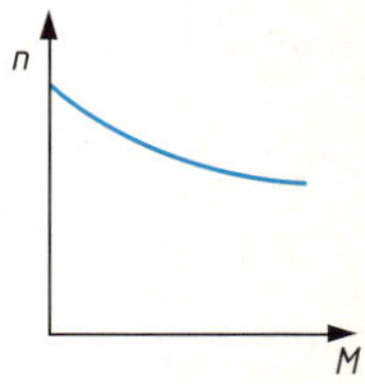
Anlaufstrom	$I_A = \frac{U}{R_i}$	$I_A = \frac{U}{R_i} + \frac{U}{R_f}$	$I_A = \frac{U}{R_i + R_f}$	$I_A = \frac{U}{R_i + R_{f,ser}} + \frac{U}{R_{f,par}}$
Eigenschaften	● Geringfügige Drehzahländerung bei Belastungsänderung ● Drehzahlsteuerung über Ankerspannung oder Feldstrom ● Ankerwicklung und Feldwicklung haben evtl. unterschiedliche Spannungen		● Hohes Anlaufdrehmoment ● Drehzahl lastabhängig ● Geht bei Leerlauf evtl. durch ● Drehzahlsteuerung durch Spannungsänderung oder Feldstromänderung	● Je nach Kompoundierung vorwiegend Reihenschluß oder Nebenschlußverhalten ● Bei Gegenkompoundierung Unstabilität
Anwendungen	● Drehzahlsteuerung über Leonard-Umformer oder gesteuerte Gleichrichter	● Werkzeugmaschinen ● Förderanlagen	● Elektrische Fahrzeuge ● Hebezeuge ● Anlasser im Kfz	● Werkzeugmaschinen ● Antrieb von Schwungmassen z. B. Pressen, Stanzen, Scheren ● Walzwerkantriebe

Gleichstrom-Generatoren

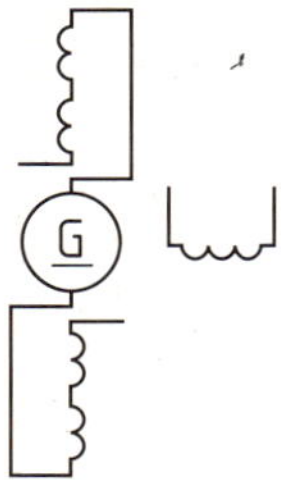

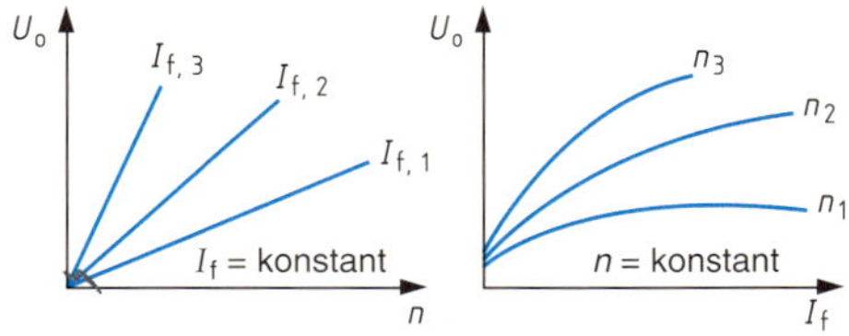

Leerlaufkennlinien

$$P = P_{ab} = U \cdot I$$

$$P_{zu} = P_{mech}$$

$$\eta = \frac{U \cdot I}{P_{mech}}$$

	Fremderregter Generator	**Nebenschluß-generator**	**Reihenschluß-generator**	**Doppelschluß-generator**
Schaltung (ohne Wendepol- und Kompensationswicklung gezeichnet)	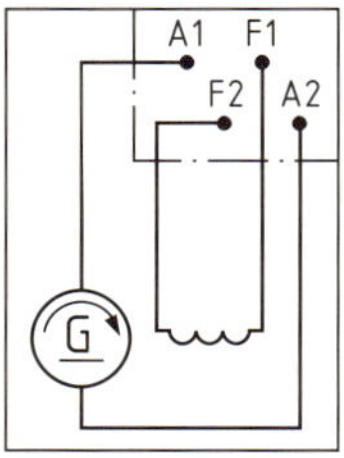	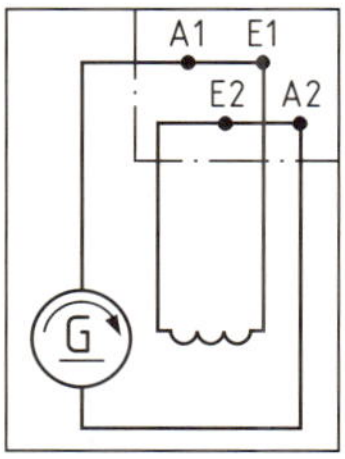	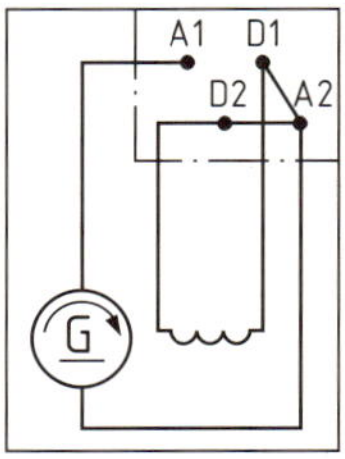	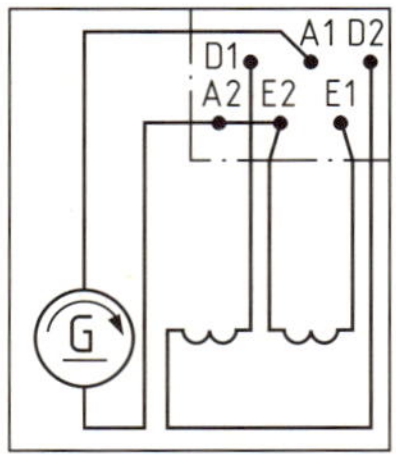
Kennlinien	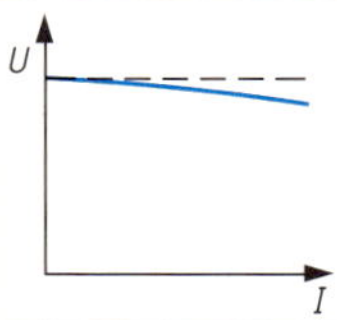	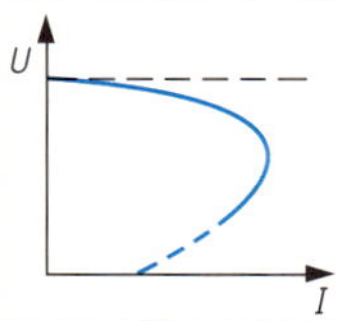	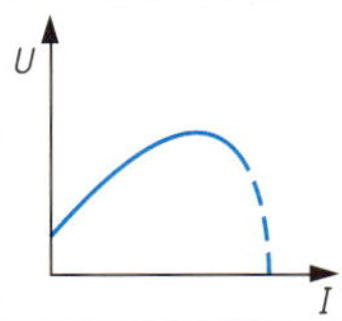	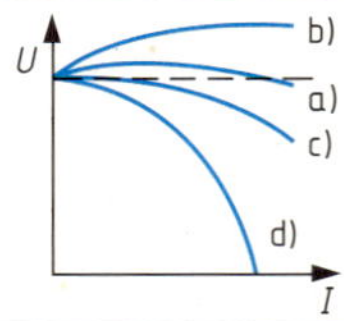
Klemmen-spannung	$U = U_0 - I \cdot R_i - U_B$	$U = \frac{U_0 - I \cdot R_i - U_B}{1 + \frac{R_i}{R_f}}$	$U = U_0 - I\,(R_i + R_f) - U_B$	$U = U_0 - I_a\,(R_i + R_f) - U_B$
Leerlauf-spannung	$U_0 = f\,(n \text{ u. } I_f)$	$U_0 = f\,(n \text{ u. } I_f)$	$U_0 = f\,(n \text{ u. } I)$	$U_0 = f\,(n \text{ u. } \Phi_{ser} + \Phi_{par})$
Eigen-schaften	• *U* sinkt nur geringfügig bei steigendem *I* • *U* durch *n* und I_f einstellbar • nicht kurzschlußfest	• *U* sinkt bei steigendem *I* • *U* durch *n* und I_f einstellbar • kurzschlußfest	• *U* steigt bei steigendem *I* bis in den Sättigungsbereich und sinkt dann stark ab • *U* durch Parallelwiderstand zur Feldentwicklung einstellbar	• Kompoundierung: *U* nahezu unabhängig von *I* • Überkompoundierung: *U* steigt bei steigendem *I* • Unterkompoundierung: *U* sinkt bei steigendem *I* • Gegenkompoundierung: *U* sinkt bei steigendem *I* schnell auf 0 V ab
Anwen-dungen	• Notstromanlagen • Hilfserregermaschinen (mit Permanenterregung)	• Notstromanlagen • Haupterregermaschinen • Inselbetrieb	• geringe praktische Bedeutung	• Haupterregermaschinen • bei stark wechselnden Belastungen

Wechselstrom-Motoren

	Drehstrommotor an Wechselspannung	**Wechselstrom-Motor mit Hilfswicklung**		
		Kondensatormotor	**mit Induktivität**	**mit Widerstand**
Schaltung	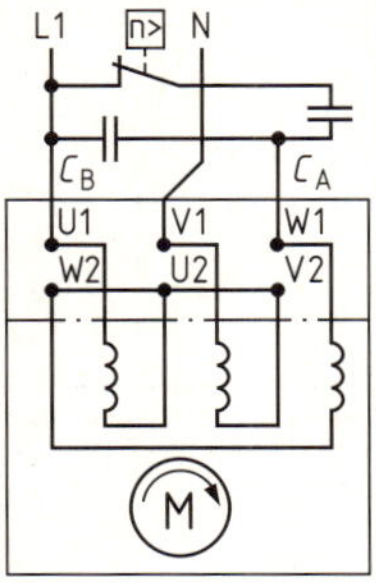	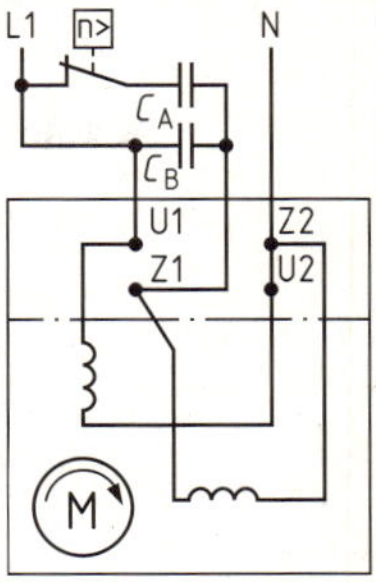	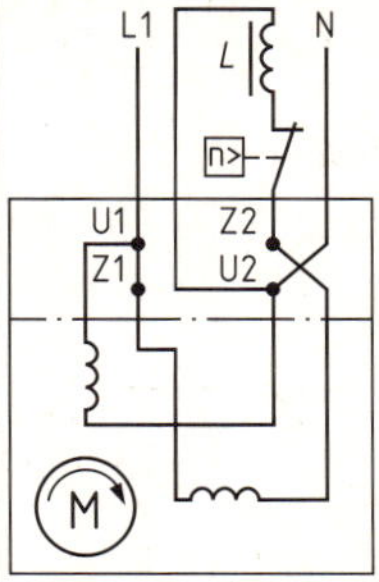	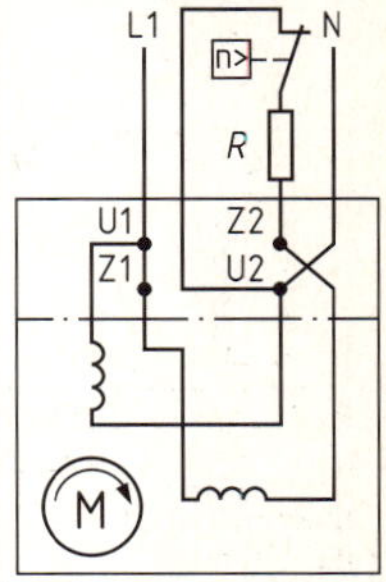
Kennlinien	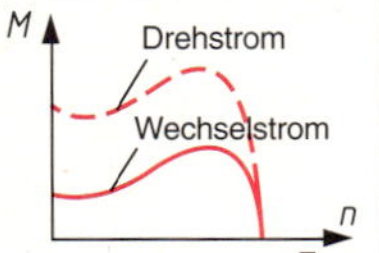 $U = 230V,\ C_B = 70 \frac{\mu F}{kW} \cdot P$ $U = 400V,\ C_B = 20 \frac{\mu F}{kW} \cdot P$ $C_A = 2 \cdot C_B$	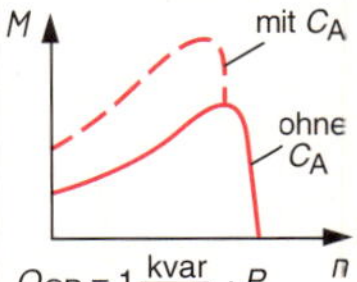 $Q_{CB} = 1 \frac{kvar}{kW} \cdot P$ $C_A = 3 \cdot C_B$	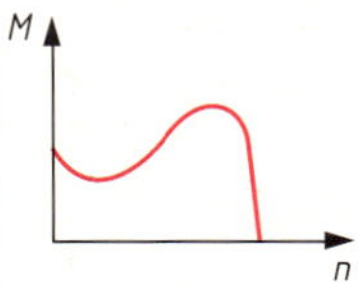	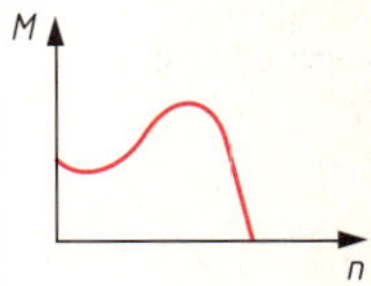
Eigenschaften	Nebenschlußverhalten, schlechter Wirkungsgrad	Nebenschlußverhalten, mit C_A hohes Anlaufdrehmoment	Nebenschlußverhalten, ungünstiger Anlauf, geringer $\cos \varphi$	Nebenschlußverhalten, einfache Bauweise
Anwendungen	Baumaschinen	Haushaltsgeräte wie Waschmaschinen, u.ä.	selten angewandt	Haushaltsgeräte wie Waschmaschinen, u.ä.
	Wechselstrommotor ohne Hilfsphase	**Spaltpolmotor**	**Repulsionsmotor**	**Universalmotor**
Schaltung	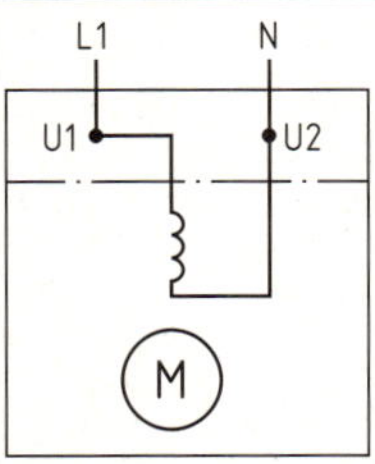	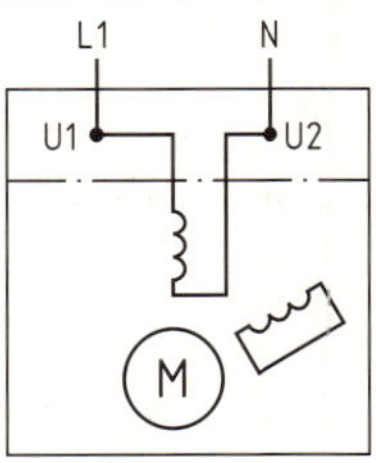	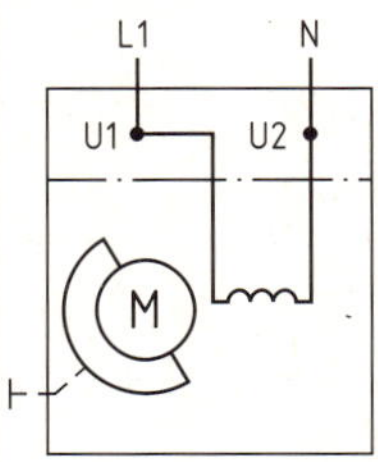	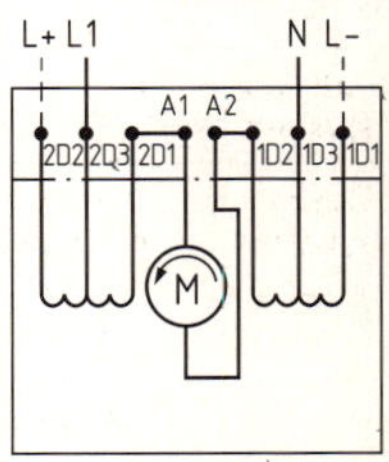
Kennlinien	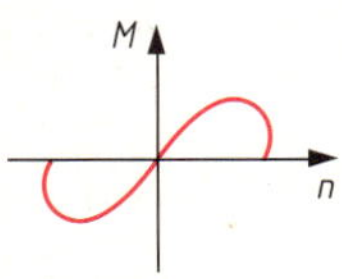	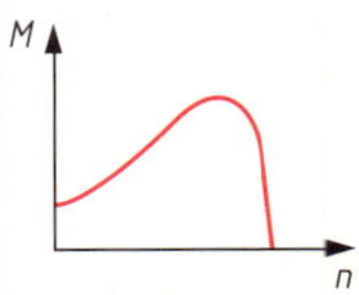	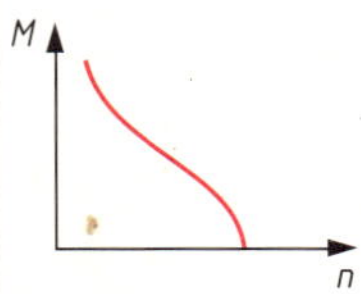	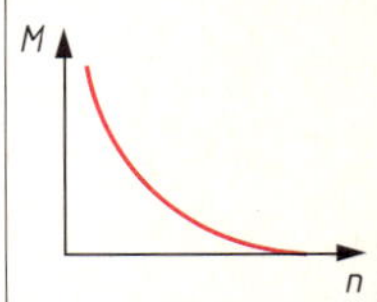
Eigenschaften	Muß angeworfen werden	Nebenschlußverhalten, einfache Bauweise, schlechter Wirkungsgrad	Reihenschlußverhalten	Reihenschlußverhalten
Anwendungen	Gelegentlich für Baumaschinen	Für kleine Leistungen, z. B. in Haushaltsgeräten	Textilmaschinen	Haushaltsgeräte, elektrisch betriebene Werkzeuge

Sondermotoren

Motorart	Linearmotor	Trommelmotor	Drehstrom-Kollektormotoren: Nebenschlußmotor	Drehstrom-Kollektormotoren: Reihenschlußmotor	Getriebemotor	Schrittmotor (vgl. S. 260)	Scheibenläufermotor	Kleinstmotoren: Synchronmotor	Kleinstmotoren: Spaltpolmotor	Kleinstmotoren: Universalmotor
Arbeitsweise	Induktionsmotorprinzip	Kurzschlußläufermotor	Motoren mit Drehstromständerwicklung und Gleichstromanker		Asynchron- oder Gleichstrommotor	digitale Steuerbefehle werden in Winkelschritte umgewandelt	Asynchronmotor-oder Gleichstrommotorprinzip	Synchronmotor mit Dauermagnetläufer	Spaltpolmotor mit Kurzschlußläufer	Reihenschlußmotor für Gleich- und Wechselspannung
Kennzeichen	lineare Antriebsbewegung	Läufer wird angehalten, Gehäuse dreht um die Welle als Riemenscheibe	Nebenschlußverhalten, Drehzahl durch Bürstenverstellung oder durch Läuferspannung steuerbar	Reihenschlußverhalten, Drehzahlsteuerung durch Bürstenverstellung	Motoren mit angebautem Getriebe, feste Übersetzung oder Stellgetriebe	Welle dreht sich in Winkelschritten, Schrittbewegung in beiden Drehrichtungen	rascher Anlauf und kurze Bremszeit, kompakte Bauweise	Wechselspannungsmotor mit Hilfsphase, kompakte Bauweise, evtl. Getriebe	nur eine Drehrichtung, Nebenschlußverhalten, symmetrische und asymmetrische Bauweise	Reihenschlußverhalten, Drehzahl steuerbar
Leistungsbereich	ca. 10 W … einige MW	0,1 kW … 20 kW	einige kW bis zu einigen MW		einige W … ca. 100 kW	bis zu einigen 100 W	400 W … 10 kW	1 W … 3 W	0,5 W … 25 W	10 W … 500 W
Drehzahlbereich	lineare Geschwindigkeit $v = 2 \cdot p \cdot f$	Bandgeschwindigkeit v $0{,}1\,\frac{m}{s} \ldots 3\,\frac{m}{s}$	Steuerbereich bis 1 : 3 um die synchronen Drehzahlen		entsprechend Über- oder Untersetzung		1 000 min^{-1} … 13 000 min^{-1}	375 min^{-1} … 500 min^{-1}	1 300 min^{-1} … 2 700 min^{-1}	7 000 min^{-1} … 28 000 min^{-1}
Wirkungsgrad	ca. 60 %	70 % … 90 %	50 % … 80 %		geringer als ohne Getriebe	ca. 45 %	70 % … 90 %	ca. 10 %	10 % … 30 %	ca. 50 %
Anwendungsbeispiele	Pumpen für leitende Flüssigkeiten, Fahrzeugantriebe	Antrieb von Transportbändern	Textilmaschinen, Papiermaschinen, Walzwerke	Hebezeuge, Pumpen, Lüfter, Pressen	Werkzeugmaschinen	In Steuer- und Regelanlagen für Stellglieder	Drehzahlsteuerungen, als Antriebe mit hoher Dynamik	Regelungstechnik, Zeitrelais, Schaltuhren	Büromaschinen, Hausgeräte, Lüfter	Hausgeräte, Kleinwerkzeuge

Anlassen von Motoren

Nach TAB[1]):
Motore dürfen beim Anlassen keine störenden Spannungsabsenkungen verursachen.

1. Wechselstrommotore $P \leq 1{,}4$ kW oder Drehstrommotore $I_A \leq 60$ A erfüllen allgemein die oben genannte Bedingung.
2. Anlaßart (siehe unten) mit dem EVU vereinbaren bei
   - leistungsstarken Motoren ($P > 1{,}4$ kW bzw. $I_A > 60$ A),
   - besonders schwerem Anlauf,
   - häufigem Einschalten,
   - schwankender Stromaufnahme.
3. Bei Wärmepumpen zur Heizung und Klimatisierung gilt
   - Drehstrommotore einsetzen, wenn $P > 1{,}4$ kW,
   - Absprachen mit dem EVU treffen, wenn $I_A > 30$ A,
   - $P > 1$ kW, dann maximal drei (evtl. eine) Einschaltungen pro Stunde und Verzögerungseinrichtung einbauen (10 s ... 200 s), damit nach dem Ausschalten nicht sofort wieder eingeschaltet wird.

Motorart	Anlaßart	Schaltung	Eigenschaften	Anwendung
Kurzschlußläufermotor	Vorwiderstände	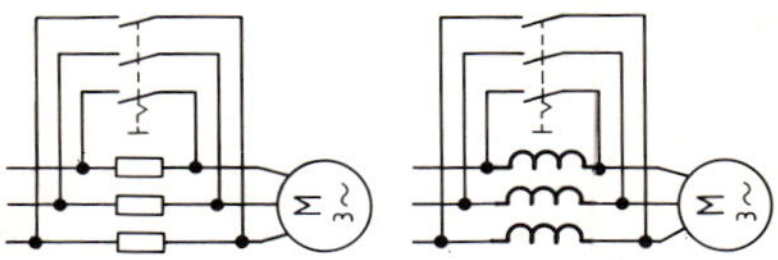	$I_A \sim U$ $M_A \sim U^2$	Selten
	Stern-Dreieck-Schaltung	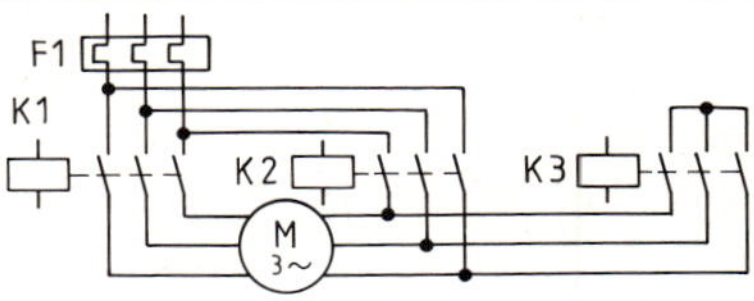	$I_{AY} = \frac{1}{3} \cdot I_{A\Delta}$ $M_{AY} = \frac{1}{3} \cdot M_{A\Delta}$ Einstellstrom = Nennstrom I_N	Schwer-Anlauf
		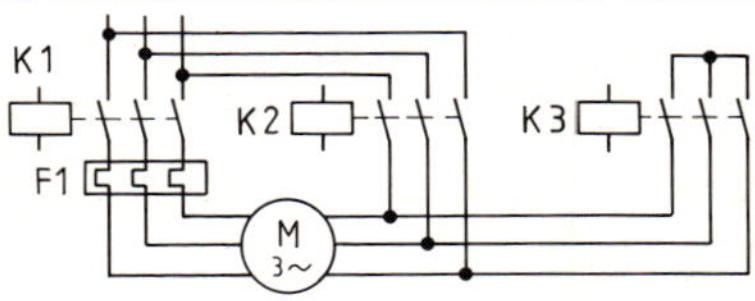	$I_{AY} = \frac{1}{3} \cdot I_{A\Delta}$ $M_{AY} = \frac{1}{3} \cdot M_{A\Delta}$ Einstellstrom = $0{,}58 \cdot I_N$	Normaler Anlauf
		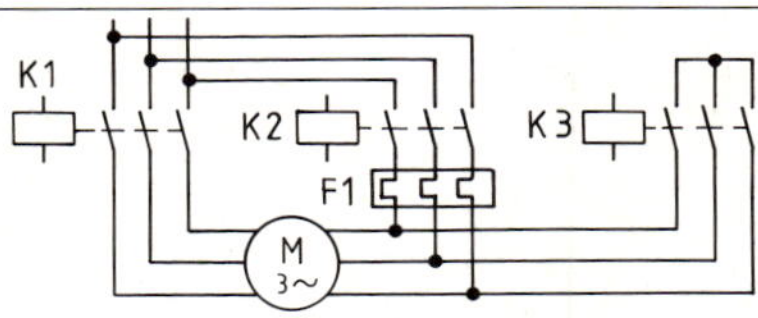		Überlanger Anlauf
	Anlaßtransformator	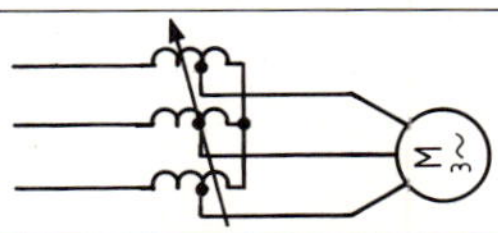	$I_A \sim U$ $M_A \sim U$ relativ teuer	Leistungen, Hochspannungsmotoren
	Kusa-Schaltung	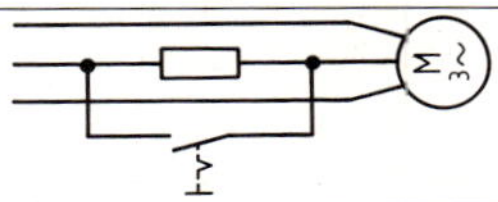	Nur das Drehmoment wird verringert	Textilmaschinen
Schleifringläufermotor	Läuferanlasser	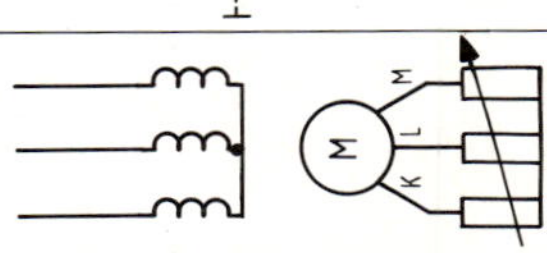	Niedriger Anlaufstrom, hohes Anlaufdrehmoment, Drehzahlsteuerung mit den Widerständen möglich	Große Werkzeugmaschinen, Pumpen, Hebezeuge

1) Technische Anschlußbedingungen für den Anschluß an das Niederspannungsnetz, herausgegeben von der Vereinigung Deutscher Elektrizitätswerke e. V. – VDEW –, Musterwortlaut.

Anlasser für Gleichstrom-Motoren und Drehstrom-Schleifringläufermotoren

DIN 46 062/11.70
VDE 0 660, T 301/9.82

Beispiel:

D O g

Anlasserart (D) – Kühlart (O) – Stufung (g)

Buchstabe	Bedeutung	Buchstabe	Bedeutung
G	Gleichstrom-Anlasser	g	grob gestuft
D	Drehstrom-Anlasser	n	normal gestuft
L	Luftkühlung	f	fein gestuft
O	Ölkühlung		

Anlaßschwere f (k)[1]

$$I_m = \frac{1}{2}(I_1 + I_2)$$

$$f = \frac{I_m}{I_N}$$

I_m Mittlerer Anlaßstrom
I_1 Schaltstrom, vor der Umschaltung
I_2 Spitzenstrom, nach dem Umschalten (Kurzschließen)

$I_N(I_{er})$ Läufernennstrom

f	Art des Anlaufs
0,7	Halblastanlauf
1,4	Vollastanlauf
2,0	Schweranlauf

Nennspannungen für Gleichstrom-Anlasser
Normwerte: 110 V; 220 V; 440 V; 600 V

Anlasserkennwerte k_a für Drehstrom-Anlasser und zugeordnete **Läuferkennwerte** k (bzw. zugeordnete **Läuferimpedanzen** Z_f)[1])

$$k_a \approx 1{,}4\,\frac{k}{f}$$

$$k = \frac{U_N}{\sqrt{3} \cdot I_N} \qquad \left(Z_f = \frac{U_{er}}{\sqrt{3} \cdot I_{er}}\right)^{1)}$$

U_N (U_{er})[1]) Läuferstillstandsspannung
I_N (I_{er})[1]) Läufernennstrom

Halblastanlauf f = 0,7

k_a in Ω	1	1,25	1,6	2	2,5	3,2	4	5	6,3	8	10	12,5	16	
k in Ω	0,45	0,56	0,71	0,9	1,1	1,4	1,8	2,2	2,8	3,6	4,5	5,6	7,1	9

Vollastanlauf f = 1,4

k_a in Ω	0,63	0,8	1	1,25	1,6	2	2,5	3,2	4	5	6,3	8	10	
k in Ω	0,56	0,71	0,9	1,1	1,4	1,8	2,2	2,8	3,6	4,5	5,6	7,1	9	11

Schweranlauf f = 2,0

k_a in Ω	0,4	0,5	0,63	0,8	1	1,25	1,6	2	2,5	3,2	4	5	6,3	
k in Ω	0,45	0,63	0,8	1	1,25	1,6	2	2,5	3,2	4	5	6,3	8	10

Beispiel: Ein Anlasser mit dem Anlasserkennwert k_a = 1,6 Ω wird bei Vollast für Motoren mit Läuferkennwerten k = 1,4 Ω … 1,8 Ω verwendet.

Bestellangaben:

- DIN 46 062
- Kennzeichnung
- Motorleistung
- Anlaßschwere
- Nennspannung (Gleichstrom)
- Anlasserwert (Drehstrom)

Von Firmen evtl. geforderte Zusatzangaben:

- weitere Läuferdaten
- Anlaßzeit
- Anlaßzahl
- Anlaßdauer
- Zusatzausführungen
- Art und Drehmomentverhalten der Arbeitsmaschine
- Trägheitsmomente bzw. Schwungmomente aller beweglichen Teile

Beispiele:
- Anlasser DIN 46 062 DOg für 160 kW Vollastanlauf, k_a = 1,6 Ω
- Anlasser DIN 46 062 GLn für 63 kW Halblastanlauf, U = 440 V

Bei ordnungsgemäßem Anlassen muß der Anlasser solange in jeder Anlaßstellung bleiben, bis der Anlaßstrom nicht mehr sinkt bzw. die Motordrehzahl nicht mehr steigt.

1) Nach VDE 0 660, Teil 301/9. 1982 sollen die in Klammern angegebenen Formelzeichen und Begriffe verwendet werden!

Anlasser für Gleichstrom-Motoren und Drehstrom-Schleifringläufermotoren

DIN 46 062/11.70
VDE 0 660; Teil 301/9.82

Anzahl der Vor- und Anlaßstufen, Leistungszuordnung

- **Grob gestufte Anlasser** haben wenigstens die halbe Anzahl der in der nachfolgenden Tabelle angegebenen Anlaßstufen. Es werden aber keine Vorstufen gefordert.
- **Normal gestufte Anlasser** haben wenigstens die in der Tabelle angegebene Anzahl der Vor- und Anlaßstufen.
- **Fein gestufte Anlasser** haben wenigstens die doppelte Anzahl an Anlaßstufen und mindestens die gleiche Anzahl Vorstufen wie in der Tabelle angegeben ist.

<table>
<tr><th colspan="3">Motorleistungen in kW</th><th rowspan="2">Anlaß-zeit t_a in s</th><th rowspan="2">Anlaß-zahl z</th><th colspan="2">Anlaßhäufigkeit h</th><th colspan="2">Anzahl der</th></tr>
<tr><th>Halblast-anlauf</th><th>Vollast-anlauf</th><th>Schwer-anlauf</th><th>Luftkühl. in h^{-1}</th><th>Ölkühl. in h^{-1}</th><th>Vorstufen m_1</th><th>Anlaßst. m_2</th></tr>
<tr><td>5</td><td>2,5</td><td>1,7</td><td>6</td><td rowspan="4">4</td><td rowspan="4">6</td><td rowspan="4">3</td><td rowspan="6">0</td><td rowspan="4">3</td></tr>
<tr><td>8</td><td>4</td><td>2,8</td><td>7</td></tr>
<tr><td>12,5</td><td>6,3</td><td>4,4</td><td>8</td></tr>
<tr><td>20</td><td>10</td><td>7</td><td>9</td></tr>
<tr><td>31</td><td>16</td><td>11</td><td>10</td><td rowspan="4">3</td><td rowspan="4">4</td><td rowspan="2">2</td><td rowspan="4">4</td></tr>
<tr><td>50</td><td>25</td><td>17</td><td>12</td></tr>
<tr><td>80</td><td>40</td><td>28</td><td>14</td><td rowspan="2">1</td><td rowspan="8">1</td></tr>
<tr><td>125</td><td>63</td><td>44</td><td>16</td></tr>
<tr><td>200</td><td>100</td><td>70</td><td>19</td><td rowspan="6">2</td><td rowspan="6">2</td><td rowspan="2">0,6</td><td rowspan="4">5</td></tr>
<tr><td>315</td><td>160</td><td>110</td><td>22</td></tr>
<tr><td>500</td><td>250</td><td>175</td><td>25</td><td rowspan="2">0,4</td></tr>
<tr><td>800</td><td>400</td><td>280</td><td>30</td></tr>
<tr><td>1250</td><td>630</td><td>440</td><td>35</td><td rowspan="2">0,2</td><td rowspan="2">6</td></tr>
<tr><td>2000</td><td>1000</td><td>700</td><td>40</td></tr>
</table>

Kühlarten von elektrischen Maschinen

Einteilung:

nach der **Entstehung**

- **Selbstkühlung**
  Kühlung durch Strahlung und Luftbewegung ohne Lüfter
- **Eigenkühlung**
  Kühlung durch Lüfter, der von der Maschine angetrieben wird
- **Fremdkühlung**
  Kühlung durch einen Lüfter, der nicht von der Maschine angetrieben wird, oder statt Luft wird ein anderes Kühlmittel verwandt

nach der **Wirkungsweise**

- **Innenkühlung**
  Wärmeabgabe an durchströmendes Kühlmittel
- **Oberflächenkühlung**
  Wärme wird von der Oberfläche der Maschine an das Kühlmittel abgegeben
- **Kreislaufkühlung**
  Wärme wird über ein Zwischenkühlmittel und Wärmetauscher an die Luft abgegeben
- **Flüssigkeitskühlung**
  Maschinen werden von der Kühlflüssigkeit durchströmt oder darin eingetaucht
- **Direkte Leiterkühlung**
  - **Direkte Gaskühlung**
    Leiter oder Spulen werden vom Kühlgas durchströmt
  - **Direkte Flüssigkeitskühlung**
    W. v., nur wird hier eine Kühlflüssigkeit benutzt
- Es können auch mehrere Kühlarten kombiniert werden.

Motorschutz

DIN VDE 0530 T.1/7.91
DIN VDE 0660 T.104/9.82

Fehlerart	Gefährdung für	Schutzeinrichtung
Körperschluß	Mensch und Tier	Schutzmaßnahmen nach VDE 0100, Teil 410 Siehe Seite 176 … 180
Kurzschluß	Motorzuleitung, Motorschalter bzw. Schütz, Motorschutzschalter bzw. -relais, Motorwicklung	Schmelzsicherungen, Leitungsschutzschalter, Leistungsschalter
Überlastung	Motorzuleitung	Schmelzsicherung Leitungsschutzschalter, Leistungsschalter
	Motor	Motorschutz, Thermischer Motorschutz

Motoren können unabhängig von der Betriebsart und ihrer Ausführungen 15 s lang bei Nennspannung (und Netzfrequenz) mit dem 1,6fachen Netzstrom überlastet werden.

Motorschutzanforderungen:
- Mit Nennstrom dauernd belastbar
- Einstellstrom veränderbar
- Soll thermisches Abbild des Motors sein
- Soll Strom in allen Strompfaden überwachen

Schutzart	Schaltungen	Besonderheiten
Motorschutz-schalter 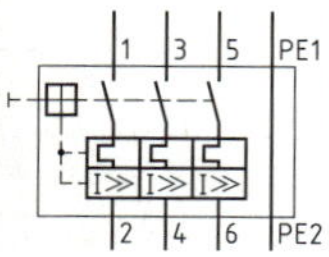	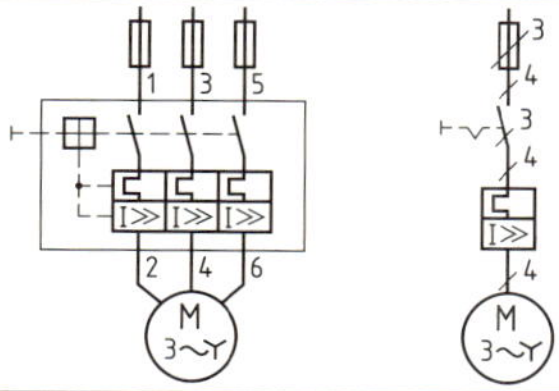	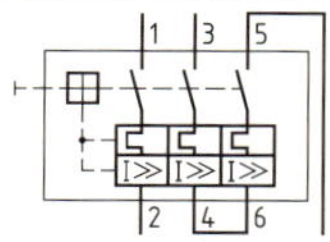 Schaltung bei zweipoliger Belastung 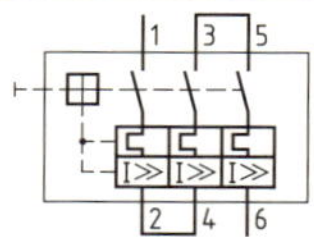 Schaltung bei einpoliger Belastung
Motorschutz-relais 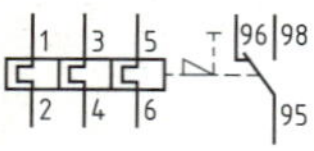	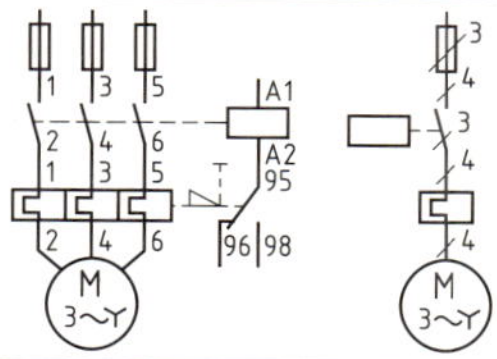	Bei Steuerungen mit Dauerkontaktgebern müssen Motorschutzrelais mit einer mechanischen Wiedereinschaltsperre ausgerüstet sein, da sonst beim Erkalten der Bimetalle eine selbsttätige Wiedereinschaltung erfolgt. Die Sperre kann durch eine Entsperrungstaste wieder aufgehoben werden.
	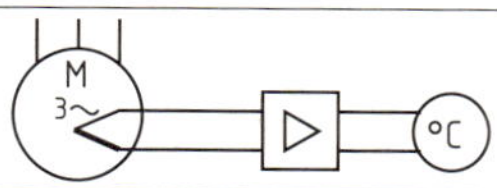	**Wiederstandsthermometer** Überwachen die Wicklungs- und Lagertemperaturen
Thermischer Motorschutz (Motorvoll-schutz)	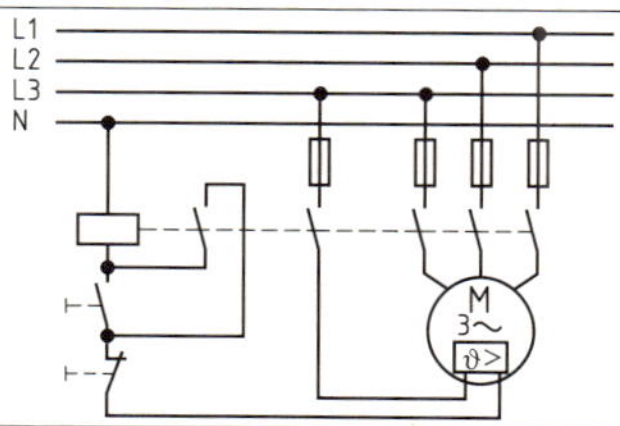	**Thermostat** Bimetall-Temperaturfühler mit Öffner oder Schließer sind in die Wicklung eingebaut. Diese schalten das Motorschütz.
	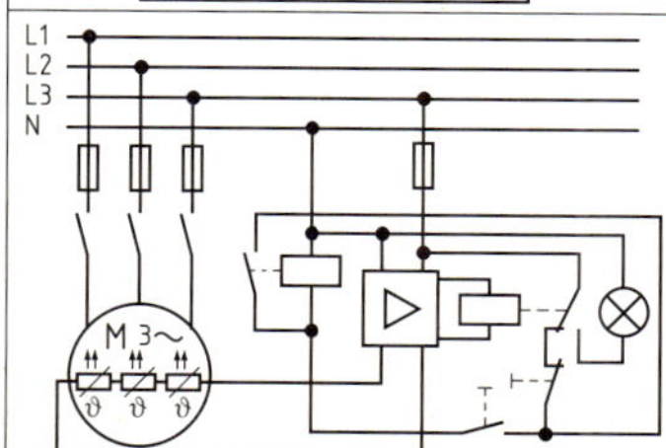	**Thermistor-Motorschutz** Halbleiter-Temperaturfühler, die in der Motorwicklung eingebaut sind, wirken auf das Auslösegerät ein, das das Motorschütz schaltet.

Motorschutz

Zuordnung der Sicherungen und Leitungen (Verlegung nach Gruppe C, siehe Seite 137 zu Drehstrommotoren 400 V[1])

P in kW	Direkteinschaltung		Stern-Dreieck-Anlauf[2])		Schleifringläufer[2])	
	Sicherung in A	Leiterq. in mm^2	Sicherung in A	Leiterq. in mm^2	Sicherung in A	Leiterq. in mm^2
0,25	4	1,5	–	–	–	–
0,37	4	1,5	–	–	–	–
0,55	6	1,5	–	–	–	–
0,75	6	1,5	–	–	–	–
1,1	10	1,5	–	–	–	–
1,5	10	1,5	–	–	–	–
2,2	16	1,5	–	–	–	–
3	20	2,5	–	–	–	–
4	25	4	16	1,5	–	–
5,5	40	6	20	2,5	–	–
7,5	50	10	25	4	50	10
11	63	16	40	6	50	10
15	80	25	50	10	63	16
18,5	100	35	63	16	80	25
22	125	50	80	25	100	35

1) Anlaufzeit ≦ 5 s, Anlaufstrom ≦ 6 x I_N, maximal 3 Schaltungen pro Stunde.
2) Anlaufzeit ≦ 15 s, Anlaufstrom ≦ 2 x I_N, maximal 10 Schaltungen pro Stunde.

Wartung von elektrischen Maschinen

Wartungszeitraum	Maschinenart	Wartungsarbeit
wöchentlich	Kommutatormaschinen	Kohlebürsten auf Abnutzung und Leichtgängigkeit, Bürstenhalter und Kommutatorzustand kontrollieren
	Gleitlagermaschinen	Ölstände prüfen
	Wälzlagermaschinen	Lagergehäuse befühlen, auf Vibration und Temperatur achten
	Schleifringläufermotoren mit Bürstenabhebevorrichtung	Schleifringklötzchen an der Kurzschlußbüchse kontrollieren
monatlich	Schleifringläufermotoren	Kohlebürsten, Schleifringe, Bürstenträger und Bürstenabhebevorrichtung prüfen
vierteljährlich	Alle Maschinen	Anschlußklemmen, Bürstendruck prüfen
vierteljährlich bis halbjährlich	Alle Maschinen	Wicklungen auf Zustand und Verunreinigung kontrollieren, evtl. reinigen, Isolationswiderstand der Wicklung prüfen
	Kommutatormaschinen, auch Tachodynamos	Kommutator auf Rundlauf kontrollieren
	Maschinen mit Druck- oder Spülölschmierung	Ölfilter, Ölzirkulation und Abdichtungen überprüfen
jährlich	Alle Maschinen	Gründliche Reinigung der Maschinen, genaue Kontrolle der Lager, Wicklungen und Kommutatoren
1- bis 2-jährlich ≈ 5000 h	Gleitlagermaschinen	Lageröle wechseln, vor Neufüllung Lagerkammern mit Benzin ausspülen
1- bis 3-jährlich ≈ 15000 h	Wälzlagermaschinen ohne Fettmengenregler	Lager auswaschen und neu fetten, auf richtige Fettsorte achten

Allgemein beim Nachschmieren die Schmiervorschrift und die geforderte Fettart beachten.

Anschlußbezeichnungen und Drehsinn von umlaufenden elektrischen Maschinen

DIN VDE 0530 T. 8/7.87

Wellenart	Blickrichtung auf	Rechtsdrehung
Ein Wellenende	Stirnseite des Wellenendes	
Zwei ungleiche Wellenenden	Stirnseite des dickeren Wellenendes	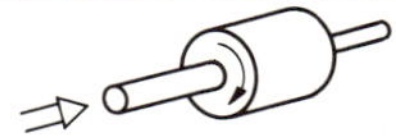
Zwei gleiche Wellenenden	Stirnseite des Wellenendes, das nicht auf der Seite des Kommutators oder der Schleifringe liegt; sonst Vereinbarung treffen	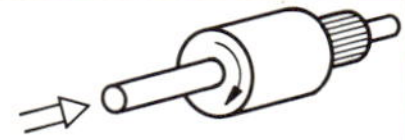

Anschlußbezeichnung:

- Wicklungsteil: lateinische Großbuchstaben zuordnen
- Gleichstrommaschinen und Einphasen-Wechselstrom-Kommutatormaschinen: A bis J
- Kommutatorlose Wechselstrommaschinen: K bis Z, mit Ausnahme von O
- Anfang, Ende und Anzapfungen durch nachgestellte Zahlen kennzeichnen:

  Anfang: 1
  Ende: 2
  Anzapfung: 3, 4, ...
- räumlich getrennte oder verschiedenen Stromsystemen angehörende Wicklungsteile mit ähnlicher Aufgabe durch vorgesetzte Zahlen kennzeichnen
- Zahlen weglassen, wenn Mißverständnisse ausgeschlossen sind

Kommutatorlose Wechselstrommaschinen

Wicklung		Kennbuchstabe
primär	Strang 1	U
	Strang 2	V
	Strang 3	W
	Sternpunkt	N
sekundär	Strang 1	K
	Strang 2	L
	Strang 3	M
	Sternpunkt	Q
sonstige		R, S, T, X, Y, Z
gleichstromdurchflossen		F

Rechtslauf: Alphabetische Reihenfolge der Buchstaben und zeitliche Phasenfolge der Spannungen stimmen überein.

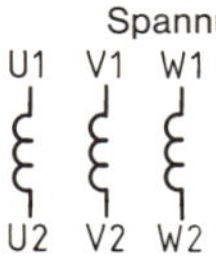

Wicklung einer Drehstrom-Asynchronmaschine

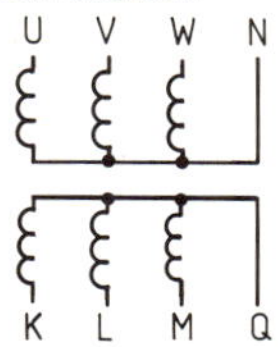

Schleifringläufermotor

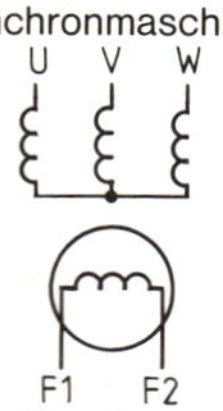

Synchronmaschine

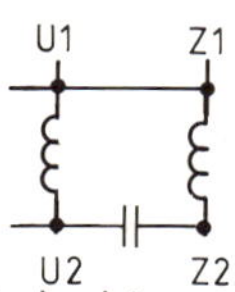

Wechselstrommotor mit Hilfsphase

Gleichstrommaschinen

Wicklung	Kennbuchstabe
Ankerwicklung	A
Wendepolwicklung	B
Kompensationswicklung	C
Reihenschlußwicklung	D
Nebenschlußwicklung	E
fremderregte Wicklung	F
Hilfswicklung (Längsachse)	H
Hilfswicklung (Querachse)	J

Rechtslauf: Ankerwicklung und Feldwicklung werden von einem Strom gleicher Richtung durchflossen.

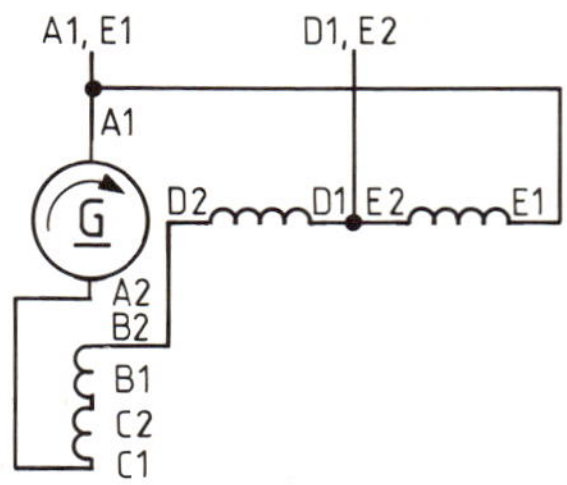

Kompoundierter Gleichstromgenerator mit Kompensations- und Wendepolwicklung

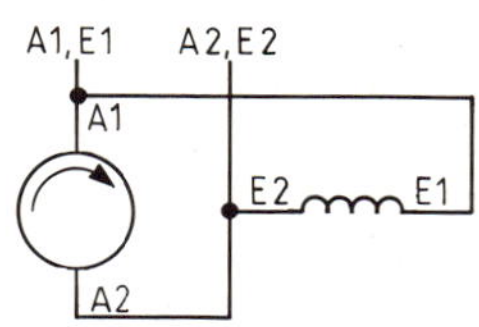

Gleichstrom-Nebenschlußmaschine für Rechtslauf geschaltet

Drehzahlsteuerungen

Steuerart	Motorart	Zusatzeinrichtungen	Eigenschaften	Anwendungsbeispiele
Getriebe	Bei allen Motorarten möglich	Angebaute Getriebe	Feste Übersetzung, Stellgetriebe, Über- und Untersetzung	Werkzeugmaschien
		Getriebemotoren	Siehe Seite 88	
Polumschaltung $n_f = \frac{f}{\boxed{p}}$	Asynchronmotoren, Synchronmotoren	Getrennte Wicklungen	Bis zu vier unterschiedliche feste Drehzahlen, siehe Seite 96	Lüfter
		Dahlanderschaltung	Drehzahlverhältnis 1 : 2, siehe Seite 96	
Frequenzsteuerung $n_f = \frac{\boxed{f}}{p}$		Maschinenumformer	Feste Drehzahlen, Frequenzen bis zu 400 Hz	Schleifmaschinen, Holzbearbeitungsmaschinen u. ä.
		Umrichter mit Zwischenkreis	Siehe Seite 218, 219	Siehe Seite 219
		Direktumformer	Siehe Seite 218, 219	Siehe Seite 219
Spannungssteuerung	Asynchronmotoren	Spannungssteller	$M \sim U^2$ Drehzahl im Bereich n_K bis n steuerbar	Selten angewandt
Spannungsdosierung	bei allen Motoren möglich	Zweipunktregler	Regler hält vorgegebene Drehzahl durch Ein- und Ausschalten konstant	Bei kleinen Leistungen
Veränderung des Läuferwiderstandes	Schleifringläufermotoren	Läuferanlasser siehe S. 90, 91, 219	Anlasser muß für Dauerlast ausgelegt sein, kleiner Stellbereich	Lüfter- und Kompressorantriebe
Steuerung von U_a	Gleichstrommotoren	Vorwiderstände	Anlasser für Dauerlast auslegen, nur unterhalb n_N steuerbar	Werkzeugmaschinen, Walzstraßen, Bagger
		Leonardsatz	Stufenlose Drehzahlsteuerung in beiden Drehrichtungen	
		Gesteuerte Gleichrichter	Siehe Seite 208 ... 212	
Steuerung von I_f		Feldsteller	Stellbereich 1 : 1,5 bis 1 : 4	
		Gesteuerter Gleichrichter	Weniger Verluste als beim Steuern mit Anlasser	
Anschnittsteuerung	Universalmotor	Triac-Steuerung	Siehe Seite 221	Elektrowerkzeuge, Haushaltsgeräte
	Gleichstrommotoren (stromrichtergesp.)	Thyristorsteuerung	Siehe Seite 208 ... 212	
Bürstenverstellung	Repulsionsmotor, Derimotor		Drehzahlsteuerung durch Bürstenverstellung in beiden Drehrichtungen	Textilmaschinen
	Drehstromkollektormotor			Gebläse, Verdichter, Druckmaschinen

Polumschaltbare Drehstrommotoren (Motoren mit mehreren Nenndrehzahlen)

$n_f = \frac{f}{p}$ $\qquad n = n_f\,(1 - \frac{s_{\%}}{100})$

Polzahl = 2 · *p*		2	4	6	8	10	12	16	20	24	32
Dreh-	$16\frac{2}{3}$ Hz	1000	500	333	250	200	166	125	100	83,3	62,6
zahl	50 Hz	3000	1500	1000	750	600	500	375	300	250	188
in min^{-1}	60 Hz	3600	1800	1200	900	720	600	450	360	300	225

Zwei getrennte Wicklungen – zwei Drehzahlen

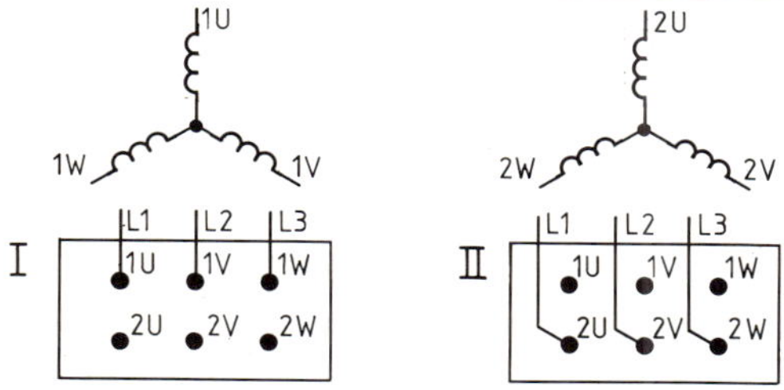

Die Maschinen haben bei beiden Drehfeldzahlen entweder gleiches Drehmoment oder gleiche Leistung.

Handelsübliche Maschinen	
Schaltung	Polzahl = 2 *p*
⅄/⅄	6/2 6/4 8/2 8/6 12/2 12/4

Dahlanderschaltung

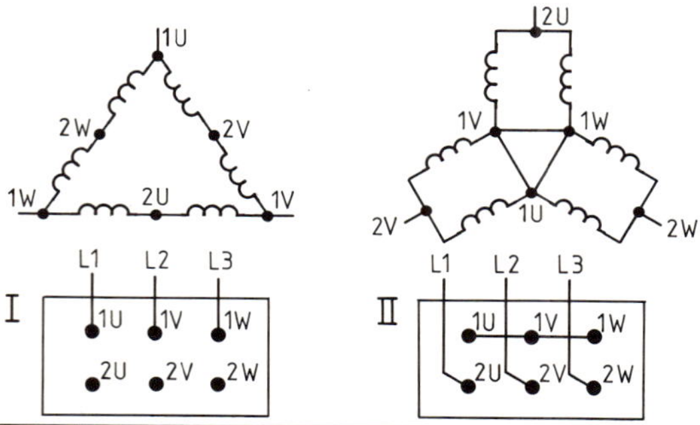

$\frac{P_{N,\,n\,max}}{P_{N,\,n\,min}} = 1{,}5 \dots 1{,}8$

Handelsübliche Maschinen	
Schaltung	Polzahl = 2 *p*
Δ/⅄⅄	4/2 8/4 12/6
⅄/⅄⅄	4/2 8/4 12/6

Zwei getrennte Wicklungen – drei Drehzahlen

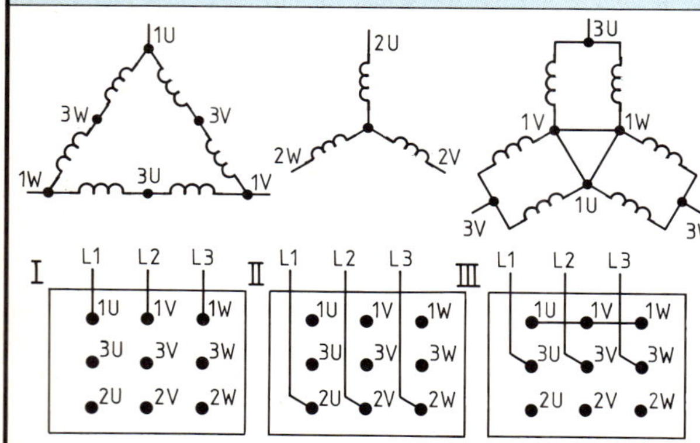

Das Verhalten der Maschine wird bei zwei Drehzahlen durch die Dahlanderschaltung beeinflußt, während die der anderen baulich beeinflußt werden kann.

Handelsübliche Maschinen	
Schaltung	Polzahl = 2 *p*
Δ/⅄/⅄⅄	8/ 6/4 12/ 8/6 16/12/8
⅄/Δ/⅄⅄	6/ 4/2 12/ 4/2 12/ 8/4 16/ 4/2 20/ 4/2 20/ 8/4
Δ/⅄⅄/⅄	8/ 4/2 12/ 6/2 12/ 6/4 16/ 8/2 16/ 8/4 16/ 8/6 20/10/2 20/10/4

Bremsen von Motoren

Bremsart	Maschinenart	Schaltung/Abbildung	Eigenschaften	Anwendung
Mechanische Bremsung	Bremslüfter	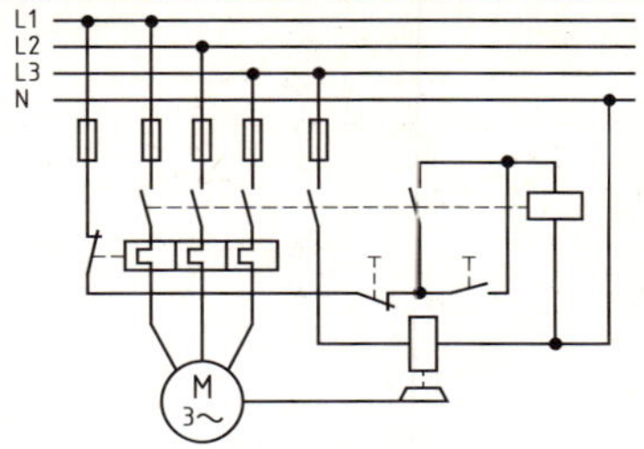	Können an allen Motoren angebaut werden, Motor wird durch Bremsung thermisch nicht beansprucht	Werkzeugmaschinen kleiner bis mittlerer Leistung
	Bremsmotoren	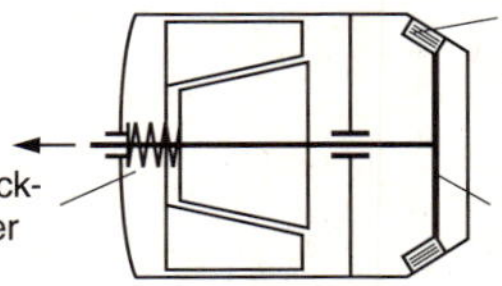	Motor wird durch Bremsung thermisch nicht beansprucht, hohe Schalthäufigkeit	Werkzeugmaschinen zum Bohren, Fräsen, u. ä. Hebezeuge
Gegenstrombremsung	Wechsel- und Drehstrommotoren	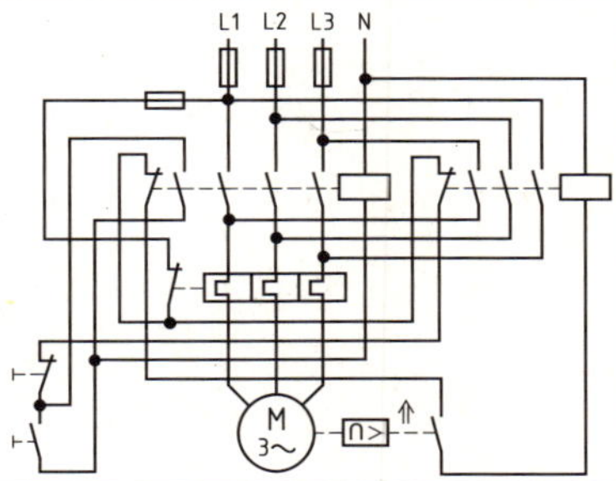	Hohe thermische Beanspruchung, große Kräfte an der Befestigung, einfach, unkompliziert, hohe Motorströme, keine Haltbremsung, feinfühlig	Hebezeuge, Tippbetrieb
	Gleichstrommotoren	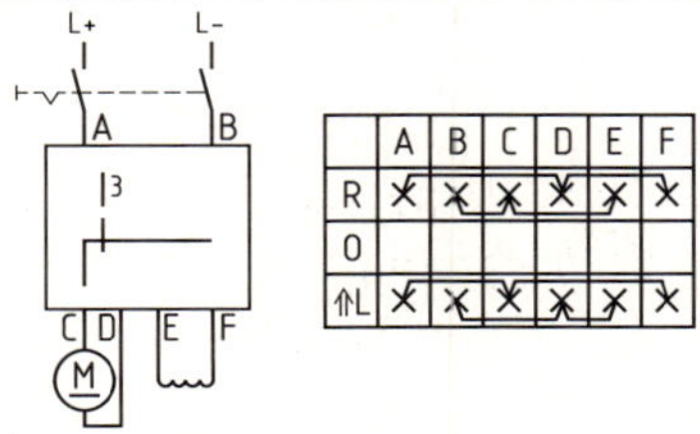		
Nutzbremsung	Wechsel- und Drehstrommotoren	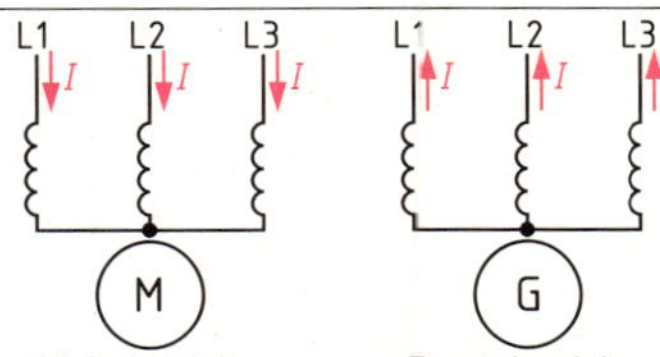Motorbetrieb $n < n_f$ Bremsbetrieb $n > n_f$	Keine Haltbremsung	Bahnen bei Talfahrten. als Zusatzbremse
	Gleichstrommotoren	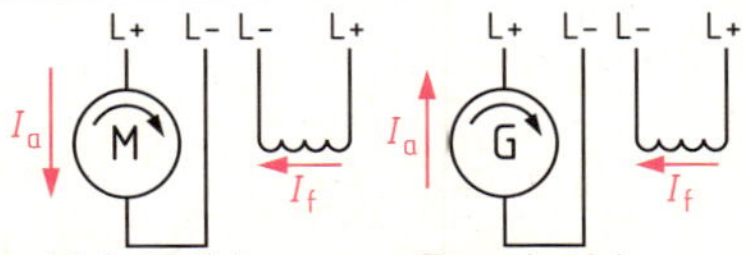Motorbetrieb Bremsbetrieb	Bremsung nur wenn: $n > n_N$ oder $I_f > I_{fN}$	Gleichstrombetriebene Bahnen als Zusatzbremse bei Talfahrten

Bremsen von Motoren

Bremsart	Maschinenart	Schaltung	Eigenschaften	Anwendung
Widerstandsbremsung	Gleichstrommotoren	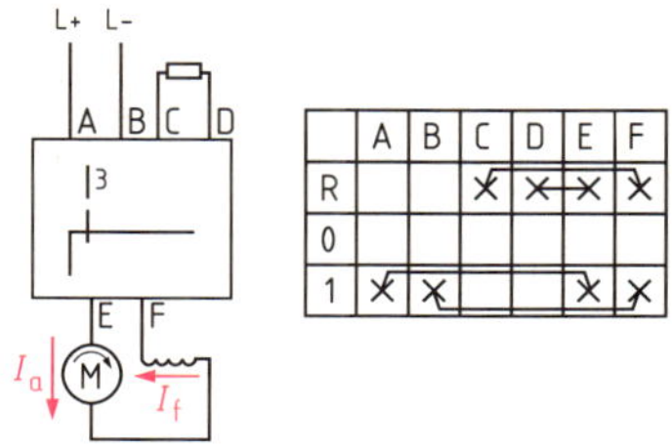	Motor arbeitet als Generator mit angeschlossenen Widerständen, keine Haltbremsung	Fahrzeuge, (Nachlauf-Bremse) Hebezeuge (Senkbremsung)
Gleichstrombremsung	Wechsel- und Drehstrommotoren	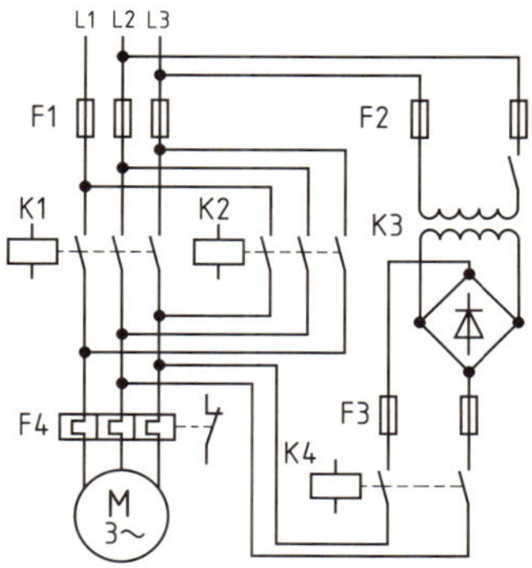	Hohe thermische Beanspruchung, keine Haltbremsung	Hebezeuge, Bahnen

Leistungsschilder für elektrische Maschinen

DIN 42 961/6.80

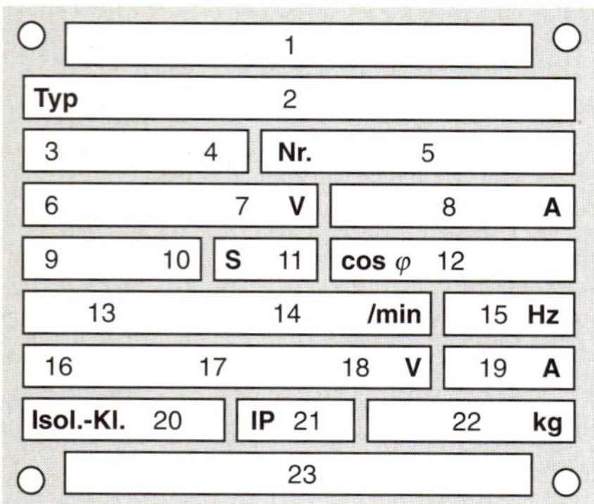

lfd. Nr.	Erklärung
1	Name des Herstellers
2	Kennzeichen für den Typ ergänzt durch Baugröße, Bauform
3	Stromart: siehe DIN 40 900 Teil 2;
4	Art der Maschine: z. B. Gen.; Mot.; usw.
5	Fertigungsnummer
6	Kennzeichnung der Schaltart der Wicklung nach DIN 40 900 Teil 6
7	Nennspannung
8	Nennstrom
9	Nennleistung Abgabe in kW bei Motoren, Gleichstrom- und Induktionsgeneratoren Scheinleistung in kVA bei Synchrongeneratoren und Blindleistungsmaschinen
10	Einheit der Leistung, z. B. kW
11	Nennbetriebsart
12	Leistungsfaktor
13	Drehrichtung nach DIN VDE 0530 Teil 8
14	Nenndrehzahl in min^{-1}
15	Nennfrequenz
16	„Err" (Erregung) bei Gleichstrommaschinen und Synchronmaschinen, „Lfr" (Läufer) bei Asynchronmaschinen
17	Schaltart der Läuferwicklung (siehe Feld 6)
18	Gleichstrom und Synchronmaschinen: Nennerregerspannung, Schleifringl.-motoren: Läuferstillstandsspannung (Nennbetrieb)
19	Gleichstrom- und Synchronmaschinen: Nennerregerstrom, Schleifringl.-motoren: Läufer-Nennstrom
20	Isolierstoffklasse
21	Schutzart nach DIN 40 050
22	Gewicht in kg bzw. t
23	Nr. und Ausgabejahr der zugrunde gelegten VDE-Bestimmung

Wicklungen von Gleichstrommaschinen

Ständerwicklung

- Feld- und Wendepolwicklung als Zylinderspulen ausgeführt.
- Feldwicklung so anschließen, daß eine wechselnde Polfolge entsteht.
- Wendepolwicklung in Reihe mit der Ankerwicklung schalten, dabei auf die richtige Polfolge achten.
- Kompensationswicklung in Reihe mit der Ankerwicklung schalten.

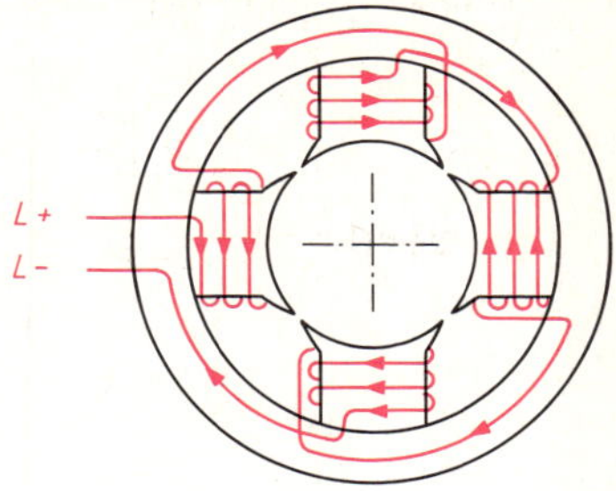

Läuferwicklungen

Einschichtwicklung
In jeder Nut liegt nur eine Spulenseite.

Zweischichtwicklung
In jeder Nut liegen zwei Spulenseiten verschiedener Spulen.

Formelzeichen	Bedeutung
N	Anzahl der Nuten
u	Anzahl der Spulenseiten je Nut
τ_p	Polteilung
p	Anzahl der Polpaare
a	Anzahl der parallelen Zweige
k	Anzahl der Stromwenderstege
s	Anzahl der Spulen
z	Leiterzahl
m	Gangzahl

Formelzeichen	Bedeutung
y	**Hauptschritt** (Gesamtschritt), Wicklungsschritt von der ersten Spulenseite zur ersten Spulenseite der nachfolgenden Spule.
y_N	**Nutenschritt,** Wicklungsschritt gemessen in Nutenzahlen
y_1	**Wicklungsschritt,** gemessen von Spulenseite zu Spulenseite
y_2	**Schaltschritt,** Wicklungsschritt von der zweiten zur ersten Spulenseite der nachfolgenden Spule.

Schleifenwicklung

$y = y_1 - y_2$
$y_N = \frac{y_1}{u}$

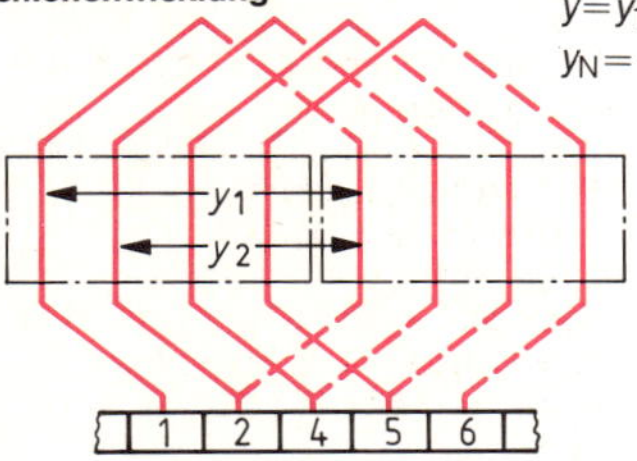

Wellenwicklung

$y = y_1 + y_2$
$y_N = \frac{y_1}{u}$

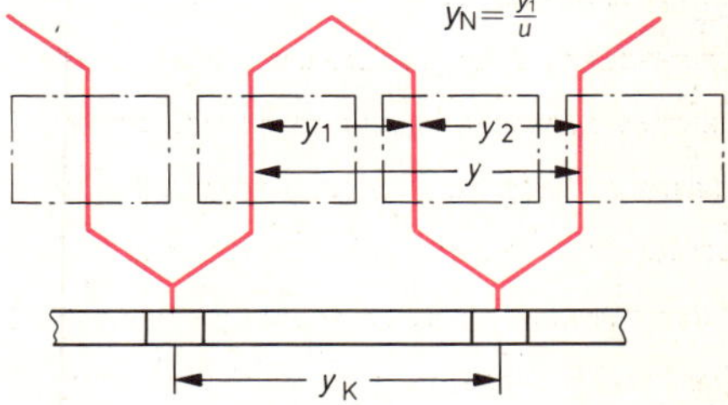

$y_1 = \frac{k}{2p}$

$y_1 \approx \frac{k}{2p}$

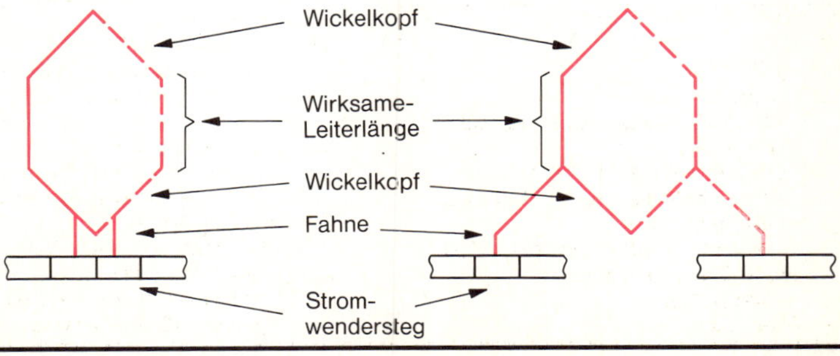

Wicklungen von Gleichstrommaschinen

Schleifenwicklungen

$2 \cdot a = 2 \cdot m \cdot p$

Spulenstrom $= \dfrac{I_a}{2 \cdot a}$

Symmetriebedingungen:

$\dfrac{N}{p}; \dfrac{s}{p}; \dfrac{k}{p}$ müssen ganzzahlig sein

Beispiel für Schleifenwicklungen

Größen	Zeichnung der Wicklungen

Trommelankerwicklung mit 6 Spulen für einen Generator

$N = 6$
$2p = 2$
$y = 1$
$y_1 = 3$
$y_2 = 2$
$y_N = 3$
$u = 1$
$k = s = 6$

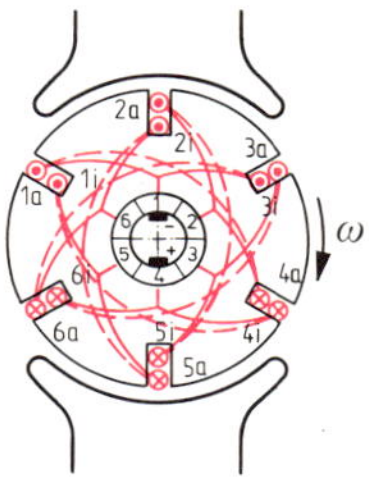

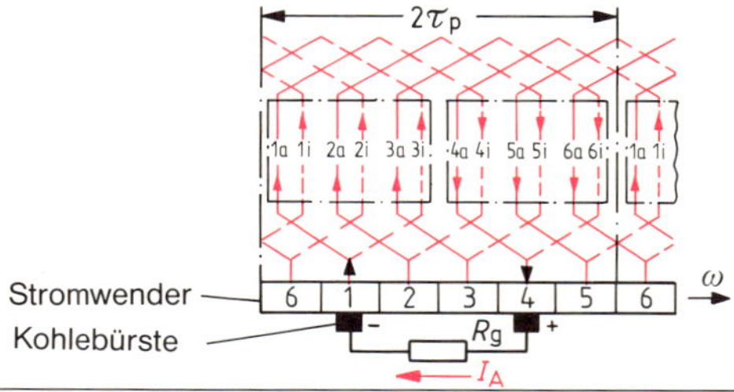

Generatorankerwicklung, ungekreuzt, $y > 0$; y_N ganze Zahl

$N = 20$
$2p = 4$
$y = 2$
$y_1 = 5$
$y_2 = 3$
$y_N = 5$
$u = 1$
$k = s = 20$
$m = 2$

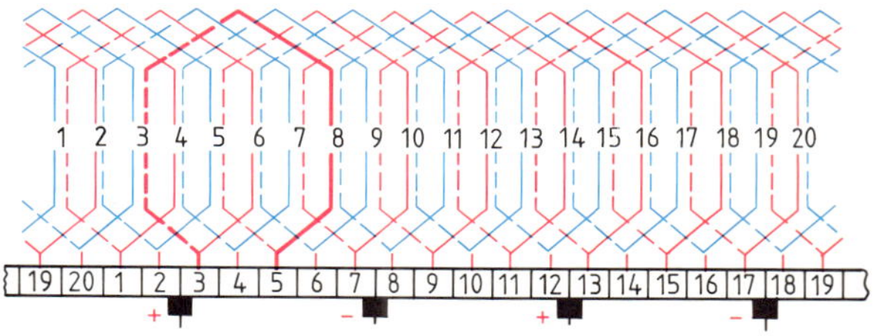

Motorankerwicklung gekreuzt, $y < 0$; y_N ganze Zahl

$N = 20$
$2p = 4$
$y = -1$
$y_1 = 5$
$y_2 = 6$
$y_N = 5$
$u = 1$
$k = s = 20$

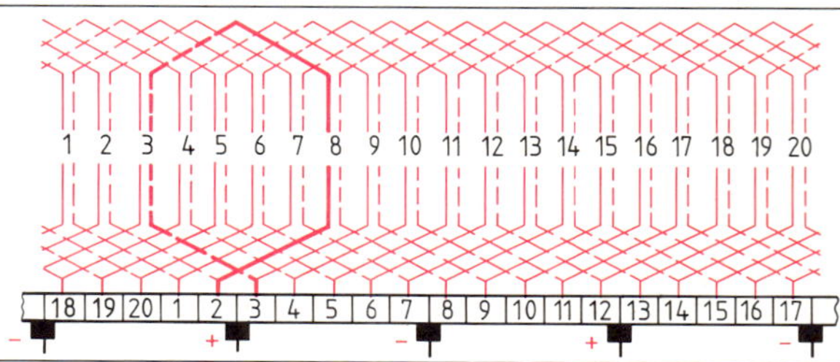

Treppenwicklung, ungekreuzt, $y > 0$; y_N rationale Zahl

$N = 14$
$2p = 4$
$y = 1$
$y_1 = 7$
$y_2 = 6$
$y_N = 3; 4$
$u = 2$
$k = s = 28$

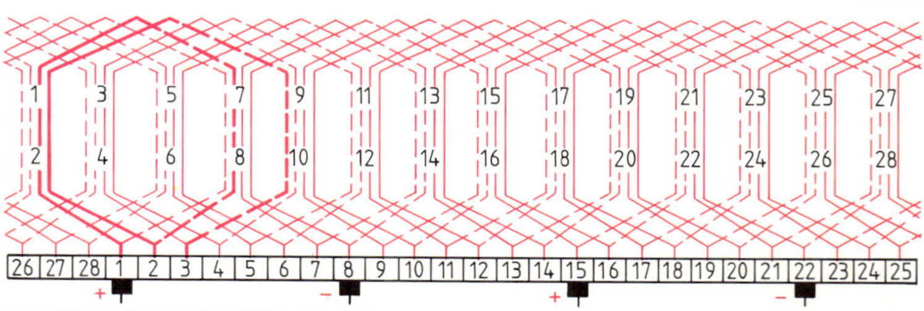

Wicklungen von Gleichstrommaschinen

Wellenwicklungen

Spulenstrom $I_S = \dfrac{I_a}{2 \cdot a}$

Ungekreuzte Wicklungen:

$k = p \cdot y + m$

$y = \dfrac{k - m}{p}$

Gekreuzte Wicklungen:

$k = p \cdot y - m$

$y = \dfrac{k + m}{p}$

Beispiele für Wellenwicklungen

Größen	Zeichnung der Wicklung

Eingängige **Motorwicklung,** ungekreuzt

$N = 19$
$2p = 4$
$y = 10$
$y_1 = 5$
$y_2 = 5$
$y_N = 5$
$u = 1$
$k = s = 19$

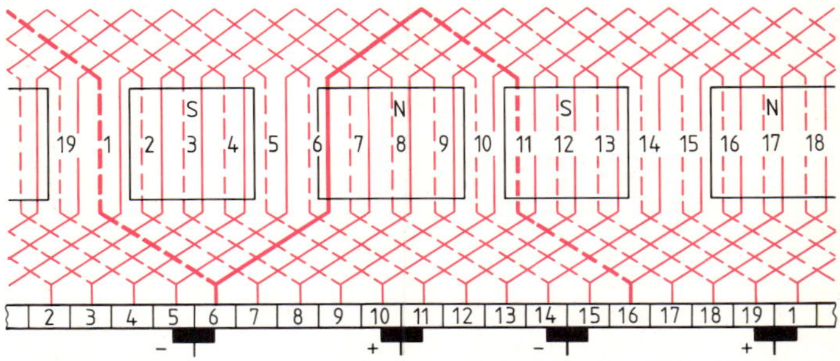

Zweigängige **Generatorwicklung,** ungekreuzt

$N = 20$
$2p = 4$
$y = 9$
$y_1 = 5$
$y_2 = 4$
$y_N = 5$
$u = 1$
$k = s = 20$

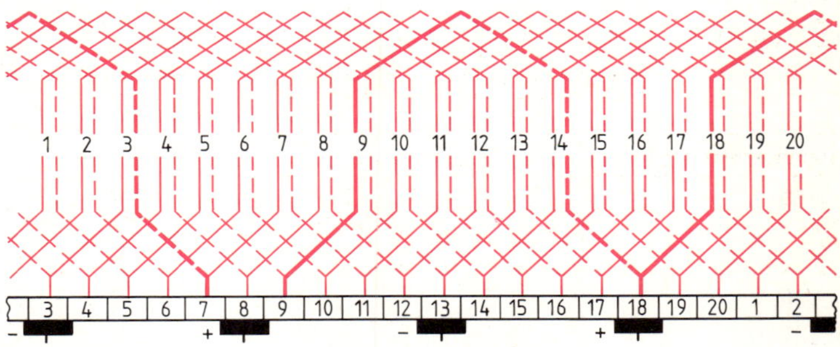

Eingängige **Treppenwicklung,** gekreuzt

$N = 15$; $2p = 4$; $y = 22$; $y_1 = 11$; $y_2 = 11$; $y_N = 3$; 4; 4; $u = 3$; $k = s = 45$

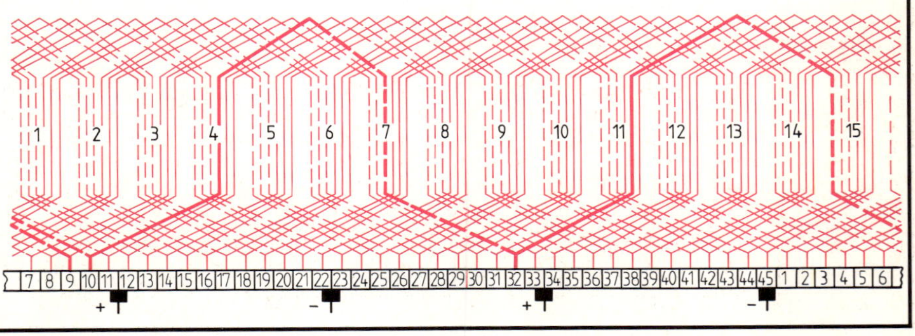

Ständerwicklungen von Drehstrommaschinen

Lochzahl $q = \dfrac{N}{2 \cdot p \cdot m}$

Ganzlockwicklung: q ist ganze Zahl
Bruchlochwicklung: q ist rationale Zahl

Polteilung $\tau_p = \dfrac{N}{2 \cdot p}$

Nutteilung $\tau_N = \dfrac{\pi \cdot d}{N}$

N: Nutenzahl
m: Zahl der Wicklungsstränge
ν: Schrittverkürzung
w: Spulenweite

Wickelschritt: $y_n = \dfrac{N}{2 \cdot p} = \tau_p$

bei Sehnung: $y_N = \tau_p - \nu = w$

Beispiele

Zweietagenwicklung, Spulen ungleicher Form

$p = 2$
$q = 2$
$N = 24$

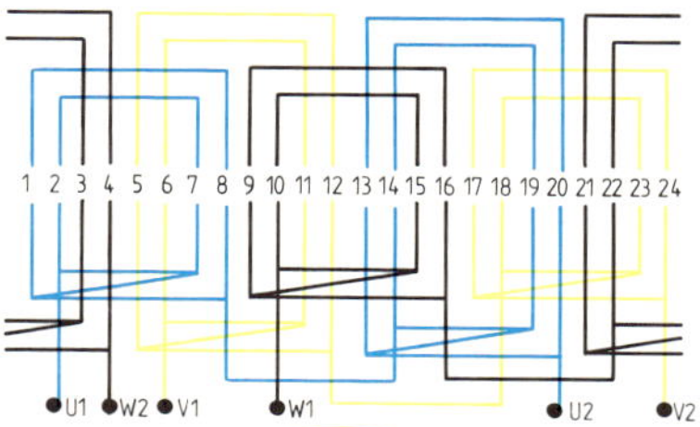

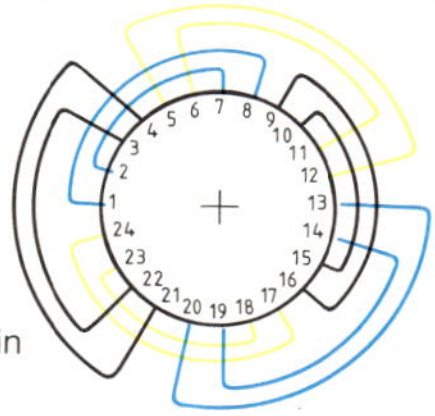

Wicklungsköpfe in 2 Etagen

Dreietagenwicklung, Spulen gleicher Form

$p = 2$
$q = 2$
$N = 24$

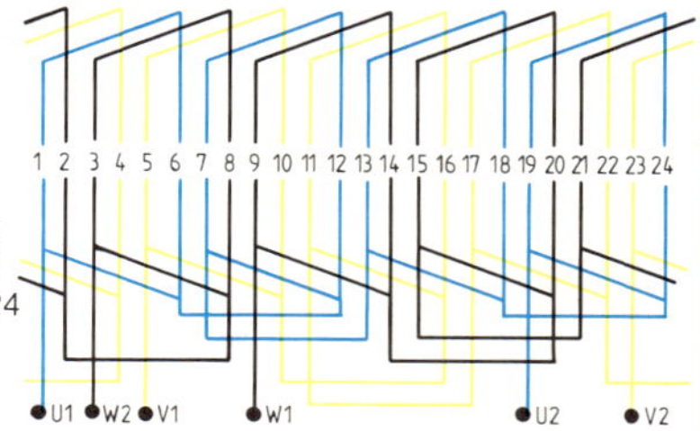

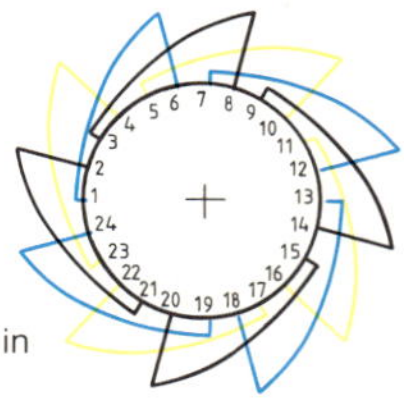

Wicklungsköpfe in 3 Etagen

Schleifenwicklung mit Zweischichtspulen
$p = 2$, $q = 2$, $y_N = 1:7$, ungesehnt, 24 Nuten

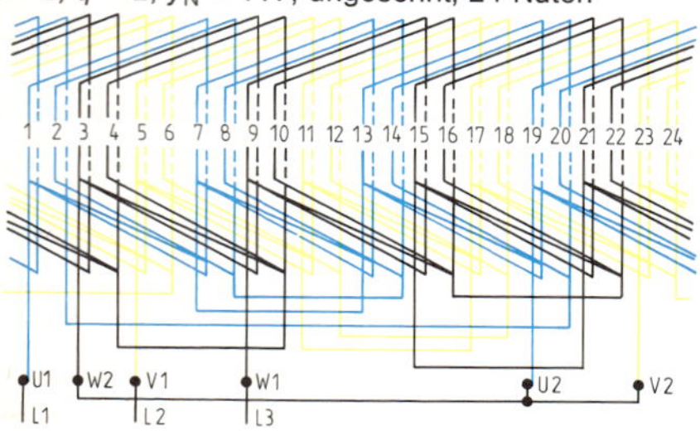

Wellenwicklung mit Zweischichtspulen
$p = 2$, $q = 2$, $y_N = 1:7$, ungesehnt, 24 Nuten

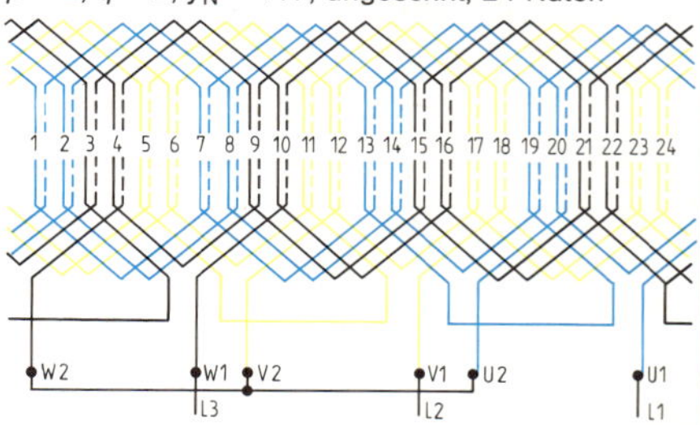

Gesehnte Bruchlochwicklungen mit Zweischichtspulen, $p = 2$, $q = 2\,^1/_2$, $\nu = 1$, Schleifenwicklung, 30 Nuten

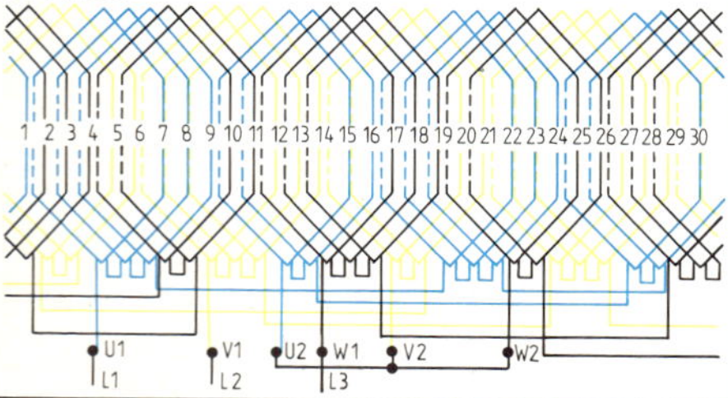

Zweietagen-Einschichtwicklung in Dahlanderschaltung $p = 2$, $q = 2{,}24$ Nuten

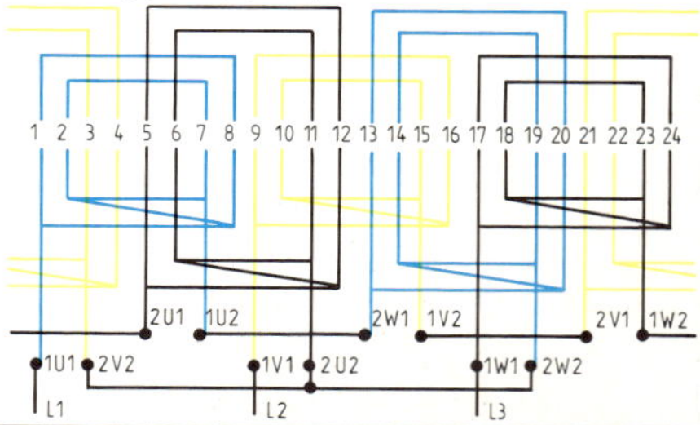

Läuferwicklungen von Drehstrommotoren

Läufer und Ständer haben unterschiedliche Nutenzahlen um bessere Anlaufeigenschaften zu erhalten

Beispiele

Kurzschluß-wicklung
$p = 2$
$N = 30$

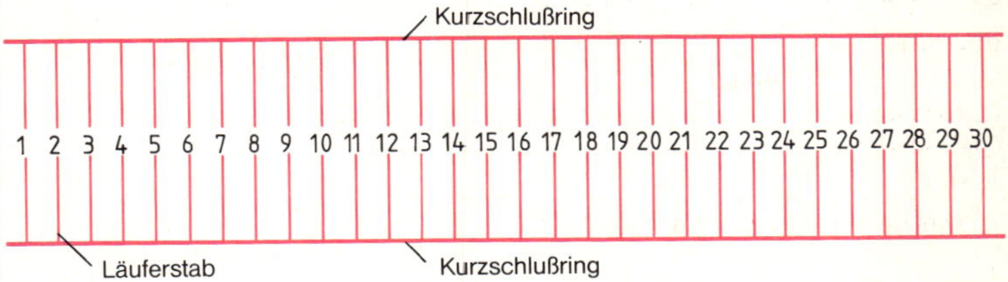

Schleifring-läuferwicklung
$p = 1$,
$q = 2 \cdot 3$,
Wickelschritt
1 : 18/16/14.

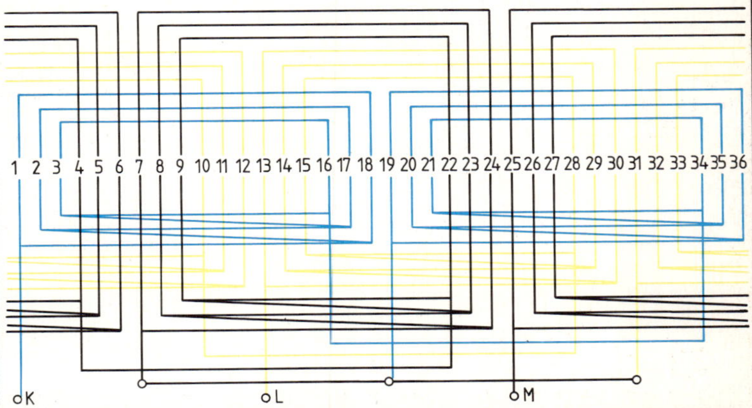

Auswahlkriterien für Motoren

Vorbedingungen	Ausführungsmöglichkeiten
Energieversorgungsnetz	Drehstromnetz z. B. 6 kV, 3/N 50 Hz 500 V, 3 ~ 50 Hz 400 V, 3/N 50 Hz Einphasen-Wechselstrom-Netz z.B. 15 kV, $16\frac{2}{3}$ Hz (Bahnnetz) 230 V, 50 Hz Kleinspannung, z. B. 42 V, 50 Hz 24 V, 50 Hz Gleichspannungsnetz z. B. 110 V, 125 V, 220 V, 250 V, 440 V, 600 V
Drehzahl Drehzahl-bereich	Nenndrehzahl, mehrere Nenndrehzahlen, Drehzahlbereich, Drehzahlsteuerungsart
Leistung	Nennleistung-Nennleistungen, Nennstrom-Absicherung, Absicherung, Zuleitungsquerschnitt

Vorbedingungen	Ausführungsmöglichkeiten
Betriebs-verhalten	Drehzahlverhalten bei Belastungsänderung z. B. Reihenschlußverhalten Nebenschlußverhalten Synchronmotorverhalten
Einschalt-bedingungen	Anlaßverfahren, z. B Widerstandsanlasser, Stern-Dreieck-Anlasser, Anlaßtransformator, Anlaufen unter Last
Betriebsart	S 1 ... S 9
Betriebsbedingungen	Schutzart, z. B. IP 44, Schutzklasse, z. B. Explosionsschutz, Bauart, z. B. IM B3
Zusatzgeräte	elektronische Umrichter, Maschinenumrichter, Motorschutzeinrichtungen, Anlaßgeräte, Anschlußleitung, Kupplungsart, Getriebe, Fundament

Fehlerarten von Maschinen

<table>
<tr><th rowspan="2">Störung</th><th colspan="3">Mögliche Ursachen</th></tr>
<tr><th>Käfigläufermotoren</th><th>Schleifringläufermotoren</th><th>Gleichstrommotoren</th></tr>
<tr><td rowspan="3">Motor läuft nicht an, kein Geräusch</td><td colspan="3">Unterbrechung der Zuleitung
Keine Spannung
Leitungsschutzgeräte ausgefallen, Wicklungen defekt</td></tr>
<tr><td rowspan="2"></td><td colspan="2">Anlasser ausgefallen oder beschädigt</td></tr>
<tr><td></td><td>Feldsteller ausgefallen</td></tr>
<tr><td>Motor läuft nicht an, starkes Brummen</td><td colspan="2">Lager beschädigt
Eine Zuleitung unterbrochen z. B. eine Sicherung ausgefallen</td><td></td></tr>
<tr><td>Motor läuft unter Last nicht an</td><td colspan="2">Zu hohes Gegendrehmoment
Netzspannung zu niedrig</td><td></td></tr>
<tr><td>Motor läuft ruckartig an</td><td colspan="2"></td><td>Unterbrechung im Anlasser,
Ankerwicklungsschluß,
Lamellenschluß</td></tr>
<tr><td rowspan="2">Motor zieht bei Belastung nicht durch</td><td colspan="2">Zuleitungsdefekt, Überlastung</td><td rowspan="2">Bürstenstellung falsch,
Spannung fällt ab</td></tr>
<tr><td>Läuferstäbe gebrochen,
Kurzschlußringe lose</td><td>Unterbrechungen im Läuferkreis</td></tr>
<tr><td>Motor läuft zu schnell und pendelt bei Belastung</td><td colspan="2"></td><td>Bürstenstellung falsch,
Feldstromkreis unterbrochen oder Vorwiderstand zu groß,
Schaltung falsch</td></tr>
<tr><td>Motor erwärmt sich bei Betrieb zu stark</td><td colspan="2">Motor ist überlastet,
Spannung zu hoch oder zu niedrig
Motor läuft einphasig
Läufer schleift im Ständer</td><td>Überlastung,
Wicklungsschlüsse,
Kühlung beeinträchtigt</td></tr>
<tr><td>Motor erwärmt sich schon im Leerlauf</td><td colspan="2">Falsche Schaltung der Ständerwicklung,
zu hohe Netzspannung,
ungenügende Kühlung,
falsche Drehrichtung, wenn nur für eine geeignet</td><td></td></tr>
<tr><td>Örtliche Erwärmungen</td><td colspan="3">Windungsschlüsse,
Unterbrechungen in der Wicklung</td></tr>
<tr><td rowspan="2">Bürsten feuern
(Luftfeuchtigkeit beachten)</td><td rowspan="2"></td><td colspan="2">Bürsten liegen schlecht auf,
zu kleiner Bürstendruck,
Verschmutzungen, falsche Bürstensorte,</td></tr>
<tr><td>Unrunde Schleifringe</td><td>Unrunder, gerillter Kommutator,
Bürsten beschädigt,
Lamellenschluß,
Überlastung,
zu hohe Drehzahl</td></tr>
<tr><td>Motor verursacht unnormale Geräusche</td><td colspan="3">Elektrische Ursachen (Verschwinden beim Abschalten),
Lagerschäden,
Getriebeschäden,
Schäden an der Kraftübertragung,
Unwuchten,
Fundamentveränderung,
Mängel bei Zahnradabtrieb</td></tr>
</table>

Betriebswerte von oberflächengekühlten Drehstrom-Käfigläufermotoren

Baugröße	P_n in kW	n min^{-1}	I_n bei 380 V[1]) in A	M_n in Nm	η in %	$\cos\varphi$	$\frac{I_A}{I_n}$	$\frac{M_A}{M_n}$	$\frac{M_K}{M_n}$	m in kg
$n_f = 3000\ min^{-1}$										
63	0,25	2765	0,71	086	66	0,81	4,3	2,3	2,3	4,1
71	0,55	2800	1,45	1,9	71	0,85	4,9	2,3	2,3	6,6
80	0,75	2850	1,83	2,5	74	0,84	6,0	2,4	2,3	8,2
80	1,1	2850	2,55	3,7	77	0,85	6,1	2,4	2,3	9,9
90S	1,5	2860	3,6	5,0	77	0,82	6,2	2,5	2,5	12,9
90L	2,2	2860	4,8	7,4	82	0,85	6,8	2,8	2,8	15,7
100L	3	2895	6,4	9,8	83	0,86	7,2	2,4	2,6	21
112M	4	2895	8,2	13	84	0,88	7,6	2,4	2,8	25
132S	5,5	2925	11,2	18	85	0,88	7,0	2,2	2,8	43
132S	7,5	2930	14,9	25	87	0,88	7,7	2,5	3,0	50
160M	11	2935	22,5	36	88	0,84	6,5	2,1	2,6	71
160M	15	2940	30	49	90	0,85	7,1	2,3	2,8	82
160L	18,5	2940	36	60	91	0,86	7,6	2,5	2,9	99
180M	22	2940	41	71	91,5	0,89	6,9	2,5	3,0	165
$n_f = 1500\ min^{-1}$										
71	0,25	1325	0,79	1,8	62	0,78	3,2	1,7	1,7	4,8
80	0,55	1400	1,47	3,7	71	0,80	4,7	2,3	2,4	8,0
80	0,75	1400	1,95	5,1	74	0,80	5,0	2,5	2,6	9,4
90S	1,1	1410	2,8	7,5	75	0,81	5,0	2,1	2,5	12,3
90L	1,5	1405	3,7	10	75	0,82	4,9	2,2	2,6	15,6
100L	2,2	1415	5,2	15	79	0,82	6,0	2,2	2,6	22
100L	3	1415	6,8	20	81	0,83	6,2	2,7	3,0	24
112M	4	1435	9,2	27	83	0,80	7,0	2,9	3,0	29
132S	5,5	1450	11,7	36	84	0,85	7,0	2,2	2,8	39
132M	7,5	1450	15,6	49	86	0,85	7,6	2,4	3,3	53
160M	11	1460	22,5	72	88	0,84	7,6	2,4	3,0	74
160L	15	1460	30	98	89	0,85	7,7	2,2	2,9	90
180M	18,5	1455	37	121	90,5	0,84	6,2	2,6	2,5	165
180L	22	1455	43	144	91,2	0,85	6,4	2,6	2,5	180
$n_f = 1000\ min^{-1}$										
71	0,25	860	0,88	2,7	60	0,72	3,0	2,0	2,0	6,3
80	0,55	900	1,84	5,8	63	0,72	3,2	2,0	2,1	9,4
90S	0,75	905	2,2	8,0	71	0,75	3,9	2,2	2,3	12,5
90L	1,1	900	3,1	12	72	0,75	4,1	2,4	2,4	15,7
100L	1,5	925	4,0	15	76	0,76	4,5	2,0	2,1	22
112M	2,2	940	5,9	22	77	0,73	5,1	2,2	2,5	25
132S	3	955	7,6	30	80	0,75	5,5	2,0	2,4	38
132M	4	960	9,5	40	83	0,76	6,2	2,4	2,8	43
132M	5,5	960	13,1	55	84	0,76	6,4	2,6	3,0	51
160M	7,5	965	18,1	74	84	0,75	6,4	2,3	3,0	73
160L	11	965	24,3	108	88	0,78	7,2	2,7	3,0	99
180L	15	970	31	148	89	0,83	5,7	2,6	2,4	170
200L	18,5	975	37,5	181	90	0,83	5,7	2,6	2,3	220
200L	22	975	44	215	90,5	0,84	5,7	2,6	2,3	235

1) Die Betriebswerte wurden aus einem Firmenkatalog entnommen und entsprechen deshalb nicht immer der Norm.

Betriebswerte von Asynchronmotoren[1])

Polumschaltbare Drehstrom-Asynchronmotoren in Dahlander-Schaltung 380 V; 50 Hz
n_f = 1500/3000 min^{-1} bzw. n_f = 750/1500 min^{-1}

Baugröße	P_n in kW	n in min^{-1}	I_n in A	η in %	$\cos\varphi$	$\frac{I_A}{I_n}$	$\frac{M_A}{M_n}$	m in kg
90S	1,0 1,2	1430 2890	2,6 3,4	75 69	0,77 0,78	5,3 5,4	1,8 1,9	13
100L	2,0 2,6	1450 2850	4,9 5,6	78 79	0,80 0,90	6,6 5,9	2,1 2,2	21
132S	4,7 5,7	1450 2920	11 13	81 76	0,80 0,88	6,5 7,0	2,4 2,3	65
100L	0,7 1,4	710 1370	2,5 3,2	69 74	0,67 0,92	4,2 4,3	2,2 1,6	21
112M	1,6 2,9	700 1400	5,7 6,1	68 79	0,64 0,92	4,1 5,0	2,4 2,0	34
132M	3,5 6,0	710 1420	11 13	78 79	0,65 0,89	4,3 5,8	2,2 2,3	79

Drehstrom-Schleifringläufer-Motoren 380 V; 50 Hz; n_f = 1500 min^{-1} bzw. n_f = 1000

Baugröße	P_n in kW	n in min^{-1}	I_n in A	η in %	$\cos\varphi$	$\frac{M_K}{M_n}$	U_{rot} in V	I_{rot} in A	m in kg
90S	0,75	1370	2,1	73	0,74	2,6	115	5,4	15,6
90L	1,1	1380	3,1	74	0,74	2,7	150	5,5	19,5
100L	2,2	1400	5,5	77	0,79	2,9	150	10,5	30
132S	4	1425	9,2	82	0,81	3,3	150	15	70
132M	5,5	1440	12,5	83	0,80	3,5	180	22	86,5
160M	7,5	1440	16	86	0,81	3,6	180	27	131
100L	0,75	900	2,2	73	0,72	2,0	80	6,0	27,5
100L	1,1	900	3,2	73	0,72	2,0	80	8,0	33,5
132S	2,2	910	5,9	77	0,74	2,5	80	16	61
132M	4	930	12	75	0,69	2,7	120	22	87
160M	5,5	930	16	76	0,70	2,7	150	24	132
160L	7,5	935	21	76	0,71	2,7	230	21	161

Einphasen-Wechselstrommotoren mit Betriebskondensator, 230 V; 50 Hz
n_f = 3000 min^{-1} bzw. n_f = 1500 min^{-1}

Baugröße	P_n in kW	n in min^{-1}	I_n in A	$\cos\varphi$	$\frac{I_A}{I_n}$	$\frac{M_A}{M_n}$	C_B in μF	U_C in V	m in kg
63	0,120	2800	1,2	0,9	3,0	0,6	4	400	5
71	0,3	2760	2,4	0,98	3,0	0,45	10	400	7
71	0,5	2790	3,6	0,95	3,5	0,46	12	400	8
80	0,9	2800	6,2	0,95	4,0	0,35	20	400	11
90S	1,1	2740	7,4	0,97	3,4	0,38	30	400	14
90L	1,7	2700	11	0,97	3,5	0,35	40	400	17
63	0,12	1390	1,3	0,98	2	0,54	5	400	5
63	0,18	1390	1,85	0,86	2,8	0,51	6	400	5
71	0,3	1380	3	0,92	2,6	0,52	12	400	8
80	0,55	1380	4,2	0,91	3,3	0,64	16	400	11
90S	0,9	1370	6,0	0,97	3,3	0,38	30	400	14
90L	1,25	1380	8,5	0,95	3,8	0,42	40	400	17

1) Die Betriebsgrößen der Maschinen wurden aus einem Firmenkatalog entnommen und entsprechen nicht immer der Norm.

Normmaße von oberflächengekühlten Drehstrommotoren mit Käfigläufer (Bauform IM B3)

DIN 42 673, T. 1/4.83
T. 4/4.74

Die Angaben gelten auch für die Bauformen IM B6, IM B7, IM B8, IM V5, IM V6

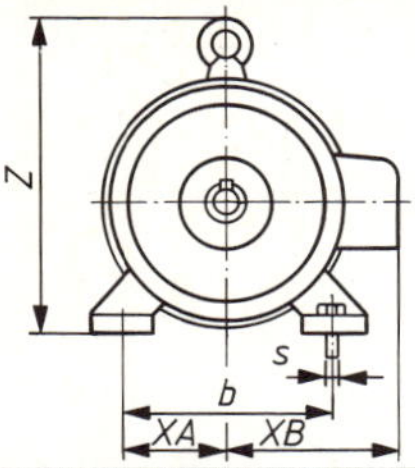

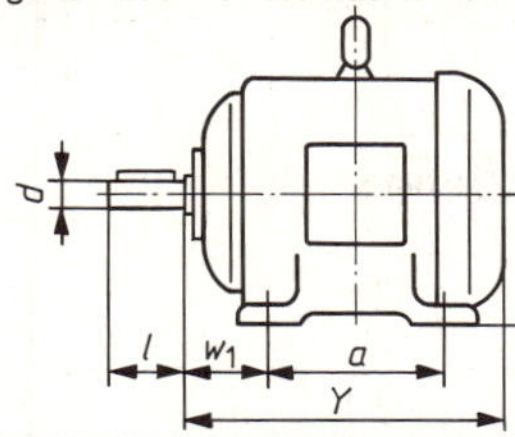

Baugröße	*h* in mm	*a* in mm	*b* in mm	w_1 in mm	*s*	*XA* in mm	*XB* in mm	*Y* in mm	*Z* in mm
56	56	71	90	36	M 5	62	104	174	166
63	63	80	100	40	M 6	73	110	210	181
71	71	90	112	45	M 6	78	130	224	196
80	80	100	125	50	M 8	96	154	256	214
90S	90	100	140	56	M 8	104	176	286	244
90L		125						298	
100L	100	140	160	63	M10	122	194	342	266
112M	112	140	190	70		134	218	372	300
132S	132	140	216	89	M10	158	232	406	356
132M		178						440	
160M	160	210	254	108	M12	186	274	542	480
160L		254						562	
180M	180	241	279	121	M12	208	312	602	554
180L		279						632	
200L	200	305	318	133	M16	240	382	680	600
225S	225	286	356	149	M16	270	428	764	675
225M		311							
250M	250	349	406	168	M20	300	462	874	730
280S	280	368	457	190	M20	332	522	984	792
280M		419						1036	
315S	315	406	508	216	M20	372	576	1050	865
315M		457						1100	

Baugröße	*d* x *l* in mm		Leistung in kW			
	$3000 \frac{1}{min}$	$1500 \frac{1}{min}$	$3000 \frac{1}{min}$	$1500 \frac{1}{min}$	$1000 \frac{1}{min}$	$750 \frac{1}{min}$
56	9 x 20		0,09/0,12	0,06/0,09	–	–
63	11 x 23		0,18/0,25	0,12/0,18	–	–
71	14 x 30		0,37/0,55	0,25/0,37	–	–
80	19 x 40		0,75/1,1	0,55/0,75	0,37/0,55	–
90S	24 x 50		1,5	1,1	0,75	–
90L			2,2	1,5	1,1	–
100L	28 x 60		3	2,2/3	1,5	0,75/1,1
112M			4	4	2,2	1,5
132S	38 x 80		5,5/7,5	5,5	3	2,2
132M			–	7,5	4/5,5	3
160M	42 x 110		11/15	11	7,5	4/5,5
160L			18,5	15	11	7,5
180M	48 x 110		22	18,5	–	–
180L			–	22	15	11
200L	55 x 110		30/37	30	18,5/22	15
225S	55 x 110	60 x 140	–	37	–	18,5
225M			45		30	22
250M	60 x 140	65 x 140	55		37	30
280S	65 x 140	75 x 140	75		45	37
280M			90		55	45
315S	65 x 140	80 x 170	110		75	55
315M			132		90	75

Normmaße von innengekühlten Drehstrommotoren mit Käfigläufer (Bauform IM B3)

DIN 42 672, T. 1/4. 83
T. 2/4. 83

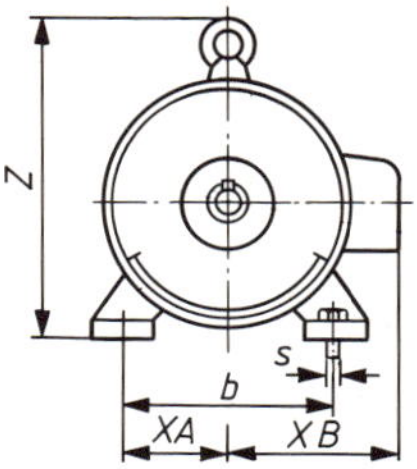

Die Maße gelten auch für die Bauformen IM B6; IM B7; IM B8; IM V5; IM V6.

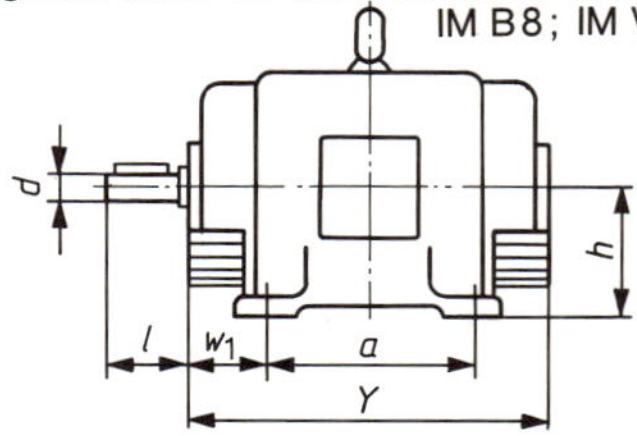

Baugröße	h in mm	a in mm	b in mm	w_1 in mm	s	XA in mm	XB in mm	Y in mm	Z in mm
160M	160	210	254	108	M12	212	304	566	440
160L		254							
180M	180	241	279	121	M12	230	346	616	505
180L		279							
200M	200	267	318	133	M16	258	388	680	570
200L		305						746	
225M	225	311	356	149	M16	288	442	740	640
250S	250	311	406	168	M20	316	490	790	710
250M		349						820	
280S	280	368	457	190	M20	364	536	920	785
280M		419						970	
315S	315	406	508	216	M24	396	586	990	865
315M		457						1040	

Baugröße	$d \times l$ in mm		Leistung in kW			
	$3000\,\frac{1}{min}$	$1500\,\frac{1}{min}$	$3000\,\frac{1}{min}$	$1500\,\frac{1}{min}$	$1000\,\frac{1}{min}$	$750\,\frac{1}{min}$
160M	48 x 110		15	11	7,5	5,5
160L			18,5/22	15/18,5	11	7,5
180M	55 x 110		30	22	15	11
180L			37	30	18,5	15
200M	60 x 140		45	37	22	18,5
200L			55	45	30	22
225M	60 x 140	65 x 140	75	55	37	30
250S	65 x 140	75 x 140	90	75	45	37
250M			110	90	55	45
280S	65 x 140	80 x 170	–	110	75	55
280M			132		90	75
315S	70 x 140	90 x 170	160		110	90
315M			200		132	110

Nennspannungen und Prüfspannungen von elektrischen Maschinen

DIN 40 030/10.77
DIN VDE 0530 T.1/7.91

Nennspannungen

Gleichspannungen für stromrichtergespeiste Motoren in V

Netzanschluß einphasig		dreiphasig			
Netzspannung in V					
230	400	230	400	480	690
150 170	260 300	230 260	400 460	520 600	700 800
empfohlene Erregerspannungen in V					
180	180 310	180	180 310 420	310	

Prüfspannungen

Maschinenart		Prüfspannung (Effektivwert)
$P \leq 1$ kW bzw. 1 kVA oder $U < 100$ V		$2\,U_n + 500$ V
$P < 10$ MW bzw. 10 MVA		$2\,U_n + 1000$ V
$P \geq 10$ MW bzw. 10 MVA	$U \leq 24$ kV	$2\,U_n + 1000$ V
	$U > 24$ kV	nach Vereinbarung
Fremderregete Erregerwickl. Gleichstromm.		$2\,U_f + 1000\text{ V} \geq 1500$ V
Erregerwicklung von Synchronmaschinen	$U_f \leq 500$ V	$10\,U_n$ mind. 1500 V
	$U_f > 500$ V	$4000\text{ V} + 2\,U_f$
Läuferwicklung von Schleifringläufer-Motoren		$2\,U_r + 1000$ V oder $4\,U_r + 1000$ V
Erregermaschinen		$2\,U_n + 1000$ V mind. 1500 V
Maschinensätze und Geräte		Entsprechend der Art der verwendeten Maschinen und Geräte

Maschinensätze

Maschinensätze	Antriebsmotor	Generator	Besonderheiten	Anwendung
Motorgenerator	Kurzschlußläufermotor oder Synchronmotor	Drehstrom-Synchrongenerator	Im Generator wird eine Dreiphasen-Wechselspannung anderer Höhe und anderer Frequenz erzeugt	Stromversorgung von schnellaufenden Drehstrommotoren
		Wechselstrom-Synchrongenerator	Drehstrom des Versorgungsnetzes wird in Bahn-Wechselspannung der Frequenz 16 2/3 Hz umgewandelt	Einspeisung für Bahnnetze
		Gleichstromgenerator	Gleichstromgeneratoren sind robuster als Halbleiter-Stromversorgungsgeräte	Leonardumformer, Schweißgenerator
Asynchrone Frequenzumformer	Kurzschlußläufermotor	Schleifringläufermaschine	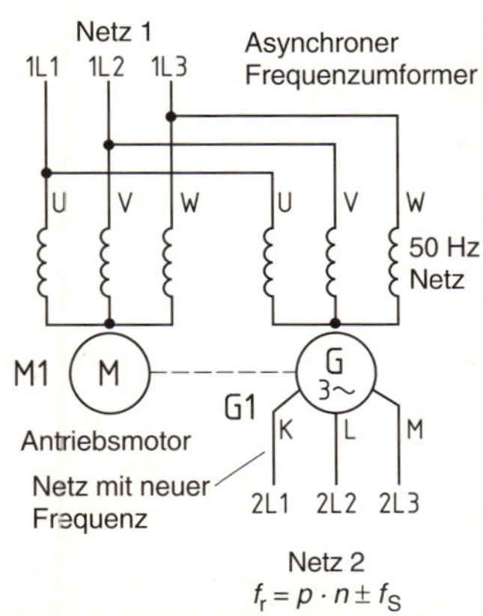	Stromversorgung von schnellaufenden Drehstrommotoren wie z. B. Fräs- und Schleifmaschinen

Betriebsarten von umlaufenden elektrischen Maschinen

DIN VDE 0530 T. 1/7.91

S1
Dauerbetrieb

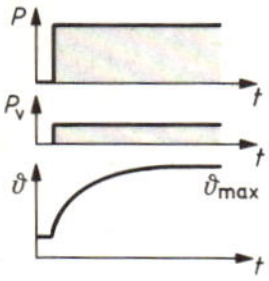

S2
Kurzzeitbetrieb

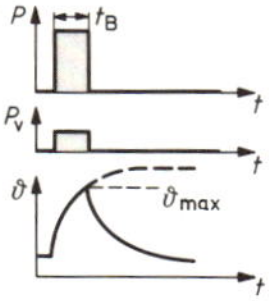

S3
Aussetzbetrieb ohne Einfluß des Anlaufvorganges

$$t_r = \frac{t_B}{t_B + t_{St}} \cdot 100\,\%$$

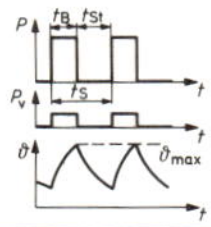

S4
Aussetzbetrieb mit Einfluß des Anlaufvorganges

$$t_r = \frac{t_A + t_B}{t_A + t_B + t_{St}} \cdot 100\,\%$$

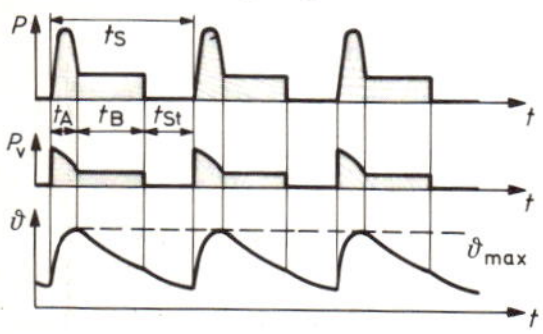

S5
Aussetzbetrieb mit Einfluß des Anlaufvorganges und der elektrischen Bremsung

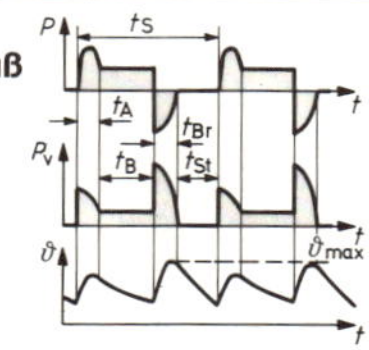

S6
Durchlaufbetrieb mit Aussetzbelastung

$$t_r = \frac{t_B}{t_B + t_L} \cdot 100\,\%$$

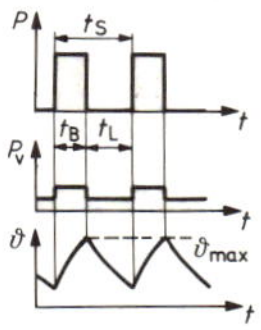

S7
Ununterbrochener Betrieb mit Anlauf und elektrischer Bremsung

$t_r = 100\,\%$

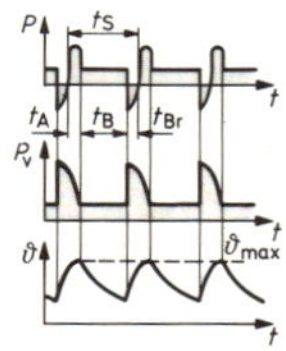

S8
Ununterbrochener Betrieb mit periodischer Drehzahländerung

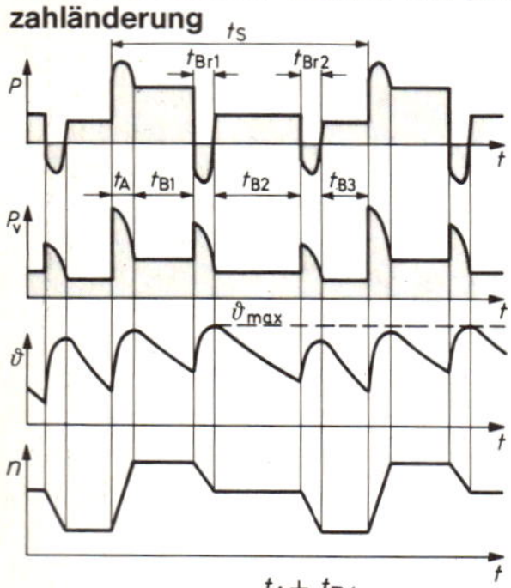

$$t_{r1} = \frac{t_A + t_{B1}}{t_A + t_{B1} + t_{Br1} + t_{B2} + t_{Br2} + t_{B3}} \cdot 100\,\%$$

$$t_{r2} = \frac{t_{Br1} + t_{B2}}{t_A + t_{B1} + t_{Br1} + t_{B2} + t_{Br2} + t_{B3}} \cdot 100\,\%$$

$$t_{r3} = \frac{t_{Br2} + t_{B3}}{t_A + t_{B1} + t_{Br1} + t_{B2} + t_{Br2} + t_{B3}} \cdot 100\,\%$$

S9
Ununterbrochener Betrieb mit nichtperiodischer Last- und Drehzahländerung

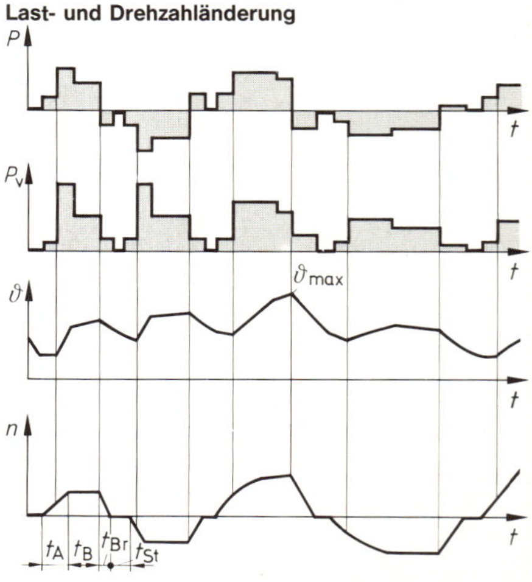

Kurzzeichen für Bauformen und Aufstellung von Maschinen

DIN IEC 34 T.7/4.83

- Die Bezeichnung der Bauform ist nach Code I und Code II möglich.
- Code II ist nur anzuwenden, wenn Code I nicht ausreicht.

Beispiel

Kennzeichnung nach Code I und Code II einer Maschine mit
a) waagerechter Anordnung der Welle,
b) zwei Lagerschildern und unten liegenden Füßen,
c) freiem zylindrischem Wellenende links,
d) zur Aufstellung auf Unterbau.

Code I IM B 3

- Grundzeichen für Bauformangabe — IM
- Wellenlage (siehe Tab. 1) — B
- Angabe über Lagerung, Befestigung Wellenende, usw. — 3

Code II IM 1 0 0 1

- Grundzeichen, s. o. — IM
- Bauform (siehe Tab. 2) — 1
- Art der Befestigung und der Lagerung — 0
- Lage des Wellenendes und der Befestigung — 0
- Art des Wellenendes — 1

Tabelle 1

Buchstabe	Erklärung
B	Maschinen mit Lagerschildern und waagerechter Anordnung
V	Maschinen mit Lagerschildern und senkrechter Anordnung

Tabelle 2

Ziffer	Erklärung
1	mit Lagerschildern und mit Fußbefestigung
2	mit Lagerschildern und mit Fuß- und Flanschbefestigung
3	mit Flanschbefestigung, mit Lagerschild, Flansch am Lagerschild
4	mit Flanschbefestigung, mit Lagerschild, Flansch am Gehäuse
5	ohne Lager, ohne Lagerschild
6	mit Lagerschild und Stehlager
7	ohne Lagerschild, nur mit Stehlager
8	Vertikal-Maschinen, die nicht unter 1 bis 4 fallen
9	Maschinen mit besonderer Befestigungsart

Bild und Bezeichnung		Erklärung	Bild und Bezeichnung		Erklärung
Code I	Code II		Code I	Code II	
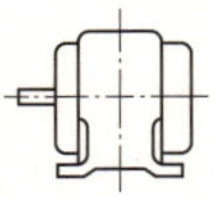 IM B3	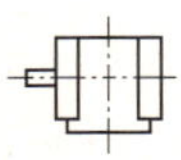 IM 1001	Fußbefestigung, waagerechte Lage, zwei Lagerschilder, mit Füßen	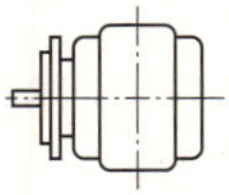 IM B5	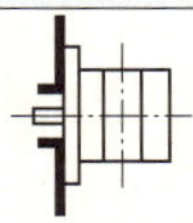 IM 3001	Flanschbefestigung, waagerechte Lage, zwei Lagerschilder, Flanschanbau
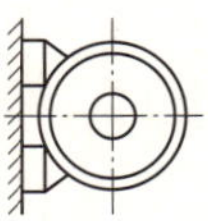 IM B6	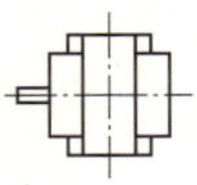 IM 1051	Fußbefestigung, waagerechte Lage, zwei Lagerschilder, mit Füßen, Wandbefestigung	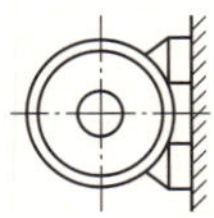 IM B7	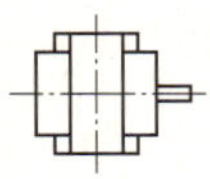 IM 1061	Fußbefestigung, waagerechte Lage, zwei Lagerschilder, mit Füßen, Wandbefestigung
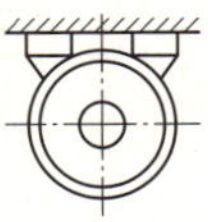 IM B8	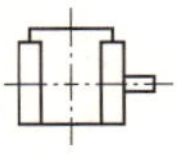 IM 1071	Fußbefestigung, zwei Lagerschilder, waagerechte Lage, Deckenbefestigung, mit Füßen	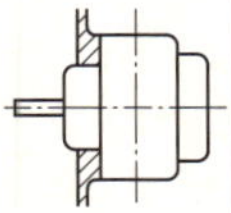 IM B9	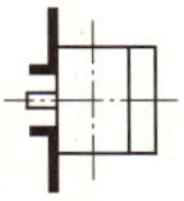 IM 9101	Besondere Befestigung, ohne Füße, ein Lagerschild, waagerechte Lage, Ständerbefestigung
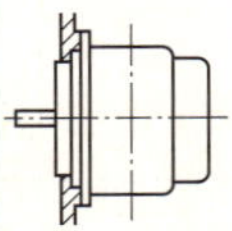 IM B10	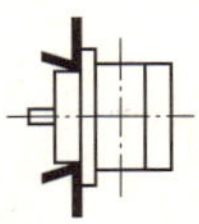 IM 4001	Flanschbefestigung, waagerechte Lage, ohne Füße, zwei Lagerschilder, Anbau linke Seite	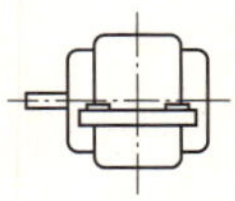 IM B20	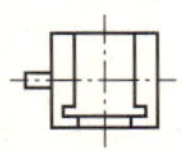 IM 1101	Fußbefestigung, waagerechte Lage, hochgezogene Füße, zwei Lagerschilder, Bodenbefestigung

Kurzzeichen für Bauformen und Aufstellung von Maschinen

DIN IEC 34 T.7/4.83

Bild und Bezeichnung		Erklärung	Bild und Bezeichnung		Erklärung
Code I	Code II		Code I	Code II	
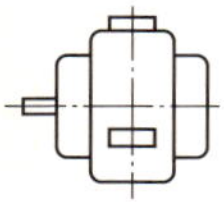 IM B30	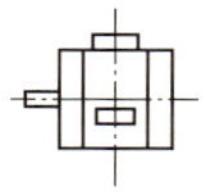 IM 9201	Besondere Befestigung, waagerechte Lage, ohne Füße, zwei Lagerschilder, mit Nockenbefestigung	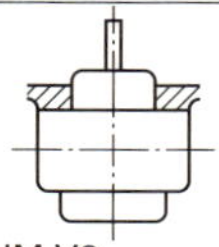 IM V9	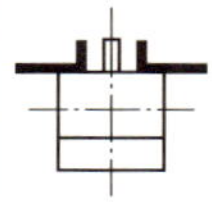 IM 9131	Besondere Befestigung, senkrechte Lage, ohne Füße, ein Lagerschild, Anbau oben
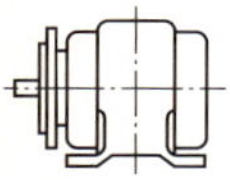 IM B35	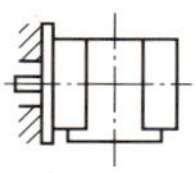 IM 2001	Fuß- und Flanschbefestigung, waagerechte Lage, mit Füßen, zwei Lagerschilder	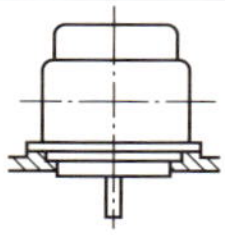 IM V10	 IM 4011	Flanschbefestigung, senkrechte Lage, ohne Füße, zwei Lagerschilder, Anbau unten
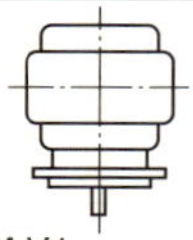 IM V1	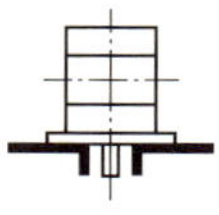 IM 3011	Flanschbefestigung, senkrechte Lage, ohne Füße, zwei Lagerschilder, Anbau am Boden	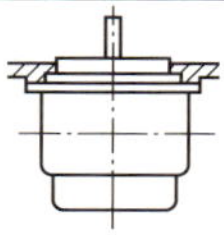 IM V14	 IM 4031	Flanschbefestigung, senkrechte Lage, ohne Füße, zwei Lagerschilder, Anbau oben
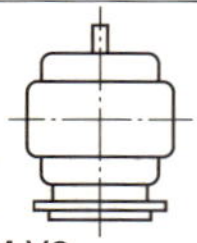 IM V2	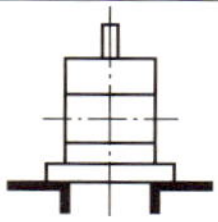 IM 3231	Flanschbefestigung, senkrechte Lage, ohne Füße, zwei Lagerschilder, Anbau am Boden	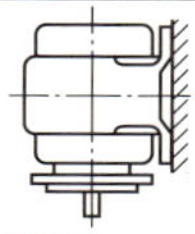 IM V15	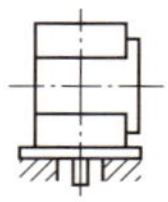 IM 2011	Fuß- und Flanschbefestigung, senkrechte Lage, mit Füßen, zwei Lagerschilder
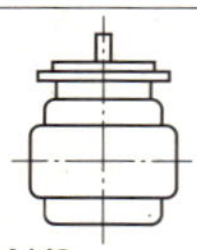 IM V3	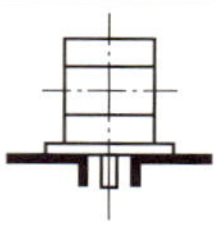 IM 3031	Flanschbefestigung, senkrechte Lage, ohne Füße, zwei Lagerschilder, Anbau am Boden	–	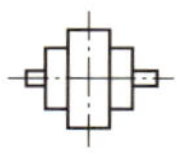 IM 5002	Ohne Lager und Lagerschilder, waagerechte Lage, ohne Gehäuse, mit Läufer und Welle
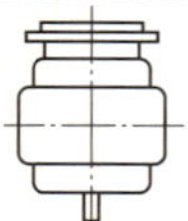 IM V4	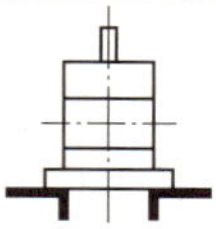 IM 3211	Flanschbefestigung, senkrechte Lage, ohne Füße, zwei Lagerschilder, Anbau oben	–	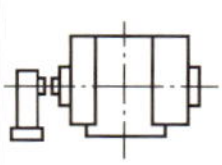 IM 6000	Mit Lagerschilden und Stehlager, waagerechte Lage, mit Füßen, ohne Grundplatte
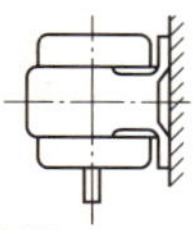 IM V5	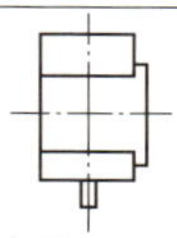 IM 1011	Fußbefestigung, senkrechte Lage, ohne Füße, zwei Lagerschilder, Wandbefestigung	–	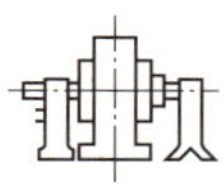 IM 7201	Ohne Lagerschilder mit Stehlager, waagerechte Lage, mit Füßen, zwei Stehlager
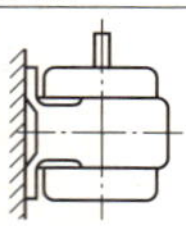 IM V6	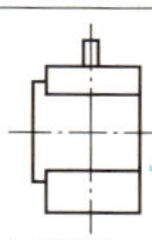 IM 1031	Fußbefestigung, senkrechte Lage, mit Füßen, zwei Lagerschilder, Wandbefestigung	–	 IM 8011	Besondere Befestigung, senkrechte Lage, mit Radiallager oben, ohne Axiallager mit Welle
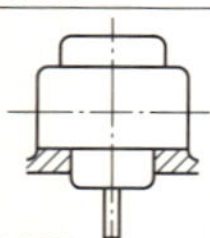 IM V8	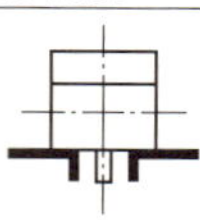 IM 9111	Besondere Befestigung, senkrechte Lage, ohne Füße, ein Lagerschild, Anbau unten	–	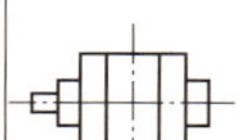 IM 9001	Besondere Befestigung, waagerechte Lage, ohne Füße, zwei Lagerschilder, Einbautyp

Einphasentransformatoren

Idealer Transformator

$\ddot{u} = \frac{U_1}{U_2} \quad \frac{U_1}{U_2} = \frac{N_1}{N_2} \quad \frac{I_1}{I_2} = \frac{N_2}{N_1}$

Umrechnung der Größen am Transformator auf die Eingangsspannung (Widerstandstransformation)

$Z' = Z \cdot \ddot{u}^2$
$R' = R \cdot \ddot{u}^2$
$X' = X \cdot \ddot{u}^2$

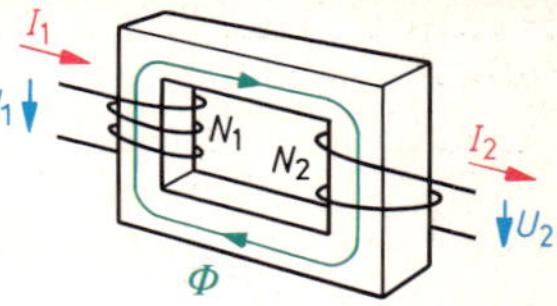

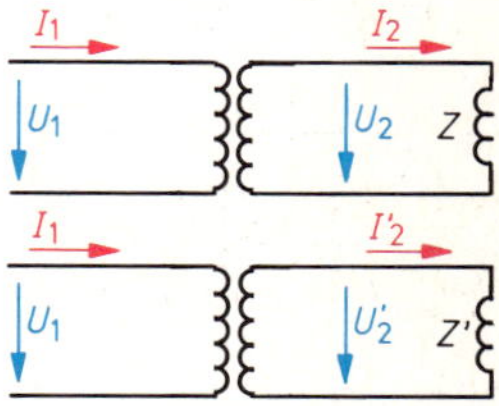

Realer Transformator

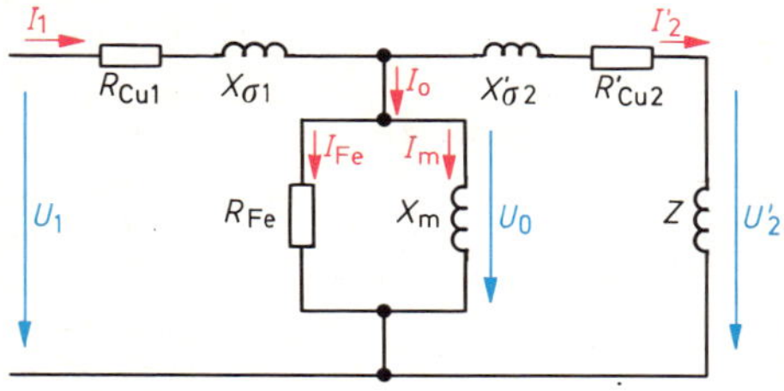

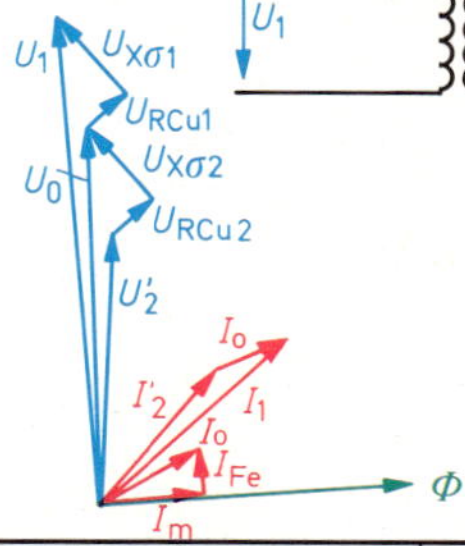

$U_2' = U_2 \cdot \ddot{u} \qquad Z' = Z \cdot \ddot{u}^2$

$I_2' = I_2 \cdot \frac{1}{\ddot{u}} \qquad R'_{Cu2} = R_{Cu2} \cdot \ddot{u}^2$

$X'_{\sigma 2} = X_{\sigma 2} \cdot u^2$

Leerlauf	Kurzschluß	Belastung	Hohe Frequenzen
$R_{Cu} << R_{Fe}$ $X_\sigma << X_m$	R_{Fe} und X_m vernachlässigbar, da $I_0 << I_2'$ $R_{Cu} = R_{Cu1} + R'_{Cu2}$; $R_{Cu1} \approx R'_{Cu2}$ $X_\sigma = X_{\sigma 1} + X'_{\sigma 2}$; $X_{\sigma 1} \approx X'_{\sigma 2}$		$R_{Cu}, R_{Fe} < X_\sigma$ X_m vernachlässigbar, da $I_0 << I_2'$
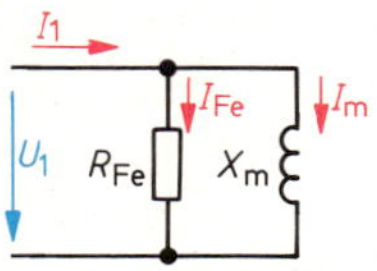	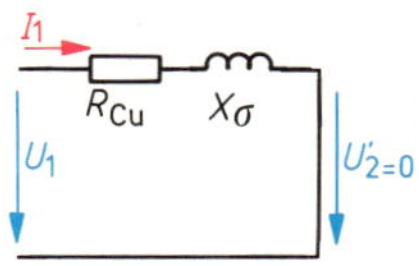	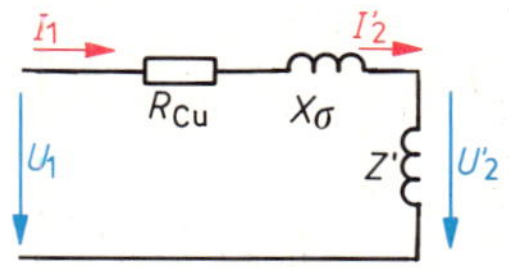	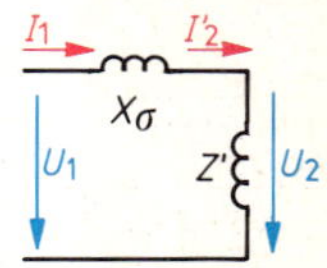
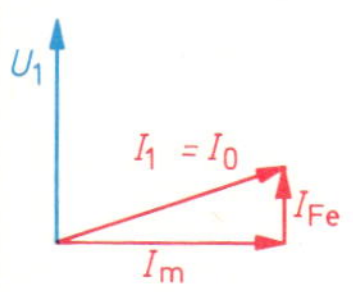	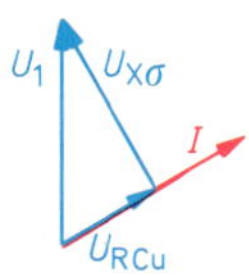	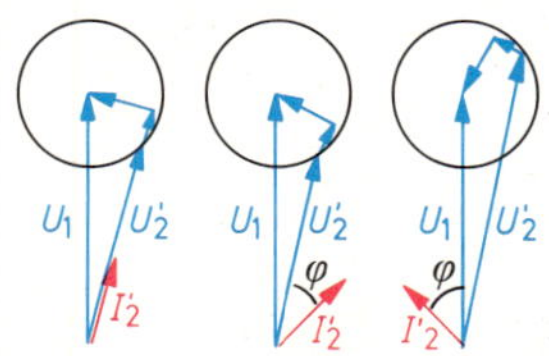	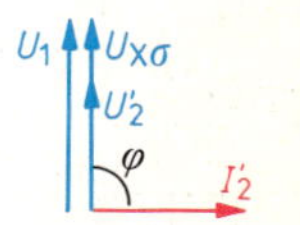
Messung von R_{Fe} und P_{vFe}	Messung von R_{Cu} und P_{vCu}	U_2 hängt von I_2 und von φ ab, gilt für Leistungstransformatoren	

Transformatorhauptgleichung

$|U_0| = N \frac{\Delta \Phi}{\Delta t}$

$U_0 = 4{,}44\ \hat{B} \cdot A_{Fe} \cdot f \cdot N$

Mit Hilfe der Transformatorhauptgleichung wird die Leerlaufspannung aus den Konstruktionsgrößen des Transformators bestimmt.

Kurzschlußspannung

$u_k = \frac{U_k}{U_n} \cdot 100\,\%$

Fließt bei kurzgeschlossener Sekundärwicklung in der Primärwicklung der Nennstrom, so liegt an der Primärwicklung die Kurzschlußspannung U_k.

Kurzschlußströme

$I_{kd} = \frac{I_n}{u_k} \cdot 100\,\%$

$I_S = 1{,}8 \cdot \sqrt{2} \cdot I_{kd}$

Drehstrom-Transformatoren
Begriffe, Kenngrößen, Schaltungen

DIN VDE 0532, T.1/3.82
DIN VDE 0532, T.4/3.82

Begriffe

- **Nennspannung** U: anzulegende Spannung oder Leerlaufspannung
- **Nennstrom** I: Strom bei Nennlast
- **Nennübersetzung:** $\ddot{u} = \frac{U_{OS}}{U_{US}}$
- **Nennleistung:** $S_n = U \cdot I \cdot \sqrt{3}$
- **Oberspannungswicklung** (OS-Wicklung): Wicklung mit der höchsten Nennspannung
- **Unterspannungswicklung** (US-Wicklung): Wicklung mit der niedrigen Nennspannung
- **Oberspannung** U_{OS}
- **Unterspannung** U_{US}
- **Leerlaufverluste** (Eisenverluste P_{vFe}) bei Leerlauf angenommene Wirkleistung
- **Kurzschlußverluste** (Nennwicklungsverluste P_{vCu}): werden beim Kurzschlußversuch gemessen
- **Spannungsverhalten** bei Belastung: einpolige Betrachtung mit Strangwerten (Zeigerbilder siehe Seite 113)
- **Wirkungsgrad**

$$\eta = \frac{P_{ab}}{P_{ab} + P_{vFe} + P_{vCu}}$$

- **Jahreswirkungsgrad**

$$\eta_a = \frac{W_{ab}}{W_{ab} + W_{Fe} + W_{Cu}}$$

- **Mehrwicklungstransformator:** Transformator hat mehr als zwei Wicklungen
- **Schaltgruppe** gibt die Schaltung der OS-Wicklung (Großer Buchstabe) und die Schaltung der US-Wicklung (kleiner Buchstabe) und die Phasenverschiebung zwischen Ober- und Unterspannung an,
  Dreieckschaltung D oder d
  Sternschaltung Y oder y
  Zickzackschaltung z
  herausgeführter Sternpunkt N oder n
  Kennzahl x 30° gleich Phasenverschiebungswinkel

Wicklungen

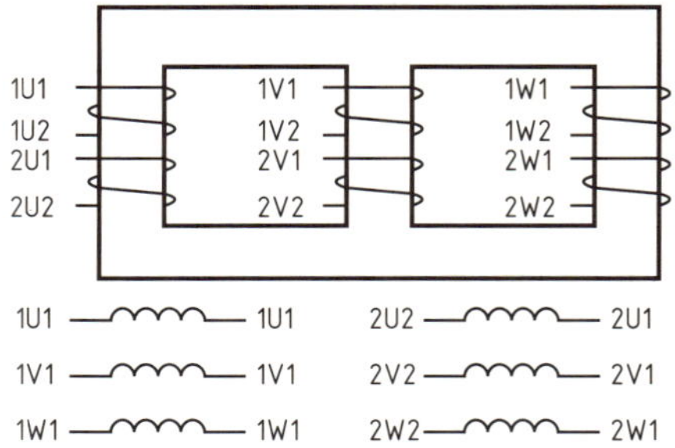

Dreieckschaltung

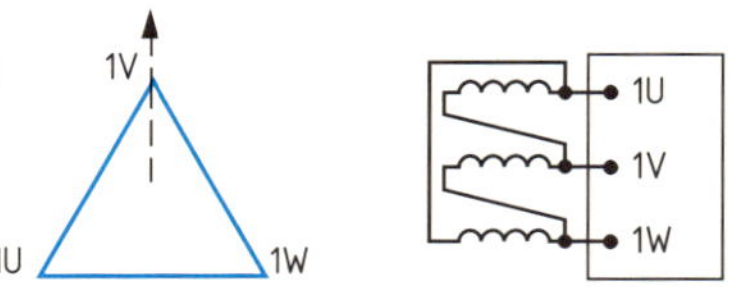

Sternschaltung

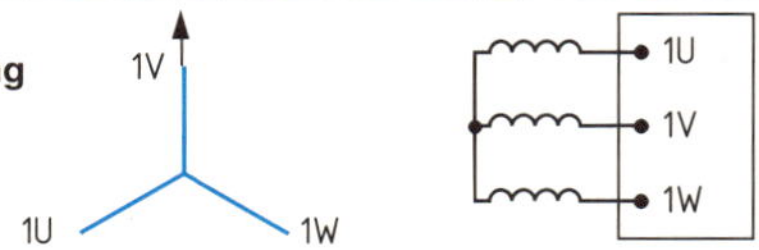

Zickzackschaltung

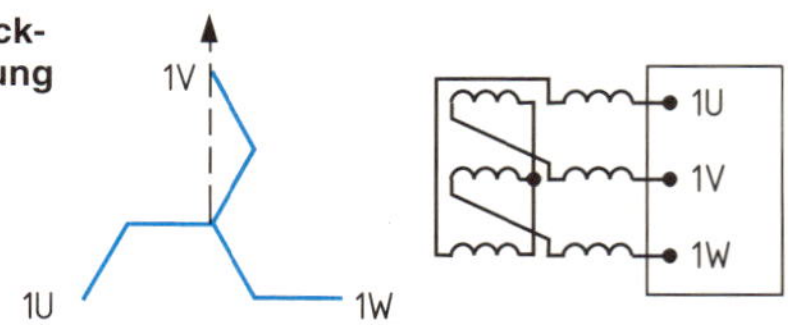

Schaltgruppe Dy5 **Beispiele**

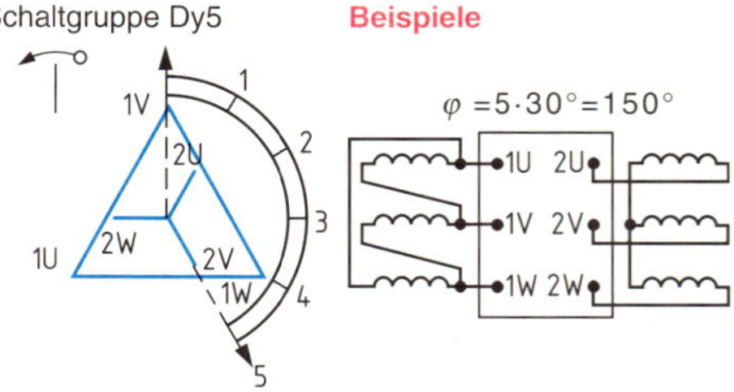

Schaltgruppe Yz11

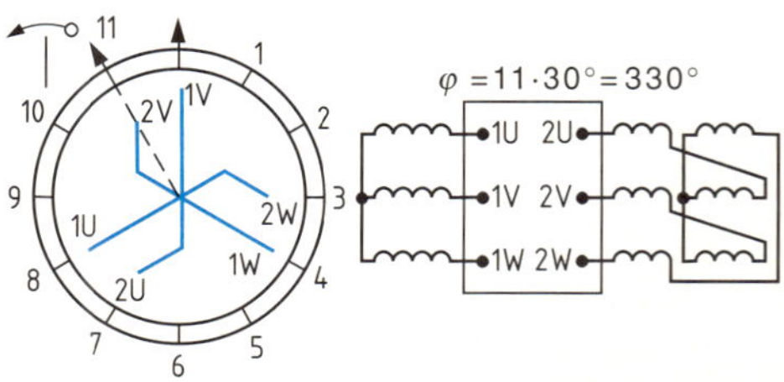

Drehstrom-Transformatoren, Gebräuchliche Schaltgruppen, Eigenschaften der Schaltungen

DIN VDE 0532, T.4/3.82

Kennzahl	Schaltgruppe	Übersetzungsverhältnis *ü*	Zeigerbild OS	Zeigerbild US	Schaltung OS / US
	D d 0	$\frac{N_1}{N_2}$	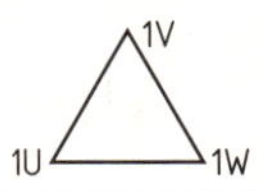	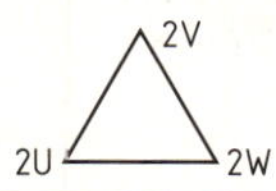	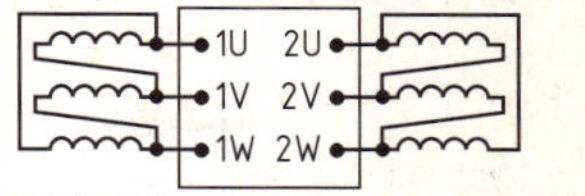
0	Y y 0	$\frac{N_1}{N_2}$	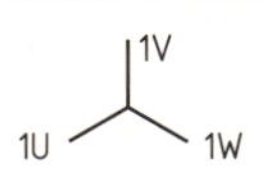	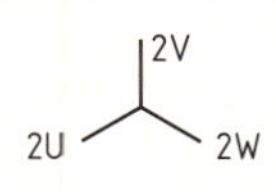	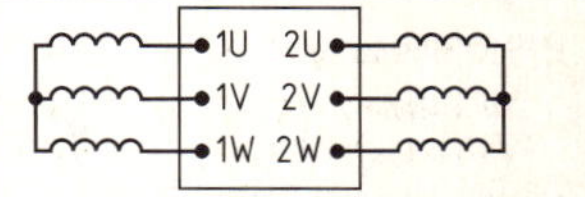
	D z 0	$\frac{2\,N_1}{3\,N_2}$	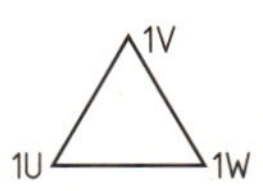	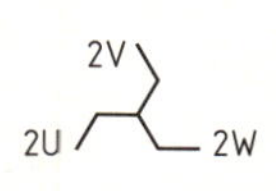	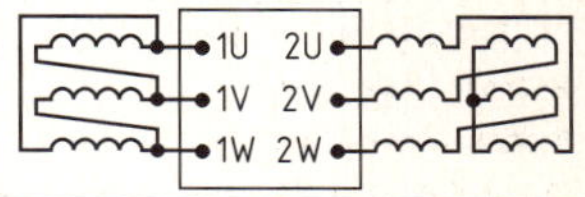
	D y 5	$\frac{N_1}{\sqrt{3}\,N_2}$	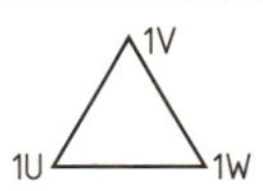	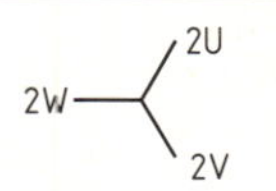	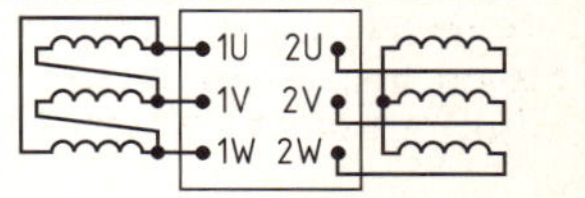
5	Y d 5	$\frac{\sqrt{3}\,N_1}{N_2}$	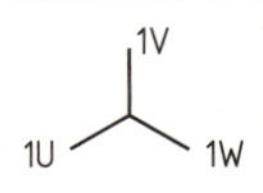	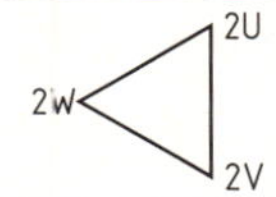	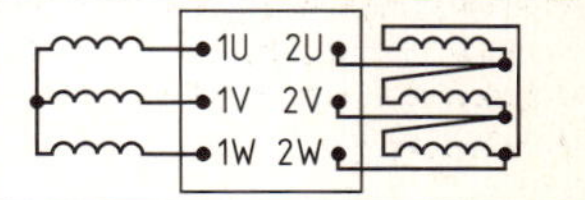
	Y z 5	$\frac{2\,N_1}{\sqrt{3}\,N_2}$	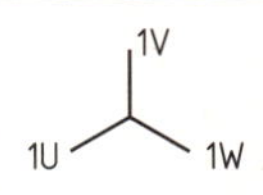	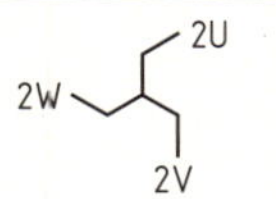	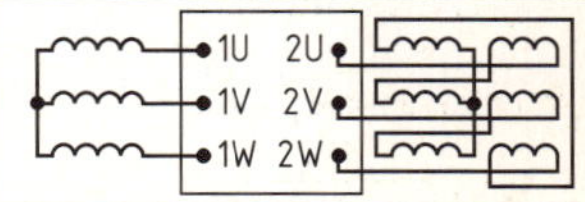
	D d 6	$\frac{N_1}{N_2}$	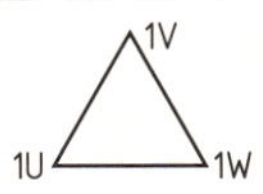	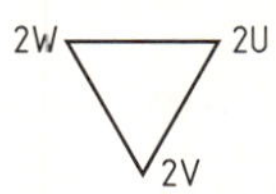	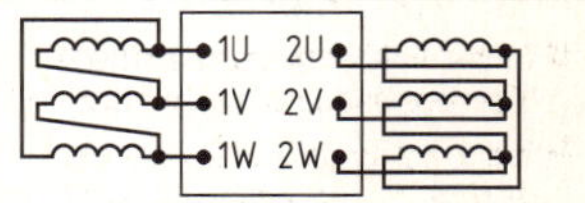
6	Y y 6	$\frac{N_1}{N_2}$	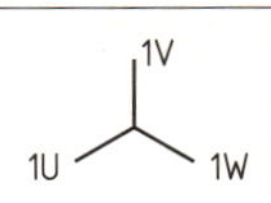	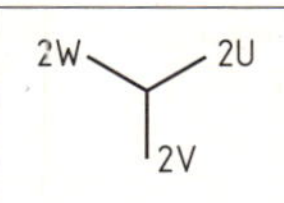	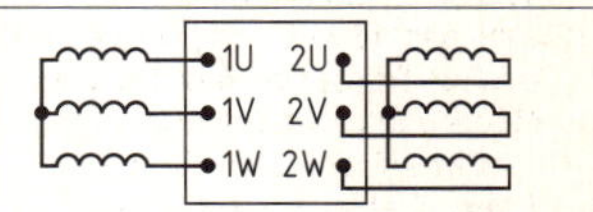
	D z 6	$\frac{2\,N_1}{3\,N_2}$	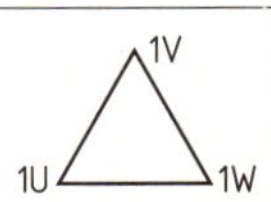	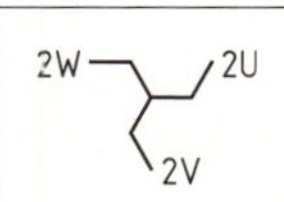	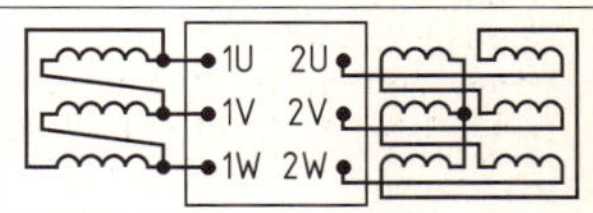
	D y 11	$\frac{N_1}{\sqrt{3}\,N_2}$	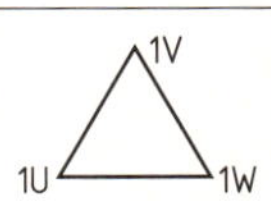	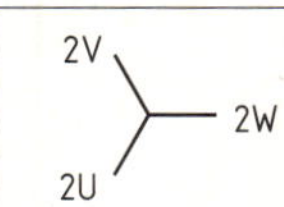	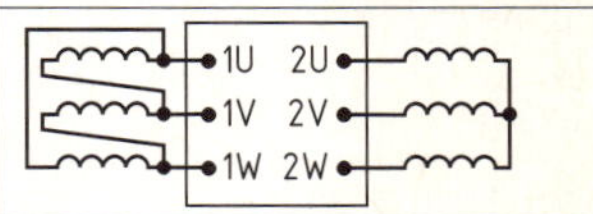
11	Y d 11	$\frac{\sqrt{3}\,N_1}{N_2}$	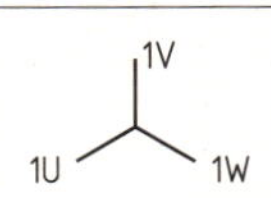	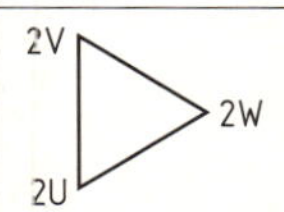	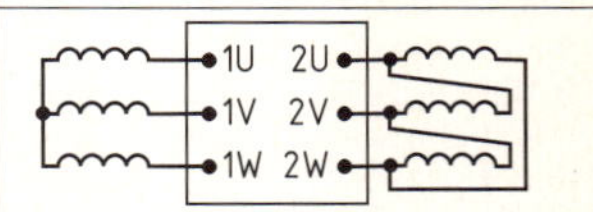
	Y z 11	$\frac{2\,N_1}{\sqrt{3}\,N_2}$	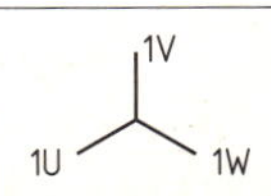	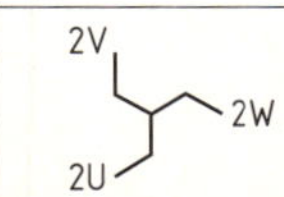	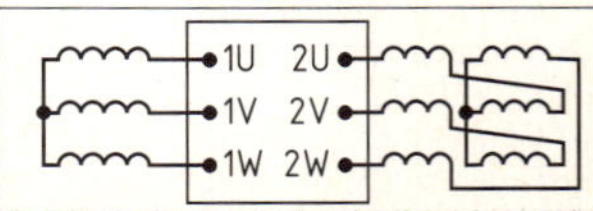

Parallelschalten von Leistungstransformatoren

VDE 0532 T.10/3.82

Bedingungen:

- gleiche Nennspannungen
- Schaltgruppen müssen zueinander passen, z. B., gleiche Kennzahlen, siehe auch Abbildung
- gleiche Übersetzung (innerhalb der Toleranzen)
- annähernd gleiche Kurzschlußspannung
- Nennleistungsverhältnis
  $\frac{S_{n1}}{S_{n2}} = \frac{3}{1}$

Für die Lastverteilung gilt:

$$\frac{S_1}{S_2} = \frac{S_{1n} \cdot u_{K2}}{S_{2n} \cdot u_{K1}} \text{ und } S_{ges} = S_1 + S_2$$

Wicklungen

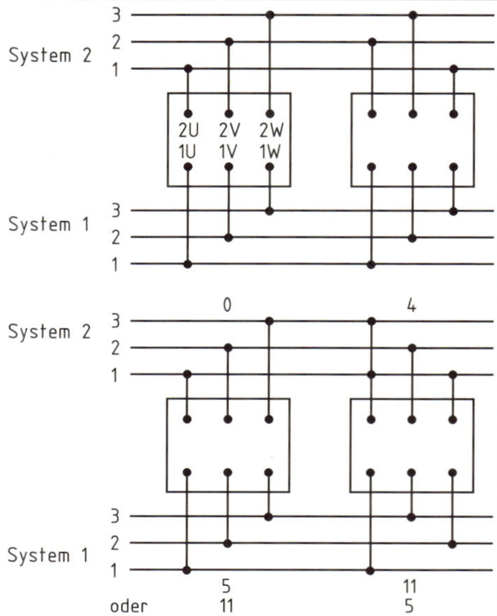

Kühlarten von Transformatoren

VDE 0532 T.2/3.83

O D A F

Innere Kühlung: Kühlmittel (O), Kühlmittelbewegung (D)

Äußere Kühlung: Kühlmittel (A), Kühlmittelbewegung (F)

Kurzzeichen	Kühlmittel
O	Mineralöl oder synthetische Kühl- und Isolierflüssigkeit (brennbar)
L	synthetische Kühl- und Isolierflüssigkeit (nicht brennbar)
G	Gas
W	Wasser
A	Luft

Kurzzeichen	Kühlmittel
N	natürliche
F	erzwungen (Öl nicht gerichtet)
D	erzwungen (Öl gerichtet)

Prüfen von Leistungstransformatoren

VDE 0532 T.10/3.82

Transformatorprüfung

(Formblatt für Prüfbericht siehe VDE 0532, Teil 10/3.1982)

Typprüfungen

- Erwärmungsmessungen
- Spannungsprüfungen

Stückprüfungen

- Messung des Wicklungswiderstandes
- Messung der Übersetzung und Nachweis der Polarität oder der Schaltgruppe
- Messung der Kurzschlußspannung, der Kurzschlußimpedanz und der Kurzschlußverluste
- Messung der Leerlaufverluste und des Leerlaufstromes
- Spannungsprüfungen
- Prüfung der Stufenschalter

Sonderprüfungen

- Spannungsprüfungen
- Messung der Nullimpedanz
- Nachweis der Kurzschlußfestigkeit
- Geräuschmessungen
- Messung der Oberschwingungen des Leerlaufstromes
- Messung des Eigenverbrauches der Lüfter- und Ölpumpenmotoren

Anschlußbezeichnungen von Transformatoren

DIN 42 402/3.76
DIN VDE 0532 T.4/3.82

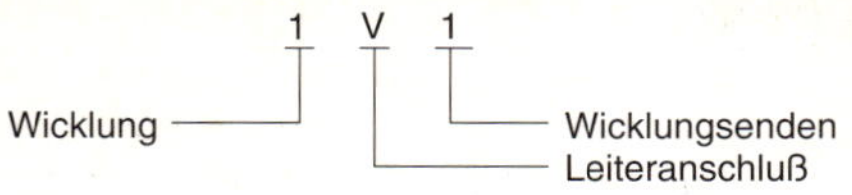

Ziffer	Wicklung
1	Wicklung 1 (z. B. Oberspg.-Wickl.)
2	Wicklung 2 (z. B. Unterspg.-Wickl.)
3	Wicklung 3
Buchstabe	**Leiteranschluß[1]**
U	Außenleiter 1
V	Außenleiter 2
W	Außenleiter 3
N	Neutralleiter
Ziffer	**Wicklungsenden**
1	Wicklungsanfang
2	Wicklungsende
3	Anzapfung
4	Anzapfung
. . .	fortlaufend gezählt

Siehe auch DIN 42 400 (Auszüge Seite 141)

Wicklungsstrang mit Anzapfungen in Wicklungsmitte

[1] Sind Zweifel ausgeschlossen, dann kann der Buchstabe entfallen!

Drehstromtransformatoren mit zwei Wicklungen; Schaltgruppe YNyn0

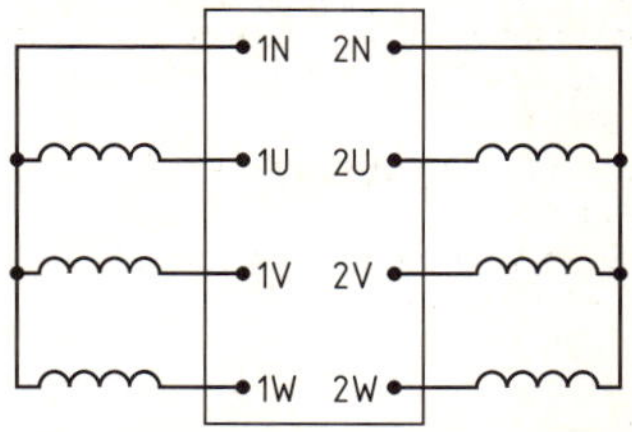

Zusatztransformator mit Erregerwicklung in Dreieckschaltung; Schaltgruppe III d5

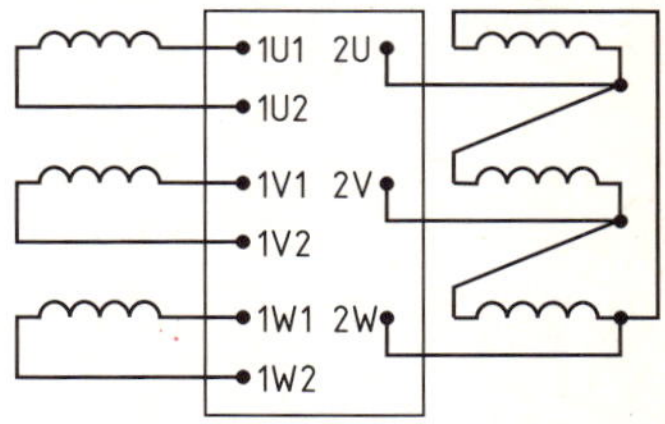

Einphasentransformator mit drei Wicklungen; Schaltgruppe I, i0; i0

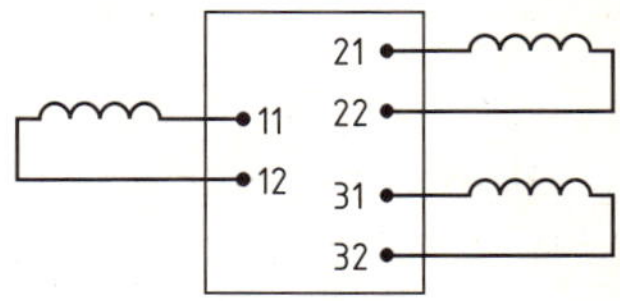

Leistungsschilder von Transformatoren

DIN VDE 0532 T. 1/3.82
DIN VDE 0532 T.10/3.82

Beispiel

Name oder Firmenzeichen

Typ	Nr	Baujahr	VDE 0532
Nennleistung kVA 160	Art LT	NennfrequenzHz 50	
1 20 400		Schaltgruppe Yzn 5	
Nennspg. V 2 20 000	400	U_m kV 24/1,1	
3 19 600			
Nennstrom A 4,62	231	Isolierstoffkl.	
Nennkurzschl.-Spg. % 4,1	Dauerkurzschl.-Strom kA		
Schutzart	Kurzschl.-Dauer max. s 2		
Kühlungsart DNAN			
Gesamt-Gewicht t 1,0	t 0,27		

Leistungsschild für einen Öltransformator mit Umsteller

Mindestangaben

- Art des Transformators
- Name des Herstellers
- Baujahr
- Nennleistung
- Nennspannungen
- Schaltgruppe
- Gesamtgewicht
- VDE-Nummer
- Fertigungsnummer
- Phasenzahl
- Nennfrequenz
- Nennströme
- Nennkurzschluß-spannung
- Ölgewicht

Zusatzangaben

- Isolierstoffklasse
- Schaltbild
- Kenndaten des Zubehörs
- Isolierflüssigkeit
- Übertemperatur
- Anzapfungsart
- Transportgewicht

Sondertransformatoren

DIN VDE 0541/9.71 DIN VDE 0550 DIN VDE 0551

Art	Bildzeichen bzw. Schaltung	Eigenschaften	Verwendung
Sicherheits- und **Schutztransformatoren**	**Trenntransformatoren** 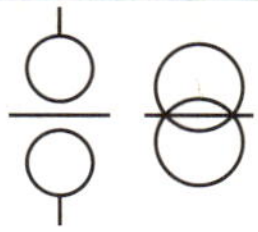	$U_{max} \leqq 1\,000$ V (Wechselspg.) $U_{max} \leqq 1\,500$ V (Gleichspg.) ortsveränderlich: ● schutzisoliert ● eine eingebaute Steckdose	Schutzmaßnahme Schutztrennung siehe auch Seite 171
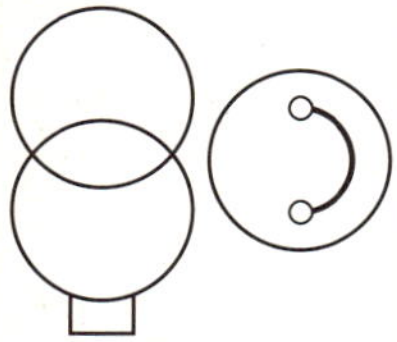	**Steuertransformatoren** 	$U_2 \leqq 250$ V	Schützensteuerungen
kurzschlußfest	**Kleinspannungstransformatoren**	$U_2 < 50$ V, $U_{2N} = 42$ V oder $U_{2N} = 24$ V	Schutzmaßnahme Schutzkleinspannung siehe Seite 171
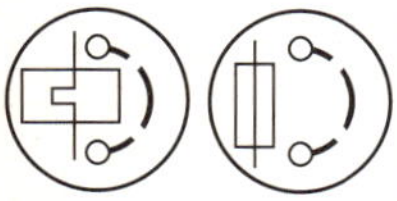	**Netzanschlußtransformatoren** 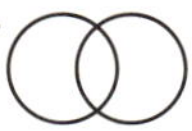	eine oder mehrere galvanisch getrennte Sekundärwicklungen	Elektronische Geräte
bedingt kurzschlußfest	**Klingeltransformatoren** 	$U_2 \leqq 12$ V, $U_2 = 3$ V/5 V/8 V/12 V nur eine Primärspannung	Haussignalanlagen
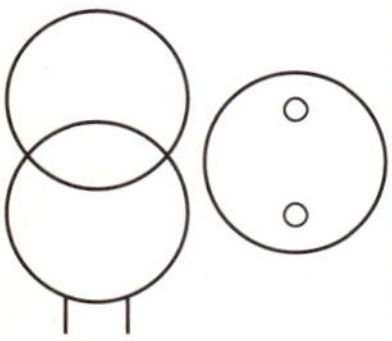	**Spielzeugtransformatoren** 	$U_2 \leqq 24$ V, schutzisoliert nur mit Spezialwerkzeug zu öffnen	Kinderspielzeug
	Handleuchtentransformatoren 	schutzisoliert	in besonderen Räumen
nicht kurzschlußfest offen gekapselt	**Auftautransformatoren** 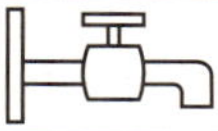	$U_2 \leqq 24$ V, schutzisoliert eine Ausgangsspannung	Auftauen eingefrorener Wasserleitung
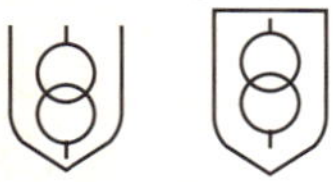	**Transformatoren für medizinische Zwecke** 	$U_2 \leqq 24$ V, in Sonderfällen 6 V schutzisoliert	medizinische Geräte
Zündtransformatoren	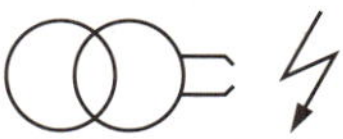	$U_2 = 5;\ 7;\ 10;\ 14$ kV Primär- und Sekundärwicklung galvanisch getrennt	Gas- und Ölfeuerungsanlagen
Schweißtransformatoren		$U_2 \leqq 70$ V, $U_2 \leqq 42$ V in engen Behältern I_2 steuerbar	Elektroschweißen
Streufeldtransformatoren		unbedingt kurzschlußfest, $u_{k\%} \leqq 100$ % haben baubedingt große Streuinduktivitäten	Klingel-, Spielzeug-, Schutz- und Zündtransformatoren, Transformatoren für Leuchtröhrenanlagen
Spartransformatoren	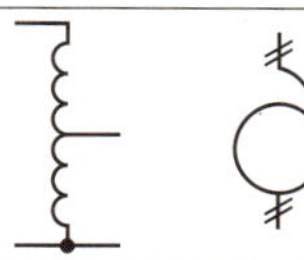	keine galvanische Trennung $S_D = U_2 \cdot I_2$; $U_1 > U_2$; $U_2 > U_1$ $S_B = S_D\left(1 - \frac{U_2}{U_1}\right)$ $S_B = S_D\left(1 - \frac{U_1}{U_2}\right)$	Wenn $U_1 \approx U_2$
	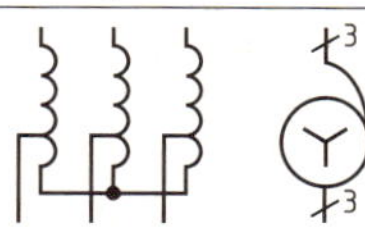	keine galvanische Trennung	Anlassen von Drehstrommotoren

4 Anlagen

Kraftwerke

1. Wärmekraftwerk (Braunkohle)

Beispiel: Niederaußem Block A bis H, 2700 MW

Turbinen (8)	Generatoren (8)	Transformatoren (8)	Angaben zum Kraftwerk (Werte gerundet)
P_{1-2} = 150 MW P_{3-6} = 300 MW P_{7-8} = 600 MW n = 3000 min^{-1} Dampfturbine: Hochdruck-, Mitteldruck-, Niederdruckteil	S_{1-2} = 214 MVA S_{3-6} = 400 MVA S_{7-8} = 780 MVA U_{1-2} = 10,5 kV U_{3-8} = 21 kV I_{1-2} = 11,8 kA I_{3-6} = 11 kA I_{7-8} = 21,5 kA $\cos \varphi = 0{,}75$	T 1–2: je 1 x 200 MVA 220/10,5 kV T 3–6: je 2 x 200 MVA 220/21 kV T 7–8: je Phase 266 MVA 400/21 kV	• Energieerzeugung (Maximalwert): 64,8 Mill. kWh/Tag • Verbrauch an: Rohkohle: 73 000 t/Tag Rohwasser: 148 000 m^3/Tag Eigenbedarf an Energie: 3,63 Mill. kWh/Tag • Ascheanfall (Kessel- und Filterasche): 4 600 t/Tag

2. Wärmekraftwerk (Steinkohle)

Beispiel: Ibbenbüren Block B, 770 MW

Turbine	Generatoren	Transformatoren (3)	Angaben zum Kraftwerk
P = 745 MW n = 3000 min^{-1} Dampfturbine: Hochdruck-, Mitteldruck-, Niederdruckteil	S = 850 MVA U = 21 kV I = 21 kA $\cos \varphi = 0{,}876$	T 1: 800 MVA 220/21 kV T 2: 80/40/40 MVA 10/21 kV (Dreiwickeltransformator) T 3: 40 MVA 110/10 kV	• Wasser- bzw. Dampfmenge in Turbine: 2160 t/h • Luftreinhaltung: Elektrofilter • Rauchgasentschwefelung mit Entstehung von Calziumsulfit (Gipserzeugung)

Wasserkraftwerke

3. Laufwasserkraftwerk

Beispiel: Koblenz (Moselkraftwerk) 16 MW

Turbinen (4)	Generatoren (4)	Transformatoren (2)	Angaben zum Kraftwerk
P_{1-2} = 3,22 MW n = 71,5 min^{-1} η = 83,5 % Kaplanturbine: senkrechte Welle	S_{1-4} = 4 MVA U_{1-4} = 10,5 kV I_{1-4} = 0,22 kA $\cos \varphi = 0{,}7$ η = 91,6 %	T 1: 6,3 MVA 20/10,5 kV T 2: 10 MVA 20/10,5 kV	• Nennfallhöhe: 4,15 m • Nennwasserstrom je Turbine: 95 m^3/s • Jahresarbeit (Durchschnittswert): 62 GWh

4. Pumpspeicherkraftwerk

Beispiel: Herdecke (Koepchenwerk) 160 MW

Turbinen (4)	Generatoren (4)	Transformatoren (4)	Angaben zum Kraftwerk
P_{1-4} = 35,7 MW n = 300 min^{-1} Wassermenge je Turbine: 25,8 $\frac{m^3}{s}$ Francis- Spiralturbine	S_{1-4} = 40 mVA U_{1-4} = 11,25 kV I_{1-4} = 2,05 kA $\cos \varphi = 0{,}8$ η = 66 % (Pumpspeicherwirkungsgrad)	T 1–2: 40 MVA 110/11,25 kV T 3–4: 40 MVA 220/11,25 kV	• Nennfallhöhe: 155 m • Speicherbecken Nutzinhalt: 1,53 Mio. m3 Energieinhalt: 540 MWh • Pumpzeit je Füllung: 7,5 h • Entleerzeit (Vollast): 4,5 h • durchschnittliche Jahresarbeit: 200 GWh

5. Erdgaskraftwerk

Beispiel: Meppen 600 MW

Turbine	Generator	Transformatoren (5)	Angaben zum Kraftwerk
P = 600 MW n = 300 min^{-1} Dampfturbine: Hochdruck-, Mitteldruck-, Niederdruckteil	S = 780 MVA U = 21 kV I = 21 kA $\cos \varphi = 0{,}77$	T 1–3: je Phase 266 MVA 400/21 kV T 4: 200 MVA 110/21 kV T 5: 40/20/20 MVA 6,3/21 kV	• Erdgasfelder von Schonebeck (Holland) s = 40 km • Rohrleitung: d = 600 mm • Gasdruck: p = 40 bar • benötigte Gasmenge für Nennleistung: 180 000 $\frac{m^3}{h}$ • Erdgasentschwefelung

Kraftwerke

6. Kernkraftwerk

Beispiel: Biblis (Block A und B) 2500 MW

Turbinen (6)	Generatoren (2)	Transformatoren (4)	Angaben zum Kraftwerk
1 Turbinensatz (3) je Generator P_{1th} = 3540 MW P_{2th} = 3752 MW n_{1-2} = 1500 min^{-1} Dampfturbine mit Hochdruck- und Niederdruckteil	S_1 = 1500 MVA S_2 = 1530 MVA U_{1-2} = 27 kV η = 33 % (Wirkungsgrad bezogen auf Nettoleistung)	T1–3: 2 x 725 MVA 420/27 kV T4: 1000 MVA 245/27 kV	● Hauptkühlmittelpumpen Fördermenge je Block: $4 \cdot 18\,000 \frac{t}{h}$ ● Motorleistung je Block: 8550 kW ● Kühlwassermenge: $198\,000 \frac{m^3}{h}$ (A); $218\,000 \frac{m^3}{h}$ (B)

7. Solarkraftwerk (Versuchsanlage)

Übersichtsschema

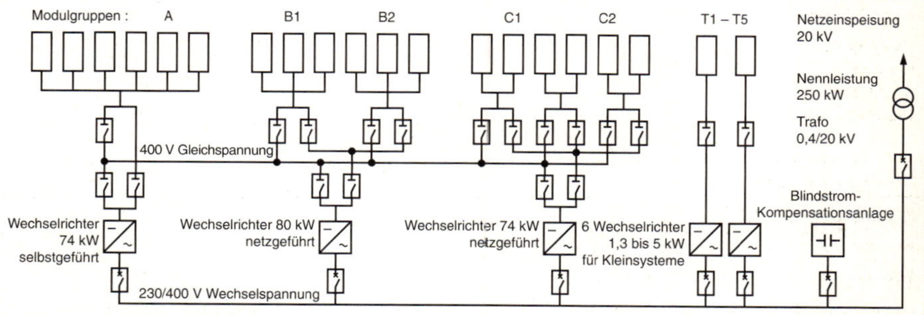

Beispiel: Kobern-Gondorf 340 kW
Solarfelder der Photovoltaik-Anlage

Feld	Größe in m²	Modul-zahl	P_{max} in kWp[1)]	P_n in kW	U_n in V	I_n in A
A	1109	2244	100	74	354	208
B1	555	1122	50	37	354	104
B2	538	966	58	43	373	114
C1	601	1584	64	46	381	124
C2	259	720	38	28	375	78
T1	122	250	12,6	9,2	90	104
T2	100	192	5,8	4,3	44	12
T3	97	224	5,1	4,0	42	91
T4	124	432	5,2	4,0	362	11
T5	13	6	1,4	0,9	276	4

1) kWp ≙ Kilowattpeak, d. h. summierte Gleichstrom-Spitzenleistung der Module

Angaben zum Kraftwerk

- Siliziumstruktur der Solarmodule:
  - multikristallin (Felder A–B2)
  - monokristallin (Felder C1–T1, T5)
  - amorph (Felder T2–T4)
- Nenngleichspannung: 380 V (Felder A–C2); 40–400 V (Testfelder)
- Gleichstrom-Spitzenleistung: 340 kWp
- Wechselstrom-Nennleistung: 250 kW
- Betriebsdauer: ca. 3900 h/a
- Betriebsdauer (Vollast): ca. 100 h/a
- Netzeinspeisung (1989): 203 MWh/a
- Jährlicher Nutzungsgrad (≙ Anlagenwirkungsgrad): 6,7 %
- Nennwirkungsgrad bezogen auf die Spitzenleistung: 4,1 bis 13,3 %

Einsatz der Kraftwerke

Grundlastwerke	Mittellastwerke	Spitzenlastwerke
● konstante Abgabeleistung ● Energieträger: Braunkohle, Laufwasser, Kernkraft	● veränderliche Abgabeleistung ● Energieträger: Steinkohle, Öl, Erdgas	● Deckung der Lastspitzen ● Energieträger: Wasser im Pumpspeicher, Erdgas

Arten von Turbinen

Kaplanturbine	Francisturbine	Kondensations-Dampfturbine
● niedrige Fallhöhe (bis 40 m) ● senkrechte oder zur Fließrichtung geneigte Welle	● große Fallhöhe (bis 350 m) ● Abfall des Wirkungsgrades bei geringem Wasseraufschlag	● Hochdruckteil ● Mitteldruckteil ● Niederdruckteil

Primärelemente

Zustandswerte von Elementen

Begriff	Erklärung
Ruhespannung, Leerlaufspannung	Klemmenspannung des unbelasteten Elements
Arbeitsspannung, Nennspannung	Klemmenspannung bei Belastung
Entladeend-spannung	minimal zulässige Betriebsspannung (halbe Nennspannung)
Entladeschluß-spannung	Klemmenspannung, bei der das Element als entladen gilt
Selbstentladung	innerer Vorgang, der bei Lagerung die Betriebsdauer vermindert
Dauerentladung	ununterbrochene Strom-entnahme
Innenwiderstand	innerer Widerstand der Zelle
Lecksicherheit	Schutz gegen Elektrolyt-austritt, der durch konstruktive Maßnahmen erreicht wird

Temperaturverhalten

Temperatur	Erklärung
$\vartheta \leq -20°C$	keine Entladung
$-10°C < \vartheta < 0°C$	schlechter Wirkungsgrad
$10°C < \vartheta < 20°C$	normale Betriebsbedingung
$30°C < \vartheta < 40°C$	Verluste an Kapazität
$\vartheta > 50°C$	große Selbstentladung, Erweichung der Vergußmasse

Bezeichnung

R 14

Größe 14

R für Rundzelle

S für rechteckige oder quadratische Zelle

F für Flachzelle

Typbezeichnung

10 F 20 - 2

Größe 20

Flachzelle

Batterie aus 2 mal je 10 in Reihe geschalteten Zellen

Beispiel: Darstellungen

R 14

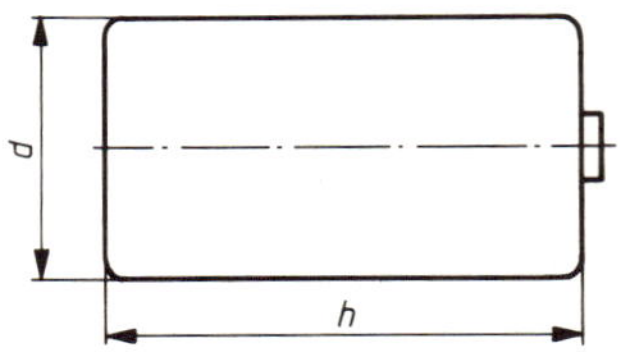

$d = 26$ mm
$h = 50$ mm

Typen von Trockenbatterien (Zink/Salmiak/Braunstein-Zink/Zinkchlorid/Braunstein Zellen)

Nenn-spanng. in V	IEC-Be-zeich-nung	Handels-bezeich-nung	Max. Abmessung in mm d	h	l	b
1,5	R03	Mikro	10,5	44,5	–	–
	R1	Lady	12	30	–	–
	R3	halbe Mignon	14,5	25	–	–
	R6	Mignon	14,5	50	–	–
	R12	Normal	21,5	60	–	–
	R14	Baby	26	50	–	–
	R20	Mono	34	61,5	–	–
	R40	Super	67	172	–	–
4,5	3R12	Normal	–	67	62	22
6	4R25	–	–	98	67	67
9	6F22	–	–	48,5	26,5	17,5
	6F25	–	–	50	25,5	25,5
	6F50–2	–	–	70	36	34,5
15	10F15	Anoden-batterie	16	35	–	–

Beispiel: Entladekurve des Elements R14

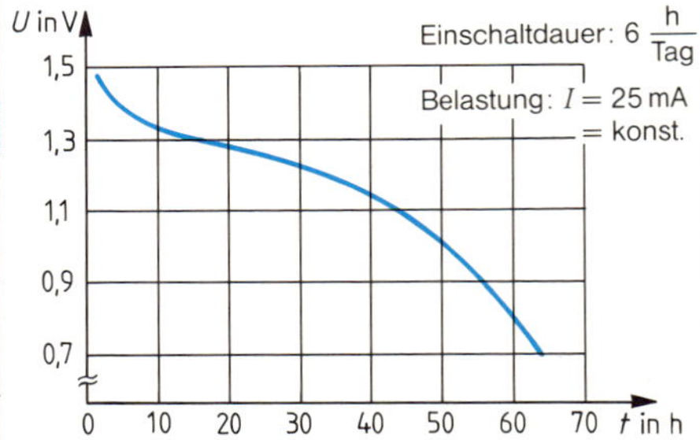

Lithium-Batterien

Nenn-spanng. in V	System-Bez. Kato-de/Anode	Nenn-kapazität in m Ah	Anwendung
3	Li/MnO_2	30– 200 160–1400	Armbanduhren Taschenrechner Film- und Fotogeräte
3	Li/CrO_x	1000	Stromversorgung in elektronischen Datenspeichern
1,5	Li/Bi_2O_3	35/45	Armbanduhren El. Datenspeicher

Primärelemente

Bezeichnungen

A	Luftsauerstoff-Element
M, N	Quecksilberoxid-Element
L	Alkali-Mangan-Element
S	Silberoxid-Element

Typen von Luftsauerstoff-Elementen A

Nennspannung in V	IEC-Bezeichnung	Nennkapazität in Ah	Anwendung
1,5	AS 4	50	Fernmeldeanlagen
1,5	AR 40	85	desgl.
3	–	85	Weidezäune
7,5	–	105	desgl.
9	6AS 4	53	desgl. Fernmeldeanlagen
9	6AS 6	110	Weidezäune

Typen von alkalischen Elemente (Auswahl) M, N

Nennspannung in V	IEC-Bezeichnung	Durchmesser in mm	Anwendung
Quecksilberoxid-Elemente			
1,35	MR 9	15,5	Knopfzelle: Belichtungsmesser
1,4	NR 07	11,6	Knopfzelle: Hörgeräte
1,4	NR 9	15,5	desgl.
Alkali-Mangan-Elemente L			
1,5	LR 9	15,5	Knopfzelle: Kameras, Hörgeräte
1,5	LR 1	12	Rundzelle: Kameras, Hörgeräte
1,5	LR 14	26	desgl. Tonbandgeräte Rasierer, Blitzgeräte
Weitere Alkali-Mangan-Elemente für 3 V, 4,5 V und 6 V			
Silberoxid-Elemente S			
1,5	SR 48	7,9	Knopfzelle: Hörgeräte
1,5	SR 07	11,6	Knopfzelle: Hörgeräte

Entladekurven (Richtkurven)

Luftsauerstoff-Element AS 4 bei Belastung:
$R = 20\ \Omega$ = konst.

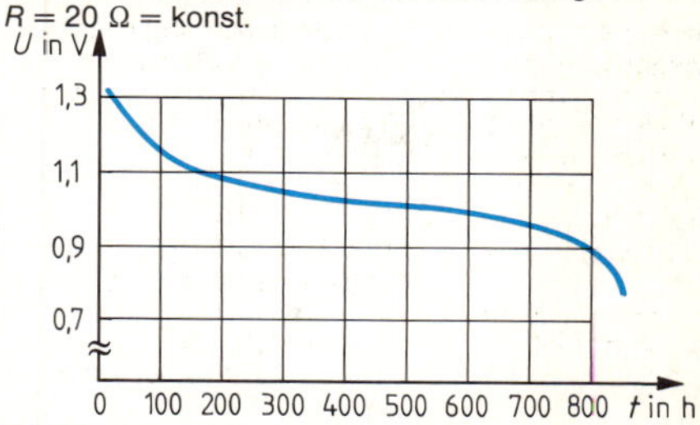

Quecksilberoxid-Element MR 9 bei Belastung: $R = 7{,}5\ k\Omega$ (konstant)

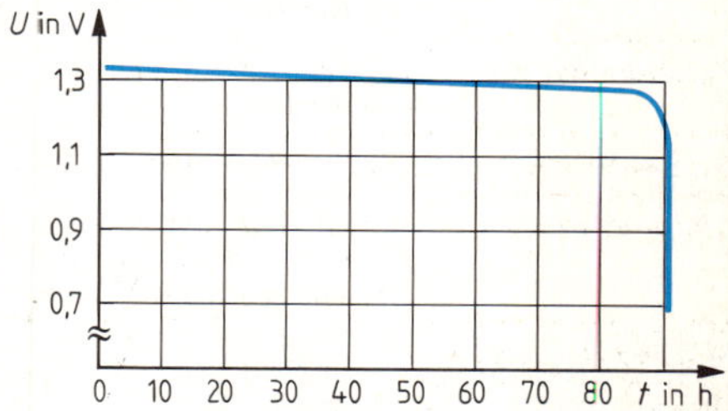

Alkali-Mangan-Element LR 1 bei Belastung: $R = 300\ \Omega$ (Hörgeräte-Prüfung)

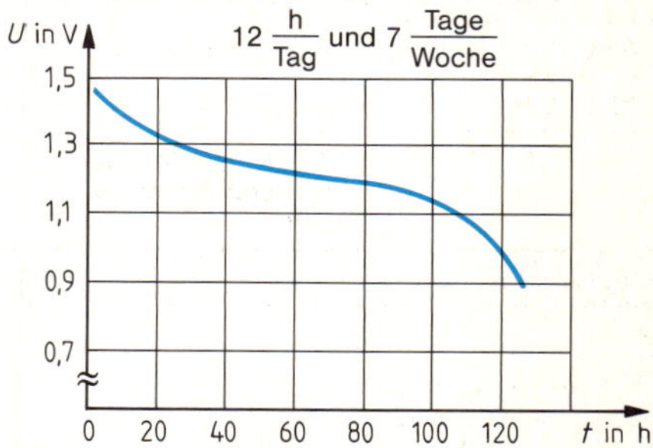

Silberoxid-Element SR 48 bei Belastung: $R = 1500\ \Omega$

Einschaltdauer: 16 $\frac{h}{Tag}$

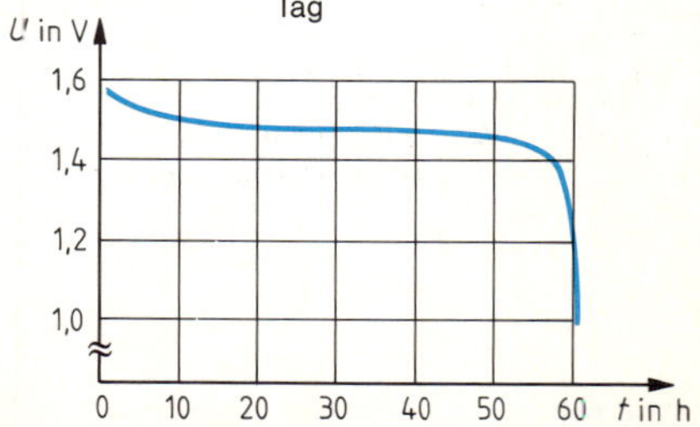

Bleiakkumulatoren

DIN 40 732 / 5. 78
DIN 72 310 / 01. 88
DIN 72 311 T. 13 / 9. 76

Grundbegriffe von Akkumulatoren

Nenn-kapazität C_5, C_{10}, C_{20} (K_5, K_{10}, K_{20}) [1]	Sollwert der Kapazität bei einer Entladedauer von 5, 10 und 20 Stunden mit dem zugehörigen Strom I_5, I_{10} und I_{20} Beispiel: C_5 = 100 Ah ● 5stündige Entladung ● Kapazität 100 Ah ● Entladestrom I_5 = 20 A
Strom- bzw. Ah-Wirkung-grad η_{Ah}	$\eta_{Ah} = \frac{I_E \cdot t_E}{I_L \cdot t_L}$ I_E: Entladestromstärke, I_L: Ladestromstärke
Energie- bzw. Wh-Wirkungs-grad η_{Wh}	$\eta_{Wh} = \frac{W_E}{W_L}$ W_E: Entladeenergie, W_L: Ladeenergie
Ladefaktor	Kehrwert des Ah-Wirkungsgrades Beispiel: Ladefaktor 1,2 $I_E \cdot t_E$ = 100 Ah $I_L \cdot t_L$ = 120 Ah

Typnummer (Zellen, Blockbatterien)

0 84 21

- 21: Unterscheidung technischer Eigenarten (Herstellerangabe)
- 84: Nennkapazität 84 Ah
- 0: Nennspannung:
  Ziffer 0 … 4 ≙ 6 V
  Ziffer 5 … 7 ≙ 12 V

Bezeichnung von Starterbatterien

6 V 6 O Gro S 150 DIN 40 732-b

- b: Plattenverbinder
- 150: Entladedauer bei 20 h
- S: Ausführung
- Gro: Plattenoberfläche
- O: Art der Anlage
- 6: Anzahl der pos. Platten
- 6 V: Nennspannung in V

Kurzzeichen

Kurzzeichen	Bedeutung
O	ortsfeste Zelle, Batterie
Gro	Großoberflächenplatte
Gi	Gitterplatte
Pz	Panzerplatte
S	Standardausführung
Q	querliegende Platte
F	Fahrzeug
E	Engeinbau
v b s	Plattenverbinder: vergossen verschraubt verschweißt

1) In älteren Normen K_n für Nennkapazität

Abmessungen von Starterbatterien (Maße in mm)

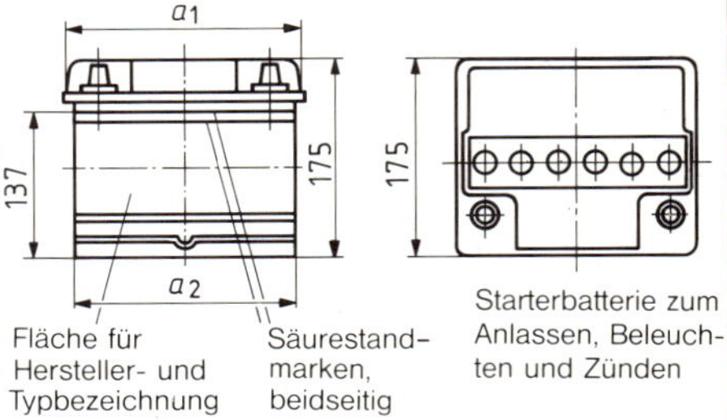

Starterbatterie zum Anlassen, Beleuchten und Zünden

Batterietypen

Typnummer	Nennspg. in V	Nennkap. C_{20}[1]) in Ah	a_1 max.	a_2 max.	Masse in kg
52 712	12	27	210	195	12
53 621		36			13
54 533		45	249	234	16
55 415		54	293	278	19
56 316		63			20

1) Nennkapazität bei 20stündiger Entladung, Säuredichte 1,28 kg/l, Säuretemperatur 27° C

Ladung von Starterbatterien

Stromstärke: $I_L = \frac{0{,}05}{h} \cdot C_{20}$

Ende der Ladung: Ladespannung und Säuredichte steigen nach 3 Ablesungen pro Stunde nicht mehr an.

Säuretemperatur: 15 … 55° C

Säuredichte (Nennsäuredichte): 1,28 ± 0,01 kg/l bei 27° C

Korrekturformel bei Temperatur ϑ
Dichte (27° C) = abgelesene Säuredichte + 0,0007 $(\frac{\vartheta}{°C} - 27)$ in $\frac{kg}{l}$

Fahrzeugbatterien (Auswahl) Blockbatterien mit Gitterplatten

Bezeichnung	Nennspannung in V	Nennkapazität C_{20} in Ah
Kraftrad-Batterien	6	4,5 … 8, 12
	12	9 … 25
Kraftfahrzeug-Batterien	6	56 … 180
	12	18 … 180
Flugzeug-Batterien	12	33 … 990
	24	36

Bleiakkumulatoren

DIN 40732/5.78
DIN 72310/01.88
DIN 72311 T. 13/9.76

Technische Ladedaten von Bleiakkumulatoren

Bezeichnung	Fahrzeug-Batterie GiS	Fahrzeug-Batterie PzS	ortsfeste Batterie Gro	ortsfeste Batterie PzS	Kraftfahrzeug-Batterie
Kapazität	C_5	C_5	C_{10}	C_{10}	C_{20}
Ladefaktor	1,17	1,2	1,1	1,2	1,15
Wirkungsgrad der Energie η_{Wh}	0,7	0,68	0,75	0,68	0,75

Zeitlicher Verlauf von Ladespannung, Ladestrom, Säuredichte und Temperatur bei Ladung einer Zelle 5 GiS 250 (Ladekurven)

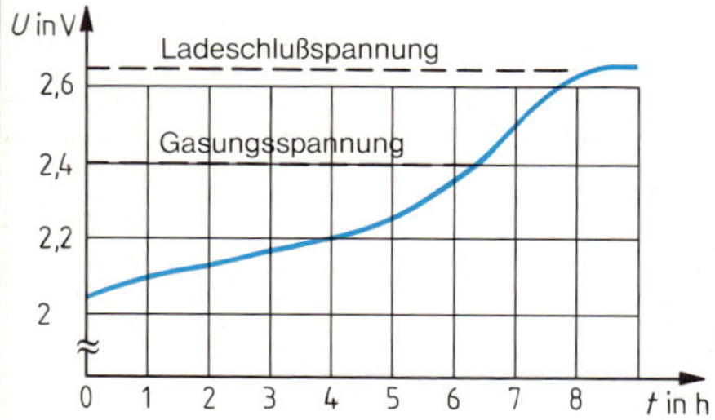

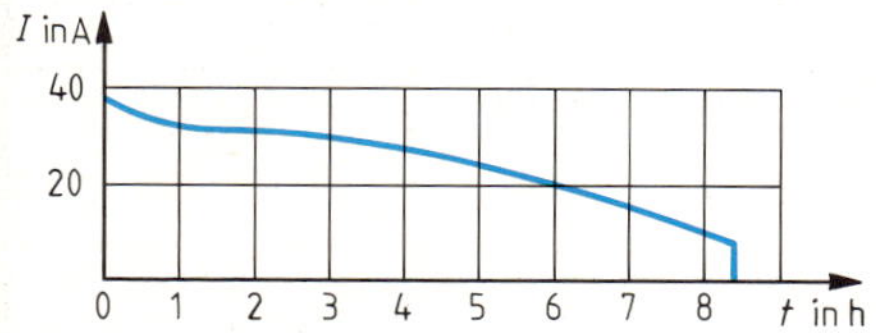

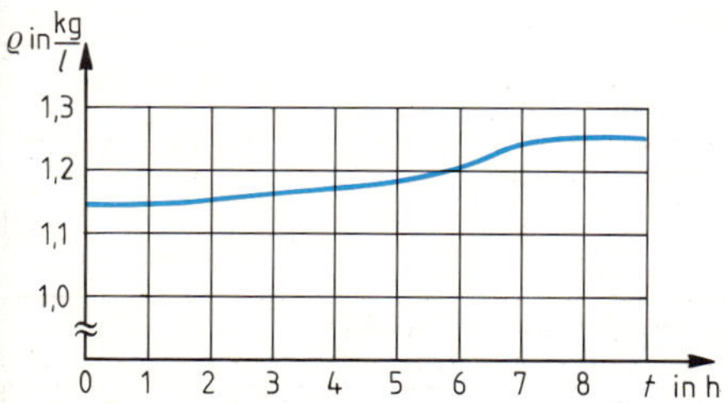

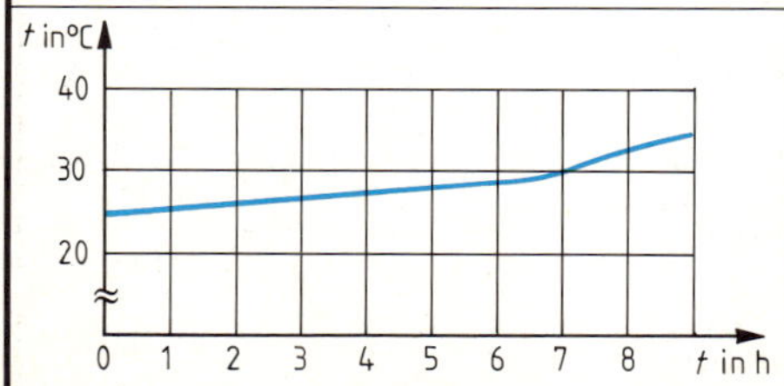

Ladestromhöchstwerte

Batteriearten	Nennkapazität	Ladestrom in A für je 100 Ah 1)	2)	3)
Starter-Batterie	C_{20}	10	12/6	2
Gro (Fahrzeug-Batt.)	C_5	10	14/7	3
Gro (ortsfeste Batt.)	C_{10}	8,5	12/6	3
OPzS	C_{10}	5	7/3,5	2
GiS, PzS	C_5	5	8/4	2

1) Laden mit konstantem Strom und Abschalten bei Volladung
2) Laden mit fallendem Strom und Abschalten bei Volladung; Gasungsbeginn bei 2,4 V je Zelle; Ladeschlußstrom bei 2,65 V je Zelle
3) Ladeschlußstrom nach 72 h Ladedauer

Betriebsarten von Akkumulatoren

Bezeichnung/Anwendung	Blockschaltbilder
Batteriebetrieb (Elektrofahrzeug: Entlade-Lade-Betrieb)	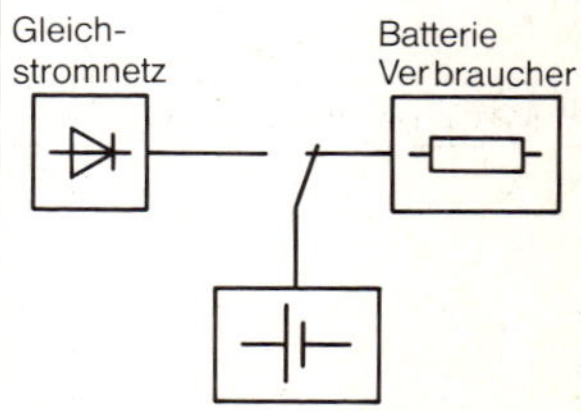
Umschaltbetrieb (Notbeleuchtung) mit Ladegerät	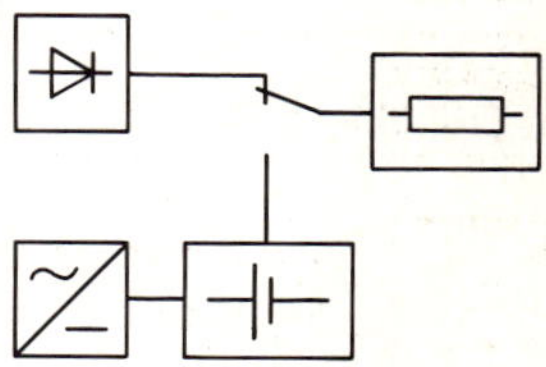
Parallelbetrieb (Fernmeldeanlagen und Starterbatterie) als Pufferbetrieb	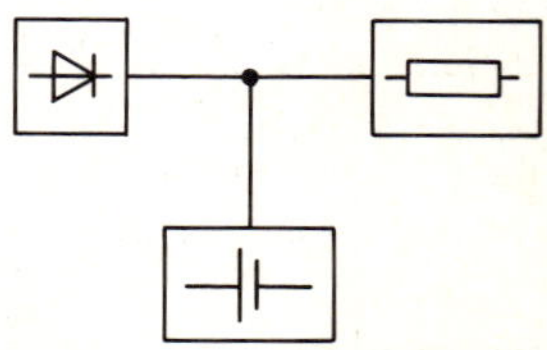

Stahlakkumulatoren

DIN 43 539 T. 14 / 1.85
DIN 43 539 T. 15 / 10.86
DIN 40 771 T. 1 / 12.81
DIN 40 751 / 1.83
DIN 40 765 / 11.68
DIN 40 766 / 11.87
DIN 40 768 / 9.69

Typenreihen

Offene Nickel-Cadmium- bzw. Nickel-Eisen-Akkumulatoren

Bezeichnung	Kapazitätsbereich	Anwendung
Röhrchenplatten (R)-Zellen (Ni)+, Cd(–) oder Fe(–)	... 1050 Ah	Fahrzeuge
Taschenplatten (T)-Zellen Ni(+), Cd(–)		
• normaler Innenwiderstand	75 Ah ... 520 Ah 10 Ah ... 140 Ah	bis maximal einstündige Belastung
• verminderter Innenwiderstand	65 Ah ... 300 Ah 7,5 Ah ... 125 Ah	Hochstrombelastungen
Faltband Zellen Ni(+), Cd(–)	2,5 Ah ... 450 Ah	Akkumulatoren für Grubenlampen
Sinter(S)-Zellen (Ni(+), Cd(–)	5 Ah ... 40 Ah	kurzzeitige Hochstrombelastungen

Gasdichte Nickel-Cadmium-Akkumulatoren

Knopfzellen (GNK, GHK)	10 mAh ... 1000 mAh	Taschenrechner Funksprechgeräte
Zylindrische Zellen (GSZ)	0,1 Ah ... 7 Ah	Meßgeräte, Hörgeräte
Prismatische Zellen (GSP)	1,6 Ah ... 50 Ah	Filmleuchten Fotoblitzgeräte
Monoblock-Batterien	3 Ah ... 6 Ah	Bild- und Tonwiedergabegeräte

Technische Daten für das Laden

Bezeichnung	Nennkapazität C_N	Ladefaktor	Wirkungsgrad der Energie η_{Wh}
Nickel-Cadmium			
R-Zellen	C_5	1,4	0,5
T-Zellen	C_5	1,4	0,6
S-Zellen	C_5	1,2	0,7
Nickel-Eisen R-Zellen	C_5	1,4	0,5

Zeitlicher Verlauf der Ladespannung in Abhängigkeit von der Ladezeit mit dem Nennstrom I_{10}

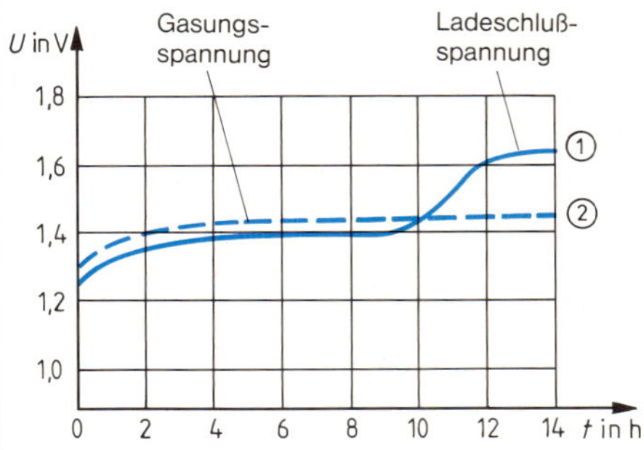

① offene Nickel-Cadmium-Akkumulatoren
② gasdichte Nickel-Cadmium-Akkumulatoren bei Raumtemperatur 20°C

Gasdichte Nickel-Cadmium-Akkumulatoren

Baugrößen von zylindrischen Zellen mit Sinter-Elektroden

Kurzzeichen	Nennkapazität C_5 in Ah[1]	Masse in g	Maße (gerundet) in mm d	h
GSZ 15/18	0,12	8	14,5	18,0
GSZ 12/30	0,15	8	12,0	30,0
GSZ 11/45	0,18	10	10,5	44,5
GSZ 15/29	0,25	12	14,5	29,0
GSZ 18/29	0,45	20	17,5	28,5
GSZ 15/51	0,5	30	14,5	50,5
GSZ 23/43	1,2	50	23,0	42,8
GSZ 27/50	1,8	70	26,2	50,0
GSZ 35/62	4	150	34,2	61,5
GSZ 35/92	7	250	34,2	91,3
GSZ 44/91	10	340	43,5	91,0

Baugrößen von prismatischen Zellen mit Sinter-Elektroden

Kurzzeichen	Nennkapazität C_5 in Ah[1]	Masse in g	Maße (gerundet) in mm l	b	h
GSP 2,4	2,4	115	16	41	63
GSP 4,5	4,5	200	16	41	98,5
GSP 10	10	400	38	41	100,5
GSP 15	15	800	30	76	124,5

[1] Nennkapazität bei 5stündiger Entladung (Beispiel: $C_5 = 2{,}4$ Ah, dann $I_5 = 0{,}48$ A)

Kennwerte (Auswahl)

Nennspg. in V	Entladeschlußspg. in V	Mindestentladedauer	Ladespg. bei $0{,}5 \cdot I_5$ in V	Temperaturbereiche °C Laden	Entl.
1,20	1,0	4h45min	1,35 bis 1,5	+10 bis +35	–20 bis +45

Laden von Akkumulatoren

DIN VDE 0510/01.77
DIN 41 722 Beibl. 1/02.79

Ladegeräte für Bleiakkumulatoren mit flüssigen Elektrolyten:

Eigenschaften von Ladegeräten:
- Berührungsschutz, Schutzisolierung
- tropfwassergeschütztes Gehäuse (IP 22)
- eingebauter Überstromauslöser (Schutz gegen Kurzschluß, falsche Polung und Überlastung)

Hinweise zum Laden von Bleiakkumulatoren:
- Polarität: + an +, – an –
- Ladespannung: Zellenzahl · 2,75 V
- Belüftung des Laderaumes (DIN VDE 0510)
- Nachfüllung von destilliertem Wasser zu Beginn des Gasens

Kontrolle des Ladezustandes bei Bleiakkumulatoren

Säuredichte von ortsfesten Batterien:
entladen bei 1,14 g/cm^3
geladen bei 1,2 g/cm^3

Säuredichte von Fahrzeugbatterien:
entladen bei 1,12 g/cm^3
geladen bei 1,28 g/cm^3

kleinste Entladespannung:	1,8 V/Zelle
Gasungsspannung:	2,4 V/Zelle
Ladeschlußspannung:	2,65 V/Zelle
größte Ladespannung:	2,4 V/Zelle

Ladegeräte für Bleiakkumulatoren

Bezeichnung	Normalgeräte	Automatik-Geräte
Nennspannung	6 V und 12 V	12 V
Nennladestrom	6 A	
Nennanschluß-spannung	230 V ~, 50 Hz	
Überstrom-auslöser	6 A (im Ladestromkreis)	
Verwendung	6 V ab 30 Ah 12 V ab 15 Ah	12 V ab 15 Ah zur Haltung des Vollade-zustandes

Ladegeräte für gasdichte Ni-Cd-Akkumulatoren

Arten von Steckerladern

Lade-strom in mA	Anschluß-spannung	Abmessungen (L x B x H) in mm	Ladbare Zellen- und Batteriezahl
1 2 5	115/230 V ~, 50 Hz	60 x 33 x 17 60 x 33 x 17 100 x 57 x 62	1 … 2
11	230 V~, 50 Hz	70 x 40 x 76	1
9 15 18	115/230 V ~, 50 Hz	82 x 53 x 60 82 x 53 x 60 100 x 57 x 62	1 2 1 … 4

Ladekennlinien von Akkumulatoren

Prinzip/Anwendung

Konstantstromladen (I):
- Änderung der Ladespannung (U_L), daß Ladestrom konstant bleibt
- Volladen von Blei-Akkumulatoren, Teil- und Volladen von Ni-Cd-Akkumulatoren

Konstantspannungsladen (U):
- Änderung des Ladestromes (I_L) im Ladegerät, daß U_L bei Erreichen der Gasungsspannung konstant bleibt
- schnelles Teilladen von Blei-Akkumulatoren, Erhaltungsladen (2,2 V/Zelle bei Blei-, 1,4 V/Zelle bei Ni-Cd-Akkumulatoren)

Laden nach Widerstandskennlinie (W):
- Beeinflussung des Ladevorgangs durch Vorwiderstand und Absenken des Ladestromes bei Erreichen der Gasungsspannung
- Laden von Ni-Cd-Akkumulatoren, nach Volladen Abschaltung von Hand

Zeitlicher Verlauf

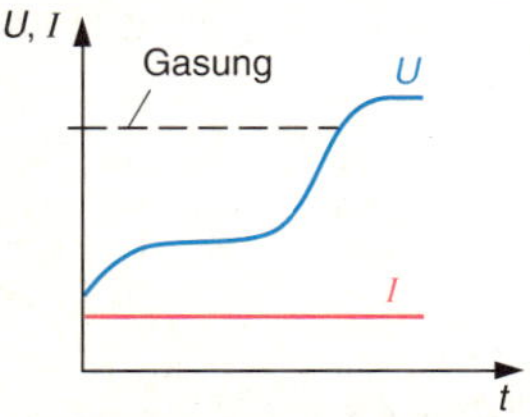

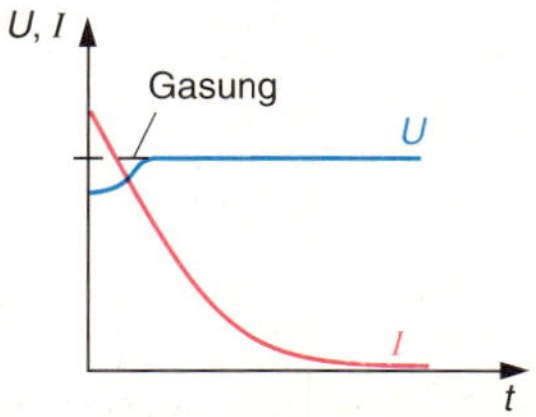

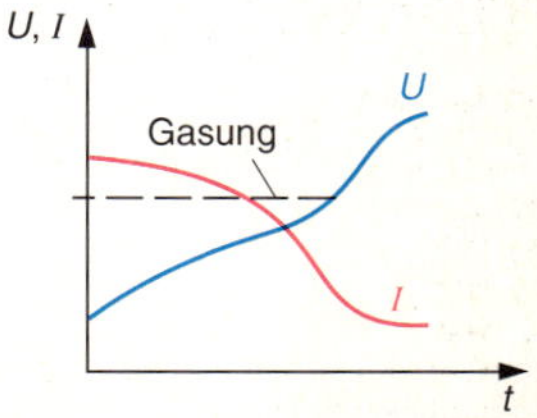

Umweltschutz, Recycling

Batterien

Umweltgefährdung:
- Quecksilber
- Blei und Cadmium
- Nickel und Zink

Maßnahmen zum Schutz:
- Rückgabe an Handel
- Sondermüllsammlung
- Wiederverwertung

Alternativen:
- wiederaufladbare Batterien
- solarbetriebene Geräte

Nennspannungen, Netzarten, Masttypen

IEC 38/05.87
DIN 48350/10.54

Nennspannungen von Netzen

Bezeichnungen		Nenngrößen			
Gleichstrom-Bahnnetze	in kV	0,75	1,5	3	–
Drehstrom-4- oder 3-Leiter-Netze	in V	230/400[1])	277/480	400/690	1000
	in Hz	50	50	50	50
Einphasen-Wechselstrom-Bahnnetze	in kV	15	25	–	–
	in Hz	16⅔	50, 60	–	–

[1]) Nennspannungen in 220/380 V- und 240/415 V-Netzen müssen innerhalb von 20 Jahren auf 230/400 V gebracht werden.

Freileitungsmast

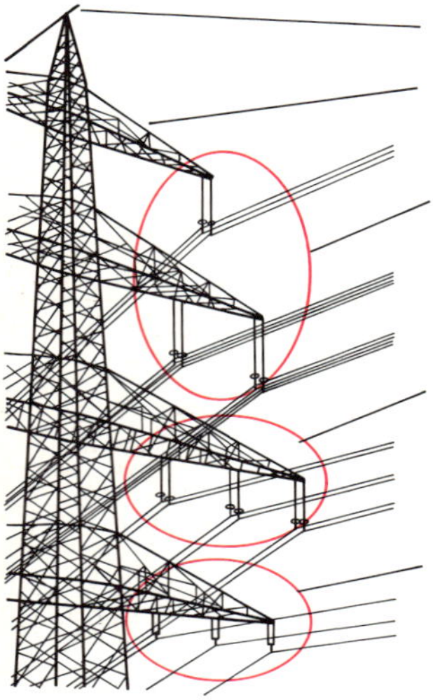

Masttypen (Auswahl)

Masten für Nieder- und Mittelspannungsleitungen mit Stützisolatoren und Hängeisolatoren

Holzmast: 0,4 kV
ca. 12 m hoch
Eingrabtiefe 1/6 der Gesamtmastlänge, mindestens 1,60 m

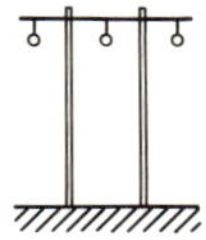

Betonmast: 20 kV
ca. 14 m hoch
Fundament aus Beton

Masten für Hochspannungsleitungen mit Hängeisolatoren und Erdseilen

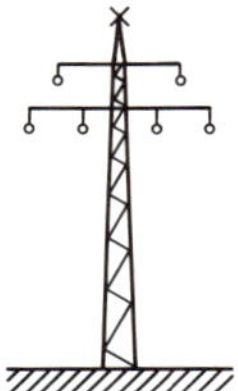

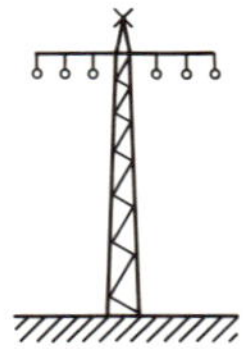

Stahlgittermasten: 110 kV, 2 Systeme, ca. 27 m hoch

Masten für Höchstspannungsleitungen mit Hängeisolatoren und Erdseilen

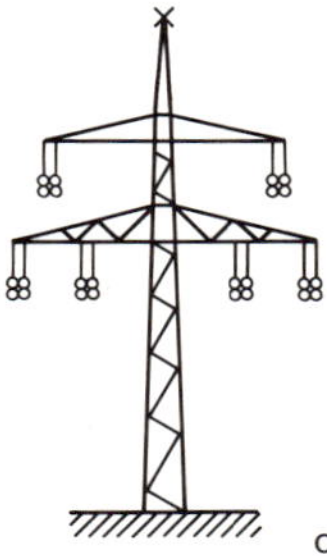

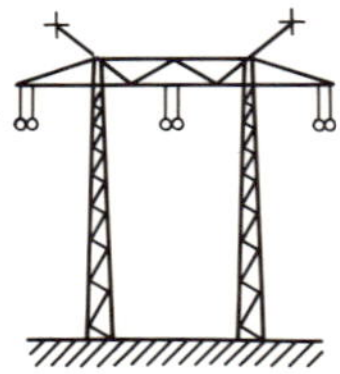

Stahlgittermasten: 380 kV, 2 Systeme bzw. 1 System, ca. 47 m hoch bzw. 36 m hoch

Energieübertragung

Netzarten	Nennspannung in kV	Mastart	Spannweite in m	Anwendung
Niederspannungsnetz	0,4	Holz Stahlrohr Stahlbeton	40 ... 80	Energieversorgung von Wohnungen, Gewerbebetrieben, landwirtschaftlichen Betrieben usw.
Mittelspannungsnetz	10 ... 30	Stahlrohr Stahlbeton Stahlgitter	100 ... 220	Energieversorgung von Industriebetrieben, Hochhäusern, Ortsnetzstationen usw.
Hochspannungsnetz	60 ... 110	Stahlgitter Rohrgitter Stahlbeton	200 ... 300	Energieversorgung von Großindustrien, Großstädten usw.
Höchstspannungsnetz	220 ... 380	Stahlgitter Rohrgitter	300 ... 360	Energieversorgung im überregionalen und internationalen Bereich (Verbundnetz)

Freileitungen Kabel

DIN 48 200 / 04.81 · DIN 48 204 / 04.84 · DIN VDE 0211 / 12.85 · DIN VDE 0255 / 11.72 · DIN VDE 0265 / 04.75 · DIN VDE 0271 / 10.63 · DIN VDE 0293 / 01.90

Begriffe

- Betriebsspannung: Spannung in Drehstromanlagen und Einphasen- und Gleichstromanlagen zwischen den Außenleitern
- U_0: Nennspannung zwischen Außenleiter und Metallmantel
- U: Nennspannung zwischen den Außenleitern
- $\frac{U_0}{U} = \frac{1}{\sqrt{3}}$: Spannungsverhältnis bei Kabeln für Drehstromanlagen
- $\frac{U_0}{U} = \frac{1}{2}$: Spannungsverhältnis bei Kabeln für Einphasen- und Gleichstromsysteme, wenn beide Außenleiter isoliert sind.
- $\frac{U_0}{U} = 1$: Spannungsverhältnis bei Kabeln für Einphasen- und Gleichstromsysteme, wenn ein Außenleiter isoliert ist.

Freileitungswerkstoffe (Auswahl)

Werkstoff	Cu	Al	Aldrey	BzI	StI	StII
q in mm²	10	16	16	10	16	16
zul. Höchstzugspannung in N/mm²	190	80	120	240	160	280
Längenausdehnungszahl α in 10^{-5} K^{-1}	1,7	2,3	2,3	1,7	1,1	1,1
Leitfähigkeit $\varkappa$ in $\frac{m}{\Omega\ mm^2}$	56	35,4	30,5	48	8	6,7

Aluminium-Stahl-Leitungsseile (Auszug)

Nennquerschnitt in mm²	Seildurchmesser in mm	Al/Stahl Anzahl der Drähte	Al/Stahl Durchmesser in mm	Dauerbelastbarkeit in A[1])
16/2,5	5,4	6/1	1,8/1,8	90
25/4	6,8	6/1	2,25/2,25	125
35/6	8,1	6/1	2,7/2,7	145
50/8	9,6	6/1	3,2/3,2	170
95/15	13,6	26/7	2,15/1,67	350
120/20	15,5	26/7	2,44/1,9	410
150/25	17,1	26/7	2,7/2,1	470
210/35	20,3	26/7	3,2/2,49	590
450/40	28,7	48/7	3,45/2,68	920
680/85	36	54/19	4,0/2,4	1150

1) Werte gelten für:
Windgeschwindigkeit 0,6 m/s
Temperatur von 35°C und Seilendtemperatur von 80°C

Grenzspannweiten für Freileitungen bei gleichhohen Aufhängepunkten (Auszug)

Nennquerschnitt in mm²	außerhalb von Kreuzungsfeldern (Ausnahme: Wasserstraßen, Fernmeldeleitungen) zulässige Spannweite in m: Cu	Al	Aldrey	innerhalb von Kreuzungsfeldern bei Bahnen, O-Bus-Leitungen, Seilbahnen zulässige Spannweite in m: Cu	Al	Aldrey
25	280	75	200	115	35	100
35	430	110	285	170	50	140
50	530	165	420	280	70	200
70	610	235	590	470	100	275
95	705	380	900	600	145	395
120	770	530	1080	650	185	505
	Al/St. 6/1			Al/St. 6/1		
25/4	180			80		
35/6	275			120		
50/8	430			170		
70/12	680			200		
95/15	815			380		

Kabel

Arten	Erklärung
Papierisolierte Kabel für Niederspannung	Aderisolierung aus: • Papier mit Masseträrnkung (Massekabel)
Kunststoffisolierte Kabel für Nieder- und Mittelspannung	Aderisolierung aus: • PVC, PE oder VPE • Gummi mit Gummimantel nach DIN VDE 0261 (0,6/1 kV)
Kabel für Hochspannung	• Niederdruck-Ölkabel nach DIN VDE 0256 • Gasaußendruck-Kabel nach DIN VDE 0257 • Gasinnendruck-Kabel nach DIN VDE 0258

Kennzeichnung der Adern in mehr- und vieladrigen Kabeln (vgl. auch S. 130)

Aderzahl	Kennzeichnung der Kabel **mit grün-gelber Ader** (» J «)	**ohne grün-gelbe Ader** (» O «)	Kabel **mit konzentrischem L.**
2	gnge/sw[1])	sw/bl	sw/bl
3	gnge/sw/bl	sw/bl/br	sw/bl/br
4	gnge/sw/bl/br	sw/bl/br/sw	sw/bl/br/sw
5	gnge/sw/bl/br/sw	sw/bl/br/sw/sw	sw mit Zahlen 1, 2, ...
6 und mehr	gnge/weitere Adern sw mit Zahlen 1, 2, ...	sw mit Zahlen 1, 2, ...	sw mit Zahlen 1, 2, ...

1) nach DIN VDE 100 T. 540, Tab. 2, nur zulässig ab 10 mm² Cu oder 16 mm² Al

Leitungen und Kabel

DIN 40 705/02.80 DIN VDE 0281 T. 1/04.85 DIN VDE 0265/04.75 DIN VDE 0293/01.90

Kennfarben isolierter und blanker Leiter

Leiterbezeichnung		Zeichen	Farbe	Leiterbezeichnung	Zeichen	Bildzeichen	Farbe
Wechselstrom	Außenleiter	L1; L2; L3	1)	Schutzleiter	PE	⊜	gnge
	Neutralleiter	N	bl	PEN-Leiter (Neutrall. mit Schutzfunktion)	PEN	⊜	gnge
Gleichstrom	positiv	L+	1)				
	negativ	L–	1)	Erde	E	⏚	1)
	Mittelleiter	M	bl	1) Farbe nicht festgelegt			

Kennfarben von Adern bei isolierten Leitungen und Kabeln

für feste Verlegung			für ortsveränderliche Verbraucher		
Aderzahl	Leitungen mit Schutzleiter	Leitungen ohne Schutzleiter	Aderzahl	Leitungen mit Schutzleiter	Leitungen ohne Schutzleiter
2	gnge sw	sw bl	2	– –	br bl
3	gnge sw bl	sw bl br	3	gnge br bl	sw bl br
4	gnge sw bl br	sw bl br sw	4	gnge sw bl br	sw bl br sw
5	gnge sw bl br sw	sw bl br sw sw	5	gnge sw bl br sw	sw bl br sw sw
6 und mehr	gnge/weitere Adern sw mit Zahlenaufdruck	sw mit Zahlenaufdruck	6 und mehr	gnge/weitere Adern sw mit Zahlenaufdruck	sw mit Zahlenaufdruck

Gummi- und kunststoffisolierte Kabel

Aderzahl	Kabel mit Schutzleiter	Kabel ohne Schutzleiter	Kabel mit konz. Leiter
2	– –	sw bl	sw bl
3	gnge sw bl	sw bl br	sw bl br
4	gnge sw bl br	sw bl br sw	sw bl br sw
5	gnge sw bl br sw	sw bl br sw sw	–
6 usw.	gnge sw sw m. Zahlenaufdr.	sw sw mit Zahlenaufdruck	sw mit Zahlenaufdruck

Farbkurzzeichen (Auswahl) nach DIN IEC 757 (bisher nach DIN 47 002): Schwarz = BK (sw); Braun = BN (br); Gelb = YE (ge); Grün = GN (gr); Blau = BU (bl).

Spannungsfall und Verlustleistung

Kenngröße	Art des Netzes: Gleichstrom	Wechselstrom	Drehstrom
unverzweigtes Netz Spannungsfall in V	$\Delta U = \frac{2 \cdot l \cdot I}{\varkappa \cdot q}$	$\Delta U = \frac{2 \cdot l \cdot I \cdot \cos\varphi}{\varkappa \cdot q}$	$\Delta U = \frac{\sqrt{3} \cdot l \cdot I \cdot \cos\varphi}{\varkappa \cdot q}$
verzweigtes Netz Spannungsfall in V	$\Delta U = \frac{2}{\varkappa \cdot q} \cdot \Sigma (I \cdot l)$	$\Delta U = \frac{2 \cdot \cos\varphi_m}{\varkappa \cdot q} \cdot \Sigma (I \cdot l)$	$\Delta U = \frac{\sqrt{3} \cdot \cos\varphi_m}{\varkappa \cdot q} \cdot \Sigma (I \cdot l)$
Verlustleistung in W	$P_v = \frac{2 \cdot l \cdot I^2}{\varkappa \cdot q}$	$P_v = \frac{2 \cdot l \cdot I^2}{\varkappa \cdot q}$	$P_v = \frac{3 \cdot l \cdot I^2}{\varkappa \cdot q}$
maximale Leitungslänge in m	$l = \frac{\Delta u \cdot U \cdot q \cdot \varkappa}{2 \cdot 100\,\% \cdot I}$	$l = \frac{\Delta u \cdot U \cdot q \cdot \varkappa}{2 \cdot 100\,\% \cdot I \cdot \cos\varphi}$	$l = \frac{\Delta u \cdot U \cdot q \cdot \varkappa}{\sqrt{3} \cdot 100\,\% \cdot I \cdot \cos\varphi}$
Spannungsfall in %	$\Delta u = \frac{\Delta U}{U_N} \cdot 100\,\%$	Verlustleistung in %	$P_{v\%} = \frac{P_v}{P} \cdot 100\,\%$

Kabel

DIN VDE 0271/06.86
DIN VDE 0100 T. 540/05.86

Kabelbezeichnungen

Kurzz.	Erklärung	Kurzz.	Erklärung
N	genormte Ausführung, folgende Buchstaben in der Reihenfolge des Kabelaufbaus angefügt	B C CW F G Gb R S 2X	Bewehrung aus Stahlband konzentrischer Leiter aus Kupfer konzentrischer, wellenförmiger Leiter aus Kupfer Bewehrung aus Stahlflachdraht Gegenwendel aus Flachdraht Gegen- oder Haltewendel aus Stahlband mit mindestens 50 % Bedeckung Bewehrung aus Stahlrunddraht Schirm aus Kupfer Isolierung aus vernetztem Polyethylen (VPE-Isolierung)
A H E	Leiter aus Aluminium Schirmung (Höchstädter-Kabel) Mehrmantelkabel, einzeln mit Metall- und Korrosionsschutz umgebene und verseilte Adern		
K KL E Y	Bleimantel gepreßter, glatter Al-Mantel Schutzhülle mit eingebetteter Schicht (Bewicklung aus Kunststoff) Schutzhülle in Form eines Mantels aus thermoplatischem Kunststoff	A Y 2Y	Schutzhülle bzw. äußere Schutzhülle aus Faserstoffen Isolierung aus PVC Isolierung aus PE

Kabelarten

Bezeichng.	Abbildung	Erklärg./Verwendg.
Niederspannungskabel bis $U_0/U = 0{,}6/1$ kV		
NYCY 0,6/1 kV Rundleiter		Energiekabel mit PVC-Isolierung; Ortsnetze; Hausanschlüsse; Straßenbeleuchtung
NYY 0,6/1 kV Rund- oder Sektorleiter		Energiekabel mit PVC-Isolierung; vorwiegend in Kraftwerk-, Industrie- und Schaltanlagen
NAYY 0,6/1 kV Sektorleiter eindrähtig		Energiekabel mit PVC-Isolierung; Ortsnetze, wenn keine mechanischen Beschädigungen auftreten können
NYCWY 0,6/1 kV Sektorleiter		Energiekabel mit PVC-Isolierung; vorwiegend in Ortsnetzen; konzentrischer Neutralleiter
2XFGY 0,6/1 kV Rund- oder Sektorleiter		Energiekabel mit VPE-Isolierung; vorwiegend bei sehr rauhen Betriebs- und Lagebedingungen; Seekabel
Mittelspannungskabel $U_0/U = 17{,}3/30$ kV		
NA2XS (F) 2Y 6/10 kV 12/20 kV 18/30 kV		Energiekabel mit Schirm; Industrie- und Verteilernetze im Erdreich
NYFGY 3,6/6 kV	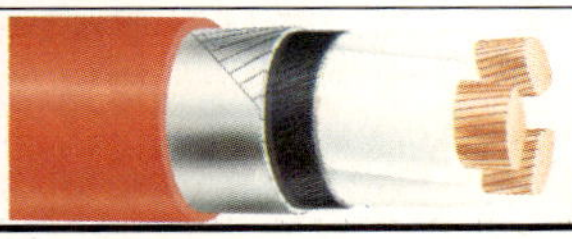	Energiekabel mit Schirm; vorwiegend für Kraftwerk-, Industrie- und Schaltanlagen

Kabelangaben über Leiterform und Leiteraufbau

Abbildung	Kurzz.	Erklärung
	SM	sektorförmiger Leiter, mehrdrähtig
	SE	sektorförmiger Leiter, eindrähtig
	RM	runder Leiter, mehrdrähtig
	RE	runder Leiter, eindrähtig

Zuordnung[1] des Schutz- oder PEN-Leiters zum Außenleiter (Auszug)

Querschnitt in mm² von			
Außenleiter		Schutz- oder PEN-Leiter	
1,5	35	1,5	16
2,5	50	2,5	25
4	70	4	35
6	95	6	50
10	120	10	70
16	150	16	70
25	185	16	95

[1] Zuordnung gilt für isolierte Starkstromleitungen und 0,6/1-kV-Kabel mit 4 Leitern

Niederspannungsnetz

DIN 40900 T. 2, T. 7/03.88
DIN VDE 0636 T. 1/12.83

Transformatorstation

Einspeisung – Mittelspannung 10 kV über Ringleitung (Freileitung oder Kabel)

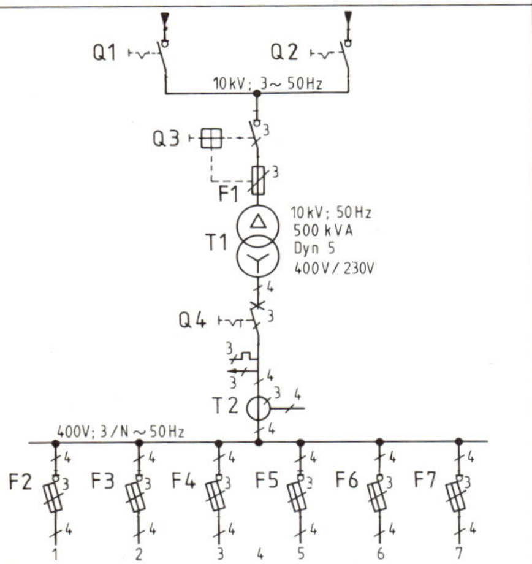

Ausgangs-Niederspannung 400 V; 3/N ~ 50 Hz über Freileitung oder Kabel

10 kV; 3 ~ 50 Hz	Mittelspannung 3-Leiter-System
Q 1, Q 2	Lasttrennschalter
Q 3, F 1	Lasttrennschalter mit Hochleistungssicherungen
T 1	Leistungstransformator
Q 4	Leistungsselbstschalter mit thermischer und magnetischer Überstromauslösung
T 2	Stromwandler
3 N ~ 50 Hz 400/230 V	Niederspannung 4-Leiter-System
F 2 ... F 7	Sicherungs-Lasttrennschalter

Selektivität in Niederspannungsnetzen

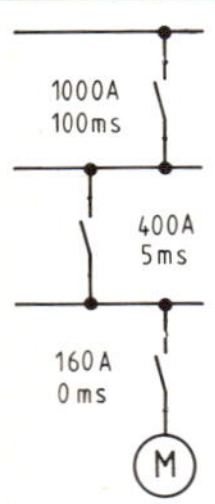

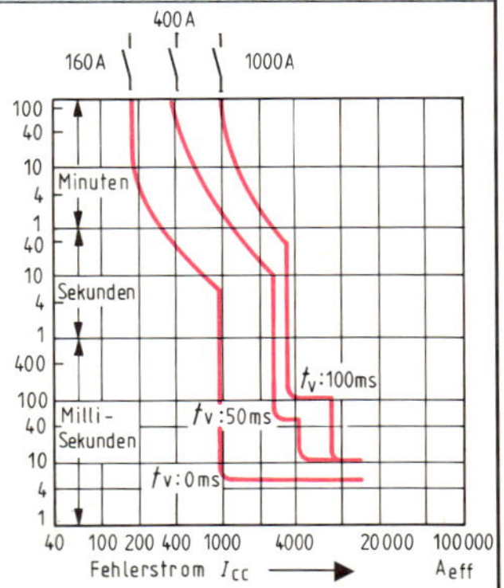

Erklärung:
- zeitselektive Staffelung
- selektive Abschaltung

Netzarten

Strahlennetz

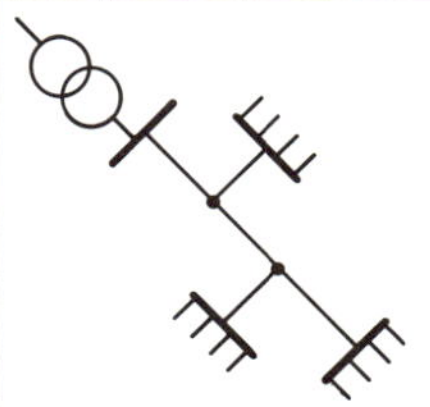

Strahlenförmige Energieversorgung der Verbraucher von der Umspannstation
- einfacher Netzaufbau
- Abschaltung eines ganzen Leitungsstranges

Ringnetz

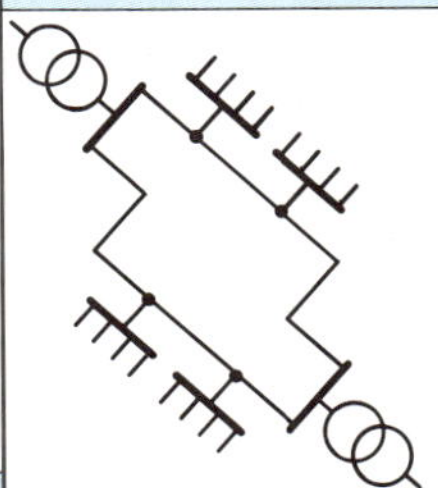

Ringförmige Energieversorgung der Verbraucher von z. B. zwei Umspannstationen
- Abschaltung nur eines fehlerhaften Leitungsstückes
- sichere Energieversorgung bei einem Fehler

Maschennetz

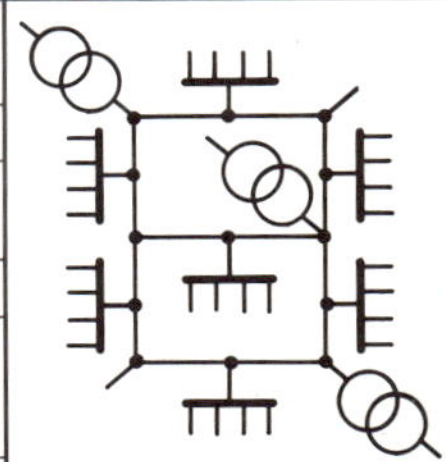

Maschenförmige Verknüpfung von Netzknotenpunkten und mehrseitige Energieversorgung der Verbraucher
- hohe Versorgungszuverlässigkeit
- hohe Kurzschlußströme

Ausschaltvorgang bei Schmelzsicherungen

Beispiel:

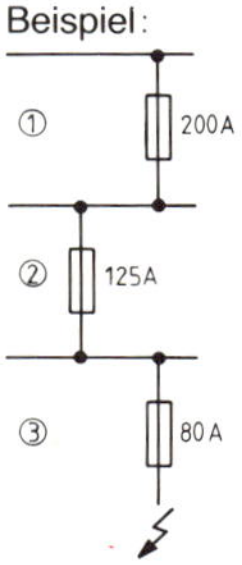

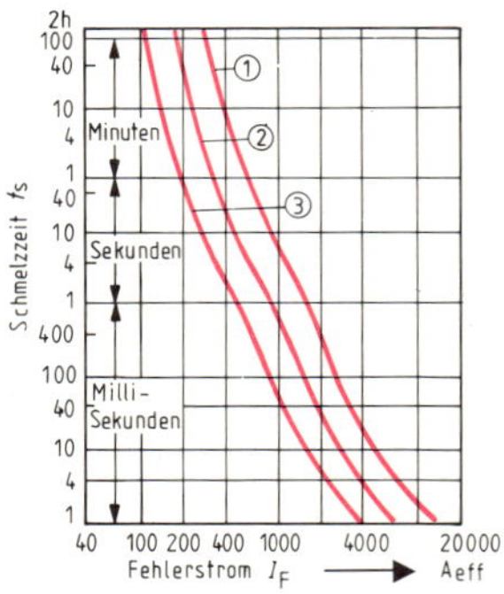

Erklärung:
- Reihenschaltung von 3 Schmelzsicherungen mit gleichem Fehlerstrom
- selektive Abschaltung nach DIN VDE 0636, wenn die Nennströme der Sicherungen um den Faktor 1,6 verschieden sind, z. B. 80 A · 1,6 ≈ 125 A
- Kennlinien sind Mittelwerte der Streubänder

Leitungen

DIN VDE 0281 T. 1/04.85
DIN VDE 0282 T. 1/04.85

Isolierte Leitungen für feste Verlegung

Typenkurzzeichen

Beispiel: H 07 RR – F 3 G 1,5

Kennzeichnung der Bestimmung (H)
H: Harmonisierter Typ
A: anerkannter nationaler Typ

Nennspannung in kV (07)
03: 300/300 V; 05: 300/500 V;
07: 450/750 V

Isolier- und Mantelwerkstoff (RR)
V: PVC
R: Natur- oder Synthetischer Kautschuk
N: Chloropren-Kautschuk
S: Silikon-Kautschuk; J: Glasfasergeflecht
T: Textilgewebe

Aufbauart
H: flache, aufteilbare Leitung; H2: flache, nicht aufteilbare Leitung

Leiterart (F)
U: eindrähtig
R: mehrdrähtig
K: feindrähtig; Leitungen fest verlegt
F: feindrähtig; Leitungen flexibel
H: feinstdrähtig
Y: Lahnlitzenleiter

Aderzahl (3)

Schutzleiter (G)
X: ohne gnge Schutzleiter
G: mit gnge Schutzleiter

Leiterquerschnitt (1,5)

Bezeichnung	Abbildung	Kurzzeichen alt	Kurzzeichen neu	Aderzahl	Verwendung
Kunststoff-Fassungsadern		NYFA NYFAF	H05V-U H05V-K	1	Verdrahtung in Leuchten
Gummiaderleitung mit erhöhter Wärmebeständigkeit		N2GAFU	H05SJ-K	1	Verdrahtung in Leuchten, in Schalt- und Verteileranlagen. Verlegung in Rohren in trockenen Räumen bis 180 °C
Kunststoffaderleitungen		NYA NYAF	H07V-U H07V-R H07V-K	1	Verdrahtung in Schalt- und Verteileranlagen. Verlegung in Rohren in trockenen Räumen
Stegleitungen	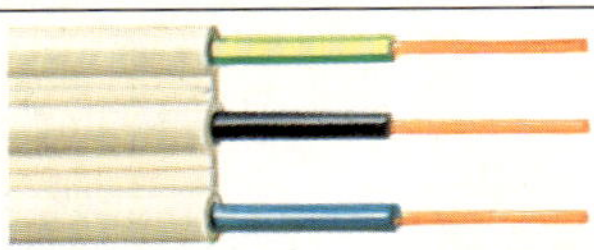	NYIF	–	2…5	Verlegung in oder unter Putz in trockenen Räumen
Mantelleitungen	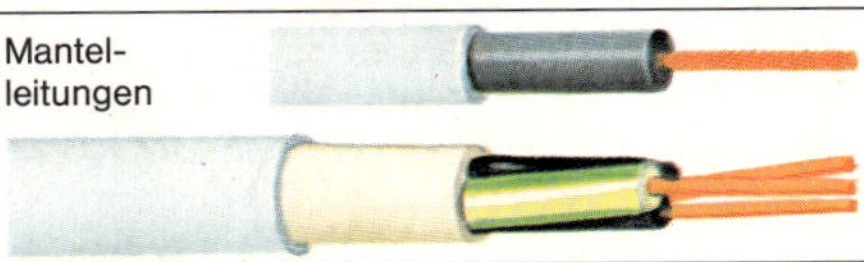	NYM	–	1…5	Verlegung auf, in und unter Putz in trockenen und feuchten Räumen und im Freien
Umhüllte Rohrdrähte		NYRUZY	–	1…5	Verlegung auf, in, unter und über Putz in trokkenen und feuchten Räumen und im Freien
Bleimantelleitungen		NYBUY	–	1…5	Verlegung auf, in, unter und über Putz in trokkenen und feuchten Räumen und im Freien

Leitungen

DIN VDE 0281 T. 1/04.85
DIN VDE 0282 T. 1/04.85

Isolierte, flexible Leitungen

Bezeichnung	Abbildung	Kurzzeichen alt	Kurzzeichen neu	Aderzahl	Verwendung
Zwillingsleitungen		NYZ	H03VH-H	2	In trockenen Räumen bei sehr geringen mechanischen Beanspruchungen. Nicht für Wärmegeräte
Leichte Kunststoffschlauchleitungen		NYLHYrd	H03VV-F	2…3	In trockenen Räumen bei geringen mechanischen Beanspruchungen für leichte Handgeräte
Mittlere Kunststoffschlauchleitungen		NYMHYrd	H05VV-F	2…5	In trockenen Räumen bei mittleren mechanischen Beanspruchungen, für Hausgeräte auch in feuchten Räumen
Gummischlauchleitungen (leichte Ausführung)		NLH NMH	H05RR-F	2…5	In trockenen Räumen bei geringen mechanischen Beanspruchungen für Hand- und Wärmegeräte
Gummischlauchleitungen (schwere Ausführung)		NMHöu NSHöu	H07RN-F	1…5	Bei mittleren mechanischen Beanspruchungen, in trockenen, feuchten und nassen Räumen, in explosionsgefährdeten Betriebsstätten nach DIN VDE 0165 zulässig. Im Freien, in landwirtschaftlichen und in feuergefährdeten Betriebsstätten sowie in Nutzwasser

Leitungen und Kabel für Klingel-, Signal- und Fernmeldeanlagen

Bezeichnung/Abbildung	Kurzzeichen	Verwendung
Kunststoffaderleitung 	YV	In trockenen Räumen, als Installationsdraht für Klingelanlagen, für feste Verlegung in Rohr auf und unter Putz
Stegleitung (Kunststoffhülle) 	J-FY	In trockenen Räumen, als Installationsleitung für Klingelanlagen, für feste Verlegung in und unter Putz
Kunststoffmantelleitung 	YR	In trockenen und feuchten Räumen als Installationsleitung für Klingelanlagen für feste Verlegung auf und unter Putz
Installations-Kunststoffkabel 	J-Y(St)Y	Zur festen Verlegung auf und unter Putz in trockenen und feuchten Räumen für Fernsprech- und Signalübertragungen (z. B. Haussprechanlagen)
Außen-Kunststoffkabel 	A-02YSF(L)2Y (oder A-2YF(L)2Y; A-2Y(L)2Y; A-2Y(St)2Y)	Zur Fernsprech- und Signalübertragung für Verlegung als Erd- und Röhrenkabel (Amtverbindungskabel o. a.)

Verlegungsarten

DIN VDE 0100 T. 730/02.86
DIN VDE 0605/04.82

Verlegung von Leitungen

Verlegungsart	Erklärungen/Anwendungen
unter Putz im Putz	Installation in Wohnungen mit z. B. NYIF
auf Putz	Installation in feuchten Räumen mit z. B. NYM
in Hohlwand	Rahmenkonstruktionen mit Span- und Holzplatten mit z. B. NYM oder H07V-U in flexiblem Isolierrohr (ACF)
in Beton	Aderleitungen wie H07V in Elektro-Installationsrohren nach Bauart AS; Mantelleitungen in Rohren (AS) oder Aussparungen; keine direkte Verlegung mit Kabel wie NYY ohne zusätzliche Bewehrung
in Kanal	Installation in Wohnungen und Geschäftsräumen mit NYM
Stromschienensysteme	blanke Leiter einschließlich der Isolier- und Befestigungsteile in fabrikfertiger oder nichtfabrikfertiger Ausführung

Isolierrohre

Ausführung	Verwendung
A	Auf-, Im- und Unterputzverlegung bei mittelschweren mechanischen Beanspruchungen
B	Im- und Unterputzverlegung bei leichten mechanischen Beanspruchungen
C	Isolierrohr
F	flammwidrige Rohre
AS	für alle Istallationsarten bei schweren mechanischen Beanspruchungen

Rohrinstallation

Rohrart/Ausführung	Nenngrößen von Rohren in mm									
	9	11	13,5	16	21	23	29	36	42	48
flexible Kunststoffrohre (gerillt) in A und C	+	+	+	+		+	+	+		+
flexible Isolierrohre mit Blechmantel in A		+	+	+		+	+	+		
Stangenrohre aus PVC in A und C		+	+	+		+	+	+		+
flexible Kunststoff-Panzerrohre in A und C	+	+	+	+	+		+	+	+	+
Kunststoff-Panzerrohre, Stahlpanzerrohre ohne Papiereinlage in AS	+	+	+	+	+		+	+	+	+

Beispiele für Stromschienensysteme – fabrikfertige Systeme

Benennung	Anwendungen	Norm
Schienenverteiler • ohne Abgänge • mit Abgängen	Stromversorgung in Gebäuden sowohl in horizontaler als auch in vertikaler Richtung anstelle von Kabeln Hauptleitung zur Stromversorgung in Hochhäusern	DIN VDE 0660 T. 502
Schienenverteiler mit veränderbaren Abgängen	Stromversorgung von Verbrauchsmitteln, die oft den Standort wechseln	
Schienenverteiler mit Stromabnehmerwagen	Stromversorgung ortsveränderlicher Betriebsmittel, z. B. Elektrowerkzeuge	
Stromschienensysteme für Leuchten	Stromversorgung von Leuchten	DIN VDE 0711 T. 300

Leitungsverlegung

Bbl. 1 DIN VDE 0100 T.523/06.81
DIN VDE 0641/06.78
DIN VDE 0641 A.4/11.88

Betriebsbedingungen für Kabel und Leitungen

Verlegeart	Erklärung
A	**Verlegung in wärmedämmenden Wänden nach Tab. 2 (DIN VDE 0100 T.430):** ● Aderleitungen im Elektroinstallationsrohr ● mehradrige Leitung im Installationsrohr oder in der Wand
B1, B2	**Verlegung in Elektroinstallationsrohren oder -kanälen nach Tab. 2:** ● Aderleitungen im Elektroinstallationsrohr oder -kanal auf der Wand ● Aderleitungen, einadrige Mantelleitungen oder mehradrige Leitung im Elektroinstallationsrohr in der Wand oder unter Putz ● mehradrige Leitung im Elektroinstallationsrohr oder -kanal in der Wand oder auf dem Fußboden
C	**Direkte Verlegung nach Tab. 2:** ● mehradrige Leitung auf der Wand oder auf dem Fußboden ● einadrige Mantelleitung auf der Wand oder auf dem Fußboden ● mehradrige Leitung in der Wand oder unter Putz ● Stegleitung unter Putz
E	**Verlegung frei in Luft nach Tab. 2 mit ungehinderter Wärmeabgabe:** ● bei Abstand der Leitung oder das Kabels von der Wand nach Tab. 2 ● bei nebeneinander oder übereinander liegenden Leitungen oder Kabeln mit einem Zwischenraum von mindestens 2 · *d* (Außendurchmesser)

Leitungsschutz

Kenngrößen/Auswahl **des Schutzorgans**

- Betriebsstrom I_b in der Leitung
- Nennstrom I_n des Schutzorgans $I_n \geq I_b$
- Auswahl des Leiterquerschnitts
- Strombelastbarkeit I_z $I_z \geq I_n$
- Bedingung 1: $I_b \leq I_n \leq I_z$
- Bedingung 2: $I_2 \leq 1{,}45\ I_z$
- Auslösung des Schutzorgans bei Überlast

Beispiel

$I_b = 24$ A

$I_n = 25$ A
(Verlegeart B1)

$q = 4$ mm^2

$I_z = 32$ A

24 A ≤ 25 A ≤ 32 A

$I_2 \leq 46{,}4$ A
großer Prüfstrom
$I_2 = 1{,}45 \cdot 25$ A
$I_2 = 36{,}25$ A

Koordinierung der Kenngrößen

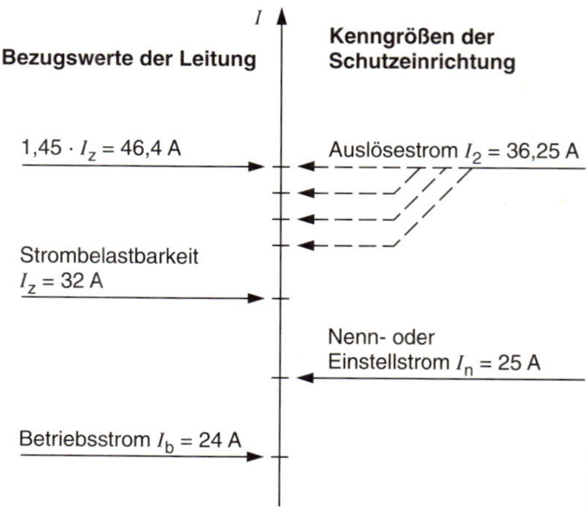

Werte des Prüfstromes I_1 und I_2 für Leitungsschutzschalter Typ L, B, C und K

Auslösecharakteristik	Typ L		Typ B	Typ C	Typ K
Nennstrom I_n in A	6 und 10	16 … 25	6 … 63	6 … 63	0,2 … 63
Kleiner Prüfstrom I_1 in A	$1{,}5 \cdot I_n$	$1{,}4 \cdot I_n$	$1{,}13 \cdot I_n$	$1{,}13 \cdot I_n$	$1{,}05 \cdot I_n$
Großer Prüfstrom I_2 in A	$1{,}9 \cdot I_n$	$1{,}75 \cdot I_n$	$1{,}45 \cdot I_n$	$1{,}45 \cdot I_n$	$1{,}2 \cdot I_n$

Zuordnung von Leitungsschutz-Sicherungen

DIN VDE 0100 T.430/11.91
DIN VDE 0298T.4/02.88

Belastbarkeit von Leitungen mit Isolierwerkstoff PVC (zul. Betriebstemperatur 70 °C) für feste Verlegung und Zuordnung von Leitungsschutz-Sicherungen gL für Dauerbetrieb bei Umgebungstemperatur 30 °C (Auszug)

Leitungsart	NYM, NYBUY, NYIF, H07V-U, H07V-R, H07V-K (Auswahl)			
Aderzahl	2 / 3	2 / 3	2 / 3	2 / 3
Verlegeart (Gruppe)	A in wärmedämmenden Wänden	B1 auf oder in Wänden oder unter Putz	B2 auf oder in Wänden oder unter Putz	C auf oder in Wänden oder unter Putz
		in Elektroinstallationsrohren (E-R) oder -kanälen (E-K)	in Elektroinstallationsrohren (E-R) oder -kanälen (E-K)	direkt verlegt
	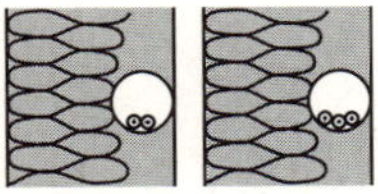 Aderleitungen (E-R)	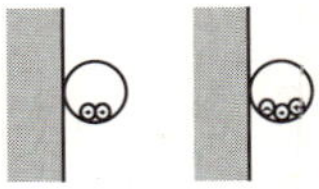 Aderleitungen (E-R) a.d.W.[1]	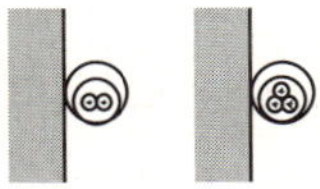 Mehradrige Leitung (E-R) a.d.W., a.d.F.[1]	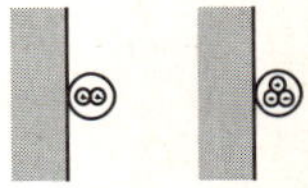 Mehradrige Leitung a.d.W., a.d.F.[1]
	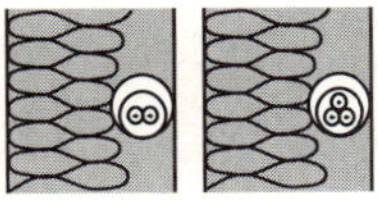 Mehradrige Leitung (E-R)	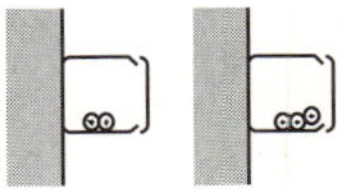 Aderleitungen (E-K) a.d.W.[1]	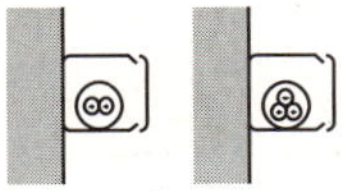 Mehradrige Leitung (E-K) a.d.W., a.d.F.[1]	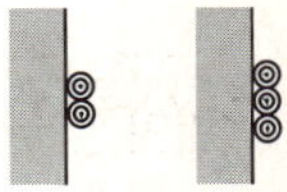 Einadrige Mantelleitung, a.d.W.[1]
	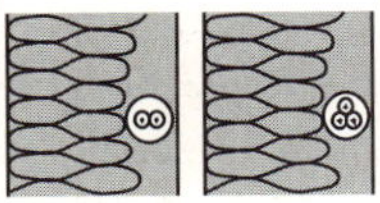 Mehradrige Leitung i.d.W.[1]	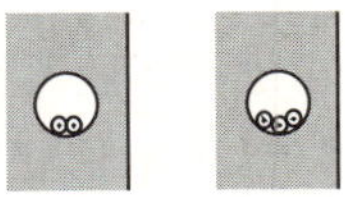 Aderleitungen, einadrige Mantelleitungen, mehradrige Leitung (E-R) i.M.[1]		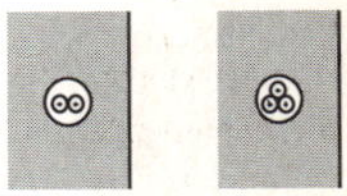 Mehradrige Leitung Stegleitung, i.d.W., u.P.[1]

Zulässige Betriebsstromstärke I_z und Nennstromstärke I_n in A

Nennquerschnitt (Cu) in mm²	A 2 I_z	A 2 I_n	A 3 I_z	A 3 I_n	B1 2 I_z	B1 2 I_n	B1 3 I_z	B1 3 I_n	B2 2 I_z	B2 2 I_n	B2 3 I_z	B2 3 I_n	C 2 I_z	C 2 I_n	C 3 I_z	C 3 I_n
1,5	15,5	16	13	10	17,5	16	15,5	16	15,5	16	14	10	19,5	20	17,5	16
2,5	19,5	20	18	16	24	20	21	20	21	20	19	16	26	25	24	20
4	26	25	24	20	32	25	28	25	28	25	26	25	35	35	32	25
6	34	25	31	25	41	35	36	35	37	35	33	25	46	35	41	35
10	46	35	42	35	57	50	50	50	50	50	46	35	63	63	57	50
16	61	50	56	50	76	63	68	63	68	63	61	50	85	80	76	63
25	80	80	73	63	101	100	89	80	90	80	77	63	112	100	96	80
35	99	80	89	80	125	125	111	100	110	100	95	80	138	125	119	100

[1] a.d.W. ≙ auf der Wand; i.d.W. ≙ in der Wand; a.d.F. ≙ auf dem Fußboden; i.M. ≙ im Mauerwerk; u.P. ≙ unter Putz

Leistungsübertragung bei Leitungen und Kabeln

Leitung/ Kabel	Nennquerschnitt in mm²	Aderzahl	Außenabmessung in mm	max. Absicherung in A[1]	max. Leistung in kW	max. Leitungslänge in m bei Δu (U_v) in %: Wechselstrom 0,5	Wechselstrom 3,0	Drehstrom 0,5	Drehstrom 3,0	Verlegung: in trockenen Räumen	in feuchten, nassen Räumen, im Freien	in feuergefährdeten Betriebsstätten	in explosionsgefährdeten Betriebsstätten
H07V-U	1,5	–	3,3	16	3,68	3	18,1	–	–	Schalt- und Verteilungsanlagen, ab 1,5 mm² auch in Rohr auf und unter Putz	nicht zulässig	in Kunststoffrohren auf und unter Putz	nur in Schalt- und Verteilungsanlagen nach DIN VDE 0165
	1,5	–	3,3	3 · 16	11,09	–	–	6,1	36,4				
	2,5	–	3,9	20	4,6	4	24,2	–	–				
	2,5	–	3,9	3 · 20	13,86	–	–	8,1	48,5				
	4	–	4,4	3 · 25	17,32	–	–	10,3	62,1				
	6	–	4,9	3 · 35	24,25	–	–	11,1	66,5				
	10	–	6,4	3 · 50	34,64	–	–	12,9	77,6				
H07V-R	16	–	7,3	3 · 63	43,65	–	–	16,4	98,5				
	25	–	9,8	3 · 80	55,43	–	–	20,2	121,2				
NYIF	1,5	3	4,4 · 19	16	3,68	3	18,1	–	–	in und unter Putz	nicht zulässig	nicht zulässig	nicht zulässig
	1,5	5	4,4 · 33	3 · 16	11,09	–	–	6,1	36,4				
	2,5	3	5,2 · 21,5	20	4,6	4	24,2	–	–				
	2,5	5	5,2 · 37	3 · 20	13,86	–	–	8,1	48,5				
NYM	1,5	3	10,5	16	3,68	3	18,1	–	–	• über, auf, in und unter Putz • im Freien bei geschützter Verlegung			unter Berücksichtigung der chemischen und thermischen Bedingungen nach DIN VDE 0165
	1,5	5	12,0	3 · 16	11,09	–	–	6,1	36,4				
	2,5	3	11,5	20	4,6	4	24,2	–	–				
	2,5	5	13,5	3 · 20	13,9	–	–	8,1	48,5				
	4	5	16,5	3 · 25	17,32	–	–	10,3	62,1				
	6	5	18,0	3 · 35	24,25	–	–	11,1	66,5				
	10	5	21,5	3 · 50	34,64	–	–	12,9	77,6				
	16	5	26,0	3 · 63	43,65	–	–	16,4	98,5				
NYY	1,5	3	11,0	16	3,68	3	18,1	–	–	• über, auf, in und unter Putz • im Freien • im Mauerwerk • im Erdreich • in Kabelkanälen • in Innenräumen Bei Verlegung im Erdreich gelten andere Belastungswerte.			
	1,5	5	13,0	3 · 16	11,09	–	–	6,1	36,4				
	2,5	3	12,0	20	4,6	4	24,2	–	–				
	2,5	5	14,0	3 · 20	13,86	–	–	8,1	48,5				
	4	5	16,0	3 · 25	17,32	–	–	10,3	62,1				
	6	5	18,0	3 · 35	24,25	–	–	11,1	66,5				
	10	5	21,0	3 · 50	34,64	–	–	12,9	77,6				
	16	4	21,0	3 · 63	43,65	–	–	16,4	98,5				

1) Leitungsschutz-Sicherungen gL, Zuordnung von I_n nach Verlegeart B1, für die Umgebungstemperatur 30 °C (Siehe S. 137)

Blindstrom-Kompensationsanlagen

DIN 40 900 T. 2, T. 4, T. 7/03.88

Grundschaltungen zur Blindstrom-Kompensation

Bezeichnung/Schaltung	Erklärung	Anwendung
Einzelkompensation 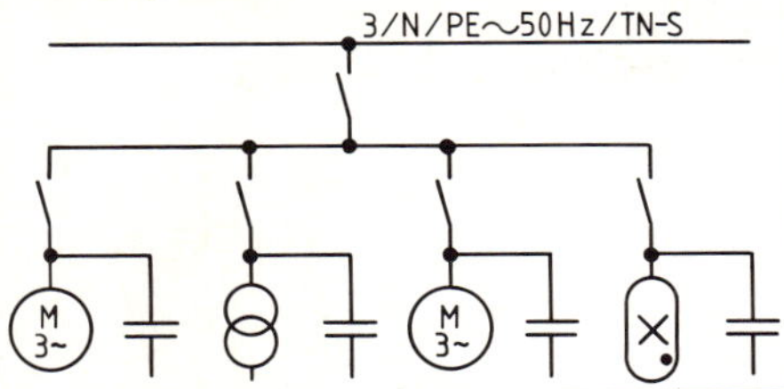	Blindleistungsverbraucher mit parallelgeschalteten Kondensatoren (bei Drehstrom: Dreieckschaltung)	Motoren Leuchtstofflampen (Duo-Schaltung)
Gruppenkompensation 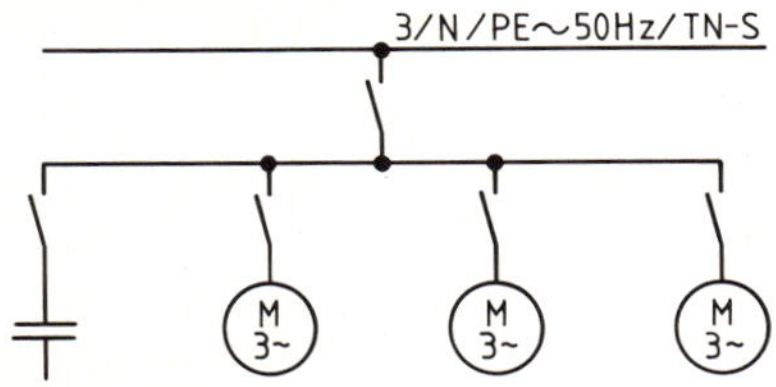	Blindleistungsverbraucher mit einer parallel geschalteten Kondensatoreinheit	kleinere elektrische Anlagen mit Motoren und Leuchtstofflampen
Zentralkompensation 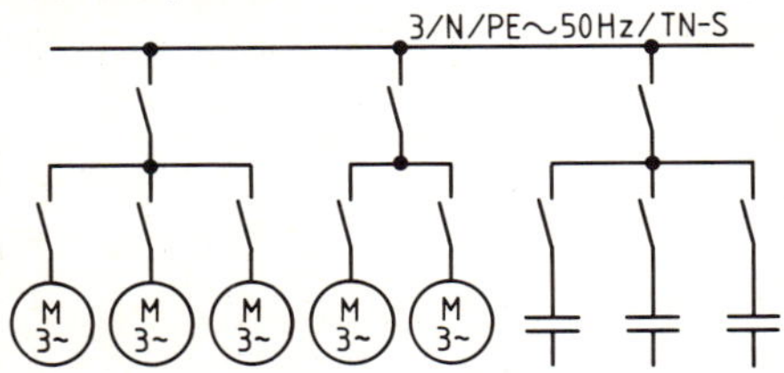	zentrale Kompensation der gesamten Blindleistung der Verbraucheranlage durch Kondensatorregeleinheit	Gewerbe- und Produktionsbetriebe, Bürohäuser, Werkstätten

Einzelkompensationen in elektrischen Anlagen

Schaltung	Prinzip der Kompensation/Zeigerbild
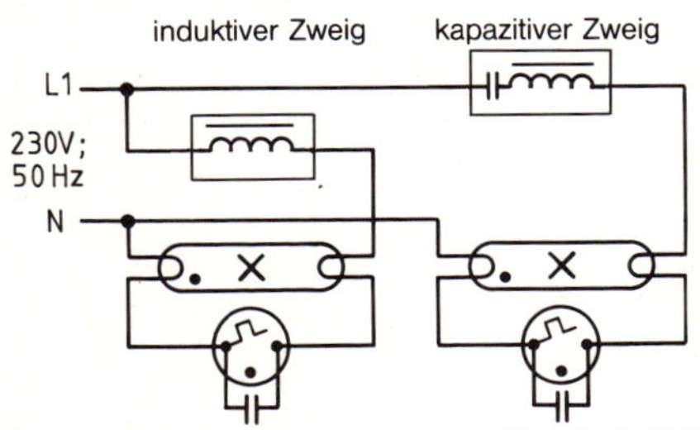	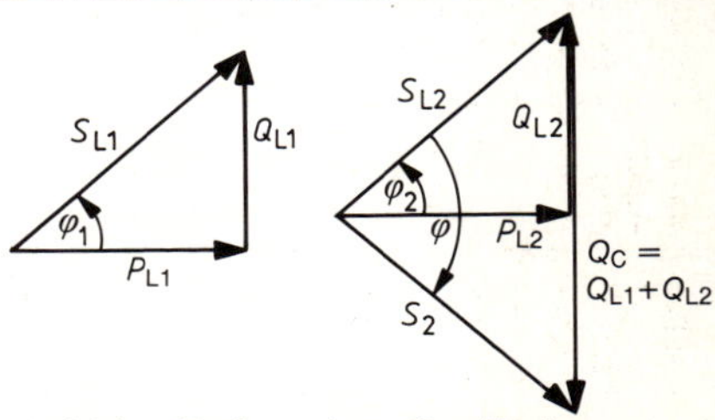 **induktiver Zweig** **kapazitiver Zweig**
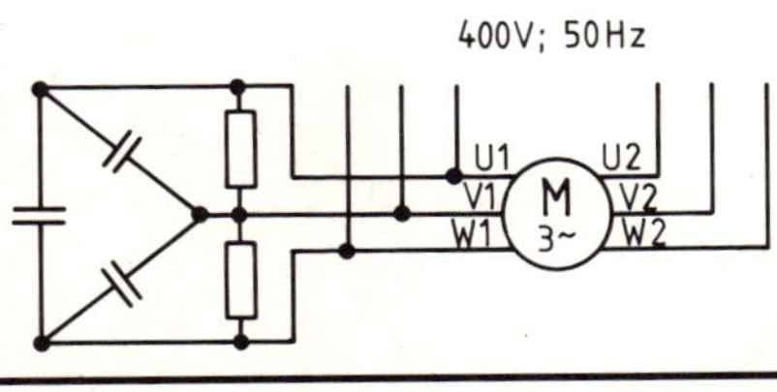	**EVU verlangt Kompensation auf $\cos \varphi_2 = 0{,}9$** $Q_C = P \cdot (\tan \varphi_1 - \tan \varphi_2)$ $C = \frac{Q_C}{\omega \cdot U^2}$ $C \approx 60 \cdot 10^{-3} \cdot \frac{Q_C}{\text{var}}$; 230 V/50 Hz $C_1 \approx \frac{20}{3} \cdot 10^{-3} \cdot \frac{Q_C}{\text{var}}$; 400 V/50 Hz $[C], [C_1] = \mu F$

Blindstrom-Kompensationsanlagen

Berechnung der Kompensationsleistung
Stromrechnung des EVU für einen Großverbraucher weist auf:

- Verbrauch für Wirkarbeit in kWh
- Verbrauch für Blindarbeit in kvar

Überschreitet der Betrag für die Blindarbeit die kostenlose Freimenge von 50 % der Wirkarbeit, dann muß die darüber hinaus verbrauchte Blindarbeit bezahlt werden

Beispiel:

- Verbrauch an Wirkarbeit 9 200 kWh/Monat
- Verbrauch an Blindarbeit 11 200 kvarh/Monat
- kostenlose Freimenge an Blindarbeit 4 600 kvarh/Monat
- berechneter Verbrauch an Blindarbeit 6 600 kvarh/Monat

Leistungskondensatoren – Großphasenschieber 13,2 bis 50 kvar (Typenübersicht)

Nennleistung	in kvar	13,2	16,7	20	25	33,3	40	50
Nennstrom								
in Δ-Schaltung	in A	19	24	29	36	48	57,5	72
in E-Schaltung	in A	32	41,5	50	62,5	83	100	125
Nennkapazität/Phase								
bei Δ-Schaltung	in µF	86	110	132	167	223	266	333
bei E-Schaltung	in µF	257	330	396	501	665	798	999
Schmelzsicherung								
in Δ-Schaltung	in A	35	35	50	63	80	100	125
in E-Schaltung	in A	63	63	80	100	125	160	160
Querschnitt der Zuleitung[1])								
bei Δ-Schaltung	in mm^2	4	4	6	10	16	25	35
bei E-Schaltung	in mm^2	10	10	16	25	35	50	70
Abmessungen, Höhe								
ohne und	in mm	353	353	443	523	633	633	633
mit Anschlußkasten	in mm	496	496	586	666	776	795	795
Masse etwa	in kg	7	8	9	11	14	16	18

Anschluß: 400 V Drehstrom 50 Hz
Nennspannung: 400 V, 50 Hz
Schaltung: Einphasen (E)- oder Dreieckschaltung (Δ)
Verwendung: in trockenen und feuchten Räumen

[1]) nach DIN VDE 0298 Teil 4 (Cu-Leitung)

Einzelkompensation von Motoren (nach VDEW)

Nennleistung P des Motors in kW	Nennleistung des Kondensators in kvar
1,0 ... 3,9	ca. 55 % von P
4,0 ... 4,9	2
5,0 ... 5,9	3
6,0 ... 7,9	3
8,0 ... 10,9	4
11,0 ... 13,9	5
14,0 ... 17,9	6
18,0 ... 21,9	7,5
22,0 ... 29,9	10
ab 30,0	ca. 40 % von P

Zuordnung der Kondensatoren zu Transformatoren (nach VDEW)

Trafo-Nennleistung in kVA	Kondensatorleistung in kvar bei den Trafo-Primärspannungen 5 ... 10 kV	15 ... 20 kV	25 ... 30 kV
25	2	3	3
50	4	5	6
75	5	6	7,5
100	6	7,5	10
160	10	10	15
250	15	15	20
315	15	20	25
400	20	20	30
630	30	30	40

Kennzeichnung der Anschlüsse von elektrischen Betriebsmitteln

DIN 42 400/9.83

- Es werden große lateinische Buchstaben mit Ausnahme von »*I*« und »0« und arabische Ziffern verwendet.
- Kleinbuchstaben im Schriftverkehr ausnahmsweise zugelassen.
- + (Plus) und – (Minus) zugelassen.
- Zeichengruppen, die abwechselnd aus Buchstaben und Zifffern bestehen, sind zu bilden.
- Einzelne Zeichen weglassen, wenn Mißdeutungen ausgeschlossen sind.
- Bestehen Zeichengruppen nur aus Buchstaben oder Ziffern und muß unterschieden werden, dann Punkt (.) als Gliederungszeichen verwenden. (Abb. 5)
- Anschlüsse eines Elementes durch aufeinanderfolgende Zahlen kennzeichen. (Abb. 1)
- Anschlüsse (Anzapfungen), die zwischen den Enden des Elementes liegen, durch aufsteigende Zahlen kennzeichnen. (Abb. 2)
- Anschlüsse ähnlicher Elemente einer Gruppe wahlweise wie folgt kennzeichnen:
  a) Den Ziffern Buchstaben voranstellen. (Abb. 4)
  b) Weitere Zahlen voranstellen, wenn eine Zuordnung zu Außenleitern (Siehe unten) nicht erforderlichh oder möglich ist. (Abb. 5)
- Mehrere ähnliche Elementgruppen mit gleichem Buchstaben durch vorangesetzte Zahlen kennzeichnen. (Abb. 3)
- Betriebsmittel, die an besondere Leiter angeschlossen werden, nach Tabelle 1 kennzeichnen.
- Leiter und Leiteranschlüsse nach Tabelle 2 kennzeichnen.

Tabelle 1

Anschluß		Buchstabe	Schaltzeichen
Wechselstromnetz	Außenleiter	U	
	Außenleiter	V	
	Außenleiter	W	
	Neutralleiter	N	
Schutzleiter		PE	(⏚)
Erde		E	⏚
Fremdspannungsarme Erde		TE	(⏚
Masse		MM	⊥

Tabelle 2

Art des Leiters		Kennzeichen	Schaltzeichen
Wechselstromnetz	Außenleiter	L1	
	Außenleiter	L2	
	Außenleiter	L3	
	Neutralleiter	N	
Gleichstromnetz	Positiv	L+	
	Negativ	L–	
	Mittelleiter	M	
Schutzleiter		PE	(⏚)
Neutralleiter mit Schutzfunktion, PEN-Leiter		PEN	
Schutzleiter (ohne Erde)		PU	
Erde		E	⏚
Fremdspannungsarme Erde		TE	(⏚
Masse		MM	⊥

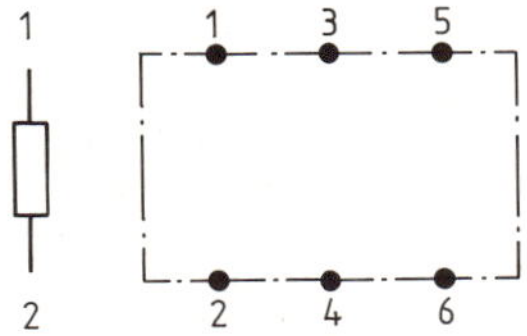

Abb. 1

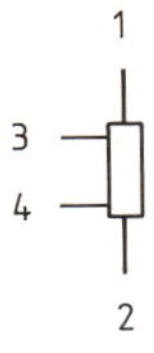

Abb. 2

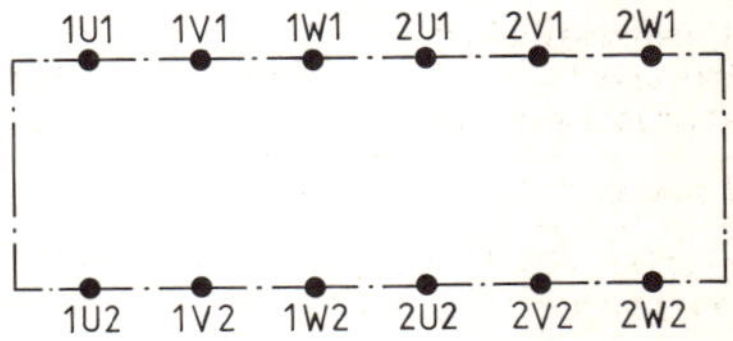

Abb. 3

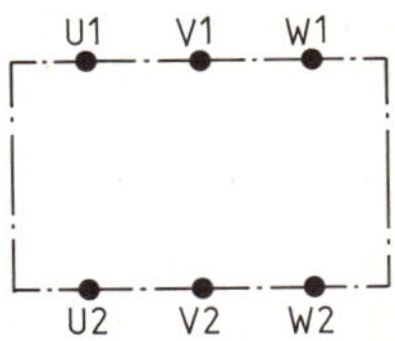

Abb. 4

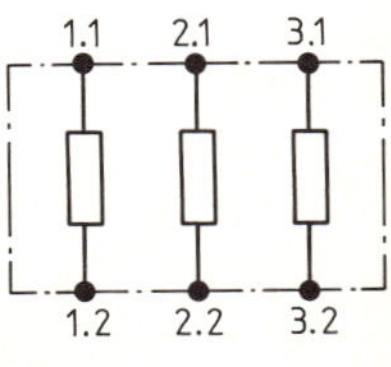

Abb. 5

Farben für Drucktaster, Leuchtmelder und Leuchtdruckknöpfe

DIN VDE 0113 T.1/2.86

Farbe	Bedeutung für **Drucktaster**	Bedeutung für **Leuchtmelder**	Bedeutung für **Leuchtdruckknöpfe**
ROT	**HALT** oder **AUS** Handeln im Gefahrenfalle[1]	**Gefahr** oder **Alarm**	Nicht verwenden (Sonst wie bei Drucktaster)
GELB	**Eingriff** (Zur Beseitigung abnormaler Bedingungen oder unerwünschter Änderungen)	**Vorsicht** (Veränderung oder bevorstehende Änderung der Bedingungen)	**Achtung** oder **Vorsicht** (Start einer Handlung zur Vermeidung gefährlicher Zustände)
GRÜN	**START** oder **EIN**	**Sicherheit** (Anzeige eines sicheren Betriebszustandes u. ä.)	Maschine oder Einheit einschaltbereit
BLAU	Jede beliebige Bedeutung, für die keine der o. g. gilt	**Spezielle Bedeutung** (Aber nicht gleiche wie o. g. Farben)	Jede Bedeutung, die nicht durch alle genannten Farben erfaßt wird
SCHWARZ	Keiner besonderen Bedeutung zugeordnet		
WEISS (klar) **GRAU**		Keiner speziellen Bedeutung zugeordnet (neutral, allgemeine Information)	Bestätigung (z. B. eines Vorganges, Vorwahl o. ä.)

EIN-Stellung eines Schalter wird durch I gekennzeichnet
AUS-Stellung eines Schalters wird durch O gekennzeichnet (siehe S. 185).

[1] Die NOT-AUS-Einrichtung muß auffällig rot (RAL 3000) gekennzeichnet sein. Unterhalb des Pilzknopfes muß zum Kontrast die Farbe Gelb aufgetragen werden.

Schütze und Relais

Hauptschütze werden als dreipolige Wechselstromschütze oder zweipolige Gleichstromschütze hergestellt.

Neben den **Hauptstromschaltgliedern** haben sie **Hilfsschaltglieder**.
Sie dürfen nicht als Hauptschalter zum Spannungsfreischalten benutzt werden und benötigen einen vorgeschalteten Kurzschlußschutz.

Hilfsschütze sind wie Hauptschütze aufgebaut, können aber nur Hilfsströme (Steuerströme) schalten.

Relais sind Befehlsschalter, die durch Änderung von physikalischen Größen wie Zeit, Temperatur, Strom usw. Hilfsstromkreise auslösen.

Schaltrelais werden durch Hilfsströme ausgelöst. Sie entsprechen funktionsmäßig Hilfsschützen.

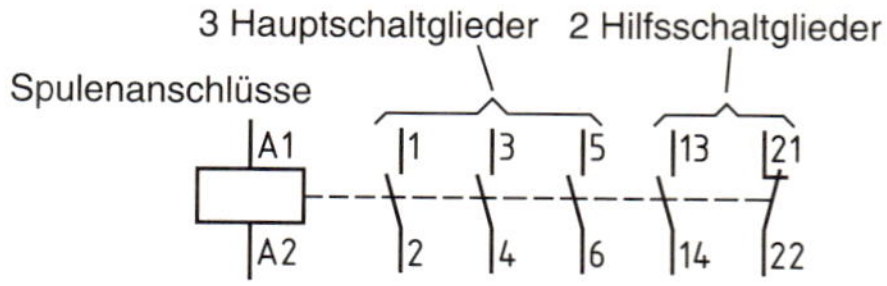

Schaltzeichen für Hauptschütz

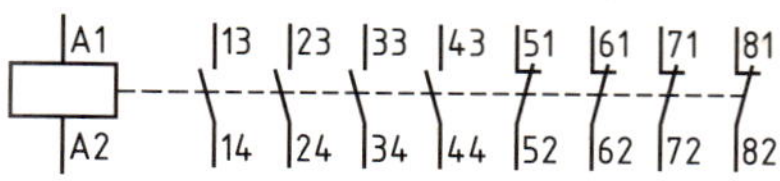

Schaltzeichen für Hilfsschütz

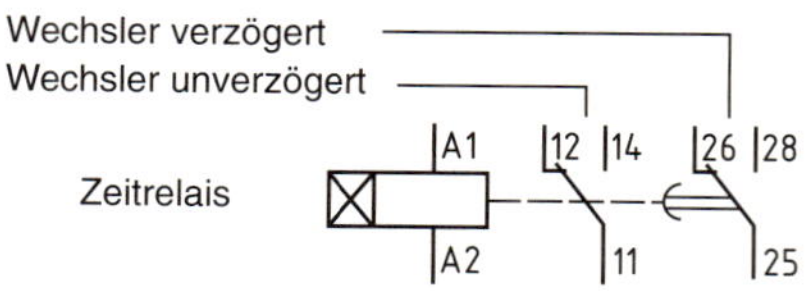

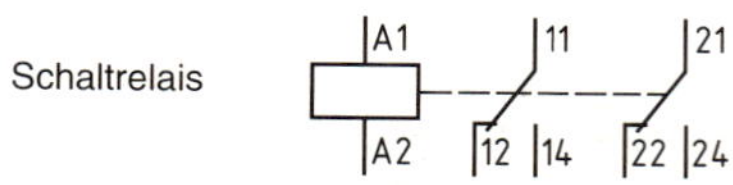

Anschlußbezeichnungen und Kennziffern von Niederspannungs-Schaltgeräten

DIN EN 50 005/7.77
DIN EN 50 011/5.78
DIN EN 50 012/5.78

Anschlußbezeichnungen für **Hauptschaltglieder** und **Überlast-Schutzeinrichtungen**

Ziffern		Bedeutung	Beispiele
1	2	1. Schaltglied	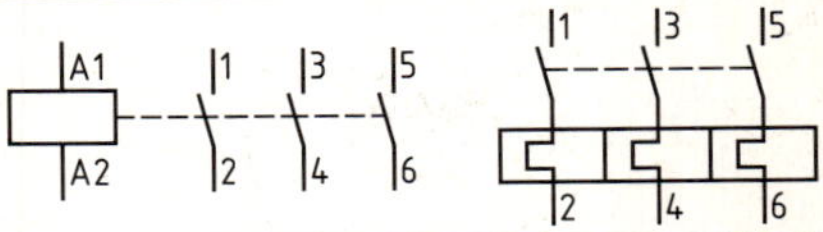
3	4	2. Schaltglied	
5	6	3. Schaltglied	
7	8	4. Schaltglied	
9	0	5. Schaltglied	

Beispiel der Anschlußbezeichnung für **Hilfsschaltglieder**

1 3

1. Ziffer, Ordnungsziffer (fortlaufende Zählweise) — 1

3 — 2. Ziffer, Funktionsziffer

Funktionsziffer			Kontaktart	Beispiele
1	2		Öffner	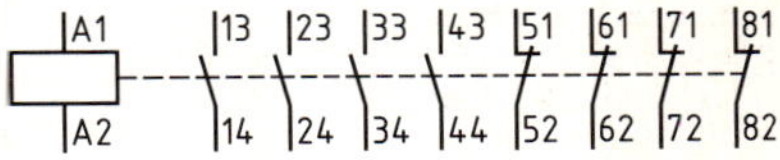
5	6		Öffner, mit besonderer Funktion	
3	4		Schließer	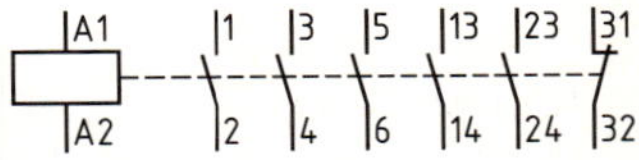
7	8		Schließer, mit besonderer Funktion	
1	2	4	Wechsler	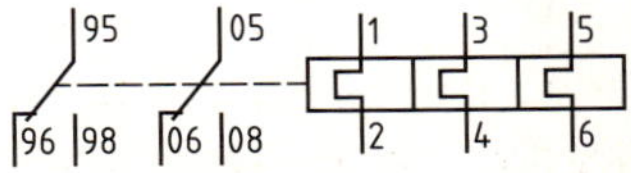
5	6	8	Wechsler mit besonderer Funktion	

Beispiel für die **Anschlußbezeichnung** für **Antriebe und Auslöser**

A 2

Art des Antriebes oder Auslöser — A

2 — Anschlußart

Buchstabe	Art des Antriebes	Ziffer	Anschlußart	Beispiele
A	magn. Antrieb (Spule)	1	Spulenanfang	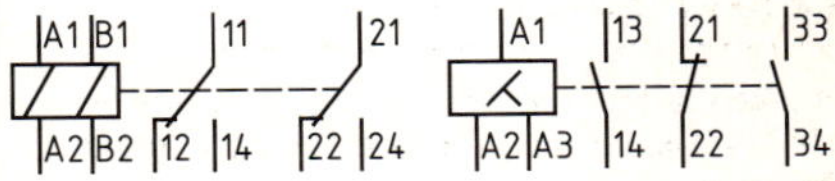
B	2. Spule	2	Spulenende	
C	Arbeitsstrom-auslöser	3	Anzapfungen	
D	Unterspan-nungsauslöser	4	Anzapfungen	
E	Verriegelungs-auslöser	.	Anzapfungen	
U	Motoren	.	Anzapfungen	
X	Leuchtmelder	.	Anzapfungen	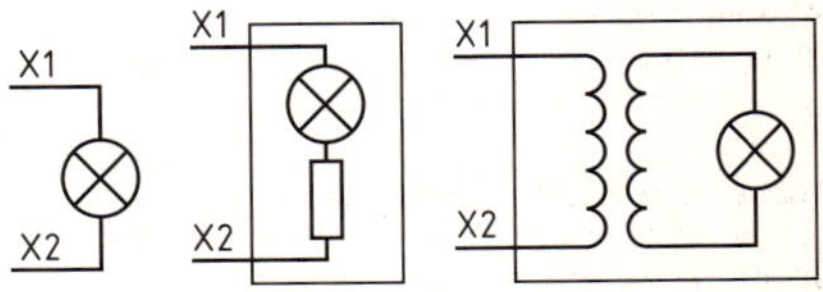

Beispiel für Kennziffern

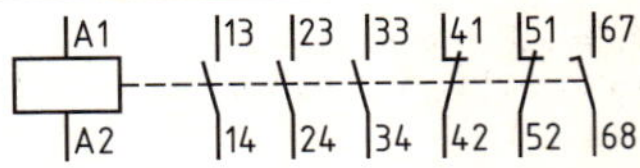

3 2 0 1[1)]

Anzahl der Schließer (1. Kennziffer) — 3

Anzahl der Öffner (2. Kennziffer) — 2

Anzahl der Wechsler (3. Kennziffer) — 0

Anzahl der Spezialschaltglieder (4. Kennziffer) — 1

1) 4. Kennziffer oder 3. und 4. Kennziffer können entfallen, wenn das Schaltgerät keine Kontakte dieser Art hat.

Elektromagnetische Relais

DIN 41 215/05.74

Rundrelais

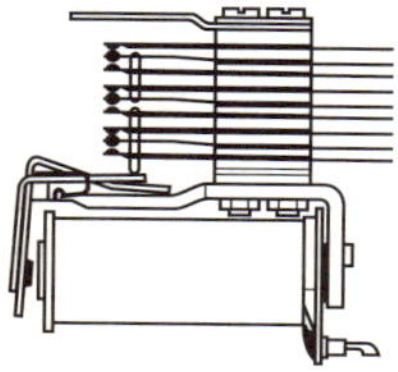

Bei Erregung der Spule zieht der Anker an und betätigt die Kontaktfedersätze. Anwendung in der Fernmeldetechnik.

Reed-Relais

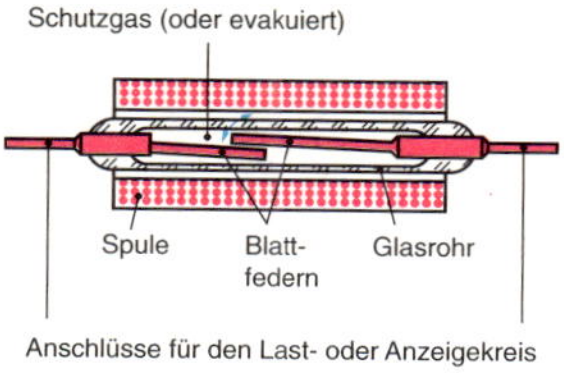

Die Kontakte sind in schutzgasgefüllte Glasröhrchen eingeschmolzen, die sich in den Erregerspulen befinden. Anwendung in elektron. Schaltungen.

Kammrelais

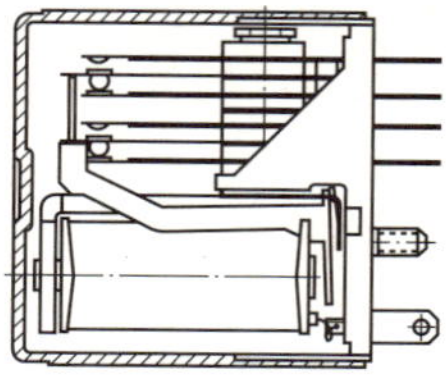

Kammförmiger Betätigungsteil am Anker betätigt bei Erregung der Spule die Kontaktfedersätze gleichmäßig. Gehäuse schützt vor Staub. Einsatz als Steuerrelais.

Stromstoßrelais

Bistabiles Relais.
Geht bei Erregung der Spule in den anderen Schaltzustand über.

Flachrelais

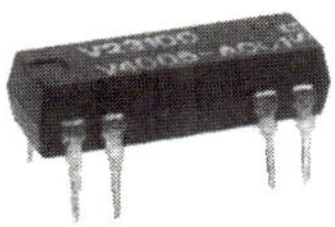

Kompakter gebaut als das Rundrelais. Anwendung in der Fernmeldetechnik. Als vergossenes Relais für gedruckte Schaltungen.

Remanenzrelais

Bistabiles Relais. Erregerspule hat eine Mittelanzapfung. Durch Anlegen einer Spannung an den Eingang bzw. Ausgang, erfolgt die Umschaltung.

Schaltvorgänge von Trockenrelais

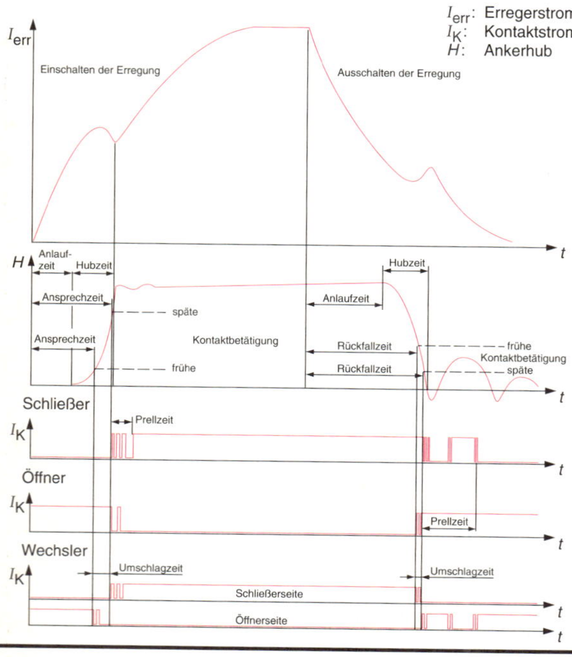

Zeiten

Anlaufzeit
Zeit vom Schließen bzw. Öffnen des Erregerstromkreises bis zum Beginn der Ankerbewegung.

Hubzeit
Zeit vom Beginn der Ankerbewegung bis zum Erreichen der Ankerendlage.

Ansprechzeit
Zeit vom Schließen des Erregerkreises bis zum Schließen bzw. Öffnen des Kontaktes.

Rückfallzeit
Zeit vom Öffnen des Erregerkreises bis zum Öffnen bzw. Schließen eines Kontaktes.

Rückwerfzeit
Zeit vom Schließen des Erregerkreises bis zum Öffnen bzw. Schließen eines Kontaktes.

Prellzeit
Zeit vom ersten bis zum letzten Schließen bzw. Öffnen eines Relaiskontaktes.

Umschlagzeit
Zeit vom Öffnen des geschlossenen Kontaktes bis zum Schließen des anderen Kontaktes.

Schalter

DIN 40 900 T. 7/03. 88

Bezeichnung	Schaltzeichen	Erklärung	Anwendung
Trennschalter (Trenner) Leerschalter		• Ein- und Ausschalten von Stromkreisen bei vernachlässigbaren kleinen Strömen • sichtbare Trennstrecke beim Ausschalten	• Spannungsfreischalten von Geräten und Anlagenteilen
Erdungslast-schalter		• Erden und Kurzschließen ausgeschalteter Betriebsmittel und Anlagenteile	• Anbau an andere Schalter • Erden und Kurzschließen • Mittelspannungsanlagen
Sicherungs-trennschalter		• Sicherungsschalter mit Sicherungseinsatz • bewegbares Schaltstück in der Strombahn	• Sonderausführung von Trennschaltern • Niederspannungsanlagen
Lastschalter		• schaltet Lastströme unter normalen Bedingungen • festgelegte Überlast-bedingungen • kein Kurzschluß-Ausschalt-vermögen	• Ein- und Ausschalten von Betriebsmitteln (nicht Motoren) und Anlagenteilen • Kombination mit Schmelz-sicherungen • Niederspannungsanlagen
Lasttrennschalter		• Schaltung im belasteten Zustand • sichtbare Trennstrecke	• Schalten von Freileitungen, Kabelstrecken, Transformatoren, Ringleitungen • Mittelspannungsanlagen
Lasttrennschalter mit selbsttätiger Auslösung		• allpoliges Ausschalten bei Kurzschluß (z. B. bei Ausfall einer Sicherung)	• HH-Sicherungen mit Kurzschlußschutz • Mittelspannungsanlagen
Sicherungs-Last-trennschalter		• Sicherungen im Schalter als Teile der Strombahn • gefahrloses Schalten unter Belastung	• Sonderausführung von Lasttrennschaltern • Niederspannungsanlagen
Leistungsschalter		• mit Strombegrenzung und kurzem Öffnungsverzug • Kurzverzögerung bei Auslösung • Schaltung unter allen Betriebsbedingungen	• Schalten von Motoren, Transformatoren • Schalter für Betriebsmittel und Anlagen
Leistungs-selbstschalter	 	• einstellbarer thermischer Überstromauslöser • magnetischer Kurzschluß-schnellauslöser	• als Vorschaltgerät für Schütze in Steuerungen • Hauptschalter mit Überlast- und Kurzschlußschutz • Leitungsschutz in Nieder-spannungsanlagen
Leistungs-trennschalter		• sichtbare Trennstrecke beim Ausschalten • allpoliges Ausschalten bei Kurzschluß (z. B. bei Ausfall einer Sicherung)	• Anlagen mit höheren Kurzschlußleistungen in Verbindung mit Sicherungen • Mittelspannungsanlagen

Schaltgeräte

Schaltvorgänge bei Schaltern

DIN VDE 0660

Einschaltvorgang

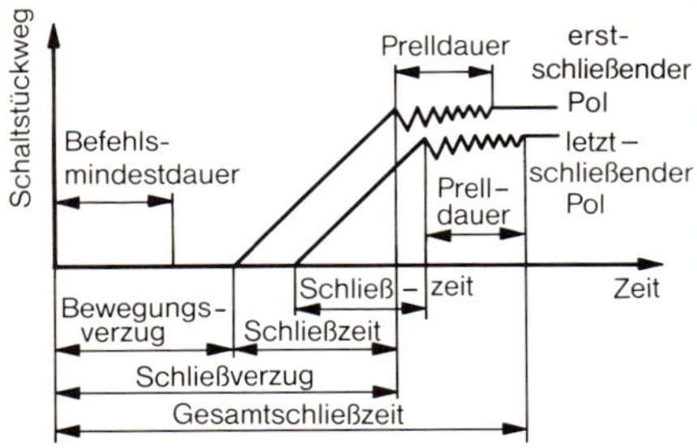

Ausschaltvorgang

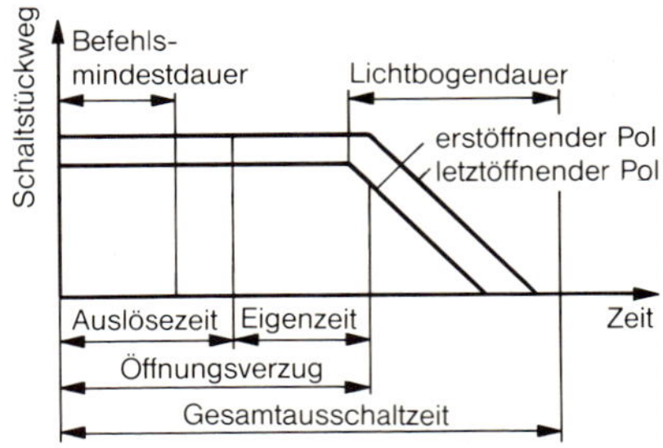

Nenneinschaltvermögen ist der Scheitelwert des Stromes, den der Schalter beim Einschalten ohne Verschweißen der Schaltkontaktstücke und mechanischer Verformung aushält.

Nennausschaltvermögen ist der Effektivwert des Stromes, den das Schaltgerät unter Berücksichtigung der Spannung und des Leistungsfaktors unterbricht, ohne daß Lichtbogenüberschläge zwischen den Kontakten auftreten.

Kurzschlußfestigkeit ist die mechanische Festigkeit eines eingeschalteten Schaltgerätes oder eines seiner Bestandteile (z. B. Auslöser) gegen die auftretenden elektrodynamischen und thermischen Beanspruchungen.

Nennströme in A[1]) für Niederspannungs-Schaltgeräte bis 1000 V

DIN 40 003 ABl 1/05.70

Schalter, Anlasser, Steller, Steckvorrichtungen	–	–	–	–	–	–	–	–	6,3	–
	10	–	16	20	25	31,5	40	–	63	80
	100	125	160	200	250	–	400	–	630	–
	1000	–	1600	2000	2500	3150	4000	–	6300	8000
NH-Sicherungsunterteile	–	–	–	–	–	31,5[2])	–	–	63[2])	–
	100	–	160	–	250	–	400	–	630	800
	1000	1250	–	–	–	–	–	–	–	–
NH-Sicherungseinsätze	–	–	–	2[2])	–	–	4[2])	–	6,3	8[2])
	10	12,5[2])	16	20	25	31,5[2])[3])	40[3])	50	63	80
	100	125	160	200	250	315	400	500	630	800
	1000	1250	–	–	–	–	–	–	–	–

Nennströme in A für Wechselspannungs-Schaltgeräte über 1000 V

DIN 40 003 ABl 2/05.70

Schalter, Durchführungen	$<$ 60 kV	400	630	1250	1600	2500	3150	4000	6300	8000	–
	$\geq$ 60 kV	630[4])	800	1250	1600	2000	3150	4000	–	–	–
Sicherungsunterteile bis Reihe 30 N		200	–	400	–	–	–	–	–	–	–
Sicherungseinsätze bis 30/36 kV		6,3[1])	10	16	25	40	63	100	160	200	250
Primärauslöser		6,3[1]) 315	10 400	16 500	25 630	40 –	63 –	100 –	160 –	200 –	250 –

[1]) Rundung der Werte 6,3 A, 12,5 A und 31,5 A auf 6 A, 12 A und 32 A
[2]) Nur im Bedarfsfall als zusätzliche Zwischenwerte
[3]) Noch gebräuchlicher Zwischenwert 35 A
[4]) Für Lastschalter

Verteilungen Hausinstallationen

DIN VDE 0100 T. 540/11.91 / DIN 43627 T. 2/05.85
DIN 43870 T. 1/05.81 u. 2/04.86
DIN 18015 T. 1/03.92 T. 2/11.84 T. 3/07.90

Kabel-Hausanschlußkasten – 3x KH 00-A

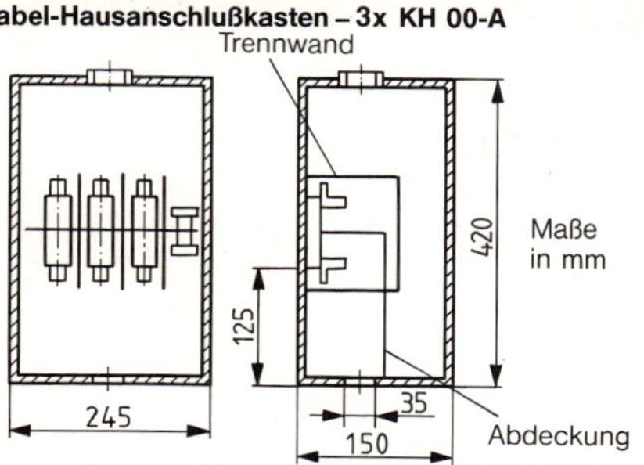

Kurzzeichen	Stromkreise mit NH-Sicherungen	Anschlußquerschnitt Zugang in mm² (max)	Anschlußquerschnitt Abgang in mm² (max)
KH 00-A	3 x Größe 00 + PEN/N	4 x 50	4 x 50
KH 1-B	3 x Größe 1 + PEN/N	4 x 150	4 x 120

Beispiel einer zentralen Zähleranordnung

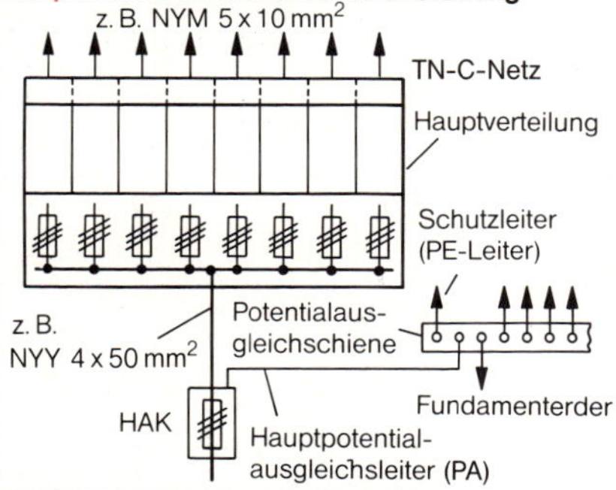

Zulässiger maximaler Spannungsfall

0,5 % in den Leitungen vom Hausanschluß bis zu den Meßeinrichtungen bei $S \leq 100$ kVA[1])
3,0 % zwischen Meßeinrichtung und den Verbrauchsmitteln

[1]) Siehe Angaben der Technischen Anschlußbedingungen (TAB)

Hauptleiterquerschnitte nach Wohneinheiten (WE)	
1 WE	NYM 4 x 16 mm²
2 WE	NYM 4 x 25 mm²
3 WE	NYM 4 x 35 mm²
ab 4 WE nach Vereinbarung mit dem EVU	

Zählerplatz nach Rastersystem

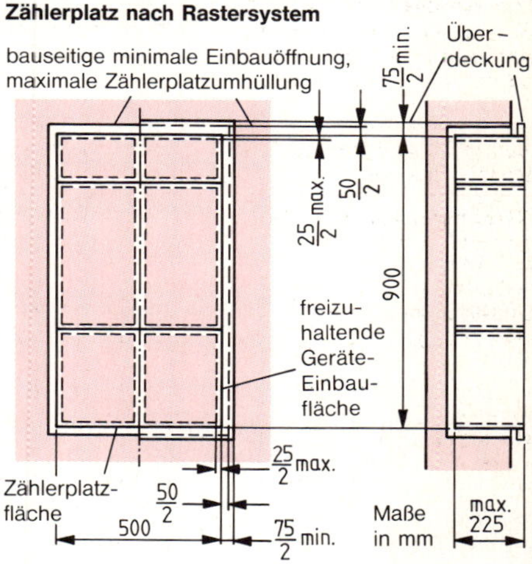

Installationszonen und Vorzugsmaße

Küchen, Hausarbeitsräume

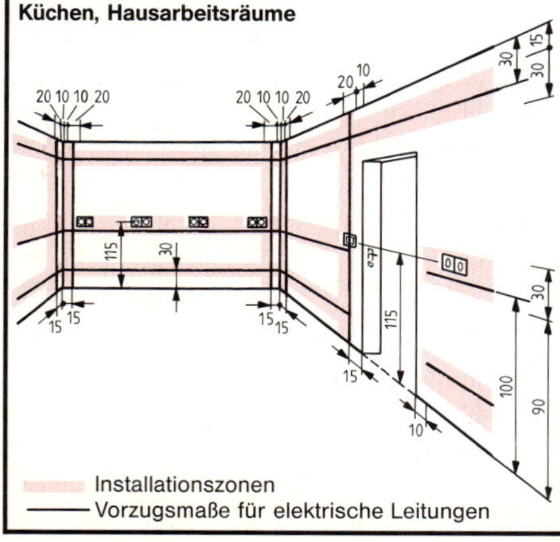

Wohnräume

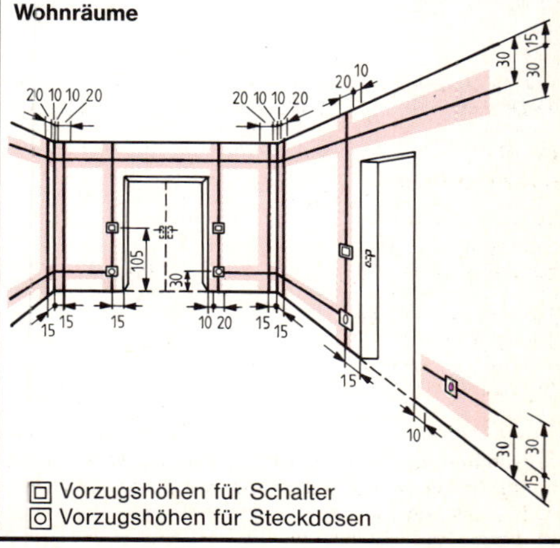

Überspannungsschutz

DIN VDE 0185 T.1, T.2/11.82

Störursachen

- Ferne Blitzeinschläge in Freileitungen mit Stoßspannungen > 10 kV, so daß die Spannungsfestigkeit von Geräten überschritten wird.
- Elektromagnetische Störfelder durch atmosphärische Spannungsentladungen, die Übertragungsfelder in elektronischen Systemen verursachen.
- Schalthandlungen in elektrischen Versorgungsnetzen und bei induktiven Verbrauchern, z. B. Motoren, Aufzügen.
- Nahe Blitzeinschläge bis 1000 m, wobei starke Änderungen der magnetischen Feldstärke in Leiterschleifen, z. B. L1–N des Netzes zwischen Geräten und Gebäuden, hohe Induktionsspannungen hervorrufen.
- Blitzeinschlag in Versorgungs- oder Datenkabel, wobei ein Teil des Blitzstromes kapazitiv oder galvanisch in die elektronische Anlage gekoppelt wird.
- Höchste Gefährdung bei direktem Blitzeinschlag ins Gebäude oder im Nahbereich (< 1 km), Potentialanhebung metallischer Gebäudeteile und Geräte gegen Erde; Durchschläge in geerdeten elektrischen Betriebsmitteln, Daten- und Informationssystemen.

Maßnahmen gegen Überspannungen

Äußerer Blitzschutz:
- Blitzableiter (S. 177)
- Erdungsanlage

Innerer Blitzschutz:
- Potentialausgleich (S. 168)
- Überspannungsschutzgeräte

Überspannungsableiter

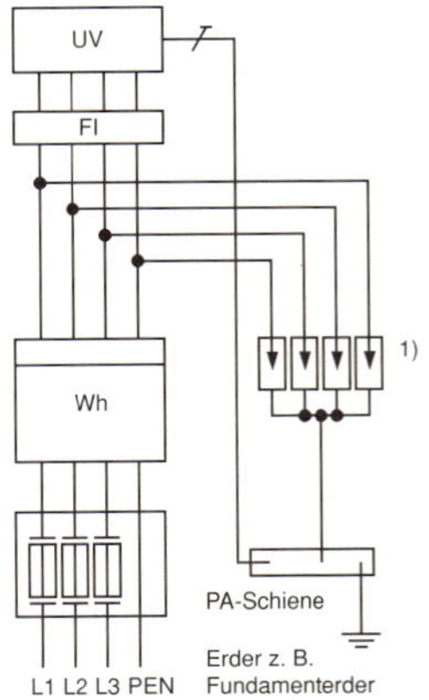

1) mit Genehmigung des EVU auch vor dem Zähler

Anlage (Ausschnitt) mit Überspannungs-Schutzeinrichtungen

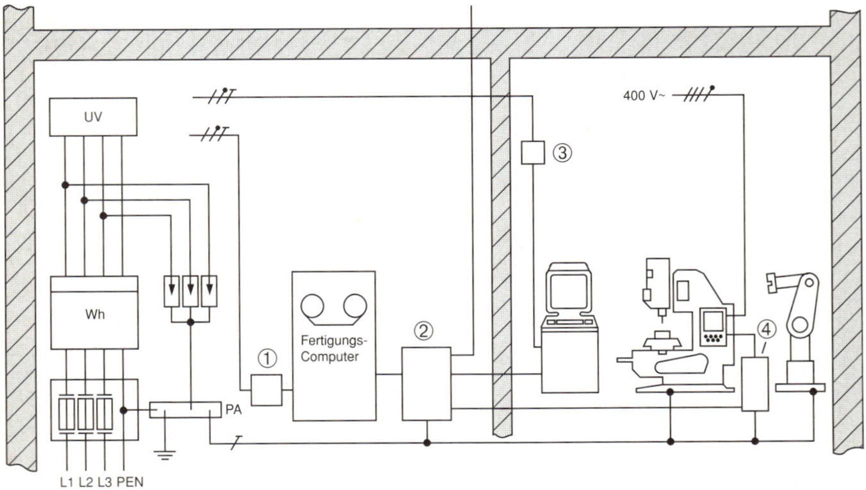

① Schutzkontaktsteckdose mit Überspannungsschutz und integrierter Überwachungseinrichtung
② Überspannungs-Schutzgeräte für unsymmetrische Schnittstellen
③ Überspannungsfilter für den netzseitigen Geräteschutz
④ Überspannungs-Schutzgeräte in MSR-Anlagen für Gleich- und Wechselspannungen

Überstrom-Schutzorgane DIN VDE 0636 T. 1 / 12. 83, T. 21 / 05. 84, T. 31 / 12. 83, T. 41 / 12. 83

Niederspannungs-Sicherungen

Bezeichnung	Bereiche	Darstellung	Einzelteile
Diazed-Sicherungssystem (D-System)	bis 100 A und 500 V ~ sowie 63 A und 600 V ≃	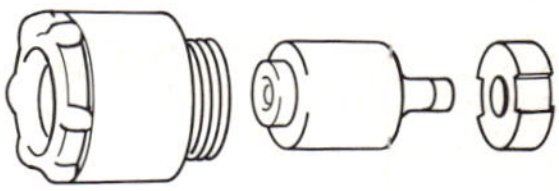	• Sicherungsunterteile, • Sicherungseinsätze (mit Schmelzleiter in geschlossenem Schutzraum), • Sicherungseinsatzhalter (z. B. Schraubkappe), • Unverwechselbarkeitseinrichtung (z. B. Paßeinsatz).
Neozed-Sicherungssystem (DO-System)	bis 100 A und 380 V ~ 250 V–	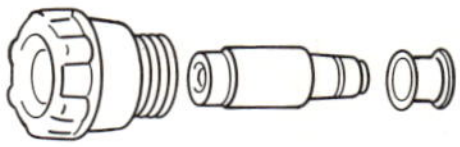	
NH-Sicherungssystem	bis 1250 A und 500 V ~ 440 V–, 660 V ~		

D- und DO-Sicherungssystem – Kennzeichnung

Sicherung und Paßeinsatz		Sockel Nennstrom in A	Gewindegröße der Schraubkappe	
Nennstrom in A	Kennfarbe		Diazed	Neozed
2	rosa	25	D II (E 27)	DO 1 (E 14)
4	braun			
6	grün			
10	rot			
16	grau			
20	blau			DO 2 (E 18)
25	gelb			
35	schwarz	63	D III (E 33)	
50	weiß			
63	kupfer			
80	silber	100	D IV (R ¼″)	DO 3 (M 30 x 2)
100	rot			

Anwendungsbereiche von Sicherungen

Funktionsklassen:

g: Ganzbereichssicherungen können
- Nennstrom dauernd führen und
- Ströme vom kleinsten Schmelzstrom bis zum Nennausschaltstrom schalten

a: Teilbereichssicherungen können
- Nennstrom dauernd führen und
- Ströme oberhalb eines bestimmten Vielfachen ihres Nennstromes bis zum Nennausschaltstrom schalten.

Arten von Schutzobjekten:

L: Kabel- und Leitungsschutz
M: Schaltgeräteschutz
R: Halbleiterschutz
B: Bergbau- und Anlagenschutz

Betriebsklassen:

gL: Ganzbereichs-Kabel- und Leitungsschutz
aM: Teilbereichs-Schaltgeräteschutz
aR: Teilbereichs-Halbleiterschutz
gR: Ganzbereichs-Halbleiterschutz
gB: Ganzbereichs-Bergbauanlagenschutz

NH-Sicherungen – Kennzeichnung

Größe	Unterteile Nennstrom in A	Einsätze Nennstrom in A	Gesamtlänge in mm	zulässige Nennverlustleistung in W		Leiter-Nennquerschnitte, ein- und mehrdrähtig in	
				500 V ~	660 V ~	mm² (min)	mm² (max)
00	100	35 ... 100	78	7,5	9	16	50
0	160	35 ... 160	125	16	19	35	95
1	250	80 ... 250	135	23	28	70	150
2	400	125 ... 400	150	34	41	150	300
3	630	315 ... 630	150	48	58	2 x (40 x 5)	
4	1000	500 ... 1000	200	90	90	2 x (60 x 5)	
4a	1250	500 ... 1250	200	110	110	2 x (80 x 5)	

Überstrom-Schutzorgane

DIN VDE 0636 T. 31/12.83, DIN 41660/05.79, DIN VDE 0820 T. 1/09.86
DIN 41661/05.79, DIN 41662/05.79, DIN 41576 T. 1/06.84, T. 2/06.87
DIN 41577 T. 1/06.87, T. 2/06.84

Zeit-Strom-Bereiche für Leitungsschutz-Sicherungen der Betriebsklasse gL

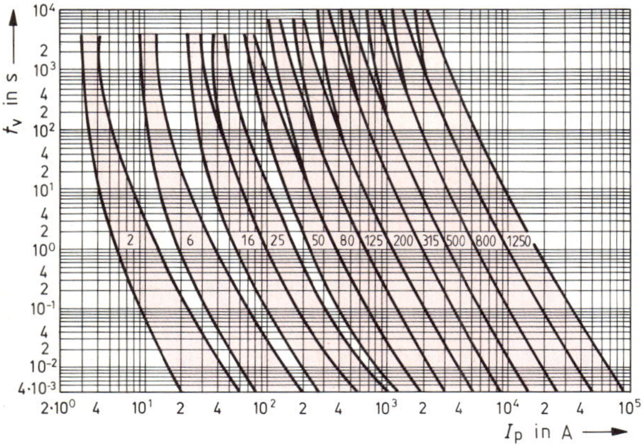

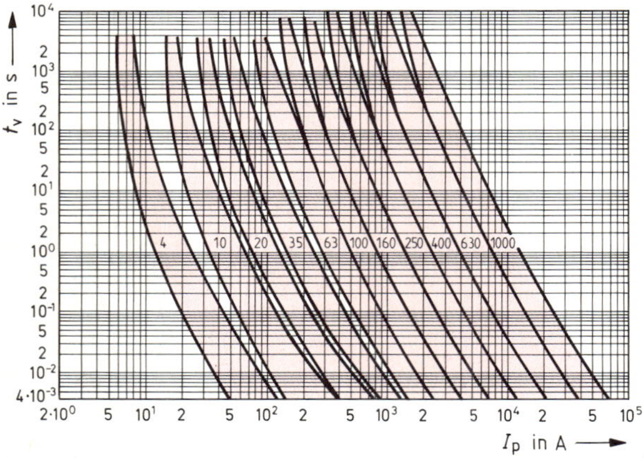

Begriffe:

- t_v [1]) sind im Diagramm die Schmelzzeit t_{vs} (kleinste Zeit) und die Auslösezeit t_{va} (größte Zeit)
- I_p (unbeeinflußter – prospektiver – Kurzschlußstrom) ist der Strom im Fehlerfall

Beispiel:

- Zeit-Strom-Bereich einer 63-A-Sicherung
- Kurzschlußstrom $I_k \approx 750$ A
- Schmelzzeit $t_{vs} \approx 0{,}03$ s
- Auslösezeit $t_{va} \approx 0{,}2$ s

Selektivität:
Zeit-Strom-Bereiche für Leitungsschutz-Sicherungen sind so aufeinander abgestimmt, daß Sicherungen, deren Nennströme ($\geq$ 16 A) im Verhältnis 1 : 1,6 stehen, in bestimmten Bereichen der Betriebsspannung untereinander selektiv abschalten.
(siehe auch S. 132)

Geräteschutzsicherungen (Feinsicherungen)

G-Schmelzeinsatz 250 V, **verwechselbar**		G-Schmelzeinsatz 250 V, **unverwechselbar**	
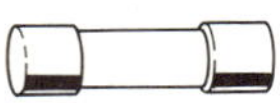	I_n: 0,032 … 6,3 A Größe: 5 · 20 mm	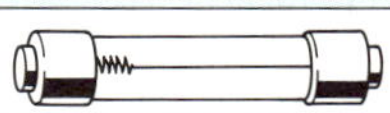	I_n: 0,035 … 0,06 A Größe: 5 · 30 mm
		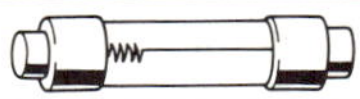	I_n: 0,08 … 0,6 A Größe: 5 · 25 mm
		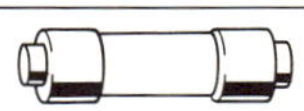	I_n: 0,8 … 4 A Größe: 5 · 20 mm

Auslöseverhalten/Kennbuchstaben

superflink: FF	flink: F	mittelträge: M	träge: T	superträge: TT

[1]) (dem Schaltvermögen nach mögliche – virtuelle Zeiten)

Überstrom-Schutzorgane

DIN VDE 0641/06.78 DIN VDE 0664 T.1/10.85
DIN VDE 0641 A4/11.88 DIN VDE 0660 T.104/09.82

Leitungsschutzschalter bis 440 V (Auswahl)

Auslösecharakteristiken:

- **L**-: für Leitungsschutz (DIN VDE 0641)
- **B**-: für Leitungsschutz (DIN VDE 0641 A4) ersetzt bisherige L-Charakteristik
- **C**-: für Leitungsschutz (DIN VDE 0641 A4) ersetzt G- und U-Charakteristik
- **K**-: für Kraftstromkreise, Motoren, Lampen Leitungsschutz (DIN VDE 0660 T.104)

Baureihen von LS-Schaltern (Auswahl)

Typ	B-, C-, L-			K-				
I_n in A	6	10; 13; 16; 20; 25	32 40	3	4	6 8	10	16–40
max. Vorsicherung g_L in A	63	100	125	24	35	63	80	100

Auslösecharakteristiken von LS-Schaltern

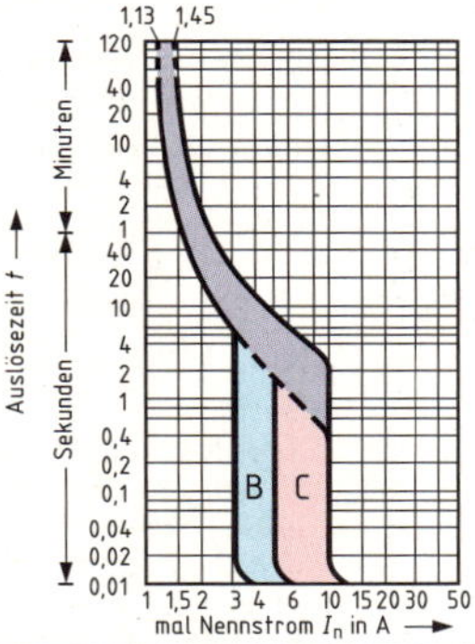

Auslösebedingungen für LS-Schalter laut Bbl. DIN VDE 0100 T.430:

1. $I_b \leq I_n \leq I_z$ (siehe auch S. 136)
2. $I_2 \leq 1{,}45 \cdot I_z$

Nach der 2. Bedingung ist unter I_2 der Strom zu verstehen, bei dem spätestens nach einer Stunde der LS-Schalter abschalten muß. Er darf maximal das 1,45-fache der maximalen Strombelastbarkeit der Leitung bzw. des Kabels betragen.
LS-Schalter mit B- und C-Charakteristik erfüllen diese Bedingung.
(Siehe Kennlinienverlauf im Diagramm.)

Hinweis: Die Herstellung von LS-Schaltern nach DIN VDE 0641/06.78 mit Auslösecharakteristik L wurde ab 30. Juni 1990 eingestellt.

Abmessungen der LS-Schalter

ohne Hilfsschalter (1- bis 4polig)

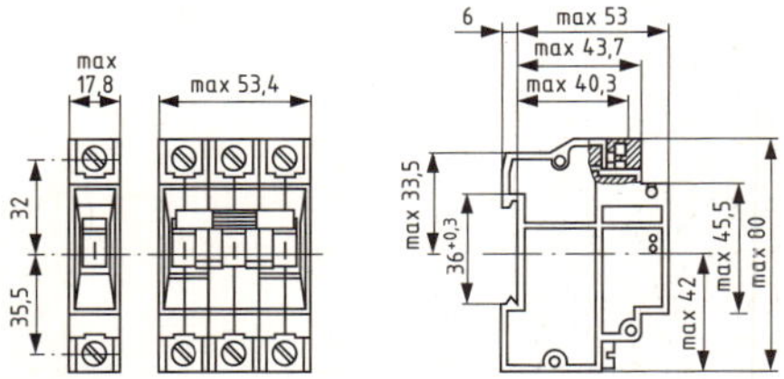

mit Hilfsschalter (1- bis 4polig)

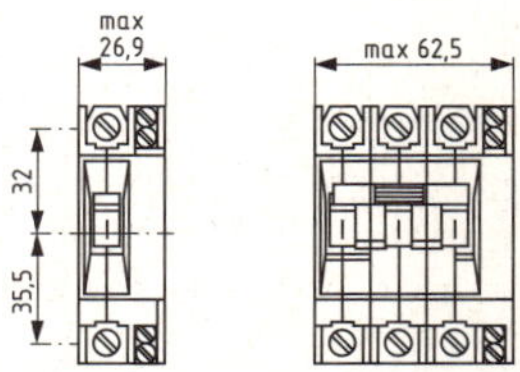

Fehlerstrom-Schutzschalter

Funktion der FI-Schutzschalter:
Abschaltung bei Auftreten gefährlicher Berührungsspannungen aufgrund von Isolationsfehlern innerhalb von 0,2 s.

Baugrößen und Erdungswiderstand

Nennfehlerstrom $I_{\Delta n}$	Maximaler Erdungswiderstand R_A in Ω bei max. Berührungsspannung 50 V	25 V
10 mA	5000	2500
30 mA	1667	833
0,3 A	167	83
0,5 A	100	50
1 A	50	25

Abmessungen der FI-Schutzschalter

Nennspannung 240 V ~ (2polig)
240/415 V ~ (4polig)
in Netzen 120 … 240 V ~ (2polig)
240 … 415 V ~ (4polig)

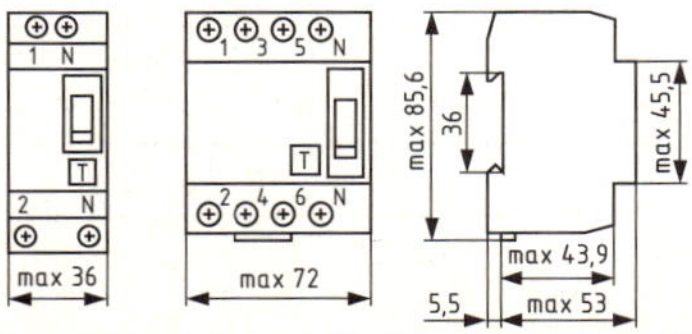

FI-Schutzschalter mit Kurzschlußvorsicherung

I_N in A	16	25	40	63	100	125	160	224
I_K in kA	1,5	1,5	1,5	2	3,5	2	4	4
Maximale Kurzschlußvorsicherung in A für								
NH (gL)	63	80	80	100	125	125	160	224
Neozed	63	80	80	100	–	–	–	–
Diazed (gL)	50	63	63	80	100	–	–	–

Installationsschaltungen mit Installationsschaltern DIN 40 900 T.11/03.88

Stromlaufplan in zusammenhängender Darstellung | Übersichtsschaltplan

Ausschaltung

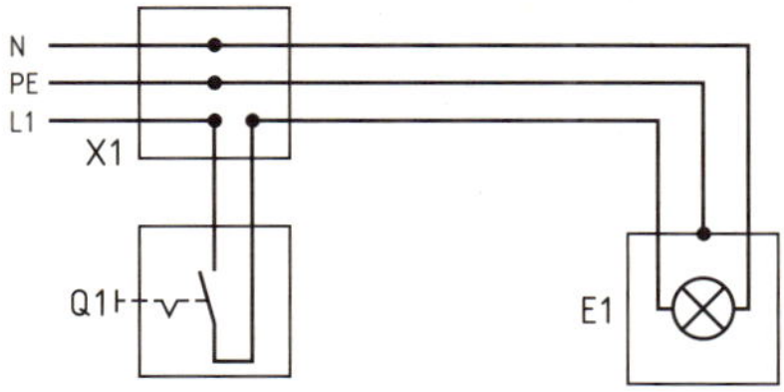

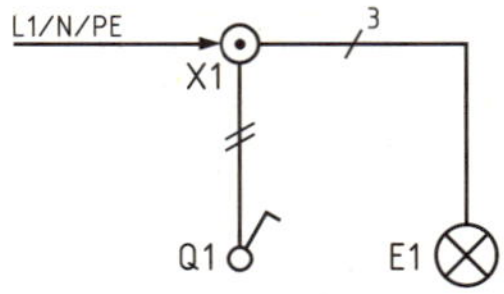

Serienschaltung

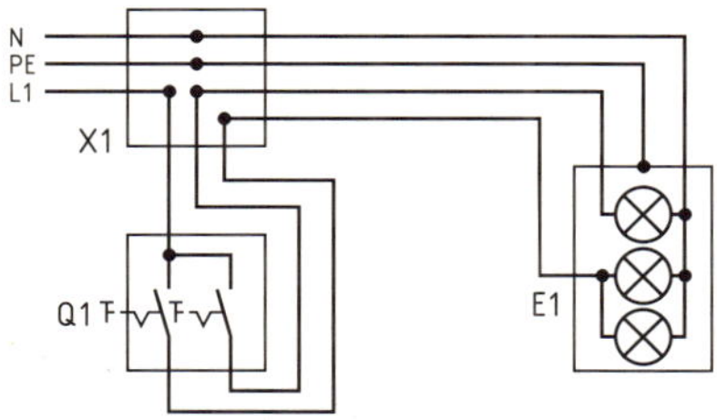

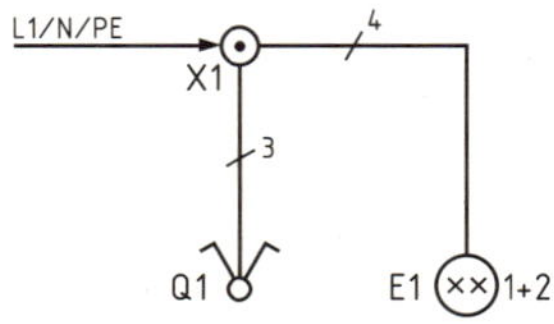

Gruppenschaltung

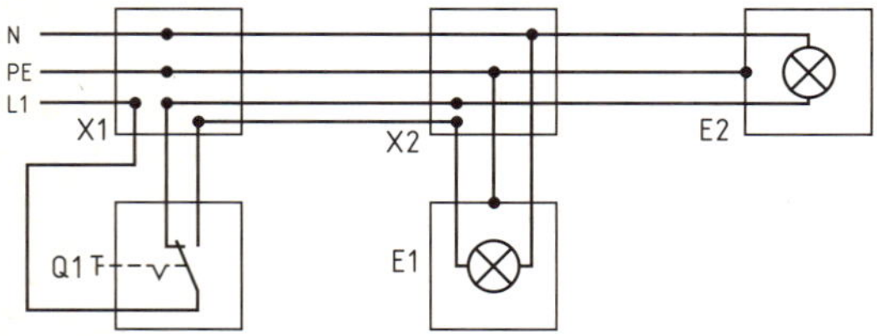

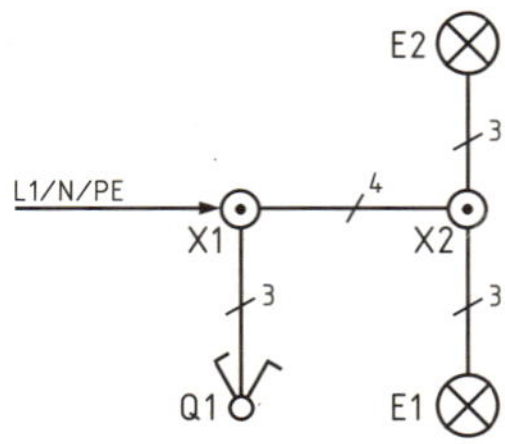

Wechselschaltung

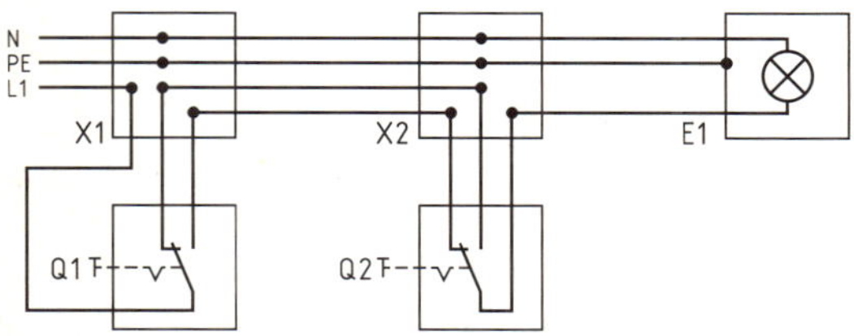

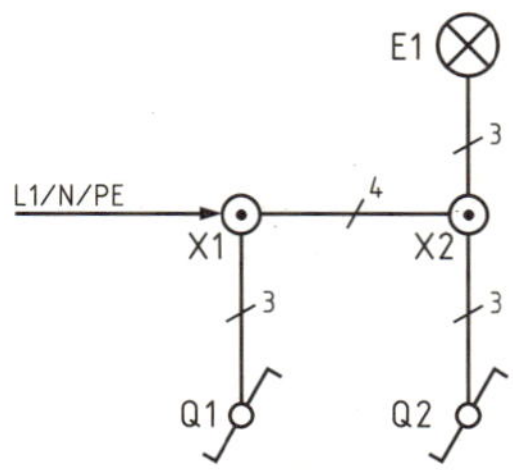

Kreuzschaltung

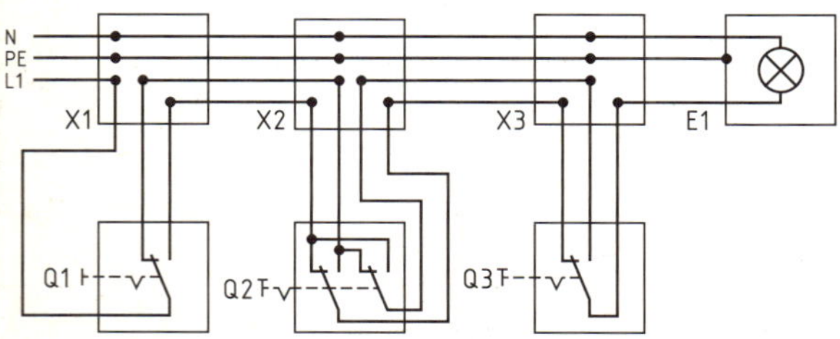

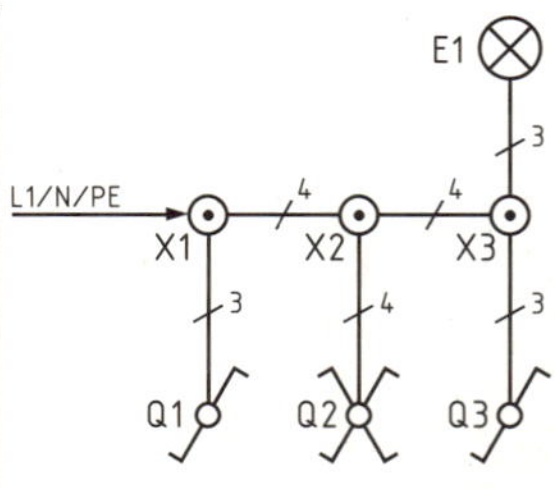

Installationsschaltungen mit elektromagnetischen Schaltern

Stromlaufplan in zusammenhängender Darstellung	Übersichtsschaltplan

Stromstoßschaltung mit beleuchteten Tastern

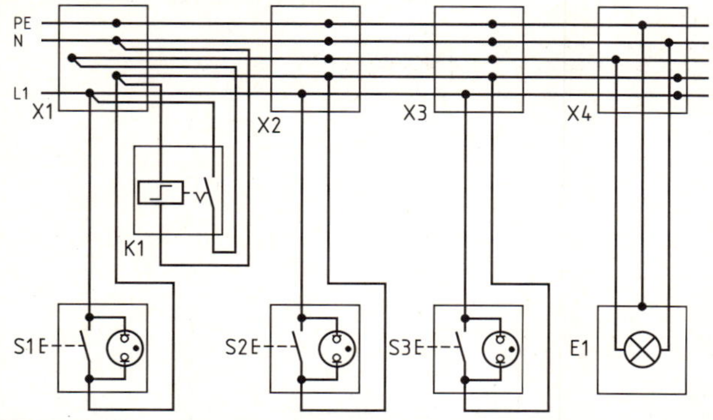

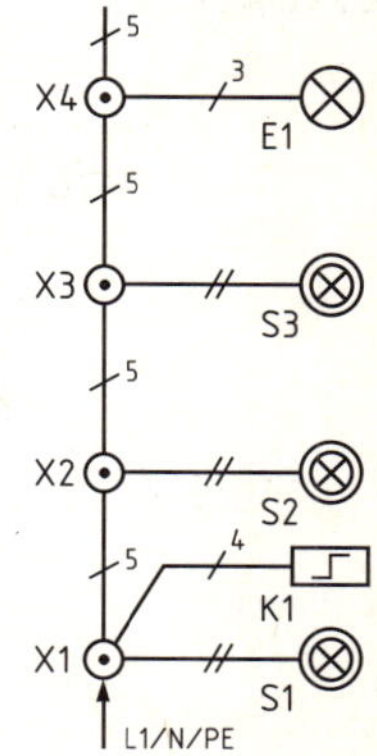

Treppenhausschaltung mit Treppenlicht-Zeitschalter in L-gesteuertem Dreileiteranschluß (vor Abschaltung nicht nachschaltbar)

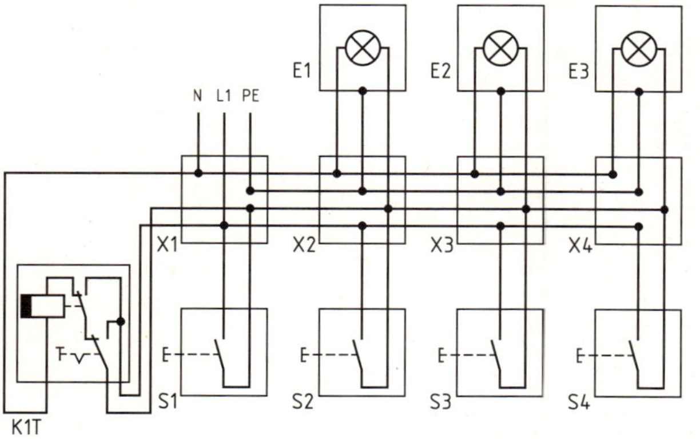

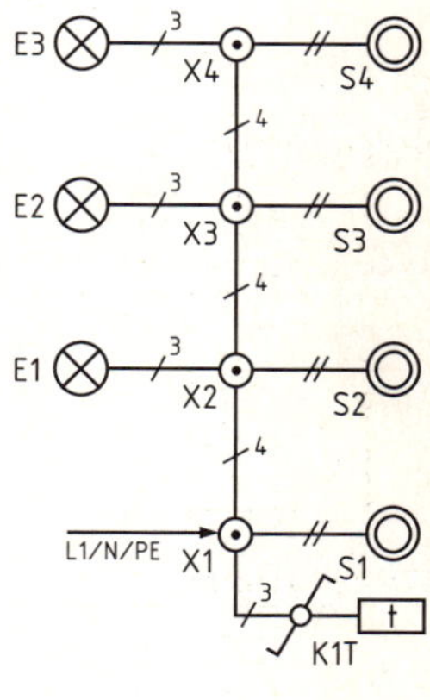

Treppenhausschaltung mit Treppenlicht-Zeitschalter in L-gesteuertem Vierleiteranschluß (vor Abschaltung nachschaltbar)

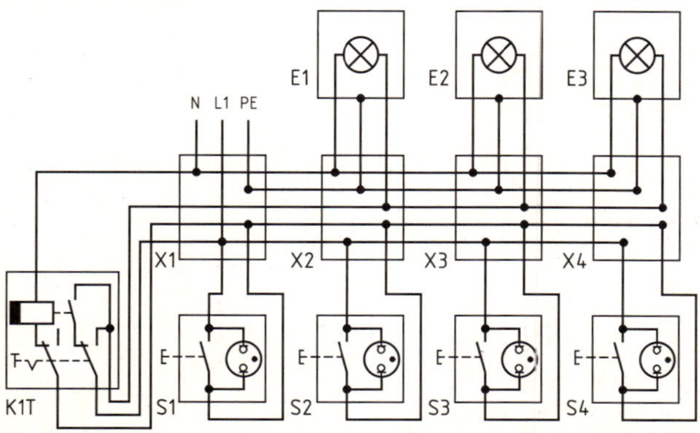

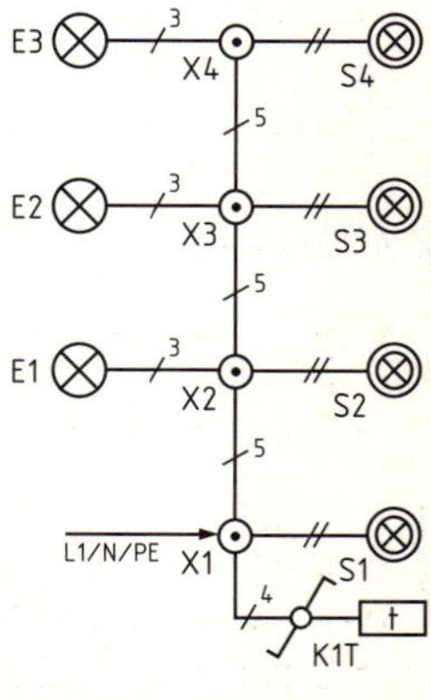

Installationsschaltungen mit Dimmern

Stromlaufplan in zusammenhängender Darstellung	Übersichtsschaltplan

Dimmer für Glühlampen (mit 3 Anschlußklemmen)

Ausschaltung

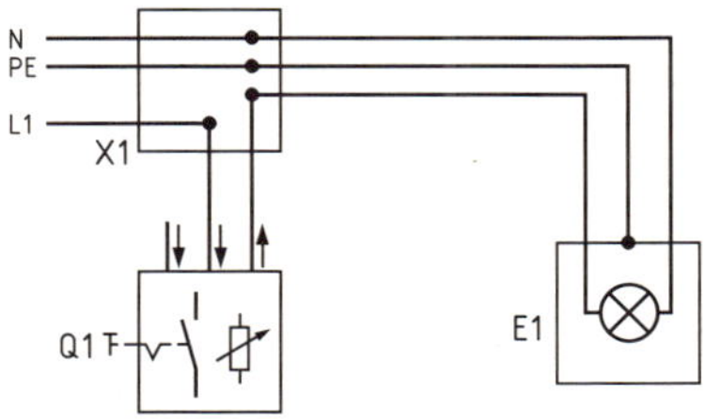

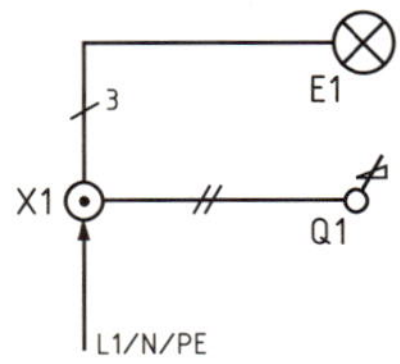

Wechselschaltung

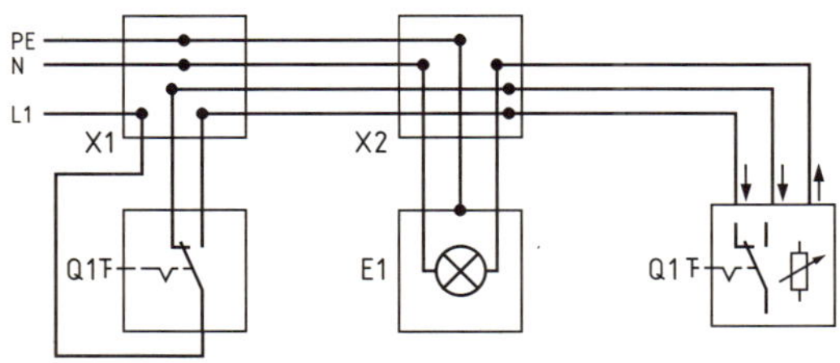

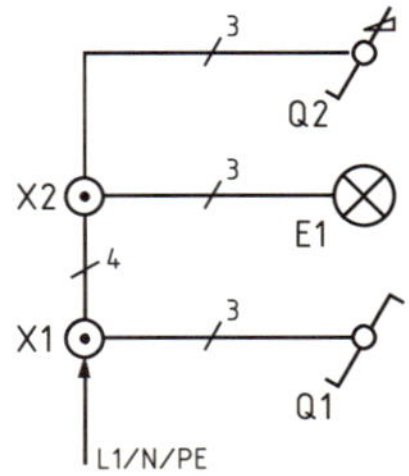

Dimmer für Leuchtstofflampen (mit 4 Anschlußklemmen, auch für Glühlampen)

Ausschaltung mit Vorschaltgerät

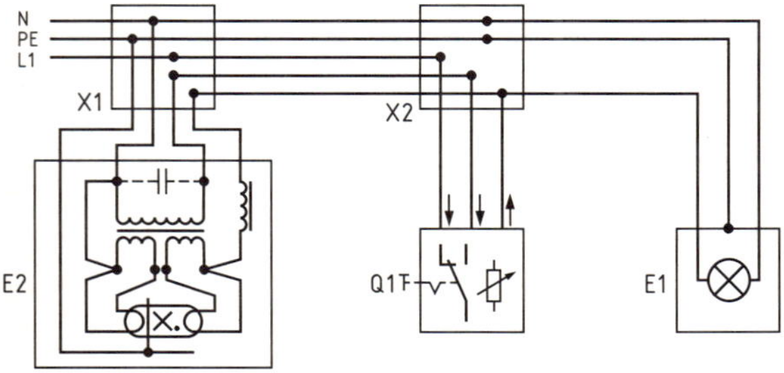

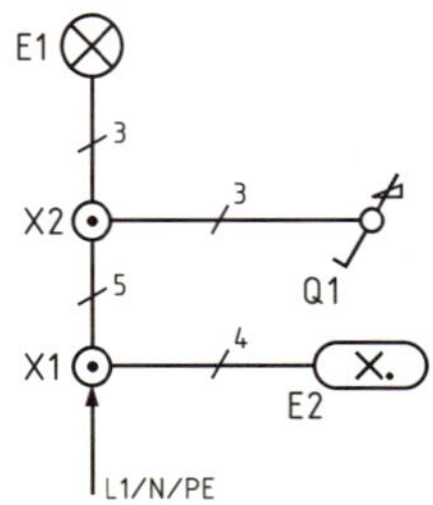

Wechselschaltung mit Vorschaltgerät

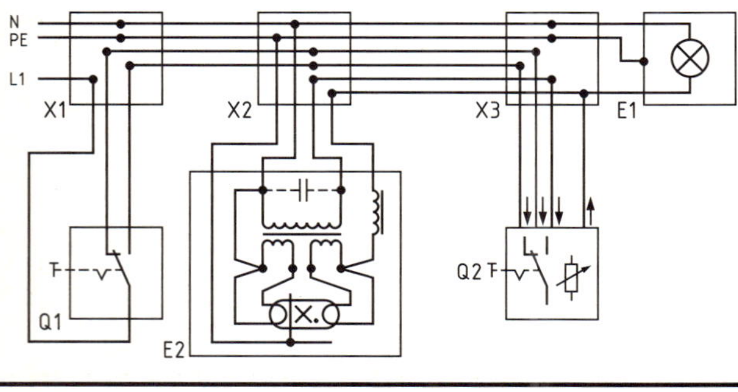

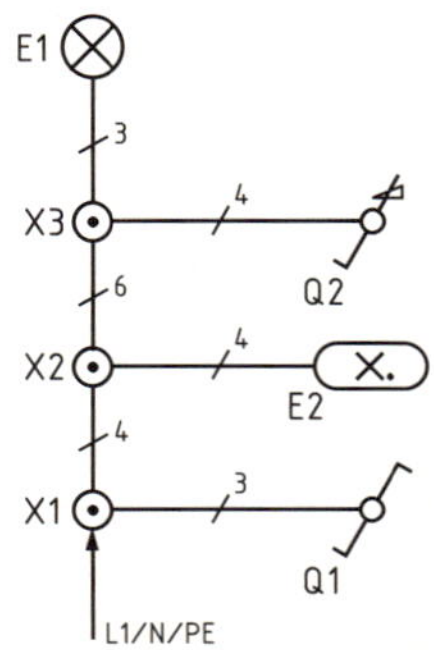

Installationsschaltungen mit Dimmern, Sensorschaltungen und Sensoren

DIN 40 900 T.7/03.88

Stromlaufplan in zusammenhängender Darstellung	Übersichtsschaltplan

Ausschaltung mit Tastdimmer

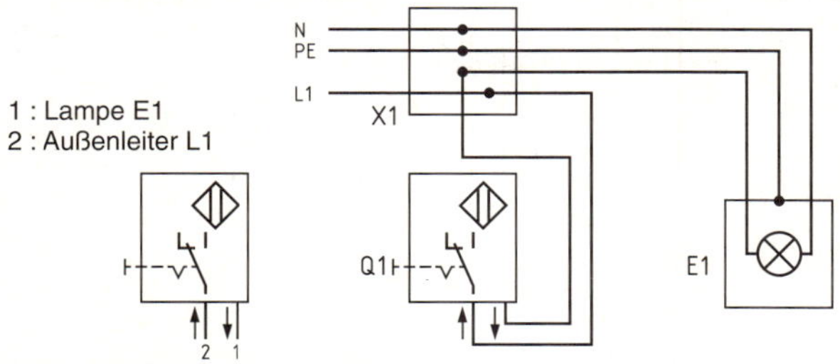

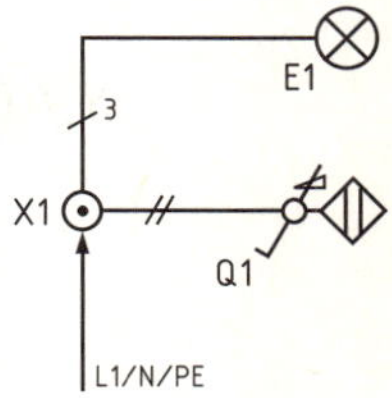

Wechselschaltung mit Tastdimmer

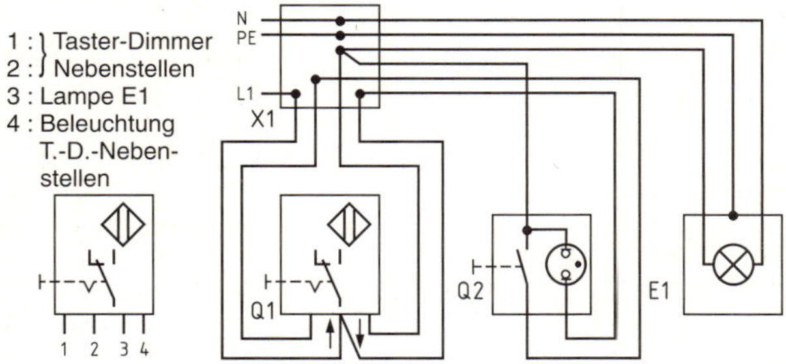

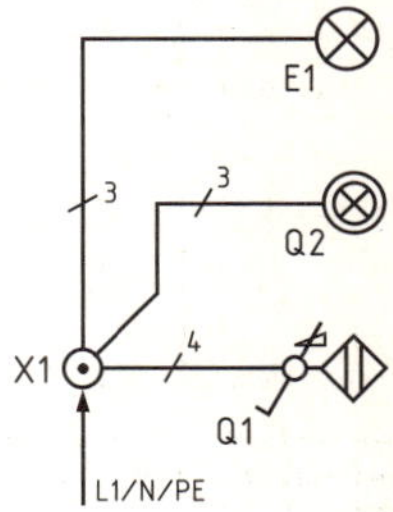

Wechselschaltung mit Sensorschalter und Sensor

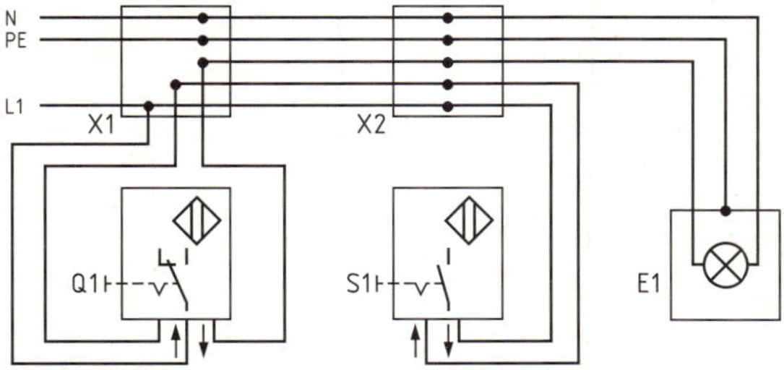

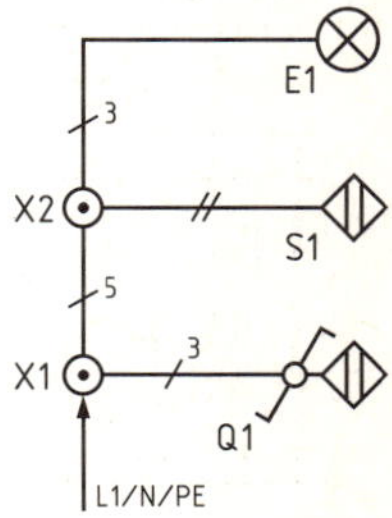

Stromstoßschaltung mit Sensortastern

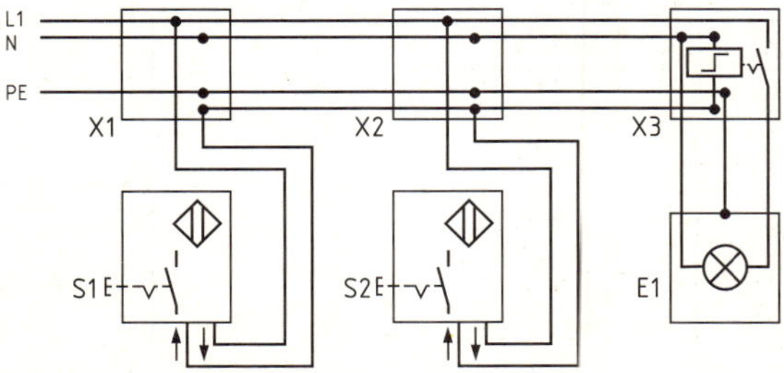

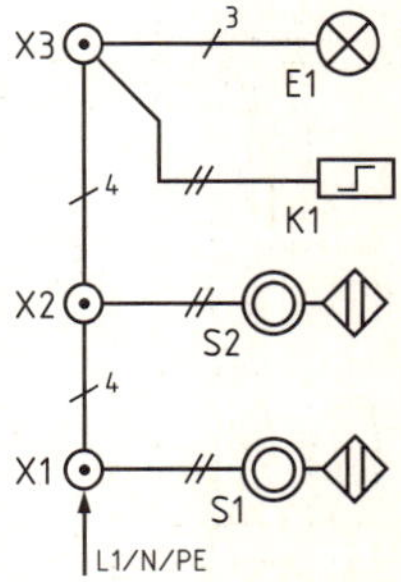

Schaltungen zur Hauskommunikation

Stromlaufplan in zusammenhängender Darstellung	Übersichtsschaltplan

Signalschaltung

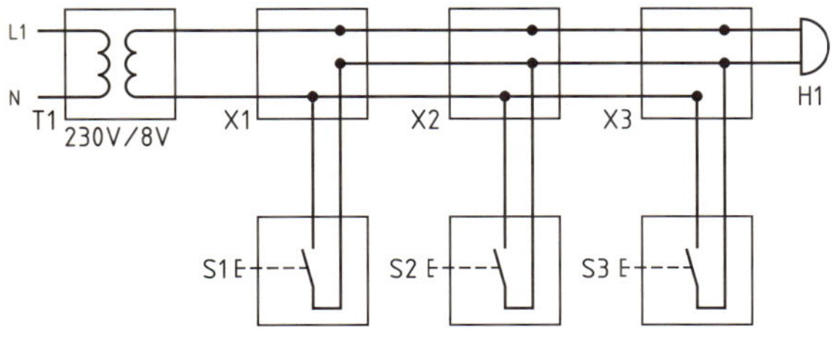

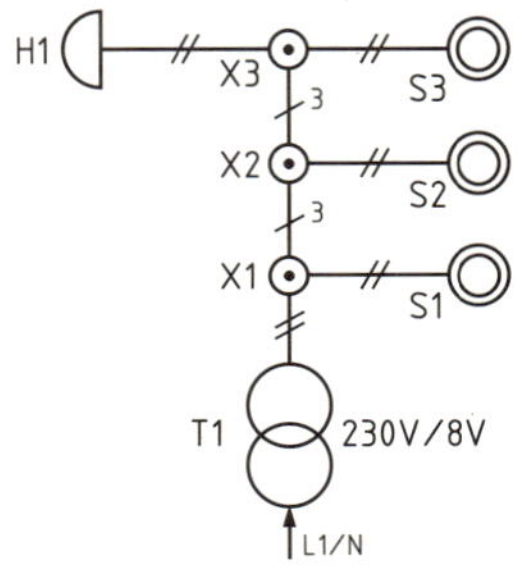

Türsprechanlage

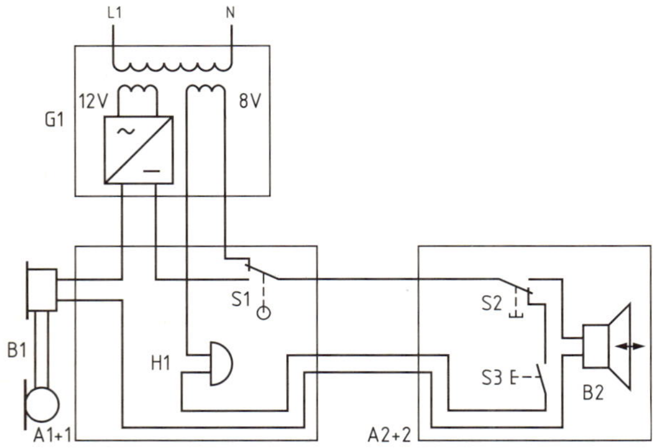

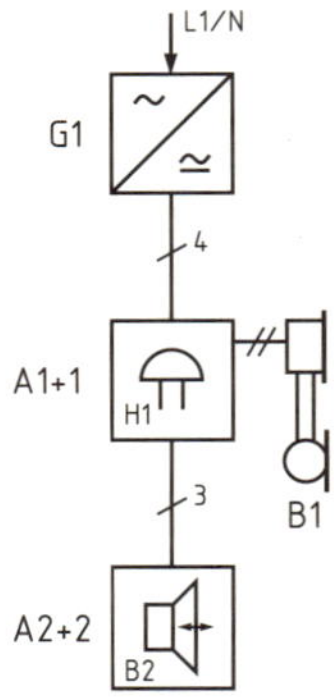

Gegensprechanlage mit beidseitigem Anruf

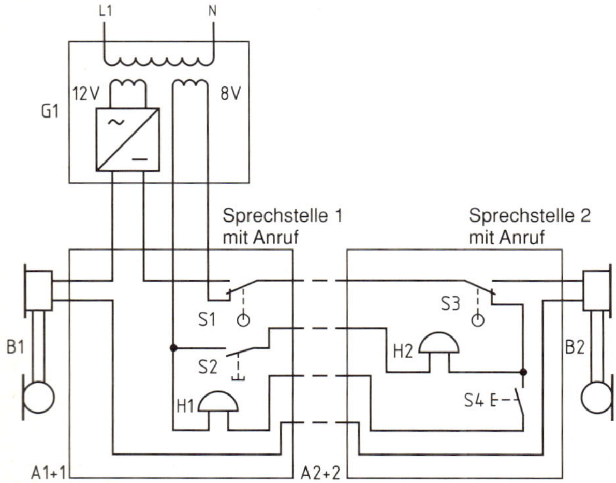

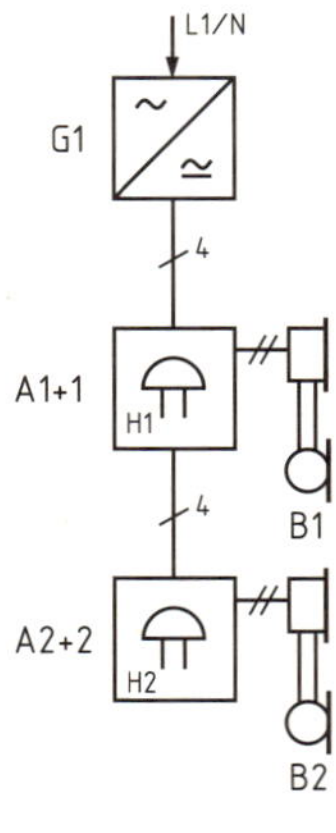

Schaltungen zur Hauskommunikation

Wecker- und Türöffneranlage

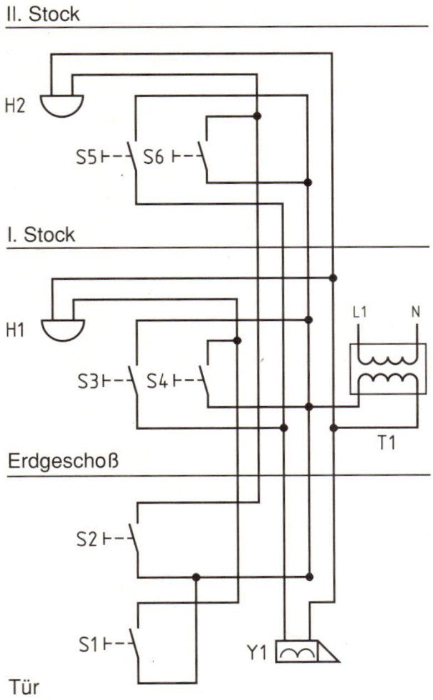

Türsprech- und Türöffneranlage

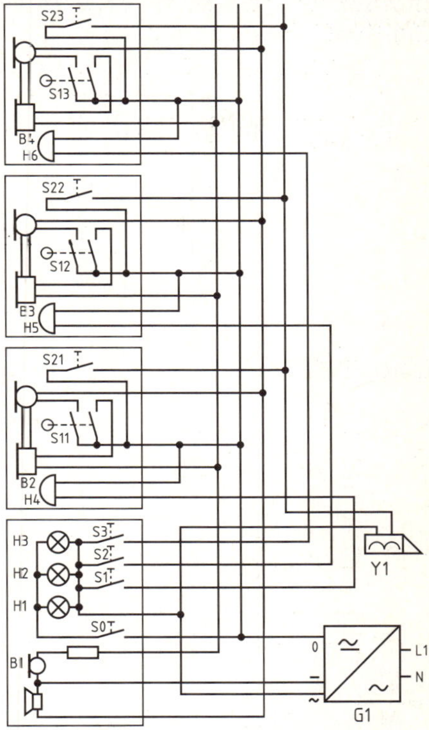

Raumschutzanlagen

Ruhestromanlage mit Relais

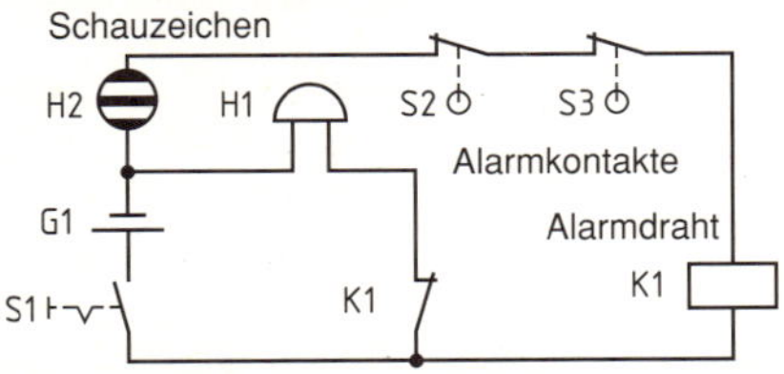

Ruhestromanlage in Brückenschaltung

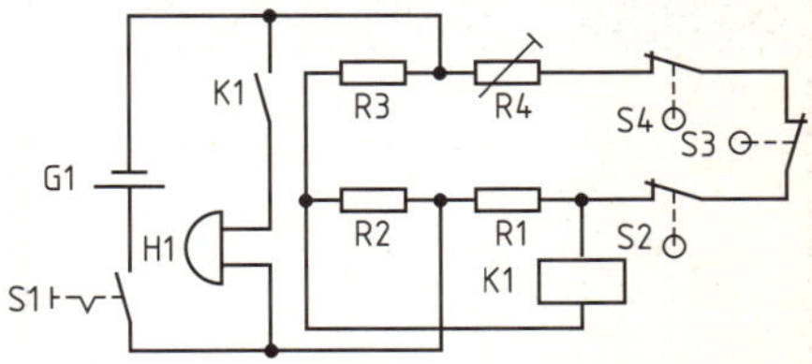

Feuermeldeanlagen

Ruhestromanlage im Schleifensystem

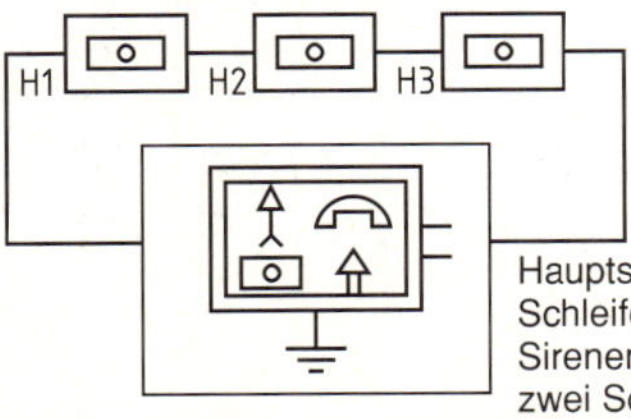

Hauptstelle für drei Schleifen und eine Sirenenanlage für zwei Schleifen

Ruhestromanlage im Liniensystem

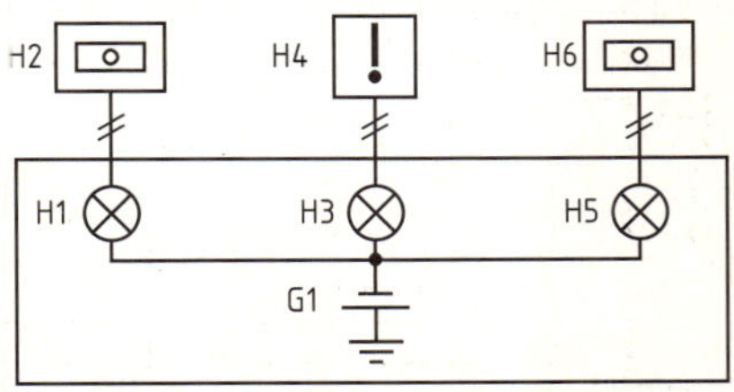

Gebäudeleittechnik

Darstellungen

Netzbus mit HF-Signal

Netz mit Systemkomponenten

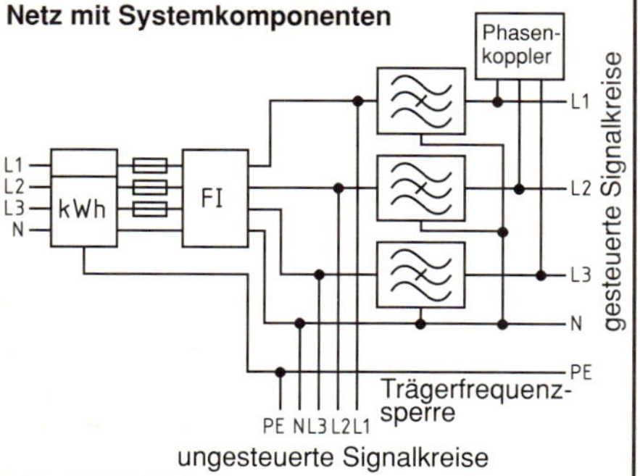

Netzausschnitt:

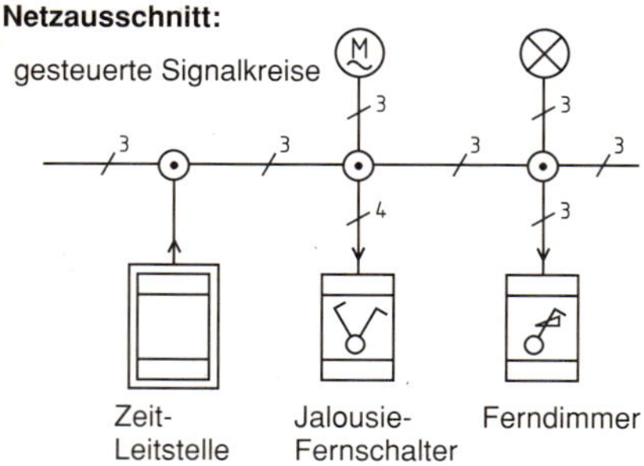

2-Draht-BUS-System

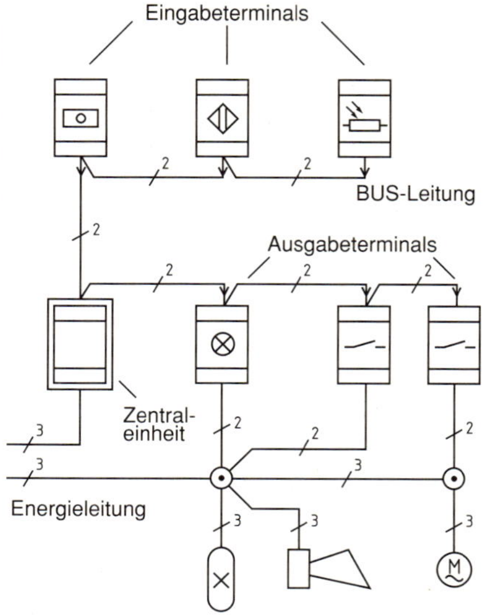

BUS ≙ Zusammenfassung von mehreren mit gleichen Signalen belegten Leitungen

Aufbau und Installation

Netzbus mit HF-Signal

- **Zentrale Fernbetätigung** oder **dezentrale Handbedienung** der Verbraucher über Leitstellen
- Netzbus-Übertragung über Energieleitungen oder zweiadrige Steuerleitungen in größeren Industrieanlagen (l_{max} = 1200 m)
- Übertragung des 120 kHz-Signals nach Puls-Code-Modulation auf die 3 Phasen mittels Phasenkoppler (u_{ss} = 0,6/0,8 V)
- **Freifilterung** des Netzes durch Trägerfrequenzsperren gegen Störeinflüsse
- **Eingabegeräte (Sender)** wie z. B. Zeit- und Dialog-Leitstellen zum Anschluß an Steckdosen und Unterputz-Leitstellen zum Ansteuern von Geräten
- **Ausgabegeräte (Empfänger)** wie Fernschalter oder Ferndimmer

2-Draht-BUS-System

- **Dezentrale BUS-Organisation,** d. h. Verknüpfung der BUS-Teilnehmer durch codierte Geräteadresse direkt ohne zentrale Steuereinheit
- **Zentrale BUS-Organisation,** d. h. Datenübertragung von zentraler Steuereinheit aus
- BUS-Übertragung über zweiadrige Steuerleitung z. B. YV (ST) Y 2 · 0,8 mm (l_{max} = 1000 m) mit Betriebsspannung von 24 V
- **Eingabeterminals** wie z. B. Schalter, Taster, Temperatur- und Helligkeitssensoren, Bewegungsmelder
- **Ausgabeterminals** zum Anschluß von z. B. Leuchten, Jalousien, Motoren, Heizungs- und Lüftungssteuerungen

Anwendungen

Netzbus mit HF-Signal

- Schalten und Steuern von Geräten
- Temperatur- und zeitabhängiges Steuern
- Beleuchtungssteuerung nach Zeit, Außenlicht und Bedarf
- Zeitprogrammiertes Ein- und Ausschalten mit Zeit-Leitstelle
- Kopplung von Geräten wie z. B. Leuchten und Telefon an Alarm- oder Störmelder
- Externe Einwirkung über Telefon z. B. Ein- und Ausschalten der Heizung

2-Draht-BUS-System

- Schalten und Steuern von Geräten z. B. Leuchten, Lüfter, Pumpen, Ventile in entfernten Betriebsbereichen
- Zeitprogrammiertes Schalten von z. B. Heizungen, Jalousien
- Überwachung und Anzeigen von Betriebszuständen in Heizungsanlagen und Energieverbrauch
- Zwangsweises Einschalten von z. B. Notbeleuchtung bei Netzausfall

4-Draht-BUS-Systeme

Schematische Darstellungen

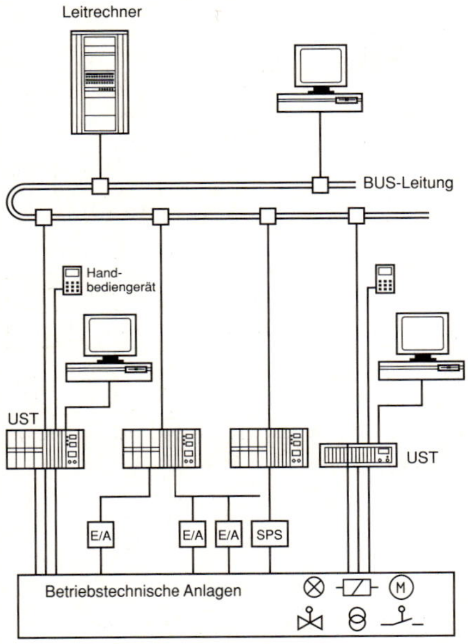

UST ≙ Unterstation

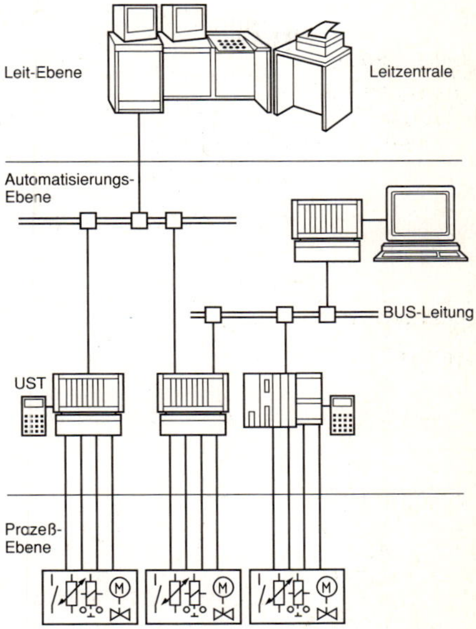

Aufbau und Installation

- **Leitrechner** mit Mikroprozessorsystemen
- **Datenaustausch** zwischen Leitrechner und neben- oder untergeordneten Systemen
- Unterstationen UST zur Konzentration von Daten, die z. B. SPS- und Optimierungsprogramme verarbeiten
- PCs zur Programmierung und Programmstrukturierung
- BUS-Übertragung (Kleinspannung DC) über vieradrige Steuerleitung z. B. I-Y (ST) 2 · 2 · 0,8 mm (Gesamtlänge bis 2 km)
- Anschluß von Ein- und Ausgabegeräten z. B. Sichtgeräte, Drucker
- Direkter Anschluß betriebstechnischer Anlagen an Unterstationen über Sensoren und Aktoren

- **Leitzentrale** mit Funktion für zeitabhängige und logische Verknüpfungen
- **Datenübertragung** zwischen Leit-, Automatisierungs- und Prozeßebene in programmierbarer Richtung und Funktion
- BUS-Übertragung (Kleinspannung DC) über vieradrige Steuerleitung z. B. I-Y (ST) Y 2 · 2 · 0,8 mm (Gesamtlänge bis 1 km)
- BUS-Leitung gemeinsam mit 230/400 V-Leitungen strahlenförmig aufgebaut
- Datenaustausch und Energieübertragung über Haupt-, Stockwerks-, Decken- und Wandverteiler
- Anschluß von Schalt- und Steuerkomponenten wie Sensoren, z. B. Taster, Infrarot-Empfänger, und Aktoren, z. B. Geräteeinbauschalter, in Leuchten an BUS-Linie

Anwendung

- Prozeßführung und Überwachung betriebstechnischer Anlagenteile z. B. Anlagen der Beleuchtung, Heizung, Klimatisierung, Ersatzstromversorgung, Wärmerückgewinnung, Kommunikation
- Externes Einwirken z. B. über das Telefonnetz zur Datenfernübertragung

- Realisierung von Funktionen wie z. B. Beleuchtungs- und Jalousiesteuerung, dezentrale Klima- und Heizungsregelung, Lastregelung, Melden, Überwachen
- Integration von Systemen aus z. B. Audio-, Video- und Hausgerätetechnik, Einbruch- und Gefahrenmeldung, Heizungssteuerung, Telekommunikation

Frequenz und Wellenlängenbereiche

Elektromagnetisches Spektrum

$c = \lambda \cdot f$ — c: Ausbreitungsgeschwindigkeit der elektromagnetischen Welle
$c = 299\,792{,}5 \pm 0{,}1$ km/s $c \approx 300\,000$ km/s
λ: Wellenlänge f: Frequenz

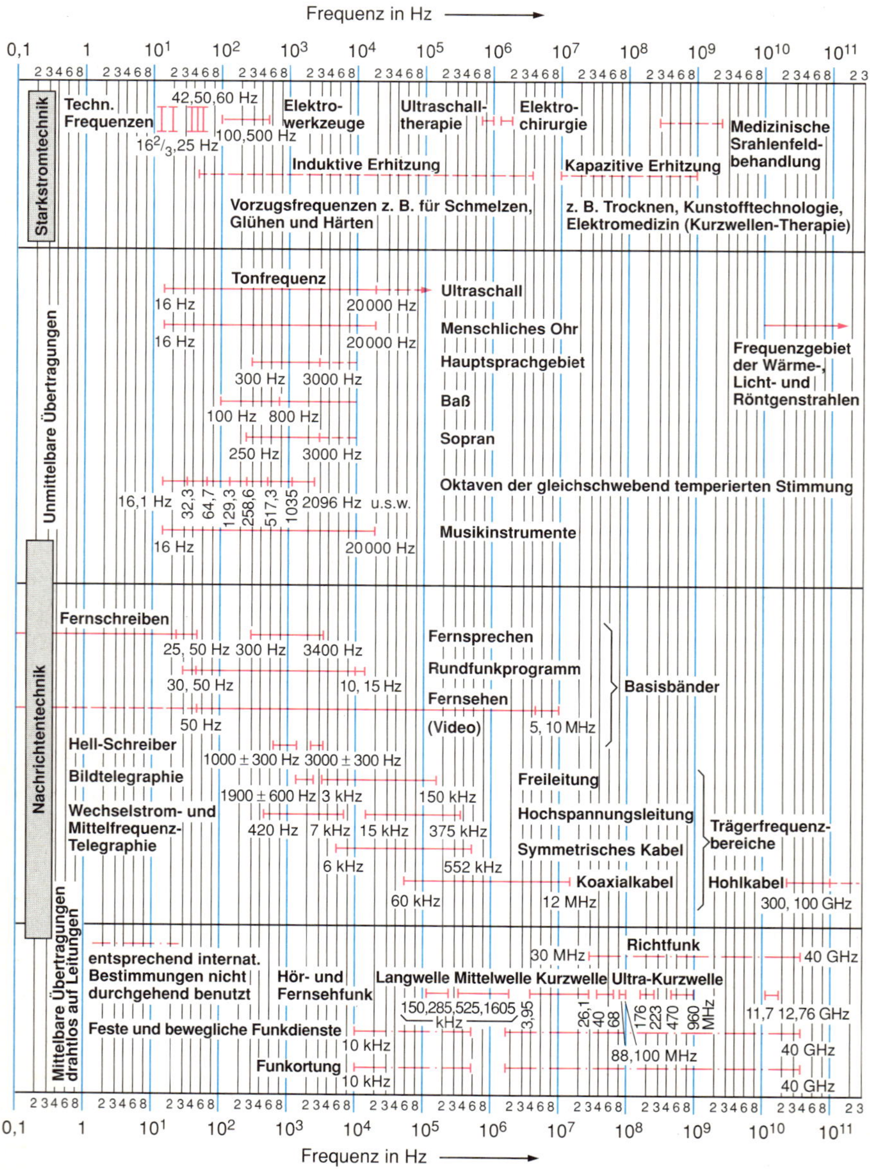

Empfangsantennen

DIN VDE 0855 T.1/05.84
DIN VDE 0855 T.2/11.75

Arten von Dipolen

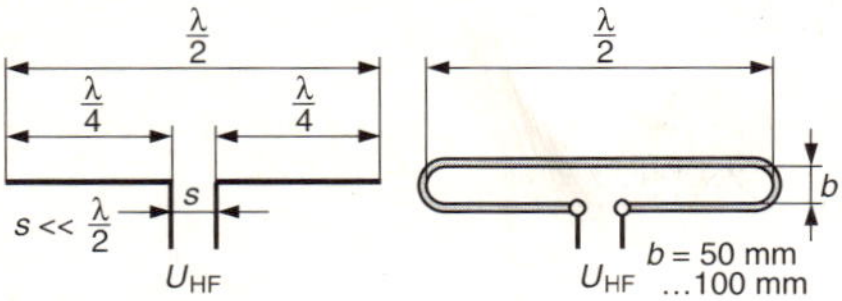

a) gestreckter Dipol b) Faltdipol

(Halbwellendipol mit $l = \frac{\lambda}{2}$)

$Z_{A\,Nenn} = 75\ \Omega$ $Z_{A\,Nenn} = 300\ \Omega$

Gewinn 0 dB V – R – Verhältnis 1 : 1 (0 dB)

Zusammenschaltung von Dipolen

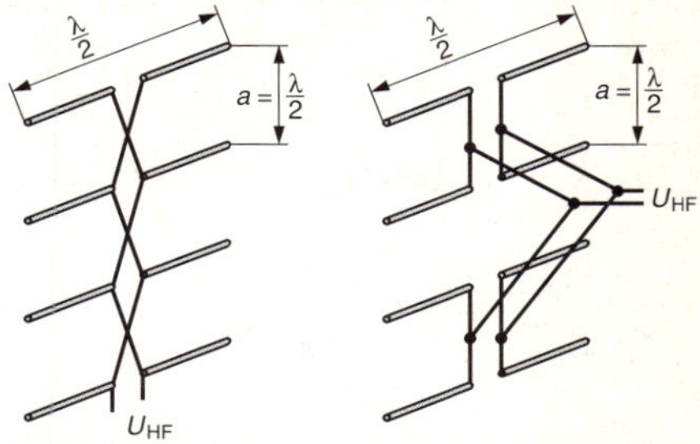

a) Schmalbanddipolzeile a) Breitbanddipolzeile

Breitbanddipole

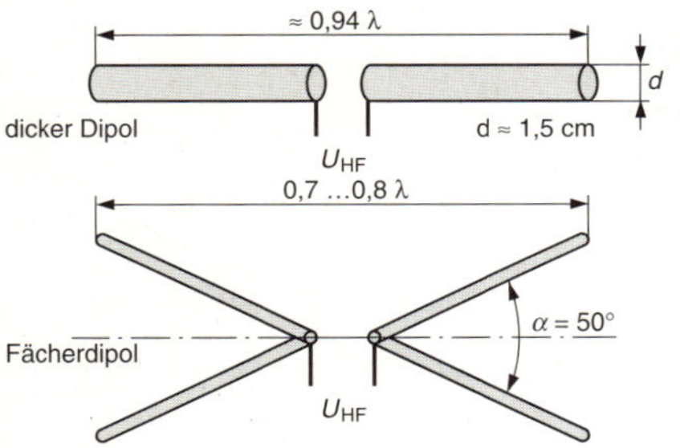

Aufbau einer Yagi-Antenne

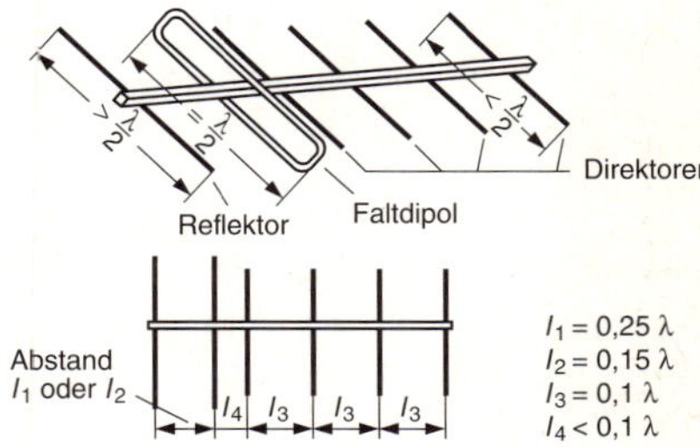

$l_1 = 0{,}25\ \lambda$
$l_2 = 0{,}15\ \lambda$
$l_3 = 0{,}1\ \lambda$
$l_4 < 0{,}1\ \lambda$

Kenngrößen von Mehrelement-UKW- und FS-Antennen

Antennen		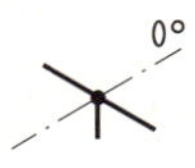	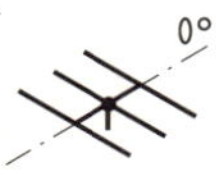		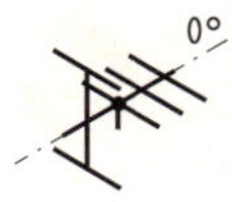	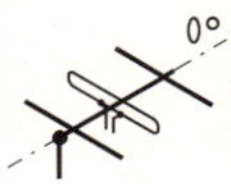	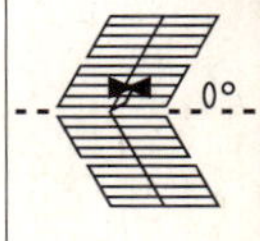
Empfang mit		UKW-Dipol	3-Element-antenne mit gestrecktem Dipol	UKW-Kreuzdipol	5-Element-Richtantenne	FS-Bd. III-Antenne mit Faltdipol, Vormastmontage	Winkel-Reflektor-mit V-Dipol Bd. IV + V
Richtcharakteristik		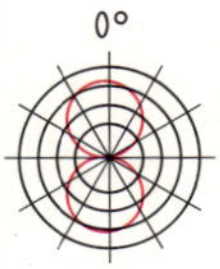	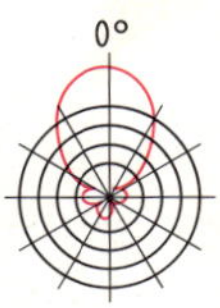	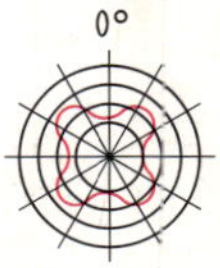	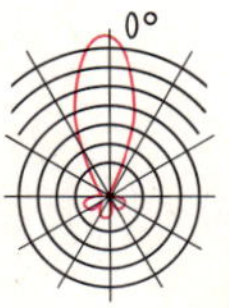	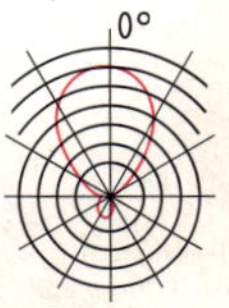	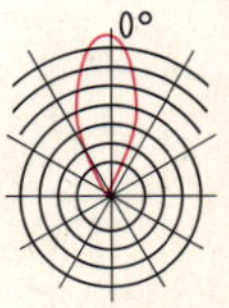
Gewinnmaß		0 dB	5 dB	– 3 dB	7 dB	5 dB	12 dB (bei 470 MHz)
Vor-Rückverhältnis		1:1 (0 dB)	5,6:1 (15 dB)	–	8:1 (18 dB)	5:1 (14 dB)	30,6:1 (30 dB)
Öffnungswinkel	horizontal	80°	70°		65°	68°	40°
	vertikal	360°	110°		80°	110°	27°

Antennenanlagen

DIN VDE 0855 T.1/05.84

Montage

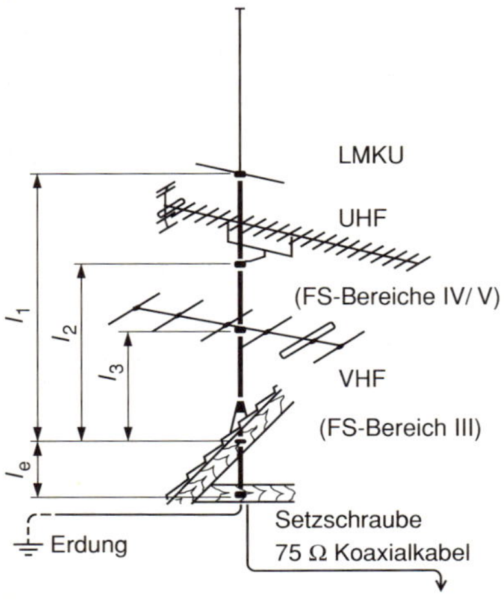

Abstände zu Freileitungen (≤ 1000 V)

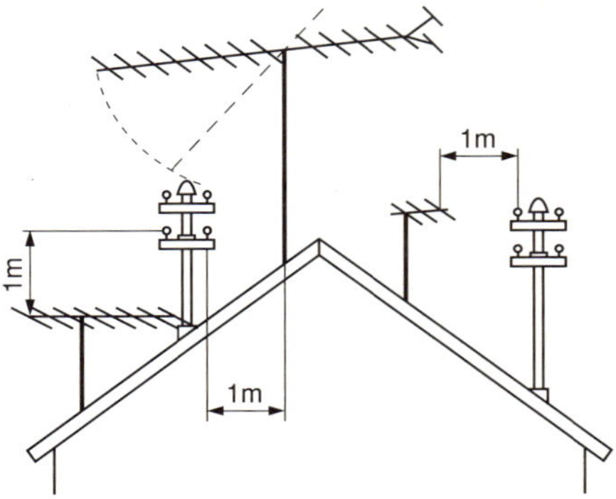

Kenngrößen zur Windlast

F_a: Windlast einer Antenne in N

l_e: Einspannlänge in m ($\geq \frac{1}{6} \cdot l_g$)

l_{1-3}: Einzellängen in m (Abstand zwischen oberer Befestigungsstelle und Montagestelle der jeweiligen Antenne)

l_g: Gesamtlänge in m

$l_g = l_e + l_1$

F_{a1-3}: Windlast einzelner Antennen in N (siehe Herstellerangaben)

M_a: Biegelastmoment in Nm (zulässiges Biegemoment laut DIN VDE 0855 T.1 $M_a \leq 1618$ Nm)

$M_a = F_{a1} \cdot l_1 + F_{a2} \cdot l_2 + F_{a3} \cdot l_3$

Mindestabstände der Antennen in m

	FI	U	FIII	FIV	FV
FI	2,50	1,40	1,40	0,80	0,80
U	1,40	1,10	0,80	0,80	0,80
FIII	1,40	0,80	0,80	0,80	0,80
FIV	0,80	0,80	0,80	0,60	0,50
FV	0,80	0,80	0,80	0,50	0,50

Gemeinschafts (GAA)- und Einzelantennenanlagen (Kenngrößen)

Verteiler: Verteildämpfungsmaß

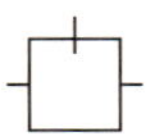

a_V = 4 bis 13 dB

Abzweiger: Abzweigdämpfungsmaß

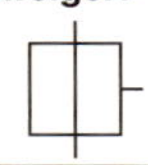

a_A = 10 bis 50 dB

Durchgangsdämpfungsmaß

a_D = 0,5 bis 2 dB

Durchgangsdose: Anschlußdämpfungsmaß

a_A = 11 bis 14 dB

Durchgangsdämpfungsmaß

a_D = 1 bis 2 dB

Enddosen: Anschlußdämpfungsmaß

a_A = 11 bis 14 dB

für Einzelanlagen

$a_A \approx 0$ dB

Bandpässe und **Bandsperren:**

Sperrdämpfungsmaß

a_{sp} = 15 bis 28 dB

a_D = 0,5 bis 2 dB

Antennenweiche: für Bereichsweiche

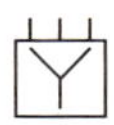

$a_D \approx 1$ dB

für Kanalweiche

$a_D \approx 2$ dB

Zulässiger Betriebspegel:

Störstrahlungsleistung $4 \cdot 10^{-9}$ W bzw. Störpegel 55 dBμV (je max. Werte für elektronische Bauteile)

Beispiel: Schirmungsmaß 35 dBμV (gemessener Wert)

Zul. Betriebspegel = Schirmungsmaß + Störpegel

Zul. Betriebspegel = 35 dBμV + 55 dBμV = 90 dBμV

Antennenanlagen

Satellitenempfangsanlage

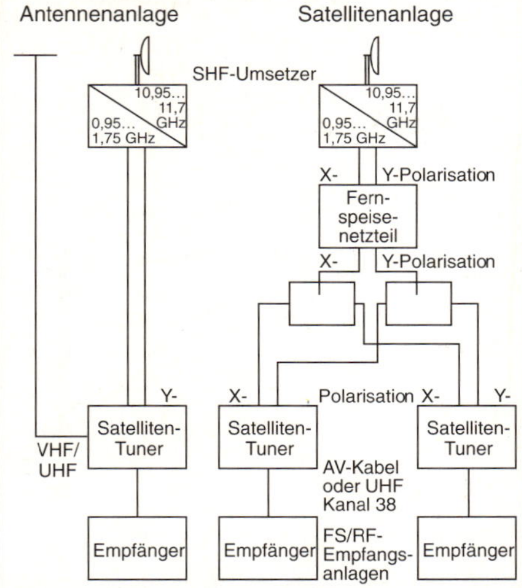

SHF-Antennen (Kennwerte)

	Zentral gespeiste Antenne 	Offset-Antenne 	
Mindestdurchmesser	$d > 20\,\lambda$	$d > 10\,\lambda$	
Durchmesser d	150 cm	60 cm	90 cm
Frequenzbereich	11,7 GHz … 12,5 GHz		
Flächenwirkungsgrad $\frac{Ae}{A}$	50 % … 60 %	60 % … 70 %	
Gewinn bei 12 GHz	42,9 dB	34,7 dB	38,5 dB
Halbwertsbreite	< 1,3°	≤ 3°	≤ 2°
Nebenzipfeldämpfung	gut	sehr gut	
Empfang zirk. Polarisation	gut	sehr gut	
Einstellbereich Elevation	10° … 50°	14°..40°	10°..45°
Azimat	0° … 360°		
Konverter Rauschmaß (Vor.) Verstärkung	≤ 3 dB (= 15 dB) + 40 dB		
Windlast bei Staudruck 800 N/m²	5 kN	276 N	660 N

Antennenanlage (Hausgemeinschaft)

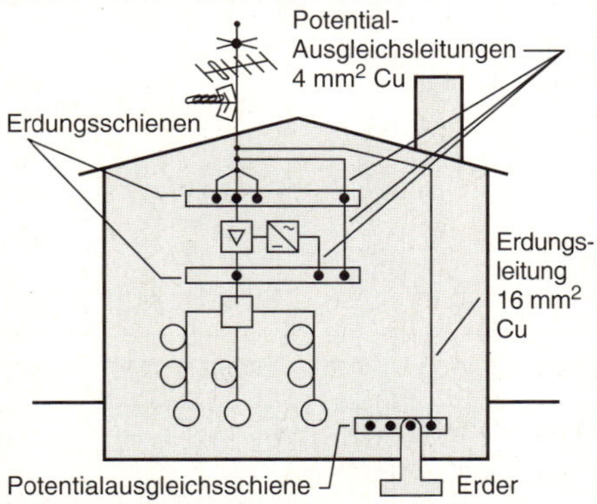

Erdungsleitungen

Verlegung innerhalb und außerhalb von Gebäuden:

- Cu, Querschnitt > 16 mm² ($d > 4{,}6$ mm) blank oder isoliert (gnge)
- Al, Querschnitt > 25 mm² ($d > 5{,}7$ mm) blank, nur Verlegung in Innenräumen oder isoliert (gnge)

Leitungen, ein- oder mehrdrähtig (nicht feindrähtig):

- Al-(Knet)-Legierung, Querschnitt > 50 mm² ($d > 8{,}0$ mm)
- Stahldraht, verzinkt, $d = 8$ mm
- Stahlband, verzinkt, 2,5 mm · 20 mm

Bei vorhandenem Potentialausgleich ist Antennenanlage einzubeziehen.

Einzel-Antennenanlage mit 4 Steckdosen

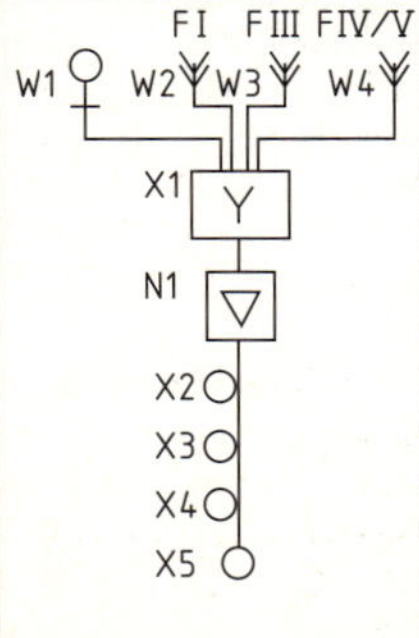

Stammleitungssystem

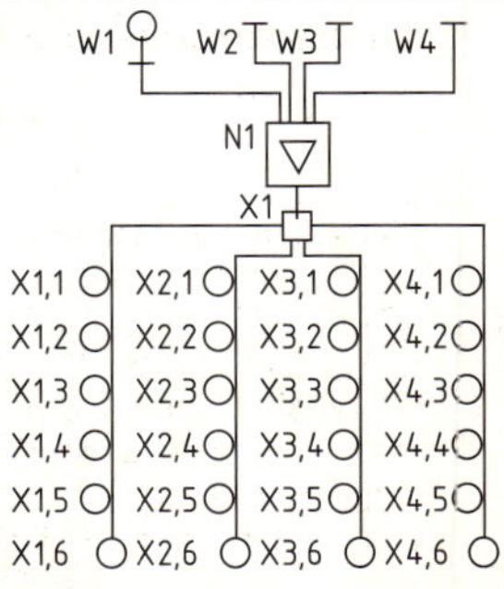

Stichleitungssystem

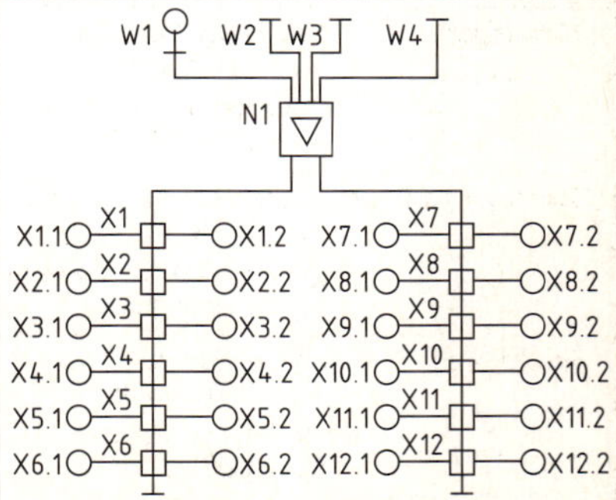

Breitbandkommunikation

Schematische Darstellung zur BK-Rundfunk-Übertragung

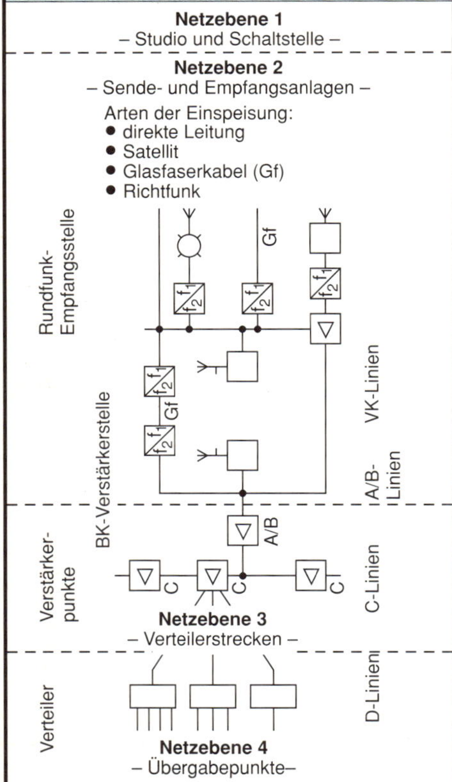

Einspeisung in das Hausnetz

Systemarten

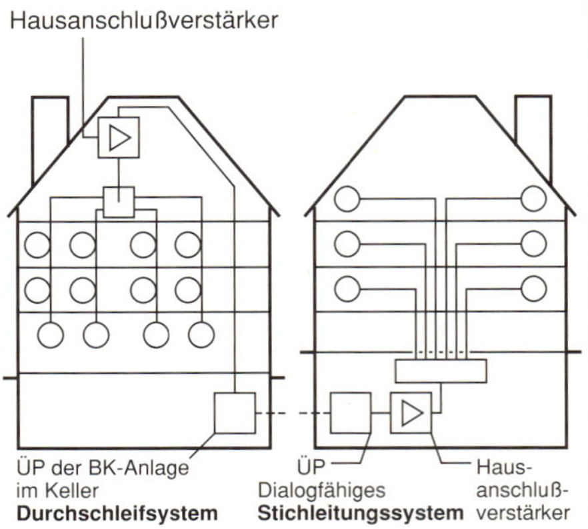

Nutzungssignalpegel an Steckdosen

Art der Signale	Grenzwerte in dBµV BK-Anl.	konv. Anl.
Tonsignale:		
• UKW-FM	56 bis 80	50 bis 80
– Mono bzw. Stereo –		
• Digitaler Hörrundfunk	56 bis 80	–
• MW-LW	40 bis 80	40 bis 94
FS-Signale:		
• FI	60 bis	52 bis 84
• USB		–
• FIII		54 bis 84
• OSB		–
• ESB		–
• FIV/V	84	57 bis 84

Kanalraster des BK-Netzes

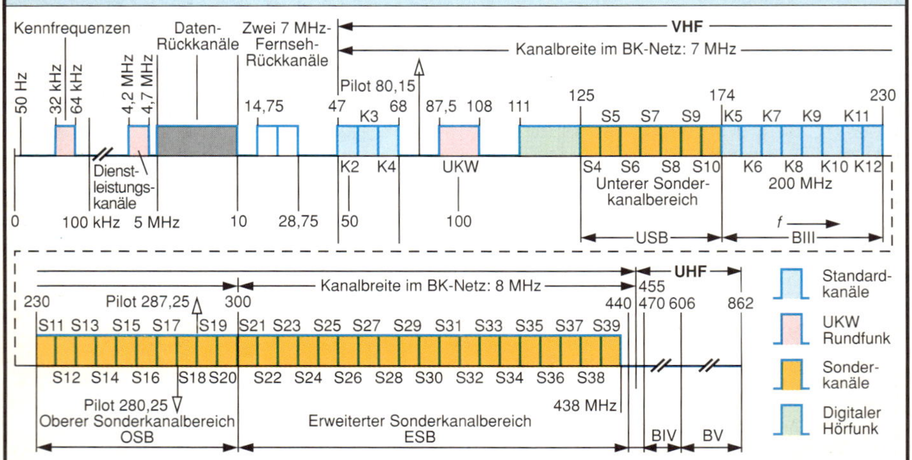

Breitbandanschlüsse		FTZ-.Richtlinie 1R8-15/12.85
Grenzwerte für Nutzsignalpegel am Übergabepunkt		
Übertragungstechnische Kenngrößen	**Tonsignal**	**TV-Signal**
Übergabepegel	≥ 62 dBμV ≤ 76 dBμV	≥ 66 dBμV ≤ 83 dBμV
Abweichungen der Übergabepegel bei einzelnen Signalen	≤ ± 3 dB	≤ ± 3 dB
Abweichung des Pegelniveaus gegenüber dem Bezugswert an der Signalquelle bzw. Pilotsignal	≤ ± 2,5 dB	≤ ± 2 dB
Übertragungsfrequenz am Übergabepunkt		
Übertragungsbereiche	UKW-FM: 87,5 – 108 MHz Digitale Tonsignale 111 – 125 MHz	FI: 47 – 68 MHz FIII: 174 – 230 MHz USB: 125 – 174 MHz OSB: 230 – 300 MHz ESB: 302 – 438 MHz
Pilotsignale auf Pilotfrequenzen mit abgesunkenem Pegel gegenüber dem Systempegel	Unterer Pilot: 80,15 MHz (– 4 dB) Oberer Pilot: 287,25 MHz (± 0 dB) 280,25 MHz (± 0 dB)	
Kanalraster für unteren und oberen bzw. erweiterten Sonderkanalbereich		USB/OSB: 7 MHz (bis 300 MHz) ESB: 8 MHz (über 302 MHz)
Fernsehsignale am Übergabepunkt		
Frequenzabstand zwischen benachbarten Signalen Frequenzraster für UKW-FM-Tonsignale	≥ 300 kHz Vielfache, 50 kHz	–
Frequenzabweichungen der • Bildträgerfrequenzen bzw. • Trägerfrequenzen gegenüber Sollwert	≤ 20 kHz	≤ 120 kHz
Frequenzabhängige Verzerrungen der Amplitude (Amplitudenabweichung des Fernsehsignals)		– 26 % bis + 23 %
Frequenzabhängige Verzerrungen der Laufzeit (Laufzeitunterschied)		≤ ± 130 ns
Differentielle Verstärkung (Differenz zwischen jeweiligem größten und kleinsten Wert der aussteuerungsabhängigen Amplitudenverzerrung)		≤ ± 19 %
Differentielle Phase (Differenz der maximal zulässigen Phasenabweichung zum Bezugswert)		≤ ± 10°
Störabstände: • effektiver videofrequenter Geräuschabstand • netzsynchrone Brummodulation		≥ 45,5 dB ≥ – 52 dB

Elektrische Anlagen in Wohngebäuden

DIN 18015 T. 2/11.84

Mindestausstattung elektrischer Anlagen

Art des Verbrauchsmittels	Anzahl der Auslässe für Steckdosen[1]	Beleuchtung	Geräte ≤ 2 kW	Geräte ≥ 2 kW
Wohn- oder Schlafräume				
Wohnfläche bis 8 m^2	2[2]	1		
über 8 bis 12 m^2	3	1		
über 12 bis 20 m^2	4	1		
über 20 m^2	5	2		
Kochnische, Küche				
	3/5	2[3]/2[3]		
Lüfter/Dunstabzug			1[4]	
Herd				1
Kühl-/Gefriergerät	1			
Geschirrspülmaschine				1
Warmwassergerät				1[5]
Bad				
	2[6]	2[7]		
Lüfter			1[4] [8]	
Waschmaschine[9]				1[10]
Heizgerät	1			
Warmwassergerät				1[5]
WC-Raum				
	1[11]	1		
Lüfter			1[4] [8]	
Hausarbeitsraum				
	3	1[3]		
Lüfter			1[4]	
Waschmaschine, Trockner				je 1[12]
Bügelmaschine				1
Flur				
bei Flurlänge bis 2,5 m	1	1[13]		
über 2,5 m	1	1[14]		
Freisitz				
	1	1[15]		
Abstellraum ab 3 m^2				
		1		
Hobbyraum				
	3	1		
Zur Wohnung gehörender Keller-, Bodenraum				
	1	1		
Gemeinschaftlich genutzter Keller-, Bodenraum				
bei Nutzfläche bis 20 m^2	1	1		
über 20 m^2	1	2		
Keller-, Bodengang				
		1		

1) Bzw. Anschlußdosen für Verbrauchsmittel unter 2 kW
2) Steckdosen neben Betten mindestens Doppelsteckdosen, neben Antennensteckdose als Dreifachsteckdose
3) Arbeitsfläche schattenfrei
4) Bei Einzellüftung
5) Bei keiner anderen Versorgung
6) Kombination mit Waschtischleuchte
7) Bäder bis 4 m^2 Nutzfläche mit einem Auslaß über Waschtisch
8) Bei fensterlosen Bädern oder WC-Räumen Schaltung über Allgemeinbeleuchtung mit Nachlauf
9) In einer Wohnung nur einmal
10) Falls kein Hausarbeitsraum vorhanden
11) Für WC-Räume mit Waschtisch
12) Falls nicht im Bad oder anderem Raum vorgesehen
13) Von einer Stelle schaltbar
14) Von zwei Stellen schaltbar
15) Ab 8 m^2 Nutzfläche

Erder

VDEW-Richtlinien
DIN VDE 0100 T. 540/11.91

Ausführung des Fundamenterders

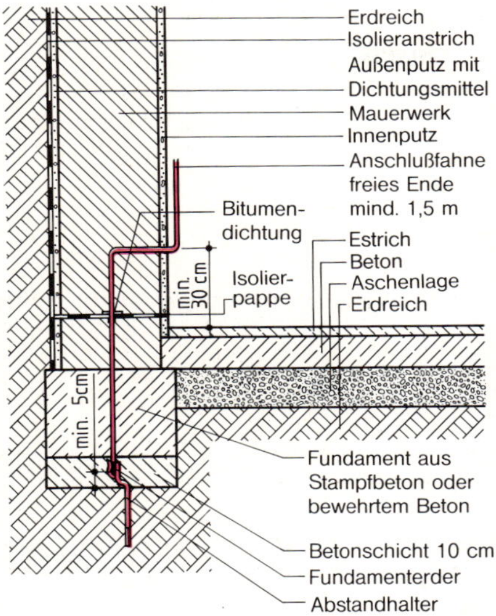

Arten von Erdern

- Staberder
- Plattenerder
- Banderder mit den Ausführungen:

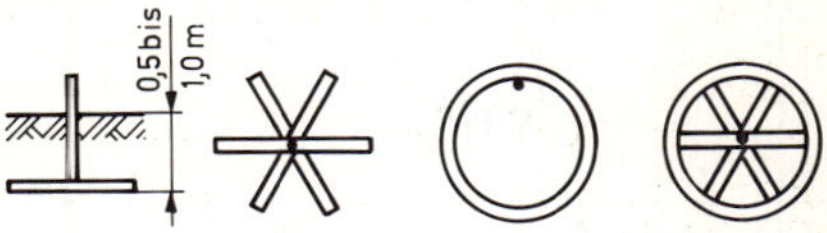

Durchschnittswerte von Erdern

Art des Bodens	**spezifischer Erdwiderstand** in Ω · m	**Ausbreitungswiderstand R_A** in Ω beim Banderder (Länge: 20 m)
Moorboden	30	3
Lehm-, Ton-, Ackerboden	100	10
Sand (feucht)	200	20
Kies (feucht)	500	50
Sand und Kies (trocken)	1000	100
Beton (Zement/ Kies: 1/5)	400	40

Mindestabmessungen und einzuhaltende Bedingungen für Erder

Werkstoff	**Erderform**	**Mindestquerschnitt** in mm²	**Mindestdicke** in mm	**Sonstige Mindestabmessungen bzw. einzuhaltende Bedingungen**
Stahl bei Verlegung im Erdreich, feuerverzinkt mit einer Mindestzinkauflage von 70 µm	Band	100	3	
	Runddraht Runddraht	78 ≙ 10 mm ∅ 314 ≙ 20 mm ∅		Oberflächenerder Tiefenerder, mit mindestens 50 µm Zinkauflage
	Rohr			Mindestdurchmesser: 25 mm Mindestwandstärke: 2 mm 55 µm Zinkauflage
	Profilstäbe	100	3	
Stahl mit Kupferauflage	Rundstab: • m. Kupfermantel • elektrolytisch verkupfert	 177 ≙ 15 mm ∅ 235 ≙ 17 mm ∅		Beschichtung: 200 µm (Einzelwert) 254 µm (Einzelwert); 300 µ (Mittelwert)
Kupfer	Band	50	3	
	Seil	35		Mindestdrahtdurchmesser: 1,8 mm Bei Bleiumnantelung Mindestdicke des Mantels: 1 mm
	Runddraht	35		Oberflächenerder
	Rohr	314 ≙ 20 mm ∅		Mindestwandstärke: 2 mm

Bei ausgedehnten Erdern aus blankem Kupfer oder Stahl mit Kupferauflage ist darauf zu achten, daß sie von unterirdischen Anlagen aus Stahl, z. B. Rohrleitungen und Behältern, möglichst metallisch getrennt gehalten werden. Andernfalls können die Stahlteile einer erhöhten Korrosionsgefahr ausgesetzt sein.

Potentialausgleich

DIN 180012/06.82
DIN VDE 0100 T. 410/11.83
DIN VDE 0100 T. 540/11.91

Hausanschlußraum mit Potentialausgleich

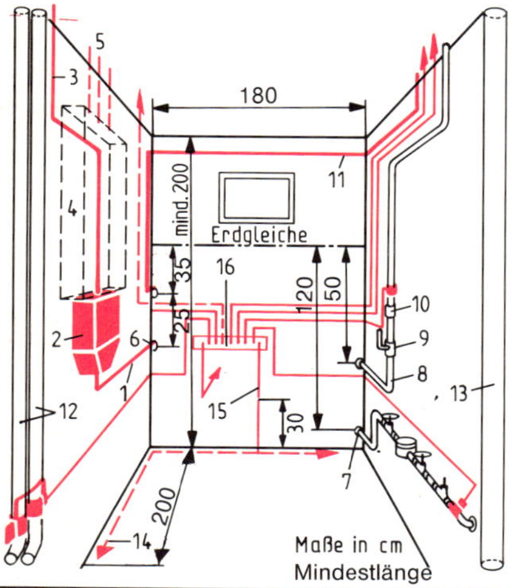

1 Hauseinführungsleitung
2 Hausanschlußkasten (HAK)
3 Hauptleitung
4 Platz für Zählerschrank
5 Ableitungen von Meßeinrichtungen zu den Stromkreisverteilern
6 Kabelschutzrohr
7 Hausanschlußleitung für Wasser
8 Hausanschlußleitung für Gas
9 Gas-Hauptabsperr-Einrichtung
10 Isolierstück
11 Hausanschlußleitung für Fernmeldeeinrichtung
12 Heizungsrohre (Vor- und Rücklauf)
13 Abwasserrohr
14 Fundamenterder
15 Anschlußfahne des Fundamenterders
16 Potentialausgleichsschiene mit Verbindungsleitungen

Potentialausgleichsschiene

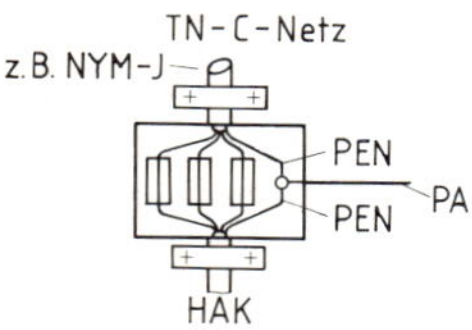

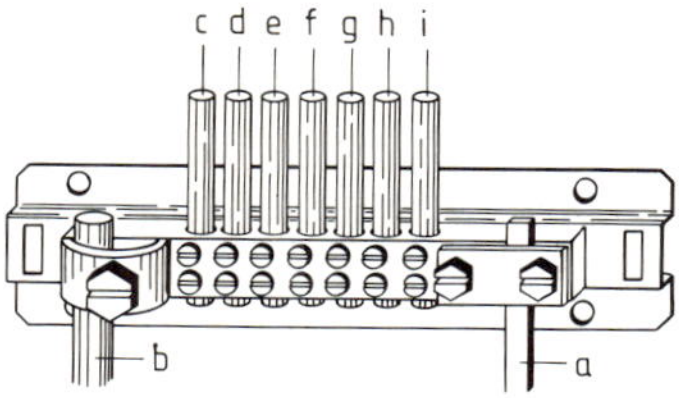

a Fundamenterder
b Blitzschutzanlage
c Heizungsanlage
d PE-Leiter zum HAK
e PE-Leiter zur PE-Schiene
f Fernmeldeanlage
g Antennenanlage
h Gasversorgungsanlage
i Wasserversorgungsanlage

Zusätzlicher Potentialausgleich bei leitender Standfläche nach DIN VDE 0100

Darstellung	Erklärung	Anwendung
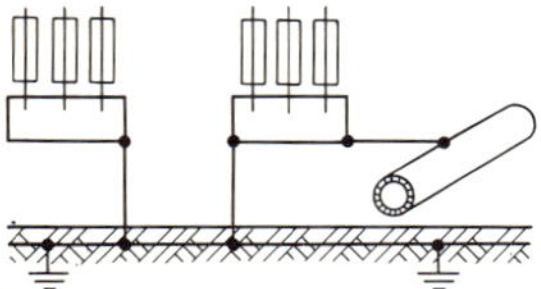	Potentialausgleichsleiter zwischen Körpern und leitfähigen Teilen, die innerhalb des Handbereichs liegen	Schutzleitermaßnahmen (T. 410) Baderäume (T. 701) Schwimmbäder (T. 702) landwirtschaftl. Betr. (T. 705) feuergefährdete Betr. (T. 720) mobile Ersatzstromversorgungsanlagen (T. 728)

Leiterquerschnitte für Potentialausgleichsleiter

Abstufung	Hauptpotentialausgleich	Zusätzlicher Potentialausgleich	
normaler Querschnitt	0,5 · PE-Querschnitt des größten Schutzleiters der elektrischen Anlage	zwischen zwei Körpern	1 · PE-Querschnitt des kleineren PE-Leiters
		zwischen einem Körper und einem fremden leitfähigen Teil	0,5 · PE-Querschnitt
Mindestquerschnitt	6 mm^2	bei mechanischem Schutz	2,5 mm^2
		ohne mechan. Schutz	4 mm^2
maximaler Querschnitt	25 mm^2 Cu oder gleicher Leitwert	—	—

Wirkung des elektrischen Stromes auf den menschlichen Körper (Stromstärkebereich nach IEC 479)

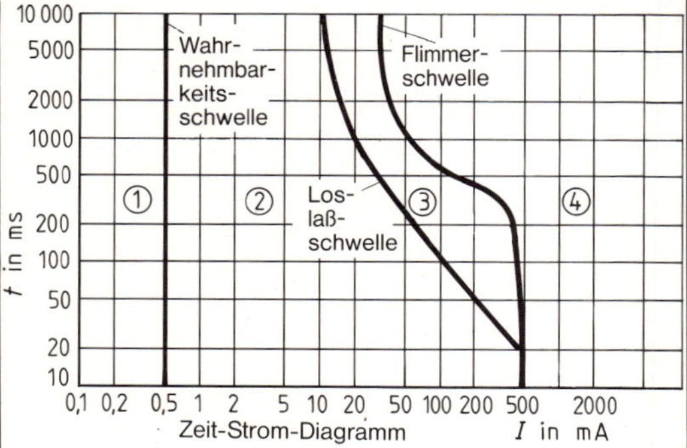

Gefährdungsbereiche bei Wechselstrom (50/60 Hz) für erwachsene Personen und Stromweg »linke Hand zu beiden Füßen«

① keine Reaktion
② keine physiologisch gefährliche Wirkung
③ bei $t > 10$ s oberhalb der Loslaßschwelle Muskelverkrampfungen
④ Herzkammerflimmern, Herzstillstand

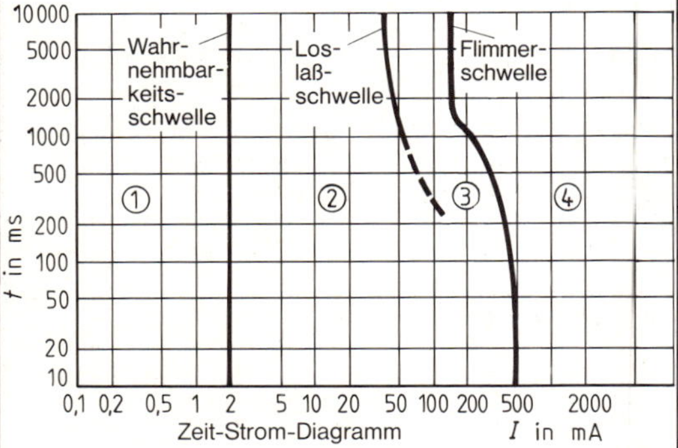

Gefährdungsbereiche bei Gleichstrom für erwachsene Personen und Stromweg »linke Hand zu beiden Füßen«

① keine Wahrnehmung
② keine physiologisch gefährliche Wirkung
③ mögliche Störungen durch Impulse im Herzen
④ Herzklammerflimmern, Verbrennungen

Elektrischer Widerstand des menschlichen Körpers

Ersatzschaltbild	Erklärung
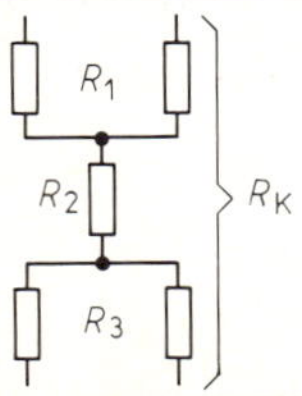	Teilwiderstände R_1: für Hände und Arme R_2: für Körperrumpf R_3: für Beine und Füße R_K: innerer Körperwiderstand mit Durchschnittswerten • bei 25 V mit 3250 Ω • bei 50 V mit 2625 Ω • bei 230 V mit 1350 Ω

Allgemeingültige Begriffe (Auswahl)

Bezeichnung	Erklärung	
L1 L2 L3	**Außenleiter:** Leiter, die Stromquellen mit Verbrauchsmitteln verbinden	
N	**Neutralleiter:** Leiter, der mit dem Mittel- oder Sternpunkt verbunden ist	
PE	**Schutzleiter:** Leiter, der zum Verbinden von Körpern, leitfähigen Teilen und Erdern verwendet wird	
PEN	**PEN-Leiter:** Leiter, der die Funktionen von Neutral- und Schutzleiter vereinigt	
U_o	**Nennspannung** des Netzes	
U_B	**Berührungsspannung**	
U_L	**höchstzulässige Berührungsspannung** mit den Werten für	
	Menschen	Nutztiere
	50 V~ 120 V–	25 V~ 60 V–
U_F	**Fehlerspannung:** Spannung, die im Fehlerfall zwischen Körpern oder zwischen diesen und der Bezugserde auftritt	
I_F	**Fehlerstrom:** Strom, der aufgrund eines Isolationsfehlers fließt	
I_k	**Kurzschlußstrom:** Strom, der bei direkter Verbindung von zwei Außenleitern oder zwischen Außenleiter und Neutralleiter fließt **Erdschlußstrom:** Strom, der bei direkter Verbindung von einem Außenleiter mit geerdeten Teilen fließt	
I_a	**Abschaltstrom** der Überstrom-Schutzorgane mit den Abschaltzeiten: • 0,2 s in Stromkreisen mit Steckdosen und Nennströmen bis 35 A • 0,2 s in Stromkreisen mit ortsveränderlichen Betriebsmitteln der Schutzklasse I • 5 s in allen anderen Stromkreisen	
I_n	**Betriebsstrom** eines Stromkreises	
I_n	**Nennstrom** eines Verbrauchsmittels oder Überstrom-Schutzorgans	
$I_{\Delta n}$	**Nennfehlerstrom** des FI-Schutzschalters	

Netzformen

DIN VDE 0100 T. 300/11.85
DIN VDE 0100 T. 410/11.83

Kenngrößen für Netzformen

- Art und Anzahl der aktiven Leiter
- Art der Erdverbindungen

Bedeutung der Kurzzeichen für übliche Drehstromnetze

Beispiel: T N – C – S – Netz

Erdungsverhältnisse der Stromquelle

T: direkte Erdung eines Punktes

I: entweder Isolierung aller aktiven Teile von Erde oder Verbindung eines Punktes über Impedanz

Erdungsverhältnisse der Körper der elektrischen Anlage

T: Körper direkt geerdet, unabhängig von der etwa bestehenden Erdung eines Punktes der Stromquelle

N: Körper direkt mit dem Betriebserder verbunden (in Wechselstromnetzen ist der geerdete Punkt im allgemeinen der Sternpunkt)

Anordnung des Neutralleiters und des Schutzleiters (TN-Netz)

S: Neutralleiter- und Schutzleiterfunktion durch getrennte Leiter

C: Neutralleiter- und Schutzleiterfunktion kombiniert in einem Leiter (PEN-Leiter)

Schutzmaßnahmen im Drehstromnetz

TN-S-Netz mit Überstrom-Schutzeinrichtung und getrennten Neutralleiter und Schutzleiter im gesamten Netz

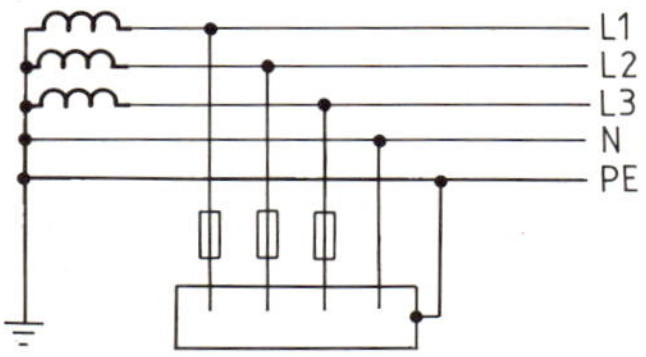

TN-C-Netz mit Überstrom-Schutzeinrichtung, Neutralleiter- und Schutzleiterfunktionen im gesamten Netz im PEN-Leiter zusammengefaßt

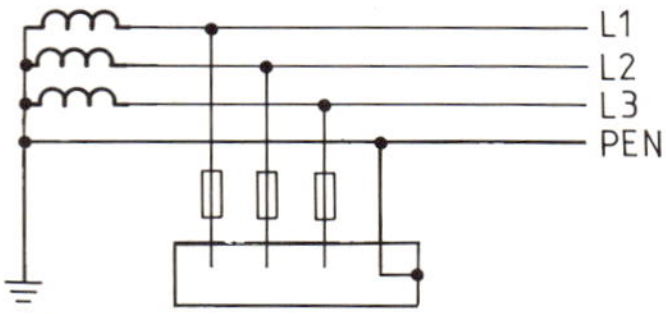

TN-C-S-Netz mit Überstrom-Schutzeinrichtung, Neutralleiter- und Schutzleiterfunktionen in einem Teil des Netzes im PEN-Leiter zusammengefaßt

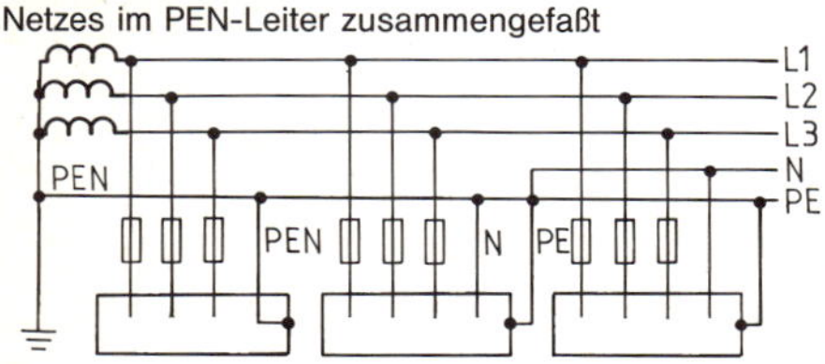

TN-Netz mit Fehlerstrom-Schutzeinrichtung

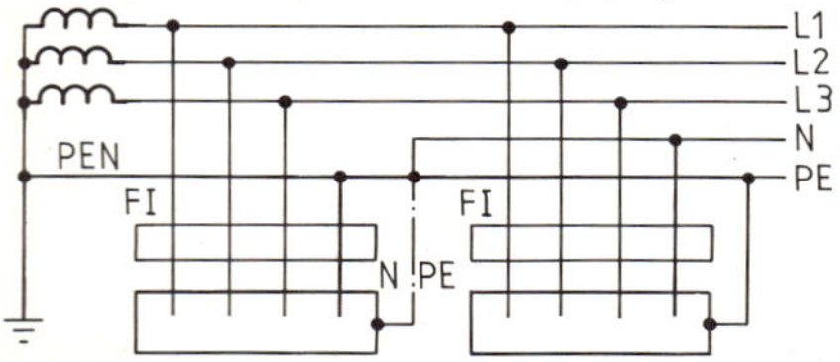

TT-Netz mit Überstrom-Schutzeinrichtung

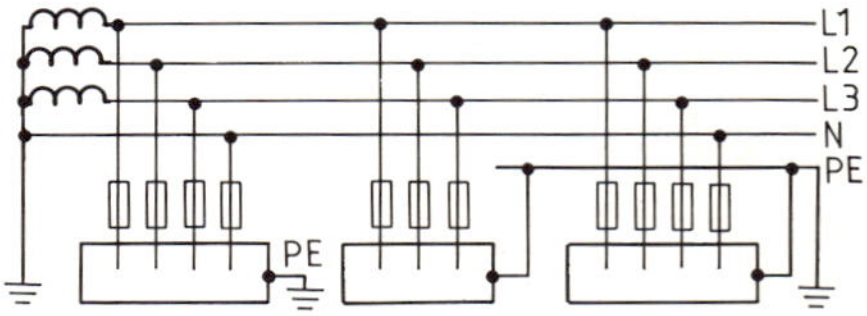

TT-Netz mit Fehlerstrom-Schutzeinrichtung

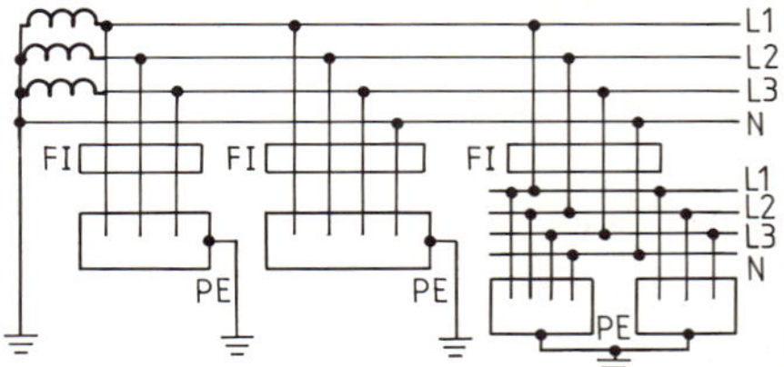

IT-Netz mit Überstrom-Schutzeinrichtung

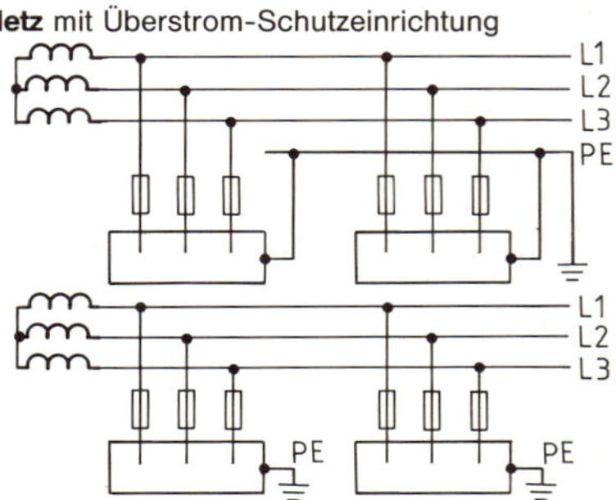

IT-Netz mit Isolationsüberwachungseinrichtung

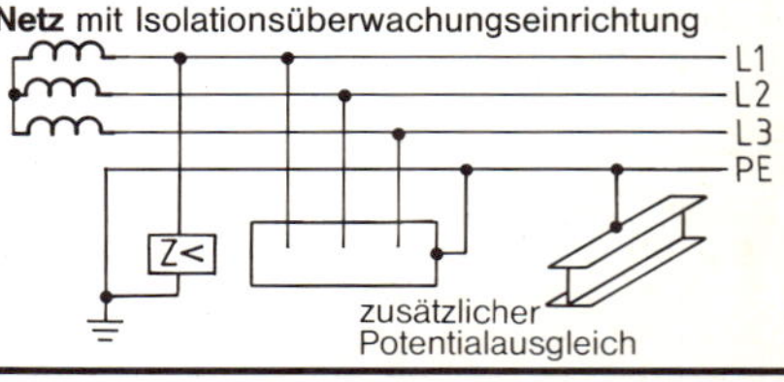

Schutz gegen gefährliche Körperströme

DIN VDE 0100 T.410/11.83

Schutz sowohl gegen direktes als auch bei indirektem Berühren

Schutz durch Schutzkleinspannung

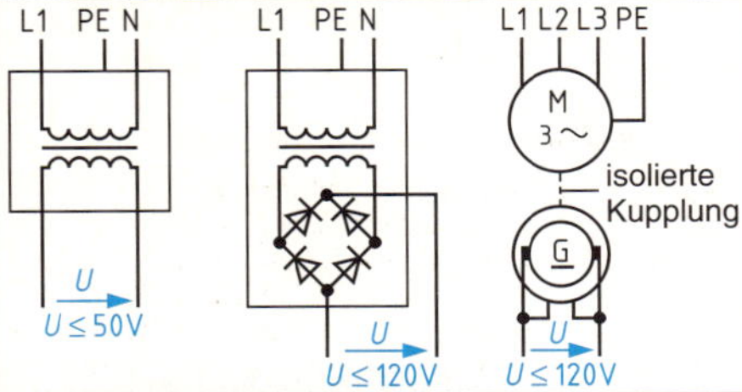

Schutz durch Funktionskleinspannung

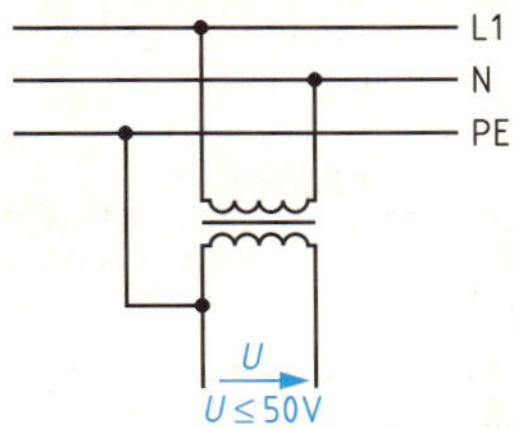

Schutz gegen direktes Berühren

Schutz durch Isolierung aktiver Teile

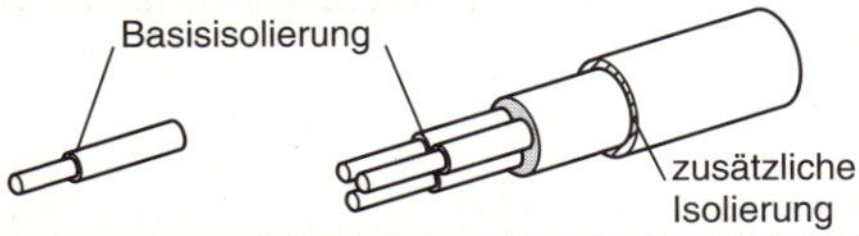

Schutz durch Hindernisse

z. B. Barrieren, Schranken

Schutz durch Abstand

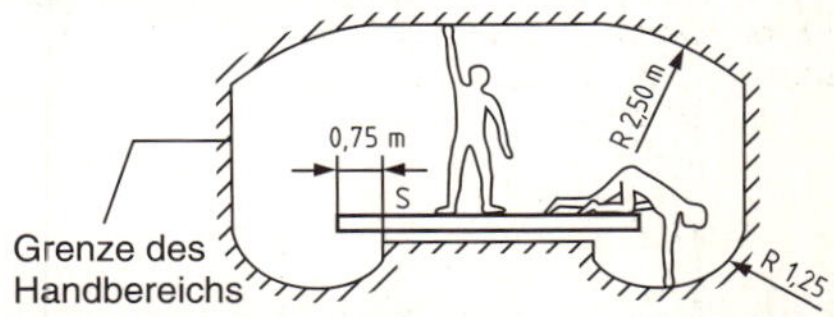

Schutz durch Abdeckungen und Umhüllungen

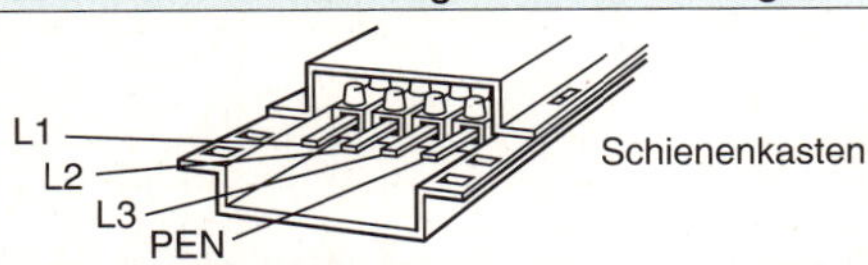

Zusätzlicher Schutz durch Fehlerstrom-Schutzeinrichtungen ($I_{\Delta N} \leq 30$ mA)

Schutz bei indirektem Berühren

Schutz durch Hauptpotentialausgleich

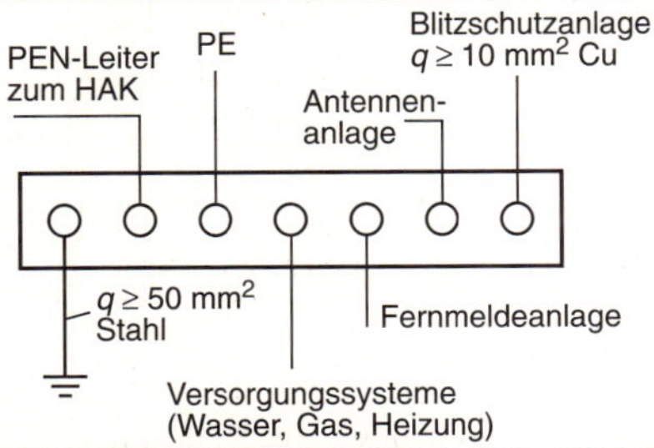

Schutz durch nichtleitende Räume

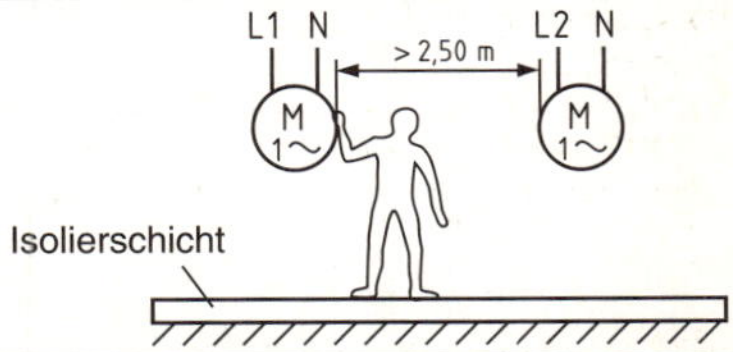

Schutzmaßnahmen im TN-, TT- und IT-Netz

Siehe Abb. auf S. 172

Schutzisolierung

- Vollisolierung
- Isolierungsumkleidung
- Isolierauskleidung
- Zwischenisolierung

Schutztrennung

$U_{1n} \leq 1000$ V

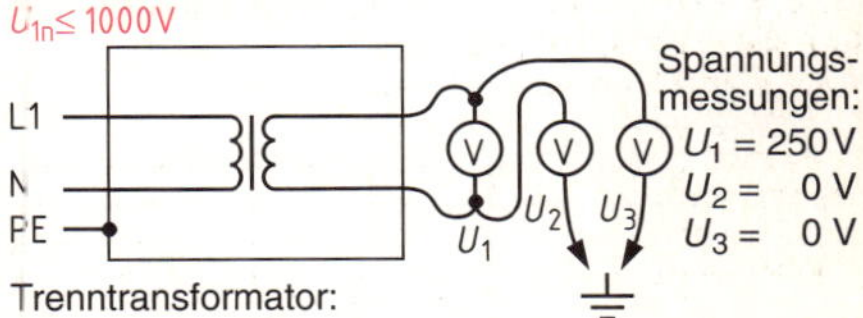

Trenntransformator:

- Ortsfest: $U_{2n} \leq 1000$V
- Ortsveränderlich: $U_{2n} \leq 250$V; schutzisoliert
- $l_{2max} \leq 500$m; $U_{2n} \cdot l_2 \leq 100\,000$Vm

Schutzklassen elektrischer Betriebsmittel

Schutzklasse I	Schutzklasse II	Schutzklasse III
Schutzmaßnahme mit Schutzleiter Kennzeichen: 	Schutzisolierung Kennzeichen: 	Schutzkleinspannung Kennzeichen: 
Betriebsmittel mit Metallgehäuse	Betriebsmittel mit Kunststoffgehäuse	Betriebsmittel mit Nennspannungen bis 25 V ~ bzw. 50 V ~ und bis 60 V – bzw. 120 V –
z. B. Elektromotor	z. B. Elektrische Haushaltsgeräte	z. B. Elektrische Handleuchten

Schutz gegen gefährliche Körperströme

DIN VDE 0100 T.410/11.83

Schutz bei indirektem Berühren

TN-C-S-Netz

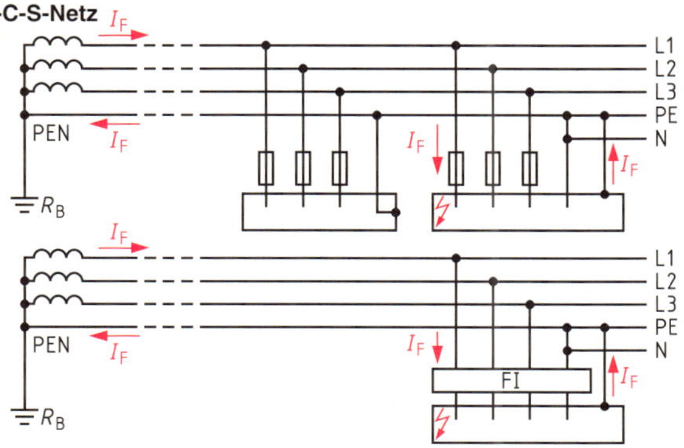

Schutzeinrichtungen

- Schmelzsicherungen
- Leitungsschutzschalter
- FI-Schutzschalter

Prinzip: Fehlerstrom I_F wird zum Kurzschlußstrom und fließt über PE- und PEN-Leiter zur Stromquelle

Abschaltung: innerhalb der für I_a angegebenen Zeiten

Abschaltbedingung:
$Z_S \cdot I_a \leq U_o$

Fehlerstrom-Schutzeinrichtung:
$I_a = I_{\Delta n}$, dadurch Abschaltung innerhalb 0,2 s

TT-Netz

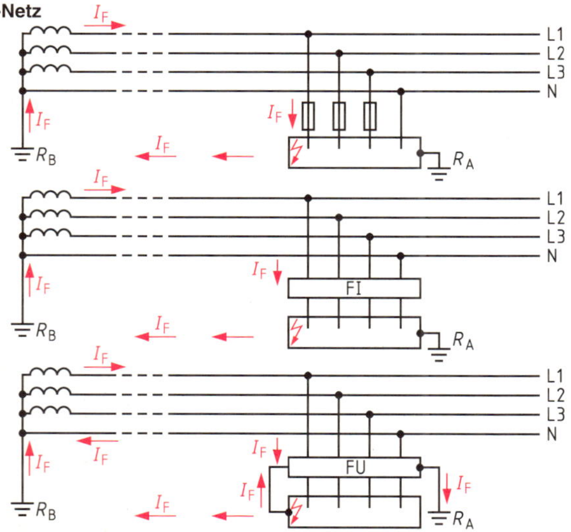

Schutzeinrichtungen

- Schmelzsicherungen
- Leitungsschutzschalter
- FI-Schutzschalter
- FU-Schutzschalter

Prinzip: Fehlerstrom I_F wird zum Erdschlußstrom und fließt über Erder (Erde) zur Stromquelle

Abschaltbedingung:
$R_A \cdot I_A \leq U_L$

Abschaltung gewährleistet bei FI-Schutzschalter, da Fehlerstrom niedrig

Fehlerstrom-Schutzeinrichtung:
$I_a = I_{\Delta n}$ wie oben

Fehlerspannungs-Schutzeinrichtung: bei $R_A \geq 200\ \Omega$ ist Abschaltzeit $\leq 0{,}2$ s

IT-Netz

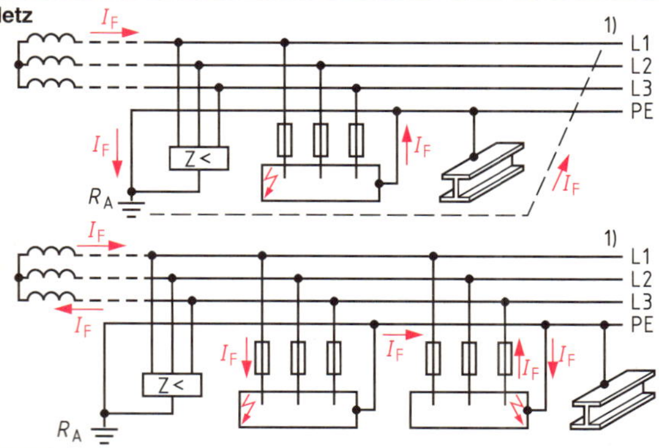

Schutzeinrichtungen

- Schmelzsicherungen
- Leitungsschutzschalter
- Isolationsüberwachungseinrichtung

Prinzip der Isolationsüberwachung

- bei Einfachfehler Fehleranzeige durch Meldung oder Abschaltung, I_d ($\triangleq I_F$) ist Fehlerstrom (Ableitstrom)
- bei Doppelfehler Abschaltung durch Überstrom-Schutzorgane innerhalb 0,2 bzw. 5 s

Abschaltbedingung:
$R_A \cdot I_d \leq U_L$

1) Auch mit Neutralleiter möglich

Prüfung von Schutzmaßnahmen

DIN VDE 0100 T.600/11.87

Isolationswiderstand

Elektrische Anlagen

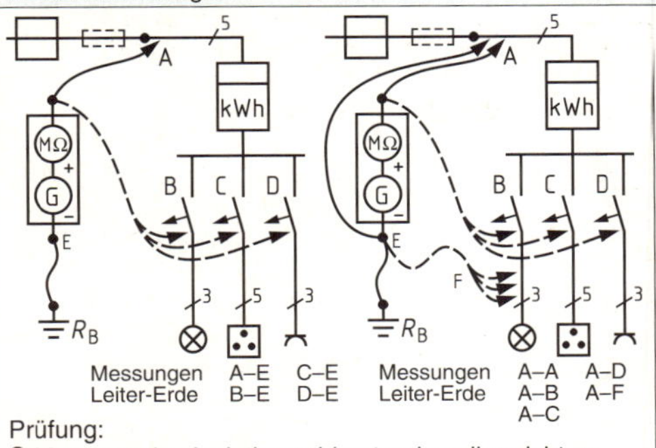

Prüfung:

- Messung des Isolationswiderstandes aller nicht geerdeten Leiter gegen Erde (Leiter-Erde)
- Messung des Isolationswiderstandes aller nicht geerdeten Leiter gegeneinander (Leiter-Leiter)
- Mindestwerte für R_{iso}: trockene Räume 0,5 MΩ bei $U \leq 500$ V; nasse Räume 1 MΩ bei $U > 500$ V

Standort

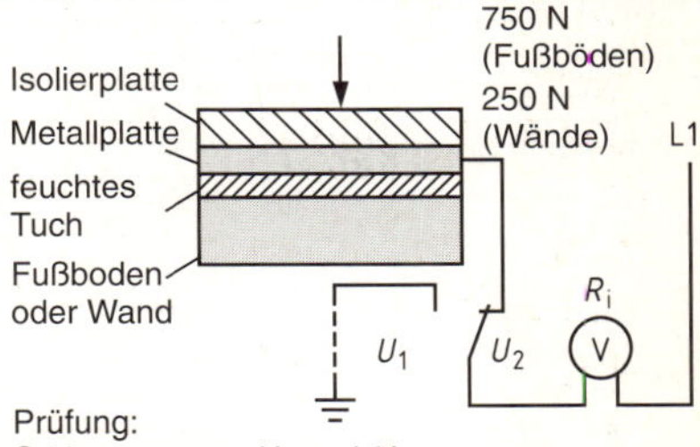

Prüfung:

- Messung von U_1 und U_2
- Bestimmung von R_{iso} nach R_{iso}
- $= R_i \cdot \left(\frac{U_1}{U_2} - 1\right)$

Mindestwerte für R_{iso}

50 kΩ bis 500 V Wechselspannung oder 750 V Gleichspannung

100 kΩ ab 500 V Wechselspannung oder 750 V Gleichspannung

Erdungswiderstand

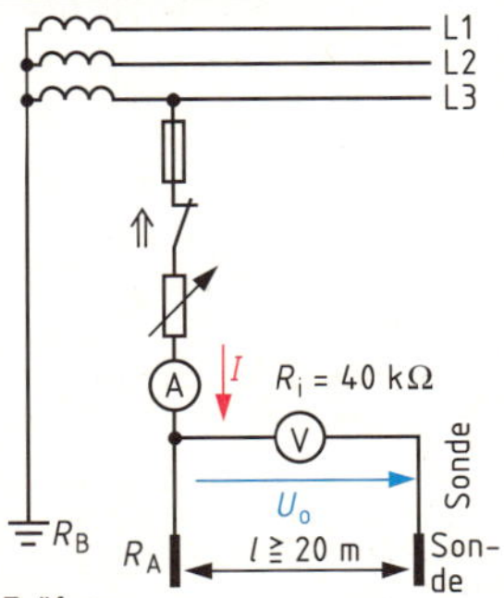

Prüfung:

- Messung von Stromstärke und Spannung
- Bestimmung von $R_A = \frac{U_o}{I}$

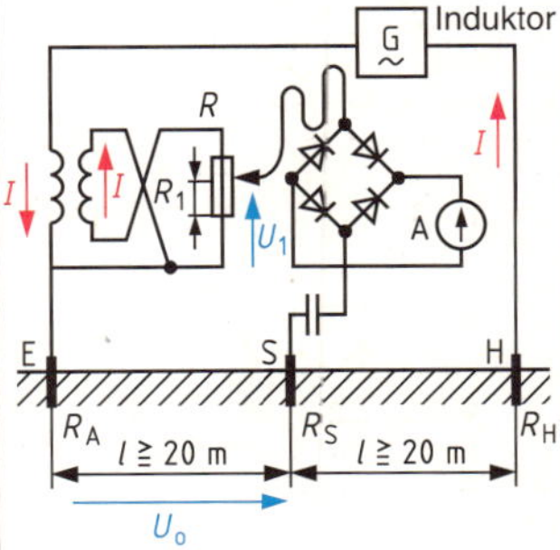

Prüfung:

- Kompensationsverfahren nach Behrend
- Abgleichbedingung: $U_1 = U_o$; $R_1 = R_A$

U_o: Erderspannung
U_s: Schrittspannung
I: Strom (Strömungsfeld) – Fehlerstrom –

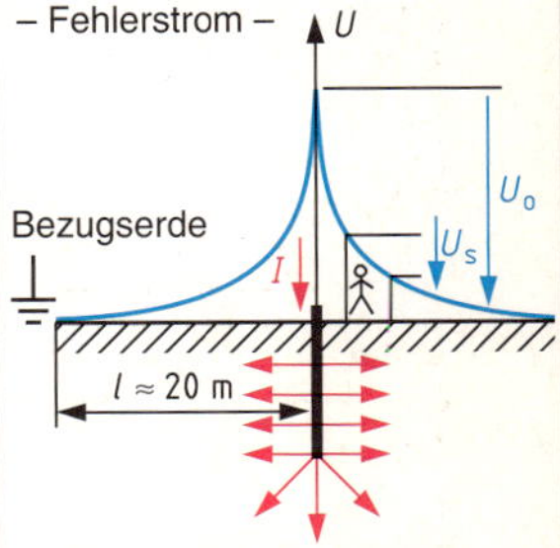

Spannungstrichter eines Staberders

Schleifenimpedanz (‚Schleifenwiderstand')

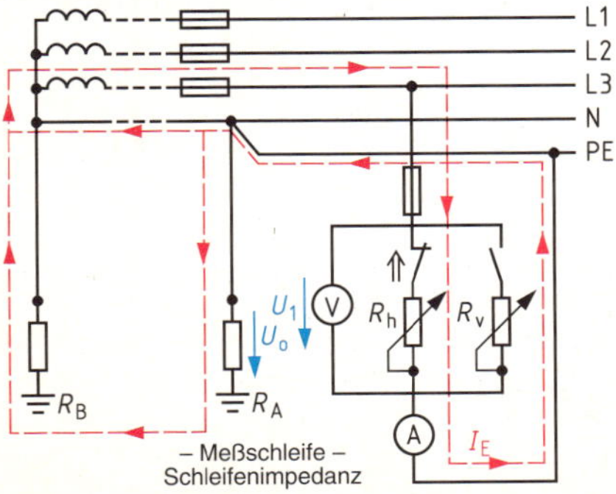

Prüfung:

- Messung der Spannung U_o bei geöffneten Schaltern
- Messung der Spannung U_1 und der Stromstärke I_E bei geschlossenem Schalter und Stromfluß über R_h
- Bestimmung von Z_S ($Z_S \approx R_{Sch}$) nach:

$$Z_S = \frac{U_o - U_1}{I_E}$$

Schutz durch FI-Schutzschalter bei pulsierenden Gleichfehlerströmen

DIN VDE 0664 T.1/10.85

Fehlerstrom-Schutzeinrichtung

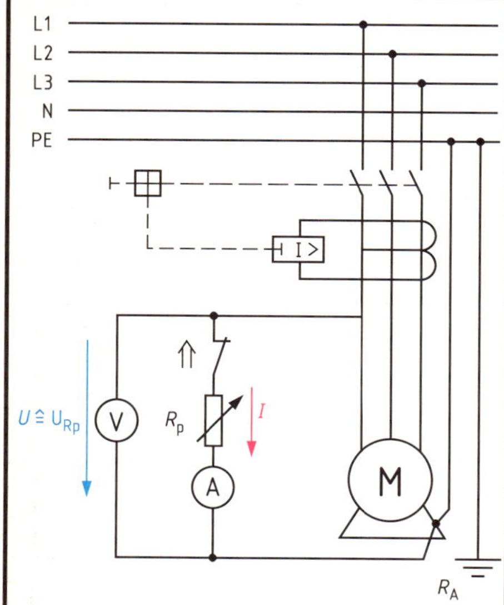

Funktionsprüfung der Anlage:

- Messung der Fehlerspannung beim Auslösen durch künstlichen Fehler, $U_F = 50\ V \sim$ bzw. $25\ V \sim$
- Messung des Erdungswiderstandes und Vergleich mit $R_A \leq \frac{50\ V}{I_{\Delta n}}$ bzw. $\leq \frac{25\ V}{I_{\Delta n}}$

Allgemeine Bedingungen für die Elektrizitätsversorgung von Tarifkunden – Auszug (AVBEltV v. 01.04.1980)

Kundenanlage § 12

- Anschlußnehmer ist verantwortlich für die ordnungsgemäße Errichtung, Erweiterung, Änderung und Unterhaltung der elektrischen Anlage hinter der Hausanschlußsicherung.
  Ausnahme: Meßeinrichtung des EVU (Elektrizitäts-Versorgungs-Unternehmen)
- Ausführung von Arbeiten in der elektrischen Anlage darf nur durch das EVU und einen in dem Installateurverzeichnis des EVU eingetragenen Installateur vorgenommen werden.

Inbetriebsetzung der Kundenanlage § 13

- Inbetriebsetzung der elektrischen Anlage bis zu den Haupt- oder Verteilungssicherungen erfolgt durch das EVU oder einen Beauftragten. Den elektrischen Anlageteil hinter diesen Sicherungen setzt der Installateur in Betrieb.
- Inbetriebsetzung der elektrischen Anlage ist über den Installateur beim EVU zu beantragen.

Überprüfung der Kundenanlage § 14

- EVU ist berechtigt, die Anlage vor Inbetriebnahme zu überprüfen.
- Festgestellte Sicherheitsmängel müssen beseitigt werden.

Betrieb, Erweiterung und Änderung von Anlagen und Verbrauchsgeräten § 15

- Erweiterungen und Änderungen in Anlagen ($P > 4{,}4$ kW mit Ausnahme von Elektroherden) sind dem EVU mitzuteilen.

Technische Anschlußbedingungen (TAB) § 17

- Festlegung technischer Anforderungen an den Hausanschluß und andere Anlagenteile sowie Betrieb von Anlagen erfolgt durch die TAB der EVU.

Schutz durch FI-Schutzschalter bei pulsierenden Gleichfehlerströmen

Wirksamkeit des Schutzes

Schutz in Drehstromnetzen:

- Abschaltung je nach $I_{\Delta n}$ (siehe S. 151)

Schutz in Drehstromnetzen mit auftretenden Gleichstromkomponenten:

- pulsierende Gleichfehlerströme (siehe Diagramme) bei Anwendung von
  Einpuls-Mittelpunktschaltung (Abb. 1)
  Zweipuls-Mittelpunktschaltung mit Glättung (Abb. 2)
  Phasenanschnittsteuerung symmetrisch (Abb. 3)
  Schwingungspaketsteuerung (Abb. 4)
- Auslösung durch FI-Schutzschalter bei pulsierenden Gleichfehlerströmen, die innerhalb einer Periode der Netzfrequenz Null oder nahezu Null werden
- Kennzeichnung der FI-Schutzschalter: 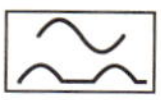

Belastungsstrom I_b — Fehlerstrom I_F

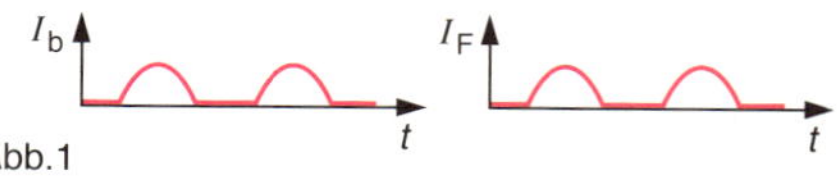

Abb.1

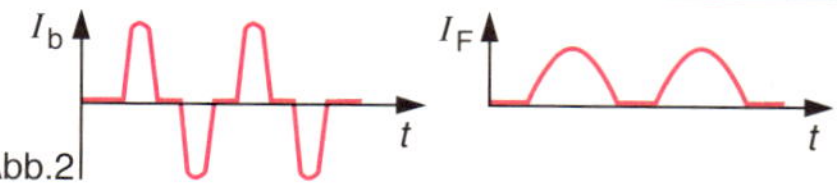

Abb.2

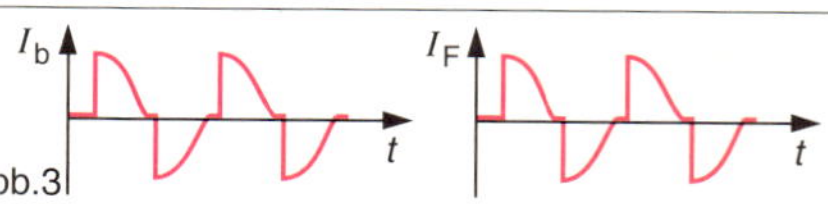

Abb.3

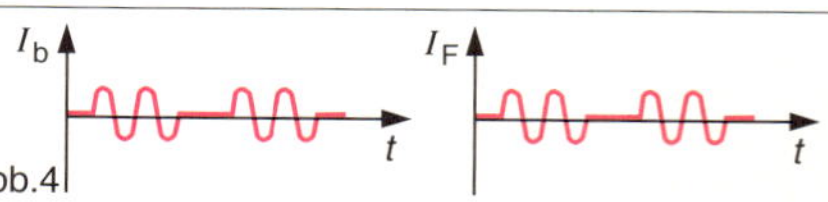

Abb.4

Unfallverhütung

DIN 4844 T1/5.80

Bedeutung der Sicherheitsfarben

Sicherheitsfarbe	rot	gelb	grün	blau
Bedeutung oder Angabe	Halt Verbot	Vorsicht! Gefahr	Gefahrlosigkeit Erste Hilfe	Gebotszeichen Hinweise
Anwendungsbeispiele	Haltezeichen Not – Aus Verbotszeichen	Hinweis auf Gefahren (z. B. Feuer, Explosion, Strahlen) Kennzeichnung von Hindernissen	Kennzeichnung von Rettungswegen und Notausgängen, Erste-Hilfe-und Rettungsstationen	Verpflichtung zum Tragen einer Schutzausrüstung. Standort eines Telefons
Kontrastfarbe	weiß	schwarz	weiß	weiß
Farbe des Bildzeichens	schwarz	schwarz	weiß	weiß

Verbotszeichen

V1 Rauchen verboten

V2 Feuer, offenes Licht und Rauchen verboten

V3 Für Fußgänger verboten

V4 Mit Wasser löschen verboten

V5 Kein Trinkwasser

Warnzeichen

W1 Warnung vor feuergefährlichen Stoffen

W2 Warnung vor explosionsgefährlichen Stoffen

W3 Warnung vor giftigen Stoffen

W4 Warnung vor ätzenden Stoffen

W5 Warnung vor radioaktiven Stoffen oder ionisier. Strahlen

W6 Warnung vor schwebender Last

W7 Warnung vor Flurförderzeugen!

W8 Warnung vor gefährlicher elektr. Spannung

W9 Warnung vor einer Gefahrenstelle

W10 Warnung vor Laserstrahl

Gebotszeichen

G1 Augenschutz tragen

G2 Schutzhelm tragen

G3 Gehörschutz tragen

G4 Atemschutz tragen

G5 Schutzschuhe tragen

G6 Schutzhandschuhe tragen

Rettungszeichen

R1 Richtungspfeil für Rettung

R2 Erste Hilfe

R3a Rettungsweg nach links

Regeln für das Arbeiten in elektrischen Anlagen

VDE 0105 T 1/07.83
DIN 40 008 T 1, T 3/02.85

Freigabe der Anlage zur Arbeit
durch die verantwortliche Aufsichtsperson nach Befolgen aller 5 Sicherheitsregeln

Die 5 Sicherheitsregeln
Vor Beginn der Arbeiten:

Freischalten

Gegen Wiedereinschalten sichern

Spannungsfreiheit feststellen

Erden und kurzschließen[1)]

Benachbarte, unter Spannung stehende Teile abdecken oder abschranken

Maßnahmen vor dem Wiedereinschalten nach beendeter Arbeit

- Werkzeug und Hilfsmittel entfernen
- Gefahrenbereich verlassen
- Kurzschließung und Erdung zuerst an der Arbeitsstelle, dann an den übrigen Stellen aufheben
- Erdungsseil zuerst von den Anlagenteilen (z. B. Leitung), dann erst von der Erde heben
- Anlagenteile und Leitungen ohne Erdungsseil dürfen nicht mehr berührt werden
- Entfernte Schutzverkleidungen und Sicherheitsschilder wieder anbringen
- Schutzmaßnahmen an den Schaltstellen erst nach Freimeldung von den Arbeitsstellen aufheben

Erste Hilfe bei Unfällen durch elektrischen Strom

- Strom sofort unterbrechen
- Feststellen, ob Atemstillstand vorliegt, dann mit Beatmung einsetzen
- Feststellen, ob Kreislaufstillstand vorliegt, dann neben Beatmung auch mit Herzmassage beginnen
- Liegt kein Atem- oder Kreislaufstillstand vor, dann Verunglückten in Seitenlage bringen
- Bei Atem- und Kreislaufstillstand, größeren Verbrennungen, Ohnmacht schnellen Transport ins Krankenhaus veranlassen

[1)] In Anlagen mit Nennspannungen bis 1000 V darf unter bestimmten Umständen hiervon abgewichen werden (vgl. DIN VDE 0105 T 1).

Sicherheitsschilder

Darstellung	Bedeutung
	Verbotsschild Nicht schalten VS 1
	Verbotsschild Nicht berühren, Gehäuse unter Spannung VS 2
Es wird gearbeitet! Ort: Entfernen des Schildes nur durch:	Zusatzschild ZS 1
	Warnschild Warnung vor gefährlicher elektrischer Spannung WS 1
Hochspannung Lebensgefahr	Zusatzschild ZS 2
	Warnschild Warnung vor Gefahren durch Batterien WS 2
	Warnschild Warnung vor Laserstrahl WS 3
	Gebotsschild Vor Öffnen Netzstecker ziehen GS 1

Hinweisschilder

HS 1	HS 2	HS3	HS 4
Entladezeit länger als 1 Minute	Teil kann im Fehlerfall unter Spannung stehen	Fünf Sicherheitsregeln Vor Beginn der Arbeiten: • Freischalten • Gegen Wiedereinschalten sichern • Spannungsfreiheit feststellen • Erden und kurzschließen • Benachbarte, unter Spannung stehende Teile abdecken oder abschranken	Vor Berühren: Entladen Erden Kurzschließen

Blitzschutzanlagen

DIN VDE 0185 T. 1/11.82
ABB[1])

Blitzschutzanlage

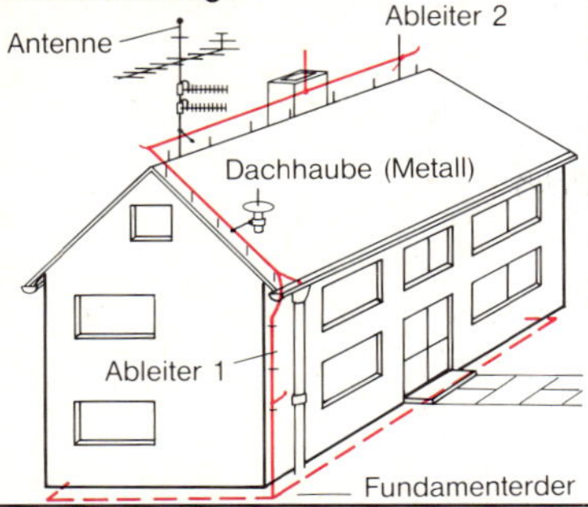

Schutzbereich einer Fangstange

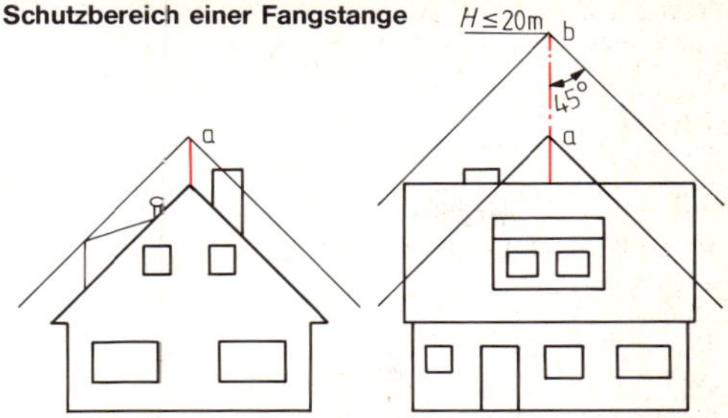

Höhe der Fangstange a) nicht ausreichend
b) ausreichend

Hauptableitungen (HA) der Blitzschutzanlage

Gebäudemaße in m Länge	Breite	Flachdach[1])	Satteldach[2])
bis 20	bis 20	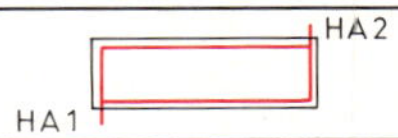	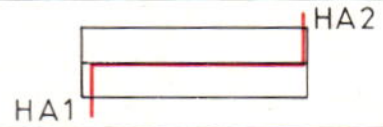
bis 20	12 bis 20		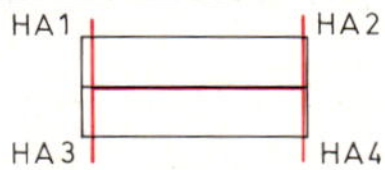
20 bis 40	bis 12	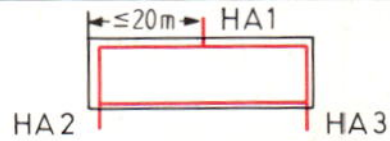	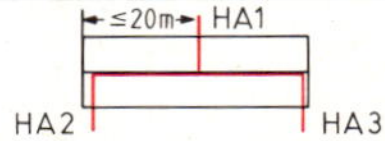
20 bis 40	20 bis 40	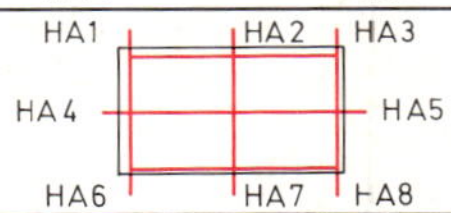	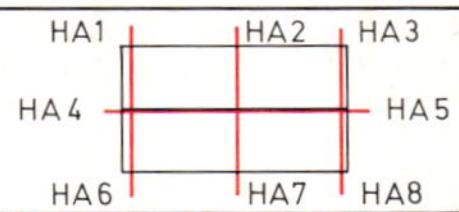

1) Flachdach: Abstand First – Traufkante ≤ 1 m
2) Satteldach: Abstand First – Traufkante ≥ 1 m

Werkstoffe und Abmessungen

Hauptableitungen

Werkstoff	Abmessung
Rundstahl, stark verzinkt, Bandstahl stark verzinkt, Rost- und säure-beständige Stähle	∅ 8 mm ∅ 10 mm 20 mm · 2,5 mm ∅ 12 mm 30 mm · 3,5 mm
Rundkupfer Bandkupfer Kupferseil	∅ 8 mm 20 mm · 2,5 mm 7 mal ∅ 3 mm
Kupferleiter mit Bleimantel, Bleimanteldicke mindestens 1 mm	Draht ∅ 8 mm Seil 7 mal ∅ 3 mm
Stahldraht	∅ 8 mm mit 30 % Kupferauflage
Rundaluminium Bandaluminium	∅ 10 mm 20 mm · 4 mm

Erder

Werkstoff	Abmessung	
Rundstahl Bandstahl Profilstahl, stark verzinkt, für Staberder Rost- und säure-beständige Stähle	∅ 10 mm 30 mm · 3,5 mm Rohrerder ∅ 1 in Kreuzprofilerder 50 mm · 3 mm Rundstahl ∅ 20 mm ∅ 12 mm 30 mm · 3,5 mm	
Rundkupfer Bandkupfer	∅ 8 mm 20 mm · 2,5 mm	nur in Son-derfällen
Kupferseil	unzulässig	
Kupferleiter mit Bleimantel, Bleimantel mindestens 1 mm dick	Draht ∅ 8 mm Seil 7 mal ∅ 3 mm	
Stahldraht	∅ 8 mm mit 30 % Kupferauflage	nur in Son-derfällen

[1]) Allgemeine Blitzschutz-Bedingungen

Räume mit elektrischen Anlagen

Bezeichnung/ VDE-Bestimmung	Erklärungen
Elektrische Betriebsstätten: Räume bzw. Orte mit elektrischen Anlagen DIN VDE 0105 T.1 / 07.83	Betreten nur unterwiesenen Personen gestattet Schalträume Verteilungsanlagen in abgetrennten Räumen Maschinenräume von Kraftwerken usw. Schutz gegen direktes Berühren blanker, aktiver Teile durch Schutzleisten, Abdekkungen oder Geländer
Trockene Räume: Räume ohne hohe Luftfeuchtigkeit und Kondenswasser DIN VDE 0100 T. 731 / 02.86	Wohnräume Büros Geschäftsräume • Leitungsart: NYIF, NYM, H07V-U, H07V-K
Feuchte und nasse Räume: Räume mit Kondenswasser DIN VDE 0100 T. 737 / 11.90	In feuchten Räumen: • Betriebsmittel mindestens nach der Schutzart IPX1 • Großküchen, Backräume, Kühlräume, unbeheizte und unbelüftete Kellerräume usw. In nassen Räumen: • Betriebsmittel mindestens nach der Schutzart IPX4 bzw. IPX5 • Naßwerkstätten, Weinkeller, Duschecken usw. In feuchten und nassen Räumen: • Leitungsart: NYM, NYY
Anlagen im Freien: Orte mit und ohne Überdachungen DIN VDE 0100 T. 737 / 11.90	Geschützte Anlagen mit Installationn wie in feuchten Räumen (z. B. Tankstellen) Ungeschützte Anlagen mit Installationen wie in nassen Räumen und Betriebsmitteln mindestens nach der Schutzart IPX3 • Schalter und Steckdosen nach der Schutzart IPX4
Feuergefährdete Betriebsstätten: Orte in Räumen oder im Freien mit leicht entzündlichen Stoffen DIN VDE 0100 T. 720 / 03.83	Verhüten von Bränden infolge von Isolationsfehlern: • Kurzschluß-Brandschutz durch Überstrom-Schutzorgane (Auslösezeit $t \leq 5$ s) • Fehlerstrom-Schutzeinrichtung mit Schutzleiter ($I_{\Delta n} \leq 0{,}5$ A) • Schutzabstand, d. h. Verlegen einadriger Mantelleitungen oder Einaderkabel Auswahl von Kabel und Leitungen: • keine offene Verlegung nicht isolierter Leitungen auf Isolatoren • bewegliche Leitungen mindestens nach Typ H07RN-F bzw. A07RN-F Schutzart der Betriebsmittel: • bei Feuergefährdung durch Staub oder/und Fasern IPX5 • bei Feuergefährdung durch andere leicht entzündliche feste Stoffe IPX4
Ersatzstromversorgungsanlagen: Energieversorgung von Netzteilen und Verbrauchern DIN VDE 0100 T. 728 / 03.90	Bei Ausfall oder Abschaltung der normalen Stromversorgung: • Generatoren (Antrieb durch Kraftmaschinen) • Batterien (gegebenenfalls mit Wechselrichtern oder Umformern)
Elektrische Anlagen in Möbeln und ähnlichen Einrichtungsgegenständen DIN VDE 0100 T. 724 / 04.86 E	Leuchten in Hohlräumen abschaltbar durch Schalter bei Schließen des Raumes. Leiterquerschnitt mindestens 1,5 mm² Cu oder 0,75 mm² Cu, wenn Leitungslänge $l \leq 10$ m und keine Steckvorrichtungen vorhanden Leitungsverlegung in fester Form oder durch Hohlräume mit Zugentlastung Leitungsart: • feste Verlegung mit NYM oder H07V-U • feste und bewegliche Verlegung mit H05RR-F oder H05VV-F

Räume mit elektrischen Anlagen

Baustellen:
Orte auf Tief- und Hochbauten sowie Stahlbauten
DIN VDE 0612/05.74
DIN VDE 0100 T. 704/11.87

Energieversorgung über Baustromverteiler
- Schalt- und Verteileranlagen mindestens nach Schutzart IP43
- Schalter und Steckverbindungen usw. nach Schutzart IPX1
- Leitungsart: NYM, NYMT (selbsttragende Aufhängung), NSSHöu (bewegliche Leitung)

Meßeinrichtung (1)
Hauptsicherungen (2)
FI-Schutzschalter (3)
Überstrom-Schutzorgan/Schütz (4)
Steckdosen (5)
Erder (6)

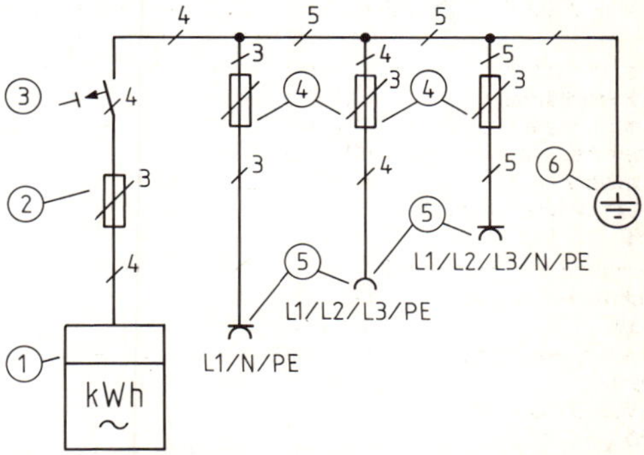

Landwirtschaftliche Betriebsstätten:
Räume und Orte im landwirtschaftlichen Bereich
DIN VDE 0100 T. 705/11.84

Schutzmaßnahmen bei indirektem Berühren:
- Maßnahmen bei Nennspannung über 25 V Wechselspannung oder 60 V Gleichspannung
- feste Installation als TT-Netz mit Fehlerstrom-Schutzeinrichtung (Erdungswiderstand $R_A = \frac{25\ \text{V}}{I_{\Delta n}}$)
- Potentialsteuerung im Standbereich der Tiere
  Schutz durch Freischalten, d.h. gleichzeitige Abschaltung aller nicht geerdeter Leiter und Anlageteile
- Leitungsart: NYM, NYMT, H07RN-F, A07RN-F, NSSHöu

Erdungsleitung (1)
Blech- und Folienwände (2)
Wasserleitung (3)
Potentialsteuerung z.B. Baustahlmatte (4)
Anbindevorrichtung (5)
Selbsttränke (6)
Futteranlage (7)
Melkanlage (8)
Stahlkonstruktion (9)
Schutzleiter (10)
Fundamenterder (11)
Blitzschutzerdung (12)

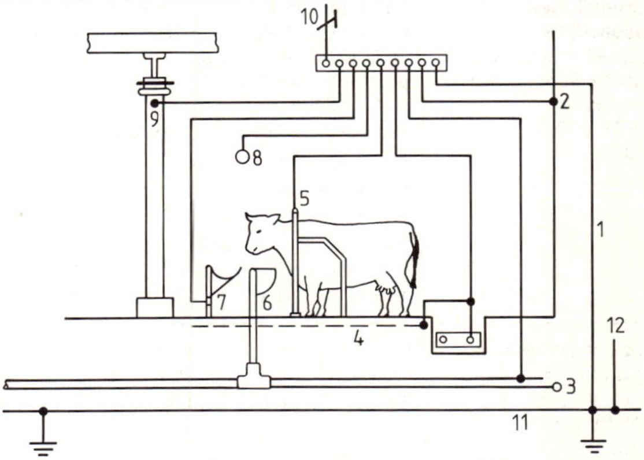

Explosionsgefährdete Bereiche
Bereiche mit einer explosionsfähigen Atmosphäre
DIN VDE 0165/09.83
DIN VDE 0165 A1/09.86
(vgl. auch S. 183)

Anforderungen (Auswahl) für alle explosionsgefährdeten Bereiche:
- Schutzmaßnahmen gegen direktes Berühren und bei indirektem Berühren
- Potentialausgleich zwischen leitfähigen Teilen von elektrischen Betriebsmitteln und Konstruktionsteilen
- Schutz- und Überwachungseinrichtungen mit allpoligem Abschalten und nicht selbsttätigem Wiedereinschalten
- bei fester Verlegung: Kabel und Leitungen mit Metall-, Kunststoff- oder Gummimänteln, z.B. Bleimantelleitung
- bei ortsveränderlichen Betriebsmitteln (bis $U_n = 750$ V); als Anschlußleitung z.B. Gummischlauchleitung H07RN-F

Räume mit elektrischen Anlagen

Medizinisch genutzte Räume:
Anlagen in Krankenhäusern und medizinisch genutzten Räumen außerhalb von Krankenhäusern
DIN VDE 0107/11.89

Raumarten (Auswahl) und Anwendungsgruppen

Anwendungsgruppe	Raumart	Art der medizinischen Nutzung
0	Bettenräume OP-Sterilisationsräume OP-Waschräume Praxisräume	Keine Anwendung elektromedizinischer Geräte
1	Bettenräume Therapieräume Untersuchungsräume	Anwendung elektromedizinischer Geräte am oder im Körper (kleine, ambulante Chirurgie)
2	OP-Vorbereitungsräume OP-Räume Intensiv-Untersuchungs- und Überwachungsräume	Organoperationen jeder Art chirurgisches Einbringen von Geräteteilen

Schutz gegen gefährliche Körperströme

- Schutz gegen direktes Berühren in Räumen der Anwendungsgruppen 0, 1 und 2 laut DIN VDE 0100 T.410 (in Räumen der Gruppen 1 und 2 auch bei Verwendung der Betriebsspannungen $U\sim < 25$ V und $U- < 60$ V)
- Schutz bei indirektem Berühren in Räumen der Anwendungsgruppen 0, 1 und 2 mit bevorzugten Schutzmaßnahmen wie
  - Schutz durch Meldung mit Isolations-Überwachungseinrichtung im IT-Netz
  - Schutzisolierung
  - Schutzkleinspannung, Funktionskleinspannung
  - Schutztrennung
  - Schutz durch Abschaltung mit
    $I_{\Delta n} \leq 0{,}03$ A in Stromkreisen mit Überstrom-Schutzeinrichtungen bis 63 A
    $I_{\Delta n} \leq 0{,}3$ A in Stromkreisen mit Betriebsmitteln außerhalb des Handbereichs oder Überstrom-Schutzeinrichtungen über 63 A
- zusätzlicher Potentialausgleich in Räumen der Gruppen 1 und 2

Räume mit Badewanne oder Dusche:
Räume mit Bade- oder Duscheinrichtungen
DIN VDE 0100 T.701/05.84

Keine Gültigkeit für fabrikfertige Duschkabinen, die mit inneren Duschwannen und Abflußsystemen ausgerüstet sind.
Potentialausgleichsleiter zwischen Abfluß- und Zulaufrohr:

- Mindestquerschnitt 4 mm^2 Cu
- feuerverzinkter Bandstahl mindestens 2,5 mm · 20 mm

Potentialausgleich nicht gefordert bei Kunststoffwannen, Kunststoffablaufrohren und Metallablaufventilen.
Wanddicke auf der Rückseite der Wände, die die Bereiche 1 und 2 begrenzen, zwischen Kabel oder Leitung und Wandoberfläche mindestens 0,06 m.

- Leitungsart: NYY, NYM, H07V-U, NYIF (nur in Wänden des Bereiches 3)

Bereich	Kabel und Leitungen (bis 5 cm uP)	Schalter und Steckdosen	Elektrische Betriebsmittel
0	nein	nein	nein[3]
1	nein } [1]	nein } [2]	nein[4]
2	nein } [1]	nein } [2]	nein[5]
3	ja	ja[6]	ja

Ausnahmen:
[1] senkrechte Leitungen zu Verbrauchern und Leitungseinführung von der Verbraucher-Rückseite
[2] Schalter in Verbrauchern
[3] Betriebsmittel mit Schutzkleinspannung < 12 V
[4] ortsfeste Warmwassererwärmer, Abluftgeräte und Ruf- und Signalanlagen (bis 25 V ~ bzw. 60 V –)
[5] wie [4] und Leuchten
[6] Nur zulässig bei Anschluß über Trenntransformator, mit Schutzkleinspannung oder Fehlerstrom-Schutzeinrichtung ($I_{\Delta n} \leq 30$ mA, TN- oder TT-Netz)

Räume mit elektrischen Anlagen

Bereichseinteilungen

Räume mit Duschwanne

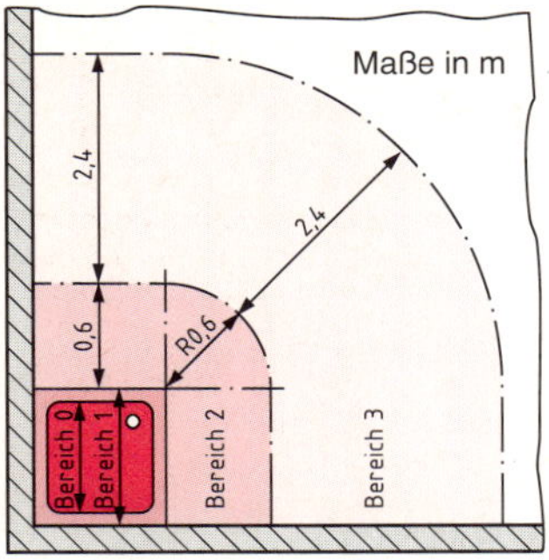

Räume mit Duschwanne und fester Trennwand

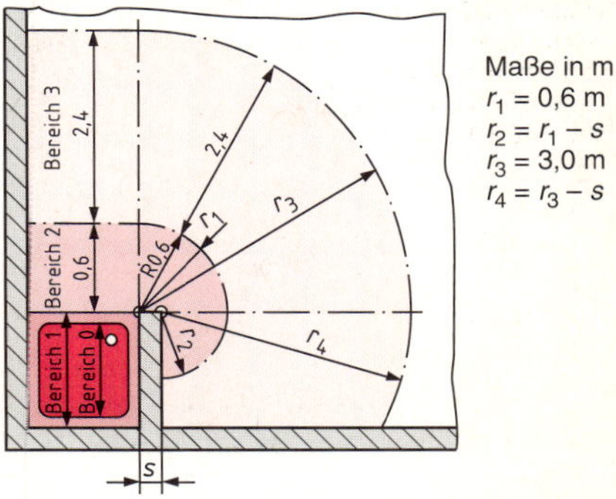

Räume mit Badewanne

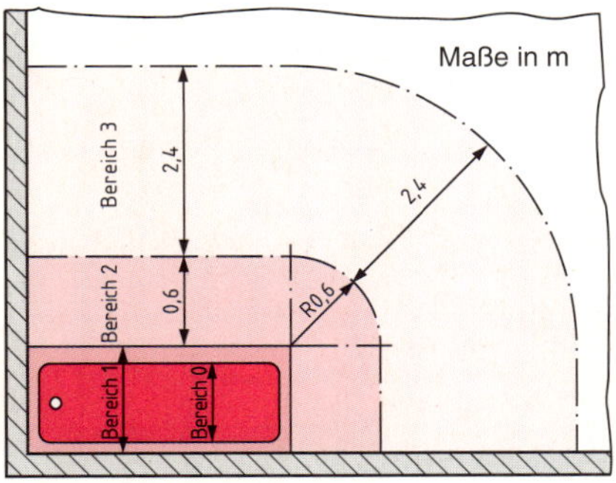

Räume mit Badewanne und fester Trennwand

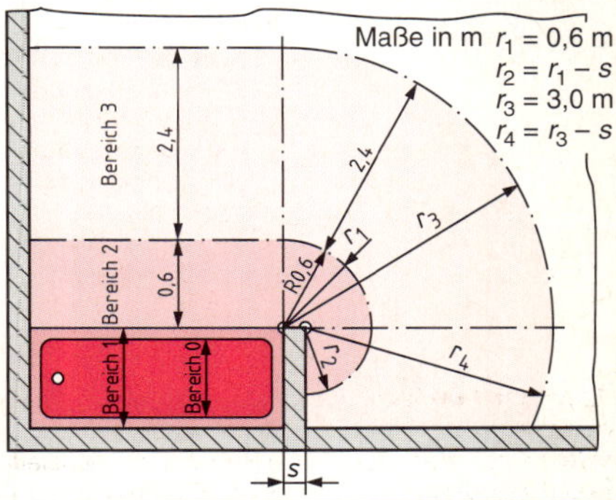

Räume mit Dusche

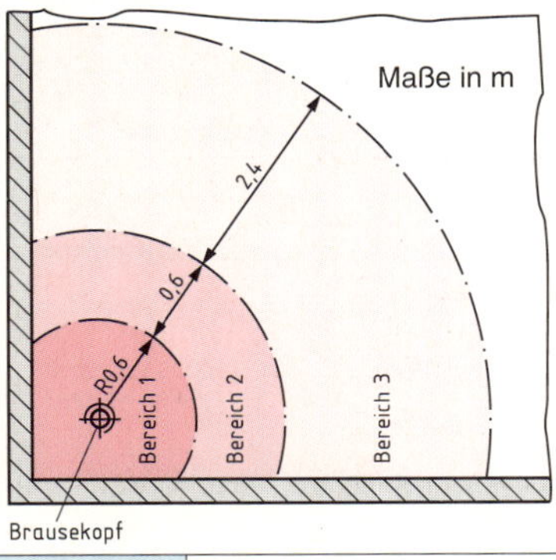

Räume mit Dusche ohne Wanne und fester Trennwand

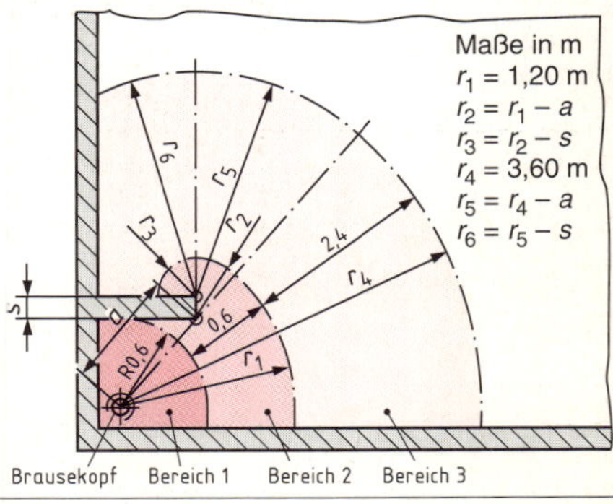

Sauna-Anlagen:	Schutzmaßnahmen bei indirektem Berühren mit elektrischen Geräten der Schutzklasse I
Räume mit hohen Lufttemperaturen DIN VDE 0100 T.703/11.82	• Schutzkleinspannung • Fehlerstrom-Schutzeinrichtung mit $I_{\Delta n} \leq 30$ mA Brandschutz bei Heißluft-Saunen, Temperaturbegrenzung maximal 165 °C Schutz durch Freischalten bei Heißluft-Saunen, d. h. Abschaltung der elektrischen Einrichtungen außer Beleuchtung durch einen Schalter

IP-Schutzarten
Berührungs-, Fremdkörper- und Wasserschutz für elektrische Betriebsmittel

DIN 40050/7.80

Beispiel: IP W 2 3 S

Kennbuchstaben — IP
Zusatzbuchstabe — W
Schutz gegen das Eindringen von Fremdkörpern und Staub (1. Kennziffer) [1] — 2
Schutz gegen das Eindringen von Wasser (2. Kennziffer) [1] — 3
Zusatzbuchstabe — S

1. Kennziffer	Schutzgrad	2. Kennziffer	Schutzgrad
0	Kein Schutz	0	Kein Schutz
1	Schutz gegen Eindringen von großen Fremdkörpern $d > 50$ mm Kein Schutz bei absichtl. Zugang	1	Schutz gegen tropfendes Wasser, das senkrecht fällt (Tropfwasser)
2	Schutz gegen mittelgroße Fremdkörper, $d > 12$ mm, Fernhalten von Fingern o. ä.	2	Schutz gegen schräg fallendes Wasser (Tropfwasser), 15° gegenüber normaler Betriebslage
3	Schutz gegen kleine Fremdkörper, $d > 2{,}5$ mm, Fernhalten von Werkzeugen, Drähten u. ä.	3	Schutz gegen Sprühwasser, bis 60° zur Senkrechten
4	Schutz gegen kornförmige Fremdkörper, $d > 1$ mm, Fernhalten von Werkzeugen, Drähten u. ä.	4	Schutz gegen Spritzwasser aus allen Richtungen
5	Schutz gegen Staubablagerungen (staubgeschützt), vollständiger Berührungsschutz	5	Schutz gegen Strahlwasser aus allen Richtungen
6	Schutz gegen Eindringen von Staub (staubdicht), vollständiger Berührungsschutz	6	Schutz gegen schwere See oder starken Wasserstrahl (Überflutungsschutz)
		7	Schutz gegen Eintauchen in Wasser unter festgesetzten Druck- und Zeitbedingungen
		8	Schutz gegen dauerndes Untertauchen in Wasser
Zusatzbuchstabe	**Bedeutung**	**Zusatzbuchstabe**	**Wasserschutzprüfung bei**
		S	Stillstand
W	Wetterschutz	M	laufender Maschine

Bildzeichen für Schutzarten (bei Leuchten üblich)

Bildzeichen	Schutzumfang	Bildzeichen	Schutzumfang
	staubgeschützt, siehe 1. Kennziffer 5		tropfwassergeschützt, Schutz gegen hohe Luftfeuchte, Wrasen und tropfendes Wasser
	staubdicht, siehe 1. Kennziffer 6		schrägwassergeschützt, siehe 2. Kennziffer 2
			spritzwassergeschützt, siehe 2. Kennziffer 4
			strahlwassergeschützt, siehe 2. Kennziffer 5
			wasserdicht, Schutz gegen Eindringen von Wasser ohne Druck
		 ...atü	druckwasserdicht, Schutz gegen Eindringen von Wasser unter Druck

[1]) Wird ein Schutzgrad nicht angegeben, dann schreibt man statt der Ziffern den Buchstaben X, z. B. IP X4.

Elektrische Betriebsmittel für explosionsgefährdete Bereiche

DIN EN 50014/5.78
DIN VDE 0170/0171 T. 1/05.78

Elektrische Betriebsmittel für explosionsgefährdete Bereiche sind mit folgender Kennzeichnung zu versehen:

- Name des Herstellers oder das Warenzeichen,
- Typenzeichen,
- Symbol EEx,
- Kurzzeichen der verwendeten Zündschutzart,
- Symbol für die Gruppe,
- Namen oder Kurzzeichen der Prüfstelle,
- Nummer der Bescheinigung und das Zeichen U,
- Zusätzliche Angaben betreffend besonderer europäischer Zündschutzartennormen,
- Angaben zu üblichen Baubestimmungen.

Bei kleinen elektrischen Betriebsmitteln darf man sich aus Platzgründen mit den fünf erstgenannten Angaben begnügen.

Beispiel:

A. R. Achutz A. G.
Typ 5 CD
EEx de I/IIB T3
N° 5634
BVS Nr 80.521
....
....

Beispiel: EEx de I/IIB T3

- EEx – Symbol für Explosionsschutz
- de – Zündschutzart
- I/IIB – Elektrische Betriebsmittelgruppe
- T3 – Temperaturklasse

Kurzzeichen	Zündschutzart		Kurzzeichen	Temperaturklasse oder höchste Oberflächentemperatur
o	Ölkapselung		T1	450°
p	Überdruckkapselung		T2	300°
q	Sandkapselung		T3	200°
d	Druckfeste Kapselung		T4	135°
e	Erhöhte Sicherheit		T5	100°
ia	Eigensicherheit[1]	Kategorie a	T6	85°
ib		Kategorie b		

1) In einem eigensicheren Stromkreis treten unter normalen Bedingungen keine Funken oder thermischen Effekte auf.
Kategorie a: Keine Zündung bei einem Fehler oder einer Kombination von zwei Fehlern
Kategorie b: Keine Zündung bei einem Fehler.

Kurzzeichen	I	II		
		A[1]	B[2]	C[2]
Elektrische Betriebsmittelgruppe für den Einsatz bei nebenstehender Gefährdung	Schlagwettergefahr	**Explosionsgefahr durch Auftreten folgender Gase** **Alkane** z. B. Methan, Propan, Butan **Alkene**, z. B. Propen **Aromatische Kohlenwasserstoffe**, z. B. Styrol **Benzonoide,** z.B. Benzol Toluol, Naphthalin **Kohlenwasserstoffgemische**, z. B. Terpentin, Petroleum, Benzin, Heizöl, Kerosin, Dieselöl **Kohlenmonoxid** **Alkohole und Phenole**, z. B. Metanol **Aldehyde**, z. B. Metaldehyd **Ketone**, z. B. Aceton **Ester**, z. B. Ethylformiat **Säuren, Chloride** usw.	**Kohlenwasserstoffe**, z. B. Ethylen **Stickstoff enthaltende Verbindungen**, z. B. Acrylnitrit, Cyanwasserstoff **Verbindungen mit Sauerstoff**, z. B. Dimithylether, Propylenoxid **Gemische**, z. B. Koksofengas **Halogenverbindungen**, z. B. Tetrafluorethylen	Wasserstoff, Acetylen, Schwefelkohlenstoff, Ethylnitrat

1) MESG (Grenzspaltweite $>$ 0,9 mm, MIZ (Mindestzündstrom)-Verhältnis $>$ 0,8.
2) MESG zwischen 0,5 mm und 0,9 mm, MIC-Verhältnis zwischen 0,45 und 0,8.
3) MESG $<$ 0,5 mm und MIC-Verhältnis $<$ 0,45 mm.

Prüfzeichen an elektrischen Betriebsmitteln und Geräten

Nationale Prüfzeichen an elektrischen Betriebsmitteln und Geräten

Zeichen	Erklärung	Zeichen	Erklärung
DVE	VDE-Zeichen Verband Deutscher Elektrotechniker		Zulassungszeichen für Meßwandler und Elektrizitätszähler der Physikalisch-Technischen Bundesanstalt Braunschweig
◁VDE▷	VDE-Kabelkennzeichen	GS	Geprüfte Sicherheit Sicherheitszeichen zum Maschinenschutzgesetz
	Funkschutzzeichen Im freien Ausschnitt: Funkstörgrad G, N, K oder Zahl	E	Zulassungszeichen der Physikalisch-Technischen Bundesanstalt für Tarifschaltuhren
FTZ	Fernmeldetechnisches Zentralamt der Deutschen Bundespost, Darmstadt Bestandteil von FTZ-Prüfnummern		Technische Vereinigung der Hersteller und Verarbeiter der typisierten Kunststoff-Formmassen

Internationale Prüfzeichen an elektrischen Betriebsmitteln und Geräten

Zeichen	Land	Zeichen	Land
CEBEC	Belgien	D	Dänemark
SF	Finnland	NF USE	Frankreich
	Großbritannien	i	Island
	Italien		Japan
SME	Jugoslawien	SA	Kanada
NL	Niederlande	KEMA EUR	Niederlande
N	Norwegen	ÖVE	Österreich
	Polen	S	Schweden
S	Schweiz	CCCP	Sowjetunion
ESC	Tschechoslowakei	MEIE	Ungarn
UL	USA (für Einzelgeräte)		USA (für Geräte, die in Anlagen eingebaut werden)
E 1	ECE: Kommission der Vereinten Nationen (UN) für Europa mit Kennnzahl (im Kreis) des Landes, das die Genehmigung erteilt hat, z. B. 1 Bundesrepublik Deutschland, 2 Frankreich		
E	CEE: Internationale Kommission für Regeln zur Begutachtung elektrotechnischer Erzeugnisse		

Bildzeichen der Elektrotechnik

DIN 40 100 T.2...22, 28, 100

Bildzeichen	Benennung	Bildzeichen	Benennung	Bildzeichen	Benennung
	Ein On		Wärmeenergie		Umschalteinrichtung
	Aus Off		Pneumatische Energie		Akustisches Signal, Klingel
	Vorbereiten		Wärmeabgabe, allgemein		Akustisches Signal, Wecker
	Ein/Aus stellend		Hydraulische Energie		Sirene
	Ein/Aus tastend		Bewegung in Pfeilrichtung		Akustisches Signal, Hupe
	Start, Ingangsetzung		Bewegung in beiden Richtungen		Uhr, zeitlicher Ablauf
	Schnellstart		Wirkung auf einen Bezugspunkt zu		Ventilator
	Stop, Anhalten der Bewegung		Langsamer Lauf		Rauher Betrieb
	Handbetätigung		Wiederholen		Zulässige Übertemperatur
	Automatischer Ablauf		Einsteller		Notruf, Feuerwehr
	Fernbedienung		Oszilloskop		Elektrorasierer
	Unterirdische elektrische Leitung		Meßwertanzeiger, analog		Türöffner
	Oberirdische Leitung		Meßwertanzeiger, digital		Beleuchtung, Licht
	Koaxiale Leitung, abgeschirmt		Schreiber		Bestrahlung, infrarot
	Lichtstrahlung		Drucker		Sicherheitsbeleuchtung in Bereitstellung
	Lichtenergie		Elektrische Maschine		Aufnahme einer Information auf Informationsträger
	Strahlung, allgemein		Handschalter		Wiedergabe einer Information von Informationsträger
	Mechanische Energie		Fußschalter		Aufnahmesperre

Bildzeichen der Elektrotechnik

DIN 40100, T. 2 ...... 22, 28, 100

Bildzeichen	Benennung	Bildzeichen	Benennung	Bildzeichen	Benennung
	Impulsmarkierung		Bild-/Ton-Abnehmer		Schleudern
	Löschen einer Information vom Informationsträger		Mikrophon		Spezialbehandlung
	Einsetzen und Entnehmen von Tonträgern		Lautsprecher		Stark verschmutztes Geschirr
	Helligkeit		Hörer, Hörkapsel		Normal verschmutztes Geschirr
	Kontrast		Kopfhörer		Leicht verschmutztes Geschirr
	Farbsättigung		Fernsprecher		Empfindliches Geschirr
	Farbton		Fernsprecher mit Induktorruf		Regenerieren
	Monophon		Elektrische Energie		Hauptspülen
	Stereophon		Achtung, allgemeine Gefahrenstelle		Trocknen oder Wärmen
	Ton (Schall)		Gefährliche elektrische Spannung		Sparen; Einsparung (auch „Energie einsparen“)
	Sprache		Isoliertransformator		Verschmutzung, leicht
	Magnettongerät		Vorwaschen		Trocknungsgrad, schranktrocken
	Bandaufnahme		Hauptwaschen		Trocknungsgrad, bügeltrocken
	Bandwiedergabe		Wasserstand (hoch)		Knitterschutz
	Fernsehen		Waschen mit 95°C Maximaltemperatur		Kondensatsammler, allgemein
	Farbfernsehen		Spülen		Spray; Sprühen
	Fernsehempfänger		Wäschestärken		Dampf
	Tonabnehmer		Abpumpen		Dampfstoß

Reparatur und Änderung elektrischer Geräte

DIN VDE 0701 T. 1 / 10.86

- Reparaturen und Änderungen **fachgerecht** durchführen.
- Nach der Reparatur oder Änderung darf **keine Gefahr** für den Benutzer oder die Umgebung des Gerätes bestehen.
- Eingebaute Einzelteile, Bauelemente und Baugruppen müssen den Anforderungen an das Gerät genügen und den **geltenden VDE-Vorschriften** genügen.
- Nur die vom Hersteller vorgeschriebenen Ersatzteile einbauen.
- Zur Sicherheit beitragende Teile des Gerätes dürfen nicht beschädigt sein.

Prüfen reparierter und geänderter Geräte

1. **Sichtprüfung**
   Kontrollieren, ob Teile beschädigt oder ungeeignet sind und ob die Schutzklasse eingehalten wird.

2. **Kontrolle der Anschlußleitung**
   Sind Leitung, Zugentlastung und Biegeschutzhülle ordnungsgemäß?

3. **Kontrolle des Schutzleiters**
   - Anschluß und Verbindung durch Sicht- und Handprobe überprüfen.
   - Messung des Widerstandes zwischen Gehäuse und dem Schutzkontakt des Netz- bzw. Gerätesteckers oder dem Schutzleiter am netzseitigen Ende der Anschlußleitung (Anschlußleitung dabei bewegen) nach Abb. 1.

4. **Isolationswiderstand messen**
   - Messung mit Geräten nach DIN VDE 0413.
   - Bei Schutzklasse I nach Schaltung Abb. 2, bei Schutzklasse II nach Schaltung Abb. 3.
   - Bei Schutzklasse III nach Schaltung Abb. 4 (Nur wenn $P \geq 20$ VA bzw. $U \geq 42$ V).

5. **Ersatz-Ableitstrommessung**
   - Nur bei Schutzklasse I, wenn Entstörkondensatoren eingebaut oder ersetzt wurden oder wenn bei Heizgeräten der geforderte Isolationswiderstand nicht eingehalten wird.
   - Meßschaltung siehe Abb. 4.
   - Meßstromkreis vom Netz galvanisch trennen.
   - Messung bei 1,06facher Nennspannung.

6. **Funktionsprüfung**
   Kontrollieren ob bestimmungsgemäßer Gebrauch des Gerätes möglich ist.

7. **Kontrolle der Aufschriften**
   - Sind Aufschriften noch vorhanden?
   - Aufschriften evtl. berichtigen.

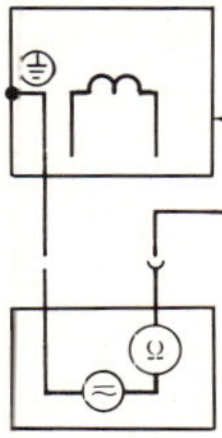

Abb. 1: Messen des Schutzleiterwiderstandes

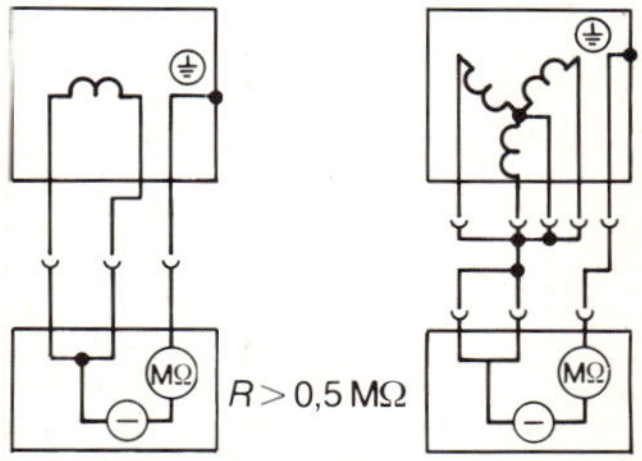

Abb. 2: Messen des Isolationswiderstandes; Schutzklasse I

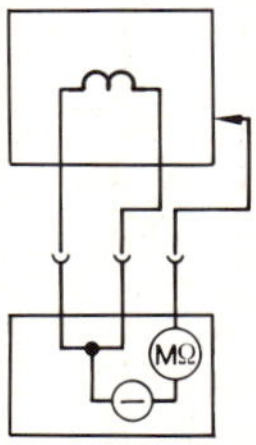

Abb. 3: Messen des Isolationswiderstandes; Schutzklassen II und III

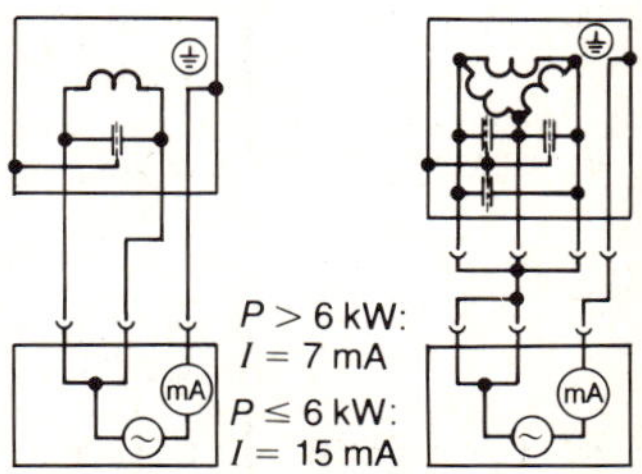

Abb. 4: Messen des Ersatz-Ableitstromes

Bei bestandenen Prüfungen kann die Sicherheit des Gerätes mit dem Text „Geprüft nach DIN VDE 0701" bescheinigt werden. Ist die Sicherheit des Gerätes nicht gegeben, dann muß dies dem Benutzer **schriftlich** mitgeteilt werden!

Funkentstörung

DIN VDE 0875/12.88

Begriffe

- **Funkstörung** ist eine hochfrequente Störung (0,15 MHz … 300 MHz) des Funkempfanges.
- Eine **Dauerstörung** ist eine Funkstörung, die länger als 200 ms andauert.
- **Grenzwertpegel** L siehe Diagramme.
- Die **Knackstörung** ist eine Funkstörung, die weniger als 200 ms dauert. Der **Grenzwertpegel** L_Q ist wie folgt zu berechnen
  $L_Q = L + 44$ für $N < 0{,}2$
  $L_Q = L + 20 \log_{10} \frac{30}{N}$ für $0{,}2 < N < 30$
  $L_Q = L$ für $30 < N$
  Dabei ist die Einheit für L_Q
  db (μV) für 0,15 MHz < 1 < 30 MHz
  dB (pW) für 30 MHz < 1 < 300 MHz
- Die **Knackrate** N ist die Anzahl der Funkstörungen pro Minute.
- Der **Funkstörgrad** ist eine frequenzabhängige Grenze für Funkstörungen
  0 funkstörfrei
  N funkentstört (Normalstörgrad)
  K funkentstört (Kleinststörgrad)
  G grobentstört (Einsatz beschränkt)

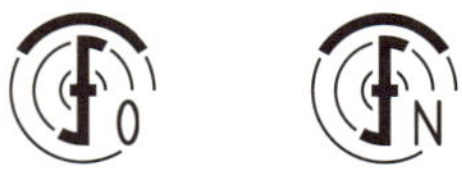

Funkschutzzeichen mit Angabe des Störgrades

Entstörmaßnahmen

- **Zweckmäßige Planung,** z. B. Kurzschlußläufermotoren statt Kommutatormotoren verwenden, besondere Wicklungsanordnung, usw.
- **Beschalten** mit
  Drosselspulen, Siebgliedern,
  Widerständen, Funkenlöscheinrichtungen
- **Abschirmung** von Leitungen, Geräten oder Räumen

Gerät der Schutzklasse I

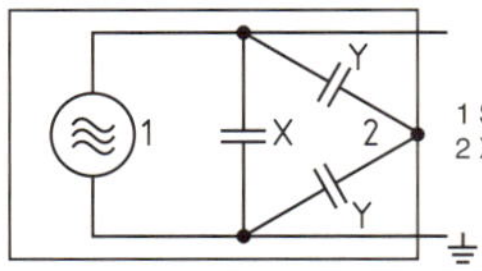

1 Störer
2 X.-Y.-Kondensator

Schalter

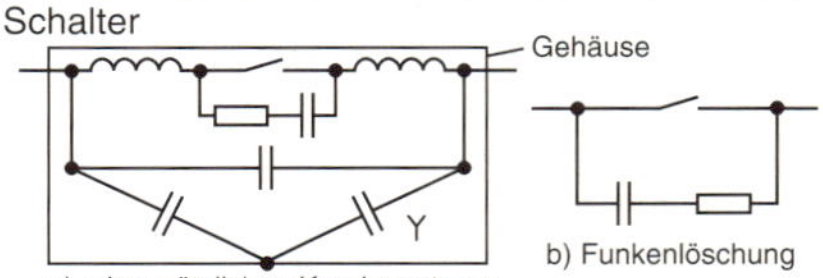

a) mit zusätzlichen Kondensatoren gegen Masse

b) Funkenlöschung

Phasenanschnittsteuerung

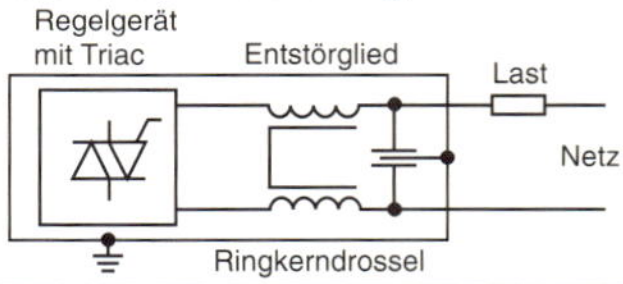

Grenzwertpegel

a **Haushaltsgeräte**
b **Halbleiterstellglieder**
1 am Netz, 2 am Verbraucher
c **Elektrowerkzeuge**
1 bis 700 W,
2 700 W … 100 W,
3 1000 W … 2000 W

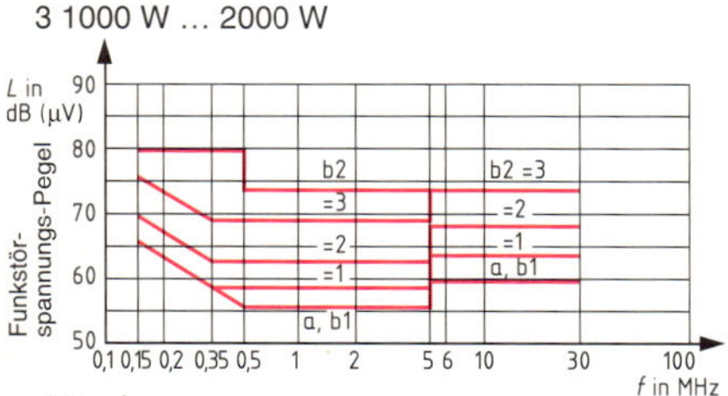

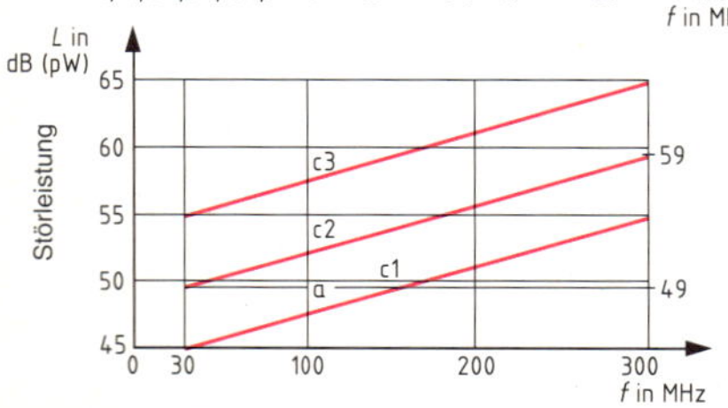

Besondere Geräte und **elektrische Anlagen**

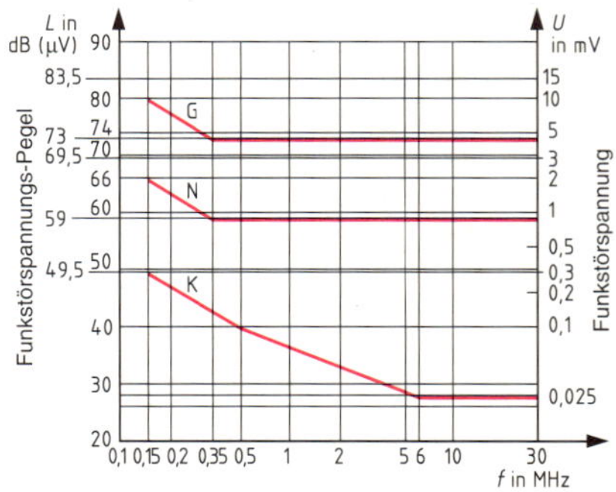

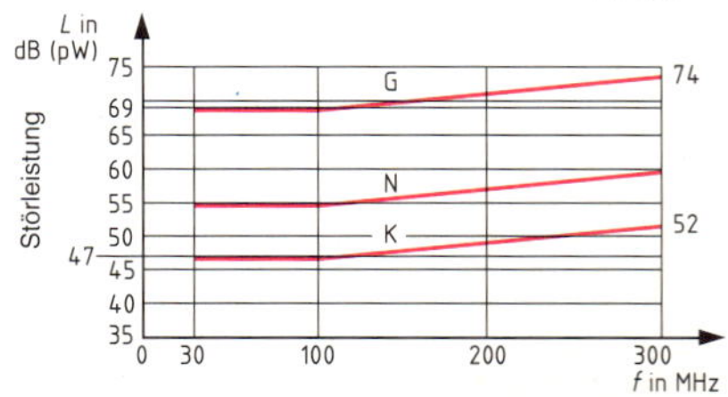

Steckvorrichtungen

DIN 49 441 / 6, 72
DIN 49 462 T1/2/3 / 2,72
DIN 49 463 T1/2 / 5, 77

Notwendige Aufschriften auf Steckvorrichtungen:

Normale Steckvorrichtungen

- Ursprungszeichen
- Nennstrom (6, 10, 16, 25, 63 und 100 A)
- Nennspannung (250, 500 (evtl. 550) und 750 V, für Wechsel- und Drehstrom außerdem 230/400 V und 400 V
- Stromart
- Feuchtigkeitsschutzart (Zeichen siehe Seite 182)
- Warmgeräte-Steckvorrichtungen müssen mit T gekennzeichnet sein
- Isolierteile aus Preß- und Spritzgußmassen sollen das Überwachungszeichen nach DIN 7702 tragen

Industrie-Steckvorrichtungen

- Nennstrom (16, 32, 63, 125 und 200 A)
- Nennspannung (24, 42, 250, 500 und 750 V Gleich- und Wechselspannung und 400 V Wechselspannung
- Betriebsspannung
- Symbol für die Stromart, wenn nicht für beide vorgesehen oder wenn Gleichstromwert und Wechselstromwert unterschiedlich
- Firmenzeichen oder -name
- Typenzeichen
- Feuchtigkeitsschutzzeichen (Siehe Seite 182)
- Symbol zur Kennzeichnung der Stellung des Schutzkontaktes oder der Hilfsnase

CEE – CECON – Steckvorrichtungen

Polzahl	Stromart	Nennspannung in V	Lage der Schutzkontaktbuchse[1]	Farbe
3	50 ... 60 Hz	220 ... 240 V		blau
		380 ... 415 V		rot
		500 V		schwarz
				grau
		50 ... 250 V		blau
		> 250 V		grau
4	50 ... 60 Hz	380 ... 415 V		rot
		500 V		schwarz
		750 V		schwarz
				grau
	100 ... 300 Hz	50 ... 440 V		grau
	300 ... 500 Hz			grau
5	50 ... 60 Hz	230/400 ... 240/415 V	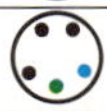	rot
		500 V		schwarz
		750 V		schwarz

[1]) Bei den CEE – CEKON – Steckdosen. Schutzleiter grün, Neutralleiter blau.

CEE
3P+N+PE

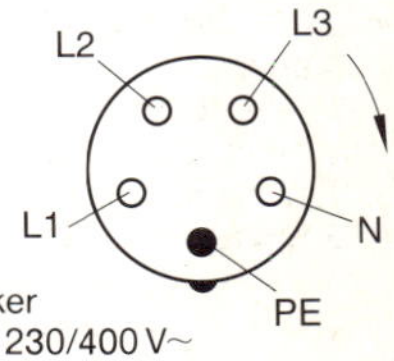

Stecker
3/N/PE; 16 A, 230/400 V~

Rechtsdrehfeld

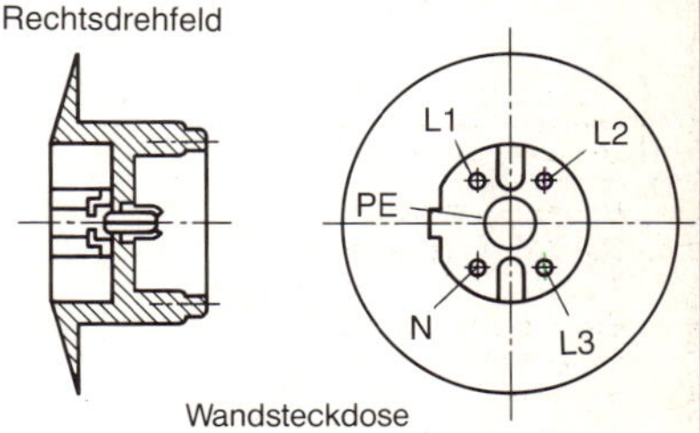

Wandsteckdose
Unterputz
3/N/PE; 25 A,
230/400 V~

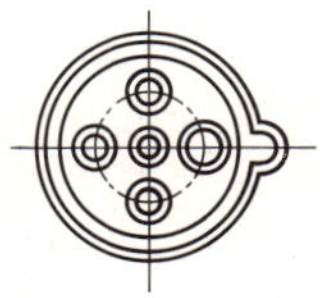

Kragenstecker
wasserdicht, 63 A
< 42 V ... 750 V
4 polig

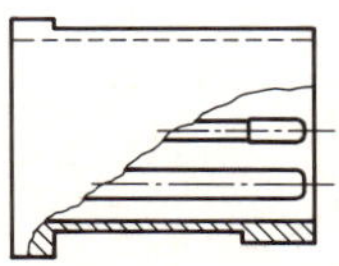

Kragensteckdose
wasserdicht, 63 A
< 42 V ... 750 V
4 polig

Wärmepumpen

Kreisprozeß der Wärmepumpe

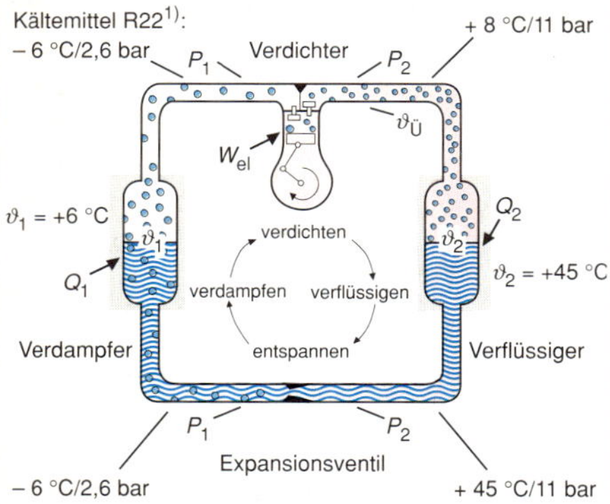

Q_1: Wärme, die dem Verdampfer zugeführt wird

ϑ_1: Temperatur des Mediums, dessen Wärme dem Verdampfer zugeführt wird (z. B. Luft, Wasser)

p_1: niedriger Druck zwischen Verdampfer und Verdichter sowie zwischen Expansionsventil und Verdampfer

W_{el}: Energie zum Antrieb des Verdichters (z. B. Elektromotor)

$\vartheta_Ü$: Temperatur des Kältemitteldampfes, der im Verdichter erwärmt wird

ϑ_2: Temperatur des Mediums, dem Wärme über den Verflüssiger zugeführt wird (z. B. Wasser)

Q_2: Wärme, die vom Verflüssiger abgegeben wird

p_2: hoher Druck zwischen Verdichter und Verflüssiger sowie zwischen Verflüssiger und Expansionsventil

Bauteile einer Wärmepumpe (Auswahl)

Verdampfer:
Verdampfung des Kältemittels aufgrund der Wärme der Umgebung (z. B. Luft, Wasser)

Verdichter:
Verdichtung des verdampften Kältemittels auf hohen Druck mit Temperaturerhöhung des Kältemittels

Verflüssiger:
Verflüssigung der heißen Kältemitteldämpfe bei Wärmeaustausch mit dem kälteren Wasser der Heizungsanlage

Expansionsventil:
Entspannung des kondensierten Kältemittels auf niedrigeren Druck

Leistungszahl ε

Leistungszahl ε in Abhängigkeit von ΔT ε.

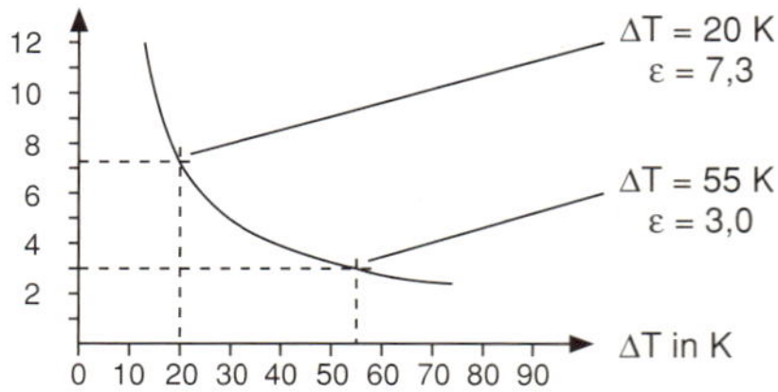

$$\varepsilon = \frac{Q_2}{W_{el}}$$;

Q_2: abgegebene Heizleistung aufgenommene elektrische Energie

W_{el}: des Elektromotors zum Antrieb des Verdichters

Betrieb von Wärmepumpen-Anlagen (WP-A)

Betriebsart	Deckung des Wärmebedarfs Q_N	Bemerkungen
monovalent	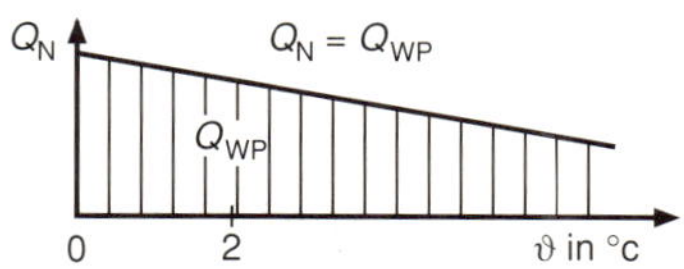	Normwärmebedarf Q_N (laut DIN 4701) vollständig durch WP gedeckt
bivalent, parallel	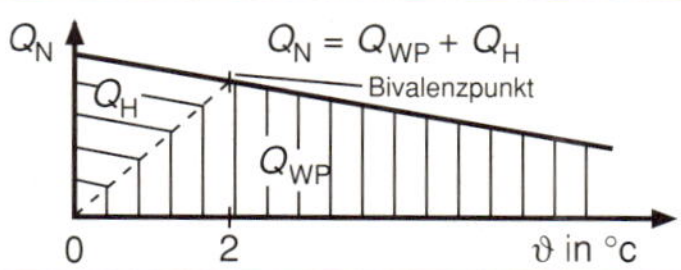	Normwärmebedarf Q_N durch WP und teilweise (ab $\vartheta < +2$ °C) auch durch Zusatzheizung gedeckt
bivalent, teilparallel	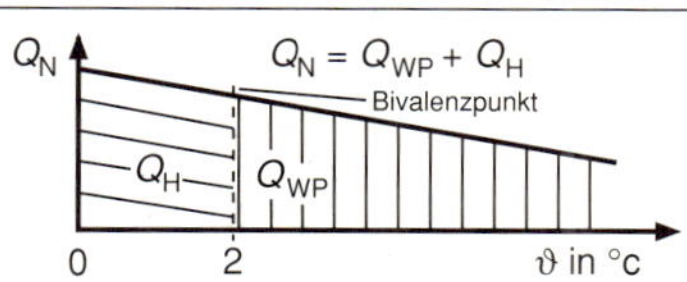	Normwärmebedarf Q_N bis $\vartheta > +2$ °C durch WP, ab $\vartheta < +2$ °C durch Zusatzheizung gedeckt

1) Kältemittel R12 und R22 sind FCKW-haltig und werden durch FCKW-freie Kältemittel ersetzt.

Klimatisierung

Behaglichkeitsbereich im Raum je nach Luftfeuchtigkeit und Temperatur

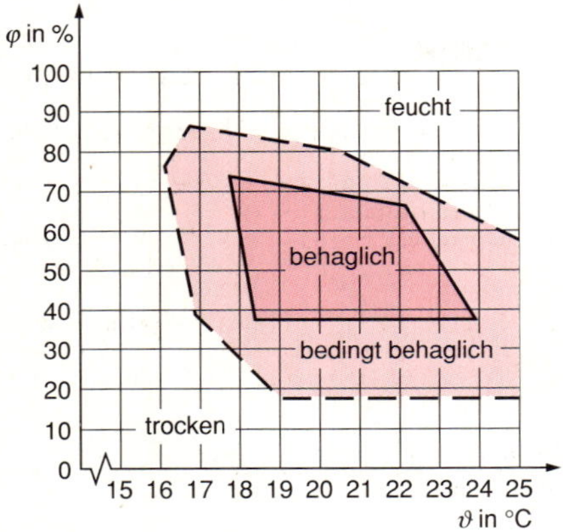

(nach Leusden und Freymark)

Lüftungstechnische Anlage in schematischer Darstellung

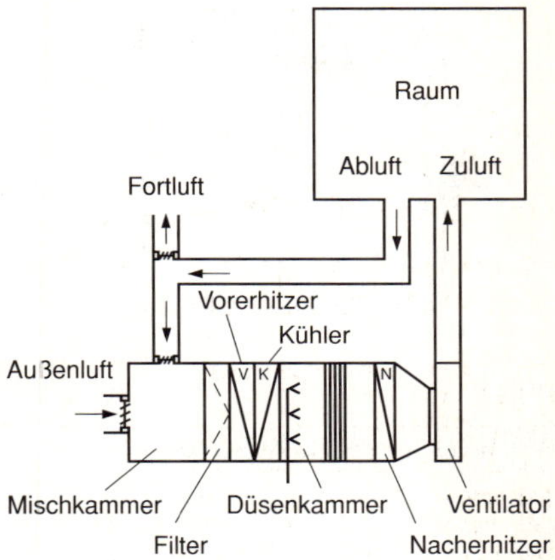

Wärmepumpe – Kleingeräte

Begriffe	Bemerkungen
Prinzip	Luft/Wasser – WP
Einsatz	Haushalt (bis 6 Pers.), Kleingewerbe, Landwirtschaft
Standort	Abwärmenutzung, z. B. in Räumen mit Kühl- und Gefriergeräten, Waschmaschinen, Wäschetrocknern
Antrieb	z. B. Elektromotor
Betrieb	monovalent und bivalent durch elektrische Schnellaufheizung Aufheizung auch mit Öl- und Gasspezialkessel
Warmwassertemperatur	stufenlose Wahl zwischen 25 °C und 55 °C
Druckspeicher	wärmegedämmt, geschlossen mit z. B. 295 l Inhalt

Beispiel: Elektro-Warmwasser-Wärmepumpe

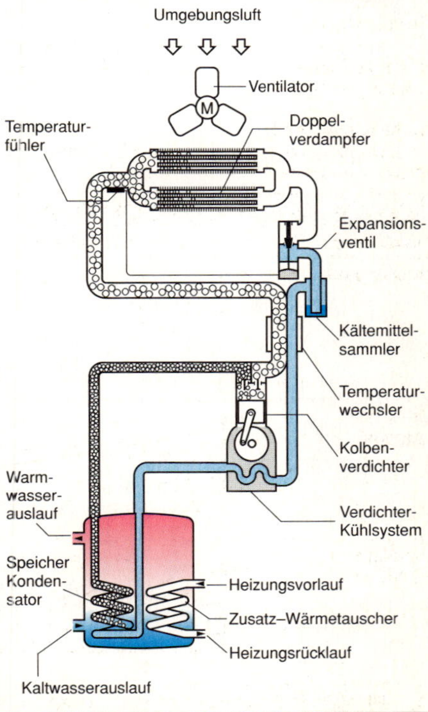

Warmwasserbereitung, Warmwasserbedarf

Geräteart	Funktionszeichnung	Eigenschaften	Anwendungen	Geräteart	Funktionszeichnung	Eigenschaften	Anwendungen
Offene Speicher 5 ... 80 Liter Leistung bis 6 kW	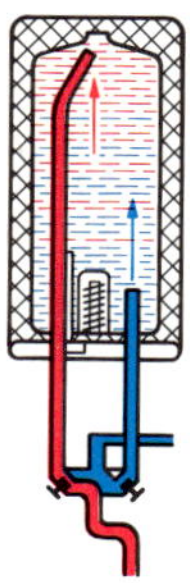	fester Wasseranschluß Wärmedämmung, Zweipunktregelung, Überlaufprinzip, eine Entnahmestelle	dezentrale Versorgungen, Gerät wird in der Leistung dem Bedarf angepaßt	**Boiler und Kochendwassergeräte** 15 ... 120 l 2 ... 6 kW	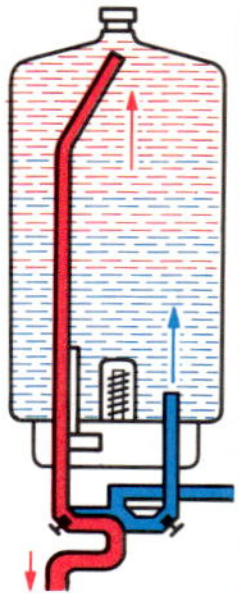	fester Wasseranschluß, keine Wärmedämmung, Zweipunktregelung, Überlaufprinzip, eine Entnahmestelle, Temperaturbegrenzung	Duschboiler, Badeboiler, Kochendwasser-Boiler, Abnahme von warmem bis kochendem Wasser
Geschlossene Speicher Wandgeräte 5 ... 150 l Standgeräte 200 ... 1000 l Leistung bis ca. 6 kW	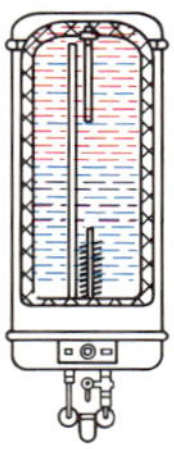	Wärmedämmung, Druckspeicher, Druckminderventil, Rückflußverhinderer usw. einbauen, Einkreis- oder Zweikreisspeicher	zentrale Warmwasserversorgung in Haushalten	**Durchlauferhitzer** 5 ... 10 l bis 11 l/min Durchlauf 18; 21; 24 kW	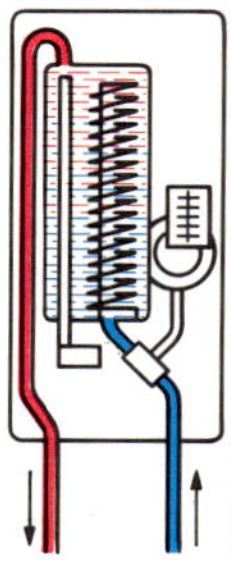	durchströmendes Wasser wird direkt erwärmt, hohe Heizleistung, thermische oder hydraulische Temperaturregelung	zentrale oder dezentrale Warmwasserversorgung, wegen der hohen Heizleistungen nicht immer einsetzbar

Warmwasserbedarf in Haushalt, Landwirtschaft und Gewerbe

Bedarfsart	Wasserbedarf in l	Temperatur in °C
Haushalt		
Heißgetränk	1/ 8 Tassen	100
Geschirrspülen	10– 20/Becken	50
Händewaschen (stark verschmutzt)	10– 15/Person	37
Händewaschen	2,5– 5/Person	37
Wohnungspflege	10/Eimer	50
Kopfwäsche	10– 15/Person	37
Duschbad	30– 50/Person	37
Vollbad	150–180/Person	37

Laut Richtlinien des VDI (VDI 2067) kann von folgenden Richtwerten ausgegangen werden:
Warmwasserbedarf in Litern[1] /Tag/Person
niedrig: 10–20; mittel: 20–40; hoch: 40–80

[1] Warmwasserbedarf von ca. 60 °C

Bedarfsart	Wasserbedarf in l	
Landwirtschaft		
je Kuh	8– 10/Tag	
je Kalb	10/Tag	
je Schwein	2,5/Tag	
Fleischerei		
je verarb. Schwein	80	
je kg Verkaufsware	12	
Reinigung	11/m^3	
Körperpflege	11/Person	

Bedarfsart	Wasserbedarf in l	Bezugsgrößen
Bäckerei		
Teigbereitung	15	1 m^2 Backfläche
Betriebsreinigung	0,5	1 m^2 Betriebsfläche
Körperpflege	30	1 Beschäftigter
Friseur		
Herrensalon	40	Platz
Damensalon	60 ... 100	Platz
Reinigung	1	1 m^2 Fläche
Hotel/Gaststätte		
Waschtisch	15	Gast und Tag
Vollbad	90	Gast und Tag
Duschbad	50	Gast und Tag
Zimmerreinigung	5	Tag
Küche	5	Essen und Tag
Alters- und Pflegeheime	70	Tag und Patient
Kinderheime	50	Kind und Tag
Kindergärten	5	Kind und Tag

Formelzeichen und Begriffe der Beleuchtungstechnik

DIN 5040 / 2.76
DIN 5035 / 10.79

Formelzeichen	Einheit	Begriff	Erläuterung
Φ	lm	Lichtstrom	gesamte Lichtstrahlung einer Lichtquelle lm: Lumen
I_v	cd	Lichtstärke	Lichtstrahlung in eine Richtung $I = \frac{\Phi}{\omega}$ ω : Raumwinkel $[\omega]$: sr (Steradiant) cd: Candela $360° = 4 \cdot \pi$ sr
		Lichtstärkeverteilungskurve (LVK)	Darstellung der Lichtstärken von Lampen oder Leuchten im Polardiagramm, i. a. bezogen auf einen Lichtstrom von 1000 lm (Siehe Seite 185)
E	lx	Beleuchtungsstärke	auftreffendes Licht bezogen auf eine Fläche $E = \frac{\Phi}{A}$ auch: $E = \frac{I}{r^2}$ lx: Lux
E_H	lx	horizontale Beleuchtungsstärke	$E_H = \frac{I_\alpha}{r^2} \cdot \cos \alpha$ $E_H = \frac{I_\alpha}{h^2} \cdot \cos^3 \alpha$ 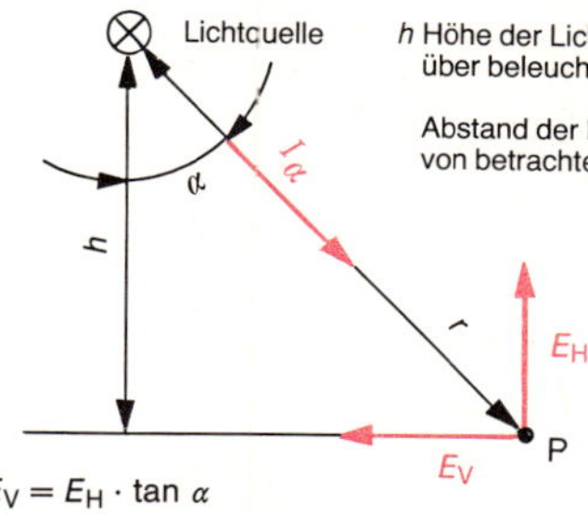
E_V	lx	vertikale Beleuchtungsstärke	$E_V = E_H \cdot \tan \alpha$
$\bar{E}$	lx	mittlere Beleuchtungsstärke	Beleuchtungsstärken-Mittelwert bezogen auf einen Raum oder einen Teil davon
E_n	lx	Nennbeleuchtungsstärke	Beleuchtungsstärken-Mittelwert, der für einen Raum vorgeschrieben ist, bezogen auf die Arbeitshöhe (i. a. 0,85 m über dem Fußboden)
L	$\frac{cd}{m^2}$	Leuchtdichte	Lichtstärke einer leuchtenden Fläche bezogen auf die vom Auge gesehene Flächengröße
γ	grad	Ausstrahlungswinkel	Raumwinkel, bei dem die Lichtstärke $\frac{I_{max}}{2}$ ist (vgl. S. 196)
ϱ		Reflexionsgrad	Verhältnis von reflektierten zu auftreffendem Lichtstrom
η	$\frac{lm}{W}$	Lichtausbeute	$\eta = \frac{\Phi}{P}$
η_{LB}	%	Leuchten-Betriebswirkungsgrad	$\eta_{LB} = \frac{\Phi_{Le}}{\Phi_{La}} \cdot v(\vartheta)$ Φ_{Le}: Leuchten-Lichtstrom Φ_{La}: Lampen-Lichtstrom $v(\vartheta)$: Temperatur-Verminderungsfaktor
η_R	%	Raumwirkungsgrad	$\eta_R = \frac{\Phi_R}{\Phi_{Le} \cdot v(\vartheta)}$ Φ_R: vom Raum reflektierter Lichtstrom, abhängig u. a. Farbe, Abmessungen
η_B		Beleuchtungswirkungsgrad	$\eta_B = \eta_{LB} \cdot \eta_R$
p		Planungsfaktor	$p = \frac{E_{pl}}{\bar{E}}$ E_{pl}: Planungswert von $\bar{E}$ $v = \frac{1}{p}$ v: Verminderungsfaktor

Beleuchtungsberechnung für Innenräume

Berechnung der erforderlichen Leuchten-Anzahl
– Wirkungsgrad-Methode –

1. **Mittlere Beleuchtungsstärke** $\overline{E}$ festlegen
   E_n nach DIN 5035 (siehe Seite 195)

2. **Raumfläche** bzw. Arbeitsfläche errechnen
   $A = a \cdot b$ — *a*: Raumbreite, *b*: Raumlänge

3. **Planungsfaktor** *p* festlegen
   DIN 5035 (siehe rechte Spalte)

4. **Raumindex** errechnen
   $$k = \frac{A}{(a + b) \cdot h}$$
   h: Höhe der Leuchten über der Arbeitshöhe
   Vorwiegend indirekte Beleuchtung: $k_i = 1{,}5 \cdot k$

5. **Reflexionsgrade** des Raumes festlegen
   ϱ_1: Decken-Reflexionsgrad (s. Tabelle unten)
   ϱ_2: Wände-Reflexionsgrad
   ϱ_3: Fußboden-Reflexionsgrad

6. **Leuchten-Art** festlegen
   (siehe Seite 196)

7. **Raumwirkungsgrad** η_R aus Firmen-Unterlagen entnehmen (siehe Seite 196)

8. **Leuchten-Betriebswirkungsgrad** η_{LB} aus Firmen-Unterlagen entnehmen (siehe Seite 196)

9. **Beleuchtungswirkungsgrad** errechnen
   $\eta_B = \eta_{LB} \cdot \eta_R$

10. Erforderlichen **Gesamt-Lichtstrom** errechnen
    $$\Phi = \frac{\overline{E} \cdot A \cdot p}{\eta_B}$$

11. **Leuchten-Anzahl** errechnen
    $$n = \frac{\Phi}{\Phi_{Le}}$$
    Φ_{Le}: Lichtstrom einer Leuchte

Anforderungen an Beleuchtung DIN 5035/10.79
(Lichttechnische Merkmale)

Beleuchtungsniveau

- In DIN 5035 Teil 2 sind bestimmten Räumen bzw. Tätigkeiten Nennbeleuchtungsstärken zugeordnet (Auszug siehe Seite 195).
- $\overline{E}$ der Arbeitsplätze darf $0{,}8 \cdot E_n$ nicht unterschreiten
- E darf an keinem Arbeitsplatz $0{,}6 \cdot E_n$ unterschreiten
- E sinkt durch Verschmutzung und Alterung, daher muß Neuanlage mit höherem E geplant werden.
  Für Reinigungsperiode = 1 Jahr gilt:

Verminderung der Beleuchtungsstärke	normal	erhöht	stark
Planungsfaktor *p*	1,25	1,43	1,67

Leuchtdichteverteilung

- Reflexionsgrad so wählen, daß
  $$\frac{L_{Arbeitsfeld}}{L_{Umgebung}} \leqq 3$$
- empfohlene Reflexionsgrade:
  Decke: 0,7 Wände: 0,5 Fußboden: 0,2
  Arbeitsfläche: 0,2 … 0,5

Lichtrichtung
diffuses Licht und harte Schatten vermeiden

Farbe

Lichtfarbe	Kennbuchstaben	Farbtemperatur
warmweiß	ww	3300 K
neutralweiß	nw	3300…5000 K
tageslichtweiß	tw	5000 K

Farbwiedergabeindex	Stufe	Hinweis
$R_a = > 85$	1	Lampen für Innenraum-Beleuchtung
$R_a = 70 \ldots 85$	2	Lampen für Innenraum-Beleuchtung
$R_a = 40 \ldots 70$	3	Lampen für Innenraum-Beleuchtung
$R_a = < 40$	4	

Reflexionsgrade verschiedener Farben und Materialien

Farbe	ϱ in %
weiß	70…80
hellgelb	55…65
hellgrün, rosa	45…50
himmelblau, hellgrau	40…45
beige, olivgrün	25…35
orange, mittelgrau	20…25
dunkelgrün, dunkelblau, dunkelrot	10…15

Farbe/Material	ϱ in %
dunkelgrau	10 … 15
schwarz	4
Silberspiegel	80…90
Lack, weiß; Al, eloxiert	80…85
Emaille, weiß	75…85
Al, poliert	65…75
Zeichenkarton	70…75
Marmor, weiß; Chrom, poliert	60…70

Material	ϱ in %
Stahl, poliert	55…65
Schallschluckdecke, weiß	50…65
Al, matt	55…60
Ahorn, Birke	50…60
Ms, poliert	60
Beton, hell	30…50
Mörtel, hell	35…55
Sandstein, hell	30…40

Material	ϱ in %
Ziegel, hell	30 … 40
Eiche, hell	30…40
Mörtel, dunkel	20…30
Ziegel, dunkel; Sandstein, dkl.; Granit; Beton, dunkel	15…25
Nußbaum	15…20
Teerdecke	8…15
Klarglas	6…10
Samt, schwarz	2… 4

Nennbeleuchtungsstärken

DIN 5035 T2/10.79

E_n in lx	Raumart bzw. Tätigkeit
100	Lagerräume, Ruheräume, Umkleideräume, Treppen, Flure, Toiletten
200	Versand, Speiseräume, Hobelbank, Arbeiten an Bottichen, Schmieden, Walzen, grobe Montagearbeit, Gießen
300	Sitzungs-, Unterrichts-, Verkaufsräume, Waschen, Bügeln, Bäckerei, Metzgerei, Kfz-Reparatur, mittlere Montagearbeit, grobe Maschinenarbeit, Schweißen, Schaltwarte, Spulenwikkeln, Papier-, Lederherstellung
500	Labor-, Übungsräume, Büro, Küche, Haarpflege, Kfz-Lackiererei, Maschinen-Reparatur, Drechseln, Fräsen in Holz, Radio-, TV-Reparatur, feine Montagearbeit und Maschinen-, elektr. Montagearbeit, Papier-, Leder-Bearbeitung
750	Zeichnen, Großraumbüro, Kosmetik, Nähen, Anreißen, Messen, Kontrolle, Handdruck, Lederfärben
1000	feine elektrische Montagearbeit, Retuschieren, Lithographie
1500	Uhren-Reparatur, Edelstein-Bearbeitung, feinste elektronische Montagearbeit, Farbkontrolle

Punktweise Berechnung der Beleuchtungsstärke

Keine Berücksichtigung des reflektierten Lichtes, daher für **Innen- und Außenbeleuchtungsanlagen** anwendbar.

1. Leuchtenart, -Anzahl, -Anbringungsort festlegen

Für jede Leuchte:

2. LVK in Seitenriß einzeichnen
3. Strahlungswinkel α des Meßpunktes feststellen
4. Lichtstärke I'_α für den Strahlungswinkel aus LVK ablesen
5. Lichtstrom Φ der Lampe feststellen
6. tatsächliche Lichtstärke errechnen
   $$I_\alpha = I'_\alpha \cdot \frac{\Phi}{1000\,\text{lm}}$$
7. Horizontalbeleuchtungsstärke errechnen
   $$E_H = \frac{I_\alpha \cdot \cos^3\alpha}{h^2}$$
8. Horizontalbeleuchtungsstärken der Leuchten pro Meßpunkt addieren
9. Gesamt-Horizontalbeleuchtungsstärken der Meßpunkte in Seitenriß als Kurven einzeichnen

Wenn nötig:

- Beleuchtungsstärken-Mittelwert errechnen
- Einhalten der Bedingung: $\bar{E} \geqq 0{,}8 \cdot E_n$ überprüfen
- Einhalten der Bedingung: $E \geqq 0{,}6 \cdot E_n$ für alle Meßpunkte überprüfen

Berechnung von Straßenbeleuchtungen und anderen Beleuchtungen im Freien

Straßenbeleuchtungen für den Kraftfahrzeugverkehr werden nach **DIN 5044 T1/9.81 und T2/8.82** erstellt. Bestimmte Nennleuchtdichten L_n werden darin Straßenarten und Verkehrsstärken zugeordnet.

Nur bei sehr unterschiedlichen Reflexionswerten der Straße und/oder nicht festlegbaren Beobachterstandort wird das Kriterium „Beleuchtungsstärke" verwendet. Dieses Verfahren eignet sich besonders für **private Anlagen im Freien.**

1. Leuchtenart festlegen
2. Leuchtenhöhe festlegen
   $$h = 1\text{ m (Meßebene)} + \frac{1}{3}\text{ Straßenbreite}$$
3. Leuchtenabstand festlegen
   $c = 3 \ldots 4 \cdot h$
4. Strahlungswinkel für $\frac{c}{2}$ errechnen
   $$\tan\alpha = \frac{c}{2 \cdot h}$$
5. Nennbeleuchtungsstärke E_n festlegen
   Straßen mit geringer Verkehrsbelastung:
   mit Sammelfunktion $E_n = 7$ lx
   mit Anliegerfunktion $E_n = 3$ lx
6. Notwendige Lichtstärke errechnen
   $$I_\alpha = \frac{E_n \cdot h^2}{2 \cdot \cos^3\alpha}$$
7. Lichtstärke I'_α aus LVK ablesen
8. Notwendigen Lichtstrom erechnen
   $$\Phi = \frac{I_\alpha}{I'_\alpha} \cdot 1000\,\text{lm}$$

Lichtstärkeverteilungskurven

Lichtstärkeverteilungskurven (bei 1000 lm) – Reflektionsgrade – Beispiele für Leuchten

	Reflektionsgrade								
Decke	0,8				0,5				0,3
Wände	0,5		0,3		0,5		0,3		0,3
Boden	0,3	0,1	0,3	0,1	0,3	0,1	0,3	0,1	0,1

direkt; stark gerichtet — A1

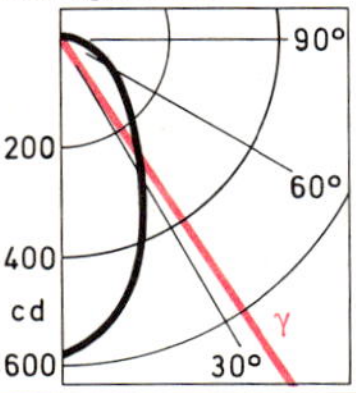

Raumindex k	Raumwirkungsgrad η_R in %								
0,6	61	58	54	52	59	57	53	51	51
1,0	80	75	73	69	76	73	70	68	67
1,5	95	86	88	82	90	84	84	80	79
2,0	102	91	96	87	95	89	91	86	84
3,0	111	97	106	95	103	95	99	92	91
5,0	119	102	115	100	109	98	106	97	96

Darstellung	Hinweis	η_{LB}
	Spiegelraster engstrahlend	60
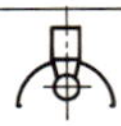	Spiegelreflektor einlampig	80
	Rundreflektor	75

direkt; tiefstrahlend — A2

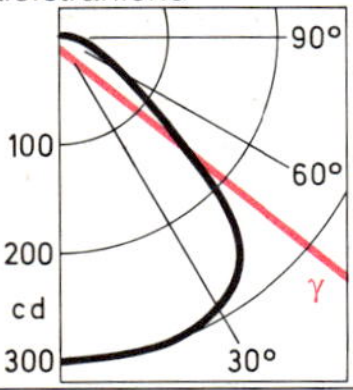

Raumindex k	Raumwirkungsgrad η_R in %								
0,6	52	49	43	42	49	48	42	41	41
1,0	73	67	64	60	69	65	61	59	58
1,5	89	81	81	75	83	78	77	73	72
2,0	97	86	89	81	90	83	84	79	78
3,0	107	94	101	90	99	91	94	88	86
5,0	116	100	111	97	106	96	102	94	93

Darstellung	Hinweis	η_{LB}
	Wanne prismatisch	65
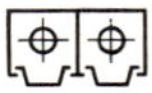	Paneele prismatisch	45
	Spiegelreflektor mehrlampig	75

vorwiegend direkt; breitstrahlend — B3

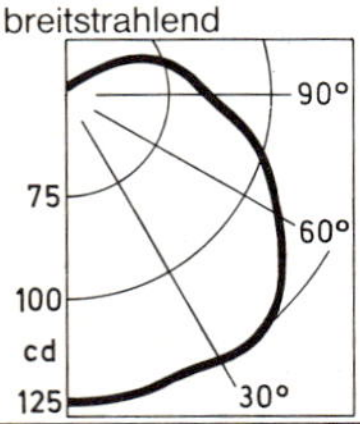

Raumindex k	Raumwirkungsgrad η_R in %								
0,6	41	39	31	30	37	35	29	28	27
1,0	59	55	49	46	52	50	44	43	41
1,5	74	67	64	60	66	61	58	55	52
2,0	83	74	73	67	73	68	66	62	59
3,0	95	83	87	77	83	76	77	71	68
5,0	106	91	99	86	91	83	87	80	76

Darstellung	Hinweis	η_{LB}
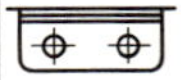	Wanne opal	50
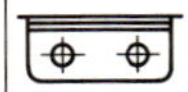	Wanne prismatisch	65
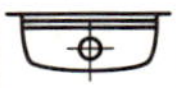	Glasleuchte	70

gleichförmig; allseitig strahlend — C 4

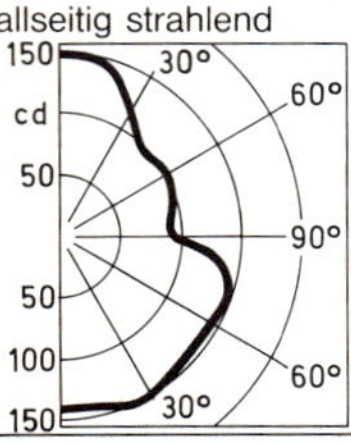

Raumindex k	Raumwirkungsgrad η_R in %								
0,6	36	34	27	26	29	28	23	22	19
1,0	52	48	43	40	41	39	35	33	29
1,5	65	59	56	52	52	49	45	43	38
2,0	74	66	65	59	58	54	52	49	43
3,0	84	74	77	68	66	61	61	57	50
5,0	94	81	88	77	74	67	70	64	56

Darstellung	Hinweis	η_{LB}
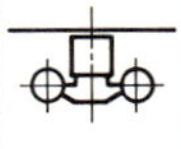	freistrahlend	90
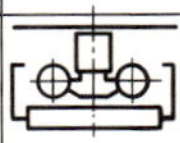	Lamellenraster	82
	Opalglas	80

indirekt; hochstrahlend — E2

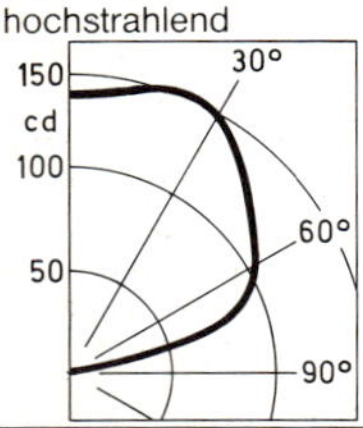

Raumindex k_i	Raumwirkungsgrad η_R in %[1]								
0,6	15	15	9	10	11	12	6	8	5
1,0	28	27	20	19	18	19	13	13	8
1,5	41	39	31	30	26	25	20	19	13
2,0	51	48	41	40	32	30	26	25	16
3,0	65	58	55	52	39	37	34	32	20
5,0	77	68	70	63	45	43	42	39	24

Darstellung	Hinweis	η_{LB}
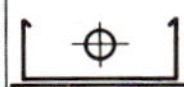	Kehle breit, weiß	70
	Kehle schmal, weiß	50

[1]) Bei Hohlkehle in Wandanordnung: $0{,}6 \cdot \eta_R$

Einteilung von Leuchten

DIN 5040 T1, T2/2.76

Beispiel: B 3 1

- Kennbuchstabe für Lichtstromverteilung → B
- 1. Kennziffer: Lichtstrom-Anteil auf Nutzebene → 3
- 2. Kennziffer: Lichtstrom-Anteil gegen Decke → 1

Kenn-buch-stabe	Beleuchtungsart	Lichtstrom-Anteil bezogen auf Horizontale unten φ_u	oben φ_o	Kenn-ziffer	Anteil des auftreffenden Licht auf Nutzebene bezogen auf φ_u	Decke bezogen auf φ_o
A	direkt	0,9 … 1	0 … 0,1	1	0 … 0,3	0 … 0,5
B	vorwiegend direkt	0,6 … 0,9	0,1 … 0,4	2	0,3 … 0,4	0,5 … 0,7
C	direkt-indirekt	0,4 … 0,6	0,4 … 0,6	3	0,4 … 0,5	0,7 … 0,9
D	vorwiegend indirekt	0,1 … 0,4	0,6 … 0,9	4	0,5 … 0,6	0,9 … 1
				5	0,6 … 0,7	
E	indirekt	0 … 0,1	0,9 … 1	6	0,7 … 1	

Kennzeichnung von Leuchten

VDE 0710 T. 1 / 3.69
T. 5 / 2.83

- Hersteller
- Typ bzw. Nummer
- Nennspannung
- (Nennfrequenz)
- Nennaufnahmeleistung (ohne Vorschaltgerät)
- Schutzart (s. Seite 182)
- Schutzklasse (s. Seite 171)
- Brandsichernheit
- Sonderanforderungen
- Funkschutz (s. Seite 188)
- Montageart (Leuchten in Möbeln)

Kennzeichnung der Brandsicherheit

	Leuchten dürfen auf brennbaren Stoffen (Entzündungstemperatur 200 °C) angebracht werden
	Leuchten eignen sich für staub- und faserstaub-feuergefährdete Betriebsstätten
	Leuchten eignen sich in und an Möbeln aus brennbaren Stoffen (schwer- und normalentflammbar)
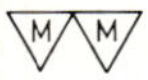	wie M-Symbol, begrenzte Oberflächen-Temperatur, daher auch bei Stoffen mit unbekanntem Entflammverhalten

Kennzeichnung der Montageart bei Leuchten in Möbeln

	an Decke
	an Wand
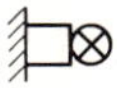	waagerecht an Wand
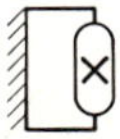	senkrecht an Wand
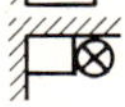	Ecke, waagerecht, Lampe seitlich
	Ecke, waagerecht, Lampe unterhalb
	auf Boden
	in U-Profil
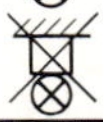	nicht zur Montage an Decke geeignet

Kennzeichnung der Sonderanforderungen

	Leuchten für rauhe Betriebsstätten
EEx	Leuchten für explosionsgefährdete Betriebsstätten (s. Seite 183)
T	Leuchten für erhöhte Umgebungstemperatur (s. Seite 183)

Kennzeichnung der Vorschaltgeräte

t_w…/…/…	Kennzeichnung von Wicklungstemperaturen, z. B. t_w 90/55/125 90 °C Grenztemperatur 55 °C Übertemperatur im Normalfall 125 °C Übertemperatur im anomalen Betriebsfall
	flammsicher
	flamm- und platzsicher

Lampen-Werte

Standard-Glühlampen für 220 V

Leistung in W	25	40	60	75	100	150	200	300	500	1 000
Lichtstrom in lm	230	430	730	960	1380	2220	3150	5000	8400	18 800
Länge in mm	105					118	160	189	240	274
Sockel	E 27					E 27 E 40	E 40			

Krypton-Lampen

Leistung in W	25	40	60	75	100
Lichtstrom in lm	235	475	800	1030	1500
Länge in mm	88	88	88	96	96
Sockel	E 27				

Soffitten-Lampen

Leistung in W	35	60	120	35	60
Lichtstrom in lm	220	420	840	240	420
Länge in mm	300	500	1000	300	500
Sockel	2 x S 14 s			1 x S 14 d	

Standard-Leuchtstoff-Lampen

Leistung der		Länge in mm	Lichtstrom in lm		
Lampe in W	Drossel in W		Universalweiß	Hellweiß	Warmton
20	5	590	1050	1200	1200
40	10	1200	2500	3200	3200
65	13	1500	4000	5100	5100

Dreibanden-Leuchtstoff-Lampen

Lichtstrom in lm			Leistung der Lampe in W
Tageslicht	Weiß	Warmton	
1300	1450	1450	18
3250	3450	3450	36
5200	5400	5400	58

Kompakt-Leuchtstoff-Lampen (mit eingebautem Vorschaltgerät)

Ringform (Sockel: E 27)

Leistung in W	Lichtstrom in lm	Durchmesser in mm	Höhe in mm
12	700	165	100
18	1000	165	100
24	1450	216	100

runde Form (Prismatic) (Sockel: E 27)

Leistung in W	Lichtstrom in lm	Höhe in mm	Durchmesser in mm
9	425	148	72
13	600	158	72
18	900	168	72
25	1200	178	72

U-Form (Sockel: G 13)

Leistung in W	Lichtstrom in lm	Höhe in mm	Breite in mm
5	250	82	27
7	400	112	27
9	600	144	27
11	900	212	27

Quecksilberdampf-Hochdruck-Lampen

Leistung in W	50	80	125	250	400	700	1 000
Lichtstrom in lm	1800	3800	6300	13 000	22 000	40 000	58 000
Länge in mm	130	156	170	226	290	330	390
Sockel	E 27		E 40				

Mischlicht-Lampen

Leistung in W	160	250	500	1 000
Lichtstrom in lm	3100	5600	14 000	32 500
Länge in mm	177	226	275	315
Sockel	E 27	E 40		

Natriumdampf-Hochdruck-Lampen

Leistung in W	Lichtstrom in lm		Länge in mm	
	Ellipsoidform	Röhrenform	Ellipsoidform	Röhrenform
70	5 600	6 500	156	156
100	9 500	10 000	186	211
150	15 500	17 000	226	211
250	25 000	25 500	226	257
400	47 000	48 000	290	285
1000	120 000	130 000	400	400

Brennstellung: beliebig Sockel: E 40

Halogen-Metalldampf-Lampen

Leistung in W	Lichtstrom in lm	Länge in mm	Sockel	Brennstellung
75	5 000	114	R 7s	p 45
150	11 250	132	R 7s	p 45
250	20 000	163	Fc 2	p 45
360	25 000	206	Fc 2	p 45
1000	90 000	260	Fc 2	p 45
2000	170 000	490	E 40	p 60
3500	300 000	490	E 40	p 60

Natriumdampf-Niederdruck-Lampen

Leistung in W	18	35	55	90	135	180
Lichtstrom in lm	1800	4800	8000	13 500	22 500	33 000
Länge in mm	216	310	425	528	775	1 120
Brennstellung	h 150	h 110	h 110	p 20	p 20	p 20

Brennstellungen

zulässig

nicht zulässig

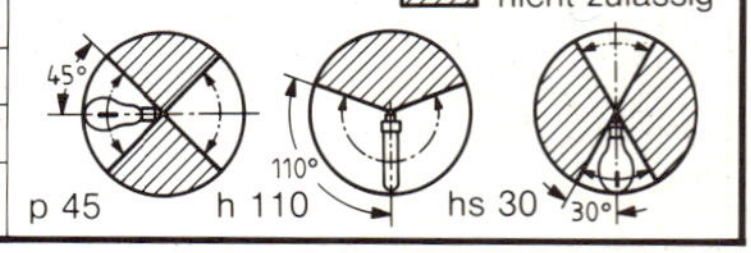

Lichtfarben

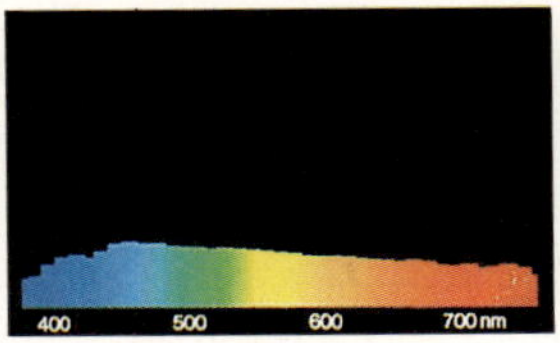

Tageslicht

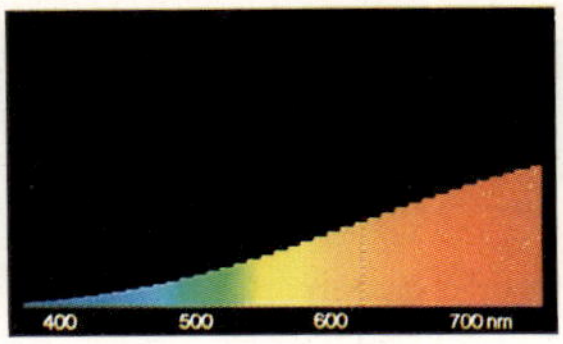

Glühlampen

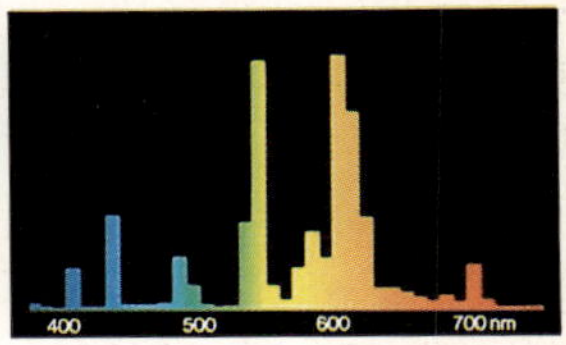

Farbe: Interna®

Dreibanden-Leuchtstoff-Lampen

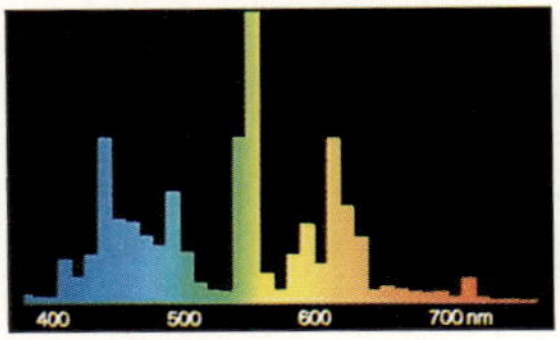

Farbe: Tageslicht

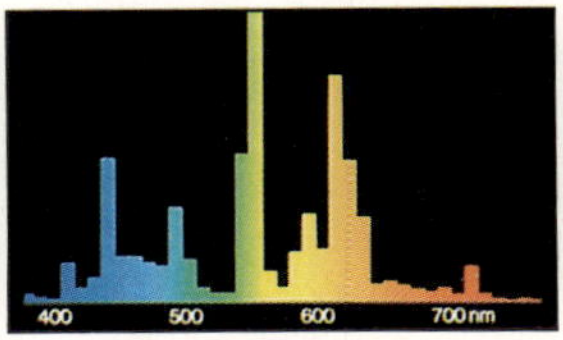

Farbe: Weiß

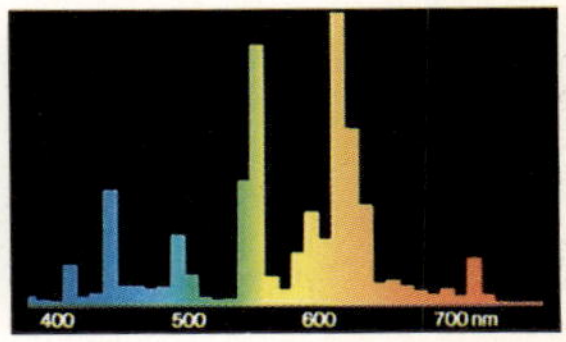

Farbe: Warmton

Standard-Leuchtstoff-Lampen

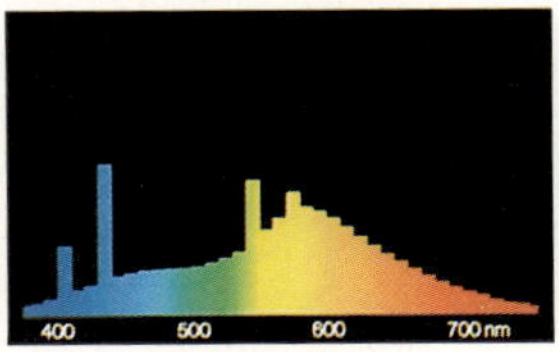

Farbe: Universal-Weiß

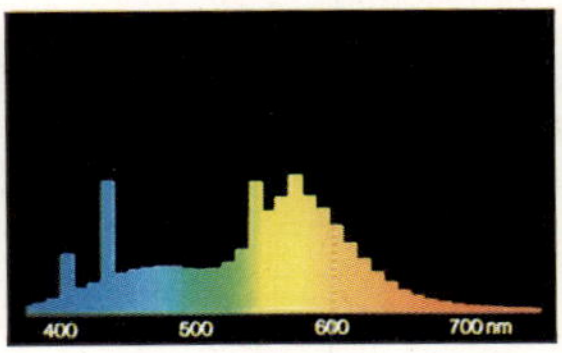

Farbe: Hellweiß

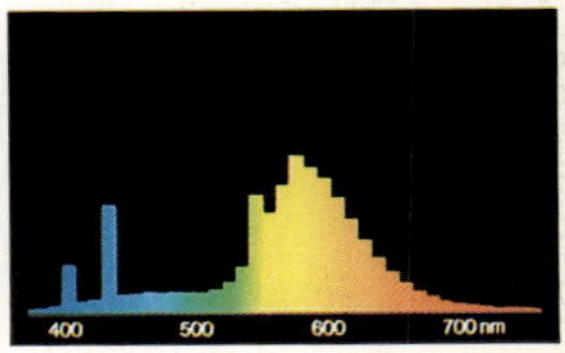

Farbe: Warmton

Halogen-Metalldampf-Lampen

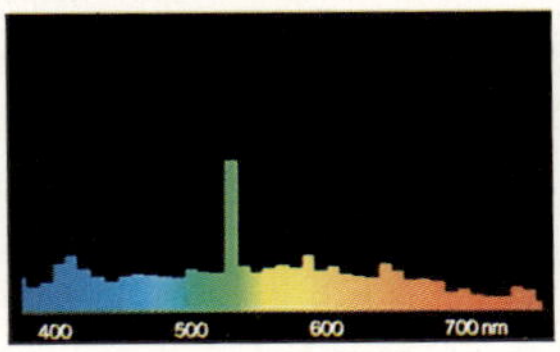

Quecksilberdampf-Hochdruck-Lampen

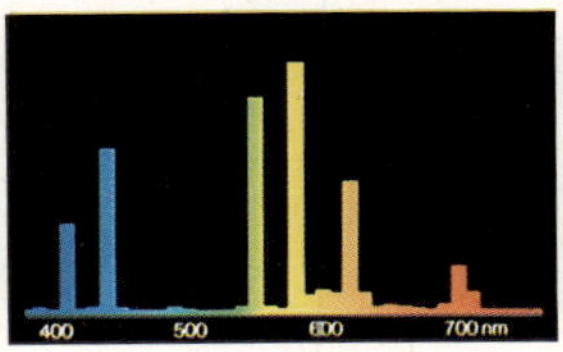

Mischlicht-Lampen

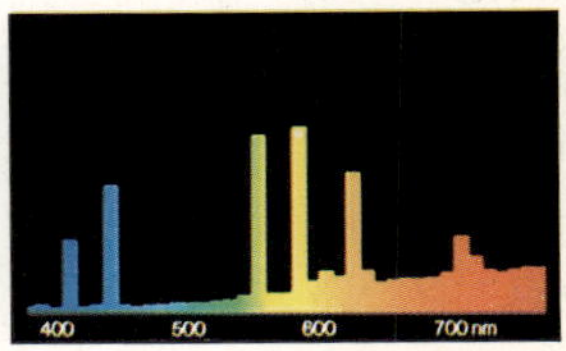

Natriumdampf-Lampen

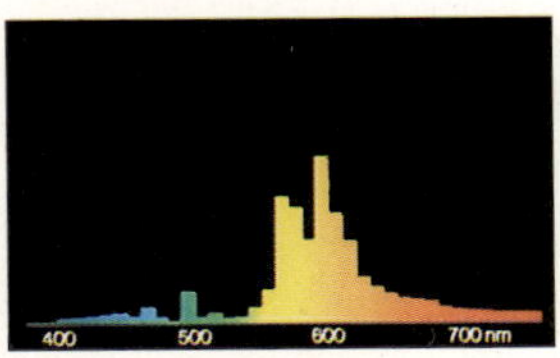

Hochdruck-Lampen

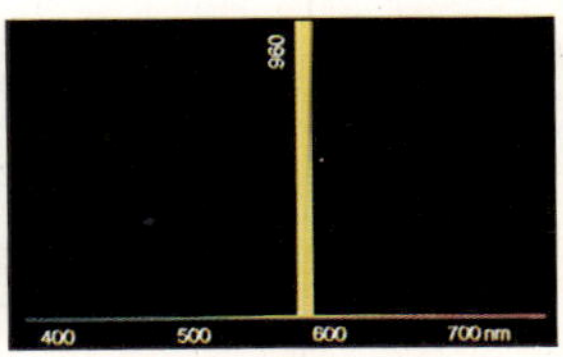

Niederdruck-Lampen

Erläuterung:
Die Diagramme stellen die Leistung in mW pro jeweils 10 nm Wellenlänge dar, wobei sich auf den Lichtstrom von 1000 lm bezogen wurde. Bildhöhe ≙ 200 mW

Lampenformen

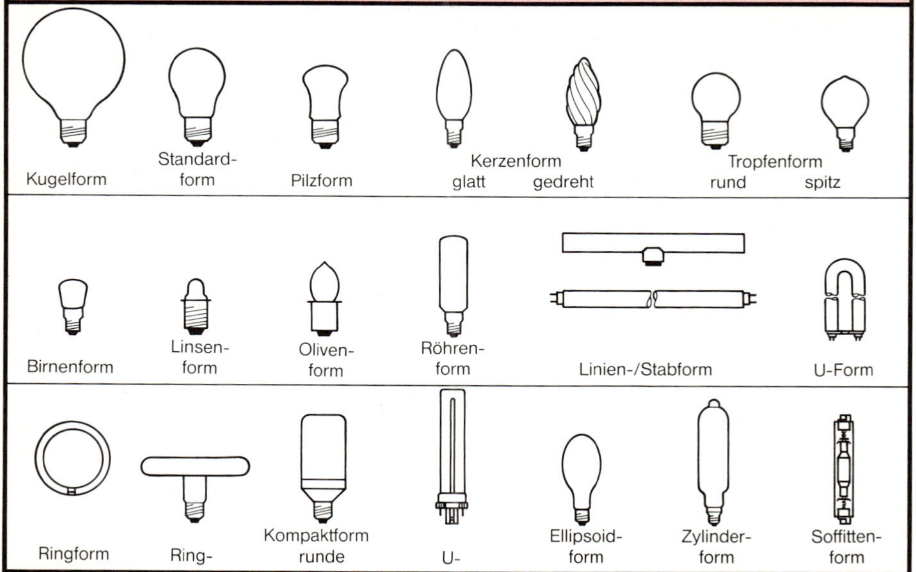

Sockelformen

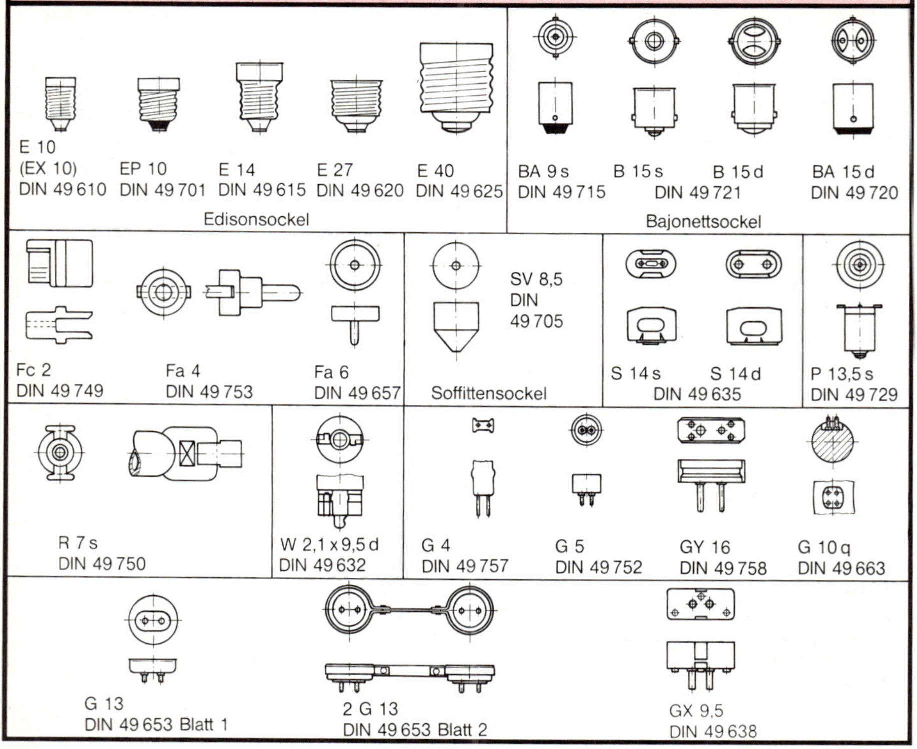

Schaltungen für Leuchtstoff-Lampen

Eine Lampe	**Zwei Lampen**

mit Glimmstarter und Drossel

Eine Lampe

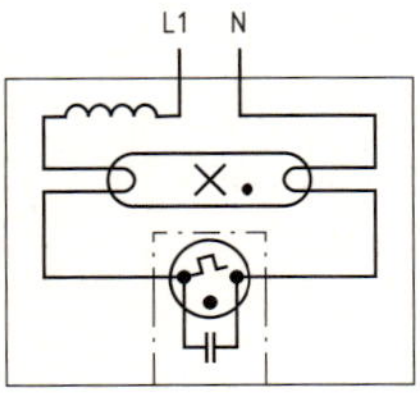

Zwei Lampen

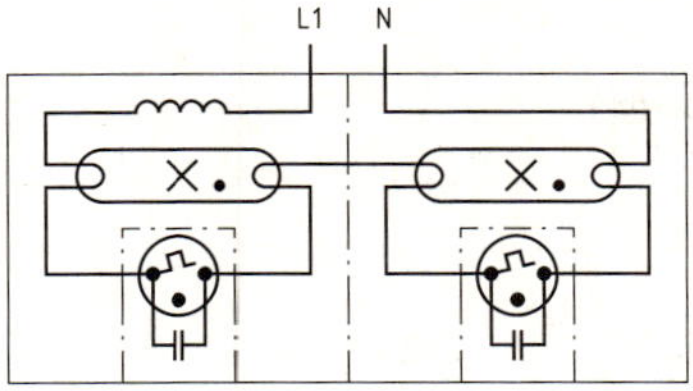

Tandem-Schaltung

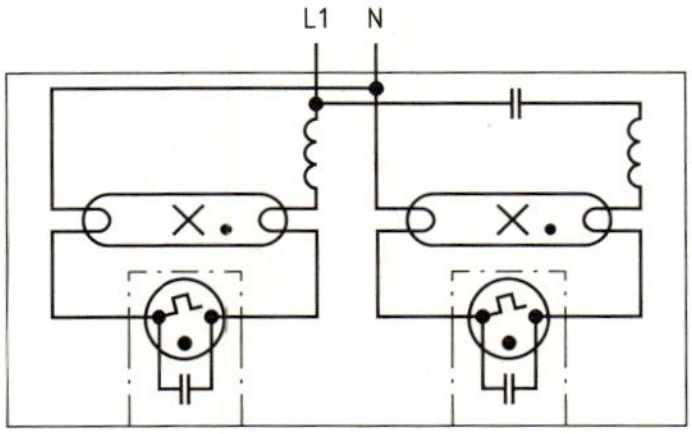

Duo-Schaltung

mit elektronischem Starter und Drossel

Eine Lampe

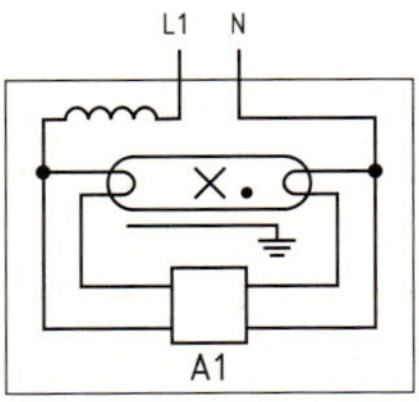

Zwei Lampen

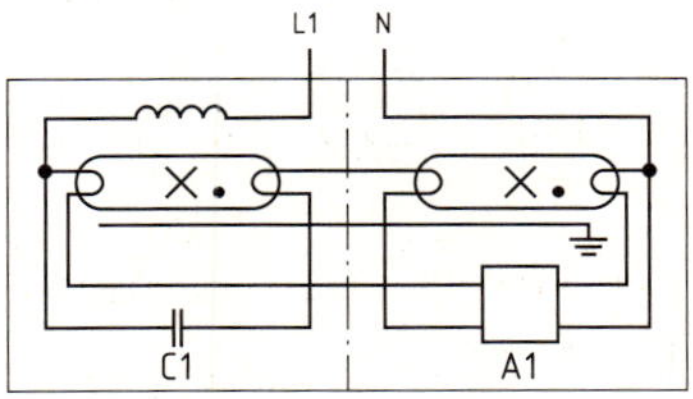

A1: elektronischer Starter

C1: Kondensator 0,1 μF

mit elektronischem Vorschaltgerät

Eine Lampe

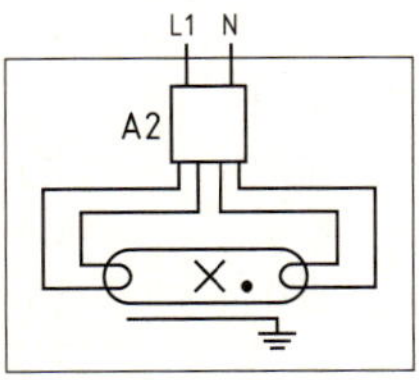

Zwei Lampen

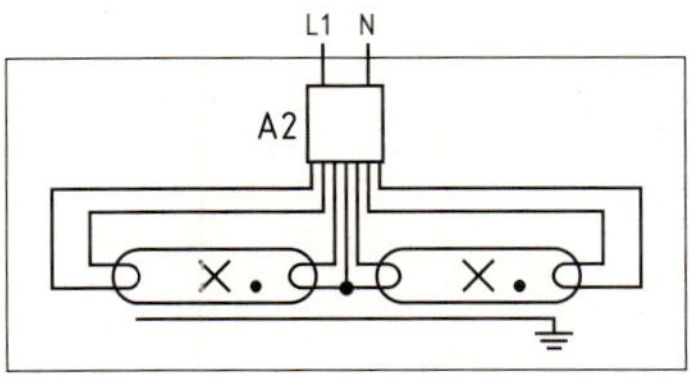

A2: elektronisches Vorschaltgerät

Bestandteile:

- Filter gegen HF
- Gleichrichter mit Kondensator
- Wechselrichter (25 … 40 kHz)
- Abschaltautomatik

Vorteile:

- geringe Verluste
- flackerfreier Start
- cos φ = 1, keine Kompensation nötig
- Gleich- und Wechselstrom-Betrieb
- Dimmen möglich
- Abschaltung bei defekten Lampen

Schaltungen für Leuchtstoff-Lampen

ohne Starter

Grundschaltungen

ohne Heiztransformator

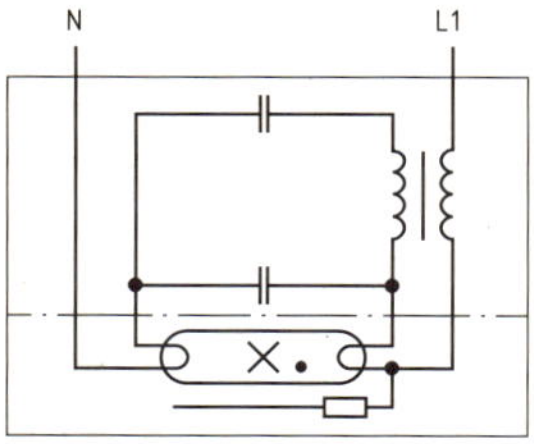

mit Heiztransformator

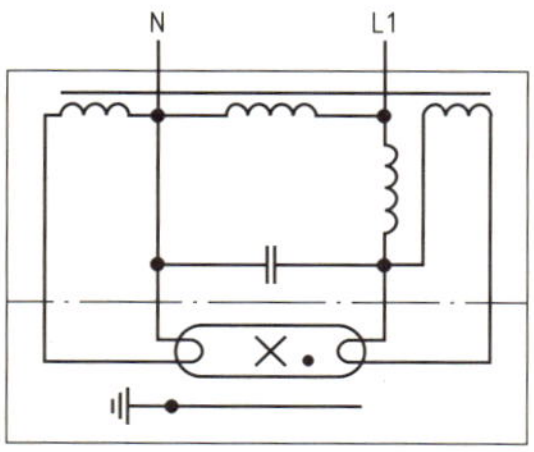

mit Drossel

Dimm-Schaltungen

eine Lampe

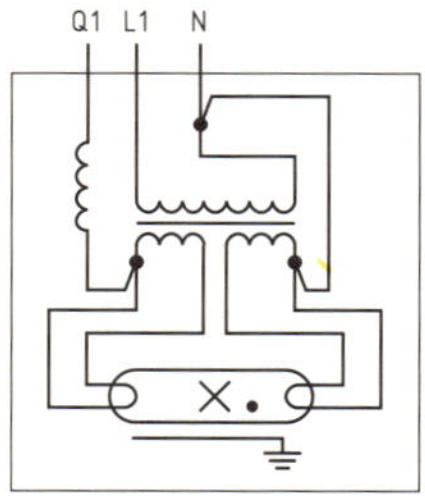

zwei Lampen

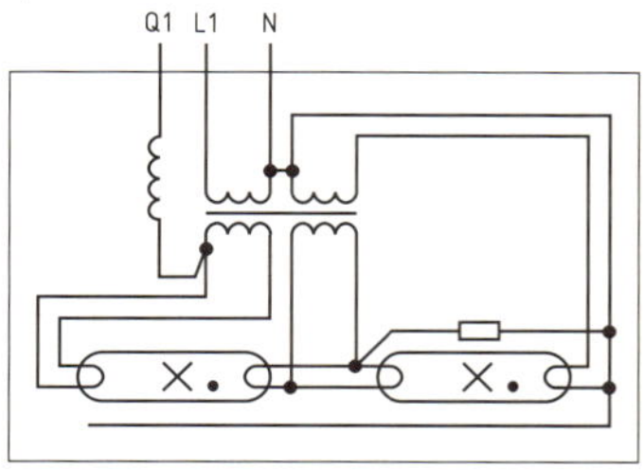

Schaltungen für Metalldampf-Lampen

- Natriumdampf-Niederdruck-Lampen
- Quecksilberdampf-Hochdruck-Lampen

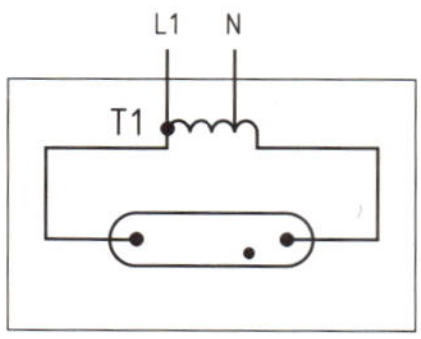

T1: Streufeldtransformator

- Halogen-Metalldampf-Lampen
- Natriumdampf-Niederdruck-Lampen (stabförmig)

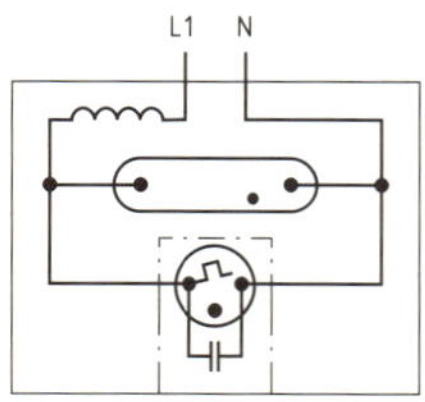

Schaltungen mit elektronischen Zündgeräten

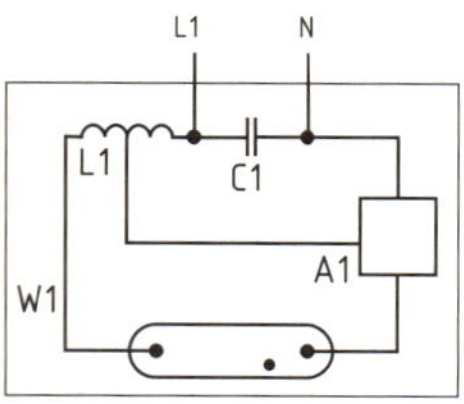

C1: Rückschluß-Kondensator für HF
A1: Impulsgenerator (Zündgerät)
L1: Vorschalt-Drossel
L2: Dämpfungs-Drossel
W1: HF-Zündleitung ϟ

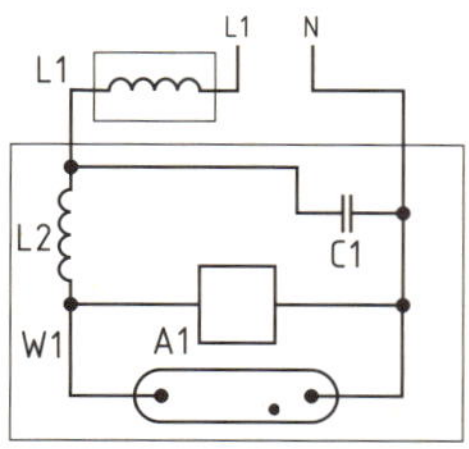

Vorschaltgerät in der Leuchte

Vorschaltgerät außerhalb der Leuchte

5 Leistungselektronik

Formelzeichen

DIN 1304/3.89
DIN 4897/12.73
DIN 41 750

Spannungen[1])	
U; U_L	Wechselspannung, Effektivwert
U_v	Außenleiterspannung
U_s	Sternspannung, Steuerspannung
U_{im}	ideele Scheitelsperrspanung
U_d	Gleichspannung, arithm. Mittelwert
U_1, U_2	Eingangs-, Ausgangsgleichspannung
U_z	Z-Diodenspannung
U_{RRM}	negative Spitzensperrspannung
$U_Ü$	Effektivwert des Wechselanteils einer Mischspannung

Ströme[1])	
I; I_L	Wechselstrom, Effektivwert
I_d	Gleichstrom, arithmetischer Mittelwert
I_E	Emitterstrom
I_F; I_T	Durchlaßstrom Diode, -Thyristor
I_f	Feldstrom, Erregerstrom
I_Z	Z-Diodenstrom

Zeiten, Winkel, Frequenzen	
T; T_S	Periodendauer; Schaltperiode
t_E; t_p	Einschalt-, Pausendauer
α	Steuerwinkel
ωt	Phasenwinkel (Kreisfrequenz x Zeit)
f; f_B	Netz-, Betriebsfrequenz
f_1; f_2	Eingangs-, Ausgangsfrequenz
$f_Ü$	Frequenz der überlagerten Wechselspannung

Sonstige Größen	
C; C_L	Kapazität; Ladekondensator
G	Glättungsfaktor $\frac{\Delta U_1}{\Delta U_2}$
L; L_D	Induktivität; Glättungsdrossel
M	Moment
n	Drehzahl
P	Wirkleistung
P_d	Gleichstromleistung ($U_d \cdot I_d$)
P_v; P_{tot}	Verlustleistung
R; R_i	Widerstand; Innenwiderstand
R_L	Lastwiderstand
R_{th}	Thermischer Widerstand
S_T	Transformatorbauleistung
w	Wechselspannungsgehalt, Welligkeit
ϑ	Celsius-Temperatur

Weitere Indizes	
0	Leerlauf, Resonanzfall, physikalische Größe bei $\alpha = 0°$ (Vollaussteuerung)
i	ideell, verlustfrei
α	Physik. Größe beim Steuerwinkel α
AV	Mittelwert (average)
RMS	Effektivwert (root mean square)
J, C	Sperrschicht, Gehäuse
K, A	Kühlkörper, Umgebung

1) Kleine Buchstaben geben den Momentanwert der physikalischen Größen an.

Umwandlungsarten der elektrischen Energie

DIN 41 750 T1/2.85

Die Umwandlung elektrischer Energie ermöglicht einen Energiefluß zwischen Systemen mit unterschiedlicher Stromart.

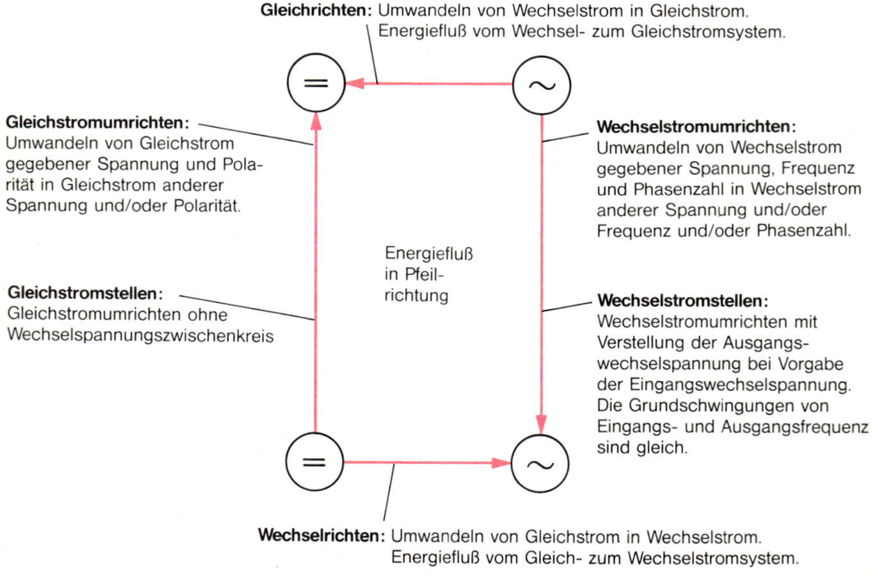

Stromrichterbenennungen und -kennzeichen

DIN V 41 761/1.87

Beispiel:

B 2 H A F

- B – Kennbuchstabe
- 2 – Kennzahl
- H A – Ergänzende Kennzeichen: Steuerbarkeit
- F – Ergänzende Kennzeichen: Hilfszweige

Schaltungsart	Bezeichnung	Kennbuchstabe	Kennzahl
Einwegschaltung	Mittelpunktschaltung	M	Pulszahl *p*
Zweigwegschaltung	Brückenschaltung Verdopplerschaltung Vervielfacherschaltung	B D V	Pulszahl *p*
	Wechselwegschaltung Polygonschaltung	W P	Phasenzahl *m* des Wechselstromsystems

Ergänzende Kennzeichen

Steuerbarkeit

Kurzzeichen	Bedeutung
U	ungesteuert
C	vollgesteuert
H	halbgesteuert
HA (HK)	halbgesteuert mit anodenseitiger (katodenseitiger) Zusammenfassung der gesteuerten Ventile
HZ	zweigpaar halbgesteuert

Haupt- und Hilfszweige

Kurzzeichen	Bedeutung
A (K)	anodenseitige (katodenseitige) Zusammenfassung der Hauptzweige
Q	Löschzweig
R	Rücklaufzweig
F	Freilaufzweig
FC	Freilaufzweig gesteuert
n	Vervielfachungsfaktor

Kennzeichen von Stromrichtersätzen und -geräten

DIN 41 752/11.82
DIN 41 762 T 2/2.74
DIN 42 403/12.77

Leistungskennzeichen für Vielkristallhalbleiter-Gleichrichtersätze

Beispiel:

½ B 250 / 220 – 5

- ½ – Anzahl der Schaltungen
- B – Schaltungskurzzeichen
- 250 – Nennanschlußspannung
- 220 – Nenngleichspannung in V[1])
- 5 – Nenngleichstrom in A
- Kühlart (s. Seite 224)

[1]) Bei Kondensatorlast wird statt Nenngleichspannung ein C gesetzt, Schräg- und Bindestrich entfallen, Nenngleichstrom in mA.

Leistungskennzeichen für Einkristallhalbleiter-Stromrichtersätze

Beispiel:

Si 2/6 B6 HA 380 / 510 – 800 F

- Si – Chem. Zeichen des Halbleitermaterials[2])
- 2/6 – Bruchteil bei Teilstromrichtersätzen
- B6 – Schaltungskurzzeichen
- HA – Ergänzende Kennzeichen
- 380 – Typenanschlußspannung in V
- 510 – Typengleichspannung in V[1])
- 800 – Typengleichstrom in A
- F – Kühlart

[2]) Bei Siliciumventilen kann Si-Zeichen entfallen.

Anschlußkennzeichen

Kurzzeichen	Bedeutung
A (K)	Anoden- (Kathoden-)seitiger Anschluß von Stromrichterzweigen
AM (KM)	Anoden- (Kathoden-)seitiger Zusammenschluß zu Gleichstromanschluß
AK	Wechselstromseitiger Mittelanschluß von Zweig- und Wechselwegpaaren
G (H)	Steueranschluß (Hilfskathode, Kathode) von Thyristoren ohne Impulsübertrager
E, F	Eingangsanschlüsse von Impulsübertragern, E pos. Potential gegenüber F
U, V (U, N)	Wechselstromanschlüsse von Hauptkreisen auf Eingangs- oder Ausgangsseite
U, V, W, ev. N	Drehstromanschlüsse von Hauptkreisen auf Eingangs- oder Ausgangsseite
C, D	Gleichstromanschlüsse der Hauptkreise; C positiv, D negativ im Gleichrichter-Betrieb[3])
C (D), D (C)	Zusammengefaßte Gleichstromanschlüsse von Doppelstromrichtern bez. Vorzugsrichtung

[3]) Bei Gleichrichtergeräten kann C mit + oder roter Farbe und D mit – oder schwarzer Farbe gekennzeichnet werden.

Modulschaltungen

DIN V 42 403/12.77

Modulschaltungen sind hybride integrierte Schaltungen. Sie ermöglichen den rationellen Aufbau von Stromrichtern im Leistungsbereich bis etwa 25 kW

Bezeichnung	Schaltung	Eigenschaften	Grenzwerte				
			U_{RRM} U_{DRM}	I_{FAV}	I_{TAV}	I_{FRMS}	I_{TRMS}
Dioden-Modul B1 U D2 U V2 U	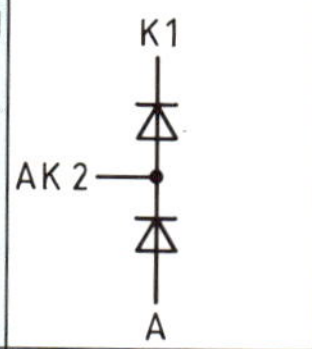	● Wasserdichtes Gehäuse aus schlagfestem Kunststoff. ● Potentialfreier Metallboden. ● Große Kriechstrecken. ● Eventuell flexible Anschlußleitungen für Zünd- und Hauptstromkreis. ● Leichte Austauschbarkeit aufgrund von Standardgehäusen wie z. B. Veridul (BBC) in Bauform mit Doppelstecker für Gate und Hilfskathode mit Nennstrom $I_{TAV} = 90$ A	400 V.. 1600 V	25 A… 90 A		50 A… 140 A	
Thyristor-Dioden-Moduln B1HK B1HA D2HK D2HA V2HK V2HA W1HN	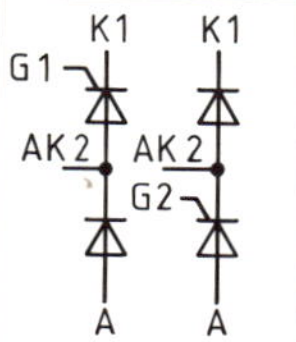		600 V.. 1600 V	25 A… 100 A	25 A… 100 A	40 A… 150 A	40 A… 150 A
Thyristor-Modul B1C D2C V2C W1CN	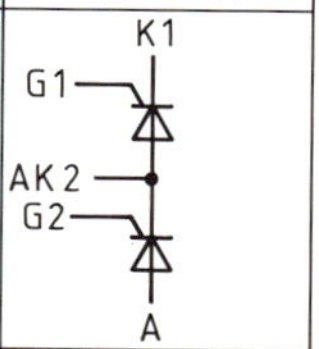	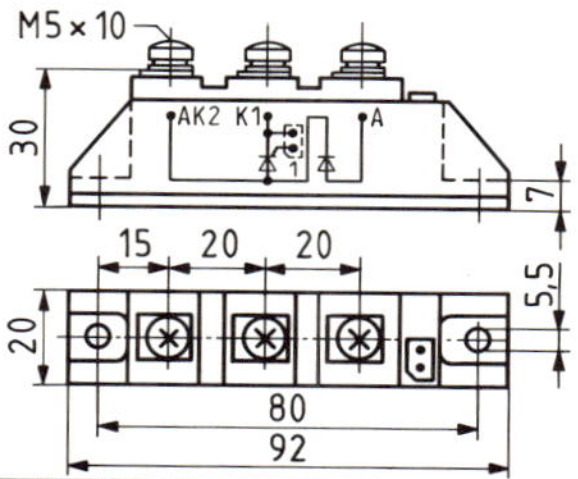	600 V.. 1600 V		15 A… 160 A		35 A… 250 A

Spannungsvervielfacherschaltungen

DIN V 41 761/1.87

Bezeichnung	Schaltung	Spannungsverlauf	Schaltungskennwerte			
			$\frac{U_{di}}{U}$	$\frac{\hat{u}_R}{U}$	$\frac{I_{FAV}}{I_d}$	$\frac{f_ü}{f}$
Einpuls-Verdoppler-Schaltung D1	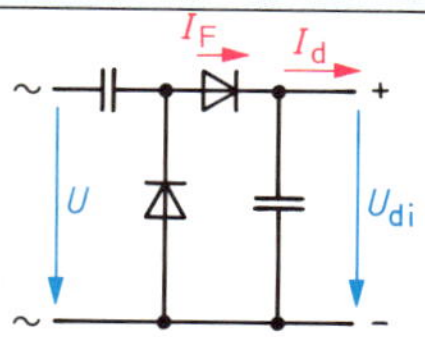	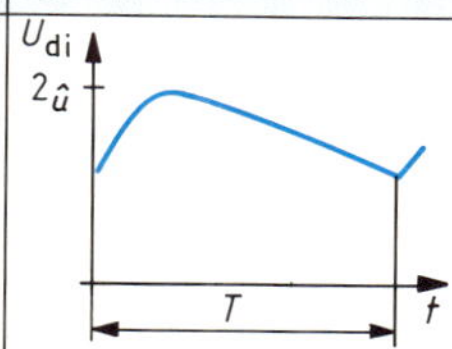	2,82	2,82	1,0	1
Zweipuls-Verdoppler-Schaltung D2	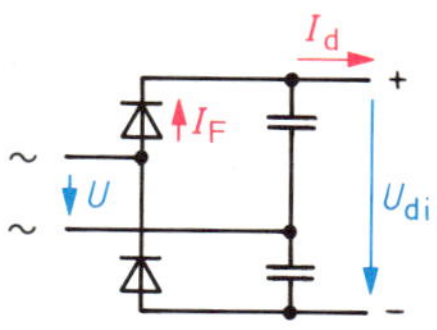	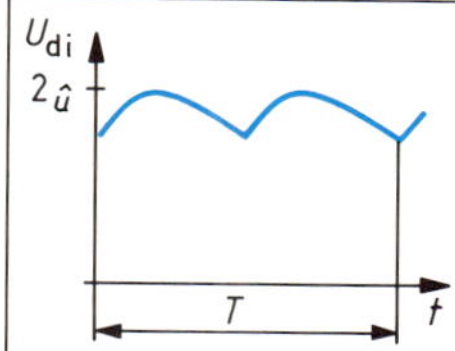	2,82	2,82	0,5	2
Einpuls-Vervielfacher-Schaltung V1	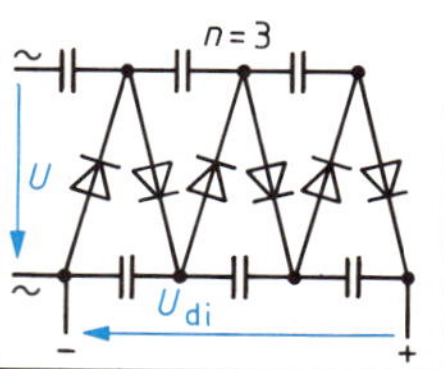	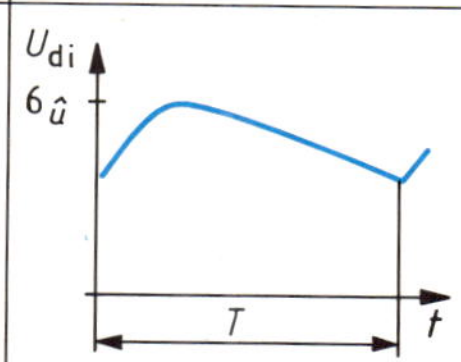	$n \cdot 2 \cdot \sqrt{2}$ für $n = 3$ 8,48	2,82	n für 2. Stufe 2	1

Ungesteuerte Stromrichter (Gleichrichter)

DIN V 41 761/01.87
DIN VDE 0558 T.1/07.87

Bezeichnung	Schaltung	Spannungsverlauf	Schaltungs- und Ventilkennwerte							
			p	$\frac{U_{di}}{U_{vo}}$	$\frac{U_{im}}{U_{di}}$	$\frac{I_v}{I_d}$	$\frac{I_{FAV}}{I_d}$	$\frac{I_{FRMS}}{I_d}$	$\frac{S_{Li}}{U_{di} \cdot I_d}$	w_U
Einpuls-Mittelpunkt-Schaltung M1U	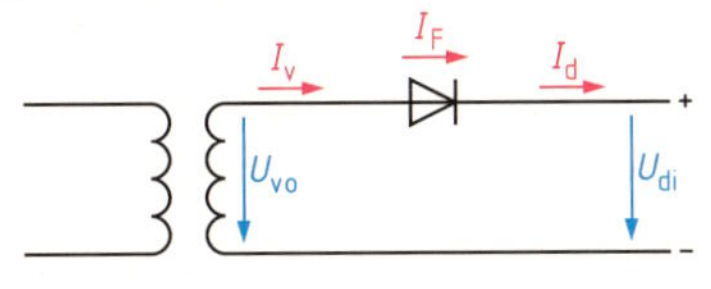	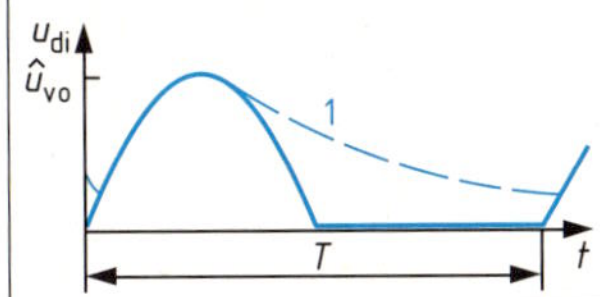	1	0,45	3,14 6,28[2)]	1,57	1,0	1,57	3,49	1,21
Zweipuls-Mittelpunkt-Schaltung M2U	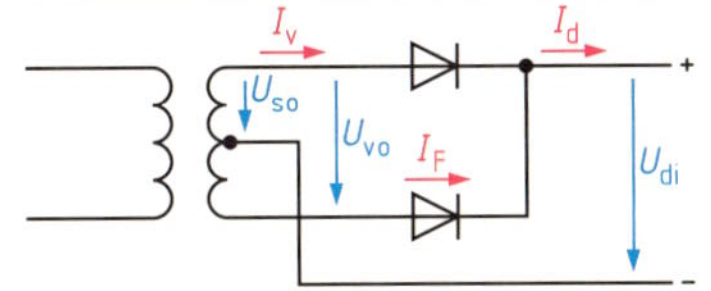	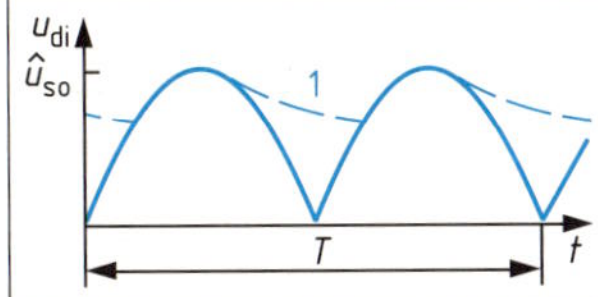	2	0,45	3,14 3,14[2)]	0,785	0,50	0,785	1,23	0,48
Zweipuls-Brücken-Schaltung B2U	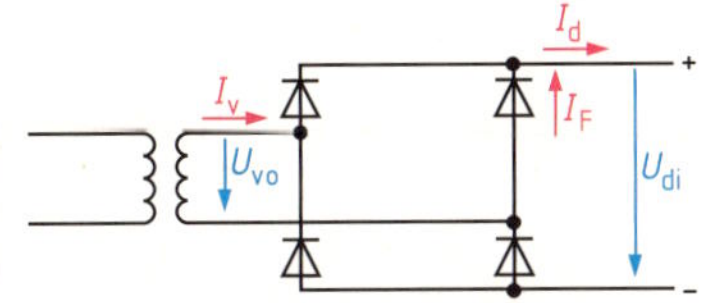	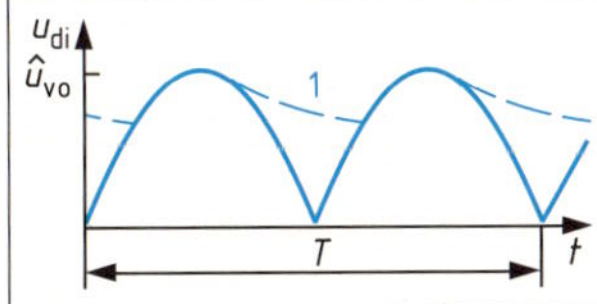	2	0,90	1,57 1,57[2)]	1,11 1,0[3)]	0,50	0,785 0,707[3)]	1,23 1,11[3)]	0,48
Dreipuls-Mittelpunkt-Schaltung M3U	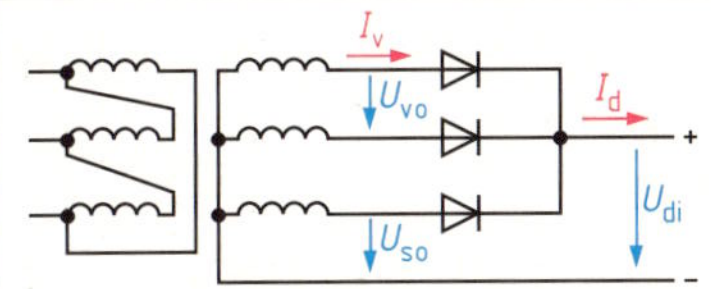	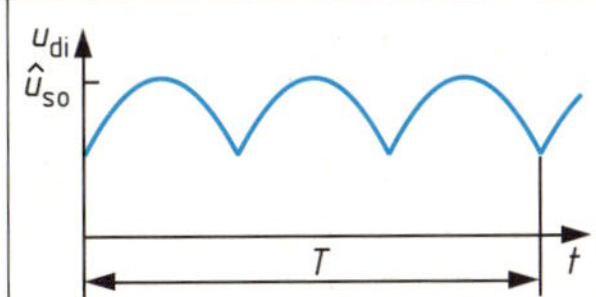	3	0,675	2,09	0,588 0,577[3)]	0,333	0,588 0,577[3)]	1,23 1,21[3)]	0,18
Sechspuls-Brücken-Schaltung B6U	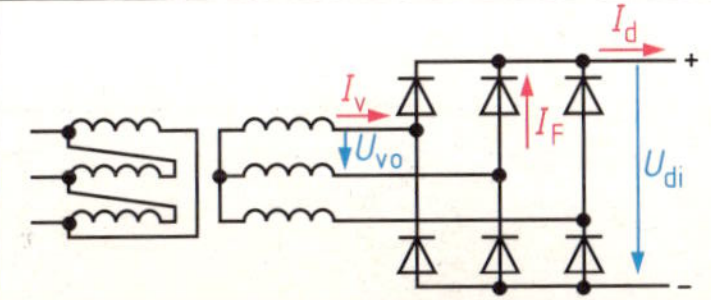	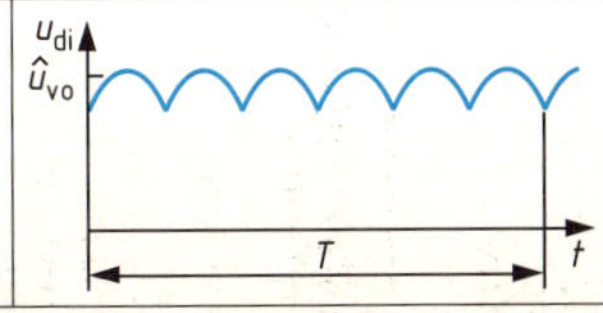	6	1,35	1,05	0,820 0,816[3)]	0,333	0,580 0,577[3)]	1,06 1,05[3)]	0,04

1) Spannungsverlauf mit Glättungskondensator   2) Maximalwerte mit Glättungskondensator   3) Kennwerte bei induktiver Last

Halbgesteuerte Stromrichter (Gleichrichter)

DIN V 41761/1.87

Bezeichnung	Schaltung	Spannungsverlauf bei $\alpha = 45°$	Steuerkennlinien	Eigenschaften[1]	Anwendungen
Zweigpaar-halbgesteuerte Zweipuls-Brücken-Schaltung B2HZ	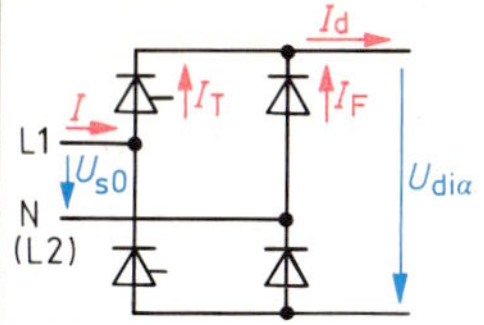	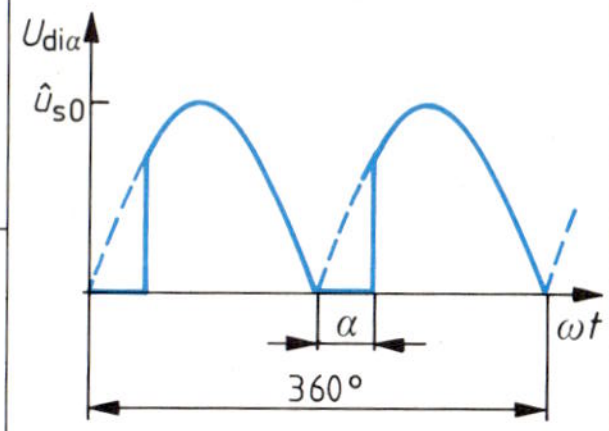		• $U_{dio} = 0{,}9 \cdot U_{so}$ • Interner Freilaufkreis, Entlastung der Thyristoren bei Teilaussteuerung.	• Leistungsbereich bis ca. 10 kW • Im Bahnbetrieb für höhere Leistungen einsetzbar.
Einpolig gesteuerte Zweipuls-Brücken-Schaltung B2HK	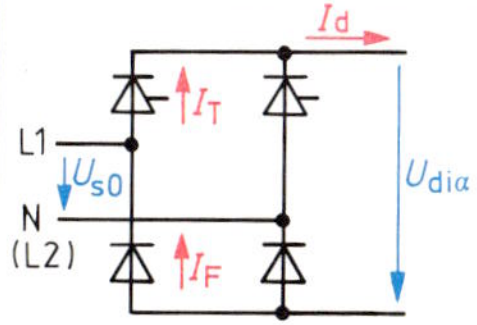		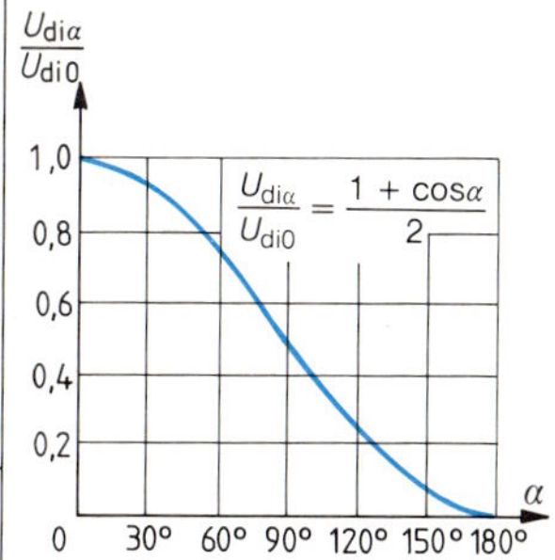	• $U_{dio} = 0{,}9 \cdot U_{so}$ • Für Steuerbereich bis Null ist Freilaufdiode erforderlich (B2HKF oder BZHAF).	• Leistungsbereich bis ca. 10 kW bei Energieflußrichtung und geringen Anforderungen an die Welligkeit.
Halbgesteuerte Sechspuls Brücken-Schaltung B6HK	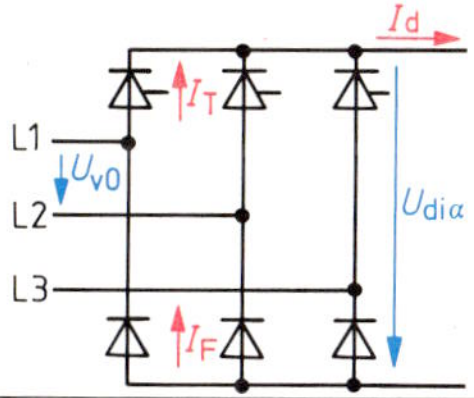	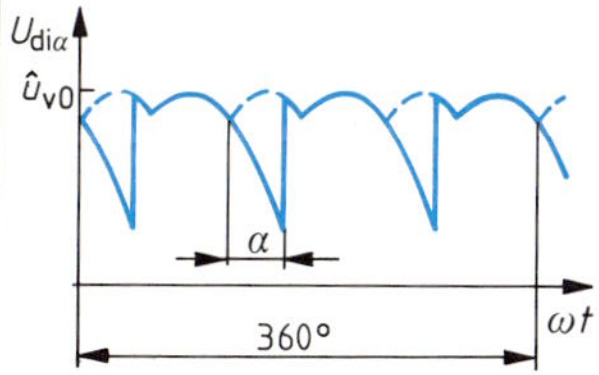		• $U_{dio} = 1{,}35 \cdot U_{vo}$ • Für Steuerbereich bis Null ist Freilaufdiode erforderlich (B6HKF). Gleichspannung ab $\alpha \geqq 60°$ dreipulsig.	• Schaltung für Gleichspannungen über 300 V • Gleichstromantriebe mit einer Energieflußrichtung.
Reihenschaltung zweier B2HZ-Schaltungen 2B2HZS (Folgesteuerung)	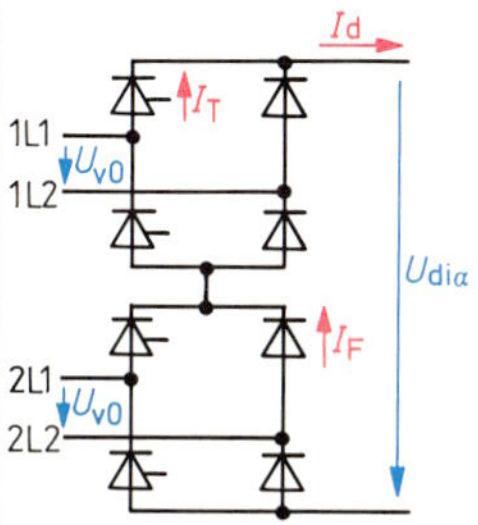	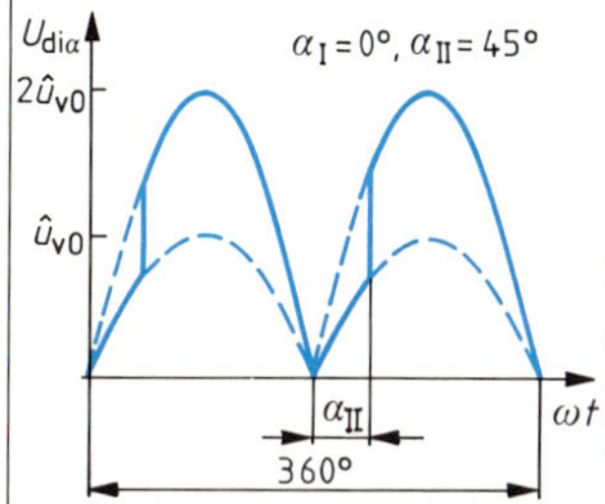	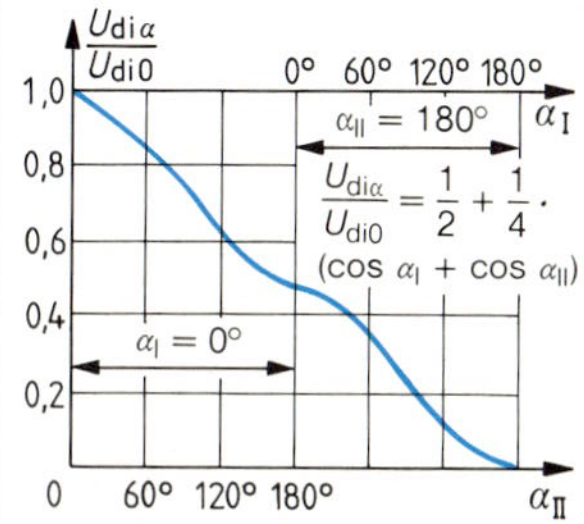	• $U_{dio} = 1{,}8 \cdot U_{vo}$ • Interner Freilaufkreis, geringe Welligkeit der Gleichspannung, verminderte Steuerblindleistung	• Bahnbetrieb im hohen Leistungsbereich.

[1]) Für $\alpha = 0°$ gelten die Schaltungswerte der entsprechenden ungesteuerten Stromrichter

Vollgesteuerte Stromrichter

DIN V 41 761/1.87

Bezeichnung	Schaltung	Spannungsverlauf bei nichtlückendem Gleichstrom $\alpha = 60°$ (Gleichrichterbetrieb)	Spannungsverlauf bei nichtlückendem Gleichstrom $\alpha = 120°$ (Wechselrichterbetrieb)	Kennwerte[1] $\frac{U_{di0}}{U_{v0}}$	Kennwerte[1] $\frac{U_{di\alpha}}{U_{di0}}$	Eigenschaften	Anwendungen
Zweipuls-Brücken-schaltung B2C	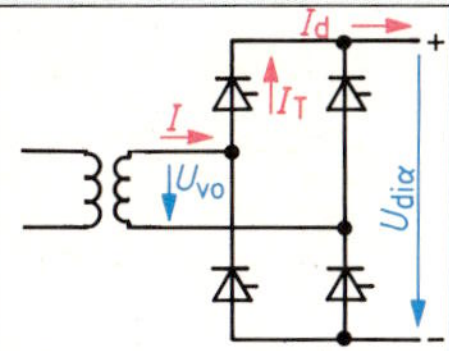	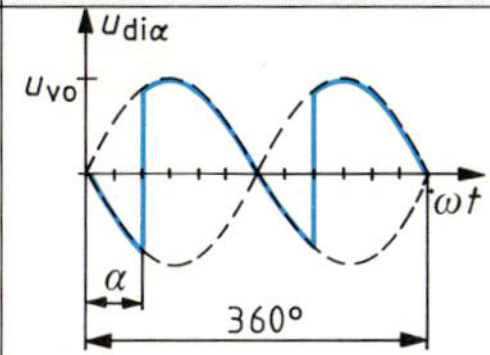	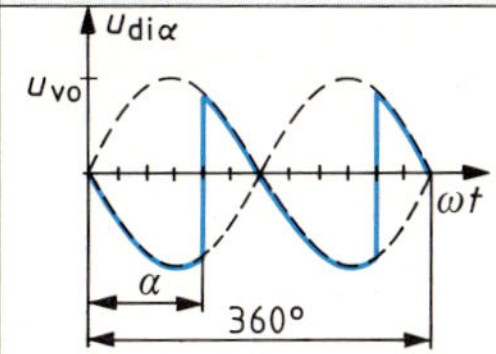	0,90	cos α[2]) $\frac{1+\cos\alpha}{2}$[3])	● Kleine Sperrspannungsbeanspruchung der Ventile. ● Geringfügig erhöhte Bauleistung des Stromrichter-Transformators.	● Leistungsbereich bis ca. 10 kW bei geringen Anforderungen an die Spannungswelligkeit.
Dreipuls-Mittelpunkt-schaltung M3C	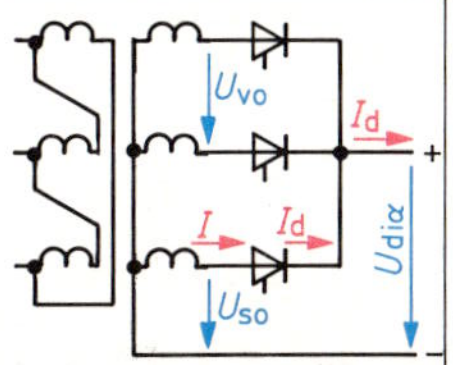	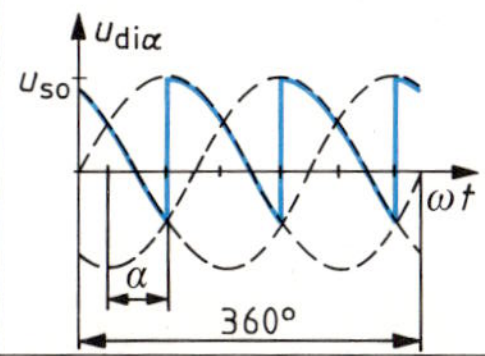	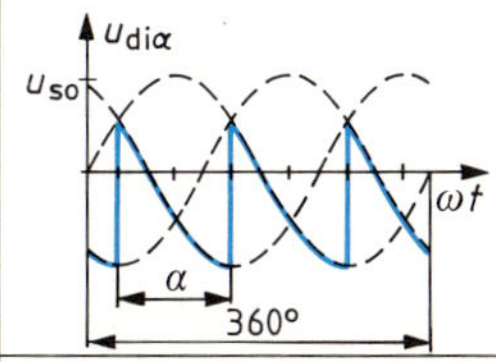	0,68	cos α[2]) für $\alpha \leqq 30°$: cos α.[4]) für $30° \leqq \alpha \leqq 150°$: 0,58 · [1+ cos ($\alpha$ + 30°)]	● Lückbetrieb erst ab $\alpha \geqq 30°$ möglich. ● Hohe Sperrspannungsbeanspruchung der Ventile. ● Sternpunkt muß voll belastbar sein.	● Teilstromrichter beim Aufbau von Umkehrstromrichtern.
Doppel-Dreipuls-Mittelpunkt-schaltung M3.2C	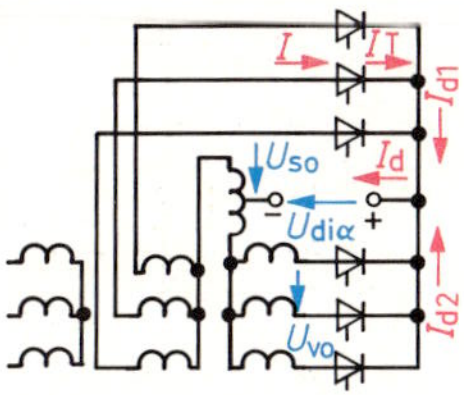	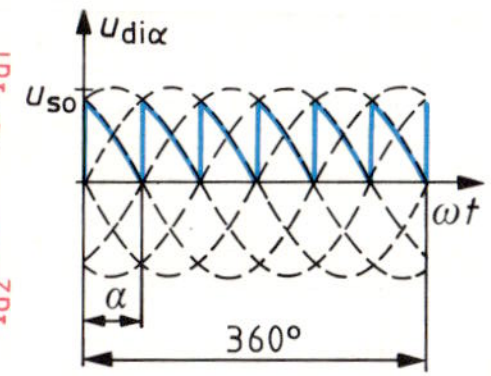	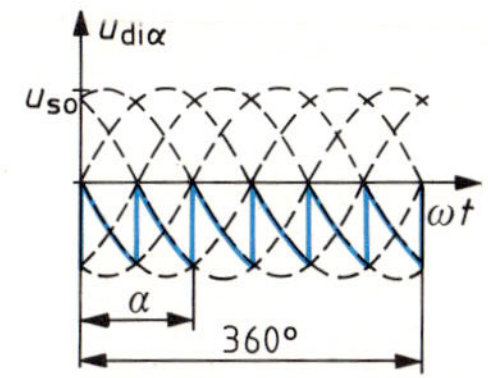	0,68	cos α[2])	● Lückbetrieb erst ab $\alpha \geqq 60°$ möglich. ● Alle Ventile auf einem Kühlkörper. ● Zusätzlicher Aufwand für Saugdrossel.	● Stromrichter für Spannungen bis 300 V. ● Einsatz auch bei großen Leistungen mit hohen Anforderungen an die Spannungswelligkeit.
Sechspuls-Brücken-schaltung B6C	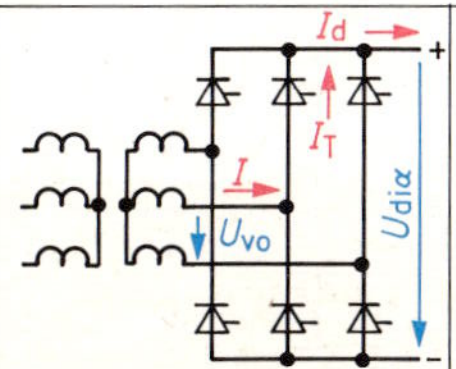	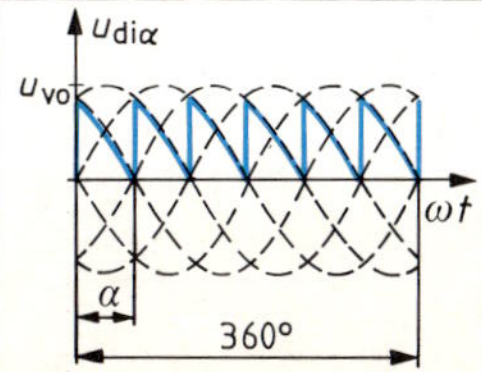	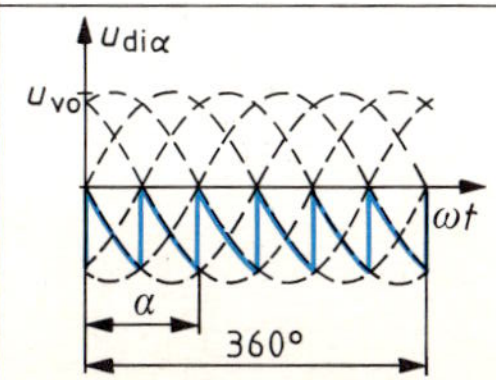	1,35	cos α[2]) für $\alpha \leqq 60°$: cos α[4]) für $60° \leqq \alpha \leqq 120°$: $\frac{1+1{,}15}{2} \cdot \cos(\alpha + 30°)$	● Lückbetrieb erst ab $\alpha \geqq 60°$ möglich. ● Minimale Transformatorbauleistung.	● Wichtigste Stromrichterschaltung für Gleichstromantriebe mit Nennspannungen über 300 V.

1) für $\alpha = 0°$ gelten die Schaltungskennlinien der entsprechenden ungesteuerten Stromrichter 2) bei aktiver Last und nichtlückendem Strom 3) bei Widerstandslast. 4) Lastunabhängig

Vier-Quadrant-Stromrichter

- Die Arbeitsbereiche von Stromrichtern mit ausgangs- oder eingangsseitigem Gleichstromsystem bilden ein Vierquadrantfeld.
- Gleiche Vorzeichen von Spannung und Strom bedeuten Leistungsabgabe (Gleichrichten).
- Ungleiche Vorzeichen von Spannung und Strom bedeuten Leistungsaufnahme (Wechselrichten).
- Bei Gleichstrom-Umrichtern erfolgt die Einordnung gemäß Verbraucherseite.

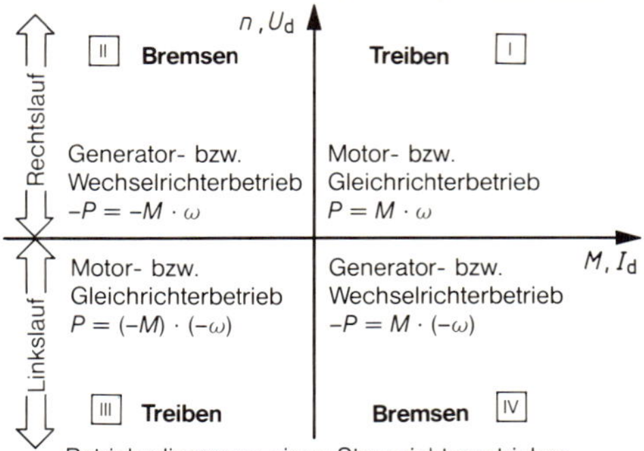

Betriebsdiagramm eines Stromrichterantriebes

Bezeichnung	Eigenschaften	Anwendungen
Ein-Quadrant-Stromrichter	• Nur eine Strom- und eine Spannungsrichtung, damit nur eine Energieflußrichtung (I. oder III. Quadrant)	• ungesteuerte und halbgesteuerte Gleichrichterschaltungen • Wechselrichter • Gleichstromumrichter mit einer Energieflußrichtung
Zwei-Quadrant-Stromrichter	• Spannungsumkehr möglich unter Beibehaltung der Stromrichtung, damit Wechsel der Energieflußrichtung (z. B. I. und IV. Quadrant). • Stromumkehr möglich unter Beibehaltung der Spannungsrichtung, damit Wechsel der Energieflußrichtung (z. B. I. und II. Quadrant).	• vollgesteuerte Stromrichter für Antriebe in der Aufzugstechnik, Bremsbetrieb bei wechselnder Drehrichtung • Doppelstromrichter für Antriebe, Bremsbetrieb bei wechselnder Momentenrichtung
Vier-Quadrant-Stromrichter	• Strom- und Spannungsumkehr voneinander unabhängig möglich, damit Wechsel der Energieflußrichtung zwischen allen Quadranten möglich.	• vollgesteuerte Stromrichter mit Polwendeschalter • Kreisstromfreier Doppelstromrichter • Kreisstromführender Doppelstromrichter

Doppelstromrichter (Umkehrstromrichter)

Ankerkreisumschaltung

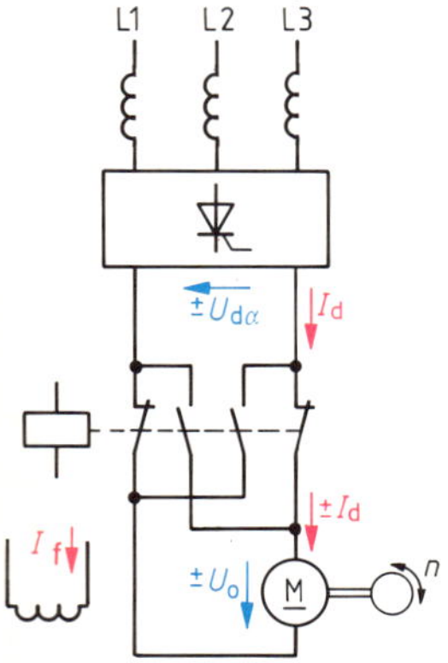

- Momentenlose Umschaltzeit über 50 ms
- Umschaltung mit Wechselstromschützen bei I_d = 0A

ohne Kreisstrom

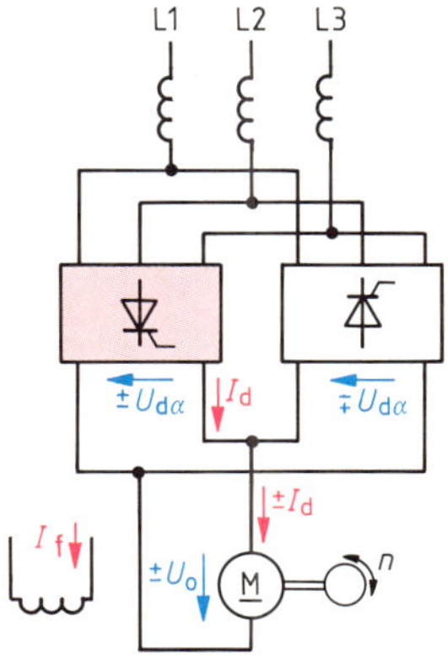

- Momentenlose Umschaltzeit von 5 ms ... 10 ms
- jeweils nur ein Teilstromrichter aktiv

mit Kreisstrom

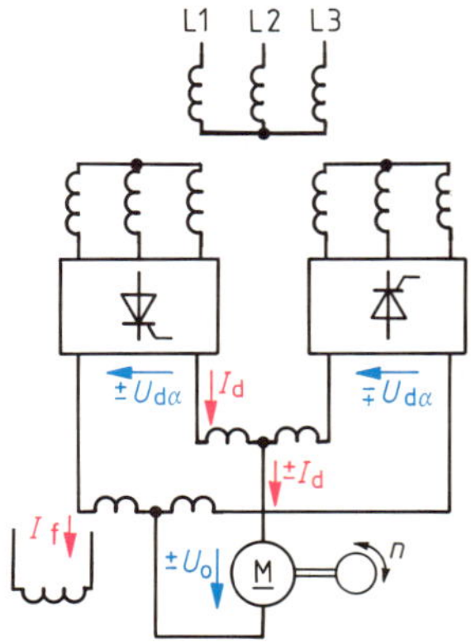

- Keine momentenlose Umschaltpause
- Netztrennung, da beide Teilstromrichter aktiv

Betriebsquadranten von Stromrichterantrieben

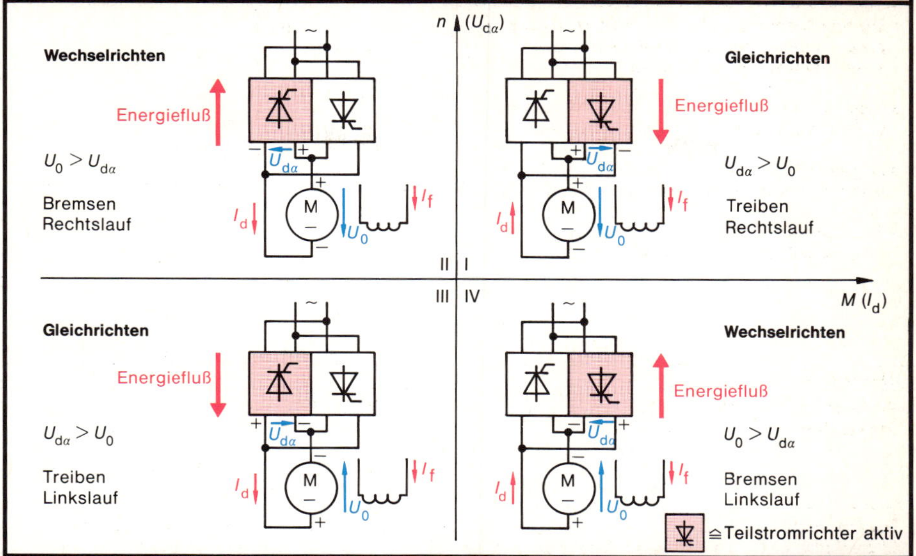

Auswahl der Stromrichterart für Gleichstromantriebe

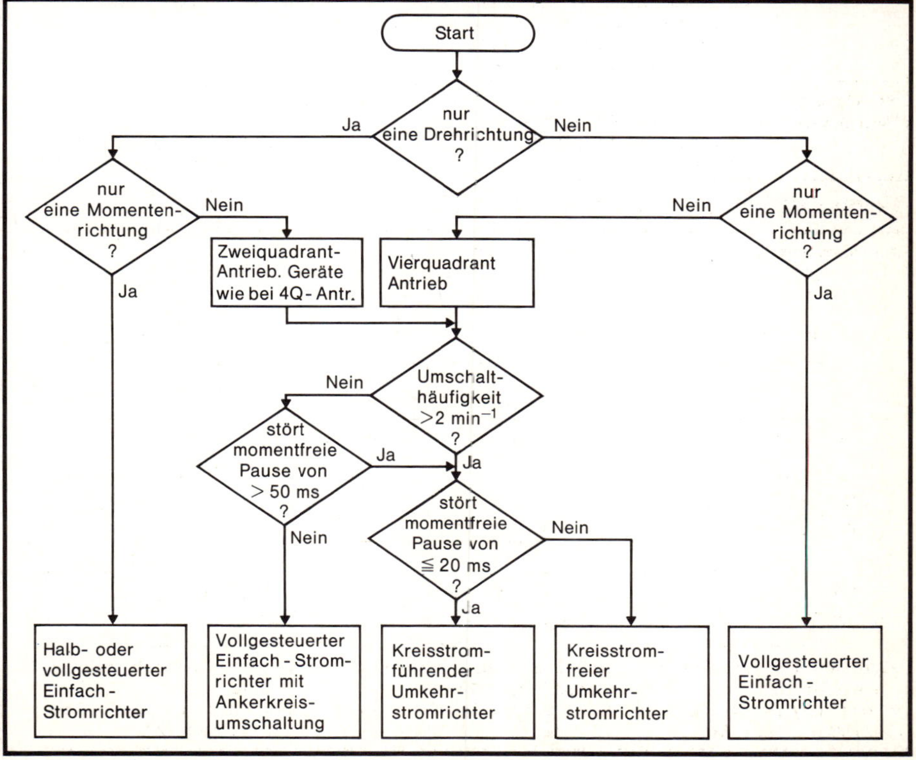

Gleichstromsteller

DIN V 41 761/1.87

Periodisch arbeitende Gleichstromschalter sind Gleichstromsteller (Pulswandler, Chopper). Bei konstanter Eingangsgleichspannung kann der Mittelwert der Ausgangsspannung stetig verstellt werden. Im Leistungsbereich bis zu einigen kW werden die Gleichstromsteller mit Transistoren, bei höheren Leistungen mit Thyristoren realisiert.

Beispiel:

Einpulsiger Gleichstromsteller M1QF

Symbol in Übersichtsschaltplänen für V1 mit Löschzweig (C1, V2), Umschwingkreis (V3, L1) und Freilaufzweig (V4)

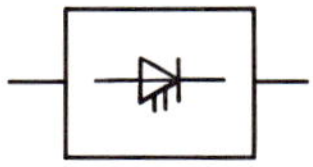

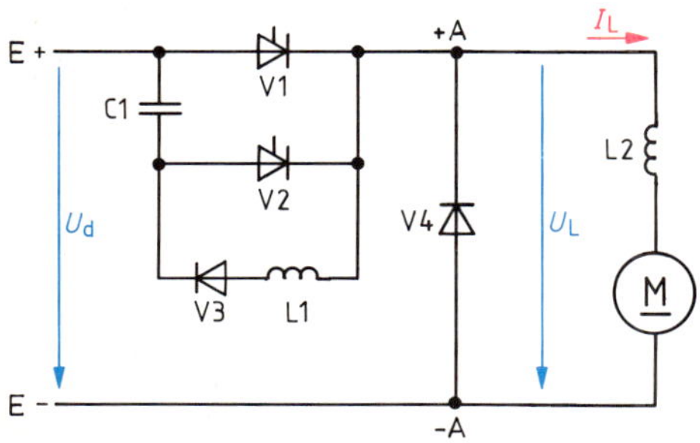

Steuerarten von Gleichstromstellern

Bezeichnung	Spannungs- und Stromverlauf	Eigenschaften	Anwendungen
Pulsbreiten-steuerung	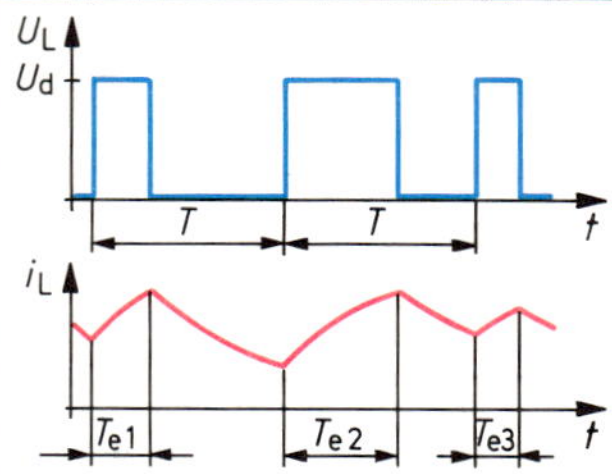	• Konstante Periodendauer T. • Variable Einschaltdauer T_e. • Konstantes Verhältnis von Lastkreiszeitkonstante $\tau = \frac{L}{R}$ und Periodendauer T.	• Speisung von Fahrmotoren in Elektrofahrzeugen. • Einsatz in Anlagen bei denen veränderliche Frequenzen zu Störungen führen. • Spannungsregler für bürstenlose Drehstromgeneratoren
Pulsfolge-steuerung	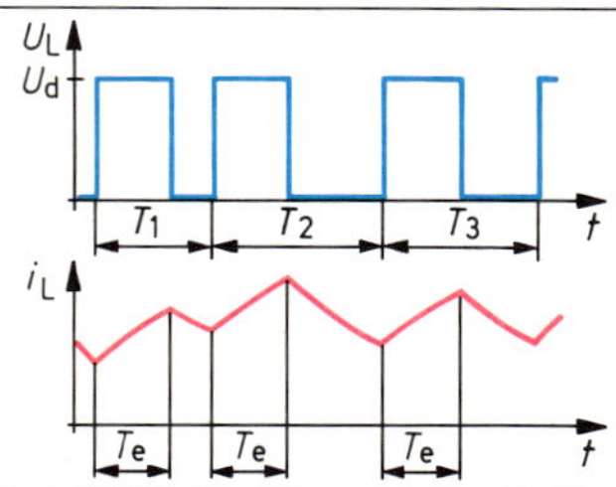	• Variable Periodendauer T. • Konstante Einschaltdauer T_e. • Kommutierungsverluste erreichen Maximalwert erst bei höchster Aussteuerung.	• Einfache Schaltkreise mit geringen Anforderungen an die Stromwelligkeit. • Speisung von Gleichstrommaschinen im Anker- und Feldstellbereich. • Regulierung eines Widerstandes (gepulster Widerstand)
Zweipunkt-Regelung	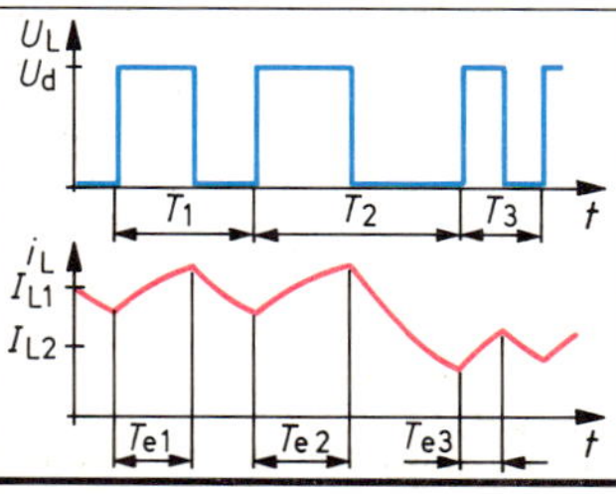	• Zweipunkt-Regelung nur möglich, wenn im Lastkreis ein Energiespeicher vorhanden ist. • Variable Periodendauer T und variable Einschaltdauer T_e.	• Drehzahl- und stromgeregelte Antriebe mit zulässiger Restwelligkeit des Laststromes.

Sieb- und Stabilisierungsschaltungen

Schaltung	Bemerkungen	Schaltung	Bemerkungen
Ladekondensator 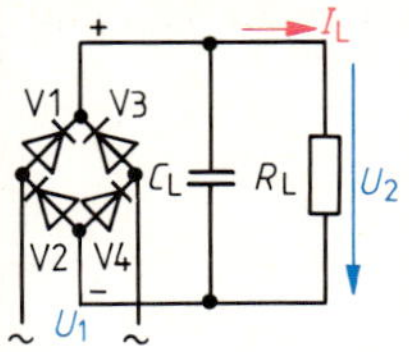	Spannungsglättung durch Ladekondensator C_L. Bei Belastung durch R_L wird U_2 die Brummspannung $U_ü$ überlagert. $U_ü \approx k \cdot \frac{I_L}{C_L}$ p: 1 | 2 k: $4{,}8 \cdot 10^{-3}$ s | $1{,}8 \cdot 10^{-3}$ s	**Glättungsdrossel**[1] 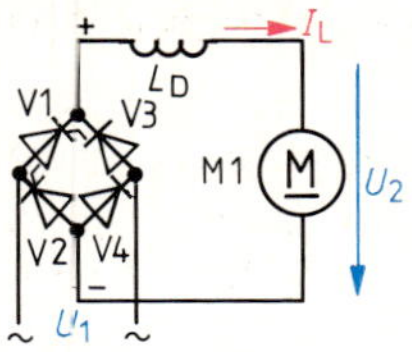	Stromglättung durch Glättungsdrossel L_D. L_D verschiebt den Lückbetrieb beim Steuerwinkel α gemäß $L_D \approx k \cdot \sin \alpha \cdot \frac{U_2}{I_L}$ in mH p: 2 | 3 | 6 k: 3,2 | 1,3 | 0,3
RC-Siebglied 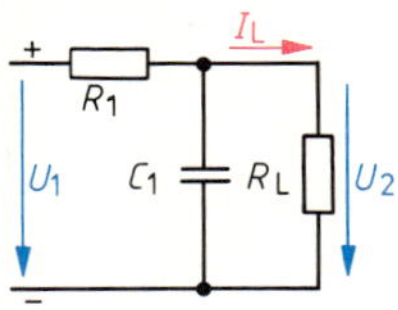	Frequenzabhängiger Spannungsteiler als Tiefpaß. $G \approx \frac{R_1}{X_{C1}} = \omega_ü \cdot C_1 \cdot R_1$ $U_{R1} \approx 0{,}1 \cdot U_2$	**LC-Siebglied** 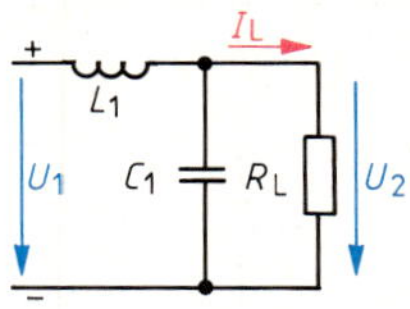	Tiefpaß für höhere Lastströme. Durch L_1 geringer Gleichspannungsverlust. $G \approx \frac{X_{L1}}{X_{C1}} = \omega_ü^2 \cdot L_1 \cdot C_1$
RZ-Stabilisierung 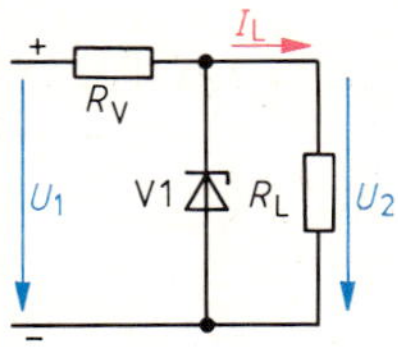	Der differentielle Widerstand r_Z von V1 wirkt bei Wechselspannungen glättend und bei Gleichspannungen stabilisierend $G \approx \frac{R_v}{r_Z}$, $U_2 = U_Z$ $R_{vmin} = \frac{U_{1max} - U_Z}{I_{Zmax} + I_{Lmin}}$ $R_{vmax} = \frac{U_{1min} - U_Z}{I_{Zmin} + I_{Lmax}}$ $I_{Zmin} = 0{,}1 \cdot I_{Zmax}$ $I_{Zmax} = \frac{P_{tot}}{U_Z}$	**RZ-Präzisions-Stabilisierung** 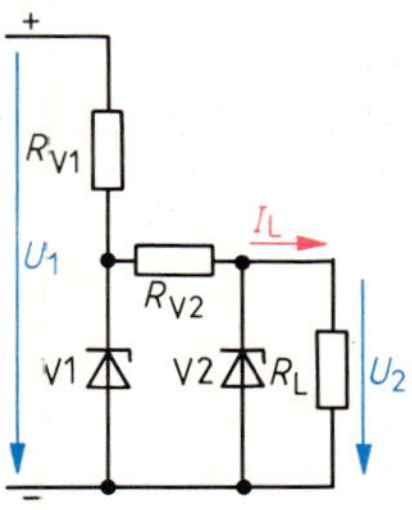	$G = G_1 \cdot G_2$ $G_1 = \frac{R_{v1}}{r_{Z1}}$ $G_2 \approx \frac{R_{v2}}{r_{Z2}}$
Konstantspannungsquelle mit Transistor 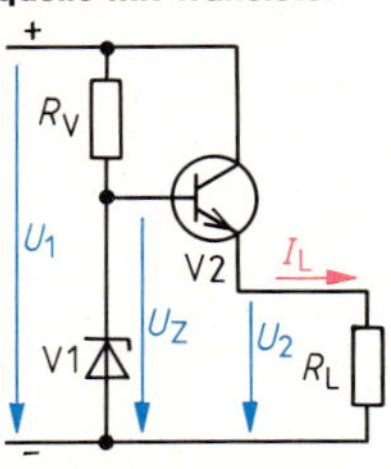	V1 bewirkt feste Basisspannung an V2 $U_2 = U_Z - U_{BE}$ $U_2 = U_1 - U_{CE}$ $G \approx \frac{R_v}{r_Z}$ $r_i = \frac{\Delta U_2}{\Delta I_L} \approx \frac{r_Z}{\beta}$	**Integrierter Festspannungsregler** 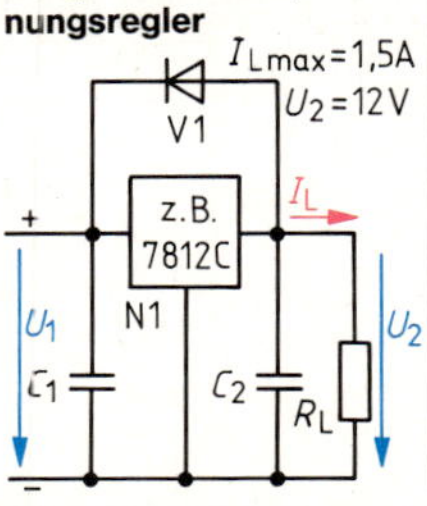	Festspannungsregler arbeiten als Konstantspannungsquelle mit Differenzverstärker. $U_1 \geqq U_2 + 2\,V$ $r_i \approx 20\,m\Omega$ $G \approx 500 \ldots 5000$ Sehr verbreitet: Serie 78XX für pos., Serie 79XX für neg. Spannungen $C_1 = 470 \ldots 2200\,\mu F$, $C_2 = 1 \ldots 10\,\mu F$
Konstantstromquelle mit Transistor 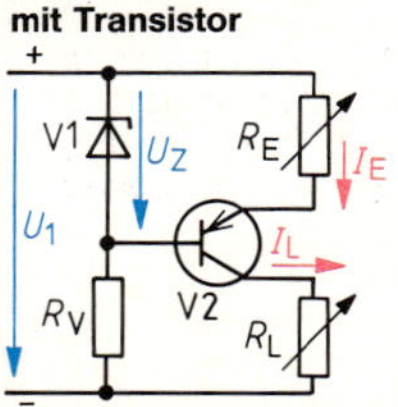	Da V2 PNP-Transistor, liegt R_L an Masse. Stromeinstellung erfolgt mit Emitterwiderstand R_E. $I_E = \frac{U_Z - U_{EB}}{R_E} \approx I_L$ $r_i \approx 50 \ldots 500 \cdot r_{CE}$	**Konstantstromquelle mit Feldeffekttransistor** 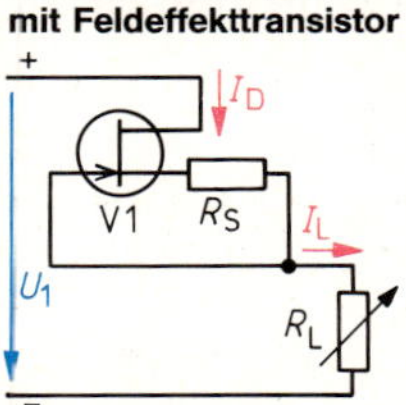	Steuerspannung $-U_{GS}$ wird am Source-Widerstand R_s abgenommen. Die I_D $-U_{GS}$-Kennlinie liefert für jeden Betrag von R_s den Konstantstrom I_L. $I_L = I_D = \frac{-U_{GS}}{R_S}$ $r_i \approx 20 \ldots 100 \cdot r_{DS}$

[1]) In der Stromrichtertechnik wird U_d statt U_2 und I_d statt I_L benutzt.

Stabilisierte Gleichspannungsversorgungsgeräte

DIN 41 745/3.71

Stabilisierte Gleichspannungs-Versorgungsgeräte (Netzgeräte) sind stetige Gleichstromsteller.

Anforderungen:

- Ausgangsgleichspannung störungsfrei, lastunabhängig ($R_i = 0\,\Omega$) und in weiten Grenzen einstellbar.
- kurzschluß- bzw. dauerkurzschlußfest

Die Realisierung der Forderungen läßt etliche Schaltungsvarianten zu. Allen gemeinsam sind Netztransformator, Gleichrichtung und Glättung zur Bildung der Eingangsgleichspannung U_1.

Schaltungsbeispiele	Wirkungsweise

Netzgerät mit Differenzverstärker

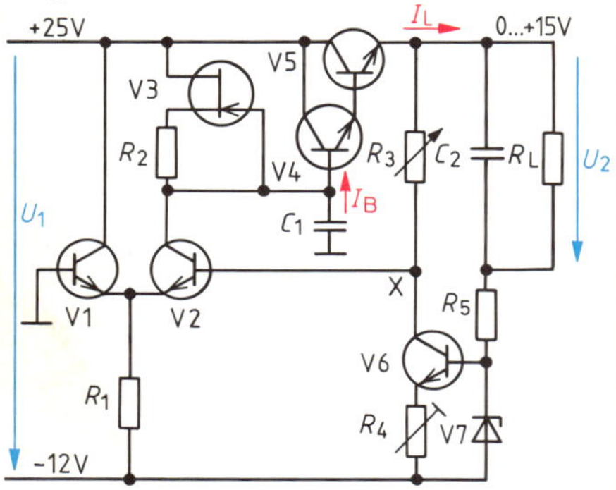

- Konstantstromquelle (V3, R_2): stabilisiert gegen Schwankungen von U_1.
- Differenzverstärker (V1, V2, R_1): beseitigt Temperaturabhängigkeit sonst üblicher Regeltransistoren.
- Darlingtonstufe (V4, V5): hohe Lastströme bei kleinen Basisströmen.
- Sollwertpotentiometer (R_3): stellt U_2 zwischen 0 V ... U_{2max} (z. B. + 15 V)
- Konstantstromquelle (V6, R_4, R_5, V7): bildet virtuelle Masse X, stabilisiert U_2 gegen Lastschwankungen.

Netzgerät mit Operationsverstärker

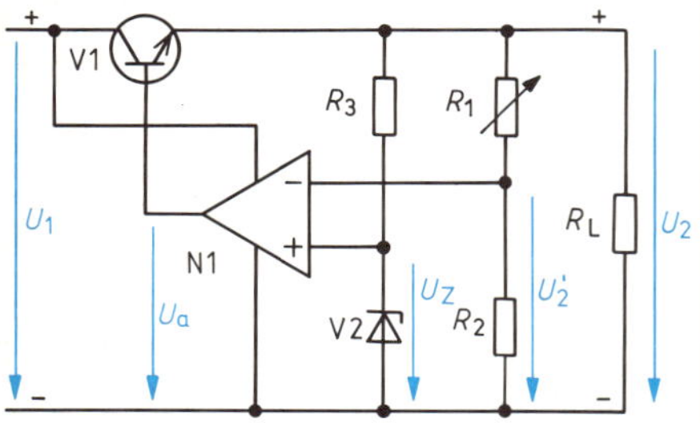

- Schaltung mit geringem Aufwand, da Operationsverstärker N1 von der Eingangsspannung U_1 mit versorgt wird.
- Operationsverstärker vergleicht Referenzspannung U_Z mit U'_2 als Teil der Ausgangsspannung U_2.
- Sinkt U_2 z. B. durch stärkere Belastung, so steigt Ausgangsspannung U_a von N1 soweit an, bis U_2 den Sollwert erreicht hat.

$$U_2 = \left(1 + \frac{R_1}{R_2}\right) \cdot U_Z$$

$$U_{2min} = U_Z;\; U_{2max} \leqq U_1$$

Beispiel:
Netzgerät mit integrierten einstellbaren Spannungsreglern

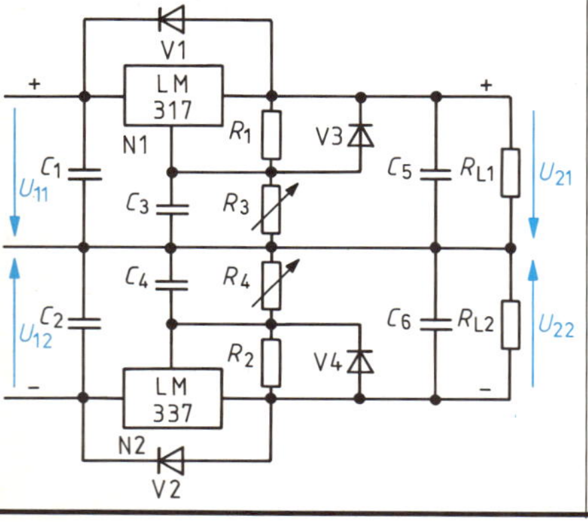

- LM 317 (N1) und LM 337 (N2) sind gebräuchliche integrierte einstellbare Spannungsregler.
- $U_{21} = (U_{11} - 3\,\text{V}) \ldots 1{,}2\,\text{V} \approx 1{,}25\left(1 + \frac{R_3}{R_1}\right)\text{V}$

  $U_{11max} = 40\,\text{V}$
- $U_{22} = [U_{12} - (-3\,\text{V})] \ldots -1{,}2\,\text{V} \approx -1{,}25\left(1 + \frac{R_4}{R_2}\right)\text{V}$

  $U_{12max} = -40\,\text{V}$
- R_1 bzw. $R_2 \geqq 120\,\Omega$

  C_1 bzw. $C_2 = 0{,}1\,\mu\text{F}$
- Rückstromschutz durch V1 bzw. V2
- Entladeschutz durch V3 bzw. V4

Schaltnetzteile

DIN 41 750 T. 2/02.85

Schaltnetzteile sind Gleichrichter mit Wechselstrom-Zwischenkreis. Die Gleichspannung U_{d1} wird zerhackt, in eine andere Spannung transformiert und gleichgerichtet. Die Regelung der Ausgangsspannung U_{d2} erfolgt durch Verändern der Impulsdauer bei konstanter Frequenz bzw. durch Frequenzänderung bei konstanter Impulsdauer.

Eigenschaften

- Gewicht und Volumen nur 20 ... 50 % von vergleichbaren herkömmlichen Netzgeräten
- Wirkungsgrad: 65 ... 90 %
- Spannungsänderung: < 1 ... 2 %
- geringer Siebmittelaufwand
- Arbeitsfrequenz: 15 kHz ... 50 kHz
  Funkstörungen möglich, Betrieb u. U. genehmigungspflichtig.

Anwendungen

Konstantspannungs- und Konstantstromquellen in

- NF-Leistungsverstärkern
- Film- und Diaprojektoren
- Büromaschinen
- Fernsehgeräten
- Meßgeräten

Grundschaltung / Wirkungsweise

Drosselwandler, sekundär getaktet

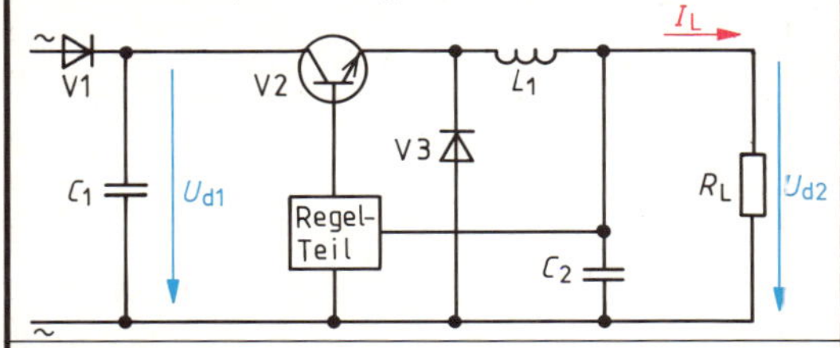

Transistorschalter V2 führt während der Leitphase der Last über L_1 Energie zu.

- In der Sperrphase von V2 gibt L_1 über V3 Energie an die Last ab, I_L behält seine Richtung bei.

Sperrwandler

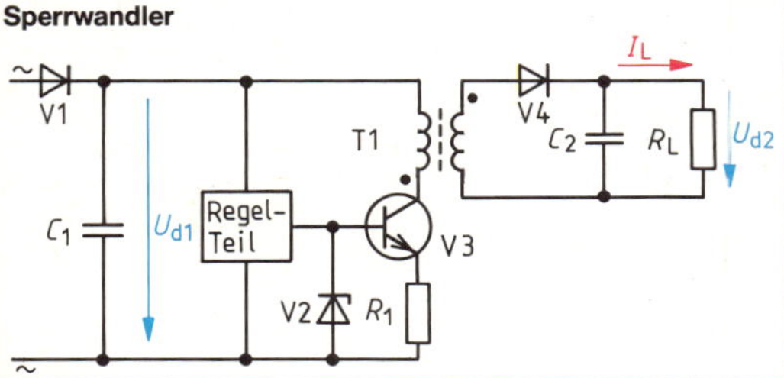

- Hoher Innenwiderstand des Sperrwandler-Netzteiles, da Transistorschalter V3 mit V2 und R_1 als Konstantstromquelle wirkt.
- Primärwicklung von T1 erhält Stromimpulse konstanter Amplitude.
- In der Sperrphase von V3 gibt T1 über V4 Energie an die Last (C_2, R_L) ab.
- Sperrt V4, speist C_2 die Last (R_L).

Flußwandler, primär getaktet

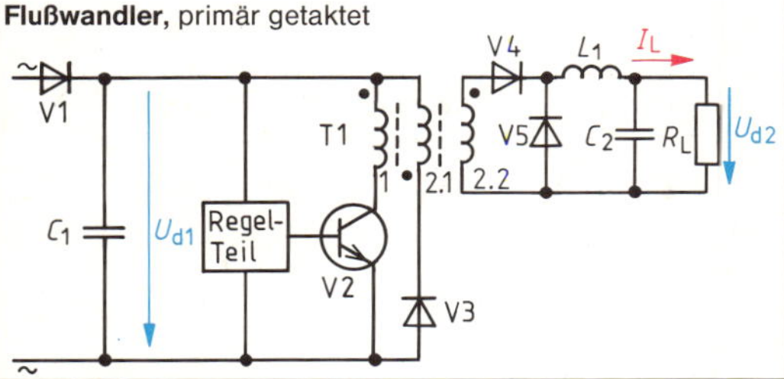

- In der Leitphase von Transistorschalter V2 erhält die Last Energie über Wicklung 2.2 und V4.
- In der Sperrphase von V2 wird dem Eingang über V3 die Energie von T1 zugeführt.
- Markanter Unterschied zum Sperrwandler liegt im gleichen Wicklungssinn von Wicklung 1 und 2.2
- Glättungsdrossel L_1 begrenzt Stromanstieg und summiert eingangsseitige Spannungszeitflächen auf.

Gegentaktwandler

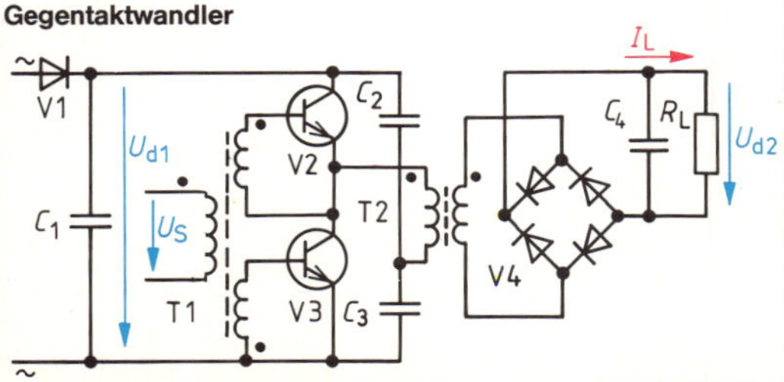

- V2, V3 bilden mit C_2, C_3 eine Brückenschaltung.
- U_{d1} wird in Rechteckwechselspannung mit der Amplitude $\frac{U_{d1}}{2}$ zerhackt und über T2 auf den Ausgang transformiert.
- V4 und C_4 formen die Sekundärspannung zur Ausgangsgleichspannung U_{d2} um.

ICs in der Leistungselektronik

Integrierte Schaltung zur Phasenanschnittsteuerung (z. B. TCA 785)

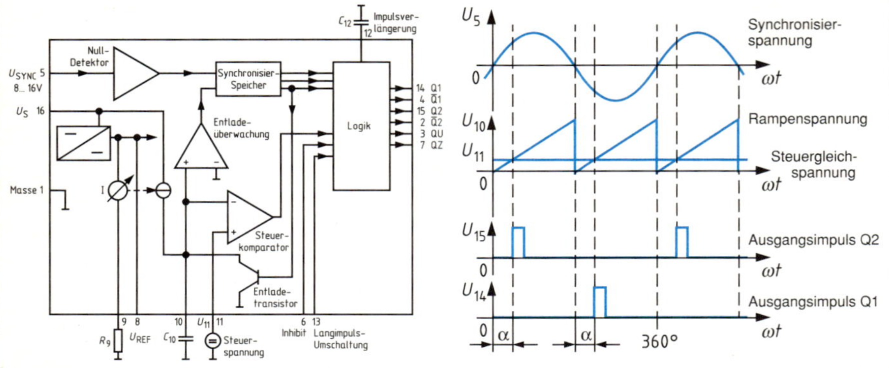

Anwendungen	Erklärung
• Phasenanschnittsteuerung von Ventilen in Stromrichterschaltungen und Stellern. • Dreiphasenbetrieb mit 3 ICs möglich. • Als Nullspannungsschalter bei Schwingungspaketsteuerung einsetzbar.	• Ableitung der Synchronisierspannung von der Netzspannung. • Konstantstromquelle I lädt C_{10} zeitlinear. • Wenn $U_{10} > U_{11}$, dann Freigabe der Ausgangsimpulse Q_1 und Q_2. • Impulsverlängerung durch C_{12}.

Steuerbausteine für Schaltnetzteile (z. B. TDA 4918/19)

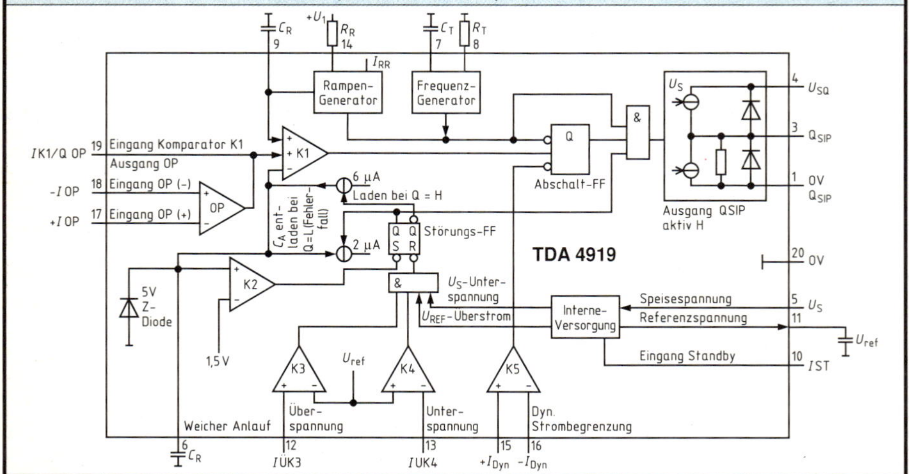

Anwendungen	Erklärung
• Direkte Ansteuerung von Leistungs-FET. • TDA 4919 für Eintaktanwendungen mit maximaler Arbeitsfrequenz von 300 kHz. • TDA 4918 für Zweitaktanwendungen mit maximaler Arbeitsfrequenz von 150 kHz. • Beide ICs sind pinkompatibel, TDA 4918 enthält lediglich ein Gegentakt Flip-Flop mehr, sowie eine weitere Ausgangstreiberstufe.	• Frequenzgenerator gibt mit negativer Flanke Triggersignal an Rampengenerator. • Impulsbreitensteuerung durch Vergleich der positiven Rampengenerator-Flanke mit externer Gleichspannung am Komparator K1. • Frequenzgenerator schaltet mit positiver Flanke Treiberausgang „hoch“. • Übersteigt Rampengenerator-Flanke Spannungspegel an K1-Plus-Eingängen, wird Ausgang gesperrt. • Bestimmung von Q_{SIP} durch U_S bzw. U_{SQ}.

ICs in der Leistungselektronik

Interfacebaustein zur Pulsbreitenmodulation (z. B. SLE 4520)

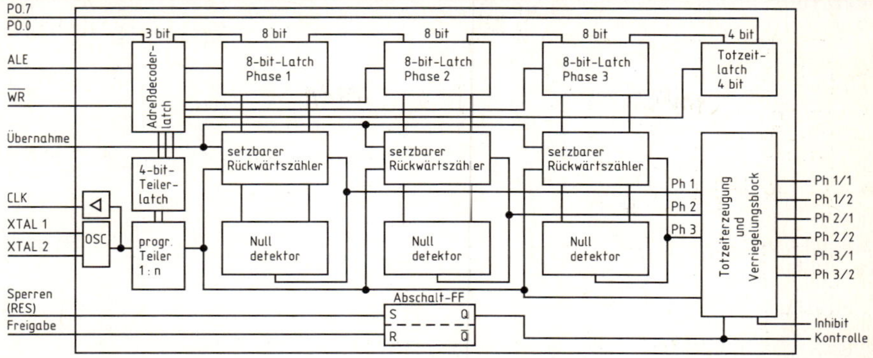

Anwendungen

- Umsetzung von Sinusfrequenzen und Sinusamplituden sowie Ablauffolgen in pulsbreitenmodulierte Takte für 3 Phasen.
- Ansteuerung von Umrichtern für Drehstrommotoren mit weiten Drehzahlbereichen.

Betriebswerte

- Pulsbreitenmodulierte Spannung bis max. 210 V bei Umrichteranschluß an 230 V/50 Hz.
- Sinusform-Annäherung durch Rechteckimpulse unterschiedlicher Anzahl, z. B. 6 Stützstellen bei hohen und 240 bei niedrigen Frequenzen.
- Direktbetrieb potentialtrennender Optokoppler.

Erklärung

- Arbeitsfrequenzgewinnung aus Betriebsfrequenz des Oszillators über progr. Teiler.
- Sollwertvorgabe, z. B. vom Mikrocontroller SAB 8051 über Datenbus (P0.0 bis P0.7).
- Datenwort-Umwandlung in Impulsbreiten über 8-Bit-Rückwärtszähler und Nulldedektoren.
- Vermeidung von Schaltüberlappungen der Leistungstransistoren durch Kontrollregister mit Verriegelungsblock.
- Ausgänge Ph 1/1 bis Ph 3/2 bilden Schnittstelle zum Leistungsteil.

Doppeloperationsverstärker (z. B. TCA 2465)

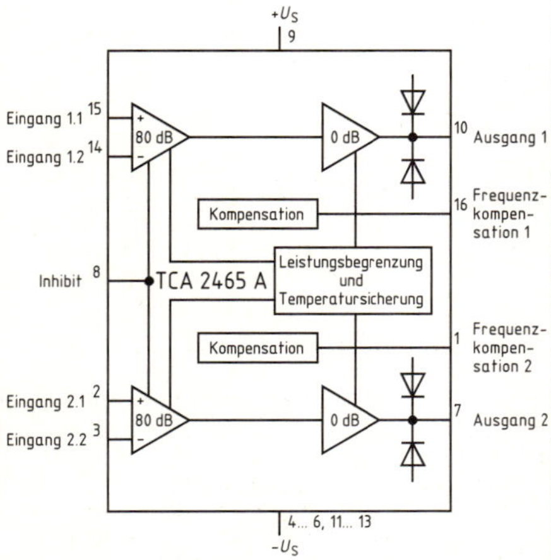

Anwendungen

- OP-Verstärkerschaltungen im invertierenden und nichtinvertierenden Betrieb.
- Antrieb von Servomotoren mit schnellwechselnden Drehrichtungen.

Betriebswerte

Speisespannungen: $U_s = \pm 3\ \text{V} \dots \pm 21\ \text{V}$

Eingangsspannungen: $U_2, U_3, U_{14}, U_{15} = -U_s \dots +U_s$

Inhibitspannung: $U_8 = -U_s \dots +U_s$

Speisestrom: $I_s = -5\ \text{A} \dots +5{,}5\ \text{A}$

Ausgangsströme: $I_{Amax} = 2{,}5\ \text{A}$

Ausgänge 1 und 2 kurzschlußfest gegen $\pm U_s$.

Erklärung

- Realisierung einer Vollbrückenschaltung durch zwei Operationsverstärker.
- Anschluß des Servomotors zwischen Ausgang 1 und Ausgang 2.
- Maximale Ausgangsspannung gleich Versorgungsspannung minus OP-Restspannung.
- Integrierte Freilaufdioden ermöglichen den Betrieb induktiver Lasten.
- Zur Vermeidung von Schwingneigungen sind die Spannungsversorgungen und die Ausgänge mit HF-Kondensatoren bzw. *RC*-Gliedern zu beschalten.
- Durch Inhibit-Eingang (zur Sperrung der Ausgangssignale) sind die Ausgänge auch für Tri-State-Betrieb geeignet.

Wechselrichter und Wechselstrom-Umrichter

Schaltungsbeispiele	Ausgangsspannungen	Bemerkungen
Parallelschwingkreis-Wechselrichter (lastgeführt) 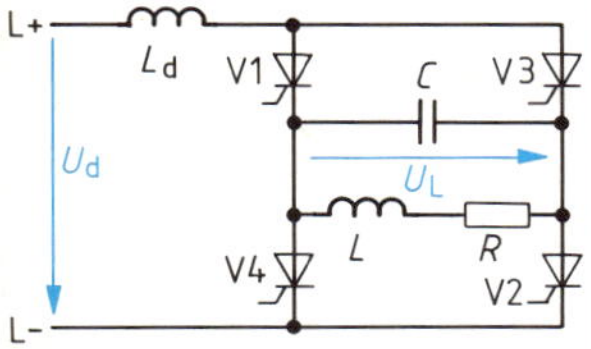	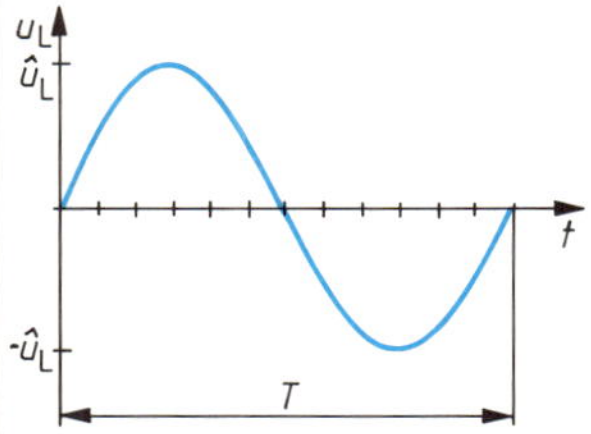	• Einsatz im Mittelfrequenz-Bereich bei Schmelzöfen • Ausführung mit Last als: Parallelschwingkreis mit sinusförm. Spannung und rechteckförmigem Strom oder Reihenschwingkreis mit sinusförm. Strom und rechteckförmiger Spannung $\frac{1}{T} = f_B \approx f_o = \frac{1}{2\pi\sqrt{LC}}$
Selbstgeführter Wechselrichter (einphasig) 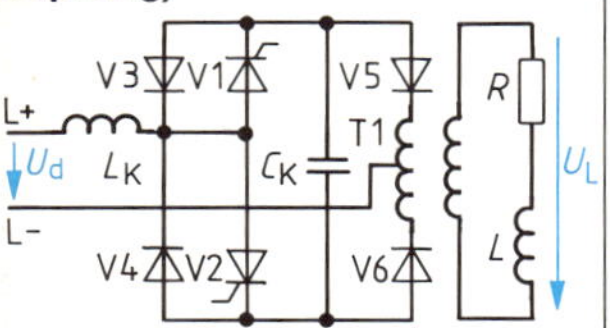	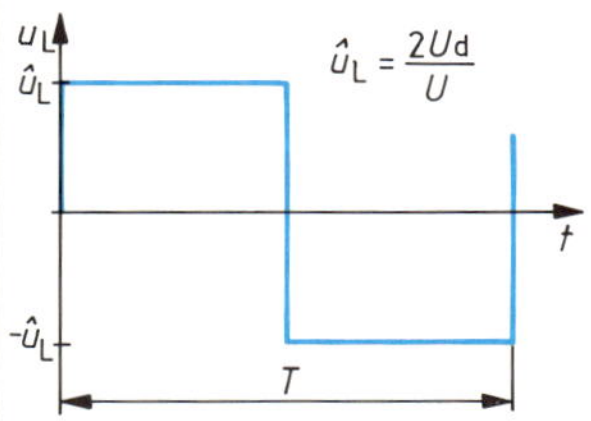	• Wechselrichter in Mittelpunktschaltung versorgt durch Rücklaufdioden V3 und V4 beliebige Lasten mit nahezu rechteckförmiger Wechselspannung. • Einsatz z. B. als Notstromversorgung von Anlagen der Fernmeldetechnik.
Selbstgeführter Wechselrichter (dreiphasig) 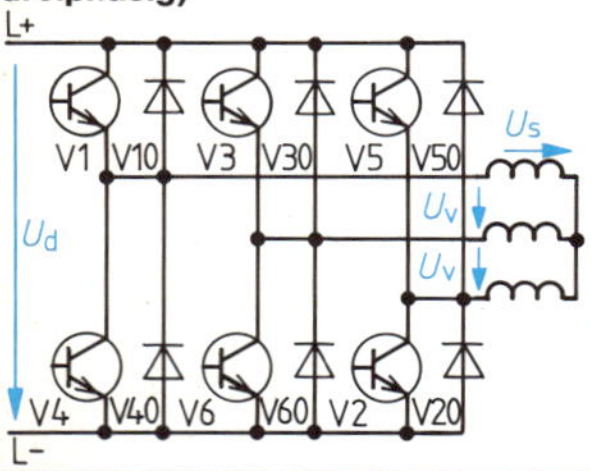	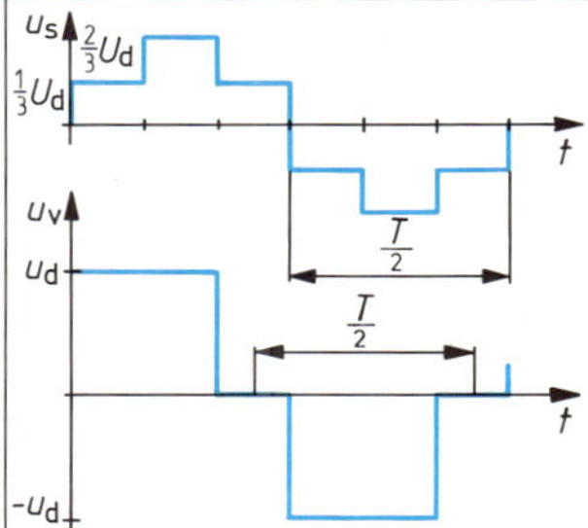	• Anwendung vorzugsweise bei drehzahlgeregelten Antrieben mit Drehstrommaschinen. • Wechselrichter für Leistungen ab 10 kW mit Thyristoren und Einzellöschkreisen. • Spannungsdiagramme bei einem Stromflußwinkel der Ventile von $\Theta = 180°$.
Direktumrichter (Trapezumrichter) 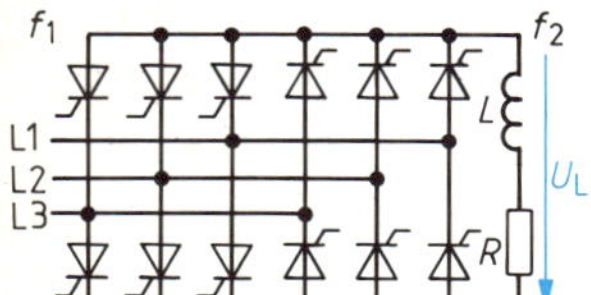 Teilstromrichter *I* Teilstromrichter *II*	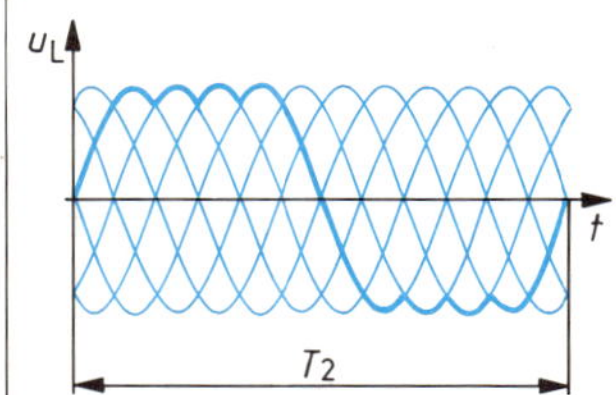	• Antiparallelschaltung zweier vollgesteuerter Teilstromrichter ermöglicht eine Wechselspannung mit $f_2 < f_1$. • Beim Trapezumrichter wird die Ausgangsspannung durch die Kuppenzahl der Netzspannungen bestimmt. • Drei Umrichter (auch als Steuerumrichter) ermöglichen Versorgung von Drehstrom-Antrieben.
Zwischenkreis-Umrichter (Pulsumrichter) 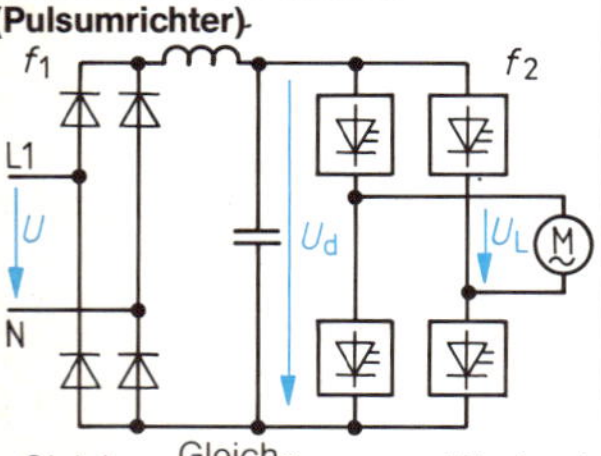 Gleichrichter Gleichspannungs-Zwischenkreis Wechselrichter	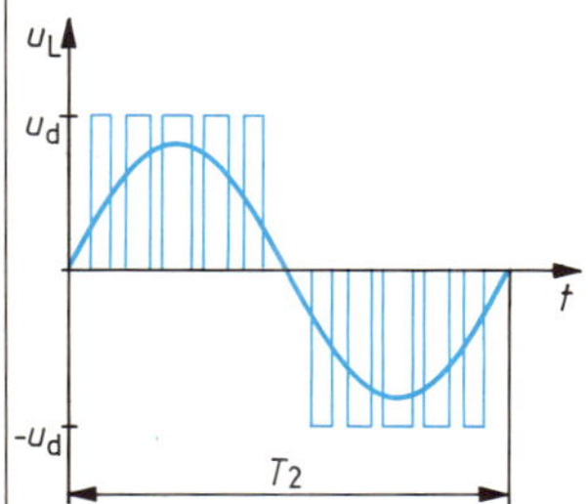	• Durch spezielle Pulsbreitensteuerung kann die Wechselspannung stufenlos bezüglich Frequenz und Amplitude verstellt werden. • Die sinusförmige Grundschwingungsfrequenz liegt unterhalb der Pulsfrequenz (Unterschwingungsverfahren). • Symbol für löschbares Ventil: 

Elektronische Drehzahlsteuerung von Drehfeldmaschinen

Versorgung	Direkt aus dem Drehstromnetz				Indirekt aus dem Drehstromnetz über Zwischenkreisumrichter			
Ständer-Frequenz	konstant			variabel				
Bezeichnung	**Drehstromsteller**	**Gepulster Läuferwiderstand**	**Untersynchrone Stromrichterkaskade**	**Direktumrichter**	**Umrichter mit Spannungszwischenkreis**	**Umrichter mit Stromzwischenkreis**	**Stromrichtermotor**	**Pulsumrichter**
Schaltung	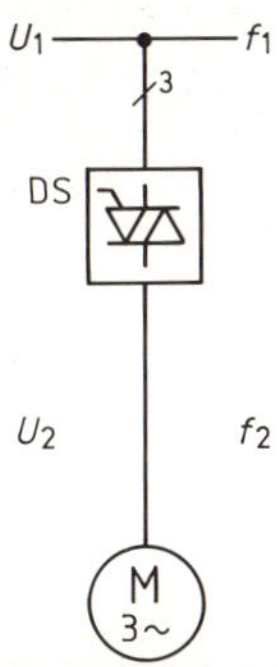	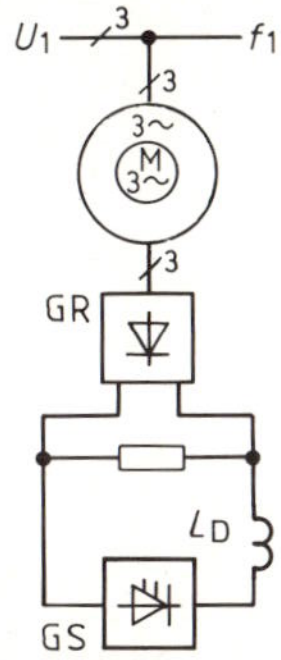	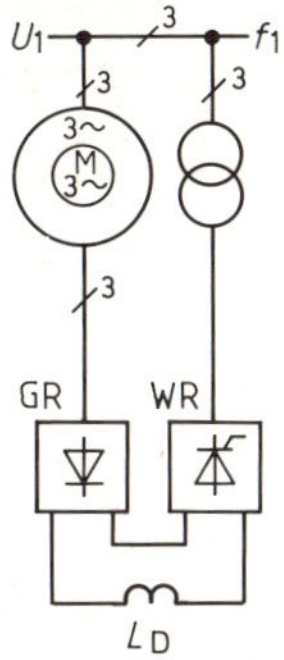	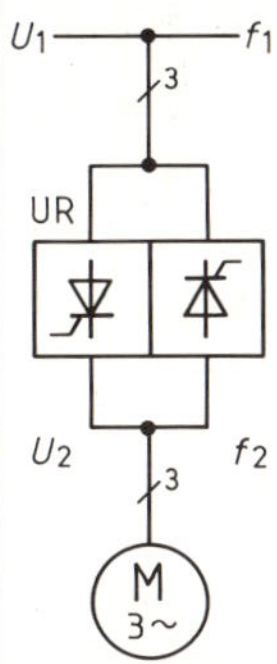	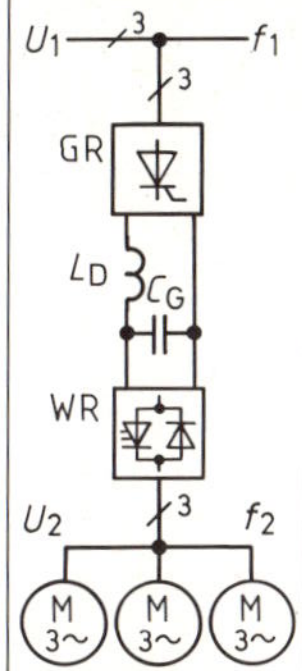	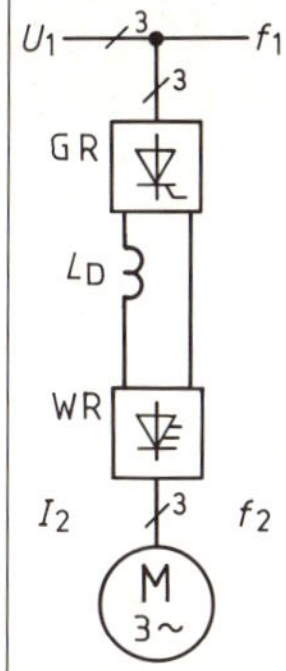	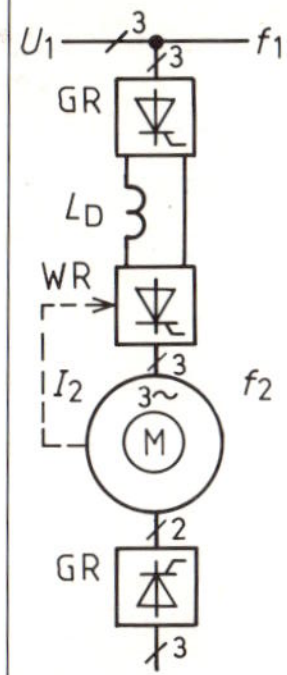	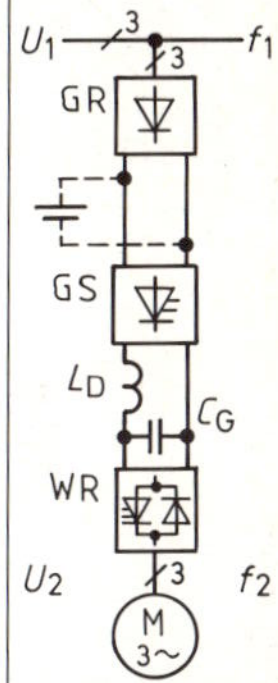
Eigenschaften	Reduzierte Ständerspannung senkt magn. Fluß. Größerer Schlupf erzeugt höh. Läuferstrom, damit konst. Moment bei niedr. Drehz.	Beeinflussung des Läuferwiderstandes durch pulsgesteuerten Widerstand. Schlupfleistung wird im Läuferkreis in Wärme umgesetzt.	Schlupfleistung wird über Stromrichterkaskade ins Drehstromnetz zurückgeführt.	● Vollgesteuerte Umkehrstromrichter erzeugen Wechselspannung und -strom ● Ständerfrequenz $f_2 \leqq 0{,}5$ Netzfrequenz	Lastspannung wird durch Spannungszwischenkreis eingeprägt. Netz wird durch Steuerblindleistung belastet.	Geringerer Stromrichteraufwand. Bedingt durch eingeprägten Strom nur Speisung von dauernd eingeschalteten Einzellasten möglich.	Eingeprägter Strom versorgt Synchronmaschine. Polradstellung taktet Maschinenstromrichter, kein Kippen bei Laststößen	Ungesteuerter Netzstromrichter verhindert Steuerblindleistung. Gepulste Ausgangsspannung ist oberschwingungsarm.
Anwendung	Lüfter- und Kreiselpumpenantriebe bis ca. 10 kW.	Schleifringläuferantriebe bis ca. 20 kW.	Verlustarme Schleifringläuferantriebe bis MW-Bereich, z. B. Pumpen- und Lüfterantriebe.	Versorgung von Reisezügen mit Diesellokomotive, Rohrmühlenantrieb im MW-Bereich.	Gruppenantriebe mit hoher Gleichlaufforderung bis $f_2 \leqq$ 600 Hz.	Einmotorantriebe bis 1 MW im Drehzahlstellbereich von 1:20	Antriebe bis zum MW-Bereich. Kleine Antriebe z. B. in Tonbandgeräten, Plattenspielern	Konst. Zwischenkreissp. kann durch Gleichsp.-Netz gestützt werden. Bis 10 kW transistor. Pulsumrichter.

GR: Gleichrichter, gesteuert oder ungesteuert; WR: Wechselrichter, selbst- oder netzgeführt; GS: Gleichstromsteller; UR: Direktumrichter; DS: Drehstromsteller

Wechselwegschaltungen

DIN V 41 761/1.87

Wechselwegschaltungen finden als Stromrichterleistungsteile Einsatz in elektronischen Schaltern und Stellern wie z. B. Nullspannungsschaltern, Schwingungspaket- oder Phasenanschnittsteuerungen.

<table>
<tr><th>Bezeichnung</th><th>Schaltung</th><th>Eigenschaften</th><th>Anwendungen</th></tr>
<tr><td>Halbgesteuerte Einphasen-Wechselweg-Schaltung

W1H</td><td>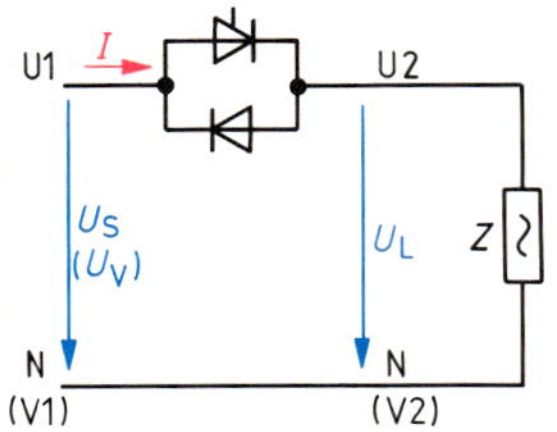</td><td>● Unsymmetrische Lastspannung bei Teilaussteuerung
● Gleichstromkomponente im Netzstrom bei $\alpha > 0°$</td><td>● Wechselstromsteller im Leistungsbereich von 50 % … 100 %</td></tr>
<tr><td>Vollgesteuerte Einphasen-Wechselweg-Schaltung

W1C</td><td>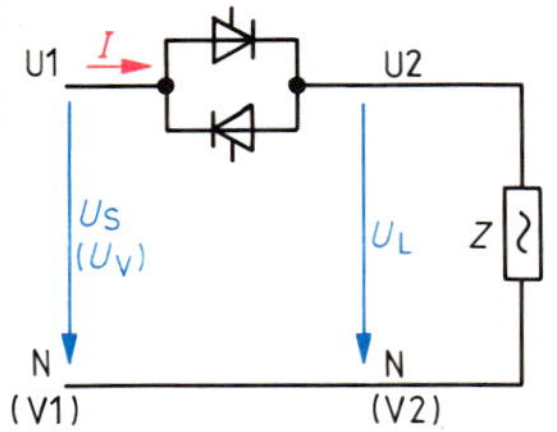</td><td>● Symmetrische Lastspannung
● Steuerblindleistung im Netz bei $\alpha > 0°$</td><td>● Wechselstromsteller im Leistungsbereich von 0 % … 100 %
● Mit Triac als Dimmer oder elektronisches Lastrelais</td></tr>
<tr><td>Halbgesteuerte Dreiphasen Wechselweg-Schaltung

W3H</td><td>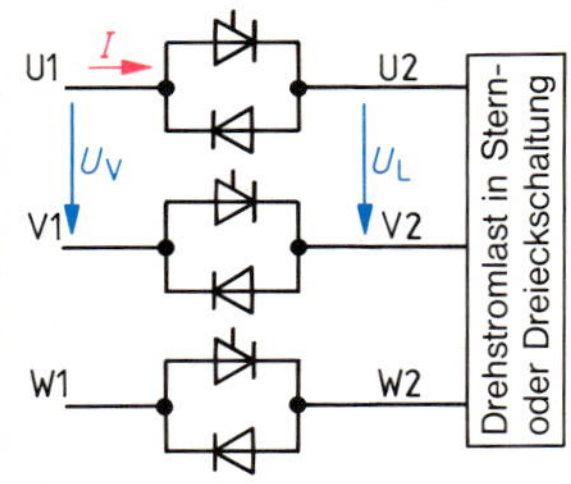</td><td>● Unsymmetrische Lastspannung bei $\alpha > 0°$ fördert die Geräuschbildung bei Motorlast.
● Geringer Aufwand zur Ventilansteuerung.</td><td>● Drehstromsteller im Leistungsbereich von 0 % … 100 % bei Antrieben mit geringen Anforderungen wie z. B. niedriges Anlaufmoment.</td></tr>
<tr><td>Zweiphasig gesteuerte Dreiphasen-Wechselweg-Schaltung

W3-2C</td><td>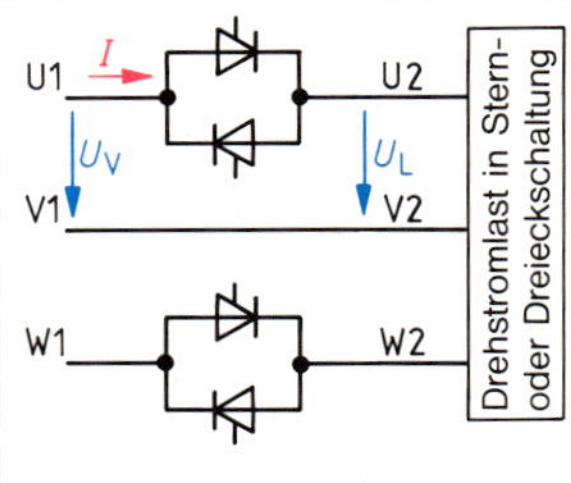</td><td>● Ständige Verbindung der Last mit den Netz.
● Einfache Zündbedingungen.
● Bei Sternschaltung der Last darf der Neutralleiter nicht mit angeschlossen werden.</td><td>● Drehstromschalter (Elektronisches Schütz) mit reduziertem Ventilaufwand für Einsätze mit hoher Schalthäufigkeit bei großen Strömen.</td></tr>
<tr><td>Vollgesteuerte Dreiphasen-Wechselweg-Schaltung

W3C</td><td>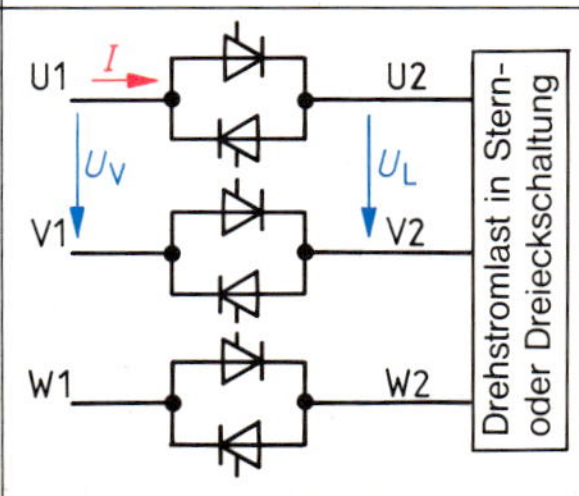</td><td>● Erhöhter Zündaufwand, da Stromkreis über mindestens zwei Außenleiter geschlossen wird.</td><td>● Drehstromsteller für Antriebe mit geringen Anforderungen (z. B. Lüfter)
● In Beleuchtungs- und Heizungsanlagen in Sternschaltung mit Neutralleiter als 3W1C-Steller.</td></tr>
</table>

Phasenanschnittsteuerungen

EN 60 555 T.1/
DIN VDE 0838/6.87

Phasenanschnittsteuerungen schalten die Spannung bei bestimmten Phasenwinkeln zur Last. Der Leistungsumsatz kann so zwischen 0 % und 100 % eingestellt werden. Verbraucher ab gewissen Grenzleistungen dürfen nur mit Sondergenehmigung betrieben werden, da Phasenanschnittsteuerungen Netzrückwirkungen, wie z. B. Steuerblindleistung, erzeugen.

Beispiel:
W1C-Schaltung mit Triac als Dimmer:

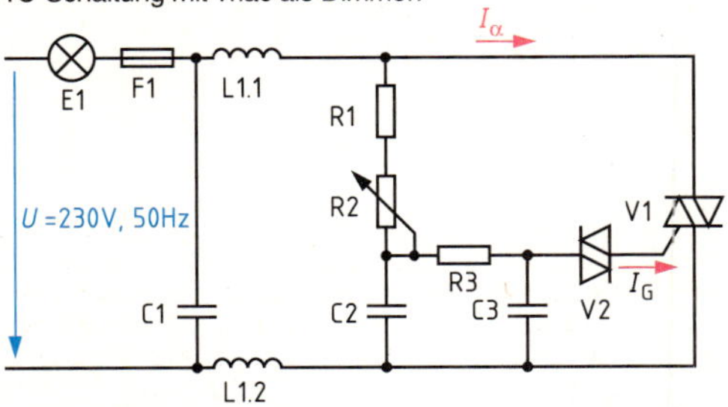

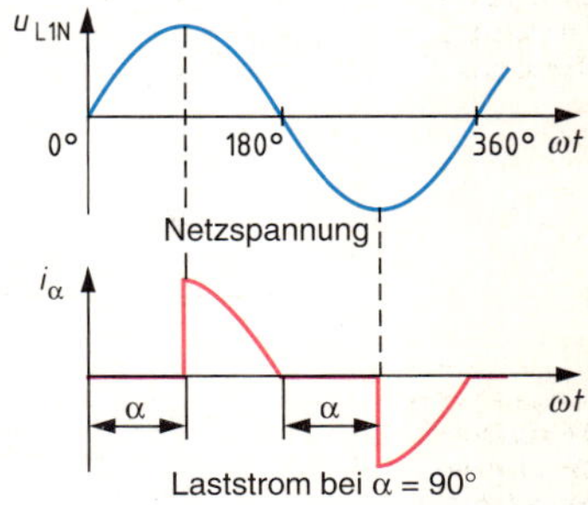

Steuerkennlinien des Wechselstromstellers bei Widerstandslast

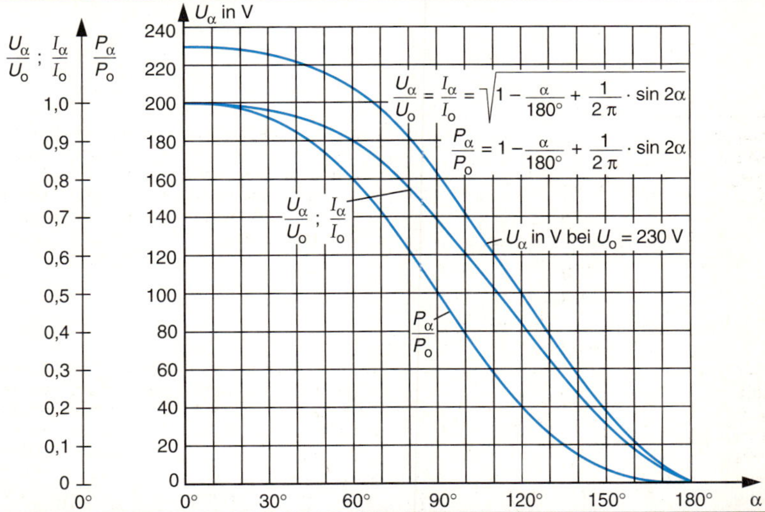

Maximalleistungen von Verbrauchern mit symmetrischer Phasenanschnittsteuerung

Anschluß	Glühlampen in gewerblich oder landwirtschaftlich genutzten Anlagen	Verbraucher mit induktivem Anteil im Hausgebrauch (Motoren, Entladungs-Lampen o.ä.)
U_{L1N} = 230 V	… 700 W	… 1400 W
U_{L1L2} = 400 V	… 2000 W	… 4500 W
400 V, 3/N/PE ~ 50 Hz	… 1200 W (symm. Last)	… 2500 W (symm. Last)
400 V; 3/PE ~ 50 Hz	… 3600 W (symm. Last)	… 10 000 W (symm. Last)

Je Haushaltsanlage ist die Installation von Leuchten mit Phasenanschnittsteuerung nur bis zu einem Anschlußwert von 1000 W zulässig.

Nullspannungsschalter

Elektronische Schalter, die eine Last stets im Spannungsnulldurchgang schalten, nennt man Nullspannungsschalter.
Erfolgt die Ansteuerung über Optokoppler, spricht man von elektronischen Lastrelais bzw. Solid-State-Relais.

Vorteile:

- Galvanische Trennung von Steuer- und Lastkreis.
- Prellfreies Schalten, lange Einsatzdauer
- Geringe Funkstörungen durch Nullspannungsschalter.
- Hohe Schaltgeschwindigkeit

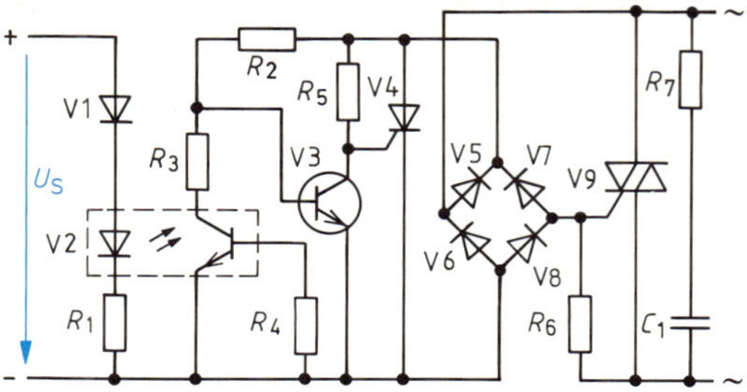

Beispiel:
Elektronisches Lastrelais für Nennströme bis 40 A bei einer Steuerspannung von 3 ... 30 V.

Schwingungspaketsteuerung

Nullspannungsschalter, die eine einstellbare Anzahl von Wechselspannungsperioden zur Last schalten, wirken als Schwingungspaket- bzw. Vollwellensteuerung. Die mittlere Leistungsaufnahme der Last kann so 0 ... 100 % betragen.

Vorteile:

- Keine Oberwellen im Netz, da sinusförmiger Strom.
- Keine Steuerblindleistung, da $\cos \varphi = 1$.

Nachteile:

- Für Beleuchtungen und Antriebe nicht geeignet, da Flackern bzw. Rucken.

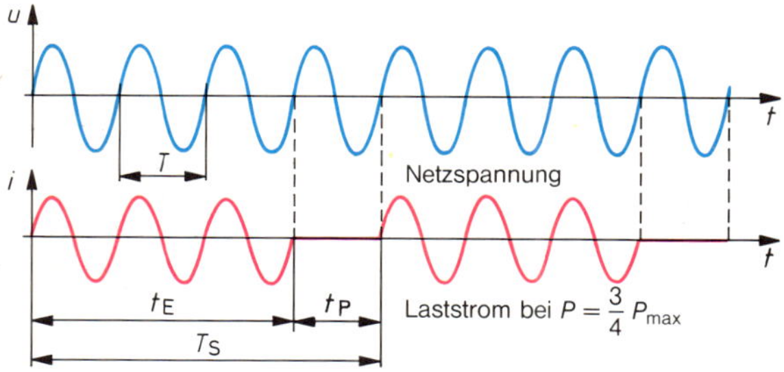

$$T = \frac{1}{f}$$

$$T_S = t_E + t_P$$

$$P = \frac{t_E}{T_S} \cdot P_{max}$$

$$P_{max} = \frac{U^2}{R_L}$$

Beispiel:
Industrielle Schwingungspaketsteuerung für Nennströme bis 560 A.
Hauptanwendung zur Heizungs- und Temperaturregelung bei

- Schmelzöfen
- Trockenöfen
- Drahtglühmaschinen
- Kunststoffverarbeitungsmaschinen

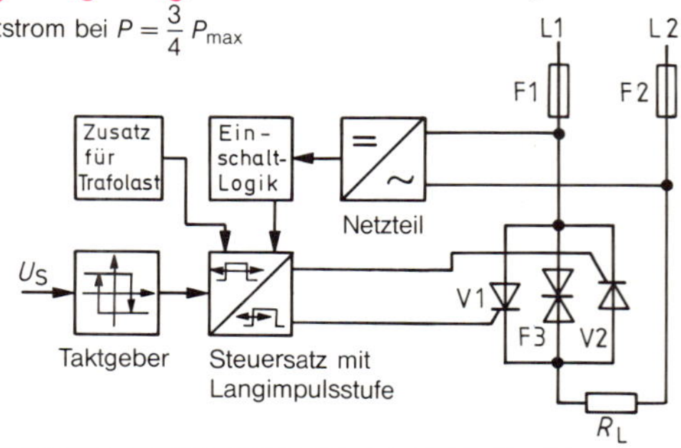

Maximalleistung von Verbrauchern[1]) mit symmetrischer Schwingungspaketsteuerung

r[2]) in min^{-1}	Anschluß an 230 V ~	Anschluß an 400 V ~	Anschluß an 400 V; 3/N
≧ 1000	... 400 W	... 900 W	... 1800 W
500	... 600 W	... 1500 w	... 3 000 W
100	... 900 W	... 2200 W	... 4 400 W
10	... 1700 W	... 4100 W	... 8 300 W
5	... 2100 W	... 5100 W	... 10 400 W
3	... 2500 W	... 6100 W	... 12 300 W
2	... 2800 W	... 6900 W	... 14 000 W
1	... 3500 W	... 8600 W	... 17 400 W

[1]) Reine Widerstandslasten [2]) Schalthäufigkeit (Ein- und Ausschaltvorgänge)

Überspannungsschutz von Halbleiter-Ventilen und -Stromrichtern

Überspannungen entstehen u. a. durch:
- Trägerstaueffekt (TSE) der Ventile
- Schalthandlungen an kapazitiven oder induktiven Lasten
- atmosphärische Einflüsse

Schaltungsbeispiele	Eigenschaften	Anwendungen
Kombinierter Schutz 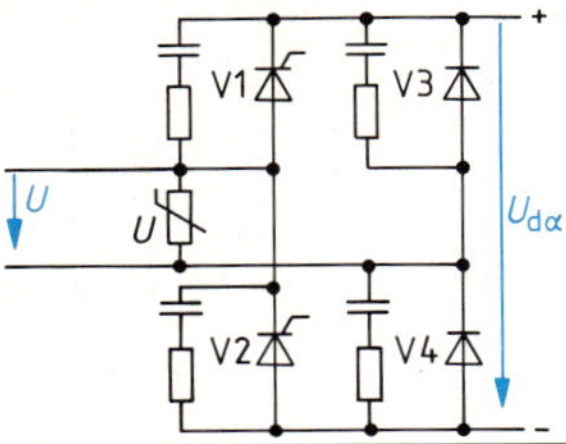	• Schutz gegen TSE-Überspannungen durch *RC*-Einzelbeschaltung der Ventile. • Überspannungsbegrenzung der Eingangsspannung durch Varistor.	• Schutz kleinerer Stromrichter und elektronischer Lastrelais vor Schaltüberspannungen. • Varistoren sind als TSE-Beschaltung nur für Thyristoren mit Rückstromspitzen <20 A geeignet.
Avalanche-Diode 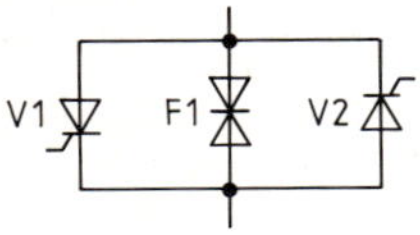	• Überspannungsbegrenzung durch symmetrische Avalanche-Dioden (Gegenreihenschaltung) • Verlustwärme bei Überspannungsbegrenzung kann durch konstruktive Maßnahmen leicht abgeführt werden.	• Überspannungsbegrenzung von Thyristoren in Anlagen ab 100 kW. • Für Thyristoren mit geringer Spannungssteilheit ist eine zusätzliche TSE-Beschaltung erforderlich.
Kippdiode 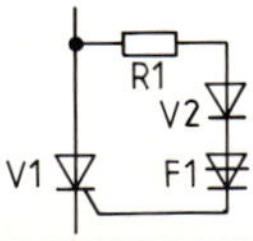	• Kippdioden besitzen eine festgelegte Kippspannung U_{BO} von 500 V ... 4000 V und sind für Überkopfzünden geeignet.	• Überspannungsableiter zum Schutz großer Leistungsthyristoren in Blockierrichtung. • Nur für Anlagen, in denen eine Schutzzündung erlaubt ist.

Überstromschutz von Halbleiter-Ventilen und -Stromrichtern

Schaltungsbeispiel	Kennlinien	Eigenschaften	Anwendungen
Strangsicherungen 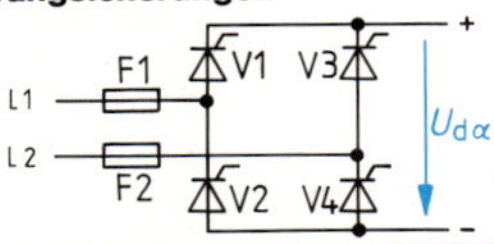	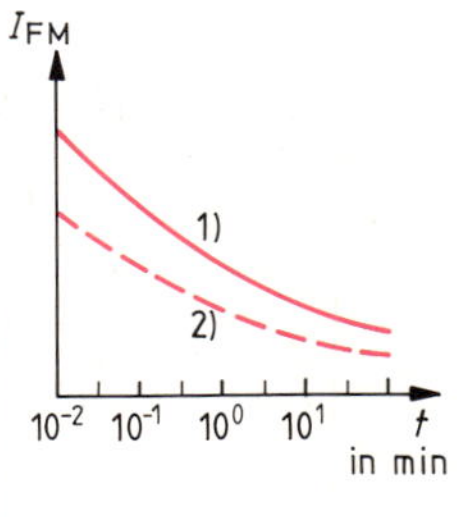	• niedrige Ausrüstungskosten • zulässiger Ventilüberstrom kann nicht voll genutzt werden	• Leistungsbereich bis etwa 20 kW
Zellensicherungen 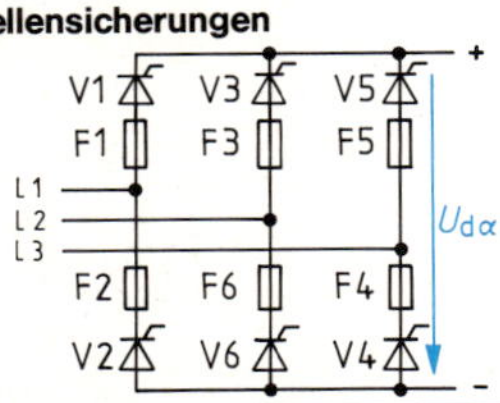		• höhere Ausrüstungskosten gegenüber Strangsicherungen • bessere Ausnutzung	• bei Gegenspannungsbetrieb • bei mehreren parallel geschalteten Ventilen pro Zweig
Kombinierter Schutz 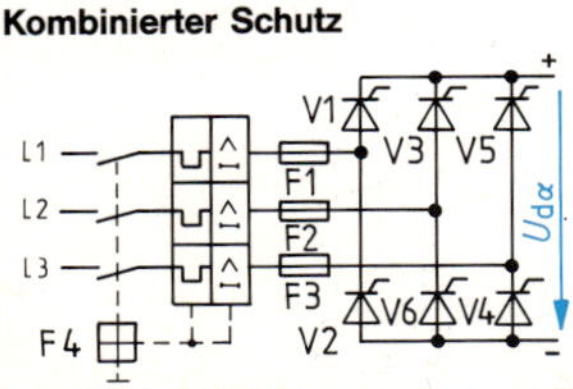	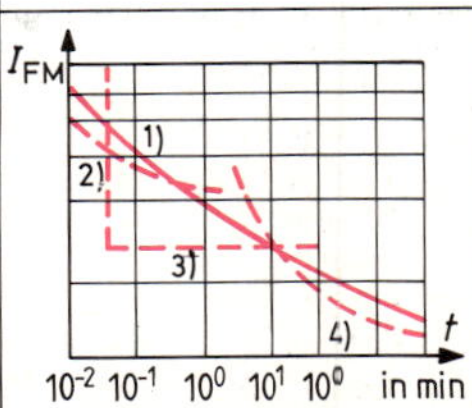	• hohe Ausrüstungskosten • sehr gute Anpassung an die Überlastkennlinie der Ventile	• Leistungsbereich ab 20 kW

[1]) Grenzstromkennlinie des Ventils, [2]) Schmelzkennlinie der Sicherung, [3]) Schnellauslöser-Kennlinie, [4]) Thermische Überstromauslöse-Kennlinie

Kühlung und Kühlarten von Halbleiterventilen und Stromrichtern

DIN 41 751/5.77

Die Ableitung der Verlustwärme von Halbleiterventilen beeinflußt Belastbarkeit und Bauvolumen der Stromrichteranlagen.

Beispiel: Ventil mit Druckgußkühlkörper

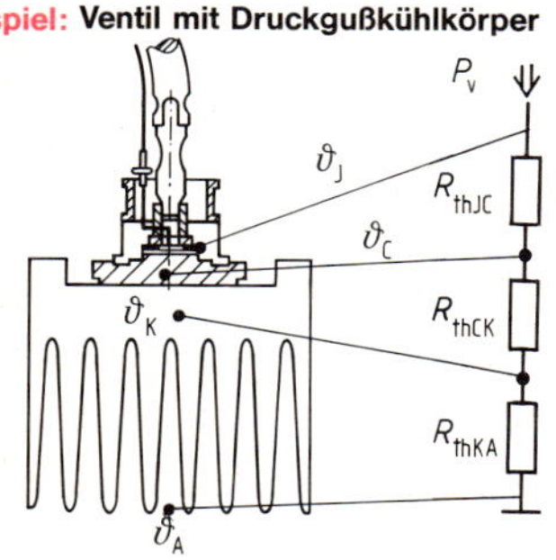

Ersatzschaltbild für den Wärmewiderstand R_{th}

Stationärer Zustand:

$$R_{th} \neq f(t); \; [R_{th}] = \frac{K}{W}$$

$$P_v = \frac{\vartheta_J - \vartheta_A}{R_{thJA}}$$

$$R_{thJA} = R_{thJC} + R_{thCK} + R_{thKA}$$

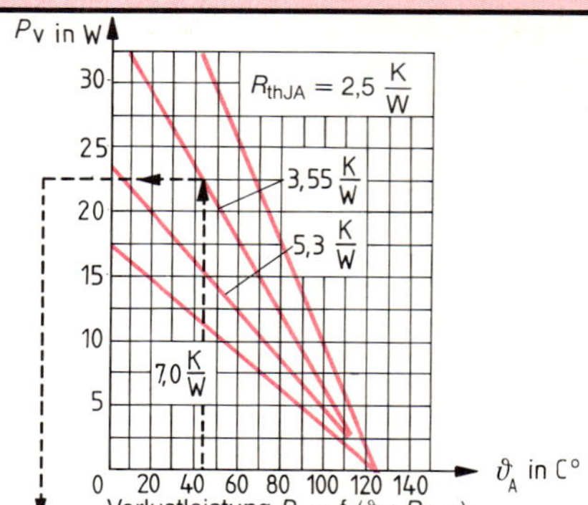

Verlustleistung $P_v = f(\vartheta_A; R_{thJA})$

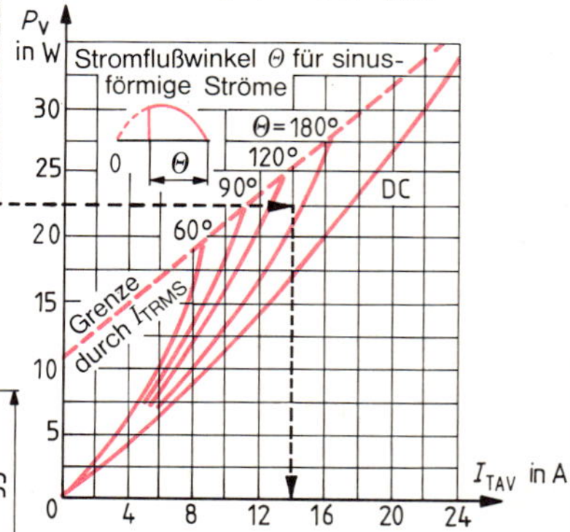

Thyristorstrom $I_{TAV} = f(P_v; \Theta)$
Strombelastbarkeit des Thyristors CS 8 bei $\vartheta_A = 45\,°C$, $R_{thJA} = 3{,}55 \frac{K}{W}$ und $\Theta = 180°$

Kühlkörperformen:

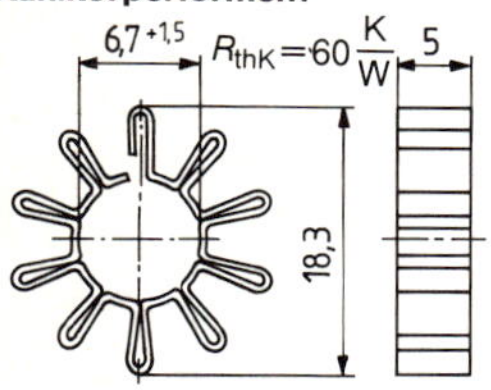

Federkühlkörper aus Federbronze, geschwärzt

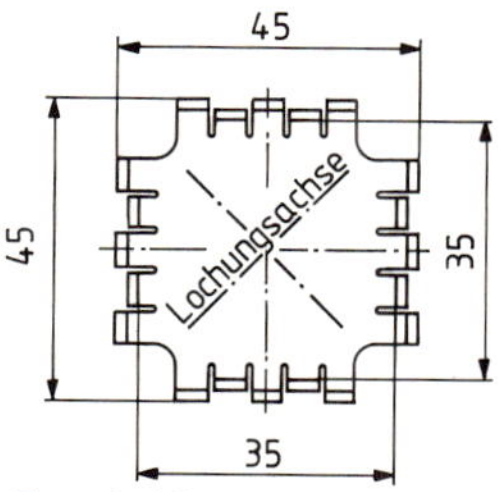

Fingerkühlkörper aus Aluminium $R_{thK} = 6 \frac{K}{W}$

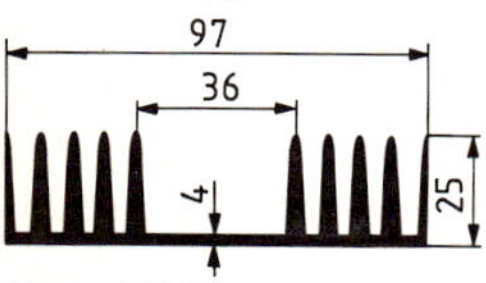

Rippenkühlkörper aus Aluminium-Druckguß als Stangenmaterial

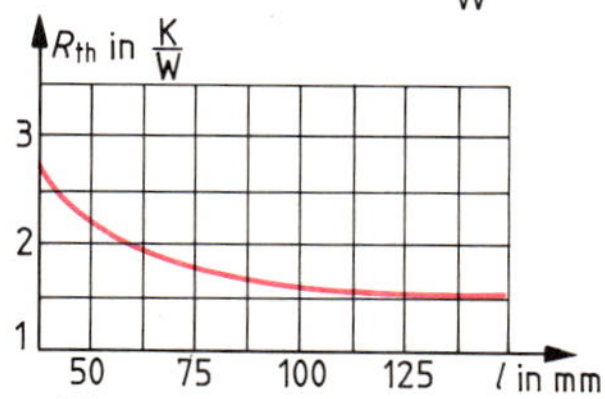

Wärmewiderstand des Rippenkühlkörpers als f (l)

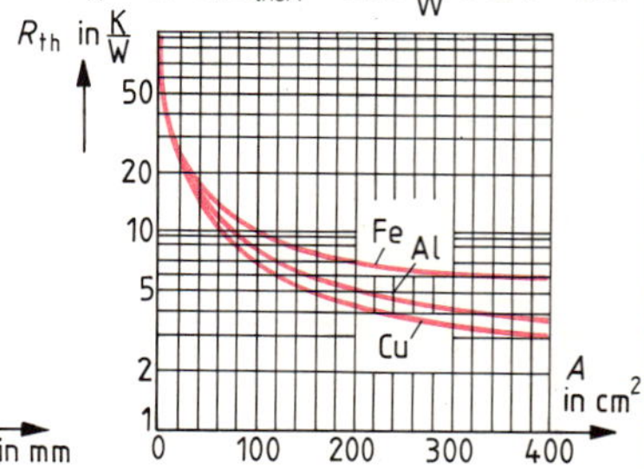

Wärmewiderstände R_{thKA} von 1 mm starken, blanken, quadratischen Blechen

Kurzzeichen für Kühlarten

Kühlart	Kühlmittel	Unmittelbare Kühlung		Mittelbare Kühlung durch Wärmeträger im					
				Wärme-Leiter	natürl. Umlauf		erzwungenen Umlauf		
					Luft	Öl	Luft	Öl	Wasser
Natürlich	Luft	S		KS	LS	OS	LUS	OUS	–
Verstärkt	Luft[1])	F	G	KF	–	OF	LUF	OUF	WUF
	Wasser	W		–	–	OW	LUW	OUW	WUW

[1]) Bei mittelbarer verstärkter Luftkühlung ist statt Kurzzeichen F auch G möglich.

6 Automatisierungstechnik

Grundbegriffe der Meßtechnik

DIN 1319/06.85

- **Messen**
  Experimenteller Vorgang zur Ermittlung eines speziellen Wertes einer physikalischen Größe als Vielfaches einer Einheit oder eines Bezugswertes.
- **Meßgröße**
  Durch Messung erfaßte physikalische Größe, z. B. Arbeit.
- **Meßwert**
  Speziell zu ermittelnder Wert der Meßgröße in Zahlenwert und Einheit, z. B. 12 kWh.
- **Meßprinzip**
  Nutzung einer charakteristischen physikalischen Erscheinung zur Messung, z. B. Drehmomentbildung beim elektrodynamischen Motorzähler zur Messung der elektrischen Arbeit.
- **Meßverfahren**
  Praktische Anwendung und Auswertung eines Meßprinzips.
- **Direktes Meßverfahren**
  Meßwertlieferung durch unmittelbaren Vergleich mit einem Bezugswert derselben Meßgröße, z. B. Massenvergleich mit Gewichten.
- **Indirektes Meßverfahren**
  Rückführung des gesuchten Meßwertes auf andere physikalischen Größen, z. B. drehzahlproportionale Arbeit beim Motorzähler.
- **Meßeinrichtung** (Meßanordnung)
  Besteht aus einem oder mehreren zusammenhängenden Meßgeräten mit Zusatzeinrichtungen und Zubehör.
- **Analoges Meßverfahren**
  Eindeutige punktweise stetige Darstellung der Meßgröße, z. B. stetig verschiebbarer Zeiger.
- **Digitales Meßverfahren** (s. S. 231)
  Zahlenmäßige Darstellung der Meßgröße bei gegebenem kleinsten Meßschritt.
- **Zählen**
  Ermittlung der Anzahl von gleichartigen Elementen oder Ereignissen, die bei der Untersuchung eines Vorganges auftreten.
- **Prüfen**
  Feststellung, ob Prüfgegenstand eine oder mehrere vereinbarte oder vorgeschriebene Bedingungen erfüllt.

Skalensymbole

DIN 43 802 T.6/06.64

Beispiel:

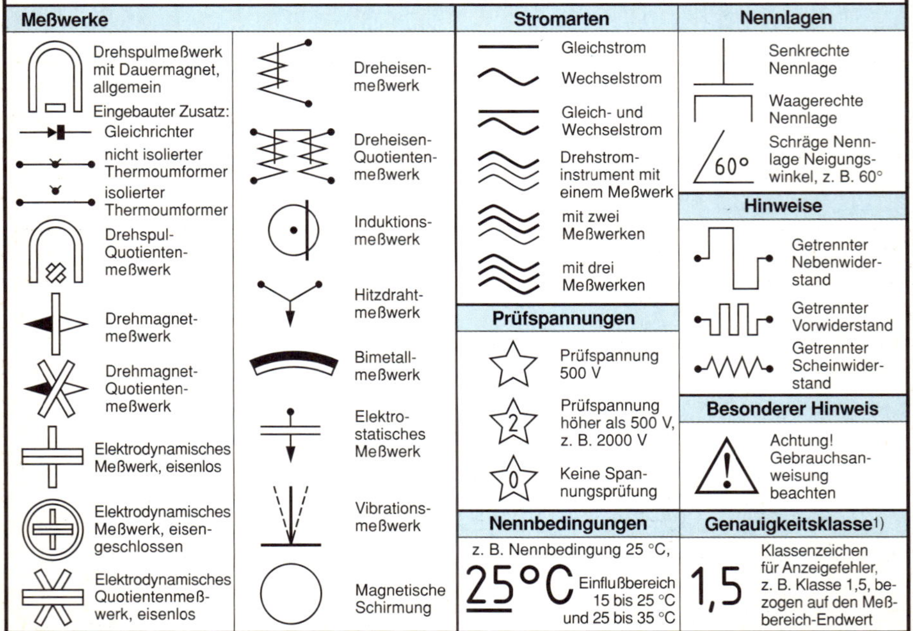

1) Feinmeßgeräte: Klassen 0,1; 0,2; ,5 Betriebsmeßgeräte: Klassen 1; 1,5; 2,5

Meßwandler

DIN 42 601/4.85
DIN VDE 0414 T 1 u. T 2/12.70

Spannungswandler-Nennbürde: Scheinleitwert Y der sekundär angeschlossenen Geräte in S
Stromwandler-Nennbürde: Scheinwiderstand Z der sekundär angeschlossenen Geräte in Ω
Primärer thermischer Grenzstrom: Stromw.-Primärstrom I_{1th}, den Primärwickl. 1 s aushält.
Dynamischer Grenzstrom: 1. Kurzschlußstromamplitude, die Stromwandl.-Sekundär-Wicklung aushält.
Nennleistung: $S_N = Y \cdot U_{2N}^2$ (Sp.-Wandler) bzw. $S_N = Z \cdot I_{2N}^2$ (Stromwandler) in VA

Nennströme für induktive Stromwandler

Primäre Nennströme in A					Sekundäre Nennstöme in A
Reihe	nicht umschaltbar	umschaltbar 1 : 2	Reihe	umschaltbar 1 : 2 : 4	
0,5; 1 N	5; 10; 15; 20; 25	2·5; 2·10; 2·15	110 N	4·100; 4·150	5
3 N; 6 N	30; 40; 50; 60; 75	2·25; 2·50; 2·75			
10 N; 20 N	höhere Ströme:	2·100; 2·150; 2·200;	220 N	4·150; 4·300	1 (selten)
30 N; 45 N 60 N	Nennwerte x 10^1, 10^2 oder 10^3	2·300; 2·500; 2·100; 2·200	380 NE	4·300	

Nennspannungen für induktive Spannungswandler

Reihe	Primärspannungen in kV	Sekundärspannungen in V	Reihe	Primärspannung in kV	Sekundärspannungen in V
0,5 1 N ... 45 N	0,1; 0,22; 0,38; 0,5 1; 3; 5; 6; 10; 15; 20 25; 30; 35; 45 und die $\frac{1}{\sqrt{3}}$ fachen Werte	100 $\frac{100}{\sqrt{3}}$; (selten)	60 N 110 N 220 N	$\frac{60}{\sqrt{3}}$; $\frac{110}{\sqrt{3}}$; $\frac{220}{\sqrt{3}}$	$\frac{100}{\sqrt{3}}$; $\frac{2 \cdot 100}{\sqrt{3}}$
			380 NE	$\frac{400}{\sqrt{3}}$	$\frac{2 \cdot 200}{\sqrt{3}}$

Nennleistungen für induktive Meßwandler in VA

Klasse	Stromwandler, Reihen			Spannungswandler, Reihen			
	0,5; 1 N	3 N ... 45 N	60 N ... 380 NE	0,5	1 N ... 6 N	10 N ... 45 N	60 N ... 380 NE
0,2		5; 10; 15	15	10	10	25	100
0,5	2,5; 5; 10	5; 10; 15; 30	30	15; 25	25	25; 75	50 (150)
1	2,5; 5; 10	5; 10; 15; 30	30; 60	25; 30	50	50; 150	(75)
3		5; 10; 15; 30 60					

Fehlergrenzen von induktiven Meßwandlern[1)]

Klasse	bei $1{,}0 \cdot I_N$		bei $0{,}2 \cdot I_N$		bei $0{,}8 \ldots 1{,}2\ U_N$		bei $0{,}05\ U_N$	
	F_I	δ_I	F_I	δ_I	F_u	δ_u	$\pm F_u$	$\pm \delta_u$
0,1	± 0,1 %	± 5 min	± 0,2 %	± 8 min	± 0,1 %	5	1,0 %	40 min
0,2	± 0,2 %	± 10 min	± 0,35 %	± 15 min	± 0,2 %	10	1,0 %	40 min
0,5	± 0,5 %	± 30 min	± 0,75 %	± 40 min	± 0,5 %	20	1,0 %	40 min
1	± 1,0 %	± 60 min	± 1,5 %	± 80 min	± 1,0 %	40	2,0 %	80 min
3					± 3,0 %	120	6,0 %	240 min

Messen von Mischspannungen und Mischströmen

Elektrische Spannungen und Ströme werden je nach Meßwerk durch den arithmetischen Mittelwert (AV) oder durch den Effektivwert (RMS) charakterisiert. Der Formfaktor gibt das Verhältnis von Effektivwert zu arithmetischem Mittelwert an. Als Crest-Faktor (Scheitelfaktor) gilt das Verhältnis von Spitzenwert zu Effektivwert.

Formfaktor: $F = \frac{I_{RMS}}{I_{AV}}$; $F = \frac{U_{RMS}}{U_{AV}}$ Scheitelfaktor: $F_{Crest} = \frac{\hat{i}}{I_{RMS}}$; $F_{Crest} = \frac{\hat{u}}{U_{RMS}}$

Spannungsform

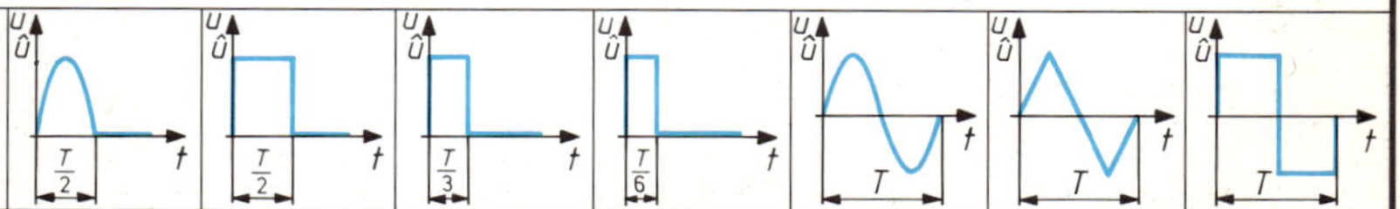

	1	2	3	4	5	6	7
U_{AV}	$0{,}318 \cdot \hat{u}$	$0{,}5 \cdot \hat{u}$	$0{,}333 \cdot \hat{u}$	$0{,}167 \cdot \hat{u}$	[2)] $0{,}636 \cdot \hat{u}$	[2)] $0{,}5 \cdot \hat{u}$	[2)] $1{,}0 \cdot \hat{u}$
U_{RMS}	$0{,}5 \cdot \hat{u}$	$0{,}707 \cdot \hat{u}$	$0{,}578 \cdot \hat{u}$	$0{,}408 \cdot \hat{u}$	$0{,}707 \cdot \hat{u}$	$0{,}578 \cdot \hat{u}$	$1{,}0 \cdot \hat{u}$
F	1,57	1,41	1,73	2,45	1,11	1,16	1,0
F_{Crest}	2,0	1,41	1,73	2,45	1,41	1,73	1,0

[1)] I_N, U_N Nennwerte der Primärseite; F_I, F_u Strom- bzw. Spannungsfehler; δ_I, δ_u Strom- bzw. Spannungsfehlwinkel; [2)] Nach Gleichrichtung

Leistungs- und Leistungsfaktormessung

Schaltungsnummer für Leistungs- und Leistungsfaktormeßgeräte — DIN 43 807/10.83

Kennzeichnungsbeispiel: 6 2 0 1

- 6 — Stromart
- 2 — Meßgröße
- 0 — Meßart
- 1 — Anschlußart

Ziffer	Stromart	Meßgröße	Meßart	Anschlußart
0		Strom	alle Fälle, außer 1 … 6.	unmittelbar
1	Gleichstrom-Zweileiter	Spannung	L+ -Leiter in Stromspule	an Stromwandler
2	Gleichstrom-Dreileiter	Wirkleistung	L– -Leiter in Stromspule	an Strom- u. Sp.-Wandl.
3	Einph.-Wechselstrom	Blindleistung	o. angeschl. N-Leiter	an Nebenwiderstände
4	Dreileiter-Drehstrom symm. Belastung	Leistungsfaktor	mit angeschl. N-Leiter	
5	Dreileiter-Drehstrom beliebige Belastung		eingeb. Nullp.-Widerst.	
6	Vierleiter-Drehstrom beliebige Belastung		eingeb. Kunstschaltung	

Meßschaltungen — DIN 43 807/10.83

Wirkleistungsmeßgerät für Wechselstrom bzw. Gleichstrommeßgerät

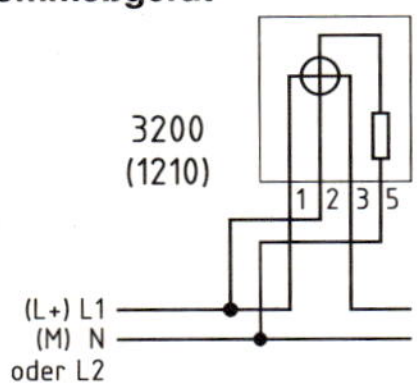

Wirkleistungsmeßgerät für Dreileiter-Drehstrom beliebiger Belastung unmittelbarer Anschluß

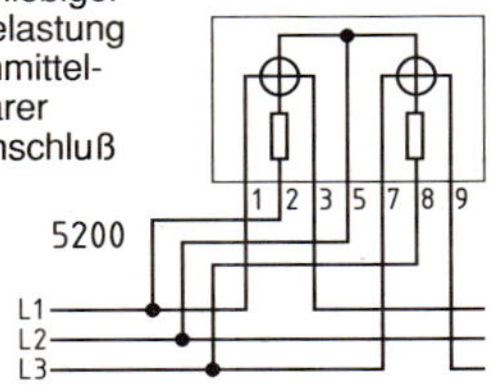

Wirkleistungsmeßgerät für Vierleiter-Drehstrom unmittelbarer Anschluß

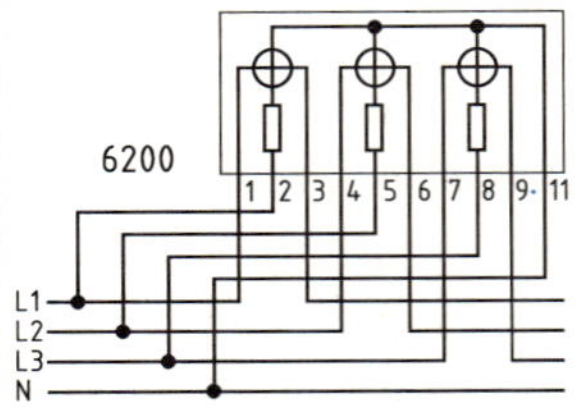

Blindleistungsmeßgerät für Wechselstrom unmittelbarer Anschluß

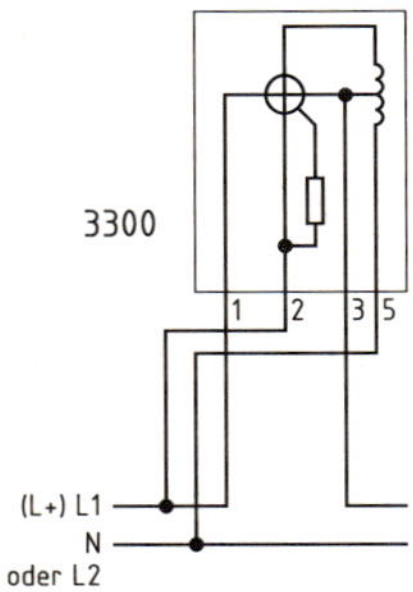

Blindleistungsmeßgerät für Dreileiter-Drehstrom beliebiger Belastung mit Stromwandler

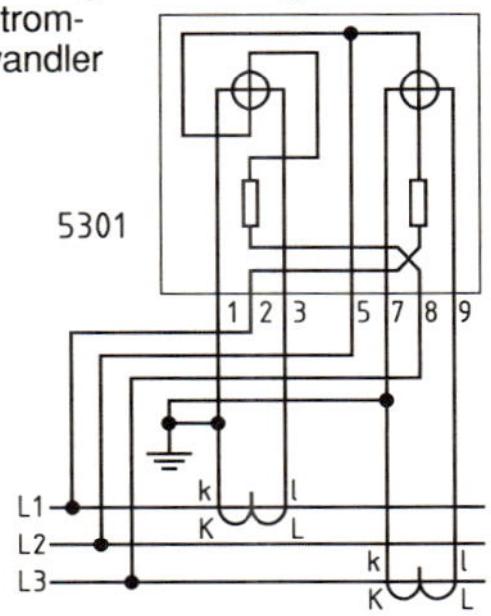

Wirkleistungsmeßgerät für Vierleiter-Drehstrom mit Strom- und Spannungswandler

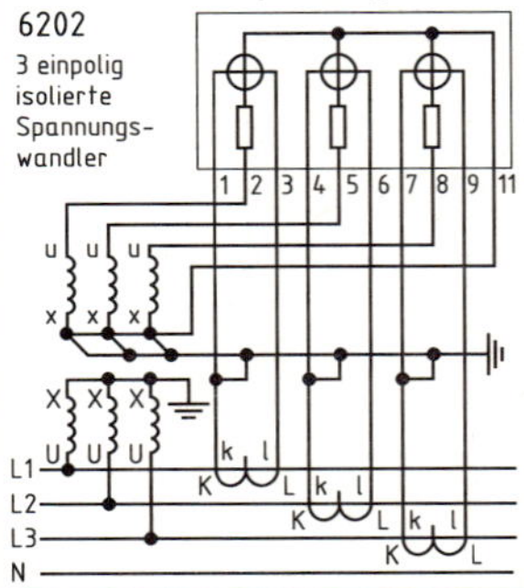

Leistungsfaktor-Meßgerät für Wechselstrom unmittelbarer Anschluß

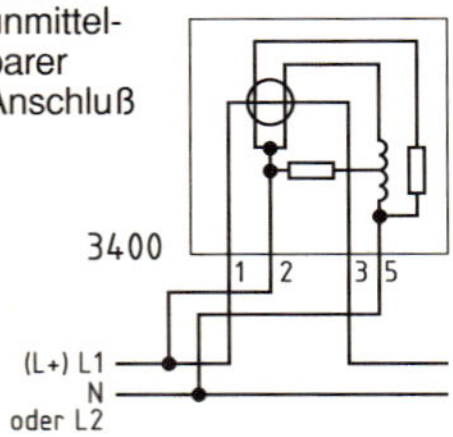

Leistungsfaktor-Meßgerät für Dreileiter-Drehstrom

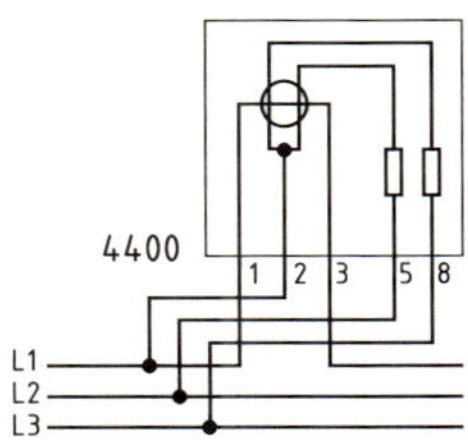

Blindleistungsmeßgerät für Vierleiter-Drehstrom unmittelbarer Anschluß

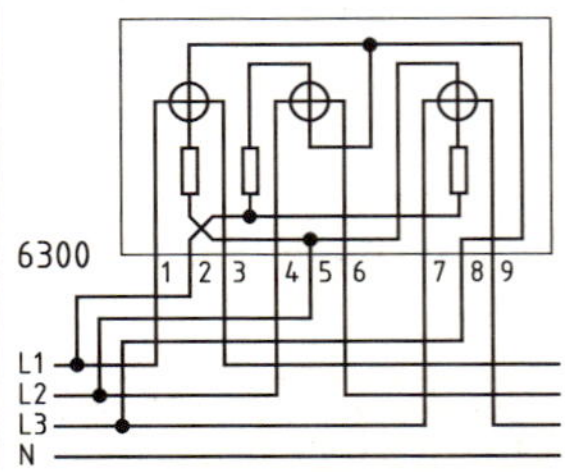

Elektrizitätszähler, Tarifschaltuhren

Schaltungsnummern für Elektrizitätszähler, Tarifschaltuhren und Rundsteuerempfänger DIN 43 856/1.73

Kennzeichnungsbeispiel: 4 1 2 2

- 4 – Zähler-Grundart
- 1 – Zusatzeinrichtung
- 2 – Anschluß
- 2 – Schaltung der Zusatzeinrichtung

Ziffer		Grundart	Zusatzeinrichtung	Anschluß		Schaltung d. Zusatzeinr.
			keine	direkt		kein äußerer Anschluß
1	Wirkverbrauchszähler	L/N (Klemmen: 1 … 6)	Zweitarif (Klemmen: 13, 15)	Stromwandler		einpoliger innerer Anschluß (Klemmen: 13 oder 14)
2	Wirkverbrauchszähler	L1/L2 (Klemmen: 1 … 6)	Maximum (Klemmen: 14, 16)	Strom- und Spannungswandler		äußerer Anschluß (Klemmen: 13, 15 oder 14, 16)
3	Wirkverbrauchszähler	L1/L2/L3 (Klemmen: 1 … 9)	Zweitarif und Maximum (Klemmen: 13 … 16)		innerer Anschluß	Maximumauslöser in Öffnungsschaltung
4	Wirkverbrauchszähler	L1/L2/L3/N (Klemmen: 1 … 12)	Maximum mit elektrischer Rückstellung (Klemmen: 13 … 16)		innerer Anschluß	Maximumauslöser in Kurzschließschaltung
5	Blindverbrauchszähler	L1/L2/L3 60° Abgleich (Klemmen: 1 … 9)	Zweitarif und Maximum mit elektrischer Rückstellung (Klemmen: 13 … 15, 18, 19)		äußerer Anschluß	Maximumauslöser in Öffnungsschaltung
6	Blindverbrauchszähler	L1/L2/L3 90° Abgleich (Klemmen: 1 … 9)			äußerer Anschluß	Maximumauslöser in Kurzschließschaltung
7	Blindverbrauchszähler	L1/L2/L3/N 90° Abgleich (Klemmen: 1 … 12)				

Schaltungsnummer	Bedeutung
	Tarifschaltuhr mit
01	Tagesschalter
02	Maximumschalter
03	Tages- und Maximumschalter
04	Tages- und Wochenschalter
05	Maximum- und Wochenschalter
06	Tages-, Maximum- und Wochenschalter
07	
	Rundsteuerempfänger mit
11	einem Umschalter
12	zwei Umschaltern
13	drei Umschaltern
14	vier Umschaltern

Zusätzliche Kennzeichen	
Symbol	Bedeutung
Z	Zweitarif-Auslöser für Zählwerke
d	Tagesschalter für Zweitarifauslöser
w	Wochenschalter
M	Maximum-Auslöser für Max.-Mitnehmer
ML	Maximum-Laufwerk
mo	Maximum-Schalter zu Betätigen der Maximum-Auslöser in Öffnungsschaltung
mk	Maximum-Schalter zum Betätigen der Maximum-Auslöser in Kurzschließschaltung
(M)	Antriebsmotor
[E]	Empfangsteil des Rundsteuerempfängers

Technische Werte von Elektrizitätszählern DIN 43 850/8.80

Zähler für	Nennstrom I_N	Grenzstrom $I_G \geq 1{,}25 \cdot I_N$	Nennspannung U_N
Wechselstrom	10 A	40 A oder 60 A	230 V
Drehstrom	10 A bzw. 15 A	40 A oder 60 A, bzw. 60 A	3 · 400 V (3 Leiter) bzw. 3 · 230/400 V (4 Leiter)
Stromwandler	1 A bzw. 5 A		
Spannungswandler			3 · 100 V (3 Leiter) bzw. 3 · 58/100 V, $3 \cdot \frac{100}{\sqrt{3}}$ /100 V (4 Leiter)

Zählerkonstante c_Z in Umdrehungen pro kWh: 120; 150; 187,5; 240; 300; 375; 480; 600; 750; 960
Meßperiode für Maximumzähler in Minuten: 5; 10; 15 (Vorzugswert); 30; 60

Zählerschaltungen

DIN 43 856/1.73

Einpolige Wechselstrom-Wirkverbrauchzähler

1000

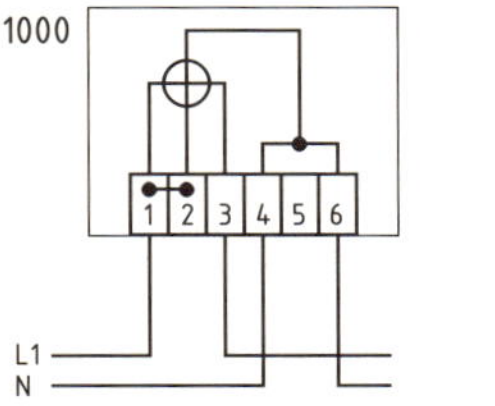

für unmittelbaren Anschluß

1101

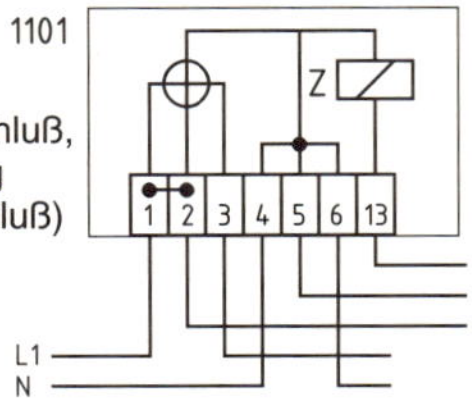

für unmittelbaren Anschluß, mit Zweitarifeinrichtung (einpolig innerer Anschluß)

01

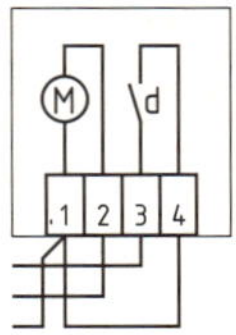

Tarifschaltuhr mit Tagesschalter

Dreileiter-Drehstrom-Wirkverbrauchzähler

3000

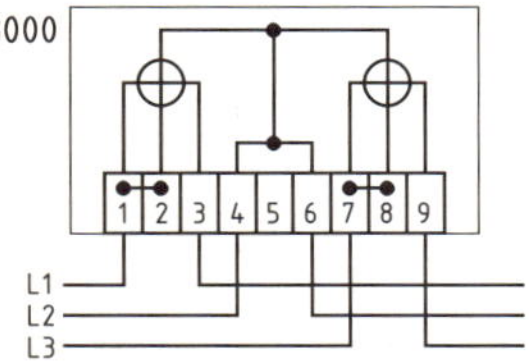

für unmittelbaren Anschluß

3000

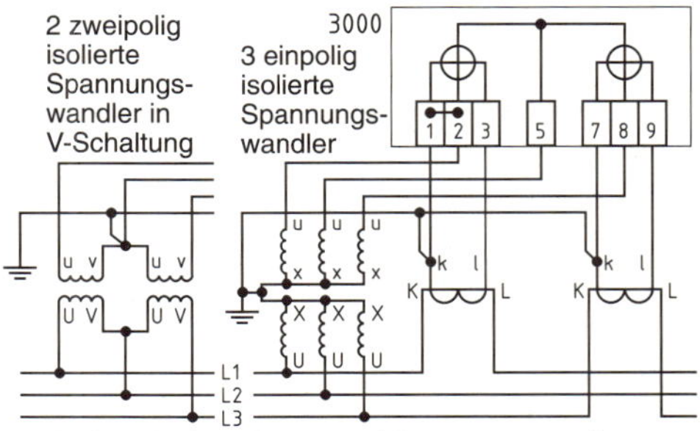

für Anschluß an Strom- und Spannungswandler

Vierleiter-Drehstrom-Wirkverbrauchzähler

4000

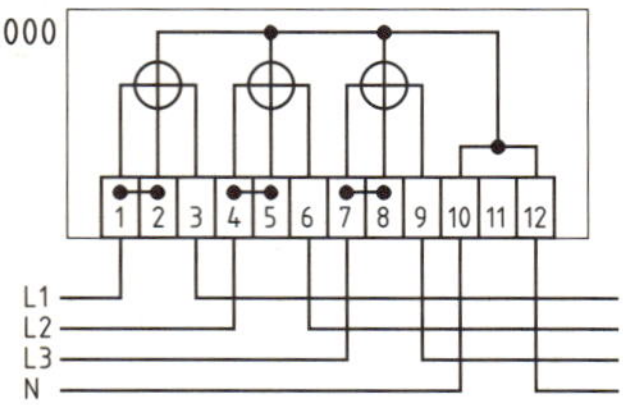

für unmittelbaren Anschluß

4010

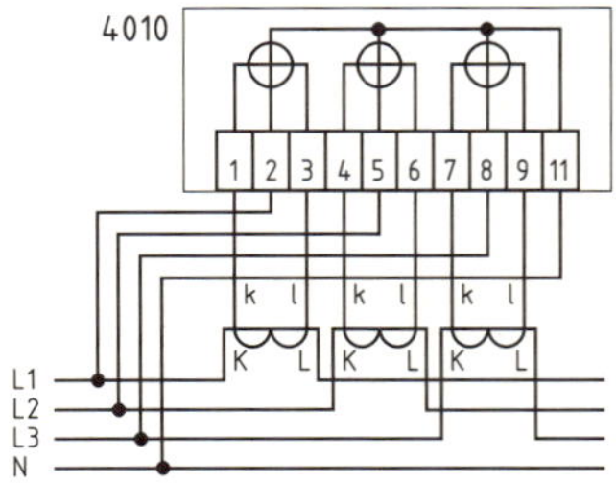

für Anschluß an Stromwandler

Vierleiter-Drehstrom-Wirkverbrauchzähler

4020

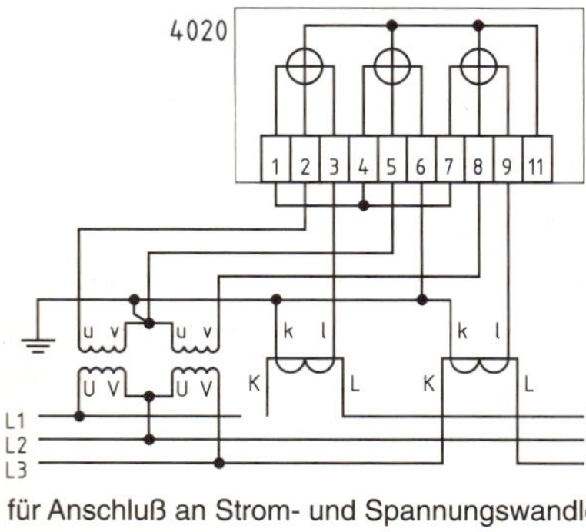

für Anschluß an Strom- und Spannungswandler

Vierleiter-Drehstrom-Blindverbrauchzähler

7020

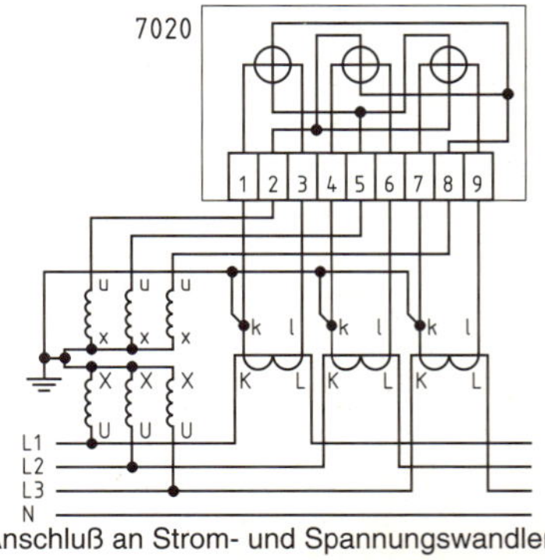

für Anschluß an Strom- und Spannungswandler

Digitale Meßtechnik

Anzeigeeinheiten, Fehlergrenzen

Zahlenmäßige Anzeige des Meßwertes erfolgt bei Sieben-Segment-Anzeigen durch
- light emitting diode (LED): 1,5 V, 30 mA
- liquid cristal display (LDC): 1,8 V … 8 V, 4,5 mA

Anzeigebeispiel:

$4\frac{1}{2}$ -stellige Anzeige

nur Ziffer 0 oder 1 möglich

200 V-Meßbereich, größtmögliche Anzeige ist 199,99 V.
Anzeigeumfang beträgt 19999 Digits.
20 000 Meßschritte á 10 mV.

Keine Angabe der Genauigkeitsklasse, dafür Angabe der möglichen, prozentualen Abweichung vom Meßwert sowie Abweichung der Anzeige in Digits.

Beispiel: 0,5 % + 4 Digits bei 100 V-Anzeige und $4\frac{1}{2}$ Stellen

Minimaler Wert: 100 V – 0,5 V – 4 · 10 mV = 99,46 V

Maximaler Wert: 100 V + 0,5 V + 4 · 10 mV = 100,54 V

Übliche Verfahren der digitalen Spannungsmessung (Analog-Digital-Umsetzer)

Sägezahnverfahren

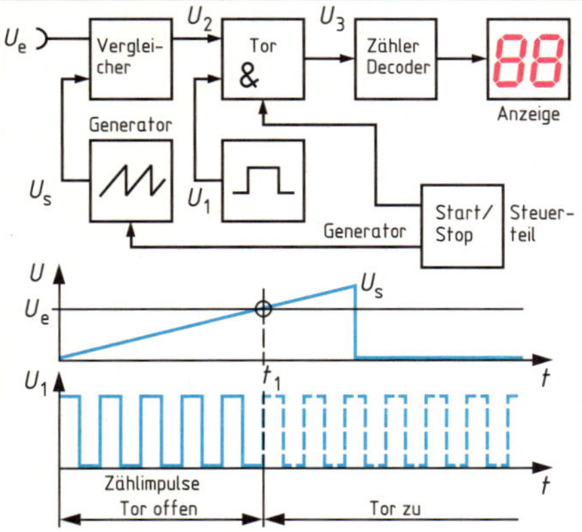

Hat Sägezahnspannung zum Zeitpunkt t_1 die Meßspannung U_e erreicht, schaltet der Vergleicher um. Die der Meßspannung proportionale Impulszählung endet.

Dual-Slope-Verfahren (Zwei-Rampen Verfahren)

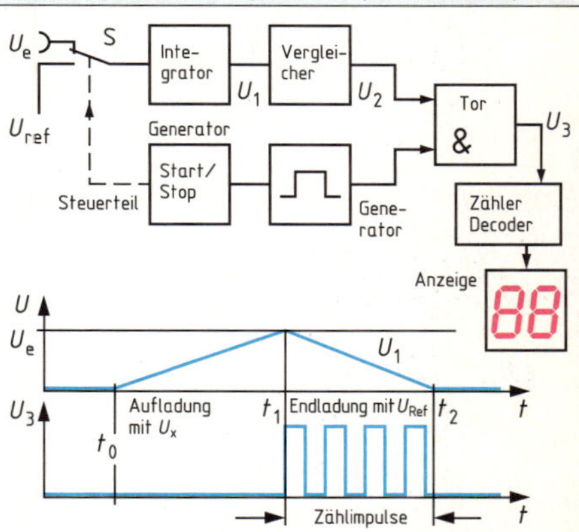

Integrator lädt sich bis t_1 auf zur Meßspannung U_e proportionalen Spannung U_1 auf. Schalter S schaltet auf gegenpolige Referenzspannung U_{ref} um. Umladung bis t_2 gibt Impulse zum Zähler frei. Impulszahl ist Maß für Meßspannung U_e.

Bezeichnung von Funktionstasten

Kennzeichnung	Bedeutung	Kennzeichnung	Bedeutung
HOLD	Meßwert wird in Digitalanzeige gespeichert.	**dB**	Pegelmessung, dB-Werte absolut oder auf eingegebenem Wert bezogen.
EXTR	Minimal- und Maximalwert werden während der Messung gespeichert.	**TIME**	Meßwertspeicherung in vorgegebenen Zeitintervallen. Neue Meßwertübernahme wird akustisch gemeldet.
EXPAND, ZOOM	Lupenfunktion bei Hybridmultimetern (Analog- und Digitalanzeige, hier Dehnung des linearen Skalenbereichs)	**BEEP**	Ein- oder Ausschalter des Summers. Aktivierung wird mit ♪ angezeigt.
		AUT/ MAN	Automatische oder manuelle Bereichsumschaltung.
REL	Vorgegebener Wert dient als Referenzwert, Anzeige der Abweichung.	**STO**	Speicherung mehrerer gleicher oder verschiedener Meßwerte mit Einheit und Polarität.
LIM	Grenzwertvorgabe, Grenzwertüberschreitungen werden optisch und akustisch gemeldet.		Durchgangsprüfung
BLANK	Displayabschaltung, z. B. von $4\frac{1}{2}$ - auf $3\frac{1}{2}$ -stellige Anzeige.	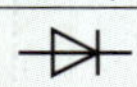	Halbleitermessung

Messen mit dem Elektronenstrahl-Oszilloskop

Prinzip des Zweikanal-Oszilloskops:

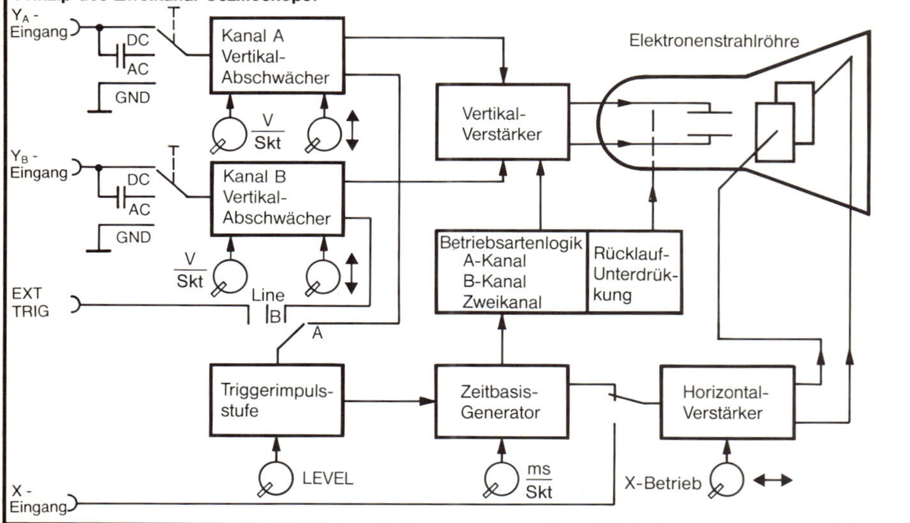

Beschriftung der Bedienungselemente

Beschriftung	Bedeutung
POWER	Netzschalter, Ein- Aus Rasterbeleuchtung
INTENS HELLIGK	Helligkeitssteuerung des Oszillogrammes
FOCUS	Schärfeeinstellung des Oszillogrammes
INPUT A (B)	Eingangsbuchse für Kanal A (Kanal B), oft Kanal 1 und 2
AC-DC-GND	Eingang: über Kondensator – direkt – auf Masse – geschaltet
CHOP –	Strahlumschaltung mit Festfrequenz von einem Vertikalkanal zum anderen
– ALT	Strahlumschaltung am Ende des Zeitablenkzyklus von einem Vertikalkanal zum anderen
INVERT CH.B	Meßsignal auf Kanal B wird invertiert
ADD	Addition der Signale von Kanal A und B
POSITION ↕	Vertikale Bildverschiebung
↔	Horizontale Bildverschiebung

Beschriftung	Bedeutung
X-MAGN	Dehnung der Zeitablenkung
Triggerung: A; B EXT TRIG Line	Zeitablenkung wird getriggert durch – Signal von Kanal A (B) – externes Signal – Signal von der Netzspannung
LEVEL NIVEAU	Einstellung des Triggersignalpegels
AUTO	Endstellung der LEVEL-Einstellung. Automatische Triggerung der Zeitablenkung beim Spitzenpegel. Ohne Triggersignal ist die Zeitablenkung frei laufend.
+ / –	Triggerung auf positiver bzw. negativer Flanke des Triggersignals
TIME/DIV ZEIT/Skt	Zeitmaßstab in µs/DIV oder ms/SKT oder ms/cm
VOLTS/DIV V/SkT; V/cm	Vertikalabschwächer für Kanal A und B in mV/DIV oder mV/Skt oder V/cm
CAL	Eichpunkt für Maßstabsfaktoren bei Rechtsanschlag

Technische Daten	Beispiel
Eingangsempfindlichkeit	$10 \frac{mV}{cm} \ldots 20 \frac{V}{cm}$
Eingangsimpedanz	1 MΩ‖25 pF
Vertikalbandbreite	0Hz … 20 MHz
Eingangskopplung	DC – AC – GD
Anstiegszeit	< 20 ns

Zubehör
Tastteiler z. B. 1 : 1; 10 : 1; 100 : 1
Demodulatortaster z. B. 0Hz … 15 kHz
Vierkanal-Umschalter
Lichtschutztubus mit Kamera

Messen mit dem Elektronenstrahl-Oszilloskop

Beispiel: Spannungs- und Strommessung mit dem Zweikanaloszilloskop

Da beide Y-Ablenksysteme eine gemeinsame Masse besitzen, müssen die Meßleitungen einen gemeinsamen Bezugspunkt (z. B. C) haben.

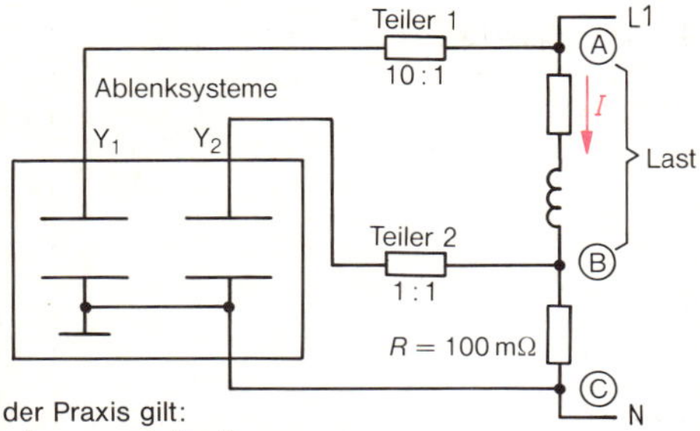

In der Praxis gilt:
$u_{AC} \gg u_{BC}$ und damit $u_{AB} \approx u_{AC}$

Die Spannung u_{AB} kann mit einem Zweikanaloszilloskop auch als Differenzspannung gemessen werden. Dabei ist

- für beide Kanäle der gleiche Vertikal-Maßstab einzustellen ($k_{Y1} = k_{Y2}$).
- ein Y-Eingangssignal zu invertieren.
- die Addition beider Y-Signale (Add) zu veranlassen.

$$A = 2\,\frac{\text{ms}}{\text{SkT}};\; k_{Y1} = 10\,\frac{\text{V}}{\text{SkT}};\; k_{Y2} = 0{,}2\,\frac{\text{V}}{\text{SkT}}$$ 1)

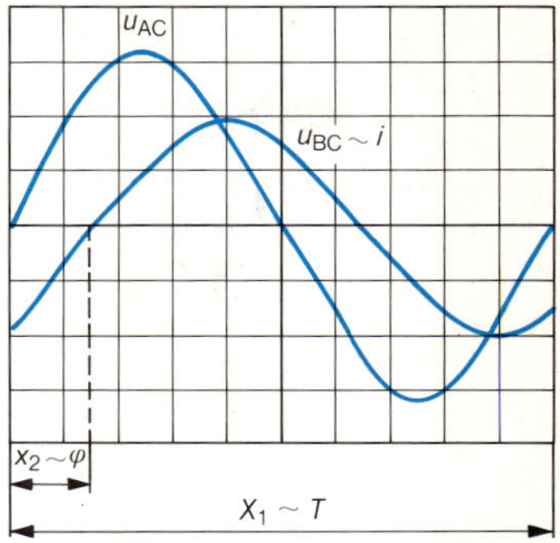

Auswertung: $T = X_1 \cdot k_x = 10\,\text{Skt} \cdot 2\,\frac{\text{ms}}{\text{Skt}} = 20\,\text{ms}$

$$f = \frac{1}{T} = \frac{1}{20\,\text{ms}} = 50\,\text{Hz}$$

$$\hat{u}_{AC} = Y_1 \cdot k_{Y1} \cdot k_{T1} = 3{,}1\,\text{Skt} \cdot 10\,\frac{\text{V}}{\text{Skt}} \cdot \frac{10}{1} = 310\,\text{V}$$

$$\hat{u}_{BC} = Y_2 \cdot k_{Y2} \cdot k_{T2} = 2\,\text{Skt} \cdot 0{,}2\,\frac{\text{V}}{\text{Skt}} \cdot \frac{1}{1} = 400\,\text{mV}$$

$$\hat{i} = \frac{\hat{u}_{BC}}{R_{\text{Meß}}} = \frac{400\,\text{mV}}{100\,\text{m}\Omega} = 4\,\text{A}$$

$$\varphi = X_2 \cdot k_X \cdot \frac{360^\circ}{20\,\text{ms}}$$

$$= 1{,}5\,\text{Skt} \cdot 2\,\frac{\text{ms}}{\text{Skt}} \cdot \frac{360^\circ}{20\,\text{ms}} = 54^\circ$$

In der Leistungselektronik werden Oszilloskope vorzugsweise über Trenntransformatoren versorgt. So kann jeder Punkt des geerdeten Niederspannungsnetzes mit der Masse des Oszilloskops verbunden werden. Nebenstehende Abb. zeigt, wie gefahrenreich die Messung ist. Die Massebuchsen der Frontplatte und ein metallisches Gehäuse nehmen Netzpotential an. Um die Berührungsgefahr zu beseitigen, ist das Oszilloskop mit isolierenden Materialien abzudecken oder die Meßspannung über einen Trennverstärker (z. B. mit Optokoppler) zu führen.

Sekundärseite des Netztransformators

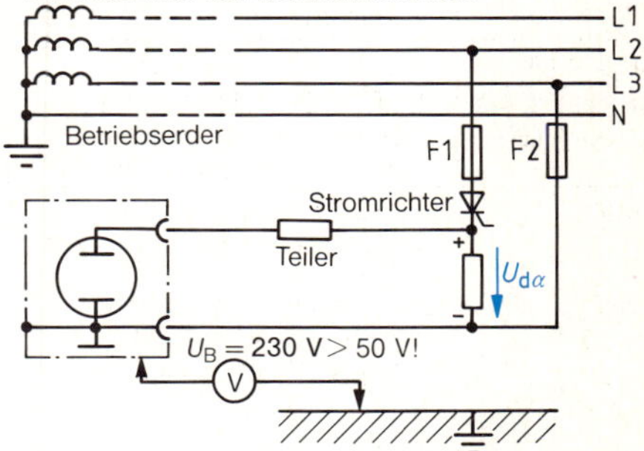

Beispiel: Kennliniendarstellung einer Diode

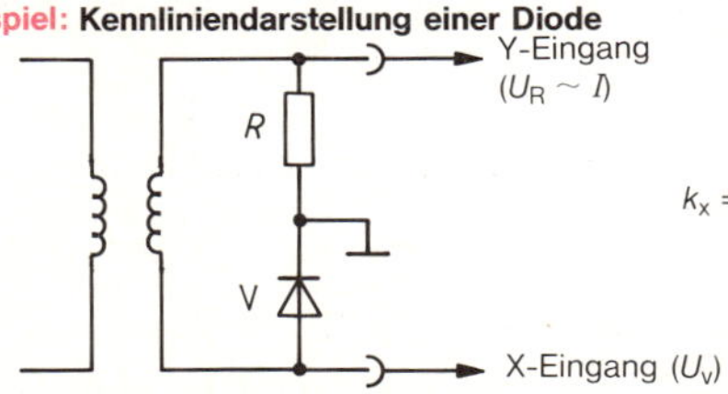

Diodenkennlinie

$k_x = 0{,}5\,\frac{\text{V}}{\text{SkT}};\; k_y \mathrel{\hat{=}} 5\,\frac{\text{mA}}{\text{SkT}}$ 1)

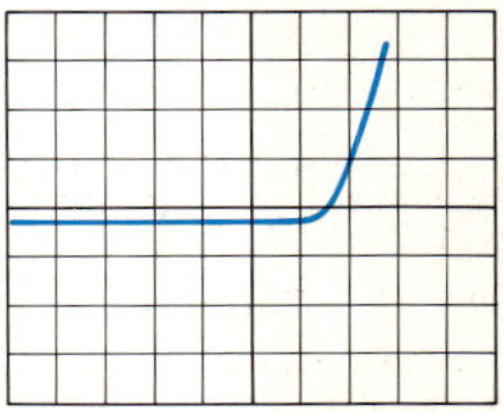

1) k_X Ablenkfaktor in X-Richtung; k_{Y1}/k_{Y2} Ablenkfaktor in Y-Richtung für Kanal 1/2

Meßbrücken

Schaltungsprinzip	Eigenschaften	Anwendungen
Wheatstone-Meßbrücke 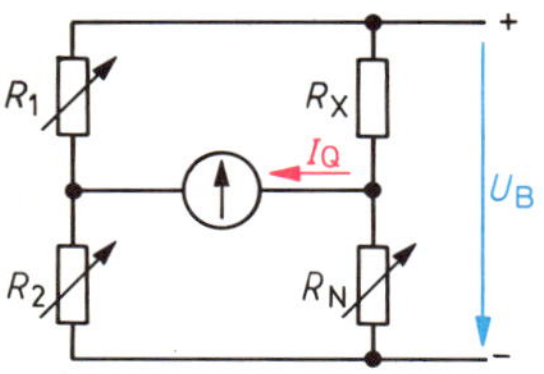	• Meßbedingung $I_Q = 0\,A$ (abgeglichene Brücke): $R_X = R_N \cdot \frac{R_1}{R_2}$ • Meßgenauigkeit hängt u. a. von Galvanometerempfindlichkeit und Genauigkeit der Vergleichswiderstände ab	• Durch Übergangs- und Leitungswiderstände Einsatz zur Widerstandsmessung für $R_X = 1\,\Omega \dots 1\,M\Omega$ bis Meßgenauigkeiten von 0,02 %. • Ausschlagmeßbrücken ($I_q \neq 0\,A$) für Gleich- oder Wechselstrom zur Messung anderer physikalischer Größen (s. Seite 235).
Thomson-Meßbrücke 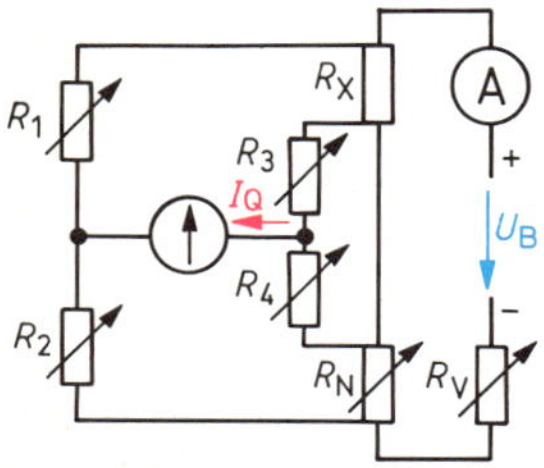	• Meßbedingung $I_Q = 0\,A$: $R_X = R_N \cdot \frac{R_1}{R_2} = R_N \cdot \frac{R_3}{R_4}$ • Meßgenauigkeit neben Wheatstonebedingungen von größeren Strömen abhängig; daher externe Spannungsquelle U_B • Ausschaltung der Leitungswiderstände durch direkten Abgriff an R_X und R_N • Kompensation der Übergangswiderstände durch R_3 und R_4	• Messung kleiner Widerstände im Bereich $R_X = 1\,\mu\Omega \dots 10\,\Omega$ bis zu Meßgenauigkeiten von 0,1 %
Wien-Meßbrücke 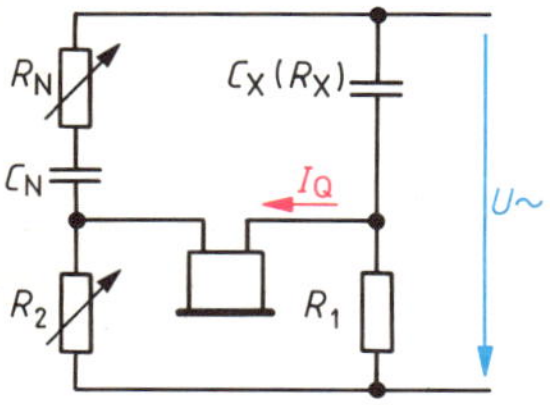	• Meßbedingung $I_Q = 0\,A$ (Tonlosigkeit): $\tan \varphi_X = \tan \varphi_N$ $C_X = C_N \cdot \frac{R_1}{R_2}$ $\tan \delta_X = \omega \cdot C_N \cdot R_N$ $R_X = R_N \cdot \frac{R_2}{R_1}$ • Brückenabgleich durch R_N, der auch parallel zu C_N geschaltet werden kann.	• Kapazitätsmessungen für $C_X = 1\,nF \dots 100\,\mu F$ bei NF und bei MF $C_X \geqq 100\,pF$ mit Fehlergrenzen bis 0,1 % • Verlustfaktor ($\tan \delta$)-Messungen bis 1 % Meßgenauigkeit • Wien-Maxwell-Meßbrücke zur Messung größerer Kapazitäten bei kleiner Spannung
Schering-Meßbrücke 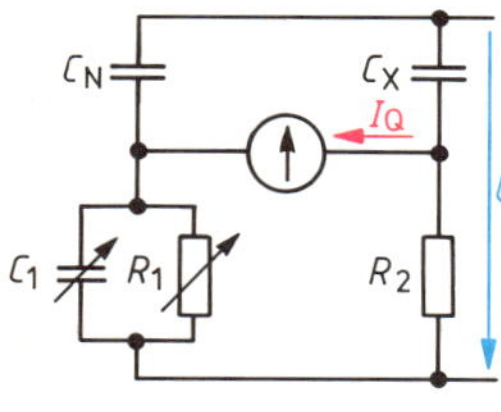	• Nennkapazität C_1 verlustfrei ($\tan \delta_N = 0$) • Phasenabgleich durch C_1 • Nachweis des Brückenabgleiches durch Vibrationsgalvanometer • Meßbedingung $I_Q = 0\,A$: $C_X = C_N \cdot \frac{R_1}{R_2}$ $\tan \delta_X = \omega \cdot C_1 \cdot R_1$ • übliche Meßfrequenz 50 Hz … 150 Hz	• Kapazitätsmessungen und Verlustfaktormessungen mit Meßgenauigkeiten wie bei der Wien-Brücke. • Als Hochspannungs-Meßbrücke zur Kapazitätsbestimmung, z. B. von Kabeln, Isolatoren bei Meßspannungen bis 500 kV
Maxwell-Meßbrücke 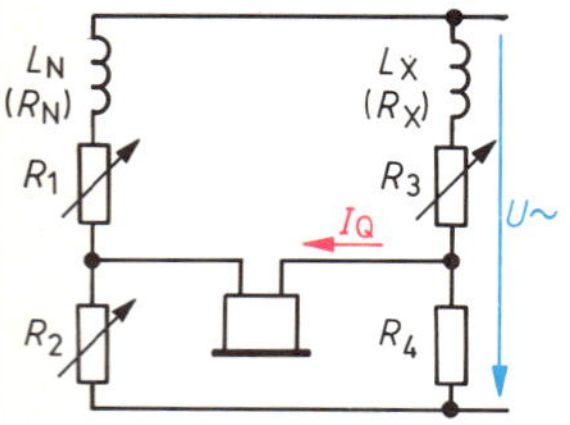	• Vergleich von L_X und L_N • Phasenabgleich durch R_1 und R_3. • Brückenabgleich ($I_Q = 0\,A$) $L_X = L_N \cdot \frac{R_4}{R_2}$ $(R_X + R_3) \cdot R_2 = (R_N + R_1) \cdot R_4$	• Induktivitätsmessungen für $L_X = 0{,}1\,mH \dots 10\,H$ • Bei Spulen ohne Eisenkern ist R_X Widerstand der Spulenwicklung ($R_X = R_w$) • Bei Spulen mit Eisenkern ist R_X der Wirkwiderstand, R_W ist zusätzlich durch Gleichstrom zu ermitteln.

I_Q: Brückenquerstrom

Elektrische Messung nichtelektrischer Größen

Meßverfahren	Eigenschaften	Anwendungen
Temperatur-Messung mit Thermoelement 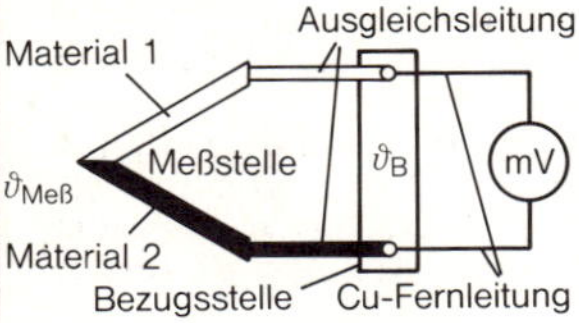	• Temperatur-Differenz zwischen Meß- und Bezugsstelle erzeugt proportionale Spannung. • Ausgleichsleitungen sind aus gleichem Material wie Thermopaar • Bei schwankender Bezugstemperatur ϑ_B Kompensation erforderlich	• Bei kleinen, punktförmigen Meßstellen • Großer Meßbereich $\vartheta_{Meß}$ = −200 °C ... 1600 °C • Gebräuchl. Thermopaare mit $\vartheta_{Meß}$: Cu-Konst.: −200 °C ... 600 °C Fe-Konst.: −200 °C ... 900 °C NiCr-Ni: 0 °C ... 1200 °C PtRh-Pt: 0 °C ... 1600 °C
Temperatur-Messung mit temperaturabhängigem Widerstand 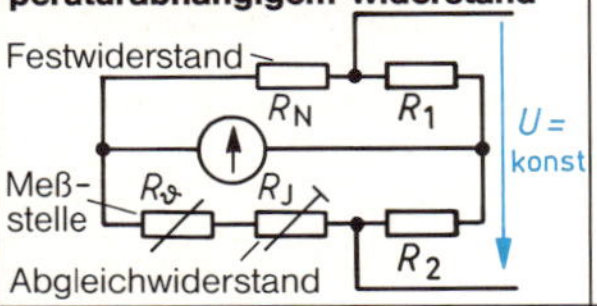	• Meßwiderstand R_ϑ Bestandteil der Brückenschaltung. • Meßinstrument liegt in Brückendiagonale. • Meßbereichsanfang (Ausschlag Null) bei Brückenabgleich • Temperaturänderung verursacht proportionalen Brückenstrom	• Fernmessungen ohne zusätzliche Verstärker. • Metallische Temperatur-Fühler: a) Platin (Korrosionsfest, hohe Schmelztemperatur) b) Nickel (hoher Temperatur-Koeffizient, Meßtemperatur bis 150 °C)
Kraft-Messung mit Dehnungsmeßstreifen (DMS) 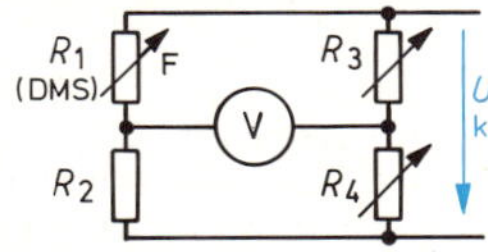	• Abgleich der Brücke durch R_3 und R_4 im unbelasteten Zustand. • Bei Belastung ist Widerstandsänderung proportional Längenbzw. Kraftänderung. • DMS oft aus mäanderförmigem Konstantandraht in Kunststoffolie.	• Versorgung mit Gleich- oder Wechselspannung. • Messung von Zug-, Druck-, Biegungs- und Torsionskräften. • Indirekte Füllstandsmessung durch Kraftmeßdosen mit DMS • Druckmessung durch Membranverschiebung.
Drehzahl-Messung mit induktivem Geber 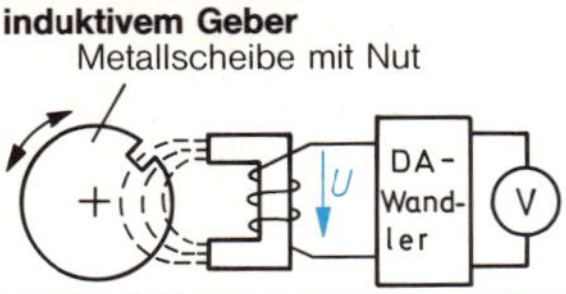	• Änderungen des magn. Leitwertes erzeugen im Tastkopf Spannungsimpulse. • Digital-Analog-Wandler setzen Impulse pro Zeiteinheit in drehzahlproportionale Spannung um.	• Berührungsloses Messen an beliebigen Stellen möglich. • Drehzahlmessungen ohne Belastungen durch Tachogenerator. • Drehzahlmeßbereich von kleinen bis zu sehr hohen Drehzahlen
Weg-Messung mit induktivem Geber 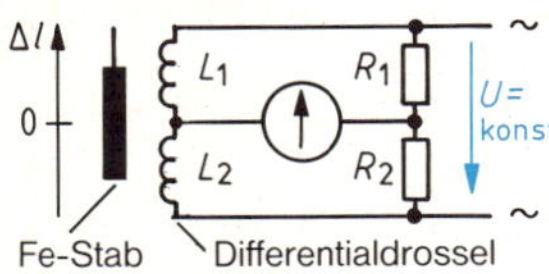	• Brückenabgleich in Mittelstellung des Fe-Stabes ($L_1 = L_2$) • Wegänderung Δl erzeugt proportionale Brückenspannung durch Induktivitätsänderung ($L_1 \neq L_2$) • Weitere Meßverfahren mit Differentialtransformator	• Wegmessung durch Verlagerung des Fe-Stabes, z. B. bei Flüssigkeiten durch Schwimmer. • Druckmessung durch Rohrfedermeßwerke.
pH-Wert-Messung 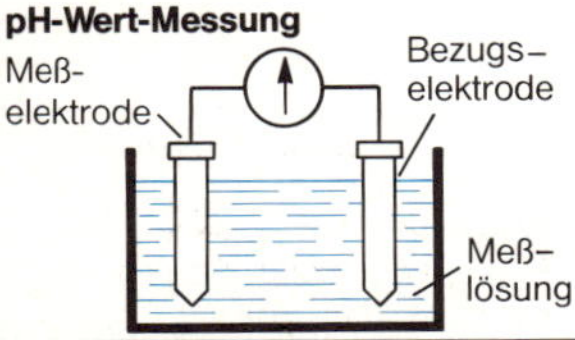	• pH-Wert ist Maß für Stärke einer Säure oder Base • Potential der Bezugselektrode ist ph-Wert-unabhängig • Potential der Meßelektrode ist pH-Wert-abhängig • Zellenspannung ist Maß für pH-Wert der Meßlösung	• Überwachung der Neutralität von Lösungen • Säure- und Basenmessungen. • übliche pH-Wert-Geber: Antimonmeßelektrode mit Silberchlorid-Bezugselektrode Glasmeßelektrode mit Silberchlorid-Bezugselektrode
Lichtstärke-Messung mit Fotoelement 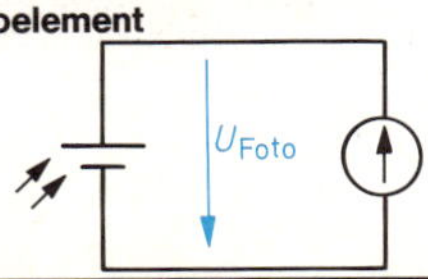	• Bei Belichtung entsteht proportionale Fotospannung U_{Foto} (siehe Seite 74)	• Beleuchtungsmesser (Luxmeter) • Belichtungsmesser • Reflexionsmesser • Trübungsmesser

Sensoren

Sensorart	Eigenschaften	Anwendungen
Drucksensor 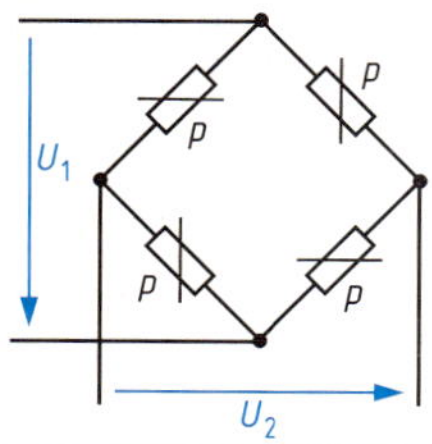	• Druckabhängige Widerstände werden durch piezoresistive Bahnen gebildet. • Brückenschaltung bewirkt Reduzierung von Störgrößen • Nutzsignal bei U_1 = 5 V und Maximaldruck (z. B. 100 kPa) U_2 = 70 mV. • Bei hohen Temperaturschwankungen Kompensation erforderlich.	• Medizinische Technik • Elektronische Personenwaagen • Verpackungs- und Getränkeabfüllmaschinen • Klär-, Kühl- und Klimatechnik • Niederdruckbereich 2...10 kPa • Mitteldruckbereich 25...1000 kPa • Hochdruckbereich 6...40 MPa
Magnetfeldsensor[1)] 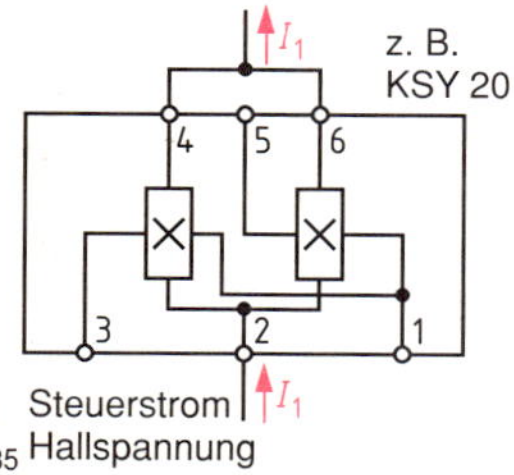 I_1 Steuerstrom U_{35} Hallspannung	• Antiparallelschaltung zweier Hallgeneratoren bewirkt differenzierende Wirkung und besonders deutliche Registrierung von örtlichen Magnetfeldänderungen. • Bei Verbindung mit einem Permanentmagneten ändert sich die Hallspannung bei Annäherung eines weichmagnetischen Körpers.	• Positionsmessungen bei Werkzeugmaschinen. • Drehlzahlmessungen in der Antriebstechnik. • Messung von Tangentialfeldern bei zerstörungsfreier Werkstoffprüfung. • Abtastung magnetisierter Folien in Sortieranlagen.
Wegsensor (magnetisch) 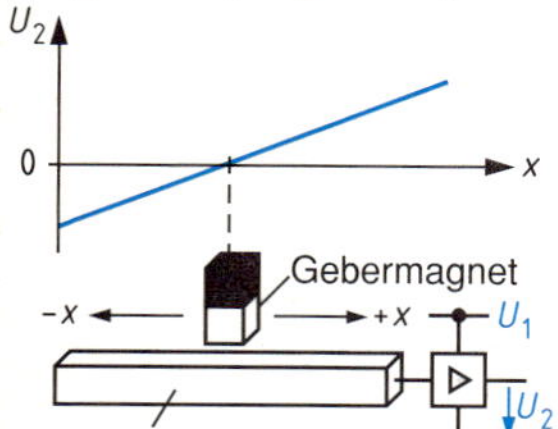	• Zur Wegmessung wird die Verstimmung eines magnetischen Kreises genutzt. • Diese ergibt sich aus der relativen Position des Gebermagneten zur Sensorspule. • Elektronische Signalaufbereitung liefert lineare Umsetzung des Weges in Spannung im Volt-Bereich.	• Ausgangssignal U_2 ist nur von der Höhe, nicht aber von der Änderungsgeschwindigkeit des Magnetfeldes abhängig. • Messung der Nadelstellung im Diesel-Einspritzventil. • Erschütterungsunempfindlicher Einsatz bei Fahrzeugen, Handhabungsautomaten und Werkzeugmaschinen.
Näherungsschalter (induktiv) z. B. TCA 305 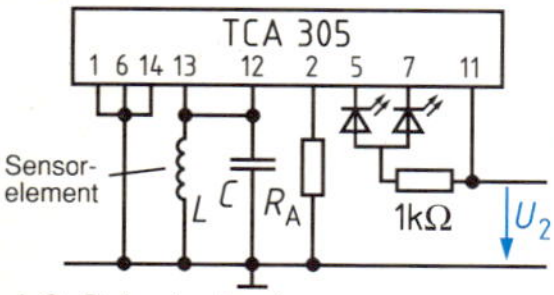 *LC*-Schwingkreis, R_A Abstandswiderstand	• Schaltfunktion wird ausgelöst durch Schwingkreisverstimmung bei Annäherung eines ferromagnetischen Metallteiles an die Oszillatorspule. • Schwankung des Schaltabstandes von ±10 % im Temperaturbereich von –25 °C bis +70 °C zulässig (nach CENELEC).	• Programmierbare Steuerungen • Handhabungsautomaten (Roboter) • Steuerung von Förderanlagen und Aufzugseinrichtungen • U_2 = 12 V schaltet angeschlossenen Schaltverstärker
Pyroelektrischer Sensor 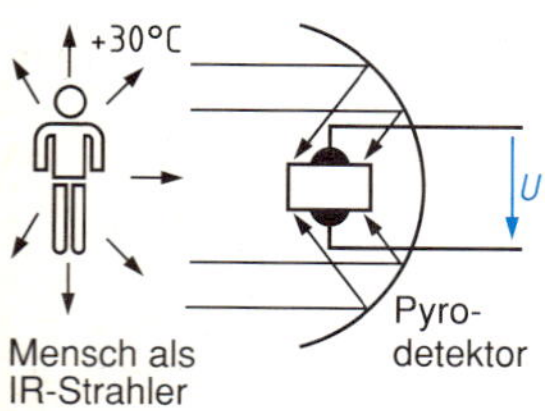	• Pyroelektrische Kunststoffolie verändert bei Bestrahlung durch Infrarotstrahlen elektrisches Dipolmoment der Moleküle. • Dadurch ändert sich die Oberflächenladung und damit die Spannung an den Folienelektroden. • Spannungsänderung wird als Schaltsignal weiterverarbeitet.	• Automatisches Einschalten von Licht in Treppenhäusern, Gängen und Kellern. • Schalten von Händetrocknern und sanitären Spülungen. • Öffnen von Türen. • Objektsicherung. • Fertigungsüberwachung von z. B. warmen Spritzteilen.

1) Magnetfeldabhängige Bauelemente S. 78

Begriffe und Bezeichnungen der Regelungs- und Steuerungstechnik

DIN 19 226/5.68

Kennzeichen des Regelns
- fortlaufende Erfassung der zu regelnden Größe
- Vergleichen mit einer Führungsgröße
- Angleichen an die Führungsgröße
- **geschlossener** Wirkungsablauf (Regelkreis)

Elemente und Größen im Regelkreis

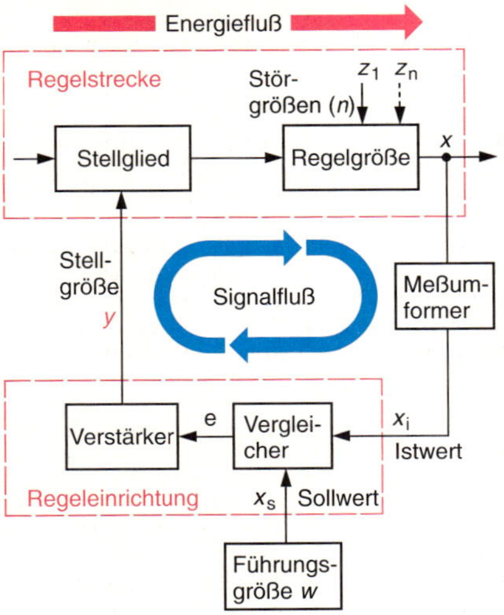

Beispiel: Drehzahlregelung

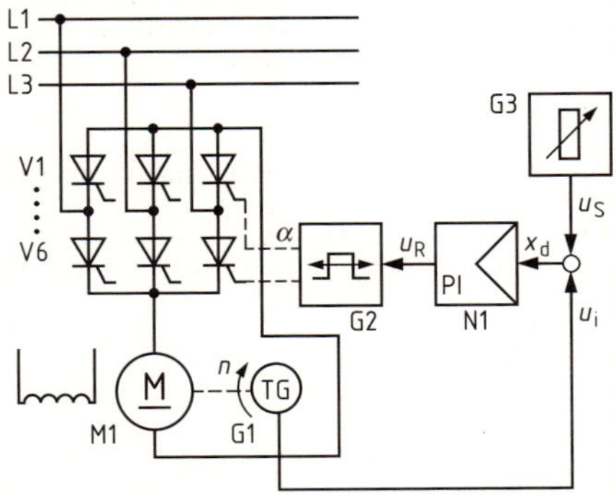

Kennzeichen des Steuerns
- Eingangsgrößen beeinflussen Ausgangsgrößen
- dies geschieht nach den Gesetzmäßigkeiten, die das System besitzt
- **offener** Wirkungsablauf

Elemente und Größen in der Steuerkette

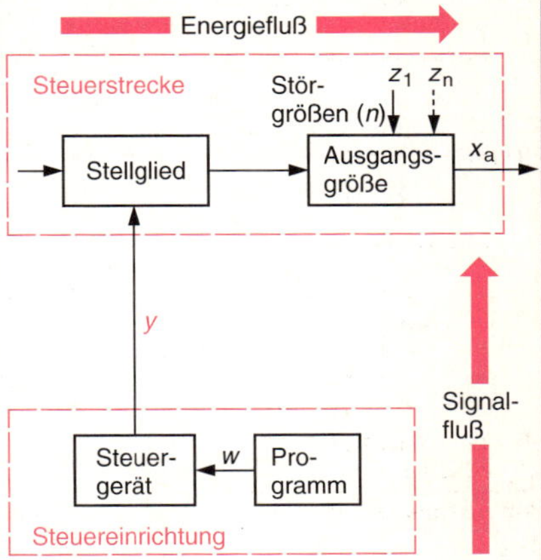

Beispiel: Drehzahlsteuerung

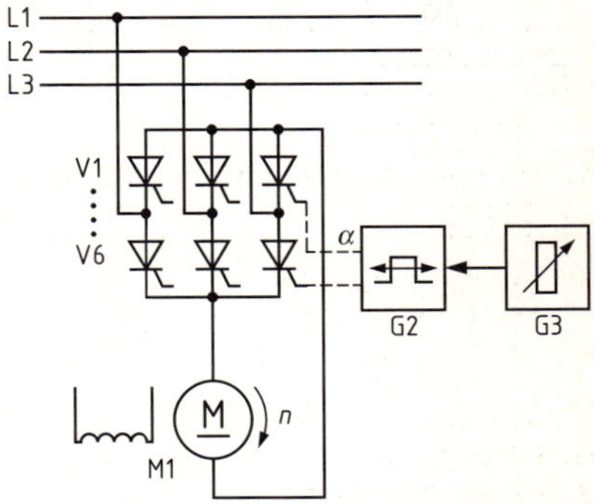

Formelzeichen	Bezeichnung	Erklärung	Beispiel
–	**Regelstrecke, Steuerstrecke**	Teil des Wirkungsweges, der den zu beeinflussenden Bereich der Anlage darstellt.	V1…V6, M1
–	**Regler**	Gerät, das die Regeldifferenz bilden, und daraus die Stellgröße ableiten kann.	G2, N1
–	**Stellglied**	Glied am Eingang der Strecke, das dort in den Energie- oder Massefluß entsprechend der Stellgröße eingreift.	V1…V6
x	**Regelgröße**	Größe, die in der Regelstrecke der Führungsgröße angepaßt werden soll.	Drehzahl n
x_a	**Ausgangsgröße**	Physikalische Größe, die entsprechend festgelegten Regeln beeinflußt werden soll.	Drehzahl n

Begriffe und Bezeichnungen der Regelungs- und Steuerungstechnik

DIN 19226/5.68
V DIN 19237/2.80

Formelzeichen	Bezeichnung	Erklärung	Beispiel
w	**Führungsgröße**	Größe, die dem Regelkreis bzw. der Steuerkette von außen zugeführt wird, von ihm (ihr) selbst nicht beeinflußt wird, und der die Regelgröße bzw. Ausgangsgröße folgen soll.	U
e	**Regeldifferenz**	Differenz zwischen Führungsgröße und Regelgröße $e = w - x$	$U_s – U_i$
x_i	**Istwert**	Wert der Regelgröße, den sie im betrachteten Zeitpunkt tatsächlich hat.	U_i
x_s	**Sollwert**	Wert der Regelgröße, der von der Führungsgröße im betrachteten Zeitpunkt angestrebt wird.	U_s
y	**Stellgröße**	Größe, die die Wirkung der Regeleinrichtung bzw. Steuereinrichtung auf die Regelstrecke bzw. Steuerstrecke überträgt.	Zündwinkel α
z	**Störgröße**	Von außen auf den Regelkreis wirkende Größe, die die Regelgröße bzw. Ausgangsgröße in unerwünschter Weise beeinflußt.	Last des Motors
W_h X_h Y_h Z_h	**Führungsbereich** **Regelbereich** **Stellbereich** **Störbereich**	Bereiche, innerhalb deren Grenzen die Führungs-, Regel-, Stell- und Störgröße liegen dürfen, ohne daß die Funktionsfähigkeit der Anlage beeinträchtigt wird.	

Steuerungsarten

DIN 19 226/5.68

Bezeichnung		Erklärung	Anwendungs-Beispiel
Führungssteuerung		Ausgangsgrößen sind Eingangsgrößen fest zugeordnet, jedoch störgrößenabhängig	Dimmer für stufenlose Helligkeitssteuerung
Haltegliedsteuerung		Eingangssignal wird gespeichert bis ein neues Signal eintrifft	Motorsteuerung mit Schützen
Programmsteuerungen	**Zeitplansteuerung**	Zeitabhängige Beeinflussung der Führungsgröße durch Programmspeicher	Beleuchtungssteuerung mit Schaltuhr
	Wegplansteuerung	Wegabhängige Beeinflussung der Führungsgröße	Aufzugsteuerung, Bremsen durch Etagenkontakte, mechanisch gesteuerte Drehautomaten
	Ablaufsteuerung	Führungsgröße folgt einem Programm, dessen Schritte von der Ausgangsgröße quittiert werden, bevor neue Schritte beginnen	Aufzugsteuerung mit fest eingebautem Programm, Werkzeugmaschine mit numerischer Lochstreifensteuerung
	Speicherprogrammierte Steuerung	Steuerung, deren Programm in einem Programmspeicher gespeichert ist	Mikrocomputersteuerung mit frei programmierbarem Speicher

Bildzeichen für Steuern, Regeln

Meßort, Fühler	Stellglied, Stellort	Stellantrieb	Stellgerät	Signal-Meßumformer	Regler	Einsteller

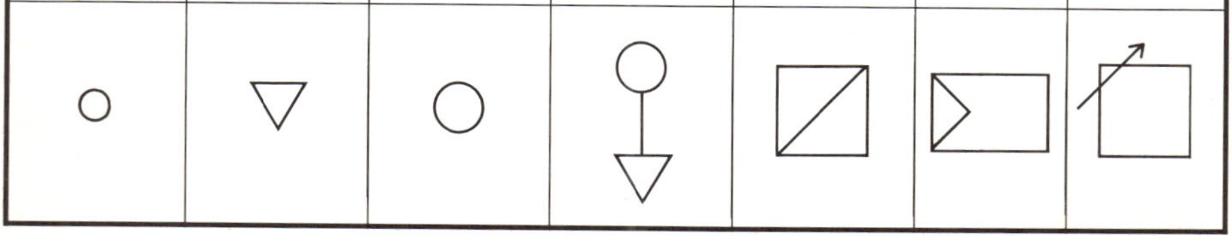

Zeitverhalten

DIN 19 226/5.68
V DIN 19 237/2.80

Zeitverhalten von Führungsgrößen

Bezeichnung	Erklärung	Beispiel
Folgeregelung	Der Wert der Regelgröße folgt den veränderlichen Werten der Führungsgröße.	Witterungsgeführte Heizungsregelung
Zeitplanregelung	Art der Folgeregelung, bei der die Führungsgröße nach einem Zeitplan vorgegeben wird.	Heizungsregelung mit tage- oder wochenweiser Programmierung
Festwertregelung	Der Sollwert der Führungsgröße ist auf einen festen Wert eingestellt.	Drehzahlregelung, Spannungsstabilisierung

Zeitverhalten von Regelkreisgliedern

Um optimales Zusammenwirken von Regelstrecke und Regeleinrichtung zu erreichen, ist die Kenntnis des zeitlichen Verhaltens der einzelnen Glieder notwendig. Zur Untersuchung wird vorzugsweise die Regelstrecke mit verschiedenartigen Änderungen der Eingangsgröße beaufschlagt und die Ausgangsgröße im zeitlichen Verlauf beobachtet. Folgende Verfahren sind möglich:

Verfahren	Erklärung	Zeitlicher Verlauf
Sprungantwort	Zeitlicher Verlauf der Ausgangsgröße nach einer sprungartigen Änderung der Eingangsgröße.	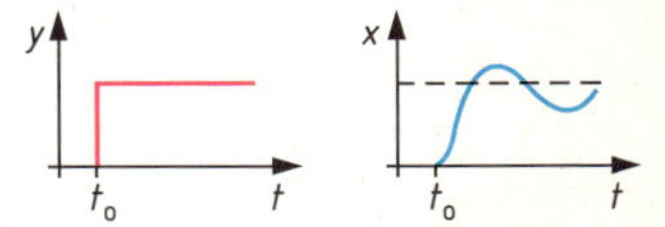
Impulsantwort	Zeitlicher Verlauf der Ausgangsgröße bei einem Nadelimpuls der Eingangsgröße.	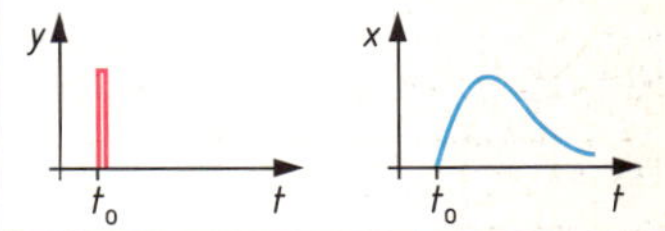
Anstiegsantwort	Zeitlicher Verlauf der Ausgangsgröße bei einer Anstiegsfunktion mit definierter Änderungsgeschwindigkeit als Eingangsgröße.	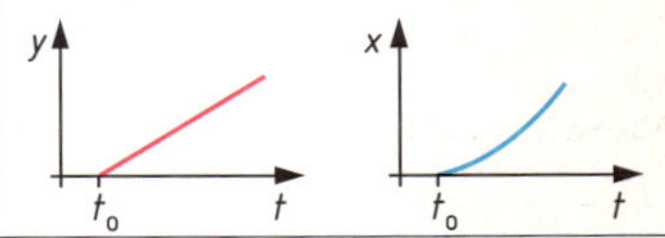
Sinusantwort	Zeitlicher Verlauf der Ausgangsgröße bei sinusförmigem Verlauf und Durchfahren der Frequenzen $\omega = 0$ bis $\omega = \infty$, ($\omega = 2\,\pi f$, Kreisfrequenz) der Eingangsgröße. Der Frequenzgang ($\lvert F(\omega)\rvert = \lvert x/y\rvert$) und der Phasengang (Phasenwinkelverlauf $\varphi = f(\omega)$) werden im Nyquist- oder Bode-Diagramm zur Beurteilung der Stabilität des Regelkreises dargestellt.	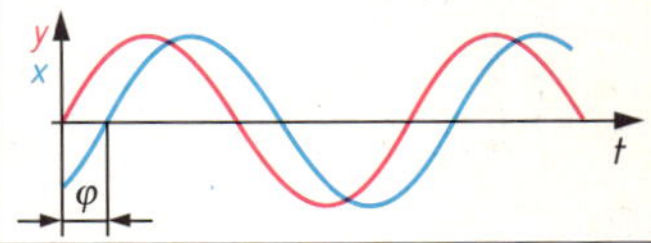

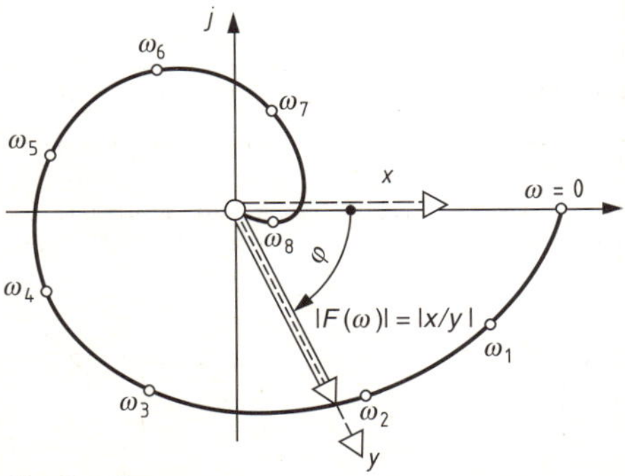

Nyquist-Diagramm

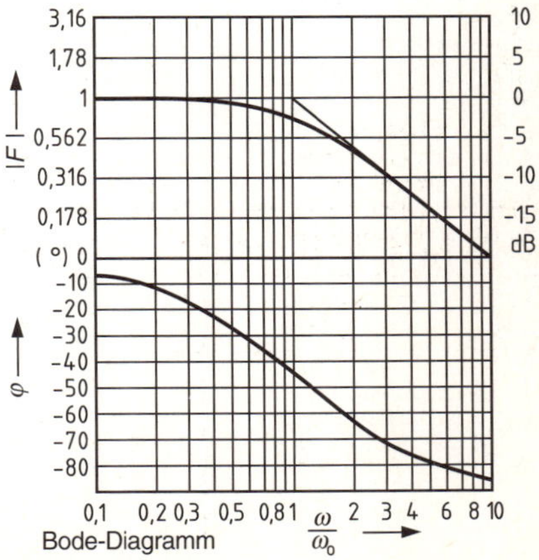

Bode-Diagramm

Zeitverhalten von Regelstrecken

DIN 19 226/5.68

Sprungantwort-Verfahren
Dem Sprungantwort-Verfahren kommt in der Praxis die größte Bedeutung zu, da sich die Übergangsfunktion meist mit geringem Aufwand experimentell ermitteln läßt.

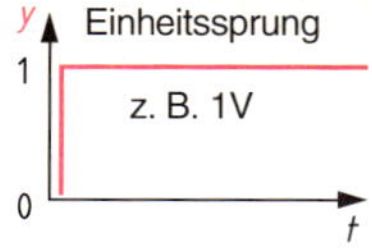

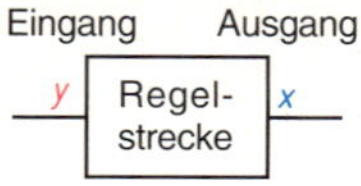

	Bezeichnung, Kenngrößen	Sprungantwort	Beispiel	Übergangsverhalten
P-Strecken (Strecken mit Ausgleich)	**P_o-Strecke** Proportional-Beiwert $K_p = x/y$	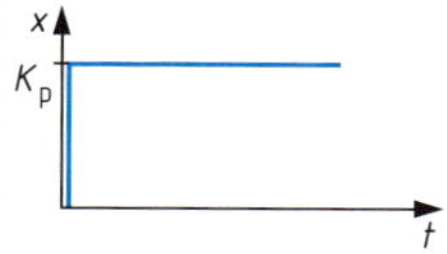	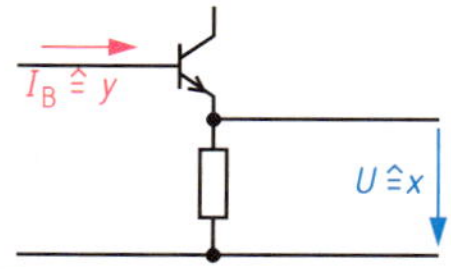	x folgt proportional unverzögert der Eingangsgröße y.
	$P\text{-}T_1$-Strecke Proportional-Beiwert $K_p = x_\infty/y$ Zeitkonstante τ	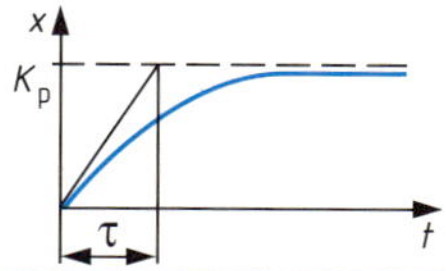	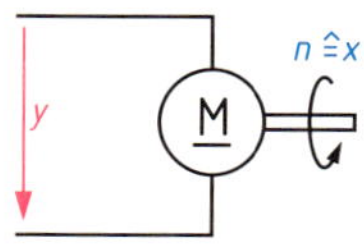	x folgt proportional, nach einer e-Funktion verzögert, der Eingangsgröße y.
	$P\text{-}T_2$-Strecke Proportional-Beiwert $K_p = x_\infty/y$ Zeitkonstanten τ_1, τ_2	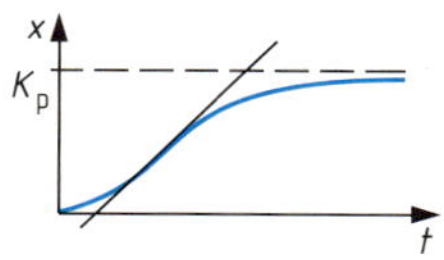	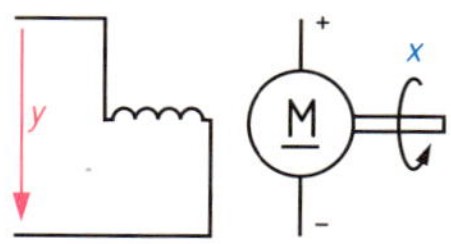	x folgt proportional, mit zwei Zeitkonstanten verzögert, der Eingangsgröße.
	$P\text{-}T_t$-Strecke Proportional-Beiwert $K_p = x/y$ Totzeit T_t	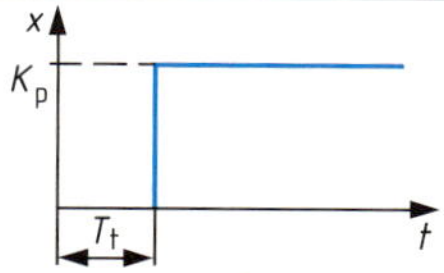	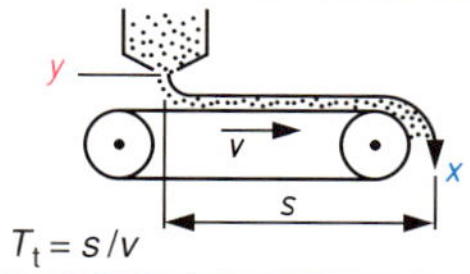	x folgt proportional der Eingangsgröße y, jedoch um die Zeit T_t verzögert.
	$P\text{-}T_t\text{-}T_1$-Strecke Proportional-Beiwert $K_p = x_\infty/y$ Totzeit T_t Zeitkonstante τ	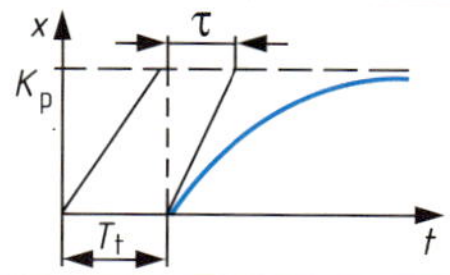		x folgt proportional, mit einer e-Funktion und einer Totzeit verzögert, der Eingangsgröße y.
I-Strecken (Strecken ohne Ausgleich)	**I_o-Strecke** Integrierzeit T_I Integrierbeiwert K_I	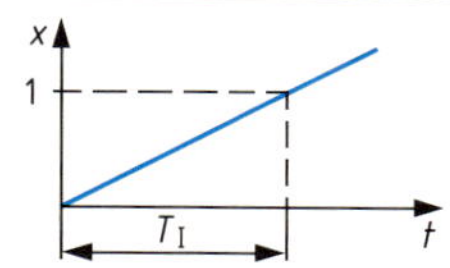	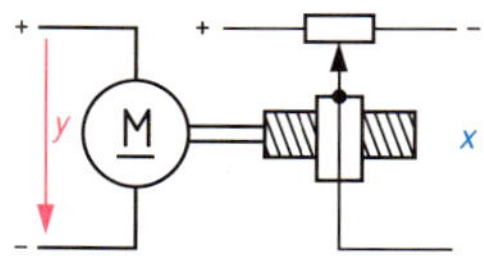	x ist das Zeitintegral der Eingangsgröße y.
	$I\text{-}T_1$-Strecke Integrierzeit T_I Verzögerungs-zeitkonstante τ	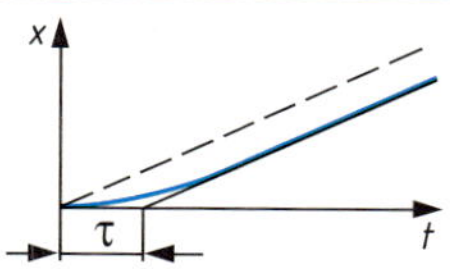	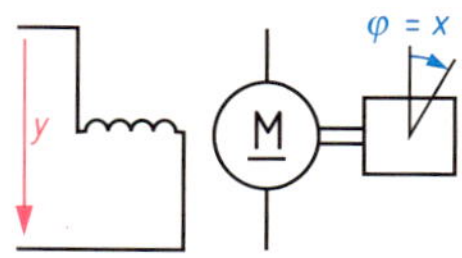	x ist das Zeitintegral der Eingangsgröße y, verzögert mit einer Zeitkonstanten.
	$I\text{-}T_t$-Strecke Integrierzeit T_I Totzeit T_t	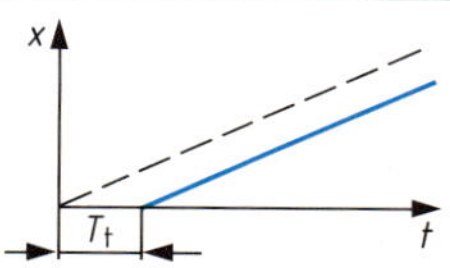	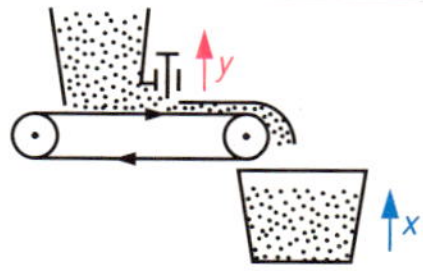	x ist das Zeitintegral der Eingangsgröße y, verzögert mit der Totzeit T_t.

Stetige Regeleinrichtungen für elektrische Regelaufgaben

DIN 19 226/5.68
DIN 19 229/10.75

Bei stetig wirkenden Regeleinrichtungen kann die Stellgröße y innerhalb des Stellbereiches Y_h jeden Wert annehmen.
Die mit elektronischen Reglern relativ einfach realisierbaren gewünschten Eigenschaften werden hier stellvertretend für auch nicht elektronisch (mechanisch, pneumatisch, hydraulisch) arbeitende Regeleinrichtungen behandelt.

Regler- Typ	Regler- Kenngrößen	Reglerantwort	Erklärung
P	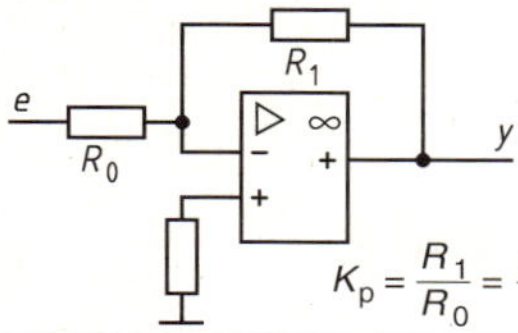 $K_p = \frac{R_1}{R_0} = \frac{y - y_0}{e}$	**Sprungantwort** 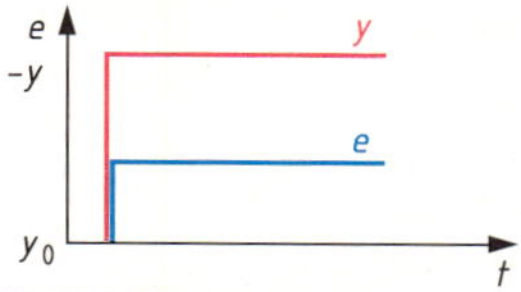	Regeldifferenz bewirkt proportionale Stellgrößenänderung. K_p: Proportionalbeiwert
D	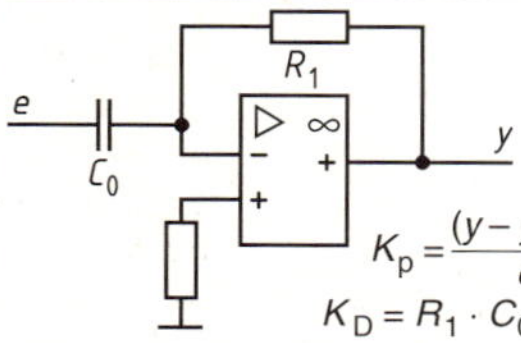 $K_p = \frac{(y - y_0)\,dt}{e}$ $K_D = R_1 \cdot C_0 = T_D$	**Anstiegsantwort** 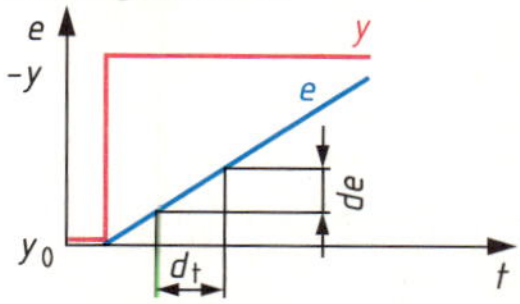	Änderungsgeschwindigkeit der Regeldifferenz bewirkt bestimmten Wert der Stellgröße. K_D: Differenzierbeiwert T_D: Differenzierzeit
I	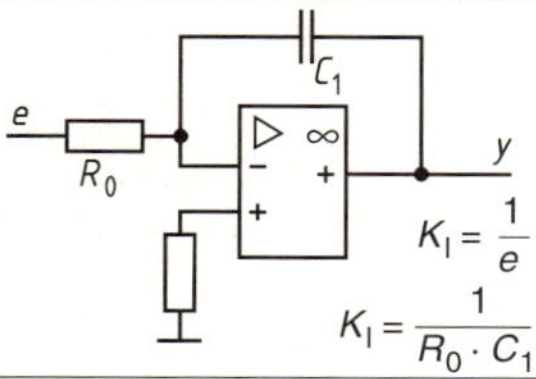 $K_I = \frac{1}{e} \cdot \frac{dy}{dt}$ $K_I = \frac{1}{R_0 \cdot C_1} = \frac{1}{T_I}$	**Sprungantwort** 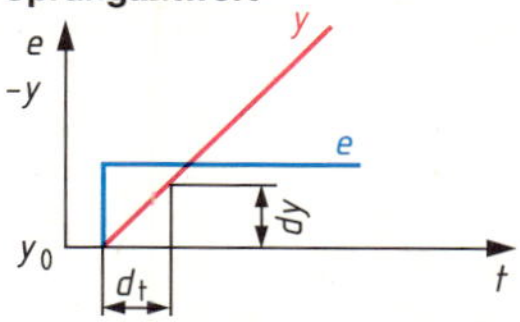	Regeldifferenz bewirkt bestimmte Änderungsgeschwindigkeit der Stellgröße. K_I: Integrierbeiwert T_I: Integrierzeit
PD	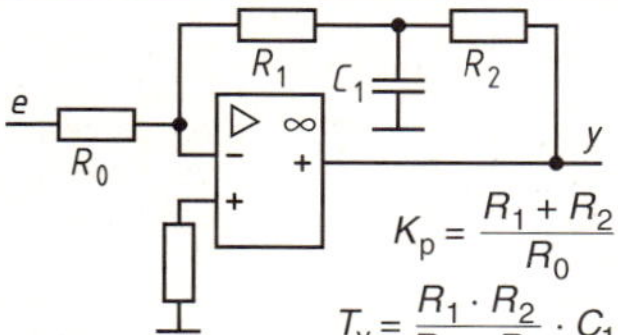 $K_p = \frac{R_1 + R_2}{R_0}$ $T_v = \frac{R_1 \cdot R_2}{R_1 + R_2} \cdot C_1$	**Anstiegsantwort** 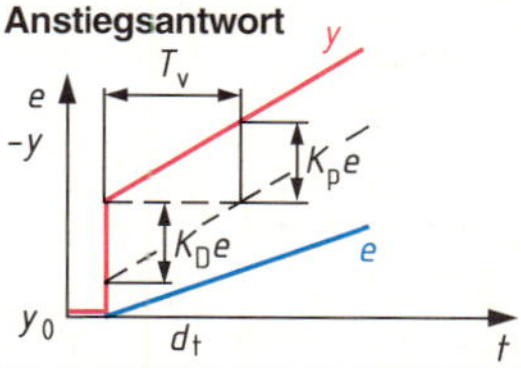	Regeldifferenz bewirkt Stellgrößenänderung mit P-Anteil und D-Anteil. K_p: Proportionalwert T_v: Vorhaltzeit
PI	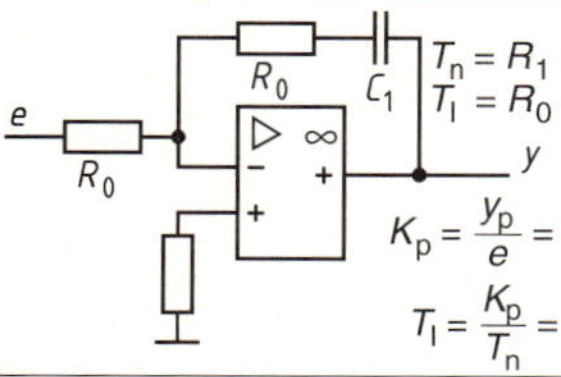 $T_n = R_1 \cdot C_1$ $T_I = R_0 \cdot C_1$ $K_p = \frac{y_p}{e} = \frac{R_1}{R_0}$ $T_I = \frac{K_p}{T_n} = \frac{1}{R_0}$	**Sprungantwort** 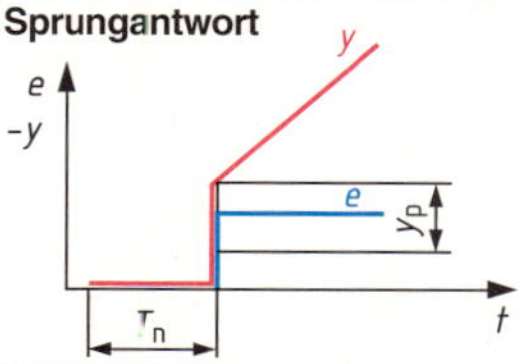	Regeldifferenz bewirkt Stellgrößenänderung mit P-Anteil und I-Anteil. T_n: Nachstellzeit
PID	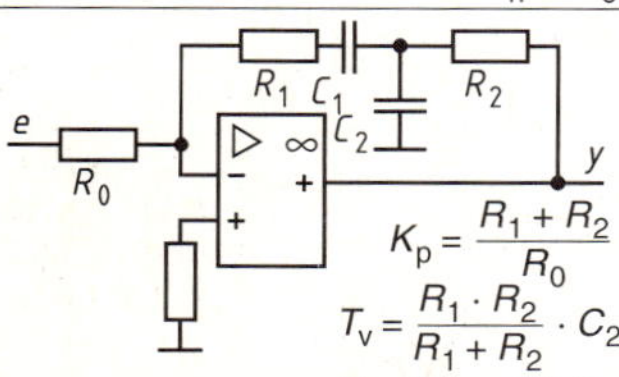 $K_p = \frac{R_1 + R_2}{R_0}$ $T_v = \frac{R_1 \cdot R_2}{R_1 + R_2} \cdot C_2$ $T_n = (R_1 + R_2)\,C_2$	**Sprungantwort** 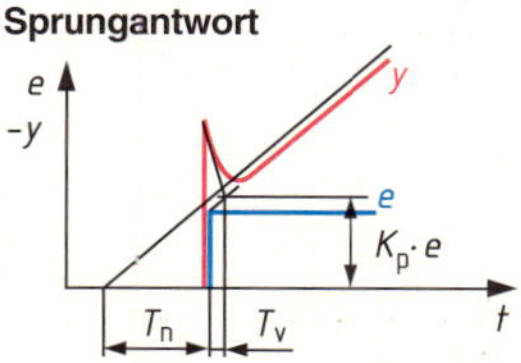	Regeldifferenz bewirkt Stellgrößenänderung mit P-, I- und D-Anteil.

Unstetige Regeleinrichtungen

DIN 19 226/5.68
DIN 19 229/10.75

Zweitpunkt-Regeleinrichtung
Die Stellgröße kann beim Zweipunktregler nur zwei Zustände annehmen: EIN und AUS.
Zweipunktregler eignen sich aufgrund des unstetigen Verhaltens nur zum Betrieb an solchen Regelstrecken, deren Veränderung der Regelgröße zeitbehaftet (verzögert) erfolgt.

Dreipunkt-Regeleinrichtung
Dreipunktregeleinrichtungen verfügen über drei Schaltzustände: Zustand I – AUS – Zustand II. Auch diese Reglerart kann nur an verzögerten Regelstrecken und Regelstrecken mit I-Verhalten betrieben werden.

Kennlinie, Kenngrößen | Zeitverhalten | Elektronische Ausführung

Zweipunktregler

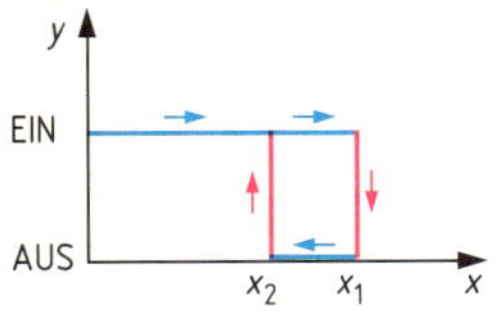

T_t: Totzeit
T_s: Zeitkonstante

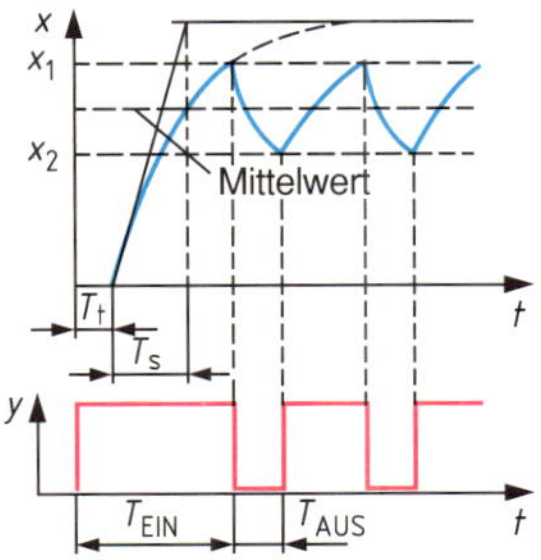

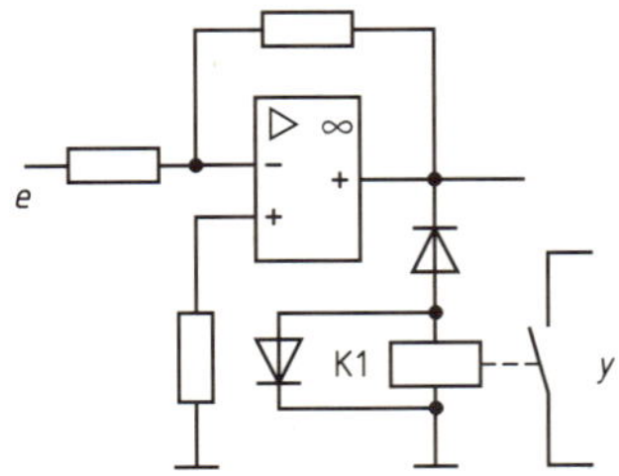

Dreipunktregler

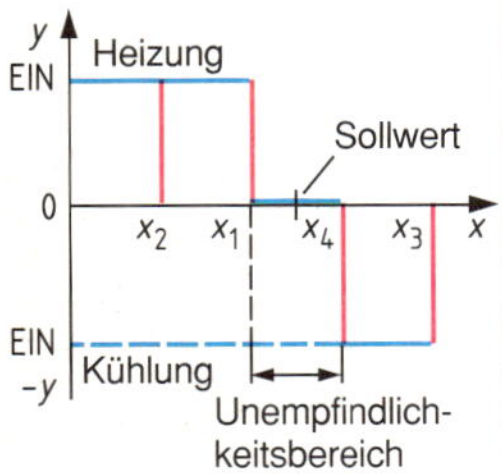

T_t: Totzeit
T_s: Zeitkonstante

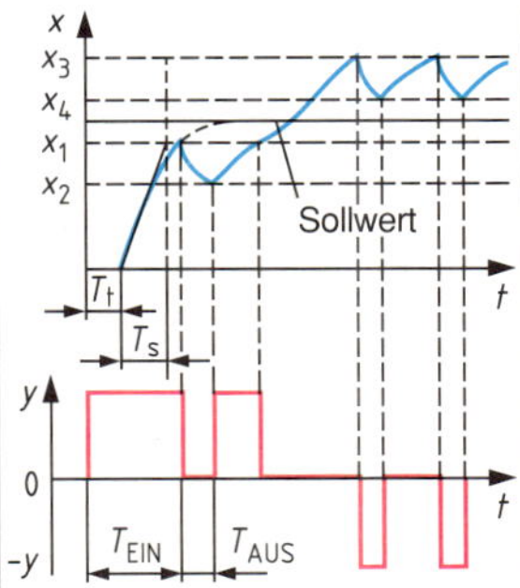

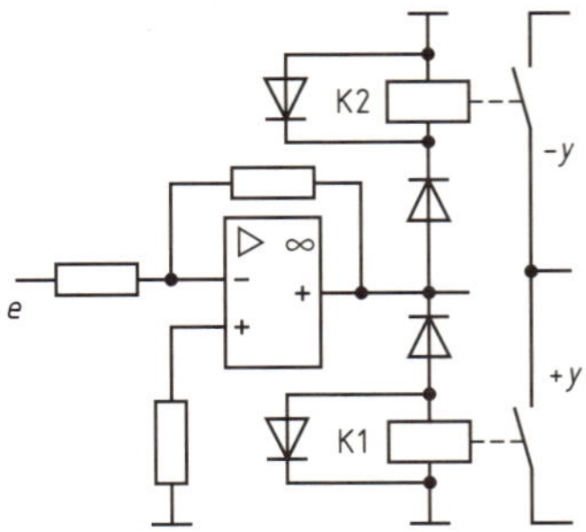

Eignung von Reglern bei gegebener Strecke

Strecke			Regler P	I	PI	PD	PID	2-Punkt-Regler
P-Strecken	P_0		–	x	xx	–	–	–
	$P\text{–}T_1$		x	x	x	–	–	x
	$P\text{–}T_2$		–	–	x	–	xx	x
	$P\text{–}T_T$		–	x	xx	–	–	–
	$P\text{–}T_T\text{–}T_1$	$\tau \gg T_T$	x	–	xx	x	x	x
		$\tau > T_T$	–	–	x	–	x	–
I-Strecken	I_0		x	–	x	–	–	x
	$I\text{–}T_1$		–	–	x	x	xx	x
	$I\text{–}T_T$		–	–	–	x	x	–

xx: besonders geeignet; x: geeignet; –: ungeeignet

Einstellung von Reglern

Eine Regeleinrichtung ist um so besser eingestellt,
- je kleiner die bleibende Regeldifferenz e
- je kürzer die Einschwingzeit und
- je kleiner die Überschwingweite x_m

Bei zu großer (Regel-)Kreisverstärkung kann der Regelkreis instabil werden.

$V_0 = | K_{PR} \cdot K_{PS} |$
K_{PR}: P-Beiwert (Regler) s. a. S. 241
K_{PS}: P-Beiwert (Strecke) s. a. S. 240

Sprungantwort der Regelstrecke

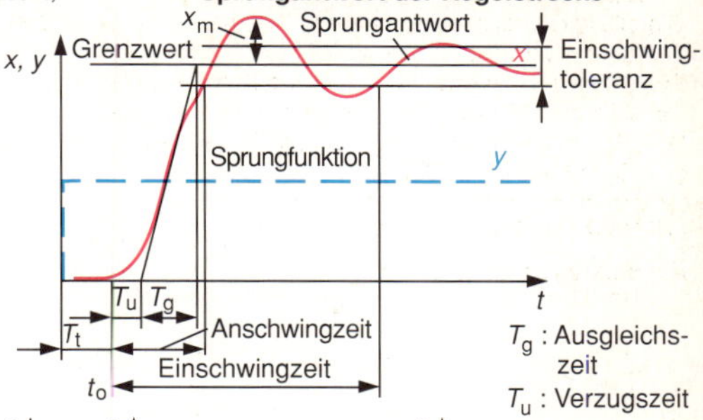

Verläufe von Regelvorgängen

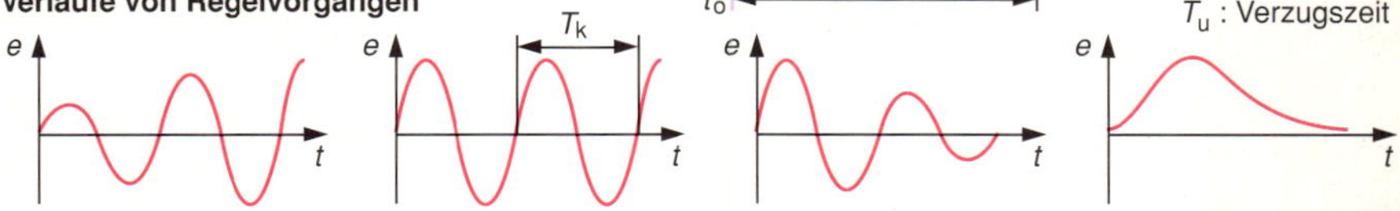

1. instabil 2. Stabilitätsgrenze 3. stabil, periodisch 4. stabil, aperiodisch

Verfahren von Ziegler und Nichols
Einfaches Verfahren bei nicht bekannten Kennwerten der Regelstrecke. Vorgehen:
- Regler als P-Regler im geschlossenen Regelkreis betreiben ($T_n = \infty$; $T_v = 0$ eingestellt).
- Proportionalbeiwert K_{PR} erhöhen, bis Regeldifferenz e Dauerschwingungen mit konstanter Amplitude ausführt.
- In diesem Zustand Schwingungsdauer T_K und kritischen P-Beiwert K_{PRK} bestimmen.
- Günstigste Reglereinstellung Tabelle entnehmen.

Reglertyp	P-Wert K_{PR}	Vorhaltzeit T_v	Nachstellzeit T_n
P	$0{,}5 \cdot K_{PRK}$	–	–
PD	$0{,}8 \cdot K_{PRK}$	$0{,}12 \cdot T_K$	–
PI	$0{,}45 \cdot K_{PRK}$	–	$0{,}85 \cdot T_K$
PID	$0{,}6 \cdot K_{PRK}$	$0{,}12 \cdot T_K$	$0{,}5 \cdot T_K$

Verfahren von Chien, Hrones und Reswick
Sind die Kennwerte einer Regelstrecke bekannt oder können sie leicht durch eine Sprungantwort (s. o.) ermittelt werden, ist gemäß nachstehender Tabelle vorzugehen. Dabei ist zu unterscheiden, ob
- der Regelverlauf aperiodisch oder
- periodisch, mit ca. 20 % Überschwingen erfolgen soll, bzw. ob
- die Regeleinrichtung optimal für das Ausregeln von Störungen (durch Störgrößen) oder von
- Änderungen der Führungsgröße (Führung) eingestellt sein soll.

Angestrebt wird die kleinstmögliche Dauer des Ausregelvorganges.

Die Totzeit T_t und die Verzugszeit T_u, die bei Strecken mit T_2-Charakter zusammen die Ersatztotzeit T_{tE} bilden ($T_t + T_u = T_{tE}$), beeinträchtigen die Regelbarkeit einer Strecke, wenn sie im Verhältnis zur Ausgleichszeit T_g groß sind.

Richtwerte: gut regelbar: $T_g / T_{tE} > 10$
mäßig regelbar: $T_g / T_{tE} > 4 < 9$
schlecht regelbar: $T_g / T_{tE} < 3$

Ist keine Totzeit vorhanden, wird für T_{tE} in den folgenden Gleichungen T_u eingesetzt.
Bei Regelstrecken ohne Ausgleich für $\frac{T_g}{K_{PS}}$ $\frac{1}{K_I}$ einsetzen.

Reglertyp		Störung: Aperiodischer Regelvorgang	Störung: Periodisch mit ≈ 20 % Überschwingen	Führung: Aperiodischer Regelvorgang	Führung: Periodisch mit ≈ 20 % Überschwingen
P		$K_{PR} = 0{,}3 \cdot \frac{T_g}{K_{PS} \cdot T_{tE}}$	$K_{PR} = 0{,}7 \cdot \frac{T_g}{K_{PS} \cdot T_{tE}}$	$K_{PR} = 0{,}3 \cdot \frac{T_g}{K_{PS} \cdot T_{tE}}$	$K_{PR} = 0{,}7 \cdot \frac{T_g}{K_{PS} \cdot T_{tE}}$
PI		$K_{PR} = 0{,}6 \cdot \frac{T_g}{K_{PS} \cdot T_{tE}}$	$K_{PR} = 0{,}7 \cdot \frac{T_g}{K_{PS} \cdot T_{tE}}$	$K_{PR} = 0{,}35 \cdot \frac{T_g}{K_{PS} \cdot T_{tE}}$	$K_{PR} = 0{,}6 \cdot \frac{T_g}{K_{PS} \cdot T_{tE}}$
		$T_N = 4 \cdot T_{tE}$	$T_N = 2{,}3 \cdot T_{tE}$	$T_N = 1{,}2 \cdot T_g$	$T_N = T_g$
PID		$K_{PR} = 0{,}95 \cdot \frac{T_g}{K_{PS} \cdot T_{tE}}$	$K_{PR} = 1{,}2 \cdot \frac{T_g}{K_{PS} \cdot T_{tE}}$	$K_{PR} = 0{,}6 \cdot \frac{T_g}{K_{PS} \cdot T_{tE}}$	$K_{PR} = 0{,}95 \cdot \frac{T_g}{K_{PS} \cdot T_{tE}}$
		$T_v = 0{,}42 \cdot T_{tE}$	$T_v = 0{,}42 \cdot T_{tE}$	$T_v = 0{,}5 \cdot T_{tE}$	$T_v = 0{,}47 \cdot T_{tE}$
		$T_N = 2{,}4 \cdot T_{tE}$	$T_N = 2 \cdot T_{tE}$	$T_N = T_g$	$T_N = 1{,}35 \cdot T_g$

Digitale Regler

DIN 19 225/12.81

Inkrementelle Regler

Reglereingangsgrößen

wertdiskret, zeitkontinuierlich, vorzugsweise Binärsignale (Zählsignale)

Signalgeber

Z. B.:
- Elektrizitäts- und Volumenzähler mit Impulskontakten,
- Drehzahlgeber mit Loch- oder Zahnscheiben

Anwendungsbeispiel

Durchfluß, Leistungs- oder Drehzahl-Regelung

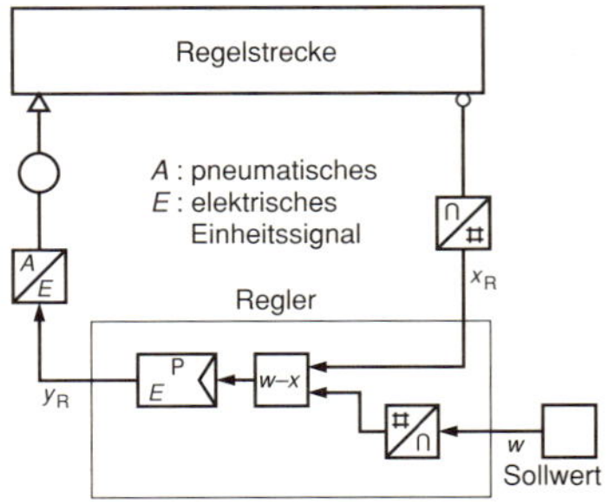

Regelkreis mit P-Verhalten

Parallel codierte Regler

Reglereingangsgrößen

wertdiskret, zeitkontinuierlich, parallel anliegende Binärsignale

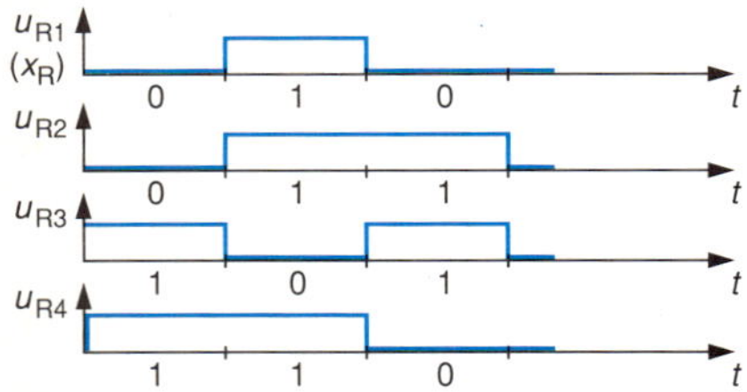

Signalgeber

Z. B.: Skalenverschlüßler (Codierscheiben)

Anwendungsbeispiel

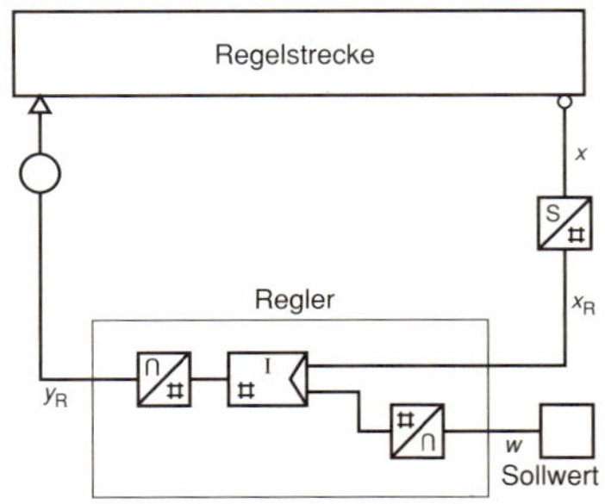

Regelkreis mit I-Verhalten

Digitale Abtastregler, Rechnerregelung

Reglereingangsgrößen

analog: Umsetzung durch Analog-Digital-Umsetzer
digital: Zählglieder oder direkte Verarbeitung

Regelalgorithmen

Stellungs-Algorithmus: Ausgangssignal wird jeweils zum Abtastzeitpunkt gebildet.
Geschwindigkeits-Algorithmus: Ausgangssignaländerung wird von Abtastzeitpunkt zu Abtastzeitpunkt gebildet.

Anwendungsbeispiel

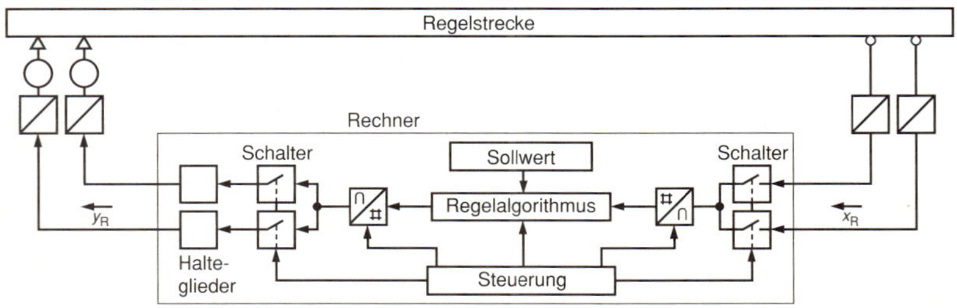

Leittechnik, Prozeßleittechnik

DIN 19 222/03.85

Begriffe

Prozeß

Gesamtheit von aufeinander einwirkende Vorgänge in einem System, durch die Materie, Energie oder auch Informationen umgeformt, transportiert oder auch gespeichert werden.

Beispiele:

- Erzeugung elektrischer Energie im Kraftwerk,
- Verteilung von Energie,
- Verarbeitung von Daten in einer Rechenanlage,
- Fertigung eines Getriebes

Leiteinrichtung

Alle für die Aufgaben des Leitens verwendeten Geräte und Programme.

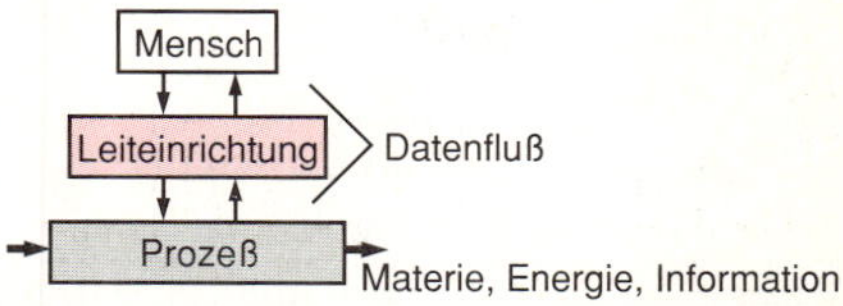

Leittechnik

Gezieltes Einwirken auf den Ablauf eines Prozesses.

Leiten

Gesamtheit aller Maßnahmen, die einen im Sinne festgelegter Ziele erwünschten Ablauf eines Prozesses bewirken. Die Maßnahmen werden vorwiegend unter Mitwirkung des Menschen aufgrund der aus dem Prozeß erhaltenen Daten mit Hilfe einer Leiteinrichtung getroffen.

Aufgaben des Leitens

Priorität:
1. Schützen,
2. Eingreifen,
3. Steuern,
4. Regeln,
5. Optimieren

Weitere Aufgaben:
Messen, Zählen, Überwachen, Auswerten, Anzeigen, Melden, Aufzeichnen, Protokollieren, Stellen, Daten erfassen, Daten eingeben, Daten verarbeiten, Daten übertragen, Daten ausgeben.

Beispiel für die Struktur eines Prozeßleitsystems

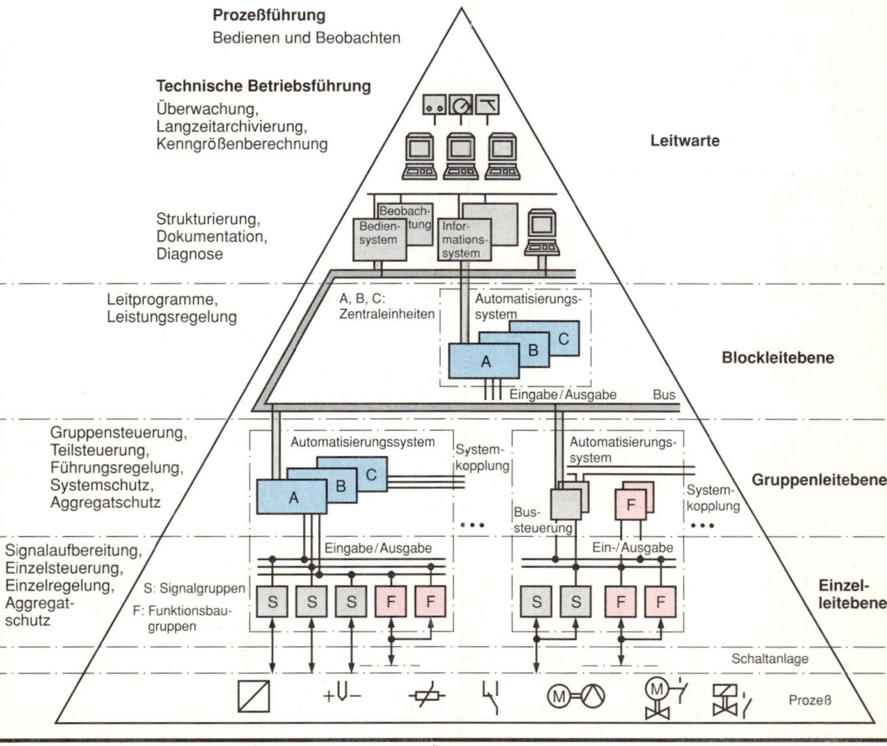

Verknüpfungsbausteine

DIN 40 900 T.12/07.84
DIN 66 000/11.85

Schaltzeichen	Schaltfunktion, Benennung	Wertetabelle a	b	x	Beispiel mit Kontakten	Benennung nach DIN 66 000
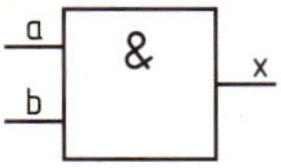	$x = a \wedge b$ **UND-Verknüpfung** (Konjunktion)	0 0 1 1	0 1 0 1	0 0 0 1	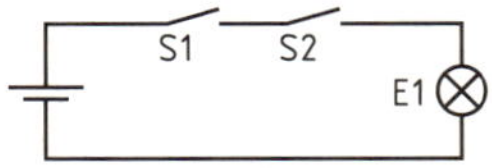	$x = a \wedge b$ (a und b)
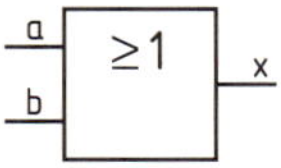	$x = a \vee b$ **ODER-Verknüpfung** (Disjunktion)	0 0 1 1	0 1 0 1	0 1 1 1	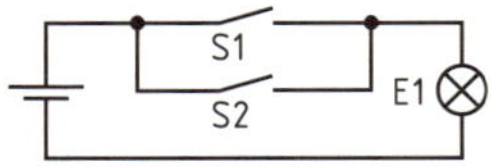	$x = a \vee b$ (a oder b)
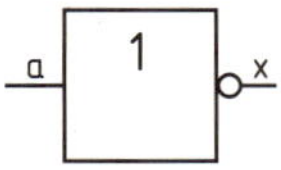	$x = \bar{a}$ **NICHT** (Negation)	0 1 – –	– – – –	1 0 – –	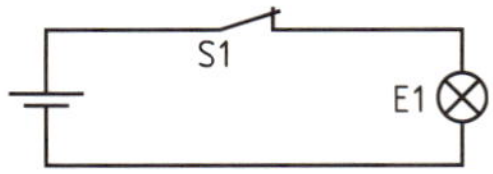	$\neg a$ (nicht a)
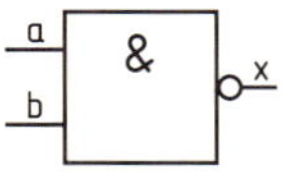	$x = \overline{a \wedge b}$ **NAND-Verknüpfung**	0 0 1 1	0 1 0 1	1 1 1 0	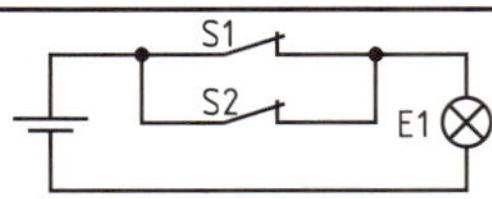	$x = a \bar{\wedge} b$ (a nand b)
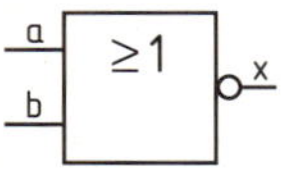	$x = \overline{a \vee b}$ **NOR-Verknüpfung**	0 0 1 1	0 1 0 1	1 0 0 0		$x = a \bar{\vee} b$ (a nor b)
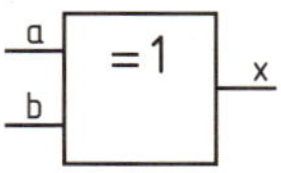	$x = (a \wedge \bar{b}) \vee (\bar{a} \wedge b)$ **Exklusiv-ODER** (Antivalenz)	0 0 1 1	0 1 0 1	0 1 1 0	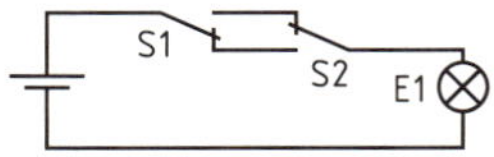	$x = a \not\leftrightarrow b$ (a xor b)
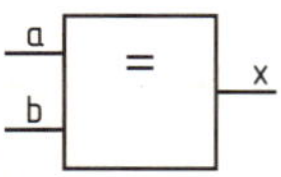	$x = (a \wedge b) \vee (\bar{a} \wedge \bar{b})$ **Exklusiv-NOR** (Äquivalenz)	0 0 1 1	0 1 0 1	1 0 0 1	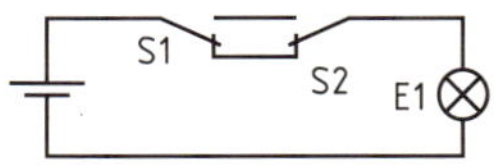	$x = a \leftrightarrow b$ (a Doppelpfeil b)
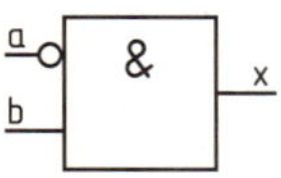	$x = \bar{a} \wedge b$ **Sperrgatter** (Inhibition)	0 0 1 1	0 1 0 1	0 1 0 0	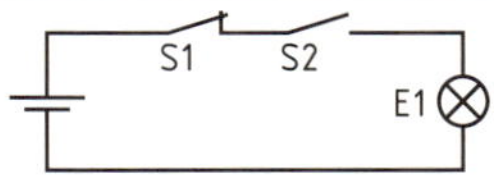	
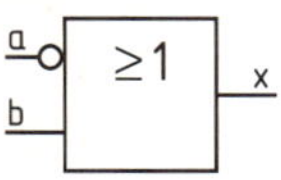	$x = \bar{a} \vee b$ **Subjunktion** (Implikation)	0 0 1 1	0 1 0 1	1 1 0 1	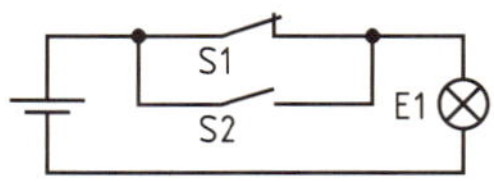	$x = a \rightarrow b$ (a Pfeil b)

UND durch ODER

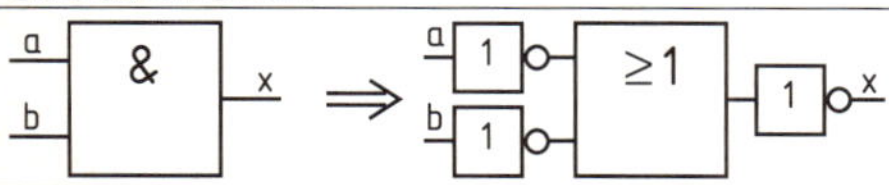

ODER durch UND

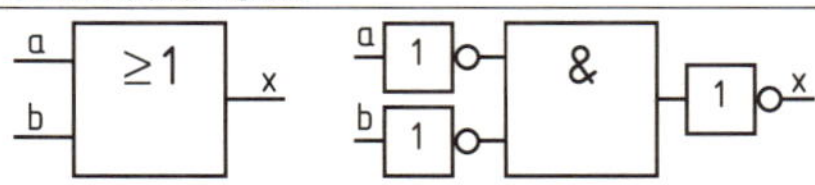

NAND durch ODER

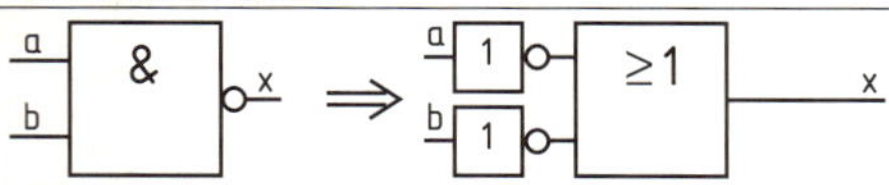

NOR durch UND

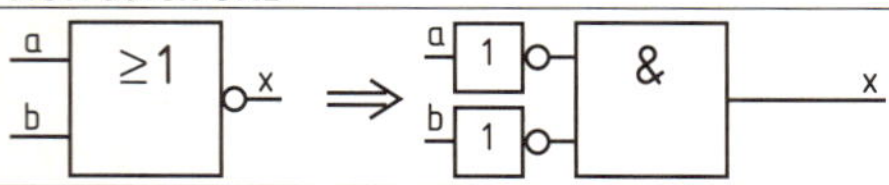

Ersetzen von Verknüpfungsgliedern

Man erhält gleichwertige Verknüpfungsglieder, wenn:

1. alle & durch ≥,
2. alle ≥ durch & ersetzt und
3. alle Anschlüsse gegenüber dem Ausgangszustand invertiert werden. (Ausnahme: NICHT-Glied)

Schaltalgebra vgl. S. 10

Vereinfachungen mit K-V-Tafeln

Regeln

- Karnaugh-Veitch-Diagramme (K-V-Diagramme, K-V-Tafeln) sind grafische Verfahren zur Vereinfachung von Schaltfunktionen.
- Die Anzahl a der Felder in der K-V-Tafel ist abhängig von der Anzahl n der Eingangsvariablen: $a = 2^n$.
- Angeordnet werden die Eingangsvariablen in der Form, daß jeweils von Spalte zu Spalte und von Zeile zu Zeile nur eine Variable geändert wird.
- In die Felder werden die Werte aus der Wertetabelle eingetragen.
- Felder, die nicht belegt sind, können je nach gewählter Methode mit 0 oder 1 ergänzt werden.
- **Mintermmethode:** möglichst viele Felder, die eine 1 enthalten (Vollkonjunktionen) zu 2er-, 4er-, 8er- oder 16er-Blöcken zusammenfassen.
- Es dürfen nur die Vollkonjunktionen zusammengefaßt werden, die mit einer Seite aneinanderstoßen (nicht mit Ecken).
- Variable innerhalb eines Blockes, die negiert und nicht negiert auftreten, entfallen.
- Die je Block verbleibenden Variablen werden UND-verknüpft.
- Diese UND-Verknüpfungen werden durch ODER-Verknüpfungen zusammengefaßt und ergeben die minimierte Schaltfunktion.
- **Maxtermmethode:** Vereinfachen zum Zusammenfassen und reduzieren wie bei der Mintermmethode mit den Feldern, die eine 0 enthalten.
- Variable innerhalb der Blöcke werden ODER-verknüpft.
- ODER-Verknüpfungen werden mit UND verknüpft und ergeben die minimierte Schaltfunktion.
- K-V-Tafeln werden nur für bis zu 5 Eingangsvariable aufgestellt.

Wertetabelle / Funktionsgleichung

Beispiel für 2 Variable

	a	b	x	Vollkonjunktion	Volldisjunktion
1	0	0	1	$x = \bar{a} \wedge \bar{b}$	
2	0	1	0		$\bar{x} = a \vee \bar{b}$
3	1	0	1	$x = a \wedge \bar{b}$	
4	1	1	0		$\bar{x} = \bar{a} \vee \bar{b}$

K-V-Tafel (Minimierte Funktionsgleichung)

Mintermmethode

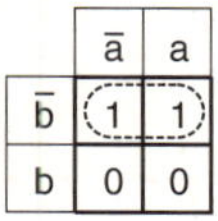

$x = \bar{b}$

Maxtermmethode

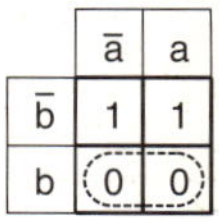

$\bar{x} = b$

Beispiel für 3 Variable

	a	b	c	x	Vollkonjunktion	Volldisjunktion
1	0	0	0	1	$x = \bar{a} \wedge \bar{b} \wedge \bar{c}$	
2	0	0	1	1	$x = \bar{a} \wedge \bar{b} \wedge c$	
3	0	1	0	1	$x = \bar{a} \wedge b \wedge \bar{c}$	
4	0	1	1	0		$\bar{x} = a \vee \bar{b} \vee \bar{c}$
5	1	0	0	1	$x = a \wedge \bar{b} \wedge \bar{c}$	
6	1	0	1	0		$\bar{x} = \bar{a} \vee b \vee \bar{c}$
7	1	1	0	0		$\bar{x} = \bar{a} \vee \bar{b} \vee c$
8	1	1	1	0		$\bar{x} = \bar{a} \vee \bar{b} \vee \bar{c}$

Mintermmethode

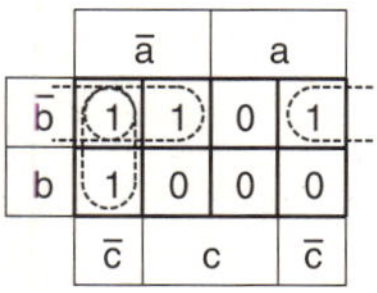

$x = (\bar{a} \wedge \bar{c}) \vee (\bar{b} \wedge \bar{c}) \vee (\bar{a} \wedge \bar{b})$

Maxtermmethode

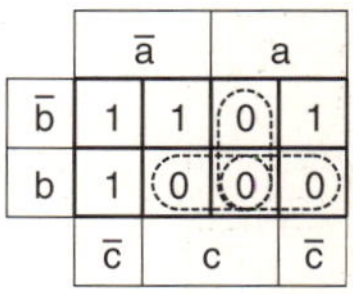

$\bar{x} = (a \vee c) \wedge (b \vee c) \wedge (a \vee b)$

K-V-Tafel für 4 Variable

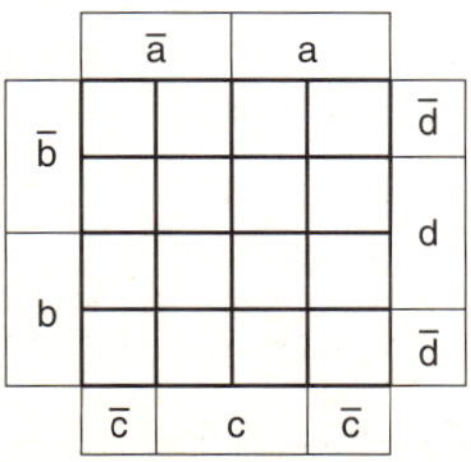

K-V-Tafel für 5 Variable

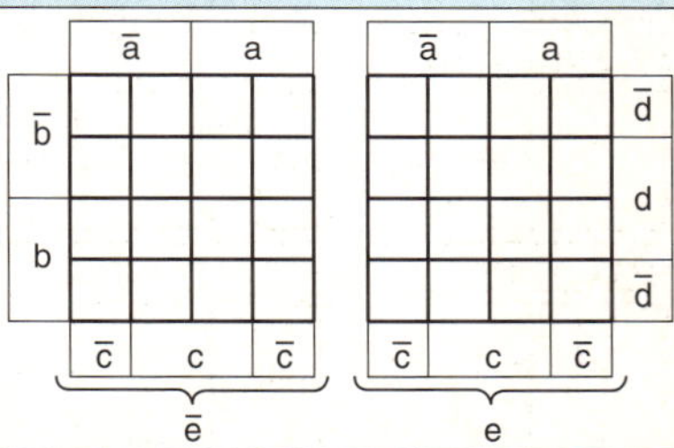

Kippschaltungen

DIN 40 900 T.12/7.84

Schaltzeichen	Realisierung	Spannungsverläufe	Anwendung
Schmitt-Trigger 	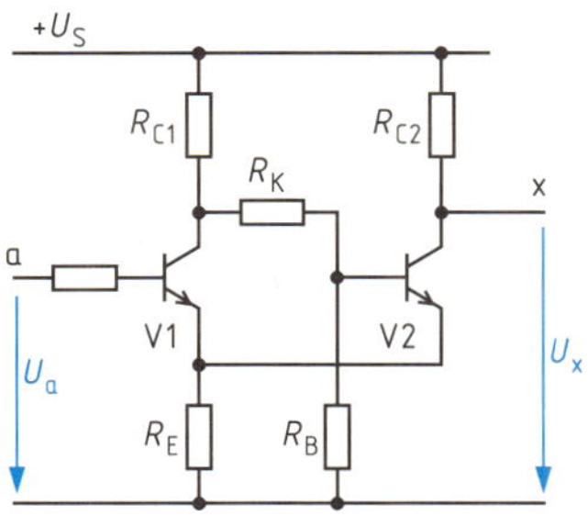	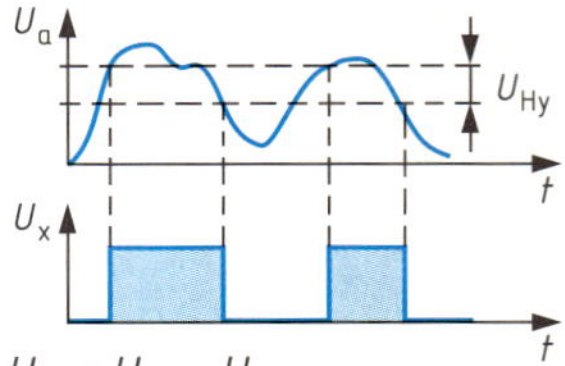 $U_{Hy} = U_{Ein} - U_{Aus}$ $U_{Hy} = \frac{U_S}{R_{C2} + R_E} \cdot \frac{R_B \cdot R_{C1} \cdot R_E}{R_E\,(R_B + R_K + R_{C1}) + R_B \cdot R_{C1}}$	Schwellwertschalter, Impulsformstufe
Monostabiler Multivibrator 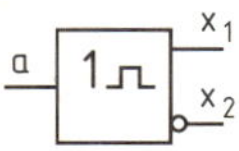	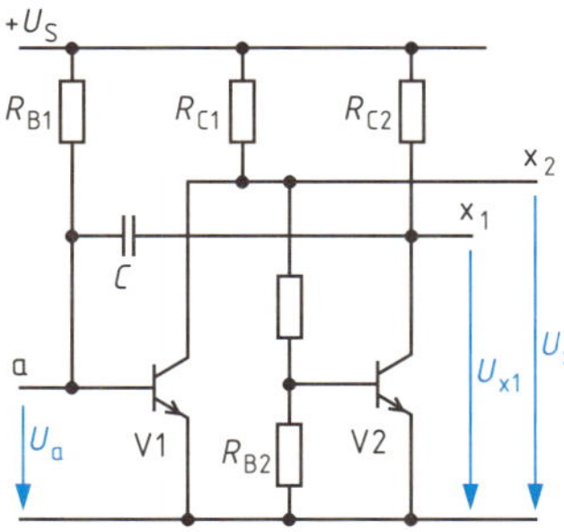	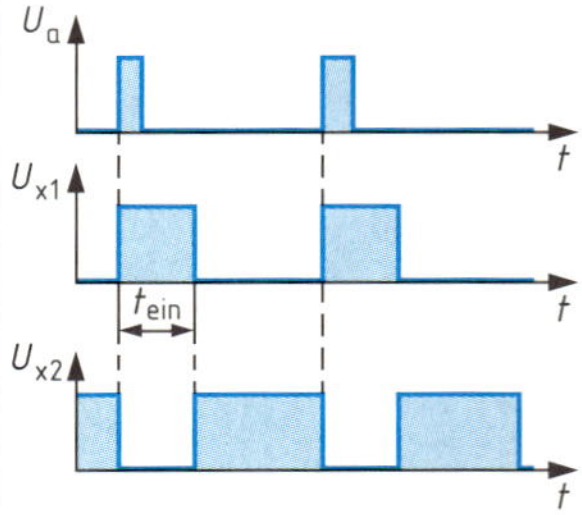 $t_{ein} = \ln 2 \cdot CR_{B1} \approx 0{,}7 \cdot CR_{B1}$	Verzögerungsschalter, Zeitschalter
Astabiler Multivibrator 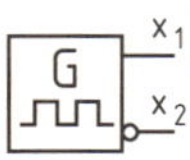	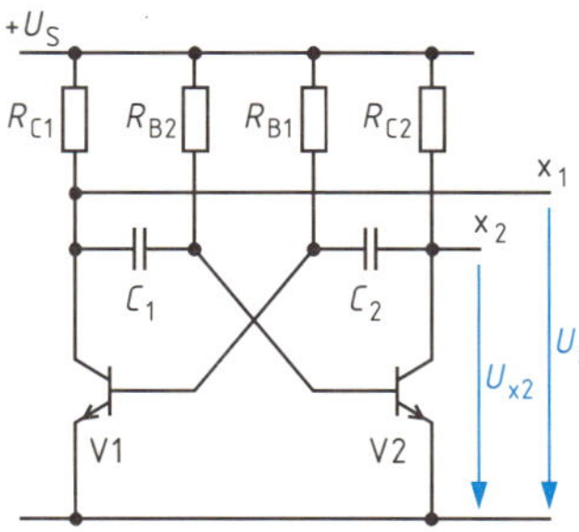	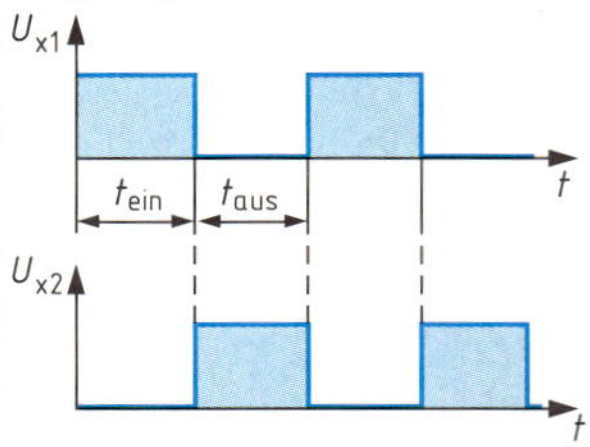 $t_{ein} = \ln 2 \cdot R_{B2} \cdot C_1 \approx 0{,}7 \cdot R_{B2} \cdot C_1$ $t_{aus} = \ln 2 \cdot R_{B1} \cdot C_2 \approx 0{,}7 \cdot R_{B1} \cdot C_2$ $f = \frac{1}{t_{ein} + t_{aus}}$	Rechteckgenerator
Bistabiler Multivibrator, Flip-Flop 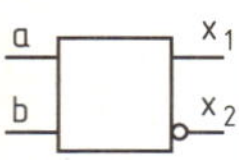	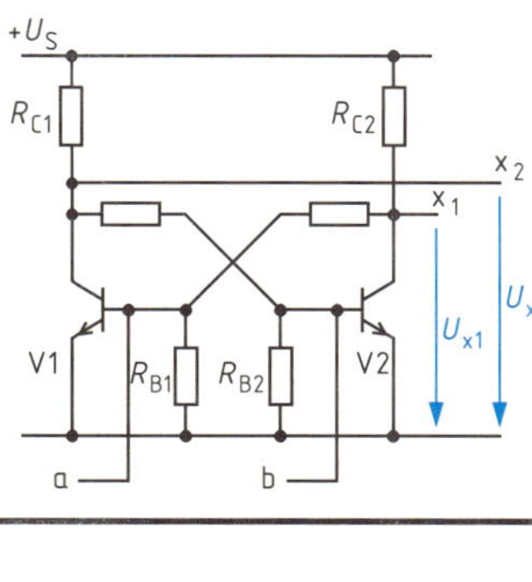	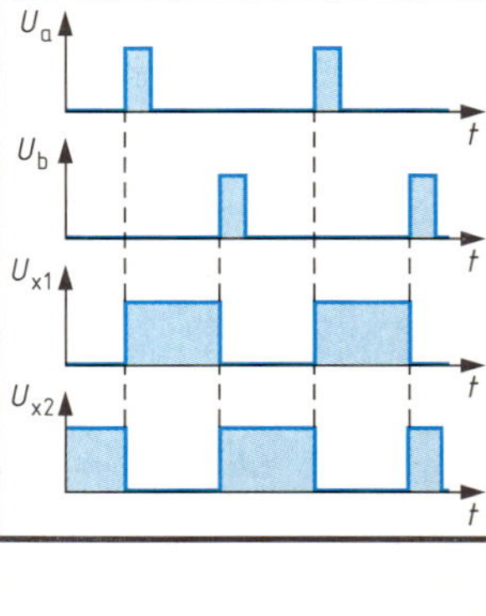	Frequenzteiler, Signalspeicher

Bistabile Kippglieder

DIN 40 900 T.12/07.84

Schaltzeichen | Wertetabelle | Bemerkung | Realisierung

RS-NOR-Flipflop

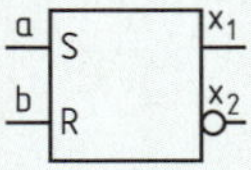

a	b	x_1	x_2	
1	0	1	0	Setzen
0	1	0	1	Rücksetzen
0	0	x_{1n}	x_{2n}	Speichern
1	1	(0)	(0)	unbestimmt

S: Setzen
R: Rücksetzen

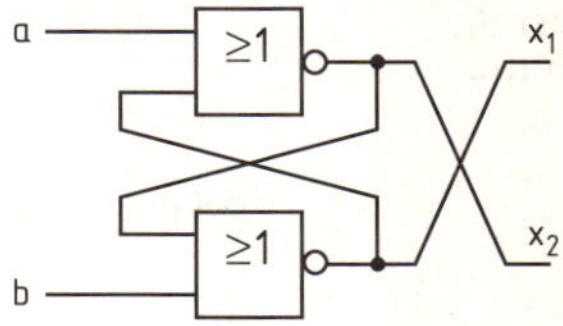

RS-NAND-Flipflop

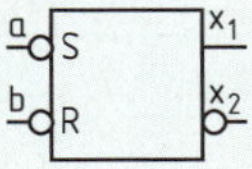

a	b	x_1	x_2	
0	1	1	0	Setzen
1	0	0	1	Rücksetzen
1	1	x_{1n}	x_{2n}	Speichern
0	0	(1)	(1)	unbestimmt

Setzen: $x_1 \rightarrow 1$

Rücksetzen: $x_1 \rightarrow 0$

x_{1n}, x_{2n} kann 0- oder 1-Signal haben.

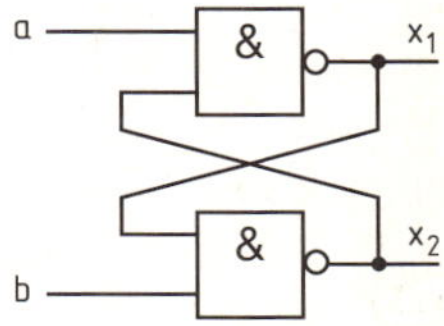

RS-FF, taktzustandsgesteuert

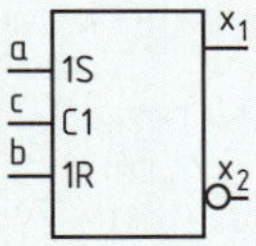

a	b	$x_{1\,(n+1)}$	$x_{2\,(n+1)}$
1	0	1	0
0	1	0	1
0	0	x_{1n}	x_{2n}
1	1	(1)	(1)

unbestimmt (letzte Zeile)

Index n: Zustand vor dem Taktimpuls
Index n + 1: Zustand nach dem Taktimpuls.

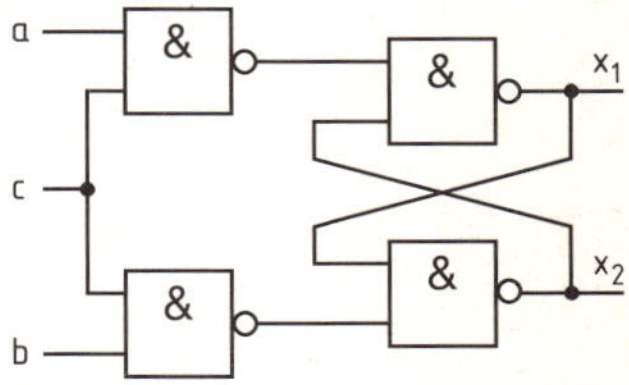

Delay-(D) Flipflop

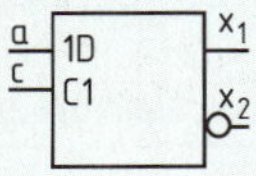

a	c	$x_{1\,(n+1)}$	$x_{2\,(n+1)}$
0	0	x_{1n}	x_{2n}
1	0	x_{1n}	x_{2n}
0	⎍	0	1
1	⎍	1	0

¬: Retardierung, Zustandsänderung am Ausgang erst, wenn Eingang C wieder das ursprüngliche Signal führt.

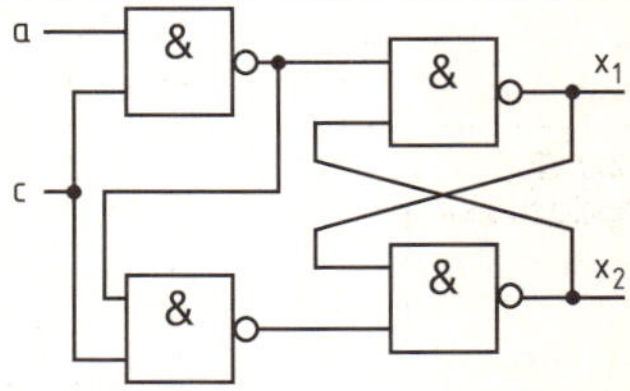

Master-Slave-FF, zweiflankengesteuert

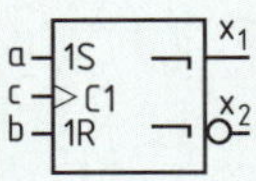

a	b	c	x_1	x_2
x	x	0	x_{1n}	x_{2n}
1	0	⎍	1	0
0	1	⎍	0	1
0	0	⎍	x_{1n}	x_{2n}
1	1	⎍	(0)	(0)

unbestimmt (letzte Zeile)

x: beliebiger Zustand

⎍ : Die Zustandsänderung am Ausgang wird erst wirksam, wenn der Eingang C1 wieder das ursprüngliche Signal führt.

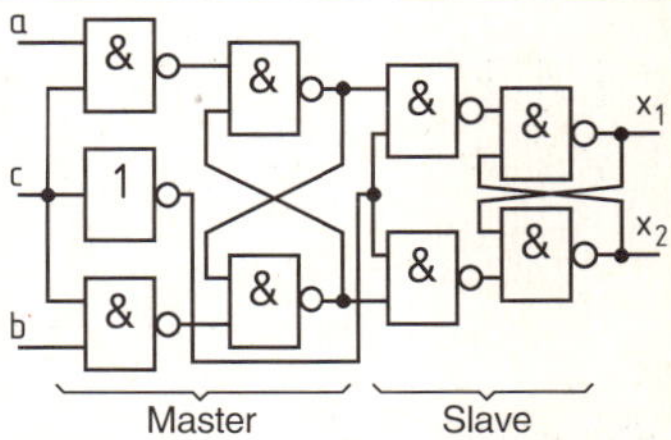

J-K-Master-Slave-FF, zweiflankengesteuert

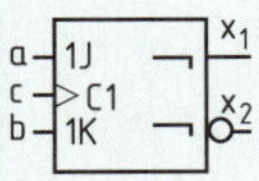

a	b	c	x_1	x_2
x	x	0	x_{1n}	x_{2n}
1	0	⎍	1	0
0	1	⎍	0	1
0	0	⎍	x_{1n}	x_{2n}
1	1	⎍	x_{2n}	x_{1n}

Wechseln (letzte Zeile)

x: beliebiger Zustand

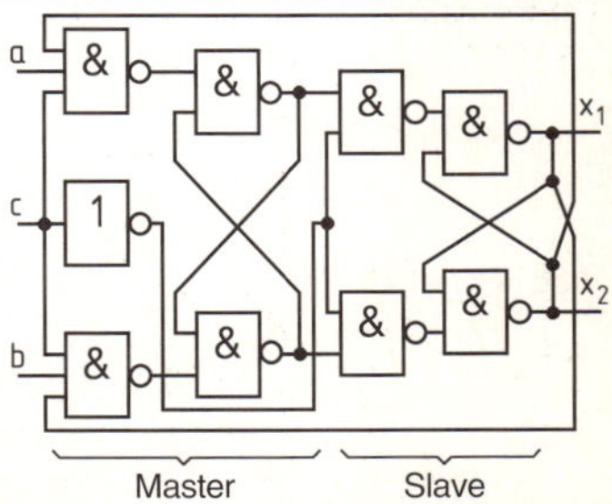

Logikfamilien

Abkürzung	Bedeutung	Kennzeichnung	Temp.-Bereich in °C	Betriebsspannung in V	Kennzeichnung	Temp.-Bereich in °C	Betriebsspannung in V
TTL	Transistor-Transistor-Logik	74…	0…70	4,75…5,25			
S-TTL	Schottky-TTL	74 S…	−40…+85	4,75…5,25	54S…	−55…+125	4,5…5,5
LS-TTL	Low-Power-Schottky-TTL	74 LS…	−40…+85	4,75…5,25	54LS…	−55…+125	4,5…5,5
ALS	Advanced-Low-Power-S-TTL	74 ALS…	−40…+85	4,5…5,5	54ALS…	−55…+125	4,5…5,5
LSL (DTLZ)	Langsame-Störsichere-Logik	FZH…1	0…70	13,5…17	FZH…5	−25…+85	13,5…17
ECL	Emitter-Coupled-Logik	FYH…	+15…+55	−5	MC 10…	−30…+85	−5
CMOS	Complementary-Metal-Oxide-Semiconductor	4000 B	−40…+85	3…15	4000 B	−55…+125	3…15
HCMOS	High-Speed-CMOS-Logik	74 HC…	−40…+85	2…6	54 HC…	−55…+125	2…6
AC	Advanced-CMOS-Logik	74 AC…	−40…+85	3…5,5	54 AC	−55…+125	3…5,5

Logikpegel, Schaltzeit, Störspannung

Technologie	V_{IH} in V	V_{IL} in V	V_{OH} in V	V_{OL} in V	t_p in ns	mittl. stat. Störspg. in V
Standard TTL	> 2,0	< 0,8	> 2,4	< 0,4	10	1
S-TTL	> 2,0	< 0,8	> 2,7	< 0,5	3	1
LS-TTL	> 2,0	< 0,8	> 2,7	< 0,5	10	0,8
ALS	> 2,0	< 0,7	> (U_s − 2 V)	< 0,4	8	0,8
ECL	< −5	> −1,6	< −5	> −1,7	2–5	0,4
CMOS	4,0 … 8,0	1,0…2,0	4,5…9,0	< 0,5	50	$0{,}5 \cdot U_s$
HCMOS (U_s = 4,5 V)	> $0{,}7 \cdot U_s$	< $0{,}2 \cdot U_s$	> (U_s − 0,5 V)	< 0,4	10	$0{,}5 \cdot U_s$
AC	> $0{,}7 \cdot U_s$	< $0{,}3 \cdot U_s$	> (U_s − 0,5 V)	< 0,5	6	$0{,}5 \cdot U_s$

V_{IH}: Eingangsspannung bei H-Pegel
V_{IL}: Eingangsspannung bei L-Pegel
V_{OH}: Ausgangsspannung bei H-Pegel
V_{OL}: Ausgangsspannung bei L-Pegel

$$\text{Fan out} = \frac{\text{min. Ausgangsstrom des Senders}}{\text{max. Eingangsstrom der Empfänger}}$$

t_p: Signallaufzeit (im Mittel)
Eingangslastfaktor (Fan in):
Vielfaches einer normalen log. Eingangslast
Ausgangslastfaktor (Fan out):
Vielfaches der Eingangslasten, mit denen ein Ausgang belastet werden darf.
Parasitäre Eingangskapazitäten beachten!

Beispiele (1 Gatter)

TTL-NAND-Glied

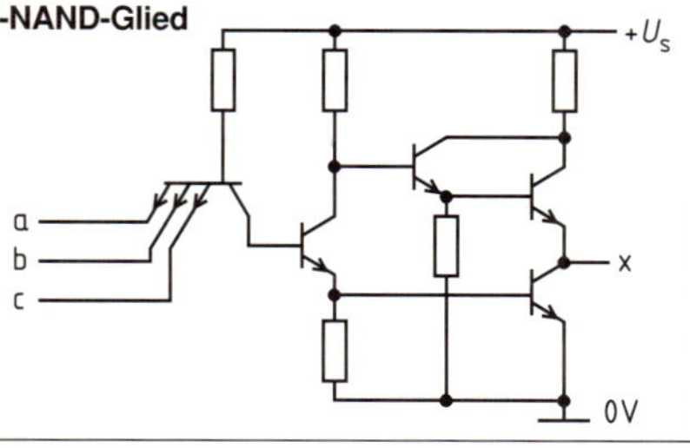

ECL-NOR-Glied

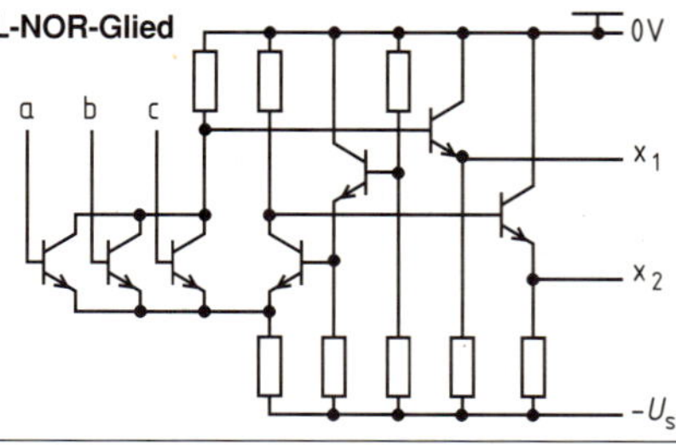

LS-TTL-NAND-Glied

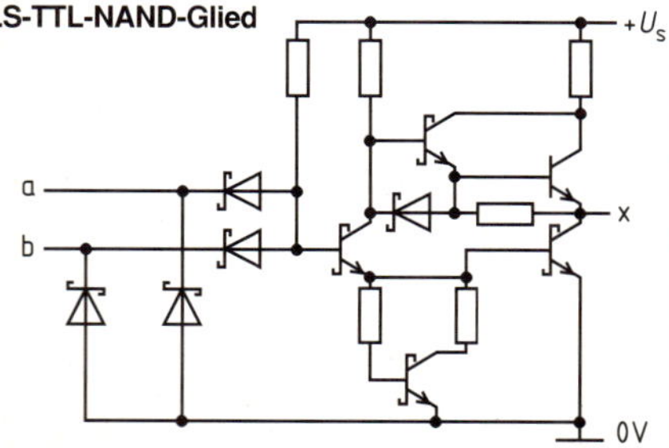

CMOS-NAND-Glied

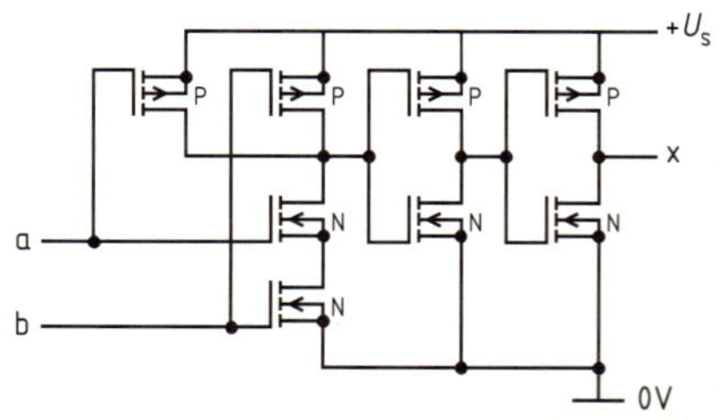

Anschlußbelegung von IC

Binäre Verknüpfungsglieder

74 …: Standard-TTL; 74 HC …: High-speed-CMOS; 4 …: CMOS

74 HC02
4 NOR-Glieder, je 2 Eingänge

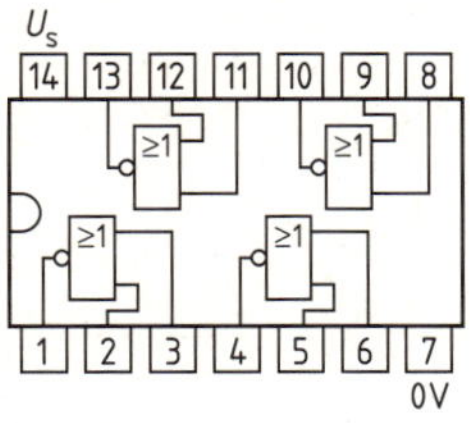

74 HC03
4 NAND-Glieder, je 2 Eingänge

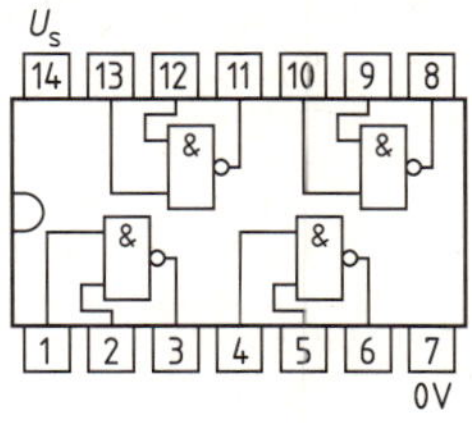

74 HC20
2 NAND-Glieder, je 4 Eingänge

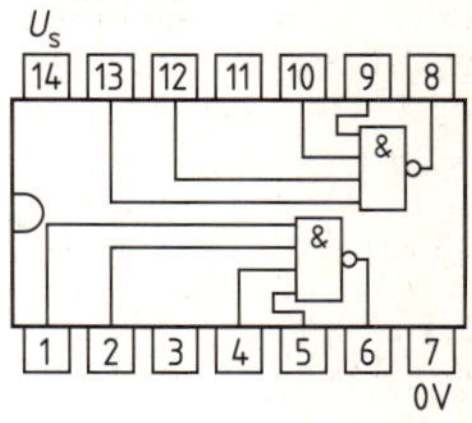

74 HC04
6 NICHT-Glieder

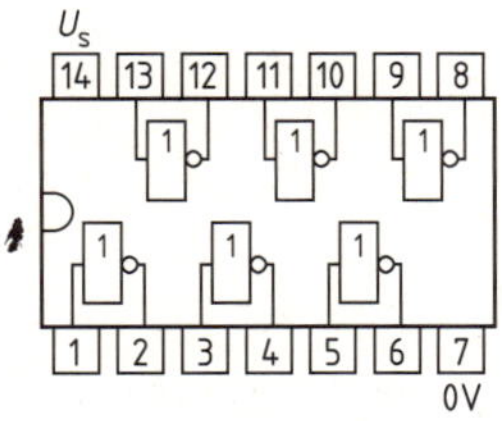

74 HC30
1 NAND-Glied, 8 Eingänge

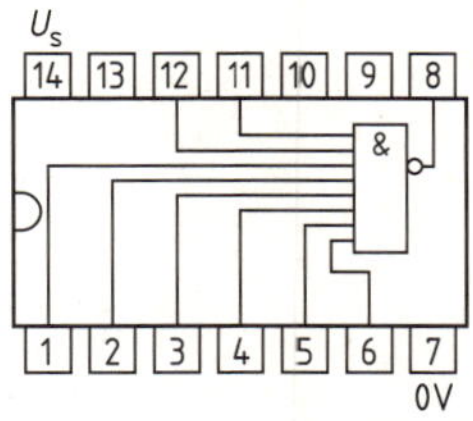

74 HC86
4 EXCLUSIV-ODER-Glieder,
je 2 Eingänge

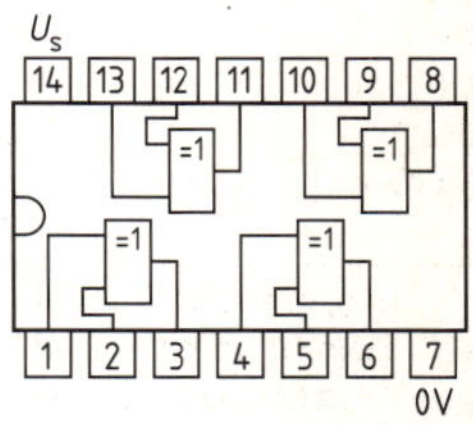

Kippglieder, Code-Umsetzer

74 132
4 NAND-SCHMITT-TRIGGER

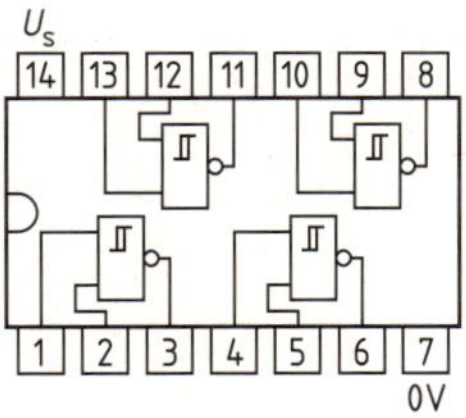

7476
2 J-K-FLIPFLOP mit
Voreinstell- und Löscheingang

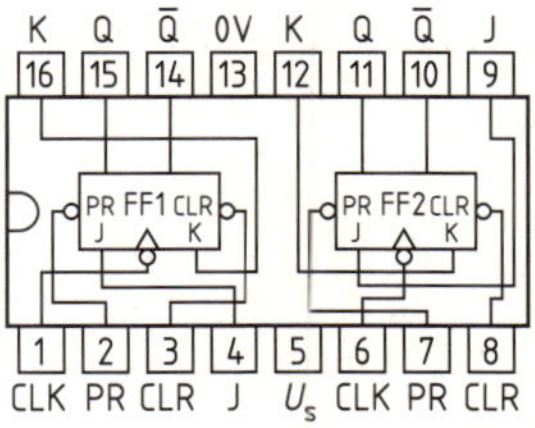

4043
4 RS-NOR-FLIPFLOP

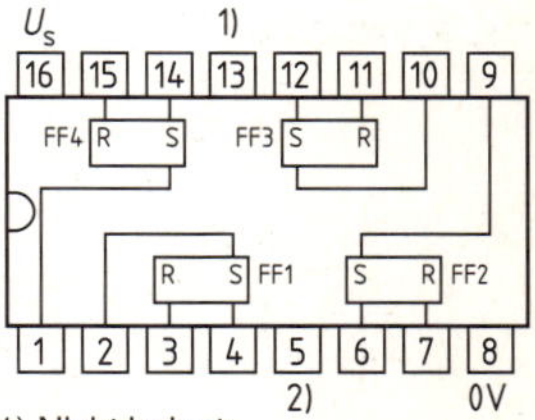

1) Nicht belegt
2) Enable für alle Ausgänge

7442
BCD-DEZIMAL-Decoder

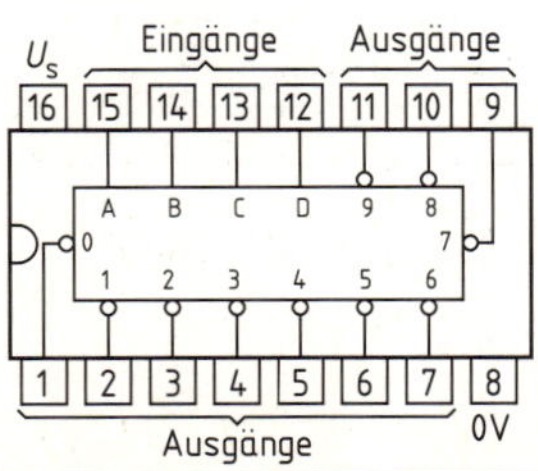

7448
BCD-7-SEGMENT-Decoder

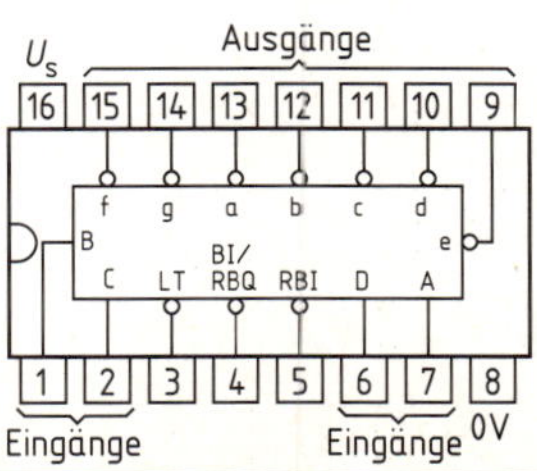

7443
EXZEß-3-DEZIMAL-Decoder

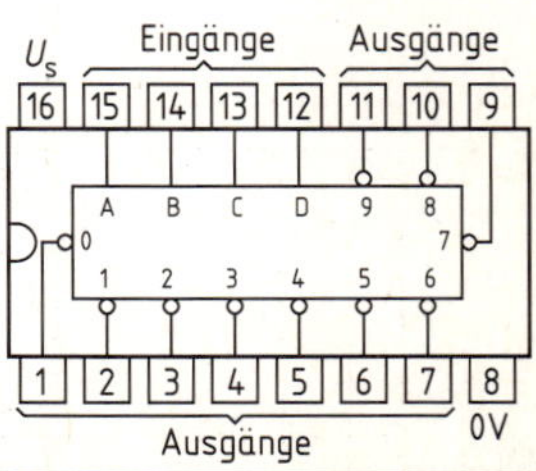

Digitale Zähler

Zählerarten

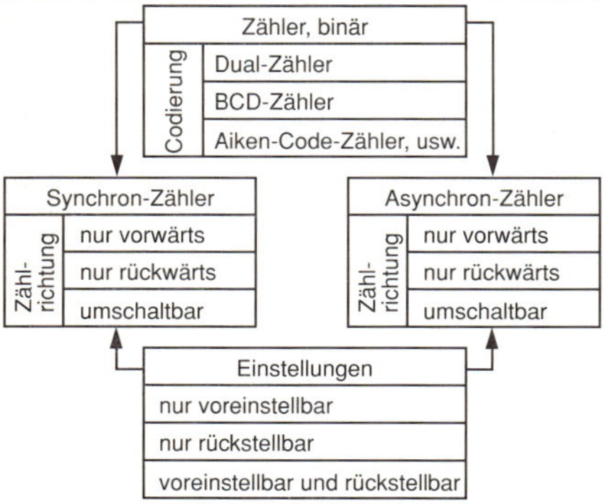

Erklärung

Zähler werden mit binären Kippstufen (Flipflop, FF) aufgebaut. Zähler mit n Bit (Zählstufen) können bis 2^n-1 zählen.

Beispiel:
Zähler mit 8 Flipflops: n = 8
zählt bis $2^8-1 = 255$

Vorwärtszählen: X-Ausgänge an Eingänge der jeweils nächsten FF-Stufe legen.
Rückwärtszählen: $\overline{X}$-Ausgänge an Eingänge der jeweils nächsten FF-Stufe legen.

Rückstellen: R-Eingänge der FF-Stufen gleichzeitig (parallel) rücksetzen.

Asynchronzähler

Dual-Vorwärtszähler (n Bit)

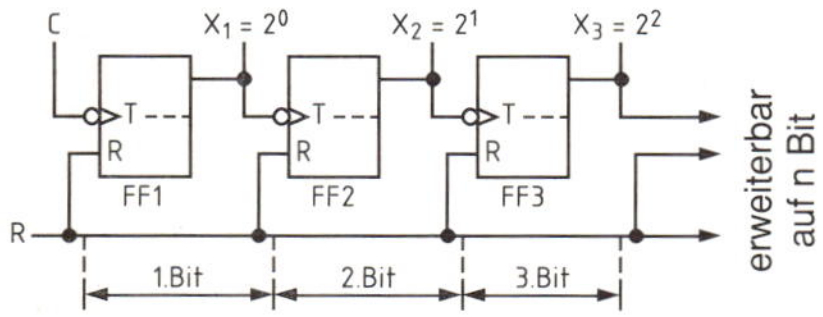

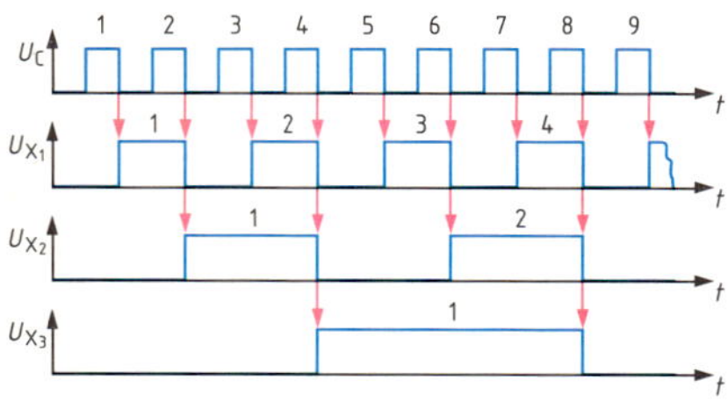

Erklärung

JK-MS-FF (als T-FF geschaltet) Taktimpuls nur am 1. FF. Flipflops kippen nacheinander, die Signalverzögerungszeiten addieren sich. Dadurch ist die Zählfrequenz eingeschränkt.

Realisierung mit IC

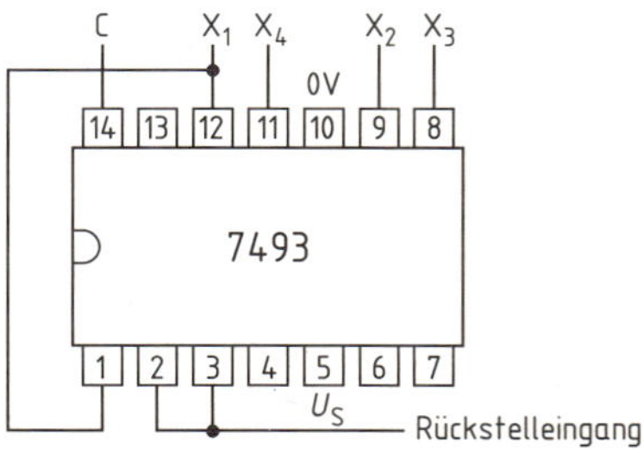

Dualzähler von 0 bis 4

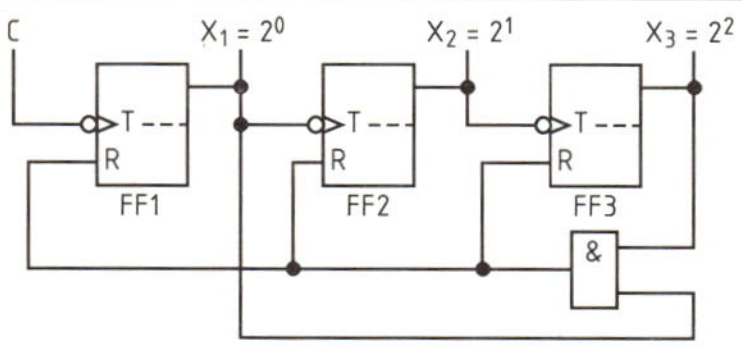

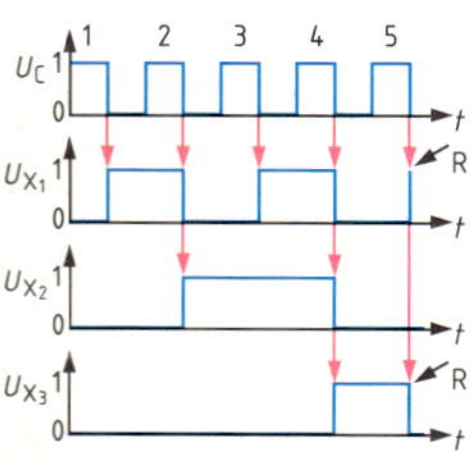

Zustände nach Takt Nr.	Ausgang X1	X2	X3
1	1	0	0
2	0	1	0
3	1	1	0
4	0	0	1
5	0	0	0

Dezimal-Rückwärtszähler 9–0

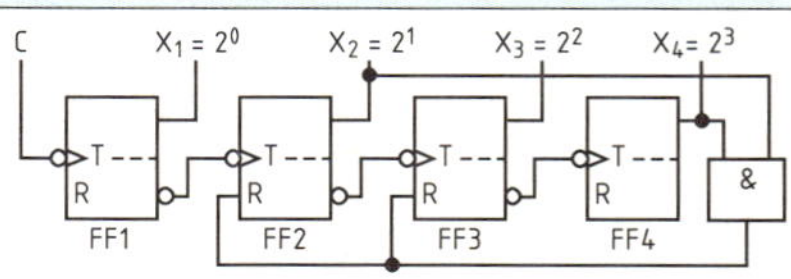

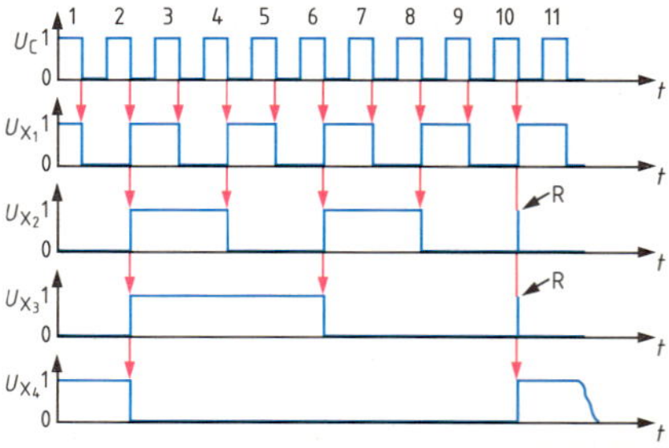

Digitale Zähler

Synchrone Zähler

Dual-Vorwärtszähler

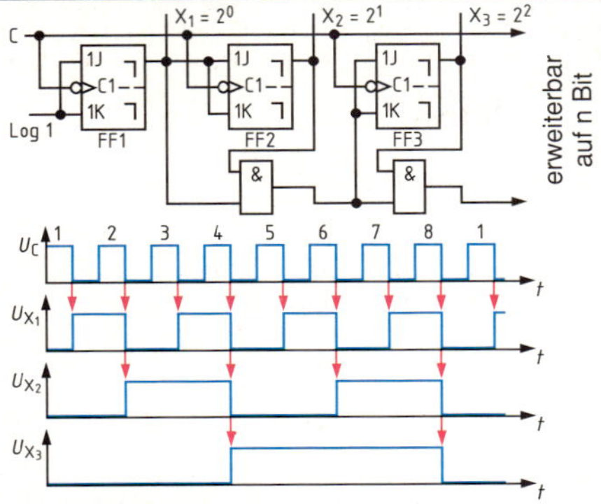

Aufbau

- Synchrone Zähler werden vorzugsweise mit JK-MS-Flipflops aufgebaut.
- Da das 1. Flipflop des Zählers bei jedem Taktimpuls kippen soll, wird dieses als T-Flipflop geschaltet, indem die Eingänge 1S und 1K an Log 1 gelegt werden.
- Die Taktimpulse gelangen parallel an die FF's, diese kippen synchron. Damit sind sehr hohe Zählfrequenzen möglich.

Dual-Rückwärtszähler

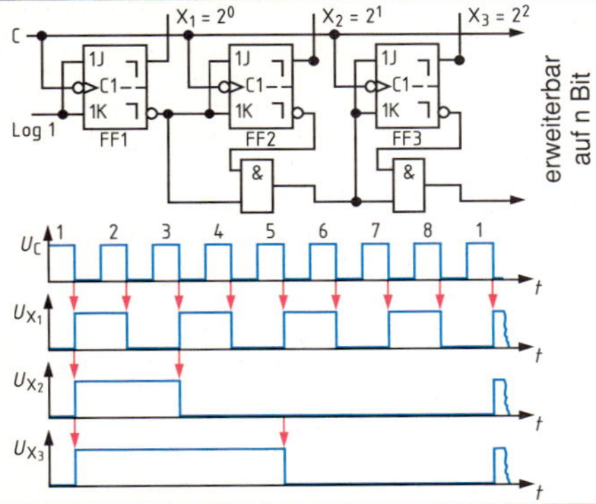

Realsierung mit IC's

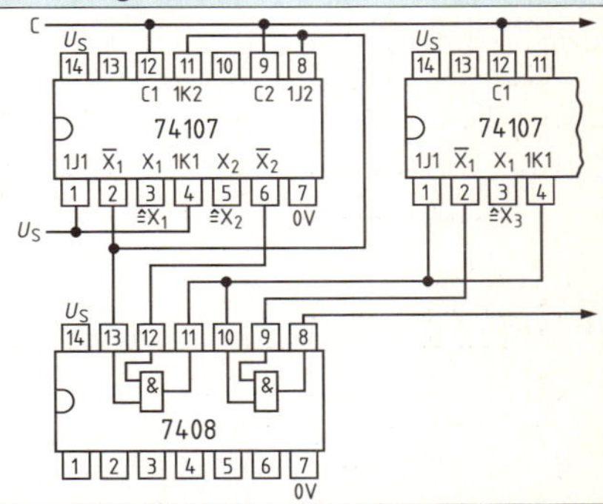

Dual-Vorwärtszähler von 0 bis 9

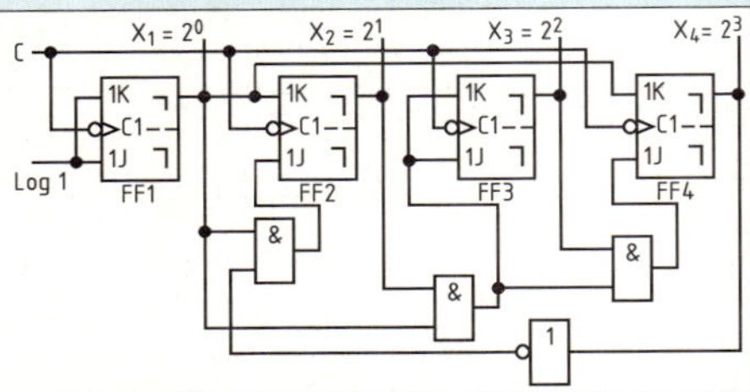

Dual-Vorwärtszähler von 0 bis 15

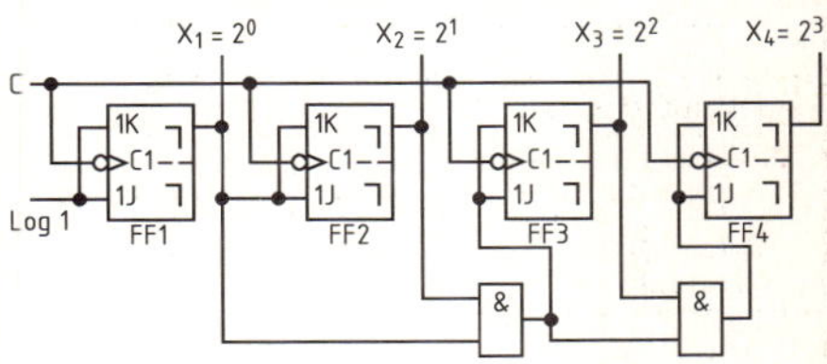

Vorwärtszähler im Exzeß-3-Code

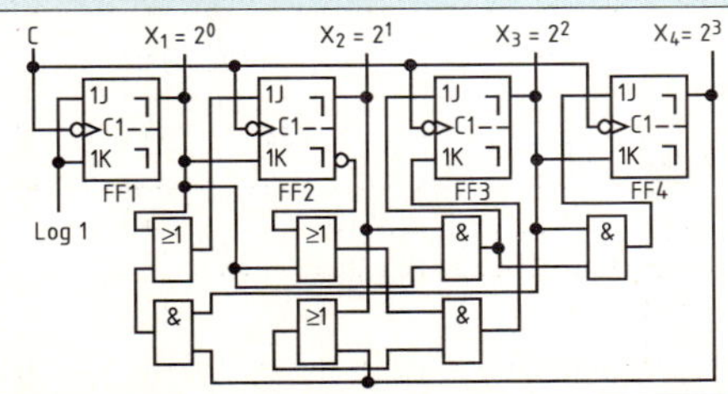

Vorwärtszähler im Aiken-Code

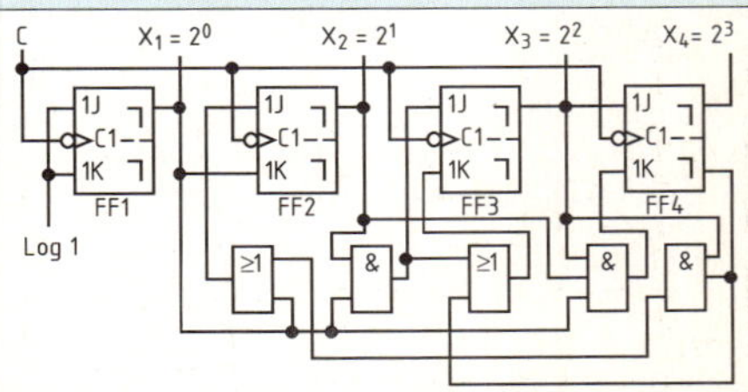

Teiler, Schieberegister

Digitale Frequenzteiler

Teilerarten

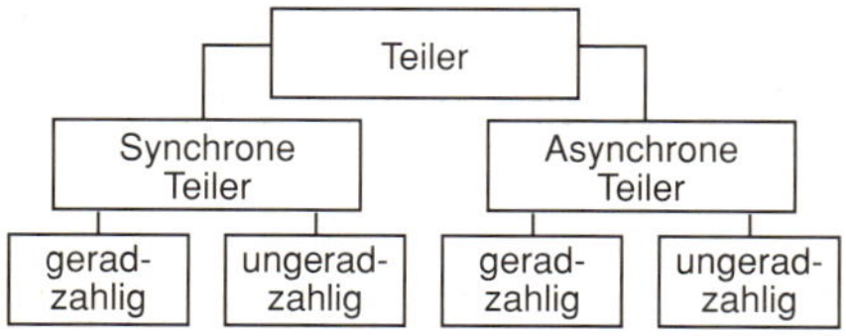

Aufbau

Aufbau mit Flipflops, ähnlich den Zählern.
Asynchrone Teiler sind in der Zählfrequenz eingeschränkt (Aufsummierung der Schaltzeiten).
Synchrone Teiler: Jedes Flipflop wird vom Takt direkt angesteuert. Höchste Betriebsfrequenzen sind möglich.

Geradzahlige Teiler

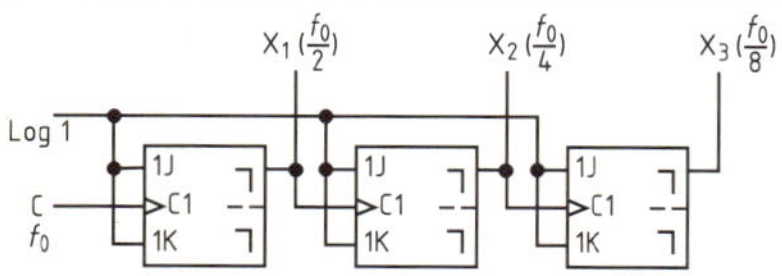

Erklärung

Teilungsverhältnis ergibt sich aus der Anzahl n der Flipflops. $N = 2^n$

$$f_T = \frac{f_0}{2^n}$$

f_0: Eingangsfrequenz
f_T: geteilte Frequenz
n: Zahl der FF

Ungeradzahlige Teiler

Beispiel: Teiler 1:7

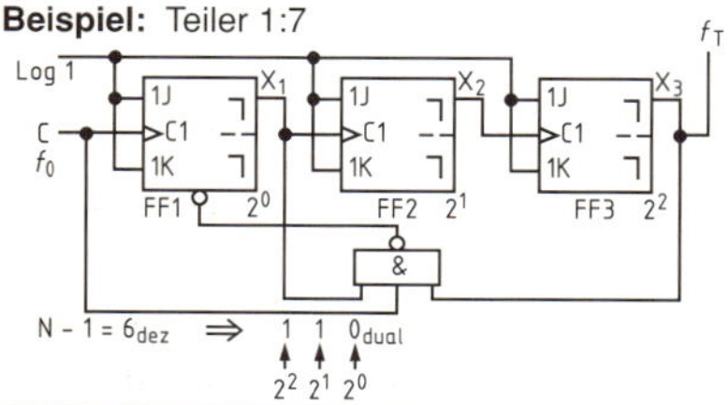

Schaltungsentwurf

- Ermitteln der Zahl erforderlicher FF wie bei geradzahligem Teiler.
- N−1 als Dual-Zahl aufschreiben.
- X-Ausgänge, die bei N−1 Log 1 führen sollen, an NAND-Glied-Eingänge legen.
- Ausgang des NAND-Gliedes mit Stelleingängen der bei N−1 log 0 führenden FF's verbinden.

Schieberegister (SRG)

Arten, Aufbau

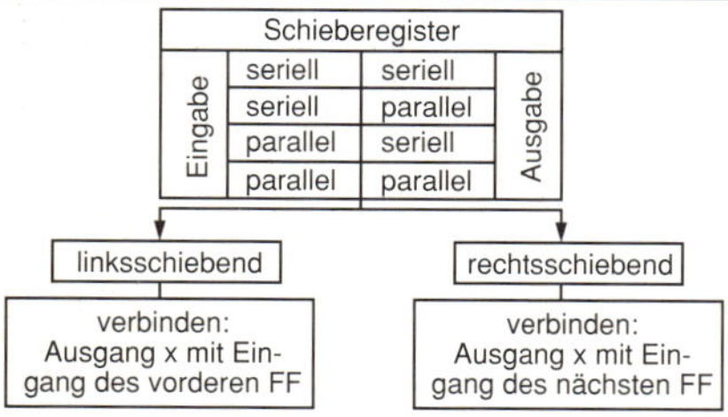

Aufbau: D-FF, RS-FF oder JK-FF.
Taktimpuls zugleich (parallel) an alle FF.

Funktion

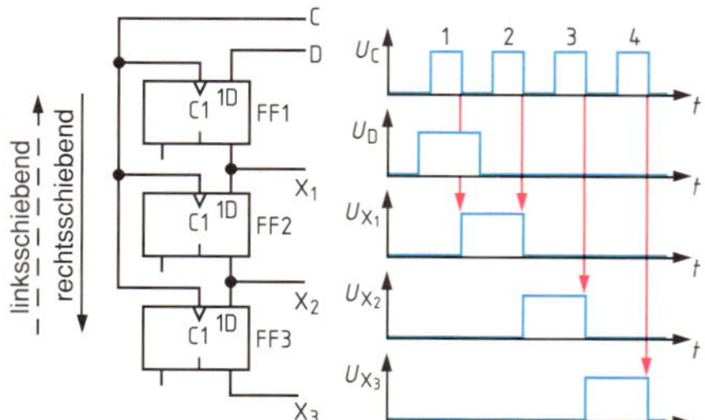

D: Dateneingang

SRG als Serien-Parallel-Umsetzer

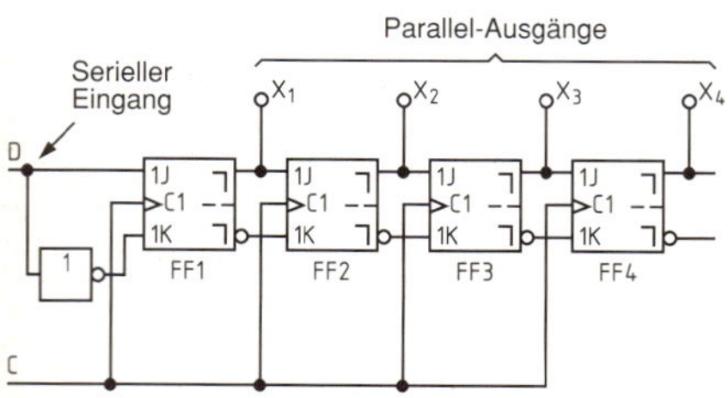

SRG als Parallel-Serien-Umsetzer

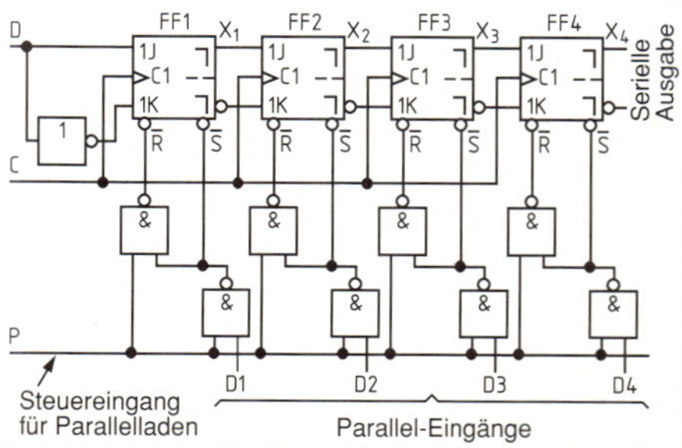

Speicherprogrammierte Steuerungen (SPS)

DIN 19237/2.80
DIN 19239/5.83

Beispiel: Automatische Stern-Dreieck-Schaltung

Stromlaufplan für konventionelle Steuerung

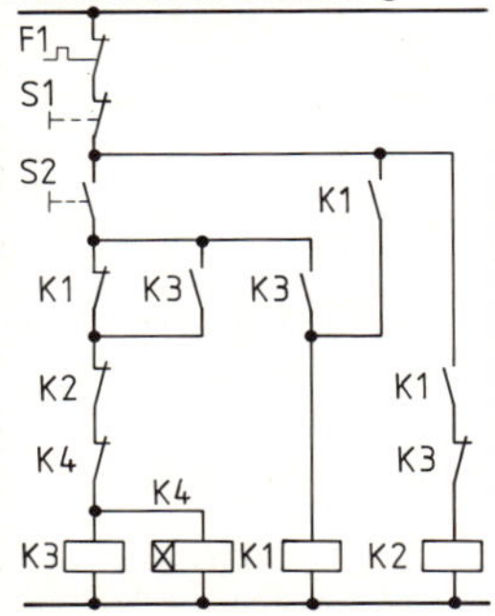

Anschluß der SPS

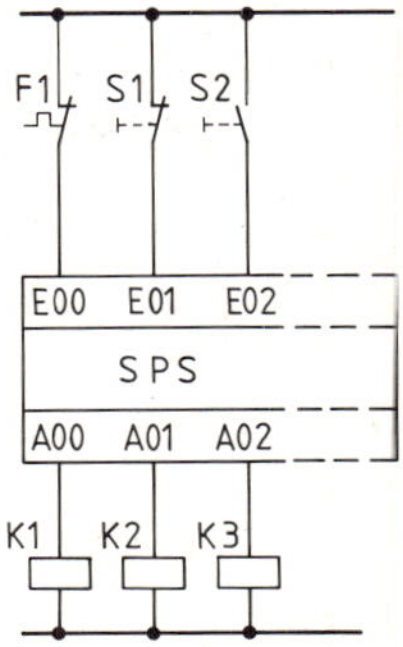

Programmierung nach Kontaktplan

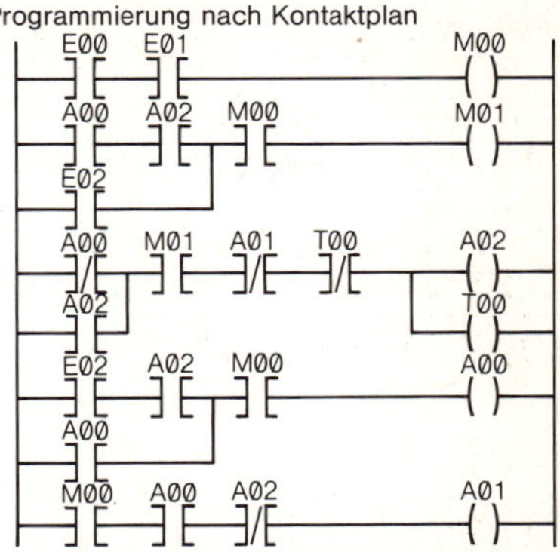

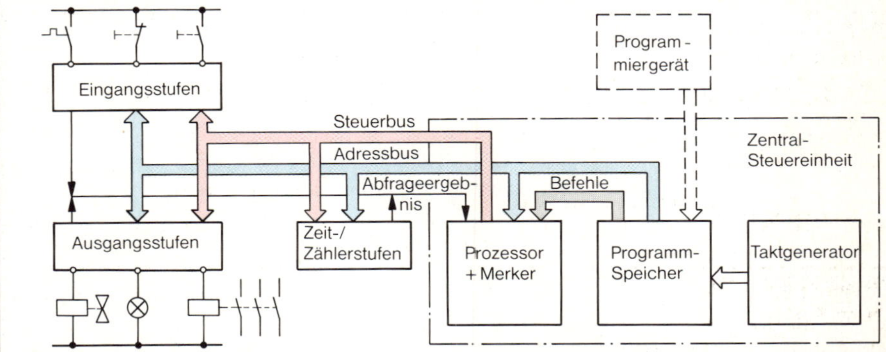

Zeichenaufbau für Zeichenübertragung vom Programmiergerät

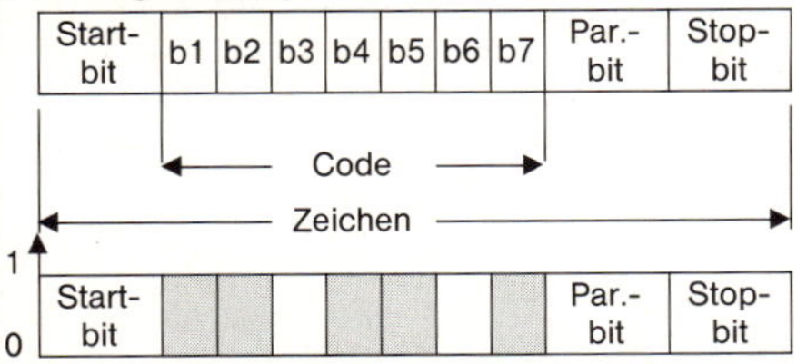

Beispiel: Das Zeichen [wird im ASCII-Code übertragen

Struktur von Steuerungsanweisungen

Steuerungsanweisung		
Operation	Operand	
	Kennzeichen	Parameter
↓	↓	↓
U	E	15
UND	Eingang	Nr. 15
O	E	16
ODER	Eingang	Nr. 16
=	A	01
Zuweisung	Ausgang	Nr. 01

Programmierung (Darstellungsarten)

Funktionsplan (FUP)

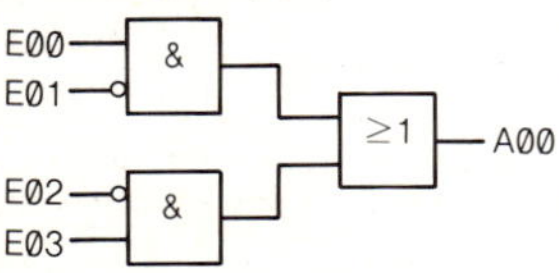

Grafische Symbole

Kontaktplan (KOP)

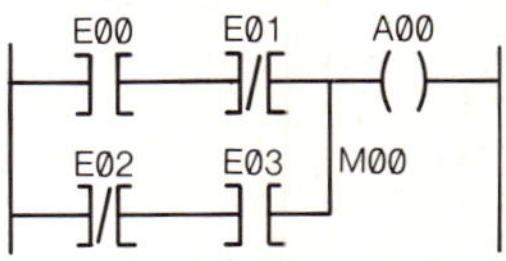

Symbole des ASCII-Code

Anweisungsliste (AWL)

0 0 0	L	E 0 0
0 0 1	U N	E 0 1
0 0 2	=	M 0 0
0 0 3	L N	E 0 2
0 0 4	U	E 0 3
0 0 5	O	M 0 0
0 0 6	=	A 0 0

Mnemotechnische Abkürzung der Funktionsbezeichnungen

Symbole für SPS

DIN 19239/5.83

Operationen zur Signalverarbeitung

Benennung	Zeichen	Darstellung im FUP	Darstellung im KOP
UND	U	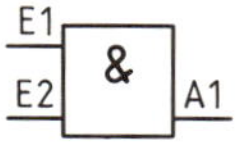	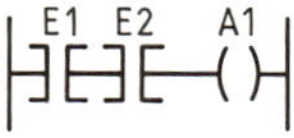
ODER	O	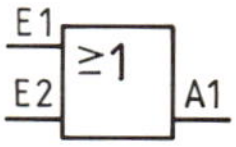	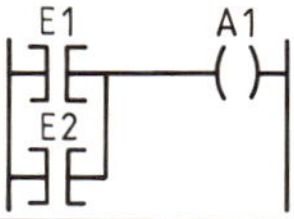
NICHT	N	am Eingang 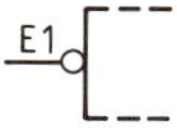	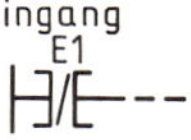
		am Ausgang 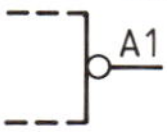	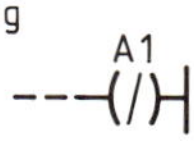
Exklusiv-ODER	XO	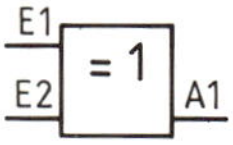	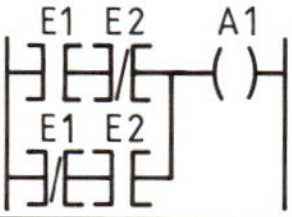
Zuweisung	=	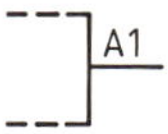	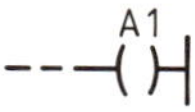

Benennung	Zeichen	Darstellung im FUP	Bemerkungen
Setzen	S	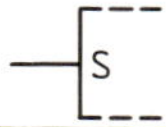	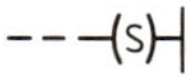
Rücksetzen	R	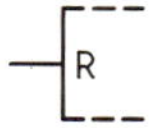	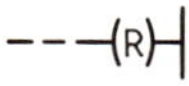
Addieren	ADD	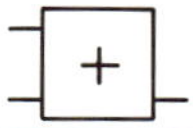	
Subtrahieren	SUB	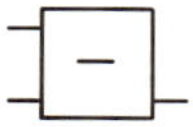	
Multiplizieren	MUL	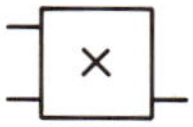	
Dividieren	DIV	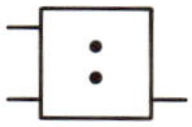	
Zählen, vorwärts	ZV	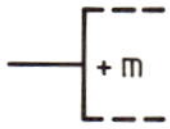	Zählen (+1) bei Signalwechsel von „0" nach „1"
Zählen, rückwärts	ZR	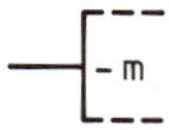	Zählen (–1) bei Signalwechsel von „0" nach „1"

Operationen zur Programmorganisation

Benennung	Zeichen	
Nulloperation	NOP	Leerer Speicherplatz
Laden	L	Kennzeichnet den Beginn einer Anweisungsfolge
Sprung	SP	Das Programm wird an einer anzugebenden Adresse fortgesetzt.
Programmende	PE	

Kennzeichen von Operanden

Eingang	E	**Konstante**	K
Ausgang	A	**Merker**	M

Zeitglieder

Impuls	TI	T... 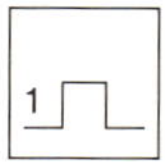	
Einschaltverzögerung	TE	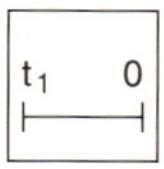	
Ausschaltverzögerung	TA	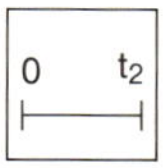	

Programmierregeln

- Jede Verknüpfung beginnt mit einer L-Anweisung (auch UND oder ODER).
- Befehle und Verknüpfungen können beliebig viele Operanden ansteuern.
- Ein Operand kann beliebig oft programmiert werden.
- Bei vielen SPS-Systemen muß eine ODER-Verknüpfung grundsätzlich vor einer UND-Verknüpfung programmiert werden.
- Bei verzweigten Stromwegen muß die Regel ODER vor UND durch das Programmieren von Merkern erzwungen werden.
- **Drahtbruchsicherheit** wird dadurch erzielt, daß alle Befehlsgeber, die den Verbraucher ausschalten sollen, als Öffner geschaltet, mit UND bzw. ODER programmiert werden.
- **Erdschlußsicherheit** ergibt sich, wenn alle den Verbraucher einschaltenden Befehlsgeber als Schließer geschaltet und programmiert werden.

Steuerelemente für SPS

Funktion	Stromlaufplan	Zuordnung	Kontaktplan	Funktionsplan	Anweisungsliste[1]
UND	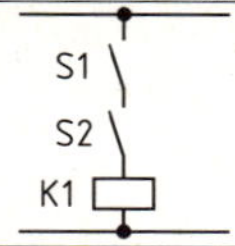	S1 ≙ E0.0 S2 ≙ E0.1 K1 ≙ A1.0	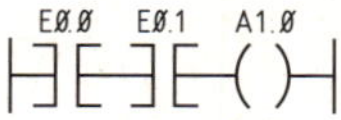	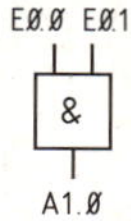	000 U E0.0 001 U E0.1 002 = A1.0
ODER	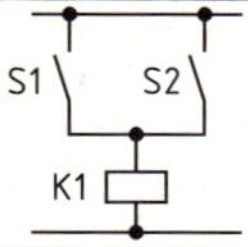	S1 ≙ E0.0 S2 ≙ E0.1 K1 ≙ A1.0	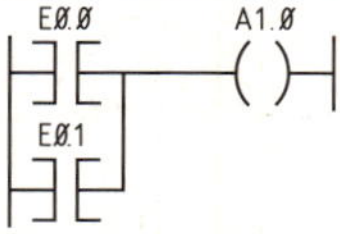	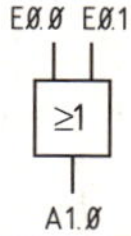	000 U E0.0 001 O E0.1 002 = A1.0
MERKER	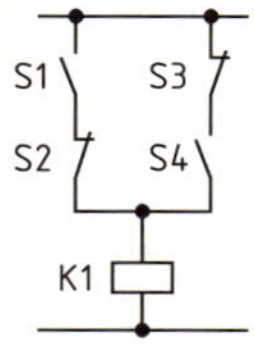	S1 ≙ E0.0 S2 ≙ E0.1 S3 ≙ E0.2 S4 ≙ E0.3 K1 ≙ A1.0	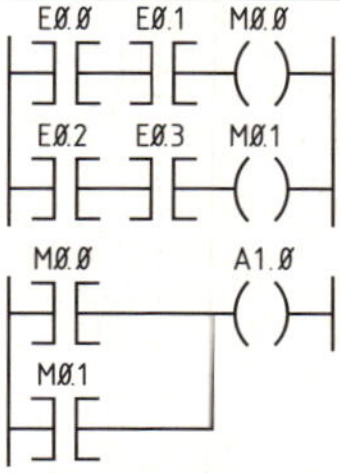	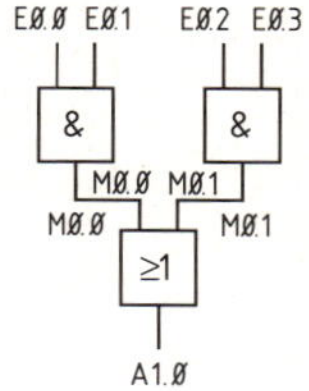	000 U E0.0 001 U E0.1 002 = M0.0 003 U E0.2 004 U E0.3 005 = M0.1 006 U M0.0 007 O M0.1 008 = A1.0
Rückfall-verzögerung	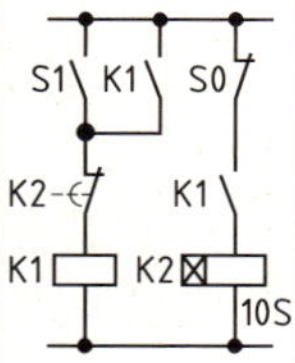	S1 ≙ E0.0 S0 ≙ E0.1 K1 ≙ A1.0 K2 ≙ T1	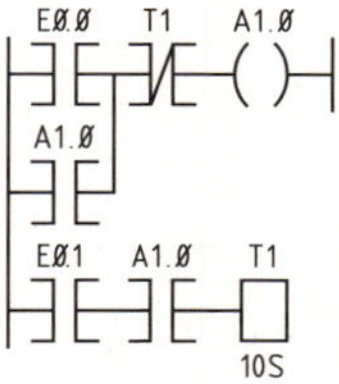	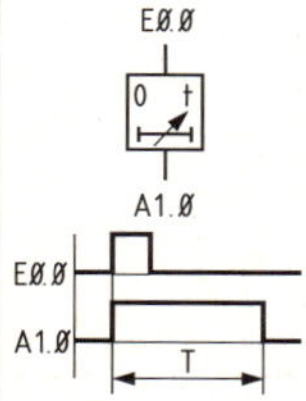	000 U(001 O E0.0 002 O A1.0 003) 004 UN T1 005 = A1.0 006 U E0.1 007 U A1.0 008 L KT 10.2 009 SE T1 SE: setze Einschaltverzögerung LKT: lade Konstante Timer
Speicher, dominierend rücksetzend	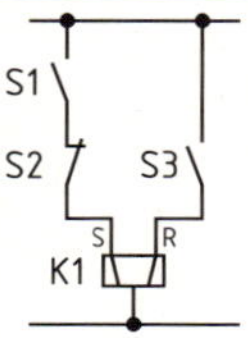	S1 ≙ E0.0 S2 ≙ E0.1 S3 ≙ E0.2 K1 ≙ A1.0	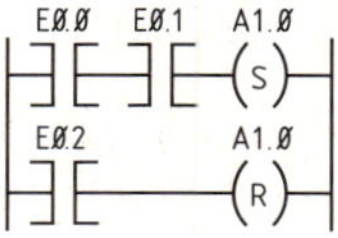	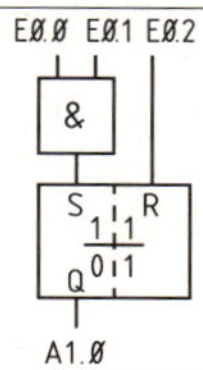	000 U E0.0 001 U E0.1 002 S A1.0 003 U E0.2 004 R A1.0
dominierend setzend			Bei gleichzeitigem Setz- und Rücksetz-Befehl dominiert die zuletzt programmierte Anweisung	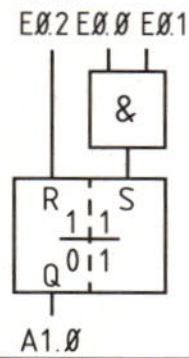	000 U E0.2 001 R A1.0 002 U E0.0 003 U E0.1 004 S A1.0
Selbst-haltung	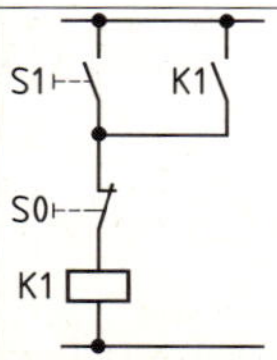	S1 ≙ E0.0 S0 ≙ E0.1 K1 ≙ A1.0	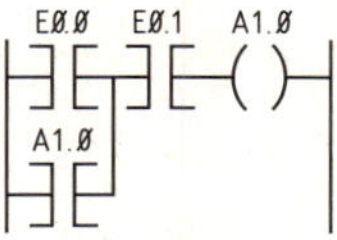	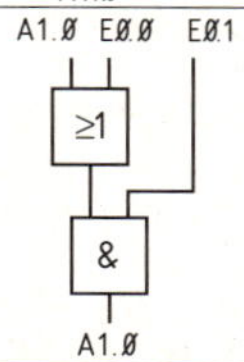	000 U(001 O E0.0 002 O A1.0 003) 004 U E0.1 005 = A1.0

[1] Ladungsanweisung in der Anweisungsliste herstellerabhängig

Hydraulik und Pneumatik

DIN ISO 1219/08.78

Funktionssinnbilder

Schaltzeichen	Benennung
	Hydrostrom
	Druckluftstrom
	Anzeige einer Strömungsrichtung
	Anzeige einer Drehrichtung
	Durchflußweg und Richtung des Druckmittelstromes durch Ventile
	Anzeige einer Verstellbarkeit

Energieumformung

Schaltzeichen	Benennung
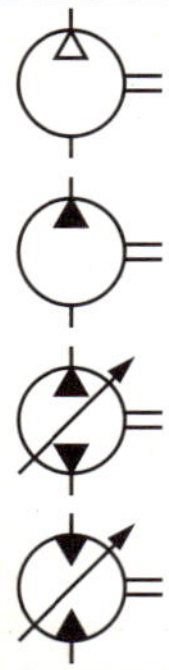	Kompressor mit konst. Verdrängungsvolumen; 1 Stromrichtung
	Hydropumpe mit konst. Verdrängungsvolumen; 1 Stromrichtung
	verstellbare Hydropumpe; 2 Stromrichtungen
	verstellbarer Hydromotor; 2 Stromrichtungen

Zylinder

Schaltzeichen	Benennung
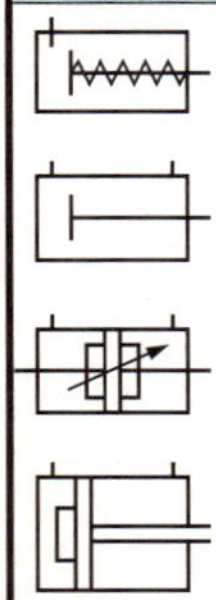	einfachwirkend; Rückhub durch eingebaute Feder
	doppeltwirkend; mit einseitiger Kolbenstange
	doppeltwirkend; mit zweiseitiger Kolbenstange und Endlagendämpfung
	Zylinder mit Dämpfung, nicht einstellbar, eine Richtung

Stromventile

Schaltzeichen	Benennung
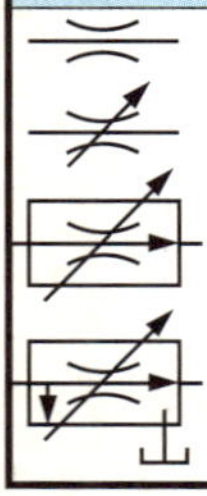	Drosselventil; fest
	Drosselventil; verstellbar
	Stromregelventil; verstellbar
	Stromregelventil; verstellbar; mit Entlastung zum Behälter

Wegeventile

Schaltzeichen	Benennung
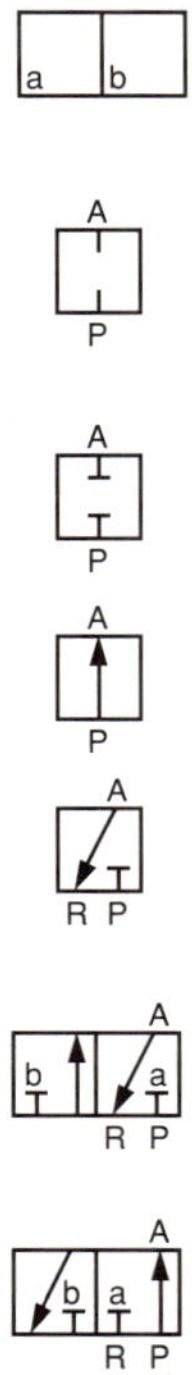	Grundsymbol (Zahl der Felder = Zahl der Schaltstellungen; z. B. a und b)
	Ventil mit Kennzeichnung der Anschlüsse: P Zufluß, Druckluftanschluß; A, B … Arbeitsanschlüsse; R Abfluß, Entlüftung
	Wegeventil mit zwei gesperrten Anschlüssen
	Ventil geöffnet; mit Angabe der Strömungsrichtung
	Ventil geschlossen; A-Anschluß mit R-Anschluß verbunden
	3 / 2 – Wegeventil; in Stellung a geschlossen Zahl der Schaltstellungen (a; b) Zahl der Anschlüsse (A, P, R)
	3 / 2 – Wegeventil; in Stellung a geöffnet

Sperrventile

Schaltzeichen	Benennung
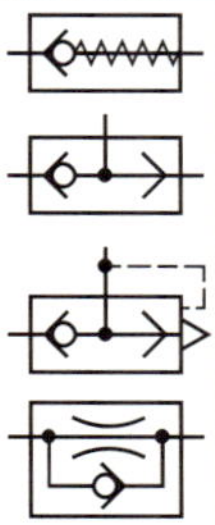	Rückschlagventil
	Wechselventil
	Schnellentlüftungsventil
	Drosselrückschlagventil

Druckventile

Schaltzeichen	Benennung
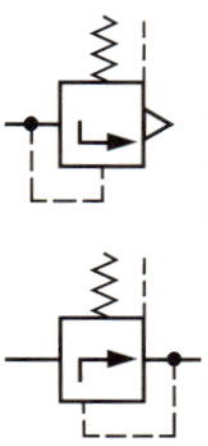	Druckbegrenzungsventil mit Vorsteuerung
	Druckregelventil (Druckminderer) ohne Entlastungsöffnung

Energieübertragung

Schaltzeichen	Benennung
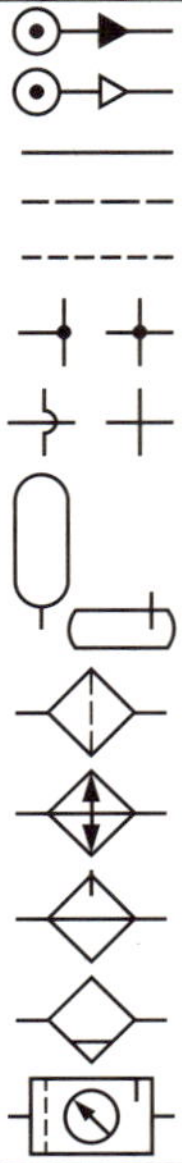	Hydraulikdruckquelle
	Pneumatikdruckquelle
	Arbeitsleitung
	Steuerleitung
	Abfluß- oder Leckleitung
	Leitungsverbindung
	Leitungskreuzung; ohne Verbindung
	Hydrospeicher
	Druckbehälter
	Filter oder Sieb
	Kühler
	Öler
	Wasserabscheider, handbetätigt
	Aufbereitungseinheit; (vereinfacht)

Betätigung durch Muskelkraft

Schaltzeichen	Benennung
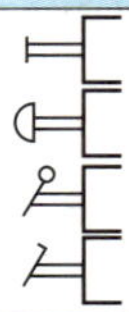	allgemein
	Druckknopf, Taster
	Hebel
	Pedal

Mechanische Betätigung

Schaltzeichen	Benennung
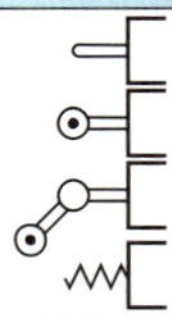	Taster, Stößel
	Rolle
	Rolle, nur in einer Richtung arbeitend
	Feder

Elektrische Betätigung

Schaltzeichen	Benennung
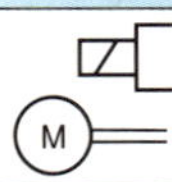	Elektromagnet
	Elektromotor

Druckbetätigung

Schaltzeichen	Benennung
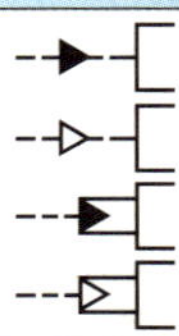	direkte Druckbeaufschlagung; hydraulisch
	direkte Druckbeaufschlagung; pneumatisch
	indirekte Druckbeaufschlagung, hydraulisch
	indirekte Druckbeaufschlagung, pneumatisch

Funktionsdiagramme der Hydraulik und Pneumatik

VDI 3260/07.77

Funktionsdiagramme zeigen das Zusammenwirken einzelner Bauglieder und Arbeitseinheiten. Sie werden unterschieden als

- Wegdiagramme, Darstellung durch Bildzeichen
- Zustandsdiagramme, Darstellung in zwei Koordinaten

Funktions- und Signallinien

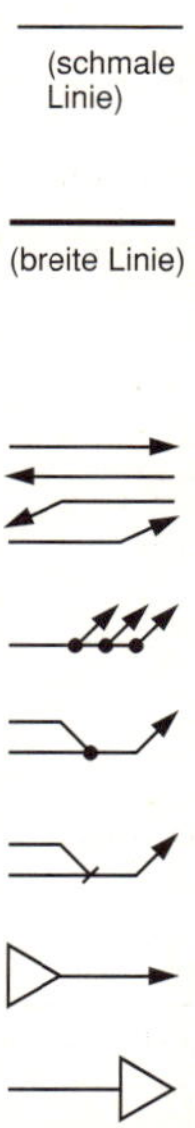

Zustand der Ausgangsstellung: Motor AUS, Zylinder eingefahren, Pumpe abgeschaltet, Ventil geschlossen

Von der Ausgangsstellung abweichender Zustand: Motor EIN, Zylinder ausgefahren, Pumpe eingeschaltet, Ventil geöffnet

Die Signallinie (schmale Linie) beginnt am Signalausgang und endet am Ort der Zustandsänderung

Signalverzweigung

ODER-Verknüpfung (Signal 1 ∧ Signal 2)

UND-Verknüpfung (Signal 1 ∨ Signal 2)

von anderer Maschine kommendes Signal

zu anderer Maschine gehendes Signal

Signalglieder

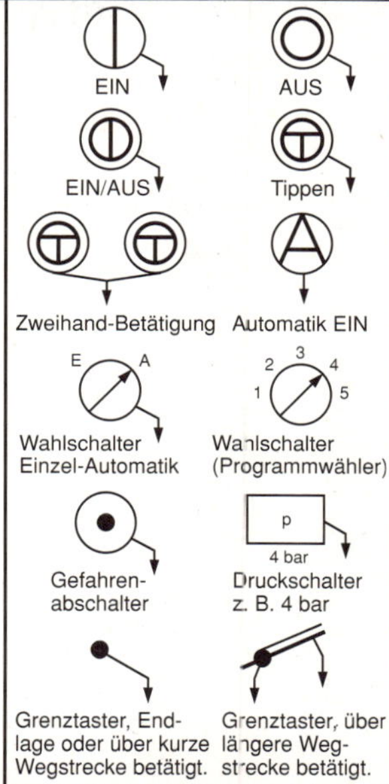

Darstellungsbeispiel

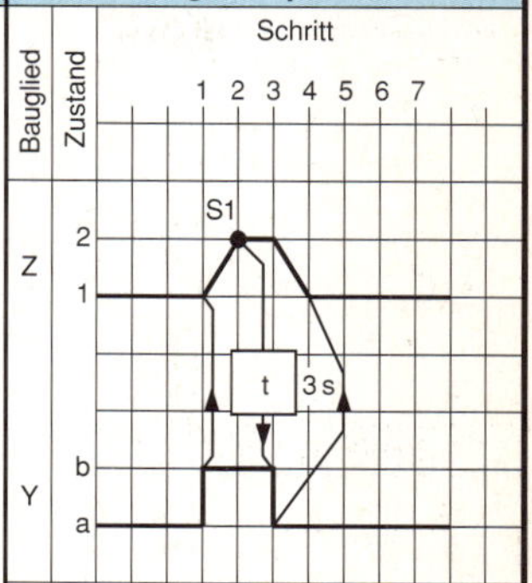

1. Schritt:
Nach Umschaltung des Stellgliedes (Ventil Y) von a nach b fährt Zylinder (Z) von 1 nach 2.

2. Schritt:
Z betätigt Signalglied S1 und dieser das Zeitglied.

3. Schritt:
Zeitglied schaltet nach 3 s Ventil von b nach a. Z geht von Lage 2 in Lage 1 zurück.

Grundschaltungen der Pneumatik

Einfachwirkender Zylinder
mit Geschwindigkeitssteuerung

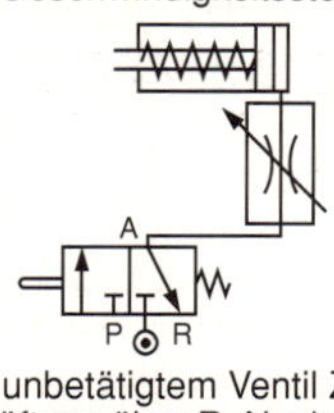

Bei unbetätigtem Ventil Zylinderentlüftung über R. Nach Betätigung schaltet Zylinder entsprechend Drosselstellung verzögert.

Doppeltwirkender Zylinder

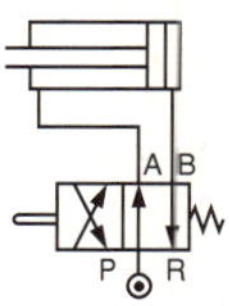

Stellung des 4/2-Wegeventils setzt nur eine Kolbenseite unter Druck. Entlüftung der anderen Seite über R.

Impulswandler (NICHT-Glied)
mit Schaltverzögerung

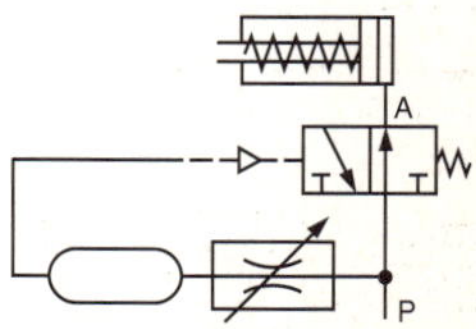

Arbeitsdruck P steht kurzzeitig am Zylinder an. Schaltverzögerung hängt von Speichervolumen und Drosseleinstellung ab.

UND-Schaltung

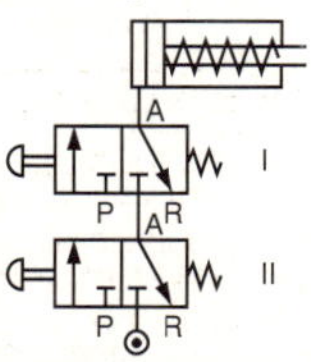

Zylinder erhält nur Druckluft, wenn Ventil I **und** Ventil II betätigt sind.

ODER-Schaltung

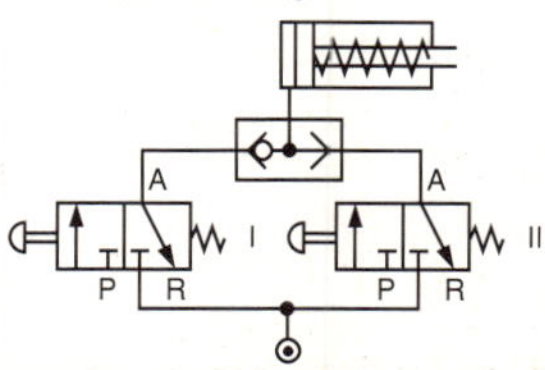

Zylinder erhält Druckluft, wenn Ventil I **oder** Ventil II betätigt ist.

Speicherschaltung

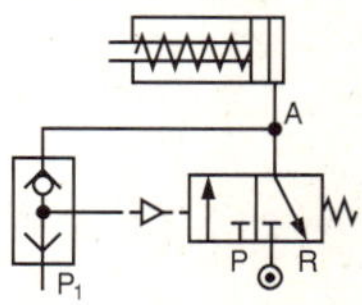

Druckimpuls P1 öffnet 3/2-Wegeventil. Über Wechselventil erfolgt Selbsthaltung.

Servoantriebe

DIN 42 021 T1/10.76, T2/10.76, DIN 42 025 T1/01.83, T2/01.80, DIN 42 027/12.84

Schrittmotor (vgl. S. 88)

Funktion

Aufbau und Wirkungsweise entsprechen der Synchronmaschine. Die Drehbewegung wird durch wechselweises Ansteuern der Statorwircklungen (Ändern der Polarität) mit Mitteln der Leistungselektronik erzielt.

Begriffe, Formelzeichen, Kennlinien

n: Drehzahl, Umdrehungsfrequenz
z: Schrittzahl
Schritte je Umdrehung
α: *Schrittwinkel*
Winkel je Steuerimpuls
p: Polpaarzahl
m: Phasenzahl
f_z: Schrittfrequenz
Schritte je Sekunde (f_s = konst.)
f_s: Steuerfrequenz
entspr. f_z, wenn kein Schrittfehler
f_{AOm}: Max. Steuerfrequenz
Höchste Steuerfrequenz, bei welcher der unbelastete Motor ohne Schrittfehler starten und stoppen kann.
M_L: Lastdrehmoment
J_{Lm}: Grenz-Lastträgheitsmoment im Startbereich

$$n = 60\,\frac{f_z}{z} \qquad \alpha = \frac{360°}{z} = \frac{360°}{2 \cdot m \cdot p}$$

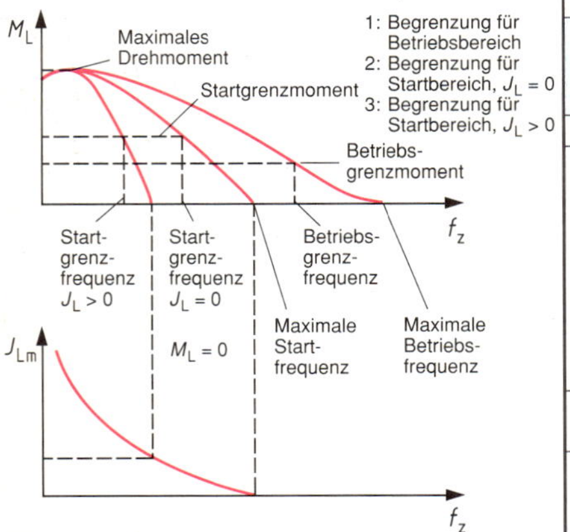

Ansteuerungsarten

unipolar
mit R_s: L/R-Steuerung

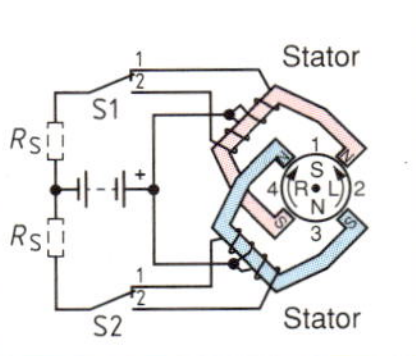

bipolar
mit R_s: L/R-Steuerung

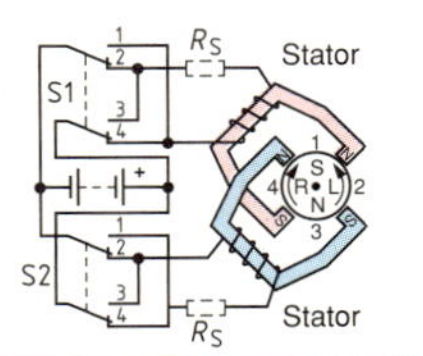

Konstantstrom-(Chopper-)Steuerung

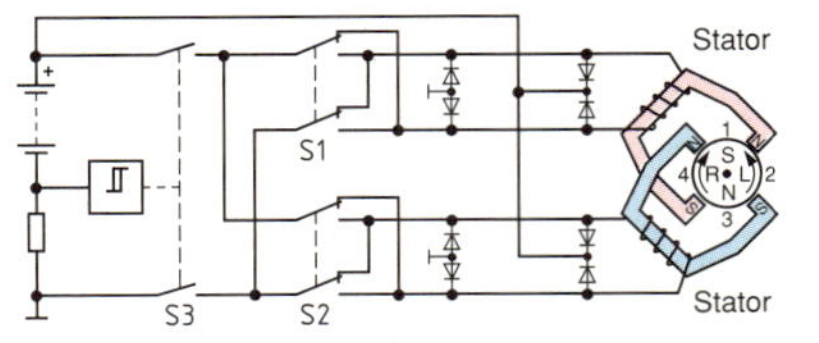

Schalter S3 wird nach Erreichen des zulässigen Steuerstromes geöffnet. Die Freilaufdioden führen den abklingenden Strom, bis S3 nach Erreichen der unteren Schaltschwelle schließt usw.

Schritt-Nr. bei Drehrichtung		**Halbschrittbetrieb** unipolar				bipolar			
		S1	S1	S2	S2	S1	S1	S2	S2
R	L	1	2	1	2	1,3	2,4	1,3	2,4
1	1	x	–	x	–	–	x	–	x
1 1/2	1/2	x	–	–	–	–	x	–	–
2	4	x	–	–	x	–	x	x	–
2 1/2	3 1/2	–	–	–	x	–	–	x	–
3	3	–	x	–	x	x	–	x	–
3 1/2	2 1/2	–	x	–	–	x	–	–	–
4	2	–	x	x	–	x	–	–	x
1/2	1 1/2	–	–	x	–	–	–	–	x
1	1	x	–	x	–	–	x	–	x

Vollschrittbetrieb ergibt sich, wenn die roten Zahlen entfallen.

Schrittmotorsteuerung, unipolar

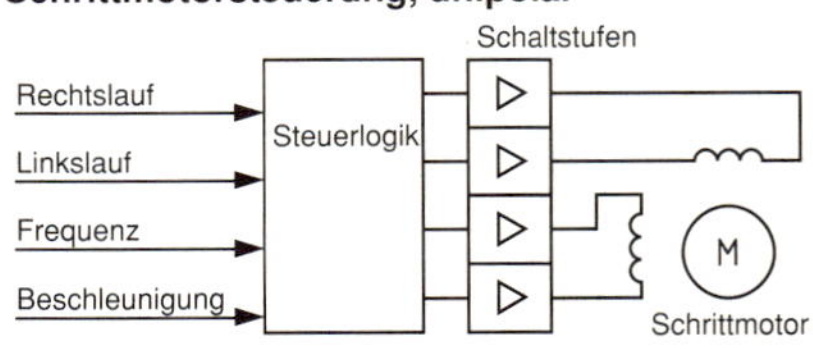

Fahrprofil

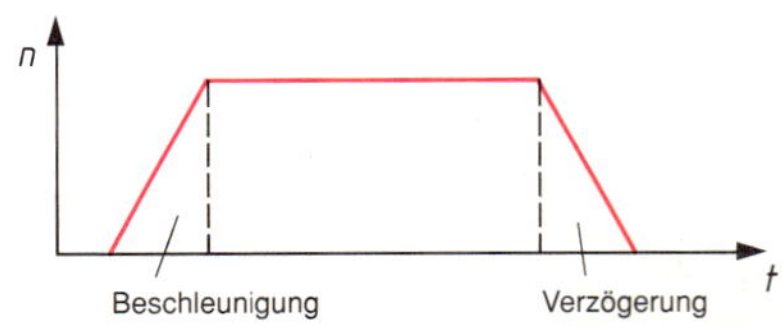

Eigenschaften der Ansteuerungsarten

Ansteuerungsart	Vorteile
unipolar	Einfache Leistungsschaltstufen (einfacher Umschalter)
bipolar	Cu-Volumen gut genutzt. Höheres Drehmoment, höhere Schrittfrequenz
Konstant**spannungs**-(L/R-)Steuerung	Höhere Schrittfrequenz durch kleinere Zeitkonstante L/R. Preiswerte Strombegrenzung durch Widerstand.
Konstant**strom**-(Chopper-)Steuerung	Optimale Motorleistung, hohe Schrittfrequenz, hohes Drehmoment, hoher Wirkungsgrad
Vollschrittbetrieb	Höheres Drehmoment
Halbschrittbetrieb	Doppelte Schrittzahl gegenüber Vollschrittbetrieb, geringeres Überschwingen

Servoantriebe

DIN 42 021 T1/10.76, T2/10.76,
DIN 42 025 T1/01.83, T2/01.80, DIN 42 027/12.84

Typ		Merkmale	Aufbau
Drehstrom-Asynchronmotor		Drehzahländerung mittels statischem Frequenzumrichter. Frequenz und Speisespannung müssen proportional verändert werden. Nebenschlußverhalten n bis 6 000 min^{-1}, M bis 70 Nm, P bis 20 kW	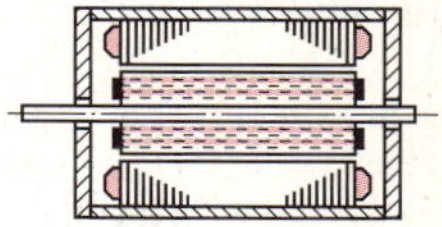
Gleichstrommotor, permanenterregt	kollektorkommutiert, **eisenloser Glockenläufer**	Kleines Trägheitsmoment, kleine Induktivität, hochdynamisch steuerbar, kein Rastmoment, Nebenschlußverhalten. n bis 15 000 min^{-1}, M bis 3 Nm, P bis 100 W	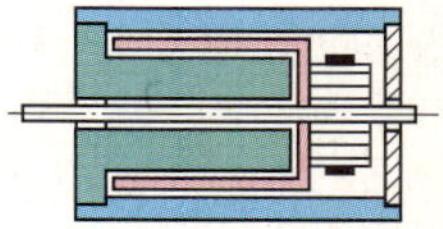
Gleichstrommotor, permanenterregt	elektronisch kommutiert, **Innenläufer als Dauermagnet**	Hohe Drehzahlen, hohe Lebensdauer, keine Explosionsgefahr, da kein Bürstenfeuer, gute Wärmeabfuhr, hoch überlastbar, Nebenschlußverhalten. n bis 20 000 min^{-1}, M bis 0,5 Nm, P bis 100 W	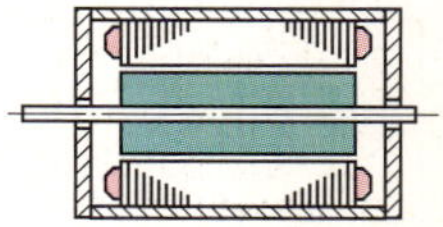
Gleichstrommotor, permanenterregt	elektronisch kommutierter **Scheibenläufer**	Mit Magnetplatten bestückter Rotor. Doppelstator mit Wicklungen, hohes Spitzendrehmoment, Nebenschlußverhalten. n bis 16 000 min^{-1}, M bis 5 Nm, P bis 1,5 kW	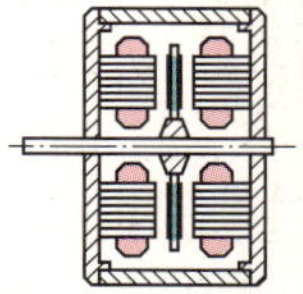
Drehzahlerfassung			
Gleichstromtachogenerator		Rotierender permanentmagnetischer Rotor mit elektronischer Kommutierung oder rotierende Wicklung mit Kollektor. Wichtig: Spannungsstabilität bei Temperaturschwankungen, gradlinige Drehzahl-Spannungs-Kennlinie.	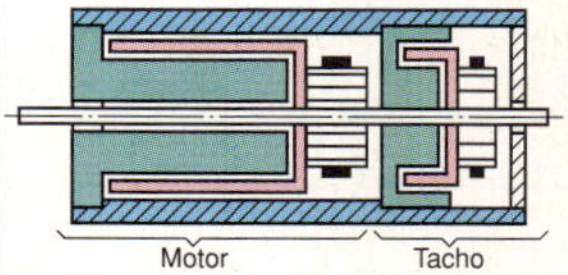

: Wicklung — : Dauermagnet — : magn. Rückschluß

Positionserfassung

Typ		Aufbau, Funktion	Signalerzeugung	Signalform	Bemerkung
Resolver		**Resolver** sind **Drehmelder**, die mechanische Winkelwerte elektrisch übertragen. Aufbau wie Synchrongenerator, mit dauermagnetischem oder elektrisch erregtem Rotor.	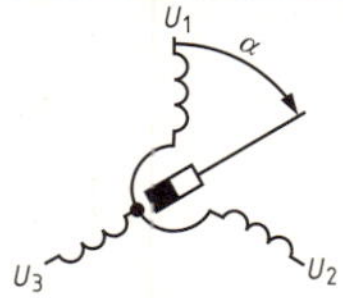	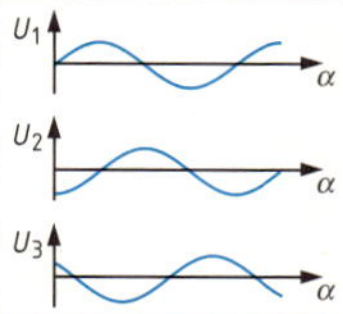	robust
Codierer	Absolutgeber	Absolutgeber arbeiten mit dem Gray-Code. Eine Blendenscheibe mit je nach Auflösung notwendiger Spurenzahl (Bits) wird mit ebenso vielen Fototransistoren abgefragt. Nach Störungen kein Anfahren der Referenzstelle nötig.		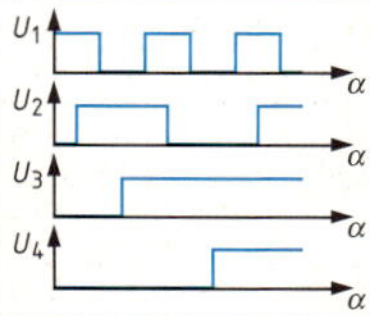	Auflösung hoch, aufwendig, robust
Codierer	Inkrementalgeber	Optoelektronisches Abtastsystem, mit dem zwei phasenverschobene Signale erzeugt werden. Aus diesen wird außer der Läuferlage die Drehrichtung abgeleitet. Mit einem dritten Signal (1 Impuls/Umdrehung) wird der Referenzpunkt (home-Impuls) erkannt.		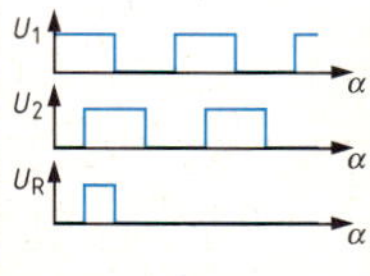	Auflösung hoch, preiswert, robust

Steuerungen mit Nockenschaltern

Gleichstrommotor-Wendeschaltung

genormte Darstellung

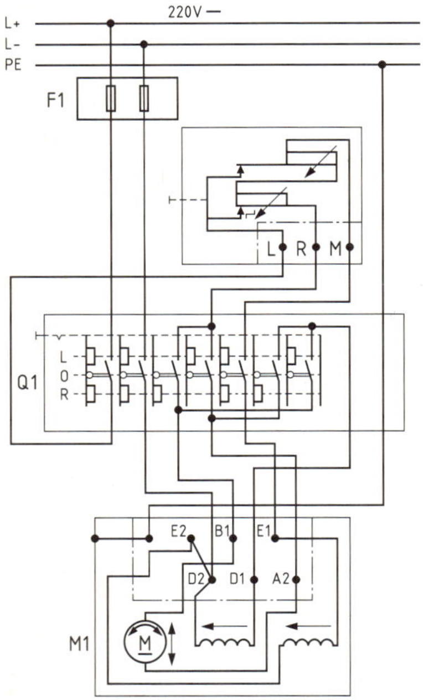

Stern-Dreieck-Wendeschaltung

gebräuchliche Darstellung

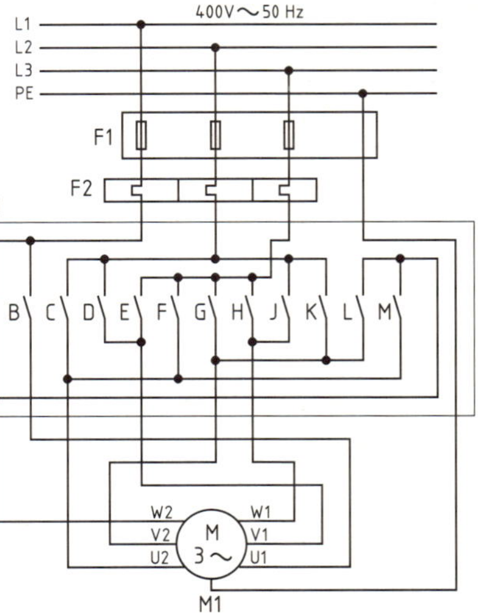

	A	B	C	D	E	F	G	H	J	K	L	M
RΔ	×	×	×	×			×	×				
RY		×		×				×			×	×
0												
LY		×			×				×		×	×
LΔ	×	×			×	×			×	×		

Steuerungen mit Schützen

Direktes Schalten von Drehstrommotoren

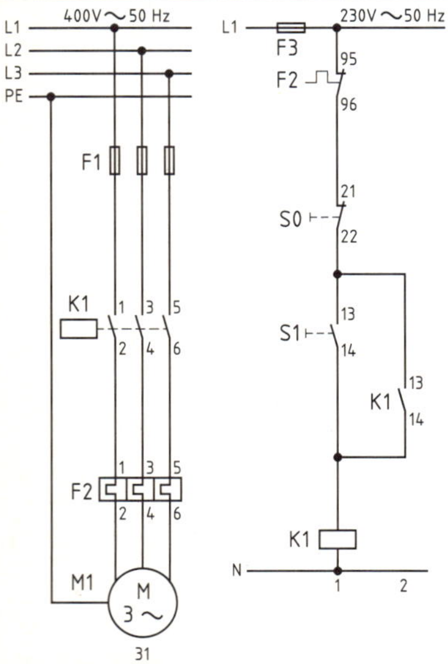

Umsteuern der Drehrichtung von Drehstrommotoren

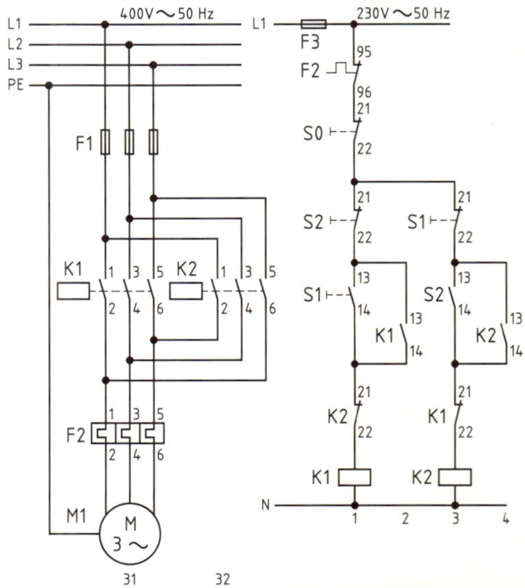

Polumschaltbarer Drehstrommotor mit 2 Drehzahlen, 1 Drehrichtung, 1 Wicklung (Dahlander-Schaltung)

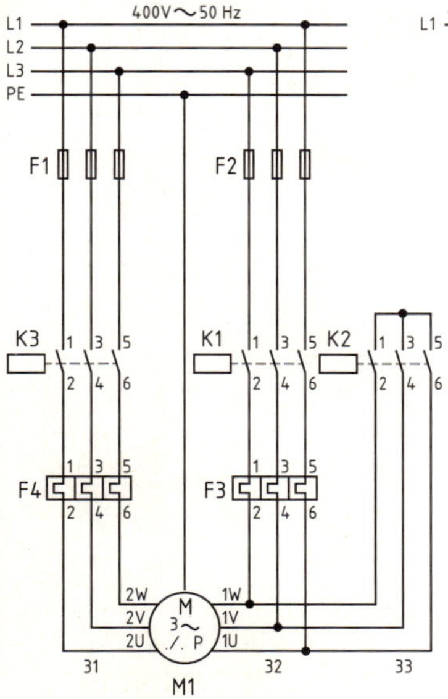

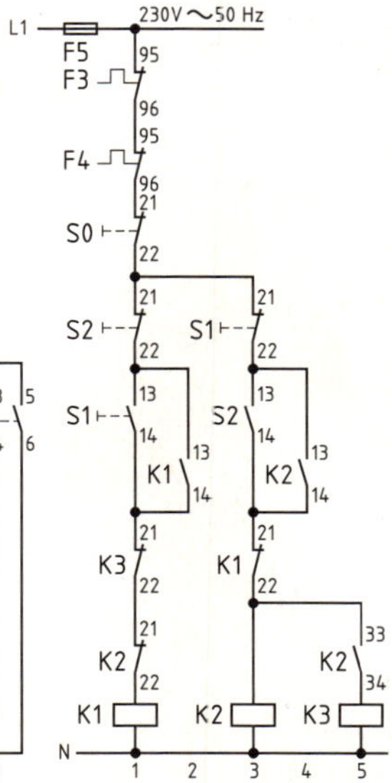

Hilfsstromkreis bei Tasterbetätigung

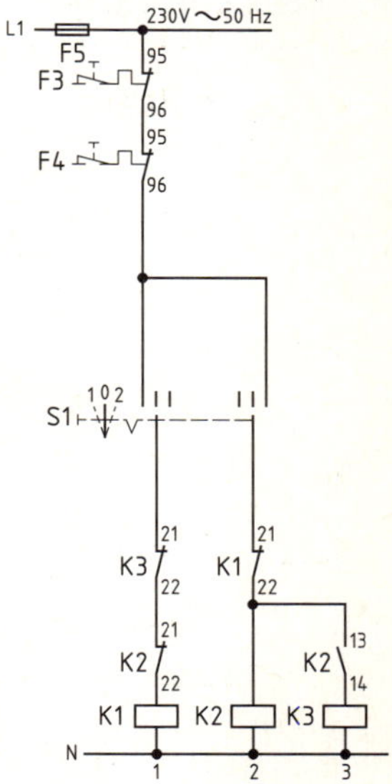

Hilfsstromkreis bei Dauerkontaktgabe

Polumschaltbarer Drehstrommotor mit 2 getrennten Wicklungen, 2 Drehzahlen, 2 Drehrichtungen

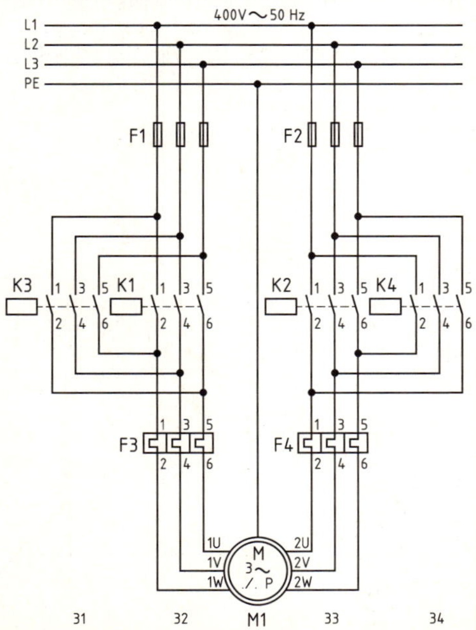

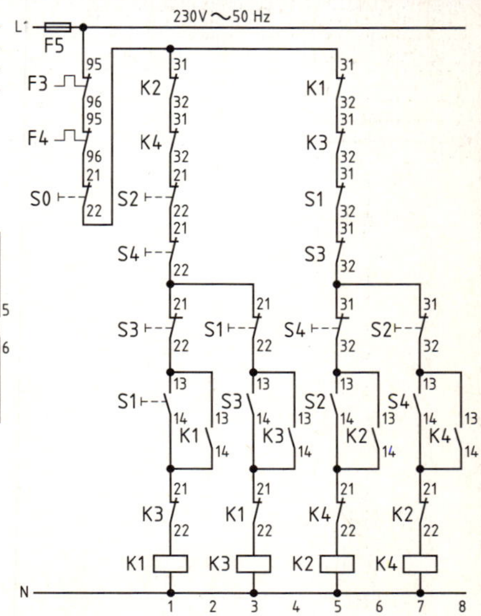

Steuerungen mit Schützen

Anlassen von Drehstrommotoren mit Käfigläufer, KUSA-Schaltung

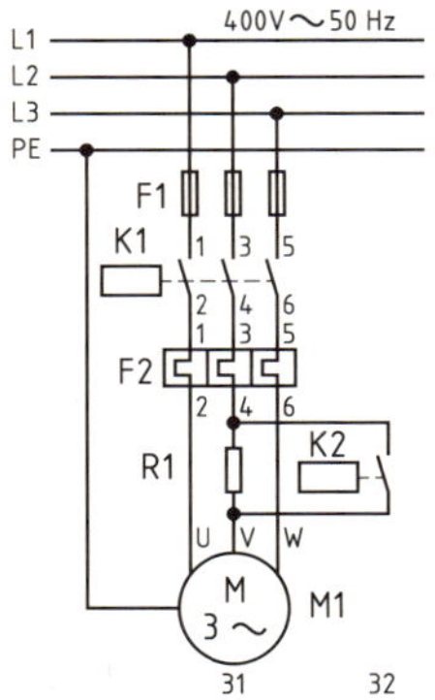

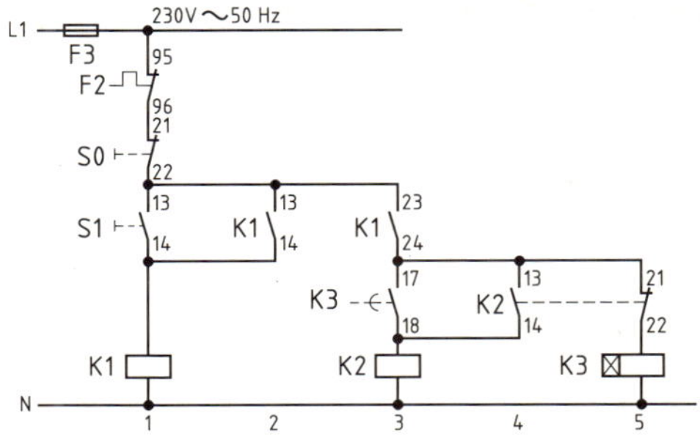

Stern-Dreieck-Anlassen

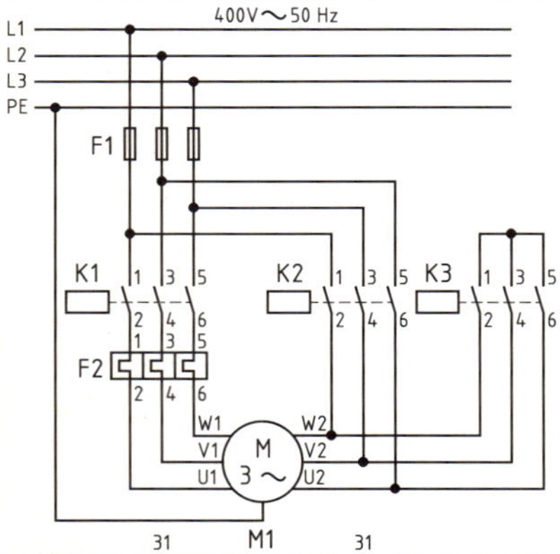

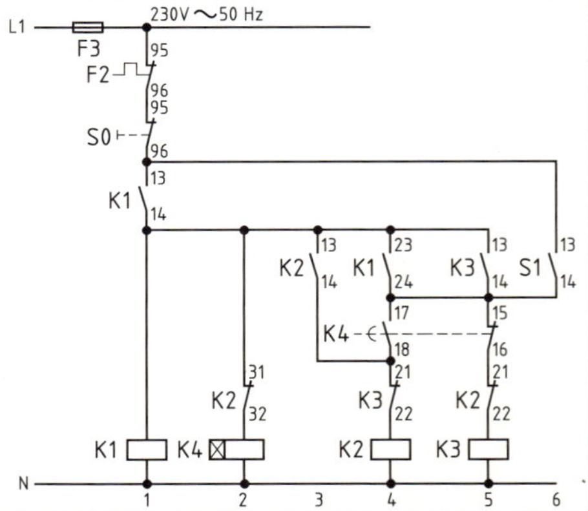

Stern-Dreieck-Anlassen in 2 Drehrichtungen

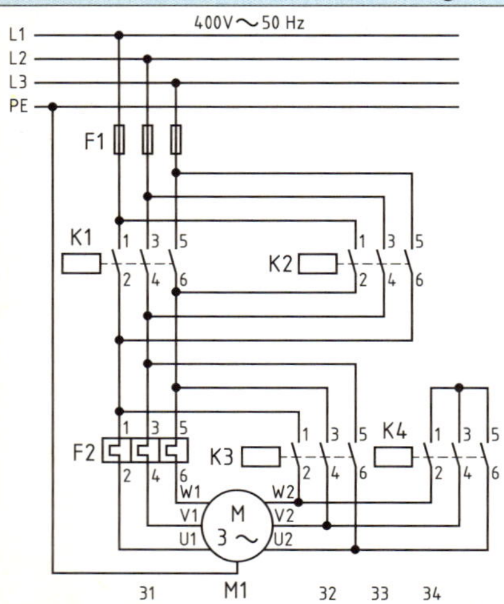

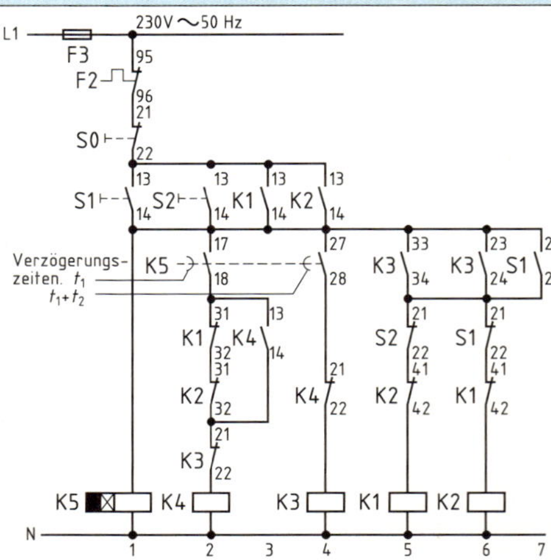

Ein **Datenflußplan** (DF) stellt Verarbeitungen und Daten sowie Verbindungen und Zugriffmöglichkeiten zwischen beiden dar.

Ein **Programmablaufplan** (PA) stellt die Reihenfolgen der Verarbeitungen (ohne Daten) in einem Programm dar.

Ein **Programmnetz** (PN) ist die Vereinigung von Programmablaufplänen mit Datenflußplänen.

Ein **Datennetz** (DN) zeigt Daten mit ihren Verbindungen als mögliche Zugriffswege auf.

Eine **Programmhierarchie** (PH) stellt die Über- bzw. Unterordnungen von Verarbeitungen dar (Ohne Daten und Verarbeitungsreihenfolgen).

Eine **Datenhieraarchie** (DH) stellt die Zusammenfassung bzw. Unterteilung von Daten dar (ohne Verarbeitungen und Zugriffswege).

Ein **Konfigurationsplan** (KP) stellt Verarbeitungseinheiten und Datenträgereinheiten mit ihren Verbindungen dar (ohne Verarbeitungen und Daten).

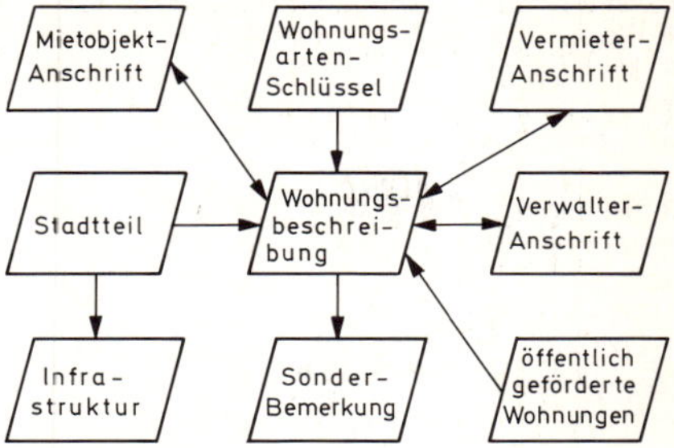

Datennetz: Datenbasis WV[1)]-Daten

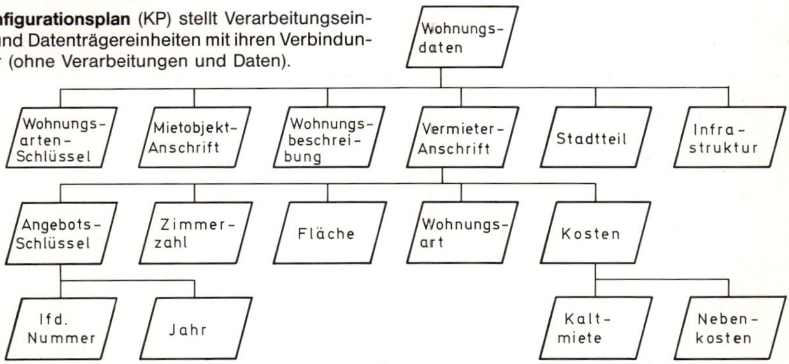

Datenhierarchie: Ausschnitt aus der Datenbasis WV[1)]-Daten

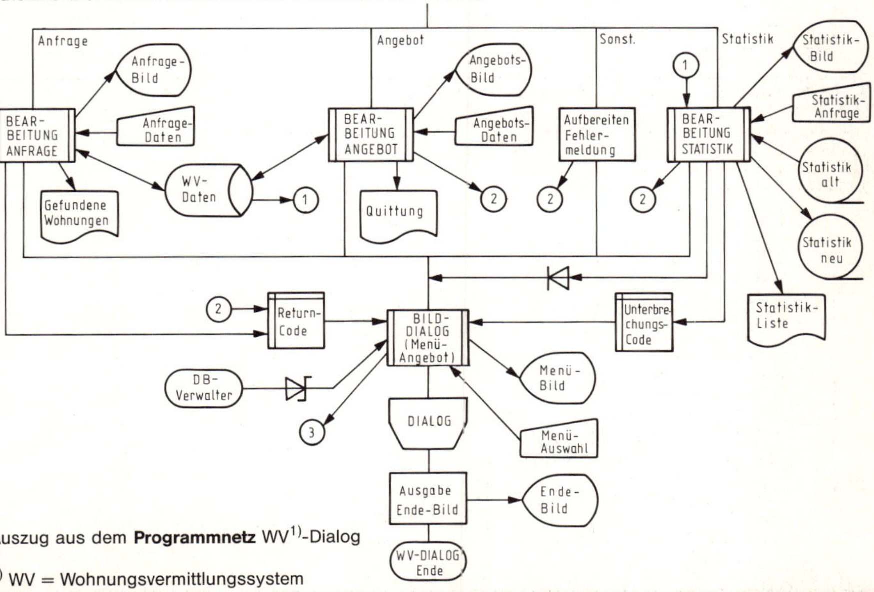

Auszug aus dem **Programmnetz** WV[1)]-Dialog

[1)] WV = Wohnungsvermittlungssystem

Regeln zur Erstellung von Plänen, Sinnbilder

DIN 66 001/12.83

Regeln:

- Pfeile geben die Flußrichtung an.
- Zwischen Sinnbildern dürfen mehrere Verbindungen verlaufen.
- Kreuzungen von Verbindungslinien vermeiden.
- Hintereinander gezeichnete Sinnbilder gleicher Art bilden eine Einheit mehrerer gleichartiger Datenträger.③
- Sinnbilder können miteinander verknüpft werden, z. B. zu einer Ausgabeeinheit.①
- Innenbeschriftungen sollen weitere Abläufe erkennen lassen und eindeutig zuordnen.
- Bezeichnung erfolgt oben links des Sinnbildes.
- Durch einen Querstrich oben im Sinnbild wird auf eine detaillierte Darstellung derselben Dokumentation hingewiesen, z. B. schrittweise Verfeinerung eines Programmablaufs.②
- Mit zusätzlichen senkrechten Linien in den Sinnbildern „Daten" und „Verarbeitung" wird auf eine Dokumentation an anderer Stelle hingewiesen.

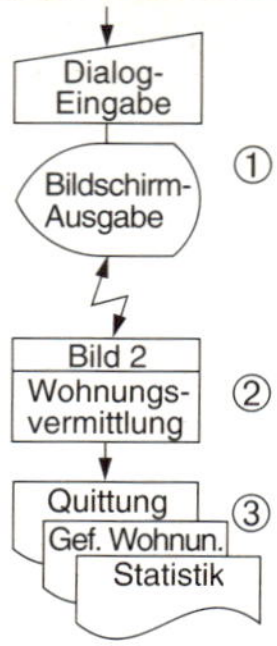

Sinnbild	Benennung
	Verarbeitung, Verarbeitungseinheit
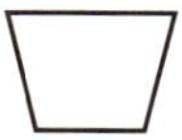	Manuelle Verarbeitung, Verarbeitungsstelle
	Verzweigung Auswahleinheit
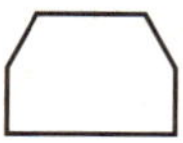	Schleifenbegrenzung Anfang
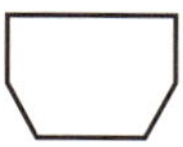	Ende
	Synchronisierung paralleler Verarbeitungen
	Sprung mit/ohne Rückkehr
	Unterbrechung einer anderen Verarbeitung

Sinnbild	Benennung
	Steuerung der Verarbeitungsfolge von außen
	Daten, allgemein Datenträgereinheit, allgemein
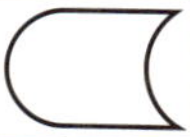	Maschinell zu verarbeitende Daten, Datenträgereinheit
	Manuell zu verarbeitende Daten, Manuelle Ablage (z. B. Ziehkartei, Archiv)
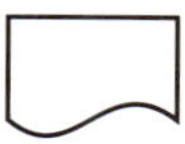	Daten auf Schriftstück (z. B. auf Belegen, Mikrofilm) Ein-/Ausgabeeinheit
	Daten auf Speicher mit nur sequentiellem Zugriff, Datenträgereinheit
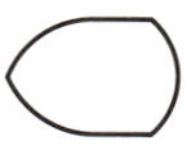	Maschinell erzeugte optische oder akustische Daten, Ausgabeeinheit
	Daten auf Karte (z. B. Lochkarte, Magnetkarte), Lochkarteneinheit

Sinnbild	Benennung
	Daten auf Lochstreifen, Lochstreifeneinheit
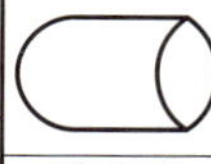	Daten auf Speicher mit auch direktem Zugriff Datenträgereinheit
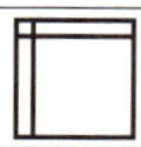	Daten im Zentralspeicher, Zentralspeicher
	Manuelle optische oder akustische Eingabedaten, Eingabeeinheit
	Verbindung, Verarbeitungsfolge, Zugriffsmöglichkeit
	Verbindung zur Datenübertragung, Datenübertragungsweg
	Grenzstelle (zur Umwelt), z.B. Anfang, Ende
	Verbindungsstelle
	Verfeinerung
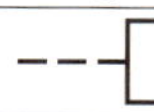	Bemerkung

Sinnbilder nach Nassi-Shneidermann DIN 66 261/11.85

Sinnbild	Benennung
GOTO	Strukturblock (allgemein)
INPUT / LET / PRINT	Strukturblock mit drei Befehlen (Anweisungen) von oben nach unten
INPUT / A | B / LET	Strukturblock mit drei Befehlen (Anweisungen) zwei parallel
READ / LET / IF ... THEN	Schleife (bedingte) Wiederholung bis Bedingung erfüllt ist. IF ... THEN
FOR...NEXT / LET / PRINT	Schleife, geplante Wiederholung FOR ... NEXT
X = 1 / ja / nein / Y=100 / Y = 0	Zweiseitige Auswahl entweder – oder wahr – falsch
Input X / x=1 / x=2 / x=3 / Y=100 / Y=200 / Y=300	Mehrseitige Auswahl z. B. Menüauswahl
FOR...NEXT / LET / IF...THEN END / PRINT	Schleife mit Ausstiegsbedingung

Programmablaufplan, Struktogramm

Programmablaufplan nach DIN 66 001	Nassi-Shneidermann Struktogramm DIN 66 261	Programmablaufplan nach DIN 66 001	Nassi-Shneidermann Struktogramm DIN 66 261

Verarbeitung (allgemein, Strukturblock, Elementarblock)

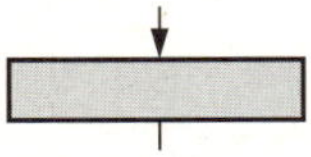

- Aufgabenkurzbeschreibungen
- Unterprogrammnamen,
- Anweisungen, Programmiersprachenbefehle

Reihenfolge (Sequenz)

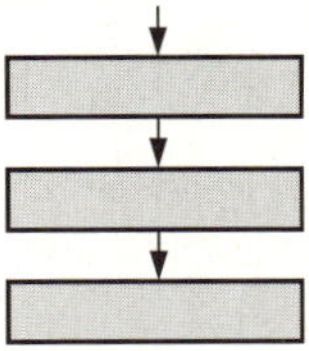

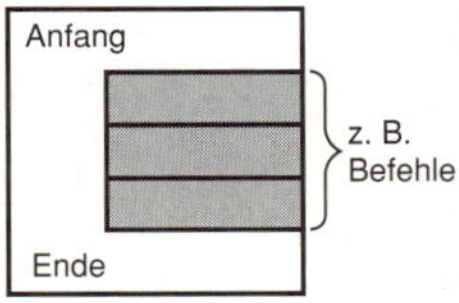

- Aneinanderreihung von mehreren Anweisungen, Befehlen
- Aufzählung mehrerer nacheinander zu bearbeitender Aufgaben

Bedingte Verzweigung

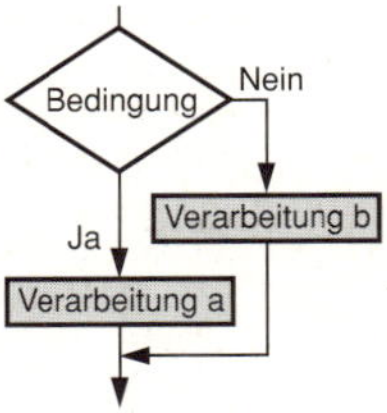

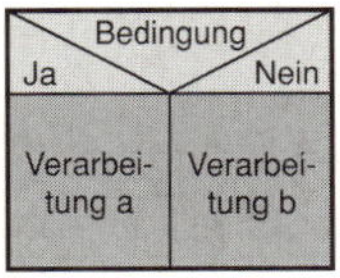

- Auswahl von einer Verarbeitung aus zwei möglichen, aufgrund einer logischen Entscheidung.
- Ist die Abfrage mit Ja beantwortet, dann Verarbeitung a, andernfalls Verarbeitung b.
  Diese Verzweigung wird auch als IF (wenn Bedingung erfüllt) THEN (dann Verarbeitung a) ELSE (sonst Verarbeitung b) Abfrage bezeichnet.

Fallabfrage, Fallunterscheidung

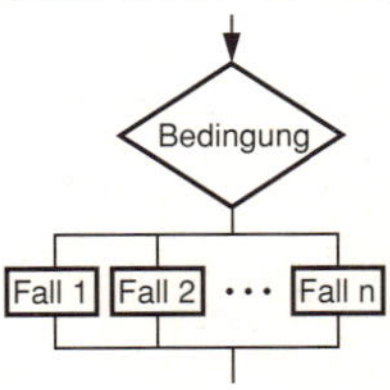

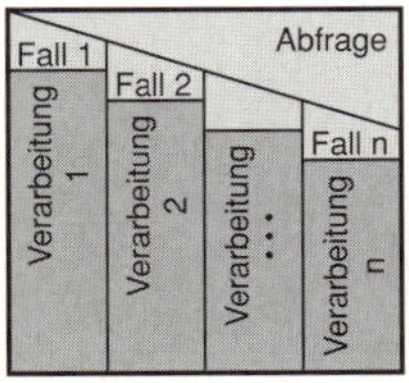

- Auswahl einer Möglichkeit aus mehreren Vorgaben (engl. Case-Block)

Wiederholung (kopfgesteuerte Schleife)

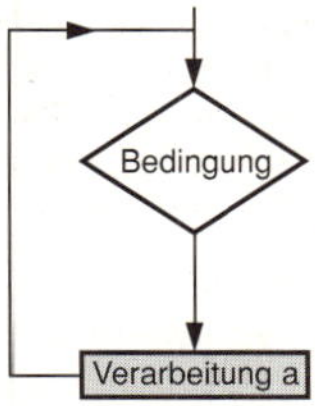

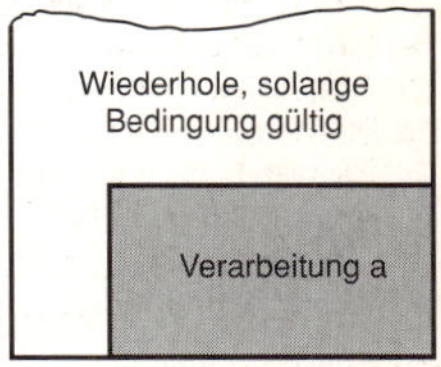

- Schleifendurchläufe
  Abfrage der Bedingung erfolgt vor der Durchführung der Verarbeitung a. Ist die Bedingung bei der ersten Abfrage schon nicht erfüllt, erfolgt keine Durchführung der Verarbeitung a (engl. WHILE-Schleife).

Wiederholung (fußgesteuerte Schleife)

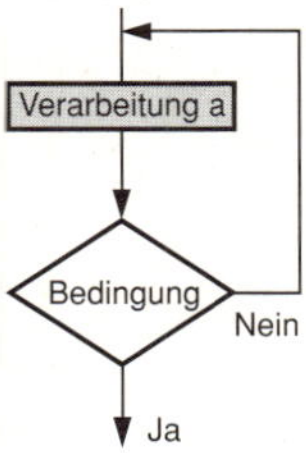

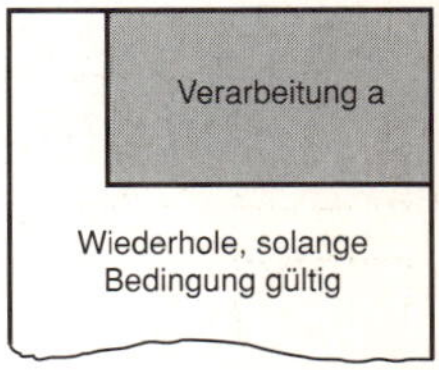

- Schleifendurchläufe
  Abfrage der Bedingung nach dem Durchlauf der Verarbeitung a (engl. REPEAT- oder UNTIL-Schleife).

Schleife mit Unterbrechung

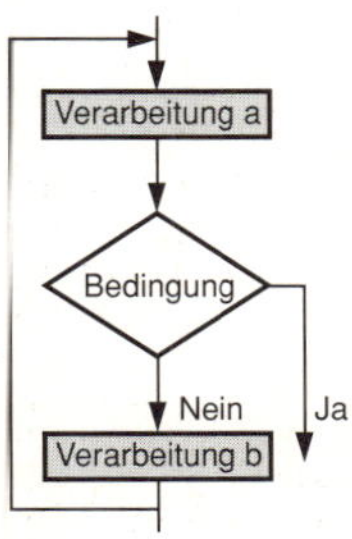

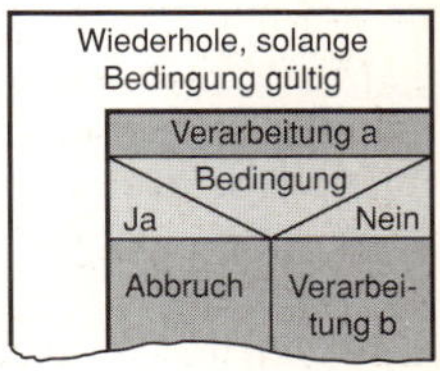

- Schleifendurchläufe
  Die Bedingung (Abbruch-Bedingung) wird während der Verarbeitung abgeprüft (engl. CYCLE-Schleife).

Codes

Beispiel: Darstellung der Zahl 3 6 5

	3	6	5
im BCD-Code	0011	0110	0101
im Aiken-Code	0011	1100	1011

Tetradische Codes			Einschrittige tetradische Codes		
Dezimal-Ziffer	**BCD-Code**	**Aiken-Code**	**Gray-Code**	**Glixon-Code**	**O'Brien-Code**
0	0 0 0 0	0 0 0 0	0 0 0 0	0 0 0 0	0 0 0 1
1	0 0 0 1	0 0 0 1	0 0 0 1	0 0 0 1	0 0 1 1
2	0 0 1 0	0 0 1 0	0 0 1 1	0 0 1 1	0 0 1 0
3	0 0 1 1	0 0 1 1	0 0 1 0	0 0 1 0	0 1 1 0
4	0 1 0 0	0 1 0 0	0 1 1 0	0 1 1 0	0 1 0 0
5	0 1 0 1	1 0 1 1	0 1 1 1	0 1 1 1	1 1 0 0
6	0 1 1 0	1 1 0 0	0 1 0 1	0 1 0 1	1 1 1 0
7	0 1 1 1	1 1 0 1	0 1 0 0	0 1 0 0	1 0 1 0
8	1 0 0 0	1 1 1 0	1 1 0 0	1 1 0 0	1 0 1 1
9	1 0 0 1	1 1 1 1	1 1 0 1	1 0 0 0	1 0 0 1
Wertigkeit	8 4 2 1	2 4 2 1			
Stelle			4 3 2 1	4 3 2 1	4 3 2 1

Höherstellige Codes			
Dezimal-Ziffer	**2 aus 5-Code**	**1 aus 10-Code**	**Hamming-Code dreischrittig**
0	0 0 0 1 1	0 0 0 0 0 0 0 0 0 1	0 0 0 0 0 0 0
1	0 0 1 0 1	0 0 0 0 0 0 0 0 1 0	0 0 0 0 1 1 1
2	0 0 1 1 0	0 0 0 0 0 0 0 1 0 0	0 0 1 1 0 0 1
3	0 1 0 0 1	0 0 0 0 0 0 1 0 0 0	0 0 1 1 1 1 0
4	0 1 0 1 0	0 0 0 0 0 1 0 0 0 0	0 1 0 1 0 1 0
5	0 1 1 0 0	0 0 0 0 1 0 0 0 0 0	0 1 0 1 1 0 1
6	1 0 0 0 1	0 0 0 1 0 0 0 0 0 0	0 1 1 0 0 1 1
7	1 0 0 1 0	0 0 1 0 0 0 0 0 0 0	0 1 1 0 1 0 0
8	1 0 1 0 0	0 1 0 0 0 0 0 0 0 0	1 0 0 1 0 1 1
9	1 0 0 0 0	1 0 0 0 0 0 0 0 0 0	1 0 0 1 1 0 0
Stelle	5 4 3 2 1	9 8 7 6 5 4 3 2 1 0	7 6 5 4 3 2 1

ASCII-Code (s. auch nächste Seite)
(**A**merican **S**tandard **C**ode for **I**nformation-**I**nterchange)

Aufbau: 7 Bit und 1 Prüfbit, 128 Zeichen. Damit können Steuerbefehle, alphanumerische Zeichen und Sonderzeichen dargestellt werden.

Steuerzeichenarten:

TC: Übertragungssteuerzeichen (Transmission-Control)

FE: Formatsteuerzeichen (Format Effectors)

IS: Informationstrennzeichen (Information Separators)

DC: Gerätesteuerzeichen

–: Sonstige Steuerzeichen

Prüfbit: Bei jedem Codewort wird die Anzahl der Stellen mit Wertigkeit 1 auf eine gerade Anzahl (**e**ven **p**arity, e. p.) oder auf eine ungerade (**o**dd **p**arity, o. p.) ergänzt.

Beispiele:

Codewort	Hex.	Okt.	Dez.	ASC II	P-Bit
1 0 0 0 1 0 1 1	0 B	13	11	VT	e. p.
0 1 0 1 0 1 0 0	54	124	84	T	o. p.
1 0 1 1 1 1 1 1	3F	77	63	?	o. p.
P 7 6 5 4 3 2 1 ← LSB					

P = Prüfbit (MSB)

LSB: **L**east **s**ignificant **B**it (niedrigstwertiges Bit)

MSB: **M**ost **s**ignificant **B**it (höchstwertiges Bit)

ASCII-Code

DIN 66 003/06.74

Zeile \ Spalte	00	01	02	03	04	05	06	07
00	**NUL** 0 / 0 P000 0000 / 000	**DLE** 10 / 16 P001 0000 / 020	**SP** 20 / 32 P010 0000 / 040	**0** 30 / 43 P011 0000 / 060	**@** 40 / 64 P101 0000 / 100	**P** 50 / 80 P101 0000 / 120	**`** 60 / 96 P110 0000 / 140	**p** 70 / 112 P111 0000 / 160
01	**SOH** 01 / 1 P000 0001 / 001	**DC_1** 11 / 17 P001 0001 / 021	**!** 21 / 33 P0001 / 41	**1** 31 / 49 P011 0001 / 061	**A** 41 / 65 P100 0001 / 109	**Q** 51 / 81 P101 0001 / 120	**a** 61 / 97 P110 0001 / 141	**q** 71 / 113 P111 0001 / 161
02	**STX** 02 / 2 P000 0010 / 002	**DC_2** 12 / 18 P001 0010 / 022	**“** 22 / 34 P010 0010 / 042	**2** 32 / 50 P011 0010 / 062	**B** 42 / 66 P100 0010 / 102	**R** 52 / 82 P101 0010 / 122	**b** 62 / 98 P110 0010 / 142	**r** 72 / 114 P111 0010 / 162
03	**ETX** 03 / 3 P000 0011 / 003	**DC_3** 13 / 19 P001 0011 / 023	**#** 23 / 35 P010 011 / 043	**3** 33 / 51 P011 0011 / 063	**C** 43 / 67 P100 0011 / 103	**S** 53 / 83 P101 0011 / 123	**c** 63 / 99 P101 0011 / 143	**s** 73 / 115 P111 0011 / 163
04	**EOT** 04 / 4 P000 0100 / 004	**DC_4** 14 / 20 P001 0100 / 024	**$** 24 / 36 P010 0100 / 044	**4** 34 / 52 P011 0100 / 064	**D** 44 / 68 P100 0100 / 104	**T** 54 / 84 P101 0100 / 124	**d** 64 / 100 P110 0100 / 144	**t** 74 / 116 P111 0100 / 164
05	**ENQ** 05 / 5 P000 0101 / 005	**NAK** 15 / 21 P001 0101 / 025	**%** 25 / 37 P010 0101 / 045	**5** 35 / 53 P011 0101 / 065	**E** 45 / 69 P100 0101 / 105	**U** 55 / 85 P101 0101 / 125	**e** 65 / 101 P110 0101 / 145	**u** 75 / 117 P111 0101 / 165
06	**ACK** 06 / 6 P000 0110 / 006	**SYN** 16 / 22 P001 0110 / 026	**&** 26 / 38 P010 0110 / 046	**6** 36 / 54 P011 0110 / 106	**F** 46 / 70 P100 0110 / 106	**V** 56 / 86 P101 0110 / 126	**f** 66 / 102 P110 0110 / 146	**v** 76 / 118 P111 0110 / 166
07	**BEL** 07 / 7 P000 0111 / 007	**ETB** 17 / 23 P001 0111 / 027	**>** 27 / 39 P010 0111 / 047	**7** 37 / 55 P011 0111 / 067	**G** 47 / 71 P100 0111 / 107	**W** 57 / 87 P101 0111 / 127	**g** 67 / 103 P110 0111 / 147	**w** 77 / 119 P111 0111 / 167
08	**BS** 08 / 8 P000 1000 / 010	**CAN** 18 / 24 P001 1000 / 030	**(** 28 / 40 P010 1000 / 050	**8** 38 / 56 P011 1000 / 070	**H** 48 / 72 P100 1000 / 110	**X** 58 / 88 P101 1000 / 130	**h** 68 / 104 P110 1000 / 150	**x** 78 / 120 P111 1000 / 170
09	**HT** 09 / 9 P000 1001 / 011	**EM** 19 / 25 P001 1001 / 031	**)** 29 / 41 P010 1001 / 051	**9** 39 / 57 P011 1001 / 071	**I** 49 / 73 P100 1001 / 111	**Y** 59 / 89 P101 1001 / 131	**i** 69 / 105 P110 1001 / 151	**y** 79 / 121 P111 1001 / 171
10	**LF** 0A / 10 P000 1010 / 012	**SUB** 1A / 26 P001 1010 / 032	***** 2A / 42 P010 1010 / 052	**:** 3A / 58 P011 1010 / 072	**J** 4A / 74 P100 1010 / 112	**Z** 5A / 90 P101 1010 / 132	**j** 6A / 106 P110 1010 / 152	**z** 7A / 122 P111 1010 / 172
11	**VT** 0B / 11 P000 1011 / 013	**ESC** 1B / 27 P001 1011 / 033	**+** 2B / 43 P010 1011 / 053	**;** 3B / 59 P011 1011 / 073	**K** 4B / 75 P100 1011 / 113	**[** 5B / 91 P101 1011 / 133	**k** 6B / 107 P110 1011 / 153	**{** 7B / 123 P111 1011 / 173
12	**FF** 0C / 12 P000 1100 / 014	**FS** 1C / 28 P001 1100 / 034	**,** 2C / 44 P010 1100 / 054	**<** 3C / 60 P011 1100 / 074	**L** 4C / 76 P100 1100 / 114	**** 5C / 92 P101 1100 / 134	**l** 6C / 108 P110 1100 / 154	**¦** 7C / 124 P111 1100 / 174
13	**CR** 0D / 13 P000 1101 / 015	**GS** 1D / 29 P001 1101 / 035	**–** 2D / 45 P010 1101 / 055	**=** 3D / 61 P011 1101 / 075	**M** 4D / 77 P100 1101 / 115	**]** 5D / 93 P101 1101 / 135	**m** 6D / 109 P110 1101 / 155	**}** 7D / 125 P111 1101 / 175
14	**SO** 0E / 14 P000 1110 / 016	**RS** 1E / 30 P001 1110 / 036	**.** 2E / 46 P010 1110 / 056	**>** 3E / 62 P011 1110 / 076	**N** 4E / 78 P100 1110 / 116	**^** 5E / 94 P101 1110 / 136	**n** 6E / 110 P110 1110 / 156	**~** 7E / 126 P111 1110 / 176
15	**SI** 0F / 15 P000 1111 / 017	**US** 1F / 31 P001 1111 / 037	**/** 2F / 47 P010 1111 / 057	**?** 3F / 63 P011 1111 / 077	**O** 4F / 79 P100 1111 / 117	**_** 5F / 95 P101 1111 / 137	**o** 6F / 111 P110 1111 / 157	**DEL** 7F / 127 P111 1111 / 177

Erklärung

ASCII-Zeichen — **DLE**	10	— Wert hexadezimal
	16	— Wert dezimal
Wert binär — P001 0000	020	— Wert oktal

↑ LSB (Least Significant Bit: niederwertiges Bit)
↑ MSB (Most Significant Bit: höchstwertiges Bit)

P: Paritätsbit (P = 0 oder P = 1 muß vereinbart sein; s. DIN 66 022).

Befehl	Art des Befehls	Bedeutung englisch	Bedeutung deutsch
NUL	–	NULL	Null, Nichts
SOH	TC	START OF HEADING	Kopfzeilenbeginn
STX	TC	START OF TEXT	Textanfangzeichen
ETX	TC	END OF TEXT	Textendezeichen
EOT	TC	END OF TRANSMISSION	Ende der Übertragung
ENQ	TC	ENQUIRY	Aufforderung zur Datenübertragung
ACK	TC	ACKNOWLEDGE	Positive Rückmeldung
BEL	–	BELL	Klingelzeichen
BS	FE	BACKSPACE	Rückwärtsschritt
HT	FE	HORIZONTAL TABULATION	Horizontal-Tabulator
LF	FE	LINE FEED	Zeilenvorschub
VT	FE	VERTICAL TABULATION	Vertikal-Tabulator
FF	FE	FORM FEED	Formularvorschub
CR	FE	CARRIAGE RETURN	Wagenrücklauf
SO	–	SHIFT OUT	Dauerumschaltungszeichen
SI	–	SHIFT IN	Rückschaltungszeichen
DLE	TC	DATALINE ESCAPE	Datenübertragungs-Umschaltung
DC 1…4	DC	DEVICE CONTROL 1…4	Gerätesteuerzeichen 1…4
NAK	TC	NEGATIVE ACKNOWLEDGE	Negative Rückmeldung
SYN	TC	SYNCHRONOUS IDLE	Synchronisierung
ETB	TC	END OF TRANSMISSION BLOCK	Ende des Übertragungsblocks
CAN	–	CANCEL	Ungültig
EM	–	END OF MEDIUM	Ende der Aufzeichnung
SUB	–	SUBSTITUTE	Substitution
ESC	–	ESCAPE	Umschaltung
FS	IS	FILE SEPARATOR	Hauptgruppen-Trennzeichen
GS	IS	GROUP SEPARATOR	Gruppentrennzeichen
RS	IS	RECORD SEPARATOR	Untergruppen-Trennzeichen
US	IS	UNIT SEPARATOR	Teilgruppen-Trennzeichen
SP	–	SPACE	Leerzeichen
DEL	–	DELETE	Löschen

Begriffe aus der Mikrocomputer-Technik

Begriff	Bedeutung
ACK	acknowledge; Quittungsmeldung zur Kennzeichnung des korrekten Empfangs von Daten
Addierwerk	adder; Schaltung, die binäre Informationen zu Summen (u. Übertrag) verknüpft
Adresse	address; numerischer Ausdruck zur Kennzeichnung eines Speicherplatzes
Adreß-register	address register; Register zur Speicherung von Adressen
Akkumulator Akku	accumulator; Register zur Speicherung von Operanden und Ergebnissen (der ALU zugeordnet)
ALU	arithmetic logic unit; arithmetisch-logische Einheit, führt arithmetische u. logische Verknüpfungen durch
ASC II	American National Standard Code for Information Interchange; genormter 7-Bit-Code (8. Bit evtl. für Paritätsprüfung), verwendet zum Informationsaustausch zwischen Datenverarbeitungssystemen
Assembler	assembler; 1. Maschinenorientierte Programmiersprache, 2. Übersetzungsprogramm zur Umwandlung einer Assemblersprache in eine Maschinensprache
BASIC	Beginners All-purpose Symbolic Instruction Code; problemorientierte Programmiersprache für Dialogbetrieb
Baud	baud; Einheit für die Geschwindigkeit bei der Datenübertragung, 1 bit/s = 1 baud
BCD-Code	binary coded decimal; binärer Code für die Darstellung von Dezimalzahler in Gruppen von 4 Bit
Befehl	instruction; kleinste Funktionseinheit eines Programms, einer Maschinenanweisung; besteht z. B. aus: Operationsteil, Adressenteil, Operanden
Befehls-register	instruction register; Register, das die Befehle für die Ausführung speichert
Betriebs-system	operating system; Grundausstattung an Software für den Betrieb der DVA, z. B. Programme zur Programmablaufsteuerung, Übersetzungsprogramme, Dienstprogramme (Fehlersuche, Ein-/Ausgabeverwaltung, Sortieren usw.)
Block	block; Zusammenfassung einer beliebigen Anzahl aufeinanderfolgender Bytes oder Wörter
Bus	bus; eine oder mehrere Leitungen zur Datenübertragung (z. B. Adreßbus, Datenbus, Kontrollbus)
Byte	byte; Kombination von mehreren Bits, 8 Bit und ggf. 1 Prüfbit

Begriff	Bedeutung
Carry	carry; ein oder mehrere Bits, die in Abhängigkeit von der Art der arithmetischen Operation gesetzt werden
COBOL	Common Business Oriented Language; höhere Programmiersprache
Code	code; eindeutige Vorschrift für die Darstellungsweise von Daten
Compiler	compiler; Übersetzerprogramm für eine Programmiersprache
CPU	central prozessor unit; Zentraleinheit, besteht aus Rechenwerk mit spez. Registern und Steuerwerk, führt arithmetische Operationen aus, steuert den Befehlsablauf, erzeugt Taktsignale usw.
Daten	data; allgemeiner Begriff für Befehle und Operanden, die in einer DVA verarbeitet werden; Informationen, die in einer DVA eingegeben, verarbeitet oder ausgegeben werden
Debug	debug; Entdecken, Lokalisieren und Entfernen von Fehlern; Debug-Programm: Fehler-Prüf- und Erkennungsprogramm
Decoder	decoder; Umsetzer-Baustein
Duplex	duplex; Duplexbetrieb: Gleichzeitige Übertragung in beiden Richtungen
Echtzeit	real time; Realzeit-Datenverarbeitung
Editor	editor; Computerprogramm, mit dem man über ein Eingabegerät Zeichen innerhalb eines Datenblocks verändern, einfügen oder entfernen kann
Emulieren	emulate; funktionelles Nachbilden eines Systems
Fehler	error;
FIFO-Speicher	FIFO; Silospeicher
Flag	flag; Indikator, Wertmarke, Zeichen, durch das das Eintreten einer Bedingung signalisiert wird, z. B. Ende eines Datenwortes, Überlauf
Format	format; Anordnung von Adressen, Befehlen, Daten
FORTRAN	Formula Translating System; höhere Programmiersprache
Hardware	hardware; Teil einer DVA, der unabhängig von der Programmierung abläuft und fest verdrahtet ist
Hexadezimal-Code	hexadecimal code; Zahlensystem mit Basis 16, Grundzeichen 0 bis 9 und A bis F (0…15)
Indizieren	indexing; Methode der Adreßmodifizierung mittels eines Indexregisters
Interpreter	interpreter; Programm, das Anweisungen ausführt, interpretiert, die in einer anderen als der Maschinensprache abgefaßt ist

Begriffe aus der Mikrocomputer-Technik

Begriff	Bedeutung
Interface	interface; gemeinsame Schnittstelle, z. B. Hardwarekomponente zur Verbindung zweier Geräte
Interrupt	interrupt; Programmunterbrechung, zu einem späteren Zeitpunkt kann ohne Verlust von Information fortgesetzt werden
Kanal	channel; standardisierte Verbindung zwischen Zentraleinheit und peripheren Geräten
Makrobefehl	macro instruction; Befehl, der bei Übersetzung in die Maschinensprache in mehrere Befehle umgewandelt wird
Maschinensprache	machine language; Sprache, mit der ein Rechner direkt arbeitet
Mikrocomputer	micro computer; integriertes System, das die Funktionen eines Computers ausführt, besteht aus: Zentraleinheit, Programm-, Datenspeicher, Ein- und Ausgabeeinheiten
Mikrobefehl	micro instruction; codierte Darstellung einer Steuerinformation für die Zentraleinheit
Mikroprozessor	microprocessor; Zentraleinheit (CPU) eines Mikrocomputers
Modem	modulator-demodulator; Gerät, das Signale moduliert und demoduliert
Multiplexer	multiplex; gleichzeitige Übertragung mehrerer Signale auf einem einzigen Kanal
Objektcode	objekt code; Ergebnis eines Compilers oder Assemblers, ausführbarer Maschinencode
Off-line-Betrieb	off-line; indirekte Kopplung zwischen DVA und den peripheren Geräten (Datenerfassung, Ein-, Ausgabe usw.)
On-line-Betrieb	on-line; direkte Kopplung zwischen DVA und peripheren Geräten
Operand	operation; Wert oder Information, die zur Ausführung eines Befehls aufgrund einer im Befehl enthaltenen Adresse von einem Speicher geholt werden muß, in einem Register bereitsteht oder im Befehl selbst enthalten ist
Operation	operation; Befehl
Operationscode	operation code; Befehlscode
Paritätsbit	parity bit; Prüfbit, wird einem Feld von binären Ziffern angehängt, dadurch wird die Quersumme aller Ziffern gerade oder ungerade
Paritätskontrolle	parity check; Überprüfung der Gesamtzahl von Binärentscheidungen auf ungerade oder gerade, Fehler in den Daten wird angezeigt, nicht der Ort
PERT	Programm Evluation and Review Technique; Netzplantechnik
PL/1	problemorientierte Programmiersprache zur Lösung kommerzieller und technisch-wissenschaftlicher Aufgaben
Programm	program; Folge von Anweisungen einer Programmiersprache
Quellenprogramm	source program; Programm, das in der Quellensprache geschrieben ist
Quellensprache	source language; Sprache, aus der eine Anweisung übersetzt wird
Prozessor	processor; Funktionseinheit der Zentraleinheit, umfaßt Rechen- und Steuerwerk
Rechenwerk	arithmetic logic unit; Teil einer Zentraleinheit, der arithmetische und logische Operationen durchführt; enthält allgemeine oder spezielle Register (z. B. AKKU)
Redundanz	redundancy; mehrere Bausteine derselben Art für eine bestimmte Funktion einsetzen, in einem Code zusätzliche Bit einsetzen
Register	register; Speicher
Sedezimalsystem	Hexadezimalsystem
Silospeicher	FIFO; liest gespeicherte Daten nach der Methode first-in/first-out aus (zuerst herein/zuerst heraus)
Software	software; alle für einen Rechner vorhandenen Programme
Speicher	storage; Teil in denen Daten aufbewahrt (gespeichert) werden
Stack	stack; Speicherbereich (Registersatz), der eine Stapel-Liste beinhaltet, letzte eingeschriebene Information wird als erste wieder ausgelesen
Stack-Pointer	stack pointer; Register, in dem die Adressen des Stacks gespeichert sind
Steuerwerk	control; Teil der Zentraleinheit, der den Ablauf von Befehlen (Datentransporte) steuert
Symbol	symbol; Zeichen, das zur Darstellung eines Begriffs (Adresse) verwendet wird
Terminal	terminal; System, in das Daten entweder ein- oder ausgegeben werden können
USASC II	United States of America Standard Code for Information Interchange; Amerikanischer Normcode für den Nachrichtenaustausch
Wort	word; Bit- oder Zeichenfolge fester Länge
Zentraleinheit	central processing unit; CPU
Zugriffzeit	access time; Zeitabschnitt zwischen dem Absenden der Informationsanforderung und dem Erhalt dieser Information

Mikroprozessor

8 Bit Mikroprozessor 8085

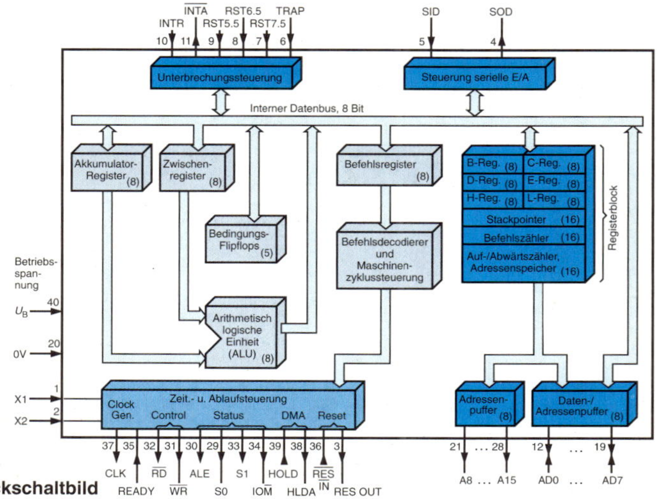

Blockschaltbild

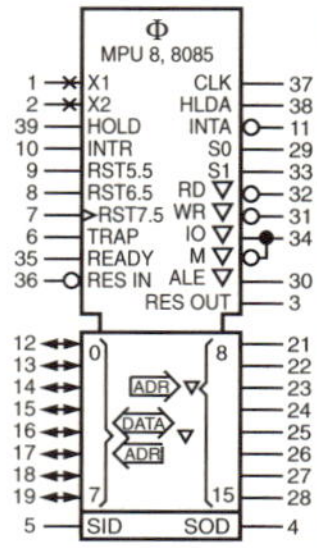

Schaltzeichen

Signal	Bedeutung, Funktion
A8 … A15 **AD0 … AD7**	Adreß-Bus, höherwertiges Adreßbyte für Speicheradresse Adreß-Bus, niederwertiges Adreßbyte während des ersten Taktzyklus; Daten-Bus, während des zweiten und dritten Taktzyklus.
ALE	Durch das Adreß-Latch-Enable-Signal ALE=1 wird angezeigt, daß auf dem Adreß/Daten-Bus AD7 … AD0 das niederwertige Adreßbyte anliegt. Das Signal dient auch als Strobe-Signal zur externen Abspeicherung des niederwertigen Adreßbyte.
S0 u. S1	Status-Information; Halt: S0=0, S1=0; Schreiben: S0=1, S1=0; Lesen: S0=0, S1=1; Operationscode-Abruf: S0=1, S1=1.
$\overline{\text{RESET}}$ $\overline{\text{IN}}$ **RESET OUT**	Mit 0-Signal wird der Mikroprozessor in den Grundzustand gesetzt. Mit 1-Signal meldet der Mikroprozessor, daß er gerade zurückgesetzt wird.
X1, X2 **CLK**	Anschlüsse für einen Quarz (1 … 6 MHz) oder einen externen Takt (X1). Taktausgang zur Verwendung als Systemtakt, $f_{CLK} = f_{Quarz}/2$.
IO/$\overline{\text{M}}$	Ausgangssignal gibt Auskunft, ob Lese-Schreiboperation über ein Ein-Ausgabegerät oder den Speicher durchgeführt wird. IO/$\overline{\text{M}}$=1: IO Datentransfer; IO/$\overline{\text{M}}$=0: MEMORY-Datentransfer.
$\overline{\text{INTA}}$	Quittungssignal für Unterbrechungs-Anforderung; $\overline{\text{INTA}}$=0: Annahme des Interrupts.
TRAP **INTR**	Interrupt-Eingang mit allerhöchster Priorität Allgemeiner Interrupt-Eingang niedrigster Priorität
RST5.5 **RST6.5** **RST7.5**	RESTART INTERRUPT; maskierbare Interrupt-Eingänge, deren Restart-Adresse automatisch generiert wird. Die Maskierung erfolgt mit SIM-Befehlen. RST7.5 besitzt die höchste und RST5.5 die niedrigste Priorität.
HOLD **HLDA**	Durch HOLD=1 lassen sich die Adreß-, die Adreß-/Datenleitungen, die Anschlüsse $\overline{\text{RD}}$, $\overline{\text{WR}}$ und IO/$\overline{\text{M}}$ hochohmig schalten. Quittierung; HLDA=1: AD0 … AD7, A8 … A15, WR und IO/M hochohmig.
READY	Mit READY=0 können Speicher und E/A-Bausteine den Mikroprozessor warten lassen.
$\overline{\text{RD}}$ **$\overline{\text{WR}}$**	Lesesignal; bei Lese- oder IN-Befehl wird $\overline{\text{RD}}$=0. Schreibsignal; bei Schreib- oder OUT-Befehl wird $\overline{\text{WR}}$=0.
SID **SOD**	Serieller Dateneingang; durch RIM-Befehl wird anliegendes Bit im AKKU geladen. Serieller Datenausgang; kann durch SIM-Befehl auf 1 oder 0 gesetzt werden.
V_{CC} **V_{SS} (GND)**	Spannungsversorgung + 5 V, max. 170 mA Masse, 0 V

Befehlsliste für 8 Bit Mikroprozessor 8085

Mnemonic	Binär-Code	Bytes	Takte	Funktion des Befehls
Transferbefehl: Register → Register				
MOV r_1, r_2	01dd dsss	1	4	Lade Register r_1 mit dem Inhalt von Register r_2; r_1, r_2 = A, B, C, D, E, H, L
Transferbefehl: Speicher, Peripherie → Register				
MOV r_1, M	01dd d110	1	7	Lade Register r_1 mit dem Inhalt des Speicherbytes, das durch den Inhalt des Registerpaares (H, L) adressiert ist. r_1 = A,B,C,D,E,H,L
LDA adr	0011 1010	3	13	AKKU laden mit dem Inhalt der Adresse adr.
IN nr	1101 1011	2	10	AKKU wird mit Inhalt des Eingabekanals geladen (nr ≤ 255).
Transferbefehl: Konstante → Register				
LXI rp, adr	00rr 0001	3	10	Lade Registerpaar rp mit Wert adr; rp = B, D, H, SP
Transferbefehl: Register → Sprache, Peripherie				
MOV M, r_1	0111 0sss	1	7	Inhalt von Register r_1 auf Speicherplatz abspeichern, der durch den Inhalt des Registerpaares (H, L) adressiert ist.
STA adr	0011 0010	3	13	AKKU-Inhalt unter Adresse adr speichern.
OUT nr	1101 0011	2	10	AKKU-Inhalt wird auf Ausgabekanal gegeben (nr ≤ 255).
Transferbefehl: Konstante → Register-Speicher				
MVI r_1 konst	00dd d110	2	7	Lade Register r_1 mit Konstante (konst ≤ 255); r_1 = A,B,C,D,E,H,L
Arithmetische Operationen				
INR r_1	00dd d100	1	4	Zum Inhalt des Registers r_1 wird 1 addiert; r_1 = A, B, C, D, E, H, L
INR M	0011 0100	1	10	Zum Inhalt des durch Registerpaar (H, L) adressierten Bytes wird 1 addiert.
INX rp	00rr 0011	1	6	Inhalt des Registerpaares rp wird um 1 erhöht; rp = B, D, H, SP
ADD r_1	1000 0sss	1	4	Register r_1 wird zum Inhalt des AKKUs addiert; r_1 = A,B,C,D,E,H,L
ADD M	1000 0110	1	7	Inhalt des Speicherbytes, das durch den Inhalt des Registerpaares (H, L) adressiert ist, wird zum Inhalt des AKKUs addiert.
ADI konst	1100 0110	2	7	Konstante (≤ 255) wird zum Inhalt des AKKUs addiert.
ADC r_1	1000 1sss	1	4	Inhalt von Register r_1 und Inhalt des Carry-Bit werden zum Inhalt des AKKUs addiert; r_1 = A, B, C, D, E, H, L
ADC M	1000 1110	1	7	Inhalt des Speicherbytes, das durch Inhalt des Registerpaares (H, L) adressiert ist und der Inhalt des Carry-Bit werden zum AKKU-Inhalt addiert.
ACI konst	1100 1110	2	7	Zum AKKU-Inhalt werden konst (≤ 255) und Carry-Bit addiert.
DAD rp	00rr 1001	1	10	Inhalt des Registerpaares rp und Inhalt des Registerpaares (H,L) werden addiert, Ergebnis in (H, L); rp = B,D,H,SP
DCR r_1	00dd d101	1	4	Vom Inhalt des Registers r_1 wird 1 subtrahiert; r_1 = A,B,C,D,E,H,L
DCR M	0011 0101	1	10	Vom Inhalt des durch Registerpaar (H, L) adressierten Bytes wird 1 subtrahiert
DCX rp	00rr 1011	1	6	Inhalt des Registerpaares rp wird um 1 erniedrigt; rp = B,D,H,SP
SUB r_1	1001 0sss	1	4	Inhalt des Registers r_1 wird vom AKKU-Inhalt subtrahiert; r_1 = A, B, C, D, E, H, L
SUB M	1001 0110	1	7	Inhalt des Speicherbytes, das durch den Inhalt des Registerpaares (H, L) adressiert ist, wird vom Akkumulator subtrahiert
SBB r_1	1001 1sss	1	4	r_1 = A, B, C, D, E, H, L; Inhalt von Register r_1 und Inhalt des Carry-Bit werden vom Akkumulator-Inhalt subtrahiert
SBB M	1001 1110	1	7	Inhalt des Speicherbytes, das durch das Registerpaar (H, L) addressiert ist und Carry-Bit werden vom Akkumulator subtrahiert
ADI konst	1100 0110	2	7	Konstante (≤ 255) wird zum Inhalt des Akkumulators addiert
ACI konst	1100 1110	2	7	Zum Akku-Inhalt werden konst ≤ 255 und Carry-Bit addiert
SUI konst	1101 0110	2	7	konst ≤ 255 wird vom Akku-Inhalt subtrahiert
SBI konst	1101 1110	2	7	konst ≤ 255 und Carry-Bit werden vom Akku-Inhalt subtrahiert
DAA	0010 0111	1	4	Akku-Inhalt wird in zweistellige BCD-Zahl umgewandelt.

Befehlsliste für 8 Bit Mikroprozessor 8085

Mnemonic	Binär-Code	Bytes	Takte	Funktion des Befehls
Logische Operationen				
CMA	0010 1111	1	4	Akku-Inhalt wird negiert
ANA r_1	1010 0sss	1	4	r_1 = A, B, C, D, E, H, L; Akku-Inhalt und Inhalt von Register r_1 UND-verknüpft
ANI konst	1110 0110	2	7	Akku-Inhalt wird mit konst ≤ 255 UND-verknüpft
ORA r_1	1011 0sss	1	4	r_1 = A, B, C, D, E, H, L; Akku-Inhalt und Inhalt von Reg. r_1 ODER-verknüpft
ORA M	1011 0110	1	7	Inhalt des über Registerpaar (H, L) adressierten Bytes wird mit Akku-Inhalt ODER-verknüpft
ORI konst	1111 0110	2	7	Akku-Inhalt wird mit konst ≤ 255 ODER-verknüpft
XRA r_1	1010 1sss	1	4	r_1 = A, B, C, D, E, H, L; Akku-Inhalt wird mit Inhalt von Reg. r_1 Exklusiv-ODER verknüpft
XRA M	1010 1110	1	7	Das über Registerpaar (H, L) addressiert Byte, wird EXKLUSIV-ODER mit dem Akku-Inhalt verknüpft
XRI konst	1110 1110	2	7	Akku-Inhalt wird mit konst ≤ 255 EXKLUSIV-ODER verknüpft
CMP r1	1011 1sss	1	4	r_1 = A, B, C, D, E, H, L; Akku-Inhalt wird mit Registerinhalt r_1 verglichen
CMP M	1011 1110	1	7	Akku-Inhalt wird mit dem Inhalt des durch Registerpaar (H, L) adressierten Bytes verglichen
CPI konst	1111 1110	2	7	Akku-Inhalt wird mit konst ≤ 255 verglichen
Sprungbefehle				
Unbedingte Sprünge				
PCHL	1110 1001	1	6	Progr. wird an Adresse fortgesetzt, die im Registerpaar (H, L)
JMP adr	1100 0011	3	10	steht Programm wird an Adresse adr fortgesetzt
Bedingte Sprünge				
JC adr	1101 1010	3	7/10	Bei Carry-Bit 1 wird das Programm bei der Adresse adr fortgesetzt
JNC adr	1101 0010	3	7/10	Bei Carry-Bit 0 wird das Programm bei der Adresse adr fortgesetzt
JZ adr	1100 1010	3	7/10	Bei Zero-Bit 1 wird das Programm bei der Adresse adr fortgesetzt
JNZ adr	1100 0010	3	7/10	Bei Zero-Bit 0 wird das Programm bei der Adresse adr fortgesetzt
JM adr	1111 1010	3	7/10	Bei Sign-Bit 1 wird das Programm bei der Adresse adr fortgesetzt
JP adr	1111 0010	3	7/10	Bei Sign-Bit 0 wird das Programm bei der Adresse adr fortgesetzt
JPE adr	1110 1010	3	7/10	Bei Parity-Bit 1 wird das Programm bei der Adresse adr fortgesetzt
JPO adr	1110 0010	3	7/10	Bei Parity-Bit 0 wird das Programm bei der Adresse adr fortgesetzt
Unterprogrammbehandlung				
Programmaufrufe				
CALL adr	1100 1101	3	18	Programm wird bei der Adresse fortgesetzt
CC adr	1101 1100	3	9/18	Bei Carry-Bit 1 wird das Programm bei der Adresse adr fortgesetzt
CNC adr	1101 0100	3	9/18	Bei Carry-Bit 0 wird das Programm bei der Adresse adr fortgesetzt
CZ adr	1100 1100	3	9/18	Bei Zero-Bit 1 wird das Programm bei der Adresse adr fortgesetzt
CNZ adr	1100 0100	3	9/18	Bei Zero-Bit 0 wird das Programm bei der Adresse adr fortgesetzt
CM adr	1111 1100	3	9/18	Bei Sign-Bit 1 wird das Programm bei der Adresse adr fortgesetzt
CP adr	1111 0100	3	9/18	Bei Sign-Bit 0 wird das Programm bei der Adresse adr fortgesetzt
CPE adr	1110 1100	3	9/18	Bei Parity-Bit 1 wird das Programm bei der Adresse adr fortgesetzt
CPO adr	1110 0100	3	9/18	Bei Parity-Bit 0 wird das Programm bei der Adresse adr fortgesetzt
Rücksprungbefehle				
RET	1100 1001	1	10	Programm wird an der Adr. fortgesetzt, die in dem Wort steht, das über dem Stackpointer adressiert ist
RC	1101 1000	1	6/12	Bei Carry-Bit 1 wird das Progr. bei der Adr. fortgesetzt (... vgl. RET)
RNC	1101 0000	1	6/12	Bei Carry-Bit 0 wird das Progr. bei der Adr. fortgesetzt (... vgl. RET)
RZ	1100 1000	1	6/12	Bei Zero-Bit 1 wird das Progr. bei der Adr. fortgesetzt (... vgl. RET)
RNZ	1100 0000	1	6/12	Bei Zero-Bit 0 wird das Progr. bei der Adr. fortgesetzt (... vgl. RET)
RM	1111 1000	1	6/12	Bei Sign-Bit 1 wird das Progr. bei der Adr. fortgesetzt (... vgl. RET)
RP	1111 0000	1	6/12	Bei Sign-Bit 0 wird das Progr. bei der Adr. fortgesetzt (... vgl. RET)
RPE	1110 1000	1	6/12	Bei Parity-Bit 1 wird das Progr. bei der Adr. fortgesetzt (... vgl. RET)
RPO	1110 0000	1	6/12	Bei Parity-Bit 0 wird das Progr. bei der Adr. fortgesetzt (... vgl. RET)

Befehlsliste für 8 Bit Mikroprozessor 8085

Erläuterungen zum Binär-Code (zu S. 273 und 274)

ddd: Zielregister **rp:** Registerpaar **sss:** Quellregister	**ddd/sss:** 000 ≙ Register B 001 ≙ Register C 010 ≙ Register D 011 ≙ Register E 100 ≙ Register H 101 ≙ Register L 110 ≙ Speicher (M) 111 ≙ Akku	**rp:** 00 ≙ B/C 01 ≙ D/E 10 ≙ H/L 11 ≙ Stackpointer

Halbleiterspeicher

Speichertyp		**Löschen**	**Programmieren**	**Speicherinhalt beim Abschalten**
RAM	Random Access Memory, Speicher mit wahlfreiem Zugriff, Schreib-Lese-Speicher ● statisch: ohne Auffrischung des Speicherinhalts ● dynamisch: mit Auffrischung des Speicherinhalts ● MOS-Technik: Arbeits- und Programmspeicher in Mikrorechnern, Anwendung mit batteriegepufferter Datensicherung ● Bipolar-Technik: Schneller Arbeitsspeicher in größeren Systemen	elektrisch	elektrisch	flüchtig
ROM	Read Only Memory, Nur-Lese-Speicher, Festwertspeicher	nicht möglich	Masken bei Herstellung	nicht flüchtig
PROM	Programmable ROM, Programmierbarer Festwertspeicher		Abbrennen v. Gateanschl.	
EPROM	Erasable PROM, löschbarer, programmierbarer Festwertspeicher	UV-Licht	elektrisch vom Hersteller	
EEPROM	Electrically Erasable PROM, elektrisch löschbarer, programmierbarer Festwertspeicher	elektrisch		
REPROM	Reprogrammable ROM, neuprogrammierbarer Festwertspeicher	UV-Licht		
EEROM	Electrically Erasable ROM, elektrisch löschbarer Festwertspeicher	elektrisch	elektrisch vom Anwender	
EAROM	Electrically Alterable ROM, elektrisch umprogrammierbarer Festwertspeicher			

Daten von Speichern (Beispiele)

Bezeichnung	**Schreib-Lese-Speicher**		**Festwertspeicher**		
	(S)RAM (statisches) RAM	**(D)RAM** (dynamisches) RAM	**ROM, PROM**	**EPROM**	**EEPROM**
Speicherorganisation	8 k x 8 Bit	8 k x 8 Bit	32 k x 8 Bit	8 k x 8 Bit	8 k x 8 Bit
Zykluszeit in ns für Lesezugriff für Schreibzugriff	 min. 100 min. 100	 min. 220 min. 220	 min. 230 min. 230	 max. 150 –	 min. 250 min. 250
Schreibimpulsdauer in ns	min. 70	min. 35	–	–	min. 150
Zugriffszeit in ns für Lesezugriff	 max. 100	 max. 120	 max. 150	 max. 150	 max. 250
Leistungsbedarf in mW bei Aktivität im Standby (nicht aktiver Zustand)	 440 55	 330 5,5	 39 0,11	 500 130	 550 225

Zugriffszeit: Die Zeit zwischen dem Anlegen der Adresse und dem ordnungsgemäßen Anstehen der Daten am Ausgang.
Zykluszeit: Die notwendige Zeit zwischen zwei aufeinanderfolgenden Speicherzugriffen.

Begriffe und Formeln zur Datenübertragung

DIN 44 302/02.87

Funktionelle Einteilung einer Datenstation

Datenstation

Datenendeinrichtung, DEE
(data terminal equipment, DTE)

- Fernbetriebseinheit
- Eingabewerk
- Ausgabewerk
- Rechenwerk
- Leitwerk
- Speicher
- Fehlerüberwachungseinheit (evtl.)
- Synchronisiereinheit (evtl.)

Schnittstelle

Datenübertragungseinrichtung, DÜE
(data circuit-terminating equipment, DCE)

- Signalumsetzer
- Anschalteinheit
- Fehlerüberwachungseinheit (evtl.)
- Synchronisiereinheit (evtl.)
  (jede Einheit kann bestehen aus: Sende-, Empfangs- und Schaltteil)

Übertragungsleitung

Datenübertragungssystem

Schrittgeschwindigkeit

$v_s = \frac{1}{T_s}$ $[v_s]$ = Baud[1)]

1 Baud = $\frac{1}{s}$

T_s: Schrittdauer $[T_s] = s$

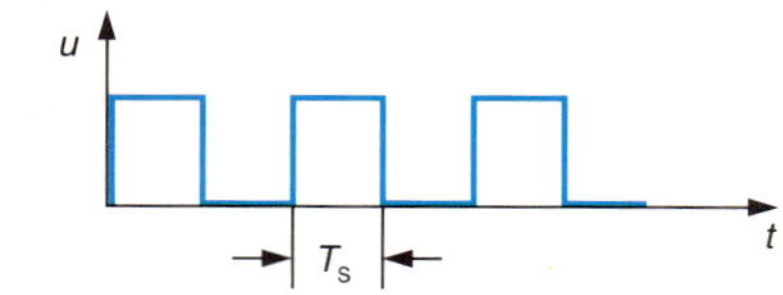

1) Abkürzung von Baudot, franz. Telegrafentechniker

Übertragungsgeschwindigkeit (Baudrate)

$v_ü = v_s \cdot \text{lb}\, n$ $[v_ü] = \frac{\text{bit}}{\text{s}}$

$v_ü = Z \cdot v_z \cdot \text{lb}\, n$

n = 2 (binäre Übertragung)
lb: Logarithmus zur Basis 2
lg: Logarithmus zur Basis 10

$\text{lb}\, n = \frac{\lg n}{\lg 2}$

Beispiele für Baudraten:
(asynchrone serielle Übertragung, V.24)

Baud in bit/s	Zeichen/s	Zeit/bit in ms
150	10	6667
300	15	3333
600	60	1667
1200	120	833
2400	240	416
4800	480	208
9600	960	104
19200	1920	52

Zeichengeschwindigkeit

$v_z = \frac{1}{T_z}$ $T_z = Z \cdot T_s$

$v_z = \frac{v_s}{Z}$ (Zeichen/Sekunde)

T_z: Übertragungsdauer eines Zeichenrahmens
Z: Anzahl der Einheitsschritte in einem Zeichenrahmen

Beispiel:

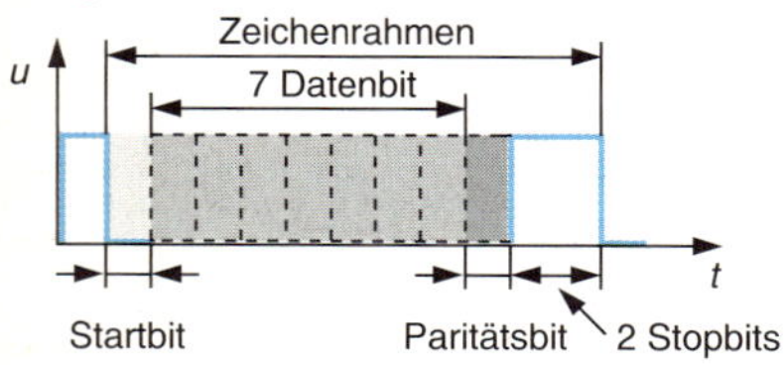

1 Startbit
7 Datenbit
1 Paritätsbit
2 Stopbits
} $Z = 11$

Wirkungsgrad (Datendurchsatz)

$$n_ü = \frac{n_{Dat}}{n_{Sta} + n_{Dat} + n_{Par} + n_{Sto}}$$

n_{Dat}: Anzahl der Datenbit

n_{Sta}: Startbit

n_{Par}: Paritätsbit

n_{Sto}: Anzahl der Stopbits

Serielle Schnittstelle (V.24, RS-232)

DIN 66 020 T1/05.81

Gegenüberstellung

	Stift Nr.	Kurzzeichen CCITT[1)] V.24	Kurzzeichen EIA[2)] RS-232	Kurzzeichen DIN 66 020	Bedeutung, Beschreibung	Signal-Richtung DEE → DÜE	Signal-Richtung DÜE → DEE
Erde	1	101	AA	E1	Schutzerde, Protective Ground (PG)	x	x
	7	102	BB	E2	Signal-, Betriebserde, Signal Ground (SG)	x	x
Daten	2	103	BA	D1	Sendedaten, Transmitted Data (TD)	x	
	3	104	BB	D2	Empfangsdaten, Received Data (RD)		x
Steuer- u. Meldesignale	4	105	CA	S2	Sendeteil einschalten, Request to Send (RTS)	x	
	5	106	CB	M2	Sendebereitschaft, Clear to Send (CTS)		x
	6	107	CC	M1	Betriebsbereitschaft, Data Set Ready (DSR)		x
	20	108.2	CD	S1.2	Endgerät betriebsbereit, Data Terminal Ready (DTR)	x	
	22	125	CE	M3	Ankommender Ruf, Ring Indicator (RI)		x
	8	109	CF	M5	Empfangssingalpegel, Data Channel Received Line Signal Detector (DCD)		x
	21	110	CG	M6	Empfangsgüte, Signal Quality Detector (SQ)	x	
	23	111	CH	S4	Hohe Übertragungsgeschwindigkeit (Wahl von DEE), Data Signal Rate Selector (DTE)	x	
	23	112	CI	M4	Hohe Übertragungsgeschwindigkeit (Wahl von DÜE), (DCE)		x
	11	126	CK	S5	Hohe Sendefrequenz ein, Select Transmit Frequency	x	
Takte	24	113	DA	T1	Sendeschrittakt zur DÜE, Transmitter Signal Element Timing (DTE)	x	
	15	114	DB	T2	Sendeschrittakte von DÜE, Transmitter Signal Element Timing (DCE)		x
	17	115	DD	T4	Empfangsschrittakt von DÜE, Receiver Signal Element Timing (DCE)		x
Zusatzkanal	14	118	SBA	HD1	Sendedaten Rückkanal, Secondary Transmitted Data	x	
	16	119	SBB	HD2	Empfangsdaten Rückkanal, Secondary Received Data		x
	19	120	SCA	HS2	Rückkanal Sendeteil einschalten, Secondary Request to End	x	
	13	121	SCB	HM2	Rückkanal Sendebereitschaft, Secondary Clear to Send		x
	12	122	SCF	HM5	Rückkanal Empfangssignalpegel, Secondary Carrier Detector		x
9, 10, 11, 18, 25					Testspannung, Prüfgeräte, nicht belegt, Reserved for Data Set Testing, unasigned		

DEE: Datenendeinrichtung (z. B. Rechner), DÜE: Datenübertragungseinrichtung (z. B. Modem)

1) CCITT: Comité Consultatit International Télégrafique et Téléfonique (Internationales Standardisierungsgremium im Fernmeldebereich)

2) EIA: Electronics Industry Association, Normungsverband der Elektroindustrie USA

Steckerleiste, Buchsenleiste

Mindestumfang

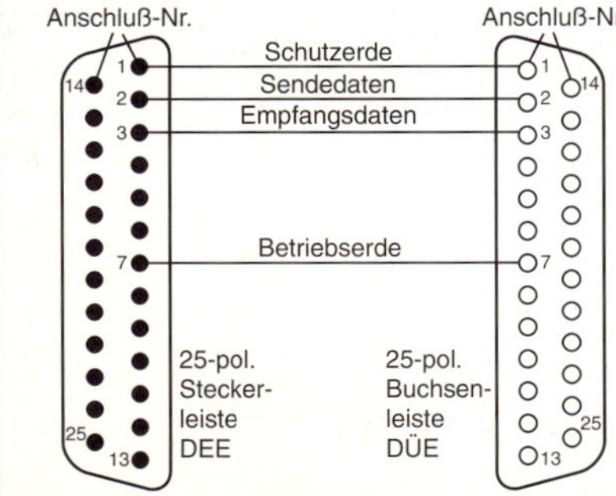

Signalpegel

Signalname	Pegel	Betriebszustand
Datenleitung	−3 V … −15 V +3 V … +15 V	EIN (1) AUS (0)
Steuer- bzw. Meldeleitung	−3 V … −15 V +3 V … +15 V	AUS EIN

Asynchroner Zeichenrahmen (Beispiel „Q")

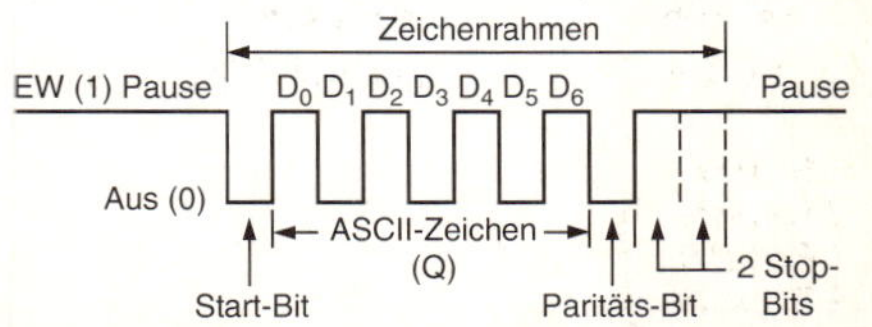

Parallele Schnittstelle (Centronics)

Leitungsbelegung zur Übertragung von Daten an Drucker

Stift Nummer	Signal	Bedeutung
1	STROBE	Dateneingabe, Drucken, Daten bei L-Pegel gültig
2 … 9	DATA 1 … DATA 8	Datensignale 1 … 8, H-Pegel
10	ACKNOWLEDGE	Drucker empfangsbereit bei L-Pegel, Quittierungssignal
11	BUSY	Drucker nicht empfangsbereit bei H-Pegel, Wartesignal
12	PAPER EMPTY	Papier Ende (Meldeleitung)
13	SELECT	H-Pegel: Drucker in ON LINE-Betrieb, L-Pegel: Drucker abgeschaltet, gestört (OFF LINE), (Meldeleitung)
14	AUTO FEED XT	Automatischer Zeilenvorschub nach dem Drucken, EIN/AUS
15		nicht beschaltet
16	GND	Massepegel (Logik)
17	GND	Schutzerde des Druckers
18	+ 5 V	+ 5 V vom Drucker, Auswertung
19 … 30	GND	Masseleitungen, parallel
31	PRIME	L-Pegel: Drucker in Anfangssituation
32	ERROR	Fehlermeldung des Druckers
33 … 36		nicht beschaltet

Die Gesamtbelegung kann in der Praxis mitunter unterschiedlich sein

Steckverbindungen

Amphenol-Stecker (Centronics), 36 polig

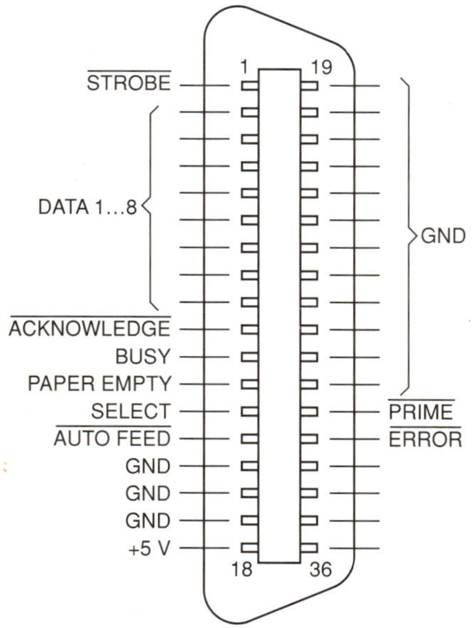

Cannon-Stecker (IBM), 25 polig

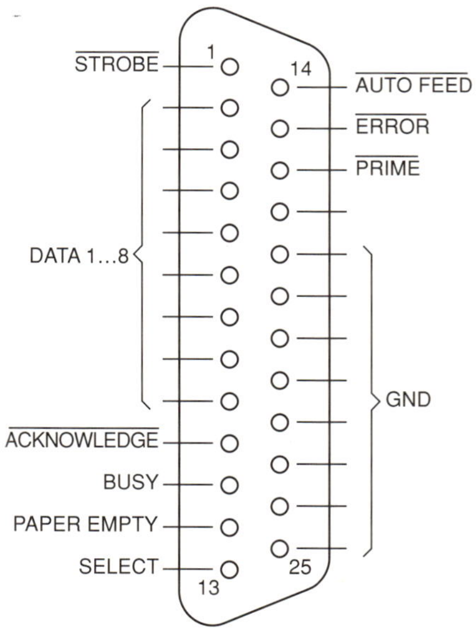

Möglicher Signalverlauf bei Dateneingabe

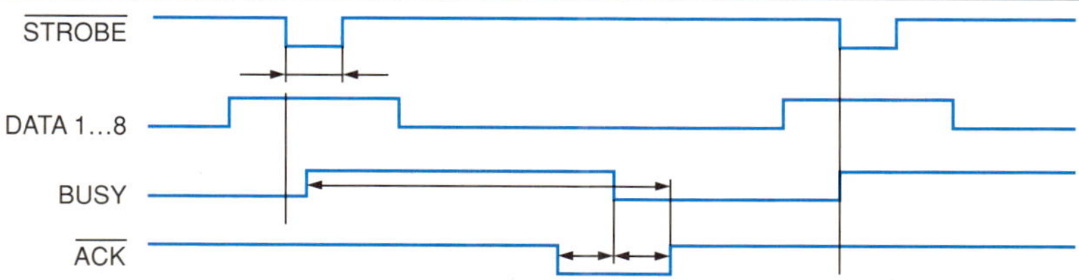

IEC-BUS-Schnittstelle

DIN IEC 625/05.81

Struktur (z. B. Meßdatenerfassung)

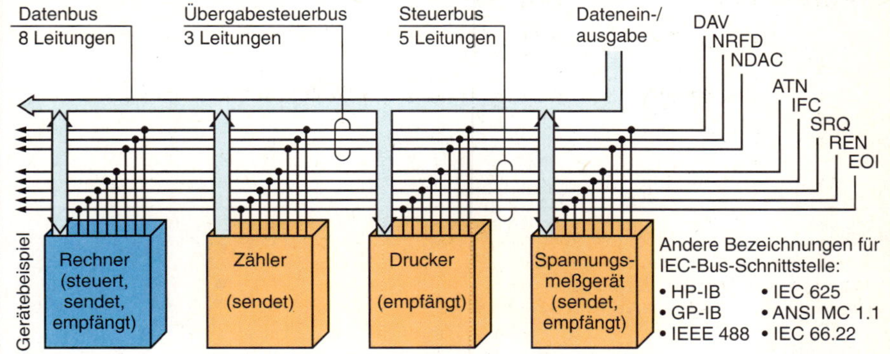

Andere Bezeichnungen für IEC-Bus-Schnittstelle:

- HP-IB
- GP-IB
- IEEE 488
- IEC 625
- ANSI MC 1.1
- IEC 66.22

Steckverbindung

IEEE 488

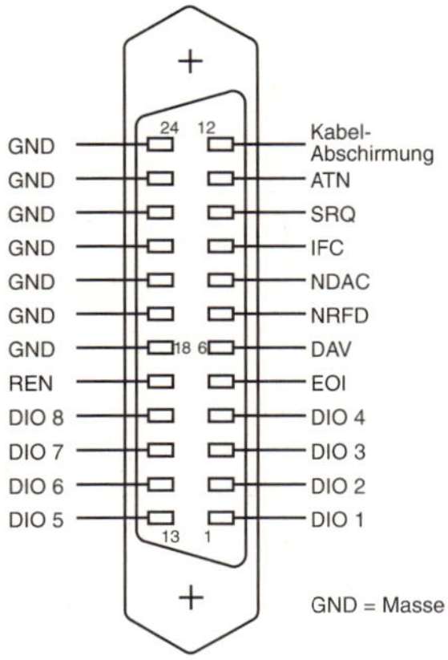

IEC 625

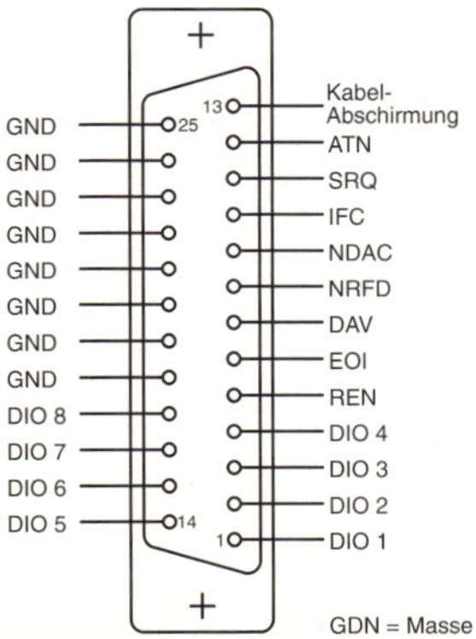

Kontaktbelegung

IEEE 488	IEC 625	Signal	Bedeutung
1 2 3 4	1 2 3 4	DIO 1 DIO 2 DIO 3 DIO 4	Datenleitung, Transfer von Befehlen oder Daten, ATN = 1 (Befehle), ATN = 0 (Daten)
17	5	REN	Fernsteuerbetrieb (alle Geräte)
5	6	EOI	Ende, Identifikation
6	7	DAV	Daten auf Datenleitung sind gültig
7	8	NRFD	Gerät nicht empfangsbereit (Meldung)
8	9	NDAC	Daten nicht übernommen (Gerätemeldung)
9	10	IFC	Einstellung des Grundzustandes der Geräte
10	11	SRQ	Bedienungsanforderung, ein Gerät
11	12	ATN	Anzeige, ob Befehle (ATN = 1) oder Daten (ATN = 0) übertragen werden
12	13	SHIELD	Kabel-Abschirmung
13 14 15 16	14 15 16 17	DIO 5 DIO 6 DIO 7 DIO 8	Datenleitungen, Transfer von Befehlen oder Daten ATN = 1 (Befehle) ATN = 0 (Daten)
24 – 18 19 20 24 22 23 21	18 19 20 21 22 23 24 25 –		Masse, GND Masse, EOI Masse, DAV Masse, NRFD Masse, NDAC Masse, GND Masse, SRQ Masse, ATN Masse, IFC

Personalcomputer (PC[1])

Hardware (Blockschaltbild)

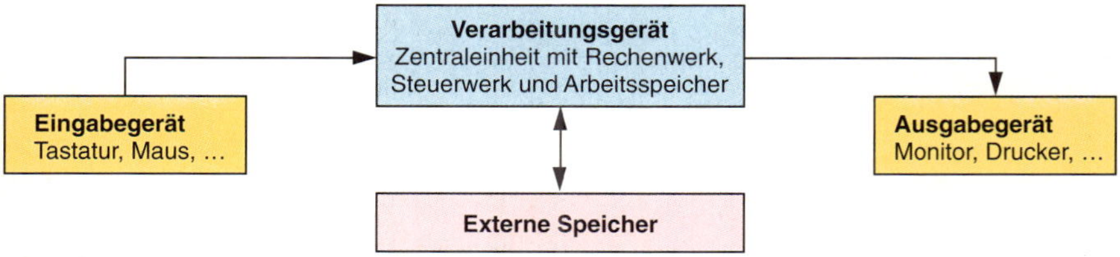

Software

Programme

- **Betriebsprogramme,** z. B. MS-DOS, OS/2, ...
- **Anwenderprogramme,** z. B. Textverarbeitung

Daten

- Zahlenwerte
- Buchstaben
- Befehle
- Texte

Betriebssystem

Programm zur Realisierung der Grundaufgaben des Computers. Ist nach jedem Einschalten des PC in den Arbeitsspeicher zu laden. Beispiele:

- **MS-DOS:** Betriebssystem für IBM-kompatible (funktionsgleiche) Computer.
- **Unix:** Leistungsfähigeres und komfortableres Betriebssystem.
- **OS/2:** Weiterentwickeltes Betriebssystem mit vergrößerter Speicherverwaltung und Multitasking[2].

Programmiersprachen

Sie dienen als Hilfsmittel zur Erstellung von Programmen für Betriebssysteme und Anwendungen. Unterteilung in

- **maschinenorientierte Programmiersprachen** z. B. Assemblersprache, die anstelle des binären Maschinencodes einfache Kürzel (Mnemoniks) verwendet.
- **problemorientierte Programmiersprachen** (auch höhere Programmiersprachen), z. B. Pascal für problemorientierte Aufgabenformulierung.

Externe Speicher

5 1/4-Zoll-Diskette

Magnetisierbares Material auf flexibler Plastikscheibe (Flexy-Disk), z. B.

- **DSDD:** Double Sided Double Density, 360 kByte
- **DSHD:** Double Sided High Density, 1,2 MByte

3 1/2-Zoll-Diskette

Minidiskette (microfloppy) mit steifer Plastikhülle, ab MS-DOS 3.2 einsetzbar, z. B.

- **DSDD:** Double Sided Double Density, 720 kByte
- **DSHD:** Double Sided High Density, 1,44 MByte

Festplatte

Größere Speicherkapazität und höhere Arbeitsgeschwindigkeit als Disketten, z. B.

- **Typ 7:** für IBM-AT mit 32 MByte,
- **Typ 8:** für Compac-AT mit 40 MByte.

Grafik-Karten

HGC-Karte (Hercules Graphics Card)

Monochrome Anzeige mit hoher Auflösung von 720 x 382 Pixel (Punkten).

CGA-Karte (Colour Graphics Adapter)

IBM-Farbgrafik mit 640 x 350 Pixel, bis zu 64 Farben darstellbar.

EGA-Karte (Enhanced Graphics Adapter)

Grafikkarte für Monochrom- oder Farbbetrieb mit max. 16 Farben.

VGA-Karte (Video Graphics Array)

Farbgrafikkarte mit 640 x 480 Pixel für maximal 16 Farben oder 320 x 200 Pixel für maximal 256 Farben.

Schnittstellen

Eine Schnittstelle (Interface) ist eine Anpassungsschaltung, über deren Verbindung zwei oder mehrere Geräte zusammenarbeiten können.

Parallele Schnittstelle

Auch **Centronics-Schnittstelle** (nach einem Druckerhersteller genannt).
Steckerbelegung s. S. 278.

- Einsatz vorzugsweise zur Verbindung von Computern mit Druckern bei kurzen Distanzen.
- Hohe Arbeitsgeschwindigkeit

Serielle Schnittstelle

In Europa: **V.24-Schnittstelle,**
in Amerika: **RS 232 Interface**.
Steckerbelegung s. S. 277.

- Einsatz zwischen Computern und Druckern, bei Datenfernübertragung und Steuerung externer Geräte.

[1] **XT:** Erweiterter (**ext**ended) PC mit einem Festplattenlaufwerk.
AT: Fortgeschrittener PC (**a**dvanced **t**echnology), schneller und leistungsfähiger als XT.
[2] Gleichzeitige Verarbeitung mehrerer, unabhängiger Programme auf einem Computer.

MS-DOS[1]

Interne Befehle, ständige Verfügbarkeit, da im Arbeitsspeicher geladen.

Befehl	Bedeutung
DATE	Datumanzeige oder -neueinstellung
TIME	Uhrzeitanzeige oder -neueinstellung
CLS	Bildschirm wird gelöscht (clear screen)
COPY	Kopieren von Dateien auf andere Datenträger
DEL oder **ERASE**	Löschen von Dateien
DIR	Anzeige des aktuellen Inhaltsverzeichnisses
MD oder **MKDIR**	Erstellen eines Datenträger-Unterverzeichnisses
RD oder **RMDIR**	Löschen von (leeren) Verzeichnissen
TYPE	Datei-Ausgabe auf Bildschirm
RENAME oder **REN**	Umbenennung von Dateien
CD	Wechsel des Verzeichnisses
VOL	Anzeige des Disketten- bzw. Festplattennamens

Externe Befehle, nur bei Bedarf von Diskette (Festplatte) in Arbeitsspeicher geladen.

Befehl	Bedeutung
FDISK	Einteilung der Festplatte in max. vier Bereiche (Partions)
FORMAT	Formatieren einer Diskette bei gleichzeitiger Löschung bestehender Daten
DISK-COPY	Kopieren eines vollständigen Disketteninhaltes auf andere Disketten
CHKDSK	Angabe der Kapazität, Dateien und der noch verfügbaren Speicherkapazität
KEYBGR	Umstellung des PC von amerikanischer Tastatur auf deutsche

Kennzeichnung wichtiger Steuertasten

←┘	Eingabe-, Enter- oder Returntaste
←	Backspace, Korrekturtaste
Del	Delete, Löschtaste
Ins	Insert-, Einfügetaste
Strg	Komplexe Eingabe mit 2. (evtl. 3.) Taste
F3	Aufruf, Kopieren des Zeilenspeichers

Basic[2]

Befehl[3]	Bedeutung
CLS	Bildschirm löschen
CLEAR	Datenspeicher löschen
NEW	Löschen bisheriger Daten und Programme
RUN 100	Start des Programmlaufes, hier bei Zeile 100
CHAIN	Laden und Starten eines Programmes
LIST 110	Anzeige der Programmzeile mit niedriger Nummer, hier Zeile 110
PRINT "Name";	Ausgabe des zwischen Anführungszeichen stehenden Textes ohne Zeilenvorschub
PRINT "Name"	Textausgabe wie vorstehend, jedoch mit Zeilenvorschub
PRINT 3 x 6	Ausgabe des Produktes, hier 18
INPUT X, Y	Eingabe von Variablen über Tastatur mit Zeilenvorschub. Hier Variable X und Y
REM „Prozent"	Kommentar; Einfügen von Texten. Kein Einfluß auf Programmablauf

Befehl[3]	Bedeutung
LET A=20	Zuweisung einer Konstanten oder einer Gleichung an die Variable A
IF...THEN	Bedingte Verzweigung. Ist Bedingung erfüllt, erfolgt weitere Programmbearbeitung. Bei Nichterfüllung erfolgt Aufruf der bedingungsgesteuerten Programmschleife
FOR...TO	Aufruf einer zählergesteuerten Schleife
+	Addition
–	Subtraktion
*	Multiplikation
/	Division
ABS (X)	Absolutbetrag von X
INT (X)	Integerfunktion, ganzzahliger Anteil von X
SIN (X)	Sinusfunktion
COS (X)	Kosinusfunktion
TAN (X)	Tangensfunktion
ATN (X)	Arcustangensfunktion
SQR (X)	Quadratwurzelfunktion
LOG (X)	Natürlicher Logarithmus
∧	Potenzfunktion
EXP (X)	Exponentialfunktion e^x

1) **M**icro**s**oft **D**isk **O**perating **S**ystem, mit Angabe des Überarbeitungsstandes, z. B. 4.0
2) **B**eginners **A**ll Purpose **S**ymbolic **I**nstruction **C**ode
3) Basic-Varianten durch unterschiedliche Befehlsdeutungen möglich

Pascal[1)]

Programmaufbau[2)]

Programmkopf

- Ohne Einfluß auf Programmablauf.
- Gibt dem Programm lediglich den Namen.
- Wahlweise Auflistung von Parametern zur Umgebung möglich.

Beispiel: program Elektro_Tabellen;

Leerzeichen erforderlich — Name ohne Leerzeichen — Abschluß mit Semikolon

Vereinbarungsteil (5 Abschnitte)

- **Label-Deklarierungsteil**
  Sprungmarken können durch Sprungbefehl **goto** aufgerufen werden.
- **Konstanten-Definitionsteil**
  Beginn durch reserviertes Wort **const**.
- **Typendefinitionsteil**
  Beginn durch reserviertes Wort **type**.
- **Variablen-Deklarierungsteil**
  Beginn durch reserviertes Wort **var**.
- **Prozeduren- und Funktionen-Deklarierungsteil**
  Reservierte Worte **procedure** und **funktion** bilden Prozedur- bzw. Funktionskopf. Diesem folgen Deklarierungs- und Anweisungsteil.

Anweisungsteil

Beginn mit reserviertem Wort **begin**.
Liste der Anweisungen ist durch Semikolon zu trennen. Abschluß durch reserviertes Wort **end**.

Elementare Pascal-Anweisungen[3)]

DIN 66 256/01.85

Operatoren

Zeichen	Bedeutung
+	Addition
–	Subtraktion
*****	Multiplikation
/	Division
div	Division, nur ganzzahlige Ausgabe
mod	Ausgabe des ganzzahligen Rests
and	Und-Funktion
or	Oder-Funktion
xor	Exklusiv-Oder
not	Nicht, logische Umkehr

Funktionen

Symbol	Bedeutung
Sin (X)	Sinusfunktion
Cos (X)	Kosinusfunktion
ArcTan (X)	Arcustangensfunktion
Sqr (X)	Quadratfunktion
Sqrt (X)	Quadratwurzelfunktion
Ln (X)	Natürlicher Logarithmus
Int (X)	Ganzzahliger Anteil von X
Abs (X)	Absoluter Wert von X
Exp (X)	Exponentialfunktion e^x

Einfache und strukturierte Anweisungen

Befehl	Bedeutung
Variable **: =** Anweisung	Der Variablen wird der Wert von Anweisung zugewiesen
Goto (100)	Sprung zu Label 100
Begin, End	Leere Anweisungen, ohne Aktion
If-Bedingung **Then** Anweisung **Else** Anweisung	Bedingte Verzweigung, Aufruf einer bedingungsgesteuerten Programmschleife
For Zähler : = Anfangswert **To** Endwert **Do** Anweisung	Wiederholende Anweisung, Aufruf einer zählergesteuerten Programmschleife
While Bedingung **Do** Anweisung	Aufruf einer Programmschleife, bei der das Abbruchkriterium vor Ausführung geprüft wird
Repeat Anweisung **Until** Bedingung	Aufruf einer Programmschleife, bei der die Abbruchbedingung erst am Ende der Schleife geprüft wird

Datei-Anweisungen

Befehl[4)]	Bedeutung
Rewrite (X)	Schaffung einer neuen Diskettendatei. Diese ist zu Beginn ohne Elemente (Leer)
Reset (X)	File-Lesezeiger wird auf den Dateianfang gesetzt
Read (X, Y)	Auslesen jeder einzelnen Variablen aus der Datei
ReadLn (X, Y)	Sprung zum Beginn der nächsten Zeile, sonst identisch mit Read-Anweisung
Write (X, Y)	Einschreiben jeder Variablen in die Datei
WriteLn (X, Y)	Nach Schreiben der letzten Variablen erfolgt Sprung in die nächste Zeile
Close (X)	Schließen der Datei

1) Bei PC-Anwendungen wird erweiterte Version Turbo Pascal eingesetzt.
2) Unterschiedliche Realisierung von Programmen durch verschiedene Sprachversionen möglich.
3) Zum Teil gleiche Anweisungen wie bei Basic (Sqr, Exp, Abs, …).
4) X steht für Dateivariable; Y steht für eine oder mehrere Variable.

Datenein-/ausgabegeräte

Dateneingabegeräte

Gerät	Aufbau	Funktion, Eigenschaften
Tastatur 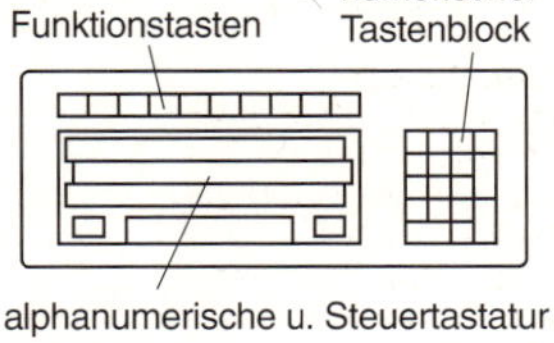	Alphanumerisches Tastenfeld ähnlich der Schreibmaschinentastatur. Funktionstasten können mittels Software mit Befehlseingaben belegt werden. Num. Tastatur zur Eingabe von Zahlenkolonnen. Tastenprinzip: Folien-, Membran-, Leitgummi-, Piezotasten.	**Unkodierte Tasten:** Abfrage durch Softwareroutinen oder Hardwareeinheiten. **Kodierte Tasten** besitzen eine Hardware, die das Auslesen der Tastendaten ermöglicht. Entprellen der Kontakte durch Filter oder Softwareverzögerungsroutine.
Maus 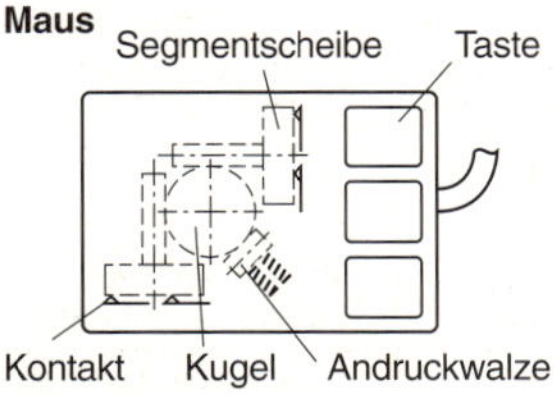	Die Bewegung der Maus auf einer Unterlage wird über eine Kugel auf zwei um 90° versetzte Walzen übertragen, die Segmentscheiben drehen. Mechanische oder optische Abfrage setzt die Bewegung in elektrische Impulse um.	Die Maus wird zur schnelleren Steuerung des Cursors auf dem Bildschirm zur Unterstützung der Tastatur benutzt. Auf zwei oder drei Tasten der Maus werden über die Software Funktionen der Tastatur verlagert. Bei fenstergeführten Menüs zur Betätigung von „Bildschirmtasten".
Scanner 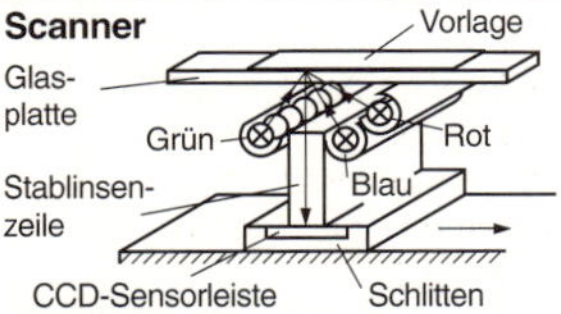	Lichtabtastung der Schwarzweiss- oder Farbvorlage mit drei Komplementär-Farblichtquellen (zeilenförmig) über Stablinsenzeile und CCD-Sensorzeile. (CCD: Charge-Coupled Device)	Umsetzen von grafischen Vorlagen in digitale Informationen. Die Software wandelt Texte in ASCII-Zeichen, Zeichnungen in Raster-/Vektor-Informationen oder Bilder in Dateien mit z. B. 4 bit (16 Graustufen) je Bildpunkt.
Datenausgabegeräte		
Datensichtgerät 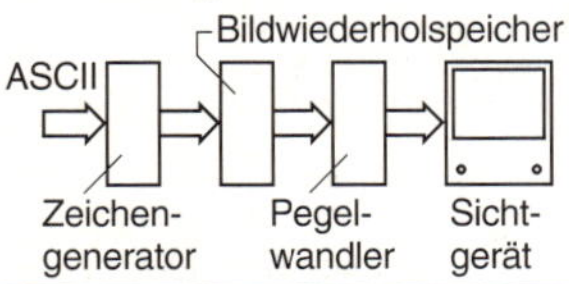	1. Kathodenstrahlröhre mit x-y-Ablenkung. Außer der Strahlsteuerung sind ein Zeichengenerator (bei Textdarstellung) und ein Bildwiederholungsspeicher erforderlich. 2. LCD-Punktmatrix-Display.	Geeignet für den Dialog mit dem Rechner (über Maus oder Tastatur). **Darstellung von Zeichen bei Standardgröße:** 25 Zeilen mit je 80 Zeichen. **Grafikmodus:** 600 x 400 Bildpunkte. 16 Farben oder sw.
Drucker: **Typendrucker**	Zeichen sind auf Typenrad oder Kugelkopf angeordnet.	Eingeschränkte Druckgeschwindigkeit. Starke Geräuschbildung. Für Grafik nicht geeignet.
Drucker: **Matrixdrucker**	Zeichen werden durch Punktmatrix erzeugt (Nadel-, Thermo-, Tintendrucker).	Mittlere Schreibgeschwindigkeit, Nadeldrucker laut, Thermo- und Tintendrucker leise. Eingeschränkt grafikfähig.
Drucker: **Laserdrucker**	Laserstrahl erzeugt aus Zeichengeber ein Ladungsbild auf Fotoleitertrommel. Farbpartikel setzen sich an den belichteten Stellen ab.	Hohe Druckgeschwindigkeit, sehr gute Auflösung bei Schrift und Grafik, leise.
Plotter 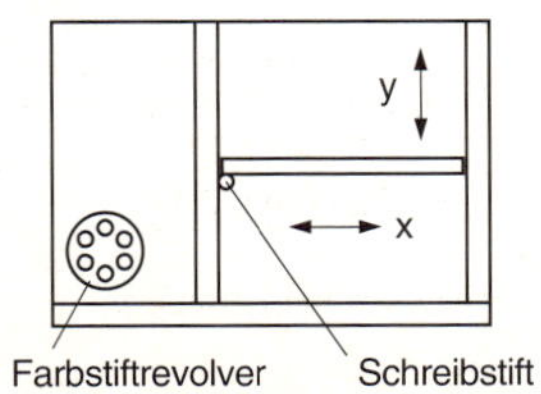	x-y-Schreiber zur Ausgabe von grafischen Darstellungen. **Flachbettplotter:** Zeichenunterlage ist fixiert. **Trommel- oder Walzenplotter:** Zeichenstift wird nur in einer Achse bewegt. In der anderen Achse wird die Unterlage mittels Trommel gegenüber dem Zeichenstift bewegt.	**Flachbettplotter:** Geeignet für kleine Papierformate (bis A3), bedingt durch Geräteabmessungen. **Trommelplotter** für große Papierformate (bis A0). Durch Wechseln der Farbstifte können Farbe und Strichstärke variiert werden. **Anwendung:** z. B. für technische Zeichnungen.

Programmieren von CNC-Maschinen[1]

Bewegungsrichtungen an CNC-Maschinen — DIN 66 217/12.75

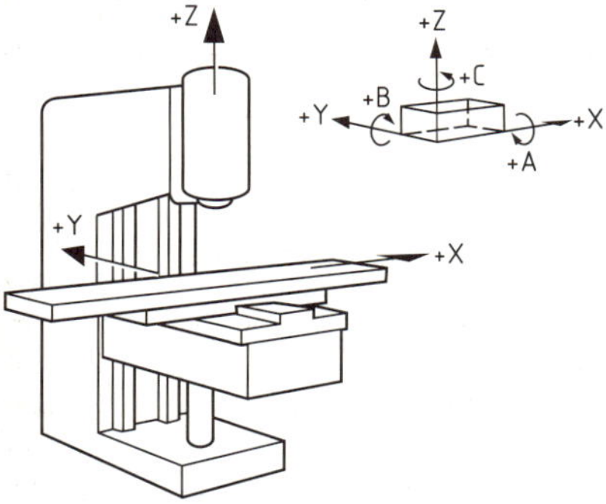

Achse	Festlegungen
Z	Liegt parallel zur Arbeitsspindel bzw. fällt mit ihr zusammen. Positive Orientierung der Z-Achse vom Werkstück zum Werkzeug.
X	Liegt parallel zur Aufspannfläche des Werkstücks. Sie verläuft vorzugsweise horizontal.
Y	Ergibt sich bei rechtwinkligen, rechtshändigem Koordinatensystem aus der Lage und Richtung der Z- und X-Achse.
A, B, C	Drehungen besitzen parallele Drehachsen zu den X-, Y- und Z-Achsen. Drehbewegungen werden im Uhrzeigersinn positiv gezählt, Blick in positive Achsrichtung.

Programmaufbau für CNC-Maschinen — DIN 66 025 T.1, T.2/01.83

Steuerprogramm besteht aus dem
- Programm-Anfangszeichen, einer
- Folge von Sätzen und dem
- Programmende.

Satz kann programmtechnische Anweisungen, geometrische und technische Daten enthalten. Wortbildung aus Adreßbuchstaben und Schlüsselzahl. Wortanordnung siehe Tabelle:

N-Wort	G-Wort	Koordinaten	F-Wort	S-Wort	T-Wort	M-Wort
N40	G01	X50 Z-120	F0.35	S1400	T05	M03
Satz-Nr. 40	Geradeninterpolation	Koordinaten des Zielpunkts	Vorschub 0,35 mm/U	Drehzahl 1400 $\frac{1}{\text{min}}$	Werkzeug Nr. 5	Spindel im Uhrzeigersinn
programmtechn. Anw.	geometrische Anweisungen		technologische Anweisungen			

Bedeutung der Adreßbuchstaben

A	Drehen um X-Achse	L	frei verfügbar
B	Drehen um Y-Achse	M	Zusatzfunktion
C	Drehen um Z-Achse	N	Satznummer
D	Werkzeugkorrekturspeicher[2]	O	frei verfügbar
E	Zweiter Vorschub[2]	P	3. Bewegung parallel zur X-Achse
F	Vorschub	Q	3. Bewegung parallel zur Y-Achse
G	Wegbedingung	R	3. Bewegung parallel zur Z-Achse
H	frei verfügbar	S	Spindeldrehzahl
I	Interpolationsparameter oder Gewindesteigerung parallel zur X-Achse	T	Werkzeug-Nummer
J	wie I, doch parallel zur Y-Achse	U,V,W	2. Bewegung parallel zu X-, Y- oder Z-Achse
K	wie I, doch parallel zur Z-Achse	X,Y,Z	Bewegung in Richtung X-, Y- oder Z-Achse

Auswahl von Wegbedingungen (G-Funktionen) und Zusatzfunktionen (M-Funktionen)

G00	Punktsteuerungsverhalten, Gerade im Eilgang
G01	Geraden-Interpolation
G02	Kreis-Interpolation im Uhrzeiger-Sinn
G04	Verweilzeit
G17	Ebenenauswahl XY (G18: ZX; G19: YZ)
G33	Gewindeschneiden, Steigung gleichbleibend
G41	Werkzeugbahnkorrektur, links (G42: rechts)
G81	Arbeitszyklus 1 (G82: 2 … G89: 9)
M00	Programmierter Halt
M03	Spindel im Uhrzeigersinn
M04	Spindel im Gegenuhrzeigersinn
M05	Spindel Halt
M06	Werkzeugwechsel
M08	Kühlschmiermittel Ein (M09: Aus)
M30	Programmende mit Rücksetzen
M60	Werkstückwechsel

Funktionsbildzeichen — DIN 55 003/08.81

Programm-Anfang	Schneidenradius-Korrektur	Werkzeugdurchmesser-Korrektur	Daten im Speicher ändern
Programmspeicher	Programm-Ende	Nullpunkt-Verschiebung	Werkstück-Nullpunkt
Daten-Eingabe in einen Speicher	Programm-Einlesen mit Maschinenfunktionen	Löschen	Referenzpunkt
Werkzeuglängen-Korrektur	Daten-Ausgabe aus einem Speicher	Handeingabe	Koordinaten-Nullpunkt

[1] **c**omputerized **n**umerical **c**ontrol [2] oder frei verfügbar

7 Werkstoffe

Periodensystem

Beispiel: Atommassezahl 1 – Kurzzeichen H – Ordnungszahl 1 – Wertigkeit 1

(Zellen: Atommassezahl **Kurzzeichen** Ordnungszahl (Wertigkeit))

Periode	Schale																		
1	K	1 **H** 1 (1)																	4 **He** 2 (0)
2	L	7 **Li** 3 (1)	9 **Be** 4 (2)											11 **B** 5 (3)	12 **C** 6 (2; 4)	14 **N** 7 (2; 3; 5)	16 **O** 8 (2)	19 **F** 9 (1; 7)	20 **Ne** 10 (0)
3	M	23 **Na** 11 (1)	24 **Mg** 12 (2; 4,4; 6,7)											27 **Al** 13 (3)	28 **Si** 14 (4)	31 **P** 15 (3; 5)	32 **S** 16 (2; 4; 6)	35 **Cl** 17 (1; 5; 7)	40 **Ar** 18 (0)
4	N	39 **K** 19 (1)	40 **Ca** 20 (2)	45 **Sc** 21 (3)	48 **Ti** 22 (2; 3; 4)	51 **V** 23 (2 … 5)	52 **Cr** 24 (2; 3; 6)	55 **Mn** 25 (2; 3,4; 6,7)	56 **Fe** 26 (2; 3; 6)	59 **Co** 27 (2; 3)	59 **Ni** 28 (2; 3)	64 **Cu** 29 (1; 2)	65 **Zn** 30 (2)	70 **Ga** 31 (3)	73 **Ge** 32 (4)	75 **As** 33 (3; 5)	79 **Se** 34 (2; 4; 6)	80 **Br** 35 (1; 5)	84 **Kr** 36 (0)
5	O	85 **Rb** 37 (1)	88 **Sr** 38 (2)	89 **Y** 39 (3)	91 **Zr** 40 (4)	93 **Nb** 41 (3; 5)	96 **Mo** 42 (3; 4; 6)	99 **Tc** 43 (7)	101 **Ru** 44 (3,4; 6,8)	103 **Rh** 45 (8)	106 **Pd** 46 (2; 4)	108 **Ag** 47 (1; 2)	112 **Cd** 48 (1; 2)	115 **In** 49 (3)	119 **Sn** 50 (2; 4)	122 **Sb** 51 (3 … 5)	128 **Te** 52 (2; 4; 6)	127 **J** 53 (1,3; 5,7)	131 **Xe** 54 (0)
6	P	133 **Cs** 55 (1)	137 **Ba** 56 (2)	139*) **La** 57 (3)	179 **Hf** 72 (4)	181 **Ta** 73 (5)	184 **W** 74 (2 … 6)	186 **Re** 75 (1; 4; 7)	190 **Os** 76 (2,3; 4,8)	192 **Ir** 77 (3; 4; 6)	195 **Pt** 78 (2; 4)	197 **Au** 79 (1; 3)	201 **Hg** 80 (1; 2)	204 **Tl** 81 (1; 3)	207 **Pb** 82 (2; 4)	209 **Bi** 83 (3; 5)	210 **Po** 84 (2; 6)	210 **At** 85 (7)	222 **Rn** 86 (0)
7	Q	223 **Fr** 87 (1)	226 **Ra** 88 (2)	227*) **Ac** 89 (3)	**Ku** 104 (4)	**Ha** 105 (5)													
6	P	Lanthanide				140 **Ce** 58 (3; 4)	141 **Pr** 59 (3)	144 **Nd** 60 (3)	147 **Pm** 61 (3)	150 **Sm** 62 (3)	152 **Eu** 63 (3)	157 **Gd** 64 (3)	159 **Tb** 65 (3)	163 **Dy** 66 (3)	165 **Ho** 67 (3)	167 **Er** 68 (3)	169 **Tm** 69 (3)	173 **Yb** 70 (2; 3)	175 **Lu** 71 (3)
7	Q	Actinide				232 **Th** 90 (4)	231 **Pa** 91 (3)	238 **U** 92 (3 … 6)	237 **Np** 93 (3 … 6)	242 **Pu** 94 (3 … 6)	243 **Am** 95 (3)	247 **Cm** 96 (3)	249 **Bk** 97 (3; 4)	251 **Cf** 98 (3)	254 **Es** 99 (3)	253 **Fm** 100 (3)	256 **Md** 101 (3)	**No** 102 (3)	**Lr** 103 (3)

Nichtmetall · Schwermetall · Edelmetall · Halbmetall · Edelgas · Leichtmetall

Stoffwerte von Werkstoffen (20 °C und 1,03 · 10^5 Pa)

Name	Kurzzeichen	Dichte ρ in $\frac{kg}{dm^3}$; Gas: $\frac{mg}{cm^3}$	Schmelzpunkt ϑ_{Fl} in °C	Siedepunkt ϑ_G in °C	Spez. Schmelzwärme q in $\frac{kJ}{kg}$	Spez. Wärmekapazität c in $\frac{kJ}{kg \cdot K}$	Längen-/Volumen-Ausdehnungskoeffizient α in $\frac{10^{-6}}{K}$ (0 … 100 °C)
Aluminiumoxid	Al_2O_3	4,0	2050	2700	263	0,764	6,5
Glas	–	2,4 … 2,7	≈ 700	–		0,850	5
Polyvinylchlorid	PVC	1,35	–	–	165	1,500	8,0
Porzellan	–	2,3 … 2,5	1600	–		0,880	4
Quarz	SiO_2	2,1 … 2,6	1480	2230		0,745	8
Benzin	–	0,68 … 0,75	– 30 … – 50	40 … 200		2,020	1000
Heizöl	–	≈ 0,82	– 10	> 170		2,070	950
Petroleum	–	0,81	– 70	150 … 300		2,150	1000
Wasser (destill.)	H_2O	1,00[1)]	0	100		4,182	207
Kohlendioxid	CO_2	1,977[2)]	– 56,6	– 78,5		0,630[3)]	–
Luft	–	1,29[2)]	– 220	– 191,4		0,716[3)]	–
Methan	CH_4	0,72[2)]	– 182,5	– 161,5		1,680[3)]	–

1) bei 4 °C 2) bei 0 °C 3) bei V = const.

Stoffwerte von chemisch reinen Elementen (20°C und 1,03 · 10^5 Pa)

Name	Kurzzeichen	Ordnungszahl	Dichte ϱ in $\frac{kg}{dm^3}$ Gas: $\frac{mg}{cm^3}$	Schmelzpunkt ϑ_{Fl} in °C	Siedepunkt ϑ_G in °C	Spez. Schmelzwärme q in $\frac{kJ}{kg}$	Spez. Wärmekapazität c in $\frac{kJ}{kg \cdot K}$	Längen-Ausdehnungskoeffizient α in $\frac{10^{-6}}{K}$ (0... 100°C)	Elektrische Leitfähigkeit $\varkappa$ in $\frac{MS}{m}$	Temperaturkoeffizient α_{20} in $\frac{10^{-3}}{K}$
Aluminium	Al	13	2,7	660	2270	398	0,899	23,9	37,8[3]	4,7[3]
Antimon	Sb	51	6,69	630,5	1640	163	0,210	10,8	2,59	5,4
Argon	Ar	18	1,78	−189	−186	–	–	–	–	–
Arsen	As	33	5,73	sublimiert	618	–	0,350	10,8	–	4,7
Barium	Ba	56	3,8	710	1696	–	0,277	19	2,78	6,5
Beryllium	Be	4	1,85	1283	2870	–	1,885	12,3	31,2	9,0
Bismut (Wismut)	Bi	83	9,8	271	1560	54	0,126	13,5	0,91	4,5
Blei	Pb	82	11,34	327	1750	25	0,130	29	4,77	4,2
Bor	B	5	1,7...2,3	2300	2500	–	0,960[1]	8	0,91	–
Brom	Br	35	3,19	−7,3	59	–	–	1150[2]	–	–
Cadmium	Cd	48	8,64	321	767	54	0,230	29,4	13,7	4,2
Calcium	Ca	20	1,55	850	1439	329	0,630	–	–	–
Chlor	Cl	17	1,557	–	−34,1	–	–	–	–	–
Chrom	Cr	24	7,1	1900	2300	314	0,460	8,5	6,76	5,9
Eisen	Fe	26	7,87	1535	2880	268	0,466	11	10	4,6
Fluor	F	9	1,69	−218	−188	–	–	–	–	–
Gallium	Ga	31	5,91	29,75	2400	–	–	18	2,5	4,0
Germanium	Ge	32	5,32	938	2700	409	0,310	6	0,0011	1,4
Gold	Au	79	19,3	1063	2700	63	0,130	14,3	47,6	4,0
Helium	He	2	0,18	−272	−268,9	–	5,230[2]	–	–	–
Indium	In	49	7,3	155	2000	238	–	44	–	–
Iridium	Ir	77	22,4	2454	>4800	–	–	–	20,4	4,1
Jod	J	53	4,94	113,7	184,5	62	0,220	–	–	–
Kalium	K	19	0,86	63,5	776	58	0,750	84	15,9	5,7
Kobalt	Co	27	8,9	1490	3200	243	0,437	15	17,8	5,9
Kohlenstoff	C	6	3,51	–	–	–	0,500	–	(vgl. S. 254)	
Krypton	Kr	36	3,74	−157,2	−152,9	–	–	–	–	–
Kupfer	Cu	29	8,93	1083	2390	205	0,390	16,8	58[3]	4,3[3]
Lithium	Li	3	0,53	180	1340	669,9	–	58	11,7	4,9
Magnesium	Mg	12	1,74	650	1097	373	0,924	26	23,3	4,1
Mangan	Mn	25	7,43	1244	2152	264	0,504	15	2,56	5,3
Molybdän	Mo	42	10,2	2620	5550	273	0,270	5	20	4,7
Natrium	Na	11	0,97	97,7	883	113	1,260	72	23,3	5,4
Neon	Ne	10	0,899	−248	−246	–	–	–	–	–
Nickel	Ni	28	8,9	1452	3075	301	0,441	13	14,5	6,7
Osmium	Os	76	22,7	2500	4400	–	–	5	10,5	4,2
Palladium	Pd	46	12	1554	3387	–	–	10,6	10,2	3,7
Phosphor	P	15	1,83	44,1	280	21	0,755[1]	–	–	–
Platin	Pt	78	21,4	1769	3800	100	0,134	9	10,2	3,9
Quecksilber	Hg	80	13,96	−38,9	357	11,3	0,138	182	1,063	0,99
Radium	Ra	88	5	700	1140	–	–	–	–	–
Radon	Rn	86	–	−71	−61,9	–	–	–	–	–
Sauerstoff	O	8	1,43	−219	−183	13	0,920	–	–	–
Schwefel	S	16	2,07	112,8	444,6	38	0,710[1]	90	–	–
Selen	Se	34	4,8	220	688	83	0,330	–	–	–
Silber	Ag	47	10,5	960,8	1980	105	0,230	19,7	67,1	4,1
Silicium	Si	14	2,35	141,4	2630	142	0,075	7	0,001	–
Stickstoff	N	7	1,25	−210	−196	–	1,050	–	–	–
Strontium	Sr	38	2,54	757	1366	136	0,075	–	3,25	3,8
Tantal	Ta	73	16,6	2990	4100	172	0,138	6,5	7,14	3,5
Tellur	Te	52	6,24	453	1390	140	0,200	17,2	0,0016	–
Thallium	Tl	81	11,85	303	1457	–	0,134	2,9	6,25	5,2
Titan	Ti	22	4,5	1660	3535	88	0,630	8,2	2,38	5,4
Uran	U	92	18,7	1130	3500	365	0,120	–	4,76	2,8
Vanadium	V	23	6,1	1900	3000	343	0,504	8,3	–	3,9
Wasserstoff	H	1	0,09	−257	−252	–	14,240	–	–	–
Wolfram	W	74	19,3	3380	4727	193	0,143	4,5	18,2	4,8
Xenon	Xe	54	–	−112	−108	–	–	–	–	–
Zink	Zn	30	7,13	419,5	906	100	0,395	29	17,6	4,2
Zinn	Sn	50	7,29	232	2360	59	0,228	27	8,7	4,6

1) bei 0°C   2) bei 18°C   3) vgl. auch S. 293 ff.

Eigenschaften von Werkstoffen

Bezeichnung	Formelzeichen	Einheit	Erklärung	Formel
Dichte	ϱ	$\frac{kg}{dm^3}$	Masse bezogen auf Volumen	$\varrho = \frac{m}{V}$
Elastizität	–	–	Verformung durch Krafteinwirkung und Rückgang der Verformung nach Kraftzurücknahme	–
Plastizität	–	–	Verformung durch Krafteinwirkung ohne Rückgang der Verformung nach Kraftzurücknahme	–
Zähigkeit	–	–	Zerbrechen durch Krafteinwirkung mit Formveränderung	–
Sprödigkeit	–	–	Zerbrechen durch Krafteinwirkung ohne Formveränderung	–
Härte	 HB HV HRC	 – – –	Widerstand gegen Eindringen in ein Material Prüfverfahren: • **Brinell** (Stahlkugel in Material gedrückt) • **Vickers** (Diamantpyramide in Material gedrückt) • **Rockwell** (Diamantkugel in zwei Stufen in Material gedrückt)	$H = \frac{F_B}{A} \cdot 0{,}102$ $HRC = 100 - \frac{t_b}{0{,}002}$ F_B: Belastungskraft A: Eindruckoberfläche t_b: bleibende Eindringtiefe
Festigkeit	 R_m $\sigma_{d,B}$ $\sigma_{d,B}$ τ_B $\sigma_{k,B}$ $\tau_{t,B}$	 $\frac{N}{mm^2}$ $\frac{N}{mm^2}$ $\frac{N}{mm^2}$ $\frac{N}{mm^2}$ $\frac{N}{mm^2}$ $\frac{N}{mm^2}$	Widerstand gegen Bruch **Zugfestigkeit** **Druckfestigkeit** **Biegefestigkeit** **Scherfestigkeit** (Schubfestigkeit) **Knickfestigkeit** **Verdrehfestigkeit** 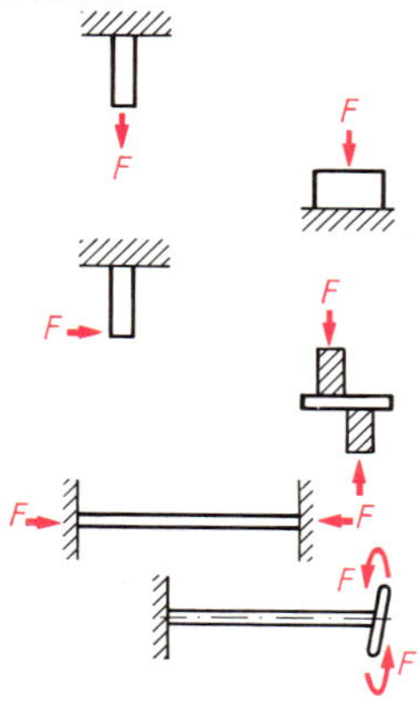	$R_m = \frac{F_m}{S_o}$ F_m: Kraft bei Bruch S_o: ursprünglicher Querschnitt
Dehnung **Bruchdehnung**	ε A	1 1	Längenveränderung bei Krafteinwirkung 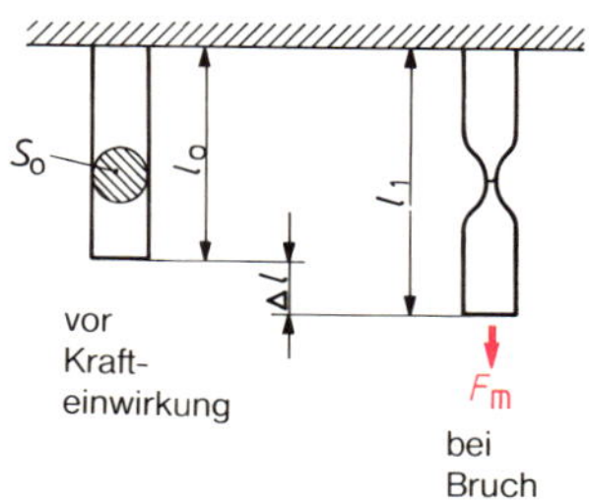	$A = \frac{\Delta l_B}{l_o} \cdot 100\,\%$ A_5: Bruchdehnung, wenn bei Zugstab $l_o = 5 \cdot d_o$ Δl_B: Längenänderung bei Bruch l_o: ursprüngliche Länge
Streckgrenze	R_e	$\frac{N}{mm^2}$	Zugfestigkeits-Grenze (auch: Fließgrenze), bei der die elastische Verformung in eine plastische Verformung übergeht.	

Eigenschaften von Werkstoffen

Bezeichnung	Formelzeichen	Einheit	Erklärung	Formel
Warmfestigkeit	–	–	Widerstand gegen Zerstörung durch hohe Temperaturen	–
Warmstandfestigkeit	–	–	Einsatzfähigkeit von Werkzeugen bei hohen Temperaturen	–
Wärmeleitfähigkeit	λ	$\frac{W}{m \cdot K}$	Wärmeleitung: Durchdringen von Wärmemengen durch ein Werkstück Wärmeleitfähigkeit: Wärmeleitung bezogen auf Werkstückmaße und Temperaturunterschied Werte sind bei Gasen und Flüssigkeiten stark temperaturabhängig!	$\lambda = \frac{Q \cdot s}{\Delta\vartheta \cdot A \cdot t}$ s: Dicke A: Fläche
spezifische Wärmekapazität	c	$\frac{kJ}{kg \cdot K}$	Zum Erwärmen notwendige Wärmemenge bezogen auf Masse und Temperaturunterschied	$c = \frac{Q}{m \cdot \Delta\vartheta}$
spezifische Schmelzwärme	q	$\frac{kJ}{kg}$	Wärmemenge zum Schmelzen von 1 kg eines Stoffes bei Schmelztemperatur	–
spezifische Verdampfungswärme	r	$\frac{kJ}{kg}$	Wärmemenge zum Verdampfen von 1 kg eines Stoffes bei Siedetemperatur	–
Volumenausdehnungs-Koeffizient	γ	$\frac{1}{K}$ K^{-1}	Wärmeausdehnung: Volumenveränderung eines Körpers bei Temperaturänderung Volumenausdehnungs-Koeffizient: Volumenänderung bezogen auf ursprüngliches Volumen und Temperaturänderung	$\gamma = \frac{\Delta V}{V_o \cdot \Delta\vartheta}$ Gase: $\gamma = \frac{1}{273\ K}$
Längenausdehnungs-Koeffizient	α	$\frac{1}{K}$ K^{-1}	Längenänderung bezogen auf ursprüngliche Länge und Temperaturänderung Feste Körper: $\gamma \approx 3 \cdot \alpha$	$\alpha = \frac{\Delta l}{l_o \cdot \Delta\vartheta}$
spezifischer Heizwert	H_u	$\frac{kJ}{kg}$	Bei Verbrennung von Stoffen entsteht Wärme unterer Heizwert: Abgase enthalten Wassergas	–
spezifischer Brennwert	H_o	$\frac{kJ}{kg}$	oberer Heizwert: Abgase enthalten Wasserdampf	
spezifischer elektrischer Widerstand	ϱ	$\mu\Omega \cdot m$ $\frac{\Omega \cdot mm^2}{m}$	Elektrischer Widerstand eines Stoffes von 1 m Länge und 1 mm^2 Querschnitt	$\varrho = \frac{R \cdot q}{l}$
elektrische Leitfähigkeit	$\varkappa$	$\frac{MS}{m}$ $\frac{m}{\Omega \cdot mm^2}$	Kehrwert des spezifischen elektrischen Widerstandes	$\varkappa = \frac{l}{R \cdot q}$
Temperatur-Koeffizient	α β	$\frac{1}{K}$; K^{-1} K^{-2}	Änderung des elektrischen Widerstandes bei Temperatur-Änderung $< 200°C$: α_{20} Temperatur-Koeffizient bei 20°C $> 200°C$: β	$\alpha = \frac{\Delta R}{R_{20} \cdot \Delta\vartheta}$ $\beta = \frac{\alpha^2}{2}$ $\Downarrow$ $\Delta R \approx R_{20} \cdot (\alpha \cdot \Delta\vartheta + \beta \cdot \Delta\vartheta^2)$

Werkstoffnummern

DIN 17 007 T. 1 … T. 4

Beispiel:

1 . 7214 . 94

- 1: Werkstoff-Hauptgruppe
- 7214: Sortennummer
- 94: Anhängezahlen (geben keine Hinweise auf Zusammensetzung)

Hauptgruppen

Kennzahlen	0	1	2	3	4 … 8	9
Bedeutung	Roheisen Gußeisen	Stahl Stahlguß	Schwermetalle (außer Eisen)	Leichtmetalle	Nichtmetal-lische Werk.	interne Benutzung

Hauptgruppe 1 (Stahl)

Beispiel:

1 . 01 12 . 6 1

- Sortennummer: 01 Sortenklasse, 12 Zählnummer
- Anhängezahlen: 6 Gewinnungsverfahren, 1 Behandlungszustand

Sortenklasse

Kennzahl	Stahlsorte		Bedeutung
00	Massen- und Qualitätsstähle		Handels-, Grundgüten
01, 02	Massen- und Qualitätsstähle		allg. Baustähle
03...07	Massen- und Qualitätsstähle		Qualitätsstähle, unlegiert
08, 09	Massen- und Qualitätsstähle		Qualitätsstähle, legiert
90	Massen- und Qualitätsstähle		Sondersorten, Grundgüten
91...99	Massen- und Qualitätsstähle		andere Sondersorten
10	Edelstähle	unlegiert	Stähle mit besonderen physikalischen Eigenschaften
11, 12	Edelstähle	unlegiert	Baustähle
15...18	Edelstähle	unlegiert	Werkzeugstähle
20...28	Edelstähle	legiert	Werkzeugstähle
32, 33	Edelstähle	legiert	Schnellarbeitsstähle
34	Edelstähle	legiert	verschleißfeste Stähle
35	Edelstähle	legiert	Wälzlagerstähle
36...39	Edelstähle	legiert	Eisenwerkstoffe mit besonderen physikalischen Eigenschaften
40...45	Edelstähle	legiert	nichtrostende Stähle
47, 48	Edelstähle	legiert	hitzebeständige Stähle
49	Edelstähle	legiert	Hochtemperaturwerkstoffe
50...84	Edelstähle	legiert	Baustähle
85	Edelstähle	legiert	Nitrierstähle
88	Edelstähle	legiert	Hartlegierungen

Stahlgewinnungsverfahren

Kennzahl	Bedeutung
0	unbestimmt, ohne Bedeutung
1	unberuhigter Thomasstahl
2	beruhigter Thomasstahl
3	sonstige Erschmelzungsart, unberuhigt
4	sonstige Erschmelzungsart, beruhigt
5	unberuhigter Siemens-Martin-Stahl
6	beruhigter Siemens-Martin-Stahl
7	unberuhigter Sauerstoffaufblas-Stahl
8	beruhigter Sauerstoffaufblas-Stahl
9	Elektrostahl

Behandlungszustand

Kennzahl	Bedeutung
0	keine oder beliebige Behandlung
1	normalgeglüht
2	weichgeglüht
3	wärmebehandelt auf gute Zerspanbarkeit
4	zähvergütet
5	vergütet
6	hartvergütet
7	kaltverformt
8	federhart kaltverformt
9	behandelt nach besonderen Angaben

Hauptgruppe 2 (Schwermetalle) und Hauptgruppe 3 (Leichtmetalle)

Kennzahl	Bedeutung der Sortennummer
2.00 … 2.17	Kupfer
2.20 … 2.24	Zink, Cadmium
2.30 … 2.34	Blei
2.35 … 2.39	Zinn
2.40 … 2.49	Nickel, Kobalt
2.50 … 2.59	Edelmetalle
2.60 … 2.69	hochschmelzende Metalle
3.00 … 3.49	Aluminium
3.50 … 3.59	Magnesium
3.70 … 3.79	Titan

Kennzahl	Behandlungszustand (1. Anhängezahl)
0	unbehandelt
1	weich
2	kaltverfestigt, Zwischenhärten
3	kaltverfestigt, hart und darüber
4	lösungsgeglüht, ohne mech. Nachbehandl.
5	lösungsgeglüht, kaltnachbehandelt
6	warmausgehärtet, ohne mech. Nachbehandl.
7	warmausgehärtet, kaltnachbehandelt
8	entspannt, ohne vorh. Kaltbehandlung
9	Sonderbehandlungen

Eisenwerkstoffe

DIN 17 006 T.4/10.49 x

Werkstoff-Bezeichnung für Baustähle

Beispiel: St 37 – 3

Stahl mit Zugfestigkeit in $\frac{daN}{mm^2}$ (St 37); Gütegruppe (3)

Gütegruppe	1	2	3
Eigenschaften	geringe Anforderungen	mitlere Anforderungen z. B. fest gegen Spröd-bruch	hohe Anforderungen z. B. geringe P- und S-Anteile

Werkstoff-Bezeichnung für legierte Stähle

Beispiel: E 34 Cr Mo 4 V 120.9

Herstellungsteil (E); Zusammensetzungsteil (34 Cr Mo 4); Behandlungsteil (V 120.9)

Bedeutung der Buchstaben und Zahlen bei legierten Stählen

Herstellungsteil

Buchstaben	Bedeutung
A	alterungsbeständig
E	Elektrostahl
F	Stahl aus Stahlofen
G	gegossen
GG	Gußeisen mit Lamellengraphit
GGG	Gußeisen mit Kugelgraphit
GH	Hartguß
GS	Stahlguß
GTW	Temperguß, weiß
GTS	Temperguß, schwarz
H	halbberuhigt vergossen
I	Elektrostahl aus Induktionsofen
LE	Elektrostahl aus Lichtbogenofen
M	Siemens-Martin-Stahl
P	Eignung zum Gesenk-schmieden
Q	Eignung zum Abkanten
R	beruhigt vergossen
RR	besonders beruhigt vergossen
S	schmelzschweißbar
T	Thomas-Stahl
U	unberuhigt vergossen
W	windgefrischter Stahl
Y	Sauerstoffblas-Stahl
Z	Eignung zum Stangenziehen

Zusammensetzungsteil

Buchstaben	Bedeutung
f	flamm- und induktions-härtbar
H	unlegiertes Kesselblech
k	kleiner P- und S-Gehalt
m	gewährleistete Schwefel-spanne
q	bestimmt zum Kalt-stauchen
X	hochlegierter Stahl

Weitere Buchstaben:

	Kurzzeichen chemischer Elemente z. B. Ag Silber, C Kohlenstoff

Die **Zahlen** geben die Anteile der Legierungsbestandteile an.

- **Hochlegierte Stähle:** in % (aber: C in $\frac{1}{100}$ %)
- **Niedriglegierte Stähle:**
  - Co, Cr, Mn, Ni, Si, W in $\frac{1}{4}$ %
  - Al, Cu, Mo, Ta, Ti, V in $\frac{1}{10}$ %
  - C, P, S, N in $\frac{1}{100}$ %

Behandlungsteil

Buchstaben	Bedeutung
A	angelassen
B	beste Bearbeitbarkeit
E	einsatzgehärtet
F	Mindestzugfestigkeit
G	weichgeglüht
g	glatt
H	gehärtet
K	kaltverformt
KBK	blankgezogen
m	matt
N	normalgeglüht
NT	nitriert
r	rauh
U	unbehandelt
V	vergütet
W	unlegiert. Werkzeugstahl

Zahlen vor dem Punkt:

Zugfestigkeit in $\frac{daN}{mm^2}$

Zahlen hinter dem Punkt:

Gewährleistungsumfang

Kennziffer	Gewährleistungsumfang
1	Streckgrenze
2	Falt- o. Stauchversuch
3	Kerbschlagzähigkeit
4	wie 1 und 2
5	wie 2 und 3
6	wie 1 und 3
7	wie 1, 2 und 3
8	warm- oder dauer-standfest
9	elektr. und magnetische Eigenschaften

Eisenwerkstoffe

Allgemeine Baustähle

DIN 17 100/1.80

Kurzname	Gütegruppe 1	2	3	C-Anteil in %	Eigenschaften R_m in $\frac{N}{mm^2}$	A_5 in %	schmelz-schweiß-bar	Verwendung
St 33	●	●	–		310 ... 540	18	–	untergeordnete Teile
St 37	–	●	●	0,17 ... 0,20	360 ...510	25	●	einfache Bauteile: Schmiedeteile, Wellen, Bolzen
St 44	–	●	●	0,21	430 ... 580	21	●	
St 52	–	–	●	0,20 ... 0,22	510 ... 680	21	●	für hohe Festigkeit
St 50	–	●	–	0,30	490 ... 660	19	–	Zahnräder, Keile, Stifte
St 60	–	●	–	0,40	590 ... 770	15	–	
St 70	–	●	–	0,50	690 ... 900	10	–	hochbeanspruchte Teile

Werkzeugstähle

DIN 17 350/10.80

Kurzname	C-Anteil in %	Härte (weich-geglüht) HB	Härte-tempe-ratur in °C	Ab-schreck-mittel	Anlaß-tempe-ratur in °C	Härte nach Anlassen		Verwendung
C45W	0,45	190	ohne Warmbehandlung				Kaltarbeitsstähle	Handwerkz., z. B. Zangen
C85W	0,85	222	810	Öl	180	57		w. o., Körper für SS-Werkz.
X210CrW 12	2,1	255	960	Öl, Luft	180	60		Schnittwerkzeuge für Holz und Stahlblech (... 3 mm)
115 CrV 3	1,15	223	790	Wasser	180	60		Gewindebohrer, Senker
21 MnCr 5	0,21	212	820	Öl	180	58		Werkzeuge für Kunststoff-verarbeitung
90 MnCrV 8	0,9	229	800	Öl	180	58		Stanzen, Meßwerkzeuge
X 40 CrMn Mo S 86	0,4	300	ohne Warmbehandlung					Werkzeuge für Kunststoff-verarbeitung
56 NiCrMoV 7	0,56	248	850	Öl, Luft	500	40		Warmarbeitsstahl für Gesenke u. Strangpressen
X 40 CrMoV 51	0,4	229	1030	Öl, Luft	550	51		

Einsatz- und Vergütungsstähle

DIN 17 200/3.87
DIN 17 210/9.86

Einsatzstähle

DIN 17 210/9.86

Kurzname	Bestandteile in % C	Mn	Cr	Mo	Ni	Si	P	S	Härte-temperatur in °C	Eigenschaften R_m in $\frac{N}{mm^2}$	A_5 in %	Verwendung
Ck 10	0,1	0,45								500 ... 650	16	Hebel, Zapfen, Gelenke,
Ck 15	0,15	0,45								600 ... 800	14	Bolzen, Mitnehmer
17 Cr 3	0,17	0,55	0,75			max. 0,4	max. 0,035	max. 0,035	880	700 ... 900	11	Nockenwellen, Meßzeuge, Zahnräder und Wellen für
16 MnCr 5	0,16	1,15	0,95						870	800 ... 1100	10	Getriebe
20 MoCr 4	0,2	0,95	0,45	0,45					910	900 ... 1200	9	hochbeanspruchte Teile:
21 NiCrMo 2	0,21	0,8	0,55	0,20	0,55				925	1200 ... 1450	7	Zahnräder, Wellen, Antriebsritzel

Vergütungsstähle

DIN 17 200/3.87

Kurzname	C	Mn	Cr	Mo	Ni	Si	P	S	Härte-temperatur in °C	R_m in $\frac{N}{mm^2}$	A_5 in %	Verwendung
C 35	0,35	0,65					max. 0,045	max. 0,045	870	590 ... 740	12	Bauteile geringer Festigkeit:
Ck 60	0,6	0,75							830	800 ... 950	13	Achsen, Wellen, Zahnräder
38 Cr 2	0,38	0,75				max. 0,4	max. 0,035	max. 0,035	850	700 ... 850	15	Fahrzeug-, Maschinenbau:
34 Cr 4	0,34	0,75							850	800 ... 950	14	Kolbenstangen, Spindeln
30 CrNiMo 8	0,3	0,45	2	0,4	2				850	1250 ... 1450	9	Bauteile hoher Festigkeit: Kurbelwellen, Pleuelstangen
36 CrNiMo 4	0,36	0,65	1,05	0,22	1,05				850	1000 ... 1250	11	Bauteile mit gr. Vergütungs-querschnitt: Propeller u. a.

Nichteisen-Metalle

DIN 1700 / 7.54

Werkstoff-Bezeichnung

Beispiel:

E – Al Mg Si 0,5 F22

- E: Herstellung/Verwendung
- Al Mg Si 0,5: Zusammensetzung
- F22: Eigenschaften/Zustand

Herstellung/Verwendung		Zusammensetzung		Eigenschaften/Zustand	
Buchstaben	Bedeutung	Buchstaben	Bedeutung	Buchstaben	Bedeutung
G	Guß, allgemein	Al	Aluminium	g	geglüht
GD	Druckguß	Ag	Silber	ka	kaltausgehärtet
GK	Kokillenguß	Cr	Chrom	ta	teilausgehärtet
GZ	Schleuderguß	Cu	Kupfer	wa	warmausgehärtet
Gl	Gleitmetall	Cd	Cadmium	hh	halbhart (1,2 · weich)
L	Lot	Mg	Magnesium	h	hart (1,4 · weich)
V	Vorlegierung	Mn	Mangan	fh	federhart (1,8 · weich)
Kb	Kabel	Ni	Nickel	zh	ziehhart
E	Elektrotechnik	Pb	Blei	G	rückgeglüht
KE	kathodisch abgeschieden	Si	Silicium	W	weichgeglüht
E1, E2	sauerstoffhaltig	Sn	Zinn	F	Festigkeit
F	feuerraffiniert	Zn	Zink	L	Leitfähigkeit, elektr.
	Phosphorgehalt	Die Zahlen geben entweder die Legierungsbestandteile in % oder die Leitfähigkeit in $\frac{MS}{m}$ an		Die Zahlen geben die Mindestzugfestigkeit in $\frac{daN}{mm^2}$ oder die Leitfähigkeit in $\frac{MS}{m}$ an	
SF	sauerstofffrei, Phosphorgehalt hoch				
SW	sauerstofffrei, Phosphorgehalt niedrig				
SE	sauerstofffrei, Phosphorgehalt sehr niedrig				
S	Schweißzusatz-Werkstoff				

Kupfer

DIN 40 500 T1/4.80
DIN 1708/1.73

Kurzname	Bestandteile in %			Eigenschaften					Verwendung
	Cu	O	P	$\varkappa$ in $\frac{MS}{m}$	R_m in $\frac{N}{mm^2}$	A_5 in %	HB	λ in $\frac{W}{m \cdot K}$	
E-Cu 57 E1-Cu 58	99,9 99,9	0,005 ...0,04		>57 >58	200 ...250	38 45	45 ...70	395 395	Drähte, Gußstücke
KE-Cu F20	99,9			58	–	–	–	–	Katoden
SE-Cu F20 SF-Cu F20 SW-Cu F20	99,9 99,9 99,9		0,003 <0,04 <0,014	57 45...50 52	200 200 200	17 45 42	70 55 55	385 305..340 352	Leiterwerkstoff Wasser-Rohre Apparatebau
G-CuL45 G-CuL50	99,8 99,9			45 50	150 150	25 25	40 40	305 340	Schaltbauteile

Aluminium

DIN 40 501 T. 1...3/6.85

Kurzname	Bestandteile in % (Rest Al)					Eigenschaften				Verwendung
	Si	Fe	Cu	Mg	andere	$\varkappa$ in $\frac{MS}{m}$	R_m in $\frac{N}{mm^2}$	A_5 in %	HB	
E-Al F7 E-Al F10 E-Al F13 E-Al F16	0,25	0,4	0,02	0,05	Cr + Mn + Ti + V max. 0,03	35,4 34,8 34,5 34,5	65...100 100..140 130..170 160...	25 6 4 3	20...30 28...38 32...48 ≥ 40	Rohre, Stangen Rohre, Stangen Bänder, Bleche Bleche
E-AlMgSi 0,5F22	0,55	0,2	0,05	0,5		30	215..280	12	65...90	Stromschienen

Legierungen

Kurzname	Cu	Zn	Pb	Sn	Mg	P	Si	Fe	Ni	Mn	Be	Al	Eigenschaften	Verwendung
	Bestandteile in %													
Messing:														
CuZn10	90	9,5	0,05	0,05				0,05	0,2			0,02	sehr gut kaltumformbar	Installationsteile für E-Technik
CuZn37	63	36,3	0,1	0,1				0,1	0,3			0,03	s. o., gut löt- und schweißbar	Schrauben, Blattfedern
CuZn38Pb1,5	60,5	37	1,5	0,2				0,3	0,3			0,05	gut warmumformbar	Kondensatorböden
CuZn40Pb2	59	37,8	2	0,2				0,4	0,3			0,1	s. o., begrenzt kaltumformbar	Uhrenmessing
Zinnbronze:														
CuSn4	95	0,3	0,05	4		0,01		0,1	0,3				Korrosionsbeständigkeit	stromleitende Federn
CuSn6	93			6		⋮								Gleitelemente
CuSn8	91			8		0,35								
Neusilber:														
CuNi12Zn24	64,5	22,5	0,03	0,03				0,3	12	0,5			gut kaltumformbar	Tiefziehteile
CuNi18Zn20	61,5	20	0,03	0,03				0,3	18	0,5			anlaufbeständig	Federn
CuNi9Sn2	87,7	0,1	0,03	2,3				0,3	9,5	0,3			gut kaltumformbar	Kontakte
CuNi44Mn1	54,4	0,2	0,01					0,5	44	1,25			s. o., gut warmumformbar	Widerstände mit kleinem α
Guß-Messing:														
G-CuZn33Pb	61,5	33	2	1,5			0,05	0,8	1	0,2				Konstruktionsteile für
GD-CuZn37Pb	59,5	37	2	0,7			0,1	0,5	1	0,2		0,5		Elektrotechnik
Guß-Aluminium-Bronze:														
G-CuAl10Fe	82	0,5	0,2	0,3			0,2	3	3	1		10		komplizierte Konstruktionsteile
G-CuAl10Ni	77	0,2	0,05	0,2	0,05		0,1	4,5	5,5	2,5		10		Kohlehalterungen
G-CuAl8Mn	83	0,2	0,1	0,2	0,1			0,8	1,5	6		8	geringe Magnetisierbarkeit	hochbeanspruchte Teile
Knetlegierungen:														
CuMg0,4	99,7				0,4			0,5	0,3				hohe elektrische Leitfähigkeit	Leitungsseile
CuNi2Be	97,4									1,7	0,4		hohe Zugfestigkeit	Schweißelektroden

Widerstands-Werkstoffe

DIN 17 471/4.83

Kurzname (Handelsnamen als Beispiel)	ϱ in $\frac{kg}{dm^3}$	R_m in $\frac{N}{mm^2}$	A_5 in %	α in $\frac{10^{-6}}{K}$	λ in $\frac{W}{m \cdot K}$	c in $\frac{J}{g \cdot K}$	T_S in °C	T_A in °C	ϱ_{20} in µΩm	α_{20} in $\frac{10^{-3}}{K}$	besondere Eigenschaften	Verwendung
CuNi2	8,9	220	18	16,5	130	0,38	1090	300	0,05	+1,4	weich lötbar	niedrigohmige Widerstände, Heizdrähte, Heizkabel mit niedriger Temp.
CuNi6	8,9	250	18	16	92	0,38	1095	300	0,10	+0,7		
CuNi10	8,9	290	20	16	59	0,38	1100	400	0,15	+0,35	korrosions- und zunderbeständig	
CuMn3	8,8	290	20	15,5	84	0,39	1050	200	0,125	+0,32	weich lötbar	Widerstände mit geringer Belastung
CuNi23Mn	8,9	350	20	16	33	0,37	1150	500	0,30	+0,25	korrosions- und zunderbeständig	Heizdrähte Heizwiderstände
CuNi30Mn (Nickelin)	8,8	400	20	14,5	25	0,40	1180	500	0,40	+0,11	gut korrosions- u. zunderbest.	Anlasser, Kennmelder
CuMn12Ni (Manganin)	8,4	390	20	18	22	0,41	960	140	0,43	±0,01	hohe zeitliche Konstanz des Widerstandes	Meß- u. Normalwiderstände, Vorschaltwiderstände
CuNi44 (Konstantan)	8,9	420	20	13,5	23	0,41	1280	600	0,49	−0,08 +0,04	gut zunderbeständig	Heizdrähte, Potentiometer
NiCr8020 (Nikrothal 80)	8,3	650	18	13	15	0,42	1400	600	1,08	+0,1	wie CuNi 30Mn nicht ferromagnetisch	hochohmige Widerstände
NiCr6015 (Cronifer II)	8,2	600	18	13,5	13	0,46	1390	600	1,11	+0,15		

Heizleiter-Werkstoffe

DIN 17 470/10.84

Kurzname	ϱ in $\frac{kg}{dm^3}$	R_m in $\frac{N}{mm^2}$	α in $\frac{10^{-6}}{K}$	λ in $\frac{W}{m \cdot K}$	c in $\frac{J}{g \cdot K}$	T_S in °C	T_A in °C	ϱ_{20} in µΩm	ϱ_{100} in µΩm	Beständigkeit gegen atmosphärische Korrosion
NiCr8020	8,3	650	16	14	0,43	1400	1200	1,12	1,13	hoch
NiCr6015	8,2	600	16	13	0,46	1390	1150	1,13	1,14	hoch
NiCr3020	7,9	600	18	13	0,50	1390	1100	1,04	1,07	hoch
NiCr2520	7,8	600	18	13	0,50	1380	1050	0,95	0,99	hoch
CrAl255	7,1	600	14	13	0,46	1500	1300	1,44	1,44	mittel
CrAl205	7,2	600	14	13	0,46	1500	1200	1,37	1,37	mittel

ϱ: Dichte bei 20 °C
α: Längenausdehnungs-Koeffizient zwischen 20° ... 400 °C
ϱ_{20}: spezifischer elektrischer Widerstand bei 20 °C
ϱ_{100}: spezifischer elektrischer Widerstand bei 100 °C
T_S: Schmelztemperatur
T_A: obere Anwendungstemperatur an Luft

Thermobimetalle

DIN 1715 T1/11.83

Beispiel:

TB 15 77 A

Thermobimetall — TB

thermische Ausbiegung a in $K^{-1} \cdot 10^6$ — 15

spez. elektr. Widerstand ϱ in $\mu\Omega m \cdot 100$ — 77

Kombination (A oder B) — A

Kurzzeichen	Kurzname	Bestandteile				Eigenschaften					
		Mn	Ni	Fe	andere	a in $10^{-6}K^{-1}$	T_G in °C	ϱ in $\frac{kg}{dm^3}$	c in $\frac{W \cdot s}{g \cdot K}$	λ in $\frac{W}{m \cdot K}$	$\varkappa$ in $\frac{MS}{m}$
TB 20110	MnCuNi	Rest	10…16	0,5	18…10Cu	20,8	350	7,8	0,46	6	0,91
TB 1577A	NiMn206	6	20	Rest		15,5	450	8,1	0,46	13	1,28
TB 1577B	X60NiMn147	7	14	Rest	0,6 C	15,5	450	8,1	0,46	13	1,28
TB 1170A	NiMn206	6	20	Rest		11,7	450	8,1	0,46	13	1,43
TB 1075	NiCr 161		16	Rest	11 Cr	10,8	550	8	0,46	19	1,33
TB 0965	NiMn206	6	20	Rest		9,8	450	8,2	0,46	15	1,54
TB 1555	NiMn206	6	20	Rest		15	450	8,2	0,46	16	1,82
TB 1435	NiMn206	6	20	Rest		14,8	450	8,3	0,46	22	2,86
TB 1425	NiMn206	6	20	Rest		14	450	8,3	0,44	28	4,00
TB 1511	NiMn206	6	20	Rest		15	400	8,3	0,44	70	9,09
TB 1109	NiMn206	6	20	Rest		11,5	400	8,2	0,46	88	11,11

T_G: Grenztemperatur für bleibende Veränderungen

Kontakt-Werkstoffe

Kurzname	ϱ in $\frac{kg}{dm^3}$	T_S in °C	λ in $\frac{W}{m \cdot K}$	$\varkappa$ in $\frac{MS}{m}$	α in $10^{-3}K^{-1}$	Verwendungsbeispiele
Reine Metalle:						
Ag (Feinsilber)	10,5	961	1	67,1	4,1	Relais
Au (Feingold)	19,3	1063	0,72	47,6	4	Fernmeldetechnik
Ir	22,5	2454	0,14	20,4	4,1	Legierungen
Mo	10,2	2620	0,38	20	4,75	Hochspannungsschalter
W	19,3	3380	0,31	17,6	4,8	Unterbrecher-Kontakte
Pt	21,4	1769	0,17	10,2	3,9	Legierungen
Pd	12,0	1552	0,17	9,8	3,7	Fernmeldetechnik
Re	21,0	3180	0,14	5,3	4,5	Unterbrecher-Kontakte
Hg	13,6	–39	10	1,04	–	ex-Schaltgeräte
Legierungen:						
CuAg (2 … 6 % Ag) (Silberbronze)	9,2	1010	0,27	38	–	Federn, Messer, Elektroden
Ag (2 % Cu + Ni) (Hartsilber)	10,5	945	0,97	52	3,5	Schütze, Relais
AgCd (5 … 20 % Cd)	10,4	930	0,41	28	1,9	Lichtschalter, Thermostate
PdAg (40 % Pd)	11	1230	–	4,9	0,34	Drehwähler, Blinkgeber
AuAg (92 % Au)	18,7	1045	0,24	11	–	Fernmeldetechnik,
AuNi (95 % Au)	18,2	1010	0,20	7,1	0,68	Subminiturtechnik
PtIr (90 % Pt)	21,6	1790	0,11	5,5	2,2	Abbrandfeste Kontaktstücke
PtIr (80 % Pt)	21,7	1840	0,042	3,2	0,77	in Meß- und F-Technik
PtAg (70 % Pt)	12,8	1090	–	3,4	0,3	Schütze, Relais
Sinter-Werkstoffe						
AgW (20 % Ag)	15,5	960	0,55	22	–	Leistungsschalter, Zerhacker
Ag-Wolfram-Carbid (50 % Ag)	13	960	–	22	–	Anlasserschalter
CuW (20 % Cu)	15,5	1050	0,37	20	–	Hochspannungsschalter
AgCdO (90 % Ag)	10,2	960	0,68	43	–	Motorschutzschalter
Ag Graphit (2,5 % C)	9,5	960	–	48	–	Schleifkontakte
C (Graphit, Kohle)	~2	~3900	≈130	0,07…0,17	–0,04	Schleifstücke

Magnet-Werkstoffe

Elektroblech, Elektroband

DIN 46 400 T1/4.83, T2/3.76, T3/11.75

Beispiel:

V 350 – 50 A

- Kennbuchstabe/n V: kaltgewalzt, nicht kornorientiert; VH: kaltgewalzt; VM: kornorientiert (V)
- Ummagnetisierungsverluste $P1{,}5$ in $\frac{W}{kg}$ mal 100 (350)
- Nenndicke d in mm mal 100 (50)
- schlußgeglühte Ausführung (A)

Kurzname	Nenndicken in mm			ϱ in $\frac{kg}{dm^3}$	Stapelfaktor	$P1{,}5$ in $\frac{W}{kg}$	Polarisation J[1] in T bei H in kA/m			
	0,35	0,50	0,65				2,5	5	10	30
V 250– … A	x			7,6	0,95	2,5	1,49	1,6	1,7	
V 270– … A	x	x		7,6	0,95/0,97	2,7	1,49	1,6	1,7	
V 300– … A	x			7,65	0,95	3	1,49	1,6	1,7	
V 310– … A		x		7,6	0,97	3,1	1,49	1,6	1,7	
V 330– … A	x	x	x	7,65	0,95/0,97	3,3	1,49	1,6	1,7	
V 400– … A		x	x	7,65	0,97	4	1,51	1,61	1,71	
V 470– … A		x	x	7,7	0,97	4,7	1,52	1,62	1,72	
V 530– … A		x	x	7,7	0,97	5,3	1,54	1,64	1,74	
V 600– … A		x	x	7,75	0,97	6	1,55	1,65	1,75	
V 700– … A		x	x	7,8	0,97	7	1,58	1,68	1,76	
V 940– … A			x	7,8	0,97	9,4	1,58	1,68	1,77	
VH 280-50		x		7.85	0,97	6,6	1,62	1,7	1,79	1,98
VH 330-65			x	7,85	0,97	8	1,62	1,7	1,79	1,98
VH 370-50		x		7,85	0,97	8,9	1,6	1,68	1,78	1,98
VH 420-65			x	7,85	0,97	10	1,6	1,68	1,78	1,98
VH 430-50		x		7,85	0,97	10,5	1,58	1,65	1,77	1,98
VH 500-65			x	7,85	0,97	12	1,58	1,65	1,77	1,98
VM 89-27	0,27 mm			7,65	0,95	0,89	1,75 bei $H = 0{,}8\ \frac{kA}{m}$			
VM 97-30	0,30 mm			7,65	0,955	0,97				
VM 111-35	0,35 mm			7,65	0,96	1,11				

Übertragerblech

DIN 41 301/7.67

Kurzname	Bestandteile	Kennzeichnung		ϱ in $\frac{kg}{dm^3}$	$\varkappa$ in $\frac{MS}{m}$	H_c in $\frac{A}{m}$	$B_{Sät}$ in T	μ_{16}[2] (μ_4)	T_{Curie}[3] in °C	Handelsnamen (Beispiele)
		Farbe	Strichanzahl							
A0	Stahl mit	–	0	7,7	2,5	100	2,03	450	750	Trafoperm
A2	2,5 …	hell-	2	7,63	1,82	60	2	800 … 900	750	
A3	4,5 % Si	grün	3	7,57	1,47	35	1,92	750 … 900	750	Hyperm 4
C2	Stahl mit 3,5 …	weiß/schwarz	je 1	7,55	2,00	30	2	1300	750	
C5	4,5 % Si	weiß	1	7,65	2,22	15	2	2100	750	
D1	Stahl mit	h. blau	1	8,15	1,33	60	1,3	1900 … 2400	250	Permenorm 3601
D1a	36 …	h. blau/weiß	je 1	8,15	1,33	50	1,3	2200 … 2300	250	Magnifer 36K
D3	40 % Ni	h. blau/schwarz	je 1	8,15	1,33	15	1,3	2500 … 2900	250	
E3	Ni-Fe-Leg.	hellrot	1	8,6	2,00	2	0,7 … 0,8	(16 000 … 35 000)	400	Mumetall, Hyperm 500
E4	mit ≈ 75 % Ni	hellrot/weiß	je 1	8,7	1,82	1	0,6 … 0,8	(30 000 … 40 000)	270 … 400	
F3	Ni-Fe-Leg. mit ≈ 50 % Ni	gelb/grün	je 1	8,25	2,22	10	1,5	(4000)	470	Hyperm 50, Permenorm 5000, Magnifer 50RG

[1] $J = B - \mu_0 \cdot H$ Maß der Magnetisierbarkeit   [2] μ_{16}: μ_r bei $H = 1{,}6\ \frac{A}{m}$ [3] T_{Curie}: Entmagnetisierungstemperatur

Magnet-Werkstoffe

Magnetisierungs-Kennlinien von Elektroblechen und Grauguß

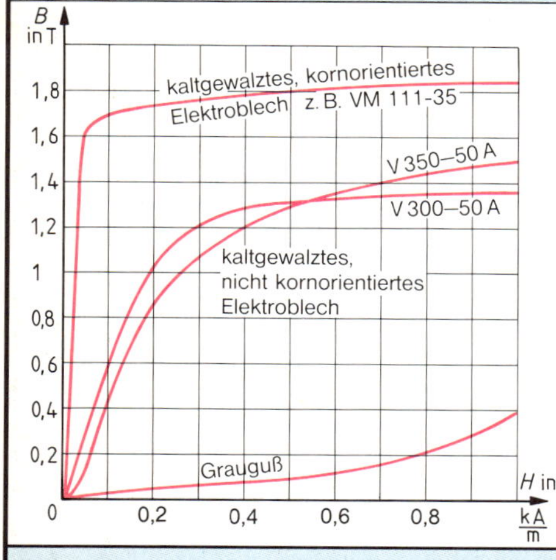

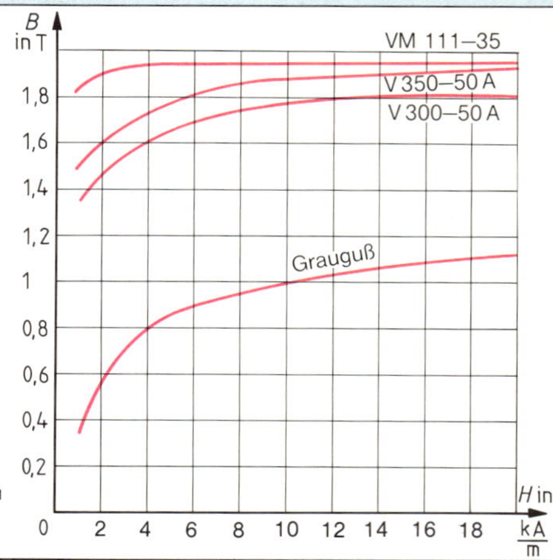

Magnetisierungs-Kennlinien von Relais-Werkstoffen und Übertragerblechen

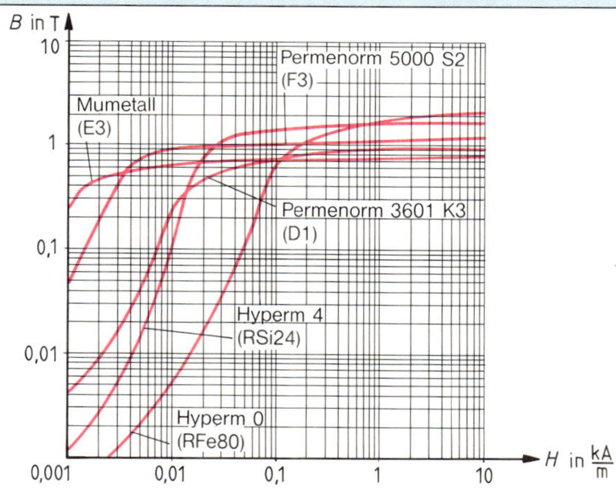

Entmagnetisierungs-Kennlinien von Dauermagnet-Werkstoffen

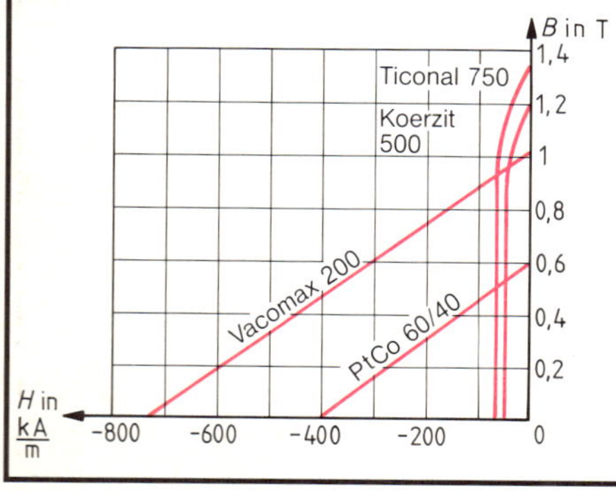

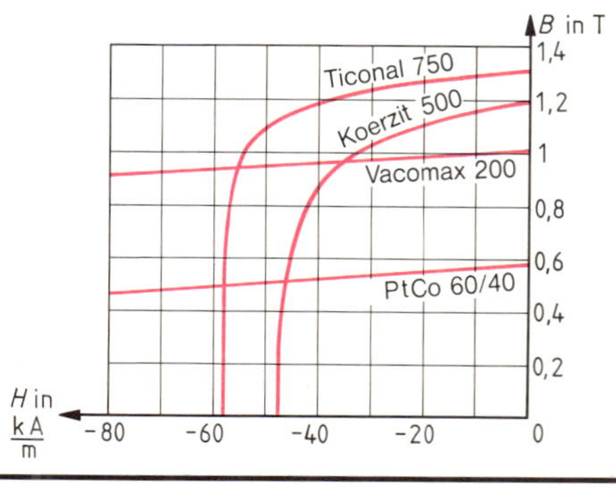

Gedruckte Schaltungen

DIN 40801 T. 1/8.71
DIN 40802 T. 2/6.69
DIN 40803 T. 2/3.70

Basis-Material

Typbezeichnung:
(Beispiele)

EP–GC 02
PF–CP 01

- Güteklasse
- Harzträger
- Harzbasis

Harzbasis:
PF: Phenol
EP: Epoxid

Harzträger:
CP: Cellulosepapier
GC: Glasfilamentgewebe

Güteklasse: Qualität mit steigender Zahl fallend (s. DIN 40802, Teil 2)

Kupferkaschierung

Nenngewicht $\frac{\text{Masse}}{\text{Fläche}}$ in $\frac{g}{m^2}$	Dicke in µm	zul. Abweichung in µm
152	18	+ 6/–2
305	35	± 5
610	70	± 8

Nenndicken des metallkaschierten Basismaterials in mm

0,2	0,5	0,8	1	1,2	1,5	1,6	2	2,4	3,2[1]	6,4[1]

[1] Bei Bauelementeanschlüssen sind diese Nenndicken nicht berücksichtigt.

Rastermaße in mm

2,50 2,54	0,625 0,635	0,5	0,1

Loch- und Lötaugendurchmesser in mm

Loch-∅	0,4	0,5	0,6	0,8	0,9	1	1,3	1,6	2
Lötaugen-∅			1,8	2,3		2,5	2,8	3,1	3,5

Elektrischer Widerstand (Cu-Leiter)

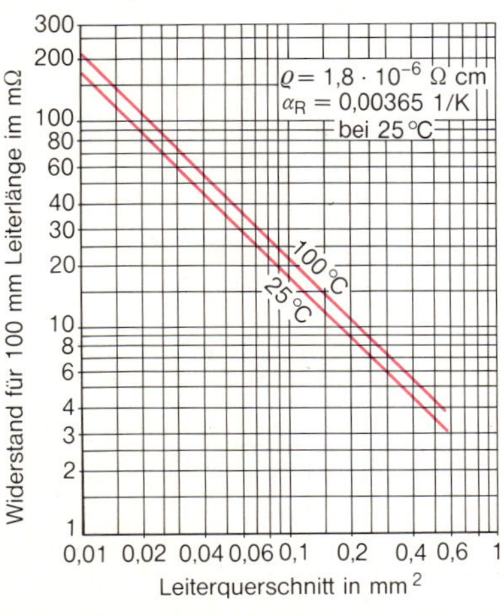

Strombelastbarkeit

von Cu-Leitern bei Nenndicken des Basismaterials von 1,6 ... 3,2 mm.
Reduktion um 15 %, wenn die Platte mit Abdecklack versehen oder weniger als 0,8 mm dick ist.

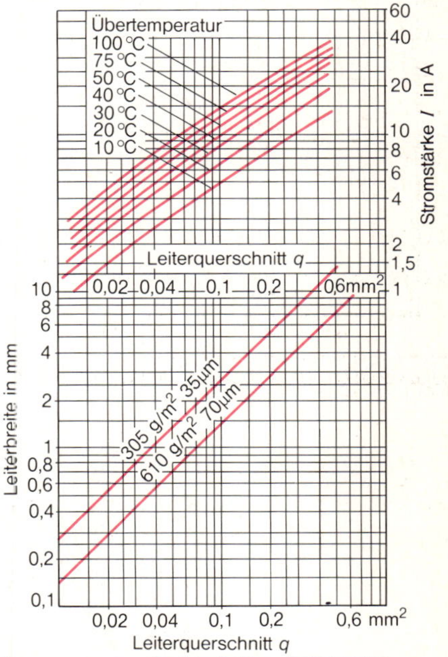

Nennspannung zwischen Leitern (Richtwerte)

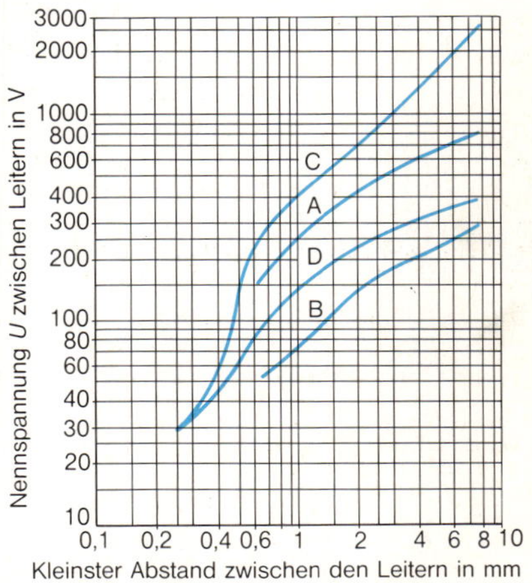

A ohne Isolierüberzug, Höhen bis 3000 m
B ohne Isolierüberzug, Höhen über 3000 m bis 15 000 m
C mit Isolierüberzug, Höhen bis 3000 m
D mit Isolierüberzug, Höhen über 3000 m

Isolierstoffe, Kunststoffe

Kurzzeichen		Kunststoff	Eigenschaften	Verwendungen	Handelsnamen (Beispiele)
PVC hart	Thermoplaste	Polyvinylchlorid	beständig gegen viele Chemikalien, alterungsbeständig	Apparatebau, Bauindustrie, Folien, Rohre, Flaschen	Hostalit Vinoflex Trividur
PVC weich		Polyvinylchlorid	geringere chemische Beständigkeit	Fußbodenbelag, Tapeten, Kunstleder, Drahtisolation	Mipolam Acella Vestolit
PS		Polystyrol	hart, spröde, Oberflächenglanz, sehr gute elektr. Eigenschaften	Verpackung, Spulenkörper	Styroflex Trolitul Hostyren
SB		Styrol-Butadien	höhere Zähigkeit als PS, empfindlich gegen UV-Licht	Gehäuse, Installationsmaterial	Styron Hostyren
SAN		Styrol-Acrylnitril	beständig gegen Küchenflüssigkeiten, kratzfest	Haushaltsgeräte	Vestoran Tyril
ABS		Acrylnitril-Butadien-Styrol	Oberflächenglanz, Schlagzähigkeit, kratzfest	Gehäuse, Geräteteile, Batteriekästen	Novodur Perluran
PE LDPE HDPE		Polyethylen Weich-PE Hart-PE	wenig witterungsbeständig. Steigende Dichte ergibt steigende Härte und Wärmeformbeständigkeit, aber sinkende Transparenz	Kabelisolierung, Folien, Flaschen	Hostalen Lupolen Corothene
PP		Polyprophylen	chem. Beständigkeit, harte Oberfläche	Batteriekästen, Haushaltsgeräte	Novolen Trolen P
PA 12		Polyamid 12	geringe Wasseraufnahme, sehr gute chem. Beständigkeit	Lebensmittelfolien, Präzisionsteile der Elektrotechnik	Rilsan A Durethan Ultramid
POM		Polyoxymethylen (Acetalharz)	zäh, wärmeformbeständig, maßhaltig, abriebfest, nicht säurefest	Zahnräder, Gleitlager, Armaturen, Schaltrelais, Beschläge	Hostaform Delrin Sustain
PMMA		Polymethylmethacrylat	glasklar, spröde, chem. beständig, alterungs- und witterungsbeständig	Lichtkuppeln, Leuchtenabdeckung, optische Linsen	Plexiglas Degalan Vedril
CA **CAB**		Celluloseacetat Cellulose-Acetobutyrat	zäh, transparent, nicht lebensmittelecht, kraftstoffbeständig	Brillengestelle, Filme, Gehäuse für elektr. Geräte	Cellidor Tenite Cellon
PETP **PBTP**		Polyethylen-Polybuthylenenterephthalat	hart, kristallin, abriebfest, geringe Wasseraufnahme, niedrige Ausdehnung	Zahnräder, Aderisolierung, Gehäuse, Rohre	Vestodur A, B Ultradur Crastin
PC		Polycarbonat	hart, steif, zäh, maßhaltig, alterungsbeständig	Gehäuse, Steckerleisten, Helme	Makrolon Lexan
UP	Duroplaste	Polyester ungesättigt	maßhaltig, licht- und farbecht, sehr fest	Sturzhelme, Schalter, Karosserieteile	Hostaphan Vestopal
EP		Epoxid	chem. beständig, sehr leicht fließend, geringe Steifigkeit bei Wärme	Präzisionsteile, Zwei-Komponenten-Kleber, Metalleinbettungen	Araldit Terokal Skotch-Weld
PF		Phenol-Formaldehyd	bräunlich, dunkelt nach, spröde, nicht lebensmittelecht, chem. beständig	Topfgriffe, Spulenträger, Sockelplatten, Gleitlager	Bakelite Resinol Trolitan

Eigenschaften von Kunststoffen

Kurzzeichen	ϱ in $\frac{kg}{dm^3}$	Anwendungstemperatur in °C		Chemische Beständigkeit und Löslichkeit													ϱ_D in $\Omega \cdot cm$	R_m in $\frac{N}{mm^2}$	E_d in $\frac{kV}{mm}$	λ_{20} in $\frac{mW}{m \cdot K}$	ε_r
						Säure			Lauge												
		dauernd	kurzzeitig	Kraftstoff	Mineralöl	schwach	stark	organisch	schwach	stark	organische Öle	Xylol	Aceton	Tetrachlorkohlenstoff	Trichloräthylen	Methylenchlorid					
PVC hart	1,35 … 1,4	60 … 70	70 … 80	–	+	+	○	○	+	+	+	○	○	○	○	○	10^{16}	50	20 … 50	100	3,3 … 4,0
PVC weich	1,2 … 1,3	50 … 60	60 … 70	–	○	+	+	○	+	○	○	○	○	○	○	○	10^{10} … 10^{15}	20	20 … 35	100	3,5 … 7,5
PS	1,05	65 … 80	75 … 90	–	○	+	○	○	+	+	+	–	–	–	–	–	10^{17}	50	50	110	2,6
SB	1,04	65 … 75	75 … 85	○	○	+	○	×	+	+	+	–	–	–	–	–	10^{16}	40	40 … 100	120	2,6 … 2,9
SAN	1,08	85 … 90	90 … 95	○	○	+	○	○	+	+	+	–	–	○	–	–	10^{16}	80	30 … 50	120	2,9
ABS	1,03 … 1,07	75 … 95	85 … 105	○	○	+	○	+	+	+	+	–	–	○	–	–	10^{15}	40	40	150	3,0 … 4,0
PE	0,92 … 0,96	80 … 95	90 … 110	○	○	+	○	+	+	+	○	○	+	○	○	○	10^{17}	10 … 20	70 … 100	350	2,3
PP	0,9	100 … 110	130 … 140	○	○	+	–	○	+	+	○	○	+	○	○	○	10^{17}	30	70 … 90	200	2,4
PA 12	1,02	80 … 110	140 … 150	+	+	–	–	○	○	○	+	+	+	+	+	+	10^{14}	60	50 … 60	200	3,0 … 4,0
POM	1,41	90 … 110	110 … 140	+	+	–	–	○	+	+	+	+	+	+	○	○	10^{15}	70	50 … 70	250	3,7
PMMA	1,18	75 … 95	85 … 100	–	+	+	○	–	+	○	+	–	–	○	○	–	10^{17}	70	40	186	3,4
CA **CAB**	1,26 1,17	50 … 80	70 … 95	– ×	+ ×	– ×	– ×	– ○	+ ×	+ ×	+ ×	+ ○	– –	○ –	○ –	○ –	10^{14}	30	30 … 40	200	3,3 … 6,0
PETP **PBTP**	1,37 1,3	100	160	+	+	+	○	+	+	+	+	+	○	–	–	○	10^{14}	60	50 … 100	200	3,0 … 4,0
PC	1,2	130	140	–	+	+	○	–	–	–	+	○	○	○	○	–	10^{16}	60	30 … 50	198	3,0
UP	1,3	130	170	+	+	+	○	–	○	+	+	×	×	×	×	×	10^{12}	40	10 … 15	150	2,7 … 3,6
EP	1,1 … 1,4	130	180	+	+	+	×	+	+	+	+	×	×	×	×	×	10^{14}	70	35	244	3,5 … 5,0
PF	1,25	100 … 140	140 … 200	+	+	○	–	×	–	×	+	×	×	×	×	×	10^{8} … 10^{12}	50	20	198	4,0 … 10,0

\+ beständig ○ bedingt beständig – unbeständig × keine generelle Aussage möglich

Erkennen von Kunststoffen

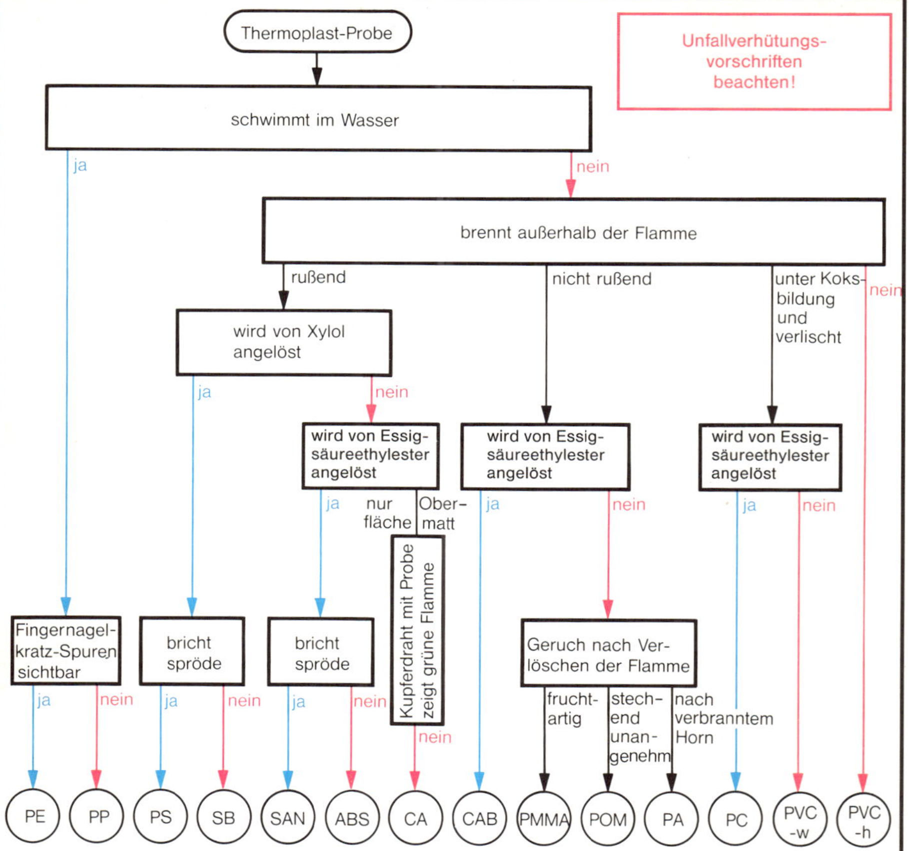

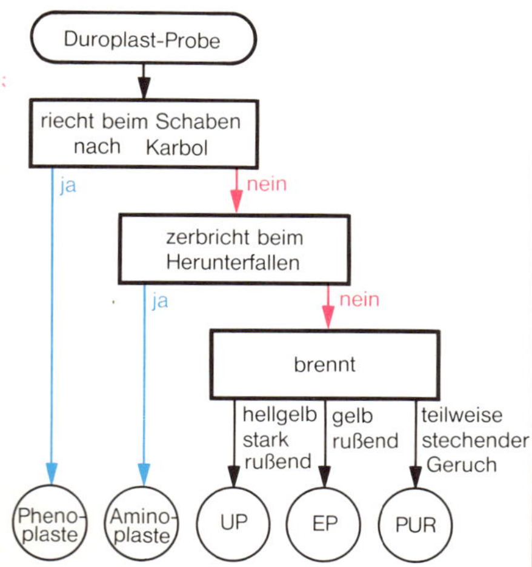

Weitere typische Merkmale

Kunststoff	Merkmal
Aminoplast	brennt nicht
Phenoplast, Phenolharz	brennt nicht, nur Füllstoffe brennen
PE-w, PVC-w, PP, PUR	elastisch, unzerbrechlich
ABS	entwickelt **Blausäure** beim Verbrennen!! Hinterläßt harte, schwarze Asche
PMMA, Acrylglas, Acrylharz	verbrennt vollständig
PUR, vernetzt (Duroplast)	brauner Rückstand nach Verbrennung
PUR, linear (Thermoplast)	kein brauner Rückstand nach Verbrennung
PVC	entwickelt Salzsäure beim Verbrennen!!

Schichtpreßstoffe, Isolierfolien und -Lacke

Bezeichnung Kurzzeichen	Normung	Werkstoffe, Aufbau	Besondere Eigenschaften	Verwendung	Beispiele
Vulkanfiber Vf	DIN 7737 /6.56	Papier mit Chlorzinklösung	$\varrho_D = 10^8\ \Omega$ cm	Isolierung	Vf 3122
Verbundspan Vsp	DIN 7739	Verkleben verschiedener Isolierstoffe	Vorzüge der Kunststoffe	Nutisolation	Vsp
Preßspan Psp	DIN 7733 /6.62	gepreßte Feinpappe aus Zellulose		Spulenkörper, Nutisolation	Psp 3020
Heiz-Mikanit HEM	VDE 0332 /11.68	Glimmer mit Schellack, Kunstharz bzw. Silikon	Grenztemperatur: 130 ... 180 °C	Träger und Abdeckungen von Heizdrähten	HEM 3328
Flexibel-Mikanit FLM	VDE 0332 /11.68	Glimmer mit Kunstharz, Silikon bzw. Epoxidharz	Grenztemperatur: 130 ... 180 °C	Umwicklungen, Nutauskleidung	FLM 3358
Glimmerband GLM	VDE 0332 /11.68	geringe Mengen Glimmer mit Kunst- bzw. Epoxidharz, Silikon	Grenztemperatur: 130 ... 180°C	Isolation von Ankerstäben	GLB 3399
Hartpapier Hp	VDE 0318 T. 2/9.75	Papier und Kunststoff gepreßt	formbeständig 90 ... 120 °C	Spulenkörper, Isolierplatten, Nutisolation	Hp 2063
Hartgewebe Hgw	VDE 0318 T. 2/9.75	Gewebebahnen und Kunststoff gepreßt, Asbest, Glasseide	formbeständig 95 ... 155 °C	Spulenkörper, Nutisolation	Hgw 2072
Hartgummi Hgi	DIN 7711	Kautschuk plus 30 % Schwefel und weitere Zusätze	formbeständig bis 85 °C		Hgi 6
Isolierfolien F	DIN 40634 /11.69	verschiedene Thermoplaste	$\varrho_D = 10^{10} \ldots 10^{17}\ \Omega \cdot$cm	Kondensatoren, Ankerwicklungen, Tonbänder	F 1620
Kunststoffbänder, selbstklebend K	VDE 0340 T. 1/5.75	PVC, PE, CA, PC, PETP	Grenztemperatur: 80 ... 130 °C	Isolation	K 50
Gewebebänder, selbstklebend G	VDE 0340 T. 2/7.67	Baumwoll-, Zellwollgewebe mit bzw. ohne Kunststoff		Installations-, Reparaturarbeiten	G 2
Bänder, selbstklebend mit wärmehärtender Klebschicht W	VDE 0340 T. 3/8.70	Klebschicht härtet bei Wärme aus	Grenztemperatur: 105 .... 140 °C	Installations-, Reparaturarbeiten	W 90
Isolierlacke, Tränklacke TL	VDE 0360 T. 1/9.74	verschiedene Duroplaste	Nenntemperatur: 120 ... 200 °C	Tränken von Wicklungen	TL 200

Keramische Isolierstoffe

DIN VDE 0335 T 1/02.88

Beispiel:

KER 110.1

- KER: Keramik
- 1: Gruppe (z. B. 100)
- 110.1: Typ

Typ	Werkstoffart Farbe Masseart	wesentliche Bestandteile	Rohdichte ϱ in $\frac{kg}{dm^3}$	Druckfestigkeit σ_{dB} in $\frac{kN}{mm^2}$	Längenausdehnungskoeffizient α in $10^{-6}K^{-1}$	Wärmeleitfähigkeit λ in $\frac{W}{m \cdot K}$	tan δ bei 50 Hz in 10^{-3}	tan δ bei 1 MHz in 10^{-3}	ϱ_D in 10^{11} Ωcm	ε_r	Prüfspannung (1 min) in kV
110.1	Porzellan	Aluminium-	2,2	0,45	3,5...5,5	1,2...2,6	25	12	1	6	30
110.2	Porzellan	silikat	2,3	0,55	3,5...5,5	1,2...2,6	25	12	1	6	30
111	Porzellan		2,2	0,25	3,5...4,5	1,2...1,6	–	–	1	–	–
220	Steatit	Magnesium-	2,6	0,85	7...9	2,3...2,8	3	2,5	5	6	20
221	Sondersteatit	silikat	2,7	0,90	6...8	2,3...2,8	1,5	1,2	10	6	34
240	Forsterit, porös		1,9	0,10	8,5...9,5	1,4...1,6	–	0,5	–	4	–
250	Forsterit, dicht		2,8	0,80	–	3,4...4,2	1,5	0,5	–	6	30
310	Kondensator-	Titandioxid	3,5	–	6...8	3,4...4,0	–	0,8	60...100		15
311	keramik	(TiO_2, Rutil)	3,5	–	6...8	3,1...3,8	–	2,0	40...60		15
320		Mg-Titanat	3,1	–	6...10	3,6...3,8	–	0,3	12...40		15
330		TiO_2 und	4,0	–	8...9	–	–	0,3	25...50		15
331		andere Oxide	4,8	–	–	–	–	0,4	30...60		15
340		Sr- und K-Titanat	3,0	–	–	–	–	5	120...350		7,5
350			4,0	–	–	–	–	25	350...3000		2
351		Ba-Titanat	4,0	–	–	–	–	25	>3000		2
410		Cordierit Al-Mg-Silikat	2,1	0,3	1...2	2...2,3	20	7	1	5	15
510	weiß } feinporös	Aluminium-	1,9	0,2	3...5	1,2...1,7	–	–	–	–	–
511	braun } feinporös	silikat, auch	1,9	0,2	3...5	1,3...1,5	–	–	–	–	–
512	braun	andere Anteile,	1,8	0,05	3...5	1,0...1,2	–	–	–	–	–
520	weiß...braun	auch Cordierit	2,0	0,25	1,5...3	1,3...1,7	–	–	–	–	–
530	feinporös		2,0	0,25	3,5...5	1,4...1,6	–	–	–	–	–
610		Al_2O_3	2,6	0,7	5...6	2,3...5,8	–	–	–	–	26
706	Oxidkeramische	Al-Oxid (Korund)	3,3	1	5...6	10...16	–	1	–	8	18
708.1	Stoffe	Al-Oxid (Korund)	3,5	1,7	5...6	14...21	0,5	1	–	9	18
708.2	(hochfeuerfest)	Al-Oxid (Korund)	3,6	1,8	5...7	16...24	0,5	1	–	9	18
710		Al-Oxid (Korund)	3,7	2,1	5...7	19...28	0,2	0,5	–	9	20
720	porös	Mg-Oxid	2,5	0,11	8...9	5,8...10	–	–	–	10	–
730		Zr-Oxid	5,0	1,75	8...9	1,2...3,5	–	2	1	24	–

Typ	Verwendung	Typ	Verwendung	Typ	Verwendung
110	Hoch-, Niederspannungsisolierteile	250	Glasverschmelzung für Vakuumgefäße	520 530	Funken- und Lichtbogenschutz
111	Niederspannungsisolierteile	300	Kondensatoren, besonders für HF	610 706 ... 730	Isolier- und Schutzrohre für Thermoelemente, Isolatoren für Zündkerzen Isolierteile für Vakuumtechnik
220 221 240	wie 110 (besonders HF), Kondensatoren Isolierteile (maßgenau)	410	Wärmetechnik		
		510 ... 512	Heizleiterträger für Wärmegeräte		

Isolierstoffklassen

DIN VDE 0530 T 1/07.91

Klasse	Grenz-temperatur	Isolierstoffe	Bindemittel	Tränkmittel	Verwendung
Y	90 °C	Holz, Baumwolle, Seide, Papier,	kein	nicht erforderlich	Leitungen Abdeckungen
		Psp, Vf, PA, PE, PVC, PS, Anilin-Formaldehyd-Kunstharz, Harnstoff			
A	105 °C	Baumwolle, Seide, Holz, Psp, Vf, PA	kein	Asphaltlack, Schellack, Kopal, Isolieröl	Leitungen Wicklungen Isolierschlauch
		Textilien, Papier, PA	Natur- und Kunstharzlacke		
		geschichtetes Holz	Phenolformaldehyd-Harz		
		CA, vernetzte Polyester-Harze	kein	nicht erforderlich	
E	120 °C	PC-, CTA-Folie, vernetzte Polyester-Harze, Drahtlacke	kein	Kunstharzlacke, vernetzte Polyester-Harze, Epoxid-Harze	Wicklungen Preßteile
		Baumwoll-, Papierschicht- und -verbundstoffe, Preßteile mit Cellulose-Füllkörper	Phenol-Melamin-Formaldehyd-Harze		
		behandelte Textilien	Kunstharzlacke		
		Äthylen-Vinylacetat-Copolymer	kein	nicht erforderlich	
B	130 °C	Glasfaser, Asbest	kein	wie E	Wicklungen Preßteile
		Glasfasertextilien, Asbest	Kunstharzlacke		
		Glimmerprodukte	Schellack, Asphalt, Kunstharzlacke, Epoxid-Harze		
		Drahtlacke, Gewebe und Folien auf PE-glykolterephthalat-Basis	kein		
		geschichtete Glasfaser und Asbest, Vsp, Preßteile mit mineralischen Füllstoffen	Phenol-Melamin-Formaldehyd-Harze Epoxid-Harze		
F	155 °C	Glasfaser, Asbest	kein	Alkyd-Harze, Epoxid-Harze, Silicon-Alkyd-Harze, vernetzte Polyester- und PUB-Harze	Wicklungen
		Glasfasertextilien, Asbest, Glimmerprodukte, cellulosefreie Verbundstoffe (PA-Basis)	wie Tränkmittel		
		Drahtlacke (Basis: IPE, EI, Polyterephthalat), Folien auf Polymonochlortrifluoräthylen-Basis	kein		
H	180 °C	Glasfaser, Asbest	kein	Silicon-Harze	hitzebeständige Leitungen und Wicklungen Isolierschlauch Abdeckungen
		Glasfasertextilien, Asbest	Silicon-Harze, -Kautschuk		
		Glimmerprodukte	Silicon-Harze		
		Fasern (Basis: PA), Folien (Basis: PI), Drahtlacke (Basis: PI)	kein		
C	>180°	Glimmer, Porzellan, Glas, Quarz	kein	kein bzw. Bindemittel: z. B. Zement	Isolatoren, hitzefeste Wicklungen
		Glasfasertextilien, Asbest, Glimmerprodukte	Silicon-Harze mit hoher Wärmebeständigkeit	wie Bindemittel	
		Polytetrafluoräthylen	kein	nicht erforderlich	

Werkstattausrüstungen im Elektrohandwerk

ZVEH-Richtlinien:
- Werkstattausrüstung für das Elektroinstallateur-Handwerk 1981
- Werkstattausrüstung für das Elektromaschinenbauer-Handwerk 1983
- Erforderliche Werkstattmindestausrüstung für Ausbildungsbetriebe im Radio- und Fernsehtechniker-Handwerk 1982

Merkblätter der Berufsgenossenschaft der Feinmechanik und Elektrotechnik:
- Werkstattraum und Werkstattausrüstung von Elektroinstallationsbetrieben 2.82
- Werkstattraum und Werkstattausrüstung von Elektromaschinenbauer-Betrieben 1.84

Elektroinstallations-Betriebe

Bohrmaschine mit Schlagwerk
Bohrhammer
Bohrschrauber
Zangen (VDE 0680)
Lochschere
Kombischere
Pinzetten
Kabelpreßwerkzeug
Schraubendreher (VDE 0680)
Winkelschraubendreher
Stechahle
Nagelbohrer
Einziehband
Seilspannklemme
Abspannflaschenzug
Froschklemme
Leitungsroller
Stahlpanzerrohr-Kluppe
Biegevorrichtung
Rohrschnellspannstock
Drahtbürste
Feilkloben
Plastikhammer
Durchschlagstifte

Gipszeug
Senklot
Wasserwaage
Holzmaßstab
Stahl-Anschlagwinkel
Feinsäge
Handsäge
Stichsäge
Bohrsäge
Stechbeitel
Lötpistole
Lötlampe
Mauerfräse
Preßzange für Aderendhülsen
Spannungsprüfer, einpolig und zweipolig
Spannungsmesser
Strommesser
Zangenstrommesser
Isolationsmesser
Schleifenimpedanzenmeßgerät
Widerstandsmeßgerät
FI/FU-Prüfgerät
NH-Sicherungs-Aufsteckgriff

Elektromaschinenbauer-Betriebe

Handschleifmaschine
Drehmaschine
Schweißgerät (Autogen-)
Schlagschere
Knick- und Falzeinrichtung
Spulenwickelmaschine
Tränk- und Imprägniereinrichtung
Trockenofen
Winden
Krane
Schlauchklemmzange
Schaber
Abziehvorrichtung
Kollektorfräse
Spezialwerkzeuge für Wicklungsarbeiten
Mechanikerwerkzeug
Hochspannungs-Isolationsprüfgerät
Drehzahlmesser
Meßgeräte (tragbar) zur Überprüfung von Maschinen

Gemeinsam

Gewindeschneidzeug
Werkstattfeilen
Momentschraubzwinge
Schlosserhämmer
Wasserpumpenzange
Sprengringzange
Schraubendreher

Meißel
Körner
Stahlbandmaß
Meßschieber
Meßschraube
Metallsäge
Lötkolben

Kabelmesser
Kabelschere
Ölspritzkanne
Steckschlüssel
Maulschlüssel
Ringschlüssel
Tischbohrmaschine

Lichtbogen-Schweißeinrichtung
Werkbank mit festmontiertem Schraubstock
Schleifmaschine (2 Schleifscheiben)
Zangen (Kombi-, Flach-, Rohr-, Telefon-, Rund-, Beiß-, Preß-, Abisolierzange, Seitenschneider)

Stationärer Prüfplatz mit festeingebauten Meßgeräten für: Betriebsspannung, Betriebsstrom, Drehfeld-Richtung, Nennleistung, Schutzleiterwiderstand, Isolationswiderstand
zusätzlich bei Elektromaschinenbau: Wicklungstemperatur, Windungsschluß, Wicklungswiderstand

Radio- und Fernsehtechnik-Betriebe

Handbohrmaschine mit Schlagwerk
Tischbohrmaschine
Werkbank mit Schraubstock
Schleifbock
Mechanikerwerkzeug
Regeltrenn-Transformator
Lötkolben (Schutztrennung)
Satz Radio- und Fernsehtechniker-Werkzeug
Entstaubungsvorrichtung
Service-Koffer
Reparaturspiegel
Lupenleuchte
Instandsetzungsvorrichtung für Plattenspieler

Vielfachmeßgerät
Entmagnetisierungsdrossel für Magnetköpfe/Farbbildröhren
Netzgerät (stabilisiert)
Gleichspannungsmesser
Antennen-Fernsehmeßempfänger
Antennen-Radiomeßempfänger
Digitaler Spannungsmesser
Zwei-Kanal-Oszilloskop
Farbbildmuster-Generator

Wow-Futter-Meter
Schwebungssummer
Nadelprüfgerät
Lupe für Farbreinheit
Fernbedienungsprüfgerät
Schutzvorrichtung für Bildröhrenaustausch
Meßsender
Stereo-Coder
Frequenzzähler
Signalgeber
Leistungsmesser
Stereoleistungsmesser

Gewindearten

Metrisches Regelgewinde

DIN 13 T. 1/12.86

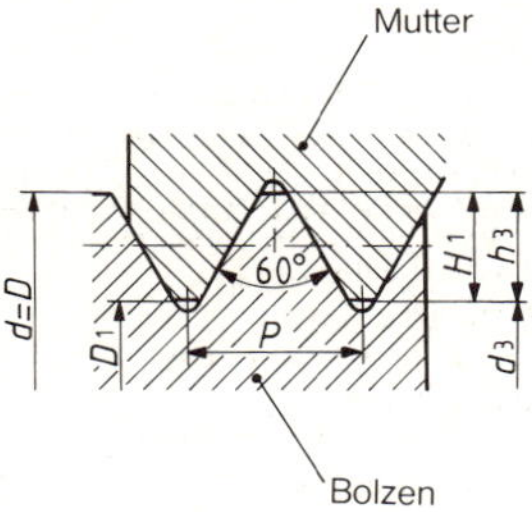

Gewindetiefe:
Bolzen $h_3 = 0{,}6134 \cdot P$
Mutter $H_1 = 0{,}5413 \cdot P$

Kerndurchmesser:
Bolzen $d_3 = d - 1{,}2269 \cdot P$
Mutter $D_1 = d - 1{,}0825 \cdot P$
Kernlochbohrer-Durchmesser
$= d - P$

Kurzzeichen	Außen-Ø	Kerndurchmesser		Kernlochbohrer Ø	Gewindetiefe		Steigung P	SW für Sechskant
	$d=D$	Bolzen d_3	Mutter D_1		Bolzen h_3	Mutter H_1		
M 1	1	0,693	0,729	0,75	0,153	0,135	0,25	–
M 1,2	1,2	0,893	0,929	0,95	0,153	0,135	0,25	–
M 1,6	1,6	1,171	1,221	1,3	0,215	0,189	0,35	3,2
M 2	2	1,509	1,567	1,6	0,245	0,217	0,4	4,5
M 2,5	2,5	1,948	2,013	2,1	0,276	0,244	0,45	5
M 3	3	2,387	2,459	2,5	0,307	0,271	0,5	5,5
M 4	4	3,141	3,242	3,3	0,429	0,379	0,7	7
M 5	5	4,019	4,134	4,2	0,491	0,433	0,8	8
M 6	6	4,773	4,917	5,0	0,613	0,541	1	10
M 8	8	6,466	6,647	6,8	0,767	0,677	1,25	13
M 10	10	8,160	8,376	8,5	0,920	0,812	1,5	17
M 12	12	9,853	10,106	10,2	1,074	0,947	1,75	19
M 16	16	13,546	13,835	14	1,227	1,083	2	24
M 20	20	16,933	17,294	17,5	1,534	1,353	2,5	30
M 24	24	20,319	20,752	21	1,840	1,624	3	36
M 30	30	25,706	26,211	26,5	2,147	1,894	3,5	46
M 36	36	31,093	31,670	32	2,454	2,165	4	55
M 42	42	36,479	37,129	37,5	2,760	2,436	4,5	65
M 48	48	41,866	42,587	43	3,067	2,706	5	75
M 56	56	49,252	50,046	50,5	3,374	2,977	5,5	85
M 64	64	56,639	57,505	58	3,681	3,248	6	95

Stahlpanzerrohr-Gewinde

DIN 40430/2.71

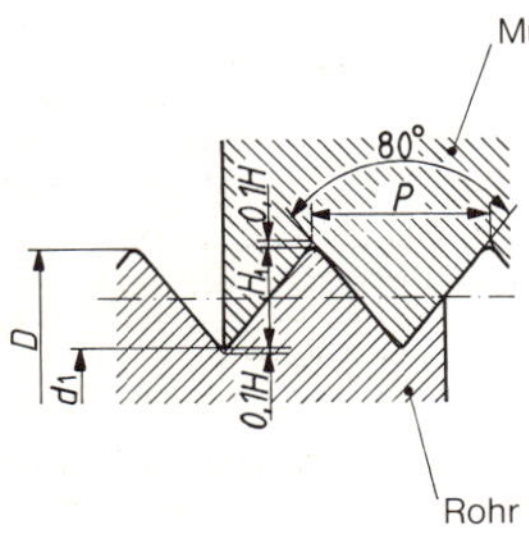

Kurzzeichen	Außen-Ø $d=D$	Kern-Ø $d_1=D_1$	Gewindetiefe H_1	Steigung P	Gangzahl je Inch z
Pg 7	12,5	11,28	0,61	1,27	20
Pg 9	15,2	13,86	0,67	1,41	18
Pg 11	18,6	17,26	0,67	1,41	18
Pg 13,5	20,4	19,06	0,67	1,41	18
Pg 16	22,5	21,16	0,67	1,41	18
Pg 21	28,3	26,78	0,76	1,59	16
Pg 29	37	35,48	0,76	1,59	16
Pg 36	47	45,48	0,76	1,59	16
Pg 42	54	52,48	0,76	1,59	16
Pg 48	59,3	57,78	0,76	1,59	16

Elektrogewinde

DIN 40400/12.81

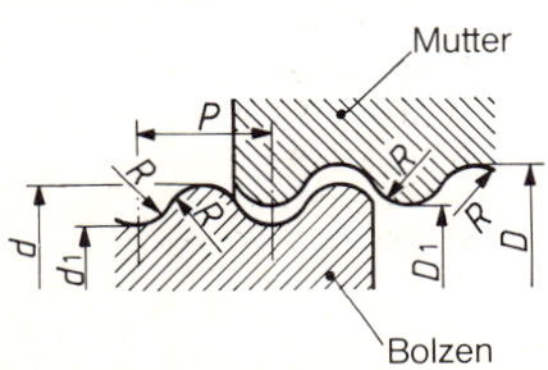

Kurzzeichen	Außendurchmesser		Kerndurchmesser		Rundung R	Steigung P	Gangzahl je Inch
	Bolzen d	Mutter D	Bolzen d_1	Mutter D_1			
E 14	13,8	14,1	12,1	12,5	0,822	2,82	9
E 16	15,9	16,2	14,4	14,6	0,708	2,5	10
E 18	18,4	18,7	16,7	17,1	0,875	3	8,5
E 27	26,3	26,7	24,1	24,5	1,025	3,63	7
E 33	33,4	33,4	30,3	30,8	1,187	4,23	6

Schrauben und Muttern

Zylinderschraube mit Schlitz	Senkschraube mit Schlitz	Kreuzloch-schraube	Zylinderschraube mit Innensechskant	Flachrundschraube mit Vierkantansatz

DIN 84	DIN 963	DIN 404	DIN 912	DIN 603
Linsensenkschraube mit Kreuzschlitz	**Flügelschraube**	**Steinschraube**	**Halbrund-Nagelschraube**	**Zylinderblech-schraube mit Schlitz**

DIN 966	DIN 316	DIN 529	DIN 7514	DIN 7971
Sechskantmutter	**Kronenmutter**	**Hutmutter**	**Kreuzlochmutter**	**Schlitzmutter**
	flach 	niedrig 		
DIN 934	DIN 937	DIN 917	DIN 548	DIN 546

Bezeichnungen von Schrauben und Muttern

Beispiel: Sechskantschraube DIN 931 – A M 10 x 80 – 8.8 m

- Bezeichnung — Sechskantschraube
- DIN-Blatt — DIN 931
- Form — A
- Gewindeart — M
- Nenndurchmesser — 10
- Schraubenlänge (ohne Kopf) — 80
- Festigkeitsklasse — 8.8
- Güte — m

Festigkeitsklassen für Schrauben aus Stahl

Festigkeitskl.	3.6	4.6	4.8	5.6	5.8	6.8	6.9	8.8	10.9	12.9
R_m in N/mm²	340	400		500		600		800	1000	1200
R_e in N/mm²	200	240	320	300	400	480	540	640	900	1080
A_5 in %	25	25	14	20	10	8	12	12	9	8

Festigkeitsklassen für Muttern aus Stahl DIN ISO 898 T.2/3.81

Festigkeitskl.	4	5	6	8	10	12
Prüfspannung in N/mm²	400	500	600	800	1000	1200

Bei Schrauben und Muttern aus NE-Metallen wird statt der Festigkeitsklasse der entsprechende Werkstoff angegeben

Ausführungsgüten für Schrauben und Muttern

Güteklasse	fein	mittel	mittelgrob	grob
Kurzzeichen	f	m	mg	g

Gewindelängen bei Schrauben, Formen der Schrauben

Form	A	B
Ausführung	Gewinde bis Kopf	Zylinderschraube mit Schaft

Senkungen

DIN 74

für Zylinderschrauben nach DIN 84, 912, 6912, 7984

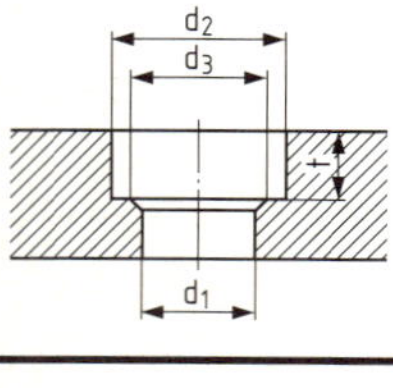

für Sechskantschrauben nach DIN 931

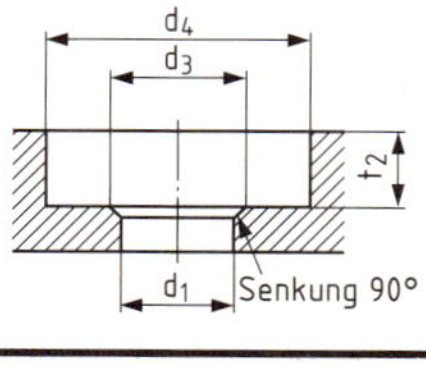

für Senk-Blechschrauben nach DIN 7972, 7982

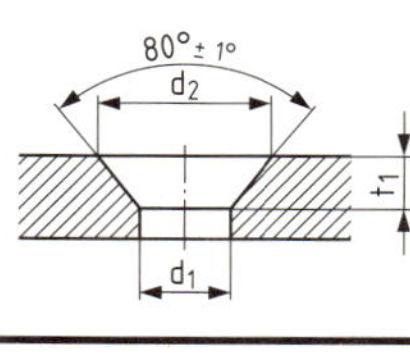

für Senkschrauben nach DIN 963 … 966, 7991

Ausführung mittel (m)

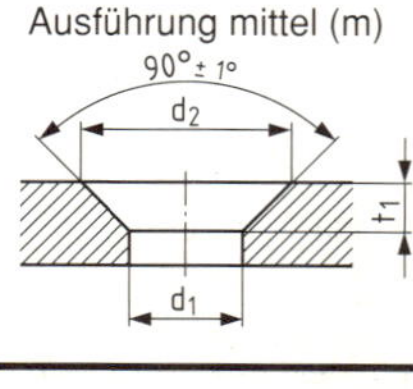

Bohren

DIN 1412/12.66

Bezeichnungen am Spiralbohrer (Wendelbohrer)

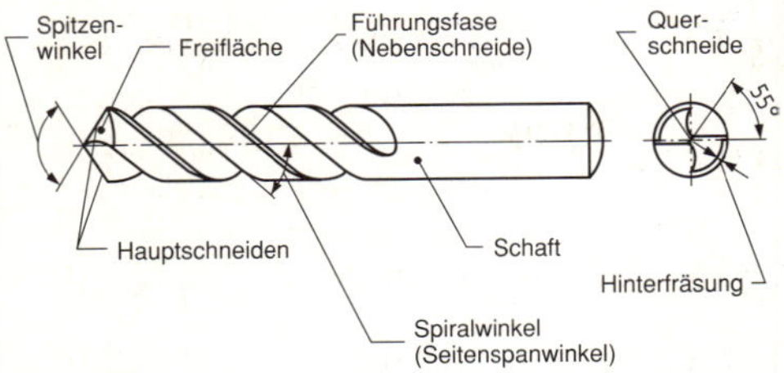

SS-Bohrer: Bohrer aus Schnellarbeitsstahl

HM-Bohrer: Bohrer mit Hartmetallschneide

v: Schnittgeschwindigkeit in m/min für $d = 1 \ldots 50$ mm

s: Vorschub in mm pro Umdrehung. Kleiner Vorschub für kleine Durchmesser

Drehzahl: $n = v \cdot \frac{1000}{d \cdot \pi} \Rightarrow n = v \cdot x$

d in mm	1	5	10	15	20
x in m^{-1}	≈ 300	≈ 60	≈ 30	≈ 20	≈ 15

Werkstoff – Bohrer – Zuordnung

Werkstoff	**Stahl** … 700 $\frac{N}{mm^2}$	… 900 $\frac{N}{mm^2}$	Cr-Ni-Stahl	Werkzeug-stahl	Stahlguß	**Gußeisen**
Spitzenwinkel Spiralwinkel	118°	130°	16 … 30°	140°	118° 16 … 30°	118° 16 … 30°
SS-Bohrer *v* *s*	20 … 35 0,05 … 0,45	15 … 20 0,03 … 0,35	10 … 20 0,03 … 0,3	6 … 9 0,02	18 … 25 0,05 … 0,45	12 … 40 0,05 … 1,3
HM-Bohrer *v* *s*	– –	40 … 70 0,02 … 0,12	15 … 32 0,02 … 0,06	9 … 12 0,03 … 0,06	20 … 40 0,1 … 0,3	25 … 80 0,1 … 0,3
Werkstoff	**Kupfer**	**Kupferzink** CuZn 10	**Aluminium**	**Duroplast**	**Thermoplast**	**Fliesen** **Beton**
Spitzenwinkel Spiralwinkel	140° 20 … 40°		140° 35 … 40°	100 … 120°	80 … 110° 10 … 13°	140° 16 … 30°
SS-Bohrer *v* *s*	35 … 70 0,15 … 0,5	30 … 35 0,02 … 0,4	50 … 200 0,15 … 0,6	30 … 40 0,04 … 0,6	30 … 80 0,1 … 0,5	– –
HM-Bohrer *v* *s*		75 … 120 0,04 … 0,3	200 … 300 0,05 … 0,25	100 … 120 0,04 … 0,6	– –	20 … 40 0,1 … 0,3

Dübel (Auswahl)

Dübel S

alle Wände

kleine bis große Last

Hohlraumdübel

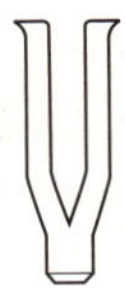

Kippdübel

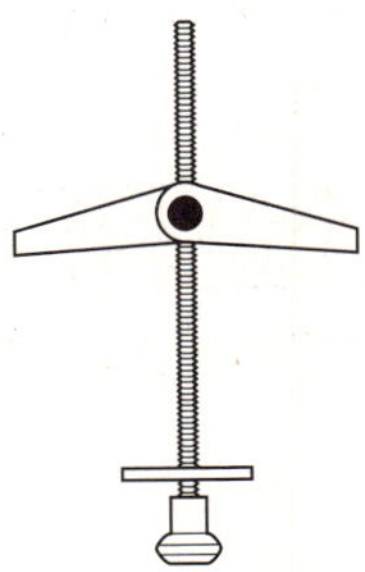

Spanplatten

kleine Last

Stahldübel

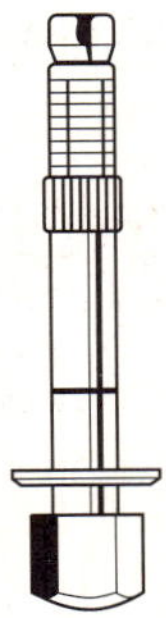

Beton

große Last

Rahmendübel

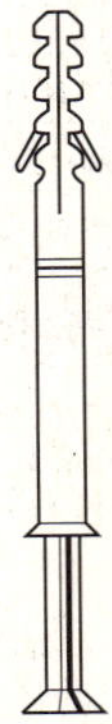

alle Wände

mittlere Last

Löten

DIN 8505 T.3/1.83

Lötverfahren

Bezeichnung	Kurzzeichen	Verfahren	Verwendung
Flammlöten	**FL**	Werkstück und Lot mit Gas-Brenner (auch: Lötlampe) erhitzt	große Flächen, Hartlöten, Löten von Blei
Löten im Gasofen	**GA**	Werkstück mit Lot im Ofen erhitzt	Hartlöten, Schutzgas: ohne Flußmittel
Salzbadlöten	**SA**	Werkstück mit Lot in geschmolzenem Salz erhitzt	industrielles Löten kein Flußmittel
Widerstandslöten	**WD**	Lötfuge durch Stromfluß erhitzt	punktgenaues Löten
Induktionslöten an Luft	**IL**	Werkstück mit Lot in Spule mit HF, Skin-Effekt	Serien-Produktion, da hoher technischer Aufwand
Rollenlöten	**RO**	Werkstück wird durch aufgeheizte Rolle erhitzt. Lot wird angeschwemmt	Leiterplatten u. ä., flache Stücke
Kolbenlöten	**KO**	Werkstück und Lot mit Lötkolben erhitzt	Elektrotechnik (s. u.)

Lötkolben-Arten

Bezeichnung	Abbildung	Leistung	Hinweise	Verwendung
Hammer-Lötkolben	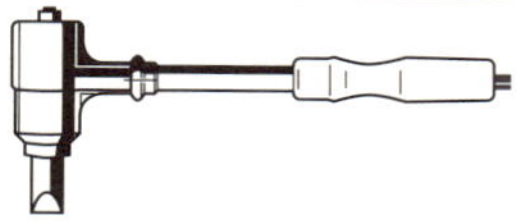	200 … 1000 W	Aufheizzeit: 5 … 7 Minuten Kolben-temperatur: 5000 °C	großflächige Lötungen z. B. Bleche
Standard-Lötkolben		35 … 150 W	Aufheizzeit: … 3 Minuten	Elektrotechnik z. B. Drähte
Miniaturlötstifte, Lötnadeln	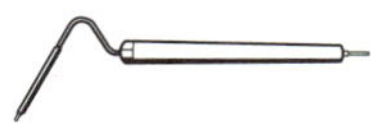	≈ 5 W	Aufheizzeit: ≈ 15 Sekunden	Mikroelektronik z. B. unter Lupe
Lötpistole	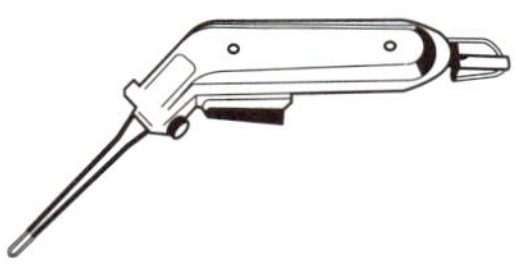	… 100 W	Strom direkt durch Lötspitze Aufheizzeit: … 10 Sekunden	Reparaturen z. B. Elektronik
Schnell-Lötgerät	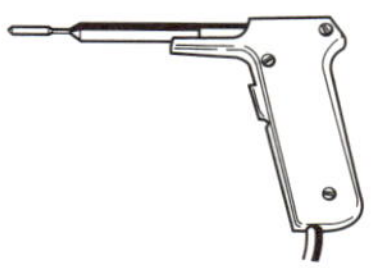	… 20 W	Aufheizzeit: … 10 Sekunden i. a. nicht für Dauerbetrieb geeignet	Reparaturen z. B. gedruckte Schaltungen

Lötspitzen-Arten für Standard-Lötkolben

Bezeichnung	Maß *d* in mm	Abbildung
Flachform (screwdriver)	0,8 1,6 2,4 3,2 5,0	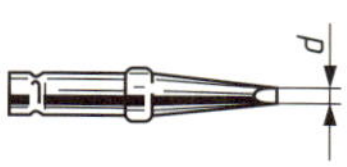
Langform (long screwdriver)	1,2 2,0 3,2	
Rundform, stumpf (conical blunt)	2,4 3,2 5,0	

Bezeichnung	Maß *d* in mm	Abbildung
Rundform, abgeschrägt (conical spade)	1,2 3,2	
Langform, konisch (long conical)	0,8	
Flachform (narrow screwdriver)	1,6	
Flachform, leicht gebogen	3,2	

Löten

DIN 8511, DIN 8513, DIN 1707, DIN 1732 ... DIN 1735

Zuordnung Werkstoff-Lot/Flußmittel — **Weichlote**

Werkstoff	**Kupfer**						
Bearbeitungsvorhaben	dicke	mitteldicke Werkstücke	dünne	Fein-Lötungen	Feinst-Lötungen	Verzinnung	allgemein
Lote	L-Ag8	L-Ag12	L-Ag20 L-Ag25	L-Sn60 L-Sn50 L-Sn40 L-Sn90 L-Sn60Pb(Sb) L-Sn50PbSb	L-Sn63PbAg L-Sn60PbAg L-Sn50PbAg L-Sn60PbCu L-Sn50PbCu	L-Sn60 L-Sn60Pb(Sb) L-Sn50PbSb L-PbSn35Sb	L-Pb98,5 L-Sn35 L-Sn33
Flußmittel	F-SW21	F-SW21	F-SW21	F-SW21...24		F-SW21	F-SW22

Werkstoff	**Kupfer**						
Bearbeitungsvorhaben	gedruckte Schaltung	Motoren	Fernmeldetechnik	hohe mech. Beanspruchung	niedrige Arb. temp.	Wasserrohre kalt	Wasserrohre warm
Lote	wie Feinstlötungen	L-SnAg5 L-PbAg3 L-SnPb Cd18	L-Sn50	L-Sn35	Schnellote	L-Sn50Pb	L-SnSb5 L-SnCu3
Flußmittel	F-SW31, 32	F-SW26	F-SW31			F-SW21	F-SW21

Werkstoff	**Blei**			**verzinktes Blech**		**Zinn**	**Aluminium**
Bearbeitungsvorhaben	Kabelmäntel	Rohre	Feinlötungen	Verzinnung	Feinblech		
Lote	L-Pb Sn35(Sb) L-Pb Sn33(Sb)	L-Pb Sn25Sb L-Pb Sn30Sb L-Pb Sn35Sb	L-Pb Sn40Sb L-Sn50 PbSb	L-PbSn40(Sb)	L-Pb Sn30(Sb) L-Pb Sn40(Sb) L-PbSn45	L-Sn90Pb	L-ZnAl15 L-ZnSn L-Zn60Zn
Flußmittel	F-SW23	F-SW23	F-SW23	F-SW12	F-SW12	–	F-LW1

Zuordnung Werkstoff-Lot/Flußmittel — **Hartlote**

Werkstoff	**Kupfer und Legierungen**	**Neusilber**	**Nickel und Legierungen**	**Stahl**	**Hartmetall auf Stahl**	**Edelmetall**	**Aluminium**
Lote	L-Ms48 L-Ms54 L-Ms85 L-CuSn46 L-CuP8 L-Ag15P L-Ag12Cd L-Ag25Cd L-Ag30 Cd12 L-Ag40Cd L-Ag72	L-CuSn42	L-Ms42 L-CuSn6 L-CuSn12 L-Ag20Cd L-CuNi10 Zn42 L-Ag12Cd	L-Ms54 L-Ms85 L-Ag15 L-Ag25 L-Ag40Cd L-CuSn6 L-CuSn12 L-CuSn46 L-CuNi10 Zn42 L-Ag12Cd	L-Ag49	L-Ag50Cd L-Ag60 L-Ag75 L-Ag45 L-Ag60Cd L-Ag67Cd L-Ag67	L-AlSi7,5 L-AlSi10 L-AlSi12
Flußmittel	F-SH1	F-SH1,2	F-SH2	F-SH2,3	F-SH3	F-SH4	F-SH2

Löten, Leiterplattenmontage

Löten, allgemein

Stichwort	Erläuterung
Lötfuge	0,05 … 0,26 mm, je dünner desto besser, Kapillarwirkung
Festigkeit	Weichlöten: ca. 40 $\frac{N}{mm^2}$; Hartlöten: 250 … 400 $\frac{N}{mm^2}$
Kupferlötkolben	Zinnlote lösen Kupfer an, daher Lötkolben nacharbeiten
Leitungen an Lötösen	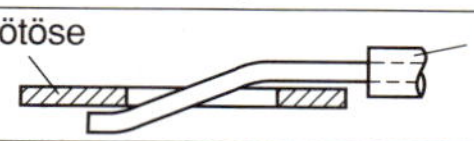 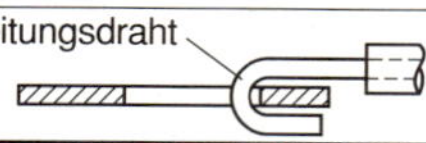

Leiterplatten mit bedrahteten Bauelementen

Schritt	Erläuterung
Leiterplatten-Layout	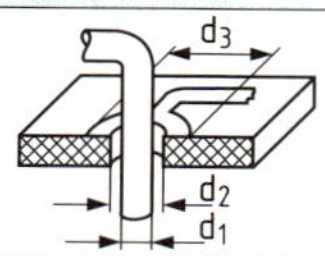 Leiterbahn mit Lötauge

Durchmesser in mm von		
Draht (d_1)	LP-Loch (d_2)	Lötauge (d_3)
bis 0,6	0,8	2,0
0,6 … 0,8	1,0	2,0
0,65 … 1,1	1,3	2,5

Biegen der Anschlußdrähte auf Rastermaß

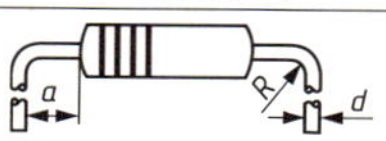

$R > d$
$a \geq 2d$
= mind. 1,5 mm

Mechanische Beanspruchung vom Bauelementkörper fernhalten! Vorschädigung möglich.

Lagefixierung der Bauelemente

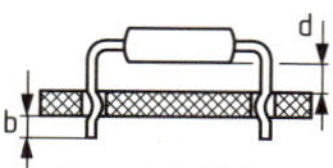

„Snap-in"-Sicken

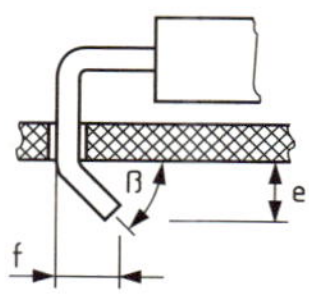

Beim Snap-in-Sicken können Bauelementhalterungen entfallen. Bei Halbleitern „d" einhalten!

Richtwerte für Biegewinkel β	
Anschlußart	β in °
axial	40 … 60
radial	40 … 60
DIP-Gehäuse	10 … 60

Ätztechnik	e in mm	f in mm	b in mm
normal	0,8 … 2,0	0,7 … 1,1	0,5 … 2,0
fein	0,5 … 2,0	0,3 … 1,1	0,5 … 2,0
feinst	0,5 … 1,5	0,3 … 0,9	0,5 … 1,5

Löten

Löttechnik	Größe, Lot	Wert, Legierung
Schwallöten mit Einfach- oder Doppelwelle	Lot Durchzugswinkel Löttemperatur Lötzeit, Einfachwelle Lötzeit, Doppelwelle	L-Sn 63 Pb und L-Sn 60 Pb 5 … 10° 260° ± 5 °C < 3s < 5 s
Schlepplöten	Lot, Löttemperatur	L-Sn 60 PbCu, 245 °C

Leiterplatten mit SMD-Bauteilen (SMD: **S**urface **M**ounted **D**evice)

Leiterplatten-Layout

SOT 23

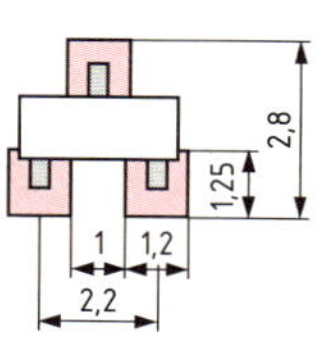

SOT 89

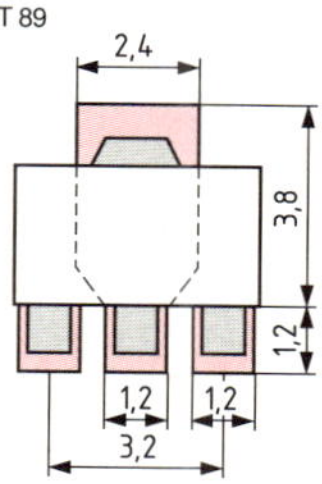

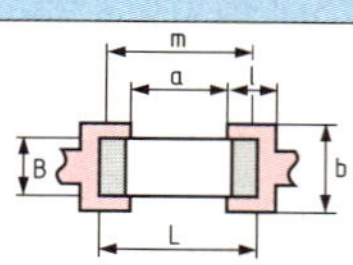

Maße in mm		Zylinder-		Quaderform			
Bauelement	L	3,5	5,9	2	3,2	3,2	4,5
	B	1,5	2,2	1,25	1,6	2,5	3,2
Anschlußfläche	L	1,2	2,1	1,1	1	1	2,2
	b	1,6	2,3	2,1	2,4	3,3	4
	m	2,8	4,8	2	3,2	3,2	4,5
	a	1,6	2,7	0,9	2,2	2,2	2,3

Montage, Löten

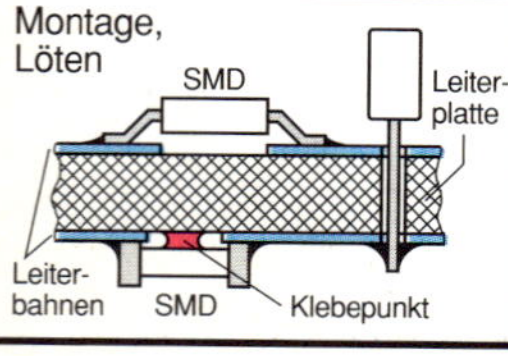

Anordnung der Bauelemente	Kleber	Lotpaste	Reflow-	Schwallöten
SMD, einseitig	x			x
SMD, einseitig		x	x	
SMD, beidseitig, 1. Seite		x	x	
SMD, beidseitig, 2. Seite	x			x
Mischbestückung, SMD einseitig	x			x
Mischbestückung, SMD beidseitig, 1. Seite		x	x	
Mischbestückung, SMD beidseitig, 2. Seite	x			x

Kleben

Wichtige Begriffe

Begriff	Erklärung
Fugendicke	Abstand der Klebflächen
Haftvermittler	Stoff zum Auftrag auf Klebflächen, um optimale Klebfestigkeit zu erreichen
Klebfuge	Zwischenraum zwischen den Klebflächen
Klebstoffansatz	verarbeitungsfertige Mischung der Klebstoff-Bestandteile
Kontaktklebzeit (früher: Offene Zeit)	Zeitspanne nach Mindesttrockenzeit, in der Kontaktkleben noch möglich ist
Naßklebzeit (früher: Offene Zeit)	Zeitspanne nach Klebstoffauftrag, in der Naßkleben noch möglich ist
Topfzeit	Zeitspanne, in der Klebstoffansatz noch brauchbar ist
Wartezeit, offen	Zeitspanne vom Klebestoffauftrag bis zum Vereinigen
Wartezeit, geschlossen	Zeitspanne vom Vereinigen bis zum Erreichen der vollen Abbindungsmaßnahme (z. B. Druck, Temperatur)

Klebstoffe[1]

DIN 16920/6.81
VDI 2229/6.79

Klebstoffart	Erklärung
Leim	tierische, pflanzliche oder synthetische Grundstoffe in Wasser gelöst
Kleister	wäßriges Quellungsprodukt bildet bereits bei geringer Grundstoff-Konzentration hochviskose Masse
Plastisol	lösungsmittelfreier Klebstoff, der unter Wärme (140 ... 200 °C) abbindet, meist PVC-Basis
Dispersionsklebstoff	organischer Grundstoff und flüssiges Dispersionsmittel
Lösungsmittelklebstoff	organischer Grundstoff in organischem Lösungsmittel gelöst
Schmelzklebstoff	lösungsmittelfreier, fester Klebstoff, der geschmolzen aufgetragen wird
Kontaktklebstoff	meist gelöste Kautschuke als Grundstoff. Vereinigen nach Trocknen unter starkem Druck
Reaktionsklebstoff	Klebstoffe gehen beim Abbinden in vernetzte Polymere über
Klebmörtel (zementgebunden)	Zement mit organischen Stoffen und Wasser

Klebverfahren

DIN 16920/6.81

Verfahren	Erklärung
Haftkleben	Klebstoff-Film haftet zu jeder Zeit unter leichtem Druck
Kontaktkleben	Klebstoff-Film ist scheinbar trocken. Kleben unter Druck
Wärmeaktivierkleben	Klebstoff-Film wird durch Wärme klebfähig gemacht
Lösungsmittelaktivierkleben	Klebstoff-Film wird durch organisches Lösungsmittel klebfähig fähig gemacht
Naßkleben	Klebstoff-Film enthält beim Vereinigen noch viel Flüssigkeit

Metallkleben

VDI 2229/6.79

Werkstoff	Zusätzliche Klebflächen-Vorbereitung bei Beanspruchung (Zugscherfestigkeit)		
	niedrig ($< 5 \frac{N}{mm^2}$)	mittel ($5 \ldots 10 \frac{N}{mm^2}$)	hoch ($> 10 \frac{N}{mm^2}$)
Kupfer, Messing	keine	Schmirgeln	Strahlen
Aluminiumlegierungen	keine	Beizen oder Bürsten	Strahlen oder Beizen (60 °C) in Pickling-Beize (27,5 % H_2SO_4 + 7,5 % $Na_2Cr_2O_7 \cdot 2H_2O$ + Rest H_2O) oder Beizen (90 °C) in Chemoxal-Lösung (6 % phosphathaltige wäßrige Lösung. (Schweiz. Al-AG, Zürich)
Gußeisen, Stahl	Gußhaut entfernen bzw. keine	Schmirgeln od. Schleifen	Strahlen

[1]) VDI-Richtlinie 2229 „Metallkleben" enthält umfangreiche Tabelle mit den wesentlichsten Handelsnamen

Schweißen von Kunststoffen

Zuordnung Werkstoff–Schweißverfahren

		POM	PA	PE-w	PE-h	PMMA	MP	PP	PS	PVC-w	PVC-h
Warmgasschweißen	Schweißgastemperatur in °C			310 … 330	340 … 360	360 … 380		330 … 350		320 … 340	300 … 350
	Werkstofftemperatur in °C			160 … 190	180 … 200	180 … 200		200 … 220		150 … 170	170 … 180
Heizelementschweißen	Temperatur in °C	210	250 … 275	190 … 200	200 … 220			190 … 220		230 … 250	
	Anpreßdruck in $\frac{N}{mm^2}$	0,03	0,15	0,15	0,15		0,15	0,1	0,1	0,4 … 0,6	
HF-Schweißverfahren bevorzugt										●	●

Schweißverfahren

Bezeichnung	Abbildung	Erläuterung	Hilfsmittel	Anwendung
Warmgasschweißen (Warmfächelschweißen)	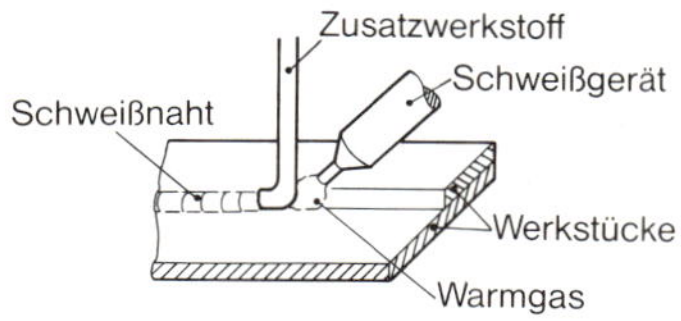	Schweißflächen und Zusatzstab werden erwärmt und dadurch verschweißt. Folien werden unter leichtem Druck verschweißt.	erhitzte Luft oder Stickstoffgas u. U. Zusatz-Werkstoff	Folien Platten
Heizelement schweißen	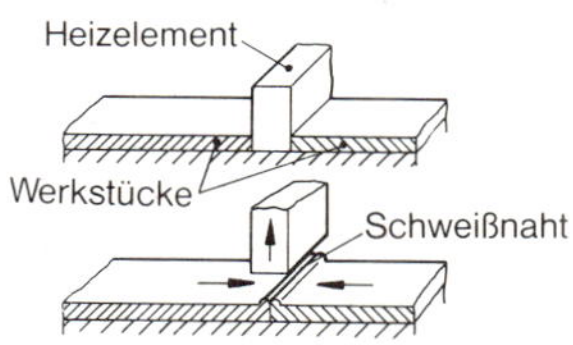	Schweißflächen werden durch Heizelement erwärmt. Heizelement wird entfernt Schweißflächen werden zusammengepreßt.	Heizkeil oder Wärmeimpulsstempel	Profile Rohre Platten
Reibschweißen	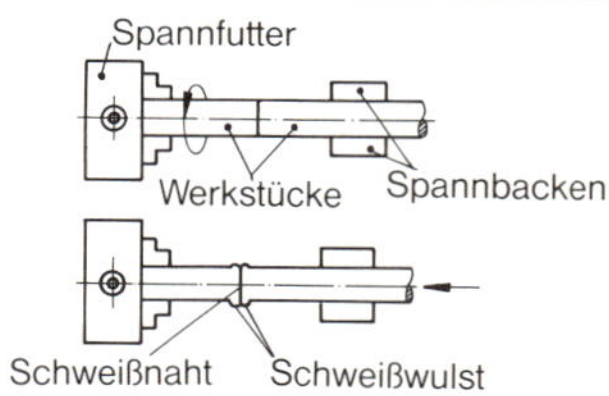	Schweißflächen werden durch rotierende Reibung erwärmt. Maschine hält an, Schweißflächen werden zusammengepreßt.	Drehmaschine	rotationssymmetrische Werkstücke
Hochfrequenzschweißen	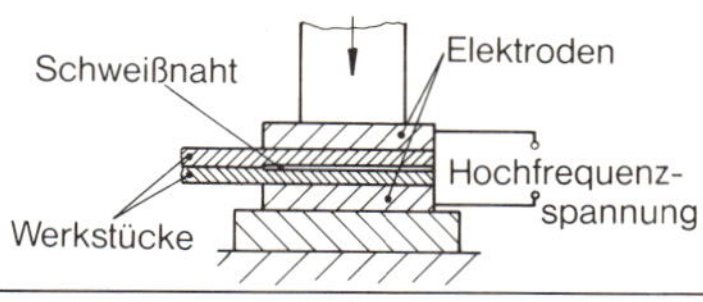	Schweißflächen zusammengepreßt. HF-Spannung angelegt. Schweißflächen erhitzen und verschmelzen.	Schweißpresse und HF-Generator	Folien und Platten mit hohen dielektrischen Verlusten
Ultraschallschweißen	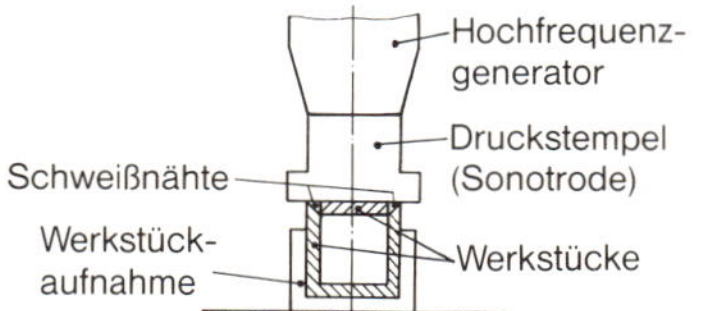	Mechanische Schwingungen erzeugen Reibung an den Schweißflächen. Schweißflächen erwärmen sich und verschweißen.	HF-Generator (ca. 20 kHz) und Druckstempel (Sonotrode), nur leichter Druck	fast alle thermoplastischen Kunststoffe

8 Technisches Zeichnen

Normschrift

Schriftform A: Linienbreite $\frac{1}{14}$ h

Schriftform B: Linienbreite $\frac{1}{10}$ h

kursiv: unter 75°

vertikal: unter 90°

ABCDEFGHIJKLMNOPQRSTUVW

XYZÄÖÜ 12345677890 IVX

aabcdefghijklmnopqrstuvwxyz

äaöüß±□ [(!?:;'-=+×:√%&)]Φ

Griechische Schrift

schräg: unter 75° senkrecht: unter 90°

α β γ δ ε ζ η ϑ[1] θ ι κ λ μ ν ξ ο π ρ σ[1] ς τ υ φ χ ψ ω

Α Β Γ Δ Ε Ζ Η Θ Ι Κ Λ Μ Ν Ξ Ο Π Ρ Σ Τ Υ Φ Χ Ψ Ω

1) Beide Schreibformen sind zulässig.

Linien

DIN 15 T1, T2/6.84

Linienart	Vollinie		Strichlinie		Strichpunktlinie		Freihandlinie	Zickzacklinie	Strich-Zweipunktlinie
	breit	schmal	breit	schmal	breit	schmal	schmal	schmal	schmal
Kennbuchstabe	A	B	E	F	J	G	C	D	K
Linienbreiten in mm	1 0,7 0,5 0,35	0,5 0,35 0,25 0,18	1 0,7 0,5 0,35	0,5 0,35 0,25 0,18	1 0,7 0,5 0,35	0,5 0,35 0,25 0,18	0,5 0,35 0,25 0,18	0,5 0,35 0,25 0,18	0,5 0,35 0,25 0,18
Anwendungs-Beispiele	sichtbare Körperkanten ① Gewindebegrenzung ②	Maßlinie ③ Maßhilfslinie ④ Schraffur ⑤ Bezugslinie ⑥ Gewindelinie ⑦	Kennzeichnung von Oberflächenbehandlung ⑭	verdeckte Körperkanten ⑧	Schnittverlauf ⑨	Mittellinie ⑩	Bruchlinie ⑪	Bruchlinie (alternativ zu C)	angrenzende Teile ⑫ Grenzstellung beweglicher Teile ⑬

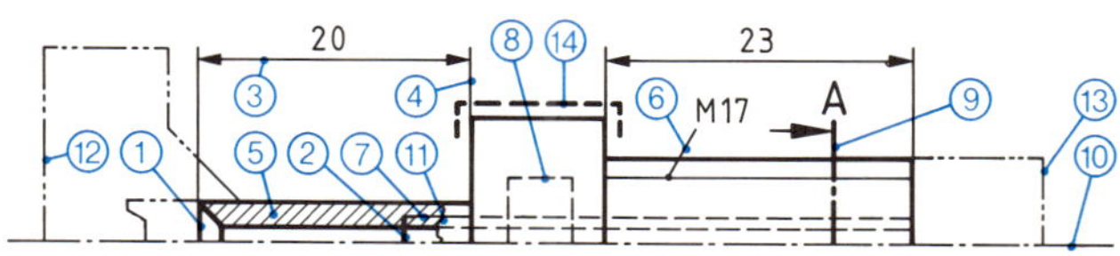

Maßstäbe

DIN ISO 5455/12.79

Vergrösserung			natürlicher Maßstab	Verkleinerung		
10:1 100:1	5:1 50:1	2:1 20:1	1:1	1: 2 1:20	1: 5 1:50	1: 10 1:100

Blattformate
DIN 476 / 12.76

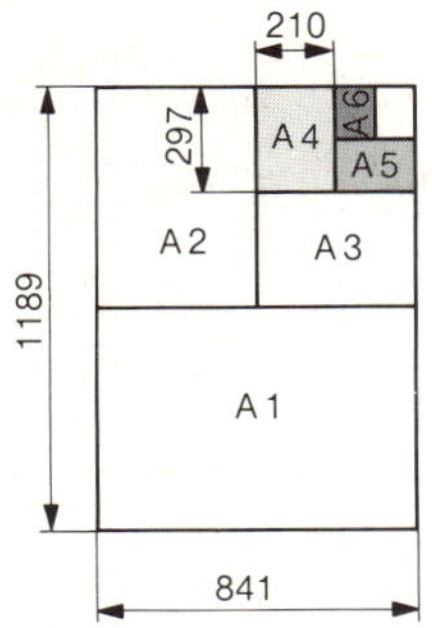

$A\,0 = 841\ \text{mm} \times 1189\ \text{mm} = 1\ \text{m}^2$
$A\,4 = 210\ \text{mm} \times\ 297\ \text{mm} = 0{,}0624\ \text{m}^2 \approx \frac{1}{16}\ \text{m}^2$

Blattgrößen
DIN 823 / 5.80

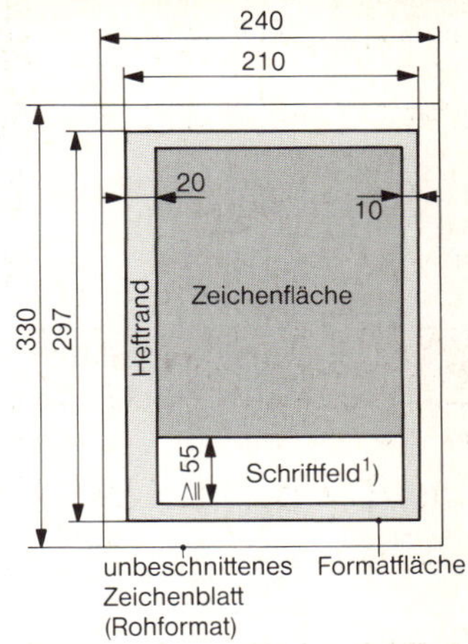

[1]) siehe DIN 6771

Projektionen
DIN 5 T1 / 12.70
DIN 5 T2 / 12.70

Isometrie a : b : c = 1 : 1 : 1

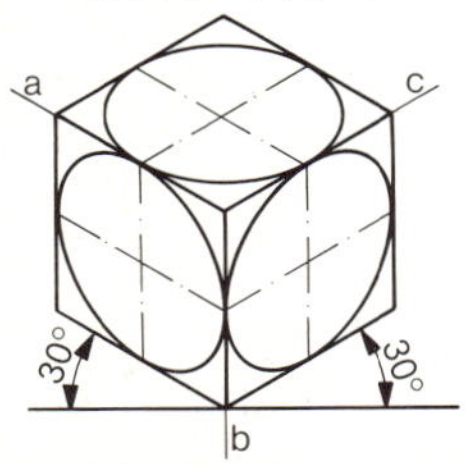

Dimetrie a : b : c = 1 : 1 : 0,5

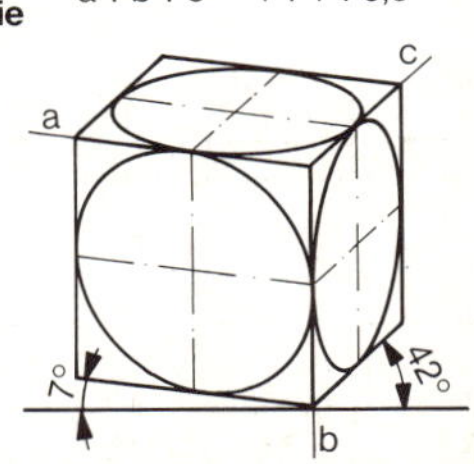

Darstellung in mehreren Ansichten
DIN 6 / 12.86

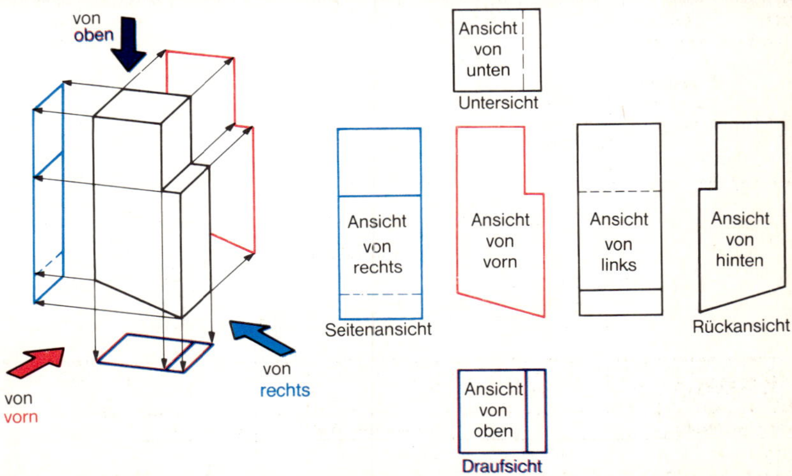

Liniendiagramme

DIN 461/3.73

Kartesisches Koordinatensystem

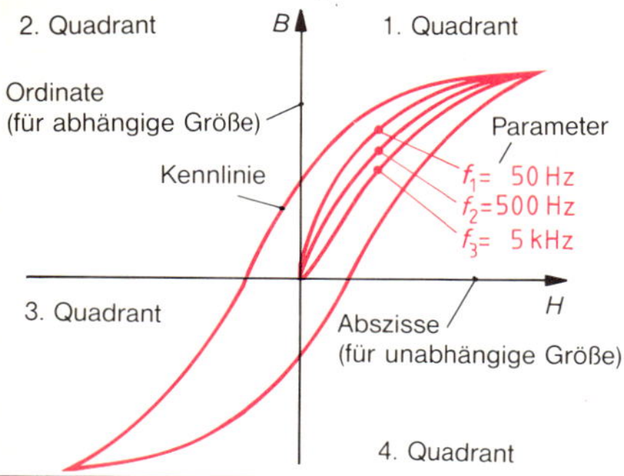

Achsenbeschriftungen

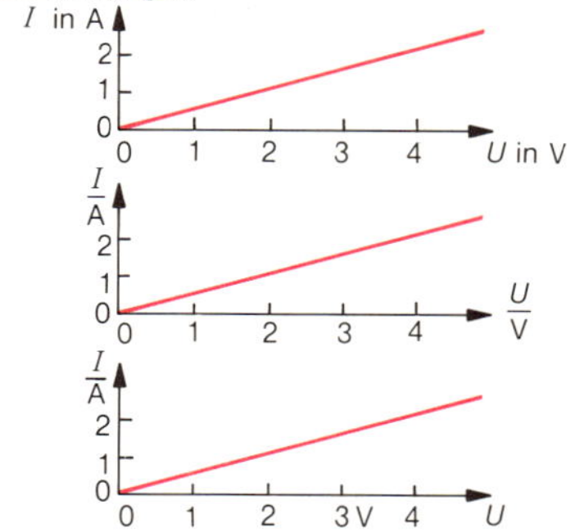

Normierte Achse

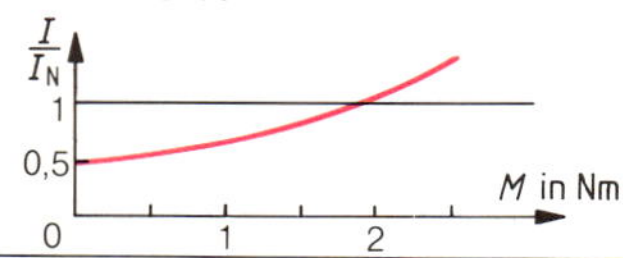

$\frac{I}{I_N}$: Strom I bezogen auf Nenn-Strom I_N

Linienbreiten

Kennlinie : Achse : Gitternetz =
1 : 0,5 : 0,25
z. B. 0,7 mm : 0,35 mm : 0,2 mm

Unterbrochene Achsen

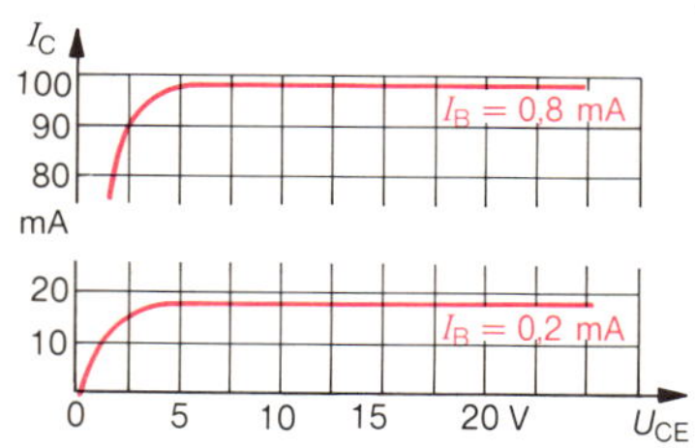

(dekadisch) logarithmische Teilung

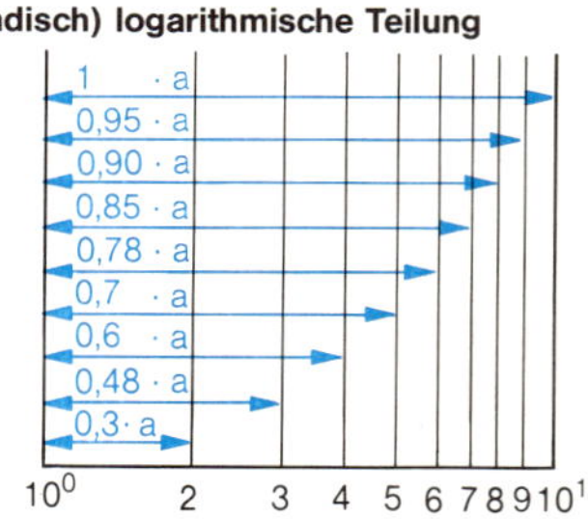

Polarkoordinaten

Darstellung von Größen in Abhängigkeit von Winkeln und Abstand vom Pol

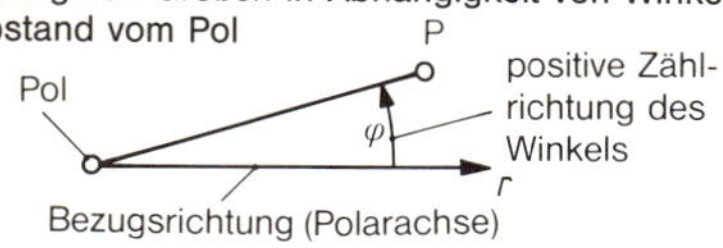

Anwendungen:
Richtcharakteristiken, Lichtstärkerverteilungskurven (LVK)

Beispiel: LVK einer Reflektorlampe 60 W/80°

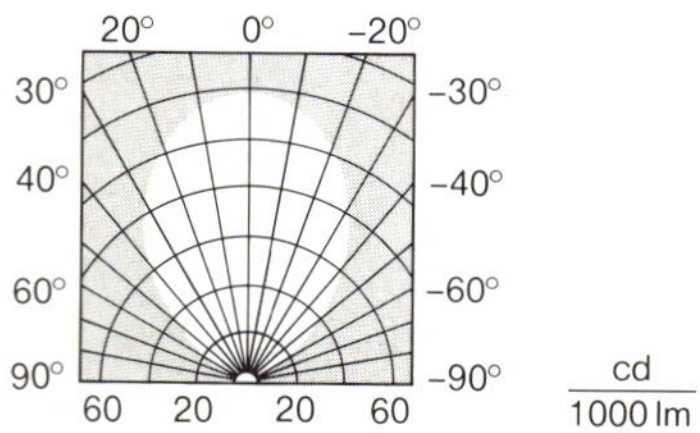

Netztafeln

Lösen von Aufgaben der Typen

- $y = \frac{x}{a}$ z. B. $I = \frac{U}{R}$
- $y = \frac{a}{x}$ z. B. $I = \frac{P}{U}$

Ablesebeispiele:
- $R = 500\ \Omega$; $U = 20\ V \Rightarrow I = 40$ mA
- $P = 0{,}8$ W; $U = 20\ V \Rightarrow I = 40$ mA

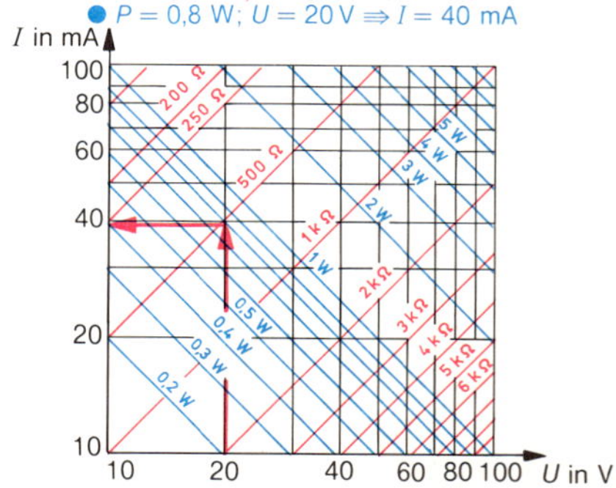

Grundkonstruktionen

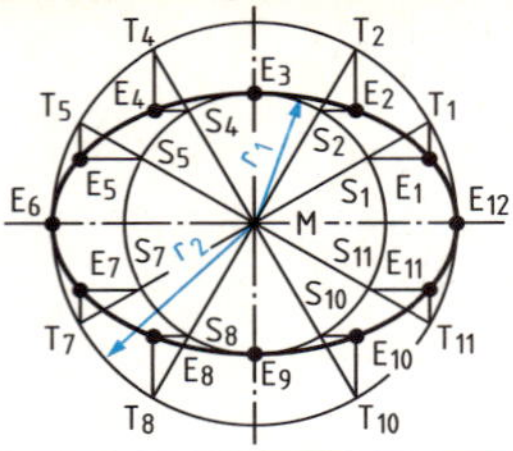

Ellipsen konstruieren

1. Kreise mit r_1 und r_2 um M
2. Geraden durch M (Anzahl beliebig)
3. Waagerechte durch Schnittpunkte $S_1 \dots S_n$
4. Senkrechte durch Schnittpunkte $T_1 \dots T_n$
5. Punkte $E_1 \dots E_n$ verbinden

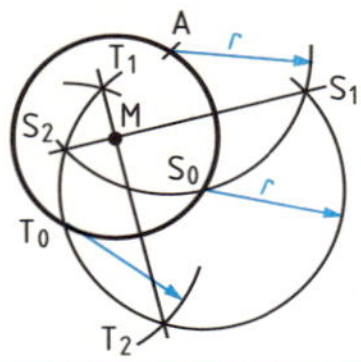

Kreismittelpunkt bestimmen

1. Kreis um A (Ort: beliebig) mit r ($r <$ Durchmesser des Kreises)
2. Kreis um Schnittpunkt S_0 mit r
3. Schnittpunkte S_1 und S_2 verbinden
4. Kreis um Schnittpunkt T_0 mit r
5. Schnittpunkte T_1 und T_2 verbinden

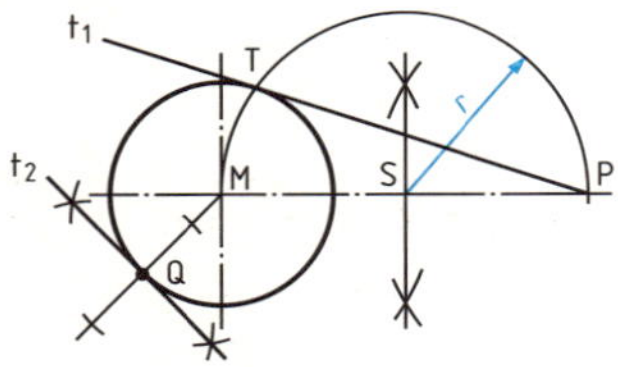

Tangente zeichnen

- von P an Kreis:
  1. Strecke $\overline{MP}$ halbieren
  2. Kreis um S mit r ($r = \overline{MS}$)
  3. Strahl von P durch T legen (t_1)
- in Q auf Umfang:
  1. Strahl von M durch Q legen
  2. in Q Senkrechte errichten (t_2)

Rundungen

mit gegebenem Rundungsradius r

an Kreisen

1. Parallele zu g im Abstand r
2. Kreis um M mit R + r
3. Kreis um Schnittpunkt S mit r

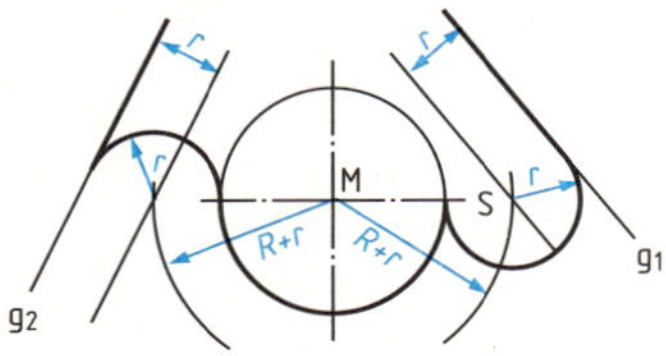

an Geraden

1. Parallelen zu den Geraden im Abstand r
2. Kreis um Schnittpunkt S mit r

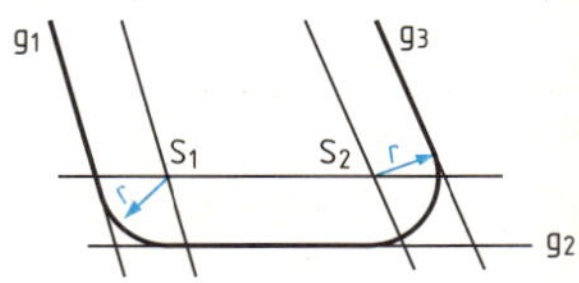

n-Eck zeichnen

Sechseck

1. Kreis mit $r = a$ (Kantenlänge des Sechsecks)
2. Radius auf Umfang abtragen
3. Schnittpunkte $S_1 \dots S_6$ verbinden

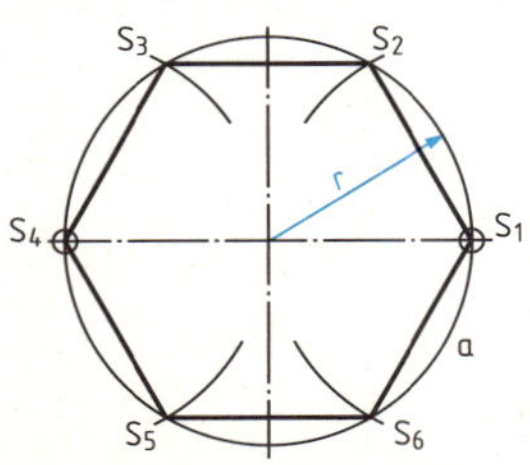

z. B. Siebeneck

1. Kreis mit r_1 (Radius des Umkreises)
2. Kreis um B mit r_2 ($r_2 = 2 \cdot r_1$)
3. Durchmesser $\overline{AB}$ in n-Teile teilen
4. S_1 und S_2 mit T_2, T_4, T_6 (oder T_1, T_3, T_5) verbinden

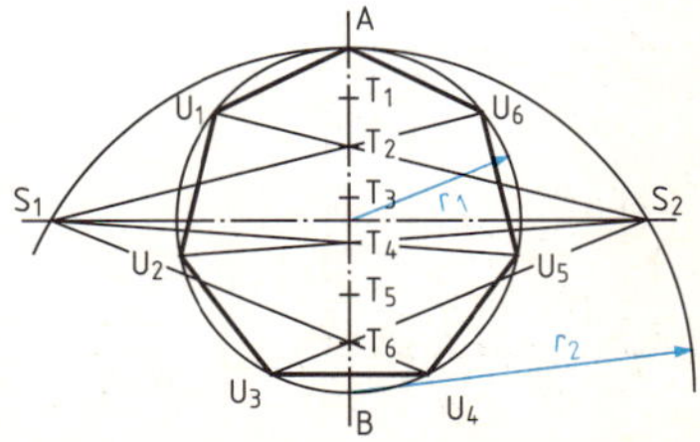

Bemaßung

DIN 406 T2/8.81

Bemaßungsregeln

- Keine Doppelbemaßung
- Keine Bemaßung an verdeckten Kanten
- Keine Maße in markierten Bereichen (siehe Abb.)
- Maß in der Ansicht, in der es am deutlichsten zu sehen ist
- Maßzahlen von unten (Schriftsfeld) oder von rechts lesbar
- Maßlinien sollen sich nicht kreuzen

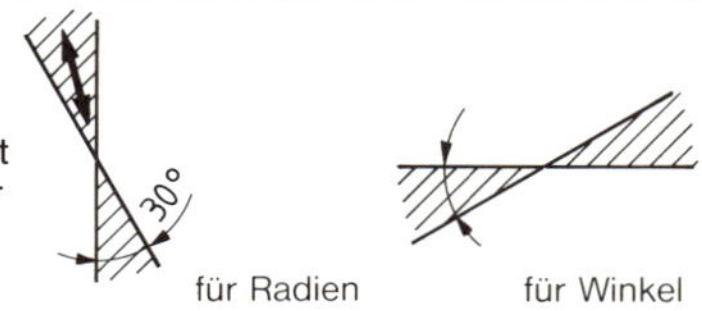

Begriffe

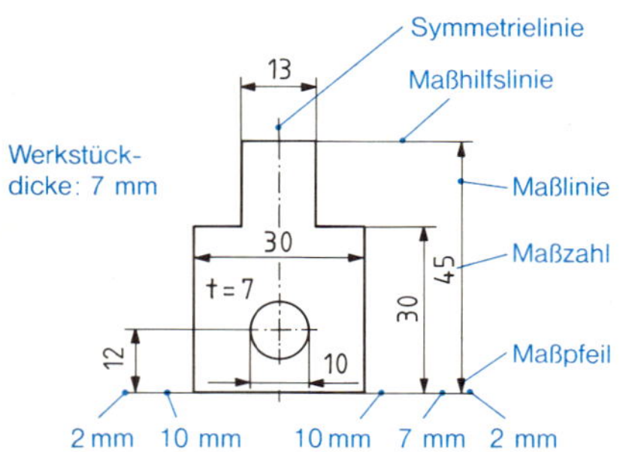

Maßlinienbegrenzung

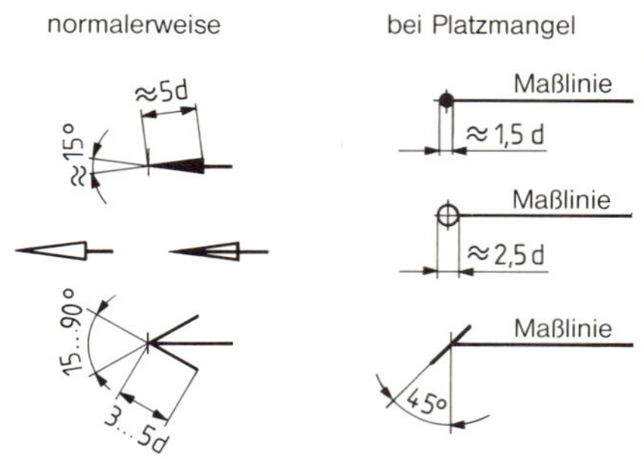

d: Breite der breiten Vollinie

Rundungen

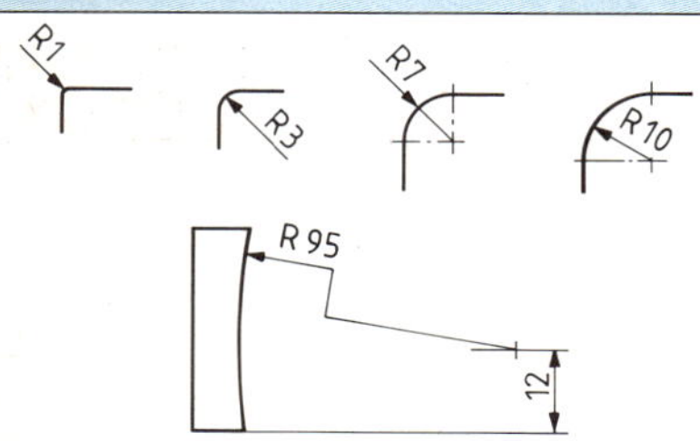

Bohrungen

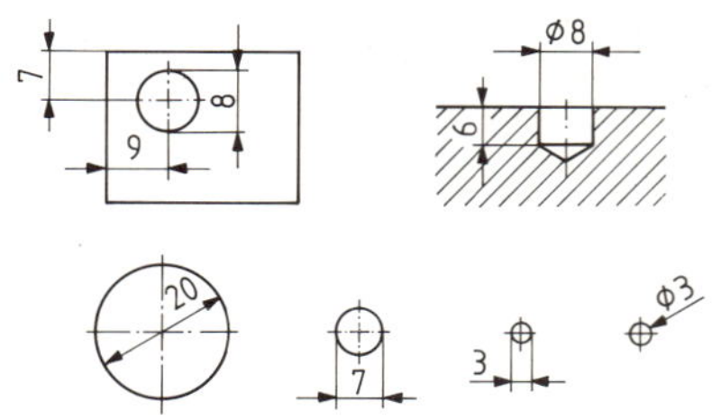

Bruchlinien

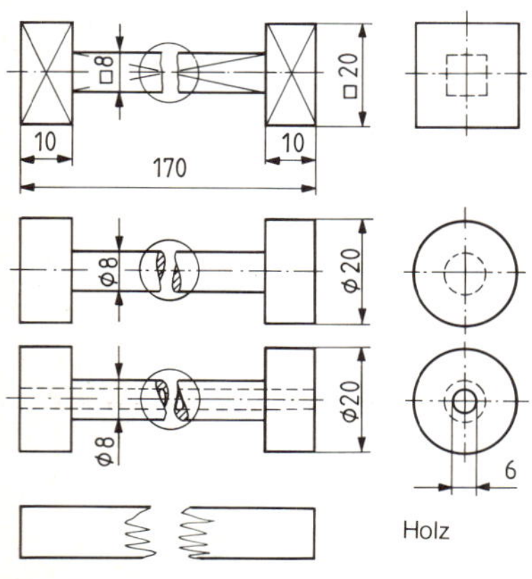

Kurzzeichen

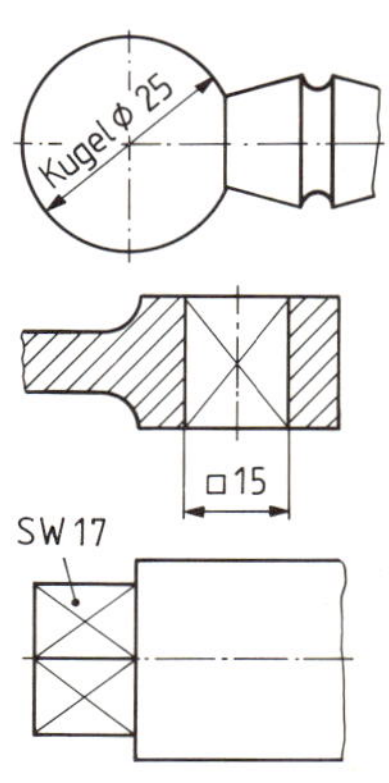

⌀: Durchmesser
Kugel ⌀ 25: Kugel mit Durchmesser 25

□ 15: Quadrat mit Seitenlänge 15

× (Diagonalkreuz): ebene Fläche

SW 17: Schlüsselweite 17

Gewinde

DIN 27/3.67

Sechskant-Schraube

DIN 931 T1/7.82

Vereinfachte Darstellung (ohne Fasen)

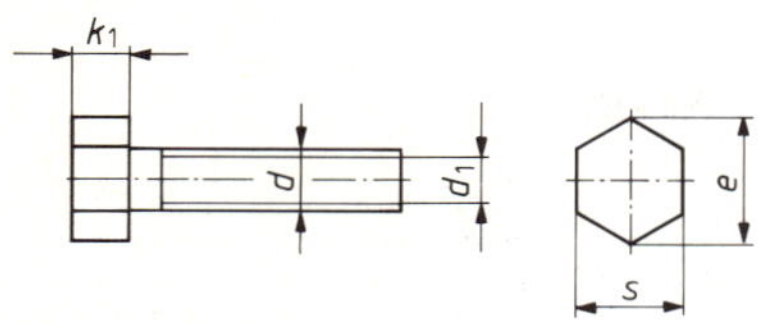

Richtwerte zum Zeichnen:
Eckmaß $e = 2 \cdot d$ $d_1 = 0{,}8 \cdot d$
Schüsselmaß $s = 1{,}7 \cdot d$ $k_1 = 0{,}7 \cdot d$

Senk-Schraube

DIN 963/8.85

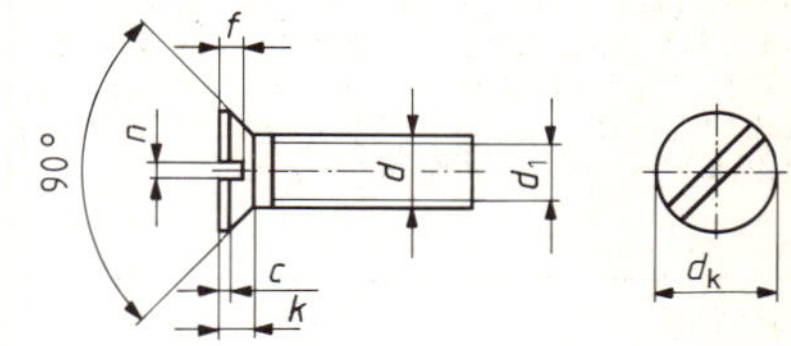

Richtwerte zum Zeichnen:
$d_1 = 0{,}8 \cdot d$ $c = 0{,}05 \cdot d$ $d_k = 2 \cdot d$
$k = 0{,}5 \cdot d$ $f = n = 0{,}25 \cdot d$

Innen-Gewinde

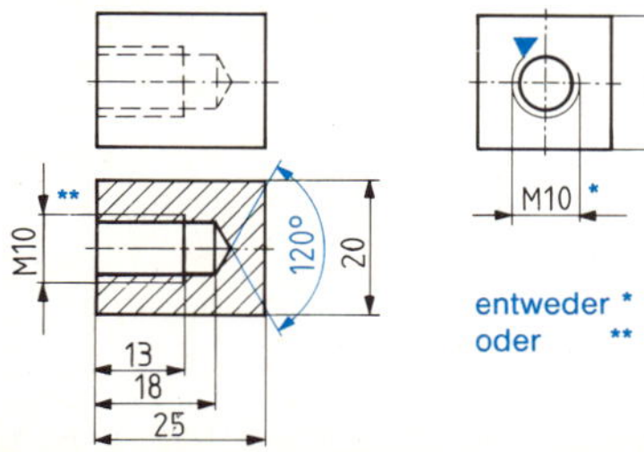

Schraubverbindung

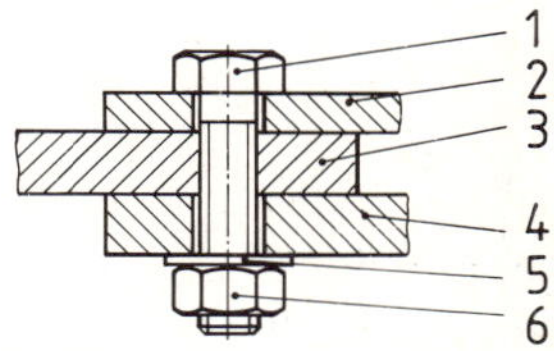

Teil 1: Sechskant-Schraube (mit Teil 3 verschraubt)
Teil 5: Unterlegscheibe
Teil 6: Sechskant-Mutter

Schnitte

DIN 6 T2/12.86

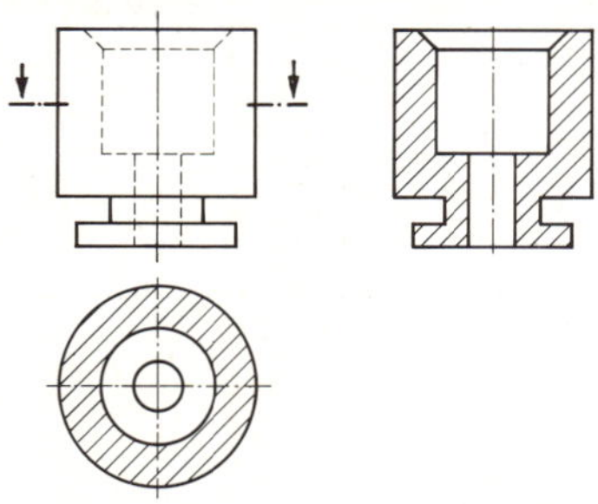

In Schnittdarstellungen werden keine verdeckten Körperkanten eingezeichnet.

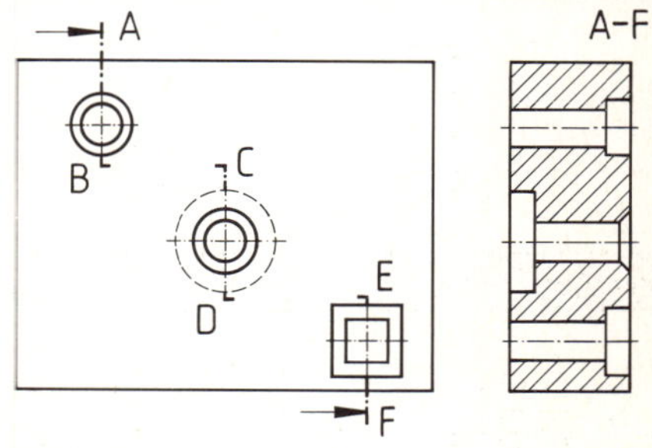

Normteile (s.o.) werden im Schnitt als Ansicht gezeichnet.

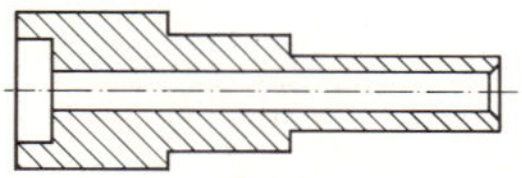

Vollschnitt

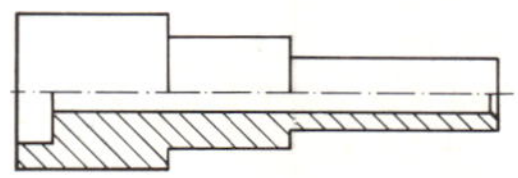

Halbschnitt

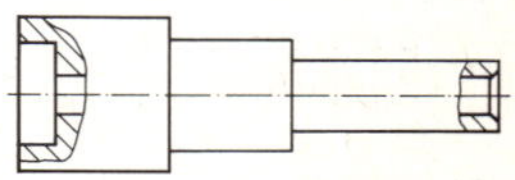

Teilschnitte (Ausbrüche)

Materialangaben in Schnitten

DIN 201/2.53 x

Material	allgemein, insb. Metall	Wicklung	Isolierstoff	durchsicht. Material	Keramik	gesintertes Material	Schichtst.	Holz Faser/Hirn
Symbol	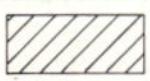	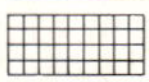		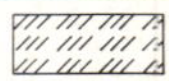	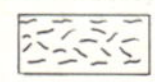		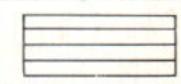	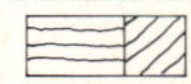

Oberflächenzeichen

DIN ISO 1302 / 6.80

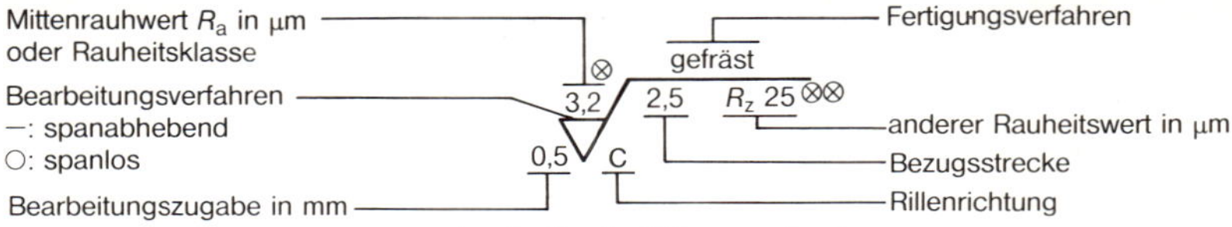

entweder ⊗ oder ⊗⊗ angegeben!

Rillenrichtungen

Symbol	Erklärung	
=	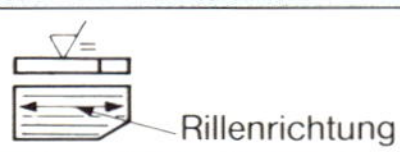	parallel zur Ansichtsebene
⊥		senkrecht zur Ansichtsebene
X		schräg zur Ansichtsebene (2 Richtungen)
M	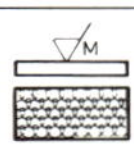	mehrere Richtungen zur Ansichtsebene
C		zentrisch um einen Punkt der Ansichtsebene
R	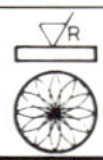	radial um einen Punkt der Ansichtsebene

Umstellung von DIN 3141 auf DIN ISO 1302 Bbl. 2 / 10.80

Angabe der Oberflächenbeschaffenheit nach DIN ISO 1302

Mittenrauhwert R_a den Reihen nach DIN 3141 zugeordnet				Oberflächenzeichen nach DIN 3141	gemittelte Rauhtiefe R_z den Reihen nach DIN 3141 zugeordnet			
Reihe 1	Reihe 2	Reihe 3	Reihe 4		Reihe 1	Reihe 2	Reihe 3	Reihe 4
2,5	12,5	6,3	3,2	▽	R_z 160	R_z 100	R_z 63	R_z 25
6,3	3,2	1,6	1,6	▽▽	R_z 40	R_z 25	R_z 16	R_z 10
1,6	0,8	0,4	0,2	▽▽▽	R_z 16	R_z 6,3	R_z 4	R_z 2,5
—	0,1	0,1	0,025	▽▽▽▽	—	R_z 1	R_z 1	R_z 0,4

Möglichkeiten der Anordnung von Oberflächenzeichen

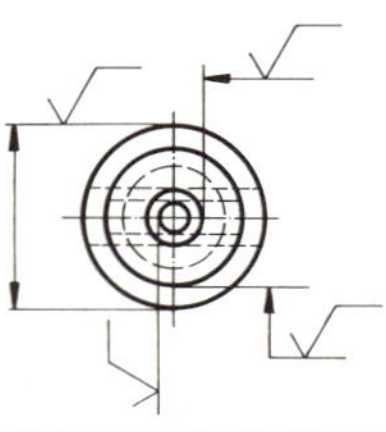

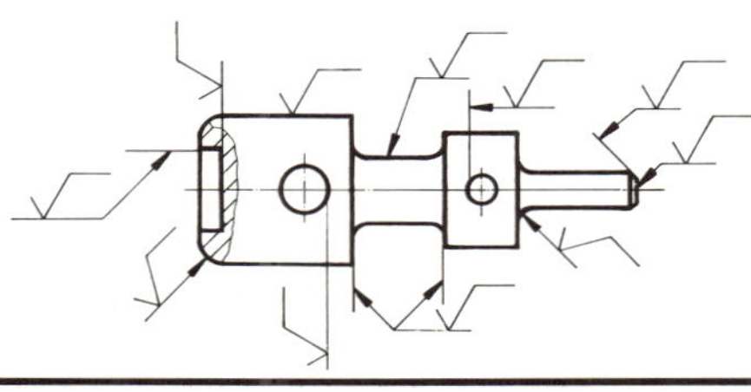

Bauzeichnungen

DIN 1356 / 7.74

Symbole und Bedeutung

Fenster- und Türflügel

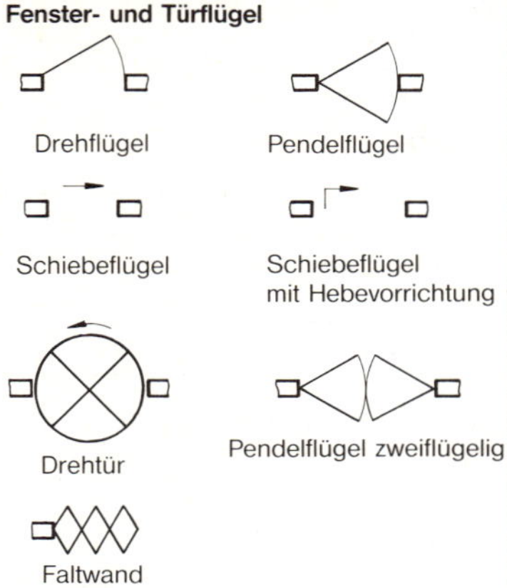

Drehflügel · Pendelflügel · Schiebeflügel · Schiebeflügel mit Hebevorrichtung · Drehtür · Pendelflügel zweiflügelig · Faltwand

Fenster

Einfach-verglasung · Doppel-verglasung

Türen

einseitige Schwelle · beidseitige Schwelle

Schornsteine

wahlweise Darstellung

Schächte

Lüftung · Aufzug

Unterzüge, Träger

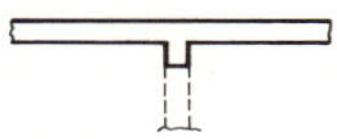

Treppen

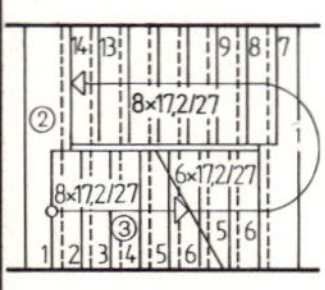

① Stufen unter dem gezeichneten Stockwerk
② Ebene des Stockwerks
③ Stufen über dem gezeichneten Stockwerk

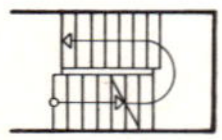

vereinfachte Darstellung

Bemaßung

Bemaßung außerhalb der Darstellung

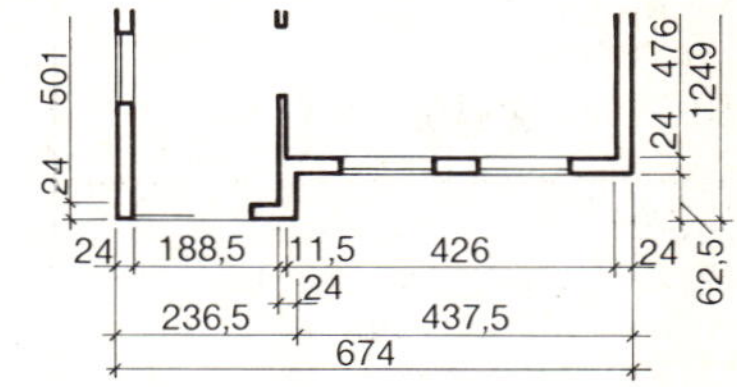

* Maße in cm

M 1 : 100, cm*

Bemaßung innerhalb der Darstellung

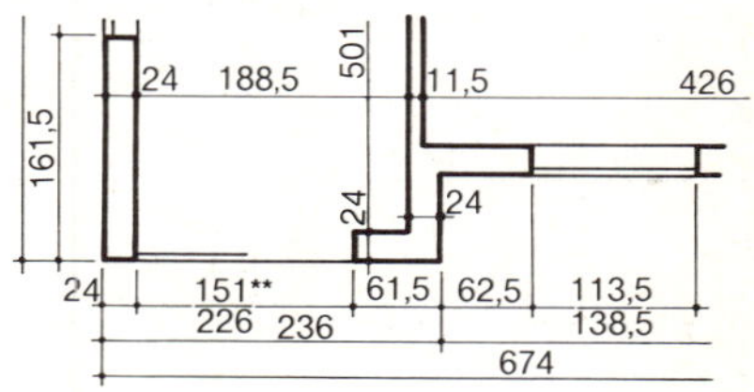

** Durchlaß ist 1,51 m breit und 2,26 m hoch

M 1 : 50, cm

Bemaßung durch Koordinaten

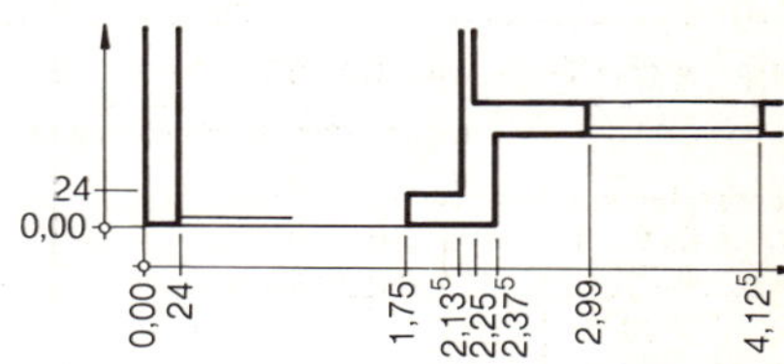

M 1 : 50, cm, m

Baustoff	Symbol	Farbe/RAL
Erdreich		
Aufgefüllter Boden		
Beton, unbewehrt		olivgrün 6013
bewehrt		blaugrün 6000
Fertigteile		violett 4005
Mauerwerk		braunrot 3016
Putz, Mörtel		weiß
Holz in Schnittflächen		braun 8001
Stahl im Schnitt		schwarz
Sperrschicht (Feuchtigkeit)		schwarz, weiß
Dämmschicht (Schall, Wärme)	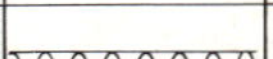	blaugrau 5008

Stromlaufplan

Ein **Stromlaufplan** ist die ausführliche Darstellung einer Schaltung, aus der ihre Wirkungsweise klar zu erkennen sein muß.

Beim **Stromlaufplan in zusammenhängender Darstellung** braucht die räumliche Anordnung der Geräte zueinander nicht berücksichtigt zu werden. Alle Teile eines Betriebsmittels müssen beieinander dargestellt und durch eine unterbrochene Verbindungslinie zur Kennzeichnung der mechanischen Wirkverbindung miteinander verbunden werden.

Bei der **halbzusammenhängenden Darstellung** wird auf die zusammenhängende Darstellung eines Betriebsmittels verzichtet.
Alle Teile eines Betriebsmittels werden dargestellt und durch mechanische Wirkverbindung verbunden.

Beim **Stromlaufplan in aufgelöster Darstellung** wird die Schaltung in Stromwege aufgelöst.
Auf die räumliche Lage und die räumliche Zusammengehörigkeit der Betriebsmittel wird keine Rücksicht genommen.
Die Stromwege verlaufen geradlinig (meist senkrecht) parallel, möglichst ohne Kreuzungen, von Netzpol zu Netzpol.
Sie werden fortlaufend numeriert.

Bedingungen für Stromlaufpläne:

- Elektrische Betriebsmittel einer Anlage und ihr Zusammenwirken übersichtlich darstellen.
- Betriebsmittel vollständig darstellen, damit die Wirkungsweise erkennbar ist.
- Stromlaufpläne auf Zeichenformate nach DIN 823 darstellen mit Angaben im Schriftfeld nach DIN 6771, Teil 5.
- Betriebsmittel kennzeichnen nach DIN 40 719, Teil 2 und 3 (siehe Seite 331…333)
- Ein Stromlaufplan soll Fertigungshinweise, Typenbezeichnungen der Betriebsmittel, technische Daten und Hinweiszeichen zum Auffinden von Schaltzeichen und Zielorten enthalten.
- Eine Prüfung, Wartung und Fehlerortung muß mit Hilfe des Stromlaufplanes möglich sein.

Hilfsstromkreis einer Wendeschützschaltung in halbzusammenhängender Darstellung

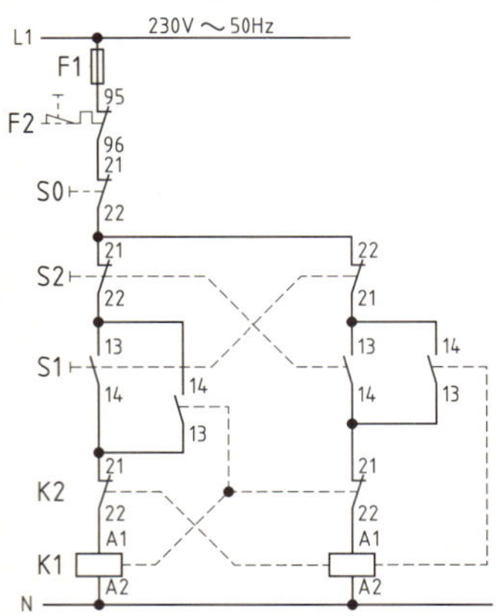

Stromlaufplan in zusammenhängender Darstellung einer Wendeschutzschaltung

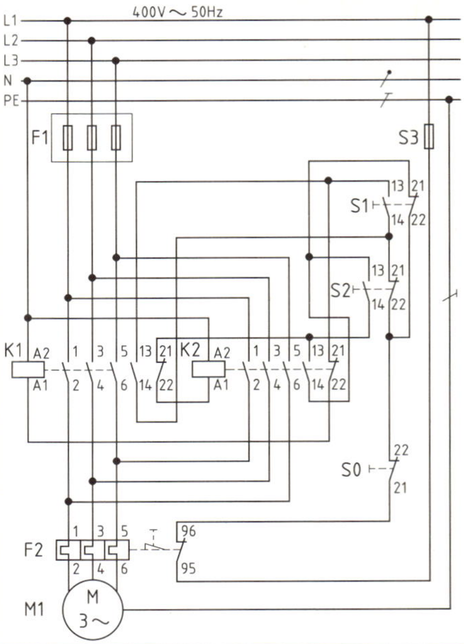

Stromlaufpläne in aufgelöster Darstellung für Hauptstromkreis und Hilfsstromkreis einer Wendeschützschaltung

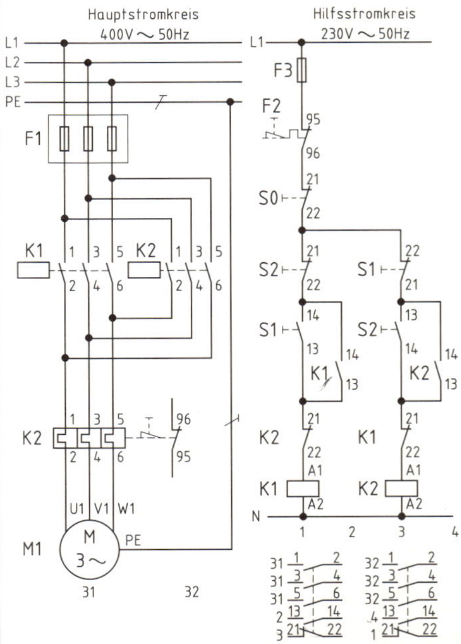

Stromlaufplan

Regeln

a) Bei der Auswahl der **Schaltzeichen** beachten:

- Einfachste, bevorzugte und genormte Form verwenden und diese dann im gesamten Stromlaufplan anwenden
- Bilden eines Schaltzeichens zulässig, wenn nicht in der Norm enthalten
- Größe und Linienbreite des Schaltzeichen nicht genormt

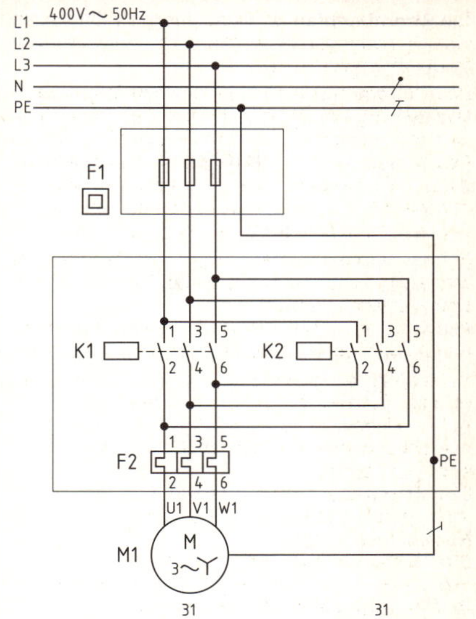

b) **Verbindungen** (DIN 40 900 T.3 und T.11) Verbindungsstellen und Verzweigungen durch Punkte darstellen

- Elektrische Verbindungen zwischen Betriebsmitteln durch Vollinien darstellen
- Mechanische Wirkverbindungen als gestrichelte Linie darstellen
- Zur Abgrenzung von Teilen der Schaltung – um funktionelle und konstruktive Zusammengehörigkeit zu zeigen – strichpunktierte Trenn- oder Umrahmungslinien verwenden

c) **Betriebsmittel:**

- Betriebsmittel in der Energietechnik im ausgeschalteten Zustand und in der Nachrichtentechnik im betriebsbereiten Zustand zeichnen
- In aufgelöst dargestellten Schaltungen Betriebsmittel an einer Stelle durch das Schaltzeichen, eine Tabelle oder durch eine Kombination aus beiden vollständig darstellen

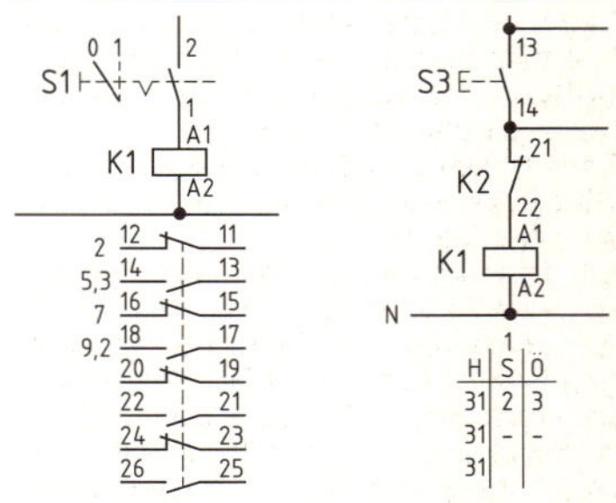

d) **Vereinfachung:**

- Mehrleitersysteme einpolig zeichnen
- Mehrere Verbindungslinien mit gleichem Verlauf zusammenfassen
- Verbindungslinien, die über eine größere Strecke des Stromlaufplanes verlaufen, zur besseren Übersicht unterbrechen
- Verbindungslinien für Stromversorgungen durch tabellarischer Angaben oder Texte ersetzen
- Mehrere in Reihe oder parallel geschaltete Schaltungsteile durch teilweises Weglassen vereinfachen
- Teile von Schaltungen durch ein einziges Schaltzeichen ersetzen
- Bei mehreren gleichen Schatzeichen für ein Betriebsmittel des gleichen Typs innerhalb einer Schaltung nur ein Schaltzeichen vollständig darstellen

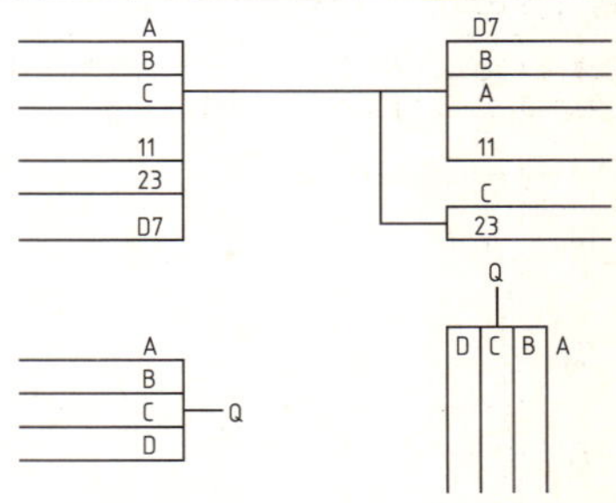

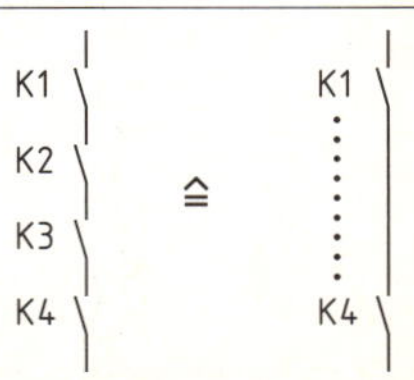

Übersichtsschaltplan

DIN 40 719 T.4/3.82

Ein **Übersichtsschaltplan** ist die vereinfachte Darstellung einer Schaltung, die die Arbeitsweise und die Gliederung einer elektrischen Einrichtung zeigt und nur die wesentlichen Teile berücksichtigt.

Ein Übersichtsschaltplan soll

- einen schnellen Überblick über Aufgabe, Aufbau, Gliederung und Wirkungsweise einer elektrischen Einrichtung geben.
- als Unterlage in der Planungsphase dienen.
- die übrigen Schaltungsunterlagen ergänzen, wenn diese einen schnellen Überblick nicht ermöglichen.
- durch geeignete Hinweise das Auffinden der ausführlichen Darstellung ermöglichen.

Regeln:

- Ein Übersichtsschaltplan muß die zur Übersicht notwendigen Symbole für Betriebsmittel und Funktionseinheiten und die Verbindungs- und Wirkungslinien enthalten.
- Betriebsmittel kennzeichnen.
- Technische Daten, Typenbezeichnungen und Signalnamen angeben.
- Erläuterungen zu Abschnitten der Schaltungen, z. B. Funktion, angeben.
- Hinweise zum Auffinden der ausführlichen Darstellung in den zugehörigen Schaltungsunterlagen geben.
- Schriftfeld mit Angaben nach DIN 6771.
- Weitere Angaben machen, wie
  a) graphische Darstellung des Material-, Informations- und Energieflusses,
  b) technologische Zusammenhänge,
  c) Schutzmaßnahme.

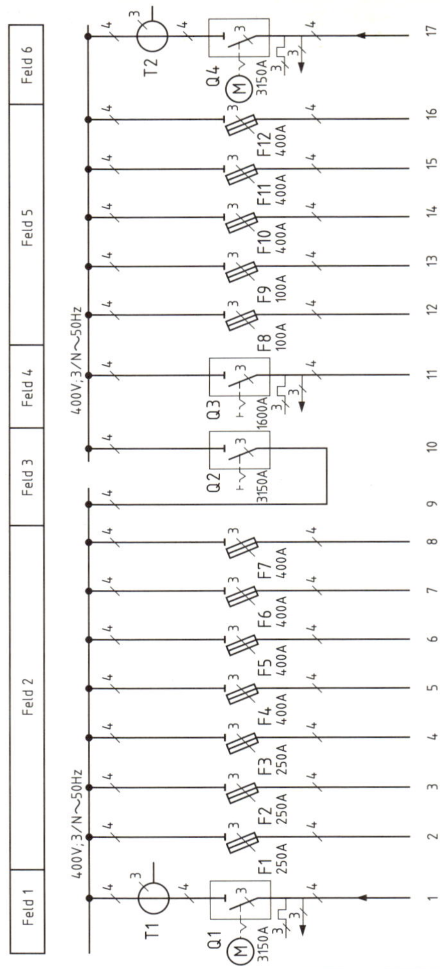

Niederspannungs-Hauptverteilung

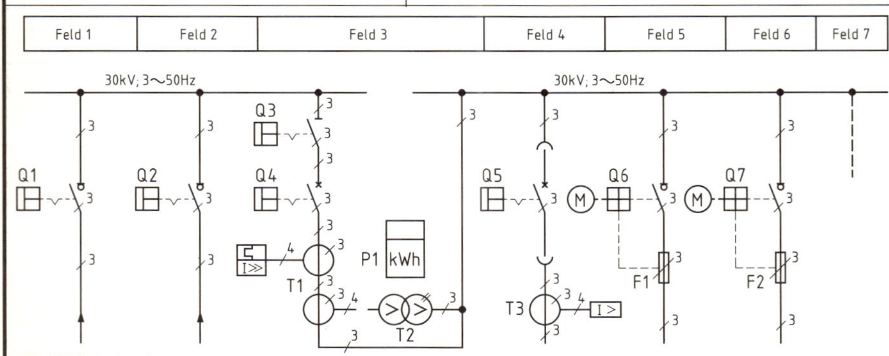

30-kV-Schaltanlage

Elektro-Installationsplan

DIN 40 719 T5/11.83

Ein **Elektro-Installationsplan** enthält die lagerichtige Darstellung elektrischer Betriebsmittel durch Schaltzeichen nach DIN 40 900 T11 (siehe Seite 350, 351) in Gebäudegrundrissen und deren Zuordnung zu den Stromkreisen.
Man verwendet in der Elektroinstallation neben dem Elektro-Installationsplan noch **Übersichtsschaltpläne, Stromlaufpläne** und **Anschlußpläne**. Mehrere Planarten können auch zu einem gemischten Schaltplan zusammengefaßt werden.

Regeln:

- Anschlußstelle des Elektrizitätsversorgungsunternehmens (EVU) angeben.
- Lagerichtige Eintragung der Schaltzeichen für die Betriebsmittel mit Kennzeichnung des Stromkreises.
- Verlegeart angeben.
- Schutzmaßnahme und Schutzart angeben.
- Hinweise auf besondere Betriebsstätten und Umgebungsbedingungen, z. B. Raumart, geben.
- Höhe der Schalter, Steckdosen u. ä. (siehe DIN 18 015, Teil 3) über Oberkante fertigem Fußboden (OKFFB) angeben.
- Maßstabgerechte Darstellung der Längen der Leuchten für Leuchtstofflampen.
- Bauart der Leuchten angeben.
- Kabel- und Leitungswege im allgemeinen nicht eintragen, Ausnahmen: Fernmelde- und Lichtrufanlagen.
- Pritschenführung, Leerrohrverlegung, Wanddurchbrüche evtl. in gesonderten Plänen darstellen.

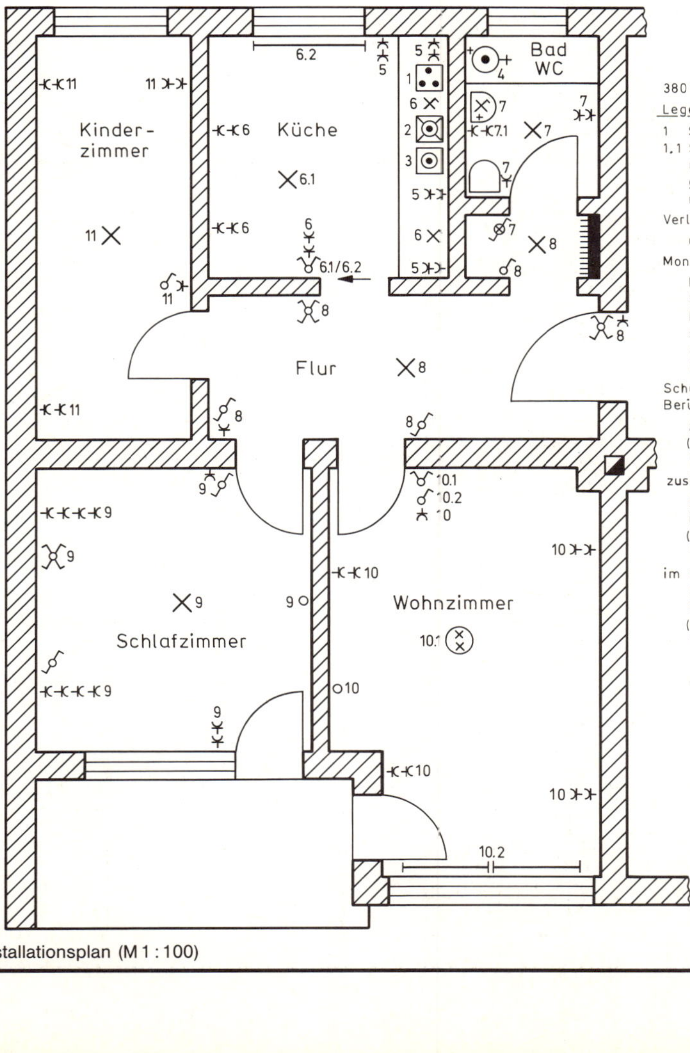

380 V; 3/N/PE ~ 50 Hz

Legende:

1 Stromkreis - Nummer
1.1 Stromkreis - Nummer mit Kennziffer der zugeordneten Betriebsmittel

Verlegeart:
u. P. mit Abzweigdosen

Montagehöhe über OKFB:
Installationsschalter 1,10 m
Steckdosen
Küche, WC (7.1) 1,10 m
sonstige Räume 0,30 m
außer bei Schalterkombination

Schutz bei indirektem Berühren:
Abschaltung im TN-Netz (DIN 57 100 Teil 410 / VDE 0100 Teil 410)

zusätzlicher Schutz:
FI-Schutzeinrichtung im TN-Netz (DIN 57 100 Teil 410 / VDE 0100 Teil 410)

im Bad:
zusätzlicher Potentialausgleich (DIN 57 100 Teil 701 / VDE 0100 Teil 701)

Installationsplan (M 1 : 100)

Verdrahtungsplan

DIN 40 719 T9/4.79
DIN IEC 113 T5/1.78
DIN IEC 113 T6/6.78

Verdrahtungspläne dienen als Unterlage für die Fertigung, die Montage und die Instandhaltung. Bei umfangreichen Anlagen wird der Verdrahtungsplan ersetzt oder unterteilt in **Geräteverdrahtungspläne, Verbindungspläne** und **Anschlußpläne**.

Regeln:

- Alle Betriebsmittel der Geräte oder Gerätegruppen lagerichtig anordnen.
- Anschlußstellen der Geräte darstellen.
- Verbindungsleitungen einzeln oder zusammengefaßt zeichnen.
- Bei zusammengefaßten Verbindungsleitungen an den Anschlußstellen die Zielbezeichnungen angeben.
- Anschlüsse vom Energieversorgungsnetz, Verbrauchern, Befehls- und Meldegeräten einzeichnen.

Geräteverdrahtungspläne geben Auskunft über die Innenverbindungen von Geräten und Gerätekombinationen. (DIN IEC 113, Teil 6): Hinweise über die äußeren Verbindungen können gegeben werden.
Sie können durch Geräteverdrahtungstabellen ersetzt werden.

Verbindungspläne enthalten die Verbindungen zwischen Geräten und Baueinheiten. (DIN IEC 113, Teil5). Da keine internen Verbindungen eingezeichnet sind, können Hinweise auf entsprechende Stromlauf- oder Geräteverdrahtungspläne angegeben werden.
Sie können durch Tabellen ersetzt oder ergänzt werden.

Anschlußpläne liefern Informationen über den Anschluß der inneren und äußeren elektrischen Verbindungen, z. B. an Klemmleisten (DIN 40 719, Teil 9). Hinweise auf Stromlauf- und Anordnungspläne sowie auf Funktionszugehörigkeit können angegeben werden.
Sie können in Tabellenform dargestellt werden.

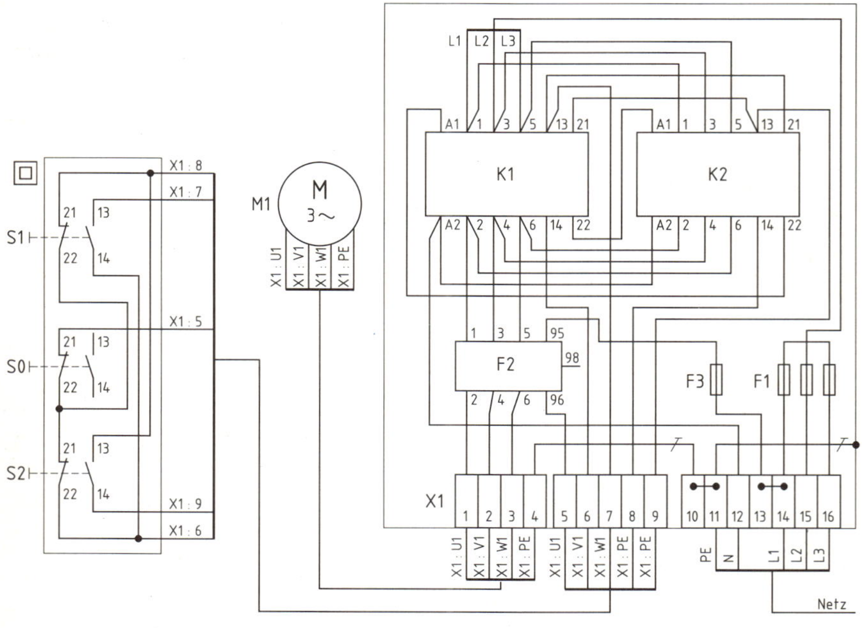

Verdrahtungsplan einer Wendeschützschaltung

Schaltfolgediagramme – Zeitablaufdiagramme

DIN 40 719 T11/8.78

Schaltfolgediagramme stellen die funktionellen Folgen der Schaltzustände der Betriebsmittel (z. B. Relais) dar.

Regeln:

- Die erste Spalte enthält die laufende Nummer, die zweite die Bezeichnung der Schaltvorgänge und ihre Gliederung.
- Die Kopfzeile gibt die einzelnen Betriebsmittel und Signale an. Gruppierung soll Zusammenwirken der Betriebsmittel berücksichtigen.
- Waagerechte Striche verdeutlichen das ursächliche und zeitliche Zusammenspiel von Betriebsmittelgruppen (evtl. mit Pfeilen versehen).
- Zusätzliche Angaben über Schaltvorgänge in Schriftspalte übernehmen oder getrennte Spalte einführen.
- Keine senkrechte Linie:
  - Schaltstallen „Aus“,
  - Ruhestellung,
  - kein Erregerstrom.
- Eine senkrechte gestrichelte Linie:
  - Relais in Ruhestellung bei fließendem Erregerstrom,
  - Schaltzustand „Aus“,
  - Schaltverzögerung, evtl. Angabe der Verzögerungszeit.
- Senkrechte Linie:
  - Schaltzustand „Ein“,
  - Arbeitsstellung.
- Dreiecke:
  verzögerte Ansprech- oder Rückfallzeiten.
- Schrägstrich (siehe unten Spalte E):
  - Angabe über die Stromrichtung in den Relaiswicklungen
  - Angabe über den Zusammenhang zwischen Stromflußrichtung und Kontaktstellung
- Querstrich:
  Beginn oder Ende eines Schaltvorganges
- Waagerechte Linien:
  Veränderung des Schaltvorganges
  (an Kreuzungen unterbrechen)

Zeitablaufdiagramme zeigen Funktionsabläufe im zeitgerechten Maßstab.

Regeln:

- Funktionen waagerecht, entsprechend dem gewählten Zeitmaßstab, auftragen.
- Zeitachsen für jede Teilfunktion bzw. jeden Takt untereinander darstellen.
- Bezugslinie eines Signalzuges ist die logische 0.
- Logische 1 nach oben auftragen.
- Anfang des dargestellten Signalzustandes durch eine 0 oder eine 1 kennzeichnen.
- Zusammengehörige Zeitachsen sind durch senkrechte Zeitbezugslinien rechts und links begrenzt.
- Zeit, die nicht dargestellt werden soll, ist durch senkrechte strichpunktierte Linien zu kennzeichnen.
- Signal- oder Funktionsnamen an den linken Rand angeben.
- Erläuternde Angaben am rechten Rand dem entsprechenden Signal zuordnen.

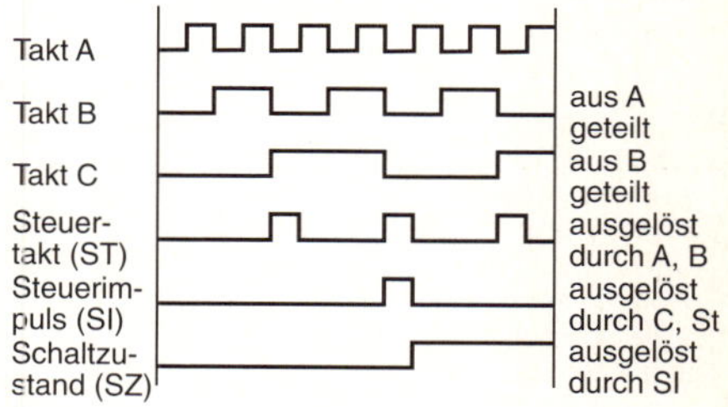

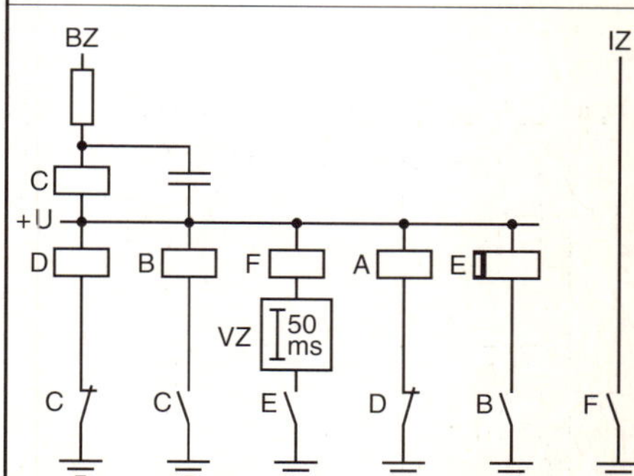

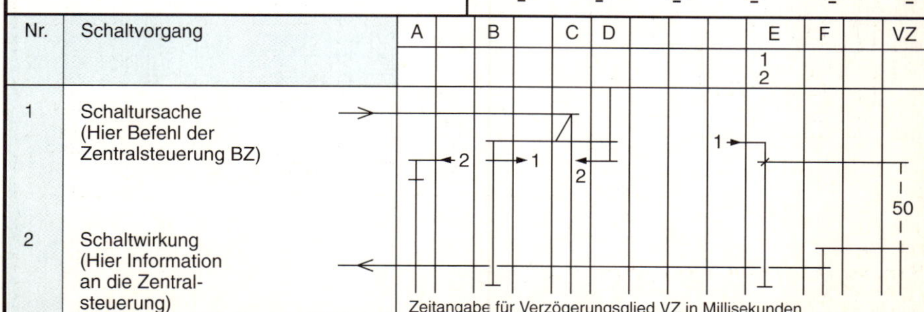

Funktionsplan

DIN 40 719 T6/3.77

Der **Funktionsplan** ist eine prozeßorientierte Darstellung einer Steueraufgabe.
Der Funktionsplan stellt eine Steueraufgabe mit ihren wesentlichen Eigenschaften (Grobstruktur) oder mit den erforderlichen Details (Feinstruktur) dar.

Symbole:

- Symbole nach DIN 40 900 T.12 Seite 352 ff.) verwenden. Diese, wenn notwendig, den besonderen Erfordernissen dieser Planart anpassen.
- Das Symbol **Schritt** steht für eine feststehende Kombination aus mehreren logischen Bausteinen. Ein Schritt wird dann speichernd gesetzt, wenn an allen Eingängen die log. 1 anliegt. (UND-Verknüpfung). Ein Schritt wird gelöscht durch
  a) Setzvorgang des nachfolgenden Schrittes,
  b) Befehle oder
  c) Löscheingangsbefehl.
- Mit Hilfe des Symbols **Befehl** können Einwirkungen von Stellgliedern auf den Prozeß oder Auslösungen von Funktionen innerhalb der Steuerungen dargestellt werden. Es besteht aus drei Feldern:
  1. Art des Befehls,
  2. Wirkung des Befehls,
  3. die Abbruchstelle des Befehlsausganges.

Regeln:

- Richtung des Informationsflusses ist von links nach rechts oder von oben nach unten (andernfalls durch Pfeile kennzeichnen).
- Befehle untereinander oder nebeneinander anordnen.
- Abbruchstellen einführen, wenn die Anordnung der Befehle eine einfache Führung der Wirkungslinien nicht gestattet.
- Wirkungslinie kann bei Abbruchstellen durch lfd. Nummer des dritten Feldes des Symbols „Befehl" ersetzt werden.
- Bedeutung der Buchstaben siehe DIN 40 719, Teil 6.

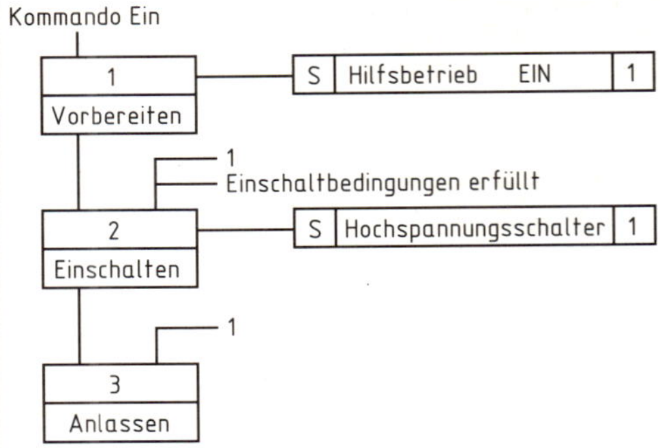

Steuerung eines Hochspannungs-Schleifringläufer-Motors Ausschaltung (Grobstruktur)

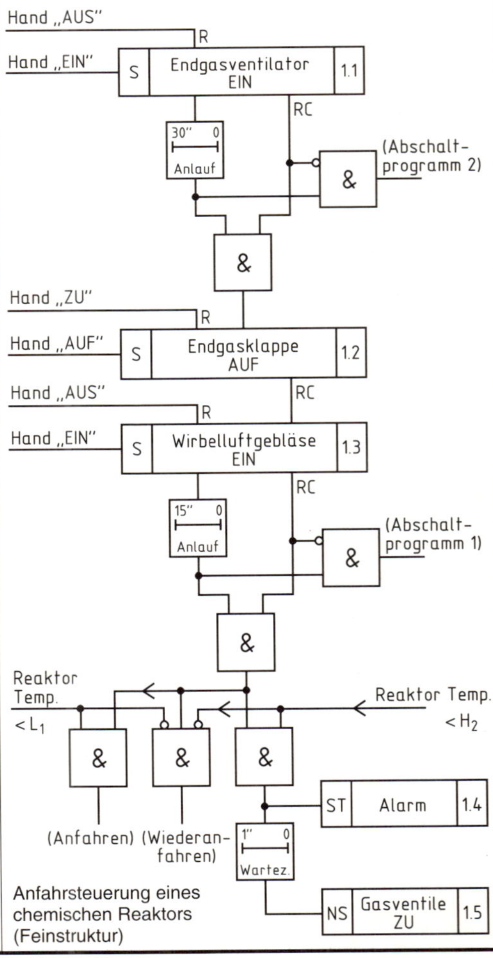

Anfahrsteuerung eines chemischen Reaktors (Feinstruktur)

Anordnungsplan

Anordnungspläne geben Auskunft über die räumliche Lage eines oder mehrerer Betriebsmittel zueinander.

Regeln:

- Betriebsmittel durch einfache Umrisse wie Quadrate, Kreise oder Rechtecke lagerichtig und in richtiger Anordnung zueinander darstellen.
- Maßstabgerechte Darstellung und Maßangaben nicht erforderlich.
- Anordnungsplan kann durch Liste ergänzt oder ersetzt werden.
- Kennzeichnung der Betriebsmittel nach DIN 40 719, Teil 2 (s. u.).
- Zusätzliche Kennzeichnung zulässig.

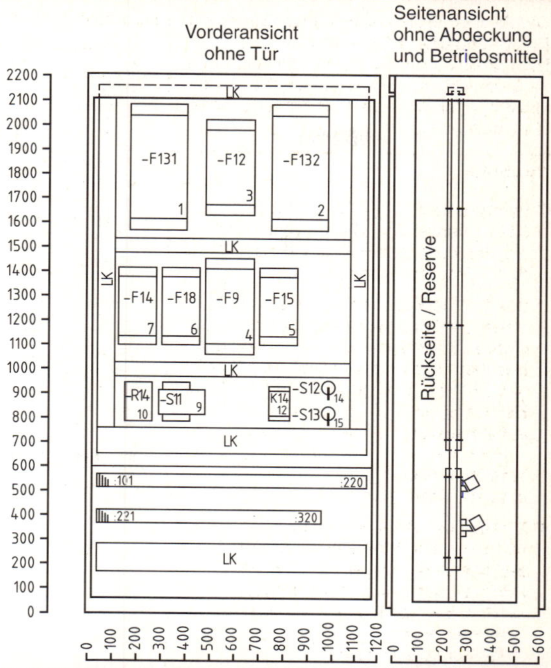

Anordnungsplan Schutzschrank

Kennzeichnung von elektrischen Betriebsmitteln

DIN 40 719 T.2/6.78
DIN 40 719 T.3/4.79

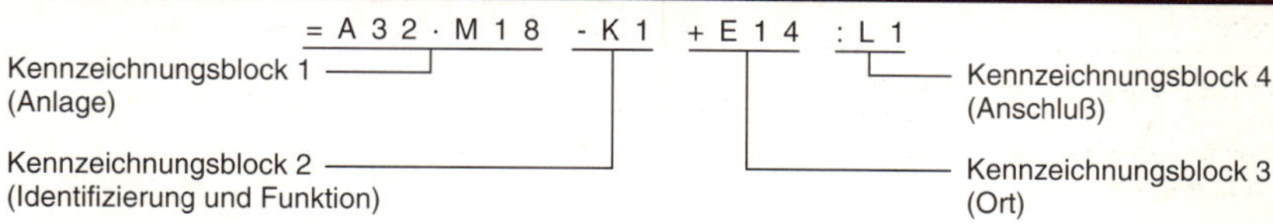

- Nur Kennzeichnungsblöcke angeben, die zur Kennzeichnung notwendig sind.
- Vorzeichen weglassen, wenn unzweideutig.
- Reihenfolge der Blöcke beliebig, aber in obiger Nummernfolge bevorzugt.
- Waagerechte und senkrechte Anordnung der Blöcke üblich.
- Ein Kennzeichnungsblock, der für die meisten Betriebsmittel gilt, kann im Schriftfeld angegeben werden.
- Kennzeichnungsblöcke sind unmittelbar links bzw. unterhalb des Schaltzeichens einzutragen; Ausnahme: Block 4 („Anschluß").
- Die Anschlußkennzeichnung steht unmittelbar außerhalb des Schaltzeichens bei horizontaler Schreibweise rechts und bei vertikaler Schreibweise links neben der Verbindungslinie (vertikaler Verlauf der Stromwege) oder oberhalb der Verbindungslinie (horizontaler Verlauf der Stromwege).

Beispiel: Der vollständige Hinweis lautet:

– A31.M17 / 1.5

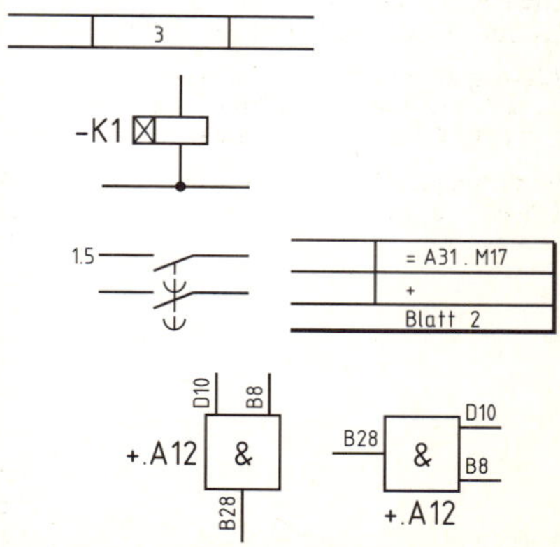

Kennzeichnung von elektrischen Betriebsmitteln

DIN 40719 T2/6.78
DIN 40719 T3/4.79

Kennbuchstaben für die Kennzeichnung der Art des Betriebsmittels

Kennbuchstabe	Art des Betriebsmittels	Beispiele
A	Baugruppen, Teilbaugruppen	Verstärker, Magnetverstärker, Laser
B	Umsetzer von nicht elektrischen Größen in elektrische Größen	Thermoelektrische Fühler, photoel. Zellen, Dynamometer, Mikrophon, Lautsprecher u. ä.
C	Kondensatoren	
D	Binäre Elemente, Verzögerungseinrichtungen, Speichereinrichtungen	kombinative Elemente, Verzögerungsleitungen, bistabile u. astabile Elemente
E	Verschiedenes	Beleuchtungen, Heizungen, u. ä.
F	Schutzeinrichtungen	Sicherungen, Ableiter, Schutzrelais
G	Generatoren, Stromversorgungen	rot. Generatoren Frequenzwandler Oszillatoren
H	Meldeeinrichtungen	Optische und akustische Melder
J	frei	
K	Relais, Schütze	Schütze, Hilfsschütze, Relais, Zeitrelais, u. ä.
L	Induktivitäten	Drosselspulen, Wellensperren
M	Motoren	
N	Verstärker, Regler	Elektron. Einrichtungen, Regler, Verstärker, Wandler
P	Meßgeräte, Prüfeinrichtungen	anzeigende, schreibende und zählende Meßeinrichtungen
Q	Starkstrom-Schaltgeräte	Leistungsschalter, Lastschalter, Trennschalter
R	Widerstände	Festwiderstände, Regelwiderstände, Anlasser u. ä.
S	Schalter, Wähler	Taster, Steuerschalter, Befehlsgeräte, Wähler
T	Transformatoren	Transformatoren, Strom- und Spannungswandler
U	Modulatoren, Umsetzer	Demodulator, Frequenzwandler, Inverter, u. ä.
V	Röhren und Halbleiter	Elektronenröhren, Transistoren, Dioden, Thyristoren
W	Übertragungswege, Hohlleiter, Antennen	Drähte, Kabel, Schienen, Dipole
X	Klemmen, Stecker, Steckdosen	Stecker, Klemmleisten, Buchsen
Y	Elektrisch betätigte mechan. Einrichtungen	Bremsen, Kupplungen, Ventile
Z	Abschlüsse, Filter, Entzerrer, Begrenzer	Filter, Funkentstörung, Pässe, Frequenzweichen

Kennbuchstaben für die Kennzeichnung allgemeiner Funktionen

Kennbuchstabe	Allgemeine Funktion
A	Hilfsfunktion, Funktion AUS
B	Bewegungsrichtung
C	Zählung
D	Differenzierung
E	Funktion EIN
F	Schutz
G	Prüfung
H	Meldung
I	Integration
K	Tastbetrieb
L1, L2, L3 L+, L−	Leiterkennzeichnung
M	Hauptfunktion
N	Messung
P	Proportional
Q	Zustand (Start, Stop, Begrenzung)
R	Rückstellen, löschen
S	Speichern, aufzeichnen
T	Zeitmessung, verzögern
V	Geschwindigkeit (beschleun., bremsen)
W	Addieren
X	Multiplizieren
Y	Analog
Z	Digital

Kennzeichnung von elektrischen Betriebsmitteln

DIN 40 719 T.2/6.78
DIN 40 719 T.3/4.79

Kennzeichnungsblock 1: Anlage (auch übergeordnete Zuordnung genannt)

= 21 VN 22 · VB 43

Vorzeichen: =; Abschnitte: 1 (21), 2 (VN), 3 (22), 4 (VB), 5 (43); Gliederungszeichen: ·

- Unterteilung in fünf Abschnitte.
- Abschnitte enthalten abwechselnd Ziffern und Buchstaben.
- Kennzeichnungsblock darf maximal 10 alphanumerische Zeichen enthalten (bei Kraftwerken 11).
- Alphabetische Datenstellen erhalten häufig bestimmte Bedeutung.
- Numerische Datenstellen sind Zählnummern oder haben bestimmte Bedeutung.
- Datenstellen entsprechen den Stufen der funktionellen Gliederung der Anlagen.
- Man beginnt links mit der größten Einheit.
- Ein Abschnitt kann 1 bis 3 Datenstellen enthalten.
- Der Kennzeichnungsblock kann durch ein Gliederungszeichen zwischen den Abschnitten 3 und 4 unterteilt werden.

Kennzeichnungsblock 2: Identifizierung und Funktion

– S 021 A

Vorzeichen: –; Art (Tabelle S. 332): S; Zählnummer: 021; Funktion (Tabelle S. 332): A

- Kennzeichnungsblock besteht aus den Teilen **Art, Zählnummer** und **Funktion**.
- Eine Zählnummer muß immer angegeben werden, Art und Funktion dürfen entfallen.
- Es werden fortlaufende Zählnummern verwendet.
- Grupppen von Betriebsmitteln können Gruppen von Zählnummern zugeordnet werden.
- Ziffern dürfen durch einen · getrennt werden.

Kennzeichnungsblock 3: Ort

+ C 3 H 2 · B 1

Vorzeichen: +; Abschnitte (Abschnitt 1 nicht benutzt): 2 (C), 3 (3), 4 (H), 5 (2), 6 (B1); Gliederungszeichen: ·

- Es müssen abwechselnd Abschnitte aus Ziffern und Buchstaben benutzt werden.
- Ein Block hat höchstens 18 alphanumerische Datenstellen.
- Block wird durch Gliederungszeichen zwischen Abschnitt 5 und 6 getrennt.
- Links vom Gliederungszeichen stehen Angaben zum Aufstellungsort und rechts Angaben zum Einbauort.
- Jeder Abschnitt hat mindestens ein Zeichen.
- Datenstellen können festgelegte Bedeutung haben.

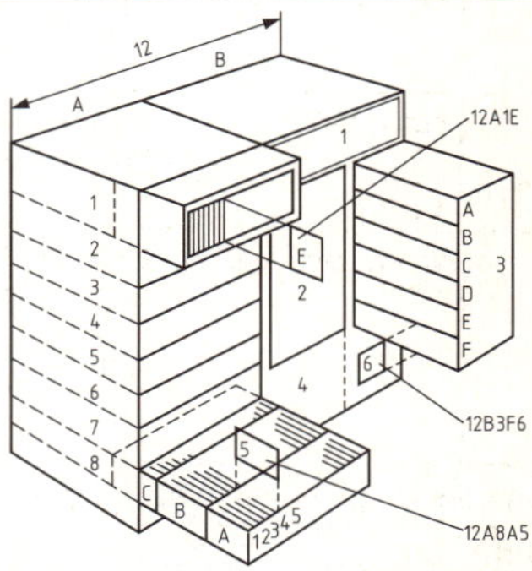

Kennzeichnungsblock 4: Ort

: A 1

Vorzeichen: :; Abschnitt: A1

- Anschlußbezeichnungen in den Schaltungsunterlagen müssen mit denen auf dem Betriebsmittel übereinstimmen.
- Genormte Bezeichnungen verwenden. (Siehe DIN 42 400, Seite 141).
- Sonst beliebige Kennzeichnung vornehmen, Bezeichnung aber erläutern.
- Abschnitt besteht aus großen Buchstaben und Ziffern.

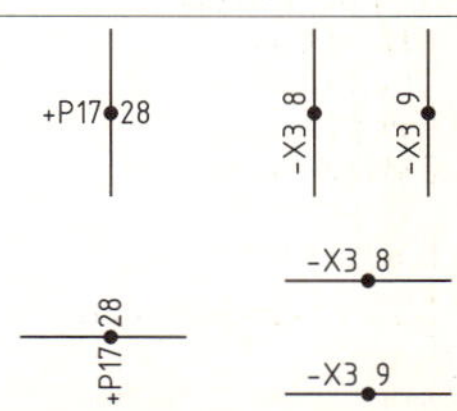

Graphische Symbole für Schaltungsunterlagen Allgemeines

DIN 40 900 T.1/3.88

Schaltzeichen

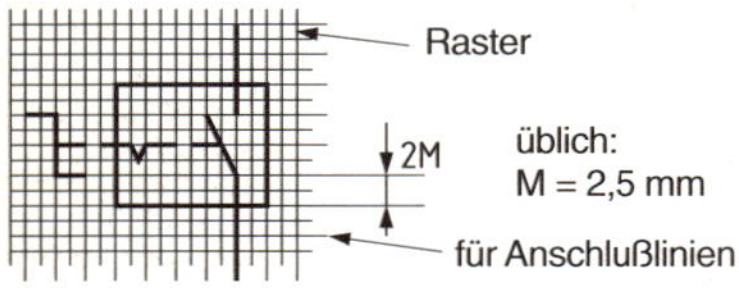

Figur, Zeichen, Ziffer, Buchstabe oder deren Kombination zur Darstellung von Funktions- oder Baueinheiten.

Grundsymbol

Figur mit festgelegter Bedeutung. (Charakteristisch für eine Familie von Funktions- oder Baueinheiten)

Kennzeichen

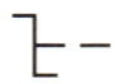

Schaltzeichen oder Symbolelement, das einem Schaltzeichen beigefügt wird, um dessen Bedeutung festzulegen.

Symbolelement

Figur, Zeichen, Ziffer oder Buchstabe mit festgelegter Bedeutung. (Nur in Kombination mit Grundsymbolen oder Symbolelementen anwenden.)

Blocksymbol

Vereinfachte Darstellung einer Funktions- oder Baueinheit.

Das Beiblatt 1 zur DIN 40 900 enthält das Stichwortverzeichnis über Schaltzeichen mit der Angabe einer Nummer.

z. B. Widerstand, allgemein 04-01-01

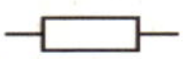

- Teil der DIN 40 900[1] (hier Teil 4)
- laufende Nummer des Schaltzeichen (hier Nummer 1)
- Hauptabschnitt oder Anhang[2] (hier Hauptabschnitt 1)

Symbolelemente und Kennzeichen für Schaltelemente

DIN 40 900 T2/3.88

Symbolelemente

Schaltzeichen	Benennung
 Form 1 02-01-01	Betriebsmittel Gerät Funktionseinheit
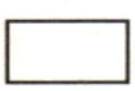 Form 2 02-01-02	
 Form 3 02-01-03	
 Form 1 02-01-04	Hülle Gehäuse Röhrenkolben
 Form 2 02-01-05	
02-01-06	Begrenzungslinie Trennlinie
 02-01-07	Abschirmung

Strahlungen

Schaltzeichen	Benennung
 02-09-01	nicht ionisierend, elektromagnetisch
 02-09-03	ionisierend

Kennzeichen

Arten von Strömen und Spannungen

Schaltzeichen	Benennung
 Form 1 02-02-01	Gleichstrom
 Form 2 02-02-03	wenn das Schaltzeichen 02-02-01 zu Verwechslungen führt.
~ 50 Hz 02-02-05	Wechselstrom, 50 Hz
3N ~ 50 Hz 400/200 V 02-02-07	Dreiphasen-Vierleitersystem
	Wechselstrom
 02-02-09	Niedrige Frequenzen
≈ 02-02-10	Mittlere Frequenzen
≋ 02-02-11	Hohe Frequenzen
 02-02-12	Gleichgerichteter Strom mit Wechselstromanteil

Wirkungen von Abhängigkeiten

Schaltzeichen	Benennung
 02-08-01	Thermische Wirkung
 02-08-02	Elektromagnetische Wirkung
02-08-03	Magnetostriktive Wirkung
 02-08-04	Magnetfeld-Wirkung oder -Abhängigkeit
02-08-05	Verzögerung

Abhängigkeit von einer charakteristischen Größe

Schaltzeichen	Benennung
< 02-06-01	größer
> 02-06-02	kleiner
= 0 02-06-05	gleich 0
≈ 0 02-06-04	etwa 0

[1] Steht vor der Nummer eine 1, z. B. 103, dann handelt es sich um ein national übernommenes Schaltzeichen.
[2] Steht vor der Zahl der Buchstabe A, dann wurde das Schaltzeichen aus einem Anhang zu IEC 617 entnommen.

Symbolelemente und Kennzeichen für Schaltzeichen

DIN 40 900 T2/3.88

Schaltzeichen	Benennung
Veränderbarkeiten	
02-03-01	nicht inhärent[1]
02-03-02	nicht inhärent, nicht linear
02-03-03	inhärent[2]
02-03-05	Einstellbarkeit
5 02-03-08	nicht inhärent, 5stufig
02-03-10	Einstellbarkeit, stetig
Richtung von Kraft und Bewegung	
02-04-01	Geradlinig
02-04-04	Drehung in beide Richtungen
02-04-06	Periodische
Impulsformen	
02-10-01	Positiver Impuls
02-10-03	Wechselstrom-Impuls
02-10-04	Positive Schrittfunktion
Verschiedenes	
02-17-01	Fehler
02-17-03	Dauermagnet
02-17-04	Bewegbarer Kontakt (z. B. Schleifkontakt)
02-17-06	Umsetzer, Umformer, Umrichter
02-16-01	Ideale Stromquelle
02-16-02	Ideale Spannungsquelle

Schaltzeichen	Benennung
Antriebsarten	
102-05-04	Schaltschloß mechanischer Freigabe
102-05-05	elektromechanischer Freigabe
02-13-01	Handantrieb, allgemein
02-13-03	Betätigung durch Ziehen
02-13-04	Betätigung durch Drehen
02-13-05	Betätigung durch Drücken
102-05-01	Betätigung durch Kippen
02-13-06	Betätigung durch Annähern
02-13-07	Betätigung durch Berühren
02-13-08	Notschalter
102-05-02	Handantrieb, abnehmbar, z. B. Steckschlüssel
02-13-12	Betätigung durch abnehmbaren Griff
02-13-13	Betätigung durch Schlüssel
02-13-15	Betätigung durch Rolle, Fehler
02-13-16	Betätigung durch Nocken
02-13-23	Betätigung durch elektromagnetischen Antrieb
M 02-13-26	Betätigung durch Motor
02-13-20	Kraftantrieb, allgemein
02-13-21	Betätigung durch pneumatische oder hydraulische Steuerung in Pfeilrichtung

Schaltzeichen	Benennung
Wirkungsrichtung	
02-05-01	Übertragung, Energiefluß, Signalfluß, in einer Richtung (simplex)
02-05-04	Senden
02-05-05	Empfangen
Mechanische Stellteile	
Form 1 02-12-01	Wirkverbindung, allgemein
Form 2 02-12-04	Mechanische, Pneumatische und Hydraulische Wirkverbindung
02-12-05 102-07-01	Verzögerte Wirkung
02-12-07	Selbsttätiger Rückgang
02-12-08	Raste, Nicht selbsttätiger Rückgang
102-06-02	Rutschkupplung
102-06-03	Sperre der Bewegung in beiden Richtungen
102-06-04	Sperre von Hand lösbar
02-12-14	Blockiereinrichtung
02-12-17	Kupplung, gelöst
M 02-12-21	Elektromotor mit eingel. Bremse
Erde, Masse, Äquipotential	
02-15-01	Erde
02-15-02	Fremdspannungsarme Erde
02-15-03	Schutzerde
02-15-04	Masse Gehäuse

1) Veränderbarkeit ist „nicht inhärent", wenn die veränderbare Größen durch eine äußere Einrichtung gesteuert wird, z. B. wenn der Widerstand durch einen Steller gesteuert wird.

2) Veränderbarkeit ist „inhärent", wenn die veränderbare Größe von den Eigenschaften des Gegenstands selbst abhängt, z. B. wenn sich Widerstand mit der Änderung der Spannung oder der Temperatur ändert.

Schaltzeichen für Leitungen und Verbinder

DIN 40 900 T3/3.88

Schaltzeichen	Benennung
Leiter	
03-01-01	Leiter Gruppe von Leitern Leitung Kabel Stromweg Übertragungsweg (z.B. für Mikrowellen)
Form 1 3 Form 2 03-01-03	Einpolige Darstellung Drei Leiter Anzahl der Leiter durch kleine Striche oder durch einen Strich mit einer Zahl angezeigt
— 110 V 2 × 120 mm² Al	Oberhalb der Linie: Stromart, Netzart, Frequenz und Spannung.
3N ~ 50 Hz 400 V 2 × 120 + 1 × 50	Unterhalb der Linie: Anzahl der Leiter, Multiplikationskreuz Querschnitt der einzelnen Leiter. Leitermaterial durch sein chemisches Zeichen angeben
103-01-01	Leitung, geplant[1]
03-01-06	Leiter, bewegbar
03-01-07	Leiter, geschirmt
03-01-08	Leiter, verdrillt, zwei Leiter dargestellt
03-01-09	Leiter in einem Kabel, drei Leiter dargestellt
03-01-10	Die zwei durch Pfeilspitzen gekennzeichneten Leiter sind in einem Kabel.
03-01-11	Leiter, koaxial
03-01-12	Koaxiale Leitung auf Anschlußstellen geführt
03-01-13	Leiter, koaxial, geschirmt

Schaltzeichen	Benennung
Leiter	
03-01-14	Leitung oder Kabel, nicht angeschlossen
03-01-15	Leitung oder Kabel, nicht angeschlossen, besonders isoliert
Anschlüsse u. Leiterverbindungen	
03-02-01	Verbindung von Leitern
03-02-02	Anschluß (z. B. Klemme) Der Kreis darf ausgefüllt werden
11 12 13 14 15 16 03-02-03	Anschlußleiste, dargestellt mit Anschlußbezeichnungen
1 2 3 4 5 6 103-03-04	Klemmenleiste Reihenklemmen und Reihentrennklemmen
Form 1 03-02-04 Form 2 03-02-05	Abzweig von Leitern
Form 1 03-02-06 Form 2 03-02-07	Doppelabzweig von Leitern
03-02-08	Leiter-Verbindungsstück-Spleiß
Verbinder	
03-03-01 03-03-02	Buchse Pol einer Steckdose
03-03-03 03-03-04	Stecker Pol einer Steckers[2]
03-03-05 03-03-06	Buchse und Stecker Steckverbindung
103-03-05	Steckverbinder, mit Kennzeichnung des Schutzleiteranschlusses

Schaltzeichen	Benennung
Verbinder	
03-03-07	Steckverbindung, vielpolig allpolige Darstellung
6 03-03-08	einpolige Darstellung
03-03-09	Steckverbinder, festes Teil[3]
03-03-10	Steckverbinder, bewegliches Teil[3]
03-03-11	Steckverbindung Steckerseite fest[3] Buchsenseite beweglich
03-03-19	Lasche, offen
03-03-17 Form 1 03-03-18 Form 2	Trennstelle Lasche, geschlossen
03-03-12	Stecker und Klinke, zweipolig
03-03-20	Steckverbindung, zwei Buchsen durch einen stecker verbunden.
03-03-21	Steckverbindung mit Adapter
03-03-22	Steckverbindung mit Abzweigbuchse
Leitungsdurchführung	
103-04-02	Kabeldurchführung, gasgefüllt
103-04-01	Leitungsdurchführung

1) Zur Unterscheidung verschiedener Arten von Leitungen, Kabelstrecken usw. dürfen beliebige Linienarten verwendet werden. Ihre Bedeutungen sollen im Plan erläutert werden.
2) Das Schaltzeichen sollte nur gewählt werden, wenn zwischen festem und beweglichem Teil des Steckverbinders unterschieden werden soll.
3) Auf die Verdickung, die den Pol eines Steckers darstellt, darf verzichtet werden.

Schaltzeichen für passive Bauelemente

DIN 40 900 T4/3.88

Schaltzeichen	Benennung
Widerstände	
04-01-01	Widerstand, allgemein Dämpfungsglied, bevorzugte Form
04-01-02	andere Form
104-01-03	Scheinwiderstand
04-01-12	Heizelement
04-01-09	Widerstand mit Anzapfungen
04-01-10	Nebenschlußwiderstand Shunt
04-01-03	Widerstand, veränderbar, allgemein
04-01-04	Widerstand, spannungsabhängig, Varisator
104-01-05	Widerstand, gegensinnig, spannungsabhängig
04-01-07	Widerstand mit Schleifkontakt Potentiometer
04-01-08	Widerstand, einstellbar, mit Schleifkontakt

Schaltzeichen	Benennung
Kondensatoren	
04-02-01	Kondensator, allgemein bevorzugte Form
04-02-02	andere Form[1]
04-02-05	Kondensator, gepolt, Elektrolyt-Kondensator
104-02-01	Kondensator mit Anzapfung
04-02-07	Kondensator, veränderbar
04-02-16	Kondensator, gepolt, spannungsabhängig, Halbleiter-Kondensator
Verzögerungsleitungen	
04-09-01	Verzögerungsleitung, Verzögerungselement, Verzögerungsglied
50 µs / 100 µs	Magnetostriktive Verzögerungsleitung, 04-09-02
04-09-05	Verzögerungsleitung als Leitungsnachbildung
04-09-03 / 04-08-03	Koaxiale Verzögerungsleitung

Schaltzeichen	Benennung
Induktivitäten	
04-03-01	Induktivität, Spule, Wicklung, Drossel bevorzugte Form
04-03-02	andere Form
04-03-03	Induktivität mit Magnetkern
04-03-04	Induktivität mit Luftspalt im Magnetkern
04-03-06	Induktivität mit festen Anzapfungen
04-03-07	Induktivität mit bewegbarem Kontakt, stufig, veränderbar
04-03-09	Koaxiale Drossel mit Magnetkern
Verschiedenes	
04-04-01	Magnetkern
04-04-03	Magnetkern mit einer Wicklung
04-07-01	Piezoelektrischer Kristall mit zwei Elektroden

Schaltzeichen für Halbleiter und Elektronenröhren

DIN 40 900 T5/3.88

Symbolelemente	
05-01-01	Halbleiterzone mit einem ohmschen Anschluß
05-01-02	Halbleiterzone mit mehreren Anschlüssen Form 1
05-01-03	Form 2
05-01-04	Form 3
05-01-05	Leitender Kanal Verarmungstyp
05-01-06	Anreicherungstyp
05-01-23	Eigenleitende Zone PIN- o. NIP-Struktur
05-01-24	PIP- o. NIN-Struktur
05-01-09	P-Gebiet, das eine N-Zone beeinflußt
05-01-10	N-Gebiet, das eine P-Zone beeinflußt
05-01-11	N-leitender Kanal auf einem P-Substrat
05-01-12	P-leitender Kanal auf einem N-Substrat
05-01-14	P-Emitter auf einer N-Zone N-Emitter auf einer P-Zone

Kennzeichen	
05-02-01	Schottky-Effekt
05-02-02	Tunnel-Effekt
05-02-03	Durchbruch-Effekt in einer Richtung
05-02-04	Durchbruch-Effekt in beiden Richtungen
05-02-05	Backward-Effekt Rückwärts-Effekt Unitunnel-Effekt

[1] Falls es notwendig ist, die Elektroden zu kennzeichnen, muß die gebogene Linie darstellen:
- den Außenbelag bei Papier- oder Keramik-Kondensatoren
- den beweglichen Teil bei einstellbaren oder veränderbaren Kondensatoren
- den Belag mit dem negativen Potential bei Durchführungskondensatoren

Schaltzeichen für Halbleiter und Elektronenröhren DIN 40 900 T5/3.88

Halbleiterdioden

Schaltzeichen	Benennung
05-03-01	Halbleiterdiode, allgemein
05-03-02	Leuchtdiode, allgemein
05-03-04	Kapazitätsdiode
05-03-06	Z-Diode Esaki-Diode
05-03-07	Breakdown-Diode Gegeneinander geschaltete Z-Dioden
05-03-05	Tunneldiode
05-03-08	Backward-Diode Unitunneldiode
05-03-09	Zweirichtungs-diode, Diac

Thyristoren

Schaltzeichen	Benennung
05-01-01	Thyristordiode rückwärts sperrend
05-04-02	Thyristordiode, rückwärts leitend
05-04-03	Zweirichtungs-Thyristordiode
05-04-04	Thyristortriode Thyristor
05-04-05	Thyristortriode, rückwärts sperrend, Anode gesteuert (N-Gate)
05-04-06	Thyristortriode, rückwärts sperrend, Kathode gesteuert (P-Gate)
05-04-07	Abschalt-Thyristortriode
05-04-08	Abschalt-Thyristortriode, Anode gesteuert (N-Gate)
05-04-10	Thyristortriode, rückwärts sperrend
05-04-11	Thyristortriode, bidirektional, Triac
05-04-12	Thyristortriode, rückwärts leitend
05-04-13	Thyristortriode, rückwärts leitend, Anode gesteuert (N-Gate)

Transistoren

Schaltzeichen	Benennung
05-05-01	PNP-Transistor
05-05-03	NPN-Avalanche-Transistor
05-05-04	Unijunction-Transistor mit Basis vom P-Typ
05-05-06	NPN-Transistor mit zwei Basisanschlüssen
05-05-08	PNIN-Transistor
05-05-09	Sperrschicht-Feldeffekt-Transistor (JFET) mit N-Kanal
05-05-10	Sperrschicht-Feldeffekt-Transistor (JFET) mit P-Kanal
05-05-11	Isolierschicht-Feldeffekt-Transistor (IGFET), Anreicherungstyp
05-05-13	Isolierschicht-Feldeffekt-Transistor (IGFET), Anreicherungstyp, Substratanschluß
05-05-14	Isolierschicht-Feldeffekt-Transistor (IGFET), Substrat intern mit Source verbunden
05-05-15	Isolierschicht-Feldeffekt-Transistor (IGFET), Verarmungstyp

Sensoren

Schaltzeichen	Benennung
05-06-02	Diode, lichtempfindlich, Photodiode
05-06-01	Widerstand, lichtempfindlich Photowiderstand
05-06-03	Photoelement Photozelle
05-06-08	Optokoppler Leuchtdiode und Phototransistor
05-06-05	Hall-Generator
05-06-06	Widerstand, magnetfeldempfindlich
05-06-07	Magnetischer Koppler
05-15-01	Ionisationskammer
05-15-05	Halbleiterdetektor
05-15-10	Zählrohr
105-04-01	Peltierelement

Elektronenröhren

Schaltzeichen	Benennung
05-11-01	Triode
05-11-02	Thyratron, Triode
05-11-03	Pentode

Schaltzeichen	Benennung
05-12-01	Kathodenstrahlröhre mit • elektromagnetischer Ablenkung • Permanentmagnet-Fokussierung und Ionenfalle • Fokussierelektrode • Wehnelt-Zylinder • indirekt geheizter Kathode. z.B. Fernsehbildröhre
05-12-02	Doppel-Kathodenstrahlröhre mit • geteiltem Strahl • elektrostatischer Ablenkung • indirekt geheizter Kathode

Schaltzeichen für die Erzeugung und Umwandlung elektrischer Energie

DIN 40 900 T6/3.88
DIN 40 715/4.62

Schaltungsarten von Wicklungen – Maschinen

Kennzeichnung der Schaltungsart

Schaltzeichen	Benennung
06-01-01	Eine Wicklung
06-01-02	Drei getrennte Wicklungen
6 06-01-03	Sechs getrennte Wicklungen
3~ 06-01-04	Drei getrennte Wicklungen, Dreiphasen-System
m m~ 06-01-05	*m* getrennte Wicklungen, m-Phasensystem
106-01-01	Reihenschaltung
106-01-02	Parallelschaltung
106-01-04	Einzelstrang mit Hilfsphase
106-01-05	Stern-Dreieck-Schaltung
106-01-06	Dahlander-Schaltung
06-02-01	Zweiphasenwicklung, L-Schaltung
06-02-02	Dreiphasenwicklung, V-Schaltung (60°)
06-02-05	Dreieckschaltung
06-02-06	offene Dreieckschaltung
06-02-07	Sternschaltung
06-02-08	Sternschaltung, Neutralleiter herausgeführt
06-02-09	Zickzackschaltung
06-02-12	Sechsphasenwicklung, Sternschaltung
06-02-13	Gabelschaltung, Neutralleiter herausgeführt

Symbolelemente

Schaltzeichen	Benennung
	Unterscheidung von Wicklungen mit unterschiedlichen Funktionen
06-03-01	Wendepol- oder Kompensationswicklung
06-03-02	Reihenschlußwicklung
06-03-03	Nebenschlußwicklung, oder fremderregte Wicklung
06-03-04	Bürste (an Schleifring oder Kommutator)

Maschinenarten

Schaltzeichen	Benennung
* 06-04-01	Maschine, allgemein. An die Stelle des Sterns (*) muß eines der folgenden Kennzeichen eingetragen werden: C Umformer G Generator GS Synchrongenerator M Motor MG Als Generator oder als Motor nutzbar Maschine MS Synchronmotor
M 06-04-02	Linearmotor
M 06-04-03	Schrittmotor
M 06-05-01	Gleichstrom-Reihenschlußmotor
M 06-05-02	Gleichstrom-Nebenschlußmotor
G 06-05-03	Gleichstrom-Doppelschlußgenerator, mit Anschlüssen und Bürsten
M G 06-05-04	Gleichstrom-Umformer, Dauermagneterregung (Einankerumformer)

Maschinenarten

Schaltzeichen	Benennung
M 1~ 06-06-01	Wechselstrom-Reihenschlußmotor, einphasig
M 3~ 06-06-02	Repulsionsmotor, einphasig
M 3~ 06-06-03	Drehstrom-Reihenschlußmotor
GS 3~ 06-07-01	Drehstrom-Synchrongenerator mit Dauermagneterregung
MS 1~ 06-07-02	Synchronmotor, einphasig
GS 06-07-03	Drehstrom-Synchrongenerator, Sternschaltung, Neutralleiter herausgeführt
M 3~ 06-08-05	Drehstrom-Linearmotor, Bewegung in nur einer Richtung
M 3~ 06-08-01	Drehstrom-Asynchronmotor mit Käfigläufer
M 1~ 06-08-02	Asynchronmotor, einphasig, mit Käfigläufer, Enden für eine Anlaufwicklung herausgeführt
M 3~ 06-08-03	Drehstrom-Asynchronmotor mit Schleifringläufer

[1] Bürsten werden nur bei Bedarf dargestellt. Als Anwendungsbeispiel siehe Schaltzeichen 06-05-03.

Schaltzeichen für die Erzeugung und Umwandlung elektrischer Energie

DIN 40 900 T6/3.88
DIN 40 715 T5/5.58

Transformatoren und Drosseln

Schaltzeichen Form 1	Schaltzeichen Form 2	Benennung
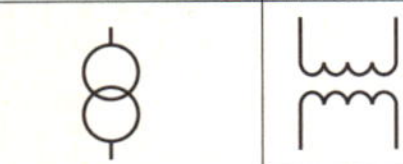 06-09-01	06-09-02	Transformator mit zwei Wicklungen Spannungswandler[1)]
	 06-09-03	Kennzeichnung gleicher Phasenlagen, gleichzeitig eintretende Ströme erzeugen Magnetflüsse in gleicher Richtung
 06-09-04	06-09-05	Transformator mit drei Wicklungen
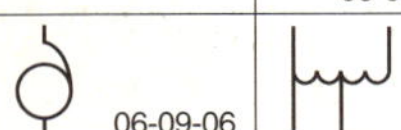 06-09-06	06-09-07	Spartransformator
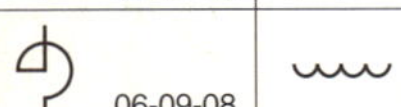 06-09-08	06-09-09	Drossel
 06-09-10	06-09-11	Stromwandler Impulstransformator
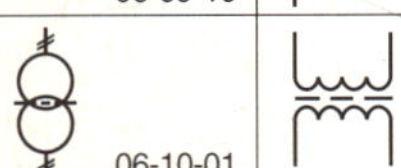 06-10-01	06-10-02	Einphasentransformator mit zwei Wicklungen und Schirm
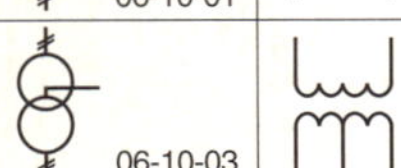 06-10-03	06-10-04	Transformator mit Mittenanzapfung an einer Wicklung
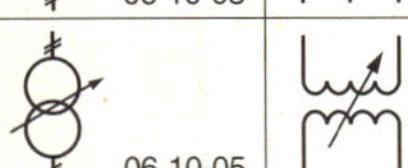 06-10-05	06-10-06	Transformator mit veränderbarer Kopplung
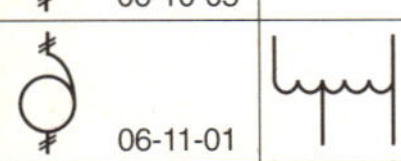 06-11-01	06-11-02	Spartransformator, einphasig
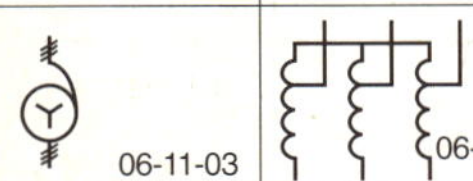 06-11-03	06-11-04	Drehstrom-Spartransformator, Sternschaltung
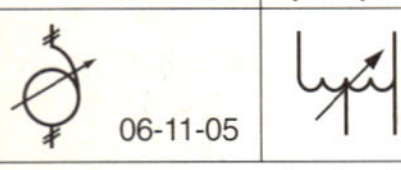 06-11-05	06-11-06	Spartransformator, einphasig, mit Spannungssteller
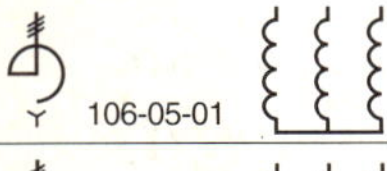 106-05-01		Drehstrom-Drosselspule in Sternschaltung
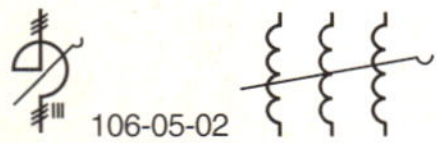 106-05-02		Drehstrom-Drosselspule in offener Schaltung, stufig verstellbar

Schaltzeichen Form 1	Schaltzeichen Form 2	Benennung
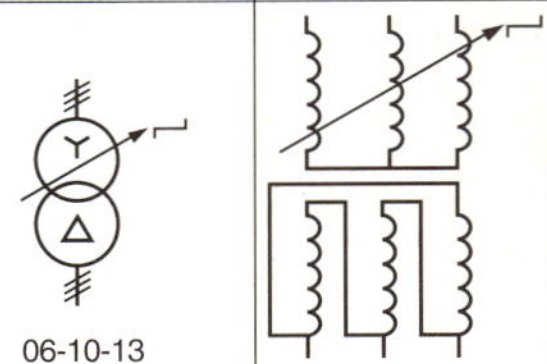 06-10-13	06-10-14	Drehstromtransformator mit Last-Stufenschalter, Stern/Dreieckschaltung
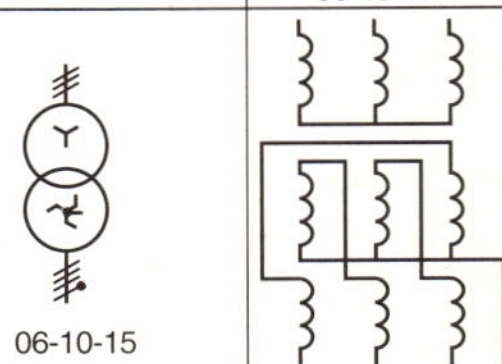 06-10-15	06-10-16	Drehstromtransformator, Stern/Zickzackschaltung, Zickzackschaltung mit Neutralleiter
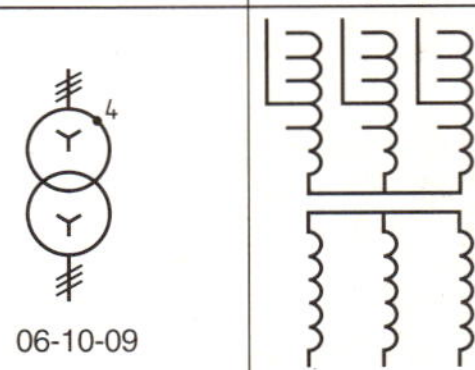 06-10-09	06-10-10	Drehstromtransformator mit vier Anzapfungen, (Hauptanschluß nicht einbezogen), Stern/Sternschaltung
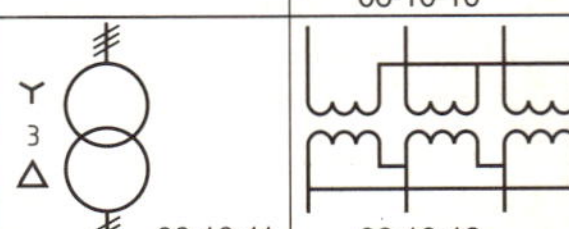 06-10-11	06-10-12	Drehstromeinheit aus Einphasentransformatoren, Stern/Dreieckschaltung
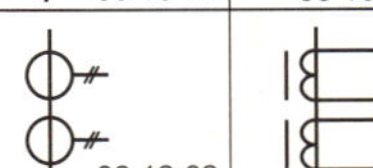 06-13-02	06-13-03	Stromwandler mit zwei Kernen und zwei Sekundärwicklungen
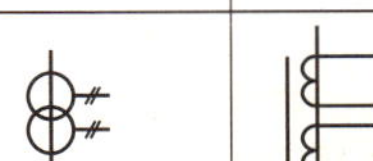 06-13-04	06-13-05	Stromwandler mit zwei Sekundärwicklungen auf einem Kern
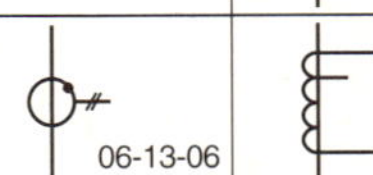 06-13-06	06-13-07	Stromwandler Die Sekundärwicklung hat eine Anzapfung, d. h. drei Anschlüsse
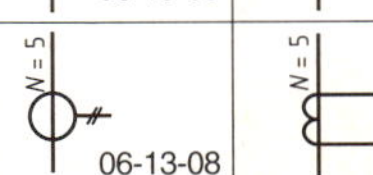 06-13-08	06-13-09	Stromwandler mit fünf Primärwindungen (z. B. Durchfadelwandler)
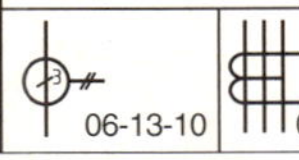 06-13-10	06-13-11	Stromwandler, Impulstransformator mit einer (Sekundär-)Wicklung und drei durchgefädelten (Primär-)Wicklungen (z. B. Summenstromwandler)

1) Für Spannungswandler dieses oder ein anderes geeignetes der nachfolgenden Transformator-Schaltzeichen anwenden

Schaltzeichen für die Erzeugung und Umwandlung elektrischer Energie

DIN 40 900 T6/3.88

Schaltzeichen	Benennung
Leistungsumrichter, Primärzellen und Akkumulatoren	
06-14-02	Gleichstrom-Umrichter
06-14-03 106-04-01	Gleichrichter
06-14-04	Gleichrichter in Brückenschaltung
06-14-05	Wechselrichter
06-14-06	Gleichrichter/ Wechselrichter (umschaltbar)
106-04-02	Wechselstrom-umrichter
U const 106-04-03	Spannungs-konstanthalter
06-15-01	Primärzelle Primärelement Akkumulator

Schaltzeichen	Benennung
	Batterie von Primärelementen Akkumulatoren-batterie
06-15-02	Form 1
06-15-03	Form 2
Ventile und magnetische Geräte	
106-03-02	Absperrorgan, offen
106-03-01	geschlossen
106-03-03	Ventil, dargestellt mit Fühler und Antrieb durch Nocken
106-02-01	Lasthebemagnet Spannplatte Magnetscheider
106-02-02	magnetische Bremse, Schienen-bremsmagnet

Schaltzeichen	Benennung
Nichtrotierende Generatoren und Heizquellen	
G 06-16-01	Generator, allgemein
06-17-01	Heizquelle, allgemein
06-17-03	Verbrennungs-Heizquelle
G 06-18-01	Thermoelektrischer Generator, betrieben durch Verbrennungswärme
G 06-18-06	Fotoelektrischer Generator
Transduktoren und Magnetverstärker	
06-A1-01	Transduktorkern
06-A1-03	Transduktor (Blocksymbol)
06-A1-04	Magnetischer Verstärker (Blocksymbol)

Schaltzeichen für Schalt- und Schutzeinrichtungen Kontakte

DIN 40 900 T7/3.88

Kennzeichen

Schaltzeichen	Benennung
07-01-01	Schütz-Funktion
07-01-02	Leistungsschalter-Funktion
07-01-03	Trennschalter-Funktion
07-01-04	Lasttrennschalter-Funktion
07-01-05	Selbsttätige Auslöser-Funktion
07-01-06	Grenzschalter-Funktion
07-01-07	Funktion „selbsttätiger Rückgang"
07-01-08	Funktion „nicht-selbsttätiger Rückgang"

Symbolelemente

Schaltzeichen	Benennung
07-02-01	Schliesser, Schaltfunktion, allgemein Schalter Form 1
07-02-02	Form 2
07-02-03	Öffner
07-02-04	Wechsler mit Unterbrechung
07-02-05	Zweiwegschließer mit Mittelstellung „Aus"
07-02-06	Wechsler ohne Unterbrechung Folgeumschaltglied Form 1
07-02-07	Form 2
07-02-08	Zwillingsschließer

Schaltzeichen	Benennung
07-03-01	Wischer mit Kontaktgabe bei Betätigung
07-04-01	Voreilender Schließer
07-04-02	Nacheilender Schließer
07-04-03	Nacheilender Öffner
07-05-01	Schließer, schließt verzögert bei Betätigung Form 1
07-05-02	Form 2
07-05-03	Öffner, schließt verzögert bei Rückfall Form 1
07-05-04	Form 2

Schaltzeichen für Schaltgeräte und Schutzeinrichtungen

DIN 40 900 T7/3.88

DIN 40 713 T3/1.75

Schaltzeichen	Benennung
Elektromagnetische Antriebe	
07-15-01	Elektromechanischer Antrieb, Relaisspule Form 1
07-15-02	Form 2
07-15-03	Antrieb mit zwei getrennten Wicklungen zusammenhängende Darstellung Form 1
07-15-04	Form 2
07-15-05	aufgelöste Darstellung Form 1
07-15-06	Form 2
107-15-06	Antrieb, erregt
07-15-07	Elektromechanischer Antrieb mit Rückfallverzögerung
07-15-08	Elektromechanischer Antrieb mit Ansprechverzögerung
07-15-09	Elektromechanischer Antrieb mit Ansprech- und Rückfallverzögerung
07-15-10	Elektromechanischer Antrieb, eines schnell schaltendes Relais
07-15-11	Elektromechanischer Antrieb gegen Wechselstrom unempfindlich
07-15-12	Elektromechanischer Antrieb eines Wechselstromrelais
107-09-07	Tonfrequenz-Rundsteuerrelais
107-09-04	Fortschaltrelais Stromstoßrelais

Schaltzeichen	Benennung
Elektromagnetische Antriebe	
107-08-05	Antrieb, mit drei Schaltstellungen
107-08-01 107-08-02	Antrieb, zwei gegensinnig wirkende Wicklungen
107-08-03	Antrieb, wattmetrisch wirkend
07-15-14	Elektromechanischer Antrieb eines Stützrelais
07-15-15	Elektromechanischer Antrieb eines polarisierten Relais
07-15-21	Elektromechanischer Antrieb eines Thermorelais
Schalter – Schaltgeräte	
07-06-01	Schließer mit selbsttätigem Rückgang
07-06-02	Schließer mit nicht selbsttätigem Rückgang
07-06-03	Öffner mit selbsttätigem Rückgang
07-08-01	Grenzschalter Endschalter (Schließer)
07-08-03	Grenzschalter, Endschalter, mechanische Betätigung in beiden Richtungen
07-09-01	Schließer, temperaturabhängig
07-09-03	Öffner mit selbsttätiger thermischer Betätigung (Thermokontakt, z. B. Bimetall)

Schaltzeichen	Benennung
Schalter – Schaltgeräte	
07-09-04	Gasentladungsröhre mit Thermokontakt Starter für Leuchtstofflampe
07-13-02	Schütz (Schließer)
07-13-03	Schütz mit selbsttätiger Auslösung
07-13-04	Schütz (Öffner)
07-10-01	Trägheitsschalter
07-10-02	Quecksilberschalter mit drei Anschlüssen
07-07-01	Handbetätigter Schalter
07-07-02	Druckschalter Taster
07-20-01	Berührungsempfindlicher Schalter
07-20-02	Näherungsempfindlicher Schalter
07-20-03	Näherungsempfindlicher Schalter betätigt durch Näherung eines Magneten
107-05-06	Motorschutzschalter, dreipolig, mit thermischer und magnetischer Auslösung
107-05-07	Fehlerstrom-Schutzschalter, vierpolig
107-05-08	Leitungsschutzschalter
107-01-03	Schließer betätigt dargestellt

Schaltzeichen für Schaltgeräte und Schutzeinrichtungen

DIN 40 900 T7/3.88
DIN 40 713 T3/1.75

Schalter – Schaltgeräte – Beispiele

Schaltzeichen	Benennung
 07-13-05	Leistungsschalter
 07-13-06	Trennschalter Leerschalter
 07-13-08	Lasttrennschalter
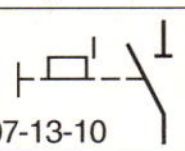 07-13-10	Trennschalter mit Blockiereinrichtung, handbetätigt
 107-02-04	Trennschalter mit Kommutierungskontakt
 107-02-01	Erdungsschalter, allgemein
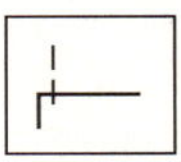 07-12-01	Komplexer Schalter, allgemein

Schaltzeichen	Benennung
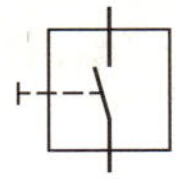	Tastschalter mit Schließer, handbetätigt (**Taster**)
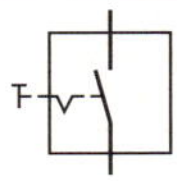	Stellschalter mit Schließer, handbetätigt (**Ausschalter**)
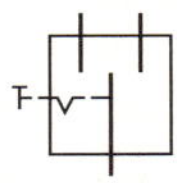	Stellschalter mit drei Schaltstellungen, Zweiwegschließer, handbetätigt, (**Gruppenschalter**)

Schaltzeichen	Benennung
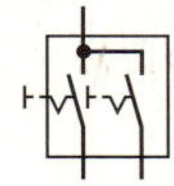	Stellschalter mit zwei Betätigungsstücken, handbetätigt (**Serienschalter**)
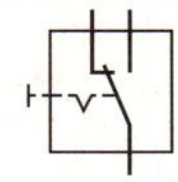	Stellschalter mit zwei Schaltstellungen, Umschaltglied, Wechsler, handbetätigt (**Wechselschalter**)
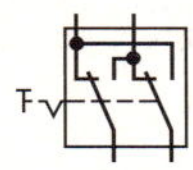	Kreuzschalter

Schaltzeichen	Benennung
 07-11-05 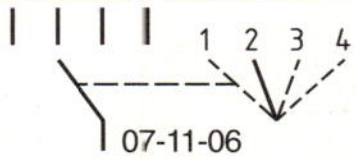 07-11-06	Mehrstellungsschalter, einpolig, dargestellt mit vier Schaltstellungen Anmerkung: Hat ein Schalter nur wenig Schaltstellungen, darf dieses Schaltzeichen angewendet werden.
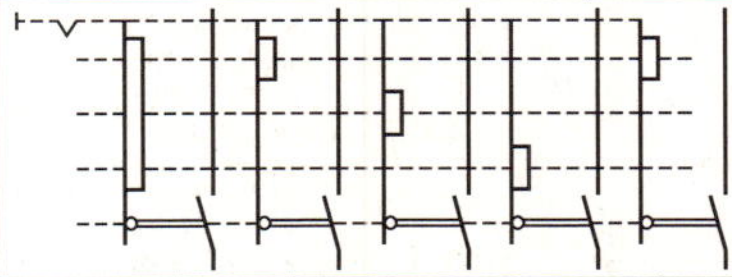 107-05-02	Nockenschalter mit vier Schaltstellungen, fünfpolig, handbetätigt

Schaltzeichen	Benennung
 107-05-03	Nockenschalter mit Motorantrieb
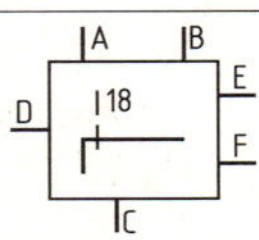 07-12-02	Stufenschalter mit 18 Schaltstellungen und den Anschlüssen A bis F

Schalttabelle

Schalt-Stellungen Position	Verbundene Anschlüsse Interconnections of terminals A B C D E F
1 2 3 4 5 6 7 8 9 10 11 12 13 14 15 16 17 18	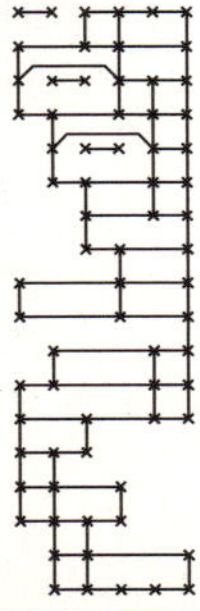

Schaltzeichen	Benennung
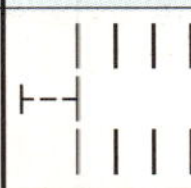 07-11-07	Handbetätigte Schalter mit vier Schaltstellungen und vier unabhängigen Kontaktpaaren
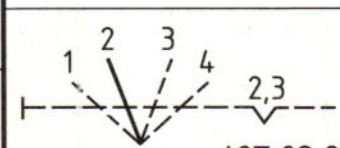 107-03-02	Handantrieb, dargestellt mit Kennzeichnung der Stellungen Die Stellungen 2 und 3 sind Raststellungen
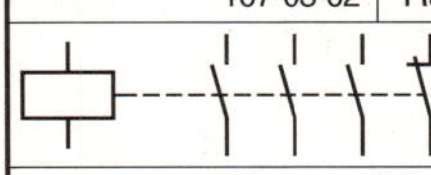 107-09-01	Schütz, Relais
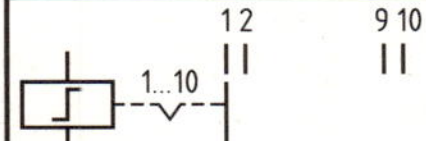 107-09-05	Fortschaltrelais, 10 Schaltstellungen
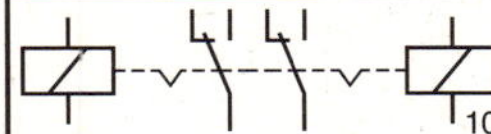 107-09-06	Kipprelais
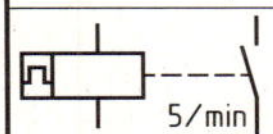 107-09-08	Blinkrelais, Blinkfrequenz von 5/min
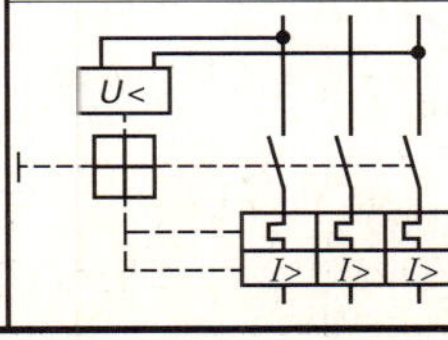 107-05-01	Schalter mit Schaltschloß, Motorschutzschalter, dreipolig elektrothermischen Überstromauslöser elektromagnetischen Überstromauslöser Unterspannungsauslöser

Schaltzeichen für Schalt- und Schutzeinrichtungen

DIN 40 900 T7/3.88

Meßrelais

Schaltzeichen	Benennung
* 07-16-01	Meßrelais und verwandte Einrichtung Der Stern muß durch Buchstaben oder Kennzeichen ersetzt werden, welche die Eigenschaften der Einrichtung angeben.
U 07-16-02	Fehlerspannung gegen Körper
U_{rsd} 07-16-03	Restspannung Verlagerungsspannung
I ← 07-16-04	Rückstrom
I_d 07-16-05	Differentialstrom
$I/^{P}I$ 07-16-06	Differentialstrom, relativ
I ⏚ 07-16-07	Fehlerstrom gegen Erde
I_N 07-16-08	Strom im Neutralleiter
P_α 07-16-10	Leistung bei Phasenwinkel α
07-16-11	Verzögerungszeit, invers abhängig
$U <$ 50...80 V 130 % 07-17-07	Unterspannungsrelais – Ansprechbereich 50 V bis 80 V – Rückfall bei 130 %
I <5A >3A 07-17-08	Stromrelais über 5 A und unter 3 A ansprechend
$N <$ 07-17-10	Meßrelais zum Erfassen von Windungsschlüssen
07-17-11	Meßrelais zum Erfassen von Windungsbrüchen
$I >$ 5× 07-17-14	Überstromrelais mit zwei Ausgängen, 5fachem, Einstellwert, invers-stromabhängiger Verzögerungszeit
$m < 3$ 07-17-12	Phasenausfallrelais in einem Dreiphasensystem
$U = 0$ 07-17-01	Nullspannungsrelais
$P <$ 07-17-03	Minimalwirkleistungsrelais
$Q >$ 1 Mvar 5...10 s 07-17-06	Maximalblindleistungsrelais ● Energieflußrichtung zur Sammelschiene ● Ansprechwert 1 Mvar ● Verzögerungszeit von 5 s bis 10 s einstellbar
$I >$ 07-17-04	Überstromrelais, verzögert
07-19-03	Näherungsempfindliche Einrichtung, kapazitiv, reagiert auf Näherung eines Festkörpers
07-18-02	Selbsttätige Wiedereinschalt-Einrichtung
07-18-01	Buchholzschutz

Anlasser

Schaltzeichen	Benennung
07-14-01	Anlasser, allgemein
07-14-02	Anlasser, Betätigung stufenweise
07-14-05	Anlasser, Direktanlauf Reversiermotor Schütz geschaltet
07-14-06	Stern-Dreieck-Anlasser
07-14-07	Anlasser mit Spartransformator
07-14-08	Anlasser mit Thyristoren, stetig veränderbar
107-06-01	Anlasser für Motoren mit einer Drehrichtung
107-06-03	Anlasser, automatisch
107-06-04	Anlasser, teilautomatisch
107-06-05	Anlasser mit thermischen und magnetischen Auslösern
8/4 p 107-07-03	Anlasser für polumschaltbaren Motor
107-07-04	Anlasser für Einphasenmotor mit Hilfsphase, kapazitiv
107-07-05	Anlasser mit Widerständen

Schutzeinrichtungen

Schaltzeichen	Benennung
07-21-01	Sicherung, allgemein
07-21-02	Sicherung Die breite Seite kennzeichnet den netzseitigen Anschluß
07-21-03	Sicherung mit mechanischer Auslösemeldung (Schlagbolzensicherung)
07-21-04	Sicherung mit Meldekontakt und drei Anschlüssen
07-21-07	Sicherungsschalter
07-21-06	Dreipoliger Schalter mit selbsttätiger Auslösung durch den Schlagbolzen jeder einzelnen Sicherung
07-21-08	Sicherungstrennschalter
07-21-09	Sicherungs-Lasttrennschalter
D II 10A 107-05-04	Schraubsicherung, dargestellt 10 A, Typ DII, dreipolig
00 25A 107-05-05	Niederspannungs-Hochleistungs-Sicherung (NH), dargestellt 25 A, Größe 00
07-22-01	Funkenstrecke
07-22-03	Überspannungsableiter
07-22-04	Überspannungsableiter in einer Gasentladungsröhre

Zündgeräte

Schaltzeichen	Benennung
07-24-02	Widerstandszünder Initialzünder
07-23-01	Feuerlöscher mit einem Auslöser
07-24-01	Zündspule
07-24-03	Zündkerze

Schaltzeichen für Meß-, Melde- und Signaleinrichtungen

DIN 40 900 T8/3.88
DIN 40 716 T4/12.69

Schaltzeichen	Benennung
Anzeigende Meßgeräte	
* [1] 08-01-01	Meßgerät anzeigend, allgemein
108-03-01	Anzeige, allgemein
000 108-03-02	Anzeige, digital Anzeige, numerisch
108-03-03	Registrierung, schreibend
V 08-02-01	Spannungsmeßgerät
var 08-02-04	Blindleistungsmeßgerät
W P_{max} 08-02-03	Höchstbelastungsanzeiger, Lastspitzenanzeiger, fernbetätigt
cos φ 08-02-05	Leistungsfaktormeßgerät
Hz 08-02-07	Frequenzmeßgerät
108-01-07	Meßwerk zur Quotientenbildung
108-01-08	Kreuzzeigerinstrument

Schaltzeichen	Benennung
Anzeigende Meßgeräte	
08-02-08	Synchronoskop
08-02-10	Oszilloskop
n 08-02-15	Drehzahlmeßgerät
108-01-02	Meßwerk mit Spannungspfad
108-01-03	Meßwerk mit einem Strompfad
108-01-05	Meßwerk zur Summen- oder Differenzbildung
108-01-06	Meßwerk zur Produktbildung
Aufzeichnende Meßgeräte	
* 08-01-02	Meßgerät, aufzeichnend, allgemein
W 08-03-01	Wirkleistungsschreiber
W var 08-03-02	Wirk- und Blindleistungsschreiber, kombiniert
08-03-03	Kurvenschreiber
108-01-09	Registrierwerk, Linienschreibwerk

Schaltzeichen	Benennung
Zähler	
* [1] 08-01-03	Meßgerät, integrierend, allgemein Elektrizitätszähler, allgemein
Ah 08-04-02	Amperestundenzähler
Wh 08-04-03	Wattstundenzähler Elektrizitätszähler
Wh 08-04-04	Wattstundenzähler, der nur die in eine Richtung fließende Energie zählt
Wh 08-04-05	Wattstundenzähler, der nur die von der Sammelschiene abgegebene Energie zählt
Wh 08-04-08	Mehrtarif-Wattstundenzähler, Zweitarifzähler dargestellt
Wh P > 08-04-09	Wattstundenzähler, der nur zählt, wenn ein vorgegebener Wert überschritten wird
08-04-11 Wh	Wattstundenzähler, fernbetätigt
08-04-12 Wh	Wattstundenzähler mit Drucker, fernbetätigt
Wh P_{max} 08-04-13	Wattstundenzähler mit Maximumanzeiger Maximumzähler
varh 08-04-15	Blindverbrauchszähler
Wh 08-04-10	Wattstundenzähler mit Übertragungseinrichtung

Zähler

Schaltzeichen Form 1	Schaltzeichen Form 2	Benennung
Ah	Ah	Gleichstrom-Amperestundenzähler
kWh ~	kWh ~	Einphasen-Wechselstromzähler
kWh 3~	kWh ~	Dreileiter-Drehstromzähler
kvarh 3/Mp~	kvarh ~ 2 3 6 4	Vierleiter-Drehstrom-Blindverbrauchzähler
kvarh max. 3/Mp~ 30 min	M 30 min Z kWh ~ M	Vierleiter-Drehstrom-Zweitarif-Maximumzähler

[1] Der Stern muß durch die Einheit oder das Zeichen der zu messenden Größe oder durch das chemische Zeichen ersetzt werden.

Schaltzeichen für Meß-, Melde- und Signaleinrichtungen

DIN 40 900 T8/3.88

DIN 40 700 T23/6.76 / T24/6.76

Schaltzeichen	Benennung
Zähleinrichtungen	
08-05-04	Impulszähler mit elektrischer Rückstellung auf Null
08-05-05	Impulszähler mit Vielfach-Kontaktgeber
08-05-06	Zähleinrichtung, betätigt durch Nocke
Sensoren	
108-04-01	Dehnungsmeßstreifen
108-04-02	Widerstandsthermometer, Bolometer
108-04-06	Geber, magnetisch
108-04-07	Differenzregler, induktiv
108-04-08	Winkelstellungsgeber, Winkelstellungsempfänger Drehmelder
108-04-09	Aufnehmer mit veränderbarem Widerstand, Kraftmeßdose mit Dehnungsmeßstreifen
108-04-11	Aufnehmer, induktiv
08-06-01	Thermoelement Form 1
08-06-02	Form 2
08-06-05	Thermoelement mit isoliertem Heizelement
08-06-06	Vereinfachte Darstellung
Meldeeinheiten	
108-02-01	Meldeeinheit, allgemein
108-02-03	Erstwert-Meldeeinheit, blinkend
108-02-04	Sammel-Meldeeinheit, blinkend
08-08-01	Uhr, allgemein Nebenuhr

Schaltzeichen	Benennung
Maß- und Regelgeräte	
108-05-01	Drehzahlregler
108-05-02	Stromregler mit PI-Verhalten
108-05-03	Vereinfachte Form
108-05-04	Verzögerungsglied
108-05-05	Totzeitglied
108-05-06	Vereinfachte Form
108-05-07	Differenzierer
108-05-08	Vereinfachte Form
108-05-09	Integrierer
108-05-10	Vereinfachte Form
108-05-11	Funktionsgeber
108-05-13	Vereinfachte Form
108-05-12	Kleinstwertglied
108-04-12	Meßumformer Temperatur in elektrischen Strom
108-04-13	Signalumsetzer mit galvanischer Trennung von Wechselstrom 1 A, auf Gleichspannung 10 V.
08-07-02	Fernmeßsender Telemetriesender
08-07-03	Fernmeßempfänger Telemetrie-empfänger
108-04-15	Gleichspannungs-/Pulsphasen-Umsetzer, Analog/Digital-Umsetzer
108-04-14	

Schaltzeichen	Benennung
Melder – Signaleinrichtungen	
08-10-01	**Leuchte, allgemein** Leuchtmelder, allgemein
08-10-02	Leuchtmelder, blinkend
08-10-03	Sichtmelder, elektromechanisch, Schauzeichen, Fallklappe
08-10-04	Mehrfachzeigermelder, Stellungsanzeiger, elektromechanisch, mit einer Ruhestellung (Störstellung) und zwei Arbeitsstellungen
08-10-05	Horn Hupe
08-10-06	Wecker Klingel
08-10-08	Gong Einschlagwecker
08-10-09	Sirene
08-10-10	Schnarre Summer
08-10-12	Pfeife, elektrisch betätigt
08-09-01	Ruhestromschleife als Brandfühler
08-09-02	Drehmelder, allg. Der Stern muß durch die passende Buchstabenkombination ersetzt werden
Erster Buchstabe C T R	Steuerung Drehwinkel Zerleger in Komponenten (Resolver)
Folgende Buchstaben D R T X B	Differential Empfänger Transformator Geber, Sender Verdrehbare Ständerwicklung
08-09-03	Drehwinkelgeber

Neben dem Schaltzeichen darf die Farbe nach DIN IEC 757 angegeben werden:

RD	rot
YE	gelb
GN	grün
BU	blau
WH	weiß

Neben dem Schaltzeichen darf die Lampenart angegeben werden:

Ne	Neon
Xe	Xenon
Na	Natriumdampf
Hg	Quecksilber
I	Iod
IN	Glühfaden
EL	Lumineszenz
ARC	Lichtbogen
FL	Fluoreszenz
IR	Infrarot
UV	Ultraviolett
LED	Leuchtdiode

Schaltzeichen für Meß-, Melde- und Signaleinrichtungen

DIN 40 900 T8/3.88

Gefahrenmeldeeinrichtungen

Schaltzeichen	Benennung
	Kennzeichen
108-07-01	Hilferuf (z. B. an Polizei)
108-07-02	Brandmeldung, mit abgedecktem Druckknopf
108-07-04	Hilferuf mit Sperrung
108-07-05	Brandmeldung mit Sperrung
108-07-08	Bimetallprinzip
108-07-09	Schmelzlotprinzip
108-07-10	Differentialprinzip
108-08-13	Passierschloß für Schaltwege in Sicherheitsanlagen

Schaltzeichen	Benennung
108-06-01	Leuchtmelder mit Glimmlampe
108-06-02	Melder mit Fühleinrichtung, z. B. für Blinde
108-08-09	Temperaturmelder
108-08-10	Temperaturmelder, selbsttätig, Bimetallprinzip
108-08-11	Rauchmelder, selbsttätig, lichtabhängiges Prinzip
108-08-12	Erschütterungsmelder, Tresorpendel

Schaltzeichen	Benennung
108-08-02	Polizeimelder, mit Sperrung und mit Fernsprecher
108-08-04	Brandmelder
108-08-07	Bandmelder, Polizeimelder, Laufwerk mit Sperrung Polizeimelder mit Sperrung
108-10-03	Lichtschranke Lichtsender mit Wechsellicht Lichtempfänger in Dunkelschaltung mit Kontaktausgang
108-10-05	Lichtsender mit Gleichlicht, Lichempfänger mit analogem Ausgang.

Schaltzeichen	Benennung
108-08-08	Brandmeldeanlage, Hauptstelle (Zentrale), vier Schleifen in Sicherheitsschaltung) Sirenenanlage für zwei Schleifen

Schaltzeichen	Benennung
108-06-04	Fallklappenrelais, rastend, rückstellbar

Schaltzeichen für die Nachrichtentechnik Vermittlungssysteme und -einrichtungen

DIN 40 900 T9/3.88

Gruppenverbindungsplan eines Vermittlungssystems mit drei Wahlstufen:

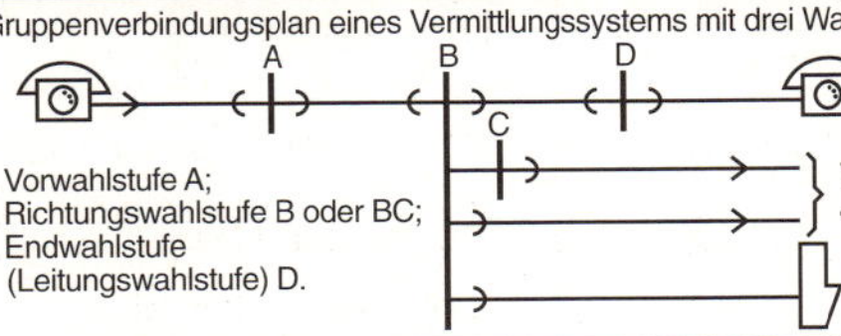

1. Vorwahlstufe A;
2. Richtungswahlstufe B oder BC;
3. Endwahlstufe (Leitungswahlstufe) D.

Schaltzeichen	Benennung
09-02-01	Automatische Wähleinrichtung
09-01-02	Koppelstufe mit x Eingängen und y Ausgängen
09-01-05	Koppelfeld, Markierstufe, bestehend aus nur einer Koppelstufe
09-01-06	Koppelstufe zum Verbinden einer Gruppe von doppelt gerichteten Leitungen
09-01-07	Koppelfeld, bestehend aus drei Koppelstufen
	Gemischte Wahlstufe bestehend aus einer zwei und drei Koppelstufen

Schaltzeichen	Benennung
09-02-02	Handvermittlung
09-03-02	Schaltarm, überbrückend
09-03-04	Kontaktsegment, Kontaktbank eines Wählers, z. B. eines Hebdrehwählers
09-03-06	Kontaktbank mit Gruppen von Ausgängen
09-03-07	Kontaktebene mit Darstellung der einzelnen Ausgänge
09-03-08	Betätigungsspule eines Wählers (Wählermagnet)
09-04-01	Kontaktebene mit überbrückendem Schaltarm

Schaltzeichen	Benennung
09-04-05	Wähler mit zwei unterschiedlichen Einstellvorgängen, mit Nullstellung
09-04-07	Wähler für Vierdraht-Durchschaltung, mit Nullstellung
09-04-09	Wähler mit einem Einstellvorgang, mit Nullstellung, dargestellt mit den einzelnen Ausgängen (bzw. Gruppen von Ausgängen)
09-04-10	Wähler mit zwei unterschiedlichen Einstellvorgängen, dargestellt mit Ausgangsebenen
109-01-03 (10/20)	Wähler mit zwei unterschiedlichen Einstellvorgängen, Hebdrehwähler
109-01-05	Wähler mit zentralem Antrieb, Wähler mit Gruppenantrieb, Maschinenwähler
109-01-09	Periodischer Unterbrecher, allgemein
109-01-11	Periodischer Unterbrecher mit Motorantrieb
109-01-08	Wähler mit zwei unterschiedlichen Einstellvorgängen

Schaltzeichen für die Nachrichtentechnik Fernsprecher, Telegraphen- und Datenendgeräte, Wandler, Aufzeichnungs- und Wiedergabegeräte

DIN 40 900 T9/3.88

Schaltzeichen	Benennung
09-05-01	Fernsprecher, allgemein
09-05-03	Fernsprecher für Zentralbatterie-Betrieb
09-05-04	Fernsprecher mit Nummernschalter
09-05-05	Fernsprecher mit Tastwahlblock
09-05-07	Münzfernsprecher
09-05-11	Fernsprecher ohne Speisung, Fernsprecher, batterielos
09-05-12	Fernsprecher für zwei oder mehr Amtsleitungen oder Nebenstellenleitungen
109-02-01	Fernsprecher und Gebührenanzeiger mit Nummernschalterwahl
109-02-02	Fernsprecher mit Bildübertragung
109-02-04	Fernsprechgerät, amtsberechtigt
09-06-01	Telegrafen-Sendegerät
09-06-02	Telegrafen-Sende- und Empfangsgerät, halbduplex
09-06-03	Streifenschreiber mit Tastatur als Sende- und Empfangsgerät
09-06-04	Blattschreiber als Empfangsgerät
09-06-05	Faksimile-Empfangsgerät
109-02-07	Vermittlungszentrale, allgemein
109-02-06	OB-Vermittlung
109-02-08	Wählerzentrale

Schaltzeichen	Benennung
	Kennzeichen
	Magnetischer Typ
	Tauchspulen- oder Bändchentyp
	Stereo
	Platte
	Band, Film
	Aufnehmen und Wiedergeben
	Löschen
09-09-03	Hörer, allgemein
09-09-04	Gegentaktmikrophon
09-09-01	Mikrophon, allgemein
09-09-06	Handapparat
09-09-07	Lautsprecher, allgemein
09-09-08	Lautsprecher/Mikrophon
09-09-10	Tonabnehmer, stereophon
09-09-11	Wiedergabekopf, lichtempfindlich, monophon
09-09-12	Löschkopf
09-07-01	Telegrafie-Umsetzer, entzerrend
09-07-02	Telegrafie-Umsetzer, vollduplex
09-07-03	Telegrafie-Umsetzer, Doppelstrom/Einfachstrom, simplex

Schaltzeichen	Benennung
09-09-15	Aufnahmekopf (Schreibkopf), magnetisch, monophon
09-09-16	vereinfachte Form
09-09-19	Magnetkopf für Aufnahme, Wiedergabe, Löschen, monophon
09-09-20	Vereinfachte Form
109-03-01	Magnetkopf, allgemein
109-03-04	Wiedergabekopf Hörkopf
109-03-06	Lösch-Aufnahmekopf Lösch-Sprechkopf
09-10-05	Wiedergabegerät mit Lichtabtastung Compact-Disk-Gerät
09-10-02	Aufzeichnungs-/Wiedergabegerät mit Magnettrommelspeicher
109-04-02	Matrixspeicher Halbleiterspeicher Ringkernspeicher
109-04-03	Magnetplattenspeicher
109-05-01	Tonschreiber, allgemein
109-05-02	Körperschall-Empfänger
109-05-04	Thermophon
109-05-05	Tonabnehmer, piezoelektrisch, Kristalltonabnehmer, für stereophone Wiedergabe
109-05-06	Tonabnehmer, elektrodynamisch für stereophone Wiedergabe
109-05-07	Schallschwinger, dargestellt als Sender
109-05-09	Echolot mit Lichtblitzanzeiger

Schaltzeichen	Benennung	Schaltzeichen	Benennung
109-02-09	Bedienungsplatz für Schnurvermittlung, dargestellt mit Nummernschalter	09-06-08	Lochstreifen-Empfangsgerät und Lochstreifen-Sendegerät, getrennt

Schaltzeichen für die Nachrichtentechnik
Übertragungseinrichtungen

DIN 40 900 T10/3.88

Schaltzeichen	Benennung
V + S + F 10-01-06	Funkstrecke auf der Fernsehen (Bild und Ton) und Fernsprechen übertragen werden
F 10-01-01	Fernsprechen
T 10-01-02	Telegrafie und Datenübertragung
V 10-01-03	Bildübertragung (Fernsehen)
S 1ß-01-04	Tonübertragung (Fernsehrundfunk und Tonrundfunk)
10-01-07	Leiter, bespult
10-02-01	Zweidrahtverbindung, Verstärkung in einer Richtung
$f_1 \ldots f_2$ $f_3 \ldots f_4$ 10-02-05	Vierdraht-Verstärkerkreis in einer Zweidrahtverbindung, Verstärkung in beide Richtungen, frequenzabhängig
10-04-01	Antenne, allgemein
10-04-02	Antenne, Polarisation zirkular
10-04-03	Antenne, Azimut variabel
H 10-04-07	Richtantenne, Azimut fest. Polarisation vertikal, horizontales Strahlungsdiagramm
10-05-04	Ferritantenne
10-05-05	Dipolantenne
10-05-06	Faltdipolantenne Schleifendipolantenne
10-05-07	Faltdipolantenne, mit drei Direktoren und einem Reflektor
10-05-13	Parabolantenne, dargestellt mit Rechteck-Hohlleiterzuleitung
10-06-01	Funkstelle, allgemein
10-07-03	Rund-Hohlleiter
10-07-05	Koaxial-Hohlleiter
10-07-07	Streifenleiter, symmetrisch
10-07-08	Hohlleiter, in festem Dielektrikum (Goubau-Leitung)
10-09-01	T-Verzweigung
10-09-05	A-Tor-Verzweigung
G 500 Hz 10-13-02	Sinusgenerator, 500 Hz
G 500 Hz 10-13-03	Sägezahngenerator, 500 Hz
G 10-13-04	Fulsgenerator
f_1 / f_2 10-14-02	Frequenzumsetzer, Umsetzung von f_1 nach f_2
f / $\frac{f}{n}$ 10-14-04	Frequenzteiler
10-15-01	Verstärker, allgemein Form 1
10-15-02	Form 2
dB 10-16-05	Dämpfungsglied, veränderbar
10-16-02	Filter, allgemein
10-16-03	Hochpaß
10-16-04	Tiefpaß
10-16-06	Bandpaß
10-16-07	Bandsperre
10-16-08	Vorverzerrer Preemphase
10-16-14	Entzerrer, allgemein
10-16-20	Zerhacker, elektronisch
10-17-01	Begrenzer, allgemein
10-19-01	Modulator, allgemein Demodululator, allgemein Diskriminator, allgemein
10-19-04	Einseitenband-Demodulator mit unterdrücktem Träger
MUX 10-20-08	Multiplexer mit Analog-/Digital-Umsetzung
10-23-01	Lichtwellenleiter (LWL), allgemein Lichtwellenleiterkabel, allgemein
110-08-01	Gegentaktverstärker
110-08-04	Weiche, Tiefpaß, Hochpaß, dargestellt mit Durchlaßbereich
G 110-09-01	Quarzgenerator

Schaltzeichen für Netze und Elektroinstallationen

DIN 40 900 T11/3.88

Schaltzeichen	Benennung
Leitungen, Kabel	
11-03-01	Leiter im Erdreich, Erdkabel
11-03-02	Leiter im Gewässer Seekabel
11-03-03	Leiter, oberirdisch Freileitung
11-03-04	Kabelkanal Trasse Elektro-Installationsrohr
11-03-07	Erdkabel mit Verbindungsstelle
11-03-08	Abschottung in einem gas- oder ölisolierten Kabel
111-04-01	Kabel, abgedeckt, mit Kabelabdeckhaube
111-04-02	Kabel, abgedeckt mit Platten
111-04-03	Kabel, in Rohr verlegt, allgemein
111-04-04	Kabel, in Rohr verlegt, Rohr aus Halbschalen
111-04-05	Kabel, in Kabelkanal-Formsteinen
111-04-07	Abzweigkasten
111-04-08	Kabelmerkstein
Ton- und Fernseh-Rundfunk	
11-05-01	Kabelkopf Empfangsstelle mit Ortsantenne, dargestellt mit Antennen-Zuführung
11-05-02	Kabelkopf Empfangsstelle ohne Ortsantenne
11-06-02	Durchgangs- und Abzweigverstärker, dargestellt mit drei Abzweigen
11-06-03	Endverstärker, mit einem Ausgang

Schaltzeichen	Benennung
Ton- und Fernseh-Rundfunk	
11-07-01	Zweiwegverteiler
11-07-02	Dreiwegverteiler, mit einem Ausgang, mit höherem Pegel
11-07-03	Richtungskoppler
	Abzweigdose, allgemein
11-08-02	Stichdose
11-08-03	Durchschleifdose
11-09-02	Entzerrer, veränderbar
11-09-03	Dämpfungsglied
Kennzeichen für Leiter	
11-11-01	Neutralleiter (N) Mittelleiter (M)
11-11-02	Schutzleiter (PE)
11-11-03	Neutralleiter mit Schutzfunktion (PEN)
11-11-04	Drei Leiter, ein Neutralleiter, ein Schutzleiter
11-03-11	Fernmeldeleitung mit Wechselstrom-Fernspeisung
11-03-12	Fernmeldeleitung mit Gleichstrom-Fernspeisung
111-05-01	Leiter auf Putz
111-05-02	im Putz
111-05-03	unter Putz

Schaltzeichen	Benennung
Geräte für Installation	
11-12-01	Leitung, nach oben führend
11-12-03	Leitung, nach unten und oben durchführend
11-12-04	Dose, allgemein Leerdose, allgemein
11-12-05	Anschlußdose Verbindungsdose
11-12-06	Hausanschlußkasten, allgemein dargestellt mit Leitung
11-12-07	Verteiler, dargestellt mit fünf Anschlüssen
Steckdosen	
3 11-13-02	Mehrfachsteckdose, dargestellt als Dreifachsteckdose Form 1
11-13-03	Form 2
11-13-04	Schutzkontaktsteckdose
11-13-05	Steckdose mit Abdeckung
11-13-07	Steckdose mit verriegeltem Schalter
11-13-08	Steckdose mit Trenntrafo, z.B. für Rasier-Apparat
111-07-03 3/N/PE	Schutzkontaktsteckdose, dargestellt für Drehstrom-, 5polig
TP 11-13-09	Fernmeldesteckdose, allgemein TP = Telephon M = Mikrophon = Lautsprecher FM = UKW-Rundfunk TV = Fernsehen TX = Telex
111-07-04	Antennensteckdose

Schaltzeichen für Netze und Elektroinstallationen

DIN 40 900 T11/3.88

Schaltzeichen	Benennung
Schalter	
11-14-01	Schalter, allgemein
11-14-02	Schalter mit Kontrolleuchte
111-07-01	Ausschalter, einpolig, Schalter 1/1[1]
11-14-03	Zeitschalter, einpolig
11-14-04	Ausschalter, zweipolig, Schalter 1/2[1]
11-14-05	Serienschalter, einpolig, Schalter 5/1[1]
11-14-06	Wechselschalter, einpolig, Schalter 6/1[1]
11-14-07	Kreuzschalter, Zwischenschalter Schalter 7/1[1]
11-14-08	Dimmer
11-14-10	Taster
11-14-11	mit Leuchte
11-14-13	Zeitrelais
111-07-02	Stromstoßschalter
11-14-14	Schaltuhr
11-14-15	Schlüsselschalter Wächtermelder
111-07-11	Dämmerungsschalter
Leuchten[4]	
11-15-07	Schweinwerfer, allgemein
11-15-08	Punktleuchte
11-15-09	Flutlichtleuchte

Schaltzeichen	Benennung
Leuchten[4]	
111-07-05	Leuchte mit Schalter
111-07-06	Leuchte mit veränderbarer Helligkeit
11-15-11	Sicherheitsleuchte Notleuchte mit getrenntem Stromkreis Rettungszeichenleuchte
111-07-07	in Dauerschaltung
111-07-08	Leuchte, mit zusätzlicher Sicherheitsleuchte in Dauerschaltung
111-07-09	mit zusätzlicher Sicherheitsleuchte in Bereitschaftsschaltung
111-07-12	Leuchte für Entladungslampe
11-15-10	Vorschaltgerät für Entladungslampen[2]
11-15-01	Leuchtenauslaß, dargestellt mit Leitung
11-15-02	Leuchtenauslaß auf Putz
11-15-04	Leuchte für Leuchtstofflampe,
11-15-05	Leuchte mit drei Leuchtstofflampen,
11-15-06	Leuchte mit fünf Leuchtstofflampen
Elektro-Hausgeräte	
111-06-01	Elektrogerät, allgemein
111-06-02	Küchenmaschine
111-06-03	Elektroherd, allgemein
111-06-04	Mikrowellenherd
111-06-05	Backofen
111-06-06	Wärmeplatte
111-06-07	Fritteuse

Schaltzeichen	Benennung
Elektro-Haushaltsgeräte	
111-06-08	Heißwasserspeicher
111-06-09	Durchlauferhitzer
111-06-10	Infrarotgrill
111-06-11	Futterdämpfer
111-06-12	Waschmaschine
111-06-13	Wäschetrockner
111-06-14	Geschirrspülmaschine
111-06-15	Händetrockner Haartrockner
111-06-16	Speicherheizgerät
111-06-17	Infrarotstrahler
111-06-18	Klimagerät
111-06-19	Kühlgerät[3] Tiefkühlgerät
111-06-20	Gefriergerät[3]
Verschiedenes	
11-16-01	Heißwassergerät, dargestellt mit Leitung
11-16-02	Ventilator, dargestellt mit Leitung
11-16-03	Zeiterfassungsgerät
11-16-04	Türöffner
11-16-05	Wechselsprechstelle Haus- oder Torsprechstelle Gegensprechstelle

[1] Benennung nach DIN 49 290
[2] Das Vorschaltgerät wird nur dargestellt, wenn es nicht in der Leuchte untergebracht ist.
[3] Die Anzahl der Sterne darf entsprechend DIN 8950 Teil 2 eingetragen werden.
[4] Lampe, allgemein, siehe Seite 359

Schaltzeichen für binäre Elemente

DIN 40 900 T.12/7.84

Schaltzeichen	Benennung
Symbolaufbau	Bevorzugte Stelle für das allgemeine Funktionskennzeichen
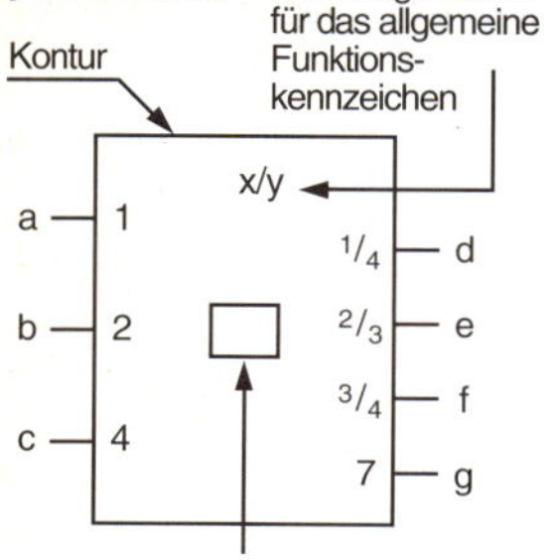	
Alternative Stelle für das allgemeine Funktionskennzeichen	

Konturen

Schaltzeichen	Benennung
	Element-Kontur als Quadrat dargestellt
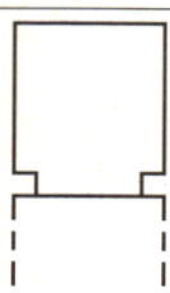	Steuerblock-Kontur
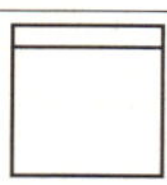	Ausgangsblock-Kontur

Anordnung mehrere Elemente

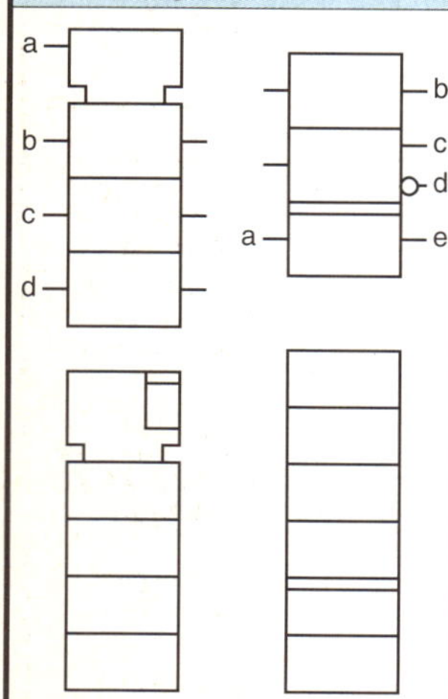

Schaltzeichen	Benennung
Kennzeichen an Eingängen, Ausgängen und anderen Verbindungen	
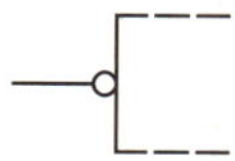	Negation Eingang
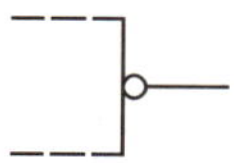	Ausgang
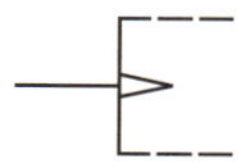	Dynamischer Eingang
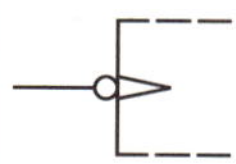	Dynamischer Eingang mit Negation
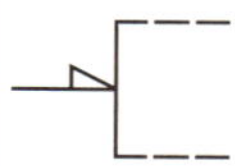	Polaritätsindikator[2], Eingang (Negation)
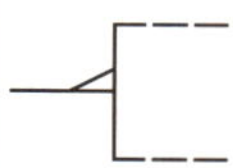	Polaritätsindikator[2], Ausgang Signalflußrichtung von rechts nach links
Beispiel: 	vom externen 1-Zustand zum externen 0-Zustand
Interne Verbindungen	
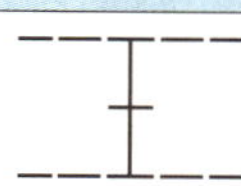	Interne Verbindungen
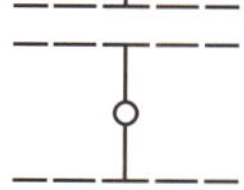	mit Negation
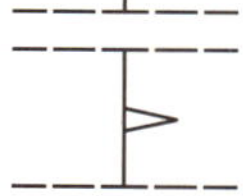	mit dynamischer Wirkung
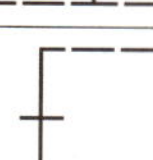	Interner Eingang, virtueller Eingang

Schaltzeichen	Benennung
Kennzeichen innerhalb der Kontur	
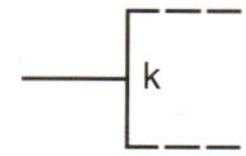	Eingang
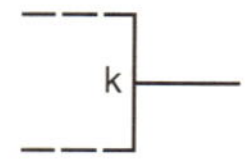	Ausgang
k muß ersetzt werden durch nachfolgende Schaltzeichen	
	Retardiert
	Schwellwert Hysterese
	Offen z. B. offener Kollektor
	Offen H-Typ
	Offen L-Typ
	Passiver Pulldown
	Passiver Pullup
	3-state
E	Erweiterung
→m[3]	Schiebe, vorwärts
– m[3]	Zähler rückwärts
?	Abfrage
* < * [1]	Kleiner-als-
!	Vergleich
CP	CARRY-PROPAGATE
CT = m	Inhalt
Pm[3]	Operanden
BP	BORROW-PROPAGATE
CI	ÜBERTRAGS
BI	BORROW-IN
BG	BORROW-GENERATE-
CG	CARRY-GENERATE
BO	BORROW-OUT RIPPLE-BORROW
„1"	Fester Zustand

[1] Asteriskus (*) durch entsprechendes Symbol ersetzen.
[2] 1 ≙ H-Pegel; 0 ≙ L-Pegel (National nicht anwenden!).
[3] m muß durch den entsprechenden Wert ersetzt werden. Bei m = 1 kann die 1 entfallen.

Schaltzeichen für binäre Elemente

DIN 40 900 T.12/7.84

Abhängigkeitsnotation (Beziehungen zwischen Ein- und Ausgängen)

Buchstabe	Abhängigkeitsart	Wirkung auf gesteuerten Eingang oder Ausgang, Eingang: 1-Zustand	Eingang: 0-Zustand
A	ADRESSEN	erlaubt Aktion (Adresse angewählt)	verhindert Aktion (Adresse nicht angewählt)
C	STEUERUNG	erlaubt Aktion	verhindert Aktion
EN	FREIGABE	erlaubt Aktion	– verhindert Aktion gesteuerter Eingänge, – bewirkt den externen hochohmigen Zustand an offenen und 3-state-Ausgängen – bewirkt hochohmigen L-Pegel an passiven Pull-down-Ausgängen und hochohmigen H-Pegel an pasiven Pull-up-Ausgängen, – bewirkt den 0-Zustand an anderen Ausgängen
G	UND	erlaubt Aktion	bewirkt den 0-Zustand
M	MODE	erlaubt Aktion (Modus ausgeählt)	verhindert Aktion (Modus nicht ausgewählt)
N	NEGATION	komplementiert den Zustand	keine Wirkung
S	SETZ	gesteuerter Ausgang reagiert wie bei S = 1, R = 1	keine Wirkung
V	ODER	bewirkt 1-Zustand	erlaubt Aktion
Z	VERBINDUNG	bewirkt 1-Zustand	bewirkt 0-Zustand

Schaltzeichen	Benennung
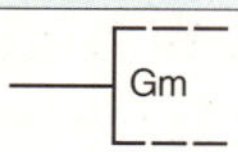	Gm-Eingang[1]
	Gm-Ausgang

Beispiel:

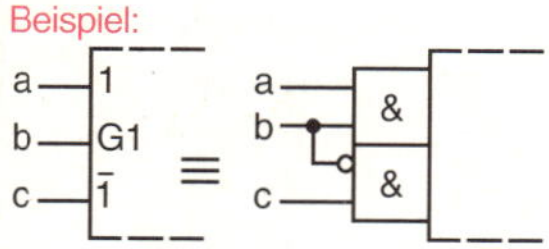

Schaltzeichen	Benennung
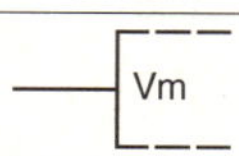	Vm-Eingang[1]
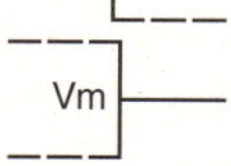	Vm-Ausgang

Beispiel:

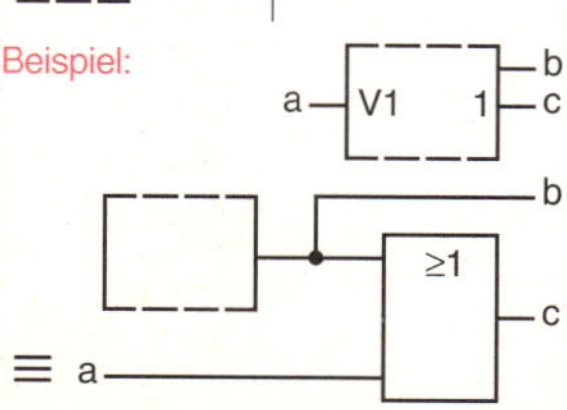

Schaltzeichen	Benennung
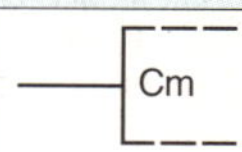	Cm-Eingang[1]
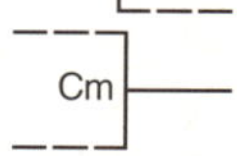	Cm-Ausgang

Beispiel:

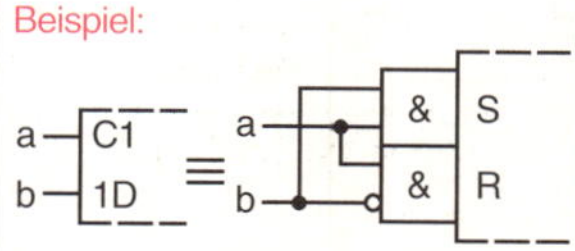

Schaltzeichen	Benennung
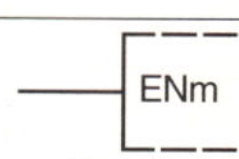	ENm-Eingang[1]
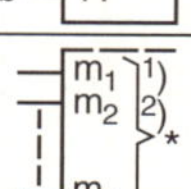	Bit-Gruppierung für Multibit-Eingang

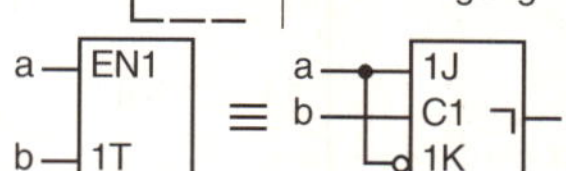

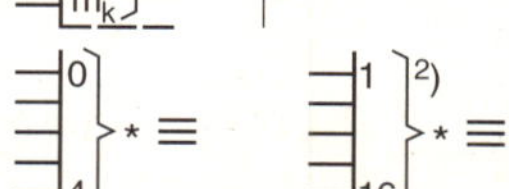

Schaltzeichen	Benennung
Kombinatorische Elemente	
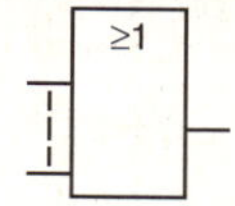	ODER-Element, allgemein
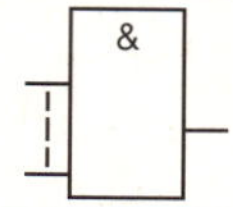	UND-Element, allgemein
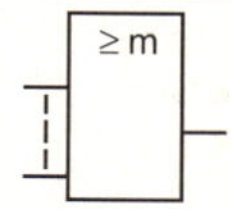	Schwellwert-Element, allgemein
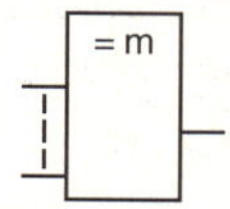	(m aus n)-Element, allgemein
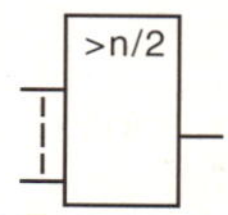	Majoritäts-Element, allgemein
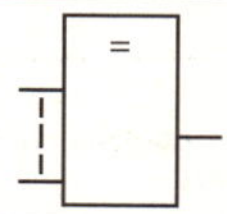	Äquivalenz-Element, allgemein
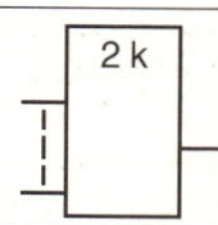	GERADE-Element, PARITÄTS-Element, allgemein
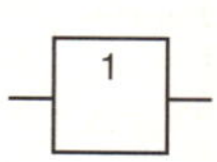	Buffer ohne besondere Verstärkung am Ausgang, allgemein
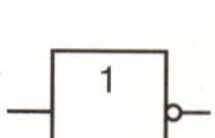	NICHT-Element, Inverter (in einem Schaltplan mit einheitlicher Logik-Vereinbarung)
Nicht-logische Verbindungen und Signalflußanzeiger	
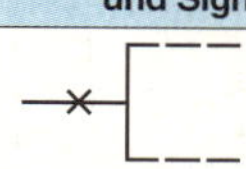	Nicht-logische Verbindung
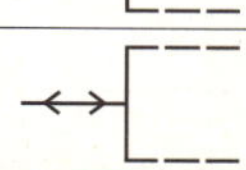	Bidirektionaler Signalfluß

[1] m muß durch den entsprechenden Wert ersetzt werden. Bei m = 1 kann die 1 entfallen.
[2] Jeder Asteriskus muß durch eine Operandenbezeichnung ersetzt werden, z. B. P bzw. Q.

Schaltzeichen für binäre Elemente

DIN 40 900 T.12/7.84

Schaltzeichen	Benennung
Kombinatorische Elemente	
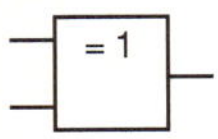	Exklusiv-ODER-Element, Antivalenz-Element, allgemein
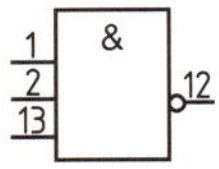	UND mit negiertem Ausgang, NAND
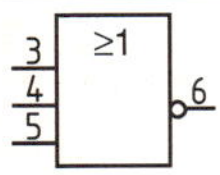	ODER mit negiertem Ausgang, NOR
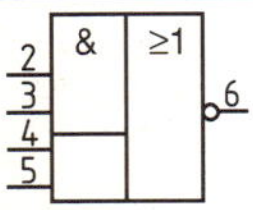	UND-ODER-Inverter
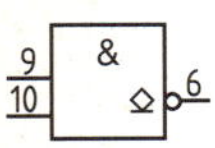	NAND mit offenem Kollektor-Ausgang vom L-Typ
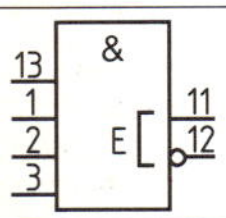	Erweiterungselement
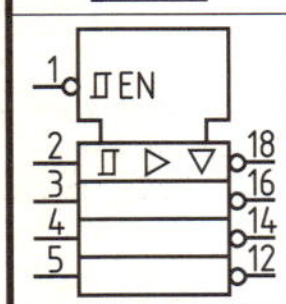	Bus-Treiber mit Schwellwert-Eingängen und 3-state-Ausgängen, vierfach
Elemente mit Hysterese	
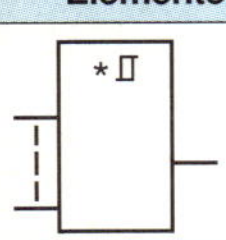	Element mit Hysterese, allgemein
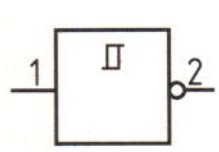	Schwellwert-Detektor mit invertiertem Ausgang, Schmitt-Trigger-Inverter
Digitale Verzögerungselemente	
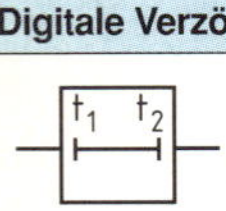	Verzögerungselement mit Angabe der Verzögerungszeiten
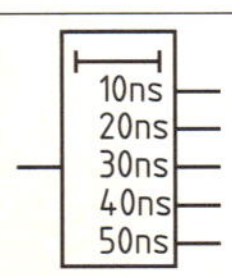	Verzögerungselement mit Stufen von 10 ns

Schaltzeichen	Benennung
Codierer, Code-Umsetzer	
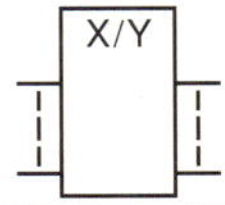	Codierer, Code-Umsetzer, allgemein
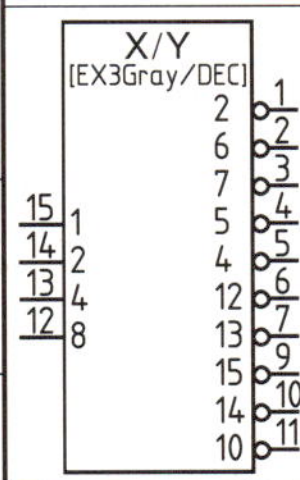	Code-Umsetzer von Exzeß-3-Gray-Code auf 1-aus-10-Code
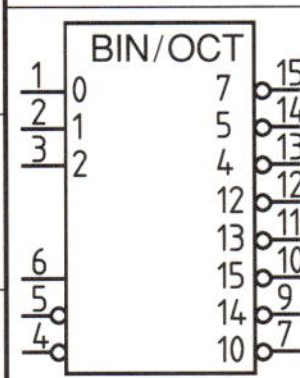	Code-Umsetzer von Binär- auf 1-aus-8-Code
Multiplexer und Demultiplexer	
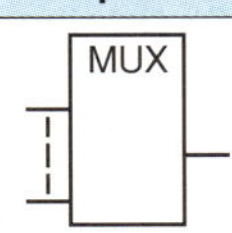	Multiplexer, allgemein
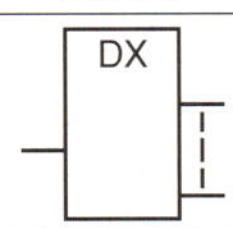	Demultiplexer, allgemein
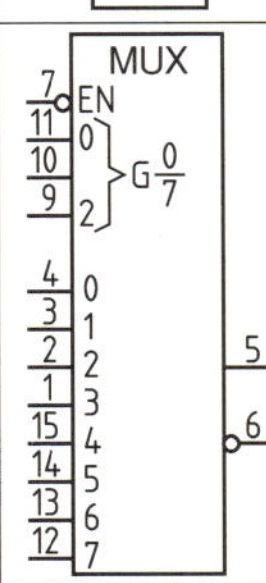	Multiplexer (1-aus-8)
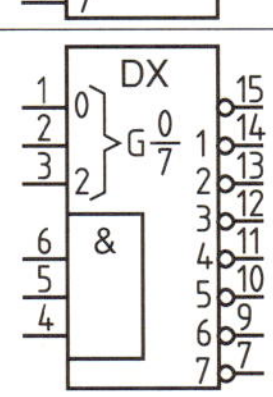	Demultiplexer, 1-auf-8

Schaltzeichen	Benennung
Arithmetische Elemente	
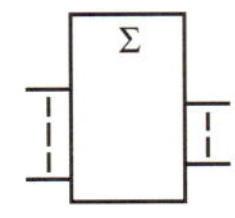	Addierer, allgemein
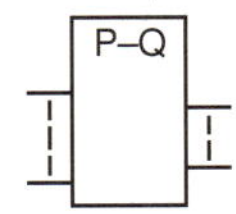	Subtrahierer, allgemein
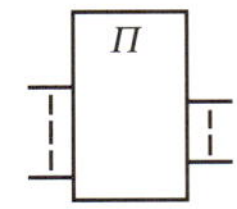	Multiplizierer, allgemein
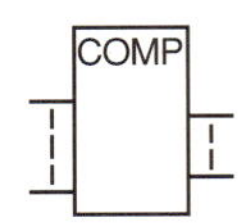	Zahlenkomparator, allgemein
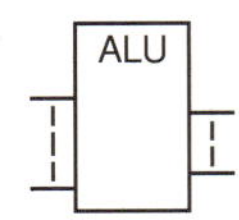	Arithmetisch-Logische Einheit, allgemein
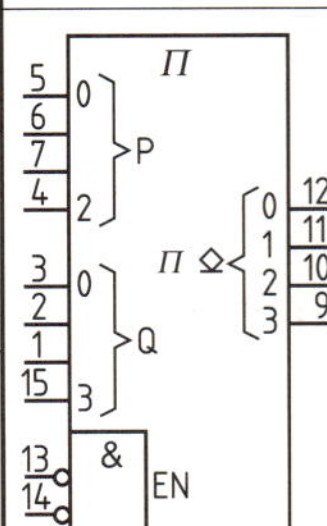	Multiplizierer, 4 bit parallel, welcher die 4 niedrigstwertigen Bits des Produktes erzeugt
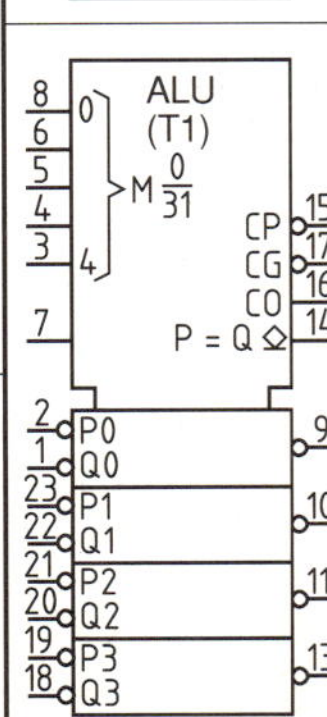	Arithmetisch-Logische Einheit, 4 bit

Schaltzeichen für binäre Elemente

DIN 40 900 T.12/7.84

Bistabile Elemente

Schaltzeichen | Benennung

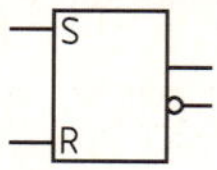

RS-Flipflop

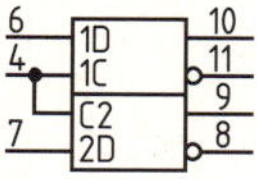

D-Flipflop, einzustandsgesteuert, zweifach

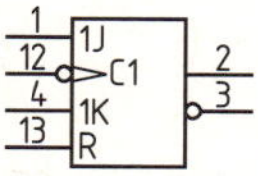

JK-Flipflop, einflankengesteuert

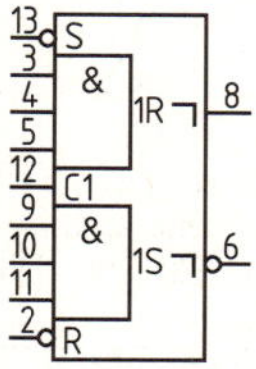

RS-Flipflop, zweizustandsgesteuert

Spezielle Schalteigenschaften bistabiler Elemente

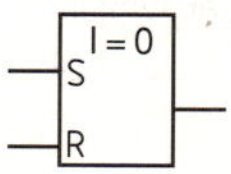

RS-bistabiles Element mit dem Anfangszustand 0

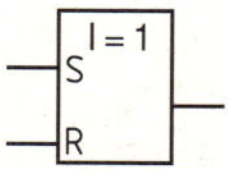

RS-bistabiles Element mit dem Anfangszustand 1

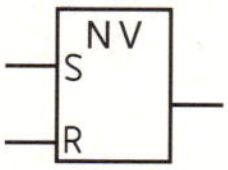

RS-bistabiles Element, nullspannungsgesichert

Monostabile Elemente

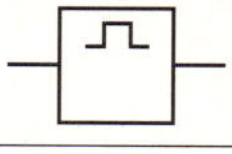
Monostabiles Element, nachtriggerbar

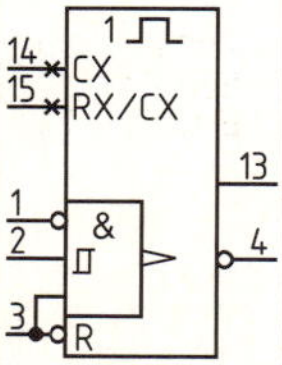

Monostabiles Element, nicht nachtriggerbar

Astabile Elemente

Schaltzeichen | Benennung

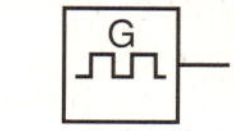

Astabiles Element, z. B. Taktgenerator

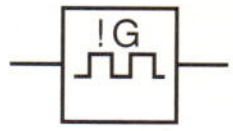

Gesteuertes astabiles Element, synchron gestartet

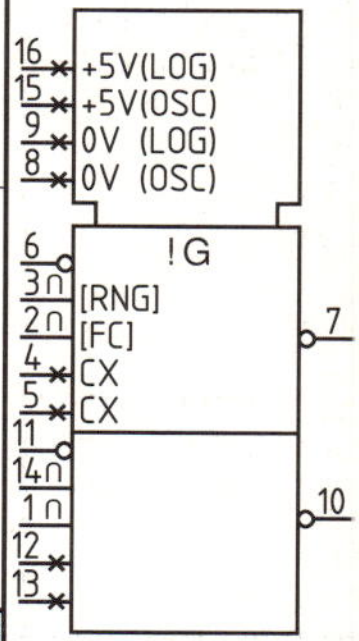

Spannungsgesteuerter Oszillator, zweifach

Schieberegister und Zähler

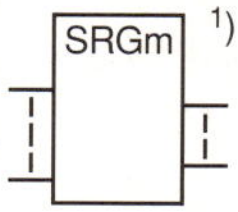

Schieberegister, allgemein[1]

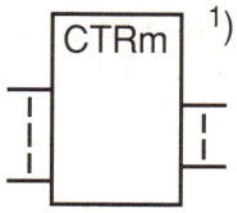

Zähler mit einer Zyklus-Länge z^m, allgemein[1]

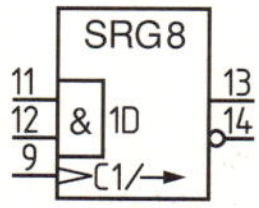

Schieberegister, 8 bit

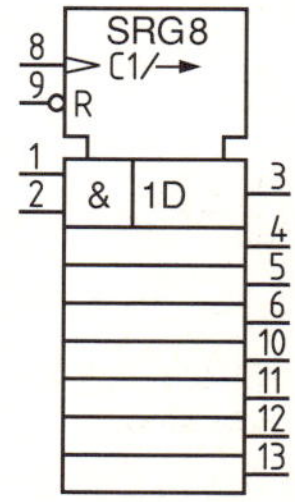

Schieberegister, 8 bit, mit paralleler Ausgabe

Schaltzeichen | Benennung

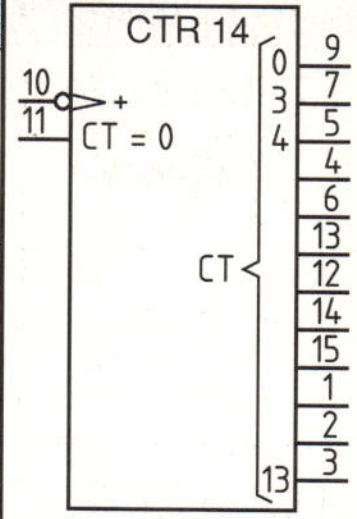

Binärzähler, 14stufig

Speicher

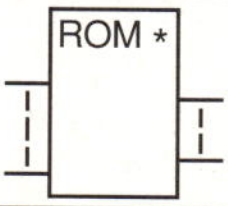

Nur-Lese-Speicher, allgemein

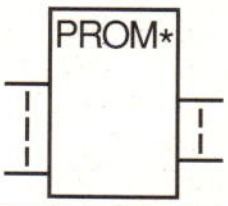

Programmierbarer NUR-Lese-Speicher, allgemein

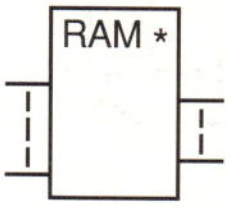

Schreib-Lese-Speicher, allgemein

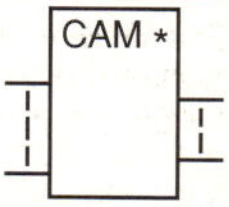

Assoziativspeicher, allgemein

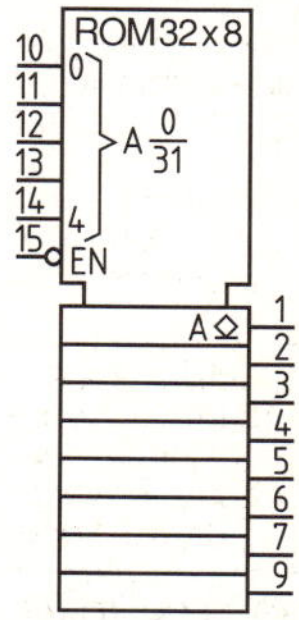

Vereinfachte Form

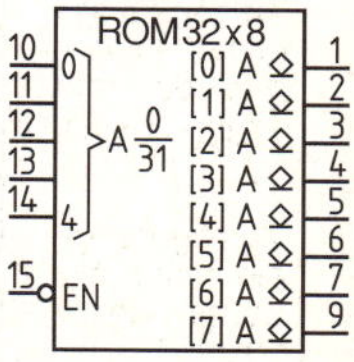

Nur-Lese-Speicher, 32 x 8 bit

[1] m muß durch die entsprechende Zahl ersetzt werden

Graphische Symbole für analoge Informationsverarbeitung

DIN 40 900 T13/1.81

Schaltzeichen	Benennung
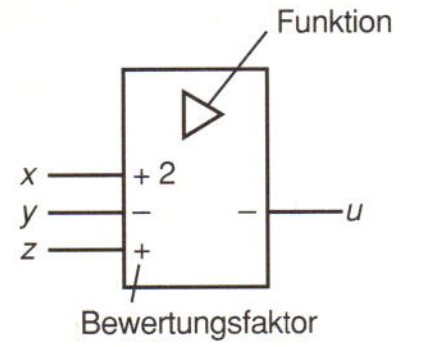	
+	Nichtinvertierung
–	Invertierung
Signalkennzeichnung	
∩	analoge Signale
#	digitale Signale
Kennzeichen für Verstärker	
Σ	Summierend
∫	Integrierend
$\frac{d}{dt}$	Differenzierend
log	Logarithmierend
F	Frequenzkompensation
I	Anfangswert, analoger Wert, bei einer Integration
C	Integrieren: Der Wert 1 der binären Variablen bewirkt Integration
H	Halten: Der Wert 1 der binären Variablen bewirkt das Halten des letzten Wertes.
R	Rücksetzen: Der Wert 1 der binären Variablen setzt den Ausgang zurück auf Null.
S	Setzen: Der Wert 1 der binären Variablen setzt den Ausgang auf den Anfangswert.
U	Versorgungsspannung (verwendet, wenn spezielle Anforderungen bestehen). Jede notwendige Kennzeichnung der Versorgung (numerischer Wert) oder Polarität (+ oder –) folgt dem Buchstaben *U*.

Schaltzeichen	Benennung
Verstärker	
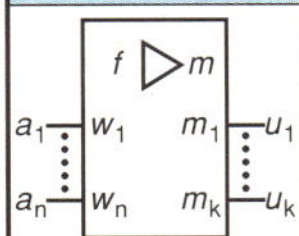	Verstärker für analoge Informationsverarbeitung, allgemein
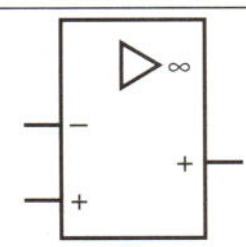	**Beispiel:** Differenzverstärker mit sehr hoher Verstärkung. Operationsverstärker.
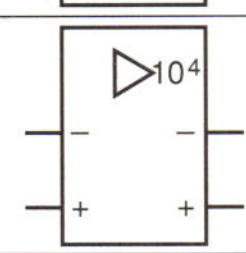	Differentialverstärker mit einem Verstärkungsfaktor von 10 000 und komplementären Ausgängen.
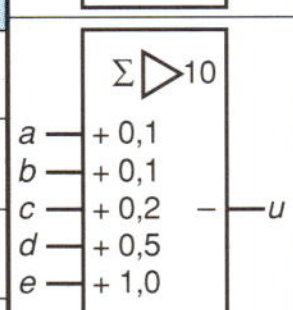	Summierender Verstärker, Summierer
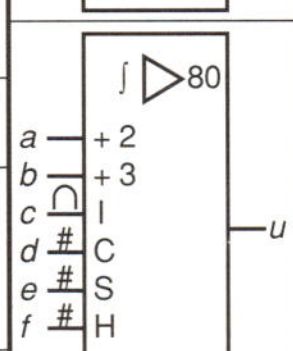	Integrierender Verstärker, Integrierer
Koordinatenwandler	
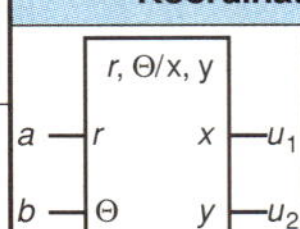	Koordinatenwandler, Polarkoordinaten in kartesische Koordinaten
Funktionsgeber	
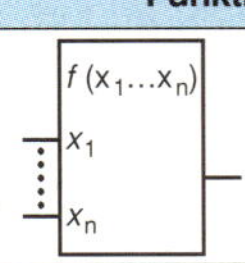	allgemein
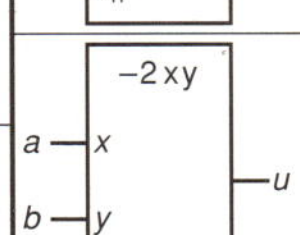	**Beispiel:** Multiplizierer mit einem Bewertungsfaktor von –2.
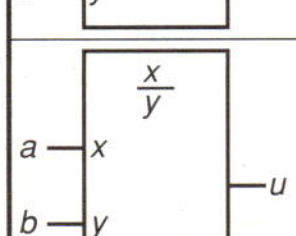	Dividierer

Schaltzeichen	Benennung
Umsetzer	
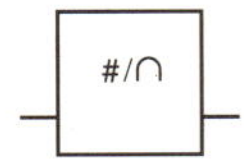	Digital-Analog-Umsetzer Umsetzer eines digitalen Signals in ein Analog-signal
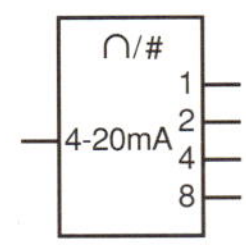	Analog-Digital-Umsetzer, d. ein Signal im Bereich von 4-20mA am Eingang in einen gewichteten 4-bit-Code am Ausgang umsetzt.
Analogschalter	
	Schließer, allgemein
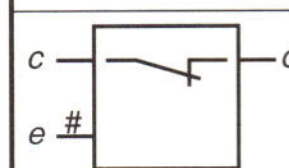	Öffner, allgemein
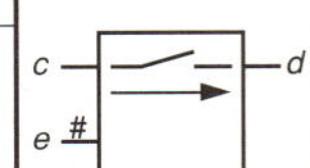	**Beispiel:** Das Analogsignal wird in Richtung des Pfeils übertragen, solange die binäre Variable am Eingang *e* den Wert 1 hat.
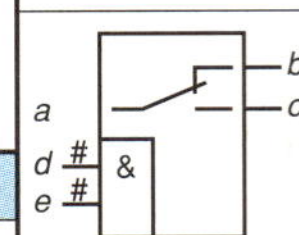	Wechsler Der Schalter wird durch ein UND von zwei binären Variablen gesteuert.
Koeffizientenpotentiometer	
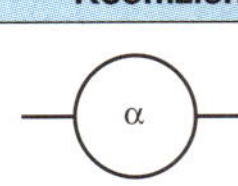	Der Wert des Koeffizienten kann neben dem Schaltzeichen angegeben werden.
Komparatoren, Vergleicher, Grenzsignalglieder	
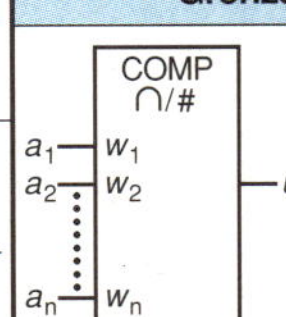	Komparator, Vergleicher, Grenzsignalglied, allgemein. w_1 ... w_n stehen für die mit Vorzeichen versehenen Zahlenwerte der Bewertungsfaktoren.
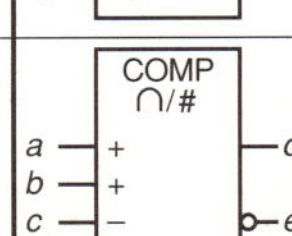	**Beispiel:** Komparator, Vergleicher, Grenzsignalglied

Sachwortverzeichnis

C

D

E

F

G

H

I

J

K

L

M

N

O

P

T

U

V

W

X

Z

Bildquellenverzeichnis:

Kabel- und Lackdrahtfabriken GmbH, Mannheim: Seite 131
OSRAM GmbH, München: Seite 199
Siemens AG, Braunschweig: Seite 144
Siemens AG, Erlangen: Seite 131
Siemens AG, München: Seite 133, 134

Einbandgestaltung: Eilert Focken
Layout und Herstellung: Herbert Heinemann

Verzeichnis der verwendeten DIN-Normen und VDE-Vorschriften